AF888703

Sachregister und Konkordanzliste
zur Mikrofiche-Edition der Verhandlungen des
Deutschen Bundestages und des Bundesrates

Mikrofiche-Edition

Verhandlungen des Deutschen Bundestages und des Bundesrates

(Protokolle, Drucksachen, Register)

Sachregister und Konkordanzliste

zu den Verhandlungen des Deutschen Bundestages
7. Wahlperiode (1972–1976)
und den Verhandlungen des Bundesrates
(1973–1976)

Bearbeitet von

Beate Heiss
Rechtsanwältin
in Waging/Obb.

Barbara Kantenwein-Pabst
Rechtsanwältin
in München

Detlef Scharff
Rechtspfleger
in München

Gesamtredaktion:

Stefan Tischler

C.H.Beck · K.G.Saur · München 1981

CIP-Kurztitelaufnahme der Deutschen Bibliothek

Deutschland ‹Bundesrepublik› / Bundestag:
[Verhandlungen des Deutschen Bundestages und des Bundesrates / Sachregister und Konkordanzliste]
Verhandlungen des Deutschen Bundestages und des Bundesrates: (Protokolle, Drucksachen, Reg.).
Sachregister und Konkordanzliste . . . – Mikrofiche-Ed. – München: Beck; München: Saur
Wahlperiode 7. (1972/76). Zu den Verhandlungen des Deutschen Bundestages, 7. Wahlperiode (1972–1976) und . . . des Bundesrates (1973–1976). – 1981.
ISBN 3 406 08682 9 ‹Beck›
ISBN 3 598 30233 9 ‹Saur›
NE: Deutschland ‹Bundesrepublik› / Bundesrat:

ISBN 3 406 08682 9 (Beck)
ISBN 3 598 30233 9 (Saur)

Satz der C. H. Beck'schen Buchdruckerei Nördlingen

Vorwort

Mit dem vorliegenden Registerband für die 7. Wahlperiode des Deutschen Bundestages (1972–1976) und der entsprechenden Jahrgänge des Bundesrates (1973–1976) findet die von den Verlagen C. H. Beck und KG Saur gemeinsam unternommene Mikrofiche-Edition der „Verhandlungen des Deutschen Bundestages und des Bundesrates" einen ersten Abschluß. Einschließlich der ebenfalls auf Mikrofiches wiedergegebenen Sach- und Sprechregister beider Gesetzgebungskörperschaften umfaßt die 7. Legislaturperiode der Mikrofiche-Edition ein Gesamtvolumen von 182700 Druckseiten auf insgesamt 435 Mikrofiches zu je 420 Seiten. Angesichts des hohen dokumentarischen und zeitgeschichtlichen Ranges dieser Gesetzgebungsmaterialien des Deutschen Bundestages und des Bundesrates haben sich die herausgebenden Verlage entschlossen, den Benutzern der Mikrofiche-Edition den Zugang zu dieser Sammlung durch die Herausgabe eines eigenen Sachregisters in Buchform zu erleichtern. Die nicht einfache Gewöhnung an das neue Medium Mikrofiche als einer sehr beachtenswerten Ergänzung der traditionellen Buchform soll hierdurch vereinfacht werden. Allein vor diesem Hintergrund ist die Zielsetzung dieses Registerwerkes zu verstehen; eine Konkurrenz zu dem in Mikrofiches vorliegenden Sach- und Sprechregister, das von den Dokumentationsabteilungen beider Gesetzgebungskörperschaften herausgegeben wird – ein Werk von hohem wissenschaftlichen Rang – ist selbstverständlich nicht beabsichtigt. Das Anliegen beider Verlage ist viel bescheidener: dem Benutzer, der in aller Regel kaum mit Mikrofiche-Editionen zu tun gehabt haben wird, soll der Umgang mit diesem neuen Medium vereinfacht und der erste Zugang zu den gesuchten Materialien gewiesen werden.

Im Mittelpunkt des vorliegenden Registerbands steht ein Stichwortverzeichnis, mit dessen Hilfe die gesetzgeberische Arbeit der betreffenden Wahlperiode nachvollzogen werden kann. Wer weiter in die Tiefe dringen will, kann dies über die verfilmten Sach- und Sprechregister tun. Einen zweiten Schwerpunkt dieses Bandes bildet die sog. Konkordanzliste zur Verknüpfung der einzelnen mit offiziellen Nummern bezeichneten Dokumente des Bundestages und des Bundesrates mit den entsprechenden Mikrofiche-Fundstellen. Diese Konkordanzliste wurde den Benutzern der schon ausgelieferten Mikrofiche-Edition bereits als vorläufiges Hilfsmittel zur Verfügung gestellt. Ergänzend schließlich sollen einige „Hinweise für die Benutzung des Registers" Hilfestellung geben. In diesem Zusammenhang ist auf gewisse Überschneidungen hinzuweisen, die durch die unterschiedliche Erscheinungsweise der Materialien von Bundestag und Bundesrat bedingt sind. Die Parlamentspapiere des Bundesrats erscheinen jahrgangsweise und sind nur beschränkt den Wahlperioden des Bundestags zuzuordnen. Die Verlage haben sich entschlossen, die einer Wahlperiode des Deutschen Bundestages ungefähr entsprechenden Jahrgänge des Bundesrates parallel zur Seite zu stellen und in dem vorliegenden Register gemeinsam zu verarbeiten. Einige wenige, durch diese Überschneidung verursachte Ungenauigkeiten waren dabei hinzunehmen.

Trotz aller Bemühungen der Verlage und des mit der Verfilmung betrauten Unternehmens und trotz des Einsatzes der modernsten Mikrofiche-Techniken ließ sich nicht vermeiden, daß vereinzelt Seiten vertauscht oder doppelt aufgenommen wurden. In wenigen Ausnahmefällen mußten auch Drucksachen nachgetragen werden; diese Dokumente sind in sog. Nachtragsfiches zu finden, wobei Sachregister und Konkordanzliste bereits hierauf Bezug nehmen.

Die politische Entwicklung der Bundesrepublik Deutschland ist maßgeblich durch die Arbeit des Deutschen Bundestages und des Bundesrates geprägt worden. Das Wirken dieser Institutionen ist in so vielfältiger Weise miteinander verflochten, daß es nützlich erschien, eine umfassende und zusammenhängende Dokumentation der Verhandlungen beider Gesetzgebungskörperschaften als Mikrofiche-Edition herauszubringen. Die Gesamtdokumentation wird nicht nur durch die geplanten Editionen der weiter zurückliegenden 6 Wahlperioden, sondern auch durch die 8. und nunmehr laufende 9. Wahlperiode in gleicher Weise ergänzt werden. Angesichts der Größenordnung dieses Unternehmens wäre dessen Verwirklichung ohne die tatkräftige Unterstützung von Seiten der zuständigen Stellen des Deutschen Bundestages und des Bundesrates kaum möglich gewesen. Allen Betroffenen sei an dieser Stelle herzlich gedankt.

München, im November 1981

C. H. BECK'SCHE VERLAGSBUCHHANDLUNG
K. G. SAUR VERLAG

Hinweise für die Benutzung des Registers

Dieses Register soll dem Benutzer einen schnellen Zugriff auf die Bundesrats- und Bundestagsmaterialien ermöglichen. Es will weder eine vollständige Dokumentation aller verfilmten Drucksachen und Protokolle sein, noch das ja sowieso mitverfilmte offizielle Register ersetzen.
Aus diesem Grund wurden Teile des verfilmten Materials absichtlich nicht in dieses Register aufgenommen, so vor allem

1. Kleine Anfragen
2. EG/EWG-Verordnungen, die für die Mehrzahl der Benutzer von geringem Interesse sind, wie z.B. Erhöhung der Zolltarife, Ausfuhrkontingente etc.
3. Geschäftsordnungsvorgänge
4. Personalentscheidungen (Wahlen zu Ausschüssen und Aufsichtsräten)
5. Fragen der einzelnen Fragestunden

Unter einem jeweils halbfett gedruckten Hauptstichwort findet der Benutzer in einer Strichaufzählung die zu diesem Stichwort nach den oben genannten Kriterien aufgenommenen Dokumente. Dabei sind Gesetzentwürfe (GesEntw) durch Kursivdruck hervorgehoben.
Gibt es zu einem Hauptstichwort mehrere Dokumente der gleichen Art., z.B. mehrere Verordnungen, sind diese wiederum in zeitlicher Reihenfolge aufgeführt.
Bei Gesetzentwürfen sind die Dokumente stets in einer gleichbleibenden Reihenfolge aufgenommen, zuerst die des Bundesrates, danach die des Bundestages in der Reihenfolge der parlamentarischen Behandlung.

Beispiel:

Entwurf eines Gesetzes über die Beförderung gefährlicher Güter

Reihenfolge der Dokumente	Erläuterung
BR–Drs 525/73	= Drucksache des 1. Durchgangs
BR–Drs 66/75	= Drucksache des 2. Durchgangs
BR–PlPr 397	= Protokoll des 1. Durchgangs
BR–PlPr 416	= Protokoll des 2. Durchgangs
Vermittlungsverfahren: BR–Drs 327/75 BR–PlPr 420	Soweit ein Vermittlungsverfahren stattgefunden hat, Drucksache und Protokoll dieses Verfahrens.
BT–Drs 7/2517	Die erste genannte Drucksache des Bundestages ist stets der Gesetzentwurf, entspricht also der 1. Drucksache des Bundesrates.
Bericht und Antrag des ... -ausschusses BT–Drs 7/3132	
Unterrichtung über Einberufung des Vermittlungsausschusses BT–Drs 7/3270 Antrag des Vermittlungsausschusses BT–Drs 7/3546	(Soweit ein Vermittlungsverfahren stattgefunden hat, folgen diese Drucksachen den Ausschußberichten.)
1. Beratung BT–PlPr 7/116 2. und 3. Beratung BT–PlPr 7/147 Beratung eines Antrags des Vermittlungsausschusses BT–PlPr 7/167	Nach sämtlichen Drucksachen des Bundestages folgen die Protokolle in der Reihenfolge der Beratung.

Die Ausschußempfehlungen und Beschlußdrucksachen des Bundesrates sind als Drs 525/1/73, 525/2/73, 525/73 (Beschluß) usw. bei der Hauptdrucksache mitverfilmt und im Register nicht eigens genannt.

Abkürzungsverzeichnis

ÄndGes.	Änderungsgesetz
BR	Bundesrat
BT	Deutscher Bundestag
Drs	Drucksache
EG	Europäische Gemeinschaften
EWG	Europäische Wirtschaftsgemeinschaft
GesEntw.	Gesetzentwurf
PlPr	Plenarprotokoll
s	siehe
s a.	siehe auch
UN	Vereinte Nationen
UNESCO	Sonderorganisation der Vereinten Nationen für Erziehung, Wissenschaft und Kultur
VO	Verordnung

Hinweise für die Benutzung der Konkordanzliste

Was umfaßt die vorliegende Mikrofiche-Edition?

Die Mikrofiche-Edition der Verhandlungen des Deutschen Bundestages, 7. Legislaturperiode (1972–1976) und des Bundesrates (1973–1976) umfaßt insgesamt 435 Mikrofiches. Jeder einzelne Mikrofiche enthält 420 Seiten, so daß die hier wiedergegebene Dokumentation insgesamt ein Textvolumen von rund 181 000 DIN-A 4-Seiten enthält.
Der Verkleinerungsfaktor beträgt 48 : 1. Für die Erschließung der Mikrofiche-Materialien benötigen Sie daher ein Lesegerät, das diese Rückvergrößerung ermöglicht. Sie können die Mikrofiches aber auch auf Geräten mit den Rückvergrößerungsfaktoren 42 : 1 oder 58 : 1 benützen.
Diese insgesamt 435 Mikrofiches sind durchnumeriert und gliedern sich wie folgt:

– Fiche-Nr.	BT	7/1	– 7/50	enthalten die Bundestagsprotokolle
– Fiche-Nr.	BT	7/51	– 7/235	enthalten die Bundestagsdrucksachen
– Fiche-Nr.	BT R	7/1	– 7/13	enthalten die Sach- und Sprechregister der 7. Legislaturperiode.
– Fiche-Nr.	BR	7/1	– 7/7	enthalten die Bundesratsprotokolle
– Fiche-Nr.	BR	7/8	– 7/182	enthalten die Bundesratsdrucksachen
– Fiche-Nr.	BR R	7/1	– 7/5	enthalten die Sach- und Sprechregister der Jahre 1973–1976.

Die einzelnen Abschnitte werden in den Ihnen vorliegenden Kassetten durch Trennkarten kenntlich gemacht.

Wie ist ein einzelner Mikrofiche aufgebaut?

Jeder einzelne Mikrofiche ist – wie die nebenstehende Abbildung zeigt– in ein Koordinatenfeld, bestehend aus 14 senkrechten Spalten (1–14) und 15 Zeilen (A–O) unterteilt. Jedem einzelnen Indexfeld ist eine Koordinatennummer zugeteilt, beginnend mit A 1 und endend in der 15. Zeile mit O 14. Das sind insgesamt 210 einzelne Koordinatenfelder. Auf jedem Koordinatenfeld sind zwei Seiten eines Protokolls, einer Drucksache oder des Registers enthalten. Die **Leserichtung** verläuft von links nach rechts – entspricht also der normalen Lesegewohnheit.

Wie finden Sie mit Hilfe der Konkordanzliste die Fundstelle des gesuchten Dokuments auf dem Mikrofiche?

Die nachstehend wiedergegebene Konkordanzliste dient dem Auffinden eines gesuchten Dokuments (Plenarprotokoll bzw. Drucksache) auf den einzelnen Mikrofiches. Sie benötigen dafür nur die Nummer des jeweils gesuchten Dokuments. Sobald Sie die betreffende Nummer des gesuchten Dokuments kennen (über die Sie entweder schon verfügen oder die Sie diesem Sachregister oder einem der mitverfilmten Register entnommen haben), suchen Sie diese Dokument-Nummer in der nachfolgenden Konkordanzliste jeweils in der **linken** Spalte. Haben Sie die Dokumenten-Nummer gefunden, können Sie in der jeweils **rechten** Spalte die Fundstelle auf dem Mikrofiche ablesen.
Der Fundstellenhinweis, zum Beispiel **51** A 5 setzt sich wie folgt zusammen:

51	A	5
↓	↓	↓
Nummer des Fiche (halbfett hervorgehoben)	Zeile auf dem Fiche	Spalte auf dem Fiche

Index-Platte der Verhandlungen des Deutschen Bundestages und des Bundesrates

Leserichtung →

A 1	A 2	A 3	A 4	A 5	A 6	A 7	A 8	A 9	A 10	A 11	A 12	A 13	A 14
B 1	B 2	B 3	B 4	B 5	B 6	B 7	B 8	B 9	B 10	B 11	B 12	B 13	B 14
C 1	C 2	C 3	C 4	C 5	C 6	C 7	C 8	C 9	C 10	C 11	C 12	C 13	C 14
D 1	D 2	D 3	D 4	D 5	D 6	D 7	D 8	D 9	D 10	D 11	D 12	D 13	D 14
E 1	E 2	E 3	E 4	E 5	E 6	E 7	E 8	E 9	E 10	E 11	E 12	E 13	E 14
F 1	F 2	F 3	F 4	F 5	F 6	F 7	F 8	F 9	F 10	F 11	F 12	F 13	F 14
G 1	G 2	G 3	G 4	G 5	G 6	G 7	G 8	G 9	G 10	G 11	G 12	G 13	G 14
H 1	H 2	H 3	H 4	H 5	H 6	H 7	H 8	H 9	H 10	H 11	H 12	H 13	H 14
I 1	I 2	I 3	I 4	I 5	I 6	I 7	I 8	I 9	I 10	I 11	I 12	I 13	I 14
J 1	J 2	J 3	J 4	J 5	J 6	J 7	J 8	J 9	J 10	J 11	J 12	J 13	J 14
K 1	K 2	K 3	K 4	K 5	K 6	K 7	K 8	K 9	K 10	K 11	K 12	K 13	K 14
L 1	L 2	L 3	L 4	L 5	L 6	L 7	L 8	L 9	L 10	L 11	L 12	L 13	L 14
M 1	M 2	M 3	M 4	M 5	M 6	M 7	M 8	M 9	M 10	M 11	M 12	M 13	M 14
N 1	N 2	N 3	N 4	N 5	N 6	N 7	N 8	N 9	N 10	N 11	N 12	N 13	N 14
O 1	O 2	O 3	O 4	O 5	O 6	O 7	O 8	O 9	O 10	O 11	O 12	O 13	O 14

Wie finden Sie mit Hilfe der Fundstellennummer das gesuchte Dokument auf dem Mikrofiche?

Sie entnehmen nun der Kassette den Fiche 7/51 und legen ihn auf die Fiche-Bühne Ihres Lesegerätes.
Das gesuchte Dokument finden Sie nun entweder:
– durch Auflegen der in der Kassette beigefügten **Index-Platte** auf das Index-Feld Ihres Gerätes und durch Einstellung auf das gewünschte Index-Feld – in unserem Beispiel auf das Feld A 5; oder
– durch kontinuierliches Verschieben des Suchers entlang der einzelnen Zeilen auf dem Bildschirm und durch Orientierung an den auf jeder Doppelseite der abgebildeten Dokumente links unten aufgeführten Koordinatenbezeichnungen, bis das gesuchte Index-Feld erreicht ist.
Auf dem Bildschirm erscheint dann die erste Seite des gesuchten Dokuments.
Falls Sie darüber hinaus auch noch über eine Seitenverweisung verfügen, können Sie ohne Mühe durch entsprechendes Verschieben des Suchers die gewünschte Seite rasch finden.

A

Abfälle
s Kernenergie
Meeresverschmutzung
Abfallbeförderung
– VO über das Einsammeln und Befördern von Abfall
BR-Drs 176/74 = **63** B 5
BR-Drs 427/74 = **75** E 5
Abfallbeseitigung
– *Entw eines 4. Ges zur Änderung des Atomgesetzes*
BR-Drs 101/76 = **151** L 2
BR-Drs 423/76 = **169** G 6
BR-PlPr 432 = **6** B 14
BR-PlPr 436 = **6** J 12
BT-Drs 7/4794 = **203** G 8
Stellungnahme des Bundesrates
BT-Drs 7/4911 = **206** I 6
Gegenäußerung der Bundesregierung zur Stellungnahme des Bundesrates
BT-Drs 7/4954 = **209** F 11
Bericht und Antrag des Innenausschusses
BT-Drs 7/5293 = **217** O 10
Bericht des Haushaltsausschusses
BT-Drs 7/5295 = **218** A 4
1. Beratung
BT-PlPr 7/230 = **43** J 6
2. und 3. Beratung
BT-PlPr 7/250 = **48** C 11
– s a Entw eines ÄndGes zum *Altölgesetz*
– s a GesEntw über *Umweltstatistiken*
– Bericht der Bundesregierung über die Beseitigung von Autowracks
BT-Drs 7/1760 = **108** K 11
Antrag des Innenausschusses
BT-Drs 7/4695 = **200** H 6
BT-PlPr 7/90 = **16** J 10
BT-PlPr 7/221 = **41** M 14
– *Abfallwirtschaftsprogramm 1975 der Bundesregierung*
BT-Drs 7/4826 = **204** J 6
BT-PlPr 7/230 = **43** J 6
– Umweltgutachten 1974
BT-Drs 7/2802 = **135** C 10
– Umweltbericht 1976
BR-Drs 513/76 = **172** J 10
BT-Drs 7/5684 = **226** A 1
– Unterrichtung über den Vorschlag einer EG-Richtlinie über die Beseitigung von Abfällen
BT-Drs 7/2657 = **132** A 8
BT-Drs 7/3668 = **164** G 5
BT-PlPr 7/126 = **23** F 4
BT-PlPr 7/178 = **34** B 13
– Unterrichtung über den Vorschlag einer EG-Richtlinie über giftige und gefährliche Abfälle
BT-Drs 7/5710 = **227** B 3
BT-PlPr 7/258 = **50** E 3
– VO zur Änderung der VO über die Befreiung bestimmter Beförderungsfälle von den Bestimmungen des Güterkraftverkehrsgesetzes
BR-Drs 186/74 = **63** J 11
Abfallbeseitigungsgesetz
– *Entw eines ÄndGes*
BR-Drs 694/73 = **45** I 5
BR-Drs 388/74 = **73** C 9
BR-Drs 143/76 = **153** H 3
BR-PlPr 410 = **3** O 9
BR-PlPr 432 = **6** B 14
Vermittlungsverfahren:
BR-Drs 224/76 = **156** H 3
BR-PlPr 433 = **6** D 11
BT-Drs 7/2593 = **130** G 5
Antrag des Innenausschusses
BT-Drs 7/4699 = **200** I 8
Bericht des Innenausschusses
BT-Drs 7/4716 = **201** C 14
Unterrichtung betr Anrufung des Vermittlungsausschusses
BT-Drs 7/4878 = **206** A 7
Antrag des Vermittlungsausschusses
BT-Drs 7/4962 = **209** J 6
1. Beratung
BT-PlPr 7/125 = **23** A 1
2. und 3. Beratung
BT-PlPr 7/221 = **41** M 14
Beratung eines Antrags des Vermittlungsausschusses
BT-PlPr 7/235 = **44** I 6
Abfalleinfuhr
– VO über die Einfuhr von Abfällen
BR-Drs 175/74 = **62** O 10
BR-Drs 426/74 = **75** D 10
Abfallnachweis
– VO über den Nachweis von Abfällen
BR-Drs 177/74 = **63** C 7
BR-Drs 428/74 = **75** E 12
Abgabenordnung
s a Reichsabgabenordnung
– *GesEntw einer AO 1974/1977*
BR-Drs 726/75 = **140** D 13
BR-PlPr 429 = **5** M 3
Vermittlungsverfahren:
BR-Drs 123/76 = **152** J 8
BR-PlPr 431 = **5** O 8
GesEntw der SPD/FDP
BT-Drs 7/79 = **54** A 4
Bericht und Antrag des Finanzausschusses
BT-Drs 7/4292 = **186** G 11
Änderungsanträge zur 2. Beratung
BT-Drs 7/4344 = **189** E 7
BT-Drs 7/4345 = **189** E 8
Unterrichtung betr Anrufung des Vermittlungsausschusses
BT-Drs 7/4495 = **192** L 3
Antrag des Vermittlungsausschusses
BT-Drs 7/4664 = **198** A 11
1. Beratung
BT-PlPr 7/12 = **2** A 13
2. und 3. Beratung
BT-PlPr 7/203 = **38** F 6
Beratung eines Antrags des Vermittlungsausschusses
BT-PlPr 7/221 = **41** M 14
– *Entw eines Einführungsgesetzes zur Abgabenordnung 1974/1977 (EGAO 1974/1977)*
BR-Drs 134/73 = **16** L 13
BR-Drs 467/76 = **171** D 2
BR-PlPr 390 = **2** A 6
BR-PlPr 437 = **6** L 10
Vermittlungsverfahren:
BR-Drs 656/76 = **178** N 8
BR-PlPr 440 = **7** A 8
BT-Drs 7/261 = **62** J 12
Antrag des Finanzausschusses
BT-Drs 7/5456 = **220** N 4
Bericht des Finanzausschusses
BT-Drs 7/5458 = **221** E 6
Unterrichtung betr Anrufung des Vermittlungsausschusses
BT-Drs 7/5613 = **224** A 1
Antrag des Vermittlungsausschusses
BT-Drs 7/5638 = **224** F 8
1. Beratung
BT-PlPr 7/21 = **3** J 11
2. und 3. Beratung
BT-PlPr 7/255 = **49** F 10
Beratung eines Antrags des Vermittlungsausschusses
BT-PlPr 7/258 = **50** E 3
Abgase
– VO zur Änderung der Straßenverkehrs-Zulassungs-Ordnung
betr Maßnahmen gegen Verunreinigung der Luft durch Abgase
BR-Drs 181/75 = **108** C 2
Abgeordnetenbestechung
Wienand-Steiner
– Antrag auf Einsetzung eines Untersuchungsausschusses
BT-Drs 7/780 = **77** I 10
BT-PlPr 7/90 = **16** J 10
Abgeordnetengesetz
s a Diätengesetz
– *GesEntw zur Neuregelung der Rechtsverhältnisse der Mitglieder des Deutschen Bundestages*
BT-Drs 7/5525 = **222** I 13
Materialien
BT-Drs 7/5531 = **222** J 12
Bericht und Antrag des 2. Sonderausschusses
BT-Drs 7/5903 = **232** M 2
Änderungsantrag zur 2. Beratung
BT-Drs 7/5922 = **233** D 4
Bericht des Haushaltsausschusses
BT-Drs 7/5928 = **234** A 5
Änderungsantrag zur 3. Beratung
BT-Drs 7/5929 = **234** A 6
1. Beratung
BT-PlPr 7/256 = **49** K 13
2. und 3. Beratung
BT-PlPr 7/259 = **50** F 7
Abkommen von Lomé
– *GesEntw zu dem AKP-EWG-Abkommen von Lomé sowie zu den mit diesem Abkommen in Zusammenhang stehenden Abkommen*
BR-Drs 576/75 = **129** O 9
BR-Drs 746/75 = **141** A 1
BR-PlPr 424 = **5** E 4
BR-PlPr 429 = **5** M 3
BT-Drs 7/4139 = **178** F 8
Bericht und Antrag des Auswärtigen Ausschusses
BT-Drs 7/4404 = **190** M 11
Bericht und Antrag des Haushaltsausschusses
BT-Drs 7/4405 = **190** M 14
1. Beratung
BT-PlPr 7/197 = **37** B 12
2. Beratung und Schlußabstimmung
BT-PlPr 7/208 = **39** D 5
Abmagerungsmittel
– VO zur Änderung der VO über die Bestimmung von Stoffen oder Zubereitung aus Stoffen nach § 38 a des Arzneimittelgesetzes
BR-Drs 315/74 = **69** L 12
Abrüstung
– s a Rüstung, Weißbuch
– Entschließung der Interparlamentarischen Union zur Beendigung des Wettrüstens
BT-Drs 7/15 = **52** E 8

Abschreibung
s Steuerliche Abschreibung
Absetzung gem. § 7b Einkommensteuergesetz
s a Steuerliche Abschreibung
– *3. VO über steuerliche Konjunkturmaßnahmen*
BR-Drs 368/73 = **28** N 9
Abtreibung
s Schwangerschaftsabbruch
Abwasserabgabe
– Umweltgutachten 1974
BT-Drs 7/2802 = **135** C 10
– Umweltbericht 1976
BT-Drs 7/5684 = **226** A 1
Abwasserabgabengesetz
– *GesEntw über Abgaben für das Einleiten von Abwasser in Gewässer – (AbwAG)*
BR-Drs 213/74 = **65** A 13
BR-Drs 373/76 = **166** H 2
BR-PlPr 405 = **3** I 2
BR-PlPr 436 = **6** J 12
BT-Drs 7/2272 = **121** G 7
Antrag des Innenausschusses
BT-Drs 7/5088 = **213** A 12
Bericht des Haushaltsausschusses
BT-Drs 7/5161 = **214** H 13
Bericht des Innenausschusses
BT-Drs 7/5183 = **215** A 6
Änderungsantrag zur 2. Beratung
BT-Drs 7/5238 = **216** E 10
1. Beratung
BT-PlPr 7/122 = **22** G 7
2. und 3. Beratung
BT-PlPr 7/245 = **47** A 5
Abwasserbeseitigung
– s Entw eines 4. ÄndGes zum *Wasserhaushaltsgesetz*
BT-Drs 7/1088 = **86** J 14
– s GesEntw betr *Umweltstatistik*
BT-Drs 7/988 = **82** M 3
– VO nach § 5 Abs 1 des Ges über Umweltstatistiken
BR-Drs 349/75 = **117** N 10
– VO nach § 5 Abs 3 Nr 1 des Ges über Umweltstatistiken
BR-Drs 782/74 = **93** E 10
Abzahlungsgesetz
– *GesEntw eines 2. Änderungsgesetzes zum Abzahlungsgesetz*
BR-Drs 90/73 = **11** A 4
BR-Drs 52/74 = **56** L 3
BR-PlPr 390 = **2** A 6
BR-PlPr 401 = **3** C 2
Vermittlungsverfahren:
BR-Drs 174/74 = **62** O 8
BR-PlPr 403 = **3** F 14
BT-Drs 7/598 = **73** D 12
Bericht und Antrag des Rechtsausschusses
BT-Drs 7/1398 = **97** D 4
Unterrichtung betr Anrufung des Vermittlungsausschusses
BT-Drs 7/1702 = **108** A 13
Antrag des Vermittlungsausschusses
BT-Drs 7/1739 = **108** G 11
1. Beratung
BT-PlPr 7/39 = **6** H 14
2. und 3. Beratung
BT-PlPr 7/70 = **12** C 14
Beratung des Antrags des Vermittlungsausschusses
BT-PlPr 7/85 = **15** I 2
– *GesEntw zur Änderung des Abzahlungsgesetzes*
BR-Drs 394/75 = **121** I 11
BR-PlPr 422 = **5** B 1
Ackerschlepper
s Schlepper
Adoption
s a Adoptionsgesetz
Adoptionsvermittlungsgesetz
– *GesEntw zur Änderung von Vorschriften des Adoptionsrechts*
BR-Drs 70/73 = **9** C 10
BR-Drs 451/73 = **33** G 13
BR-PlPr 390 = **2** A 6
BR-PlPr 396 = **2** I 14
BT-Drs 7/421 = **67** C 2
Bericht und Antrag des Rechtsausschusses
BT-Drs 7/716 = **76** G 1
1. Beratung
BT-PlPr 7/34 = **5** M 13
2. und 3. Beratung
BT-PlPr 7/42 = **7** A 12
– Antrag betr Neuregelung des Adoptionsrechts
BT-Drs 7/328 = **64** D 12
Bericht und Antrag des Rechtsausschusses
BT-Drs 7/716 = **76** G 1
Beratung des Antrags
BT-PlPr 7/34 = **5** M 13
– 2. Familienbericht
BT-Drs 7/3502 = **157** G 4
– Sozialbericht 1973
BT-Drs 7/1167 = **89** D 6
– 5. VO zur Änderung der VO zur Ausführung des Personenstandsgesetzes
BR-Drs 664/76 = **179** A 2
Adoptionsgesetz
– *GesEntw über die Annahme als Kind*
BR-Drs 691/74 = **87** G 5
BR-Drs 304/76 = **163** D 14
BR-PlPr 414 = **4** F 5
BR-PlPr 435 = **6** I 1
BT-Drs 7/3061 = **144** N 6
Bericht und Antrag des Rechtsausschusses
BT-Drs 7/5087 = **212** N 10
Änderungsantrag zur 2. Beratung
BT-Drs 7/5125 = **214** A 9
1. Beratung
BT-PlPr 7/143 = **27** C 8
2. und 3. Beratung
BT-PlPr 7/238 = **45** D 14
Adoptionsvermittlungsgesetz
– *GesEntw über die Vermittlung der Annahme als Kind*
BR-Drs 7/75 = **97** G 13
BR-Drs 305/76 = **163** E 14
BR-PlPr 416 = **4** I 9
BR-PlPr 435 = **6** I 1
BT-Drs 7/3421 = **155** K 14
Bericht und Antrag des Ausschusses für Jugend, Familie und Gesundheit
BT-Drs 7/5089 = **213** B 2
1. Beratung
BT-PlPr 7/164 = **31** I 1
2. und 3. Beratung
BT-PlPr 7/238 = **45** D 14
Ägypten, Arabische Republik
– *GesEntw zum Abkommen mit der Bundesrepublik Deutschland über die Förderung und den gegenseitigen Schutz von Kapitalanlagen*
BR-Drs 747/76 = **182** H 5
Ämterbewertung
– Bericht zur
BT-Drs 7/6 = **51** M 5
– Arbeitsbericht über die Vorarbeiten für eine Ämter- und Dienstpostenbewertung
BT-Drs 7/5510 = **222** E 11
Ärzte
– Allgemeine Verwaltungsvorschrift zur Änderung der Allgemeinen Verwaltungsvorschrift zur Straßenverkehrs-Ordnung (betr Parkerleichterungen)
BR-Drs 400/76 = **168** H 1
– Antwort auf die Große Anfrage betr Situation des Gesundheitswesens in der Bundesrepublik Deutschland
BT-Drs 7/3322 = **153** J 4
Ärzteausbildung
– 1. VO zur Änderung der Approbationsordnung für Ärzte
BR-Drs 192/75 = **108** G11
Ärztekammer
s Reichsärztekammer
Ärzteordnung
s Bundesärzteordnung
Ärztliche Betreuung
– *GesEntw zum Übereinkommen der Internationalen Arbeitsorganisation über ärztliche Betreuung und Krankengeld*
BR-Drs 520/73 = **35** K 10
BR-Drs 149/74 = **61** M 14
BR-PlPr 397 = **2** L 1
BR-PlPr 402 = **3** E 5
BT-Drs 7/1134 = **87** M 9
Bericht und Antrag des Ausschusses für Arbeit und Sozialordnung
BT-Drs 7/1615 = **104** E 10
1. Beratung
BT-PlPr 7/64 = **10** L 13
2. Beratung und Schlußabstimmung
BT-PlPr 7/81 = **14** N 5
Ärztliche Niederlassungen
– s GesEntw zur Änderung und Ergänzung von Vorschriften des 2. Buches der Reichsversicherungsordnung (Ges zur Weiterentwicklung des *Kassenarztrechts)*
BR-Drs 476/74 = **76** L 8
BT-Drs 7/3337 = **154** B 14
Ärztliche Untersuchung
– s Übereinkommen der *Internationalen Arbeitsorganisation* über die ärztliche Untersuchung der Schiffsleute und Fischer
AETR
s Straßenverkehr, internationaler
Aflatoxin
– VO über die Höchstmengen an Aflatoxinen in Lebensmitteln
BR-Drs 522/76 = **173** F 11
Afrika
s a Südafrika
assoziierte afrikanische Staaten
– Antrag betr Hilfe für die afrikanischen Dürregebiete
BT-Drs 7/1436 = **97** L 9
Bericht und Antrag des Auswärtigen Ausschusses
BT-Drs 7/1866 = **111** L 8
– Zollsätze
VO zur Änderung des Deutschen Teil-Zolltarifs
BT-Drs 7/3962 = **173** I 2
Bericht und Antrag des Wirtschaftsausschusses
BT-Drs 7/4051 = **176** E 4
Afrika-Karibik-Pazifik-Staaten
s AKP-Staaten
Abkommen von Lomé

Afrikanischer Entwicklungsfonds
- *GesEntw zum Übereinkommen über die Errichtung*
  BR-Drs 556/73 = **38 J 2**
  BR-Drs 754/73 = **50 B 3**
  BR-PlPr 397 = **2 L 1**
  BR-PlPr 400 = **3 A 1**
  BT-Drs 7/1177 = **90 H 6**
  Bericht und Antrag des Ausschusses für wirtschaftliche Zusammenarbeit
  BT-Drs 7/1296 = **95 F 7**
  Bericht des Haushaltsausschusses
  BT-Drs 7/1310 = **95 H 3**
  1. Beratung
  BT-PlPr 7/64 = **10 L 13**
  2. Beratung und Schlußabstimmung
  BT-PlPr 7/67 = **11 E 10**

AGB-Gesetz
s Allgemeine Geschäftsbedingungen

Agrarbericht 1973
- Unterrichtung über den agrar- und ernährungspolitischen Bericht der Bundesregierung
  BR-Drs 118/73 = **14 G 12**
  BR-Drs 119/73 = **15 I 13**
  Bericht der Bundesregierung
  BT-Drs 7/146 = **57 A 6**
  Materialband
  BT-Drs 7/147 = **57 F 2**
  Buchführungsergebnisse
  BT-Drs 7/148 = **58 C 7**
  Entschließungsantrag der SPD/FDP betr das Gesetz über die Krankenversicherung der Landwirte
  BT-Drs 7/220 = **60 L 14**
  Entschließungsantrag der CDU/CSU
  BT-Drs 7/221 = **60 M 1**
  Bericht und Antrag des Ausschusses für Ernährung, Landwirtschaft und Forsten
  BT-Drs 7/621 = **73 J 11**
  BT-Drs 7/936 = **81 E 5**
  Beratung
  BT-PlPr 7/17 = **2 O 1**

Agrarbericht 1974
- Unterrichtung über den agrar- und ernährungspolitischen Bericht der Bundesregierung
  BR-Drs 120/74 = **59 G 8**
  BR-Drs 121/74 = **60 G 3**
  Bericht der Bundesregierung
  BT-Drs 7/1650 = **105 K 5**
  Materialband
  BT-Drs 7/1651 = **106 B 1**
  Buchführungsergebnisse
  BT-Drs 7/1652 = **106 J 14**
  Entschließungsantrag der CDU/CSU
  BT-Drs 7/1798 = **109 N 9**
  Bericht und Antrag des Ausschusses für Ernährung, Landwirtschaft und Forsten
  BT-Drs 7/3005 = **142 J 9**
  BT-Drs 7/3029 = **143 C 1**
  Bericht des Haushaltsausschusses
  BT-Drs 7/3078 = **146 A 14**
  Beratung
  BT-PlPr 7/85 = **15 I 2**
  BT-PlPr 7/141 = **26 L 3**

Agrarbericht 1975
- Unterrichtung über den agrar- und ernährungspolitischen Bericht der Bundesregierung
  BR-Drs 112/75 = **101 O 8**
  Bericht der Bundesregierung
  BT-Drs 7/3210 = **149 B 5**
  Materialband
  BT-Drs 7/3211 = **149 H 12**
  Bericht und Antrag des Ausschusses für Ernährung, Landwirtschaft und Forsten
  BT-Drs 7/4151 = **178 M 1**
  Beratung
  BT-PlPr 7/153 = **29 D 2**
  Beratung des Ausschußantrags
  BT-PlPr 7/197 = **37 B 12**

Agrarbericht 1976
- Unterrichtung über den agrar- und ernährungspolitischen Bericht der Bundesregierung
  BR-Drs 100/76 = **150 E 11**
  Bericht der Bundesregierung
  BT-Drs 7/4680 = **198 N 3**
  Materialband
  BT-Drs 7/4681 = **199 B 8**
  Entschließungsantrag der CDU/CSU
  BT-Drs 7/4891 = **206 D 6**
  Bericht und Antrag des Ausschusses für Ernährung, Landwirtschaft und Forsten
  BT-Drs 7/5272 = **217 F 12**
  Beratung
  BT-PlPr 7/231 = **43 O 6**
  Beratung des Ausschußantrags
  BT-PlPr 7/250 = **48 C 11**

Agrarberichterstattungsgesetz
- *GesEntw über die Agrarberichterstattung (Agrarberichterstattungsgesetz)*
  BR-Drs 72/74 = **57 N 11**
  BR-Drs 674/74 = **86 H 13**
  BR-PlPr 402 = **3 E 5**
  BR-PlPr 413 = **4 D 2**
  BT-Drs 7/1990 = **114 I 2**
  Bericht und Antrag des Ausschusses für Ernährung, Landwirtschaft und Forsten
  BT-Drs 7/2576 = **129 O 10**
  Bericht des Haushaltsausschusses
  BT-Drs 7/2615 = **130 M 10**
  1. Beratung
  BT-PlPr 7/103 = **19 B 7**
  2. und 3. Beratung
  BT-PlPr 7/122 = **22 G 7**

Agrarerzeugnisse
- Vorschläge der EG betr Preisfestsetzung für Agrarerzeugnisse
  BR-Drs 292/73 = **26 A 11**
  BR-Drs 845/74 = **96 G 12**

Agrarförderung
- Vorschlag einer EG-VO über das Verzeichnis der mit Vorrang zu fördernden Agrargebiete und Gebietsteile nach der EG-VO über die Finanzierung von Vorhaben durch den Europäischen Ausrichtungs- und Garantiefonds für die Landwirtschaft
  BR-Drs 170/73 = **18 K 12**
  BR-Drs 659/73 = **42 K 12**

Agrarforschung
- Vorschlag einer EG-VO über die Koordinierung der Agrarforschung
  BR-Drs 105/73 = **11 I 6**
  BT-Drs 7/69 = **53 J 7**
  BT-Drs 7/1078 = **86 E 14**
  BT-PlPr 7/12 = **2 A 13**
  BT-PlPr 7/64 = **10 L 13**

Agrarpolitik
s a Agrarbericht, Höfeordnung, Integrationsbericht
- VO zur Durchführung der Bodennutzungshaupterhebung 1974
  BR-Drs 714/73 = **48 E 1**
- Memorandum der Kommission der EG über die Anpassung der gemeinsamen Agrarpolitik
  BR-Drs 745/73 = **49 L 6**
  BT-Drs 7/1302 = **95 G 1**
- Jahresgutachten 1976/1977 des Sachverständigenrates zur Begutachtung der gesamtwirtschaftlichen Entwicklung
  BR-Drs 700/76 = **180 K 4**
  BT-Drs 7/5902 = **232 A 12**
- Vorschläge der Kommission der EG an den Rat der EG betr die Festsetzung der Preise für verschiedene landwirtschaftliche Erzeugnisse
  BR-Drs 122/74 = **60 N 14**
  BR-Drs 845/74 = **96 G 12**
  BR-Drs 60/76 = **147 L 9**
  BT-Drs 7/1646 = **105 E 3**
- Unterrichtung über den Vorschlag einer EG-VO zur Festsetzung der in der Landwirtschaft repräsentativen Umrechnungskurse
  BR-Drs 697/76 = **180 I 11**

Agrarstruktur
s Rahmenplan zur Verbesserung der Agrarstruktur und des Küstenschutzes *(Agrarwirtschaft)*

Agrarwirtschaft
s a Agrarbericht ..., Landwirtschaft
- 4. Subventionsbericht der Bundesregierung
  BT-Drs 7/1144 = **88 F 1**
- Rahmenplan zur Verbesserung der Agrarstruktur und des Küstenschutzes für 1973 bis 1976
  BT-Drs 7/61 = **53 A 8**
  BT-Drs 7/480 = **68 M 5**
  BT-Drs 7/949 = **81 I 3**
- Rahmenplan zur Verbesserung der Agrarstruktur und des Küstenschutzes für 1974 bis 1977
  BT-Drs 7/1538 = **102 L 4**
  BT-Drs 7/2587 = **130 C 11**
  Bericht und Antrag des Ausschusses für Ernährung, Landwirtschaft und Forsten
  BT-Drs 7/2581 = **130 A 12**
  BT-Drs 7/3842 = **170 G 14**
- Rahmenplan zur Verbesserung der Agrarstruktur und des Küstenschutzes für 1975 bis 1978
  BT-Drs 7/3563 = **159 A 14**
  Bericht und Antrag des Ausschusses für Ernährung, Landwirtschaft und Forsten
  BT-Drs 7/4153 = **178 M 3**
- Rahmenplan zur Verbesserung der Agrarstruktur und des Küstenschutzes für 1976 bis 1979
  BT-Drs 7/5671 = **224 L 6**

Agrarwissenschaften
  Ausgaben und Personal der Forschungseinrichtungen
- s *Bundesbericht* Forschung V
  BT-Drs 7/3574 = **160 A 1**

Akademien
- VO zur Änderung der VO über die Förderungshöchstdauer für den Besuch von Höheren Fachschulen, Akademien und Hochschulen
  BR-Drs 256/74 = **67 B 4**
  BR-Drs 429/74 = **75 F 11**
- 2. VO zur Änderung der VO über die Förderungshöchstdauer für den Besuch von Höheren Fachschulen, Akademien und Hochschulen
  BR-Drs 226/76 = **156 H 8**

AKP-Staaten
– VO zur Änderung des Deutschen Teil-Zolltarifs
(Nr 7/75 – Besondere Zollsätze)
BR-Drs 500/75 = **125** C 4
BT-Drs 7/3962 = **173** I 2

Aktiengesellschaft
s Europäische Aktiengesellschaft

Aktiengesetz
– *Entw eines ÄndGes*
BT-Drs 7/874 = **78** N 11
1. Bericht und Antrag des Rechtsausschusses
BT-Drs 7/5162 = **214** H 13
1. Beratung
BT-PlPr 7/54 = **9** A 1
Beratung des Berichts des Rechtsausschusses
BT-PlPr 7/247 = **47** I 2

Algerien, Demokratische Volksrepublik
– Empfehlung einer EG-VO über den Abschluß eines Abkommens mit der EWG
BR-Drs 184/76 = **154** L 11
BT-Drs 7/4858 = **205** I 12
– VO zur Änderung des Deutschen Teil-Zolltarifs (Nr 13/76)
BR-Drs 567/76 = **175** H 4
BT-Drs 7/5864 = **231** D 1

Alkoholmißbrauch
im militärischen Bereich
– Jahresbericht 1972 des Wehrbeauftragten
BT-Drs 7/334 = **64** E 8
– Jahresbericht 1973
BT-Drs 7/1765 = **108** O 2

Allgemeines Eisenbahngesetz
– *Entw eines 2. ÄndGes*
BR-Drs 2/74 = **53** O 5
BR-Drs 261/76 = **160** F 1
BR-PlPr 401 = **3** C 2
BR-PlPr 434 = **6** F 11
Vermittlungsverfahren:
BR-Drs 420/76 = **169** C 4
BR-PlPr 436 = **6** J 12
BT-Drs 7/2017 = **115** H 8
Bericht und Antrag des Ausschusses für Verkehr und für das Post- und Fernmeldewesen
BT-Drs 7/4902 = **206** H 2
Bericht des Haushaltsausschusses
BT-Drs 7/4903 = **206** H 6
Unterrichtung betr Anrufung des Vermittlungsausschusses
BT-Drs 7/5195 = **215** H 4
Antrag des Vermittlungsausschusses
BT-Drs 7/5383 = **219** F 8
1. Beratung
BT-PlPr 7/106 = **19** N 8
2. und 3. Beratung
BT-PlPr 7/233 = **44** D 5
Beratung eines Antrags des Vermittlungsausschusses
BT-PlPr 7/253 = **48** M 9

Allgemeine Fremdstoff-Verordnung
– VO zur Änderung der ... und anderer lebensmittelrechtlicher Verordnungen
BR-Drs 188/76 = **155** B 14

Allgemeine Geschäftsbedingungen
– *GesEntw zur Regelung des Rechts der Allgemeinen Geschäftsbedingungen* (AGB-Ges)
BR-Drs 360/75 = **119** B 1
BR-Drs 443/76 = **170** G 8
BR-PlPr 422 = **5** B 1
BR-PlPr 437 = **6** L 10
Vermittlungsverfahren:
BR-Drs 652/76 = **178** M 12
BR-PlPr 440 = **7** A 8
GesEntw der CDU/CSU
BT-Drs 7/3200 = **148** K 13
GesEntw der Bundesregierung
BT-Drs 7/3919 = **172** G 2
Antrag des Rechtsausschusses
BT-Drs 7/5412 = **220** G 11
Bericht desRechtsausschusses
BT-Drs 7/5422 = **220** I 12
Änderungsantrag zur 2. Beratung
BT-Drs 7/5469 = **221** G 4
Unterrichtung betr Anrufung des Vermittlungsausschusses
BT-Drs 7/5617 = **224** A 6
Antrag des Vermittlungsausschusses
BT-Drs 7/5636 = **224** F 5
1. Beratung
BT-PlPr 7/168 = **32** D 13
BT-PlPr 7/187 = **36** O 1
2. und 3. Beratung
BT-PlPr 7/253 = **48** M 9
Beratung eines Antrags des Vermittlungsausschusses
BT-PlPr 7/258 = **50** E 3

Allgemeines Zoll- und Handelsabkommen
– *GesEntw zur Erklärung über den vorläufigen Beitritt der Philippinen*
BR-Drs 541/75 = **127** L 3
BR-Drs 51/76 = **147** C 2
BR-PlPr 424 = **5** E 4
BR-PlPr 431 = **5** O 8
BT-Drs 7/4176 = **179** D 14
Bericht und Antrag des Wirtschaftsausschusses
BT-Drs 7/4468 = **192** B 10
1. Beratung
BT-PlPr 7/201 = **38** A 1
2. Beratung u. Schlußabstimmung
BT-PlPr 7/216 = **40** N 12
– *GesEntw zur Erklärung über den vorläufigen Beitritt Kolumbiens*
BR-Drs 409/76 = **168** L 5
BR-PlPr 437 = **6** L 10

Altbanken
s Währungsumstellung

Altbaumodernisierung
– s GesEntw zur Änderung des *Einkommensteuergesetzes* (Sonderabschreibung nach § 7b Einkommensteuergesetz)
– s GesEntw eines *2. Steueränderungsgesetzes* (steuerliche Absetzung für Modernisierungsaufwand)
– s *Wohnungsmodernisierungsgesetz*
– s *Mietpreisbindung* in München, Hamburg und Berlin

Altenheim
– *Ges über Altenheime, Altenwohnheime und Pflegeheime für Volljährige* (Heimgesetz – HeimG)
BR-Drs 445/74 = **75** O 3
BR-PlPr 387 = **1** A 1
BR-PlPr 410 = **3** O 9
BT-Drs 7/180 = **59** I 13
Bericht und Antrag des Ausschusses für Jugend, Familie und Gesundheit
BT-Drs 7/2068 = **116** M 5
Änderungsanträge zur 2. Beratung
BT-Drs 7/2234 = **120** B 5
BT-Drs 7/2235 = **120** B 6
BT-Drs 7/2236 = **120** B 6
BT-Drs 7/2237 = **120** B 7
1. Beratung
BT-PlPr 7/18 = **3** C 9
2. und 3. Beratung
BT-PlPr 7/106 = **19** N 8
– VO über die Mindestanforderungen für Altenheime, Altenwohnheime und Pflegeheime für Volljährige
BR-Drs 760/74 = **91** F 3
– VO über die Mitwirkung der Bewohner von Altenheimen, Altenwohnheimen und Pflegeheimen für Volljährige in Angelegenheiten des Heimbetriebes
BR-Drs 350/76 = **164** N 14

Altenhilfe
s Bundessozialhilfegesetz

Altenpfleger
– VO über die Ausbildungsförderung für den Besuch von Ausbildungsstätten für ...
BR-Drs 275/74 = **67** N 6

Altenwohnheim
s Altenheim

Altersgeld
s Altershilfe für Landwirte

Altershilfe für Landwirte
– *GesEntw über die laufende Anpassung der Altersgelder in der* (7. ÄndG-GAL)
BR-Drs 396/73 = **30** K 13
BR-Drs 710/73 = **47** O 10
BR-PlPr 396 = **2** I 14
BR-PlPr 399 = **2** N 12
BT-Drs 7/934 = **81** D 8
Bericht und Antrag des Ausschusses für Arbeit und Sozialordnung
BT-Drs 7/1211 = **91** C 9
Bericht des Haushaltsausschusses
BT-Drs 7/1212 = **91** D 4
Änderungsanträge der CDU/CSU zur 2. Beratung
BT-Drs 7/1215 = **91** D 7
BT-Drs 7/1216 = **91** D 8
BT-Drs 7/1217 = **91** D 9
BT-Drs 7/1218 = **91** D 10
BT-Drs 7/1219 = **91** D 11
1. Beratung
BT-PlPr 7/51 = **8** I 5
2. und 3. Beratung
BT-PlPr 7/64 = **10** L 13
– *GesEntw eines 17. Ges über die Anpassung der Renten aus den gesetzlichen Rentenversicherungen sowie über die Anpassung der Geldleistungen aus der gesetzlichen Unfallversicherung und der Altersgelder in der Altershilfe für Landwirte* (17. Rentenanpassungsgesetz)
BR-Drs 682/73 = **44** L 14
BR-Drs 147/74 = **61** M 10
BR-PlPr 400 = **3** A 1
BR-PlPr 402 = **3** E 5
BT-Drs 7/1483 = **100** L 10
Bericht und Antrag des Ausschusses für Arbeit und Sozialordnung
BT-Drs 7/1642 = **105** C 11
Bericht des Haushaltsausschusses
BT-Drs 7/1682 = **107** L 3
1. Beratung
BT-PlPr 7/74 = **13** F 13
2. und 3. Beratung
BT-PlPr 7/81 = **14** N 5
– *GesEntw eines 18. Ges über die Anpas-*

sung der Renten aus den gesetzlichen Rentenversicherungen sowie über die Anpassung der Geldleistungen aus der gesetzlichen Unfallversicherung und der Altersgelder in der Altershilfe für Landwirte (18. Rentenanpassungsgesetz)
BR-Drs 688/74 = **87** D 8
BR-Drs 162/75 = **106** J 9
BR-PlPr 414 = **4** F 5
BR-PlPr 418 = **4** M 1
BT-Drs 7/3065 = **145** C 5
Gegenäußerung der Bundesregierung zu der Stellungnahme des Bundesrates
BT-Drs 7/3073 = **146** A 5
Bericht und Antrag des Ausschusses für Arbeit und Sozialordnung
BT-Drs 7/3235 = **151** I 6
Änderungsantrag zur 2. Beratung
BT-Drs 7/3282 = **153** A 10
Bericht des Haushaltsausschusses
BT-Drs 7/3288 = **153** B 1
1. Beratung
BT-PlPr 7/141 = **26** L 3
2. und 3. Beratung
BT-PlPr 7/152 = **28** M 6
– *GesEntw eines 19. Ges über die Anpassung der Renten aus den gesetzlichen Rentenversicherungen sowie über die Anpassung der Geldleistungen aus der gesetzlichen Unfallversicherung und der Altersgelder in der Altershilfe für Landwirte* (19. Rentenanpassungsgesetz)
BR-Drs 671/75 = **136** D 5
BR-Drs 264/76 = **160** G 2
BR-PlPr 429 = **5** M 3
BR-PlPr 434 = **6** F 11
BT-Drs 7/4722 = **201** E 1
Bericht und Antrag des Ausschusses für Arbeit und Sozialordnung
BT-Drs 7/4951 = **207** E 12
Bericht des Haushaltsausschusses
BT-Drs 7/4998 = **210** G 3
1. Beratung
BT-PlPr 7/225 = **42** K 12
2. und 3. Beratung
BT-PlPr 7/235 = **44** I 6
– s a GesEntw eines *Sozialgesetzbuchs*
– VO über den Beitrag in der ... (GAL-BeitragsVO 1975)
BR-Drs 704/74 = **88** E 13
– VO über den Beitrag in der ... (GAL-BeitragsVO 1976)
BR-Drs 527/75 = **126** J 1
– VO über den Beitrag in der ... (GAL-BeitragsVO 1977)
BR-Drs 560/76 = **175** A 10
– Allgemeine Verwaltungsvorschrift zur Durchführung des § 2a Abs 2 des Ges über eine Altershilfe für Landwirte
BR-Drs 554/74 = **81** J 14

Alterssicherung
von Kriegsgefangenen
– Antrag betr Beseitigung von Nachteilen
BT-Drs 7/668 = **75** N 10
Bericht und Antrag des Ausschusses für Arbeit und Sozialordnung
BT-Drs 7/1664 = **107** H 9
BT-PlPr 7/39 = **6** H 14
BT-PlPr 7/86 = **15** N 2

Altersversorgung
s a Altershilfe für Landwirte
betriebliche Altersversorgung

Altöl
– Abfallbeseitigungsprogramm 1975 der Bundesregierung
BT-Drs 7/4826 = **204** J 6

Altölbeseitigung
– 2. Bericht der Bundesregierung über die Tätigkeit des Rückstellungsfonds nach dem Altölgesetz
BT-Drs 7/3455 = **156** I 12

Altölgesetz
– *Entw eines ÄndGes*
BR-Drs 589/75 = **130** L 1
BR-Drs 146/76 = **153** I 13
BR-PlPr 425 = **5** G 3
BR-PlPr 432 = **6** B 14
Vermittlungsverfahren:
BR-Drs 225/76 = **156** H 7
BR-PlPr 433 = **6** D 11
BT-Drs 7/4368 = **190** C 5
Bericht und Antrag des Wirtschaftsausschusses
BT-Drs 7/4710 = **201** B 4
Bericht des Haushaltsausschusses
BT-Drs 7/4732 = **201** G 1
Unterrichtung betr Anrufung des Vermittlungsausschusses
BT-Drs 7/4879 = **206** A 9
Antrag des Vermittlungsausschusses
BT-Drs 7/4910 = **206** I 5
1. Beratung
BT-PlPr 7/208 = **39** D 5
2. und 3. Beratung
BT-PlPr 7/222 = **42** C 10
Beratung eines Antrags des Vermittlungsausschusses
BT-PlPr 7/233 = **44** D 5

Ameisensäure
– 5. VO zur Neufestsetzung des Zeitpunktes für das Außerkrafttreten der Zulassung von Ameisensäure als Zusatz zu Lebensmitteln
BR-Drs 6/73 = **8** B 9
– 6. VO zur Neufestsetzung des Zeitpunktes für das Außerkraftreten der Zulassung von Ameisensäure als Zusatz zu Lebensmitteln
BR-Drs 25/74 = **55** G 6
– VO zur Änderung der Konservierungsstoff-VO und anderer lebensmittelrechtlicher Verordnungen
BR-Drs 708/74 = **88** H 2

Amerika
s Vereinigte Staaten von Amerika

Amtsgericht
– s Erhöhung der Wertgrenze für die Zuständigkeit – *Vereinfachungsnovelle*
BR-Drs 551/74 = **80** L 9
BT-Drs 7/2729 = **133** O 2
– s Entw eines ÄndGes betr *Wertgrenzen*
BT-Drs 7/853 = **78** H 3

Amtshilfe
– Vorschlag einer EG-Richtlinie über die gegenseitige Amtshilfe zwischen den zuständigen Behörden der Mitgliedstaaten im Bereich der direkten Steuern
BR-Drs 284/76 = **162** C 10
BT-Drs 7/5081 = **212** M 7

Amtshilfe in Strafsachen
– *GesEntw zur Änderung des Ges über die innerdeutschen Rechts- und Amtshilfe in Strafsachen*
BR-Drs 654/74 = **85** N 2
BR-PlPr 412 = **4** B 12
BT-Drs 7/1882 = **112** A 9

Bericht und Antrag des Rechtsausschusses
BT-Drs 7/2590 = **130** F 6
1. Beratung
BT-PlPr 7/96 = **18** B 12
2. und 3. Beratung
BT-PlPr 7/122 = **22** G 7

Amtshilfeverkehr
s Rechtshilfeverkehr

Amtszulagen
– VO zur Überleitung in die im 2. Ges zur Vereinheitlichung und Neuregelung des Besoldungsrechts in Bund und Ländern geregelten Ämter und über die künftig wegfallenden Ämter (ÜlV – 2. BesVNG)
BR-Drs 347/75 = **117** C 9

1. AnalysenVO
– VO über Methoden der quantitativen Analyse von binären Textilfasergemischen
BR-Drs 665/73 = **42** N 13

2. AnalysenVO
– VO über die quantitative Analyse von ternären Textilfasergemischen
BR-Drs 415/74 = **74** I 13

Anerbenrecht
– s Entwurf eines 2. Ges zur Änderung der *Höfeordnung*

Angestelltenversicherung
s Rentenversicherung der Angestellten

Anhänger
s Kraftfahrzeuganhänger

Anleihen
– s GesEntw über die Finanzierung ölpreisbedingter *Zahlungsbilanzdefizite* von Mitgliedstaaten im Rahmen der EG
BR-Drs 761/74 = **91** H 9
BT-Drs 7/2860 = **139** H 10
– Vorschlag einer EG-VO über Gemeinschaftsanleihen
BR-Drs 749/74 = **90** M 9

Annahme als Kind
s Adoption

AnrechnungsVO 1974
– *8. VO über das anzurechnende Einkommen nach dem Bundesversorgungsgesetz*
BR-Drs 679/73 = **43** I 1

Anrechnungs-VO 1974/75
– *9. VO über das anzurechnende Einkommen nach dem Bundesversorgungsgesetz*
BR-Drs 423/74 = **75** A 8

AnrechnungsVO 1975/76
– *10. VO über das anzurechnende Einkommen nach dem Bundesversorgungsgesetz*
BR-Drs 216/75 = **109** K 14

Anrechnungs-VO 1976/77
– *11. VO über das anzurechnende Einkommen nach dem Bundesversorgungsgesetz*
BR-Drs 770/75 = **141** M 2

Anpassungsgesetz-Kriegsopferversorgung
– *GesEntw eines 5. Ges über die Anpassung der Leistungen des Bundesversorgungsgesetzes – (5. Anpassungsgesetz)*
GesEntw der Bundesregierung
BR-Drs 403/73 = **31** D 6
GesEntw Bayerns
BR-Drs 233/73 = **22** E 8
BR-Drs 638/73 = **41** G 1
BR-PlPr 392 = **2** D 6
BR-PlPr 396 = **2** I 14
BR-PlPr 398 = **2** M 12
Vermittlungsverfahren:
BR-Drs 731/73 = **48** K 6
BR-PlPr 399 = **2** N 12

GesEntw der CDU/CSU
BT-Drs 7/315 = **64** B 3
Stellungnahme der Bundesregierung zum Gesetzentwurf Bayerns
BT-Drs 7/1009 = **83** K 1
GesEntw der Bundesregierung
BT-Drs 7/1008 = **83** J 5
Bericht und Antrag des Ausschusses für Arbeit und Sozialordnung
BT-Drs 7/1106 = **87** D 5
Bericht des Haushaltsausschusses
BT-Drs 7/1107 = **87** D 12
Änderungsanträge zur 2. Beratung
BT-Drs 7/1114 = **87** G 13
BT-Drs 7/1115 = **87** G 14
BT-Drs 7/1116 = **87** H 1
BT-Drs 7/1117 = **87** H 2
BT-Drs 7/1118 = **87** H 3
Unterrichtung betr Anrufung des Vermittlungsausschusses
BT-Drs 7/1239 = **93** B 4
Unterrichtung durch den Vermittlungsausschuß
BT-Drs 7/1295 = **95** F 6
1. Beratung des GesEntw der CDU/CSU
BT-PlPr 7/26 = **4** D 4
BT-PlPr 7/27 = **4** F 3
BT-PlPr 7/28 = **4** I 11
2. Beratung
BT-PlPr 7/58 = **9** M 4
1. Beratung des GesEntw der Bundesregierung und des GesEntw Bayerns
BT-PlPr 7/55 = **9** E 5
2. und 3. Beratung und
2. Beratung des GesEntw Bayerns
BT-PlPr 7/58 = **9** M 4
– *GesEntw eines 6. Ges über die Anpassung der Leistungen des Bundesversorgungsgesetzes – (6. Anpassungsgesetz)*
BR-Drs 162/74 = **62** I 7
BR-Drs 466/74 = **76** J 4
BR-PlPr 404 = **3** G 6
BR-PlPr 410 = **3** O 9
BT-Drs 7/2121 = **118** C 3
Bericht und Antrag des Ausschusses für Arbeit und Sozialordnung
BT-Drs 7/2208 = **119** L 4
Bericht des Haushaltsausschusses
BT-Drs 7/2209 = **119** L 6
1. Beratung
BT-PlPr 7/103 = **19** B 7
2. und 3. Beratung
BT-PlPr 7/110 = **20** J 5
– *GesEntw eines 7. Ges über die Anpassung der Leistungen des Bundesversorgungsgesetzes – (7. Anpassungsgesetz)*
BR-Drs 6/75 = **97** F 10
BR-Drs 263/75 = **112** L 2
BR-PlPr 416 = **4** I 9
BR-PlPr 420 = **4** N 9
BT-Drs 7/3415 = **155** I 14
Bericht u Antrag d Ausschusses für Arbeit u Sozialordnung
BT-Drs 7/3536 = **158** L 11
Bericht des Haushaltsausschusses
BT-Drs 7/3551 = **158** O 8
1. Beratung
BT-PlPr 7/164 = **31** I 1
2. und 3. Beratung
BT-PlPr 7/167 = **31** N 12
– *GesEntw eines 8. Ges über die Anpassung der Leistungen des Bundesversorgungsgesetzes – (8. Anpassungsgesetz)*
BR-Drs 673/75 = **136** J 5
BR-Drs 265/76 = **160** G 9
BR-PlPr 429 = **5** M 3
BR-PlPr 434 = **6** F 11
BT-Drs 7/4653 = **197** O 2
Bericht und Antrag des Ausschusses für Arbeit und Sozialordnung
BT-Drs 7/4960 = **209** I 10
Änderungsanträge zur 2. Beratung
BT-Drs 7/4988 = **210** D 14
BT-Drs 7/4989 = **210** E 1
Bericht des Haushaltsausschusses
BT-Drs 7/4999 = **210** G 4
Entschließungsantrag zur 3. Beratung
BT-Drs 7/4990 = **210** E 2
1. Beratung
BT-PlPr 7/225 = **42** K 12
2. und 3. Beratung
BT-PlPr 7/235 = **44** I 6
Anteilsbewertung
– VO zur gesonderten Feststellung des gemeinen Werts nichtnotierter Anteile an Kapitalgesellschaften (AnteilsbewertungsVO)
BR-Drs 680/76 = **179** O 3
Apothekenbetriebsordnung
– 2. VO zur Änderung
BR-Drs 418/74 = **74** L 8
Apothekenwesen
– *GesEntw zur Änderung des Gesetzes über das Apothekenwesen*
BR-Drs 104/75 = **101** H 8
BR-Drs 474/76 = **171** O 1
BR-PlPr 417 = **4** K 9
BR-PlPr 437 = **6** L 10
Vermittlungsverfahren:
BR-Drs 655/76 = **178** N 6
BR-PlPr 440 = **7** A 8
BT-Drs 7/4281 = **186** D 3
Bericht und Antrag des Ausschusses für Jugend, Familie und Gesundheit
BT-Drs 7/5420 = **220** I 6
Änderungsantrag zur 2. Beratung
BT-Drs 7/5530 = **222** J 12
Unterrichtung betr Anrufung des Vermittlungsausschusses
BT-Drs 7/5614 = **224** A 3
Antrag des Vermittlungsausschusses
BT-Drs 7/5639 = **224** F 9
Unterrichtung durch den Bundesrat betr Nicht-Zustimmung
BT-Drs 7/5879 = **231** J 8
1. Beratung
BT-PlPr 7/207 = **39** B 4
2. und 3. Beratung
BT-PlPr 7/256 = **49** K 13
Beratung eines Antrags des Vermittlungsausschusses
BT-PlPr 7/258 = **50** E 3
Apotheker
Übersicht über die Personallage
– Antwort auf die Große Anfrage betr Situation des Gesundheitswesens in der Bundesrepublik Deutschland
BT-Drs 7/3322 = **153** J 4
Apothekeranwärter
– *GesEntw zur Rechtsstellung vorgeprüfter Apothekenanwärter*
BR-Drs 307/73 = **27** A 1
BR-Drs 624/73 = **40** L 4
BT-Drs 7/907 = **80** A 2
Bericht und Antrag des Ausschusses für Jugend, Familie und Gesundheit
BT-Drs 7/1050 = **85** M 12
1. Beratung
BT-PlPr 7/48 = **8** D 4
2. und 3. Beratung
BT-PlPr 7/57 = **9** I 7
– 2. VO zur Änderung der Apothekenbetriebsordnung
BR-Drs 418/74 = **74** L 8
Apothekerordnung
s Bundes – Apothekerordnung
Approbationsordnung für Ärzte
– 1. VO zur Änderung der …
BR-Drs 192/75 = **108** G 11
– s a Ges zur Änderung der *Bundes-Tierärzteordnung*
BR-Drs 779/74 = **92** I 1
Arbeiterrentenversicherung
s *Rentenversicherung*
Arbeitnehmer
s Heimarbeitsgesetz
Arbeitnehmer, ältere
Maßnahmen zur Arbeitsbeschaffung:
– Arbeitsförderungsbericht
BT-Drs 7/403 = **65** O 5
Arbeitnehmer, ausländische
– Antrag betr Beschäftigung
BT-Drs 7/2469 = **127** E 7
Bericht und Antrag des Ausschusses für Arbeit und Sozialordnung
BT-Drs 7/5379 = **219** E 8
BT-PlPr 7/119 = **21** O 2
BT-PlPr 7/256 = **49** K 13
– s GesEntw zur Änderung und Ergänzung des *Arbeitsförderungsgesetzes*
– s Tätigkeitsbericht 1973 der Bundesregierung
BT-Drs 7/1434 = **97** H 8
– s Sozialbericht 1973
BT-Drs 7/1167 = **89** D 6
– s Sozialbericht 1976
BT-Drs 7/4953 = **207** G 3
Kinder ausländischer Arbeitnehmer
– s 2. Familienbericht
BT-Drs 7/3502 = **157** G 4
– s Bericht der *Enquête-Kommission* Auswärtige Kulturpolitik
BT-Drs 7/4121 = **177** F 5
Unfallgeschehen und Unfallverhütung
– s Unfallverhütungsbericht
BT-Drs 7/189 = **59** L 5
Wohnungsversorgung
– s Städtebaubericht 1975
BT-Drs 7/3583 = **161** M 9
Arbeitnehmer bei Stationierungsstreitkräften
s a NATO-Truppenstatut
BT-Drs 7/119 = **55** O 8
BT-Drs 7/361 = **64** M 2
Arbeitnehmer, jugendliche
– s a Entw eines ÄndGes zum *Kündigungsschutzgesetz*
BT-Drs 7/4519 = **193** E 5
– s a *Internationale Arbeitsorganisation*
– Antrag betr Dringlichkeitsprogramm zur Überwindung des Lehrstellenmangels und zur Verringerung der Jugendarbeitslosigkeit
BT-Drs 7/3196 = **148** J 3
– Antrag betr Einsetzung eines Sonderausschusses zur Bekämpfung der Jugendarbeitslosigkeit
BT-Drs 7/3507 = **157** O 10
Arbeitnehmer, landwirtschaftliche
– s Agrarbericht
– s Rahmenplan zur Verbesserung der *Agrarstruktur* und des Küstenschutzes

– s Sozialbericht
– s Zusatzversorgungskasse

Arbeitnehmeraltersversorgung
– s GesEntw zur Verbesserung der *betrieblichen Altersversorgung*
BR-Drs 590/73 = **39** H 1
BT-Drs 7/1281 = **94** O 11

Arbeitnehmererfindungen
– s GesEntw zur Änderung des *Berlinförderungsgesetzes* und anderer Gesetze (betr Änderung der VO über die steuerliche Behandlung der Vergütungen für Arbeitnehmererfindungen)
BR-Drs 738/75 = **140** M 4
BT-Drs 7/4194 = **179** K 9

Arbeitnehmerfreibetrag
– s GesEntw zur Änderung des Einkommensteuergesetzes *(Steueränderungsgesetz 1974)*
BR-Drs 189/74 = **63** K 9
BT-Drs 7/2171 = **118** K 14

Arbeitnehmergleichbehandlung
– Mitteilung der Kommission der EG an den Rat
BT-Drs 7/3316 = **153** G 14

Arbeitnehmer im öffentlichen Dienst
– Vergleich des beamtenrechtlichen Versorgungssystems mit den Versorgungssystemen für Arbeitnehmer im öffentlichen Dienst und in der privaten Wirtschaft
BT-Drs 7/5569 = **223** B 4

Arbeitnehmerkapitalbeteiligung
– Antrag betr Förderung der betrieblichen Gewinn- und Kapitalbeteiligung
BT-Drs 7/3664 = **164** F 4
BT-PlPr 7/227 = **43** A 1

Arbeitnehmerkündigungsschutz
– s Entw eines ÄndGes zum *Kündigungsschutzgesetz*

Arbeitnehmermitbestimmung
– *GesEntw über die Mitbestimmung der Arbeitnehmer (Mitbestimmungsgesetz)*
BR-Drs 200/74 = **64** C 14
BR-Drs 200/76 = **155** O 6
BR-PlPr 404 = **3** G 6
BR-PlPr 433 = **6** D 11
BT-Drs 7/2172 = **118** L 5
Antrag des Ausschusses für Arbeit und Sozialordnung
BT-Drs 7/4787 = **202** N 3
Bericht des Ausschusses für Arbeit und Sozialordnung
BT-Drs 7/4845 = **205** F 2
Änderungsantrag der CDU/CSU zur 2. Beratung
BT-Drs 7/4887 = **206** C 13
Änderungsantrag aller Fraktionen zur 2. Beratung
BT-Drs 7/4890 = **206** D 5
1. Beratung
BT-PlPr 7/110 = **20** J 5
2. und 3. Beratung
BT-PlPr 7/230 = **43** J 6

Arbeitnehmerschutz
s Internationale Arbeitsorganisation
Entlassungen
– Unterrichtung über den geänderten Vorschlag einer EG-Richtlinie zur Angleichung der Rechtsvorschriften der Mitgliedstaaten über Massenentlassungen
BR-Drs 126/74 = **61** F 7
– Unterrichtung über den Vorschlag einer EG-Richtlinie zur Harmonisierung der Rechtsvorschriften der Mitgliedstaaten über die Wahrung von Ansprüchen und Vergünstigungen der Arbeitnehmer bei Gesellschaftsfusionen, Betriebsübertragungen sowie Unternehmenszusammenschlüssen
BR-Drs 495/74 = **77** C 14
Lärmschutz
– Unfallverhütungsbericht
BT-Drs 7/4668 = **198** B 8
Lohnfortzahlung
– s Entw eines ÄndGes zum Ges über die Fortzahlung des Arbeitsentgelts
BT-Drs 7/1284 = **95** D 12
BT-PlPr 7/69 = **11** M 6
soziale Sicherheit
– Vorschlag einer EG-VO zur Änderung der EG-VO über die Durchführung der EG-VO zur Anwendung der Systeme der sozialen Sicherheit auf Arbeitnehmer und deren Familien, die innerhalb der EG zu- und abwandern
BR-Drs 515/74 = **78** D 3
Strahlenschutz
– Unfallverhütungsbericht
BT-Drs 7/4668 = **198** B 8
– 1. VO zur Änderung der VO über gefährliche Arbeitsstoffe
BR-Drs 212/75 = **109** C 8

Arbeitnehmersozialversicherung
– *GesEntw zu dem Abkommen zwischen der Bundesrepublik Deutschland und Polen*
BT-Drs 7/1714 = **108** D 6
– *GesEntw zu dem Abkommen zwischen der Bundesrepublik Deutschland und Rumänien*
BT-Drs 7/1480 = **100** K 11

Arbeitnehmer-Sparzulagen
– VO zur Änderung der VO zur Durchführung des 3. Vermögensbildungsgesetzes
BR-Drs 275/76 = **161** J 5

Arbeitnehmerunterkünfte
– s GesEntw zum Übereinkommen der *Internationalen Arbeitsorganisation*

Arbeitnehmerurlaub
s Internationale Arbeitsorganisation

Arbeitnehmervertreter
Schutz im Betrieb
s Internationale Arbeitsorganisation

Arbeitnehmerüberlassungsgesetz
– Bericht der Bundesregierung über Erfahrungen bei der Anwendung des Ges
BT-Drs 7/2365 = **123** E 4
Bericht und Antrag des Ausschusses für Arbeit und Sozialordnung
BT-Drs 7/5352 = **218** N 3
– 2. Bericht der Bundesregierung über Erfahrungen bei der Anwendung des ArbeitnehmerüberlassungsGes
BT-Drs 7/5631 = **224** E 1

Arbeitsaufsicht in der Landwirtschaft
s *Internationale Arbeitsorganisation*

Arbeitsbedingungen
s a Internationale Arbeitsorganisation
Sozialbericht
– VO über Arbeitsstätten (ArbeitsstättenVO)
BR-Drs 684/74 = **86** L 13
– Unterrichtung über den Entwurf einer EG-Entschließung für ein EG-Aktionsprogramm zum Umweltschutz und zur Verbesserung der Arbeitsbedingungen
BR-Drs 365/73 = **28** K 1
– Unterrichtung über den Vorschlag einer EG-VO über die Gründung einer europäischen Stiftung für die Verbesserung der Lebens- und Arbeitsbedingungen
BR-Drs 40/74 = **55** N 6
– Unterrichtung über den Vorschlag einer EG-VO betr Finanzvorschriften für das Europäische Zentrum für die Förderung der Berufsbildung und für die Europäische Stiftung zur Verbesserung der Lebens- und Arbeitsbedingungen
BR-Drs 695/75 = **138** B 14

Arbeitsbeschaffung
– *Arbeitsförderungsbericht*
BT-Drs 7/403 = **65** O 5
– *Bericht der Bundesregierung* über die Verwendung der Mittel aus dem Programm zur Stärkung von Bau- und anderen Investitionen – Ausgaben für Arbeitsbeschaffungsmaßnahmen –
BT-Drs 7/5093 = **213** D 1

Arbeitsentgeltermittlung
– VO über die Ermittlung des beitragspflichtigen Arbeitsentgelts in der Rentenversicherung der Arbeiter und der Angestellten für bestimmte Beschäftigte bei den Rundfunk- und Fernsehanstalten
BR-Drs 358/76 = **165** C 12

Arbeitserlaubnis für Ausländer
– s GesEntw zur Änderung des *Arbeitsförderungsgesetzes* und des Arbeitnehmerüberlassungsgesetzes
BR-Drs 739/74 = **90** F 7

Arbeitsförderung
– Sozialbericht 1973
BT-Drs 7/1167 = **89** D 6
– Sozialbudget 1974
BT-Drs 7/2853 = **138** E 12
– Sozialbericht 1976
BT-Drs 7/4953 = **207** G 3
– GesEntw eines Sozialgesetzbuchs (SGB) – Allgemeiner Teil –
BR-Drs 286/73 = **25** L 14
– Antrag betr Änderung des Verteilungsschlüssels der Beschäftigungshilfen
BT-Drs 7/3207 = **149** A 2
– Sonderprogramm zur regionalen und lokalen Abstützung der Beschäftigung nach § 6 Absatz 2 des Stabilitäts- und Wachstumsgesetzes
Antrag der Bundesregierung
BT-Drs 7/2589 = **130** E 4
Bericht und Antrag des Haushaltsausschusses
BT-Drs 7/2640 = **131** I 1
BT-PlPr 7/123 = **22** L 1
BT-PlPr 7/126 = **23** F 4

Arbeitsförderungsbericht
– Bericht der Bundesregierung nach § 239 Arbeitsförderungsgesetz
BR-Drs 263/73 = **24** G 11
BT-Drs 7/403 = **65** O 5
– Bericht des Bundesrechnungshofes nach § 99 der Bundeshaushaltsordnung zum Arbeitsförderungsbericht der Bundesregierung
BR-Drs 495/73 = **34** N 1
BT-Drs 7/911 = **80** F 5
Bericht und Antrag des Ausschusses für Arbeit und Sozialordnung
BT-Drs 7/5356 = **218** N 8
Beratung der Berichte
BT-PlPr 7/256 = **49** K 13
– s a *Winterbaubericht*

Arbeitsförderungsgesetz
- *Entw eines ÄndGes*
  (betr. Erhöhung der Arbeitslosenhilfe)
  BT-Drs 7/1794 = **109** N 3
  1. Beratung
  BT-PlPr 7/93 = **17** G 13
- *GesEntw zur Änderung des Arbeitsförderungsgesetzes und des Arbeitnehmerüberlassungsgesetzes* (betr illegale Ausländerbeschäftigung)
  BR-Drs 739/74 = **90** F 7
  BR-Drs 272/75 = **112** N 2
  BR-PlPr 415 = **4** G 8
  BR-PlPr 420 = **4** N 9
  BT-Drs 7/3100 = **146** G 6
  Bericht und Antrag des Ausschusses für Arbeit und Sozialordnung
  BT-Drs 7/3499 = **157** E 12
  1. Beratung
  BT-PlPr 7/149 = **28** E 8
  2. und 3. Beratung
  BT-PlPr 7/168 = **32** D 13
- *GesEntw zur Änderung und Ergänzung des Arbeitsförderungsgesetzes* (betr Ausbildungszuschüsse für Arbeitgeber)
  BR-Drs 109/75 = **101** L 14
  Ablehnung der Einbringung
  BR-PlPr 417 = **4** K 9
- *GesEntw zur Änderung und Ergänzung des Arbeitsförderungsgesetzes* (betr Rückkehrhilfe für Ausländer)
  BR-Drs 444/75 = **122** N 11
  BR-PlPr 424 = **5** E 4
  BT-Drs 7/4576 = **195** N 7
  1. Beratung
  BT-PlPr 7/221 = **41** M 14
- *Bericht der Bundesregierung* zu Fragen des Leistungsrechts des Arbeitsförderungsgesetzes gem Entschließung des Deutschen Bundestages vom 12. 12. 1974
  BT-Drs 7/4120 = **177** E 13
- VO zur Änderung der BeitragseinzugsVO
  BR-Drs 529/73 = **36** F 4
- Unterrichtung über den Bericht über das Ruhen des Anspruchs auf Arbeitslosengeld und Kurzarbeitergeld bei Arbeitskämpfen
  BR-Drs 725/74 = **89** M 1
- s a GesEntw über *Konkursausfallgeld*
- s a Ges zur Änderung des *Bundesausbildungsförderungsgesetzes* und des Arbeitsförderungsgesetzes

Arbeitsgemeinschaft für Umweltfragen
- Verwaltungsanordnung über die besondere Anerkennung steuerbegünstigter Zwecke bei Spenden an die
  BR-Drs 505/73 = **35** B 4

Arbeitsgerichtsgesetz
- *Entw eines 2. ÄndGes*
  BT-Drs 7/1080 = **86** G 6
  1. Beratung
  BT-PlPr 7/64 = **10** L 13
- Entw eines ÄndGes betr Gebühren
  s *Gebühren*
  BT-Drs 7/2016 = **115** C 6
- Entw eines ÄndGes
  s *Revision*
  BT-Drs 7/444 = **67** I 14
- s a Vereinfachungsnovelle
  BT-Drs 7/2729 = **133** O 2

Arbeitskampf
- Bericht über das Ruhen des Anspruchs auf Arbeitslosengeld und Kurzarbeitergeld bei Arbeitskämpfen
  BR-Drs 725/74 = **89** M 1
  BR-Drs 577/75 = **130** E 4
  BR-Drs 662/76 = **178** O 12

Arbeitskostenerhebung,
- Vorschlag einer EG-VO über die Durchführung einer Arbeitskostenerhebung im Handel, im Bank- und im Versicherungsgewerbe
  BR-Drs 541/73 = **36** I 9

Arbeitsleben
- s a Bundesbericht Forschung V
  BT-Drs 7/3574 = **160** A 1

Arbeitslosengeld
- Unterrichtung über den Bericht über das Ruhen des Anspruchs auf ... und Kurzarbeitergeld bei Arbeitskämpfen
  BR-Drs 725/74 = **89** M 1
  BR-Drs 577/75 = **130** E 4
  BR-Drs 662/76 = **178** O 12
- 1. VO zur Änderung der VO über den Beitrag zur Krankenversicherung der Empfänger von Arbeitslosenhilfe und Unterhaltsgeld
  BR-Drs 247/74 = **66** F 14
- 2. VO zur Änderung der VO über den Beitrag zur Krankenversicherung der Empfänger von Arbeitslosenhilfe und Unterhaltsgeld
  BR-Drs 339/75 = **116** J 5
- Antrag zu einer Entschließung des Bundesrates zur beschleunigten Zahlung des Arbeitslosengeldes
  BR-Drs 214/75 = **109** K 4
- Bericht der Bundesregierung zu Fragen des Leistungsrechts des Arbeitsförderungsgesetzes
  BT-Drs 7/4120 = **177** E 13

Arbeitslosenhilfe
s Arbeitslosengeld

Arbeitslosenversicherung
- Erhöhung der Beiträge *GesEntw zur Verbesserung der Haushaltsstruktur*
  BR-Drs 575/75 = **129** G 6
  BT-Drs 7/4127 = **177** M 11

Arbeitslosigkeit
- s Entlassungen, Jugendarbeitslosigkeit
- s Jahresgutachten des *Sachverständigenrates zur Begutachtung der gesamtwirtschaftlichen Entwicklung*
- Antrag betr zusätzliche Förderungsmaßnahmen zur Verbesserung der Arbeitsmarktlage
  BT-Drs 7/3558 = **159** A 3

Arbeitsmarktpolitik
- Antwort auf die Große Anfrage betr Zukunftschancen der jungen Generation in der Bildung und im Beruf
  BT-Drs 7/5099 = **213** F 4
  Entschließungsanträge
  BT-Drs 7/5533 = **222** M 1
  BT-Drs 7/5542 = **222** M 9
- Antrag betr zusätzliche Förderungsmaßnahmen zur Verbesserung der Arbeitsmarktlage
  BT-Drs 7/3558 = **159** A 3
  BT-PlPr 7/173 = **33** A 9
- s a *Entw eines Ausbildungsplatzförderungsgesetzes*
  BT-Drs 7/5236 = **216** E 2
  BT-Drs 7/5490 = **222** A 12
  BT-Drs 7/5509 = **222** E 3
  BT-Drs 7/5544 = **222** M 14
  BT-Drs 7/5543 = **222** M 11
  BT-Drs 7/5608 = **223** N 12
  BT-Drs 7/5661 = **224** K 4
  BT-Drs 7/5666 = **224** K 9
- s a *GesEntw zur Regelung steuerrechtlicher und anderer Fragen der Ausbildungsplatzförderung*
  BT-Drs 7/5237 = **216** E 8
  BT-Drs 7/5490 = **222** A 12
  BT-Drs 7/5509 = **222** E 3
  BT-Drs 7/5544 = **222** M 14
  BT-Drs 7/5609 = **223** O 8
  BT-Drs 7/5662 = **224** K 4
  BT-Drs 7/5667 = **224** K 10
- s a Entw eines ÄndGes zum *Berufsbildungsgesetz* sowie zum Einkommensteuergesetz
  BT-Drs 7/5261 = **216** M 14
- s a Entw eines ÄndGes zum *Einkommensteuergesetz* – Rücklagenbildung für Berufsausbildungsverhältnisse
  BT-Drs 7/5280 = **217** I 1
- s a Arbeitsförderungsbericht
  BT-Drs 7/403 = **65** O 5
- s a Jahresgutachten 1974 des *Sachverständigenrates* zur Begutachtung der gesamtwirtschaftlichen Entwicklung
  BT-Drs 7/2848 = **137** G 3
- s a Jahresgutachten 1975 des *Sachverständigenrates* zur Begutachtung der gesamtwirtschaftlichen Entwicklung
  BT-Drs 7/4326 = **188** E 14
- s a Jahresgutachten 1976/1977 des *Sachverständigenrates* zur Begutachtung der gesamtwirtschaftlichen Entwicklung
  BT-Drs 7/5902 = **232** A 12

Arbeitsmedizin
- Unfallverhütungsbericht
  BT-Drs 7/189 = **59** L 5
- s a Ges über *Betriebsärzte* und Fachkräfte für Arbeitssicherheit
  BR-Drs 137/73 = **16** M 4
  BT-Drs 7/260 = **62** J 1

Arbeitsmittel, technische
s Maschinenschutzgesetz

Arbeitsorganisation
s Internationale Arbeitsorganisation

Arbeitsplatz
s a ArbeitsstättenVO
- s Entw eines *Bundesmittelstandsförderungsgesetzes*
  BT-Drs 7/4284 = **186** E 4
- Antrag betr Forschungspolitik und Arbeitsplätze der Zukunft
  BT-Drs 7/4921 = **206** K 6
  Beratung des Antrags
  BT-PlPr 7/252 = **48** J 1

Arbeitsplatzschutzgesetz
- *GesEntw zur Änd des Unterhaltssicherungsgesetzes und des Arbeitsplatzschutzgesetzes*
  BR-Drs 52/73 = **8** O 12
  BR-Drs 272/73 = **24** N 5
  BR-PlPr 389 = **1** B 11
  BR-PlPr 392 = **2** D 6
  BT-Drs 7/129 = **56** J 4
  Bericht und Antrag des Verteidigungsausschusses
  BT-Drs 7/364 = **64** N 7
  Bericht des Haushaltsausschusses
  BT-Drs 7/373 = **65** B 13
  1. Beratung
  BT-PlPr 7/15 = **2** J 13

2. und 3. Beratung
BT-PlPr 7/23 = **3** N 5
– *Entw eines ÄndGes*
BT-Drs 7/3775 = **168** L 11
1. Beratung
BT-PlPr 7/191 = **36** G 10
Arbeitsplatzsicherung
– Antrag betr Arbeitsplatzsicherungsprogramm
BT-Drs 7/1359 = **96** G 8
BT-PlPr 7/70 = **12** C 14
Arbeitsrecht
– Unterrichtung über die EG-Mitteilung betr Gleichbehandlung von männlichen und weiblichen Arbeitnehmern
BR-Drs 149/75 = **105** F 5
– Arbeitnehmerüberlassungsgesetz
Bericht der Bundesregierung über Erfahrungen bei der Anwendung des Ges
BT-Drs 7/2365 = **123** E 4
– betriebliche Altersversorgung
GesEntw zur Verbesserung
BT-Drs 7/1281 = **94** O 11
– in der Bundesrepublik Deutschland und in der DDR
Materialien zum Bericht zur Lage der Nation 1974
BT-Drs 7/2423 = **124** J 13
– Sozialbericht 1976
BT-Drs 7/4953 = **207** G 3
– Vorbereitung eines Arbeitsgesetzbuches
Sozialbericht 1973
BT-Drs 7/1167 = **89** D 6
Arbeitssicherheit
– Beschluß zum Ges über Betriebsärzte, Sicherheitsingenieure und andere Fachkräfte für Arbeitssicherheit
BR-Drs 732/73 = **48** K 7
– Unfallverhütungsbericht
BT-Drs 7/189 = **59** L 5
BT-Drs 7/4668 = **198** B 8
– VO über Arbeitsstätten (ArbeitsstättenVO)
BR-Drs 684/74 = **86** L 13
Arbeitsschutz
– s *GesEntw betr Betriebsärzte und Fachkräfte für Arbeitssicherheit*
BT-Drs 7/260 = **62** J 1
– s *GesEntw zum Schutze der arbeitenden Jugend* (Jugendarbeitsschutzgesetz)
BR-Drs 207/74 = **64** H 5
– s Unfallverhütungsbericht
BT-Drs 7/189 = **59** L 5
BT-Drs 7/991 = **82** N 14
BT-Drs 7/2622 = **130** N 9
BT-Drs 7/4668 = **198** B 8
BT-Drs 7/5817 = **229** I 4
– s Sozialbericht der Bundesregierung
BR-Drs 680/73 = **43** I 9
BR-Drs 252/76 = **157** M 7
BT-Drs 7/1167 = **89** D 6
BT-Drs 7/4953 = **207** G 3
– 1. VO zur Änderung der VO über besondere Arbeitsschutzanforderungen bei Bauarbeiten in der Zeit vom 1. November bis 31. März
BR-Drs 192/74 = **63** M 12
– 1. VO zur Änderung der VO über gefährliche Arbeitsstoffe
BR-Drs 212/75 = 109 C 8
ArbeitsstättenVO
– VO über Arbeitsstätten
BR-Drs 684/74 = **86** L 13
BR-PlPr 417 = **4** K 9

Arbeitsstättenzählung
– *GesEntw über die Gebäude-, Wohnungs- und Arbeitsstättenzählung 1975* (Wohnungszählungsgesetz 1975)
BR-Drs 689/73 = **45** A 4
BR-Drs 246/74 = **66** F 12
BR-Drs 396/74 = **73** I 4
BR-PlPr 400 = **3** A 1
BR-PlPr 404 = **3** G 6
BT-Drs 7/1662 = **107** H 1
Bericht und Antrag des Ausschusses für Raumordnung, Bauwesen und Städtebau
BT-Drs 7/1835 = **111** H 1
Bericht des Haushaltsausschusses
BT-Drs 7/1836 = **111** H 5
1. Beratung
BT-PlPr 7/81 = **14** N 5
2. und 3. Beratung
BT-PlPr 7/88 = **16** C 13
Arbeitsstoffe
– 1. VO zur Änderung der VO über gefährliche Arbeitsstoffe
BR-Drs 212/75 = **109** C 8
Arbeitstherapeutengesetz
s Beschäftigungs- und Arbeitstherapeutengesetz
Arbeitsunfall
s Unfallverhütungsbericht
– Verbesserung des Arbeitsschutzes
Sozialbericht 1973
BT-Drs 7/1167 = **89** D 6
Arbeitsverfassung
in der Bundesrepublik Deutschland und in der DDR
– Materialien zum Bericht zur Lage der Nation 1974
BT-Drs 7/2423 = **124** J 13
Arbeitsvermittlung durch Frauen
– Bericht der Bundesregierung über die Auswirkung der Aufhebung des Grundsatzes, daß Arbeitsvermittlung und Arbeitsberatung von Frauen nur durch Frauen auszuüben ist
BT-Drs 7/3026 = **142** O 12
Bericht und Antrag des Ausschusses für Arbeit und Sozialordnung
BT-Drs 7/4532 = **194** C 10
Arbeitszeitordnung
– VO über die Anwendung der Arbeitszeitordnung auf die in § 7 Abs 1 des Seemannsgesetzes genannten Personen
BR-Drs 114/75 = **103** H 7
Archäologie
– *GesEntw zum Übereinkommen zum Schutz archäologischen Kulturguts*
BR-Drs 400/73 = **30** O 9
BR-Drs 509/74 = **77** O 11
BR-PlPr 396 = **2** I 14
BR-PlPr 410 = **3** O 9
BT-Drs 7/896 = **79** M 6
Bericht und Antrag des Auswärtigen Ausschusses
BT-Drs 7/2318 = **122** H 10
1. Beratung
BT-PlPr 7/48 = **8** D 4
2. Beratung und Schlußabstimmung
BT-PlPr 7/113 = **21** B 12
Architekten
– VO zur Änderung der VO über die Gebühren für Architekten
BR-Drs 191/74 = **63** M 4
– VO über die Honorare für Leistungen der Architekten und der Ingenieure (Honorarordnung für Architekten und Ingenieure – HOAI –)
BR-Drs 270/76 = **160** L 8
Armutsbekämpfung
– Programm von Modellvorhaben und Studien zur EG-Entschließung über ein sozialpolitisches Aktionsprogramm
BR-Drs 100/75 = **101** F 5
Vorschlag eines Beschlusses
BT-Drs 7/3645 = **163** O 4
Arrest
s Strafarrest
Artenschutz
– s GesEntw über Rahmenvorschriften für *Naturschutz* und Landschaftspflege
BR-Drs 137/75 = **104** E 11
Artenschutzübereinkommen
– *GesEntw zum Übereinkommen über den internationalen Handel mit gefährdeten Arten freilebender Tiere und Pflanzen*
BR-Drs 398/74 = **73** K 6
BR-Drs 57/75 = **99** J 13
BR-PlPr 410 = **3** O 9
BR-PlPr 416 = **4** I 9
BT-Drs 7/2626 = **131** D 1
Bericht und Antrag des Ausschusses für Ernährung, Landwirtschaft und Forsten
BT-Drs 7/3090 = **146** F 4
Bericht des Haushaltsausschusses
BT-Drs 7/3115 = **146** L 9
1. Beratung
BT-PlPr 7/128 = **23** K 8
2. Beratung und Schlußabstimmung
BT-PlPr 7/143 = **27** C 8
– Allgemeine Verwaltungsvorschrift zum Ges zum Washingtoner Artenschutzübereinkommen
BR-Drs 436/76 = **169** M 12
Artenverzeichnis
– VO über das Artenverzeichnis zum Saatgutverkehrsgesetz
BR-Drs 222/75 = **111** B 1
Artist
– Bericht der Bundesregierung über die wirtschaftliche und soziale Lage der künstlerischen Berufe
BT-Drs 7/3071 = **145** G 14
Arzneibuch
s Europäisches Arzneibuch
Arzneibuch, Deutsches
– 1. VO zur Änderung des Deutschen Arzneibuches 7. Ausgabe (DAB 7)
BR-Drs 318/74 = **69** N 2
– 2. VO zur Änderung des Deutschen Arzneibuches 7. Ausgabe (DAB 7)
BR-Drs 115/75 = **103** H 12
– 3. VO zur Änderung des Deutschen Arzneibuches 7. Ausgabe (DAB 7)
BR-Drs 368/75 = **119** L 11
– VO zur Änderung der 3. VO zur Änderung des Deutschen Arzneibuches 7. Ausgabe (DAB 7)
BR-Drs 374/76 = **166** H 14
Arzneimittel
– Antrag betr Weiterentwicklung des Arzneimittelwesens
BT-Drs 7/1066 = **86** B 11
BT-PlPr 7/64 = **10** L 13
– s a GesEntw zur Änderung des Gesetzes über das *Apothekenwesen* (betr Arzneimittelherstellung und Arzneimittelversorgung)
BR-Drs 104/75 = **101** H 8

- VO über Ausnahmen von der Wartezeit nach § 15 Abs. 2 Satz 2 des Lebensmittel- und Bedarfsgegenständegesetzes (betr von Tieren gewonnene Lebensmittel)
  BR-Drs 728/74 = **89** N 13
- VO über den Erwerb, Herstellung, Aufbewahrung und Abgabe von tierärztlichen Arzneimitteln (VO über tierärztliche Hausapotheken)
  BR-Drs 348/75 = 117 M 6

Arzneimittelgesetz
- *GesEntw der Bundesregierung zur Änd des*
  BR-Drs 138/73 = **16** M 6
  BR-Drs 288/74 = **68** G 5
  BR-PlPr 390 = **2** A 6
  BR-PlPr 405 = **3** I 2
  BT-Drs 7/256 = **62** H 2
  Bericht und Antrag des Ausschusses für Jugend, Familie und Gesundheit
  BT-Drs 7/1845 = **111** H 12
  Bericht des Haushaltsausschusses
  BT-Drs 7/1894 = **112** C 11
  1. Beratung
  BT-PlPr 7/23 = **3** N 5
  2. und 3. Beratung
  BT-PlPr 7/93 = **17** G 13
- *GesEntw der CDU/CSU*
  BT-Drs 7/1067 = **86** B 13
  Antrag des Ausschusses für Jugend, Familie und Gesundheit
  BT-Drs 7/5025 = **211** C 11
  Bericht des Ausschusses für Jugend, Familie und Gesundheit
  BT-Drs 7/5091 = **213** C 1
  1. Beratung
  BT-PlPr 7/64 = **10** L 13
  2. Beratung
  BT-PlPr 7/238 = **45** D 14
- 10. VO zur Änderung der VO nach § 35 Arzneimittelgesetz über verschreibungspflichtige Arzneimittel
  BR-Drs 317/73 = **27** D 10
- 11. VO
  BR-Drs 674/73 = **43** G 1
- 12. VO
  BR-Drs 316/74 = **69** M 2
- 13. VO
  BR-Drs 723/74 = **89** L 1
- 14. VO
  BR-Drs 297/75 = **114** G 4
- 15. VO
  BR-Drs 687/75 = **138** A 1
- 16. VO
  BR-Drs 345/76 = **164** H 7
- 17. VO
  BR-Drs 678/76 = **179** N 1
- VO über die Bestimmung von Stoffen oder Zubereitungen aus Stoffen nach § 38 a des ArzneimittelGes
  BR-Drs 427/73 = **32** I 11
- VO zur Änderung der VO über die Bestimmung von Stoffen oder Zubereitungen aus Stoffen nach § 38 a des ArzneimittelGes
  BR-Drs 315/74 = **69** L 12

Arzneimittelmarkt
- *GesEntw über Regelungen auf dem Arzneimittelmarkt*
  BR-Drs 632/75 = **132** N 4
  BR-Drs 475/76 = **171** O 6
  BR-PlPr 427 = **5** K 3
  BR-PlPr 437 = **6** L 10
  BT-Drs 7/4557 = **194** J 10
- Bericht und Antrag des Wirtschaftsausschusses
  BT-Drs 7/5373 = **219** B 14
  Änderungsantrag zur 2. Beratung
  BT-Drs 7/5528 = **222** J 11
  1. Beratung
  BR-PlPr 7/221 = **41** M 14
  2. und 3. Beratung
  BR-PlPr 7/256 = **49** K 13

Arzneimittelrecht
- *GesEntw zur Neuordnung des ...*
  BR-Drs 552/74 = **81** E 3
  BR-Drs 307/76 = **163** F 7
  BR-PlPr 412 = **4** B 12
  BR-PlPr 435 = **6** I 1
  Vermittlungsverfahren:
  BR-Drs 417/76 = **169** B 11
  BR-PlPr 436 = **6** J 12
  BT-Drs 7/3060 = **144** K 7
  Antrag des Ausschusses für Jugend, Familie und Gesundheit
  BT-Drs 7/5025 = **211** C 11
  Bericht des Haushaltsausschusses
  BT-Drs 7/5026 = **211** F 14
  Bericht des Ausschusses für Jugend, Familie und Gesundheit
  BT-Drs 7/5091 = **213** C 1
  Änderungsanträge zur 2. Beratung
  BT-Drs 7/5129 = **214** A 14
  BT-Drs 7/5130 = **214** A 14
  BT-Drs 7/5131 = **214** B 1
  BT-Drs 7/5132 = **214** B 1
  BT-Drs 7/5133 = **214** B 2
  BT-Drs 7/5138 = **214** C 14
  Unterrichtung betr Anrufung des Vermittlungsausschusses
  BT-Drs 7/5324 = **218** I 5
  Antrag des Vermittlungsausschusses
  BT-Drs 7/5384 = **219** F 9
  1. Beratung
  BT-PlPr 7/141 = **26** L 3
  2. und 3. Beratung
  BT-PlPr 7/238 = **45** D 14
  Beratung eines Antrags des Vermittlungsausschusses
  BT-PlPr 7/253 = **48** M 9
- VO über das Verschreiben, die Abgabe und den Nachweis des Verbleibs von Betäubungsmitteln (Betäubungsmittel-Verschreibungsverordnung)
  BR-Drs 527/73 = **36** C 7

Arzneimittelsicherheit
- s Entw eines ÄndGes zum *Arzneimittelgesetz*
  BT-Drs 7/1067 = **86** B 13
- s Entw eines ÄndGes zum Ges über das *Apothekenwesen*
  BT-Drs 7/4281 = **186** D 3

Asiatische Entwicklungsbank
- *GesEntw zur Änderung des Ges zum Übereinkommen zur Errichtung der ...*
  BR-Drs 783/75 = **142** F 5
  BR-Drs 268/76 = **160** J 1
  BR-PlPr 430 = **5** N 11
  BR-PlPr 434 = **6** F 11
  BT-Drs 7/4819 = **204** F 2
  Antrag des Ausschusses für wirtschaftliche Zusammenarbeit
  BT-Drs 7/4945 = **207** A 13
  Bericht des Haushaltsausschusses
  BT-Drs 7/5000 = **210** G 5
  1. Beratung
  BT-PlPr 7/228 = **43** F 6
  2. Beratung und Schlußabstimmung
  BT-PlPr 7/236 = **44** O 1

Assistent, Pharmazeutisch – technischer
s Apothekeranwärter

Assoziierung mit den EG
s Europäische Gemeinschaften

Assoziierungsabkommen
- *GesEntw zum Ergänzungsprotokoll zum Assoziierungsabkommen zwischen der EWG und der Türkei*
  BR-Drs 166/74 = **62** L 12
  BR-Drs 730/74 = **89** O 5
  BR-PlPr 404 = **3** G 6
  BR-PlPr 414 = **4** F 5
  BT-Drs 7/1974 = **113** N 2
  Bericht und Antrag des Wirtschaftsausschusses
  BT-Drs 7/2681 = **132** E 5
  1. Beratung
  BT-PlPr 7/96 = **18** B 12
  2. Beratung und Schlußabstimmung
  BT-PlPr 7/128 = **23** K 8
- *GesEntw zum Zusatzprotokoll zum Abkommen zur Gründung einer Assoziation zwischen der EWG und der Republik Griechenland*
  BR-Drs 630/75 = **132** K 3
  BR-Drs 204/76 = **156** A 11
  BR-PlPr 427 = **5** K 3
  BR-PlPr 433 = **6** D 11
  BT-Drs 7/4382 = **190** H 5
  Bericht und Antrag des Wirtschaftsausschusses
  BT-Drs 7/4734 = **201** G 2
  1. Beratung
  BT-PlPr 7/208 = **39** D 5
  2. Beratung und Schlußabstimmung
  BT-PlPr 7/230 = **43** J 6
- Abkommen betr eine Assoziation zwischen der EWG und Zypern
  Entschließung des Europäischen Parlaments
  BT-Drs 7/455 = **68** E 8
- Unterrichtung über den Vorschlag eines Beschlusses betr die Assoziierung überseeischer Länder und Gebiete mit der EWG
  BR-Drs 96/73 = **11** C 14
- Memorandum der Kommission an den Rat über künftige Beziehungen zwischen der Gemeinschaft
  BT-Drs 7/559 = **72** E 7
- Unterrichtung über die EG-Mitteilung über die Verhandlungen EWG/Malta im Hinblick auf den Abschluß eines Protokolls zur Festlegung bestimmter Vorschriften betr das Abkommen zur Gründung einer Assoziation EWG/Malta und eines Finanzabkommens
  BR-Drs 68/76 = **148** D 14

Astronomie
- s Bundesbericht Forschung V
  BT-Drs 7/3574 = **160** A 1

Astronomische Forschung
- VO zum Protokoll über die Vorrechte und Immunitäten der Europäischen Organisation für Astronomische Forschung in der südlichen Hemisphäre
  BR-Drs 20/75 = **98** C 1

Atlantik
Schutz der lebenden Schätze des Südostatlantiks

– Entw eines *Seefischerei-Vertragsgesetzes 1976*
BT-Drs 7/5213 = **215** M 1

Atomanlagen
– VO über das Verfahren bei der Genehmigung von Anlagen nach § 7 des Atomgesetzes (Atomrechtliche VerfahrensVO)
BR-Drs 524/76 = **173** G 5

Atomenergie-Organisation
s Internationale Atomenergie-Organisation
Europäische Atomgemeinschaft

Atomgesetz
s Kernenergie
– *GesEntw eines 3. Ges zur Änderung des Atomgesetzes*
BR-Drs 351/74 = **71** N 5
BR-Drs 68/75 = **99** M 11
BR-PlPr 407 = **3** L 12
BR-PlPr 416 = **4** I 9
Vermittlungsverfahren:
BR-Drs 183/75 = **108** F 1
BR-PlPr 418 = **4** M 1
BT-Drs 7/2183 = **119** F 8
Stellungnahme des Bundesrates sowie Gegenäußerung der Bundesregierung
BT-Drs 7/2538 = **129** H 4
Bericht und Antrag des Innenausschusses
BT-Drs 7/3125 = **146** N 9
Bericht des Haushaltsausschusses
BT-Drs 7/3127 = **146** O 9
Unterrichtung betr Anrufung des Vermittlungsausschusses
BT-Drs 7/3269 = **152** M 10
Antrag des Vermittlungsausschusses
BT-Drs 7/3359 = **154** J 2
1. Beratung
BT-PlPr 7/106 = **19** N 8
BT-PlPr 7/113 = **21** B 12
2. und 3. Beratung
BT-PlPr 7/147 = **28** A 1
Beratung des Antrags des Vermittlungsausschusses
BT-PlPr 7/159 = **30** G 10
– *GesEntw zur Änderung des 3. Ges zur Änderung des Atomgesetzes*
BR-Drs 590/75 = **130** L 8
BR-Drs 731/75 = **140** J 14
BR-PlPr 424 = **5** E 4
BR-PlPr 429 = **5** M 3
BT-Drs 7/4179 = **179** E 14
Bericht und Antrag des Innenausschusses
BT-Drs 7/4347 = **189** E 10
1. Beratung
BT-PlPr 7/201 = **38** A 1
2. und 3. Beratung
BT-PlPr 7/204 = **38** K 3
– *GesEntw eines 4. Ges zur Änderung des Atomgesetzes*
BR-Drs 101/76 = **151** L 2
BR-Drs 423/76 = **169** G 6
BR-PlPr 432 = **6** B 14
BR-PlPr 436 = **6** J 12
BT-Drs 7/4794 = **203** G 8
Stellungnahme des Bundesrates
BT-Drs 7/4911 = **206** I 6
Gegenäußerung der Bundesregierung zur Stellungnahme des Bundesrates
BT-Drs 7/4954 = **209** F 11
Bericht und Antrag des Innenausschusses
BT-Drs 7/5293 = **217** O 10
Bericht des Haushaltsausschusses
BT-Drs 7/5295 = **218** A 4
1. Beratung
BT-PlPr 7/230 = **43** J 6
2. und 3. Beratung
BT-PlPr 7/250 = **48** C 11
– VO über den Schutz vor Schäden durch ionisierende Strahlen (StrahlenschutzVO)
BR-Drs 375/76 = **166** I 3
– VO über das Verfahren bei der Genehmigung von Anlagen nach § 7 des Atomgesetzes (Atomrechtliche VerfahrensVO)
BR-Drs 524/76 = **173** G 5
– VO über die Deckungsvorsorge nach dem Atomgesetz (Deckungsvorsorge-VO)
BR-Drs 525/76 = **173** J 7

Atomhaftungsübereinkommen
– *GesEntw zu den Pariser und Brüsseler Atomhaftungsübereinkommen*
BR-Drs 350/74 = **71** J 4
BR-Drs 67/75 = **99** M 10
BR-PlPr 407 = **3** L 12
BR-PlPr 416 = **4** I 9
BT-Drs 7/2182 = **119** B 12
Stellungnahme des Bundesrates sowie Gegenäußerung der Bundesregierung dazu
BT-Drs 7/2537 = **129** H 3
Bericht und Antrag des Innenausschusses
BT-Drs 7/3124 = **146** N 7
Bericht des Haushaltsausschusses
BT-Drs 7/3126 = **146** O 9
1. Beratung
BT-PlPr 7/106 = **19** N 8
2. Beratung und Schlußabstimmung
BT-PlPr 7/147 = **28** A 1

Atomschutzrecht
– Antwort auf die Große Anfrage betr friedliche Nutzung der Kernenergie in der Bundesrepublik Deutschland
BT-Drs 7/3871 = **171** B 4

Atomwaffen
Atomwaffen
s a Kernwaffen
– *GesEntw zum Vertrag über die Nichtverbreitung von Kernwaffen*
BR-Drs 401/73 = **31** A 2
BR-PlPr 396 = **2** I 14
BR-PlPr 402 = **3** E 5
BT-Drs 7/994 = **83** D 8
Bericht und Antrag des Auswärtigen Ausschusses
BT-Drs 7/1694 = **107** N 4
Bericht des Haushaltsausschusses
BT-Drs 7/1696 = **107** N 8
1. Beratung
BT-PlPr 7/64 = **10** L 13
2. Beratung und Schlußabstimmung
BT-PlPr 7/81 = **14** N 5
– *GesEntw zu dem Übereinkommen zwischen Belgien, Dänemark, der Bundesrepublik Deutschland, Irland, Italien, Luxemburg, den Niederlanden, der Europäischen Atomgemeinschaft und der Internationalen Atomenergieorganisation über die Nichtverbreitung von Kernwaffen*
BR-Drs 402/73 = **31** B 9
BR-Drs 146/74 = **61** M 9
BR-PlPr 396 = **2** I 14
BR-PlPr 402 = **3** E 5
BT-Drs 7/995 = **83** E 14
Bericht und Antrag des Auswärtigen Ausschusses
BT-Drs 7/1693 = **107** M 13
Bericht des Haushaltsausschusses
BT-Drs 7/1695 = **107** N 7
1. Beratung
BT-PlPr 7/64 = **10** L 13
2. Beratung und Schlußabstimmung
BT-PlPr 7/81 = **54** E 2

Aufenthaltsgenehmigung
– *GesEntw eines ÄndGes über Einreise und Aufenthalt von Staatsangehörigen der Mitgliedstaaten der EG*
BR-Drs 549/73 = **37** A 3
BR-Drs 150/74 = **61** N 1
BR-PlPr 397 = **2** L 1
BR-PlPr 402 = **3** E 5
BT-Drs 7/1366 = **96** M 4
Bericht und Antrag des Innenausschusses
BT-Drs 7/1619 = **104** F 6
1. Beratung
BT-PlPr 7/74 = **13** F 13
2. und 3. Beratung
BT-PlPr 7/81 = **14** N 5

Aufwandsentschädigung
für Mitglieder des Bundestages
– Antrag betr Verzicht auf eine Anhebung für das Jahr 1976
BT-Drs 7/4147 = **178** L 7

Aufwertung
– EG-Bericht über die Entwicklung der wirtschaftlichen Lage der deutschen Landwirtschaft nach der Aufwertung der Deutschen Mark 1969
BR-Drs 34/74 = **55** K 9
– Vorschlag einer EG-Entscheidung über ergänzende Maßnahmen in der Landwirtschaft im Anschluß an die Aufwertung der Deutschen Mark
BR-Drs 32/76 = **146** I 3
BT-Drs 7/4564 = **195** K 9
BT-Drs 7/5065 = **212** I 5
BT-PlPr 7/213 = **60** L 6

Aufwertungsausgleichsgesetz
– *GesEntw zur Änderung des Umsatzsteuergesetzes und des AufwertungsausgleichsGes*
BR-Drs 643/74 = **85** F 10
BR-Drs 824/74 = **95** M 5
BR-PlPr 412 = **4** B 12
BR-PlPr 415 = **4** G 8
BT-Drs 7/2696 = **132** H 13
Bericht und Antrag des Finanzausschusses
BT-Drs 7/2930 = **140** O 7
Bericht des Haushaltsausschusses
BT-Drs 7/2959 = **141** N 2
1. Beratung
BT-PlPr 7/129 = **24** A 12
2. und 3. Beratung
BT-PlPr 7/136 = **25** J 7
GesEntw der CDU/CSU
BT-Drs 7/2111 = **117** L 1
1. Beratung
BT-PlPr 7/104 = **19** E 7
2. Beratung
BT-PlPr 7/136 = **25** J 7

Ausbildung
s Bildung
Berufsausbildung
Berufsbildungsgesetz

Ausbildungsbeihilfe
– VO über die Vergütungsstufen des Arbeitsentgelts und der Ausbildungsbeihilfe nach dem Strafvollzugsgesetz
BR-Drs 289/76 = **162** H 1

Ausbildungsförderung
s a Bundesausbildungsförderungsgesetz

- Antrag betr Schaffung eines Jugendgesetzbuchs
  BT-Drs 7/1019 = **84** E 5
- Bericht der Bundesregierung über die Durchführung des Bundesausbildungsförderungsgesetzes gem § 62 des Bundesausbildungsförderungsgesetzes
  BR-Drs 714/74 = **88** K 8
- Bericht der Bundesregierung gemäß der Entschließung des Deutschen Bundestages betr Bundesausbildungsförderungsgesetz
  BT-Drs 7/3438 = **156** B 2
- 2. Familienbericht
  BT-Drs 7/3502 = **157** G 4
- GesEntw eines *Sozialgesetzbuchs* (SGB) – Allgemeiner Teil –
  BR-Drs 286/73 = **25** L 14
- Sozialbudget 1974
  BT-Drs 7/2853 = **138** E 12
- Sozialbericht 1973
  BT-Drs 7/1167 = **89** D 6
- VO zur Änderung der VO über die Förderungshöchstdauer für den Besuch von Höheren Fachschulen, Akademien und Hochschulen
  BR-Drs 256/74 = **67** B 4
- VO über Zusatzleistungen in Härtefällen nach dem Bundesausbildungsförderungsgesetz
  BR-Drs 264/74 = **67** H 6
- VO über die Ausbildungsförderung für den Besuch von Ausbildungsstätten für Dorfhelfer, Alten-, Familien-, Haus- und Heilerziehungspfleger
  BR-Drs 275/ 74 = **67** N 6
- VO zur Änderung der VO über die Ausbildungsförderung für den Besuch von Ausbildungsstätten für Heilhilfsberufe
  BR-Drs 270/74 = **67** K 7

Ausbildungshilfe
- Bericht der Bundesregierung über die wirtschaftliche und soziale Sicherung des Studiums
  BT-Drs 7/2116 = **117** O 1
- s a 3. Ges zur Änderung des *Bundessozialhilfegesetzes*
  BR-Drs 56/74 = **56** M 11

Ausbildungsordnung
- Ausbildungs- und Prüfungsordnung für Beschäftigungs- und Arbeitstherapeuten
  BR-Drs 736/76 = **182** C 9

Ausbildungsplätze
- Antrag betr Programm zur Sicherung des Ausbildungsplatzangebots
  BT-Drs 7/4571 = **195** L 6
  Beratung des Antrags
  BT-PlPr 7/216 = **40** N 12
- s a GesEntw des *Berufsbildungsgesetzes*
  BR-Drs 160/75 = **106** B 3
- s a Entw eines ÄndGes zum *Berufsbildungsgesetz* sowie zum Einkommensteuergesetz
- Entschließung des Bundesrates zur Sicherung des Ausbildungsplatzangebotes
  BR-Drs 56/76 = **147** I 10
  BR-PlPr 431 = **5** O 8
- s a GesEntw über Steuervergünstigungen bei Begründung von zusätzlichen *Berufsausbildungs*verhältnissen
  BR-Drs 175/76 = **154** F 8
  BT-Drs 7/5280 = **217** J 1

Ausbildungsplatzförderungsgesetz
- *GesEntw zur Förderung des Angebots an Ausbildungsplätzen in der Berufsausbildung*
  BR-Drs 469/76 = **171** H 3
  BR-PlPr 437 = **6** L 10
  Vermittlungsverfahren:
  BR-Drs 504/76 = **172** G 9
  BR-PlPr 438 = **6** O 1
  BT-Drs 7/5236 = **216** E 2
  Antrag des Ausschusses für Bildung und Wissenschaft
  BT-Drs 7/5490 = **222** A 12
  Bericht des Ausschusses für Bildung und Wissenschaft
  BT-Drs 7/5509 = **222** E 3
  Änderungsantrag zur 2. Beratung
  BT-Drs 7/5543 = **222** M 11
  Bericht des Haushaltsausschusses
  BT-Drs 7/5544 = **222** M 14
  Unterrichtung betr Anrufung des Vermittlungsausschusses
  BT-Drs 7/5608 = **223** N 12
  Unterrichtung durch den Vermittlungsausschuß
  BT-Drs 7/5661 = **224** K 4
  Unterrichtung durch den Bundesrat betr Nicht-Zustimmung
  BT-Drs 7/5666 = **224** K 9
  1. Beratung
  BT-PlPr 7/247 = **47** I 2
  2. und 3. Beratung
  BT-PlPr 7/255 = **49** F 10
- *GesEntw zur Regelung steuerrechtlicher und anderer Fragen der Ausbildungsplatzförderung*
  BR-Drs 470/76 = **171** M 9
  BR-PlPr 437 = **6** L 10
  Vermittlungsverfahren:
  BR-Drs 505/76 = **172** G 10
  BR-PlPr 438 = **6** O 1
  BT-Drs 7/5237 = **216** E 8
  Antrag des Ausschusses für Bildung und Wissenschaft
  BT-Drs 7/5490 = **222** A 12
  Bericht des Ausschusses für Bildung und Wissenschaft
  BT-Drs 7/5509 = **222** E 3
  Bericht des Haushaltsausschusses
  BT-Drs 7/5544 = **222** M 14
  Unterrichtung betr Anrufung des Vermittlungsausschusses
  BT-Drs 7/5609 = **223** O 8
  Unterrichtung durch den Vermittlungsausschuß
  BT-Drs 7/5662 = **224** K 4
  Unterrichtung durch den Bundesrat betr Nicht-Zustimmung
  BT-Drs 7/5667 = **224** K 10
  1. Beratung
  BT-PlPr 7/247 = **47** I 2
  2. Beratung
  BT-PlPr 7/255 = **49** F 10

Ausbildungsreform, juristische
- Bericht über die Juristenausbildung in den Ländern
  BT-Drs 7/3604 = **163** D 9

Ausbildungsstätten
- VO zur Änderung der VO über die Ausbildungsförderung für den Besuch von Ausbildungsstätten für Heilhilfsberufe
  BR-Drs 270/74 = **67** K 7

Ausbildungsstellen
- GesEntw zur Änderung und Ergänzung des Arbeitsförderungsgesetz (betr Ausbildungszuschüsse für Arbeitgeber bei Bereitstellung von Ausbildungsstellen)
  BR-Drs 109/75 = **101** L 14

Ausbildungsverkehr
- s 2. Ges zur Änderung des *Allgemeinen Eisenbahngesetzes*
  BR-Drs 261/76 = **106** F 1
- s 3. Ges zur Änderung des *Personenbeförderungsgesetzes*
  BR-Drs 260/76 = **160** E 5

Ausfuhrbank
s Europäische Ausfuhrbank

Ausfuhrliste
- 26. VO zur Änderung der Ausfuhrliste – Anlage AL zur Außenwirtschaftsverordnung –
  BR-Drs 231/73 = **22** E 3
  BT-Drs 7/309 = **64** A 9
  Bericht des Wirtschaftsausschusses
  BT-Drs 7/582 = **72** M 6
  BT-PlPr 7/21 = **3** J 11
  BT-PlPr 7/39 = **6** H 14
- 27. VO zur Änderung der Ausfuhrliste
  BR-Drs 613/73 = **40** I 14
  BT-Drs 7/1079 = **86** F 2
  Bericht des Wirtschaftsausschusses
  BT-Drs 7/1307 = **95** G 13
  BT-PlPr 7/58 = **9** M 4
  BT-PlPr 7/69 = **11** M 6
- 28. VO zur Änderung der Ausfuhrliste
  BR-Drs 741/73 = **49** K 12
  BT-Drs 7/1278 = **94** N 6
  Bericht des Wirtschaftsausschusses
  BT-Drs 7/1621 = **104** F 9
  BT-PlPr 7/68 = **11** K 6
  BT-PlPr 7/81 = **14** N 5
- 29. VO zur Änderung der Ausfuhrliste
  BR-Drs 96/74 = **58** K 3
  BT-Drs 7/1580 = **103** O 9
  Bericht des Wirtschaftsausschusses
  BT-Drs 7/1851 = **111** J 7
  BT-PlPr 7/77 = **13** O 6
  BT-PlPr 7/93 = **17** G 13
- 30. VO zur Änderung der Ausfuhrliste
  BR-Drs 851/74 = **96** M 10
  BT-Drs 7/3048 = **144** H 13
  Bericht des Wirtschaftsausschusses
  BT-Drs 7/3312 = **153** F 3
  BT-PlPr 7/142 = **27** B 7
  BT-PlPr 7/162 = **31** A 14
- 31. VO zur Änderung der Ausfuhrliste
  BR-Drs 787/75 = **142** H 6
  BT-Drs 7/4527 = **193** G 8
  Bericht des Wirtschaftsausschusses
  BT-Drs 7/4867 = **205** O 7
  BT-PlPr 7/213 = **40** D 13
  BT-PlPr 7/233 = **44** D 5

Ausgleichsabgabe
- Bericht über Ausgleichsabgaben auf Verbrauchsgüter und die Förderung umweltfreundlicher Produktionsprozesse
  BR-Drs 280/74 = **68** B 9

Ausgleichsabgabe der Arbeitgeber
- s GesEntw zur Weiterentwicklung des *Schwerbeschädigtenrechts*
  BT-Drs 7/656 = **75** F 11

„Ausgleichsfonds zur Sicherung des Steinkohleeinsatzes"
- Entlastung des Bundesministers für Wirtschaft wegen der Rechnung für das Wirtschaftsjahr 1975 über das Sondervermögen des Bundes

BR-Drs 439/76 = **170** D 9
BR-PlPr 437 = **6** L 10

Ausgleichsleistungen für Häftlinge,
- 2. VO über die Auszahlung von zusätzlichen Eingliederungshilfen und Ausgleichsleistungen nach dem Häftlingshilfegesetz
  BR-Drs 106/73 = **11** I 8
- VO zur Änderung der 2. VO über die Auszahlung von zusätzlichen Eingliederungshilfen und Ausgleichsleistungen nach dem Häftlingshilfegesetz
  BR-Drs 203/74 = **64** F 6

Ausgrabung
- s GesEntw zu dem europäischen Übereinkommen zum Schutz *archäologischen Kulturguts*
  BT-Drs 7/896 = **79** M 6

Ausländergesetz
- 6. ÄndVO zur VO zur Durchführung des Ausländergesetzes
  BR-Drs 625/73 = **40** L 7
- 7. VO zur Änderung der VO zur Durchführung des Ausländergesetzes
  BR-Drs 288/75 = **114** B 14
- 8. VO zur Änderung der VO zur Durchführung des Ausländergesetzes
  BR-Drs 324/76 = **163** M 14

Ausländerguthaben
- 34. VO zur Änderung der AußenwirtschaftsVO betr. Ausländerguthaben bei inländischen Geldinstituten
  BR-Drs 554/75 = **128** L 1

Ausländerkind
- s GesEntw eines 3. Ges zur Änderung des *Bundesausbildungsförderungsgesetzes*
  BR-Drs 8/75 = **97** I 9
- Antwort auf die Große Anfrage betr Situation der Kinder in Deutschland
  BT-Drs 7/3340 = **154** D 13
- s a Staatsangehörigkeit

Ausländische Truppen
s Truppen

Ausländischer Arbeitnehmer
- Antrag betr Beschäftigung
  BT-Drs 7/2469 = **127** E 7
  Bericht und Antrag des Ausschusses für Arbeit und Sozialordnung
  BT-Drs 7/5379 = **219** E 8
  Beratung des Antrags
  BT-PlPr 7/119 = **21** O 2
  BT-PlPr 7/256 = **49** K 13
- *GesEntw über Mindestanforderungen an Unterkünfte für Arbeitnehmer*
  BR-Drs 135/73 = **16** L 14
  BR-Drs 410/73 = **31** K 13
  BR-PlPr 390 = **2** A 6
  BR-PlPr 395 = **2** I 1
  BT-Drs 7/262 = **62** M 2
  Bericht und Antrag des Ausschusses für Arbeit und Sozialordnung
  BT-Drs 7/527 = **70** E 1
  BT-Drs 7/565 = **72** I 2
  1. Beratung
  BT-PlPr 7/21 = **3** J 11
  2. und 3. Beratung
  BT-PlPr 7/34 = **5** M 13
- s a GesEntw zur Änderung des *Arbeitsförderungsgesetzes* und des Arbeitnehmerüberlassungsgesetzes betr illegale Ausländerbeschäftigung
  BR-Drs 739/74 = **90** F 7
- s a GesEntw zur Änderung und Ergänzung des *Arbeitsförderungsgesetzes* betr Arbeitslosengeld und Rückkehrhilfe für Ausländer
  BR-Drs 444/75 = **122** N 11
- s a Sozialbericht 1973 der Bundesregierung
  BR-Drs 680/73 = **43** I 9

Ausländisches Recht
- *GesEntw zum Europäischen Übereinkommen betr Auskünfte über ausländisches Recht*
  BR-Drs 392/73 = **30** I 7
  BR-Drs 334/74 = **70** I 2
  BR-PlPr 396 = **2** I 14
  BR-PlPr 405 = **3** I 2
  BT-Drs 7/992 = **83** C 8
  Bericht und Antrag des Rechtsausschusses
  BT-Drs 7/1941 = **113** F 4
  Bericht des Haushaltsausschusses
  BT-Drs 7/2033 = **115** O 4
  1. Beratung
  BT-PlPr 7/51 = **8** I 5
  2. Beratung und Schlußabstimmung
  BT-PlPr 7/96 = **18** B 12
- *GesEntw zur Ausführung des Europäischen Übereinkommens betr Auskünfte über Ausländisches Recht*
  BR-Drs 394/73 = **30** J 6
  BR-Drs 335/74 = **70** I 3
  BR-PlPr 396 = **2** I 14
  BR-PlPr 405 = **3** I 2
  BT-Drs 7/993 = **83** D 2
  Bericht und Antrag des Rechtsausschusses
  BT-Drs 7/1942 = **113** F 6
  Bericht des Haushaltsausschusses
  BT-Drs 7/2034 = **115** O 5
  1. Beratung
  BT-PlPr 7/51 = **8** I 5
  2. Beratung und Schlußabstimmung
  BT-PlPr 7/96 = **18** B 12

Auslandsfleischbeschau
s Fleischbeschau

Auslandskostengesetz
- *GesEntw eines Auslandskostengesetzes*
  BR-Drs 286/76 = **162** D 8
  BR-PlPr 435 = **6** I 1

Auslandsstudium
- s GesEntw zur Änderung des *Bundesausbildungsförderungsgesetzes* betr Auslandsstudium in USA und Kanada
  BR-Drs 510/74 = **77** O 12

Auslandszahlungen
- Allgemeine Verwaltungsvorschrift über das Zahlen von Leistungen der gesetzlichen Unfallversicherung und der gesetzlichen Rentenversicherungen in das Ausland
  BR-Drs 727/73 = **48** J 14

Auslieferungsabkommen
- *GesEntw zum Vertrag Bundesrepublik Deutschland / Sozialistische Förderative Republik Jugoslawien*
  BR-Drs 60/73 = **9** A 9
  BR-Drs 441/74 = **75** M 14
  BR-PlPr 389 = **1** B 11
  BR-PlPr 410 = **3** O 9
  BT-Drs 7/372 = **65** B 1
  Bericht und Antrag des Rechtsausschusses
  BT-Drs 7/2065 = **116** L 6
  1. Beratung
  BT-PlPr 7/30 = **5** A 6
  2. Beratung und Schlußabstimmung
  BT-PlPr 7/106 = **19** N 8
- *GesEntw zum Vertrag Bundesrepublik Deutschland / Republik Österreich über die Ergänzung des Europäischen Auslieferungsübereinkommens und die Erleichterung seiner Anwendung*
  BR-Drs 545/74 = **80** H 14
  BR-Drs 267/75 = **112** M 9
  BR-PlPr 412 = **4** B 12
  BR-PlPr 420 = **4** N 9
  BT-Drs 7/2835 = **137** A 9
  Bericht und Antrag des Rechtsausschusses
  BT-Drs 7/3518 = **158** B 4
  1. Beratung
  BT-PlPr 7/136 = **25** J 7
  2. Beratung und Schlußabstimmung
  BT-PlPr 7/167 = **31** N 12
- *GesEntw zum Vertrag Bundesrepublik Deutschland / Schweizerische Eidgenossenschaft über die Ergänzung des Europäischen Auslieferungsübereinkommens und die Erleichterung seiner Anwendung*
  BR-Drs 258/74 = **67** C 12
  BR-Drs 269/75 = **112** M 11
  BR-PlPr 405 = **3** I 2
  BR-PlPr 420 = **4** N 9
  BT-Drs 7/2280 = **121** L 3
  Bericht und Antrag des Rechtsausschusses
  BT-Drs 7/3520 = **158** B 6
  1. Beratung
  BT-PlPr 7/116 = **21** G 5
  2. Beratung und Schlußabstimmung
  BT-PlPr 7/167 = **31** N 12

Ausrichtungs- und Garantiefonds
s Europäischer Ausrichtungs- und Garantiefonds

Aussageverweigerung
s Zeugnisverweigerungsrecht

Außenhandel
- Antrag betr den Beirat für handelspolitische Vereinbarungen
  BT-Drs 7/222 = **60** M 2

Außenpolitik, kulturelle
- Bericht der Enquête-Kommission Auswärtige Kulturpolitik
  BT-Drs 7/4121 = **177** F 5

Außenwirtschaft
- Jahresgutachten 1972 zur gesamtwirtschaftlichen Entwicklung
  BT-Drs 7/2 = **51** A 6
- Jahresgutachten 1973 des Sachverständigenrates über die gesamtwirtschaftliche Entwicklung
  BT-Drs 7/1273 = **93** O 10
- Jahresgutachten 1974 des Sachverständigenrates zur Begutachtung der gesamtwirtschaftlichen Entwicklung
  BT-Drs 7/2848 = **137** G 3
- Jahresgutachten 1975 des Sachverständigenrates zur Begutachtung der gesamtwirtschaftlichen Entwicklung
  BT-Drs 7/4326 = **188** E 14
- Jahresgutachten 1976/1977 des Sachverständigenrates zur Begutachtung der gesamtwirtschaftlichen Entwicklung
  BT-Drs 7/5902 = **232** A 12

Außenwirtschaftsgesetz
- *GesEntw eines 2. ÄndGes zum AußenwirtschaftsGes*
  BR-Drs 155/73 = **17** N 7
  BR-Drs 180/73 = **19** A 9
  BR-PlPr 390 = **2** A 6
  BT-Drs 7/173 = **59** D 8
  Bericht und Antrag des Wirtschaftsausschusses
  BT-Drs 7/217 = **60** L 10

Bericht des Haushaltsausschusses
BT-Drs 7/219 = 60 L 13
1. Beratung
BT-PlPr 7/13 = 2 E 3
2. und 3. Beratung
BT-PlPr 7/17 = 2 O 1
– *GesEntw eines 3. ÄndGes zum Außenwirtschafts Ges*
BR-Drs 543/75 = 127 L 12
BR-Drs 145/76 = 153 I 12
BR-PlPr 424 = 5 E 4
BR-PlPr 432 = 6 B 14
BT-Drs 7/4323 = 188 D 6
Bericht und Antrag des Wirtschaftsausschusses
BT-Drs 7/4728 = 201 F 3
1. Beratung
BT-PlPr 7/207 = 39 B 4
2. und 3. Beratung
BT-PlPr 7/224 = 42 G 6
s a *Einfuhrliste,* 43.– 55. ÄndVO

Außenwirtschaftsverordnung
s a 26.–31. VO zur Änderung der *Ausfuhrliste* – Anlage AL zur Außenwirtschaftsverordnung
s a 43.–55. Verordnung zur Änderung der *Einfuhrliste* – Anlage zum Außenwirtschaftsgesetz
– 24. Verordnung zur Änderung der Außenwirtschaftsverordnung
BT-Drs 7/39 = 52 L 4
BT-Drs 7/218 = 60 L 12
BT-PlPr 7/12 = 2 A 13
BT-PlPr 7/17 = 2 O 1
– 25. VO zur Änderung der AußenwirtschaftsVO
BR-Drs 154/73 = 17 N 6
BT-Drs 7/151 = 58 K 4
BT-Drs 7/218 = 60 L 12
BT-PlPr 7/14 = 2 F 9
BT-PlPr 7/17 = 2 O 1
– 26. VO zur Änderung der AußenwirtschaftsVO
BR-Drs 426/73 = 32 I 4
BT-Drs 7/657 = 75 H 9
BT-Drs 7/1022 = 84 E 9
BT-PlPr 7/38 = 6 G 14
BT-PlPr 7/57 = 9 I 7
– 27. VO zur Änderung der AußenwirtschaftsVO
BR-Drs 460/73 = 33 H 14
BT-Drs 7/852 = 78 H 1
BT-Drs 7/1022 = 84 E 9
BT-PlPr 7/48 = 8 D 4
BT-PlPr 7/57 = 9 I 7
– 28. VO zur Änderung der AußenwirtschaftsVO
BR-Drs 559/73 = 38 L 1
BT-Drs 7/984 = 82 E 11
BT-Drs 7/1022 = 84 E 9
BT-PlPr 7/48 = 8 D 4
BT-PlPr 7/57 = 9 I 7
– 29. VO zur Änderung der AußenwirtschaftsVO
BR-Drs 12/74 = 54 H 10
BT-Drs 7/1491 = 101 A 1
BT-Drs 7/1621 = 104 F 9
BT-PlPr 7/72 = 12 N 11
BT-PlPr 7/81 = 14 N 5
– 30. VO zur Änderung der AußenwirtschaftsVO
BR-Drs 94/74 = 58 K 2
BT-Drs 7/1574 = 103 M 3
BT-Drs 7/1851 = 111 J 7
BT-PlPr 7/77 = 13 O 6
BT-PlPr 7/93 = 17 G 13
– 31. VO zur Änderung der AußenwirtschaftsVO
BR-Drs 109/74 = 59 C 1
BT-Drs 7/1640 = 105 A 7
BT-Drs 7/1851 = 111 J 7
BT-PlPr 7/80 = 14 I 14
BT-PlPr 7/93 = 17 G 13
– 32. VO zur Änderung der AußenwirtschaftsVO
BR-Drs 619/74 = 84 K 9
BT-Drs 7/2556 = 129 L 1
BT-Drs 7/2766 = 134 I 6
BT-PlPr 7/117 = 21 K 7
BT-PlPr 7/134 = 25 A 1
– 33. VO zur Änderung der AußenwirtschaftsVO
BR-Drs 849/74 = 96 M 9
BT-Drs 7/3043 = 143 I 5
BT-Drs 7/3312 = 153 F 3
BT-PlPr 7/142 = 27 B 7
BT-PlPr 7/162 = 31 A 14
– 34. VO zur Änderung der AußenwirtschaftsVO
BR-Drs 554/75 = 128 L 1
BT-Drs 7/4014 = 175 F 12
BT-Drs 7/4087 = 176 L 8
BT-PlPr 7/184 = 35 E 3
BT-PlPr 7/194 = 36 M 12
– 35. VO zur Änderung der AußenwirtschaftsVO
BR-Drs 218/76 = 156 G 4
BT-Drs 7/4994 = 210 E 9
BT-Drs 7/5202 = 215 I 7
BT-PlPr 7/239 = 45 I 6
– 36. VO zur Änderung der AußenwirtschaftsVO
BR-Drs 363/76 = 165 G 1
BT-Drs 7/5259 = 216 M 12
BT-Drs 7/5460 = 221 F 6
BT-PlPr 7/248 = 47 M 11
BT-PlPr 7/256 = 49 K 13

Außenwirtschaftspolitik
– Bericht zur Entwicklungspolitik der Bundesregierung
BT-Drs 7/4293 = 186 L 14
– Agrarbericht 1973
BT-Drs 7/146 = 57 A 6
BT-Drs 7/1651 = 106 B 1
– Agrarbericht 1974
BT-Drs 7/1650 = 105 K 5
– Agrarbericht 1975
BT-Drs 7/3210 = 149 B 5
– Agrarbericht 1976
BT-Drs 7/4680 = 198 N 3
– s a Berichte der Bundesregierung über die *Integration in den Europäischen Gemeinschaften*
– s a Jahresgutachten des *Sachverständigenrates zur Begutachtung der gesamtwirtschaftlichen Entwicklung*
– s a *Jahreswirtschaftsbericht*

Außenwirtschaftsverkehr
– ÄndVO zur VO zur Regelung von Zuständigkeiten im Außenwirtschaftsverkehr
BR-Drs 371/73 = 29 A 3

Ausschuß
– s Entw eines Verwaltungsverfahrensgesetzes
BT-Drs 7/910 = 80 B 5

Aussiedler
– Antrag betr Schaffung zentraler Beratungsstellen für Aussiedler
BT-Drs 7/5534 = 222 M 2
– Unterrichtung betr Zustimmung zu außerplanmäßigen Haushaltsausgaben im Haushaltsjahr 1976 betr Maßnahmen zur Eingliederung
BT-Drs 7/5644 = 224 G 6
Antrag des Haushaltsausschusses
BT-Drs 7/5880 = 231 J 8
– Unterrichtung betr Zustimmung zu einer überplanmäßigen Ausgabe betr Beihilfen an junge Zuwanderer für Schul- und Berufsausbildung im Haushaltsjahr 1976
BT-Drs 7/5733 = 227 I 4
Antrag des Haushaltsausschusses
BT-Drs 7/5884 = 231 J 10
– VO über die Förderung der Teilnahme von Aussiedlern an Deutsch-Lehrgängen
BR-Drs 338/76 = 164 D 11

Australischer Bund
– *GesEntw zum Abkommen Bundesrepublik Deutschland/Australischer Bund zur Vermeidung der Doppelbesteuerung und zur Verhinderung der Steuerverkürzung bei Einkommen- und Vermögensteuer sowie bei anderen Steuern*
BR-Drs 524/73 = 35 N 12
BR-Drs 151/74 = 61 N 2
BR-PlPr 397 = 2 L 1
BR-PlPr 402 = 3 E 5
BT-Drs 7/1139 = 88 B 12
Bericht und Antrag des Finanzausschusses
BT-Drs 7/1613 = 104 E 8
1. Beratung
BT-PlPr 7/64 = 10 L 13
2. Beratung und Schlußabstimmung
BT-PlPr 7/81 = 14 N 5

Ausstellung
– *Ges zum Protokoll zur Änderung des in Paris unterzeichneten Abkommens über internationale Ausstellungen*
BR-Drs 523/73 = 35 M 14
BR-Drs 773/73 = 50 L 11
BR-PlPr 397 = 2 L 1
BR-PlPr 400 = 3 A 1
BT-Drs 7/1143 = 88 E 3
Bericht und Antrag des Wirtschaftsausschusses
BT-Drs 7/1365 = 96 H 2
1. Beratung
BT-PlPr 7/64 = 10 L 13
2. Beratung und Schlußabstimmung
BT-PlPr 7/70 = 12 C 14
– s a GesEntw zur Änderung des Titels IV der *Gewerbeordnung* betr Ausstellungen, Messen, Märkte
BR-Drs 241/75 = 112 C 2

Ausverkauf
Beseitigung der Mißstände im Ausverkaufswesen
– s Entw eines 9. ÄndGes zum Ges gegen den unlauteren *Wettbewerb*
BT-Drs 7/2049 = 116 E 5

Auswärtiger Dienst
– *Bericht des Auswärtigen Amts über den Stand der Reform*
BT-Drs 7/1551 = 103 F 1
Antrag des Auswärtigen Ausschusses
BT-Drs 7/4833 = 205 A 10
BT-PlPr 7/78 = 14 C 12
BT-PlPr 7/233 = 44 D 5

- s a GesEntw eines *Auslandskostengesetzes*
  BR-Drs 286/76 = **162** D 8
- s a GesEntw zum Übereinkommen über die Verhütung, Verfolgung und Bestrafung von Straftaten gegen völkerrechtlich geschützte Personen einschließlich *Diplomaten* (Diplomatenschutzkonvention)
  BR-Drs 539/75 = **127** J 7

Auswandererschutzgesetz
- *GesEntw zum Schutze der Auswanderer*
  BR-Drs 311/74 = **69** H 6
  BR-Drs 41/75 = **99** H 3
  BR-PlPr 406 = **3** K 7
  BR-PlPr 416 = **4** I 9
  BT-Drs 7/2418 = **124** J 1
- Bericht und Antrag des Ausschusses für Jugend, Familie und Gesundheit
  BT-Drs 7/2983 = **142** C 8
  1. Beratung
  BT-PlPr 7/116 = **21** G 5
  2. und 3. Beratung
  BT-PlPr 7/141 = **26** L 3

Auszubildende
- s GesEntw zur Änderung des *Allgemeinen Eisenbahngesetzes*
  BR-Drs 2/74 = **53** O 5
- s GesEntw eines 3. Ges zur Änderung des *Personenbeförderungsgesetzes*
  BR-Drs 3/74 = **54** A 13

Autobahn
- Antrag betr Aufklärungsaktion über den Großversuch mit Richtgeschwindigkeit 130 und Höchstgeschwindigkeit auf Teilabschnitten
  BT-Drs 7/1827 = **111** E 8
  Bericht und Antrag des Ausschusses für Verkehr und für das Post- und Fernmeldewesen
  BT-Drs 7/2541 = **129** I 4
  BT-PlPr 7/86 = **15** N 2
  BT-PlPr 7/93 = **17** G 13
  BT-PlPr 7/119 = **21** O 2
- Straßenbaubericht 1972
  BT-Drs 7/782 = **77** I 12
- Straßenbaubericht 1973
  BT-Drs 7/2413 = **124** E 6
- Straßenbaubericht 1974
  BT-Drs 7/3822 = **169** N 2
- Straßenbaubericht 1975
  BT-Drs 7/5677 = **225** I 6
- Unfallverhütungsbericht 1973
  BT-Drs 7/3685 = **164** I 13

Autobahnhöchstgeschwindigkeit
- VO über die versuchsweise Einführung einer allgemeinen Beschränkung der zulässigen Höchstgeschwindigkeit für Kraftfahrzeuge auf Autobahnen und ähnlichen Straßen
  BR-Drs 183/74 = **63** H 6
  BR-PlPr 402 = **3** E 5

Autowrack
- Bericht der Bundesregierung über die Beseitigung von Autowracks
  BT-Drs 7/1760 = **108** K 11
  Antrag des Innenausschusses
  BT-Drs 7/4695 = **200** H 6
  Beratung des Berichts
  BT-PlPr 7/221 = **41** M 14
- Umweltbericht 1976
  BT-Drs 7/5684 = **226** A 1

B

Baader-Meinhof-Gruppe
s Terrorismus

Badegewässer
- EWG-Richtlinie betr Verschmutzung der Meeres- und Süßgewässer für Badezwecke (Qualitätsanforderungen)
  BR-Drs 142/75 = **105** C 12
  BT-Drs 7/3272 = **152** N 1
  BT-Drs 7/4070 = **176** G 14
  BT-PlPr 7/153 = **29** D 2
  BT-PlPr 7/194 = **36** M 12

Baden-Württemberg
- *GesEntw über die Ermächtigung des Landes zur Rechtsbereinigung*
  BR-Drs 260/74 = **67** D 13
  BR-Drs 729/74 = **89** O 4
  BR-PlPr 405 = **3** I 2
  BR-PlPr 414 = **4** F 5
  BT-Drs 7/2206 = **119** K 13
  Bericht und Antrag des Rechtsausschusses
  BT-Drs 7/2714 = **133** E 5
  1. Beratung
  BT-PlPr 7/108 = **20** E 5
  2. und 3. Beratung
  BT-PlPr 7/128 = **23** K 8

BaföG
s Bundesausbildungsförderungsgesetz

Bagger
- Allgemeine Verwaltungsvorschrift zum Schutz gegen Baulärm – Emissionsrichtwerte für Bagger
  BR-Drs 662/73 = **42** M 5

Bahnhof
- Antrag betr Schließung von Stückgutbahnhöfen
  BT-Drs 7/2663 = **132** C 1
  Bericht und Antrag des Ausschusses für Verkehr und für das Post- und Fernmeldewesen
  BT-Drs 7/4635 = **197** C 10
- s a Ges zum Abkommen zur Änderung des Abkommens Bundesrepublik Deutschland/Königreich der Niederlande über die Zusammenlegung der *Grenzabfertigung* und über die Einrichtung von Gemeinschafts- oder Betriebswechselbahnhöfen an der deutsch-niederländischen Grenze
  BR-Drs 151/76 = **153** J 7

Ballungsgebiet
- Entwurf einer EG-Entschließung für ein EG-Aktionsprogramm zum Umweltschutz, speziell für eine sinnvolle Siedlungs- und Verkehrsplanung zur Vermeidung von Ballungsgebieten
  BR-Drs 365/73 = **28** K 1
- Vorschlag einer EG-Entschließung betr Festlegung von Kriterien für Schwefeldioxid und Schwebeteilchen in der Atmosphäre von Ballungsgebieten und über den Vorschlag einer EG-Richtlinie über Gesundheitsschutznormen dazu
  BR-Drs 185/76 = **155** A 7

Bananen
- VO zur Änderung des Deutschen Teil-Zolltarifs Nr 16/72 und 1/73 (betr Zollkontingente für Bananen)
  BR-Drs 1/73 = **8** A 6
  BR-Drs 2/73 = **8** A 7
  BT-Drs 7/51 = **52** O 3
  BT-Drs 7/52 = **52** O 4
  BT-Drs 7/229 = **60** N 14
- VO zur Änderung des Deutschen Teil-Zolltarifs (Nr 12/73 – Erhöhung des Zollkontingents 1973)
  BR-Drs 593/73 = **39** M 1
  BT-Drs 7/1041 = **84** N 2
  BT-Drs 7/1308 = **95** G 14
- VO zur Änderung des Deutschen Teil-Zolltarifs (Nr 2/74 – Zollkontingent 1974)
  BR-Drs 11/74 = **54** H 9
  BT-Drs 7/1492 = **101** A 5
  BT-Drs 7/1620 = **104** F 8
- VO zur Änderung des Deutschen Teil-Zolltarifs (Nr 13/74 – Erhöhung des Zollkontingents 1974)
  BR-Drs 606/74 = **84** H 1
  BT-Drs 7/2555 = **129** K 14
  BT-Drs 7/2764 = **134** I 4
- VO zur Änderung des Deutschen Teil-Zolltarifs (Nr 16/74 – 2. Erhöhung des Zollkontingents)
  BR-Drs 3/75 = **97** C 4
  BT-Drs 7/3058 = **144** K 4
  BT-Drs 7/3311 = **153** F 2
- VO zur Änderung des Deutschen Teil-Zolltarifs (Nr 2/75 – Zollkontingent 1975)
  BR-Drs 2/75 = **97** C 2
  BT-Drs 7/3057 = **144** K 3
  BT-Drs 7/3311 = **153** F 2
- VO zur Änderung des Deutschen Teil-Zolltarifs (Nr 9/75 – Erhöhung des Zollkontingents 1975)
  BR-Drs 574/75 = **129** G 3
  BT-Drs 7/4030 = **175** O 4
  BT-Drs 7/4215 = **184** K 2
- VO zur Änderung des Deutschen Teil-Zolltarifs (Nr 2/76 – Zollkontingent 1976)
  BR-Drs 788/75 = **142** H 8
  BT-Drs 7/4531 = **194** C 8
  BT-Drs 7/4868 = **205** O 8
- VO zur Änderung des Deutschen Teil-Zolltarifs (Nr 14/76 – Erhöhung des Zollkontingents 1976)
  BR-Drs 586/76 = **176** B 2
  BT-Drs 7/5854 = **230** O 5
- VO zur Änderung des Deutschen Teil-Zolltarifs (Nr 17/76 – 2. Erhöhung des Zollkontingents 1976)
  BR-Drs 737/76 = **182** E 2

Banken
s Kreditinstitute

Bankgewerbe
- Vorschlag einer EG-VO zur Durchführung einer Erhebung über Struktur und Verteilung der Löhne und Gehälter im Handel, im Versicherungsgewerbe und im Bankgewerbe
  BR-Drs 540/73 = **36** I 5
- Vorschlag einer EG-VO über die Durchführung einer Arbeitskostenerhebung im Handel, im Versicherungsgewerbe und im Bankgewerbe
  BR-Drs 541/73 = **36** I 9

Bannkreise
s Befriedete Bannkreise
Versammlungsgesetz

Bauarbeiten
- 1. VO zur Änderung der VO über besondere Arbeitsschutzanforderungen bei Bauarbeiten in der Zeit vom 1. November bis 31. März
  BR-Drs 192/74 = **63** M 12

Bauarbeiter
- s Unfallverhütungsbericht
  BT-Drs 7/189 = **59** L 5

Baubetreuer
- s GesEntw zur Änderung der *Gewerbeordnung* betr Makler, Bauträger und Baubetreuer – § 34c Gewerbeordnung –
  BR-Drs 97/74 = **58** K 4

Baudarlehen
- 4. VO zur Änderung der VO über die Ablösung öffentlicher Baudarlehen nach dem 2. Wohnungsbaugesetz
  BR-Drs 742/74 = **90** H 14

Baugenehmigung
- Allgemeine Verwaltungsvorschrift für die Ausstellung von Bescheinigungen gem § 7 Abs 4 Nr 2 und § 32 Abs 2 Nr 2 des Wohnungseigentumsgesetzes
  BR-Drs 614/73 = **40** J 1

Baugesetz
s Bundesbaugesetz

Baugewerbe
- VO über die Durchführung einer Statistik über die Investitionen im Bauhauptgewerbe und im produzierenden Handwerk
  BR-Drs 186/73 = **19** I 7
- VO über die Durchführung einer Statistik über den Auftragseingang im Bauhauptgewerbe
  BR-Drs 651/73 = **42** I 9
- VO über die Durchführung einer Statistik über den Auftragsbestand im Bauhauptgewerbe
  BR-Drs 652/73 = **42** I 3
- s GesEntw über die *Statistik* im Produzierenden Gewerbe
  BR-Drs 690/74 = **87** E 14
- Entwurf einer EG-Richtlinie zur Durchführung koordinierter Konjunkturstatistiken im Baugewerbe
  BR-Drs 628/76 = **177** L 6

Bauinvestitionen
s a Investitionen
- Programm zur Stärkung von Bau- und anderen Investitionen
  BR-Drs 522/75 = **126** E 11
  BT-Drs 7/4013 = **175** E 12
  Stellungnahme des Bundesrates
  BT-Drs 7/4043 = **176** D 4
  Bericht und Antrag des Haushaltsausschusses
  BT-Drs 7/4044 = **176** D 5
  Entschließungsantrag zur Beratung
  BT-Drs 7/4058 = **176** E 14
  BT-PlPr 7/185 = **35** J 3
  BT-PlPr 7/187 = **36** A 1
- Bericht der Bundesregierung über die Verwendung der Mittel aus dem Programm zur Stärkung von Bau- und anderen Investitionen – Ausgaben für Arbeitsbeschaffungsmaßnahmen –
  BT-Drs 7/5093 = **213** D 1

Baukonjunktur
- s Jahresgutachten des *Sachverständigenrates über die gesamtwirtschaftliche Entwicklung*

Baulandmarkt
- s GesEntw zur Änderung des *Bundesbaugesetzes*
  BR-Drs 300/74 = **68** K 3

Baulärm
- Umweltbericht 1976
  BT-Drs 7/5684 = **226** A 1
- Allgemeine Verwaltungsvorschrift zum Schutz gegen Baulärm
  BR-Drs 100/73 = **11** F 1
  BR-Drs 108/73 = **11** J 6
  BR-Drs 229/73 = **22** C 8
  BR-Drs 662/73 = **42** M 5
- 2. Allgemeine Verwaltungsvorschrift zum Bundes-Immissionsschutzgesetz
  BR-Drs 307/74 = **69** F 2

Bauleitplanung
- s GesEntw zur Änderung des *Bundesbaugesetzes*
  BR-Drs 300/74 = **68** K 3
  BT-Drs 7/2496 = **127** L 8

Baumschulerzeugnisse
- DurchführungsVO zum Marktstrukturgesetz
  BR-Drs 21/75 = **98** C 8

Baumwolltextilien
- *GesEntw zum Protokoll zur Verlängerung der Langfristigen Vereinbarung über den Internationalen Handel mit Baumwolltextilien*
  BR-Drs 306/73 = **26** O 8
  BR-Drs 706/73 = **47** N 6
  BR-PlPr 394 = **2** F 12
  BR-PlPr 399 = **2** N 12
  BT-Drs 7/647 = **74** F 10
  Bericht und Antrag des Wirtschaftsausschusses
  BT-Drs 7/1071 = **86** E 3
  1. Beratung
  BT-PlPr 7/39 = **6** H 14
  2. Beratung und Schlußabstimmung
  BT-PlPr 7/64 = **10** L 13

Baurecht
- s GesEntw zur Änderung des *Bundesbaugesetzes*
- Städtebaubericht 1975
  BT-Drs 7/3583 = **161** M 9

Bausparkassen
- *GesEntw zur Änderung des Ges über die Beaufsichtigung der privaten Versicherungsunternehmungen und Bausparkassen*
  BR-Drs 38/73 = **8** N 2
  BR-Drs 780/74 = **92** I 3
  BR-PlPr 389 = **1** B 11
  BR-PlPr 415 = **4** G 8
  BT-Drs 7/100 = **55** A 13
  Bericht und Antrag des Finanzausschusses
  BT-Drs 7/2712 = **133** C 10
  1. Beratung
  BT-PlPr 7/15 = **2** J 13
  2. und 3. Beratung
  BT-PlPr 7/131 = **24** F 7
- *Entw eines ÄndGes zum Ges zur Abwicklung der unter Sonderverwaltung stehenden Vermögen von Kreditinstituten, Versicherungsunternehmen und Bausparkassen*
  BR-Drs 764/73 = **50** F 10
  BR-PlPr 400 = **3** A 1
  BT-Drs 7/613 = **73** H 14
  Bericht und Antrag des Finanzausschusses
  BT-Drs 7/1321 = **95** K 11
  1. Beratung
  BT-PlPr 7/39 = **6** H 14
  2. und 3. Beratung
  BT-PlPr 7/69 = **11** M 6
- s a GesEntw zur Änderung des *Versicherungsaufsichtsgesetzes*
  BR-Drs 38/73 = **8** N 2
  BT-Drs 7/100 = **55** A 13
- VO über die Zuführung von Mitteln nach dem Ges zur Abwicklung der unter Sonderverwaltung stehenden Vermögen von Kreditinstituten, Versicherungsunternehmen und Bausparkassen für Zwecke des § 96 des Bundesvertriebenengesetzes
  BR-Drs 430/74 = **75** G 7

Bauträger
- s GesEntw zur Änderung der *Gewerbeordnung*
  BR-Drs 97/74 = **58** K 4
  BT-Drs 7/1989 = **114** H 13
- VO zur Durchführung des § 34c der Gewerbeordnung
  BR-Drs 786/73 = **51** D 3
- VO zur Änderung der VO zur Durchführung des § 34c der Gewerbeordnung
  BR-Drs 179/75 = **107** O 10

Bauvorhaben
- 2. VO über die Dringlichkeit von Ausgaben für Bauvorhaben in der Rentenversicherung der Arbeiter
  BR-Drs 61/74 = **57** C 12
  BR-Drs 414/74 = **74** I 7
- VO zur Änderung der 2. VO über die Dringlichkeit von Ausgaben für Bauvorhaben in der Rentenversicherung der Arbeiter
  BR-Drs 702/75 = **138** G 14

Bauwirtschaft
- Programm zur Stärkung von Bau- und anderen Investitionen
  (s *Bauinvestitionen*)
- Bericht der Bundesregierung nach § 238 des Arbeitsförderungsgesetzes *(Winterbau-Bericht 1973)*
  BR-Drs 105/74 = **59** B 2
  BT-Drs 7/1623 = **104** G 4
- Bericht der Bundesregierung nach § 238 Arbeitsförderungsgesetz *(Winterbau-Bericht 1974)*
  BR-Drs 238/75 = **111** L 14
  BT-Drs 7/3508 = **157** O 10
- Bericht der Bundesregierung nach § 238 Arbeitsförderungsgesetz *(Winterbau-Bericht 1975)*
  BR-Drs 57/76 = **147** J 3
  BT-Drs 7/4621 = **196** L 6
- Antwort auf die Große Anfrage betr Ziele und Aufgaben der Wohnungspolitik
  BT-Drs 7/3523 = **158** B 11
- EG-Programm für im Bereich der Bauwirtschaft durchzuführende Aktionen
  BR-Drs 144/75 = **105** D 14
- Vorlage des Sonderprogramms zur regionalen und lokalen Abstützung der Beschäftigung nach § 6 Abs 2 StWG
  BR-Drs 651/74 = **85** L 6

Beamter
s a Öffentlicher Dienst
- Bericht über die Ämterbewertung
  BT-Drs 7/6 = **51** M 5
- Arbeitsbericht über die Vorarbeiten für eine Ämter- und Dienstpostenbewertung
  BT-Drs 7/5510 = **222** E 11
- Vergleich des beamtenrechtlichen Versorgungssystems mit den Versorgungssystemen für Arbeitnehmer im öffentlichen Dienst und in der privaten Wirtschaft
  BT-Drs 7/5569 = **223** B 4

– s a Entw eines *Bundespersonalvertretungsgesetzes*
BT-Drs 7/176 = **59** D 12
– s a Entw eines ÄndGes zum 1. Ges zur Reform des Ehe- und Familienrechts
BT-Drs 7/4964 = **209** K 8
– s a GesEntw zur Verbesserung der *betrieblichen Altersversorgung*
BT-Drs 7/1281 = **94** O 11
– s a GesEntw zur Regelung besonderer dienstrechtlicher Fragen der Bediensteten in der *Ständigen Vertretung* der Bundesrepublik Deutschland bei der *DDR*
BR-Drs 695/73 = **45** J 3
BT-Drs 7/1677 = **107** J 14
– s a GesEntw über die Erhöhung der jährlichen Sonderzuwendung (s Weihnachtsgratifikation)
BT-Drs 7/1244 = **93** F 6
– s a *Steuerbeamten – Ausbildungsgesetz*
– Allgemeine Verwaltungsvorschrift zum Ges über vermögenswirksame Leistungen für Beamte, Richter, Berufssoldaten und Soldaten auf Zeit
BR-Drs 456/75 = **123** K 3
– Allgemeine Verwaltungsvorschrift zur VO über die Gewährung von Mehrarbeitsentschädigung für Beamte
BR-Drs 386/74 = **73** B 9
– VO über die Vergütung für Beamte im Vollstreckungsdienst
BR-Drs 233/76 = **156** N 2

Beamtenbesoldung
– *GesEntw eines 2. Ges zur Vereinheitlichung und Neuregelung des Besoldungsrechts in Bund und Ländern* – (2. BesVNG)
BR-Drs 1/74 = **53** A 4
BR-Drs 150/75 = **105** G 3
BR-PlPr 401 = **3** C 2
BR-PlPr 418 = **4** M 1
BT-Drs 7/1906 = **112** D 11
Antrag des Innenausschusses
BT-Drs 7/3213 = **150** I 13
Bericht des Innenausschusses
BT-Drs 7/3249 = **152** E 13
Änderungsantrag zur 2. Beratung
BT-Drs 7/3283 = **153** A 11
Entschließungsantrag zur 3. Beratung
BT-Drs 7/3284 = **153** A 11
Bericht des Haushaltsausschusses
BT-Drs 7/3286 = **153** A 13
Änderungsantrag zur 2. Beratung
BT-Drs 7/3296 = **153** B 14
1. Beratung
BT-PlPr 7/106 = **19** N 8
2. und 3. Beratung
BT-PlPr 7/152 = **28** M 6
– *GesEntw zur Änderung und Ergänzung des 2. Ges zur Vereinheitlichung und Neuregelung des Besoldungsrechts in Bund und Ländern*
BR-Drs 425/74 = **75** B 6
BR-PlPr 410 = **3** O 9
BT-Drs 7/2442 = **126** J 2
1. Beratung des ÄndGes
BT-PlPr 7/117 = **21** K 7
2. Beratung
BT-PlPr 7/152 = **28** M 6
– VO zur Überleitung in die im 2. Ges zur Vereinheitlichung und Neuregelung des Besoldungsrechts in Bund und Ländern geregelten Ämter und über die künftig wegfallenden Ämter
BR-Drs 347/75 = **117** C 9
– s a GesEntw zur Neuordnung der Besoldung im Hochschulbereich (s *Hochschullehrerbesoldung)*
BT-Drs 7/612 = **73** G 12
– s a *Bundesbesoldungserhöhungsgesetz*
– VO zur Regelung einer Übergangszahlung an Beamte
BR-Drs 393/75 = **121** I 5
– ÄndVO zur VO über die Gewährung von Mehrarbeitsentschädigung für Beamte
BR-Drs 582/73 = **39** C 6
– 2. VO zur Änderung der VO über die Gewährung von Mehrarbeitsentschädigung für Beamte
BR-Drs 385/74 = **73** B 3

Beamtenrecht
– *GesEntw zur Änderung beamtenrechtlicher Vorschriften*
BR-Drs 617/73 = **40** K 5
BR-PlPr 387 = **1** A 1
BR-PlPr 398 = **2** M 12
BT-Drs 7/271 = **62** N 12
Bericht und Antrag des Innenausschusses
BT-Drs 7/719 = **76** G 8
Bericht des Haushaltsausschusses
BT-Drs 7/1021 = **84** E 8
1. Beratung
BT-PlPr 7/21 = **3** J 11
2. und 3. Beratung
BT-PlPr 7/54 = **9** A 1
– *GesEntw eines 2. Ges zur Änderung dienstrechtlicher Vorschriften*
BR-Drs 778/75 = **142** B 8
BT-Drs 7/4922 = **206** K 8
– Vorschlag einer EG-VO zur Änderung der VO zur Festlegung des Statuts der Beamten der EG und der Beschäftigungsbedingungen für die sonstigen Bediensteten dieser Gemeinschaften
BR-Drs 511/74 = **78** B 10
– *GesEntw zur Änderung des Beamtenrechtsrahmengesetzes, des Deutschen Richtergesetzes und des Ges über die Rechtsstellung der Soldaten* (betr Treuepflicht)
BR-Drs 125/74 = **61** E 10
BR-PlPr 404 = **3** G 6
BT-Drs 7/2432 = **126** F 2
Bericht und Antrag des Innenausschusses
BT-Drs 7/4183 = **179** G 4
1. Beratung
BT-PlPr 7/132 = **24** L 1
– *GesEntw zur Änderung dienstrechtlicher Vorschriften* (betr Verfassungstreue von Einstellungsbewerbern)
BR-Drs 208/74 = **64** L 9
BR-Drs 195/75 = **108** I 14
BR-Drs 681/75 = **137** H 5
BR-PlPr 405 = **3** I 2
BR-PlPr 427 = **5** K 3
Vermittlungsverfahren:
BR-Drs 124/76 = **152** J 10
BR-PlPr 431 = **5** O 8
BT-Drs 7/2433 = **126** F 5
Bericht und Antrag des Innenausschusses
BT-Drs 7/4183 = **179** G 4
Änderungsantrag zur 2. Beratung
BT-Drs 7/4209 = **184** J 2
Entschließungsantrag zur 3. Beratung
BT-Drs 7/4210 = **184** J 4
Unterrichtung betr Anrufung des Vermittlungsausschusses
BT-Drs 7/4369 = **190** C 9
Unterrichtung durch den Vermittlungsausschuß
BT-Drs 7/4727 = **201** F 2
Unterrichtung durch den Bundesrat betr Nicht-Zustimmung
BT-Drs 7/4801 = **203** H 10
1. Beratung
BT-PlPr 7/132 = **24** L 1
BT-PlPr 7/195 = **36** N 12
2. und 3. Beratung
BT-PlPr 7/197 = **37** B 12
– *GesEntw zur Änderung beamtenrechtlicher Vorschriften* (betr Herabsetzung der Altersgrenze für die Ernennung zum Beamten auf Lebenszeit)
(BR-Drs 634/72)
BT-Drs 7/498 = **69** H 12
Bericht und Antrag des Innenausschusses
BT-Drs 7/5165 = **214** I 2
1. Beratung
BT-PlPr 7/31 = **5** D 11
2. Beratung
BT-PlPr 7/247 = **47** I 2
– *GesEntw eines 2. Ges zur Änderung beamtenrechtlicher Vorschriften*
BT-Drs 156/74 = **62** A 7
BR-Drs 471/76 = **171** M 13
BR-PlPr 404 = **3** G 6
BR-PlPr 437 = **6** L 10
BT-Drs 7/2204 = **119** I 11
Bericht und Antrag des Innenausschusses
BT-Drs 7/5143 = **214** E 8
Bericht des Haushaltsausschusses
BT-Drs 7/5302 = **218** B 14
Ergänzung zum Bericht und Antrag des Innenausschusses
BT-Drs 7/5322 = **218** I 3
Änderungsantrag zur 2. Beratung
BT-Drs 7/5538 = **222** M 5
1. Beratung
BT-PlPr 7/110 = **20** J 5
2. und 3. Beratung
BT-PlPr 7/256 = **49** K 13
– *Ges zur Änderung beamten- und richterrechtlicher Vorschriften* (betr Beurlaubung und Teilzeitbeschäftigung)
BR-Drs 202/73 = **20** D 4
BR-Drs 765/73 = **50** F 13
BR-PlPr 392 = **2** D 6
BR-PlPr 400 = **3** A 1
BT-Drs 7/821 = **78** C 6
Bericht und Antrag des Innenausschusses
BT-Drs 7/1316 = **95** I 10
1. Beratung
BT-PlPr 7/48 = **8** D 4
2. und 3. Beratung
BT-PlPr 7/69 = **11** M 6

Beamtenrechtsrahmengesetz
– *GesEntw zur Änderung des Beamtenrechtsrahmengesetzes*
BR-Drs 362/75 = **119** H 5
BR-Drs 309/76 = **163** J 9
BR-PlPr 424 = **5** E 4
BR-PlPr 435 = **6** I 1
BT-Drs 7/4568 = **195** L 2
Bericht und Antrag des Innenausschusses
BT-Drs 7/4860 = **205** M 10
Änderungsantrag der CDU/CSU zur 2. Beratung
BT-Drs 7/5122 = **214** A 8

Änderungsantrag zur 2. Beratung
BT-Drs 7/5139 = **214** D 1
1. Beratung
BT-PlPr 7/216 = **40** N 12
2. und 3. Beratung
BT-PlPr 7/238 = **45** D 14
– *GesEntw zur Änderung des Beamtenrechtsrahmengesetzes*
BR-Drs 373/75 = **120** I 14
BR-PlPr 422 = **5** B 1
BT-Drs 7/4140 = **178** K 2
1. Beratung
BT-PlPr 7/197 = **37** B 12

Beamtenversorgungsgesetz
– *GesEntw über die Versorgung der Beamten und Richter in Bund und Ländern*
BR-Drs 349/74 = **71** F 6
BR-Drs 392/76 = **168** A 3
BR-PlPr 407 = **3** L 12
BR-PlPr 436 = **6** J 12
Vermittlungsverfahren:
BR-Drs 490/76 = **172** C 13
BR-PlPr 437 = **6** L 10
BT-Drs 7/2505 = **128** C 9
Bericht und Antrag des Innenausschusses
BT-Drs 7/5165 = **214** I 2
Bericht des Haushaltsausschusses
BT-Drs 7/5201 = **215** I 6
Änderungsantrag zur 2. Beratung
BT-Drs 7/5287 = **217** K 2
Änderungsantrag zur 3. Beratung
BT-Drs 7/5292 = **217** O 10
Unterrichtung betr Anrufung des Vermittlungsausschusses
BT-Drs 7/5496 = **222** C 9
Antrag des Vermittlungsausschusses
BT-Drs 7/5562 = **222** O 9
1. Beratung
BT-PlPr 7/141 = **26** L 3
2. und 3. Beratung
BT-PlPr 7/247 = **47** I 2
Beratung eines Antrags des Vermittlungsausschusses
BT-PlPr 7/257 = **50** A 13

Beamtenversorgungsrecht
– *GesEntw zur Änderung beamtenversorgungsrechtlicher Vorschriften* (betr den Versorgungsausgleich bei Ehescheidung)
BR-Drs 5/74 = **54** C 11
BR-Drs 2/76 = **143** I 9
BR-PlPr 401 = **3** C 2
BR-PlPr 430 = **5** N 11
Vermittlungsverfahren:
BR-Drs 217/76 = **156** G 1
BR-PlPr 433 = **6** D 11
BT-Drs 7/2015 = **115** B 12
Bericht und Antrag des Innenausschusses
BT-Drs 7/4365 = **190** B 8
Änderungsantrag zur 2. Beratung
BT-Drs 7/4437 = **191** I 8
Bericht des Haushaltsausschusses
BT-Drs 7/4450 = **191** L 7
Änderungsantrag der CDU/CSU zur 2. Beratung
BT-Drs 7/4459 = **191** M 6
Unterrichtung betr Anrufung des Vermittlungsausschusses
BT-Drs 7/4682 = **200** C 13
Antrag des Vermittlungsausschusses
BT-Drs 7/4993 = **210** E 8
1. Beratung
BT-PlPr 7/96 = **18** B 12

2. und 3. Beratung
BT-PlPr 7/209 = **39** G 11
Beratung eines Antrags des Vermittlungsausschusses
BT-PlPr 7/235 = **44** D 5

Bedarfsgegenstände
– s GesEntw zur Gesamtreform des *Lebensmittelrechts*
BT-Drs 7/255 = **62** F 5

Bedarfssatz
– Bericht nach § 35 des *Bundesausbildungsförderungsgesetzes* zur Überprüfung der Bedarfssätze und Freibeträge sowie Beträge nach § 21 Abs 4 des Gesetzes
BT-Drs 7/1440 = **97** L 14
Bericht und Antrag des Ausschusses für Bildung und Wissenschaft
BT-Drs 7/2279 = **121** K 6

Befähigungsnachweise
– Vorschlag einer EG-Entschließung betr Leitlinien für die gegenseitige Anerkennung der Diplome, Prüfungszeugnisse und sonstigen Befähigungsnachweisen gem Artikel 57 des EG-Vertrages
BR-Drs 255/74 = **67** A 5

Beförderung
– s GesEntw über die Beförderung gefährlicher *Güter*
BT-Drs 7/2517 = **128** J 10
– s GesEntw zu dem Übereinkommen über internationale Beförderungen leicht verderblicher *Lebensmittel*
BR-Drs 135/74 = **61** J 4
BT-Drs 7/876 = **79** A 6

Beförderungsentgelt
– s GesEntw eines 2. Ges zur Änderung des *Allgemeinen Eisenbahngesetzes* (betr Ausgleich für nicht kostendeckende Beförderungsentgelte)
– s GesEntw eines 3. Ges zur Änderung des *Personenbeförderungsgesetzes* (betr Ausgleich bei nicht kostendeckenden Beförderungsentgelten)
– VO über den für 1974 und 1975 maßgebenden Vomhundertsatz nach § 4 des Ges über die unentgeltliche Beförderung von Kriegs- und Wehrdienstbeschädigten sowie anderen Behinderten im Nahverkehr
BR-Drs 610/74 = **84** I 7

Befriedete Bannkreise
– GesEntw zur Änderung des *Versammlungsgesetzes*

Beglaubigung von Urkunden
s a *Urkunden*
– s Entw eines *Verwaltungsverfahrensgesetzes*
BT-Drs 7/910 = **80** B 5
– VO zur Änderung der Beglaubigungskostenordnung
BR-Drs 756/74 = **91** A 4

Beherrschungsvertrag
– s Entw eines Ges über die *Gesellschaft mit beschränkter Haftung*
BT-Drs 7/253 = **61** K 3

Behinderter
s Behindertensport
Behindertenwerkstätten
behindertes Kind
Schwerbeschädigter
– s a Entw eines *Berufsbildungsgesetzes*
BT-Drs 7/3714 = **167** H 12

– s a Entw eines 3. Ges zur Änderung des *Bundessozialhilfegesetzes*
BR-Drs 56/74 = **56** M 11
– s a GesEntw eines 6. Ges über die Anpassung der Leistungen des Bundesversorgungsgesetzes (6. *Anpassungsgesetz-Kriegsopferversorgung)*
BR-Drs 162/74 = **62** I 7
– s a Arbeitsförderungsbericht
BT-Drs 7/403 = **65** O 5
– s a Bericht der Bundesregierung über Maßnahmen für eine wirksame Koordinierung im institutionellen Bereich
BT-Drs 7/5575 = **223** H 4
– s a 1. Bericht der Bundesregierung betr Maßnahmen nach dem *Bundessozialhilfegesetz*
BT-Drs 7/654 = **75** D 4
– s a Bericht der Bundesregierung über gesetzliche Initiativen zur Verbesserung der Leistungen und die Errichtung von *Rehabilitationsstätten*
BT-Drs 7/4535 = **194** D 10
– s a Bericht der Bundesregierung nach § 2 Abs 3 des Ges über die Angleichung der Leistungen zur *Rehabilitation*
BR-Drs 83/76 = **149** G 3
– s a Zwischenbericht der Sachverständigenkommission zur Lage der *Psychiatrie* in der Bundesrepublik Deutschland
BT-Drs 7/1124 = **87** I 7
– Bericht über die Lage der Psychiatrie in der Bundesrepublik Deutschland
BT-Drs 7/4200 = **179** N 2
– s a Sozialbericht 1973
BT-Drs 7/1167 = **89** D 6
– Sozialbericht 1976
BT-Drs 7/4953 = **207** G 3
– s a Städtebaubericht 1975: Schwerpunkte bei der Beseitigung baulicher und technischer Hindernisse
BT-Drs 7/3583 = **161** M 9
– s a Antwort auf die Große Anfrage betr Zukunftschancen der jungen Generation in der *Bildung* und im Beruf
BT-Drs 7/5099 = **213** F 4
– Vorschlag für einen EG-Beschluß zur Beteiligung des Europäischen Sozialfonds an Maßnahmen zugunsten Behinderter
BR-Drs 777/73 = **50** M 5
– *GesEntw über die Sozialversicherung Behinderter*
BR-Drs 73/74 = **57** O 9
BR-Drs 168/75 = **107** B 11
BR-PlPr 402 = **3** E 5
BR-PlPr 418 = **4** M 1
BT-Drs 7/1992 = **114** J 10
Bericht und Antrag des Ausschusses für Arbeit und Sozialordnung
BT-Drs 7/3237 = **151** J 5
Bericht des Haushaltsausschusses
BT-Drs 7/3287 = **153** A 14
1. Beratung
BT-PlPr 7/96 = **18** B 12
2. und 3. Beratung
BT-PlPr 7/152 = **28** M 6
– *GesEntw über die Angleichung der Leistungen zur Rehabilitation*
BR-Drs 517/73 = **35** E 12
BR-Drs 465/74 = **76** I 14
BR-PlPr 397 = **2** L 1
BR-PlPr 410 = **3** O 9
BT-Drs 7/1237 = **92** N 1

Antrag des Ausschusses für Arbeit und Sozialordnung
BT-Drs 7/2245 = **120 D 14**
Bericht des Haushaltsausschusses
BT-Drs 7/2246 = **120 H 9**
Bericht des Ausschusses für Arbeit und Sozialordnung
BT-Drs 7/2256 = **121 B 9**
1. Beratung
BT-PlPr 7/69 = **11 M 6**
2. und 3. Beratung
BT-PlPr 7/110 = **20 J 5**
– Antwort auf die Große Anfrage betr Wiedereingliederung körperlich, geistig und seelisch Behinderter in Gesellschaft, Arbeit und Beruf
BT-Drs 7/2842 = **137 B 14**
Entschließungsantrag zur Beratung
BT-Drs 7/2963 = **141 N 6**
Beratung
BT-PlPr 7/136 = **25 J 7**
– Antrag zum GesEntw eines Behindertengesetzes
BT-Drs 7/553 = **72 C 7**
BT-PlPr 7/34 = **5 M 13**
– VO zur Durchführung des § 24 Abs 2 Satz 1 des Bundessozialhilfegesetzes
BR-Drs 308/74 = **69 G 2**
– VO zur Änderung der VO zur Durchführung des § 88 Abs 2 Nr 8 des Bundessozialhilfegesetzes
BR-Drs 309/74 = **69 G 9**
– VO über den für 1974 und 1975 maßgebenden Vomhundertsatz nach § 4 des Ges über die unentgeltliche Beförderung von Kriegs- und Wehrdienstbeschädigten sowie von anderen Behinderten im Nahverkehr
BR-Drs 610/74 = **84 I 7**
– VO zur Änderung der VO nach § 47 des Bundessozialhilfegesetzes
BR-Drs 743/74 = **90 I 4**
– Allgemeine Verwaltungsvorschrift zur Änderung der Allgemeinen Verwaltungsvorschrift zur Straßenverkehrs-Ordnung (betr Parkerleichterung für Schwerbehinderte)
BR-Drs 400/76 = **168 H 1**

Behindertensport
– Antwort auf die Große Anfrage betr Sportpolitik
BT-Drs 7/2592 = **130 F 11**
BT-PlPr 7/131 = **24 F 7**
– Antrag betr Förderung
BT-Drs 7/5308 = **218 E 4**
Beratung des Antrags
BT-PlPr 7/256 = **49 K 13**
– 3. Sportbericht der Bundesregierung
BT-Drs 7/4609 = **196 G 1**
BT-PlPr 7/219 = **41 I 1**

Behindertenwerkstätten
– s GesEntw zur Weiterentwicklung des *Schwerbeschädigtenrechts*
BR-Drs 262/73 = **24 D 5**
BT-Drs 7/656 = **75 F 11**
– VO zur Änderung der VO nach § 47 des Bundessozialhilfegesetzes
BR-Drs 743/74 = **90 I 4**
– VO über die Erstattung von Beiträgen zur gesetzlichen Rentenversicherung für in Werkstätten beschäftigte Behinderte
BR-Drs 371/75 = **119 N 1**

behindertes Kind
– *Entw eines ÄndGes zum Ges über die Errichtung einer Stiftung „Hilfswerk für behinderte Kinder"*
BR-Drs 483/76 = **172 B 7**
BR-PlPr 437 = **6 L 10**
GesEntw der CDU/CSU
BT-Drs 7/5062 = **212 G 10**
GesEntw der SPD/FDP
BT-Drs 7/5121 = **214 A 6**
Bericht und Antrag des Ausschusses für Jugend, Familie und Gesundheit
BT-Drs 7/5414 = **220 H 9**
Bericht des Haushaltsausschusses
BT-Drs 7/5467 = **221 G 3**
– Unterrichtung betr Zustimmung zu einer außerplanmäßigen Ausgabe betr Einlage in die Stiftung „Hilfswerk für behinderte Kinder" im Haushaltsjahr 1976
BT-Drs 7/5713 = **227 C 2**
Antrag des Haushaltsausschusses
BT-Drs 7/5885 = **231 J 11**
1. Beratung
BT-PlPr 7/245 = **47 A 5**
2. und 3. Beratung
BT-PlPr 7/256 = **49 K 13**
– *GesEntw zur Änderung sozialversicherungsrechtlicher Vorschriften* über die Leistung von Kinderzulage, Kinderzuschuß und Waisenrente für behinderte Kinder
BR-Drs 143/74 = **61 K 8**
– Antwort auf die Große Anfrage betr Situation der Kinder in Deutschland
BT-Drs 7/3340 = **154 D 13**
– s a GesEntw zur Änderung *sozialversicherungsrechtlicher Vorschriften*
BT-Drs 7/2351 = **123 B 14**
– s a 2. Familienbericht
BT-Drs 7/3502 = **157 G 4**

Behörde
– s GesEntw eines *Verwaltungsverfahrensgesetzes* (VwVfG)

Beistandsfonds, Finanzieller
– s GesEntw zu dem Übereinkommen über einen Finanziellen Beistandsfonds der *Organisation für Wirtschaftliche Zusammenarbeit und Entwicklung*
BT-Drs 7/3869 = **170 O 9**

BeitragseinzugsVO
– VO zur Änderung
BR-Drs 529/73 = **36 F 4**
– 2. VO zur Änderung
BR-Drs 735/75 = **140 L 8**
– VO zur Änderung der Rentenversicherung-Beitragseinzugs-VergütungsVO
BR-Drs 758/74 = **91 C 3**

Beitragserstattung
– VO über die Erstattung von Beiträgen zur gesetzlichen Rentenversicherung für in Werkstätten beschäftigte Behinderte
BR-Drs 371/75 = **119 N 1**

Beitragsmarken der Rentenversicherung
– VO über die für den Verkauf der Beitragsmarken der Rentenversicherungen zu zahlende Vergütung
BR-Drs 265/74 = **67 I 7**
– VO zur Änderung der VO über die Entwertung der Beitragsmarken der Arbeiter und Angestellten
BR-Drs 579/75 = **130 E 8**

Bekanntgaben
(GesEntw über vereinfachte Verkündungen und Bekanntgaben)
– s *Gesetzgebung*

Belgien, Königreich
– s Entw eines ÄndGes zum Übereinkommen zwischen Belgien, der Bundesrepublik Deutschland, Frankreich, Italien, Luxemburg und den Niederlanden über die Unterstützung der *Zollverwaltung*
BT-Drs 7/470 = **68 G 9**
– s GesEntw zu dem Übereinkommen zwischen Belgien, Dänemark, der Bundesrepublik Deutschland, Irland, Italien, Luxemburg, den Niederlanden, der Europäischen Atomgemeinschaft und der Internationalen Atomenergie-Organisation über die Nichtverbreitung von *Kernwaffen*
BT-Drs 7/995 = **83 E 14**

Belte
– s GesEntw zur Konvention über die Fischerei und den Schutz der lebenden Ressourcen in der Ostsee und den Belten *(– Seefischerei-Vertragsgesetz 1976 –)*
BR-Drs 250/76 = **157 K 6**

BemessungsVO
– 5. VO über die Bemessung der Aufwendungen für Leistungen gem §§ 1236 bis 1244a, 1305 und 1306 der Reichsversicherungsordnung
BR-Drs 502/73 = **35 A 4**
– 6. VO über die Bemessung der Aufwendungen für die Leistungen gem §§ 1236 bis 1244a, 1305 und 1306 der Reichsversicherungsordnung
BR-Drs 413/74 = **74 I 1**
– 7. VO über die Bemessung der Aufwendungen für die Leistungen gem §§ 1236 bis 1244a, 1305 und 1306 der Reichsversicherungsordnung
BR-Drs 363/75 = **119 H 13**
– 8. VO über die Bemessung der Aufwendungen für die Leistungen gem §§ 1236 bis 1244a, 1305 und 1306 der Reichsversicherungsordnung
BR-Drs 251/76 = **157 M 1**

Benzinbleigesetz
– *GesEntw zur Ergänzung des Benzinbleigesetzes*
BR-Drs 358/75 = **118 N 13**
BR-Drs 638/75 = **133 C 5**
BR-PlPr 422 = **5 B 1**
BR-PlPr 425 = **5 G 3**
BT-Drs 7/4020 = **175 I 13**
Bericht und Antrag des Innenausschusses
BT-Drs 7/4123 = **177 M 4**
Bericht des Haushaltsausschusses
BT-Drs 7/4124 = **177 M 8**
1. Beratung
BT-PlPr 7/184 = **35 E 3**
2. und 3. Beratung
BT-PlPr 7/194 = **36 M 12**
– Bericht über die Durchführung des Benzinbleigesetzes
BT-Drs 7/854 = **78 H 10**
Antrag des Innenausschusses
BT-Drs 7/2561 = **129 M 3**
BT-PlPr 7/48 = **8 D 4**
BT-PlPr 7/122 = **22 G 7**
– 2. Allgemeine Verwaltungsvorschrift zum Benzinbleigesetz
BR-Drs 337/74 = **70 I 9**
– Vorschlag einer EG-Richtlinie betr Angleichung der Rechtsvorschriften der Mitgliedstaaten über die Zusammensetzung von Benzin (– Bleigehalt –)
BR-Drs 39/74 = **55 M 13**

Benzineinsparung
- s Sondergutachten des *Sachverständigenrates zur Begutachtung der gesamtwirtschaftlichen Entwicklung* zu den gesamtwirtschaftlichen Auswirkungen der *Ölkrise*
  BR-Drs 785/73 = **51** B 9
  BT-Drs 7/1456 = **98** L 8

Benzol
- s GesEntw zu dem Übereinkommen der *Internationalen Arbeitsorganisation* über den Arbeitnehmerschutz vor Vergiftungsgefahren durch Benzol

BerechnungsVO
- 2. VO zur Änderung berechnungsrechtlicher und mietpreisrechtlicher Vorschriften
  BR-Drs 726/74 = **89** M 3

Bergbau
- s 4. Subventionsbericht
  BT-Drs 7/1144 = **88** F 1
- s 5. Subventionsbericht
  BT-Drs 7/4203 = **183** M 6
- VO über die Durchführung einer Statistik über die Investitionen in der Industrie und im Bergbau
  BR-Drs 187/73 = **19** I 10

Bergmannsprämie
- *GesEntw zur Änd des Ges über Bergmannsprämien*
  BR-Drs 267/73 = **24** M 7
  BR-PlPr 392 = **2** D 6
  BT-Drs 7/212 = **60** L 4
  Bericht und Antrag des Wirtschaftsausschusses
  BT-Drs 7/327 = **64** D 11
  Bericht des Haushaltsausschusses
  BT-Drs 7/332 = **64** E 3
  1. Beratung
  BT-PlPr 7/18 = **3** C 9
  2. und 3. Beratung
  BT-PlPr 7/23 = **3** N 5

Bergrecht
- s GesEntw eines *Bundesberggesetzes* (BBergG)
  BR-Drs 350/75 = **117** N 14

Berlin, Land
- *GesEntw zur Änderung mietrechtlicher und mietpreisrechtlicher Vorschriften im Land Berlin*
  BR-Drs 639/75 = **133** C 9
  BR-PlPr 425 = **5** G 3
  BT-Drs 7/3795 = **169** I 2
  Bericht und Antrag des Ausschusses für Raumordnung, Bauwesen und Städtebau
  BT-Drs 7/4149 = **178** L 9
  1. Beratung
  BT-PlPr 7/184 = **35** E 3
  2. und 3. Beratung
  BT-PlPr 7/194 = **36** M 12
- s a GesEntw zur Änderung des *Wohnungsbindungsgesetzes* 1965 und des 2. Wohnungsbaugesetzes
  BR-Drs 704/73 = **47** L 9
- s a GesEntw zum Abschluß der *Währungsumstellung*
  BR-Drs 172/75 = **107** K 6
- Erklärungen der Bundesrepublik Deutschland und der DDR
  BT-Drs 7/153 = **58** K 8
- Unterrichtung über die Entwicklung der Beziehungen zwischen der Bundesrepublik Deutschland und der DDR
  BT-Drs 7/420 = **66** L 5
- s a 3. Sportbericht der Bundesregierung
  BT-Drs 7/4609 = **196** G 1
- Unterrichtung betr Durchgangsverkehr zwischen der Bundesrepublik Deutschland und Berlin – Verplombung von Leerfahrzeugen –
  BT-Drs 7/3230 = **151** H 12
  Bericht und Antrag des Finanzausschusses
  BT-Drs 7/3538 = **158** M 2
- Antrag betr Benachteiligung der Fernsprechteilnehmer bei der Einführung von Nahverkehrsbereichen
  BT-Drs 7/4487 = **192** J 4
  Beratung des Antrags 7/4487
  BT-PlPr 7/222 = **42** C 10
- Jahreswirtschaftsbericht 1973
  BT-Drs 7/225 = **60** M 6
- Jahreswirtschaftsbericht 1974
  BT-Drs 7/1646 = **105** E 3
- Jahreswirtschaftsbericht 1975
  BT-Drs 7/3197 = **148** J 6
- Jahreswirtschaftsbericht 1976
  BT-Drs 7/4677 = **198** L 4
- Allgemeine Verwaltungsvorschrift zur Ausführung von Art 3 des Abkommens Bundesrepublik Deutschland/DDR auf dem Gebiet des Gesundheitswesens
  BR-Drs 696/75 = **138** D 10

Berlinförderungsgesetz
- *GesEntw zur Änderung des Berlinförderungsges und des Einkommensteuergesetzes*
  BR-Drs 738/75 = **140** M 4
  BR-PlPr 429 = **5** M 3
  BT-Drs 7/4194 = **179** K 9
  Bericht und Antrag des Finanzausschusses
  BT-Drs 7/4376 = **190** F 12
  Bericht des Haushaltsausschusses
  BT-Drs 7/4397 = **190** L 1
  1. Beratung
  BT-PlPr 7/197 = **37** B 12
  2. und 3. Beratung
  BT-PlPr 7/207 = **39** B 4
- s a Entw eines Einführungsgesetzes zur *Abgabenordnung 1974*
- s a Entw eines Steueränderungsgesetzes 1973

Beruf
- Antwort auf die Große Anfrage betr Zukunftschancen der jungen Generation in der Bildung und im Beruf
  BT-Drs 7/5099 = **213** F 4
  Entschließungsanträge
  BT-Drs 7/5533 = **222** M 1
  BT-Drs 7/5542 = **222** M 9
  Beratung
  BT-PlPr 7/255 = **49** F 10

Berufe, freie
- s a Entw eines *Partnerschaftsgesetzes*
  BT-Drs 7/4089 = **176** L 10
- s a Entw eines *Bundesmittelstandsförderungsgesetzes*
  BT-Drs 7/4284 = **186** E 4
- Antrag betr strukturpolitisches Aktionsprogramm für Freie Berufe
  BT-Drs 7/4759 = **202** C 14

Berufe, künstlerische
- Bericht der Bundesregierung über die wirtschaftliche und soziale Lage der Künstler
  BT-Drs 7/3071 = **145** G 14
- Antrag der CDU/CSU betr Verbesserung der Lage der künstlerischen Berufe
  BT-Drs 7/4997 = **210** F 14
  BT-PlPr 7/256 = **49** K 13

Berufsausbildung
- *GesEntw zur Förderung des Angebots an Ausbildungsplätzen in der Berufsausbildung* (Ausbildungsplatzförderungsgesetz)
  BR-Drs 469/76 = **171** H 3
  BR-PlPr 437 = **6** L 10
  Vermittlungsverfahren:
  BR-Drs 504/76 = **172** G 9
  BR-PlPr 438 = **6** O 1
  BT-Drs 7/5236 = **216** E 2
  Antrag des Ausschusses für Bildung und Wissenschaft
  BT-Drs 7/5490 = **222** A 12
  Bericht des Ausschusses für Bildung und Wissenschaft
  BT-Drs 7/5509 = **222** E 3
  Änderungsantrag zur 2. Beratung
  BT-Drs 7/5543 = **222** M 11
  Bericht des Haushaltsausschusses
  BT-Drs 7/5544 = **222** M 14
  Unterrichtung betr Anrufung des Vermittlungsausschusses
  BT-Drs 7/5608 = **223** N 12
  Unterrichtung durch den Vermittlungsausschuß
  BT-Drs 7/5661 = **224** K 4
  Unterrichtung durch den Bundesrat betr Nicht-Zustimmung
  BT-Drs 7/5666 = **224** K 9
  1. Beratung
  BT-PlPr 7/247 = **47** I 2
  2. und 3. Beratung
  BT-PlPr 7/255 = **49** F 10
- *GesEntw zur Regelung steuerrechtlicher und anderer Fragen der Ausbildungsplatzförderung*
  BR-Drs 470/76 = **171** M 9
  BR-PlPr 437 = **6** L 10
  Vermittlungsverfahren:
  BR-Drs 505/76 = **172** G 10
  BR-PlPr 438 = **6** O 1
  BT-Drs 7/5237 = **216** E 8
  Antrag des Ausschusses für Bildung und Wissenschaft
  BT-Drs 7/5490 = **222** A 12
  Bericht des Ausschusses für Bildung und Wissenschaft
  BT-Drs 7/5509 = **222** E 3
  Bericht des Haushaltsausschusses
  BT-Drs 7/5544 = **222** M 14
  Unterrichtung betr Anrufung des Vermittlungsausschusses
  BT-Drs 7/5609 = **223** O 8
  Unterrichtung durch den Vermittlungsausschuß
  BT-Drs 7/5662 = **224** K 4
  Unterrichtung durch den Bundesrat betr Nicht-Zustimmung
  BT-Drs 7/5667 = **224** K 10
  1. Beratung
  BT-PlPr 7/247 = **47** I 2
  2. und 3. Beratung
  BT-PlPr 7/255 = **49** F 10
- *GesEntw über Steuervergünstigungen bei Begründung von zusätzlichen Berufsausbildungsverhältnissen*
  BR-Drs 175/76 = **154** F 8
  BR-PlPr 432 = **6** B 14
  BR-PlPr 434 = **6** F 11
  nunmehr:
- *Entw eines ÄndGes zum Einkommensteu-*

ergesetz – Rücklagenbildung für Berufsausbildungsverhältnisse
BT-Drs 7/5280 = **217** I 1
Antrag des Ausschusses für Bildung und Wissenschaft
BT-Drs 7/5490 = **222** A 12
Bericht des Ausschusses für Bildung und Wissenschaft
BT-Drs 7/5509 = **222** E 3
Bericht des Haushaltsausschusses
BT-Drs 7/5544 = **222** M 14
1. Beratung
BT-PlPr 7/247 = **47** I 2
2. Beratung
BT-PlPr 7/255 = **49** F 10
– s a GesEntw zum Schutze in Ausbildung befindlicher Mitglieder von *Betriebsverfassungsorganen*
BR-Drs 761/73 = **50** F 3
BT-Drs 7/1170 = **90** C 12
– s a GesEntw über die Sozialversicherung *Behinderter*
BR-Drs 73/74 = **57** O 9
BT-Drs 7/1932 = **114** J 10
– Arbeitsförderungsbericht
BT-Drs 7/403 = **65** O 5
– Entschließung der Interparlamentarischen Union
BT-Drs 7/15 = **52** E 8
– s a Jahreswirtschaftsbericht

Berufsausübungserlaubnis
– s GesEntw zur Änderung der *Bundes-Apothekerordnung*

Berufsberatung
– s Arbeitsförderungsbericht
BT-Drs 7/403 = **65** O 5
– Bericht der Bundesregierung über die Auswirkung der Aufhebung des Grundsatzes, daß Arbeitsvermittlung und Arbeitsberatung von Frauen nur durch Frauen auszuüben ist
BT-Drs 7/3026 = **142** O 12

Berufsausbildung
– Abschlußbericht über Kosten und Finanzierung der außerschulischen beruflichen Bildung
BT-Drs 7/1811 = **110** D 10
– Antrag betr Reform der beruflichen Bildung und Novellierung des Berufsbildungsgesetzes
BT-Drs 7/1908 = **112** I 13
– Sozialbericht 1973
BT-Drs 7/1167 = **89** D 6
– Sozialbericht 1976
BT-Drs 7/4953 = **207** G 3
– Antwort auf die Große Anfrage betr Zukunftschancen der jungen Generation in der Bildung und im Beruf
BT-Drs 7/5099 = **213** F 4

Berufsbildungsgesetz
– *GesEntw des Berufsbildungsgesetzes*
BR-Drs 160/75 = **106** B 3
BR-Drs 269/76 = **160** J 2
BR-PlPr 420 = **4** N 9
BR-PlPr 434 = **6** F 11
BT-Drs 7/3714 = **167** H 12
Gegenäußerung der Bundesregierung zur Stellungnahme des Bundesrates zum GesEntw
BT-Drs 7/3732 = **168** B 10
Antrag des Ausschusses für Bildung und Wissenschaft
BT-Drs 7/4949 = **207** B 10
Bericht des Haushaltsausschusses
BT-Drs 7/4961 = **209** J 5
Bericht des Ausschusses für Bildung und Wissenschaft
BT-Drs 7/4976 = **210** B 4
Änderungsantrag zur 2. Beratung
BT-Drs 7/4995 = **210** F 5
Beschluß des Bundesrates vom 14. 5. 1976
BT-Drs 7/5197 = **215** H 7
1. Beratung
BT-PlPr 7/181 = **34** J 3
2. und 3. Beratung
BT-PlPr 7/236 = **44** O 1
– *Entw eines ÄndGes* (GesEntw der CDU/CSU)
BT-Drs 7/4574 = **195** L 11
Antrag des Ausschusses für Bildung und Wissenschaft
BT-Drs 7/4949 = **207** B 10
Bericht des Haushaltsausschusses
BT-Drs 7/4961 = **209** J 5
Bericht des Ausschusses für Bildung und Wissenschaft
BT-Drs 7/4976 = **210** B 4
1. Beratung
BT-PlPr 7/216 = **40** N 12
2. Beratung
BT-PlPr 7/236 = **44** O 1
– *GesEntw des Bundesrates zur Änderung des Berufsbildungsgesetzes*
BR-Drs 55/76 = **147** C 6
BR-PlPr 431 = **5** O 8
BT-Drs 7/4823 = **204** G 6
Berichtigung zum GesEntw
BT-Drs 7/4937 = **206** O 10
Antrag des Ausschusses für Bildung und Wissenschaft
BT-Drs 7/4949 = **207** B 10
Bericht des Ausschusses für Bildung und Wissenschaft
BT-Drs 7/4976 = **210** B 4
Entschließungsantrag zur 3. Beratung
BT-Drs 7/5001 = **210** G 6
Entschließungsantrag zur 3. Beratung
BT-Drs 7/5010 = **210** G 14
1. Beratung
BT-PlPr 7/227 = **43** A 1
2. Beratung
BT-PlPr 7/236 = **44** O 1
– *Entw eines ÄndGes zum BerufsbildungsGes und zum EinkommensteuerGes*
BT-Drs 7/5261 = **216** M 14
Antrag des Ausschusses für Bildung und Wissenschaft
BT-Drs 7/5490 = **222** A 12
Bericht des Ausschusses für Bildung und Wissenschaft
BT-Drs 7/5509 = **222** E 3
Bericht des Haushaltsausschusses
BT-Drs 7/5544 = **222** M 14
1. Beratung
BT-PlPr 7/247 = **47** I 2
2. Beratung
BT-PlPr 7/255 = **49** F 10
– VO zur Änderung der Berufsgrundbildungsjahr-Anrechnungs-VO und der Berufsfachschul-Anrechnungs-VO
BR-Drs 335/73 = **27** L 7
– VO zur Gleichstellung von Prüfungszeugnissen der Staatlichen Berufsfachschule für Fertigungstechnik und Elektrotechnik Iserlohn mit den Zeugnissen über das Bestehen der Abschlußprüfung in Ausbildungsberufen
BR-Drs 567/75 = **129** B 12
– Vorschlag einer EG-VO betr Finanzvorschriften für das Europäische Zentrum für die Förderung der Berufsbildung und für die Europäische Stiftung zur Verbesserung der Lebens- und Arbeitsbedingungen
BR-Drs 695/75 = **138** B 14
– Unterrichtung über die UNESCO-Empfehlung betr die „Überarbeitete Empfehlung zur beruflichen Bildung“
BR-Drs 441/75 = **122** M 2
– s a GesEntw eines 2. Ges zur Änderung *beamtenrechtlicher* Vorschriften
BR-Drs 156/74 = **62** A 7

Berufschancen
– Große Anfrage der CDU/CSU betr Zukunftschancen der jungen Generation in Bildung und Beruf (7/4836)
BT-Drs 7/5099 = **213** F 4
BT-PlPr 7/255 = **49** F 10

Berufsfachschüler
– s GesEntw eines ÄndGes zum *Bundesausbildungsförderungsgesetz*
BR-Drs 276/73 = **25** B 5
– VO zur Änderung der Berufsfachschul-Anrechnungs-VO
BR-Drs 335/73 = **27** L 7

Berufsförderung
– s Bericht über die Lage der *Psychiatrie* in der Bundesrepublik Deutschland
BT-Drs 7/4200 = **179** N 2

Berufsgefahren
– s *Internationale Arbeitsorganisation*

Berufsgenossenschaft
s a Landwirtschaftliche Berufsgenossenschaft
– *GesEntw zur Anpassung der Bezirke der landwirtschaftlichen Berufsgenossenschaften an die Gebietsreform*
BR-Drs 422/75 = **122** C 13
BR-PlPr 422 = **5** B 1
BT-Drs 7/4594 = **196** C 6
1. Beratung
BT-PlPr 7/221 = **41** M 14

Berufsgerichtsbarkeit
– s GesEntw zur Änderung der *Wirtschaftsprüfer*ordnung
BR-Drs 215/74 = **65** H 1
– s GesEntw eines 3. Ges zur Änderung des *Steuerberatungsgesetzes*
BR-Drs 588/74 = **82** M 12

Berufsgrundbildungsjahr
– VO über die Anrechnung auf die Ausbildungszeit in Ausbildungsberufen der Landwirtschaft
BR-Drs 408/73 = **31** J 10

Berufskrankheit
– Unfallverhütungsbericht, Ergänzende Angaben für das Jahr 1972
BT-Drs 7/991 = **82** N 14
– Unfallverhütungsbericht 1973
BT-Drs 7/189 = **59** L 5
– Unfallverhütungsbericht 1974
BT-Drs 7/2622 = **130** N 9
– Unfallverhütungsbericht 1975
BT-Drs 7/4668 = **198** B 8
– Unfallverhütungsbericht 1976
BT-Drs 7/5817 = **229** I 4
– VO zur Änderung der 7. BerufskrankheitenVO
BR-Drs 563/76 = **175** C 9

Berufsreform
– Antrag der CDU/CSU
BT-Drs 7/330 = **64** E 1
– Unterrichtung durch die Bundesregierung
BT-Drs 7/1129 = **87** K 4
Berufsschule
– Bildungsgesamtplan
BT-Drs 7/1474 = **100** C 8
– Abschlußbericht über Kosten und Finanzierung der außerschulischen beruflichen Bildung
BT-Drs 7/1811 = **110** D 10
Berufstätige Frauen
– Unterrichtung über die EG-Mitteilung betr Gleichbehandlung von männlichen und weiblichen Arbeitnehmern (Zugang zu Arbeitsplätzen, zur Berufsausbilung und -förderung und Arbeitsbedingungen)
BR-Drs 149/75 = **105** F 5
Berufstätiger
– s GesEntw zur Änderung des *Allgemeinen Eisenbahngesetzes*
BR-Drs 2/74 = **53** O 5
– s GesEntw eines 3. Ges zur Änderung des *Personenbeförderungsgesetzes*
BR-Drs 3/74 = **54** A 13
Berufung
s Revision
Besatzungsräume
– s *Internationale Arbeitsorganisation*
Beschäftigungshilfe
– Antrag betr Änderung des Verteilungsschlüssels
BT-Drs 7/3207 = **149** A 2
Beratung des Antrags
BT-PlPr 7/149 = **28** E 8
– VO über die Freigabe von Mitteln aus den Konjunkturausgleichsrücklagen der Haushaltsjahre 1969 bis 1970
BR-Drs 644/74 = **85** G 1
– Vorlage des Sonderprogramms zur regionalen und lokalen Abstützung der Beschäftigung nach § 6 Abs 2 StWG
BR-Drs 651/74 = **85** L 6
Beschäftigungspflicht
– s GesEntw zur Weiterentwicklung des *Schwerbeschädigtenrechts*
Beschäftigungspolitik
– Materialien zum Bericht zur Lage der Nation
BT-Drs 7/2423 = **124** J 13
– s a GesEntw zur Förderung der *Investitionen* und Beschäftigung
BR-Drs 838/74 = **96** E 13
BT-Drs 7/2979 = **142** A 13
– Vorlage des Sonderprogramms zur regionalen und lokalen Abstützung der Beschäftigung nach § 6 Abs 2 StWG
BR-Drs 651/74 = **85** L 6
BT-Drs 7/2589 = **130** E 4
Beschäftigungs- und Arbeitstherapeut
– *GesEntw über den Beruf des Beschäftigungs- und Arbeitstherapeuten*
BR-Drs 547/74 = **80** I 12
BR-Drs 202/76 = **156** A 5
BR-PlPr 412 = **4** B 12
BR-PlPr 433 = **6** D 11
BT-Drs 7/3113 = **146** L 1
Bericht und Antrag des Ausschusses für Jugend, Familie und Gesundheit
BT-Drs 7/4834 = **205** A 11
1. Beratung
BT-PlPr 7/149 = **28** E 8
2. und 3. Beratung
BT-PlPr 7/230 = **43** J 6
– Ausbildungs- und Prüfungsordnung für Beschäftigungs- und Arbeitstherapeuten
BR-Drs 736/76 = **182** C 9
Beschwerdeausschuß des Deutschen Presserats
– *GesEntw zur Gewährleistung der Unabhängigkeit des vom Deutschen Presserat eingesetzten Beschwerdeausschusses*
BR-Drs 449/76 = **170** K 2
BR-PlPr 437 = **6** L 10
BT-Drs 7/4889 = **206** D 2
Bericht und Antrag des Innenausschusses
BT-Drs 7/5145 = **214** F 1
Änderungsantrag zur 2. Beratung
BT-Drs 7/5432 = **220** K 11
Bericht des Haushaltsausschusses
BT-Drs 7/5453 = **220** M 10
1. Beratung
BT-PlPr 7/230 = **43** J 6
2. und 3. Beratung
BT-PlPr 7/253 = **48** M 9
Besoldung
s a 2.–5. *Bundesbesoldungserhöhungsgesetz*
Besoldungsrecht
– *GesEntw eines 2. Ges zur Vereinheitlichung und Neuregelung des Besoldungsrechts in Bund und Ländern (2. BesVNG)*
BR-Drs 1/74 = **53** A 4
BR-Drs 150/75 = **105** G 3
BR-PlPr 401 = **3** C 2
BR-PlPr 418 = **4** M 1
BT-Drs 7/1906 = **112** D 11
Antrag des Innenausschusses
BT-Drs 7/3213 = **150** I 13
Bericht des Innenausschusses
BT-Drs 7/3249 = **152** E 13
Änderungsantrag zur 2. Beratung
BT-Drs 7/3283 = **153** A 11
Entschließungsantrag zur 3. Beratung
BT-Drs 7/3284 = **153** A 11
Bericht des Haushaltsausschusses
BT-Drs 7/3286 = **153** A 13
Änderungsantrag zur 2. Beratung
BT-Drs 7/3296 = **153** B 14
1. Beratung
BT-PlPr 7/106 = **19** N 8
2. und 3. Beratung
BT-PlPr 7/152 = **28** M 6
– *GesEntw zur Änderung und Ergänzung des 2. Ges zur Vereinheitlichung und Neuregelung des Besoldungsrechts in Bund und Ländern (ErgG 2. BesVNG)*
BR-Drs 425/74 = **75** B 6
BR-PlPr 410 = **3** O 9
BT-Drs 7/2442 = **126** I 2
Antrag des Innenausschusses
BT-Drs 7/3213 = **150** I 13
Bericht des Innenausschusses
BT-Drs 7/3249 = **152** E 13
Bericht des Haushaltsausschusses
BT-Drs 7/3286 = **153** A 13
Änderungsanträge zur 2. Beratung
BT-Drs 7/3283 = **153** A 11
BT-Drs 7/3296 = **153** B 14
1. Beratung
BT-PlPr 7/117 = **21** K 7
2. Beratung
BT-PlPr 7/152 = **28** M 6
– s a GesEntw über die Erhöhung der jährlichen *Sonderzuwendungen*
BR-Drs 626/73 = **40** L 10
– VO zu Artikel II § 17 Abs 1 Nr 4 des 1. Ges zur Vereinheitlichung und Neuregelung des Besoldungsrechts in Bund und Ländern
BR-Drs 475/73 = **33** N 4
– VO über die Gewährung von Erschwerniszulagen (ErschwerniszulagenVO)
BR-Drs 669/73 = **43** B 11
– VO zur vorläufigen Regelung von Erschwerniszulagen in besonderen Fällen
BR-Drs 101/74 = **59** A 5
– VO zur Änderung der VO zu § 5 Abs 6 Satz 3 des Bundesbesoldungsgesetzes
BR-Drs 209/74 = **64** M 8
– 2. VO zur Änderung der VO über die Gewährung von Mehrarbeitsentschädigung für Beamte
BR-Drs 385/74 = **73** B 3
– Allgemeine Verwaltungsvorschrift zur VO über die Gewährung von Mehrarbeitsentschädigung für Beamte
BR-Drs 386/74 = **73** B 9
– VO zur Regelung des örtlichen Sonderzuschlags für Hamburg
BR-Drs 712/74 = **88** I 10
– VO zur Überleitung in die im 2. Ges zur Vereinheitlichung und Neuregelung des Besoldungsrechts in Bund und Ländern geregelten Ämter und über künftig wegfallende Ämter
BR-Drs 347/75 = **117** C 9
– VO über die Gewährung von Erschwerniszulagen (ErschwerniszulagenVO)
BR-Drs 152/76 = **153** J 8
Besoldungsübersichten
– 13. VO zur Änderung der 1. VO zur Durchführung des Bundesentschädigungsgesetzes und 14. VO zur Änderung der 2. und 3. VO zur Durchführung des Bundesentschädigungsgesetzes
BR-Drs 453/75 = **123** E 5
Bestallungsordnung
– s Beschluß zum Ges zur Änderung der *Bundesärzteordnung*
BR-Drs 774/74 = **92** E 3
– 2. VO zur Änderung der Bestallungsordnung für Tierärzte
BR-Drs 155/75 = **105** O 3
Betäubungsmittelgesetz
– *GesEntw zur Änderung des Betäubungsmittelgesetzes*
BR-Drs 227/75 = **111** H 9
BR-PlPr 419 = **4** N 2
BR-PlPr 422 = **5** B 1
BT-Drs 7/4141 = **178** K 4
1. Beratung
BT-PlPr 7/197 = **37** B 12
– s a GesEntw zum Protokoll zur Änderung des Einheits-Übereinkommens 1961 über *Suchtstoffe*
BR-Drs 10/74 = **54** G 8
– VO über das Verschreiben, die Abgabe und den Nachweis des Verbleibs von Betäubungsmitteln (Betäubungsmittel-Verschreibungsverordnung)
BR-Drs 527/73 = **36** C 7
Beteiligungsverfahren
– *GesEntw zum Ausbau des Beteiligungsverfahrens im Beamten-, Richter- und Soldatenrecht*
BT-Drs 7/1975 = **113** O 4
1. Beratung
BT-PlPr 7/132 = **24** L 1

Betonpumpen
– Allgemeine Verwaltungsvorschrift zum Schutz gegen Baulärm, – Emissionsrichtwerte für Betonpumpen
BR-Drs 108/73 = **11** J 6
Betriebliche Altersversorgung
– *GesEntw zur Verbesserung der betrieblichen Altersversorgung*
BR-Drs 590/73 = **39** H 1
BR-Drs 812/74 = **95** G 2
BR-PlPr 398 = **2** M 12
BR-PlPr 415 = **4** G 8
BT-Drs 7/1281 = **94** O 11
Bericht und Antrag des Ausschusses für Arbeit und Sozialordnung
BT-Drs 7/2843 = **137** C 10
Änderungsantrag zur 2. Beratung
BT-Drs 7/2896 = **140** I 10
Bericht des Haushaltsausschusses
BT-Drs 7/2901 = **140** J 9
Änderungsanträge zur 2. Beratung
BT-Drs 7/2906 = **140** J 13
BT-Drs 7/2907 = **140** J 13
BT-Drs 7/2909 = **140** J 14
BT-Drs 7/2914 = **140** K 10
1. Beratung
BT-PlPr 7/69 = **11** M 6
2. und 3. Beratung
BT-PlPr 7/134 = **25** A 1
– Sozialbericht 1973
BT-Drs 7/1167 = **89** D 6
– Sozialbericht 1976
BT-Drs 7/4953 = **207** G 3
– VO zur Durchführung einer Erhebung über Arten und Umfang der Betrieblichen Altersversorgung
BR-Drs 22/74 = **55** F 1
– 2. VO zur Durchführung einer Erhebung über Arten und Umfang der betrieblichen Altersversorgung
BR-Drs 739/76 = **182** E 7
Betriebsarzt
– *GesEntw eines Ges über Betriebsärzte und Fachkräfte für Arbeitssicherheit*
BR-Drs 137/73 = **16** M 4
BR-Drs 639/73 = **41** G 11
BR-PlPr 390 = **2** A 6
BR-PlPr 398 = **2** M 12
Vermittlungsverfahren:
BR-Drs 732/73 = **48** K 7
BR-PlPr 399 = **2** N 12
BT-Drs 7/260 = **62** J 1
– Bericht und Antrag des Ausschusses für Arbeit und Sozialordnung
BT-Drs 7/1085 = **86** H 11
Änderungsantrag zur 2. Beratung
BT-Drs 7/1121 = **87** H 7
Unterrichtung betr Anrufung des Vermittlungsausschusses
BT-Drs 7/1238 = **93** B 3
Antrag des Vermittlungsausschusses
BT-Drs 7/1294 = **95** F 5
1. Beratung
BT-PlPr 7/34 = **5** M 13
2. und 3. Beratung
BT-PlPr 7/58 = **9** M 4
Beratung des Antrags des Vermittlungsausschusses
BT-PlPr 7/67 = **11** E 10
– Unfallverhütungsbericht
BT-Drs 7/189 = **59** L 5
– Unfallverhütungsbericht
BT-Drs 7/4668 = **198** B 8
– VO über Arbeitsstätten
BR-Drs 684/74 = **86** L 13
Betriebsbeihilfe
– 3. VO über die Gewährung von Betriebsbeihilfen für Verkehrsbetriebe mit schienengebundenen Fahrzeugen
BR-Drs 671/73 = **43** E 9
– VO über Betriebsbeihilfen für den öffentlichen Personennahverkehr mit Kraftfahrzeugen
BR-Drs 678/73 = **43** H 5
– VO zur Änderung der Betriebsbeihilfen-VO-Schienenverkehr
BR-Drs 623/74 = **84** L 11
Betriebsrat
s *Betriebsverfassungsgesetz*
Betriebsschutz
s Arbeitsschutz
Betriebsverfassungsgesetz
– *GesEntw zum Schutz in Ausbildung befindlicher Mitglieder von Betriebsverfassungsorganen*
BR-Drs 761/73 = **50** F 3
BR-PlPr 400 = **3** A 1
BT-Drs 7/1170 = **90** C 12
Bericht und Antrag des Ausschusses für Arbeit und Sozialordnung
BT-Drs 7/1334 = **95** O 5
1. Beratung
BT-PlPr 7/64 = **10** L 13
2. und 3. Beratung
BT-PlPr 7/69 = **11** M 6
Betriebsübertragung
– Vorschlag einer EG-Richtlinie zur Harmonisierung der Rechtsvorschriften der Mitgliedstaaten über die Wahrung von Ansprüchen und Vergünstigungen der Arbeitnehmer bei Gesellschaftsfusionen, Betriebsübertragungen sowie Unternehmenszusammenschlüssen
BR-Drs 495/74 = **77** C 14
Betriebswasser
– 2. WassersicherstellungsVO
BR-Drs 301/73 = **26** H 6
Beurkundung
s Bürgerliches Gesetzbuch
Notarielle Beurkundung
– s a Ausdehnung des *Beurkundungszwangs* auf Verpflichtung zum Erwerb eines Grundstücks, Erbbaurechts und eines Wohnungseigentums – Entw eines ÄndGes zum BGB
BT-Drs 7/63 = **53** G 12
Beurlaubung
– s GesEntw zur Änderung beamten- und richterrechtlicher Vorschriften
(s *Beamtenrecht*)
Bevölkerung
– Raumordnungsbericht 1974
BT-Drs 7/3582 = **161** G 3
Bevölkerungsschutz
s Bundesamt für Zivilschutz, Ziviler Bevölkerungsschutz
Bevölkerungsstatistik
– *GesEntwurf über die Durchführung einer Repräsentativstatistik der Bevölkerung und des Erwerbslebens (Mikrozensus)*
BR-Drs 549/74 = **80** J 14
BR-Drs 167/75 = **107** B 3
BR-PlPr 412 = **4** B 12
BR-PlPr 418 = **4** M 1
Vermittlungsverfahren:
BR-Drs 326/75 = **115** K 4
BR-PlPr 420 = **4** N 9
BT-Drs 7/3042 = **143** H 11
Bericht und Antrag des Innenausschusses
BT-Drs 7/3289 = **153** B 2
Bericht des Haushaltsausschusses
BT-Drs 7/3290 = **153** B 6
Unterrichtung betr Anrufung des Vermittlungsausschusses
BT-Drs 7/3497 = **157** E 3
Antrag des Vermittlungsausschusses
BT-Drs 7/3547 = **158** O 3
1. Beratung
BT-PlPr 7/141 = **26** L 3
2. und 3. Beratung
BT-PlPr 7/152 = **28** M 6
Vermittlungsverfahren
BT-PlPr 7/167 = **31** N 12
Beweisaufnahme
– s GesEntw zu dem *Haager Übereinkommen*
BT-Drs 7/4892 = **206** D 6
– GesEntw zur Ausführung des *Haager Übereinkommens*
BT-Drs 7/4893 = **206** F 8
Beweissicherungs- und Feststellungsgesetz
– VO zur Änderung von Verordnungen zur Durchführung des Feststellungs- und des Beweissicherungs- und Feststellungsgesetzes
BR-Drs 425/73 = **32** F 11
Bewegliche Sachen
s Haager Kaufrechtsübereinkommen
Bewertungsgesetz
– *GesEntw zur Änderung des Bewertungsgesetzes*
BR-Drs 445/75 = **123** A 2
BR-PlPr 422 = **5** B 1
BR-PlPr 424 = **5** E 4
BT-Drs 7/4601 = **196** E 9
Bericht und Antrag des Finanzausschusses
BT-Drs 7/5524 = **222** I 11
Bericht des Haushaltsausschusses
BT-Drs 7/5547 = **222** N 2
1. Beratung
BT-PlPr 7/221 = **41** M 14
2. Beratung
BT-PlPr 7/256 = **49** K 13
– *GesEntw zur Änderung vermögensteuerrechtlicher Vorschriften*
BR-Drs 439/73 = **33** A 1
BR-PlPr 395 = **2** I 1
BT-Drs 7/1003 = **83** H 12
Antrag des Finanzausschusses
BT-Drs 7/1358 = **96** E 8
Schlußbericht des Finanzausschusses
BT-Drs 7/1389 = **97** B 6
1. Beratung
BT-PlPr 7/54 = **9** A 1
2. Beratung
BT-PlPr 7/71 = **12** M 1
Bezahlter Jahresurlaub
s Jahresurlaub
Bezirksschornsteinfegermeister
– s GesEntw eines 18. Ges über die Anpassung der Renten aus den gesetzlichen Rentenversicherungen (18. *Rentenanpassungsgesetz*)
BR-Drs 688/74 = **87** D 8
– VO zur Änderung der VO über das Schornsteinfegerwesen
BR-Drs 193/74 = **63** N 5
BGB
s Bürgerliches Gesetzbuch

Bibliotheken
- Unterrichtung über den Bildungsgesamtplan
  BR-Drs 790/73 = **51** G 2

BienenseuchenVO
- VO zur Änderung der BienenseuchenVO
  BR-Drs 570/74 = **82** D 14

Biersteuergesetz
- 3. VO zur Änderung der Durchführungsbestimmungen zum Biersteuergesetz
  BR-Drs 482/73 = **34** D 9

Bilanzaufstellungsfrist
- s GesEntw eines 1. Ges zur Bekämpfung der *Wirtschaftskriminalität*
  BR-Drs 5/75 = **97** C 7

Bildhauer
- Bericht der Bundesregierung über die wirtschaftliche und soziale Lage der künstlerischen Berufe
  BT-Drs 7/3071 = **145** G 14

Bildung, berufliche
- Abschlußbericht über Kosten und Finanzierung der außerschulischen beruflichen Bildung
  BT-Drs 7/1811 = **110** D 10
  BT-Drs 7/4949 = **207** B 10
- Antrag betr Reform der beruflichen Bildung und Novellierung des Berufsbildungsgesetzes
  BT-Drs 7/1908 = **112** I 13
  BT-Drs 7/3746 = **168** G 3
  BT-Drs 7/4949 = **207** B 10
  BT-Drs 7/4976 = **210** B 4
- Antwort auf die Große Anfrage betr Zukunftschancen der jungen Generation in der Bildung und im Beruf
  BT-Drs 7/5099 = **213** F 4
- Materialien zum Bericht zur Lage der Nation 1974
  BT-Drs 7/2423 = **124** J 13
- s a Entw eines ÄndGes zum Berufsbildungsgesetz
  BT-Drs 7/4823 = **204** G 6
- s a Jahreswirtschaftsbericht

Bildungsgesamtplan
- Unterrichtung über den Bildungsgesamtplan
  BR-Drs 790/73 = **51** G 2
  BR-PlPr 404 = **3** G 6
  BT-Drs 7/1474 = **100** C 8
  Beratung
  BT-PlPr 7/86 = **15** N 2

Bildungspolitik
- Arbeitsförderungsbericht der Bundesregierung
  BR-Drs 263/73 = **24** G 11
  BT-Drs 7/403 = **65** O 5
- Entw eines ÄndGes zum Berufsbildungsgesetz
  BT-Drs 7/4574 = **195** L 11
- Entw eines Berufsbildungsgesetzes
  BT-Drs 7/3714 = **167** H 12
- Antwort auf die Große Anfrage betr Zukunftschancen der jungen Generation in der Bildung und im Beruf
  BT-Drs 7/5099 = **213** F 4
  BT-Drs 7/5533 = **222** M 1
  BT-Drs 7/5542 = **222** M 9
- Antrag betr Programm zur Sicherung des Ausbildungsplatzangebotes
  BT-Drs 7/4571 = **195** L 6
- Sozialbericht 1976
  BT-Drs 7/4953 = **207** G 3

- Unterrichtung über die UNESCO-Empfehlung betr die „Überarbeitete Empfehlung zur beruflichen Bildung"
  BR-Drs 441/75 = **122** M 2

Bildungsreform
- s GesEntw eines *Hochschulrahmengesetzes*
  BR-Drs 553/73 = **37** C 8

Bildungsurlaub
- s GesEntw zum Übereinkommen der *Internationalen Arbeitsorganisation* über den bezahlten Bildungsurlaub
  BR-Drs 781/75 = **142** D 7

Bildungsweg, Zweiter
- Bildungsgesamtplan
  BT-Drs 7/1474 = **100** C 8

Bildungswesen
- Bericht der Enquête-Kommission Auswärtige Kulturpolitik
  BT-Drs 7/4121 = **177** F 5
- Unterrichtung über die Entwicklung der Beziehungen zwischen der Bundesrepublik Deutschland und der DDR
  BR-Drs 282/73 = **25** F 12
  BT-Drs 7/420 = **66** L 5
- s a GesEntw des *Berufsbildungsgesetzes* (BBiG)
  BR-Drs 160/75 = **106** B 3
- s a GesEntw zur Änderung des *Berufsbildungsgesetzes*
  BR-Drs 55/76 = **147** C 6

Binnengüterverkehr
- Unterrichtung über die EG-Mitteilung über die Marktordnung für den Binnengüterverkehr innerhalb der EG
  BR-Drs 760/75 = **151** F 14

Binnenschiffe
- *GesEntw zum Übereinkommen über Eichung von Binnenschiffen*
  BR-Drs 78/73 = **10** H 9
  BR-Drs 442/73 = **33** D 6
  BR-PlPr 390 = **2** A 6
  BR-PlPr 396 = **2** I 14
  BT-Drs 7/481 = **68** N 9
  Bericht und Antrag des Verkehrsausschusses
  BT-Drs 7/634 = **74** A 10
  1. Beratung
  BT-PlPr 7/30 = **5** A 6
  2. Beratung und Schlußabstimmung
  BT-PlPr 7/39 = **6** H 14

Binnenschiffahrtsrecht
- s GesEntw zum Zusatzprotokoll zu der in Mannheim unterzeichneten Revidierten *Rheinschiffahrtsakte*
  BR-Drs 692/73 = **45** G 9
- Vorschlag einer EG-VO zum Abschluß des Übereinkommens über die Errichtung eines Europäischen Stillegungsfonds für die Binnenschiffahrt und zum Erlaß von Bestimmungen für dessen Inkrafttreten
  BR-Drs 535/76 = **174** D 4

Binnenwasserstraße
- s GesEntw über den rechtlichen Status der *Bundeswasserstraße Saar*
  BR-Drs 546/74 = **80** I 7
  BT-Drs 7/2692 = **132** G 11

Bisambekämpfung
- s GesEntw eines 2. ÄndGes zum *Pflanzenschutzgesetz*

Blei
- Vorschläge von EG-Richtlinien betr die biologischen Normen von Blei, die Überwachung der Gefährdung der Bevölkerung durch Blei und die Qualitätsnormen für den Bleigehalt in der Luft
  BR-Drs 314/75 = **115** D 3
- Bericht über die Durchführung des *Benzinbleigesetzes*
  BT-Drs 7/854 = **78** H 10

Bleigehalt
- Vorschlag einer EG-Richtlinie betr Angleichung der Rechtsvorschriften der Mitgliedstaaten über die Zusammensetzung von Benzin
  BR-Drs 39/74 = **55** M 13

Bleikristall
s Kristallglaskennzeichnungsgesetz

Blindenwerkstätten
- s GesEntw zur Weiterentwicklung des *Schwerbeschädigtenrechts*
  BR-Drs 57/74 = **56** O 1
- s GesEntw über die Sozialversicherung *Behinderter*
  BR-Drs 73/74 = **57** O 9

Blutalkoholkonzentration
Ordnungswidrigkeit bei 0,8 Promille
- s GesEntw zur Änderung des *Straßenverkehrsgesetzes*
  BT-Drs 7/133 = **56** L 11
- Programm der Bundesregierung zur Verbesserung der Sicherheit im Straßenverkehr
  BT-Drs 7/1283 = **95** B 12

Bodennutzung
- s GesEntw über die *Agrarberichterstattung* (Agrarberichterstattungsgesetz)
  BR-Drs 72/74 = **57** N 11
- Agrarbericht 1973
  BT-Drs 7/146 = **57** A 6
- Agrarbericht 1974
  BT-Drs 7/1650 = **105** K 5
- Agrarbericht 1975
  BT-Drs 7/3210 = **149** B 5
- Agrarbericht 1976
  BT-Drs 7/4680 = **198** N 3
- VO zur Durchführung der Bodennutzungshaupterhebung 1974
  BR-Drs 714/73 = **48** E 1

Bodenrechtsreform
- Antwort auf die Große Anfrage betr Städtebau und Städtebaupolitik
  BT-Drs 7/962 = **81** N 5
- s a GesEntw zur Änderung des *Bundesbaugesetzes*
  BR-Drs 300/74 = **68** K 3
- s a GesEntw zur Änderung des *Flurbereinigungsgesetzes*
  BR-Drs 589/74 = **83** A 3
- Sozialbericht 1973
  BT-Drs 7/1167 = **89** D 6
- Städtebaubericht 1975
  BT-Drs 7/3583 = **161** M 9

Bodenschätze
- s GesEntw eines *Bundesberggesetzes*
  BR-Drs 350/75 = **117** N 14

Bodenschätzungsgesetz
- VO zur Durchführung des § 4 Abs 2
  BR-Drs 292/75 = **114** F 5

Bodensee
- *GesEntw zum Übereinkommen über die Schiffahrt auf dem Bodensee und zum Vertrag über die Schiffahrt auf dem Untersee und dem Rhein zwischen Konstanz und Schaffhausen*
  BR-Drs 740/74 = **90** G 14
  BR-Drs 416/75 = **122** B 10
  BR-PlPr 415 = **4** G 8

BR-PlPr 422 = **5** B 1
BT-Drs 7/3439 = **156** C 4
Bericht und Antrag des Ausschusses für Verkehr und für das Post- und Fernmeldewesen
BT-Drs 7/3736 = **168** D 3
1. Beratung
BT-PlPr 7/164 = **31** I 1
2. Beratung und Schlußabstimmung
BT-PlPr 7/178 = **34** B 13

Börsengesetz
– *GesEntw zur Änderung des Börsengesetzes*
BR-Drs 40/73 = **8** N 4
BR-Drs 170/75 = **107** C 7
BR-PlPr 389 = **1** B 11
BR-PlPr 418 = **4** M 1
BT-Drs 7/101 = **55** B 11
Bericht und Antrag des Finanzausschusses
BT-Drs 7/3248 = **152** E 5
1. Beratung
BT-PlPr 7/15 = **2** J 13
2. und 3. Beratung
BT-PlPr 7/155 = **29** I 2

Börsenreform
– Tätigkeitsbericht 1973 der Bundesregierung
BT-Drs 7/1434 = **97** H 8

Börsentermingeschäfte
– 4. VO über die Zulassung von Wertpapieren zu Börsentermingeschäften
BR-Drs 103/76 = **151** N 10

Bordbesatzung
s Schiffsbesatzung

Branntwein
– Gewinn- und Verlustrechnung, Geschäftsbericht und Bilanz der Bundesmonopolverwaltung für die Zeit vom 1. 10. 1971 bis zum 30. 9. 1972
BT-Drs 7/302 = **63** M 10
BT-Drs 7/399 = **65** I 6
– Gewinn- und Verlustrechnung, Geschäftsbericht und Bilanz der Bundesmonopolverwaltung für Branntwein für die Zeit vom 1. 10. 1972 bis 30. 9. 1973
BT-Drs 7/1761 = **108** L 9
BT-Drs 7/1892 = **112** C 3
– Geschäftsbericht der Bundesmonopolverwaltung für Branntwein vom 1. 10. 1973 bis 30. 9. 1974
BT-Drs 7/3341 = **154** E 10
BT-Drs 7/3418 = **155** J 13
– Geschäftsbericht der Bundesmonopolverwaltung für Branntwein für die Zeit vom 1. 10. 1974 bis 30. 9. 1975
BT-Drs 7/4805 = **203** J 8
BT-Drs 7/4939 = **206** O 12

Branntweinmonopol
– *GesEntw zur Änd des Mineralölsteuergesetzes und des Ges über das Branntweinmonopol*
BR-Drs 182/73 = **19** B 13
BR-Drs 358/73 = **28** F 4
BR-PlPr 391 = **2** B 11
BR-PlPr 394 = **2** F 12
Vermittlungsverfahren:
BR-Drs 429/73 = **32** J 7
BR-PlPr 395 = **2** I 1
BT-Drs 7/422 = **67** C 10
Bericht und Antrag des Finanzausschusses
BT-Drs 7/590 = **72** O 13
Gründe für die Einberufung des Vermittlungsausschusses
BT-Drs 7/642 = **74** C 3
Unterrichtung durch den Vermittlungsausschuß
BT-Drs 7/683 = **76** A 3
Unterrichtung betr Zustimmung
BT-Drs 7/803 = **78** A 5
1. Beratung
BT-PlPr 7/26 = **4** D 4
BT-PlPr 7/27 = **4** F 3
BT-PlPr 7/28 = **4** I 11
2. und 3. Beratung
BT-PlPr 7/35 = **6** A 14
– *GesEntw zur Änd des Ges über das Branntweinmonopol*
BR-Drs 409/75 = **122** A 4
BR-PlPr 422 = **5** B 1
BT-Drs 7/3722 = **167** M 8
Bericht und Antrag des Finanzausschusses
BT-Drs 7/3783 = **168** M 12
1. Beratung
BT-PlPr 7/178 = **34** B 13
2. und 3. Beratung
BT-PlPr 7/181 = **34** J 3
– *GesEntw zur Änderung des Tabaksteuergesetzes und des Ges über das Branntweinmonopol* (betr Steuererhöhung)
BR-Drs 571/75 = **129** E 9
BR-Drs 328/76 = **163** O 4
BR-PlPr 425 = **5** G 3
BR-PlPr 435 = **6** I 1
BT-Drs 7/4518 = **193** D 14
Bericht und Antrag des Finanzausschusses
BT-Drs 7/5096 = **213** E 8
1. Beratung
BT-PlPr 7/216 = **40** N 12
2. und 3. Beratung
BT-PlPr 7/242 = **46** F 3
– *GesEntw zur Änderung des Ges über das Branntweinmonopol*
BR-Drs 779/75 = **142** C 7
BR-Drs 203/76 = **156** A 8
BR-PlPr 430 = **5** N 11
BR-PlPr 433 = **6** D 11
BT-Drs 7/4777 = **202** L 11
Bericht und Antrag des Finanzausschusses
BT-Drs 7/4897 = **206** G 5
1. Beratung
BT-PlPr 7/227 = **43** A 1
2. und 3. Beratung
BT-PlPr 7/230 = **43** J 6
– s a GesEntw zur Verbesserung der *Haushaltsstruktur*
BT-Drs 7/4127 = **177** M 11

Brasilien, Föderative Republik
– *GesEntw zum Vertrag Bundesrepublik Deutschland/Föderative Republik Brasilien über das Einlaufen von Reaktorschiffen in brasilianische Gewässer und ihren Aufenthalt in brasilianischen Häfen*
BR-Drs 398/73 = **30** N 10
BR-Drs 134/74 = **61** J 3
BR-PlPr 396 = **2** I 14
BR-PlPr 402 = **3** E 5
BT-Drs 7/903 = **79** N 14
Bericht und Antrag des Verkehrsausschusses
BT-Drs 7/1548 = **103** E 9
1. Beratung
BT-PlPr 7/48 = **8** D 4
2. Beratung und Schlußabstimmung
BT-PlPr 7/80 = **14** I 14
BR-Drs 747/75 = **141** A 2
BR-PlPr 425 = **5** G 3
BR-PlPr 429 = **5** M 3
BT-Drs 7/4229 = **184** O 11
– *GesEntw zum Abkommen Bundesrepublik Deutschland/Föderative Republik Brasilien zur Vermeidung der Doppelbesteuerung auf dem Gebiet der Steuern vom Einkommen und vom Vermögen*
BR-Drs 611/75 = **131** F 9
Unterrichtung durch die Bundesregierung
BT-Drs 7/4302 = **187** E 5
Bericht und Antrag des Finanzausschusses
BT-Drs 7/4377 = **190** G 6
1. Beratung
BT-PlPr 7/203 = **38** F 6
2. Beratung und Schlußabstimmung
BT-PlPr 7/207 = **39** B 4

Braunkohle
– s a GesEntw über die statistische Erfassung der in den Geltungsbereich dieses Ges verbrachten festen *Brennstoffe*
BR-Drs 281/74 = **68** C 7
– Unterrichtung über die Energiepolitik der Bundesregierung
BR-Drs 607/73 = **40** G 1
BT-Drs 7/1057 = **85** N 13
– Unterrichtung über die 1. Fortschreibung des Energieprogramms der Bundesregierung
BR-Drs 718/74 = **89** F 2
BT-Drs 7/2713 = **133** D 4

Brennstoffe, feste
– *GesEntw über die statistische Erfassung der in den Geltungsbereich dieses Ges verbrachten festen Brennstoffe*
BR-Drs 281/74 = **68** C 7
BR-Drs 683/74 = **86** L 12
BR-PlPr 406 = **3** K 7
BR-PlPr 413 = **4** D 12
BT-Drs 7/2350 = **123** B 11
Bericht und Antrag des Wirtschaftsausschusses
BT-Drs 7/2625 = **131** C 13
1. Beratung
BT-PlPr 7/116 = **21** G 5
2. und 3. Beratung
BT-PlPr 7/125 = **23** A 1
– *GesEntw zur Änderung des Ges über das Zollkontingent für feste Brennstoffe. 1971, 1972, 1973, 1974, 1975 und 1976*
BR-Drs 780/75 = **142** C 12
BR-Drs 259/76 = **160** E 2
BR-PlPr 430 = **5** N 11
BR-PlPr 434 = **6** F 11
BT-Drs 7/4687 = **200** F 6
Bericht und Antrag des Wirtschaftsausschusses
BT-Drs 7/4936 = **206** O 5
1. Beratung
BT-PlPr 7/224 = **42** G 6
2. und 3. Beratung
BT-PlPr 7/233 = **44** D 5

Brennstoffe, flüssige
– Vorschlag einer EG-Richtlinie zur Angleichung der Rechtsvorschriften der Mitgliedstaaten über die Begrenzung des Schwefelgehalts bestimmter flüssiger Brennstoffe
BR-Drs 201/74 = **64** E 9

Brennstoffvorratshaltung
– Vorschlag einer EG-Richtlinie zur Verpflichtung der Mitgliedstaaten der EG, Mindestvorräte an Brennstoffen bei den Wärmekraftwerken zu halten
BR-Drs 115/74 = **59** E 12

Briefgeheimnis
– *GesEntw zur Änd des Ges zur Beschränkung des Brief-, Post- und Fernmeldegeheimnisses – Gesetz zu Art. 10 Grundgesetz – G 10 – Gesetz*
BR-Drs 158/74 = **62** C 12
BR-PlPr 404 = **3** G 6
BT-Drs 7/2507 = **128** F 14
1. Beratung
BT-PlPr 7/126 = **23** F 4

Brüsseler Kernmaterial-Seetransport-Übereinkommen
– s GesEntw über die Haftung bei der Beförderung von Kernmaterial auf See (s *Atomhaftungsübereinkommen*)

Brüsseler Reaktorschiff-Übereinkommen
– s GesEntw über die Haftung der Inhaber von *Reaktorschiffen*
BR-Drs 350/74 = **71** J 4

Bruteier
– VO über die Einfuhr und Durchfuhr von Geflügel, Bruteiern sowie unbearbeiteten Federn und Federteilen
BR-Drs 366/74 = **72** F 10
– s a GesEntw eines ÄndGes über eine *Geflügelstatistik*
BR-Drs 530/73 = **36** F 7

Brunnen
– 2. VO zur Bauweise und zu Baustoffen von Brunnen, die nicht der zentralen Wasserversorgung dienen – (2. WassersicherungsVO)

Buchführungspflicht
– s GesEntw eines 1. Ges zur Bekämpfung der *Wirtschaftskriminalität*
BR-Drs 5/75 = **97** C 7
BT-Drs 7/3441 = **156** D 4
– s a GesEntw zur Änd des *GüterkraftverkehrsGes*
BR-Drs 312/74 = **69** I 7
BT-Drs 7/2460 = **127** A 1

Bürgerbeteiligung
– Städtebaubericht 1975
BT-Drs 7/3583 = **161** M 9

Bürgerliche Rechte
s Menschenrechte

Bürgerliches Gesetzbuch (BGB)
– *GesEntw zur Änd des BGB und anderer Gesetze* (betr Ausdehnung des Beurkundungszwangs)
BR-Drs 273/73 = **24** N 9
BR-PlPr 387 = **1** A 1
BR-PlPr 392 = **2** D 6
BT-Drs 7/63 = **53** G 12
Bericht und Antrag des Rechtsausschusses
BT-Drs 7/359 = **64** K 12
1. Beratung
BT-PlPr 7/15 = **2** J 13
2. und 3. Beratung
BT-PlPr 7/23 = **3** N 5
– *GesEntw zur Änderung des BGB* (betr Kreditvermittlung)
BR-Drs 586/73 = **39** E 13
BR-PlPr 399 = **2** N 12
BT-Drs 7/1667 = **107** I 2
1. Beratung
BT-PlPr 7/81 = **14** N 5
– s a GesEntw über die *Annahme als Kind*
BT-Drs 7/3061 = **144** N 6
– s a Entw eines 1. Ges zur Reform des *Ehe- und Familienrechts*
BT-Drs 7/650 = **74** G 4
– s a GesEntw zur Neuregelung des Rechts der *elterlichen Sorge*
BT-Drs 7/2060 = **116** H 13
– s a GesEntw über den *Reiseveranstaltungsvertrag*
BT-Drs 7/5141 = **214** D 3

Bulgarien, Volksrepublik
– VO über die Aufhebung der VO über die Gewährung von Vorrechten und Befreiungen an die Handelsvertretungen der Volksrepublik Bulgarien, der Tschechoslowakischen Sozialistischen Republik und der Ungarischen Volksrepublik
BR-Drs 324/74 = **70** B 10

Bundesärzteordnung
– *GesEntw zur Änd der Bundesärzteordnung* (Entw der SPD/FDP)
BR-Drs 774/74 = **92** E 3
BR-PlPr 414 = **4** F 5
Vermittlungsverfahren:
BR-Drs 38/75 = **98** O 1
BR-PlPr 416 = **4** I 9
GesEntw der CDU/CSU
BT-Drs 7/2373 = **123** G 8
GesEntw der SPD/FDP
BT-Drs 7/2569 = **129** L 14
Bericht und Antrag des Ausschusses für Jugend, Familie und Gesundheit
BT-Drs 7/2698 = **132** I 13
Entschließungsantrag der CDU/CSU zur 3. Beratung
BT-Drs 7/2799 = **135** C 3
Entschließungsantrag der SPD/FDP zur 3. Beratung
BT-Drs 7/2805 = **136** K 3
Unterrichtung betr Anrufung des Vermittlungsausschusses
BT-Drs 7/2875 = **140** D 1
Unterrichtung durch den Vermittlungsausschuß
BT-Drs 7/3217 = **151** A 5
1. Beratung
BT-PlPr 7/122 = **22** G 7
2. und 3. Beratung
BT-PlPr 7/131 = **24** F 7
– *GesEntw zur Änderung der Bundesärzteordnung*
BR-Drs 244/76 = **157** F 2
BR-PlPr 434 = **6** F 11
BT-Drs 7/5314 = **218** H 1
1. Beratung
BT-PlPr 7/251 = **48** H 2

Bundesamt für zivilen Bevölkerungsschutz
– *GesEntw eines Ges zur Änderung und Ergänzung des Ges zur Errichtung eines Bundesamtes für zivilen Bevölkerungsschutz*
BR-Drs 200/73 = **20** A 4
BR-Drs 330/74 = **70** H 11
BR-PlPr 392 = **2** D 6
BR-PlPr 405 = **3** I 2
BT-Drs 7/866 = **78** K 8
Bericht und Antrag des Innenausschusses
BT-Drs 7/2019 = **115** I 7
1. Beratung
BT-PlPr 7/48 = **8** D 4
2. und 3. Beratung
BT-PlPr 7/96 = **18** B 12
– s a Zivilschutz

Bundesanstalt für Arbeit
– s GesEntw zur Angleichung der Leistungen zur *Rehabilitation Behinderter*
– s überplanmäßige Ausgaben
– 1. VO zur Änderung der VO über den Beitrag zur Krankenversicherung der Empfänger von Arbeitslosengeld, Arbeitslosenhilfe und Unterhaltsgeld
BR-Drs 247/74 = **66** F 14

Bundesanstalt für landwirtschaftliche Marktordnung
– *GesEntw über die Neuorganisation der Marktordnungsstellen*
BR-Drs 359/75 = **118** O 9
BR-Drs 7/76 = 144 D 1
BR-PlPr 422 = **5** B 1
BR-PlPr 431 = **5** O 8
Vermittlungsverfahren:
BR-Drs 209/76 = **156** B 11
BR-PlPr 433 = **6** D 11
BT-Drs 7/4021 = **175** J 5
Bericht und Antrag des Ausschusses für Ernährung, Landwirtschaft und Forsten
BT-Drs 7/4408 = **191** A 3
Unterrichtung über die Einberufung des Vermittlungsausschusses
BT-Drs 7/4796 = **203** H 1
Unterrichtung durch den Vermittlungsausschuß
BT-Drs 7/4864 = **205** N 1
1. Beratung
BT-PlPr 7/187 = **36** A 1
2. und 3. Beratung
BT-PlPr 7/208 = **39** D 5
Beratung eines Antrags des Vermittlungsausschusses
BT-PlPr 7/230 = **43** J 6

Bundesanstalt für Flugsicherung
– *GesEntw zur Änderung des Ges über die Bundesanstalt für Flugsicherung* (betr Herabsetzung der Altersgrenze für den Flugverkehrskontrolldienst)
BR-Drs 251/74 = **66** M 8
BR-Drs 462/74 = **76** I 4
BR-PlPr 405 = **3** I 2
BR-PlPr 410 = **3** O 9
GesEntw zur Änderung des Ges über die Bundesanstalt für Flugsicherung
BT-Drs 7/2095 = **117** D 6
Bericht und Antrag des Verkehrsausschusses
BT-Drs 7/2257 = **121** C 4
Bericht des Haushaltsausschusses
BT-Drs 7/2258 = **121** C 5
1. Beratung
BT-PlPr 7/104 = **19** E 7
2. und 3. Beratung
BT-PlPr 7/108 = **20** E 5

Bundes-Apothekerordnung
– *GesEntw zur Änderung der Bundes-Apothekerordnung* (betr Zulassung asylberechtigter Ausländer)
BR-Drs 548/74 = **80** J 9
BR-Drs 388/76 = **167** O 6
BR-PlPr 412 = **4** B 12
BR-PlPr 436 = **6** J 12
BT-Drs 7/2994 = **142** I 5
Bericht und Antrag des Ausschusses für Jugend, Familie und Gesundheit
BT-Drs 7/5190 = **215** D 11
1. Beratung
BT-PlPr 7/141 = **26** L 3
2. und 3. Beratung
BT-PlPr 7/247 = **47** I 2

Bundesarbeitsgericht
– Vorlage der Geschäftsordnung des Bundesarbeitsgerichts
BR-Drs 199/76 = **155** N 9

Bundesaufsichtsamt für das Kreditwesen
- s GesEntw eines 2. Ges zur Änderung des Ges über das *Kreditwesen*
  BR-Drs 1/75 = **97** A 4
  BT-Drs 7/3657 = **164** C 14

Bundesausbildungsförderungsgesetz – BAföG
- *GesEntw über das weitere Inkrafttreten des BAföGes*
  BR-Drs 234/73 = **22** G 14
  BR-PlPr 391 = **2** B 11
  BR-PlPr 393 = **2** E 8
- *GesEntw eines ÄndGes zum Bundesausbildungsförderungsgesetz und zum Arbeitsförderungsgesetz*
  BR-Drs 276/73 = **25** B 5
  BR-Drs 450/73 = **33** G 2
  BR-PlPr 393 = **2** E 8
  BR-PlPr 396 = **2** I 14
  Vermittlungsverfahren:
  BR-Drs 609/73 = **40** I 1
  BR-PlPr 397 = **2** L 1
  BT-Drs 7/556 = **72** D 10
  Bericht und Antrag des Ausschusses für Bildung und Wissenschaft
  BT-Drs 7/695 = **76** C 3
  Änderungsantrag zur 2. Beratung
  BT-Drs 7/786 = **77** M 9
  Bericht des Haushaltsausschusses
  BT-Drs 7/789 = **77** M 12
  Entschließungsantrag zur 3. Beratung
  BT-Drs 7/781 = **77** I 11
  Unterrichtung betr Anrufung des Vermittlungsausschusses
  BT-Drs 7/981 = **82** D 13
  Antrag des Vermittlungsausschusses
  BT-Drs 7/1036 = **84** J 2
  1. Beratung
  BT-PlPr 7/34 = **5** M 13
  2. und 3. Beratung
  BT-PlPr 7/42 = **7** A 12
  Beratung des Antrags des Vermittlungsausschusses
  BT-PlPr 7/54 = **9** A 1
- *GesEntw eines 2. ÄndGes zum Bundesausbildungsförderungsgesetz* (betr Neufestsetzung der Bemessungsgrundlagen für Leistungen) – GesEntw des Bundesrats
  BR-Drs 78/74 = **58** C 12
  BR-PlPr 404 = **3** G 6
- *GesEntw eines 2. ÄndGes zum Bundesausbildungsförderungsgesetz* – GesEntw der Bundesregierung
  BR-Drs 248/74 = **66** G 4
  BR-Drs 471/74 = **76** K 2
  BR-PlPr 405 = **3** I 2
  BR-PlPr 410 = **3** O 9
  GesEntw der Bundesregierung
  BT-Drs 7/2098 = **117** E 1
  GesEntw des Bundesrats
  BT-Drs 7/2099 = **117** F 9
  Bericht und Antrag des Ausschusses für Bildung und Wissenschaft
  BT-Drs 7/2279 = **121** K 6
  Bericht des Haushaltsausschusses
  BT-Drs 7/2289 = **121** N 2
  1. Beratung
  BT-PlPr 7/103 = **19** B 7
  2. Beratung des GesEntw des Bundesrats
  BT-PlPr 7/111 = **21** A 1
  2. und 3. Beratung des GesEntw der Bundesregierung
  BT-PlPr 7/111 = **21** A 1
- *GesEntw zur Änderung des Bundesausbildungsförderungsgesetzes* – GesEntw des Bundesrats (betr Auslandsstudium in USA und Kanada)
  BR-Drs 510/74 = **77** O 12
  BR-PlPr 413 = **4** D 12
  BR-PlPr 415 = **4** G 8
  BT-Drs 7/3386 = **155** E 3
  Bericht und Antrag des Ausschusses für Bildung und Wissenschaft
  BT-Drs 7/3771 = **168** K 10
  1. Beratung
  BT-PlPr 7/162 = **31** A 14
  2. Beratung
  BT-PlPr 7/181 = **34** J 3
- *GesEntw eines 3. Ges zur Änderung des Bundesausbildungsförderungsgesetzes* (betr Förderung von EG-Ausländerkindern)
  BR-Drs 8/75 = **97** I 9
  BR-Drs 414/75 = **122** B 5
  BR-PlPr 416 = **4** I 9
  BR-PlPr 422 = **5** B 1
  BT-Drs 7/3385 = **155** D 9
  Bericht und Antrag des Ausschusses für Bildung und Wissenschaft
  BT-Drs 7/3771 = **168** K 10
  Bericht des Haushaltsausschusses
  BT-Drs 7/3797 = **169** I 6
  1. Beratung
  BT-PlPr 7/162 = **31** A 14
  2. und 3. Beratung
  BT-PlPr 7/181 = **34** J 3
- Antrag betr Bericht gem § 35 BAföG
  BT-Drs 7/562 = **72** H 13
  Bericht und Antrag des Ausschusses für Bildung und Wissenschaft
  BT-Drs 7/695 = **76** C 3
  Beratung
  BT-PlPr 7/34 = **5** M 13
  BT-PlPr 7/42 = **7** A 12
- Bericht nach § 35 zur Überprüfung der Bedarfssätze und Freibeträge sowie Beträge nach § 21 Abs 4 des Gesetzes
  BT-Drs 7/1440 = **97** L 14
  Antrag der CDU/CSU
  BT-Drs 7/1589 = **104** B 2
  Bericht und Antrag des Ausschusses für Bildung und Wissenschaft
  BT-Drs 7/2279 = **121** K 6
  Beratung
  BT-PlPr 7/86 = **15** N 2
  BT-PlPr 7/111 = **21** A 1
- Bericht der Bundesregierung über die wirtschaftliche und soziale Sicherung des Studiums
  BT-Drs 7/2116 = **117** O 1
  ergänzende Materialien zum Bericht
  BT-Drs 7/2803 = **136** A 1
- Bericht der Bundesregierung über die Durchführung gem § 62 des Ges
  BT-Drs 7/2697 = **132** I 1
  Bericht und Antrag des Ausschusses für Bildung und Wissenschaft
  BT-Drs 7/3771 = **168** K 10
  Beratung
  BT-PlPr 7/127 = **23** I 10
  BT-PlPr 7/181 = **34** J 3
- Bericht der Bundesregierung gemäß der Entschließung des Deutschen Bundestages vom 21. 6. 1974
  BT-Drs 7/3438 = **156** B 2
  BT-PlPr 7/164 = **31** I 1
- VO über die Einziehung der nach dem Bundesausbildungsförderungsgesetz geleisteten Darlehen
  BR-Drs 780/73 = **50** N 5
- VO zur Änderung der VO zur Bezeichnung der landesrechtlichen Vorschriften nach § 59 Abs 3 des Bundesausbildungsförderungsgesetzes
  BR-Drs 18/74 = **54** I 11
- VO über Zusatzleistungen in Härtefällen nach dem Bundesausbildungsförderungsgesetz
  BR-Drs 264/74 = **67** H 6
- VO zur Bezeichnung der als Einkommen geltenden sonstigen Einnahmen nach § 21 Abs 3 Nr 4 Bundesausbildungsförderungsgesetz
  BR-Drs 422/74 = **75** A 1
- VO zur Änderung der VO zur Bezeichnung der als Einkommen geltenden sonstigen Einnahmen nach § 21 Abs 3 Nr 4 des Bundesausbildungsförderungsgesetzes
  BR-Drs 582/74 = **82** K 6
- 2. VO zur Änderung der VO zur Bestimmung der Formblätter zum Bundesausbildungsförderungsgesetz
  BR-Drs 584/74 = **82** L 4
  BR-Drs 209/75 = **109** B 4
- VO zur Änderung der VO über Zusatzleistungen in Härtefällen nach dem Bundesausbildungsförderungsgesetz
  BR-Drs 608/74 = **84** H 8
- Allgemeine Verwaltungsvorschrift zum Bundesausbildungsförderungsgesetz
  BR-Drs 346/75 = **116** L 5
- VO zur Änderung der VO zur Bezeichnung der als Einkommen geltenden sonstigen Einnahmen nach § 21 Abs 3 Nr 4 des Bundesausbildungsförderungsgesetzes
  BR-Drs 376/75 = **120** M 1
- Allgemeine Verwaltungsvorschrift zum Bundesausbildungsförderungsgesetz
  BR-Drs 4/76 = **143** K 5
- VO zur Bestimmung der Formblätter zum Bundesausbildungsförderungsgesetz
  BR-Drs 90/76 = **149** L 6
- VO über die Einziehung der nach dem Bundesausbildungsförderungsgesetz geleisteten Darlehen
  BR-Drs 228/76 = **156** J 13
- Allgemeine Verwaltungsvorschrift zum Bundesausbildungsförderungsgesetz
  BR-Drs 291/76 = **162** J 9
- VO über die Einziehung der nach dem Bundesausbildungsförderungsgesetz geleisteten Darlehen
  BR-Drs 545/76 = **174** I 7

Bundesautobahn
s Autobahn

Bundesbahn, Deutsche
s a Allgemeines Eisenbahngesetz
  Eisenbahn
  Eisenbahnverkehrsordnung
- *GesEntw zum Vertrag Bundesrepublik Deutschland/Republik Österreich über die Führung geschlossener österreichischer Züge über deutsche Bundesbahnstrecken*
  BR-Drs 58/73 = **9** A 6
  BR-Drs 249/73 = **22** L 4
  BR-PlPr 389 = **1** B 11
  BR-PlPr 392 = **2** D 6
  BT-Drs 7/134 = **56** M 1

Bericht und Antrag des Verkehrsausschusses
BT-Drs 7/228 = **60** N 13
1. Beratung
BT-PlPr 7/15 = **2** J 13
2. Beratung und Schlußabstimmung
BT-PlPr 7/21 = **3** J 11
- Bundesverkehrswegeplan 1. Stufe Bauprogramme 1973 bis 1975
BT-Drs 7/1045 = **85** A 6
- Antrag betr Schließung von Stückgutbahnhöfen
BT-Drs 7/2663 = **132** C 1
Bericht und Antrag des Ausschusses für Verkehr und für das Post- und Fernmeldewesen
BT-Drs 7/4635 = **197** C 10
- Antrag der CDU/CSU (betr Verkehrskonzept, Rationalisierung)
BT-Drs 7/3986 = **174** C 12
Bericht und Antrag des Ausschusses für Verkehr und für das Post- und Fernmeldewesen
BT-Drs 7/4656 = **197** O 13
Bericht des Haushaltsausschusses
BT-Drs 7/4676 = **198** L 4
Beratung des Antrags
BT-PlPr 7/250 = **48** C 11
- Bericht über die Deckung des Finanzbedarfs
BT-Drs 7/4247 = **185** I 12
Beratung
BT-PlPr 7/204 = **38** K 3
- s a GesEntw über den Bau und den Betrieb von Versuchsanlagen zur Erprobung von Techniken für den spurgeführten *Verkehr*
BR-Drs 591/73 = **39** J 8
BT-Drs 7/1875 = **111** O 4
- Unterrichtung über die Jahresabschlüsse für die Geschäftsjahre 1970 und 1971
BR-Drs 546/73 = **36** L 3
- Unterrichtung über den Jahresabschluß für das Geschäftsjahr 1972
BR-Drs 538/74 = **80** E 2
- Unterrichtung über den Jahresabschluß für das Geschäftsjahr 1973
BR-Drs 447/75 = **123** B 2
- Unterrichtung über den Jahresabschluß für das Geschäftsjahr 1974
BR-Drs 163/76 = **153** O 3
- Unterrichtung über den Wirtschaftsplan 1973 und den Nachtrag hierzu sowie den Stellenplan für 1973
BR-Drs 557/73 = **38** K 11
- Unterrichtung über den Wirtschaftsplan 1974
BR-Drs 111/74 = **59** C 3
- Unterrichtung über den Nachtrag zum Wirtschaftsplan für das Geschäftsjahr 1974
BR-Drs 667/74 = **86** C 13
- Unterrichtung über den Wirtschaftsplan für das Geschäftsjahr 1975
BR-Drs 260/75 = **112** I 13
- Unterrichtung über den Nachtrag zum Wirtschaftsplan für das Geschäftsjahr 1975
BR-Drs 749/75 = **141** A 6
- Unterrichtung über den Wirtschaftsplan für das Geschäftsjahr 1976
BR-Drs 301/76 = **163** D 10
- Unterrichtung über den Nachtrag zum Wirtschaftsplan für das Geschäftsjahr 1976
BR-Drs 614/76 = **177** B 7
- 2. VO zu § 5 Abs 6 Satz 3 des Bundesbesoldungsgesetzes (betr Rationalisierungsmaßnahmen für die Deutsche Bundesbahn)
BR-Drs 19/75 = **98** B 5

Bundesbank, Deutsche
- s GesEntw eines 2. Ges zur Änderung des Ges über das *Kreditwesen*

Bundesbaugesetz
- *GesEntw zur Änderung des Bundesbaugesetzes*
BR-Drs 300/74 = **68** K 3
BR-Drs 190/76 = **155** D 7
BR-PlPr 407 = **3** L 12
BR-PlPr 433 = **6** D 11
Vermittlungsverfahren:
BR-Drs 355/76 = **165** B 14
BR-PlPr 435 = **6** I 1
BT-Drs 7/2496 = **127** L 8
Bericht und Antrag des Ausschusses für Raumordnung, Bauwesen und Städtebau
BT-Drs 7/4793 = **203** B 6
Änderungsanträge zur 2. Beratung
BT-Drs 7/4848 = **205** G 6
BT-Drs 7/4849 = **205** G 7
BT-Drs 7/48050 = **205** G 8
Unterrichtung betr Anrufung des Vermittlungsausschusses
BT-Drs 7/5059 = **212** F 7
Antrag des Vermittlungsausschusses
BT-Drs 7/5204 = **215** I 13
1. Beratung
BT-PlPr 7/120 = **22** D 8
2. und 3. Beratung
BT-PlPr 7/227 = **43** A 1
Beratung eines Antrags des Vermittlungsausschusses
BT-PlPr 7/245 = **47** A 5
- Antwort auf die Große Anfrage betr Städtebau und Städtebaupolitik
BT-Drs 7/962 = **81** N 5

Bundesbeamtengesetz
- *GesEntw eines 7. Ges zur Änderung beamtenrechtlicher und besoldungsrechtlicher Vorschriften* – (Dienstrechtlicher Teil des Familienlastenausgleichs)
BR-Drs 762/74 = **91** I 1
BR-Drs 816/74 = **95** H 8
BR-PlPr 414 = **4** F 5
BR-PlPr 415 = **4** G 8
BT-Drs 7/2861 = **139** H 13
Gegenäußerung der Bundesregierung zur Stellungnahme des Bundesrates
BT-Drs 7/2880 = **140** D 7
Bericht und Antrag des Innenausschusses
BT-Drs 7/2919 = **140** L 9
Bericht des Haushaltsausschusses
BT-Drs 7/2958 = **141** N 1
1. Beratung
BT-PlPr 7/133 = **24** N 11
2. und 3. Beratung
BT-PlPr 7/136 = **25** J 7
- s a Beamtenrecht

Bundesberggesetz
- *GesEntw eines Bundesberggesetzes*
BR-Drs 350/75 = **117** N 14
BR-PlPr 424 = **5** E 4

Bundesbericht Forschung
s Forschungsbericht

Bundesbesoldung
- *GesEntw eines 2. Ges. zur Erhöhung von Dienst- und Versorgungsbezügen in Bund und Ländern* – (2. Bundesbesoldungserhöhungsgesetz)
BR-Drs 181/73 = **19** A 14
BR-Drs 416/73 = **31** M 5
BR-PlPr 391 = **2** B 11
BR-PlPr 395 = **2** I 1
Vermittlungsverfahren:
BR-Drs 611/73 = **40** I 6
BR-PlPr 397 = **2** L 1
BT-Drs 7/411 = **66** F 13
Gegenäußerung der Bundesregierung
BT-Drs 7/442 = **67** I 9
Antrag des Innenausschusses
BT-Drs 7/601 = **73** F 1
Bericht des Innenausschusses
BT-Drs 7/604 = **73** G 2
Bericht des Haushaltsausschusses
BT-Drs 7/609 = **73** G 9
Unterrichtung betr Anrufung des Vermittlungsausschusses
BT-Drs 7/801 = **78** A 2
Antrag des Vermittlungsausschusses
BT-Drs 7/1037 = **84** J 3
1. Beratung
BT-PlPr 7/26 = **4** D 4
BT-PlPr 7/27 = **4** F 3
BT-PlPr 7/28 = **4** I 11
2. und 3. Beratung
BT-PlPr 7/36 = **6** E 3
Beratung eines Antrags des Vermittlungsausschusses
BT-PlPr 7/54 = **9** A 1
- *GesEntw eines 3. Ges über die Erhöhung von Dienst- und Versorgungsbezügen in Bund und Ländern* – (3. Bundesbesoldungserhöhungsgesetz)
BR-Drs 211/74 = **64** O 2
BR-Drs 440/74 = **75** M 8
BR-PlPr 404 = **3** G 6
BR-PlPr 410 = **3** O 9
BT-Drs 7/2003 = **114** M 10
Bericht und Antrag des Innenausschusses
BT-Drs 7/2117 = **118** A 12
Bericht des Haushaltsausschusses
BT-Drs 7/2199 = **119** I 13
1. Beratung
BT-PlPr 7/96 = **18** B 12
2. und 3. Beratung
BT-PlPr 7/106 = **19** N 8
- *GesEntw eines 4. Ges über die Erhöhung von Dienst- und Versorgungsbezügen in Bund und Ländern* – (4. Bundesbesoldungserhöhungsgesetz)
BR-Drs 161/75 = **106** I 8
BR-Drs 396/75 = **121** L 10
BR-PlPr 418 = **4** M 1
BR-PlPr 422 = **5** B 1
BT-Drs 7/3611 = **163** H 9
Bericht und Antrag des Innenausschusses
BT-Drs 7/3689 = **165** B 7
Bericht des Haushaltsausschusses
BT-Drs 7/3724 = **167** M 11
1. Beratung
BT-PlPr 7/170 = **32** H 2
2. und 3. Beratung
BT-PlPr 7/176 = **33** I 7
- *GesEntw eines 5. Ges über die Erhöhung von Dienst- und Versorgungsbezügen in Bund und Ländern* – (5. Bundesbesoldungserhöhungsgesetz)
BR-Drs 280/76 = **161** M 7
BR-Drs 445/76 = **170** J 4
BR-PlPr 434 = **6** F 11
BR-PlPr 437 = **6** L 10
BT-Drs 7/5192 = **215** G 7

Bericht und Antrag des Innenausschusses
BT-Drs 7/5296 = **218** A 5
Bericht des Haushaltsausschusses
BT-Drs 7/5348 = **218** K 7
1. Beratung
BT-PlPr 7/245 = **47** A 5
2. und 3. Beratung
BT-PlPr 7/253 = **48** M 9
- s a Bericht zur *Ämterbewertung*
BT-Drs 7/6 = **51** M 5
- s a GesEntw betr Neuordnung des Beamten- und Besoldungsrechts im *Hochschulbereich*
BT-Drs 7/612 = **73** G 12
- s a Ges über die Personalstruktur des *Bundesgrenzschutzes*
BR-Drs 266/76 = **160** H 3
- VO zur Änderung der VO zu § 5 Abs 6 Satz 3 des Bundesbesoldungsgesetzes
BR-Drs 209/74 = **64** M 8
- 2. VO zu § 5 Abs 6 Satz 3 des Bundesbesoldungsgesetzes (betr Rationalisierungsmaßnahmen für die Deutsche Bundespost und die Deutsche Bundesbahn)
BR-Drs 19/75 = **98** B 5
- VO zu § 26 Abs 4 Nr 4 des Bundesbesoldungsgesetzes
BR-Drs 229/76 = **156** K 10

Bundes-Datenschutzgesetz – (BDSG)
- *GesEntw zum Schutz vor Mißbrauch personenbezogener Daten bei der Datenverarbeitung*
BR-Drs 391/73 = **30** F 12
BR-Drs 422/76 = **169** D 12
BR-PlPr 396 = **2** I 14
BR-PlPr 436 = **6** J 12
Vermittlungsverfahren:
BR-Drs 650/76 = **178** M 7
BR-PlPr 440 = **7** A 8
BT-Drs 7/1027 = **84** G 8
Bericht und Antrag des Innenausschusses
BT-Drs 7/5277 = **217** G 4
Änderungsantrag zur 2. Beratung
BT-Drs 7/5332 = **218** I 14
Bericht des Haushaltsausschusses
BT-Drs 7/5345 = **218** K 4
Unterrichtung betr Anrufung des Vermittlungsausschusses
BT-Drs 7/5497 = **222** C 10
Antrag des Vermittlungsausschusses
BT-Drs 7/5568 = **223** B 2
1. Beratung
BT-PlPr 7/67 = **11** E 10
2. und 3. Beratung
BT-PlPr 7/250 = **48** C 11
Beratung eines Antrags des Vermittlungsausschusses
BT-PlPr 7/258 = **50** E 3

Bundesentschädigungsgesetz
- 1. RechtsVO zu Artikel V des 2. Ges zur Änderung des Bundesentschädigungsgesetzes)
BR-Drs 367/74 = **72** G 14
- 11. VO zur Änderung der 1. VO zur Durchführung des Bundesentschädigungsgesetzes
BR-Drs 438/73 = **32** N 13
- 12. VO zur Änderung der 1. VO zur Durchführung des Bundesentschädigungsgesetzes
BR-Drs 532/74 = **78** J 13
- 12. VO zur Änderung der 2. und 3. VO zur Durchführung des Bundesentschädigungsgesetzes
BR-Drs 438/73 = **32** N 13
- 13. VO zur Änderung der 2. und 3. VO zur Durchführung des Bundesentschädigungsgesetzes
BR-Drs 532/74 = **78** J 13
- 13. VO zur Änderung der 1. VO zur Durchführung des Bundesentschädigungsgesetzes und 14. VO zur Änderung der 2. und 3. VO zur Durchführung des Bundesentschädigungsgesetzes
BR-Drs 453/75 = **123** E 5
- 14. VO zur Änderung der 1. VO zur Durchführung des Bundesentschädigungsgesetzes und 15. VO zur Änderung der 2. und 3. VO zur Durchführung des Bundesentschädigungsgesetzes
BR-Drs 562/76 = **175** B 10
- 14. VO zur Durchführung des § 172 des Bundesentschädigungsgesetzes
BR-Drs 500/73 = **34** O 2
- 15. VO zur Durchführung des § 172 des Bundesentschädigungsgesetzes
BR-Drs 190/74 = **63** L 12
- 16. VO zur Durchführung des § 172 des Bundesentschädigungsgesetzes
BR-Drs 553/74 = **81** J 7
- 17. VO zur Durchführung des § 172 des Bundesentschädigungsgesetzes
BR-Drs 483/75 = **124** L 7
- 18. VO zur Durchführung des § 172 des Bundesentschädigungsgesetzes
BR-Drs 568/76 = **175** H 6

Bundeserziehungsgeldgesetz
- GesEntw
BT-Drs 7/2031 = **115** N 7
1. Beratung
BT-PlPr 7/96 = **18** B 12

Bundesfernstraße
- *GesEntw zur Änderung des Ges über den Ausbau der Bundesfernstraßen in den Jahren 1971 bis 1985*
BR-Drs 676/75 = **136** N 6
BR-Drs 306/76 = **163** F 5
BR-PlPr 429 = **5** M 3
BR-PlPr 435 = **6** I 1
BT-Drs 7/4584 = **196** A 1
Bericht und Antrag des Ausschusses für Verkehr und für das Post- und Fernmeldewesen
BT-Drs 7/5090 = **213** B 11
1. Beratung
BT-PlPr 7/222 = **42** C 10
2. und 3. Beratung
BT-PlPr 7/238 = **45** D 14
- Straßenbaubericht 1972
BT-Drs 7/782 = **77** I 12
- Straßenbaubericht 1973
BT-Drs 7/2413 = **124** E 6
- Straßenbaubericht 1975
BT-Drs 7/5677 = **225** I 6
- Bundesverkehrswegeplan 1. Stufe Bauprogramme 1973 bis 1975
BT-Drs 7/1045 = **85** A 6
- Raumordnungsbericht 1974
BT-Drs 7/3582 = **161** G 3
- VO zur Änderung der VO über Kreuzungsanlagen im Zuge von Bundesfernstraßen,
BR-Drs 555/75 = **128** L 4

Bundesfernstraßengesetz
- *GesEntw eines 2. ÄndGes zum Bundesfernstraßengesetz*
BR-Drs 261/73 = **24** A 4
BR-Drs 290/74 = **68** H 8
BR-PlPr 393 = **2** E 8
BR-PlPr 405 = **3** I 2
Vermittlungsverfahren:
BR-Drs 391/74 = **73** F 2
BR-PlPr 406 = **3** K 7
BT-Drs 7/1265 = **93** L 11
Bericht und Antrag des Verkehrsausschusses
BT-Drs 7/1828 = **111** E 8
Bericht des Haushaltsausschusses
BT-Drs 7/1834 = **111** G 14
Unterrichtung betr Anrufung des Vermittlungsausschusses
BT-Drs 7/2091 = **117** C 8
Unterrichtung durch den Vermittlungsausschuß
BT-Drs 7/2152 = **118** F 8
1. Beratung
BT-PlPr 7/69 = **11** M 6
2. und 3. Beratung
BT-PlPr 7/93 = **17** G 13

Bundesfinanzhof
- *GesEntw zur Entlastung des Bundesfinanzhofs* – (Einbringung als Revisionsrechts-ÄndGes)
(BR-Drs 31/73 = **8** M 5
BT-Drs 7/444 = **67** I 14)
BR-Drs 382/75 = **121** D 9
BR-PlPr 421 = **5** A 7
BT-Drs 7/3654 = **164** C 5
BT-PlPr 7/176 = **33** I 7

Bundesforschungsanstalt für Viruskrankheiten der Tiere
- VO zur Änderung der Kostenordnung für Amtshandlungen
BR-Drs 688/75 = **138** A 8

Bundesforschungseinrichtungen
- s Bundesbericht *Forschung* V
BT-Drs 7/3574 = **160** A 1

Bundesgebiet
- s a GesEntw eines Ges zur Änderung des *Grundgesetzes* (Art 29 GG) (betr Neugliederung des Bundesgebietes)
BR-Drs 96/76 = **149** N 1
BT-Drs 7/4958 = **209** J 3
- Unterrichtung über das Raumordnungsprogramm für die großräumige Entwicklung des Bundesgebietes (Bundesraumordnungsprogramm)
BR-Drs 285/75 = **114** A 3
BT-Drs 7/3584 = **162** C 2

Bundesgebührenordnung für Rechtsanwälte
- *GesEntw zur Änderung des Gerichtskostengesetzes, des Ges über die Kosten der Gerichtsvollzieher, der Bundesgebührenordnung für Rechtsanwälte und anderer Vorschriften*
BR-Drs 71/74 = **57** G 5
BR-Drs 165/75 = **106** K 10
BR-PlPr 402 = **3** E 5
BR-PlPr 418 = **4** M 1
Vermittlungsverfahren:
BR-Drs 380/75 = **120** M 13
BR-PlPr 422 = **5** B 1
BT-Drs 7/2016 = **115** C 6
Bericht und Antrag des Rechtsausschusses
BT-Drs 7/3243 = **151** K 8
Bericht des Haushaltsausschusses
BT-Drs 7/3297 = **153** C 1
Unterrichtung betr Anrufung des Vermittlungsausschusses
BT-Drs 7/3498 = **157** E 4
Antrag des Vermittlungsausschusses
BT-Drs 7/3803 = **169** J 8

1. Beratung
BT-PlPr 7/96 = **18** B 12
2. und 3. Beratung
BT-PlPr 7/152 = **28** M 6
Beratung eines Antrags des Vermittlungsausschusses
BT-PlPr 7/182 = **34** N 10

Bundesgesetze
- Schlußbericht der Enquête – Kommission Verfassungsreform
BT-Drs 7/5924 = **233** D 5

Bundesgrenzschutz
- *GesEntw über die Personalstruktur des Bundesgrenzschutzes*
BR-Drs 103/75 = **101** G 8
BR-Drs 266/76 = **160** H 3
BR-PlPr 417 = **4** K 9
BR-PlPr 434 = **6** F 11
BT-Drs 7/3494 = **157** D 5
Bericht und Antrag des Innenausschusses
BT-Drs 7/4534 = **194** C 14
Bericht des Haushaltsausschusses
BT-Drs 7/4539 = **194** F 2
Änderungsantrag zur 2. Beratung
BT-Drs 7/5003 = **210** G 7
Entschließungsantrag zur 3. Beratung
BT-Drs 7/5004 = **210** G 8
1. Beratung
BT-PlPr 7/168 = **32** D 13
2. und 3. Beratung
BT-PlPr 7/235 = **44** I 6
BT-PlPr 7/236 = **44** O 1
- Bericht der Bundesregierung über die Fortentwicklung des Bundesgrenzschutzes
BT-Drs 7/3170 = **147** N 5
BT-PlPr 7/150 = **28** J 7

Bundeshaushalt
s a Finanzplan
Haushaltspolitik
- Antrag auf Einsetzung des Haushaltsausschusses
BT-Drs 7/1 = **51** A 5
- Unterrichtung des Bundestages über erhebliche Änderungen der Haushaltsentwicklung
BT-Drs 7/3360 = **154** J 3

Bundeshaushalt 1970
- Bemerkungen des Bundesrechnungshofes zu der Bundeshaushaltsrechnung 1970
BT-Drs 7/8 = **51** N 1
Antrag des Haushaltsausschusses
BT-Drs 7/2404 = **123** O 10

Bundeshaushalt 1971
- Entlastung der Bundesregierung wegen der Haushaltsrechnung und Vermögensrechnung des Bundes im Haushaltsjahr 1971 (Jahresrechnung 1971)
BR-Drs 467/73 = **33** J 3
BR-Drs 737/73 = **48** L 3
BR-PlPr 402 = **3** E 5
BT-Drs 7/528 = **70** E 5
Bemerkungen des Bundesrechnungshofes zur Bundeshaushaltsrechnung
BT-Drs 7/1242 = **93** B 13
Antrag des Haushaltsausschusses
BT-Drs 7/5350 = **218** K 8
Beratung
BT-PlPr 7/253 = **48** M 9

Bundeshaushalt 1972
- Entlastung der Bundesregierung wegen der Haushaltsrechnung und Vermögensrechnung des Bundes für das Haushaltsjahr 1972 (Jahresrechnung 1972)
BR-Drs 454/74 = **76** C 9
BR-Drs 717/74 = **89** A 8
BT-Drs 7/2406 = **124** A 12
Bemerkungen des Bundesrechnungshofes zur Bundeshaushaltsrechnung und Bundesvermögensrechnung
BT-Drs 7/2709 = **132** M 11
Antrag des Haushaltsausschusses
BT-Drs 7/5350 = **218** K 8
Beratung
BT-PlPr 7/143 = **27** C 8
BT-PlPr 7/253 = **48** M 9
- Zusammenstellung der über- und außerplanmäßigen Haushaltsausgaben im Haushaltsjahr 1972
BR-Drs 433/73 = **32** K 5
BT-Drs 7/623 = **73** K 1

Bundeshaushalt 1973
- Entlastung der Bundesregierung wegen der Haushaltsrechnung des Bundes und der Vermögensrechnung des Bundes für das Haushaltsjahr 1973 – (Jahresrechnung 1973)
BR-Drs 287/75 = **114** B 13
BR-Drs 714/75 = **138** J 9
BT-Drs 7/3585 = **162** D 10
Bemerkungen des Bundesrechnungshofes zur Bundeshaushaltsrechnung einschließlich der Bundesvermögensrechnung
BT-Drs 7/4306 = **187** F 4
Beratung des Antrags betr Entlastung der Bundesregierung für die Jahresrechnung 1973
BT-PlPr 7/182 = **34** N 10
Beratung des Antrags des Bundesrechnungshofes betr Entlastung der Bundesregierung
BT-PlPr 7/224 = **42** G 6
Unterrichtung betr überplanmäßige Investitionsdarlehen an die Deutsche Lufthansa AG
BT-Drs 7/1454 = **98** L 5
Antrag des Haushaltsausschusses
BT-Drs 7/1783 = **109** M 5
Unterrichtung betr Einwilligung in außerplanmäßige Haushaltsausgaben betr Erwerb von Beteiligungen an der Gelsenberg AG
BT-Drs 7/1512 = **102** B 7
Antrag des Haushaltsausschusses
BT-Drs 7/1786 = **109** M 6
Unterrichtung betr Zustimmung zu einer überplanmäßigen Ausgabe betr landwirtschaftliche Produktionsmittel in Entwicklungsländern
BT-Drs 7/996 = **83** G 12
Antrag des Haushaltsausschusses
BT-Drs 7/1809 = **110** D 9
Unterrichtung betr Einwilligung in eine überplanmäßige Haushaltsausgabe betr Beitrag zum Haushalt der EG
BT-Drs 7/1087 = **86** J 13
Antrag des Haushaltsausschusses
BT-Drs 7/1444 = **97** O 4
Einwilligung zu einer überplanmäßigen Ausgabe betr Versicherung der Landwirte
BT-Drs 7/1304 = **95** G 10
Antrag des Haushaltsausschusses
BT-Drs 7/1810 = **110** D 9
Unterrichtung betr Leistung einer überplanmäßigen Ausgabe betr Bundeshilfe für Berlin
BT-Drs 7/1341 = **96** C 11
Unterrichtung betr Einwilligung in eine überplanmäßige Ausgabe betr Nahrungsmittelhilfe für Entwicklungsländer
BT-Drs 7/1343 = **96** D 5
Unterrichtung betr Einwilligung in eine überplanmäßige Ausgabe betr Beitrag an die Vereinten Nationen
BT-Drs 7/1415 = **97** F 3
Antrag des Haushaltsausschusses
BT-Drs 7/1782 = **109** M 4
Unterrichtung betr Leistung von überplanmäßigen Ausgaben bei der Beschaffung von Kampffahrzeugen, Schiffen und Munition
BT-Drs 7/1566 = **103** K 3
Antrag des Haushaltsausschusses
BT-Drs 7/1857 = **111** K 2
Unterrichtung betr Leistung von außerplanmäßigen Ausgaben betr Darlehen an die Kreditanstalt für Wiederaufbau, Frankfurt
BT-Drs 7/1634 = **104** M 3
Antrag des Haushaltsausschusses
BT-Drs 7/1855 = **111** K 1
Unterrichtung betr außerplanmäßige Ausgaben betr Kapitalzuwendungen an die Vereinigten Industrieunternehmungen AG
BT-Drs 7/1635 = **104** M 4
Antrag des Haushaltsausschusses
BT-Drs 7/1787 = **109** M 7
Unterrichtung betr überplanmäßige Liquiditätszuwendungen an die Deutsche Bundesbahn
BT-Drs 7/1658 = **107** F 3
- Antrag des Haushaltsausschusses
BT-Drs 7/1856 = **111** K 1
Unterrichtung betr überplanmäßige Ausgabe betr Kapitalzuführung an die Salzgitter AG
BT-Drs 7/1746 = **108** H 7
Antrag des Haushaltsausschusses
BT-Drs 7/1959 = **113** J 12
Unterrichtung betr Leistung einer überplanmäßigen Ausgabe betr Bundeshilfe für Berlin
Antrag des Haushaltsausschusses
BT-Drs 7/1781 = **109** M 4
Unterrichtung betr Einwilligung in eine überplanmäßige Ausgabe betr Nahrungsmittelhilfe für Entwicklungsländer
Antrag des Haushaltsausschusses
BT-Drs 7/2340 = **122** N 4

Bundeshaushalt 1974
- Entlastung der Bundesregierung wegen der Haushaltsrechnung und Vermögensrechnung des Bundes für das Haushaltsjahr 1974 – (Jahresrechnung 1974)
BR-Drs 254/76 = **159** N 13
BR-Drs 642/76 = **178** F 6
BT-Drs 7/4978 = **210** C 10
Bemerkungen des Bundesrechnungshofes zur Bundeshaushaltsrechnung einschließlich der Bundesvermögensrechnung
BT-Drs 7/5849 = **230** H 13
Beratung eines Antrags betr Entlastung der Bundesregierung
BT-PlPr 7/240 = **45** L 4
Unterrichtung betr außerplanmäßige Ausgabe betr Erwerb von VW-Aktien
BT-Drs 7/2492 = **127** J 5
Antrag des Haushaltsausschusses
BT-Drs 7/5234 = **216** E 1

Unterrichtung betr überplanmäßige Haushaltsausgabe betr Arbeitslosenhilfe, Arbeitslosengeld und Berufsfürsorge für Heimkehrer
BT-Drs 7/2596 = **130 H 6**
Antrag des Haushaltsausschusses
BT-Drs 7/3240 = **151 K 4**
Unterrichtung betr überplanmäßige Ausgabe betr Diskont für unverzinsliche Schatzanweisungen
BT-Drs 7/2684 = **132 E 10**
Antrag des Haushaltsausschusses
BT-Drs 7/3137 = **147 C 2**
Unterrichtung betr überplanmäßige Ausgabe betr Zuschüsse an die Krankenversicherung der Landwirte
BT-Drs 7/2731 = **134 E 7**
Unterrichtung betr überplanmäßige Ausgabe betr Fernmeldegebühren, Kosten für Fernmeldeanlagen, Miete für die Benutzung von Fernmeldeleitungen und Betriebsstoff für die Bundeswehr
BT-Drs 7/2841 = **137 B 13**
Antrag des Haushaltsausschusses
BT-Drs 7/5235 = **216 E 1**
Unterrichtung betr Leistung einer überplanmäßigen Ausgabe betr Nahrungsmittelhilfe
BT-Drs 7/2851 = **138 C 13**
Antrag des Haushaltsausschusses
BT-Drs 7/5233 = **216 D 14**
Unterrichtung betr überplanmäßige Ausgabe betr Diskont für unverzinsliche Schatzanweisungen
BT-Drs 7/2917 = **140 L 8**
Antrag des Haushaltsausschusses
BT-Drs 7/2968 = **141 O 5**
Unterrichtung betr überplanmäßige Ausgabe für Wohngeld
BT-Drs 7/2944 = **141 G 9**
Unterrichtung betr überplanmäßige Ausgabe betr Beihilfen an ehemalige politische Häftlinge
BT-Drs 7/2996 = **142 I 9**
Antrag des Haushaltsausschusses
BT-Drs 7/3239 = **151 K 4**
Unterrichtung betr Zustimmung zu überplanmäßigen Haushaltsausgaben betr Arbeitslosenhilfe, Arbeitslosengeld und Berufsfürsorge für Heimkehrer
BT-Drs 7/3049 = **144 I 3**
Antrag des Haushaltsausschusses
BT-Drs 7/5231 = **216 D 13**
Unterrichtung betr überplanmäßige Ausgabe betr Bauausgaben
BT-Drs 7/3062 = **145 B 8**
Antrag des Haushaltsausschusses
BT-Drs 7/3241 = **151 K 5**
Unterrichtung betr grundsätzliche Einwilligung in eine überplanmäßige Ausgabe betr Besatzungskosten und Auftragsausgaben in Berlin
BT-Drs 7/3220 = **151 A 11**
Antrag des Haushaltsausschusses
BT-Drs 7/3373 = **155 B 7**

Bundeshaushaltsgesetz 1972

– *GesEntw über die Feststellung des Bundeshaushaltsplans für das Haushaltsjahr 1972*
(BR-Drs 613/72 und BR-Drs 646/72)
BR-PlPr 387 = **1 A 1**
BR-PlPr 388 = **1 B 9**
GesEntw der Bundesregierung
BT-Drs 7/10 = **52 B 7**
Stellungnahme des Bundesrates und Auffassung der Bundesregierung zum Beschluß des Bundesrates
BT-Drs 7/11 = **52 D 11**
Antrag des Haushaltsausschusses zu dem GesEntw
BT-Drs 7/32 = **52 K 6**
Entschließungsantrag zur 3. Beratung
BT-Drs 7/34 = **52 K 10**
Bericht und Antrag des Haushaltsausschusses
BT-Drs 7/447 = **67 M 4**
Entschließungsantrag zur 3. Beratung
BT-Drs 7/35 = **52 K 11**
Bericht und Antrag des Haushaltsausschusses
BT-Drs 7/306 = **63 O 3**
1. Beratung
BT-PlPr 7/4 = **1 B 8**
2. Beratung
BT-PlPr 7/5 = **1 C 4**
3. Beratung
BT-PlPr 7/6 = **1 D 10**
Beratung eines Entschließungsantrags
BT-PlPr 7/23 = **3 N 5**

Bundeshaushaltsgesetz 1973

– *GesEntw über die Feststellung des Bundeshaushaltsplans für das Haushaltsjahr 1973*
BR-Drs 280/73 = **25 C 8**
BR-Drs 474/73 = **33 M 12**
BR-PlPr 393 = **2 E 8**
BR-PlPr 396 = **2 I 14**
GesEntw der Bundesregierung
BT-Drs 7/250 = **61 F 12**
Stellungnahme des Bundesrates und Gegenäußerung der Bundesregierung
BT-Drs 7/599 = **73 E 2**
Antrag des Haushaltsausschusses auf Beschluß des GesEntw
BT-Drs 7/748 = **77 A 7**
Bericht des Haushaltsausschusses
BT-Drs 7/761 = **77 E 6**
Änderungsantrag zur 2. Beratung
BT-Drs 7/832 = **78 D 14**
Änderungsantrag zur 2. Beratung
BT-Drs 7/833 = **78 E 1**
Einbringung
BT-PlPr 7/25 = **4 C 11**
1. Beratung
BT-PlPr 7/26 = **4 D 4**
BT-PlPr 7/27 = **4 F 3**
BT-PlPr 7/28 = **4 I 11**
2. Beratung
BT-PlPr 7/44 = **7 G 7**
BT-PlPr 7/45 = **7 K 7**
Einzelplan 01,
Bundespräsident und Bundespräsidialamt
Antrag des Haushaltsausschusses
BT-Drs 7/721 = **76 H 7**
Einzelplan 02,
Deutscher Bundestag
Antrag des Haushaltsausschusses
BT-Drs 7/722 = **76 H 9**
Einzelplan 03,
Bundesrat
Antrag des Haushaltsausschusses
BT-Drs 7/723 = **76 J 8**
Einzelplan 04,
Bundeskanzler und Bundeskanzleramt
Antrag des Haushaltsausschusses
BT-Drs 7/724 = **76 J 9**
Änderungsanträge zur 2. Beratung
BT-Drs 7/804 = **78 A 6**
BT-Drs 7/805 = **78 A 7**
BT-Drs 7/806 = **78 A 8**
BT-Drs 7/807 = **78 A 9**
BT-Drs 7/813 = **78 B 1**
Unterrichtung über die in 2. Beratung beschlossenen Änderungen
BT-Drs 7/839 = **78 E 7**
Einzelplan 05,
Auswärtiges Amt
Antrag des Haushaltsausschusses
BT-Drs 7/725 = **76 J 13**
Änderungsantrag zur 2. Beratung
BT-Drs 7/808 = **78 A 10**
Einzelplan 06,
Bundesminister des Innern
Antrag des Haushaltsausschusses
BT-Drs 7/726 = **76 K 2**
Einzelplan 07,
Bundesminister der Justiz
Antrag des Haushaltsausschusses
BT-Drs 7/727 = **76 K 13**
Einzelplan 08,
Bundesminister der Finanzen
Antrag des Haushaltsausschusses
BT-Drs 7/728 = **76 L 3**
Einzelplan 09,
Bundesminister für Wirtschaft
Antrag des Haushaltsausschusses
BT-Drs 7/729 = **76 L 7**
Bericht des Haushaltsausschusses
BT-Drs 7/760 = **77 E 3**
Einzelplan 10,
Bundesminister für Ernährung, Landwirtschaft und Forsten
Antrag des Haushaltsausschusses
BT-Drs 7/730 = **76 L 11**
Änderungsanträge zur 2. Beratung
BT-Drs 7/809 = **78 A 11**
BT-Drs 7/810 = **78 A 12**
Einzelplan 11,
Bundesminister für Arbeit und Sozialordnung
Antrag des Haushaltsausschusses
BT-Drs 7/731 = **76 M 1**
Entschließungsantrag zur 3. Beratung
BT-Drs 7/847 = **78 G 2**
Bericht und Antrag des Haushaltsausschusses
BT-Drs 7/1020 = **84 E 6**
Beratung
BT-PlPr 7/46 = **8 A 1**
Einzelplan 12,
Bundesminister für Verkehr
Antrag des Haushaltsausschusses
BT-Drs 7/732 = **76 M 5**
Änderungsantrag zur 2. Beratung
BT-Drs 7/811 = **78 A 13**
Entschließungsanträge zur 3. Beratung
BT-Drs 7/834 = **78 E 2**
BT-Drs 7/835 = **78 E 3**
BT-Drs 7/838 = **78 E 6**
Bericht und Antrag des Haushaltsausschusses
BT-Drs 7/1015 = **84 E 1**
Bericht und Antrag des Verkehrsausschusses
BT-Drs 7/1890 = **112 C 1**
Beratung
BT-PlPr 7/46 = **8 A 1**
Einzelplan 13,
Bundesminister für das Post- und Fernmeldewesen
Antrag des Haushaltsausschusses
BT-Drs 7/733 = **76 M 10**

Einzelplan 14,
Bundesminister der Verteidigung
Antrag des Haushaltsausschusses
BT-Drs 7/734 = **76** M 11
Bericht des Haushaltsausschusses
BT-Drs 7/792 = **77** N 2
Änderungsantrag zur 2. Beratung
BT-Drs 7/812 = **78** A 14
Einzelplan 15,
Bundesminister für Jugend, Familie und Gesundheit
Antrag des Haushaltsausschusses
BT-Drs 7/735 = **76** N 5
Änderungsantrag zur 2. Beratung
BT-Drs 7/826 = **78** D 8
Entschließungsantrag zur 3. Beratung
BT-Drs 7/836 = **78** E 4
Beratung
BT-PlPr 8/46 = **8** A 1
Einzelplan 19,
Bundesverfassungsgericht
Antrag des Haushaltsausschusses
BT-Drs 7/736 = **76** N 9
Einzelplan 20,
Bundesrechnungshof
Antrag des Haushaltsausschusses
BT-Drs 7/737 = **76** N 10
Antrag des Präsidenten des Bundesrechnungshofes
BT-Drs 7/2176 = **118** O 4
Einzelplan 23,
Bundesminister für wirtschaftliche Zusammenarbeit
Antrag des Haushaltsausschusses
BT-Drs 7/738 = **76** N 11
Einzelplan 25,
Bundesminister für Raumordnung, Bauwesen und Städtebau
Antrag des Haushaltsausschusses
BT-Drs 7/739 = **76** N 14
Änderungsantrag zur 2. Beratung
BT-Drs 7/827 = **78** D 9
Einzelplan 27,
Bundesminister für innerdeutsche Beziehungen
Antrag des Haushaltsausschusses
BT-Drs 7/740 = **76** O 3
Änderungsantrag zur 3. Beratung
BT-Drs 7/841 = **78** E 9
Einzelplan 30,
Bundesminister für Forschung und Technologie
Antrag des Haushaltsausschusses
BT-Drs 7/741 = **76** O 5
Änderungsantrag zur 2. Beratung
BT-Drs 7/828 = **78** D 10
Entschließungsantrag zur 3. Beratung
BT-Drs 7/837 = **78** E 5
Beratung
BT-PlPr 7/46 = **8** A 1
Einzelplan 31,
Bundesminister für Bildung und Wissenschaft
Antrag des Haushaltsausschusses
BT-Drs 7/742 = **76** O 10
Bericht des Haushaltsausschusses
BT-Drs 7/791 = **77** M 14
Entschließungsanträge zur 3. Beratung
BT-Drs 7/818 = **78** B 13
BT-Drs 7/819 = **78** B 14
Beratung
BT-PlPr 8/46 = **8** A 1
Einzelplan 32,
Bundesschuld
Antrag des Haushaltsausschusses
BT-Drs 7/743 = **76** O 12
Änderungsantrag zur 2. Beratung
BT-Drs 7/829 = **78** D 11
Einzelplan 33,
Versorgung
Antrag des Haushaltsausschusses
BT-Drs 7/744 = **76** O 14
Einzelplan 35,
Verteidigungslasten im Zusammenhang mit dem Aufenthalt ausländischer Streitkräfte
Antrag des Haushaltsausschusses
BT-Drs 7/745 = **77** A 1
Einzelplan 36,
Zivile Verteidigung
Antrag des Haushaltsausschusses
BT-Drs 7/746 = **77** A 2
Einzelplan 60,
Allgemeine Finanzverwaltung
Antrag des Haushaltsausschusses
BT-Drs 7/747 = **77** A 4
Änderungsanträge zur 2. Beratung
BT-Drs 7/809 = **78** A 11
BT-Drs 7/810 = **78** A 12
BT-Drs 7/812 = **78** A 14
BT-Drs 7/830 = **78** D 12
BT-Drs 7/831 = **78** D 13
Entschließungsantrag zur 3. Beratung
BT-Drs 7/848 = **78** G 3
Bericht und Antrag des Haushaltsausschusses
BT-Drs 7/1007 = **83** J 4
– VO über die Begrenzung der Kreditaufnahme durch Bund, Länder, Gemeinden und Gemeindeverbände im Haushaltsjahr 1973
BR-Drs 369/73 = **28** O 3
3. Beratung
BT-PlPr 7/46 = **8** A 1

Bundeshaushaltsgesetz 1974
– *GesEntw über die Feststellung des Bundeshaushaltsplans für das Haushaltsjahr 1974* (Haushaltsgesetz 1974)
BR-Drs 600/73 = **40** A 11
BR-Drs 400/74 = **73** N 7
BR-PlPr 399 = **2** N 12
BR-PlPr 406 = **3** K 7
Haushaltsgesetz 1974,
GesEntw der Bundesregierung
BT-Drs 7/1100 = **86** M 1
Stellungnahme des Bundesrates sowie Gegenäußerung der Bundesregierung
BT-Drs 7/1504 = **101** C 12
Antrag des Haushaltsausschusses
BT-Drs 7/1938 = **113** E 10
Bericht des Haushaltsausschusses
BT-Drs 7/2026 = **115** M 6
BT-Drs 7/2027 = **115** M 13
Änderungsantrag zur 2. Beratung
BT-Drs 7/2143 = **118** E 8
Begründung durch den Bundesminister der Finanzen
BT-PlPr 7/59 = **10** A 10
1. Beratung
BT-PlPr 7/61 = **10** C 14
BT-PlPr 7/62 = **10** I 5
2. Beratung
BT-PlPr 7/102 = **18** K 9
BT-PlPr 7/103 = **19** B 7
Einzelplan 01,
Bundespräsident und Bundespräsidialamt
Antrag des Haushaltsausschusses
BT-Drs 7/1911 = **112** J 12
Einzelplan 02,
Deutscher Bundestag
Antrag des Haushaltsausschusses
BT-Drs 7/1912 = **112** J 14
Einzelplan 03,
Bundesrat
Antrag des Haushaltsausschusses
BT-Drs 7/1913 = **112** L 13
Einzelplan 04,
Bundeskanzler und Bundeskanzleramt
Antrag des Haushaltsausschusses
BT-Drs 7/1914 = **112** L 14
Änderungsantrag zur 2. Beratung
BT-Drs 7/2133 = **118** E 2
Einzelplan 05,
Auswärtiges Amt
Antrag des Haushaltsausschusses
BT-Drs 7/1915 = **112** M 3
Änderungsantrag zur 2. Beratung
BT-Drs 7/2134 = **118** E 3
Einzelplan 06,
Bundesminister des Innern
Antrag des Haushaltsausschusses
BT-Drs 7/1916 = **112** M 8
Einzelplan 07,
Bundesminister der Justiz
Antrag des Haushaltsausschusses
BT-Drs 7/1917 = **112** N 6
Einzelplan 08,
Bundesminister der Finanzen
Antrag des Haushaltsausschusses
BT-Drs 7/1918 = **112** N 12
Einzelplan 09,
Bundesminister für Wirtschaft
Antrag des Haushaltsausschusses
BT-Drs 7/1919 = **112** O 2
Bericht des Haushaltsausschusses
BT-Drs 7/2047 = **116** D 11
Entschließungsantrag zur 3. Beratung
BT-Drs 7/2144 = **118** E 9
Beratung
BT-PlPr 7/103 = **19** B 7
Einzelplan 10,
Bundesminister für Ernährung, Landwirtschaft und Forsten
Antrag des Haushaltsausschusses
BT-Drs 7/1920 = **112** O 7
Änderungsantrag zur 2. Beratung
BT-Drs 7/2135 = **118** E 3
Einzelplan 11,
Bundesminister für Arbeit und Sozialordnung
Antrag des Haushaltsausschusses
BT-Drs 7/1921 = **112** O 11
Änderungsantrag zur 2. Beratung
BT-Drs 7/2136 = **118** E 4
Einzelplan 12,
Bundesminister für Verkehr
Antrag des Haushaltsausschusses
BT-Drs 7/1922 = **113** A 4
Änderungsanträge zur 2. Beratung
BT-Drs 7/2137 = **118** E 4
BT-Drs 7/2138 = **118** E 5
Entschließungsantrag zur 3. Beratung
BT-Drs 7/2145 = **118** E 10
Einzelplan 13,
Bundesminister für das Post- und Fernmeldewesen
Antrag des Haushaltsausschusses
BT-Drs 7/1923 = **113** A 12
Einzelplan 14,
Bundesminister für Verteidigung

Antrag des Haushaltsausschusses
BT-Drs 7/1924 = **113** A 13
Entschließungsantrag zur 3. Beratung
BT-Drs 7/2146 = **118** E 10
Bericht und Antrag des Verteidigungsausschusses
BT-Drs 7/3189 = **148** I 4
Beratung
BT-PlPr 7/103 = **19** B 7
BT-PlPr 7/159 = **30** G 10
Einzelplan 15,
Bundesminister für Jugend, Familie und Gesundheit
Antrag des Haushaltsausschusses
BT-Drs 7/1925 = **113** B 11
Änderungsantrag zur 2. Beratung
BT-Drs 7/2139 = **118** E 5
Entschließungsantrag zur 3. Beratung
BT-Drs 7/2147 = **118** E 11
Einzelplan 19,
Bundesverfassungsgericht
Antrag des Haushaltsausschusses
BT-Drs 7/1926 = **113** C 3
Einzelplan 20,
Bundesrechnungshof
Antrag des Haushaltsausschusses
BT-Drs 7/1927 = **113** C 4
Antrag des Präsidenten des Bundesrechnungshofes betr Rechnung und Vermögensrechnung des Bundesrechnungshofes für das Haushaltsjahr 1974
BT-Drs 7/4018 = **175** G 11
Einzelplan 23,
Bundesminister für wirtschaftliche Zusammenarbeit
Antrag des Haushaltsausschusses
BT-Drs 7/1928 = **113** C 6
Änderungsantrag zur 2. Beratung
BT-Drs 7/2125 = **118** D 7
Einzelplan 25,
Bundesminister für Raumordnung, Bauwesen und Städtebau
Antrag des Haushaltsausschusses
BT-Drs 7/1929 = **113** C 12
Einzelplan 27,
Bundesminister für innerdeutsche Beziehungen
Antrag des Haushaltsausschusses
BT-Drs 7/1930 = **113** D 2
Einzelplan 30,
Bundesminister für Forschung und Technologie
Antrag des Haushaltsausschusses
BT-Drs 7/1931 = **113** D 4
Änderungsantrag zur 2. Beratung
BT-Drs 7/2140 = **118** E 6
Einzelplan 31,
Bundesminister für Bildung und Wissenschaft
Antrag des Haushaltsausschusses
BT-Drs 7/1932 = **113** D 10
Bericht des Haushaltsausschusses
BT-Drs 7/2056 = **116** G 12
Einzelplan 32,
Bundesschuld
Antrag des Haushaltsausschusses
BT-Drs 7/1933 = **113** D 13
Einzelplan 33,
Versorgung
Antrag des Haushaltsausschusses
BT-Drs 7/1934 = **113** E 1
Einzelplan 35,
Verteidigungslasten im Zusammenhang mit dem Aufenthalt ausländischer Streitkräfte
Antrag des Haushaltsausschusses
BT-Drs 7/1935 = **113** E 3
Änderungsantrag zur 2. Beratung
BT-Drs 7/2129 = **118** D 12
Einzelplan 36,
Zivile Verteidigung
Antrag des Haushaltsausschusses
BT-Drs 7/1936 = **113** E 4
Einzelplan 60,
Allgemeine Finanzverwaltung
Antrag des Haushaltsausschusses
BT-Drs 7/1937 = **113** E 7
BT-Drs 7/2142 = **118** E 7
Änderungsanträge zur 2. Beratung
BT-Drs 7/2141 = **118** E 6
Änderungsantrag zur 3. Beratung
BT-Drs 7/2123 = **118** D 6
Entschließungsanträge zur 3. Beratung
BT-Drs 7/2144 = **118** E 9
BT-Drs 7/2148 = **118** E 11
3. Beratung
BT-PlPr 7/103 = **19** B 7

– *Sonderprogramm zur regionalen und lokalen Abstützung der Beschäftigung nach § 6 Abs 2 des Stabilitätsgesetzes*
BT-Drs 7/2589 = **130** E 4
Bericht und Antrag des Haushaltsausschusses
BT-Drs 7/2640 = **131** I 1
Entschließungsantrag zur Beratung
BT-Drs 7/2658 = **132** A 11
Beschluß des Bundesrates
BT-Drs 7/2689 = **132** G 1

– VO über die Begrenzung der Kreditaufnahme durch Bund, Länder, Gemeinden und Gemeindeverbänden 1974
BR-Drs 70/74 = **57** F 12
BR-PlPr 400 = **3** A 1

Bundeshaushaltsgesetz 1975

– *GesEntw über die Feststellung des Bundeshaushaltsplans für das Haushaltsjahr 1975* (Haushaltsgesetz 1975)
BR-Drs 590/74 = **83** D 11
BR-Drs 184/75 = **108** F 4
BR-PlPr 412 = **4** B 12
BR-PlPr 418 = **4** M 1
BT-Drs 7/2440 = **126** G 8
Berichtigung
BT-Drs 7/2525 = **128** M 13
Stellungnahme des Bundesrates sowie Auffassung der Bundesregierung zu dem Beschluß des Bundesrates
BT-Drs 7/2830 = **136** O 12
Antrag des Haushaltsausschusses
BT-Drs 7/3168 = **147** M 4
Bericht des Haushaltsausschusses
BT-Drs 7/3202 = **148** L 12
Änderungsanträge zur 2. Beratung
BT-Drs 7/3393 = **155** E 10
BT-Drs 7/3394 = **155** E 11
Unterrichtung über die in 2. Beratung beschlossenen Änderungen
BT-Drs 7/3405 = **155** G 13
1. Beratung
BT-PlPr 7/115 = **21** E 3
BT-PlPr 7/116 = **21** G 5
BT-PlPr 7/117 = **21** K 7
2. Beratung
BT-PlPr 7/158 = **30** C 1
2. Beratung
BT-PlPr 7/159 = **30** G 10
Einzelplan 01
Bundespräsident und Bundespräsidialamt
Antrag des Haushaltsausschusses
BT-Drs 7/3141 = **147** C 12
Einzelplan 02
Deutscher Bundestag
Antrag des Haushaltsausschusses
BT-Drs 7/3142 = **147** C 14
Einzelplan 03
Bundesrat
Antrag des Haushaltsausschusses
BT-Drs 7/3143 = **147** D 3
Einzelplan 04
Bundeskanzler und Bundeskanzleramt
Antrag des Haushaltsausschusses
BT-Drs 7/3144 = **147** D 4
Änderungsanträge zur 2. Beratung
BT-Drs 7/3387 = **155** E 7
BT-Drs 7/3388 = **155** E 8
Einzelplan 05
Auswärtiges Amt
Antrag des Haushaltsausschusses
BT-Drs 7/3145 = **147** D 8
Einzelplan 06
Bundesminister des Innern
Antrag des Haushaltsausschusses
BT-Drs 7/3146 = **147** D 13
Einzelplan 07
Bundesminister der Justiz
Antrag des Haushaltsausschusses
BT-Drs 7/3147 = **147** E 11
Einzelplan 08
Bundesminister der Finanzen
Antrag des Haushaltsausschusses
BT-Drs 7/3148 = **147** F 4
Änderungsantrag zur 2. Beratung
BT-Drs 7/3389 = **155** E 8
Einzelplan 09
Bundesminister für Wirtschaft
Antrag des Haushaltsausschusses
BT-Drs 7/3149 = **147** F 10
Bericht des Haushaltsausschusses
BT-Drs 7/3221 = **151** B 4
Einzelplan 10
Bundesminister für Ernährung, Landwirtschaft und Forsten
Antrag des Haushaltsausschusses
BT-Drs 7/3150 = **147** G 5
Einzelplan 11
Bundesminister für Arbeit und Sozialordnung
Antrag des Haushaltsausschusses
BT-Drs 7/3151 = **147** G 10
Änderungsantrag zur 2. Beratung
BT-Drs 7/3394 = **155** E 11
Einzelplan 12
Bundesminister für Verkehr
Antrag des Haushaltsausschusses
BT-Drs 7/3152 = **147** H 2
Änderungsanträge zur 2. Beratung
BT-Drs 7/3390 = **155** E 9
BT-Drs 7/3394 = **155** E 11
Entschließungsantrag zur 3. Beratung
BT-Drs 7/3406 = **155** H 1
Bericht und Antrag des Haushaltsausschusses
BT-Drs 7/4039 = **176** C 14
Beratung
BT-PlPr 7/160 = **30** M 5
Einzelplan 13
Bundesminister für das Post- und Fernmeldewesen

Antrag des Haushaltsausschusses
BT-Drs 7/3153 = **147** H 14
Einzelplan 14
Bundesminister der Verteidigung
Antrag des Haushaltsausschusses
BT-Drs 7/3154 = **147** I 1
Einzelplan 15
Bundesminister für Jugend, Familie und Gesundheit
Antrag des Haushaltsausschusses
BT-Drs 7/3155 = **147** I 12
Einzelplan 19
Bundesverfassungsgericht
Antrag des Haushaltsausschusses
BT-Drs 7/3156 = **147** J 5
Einzelplan 20
Bundesrechnungshof
Antrag des Haushaltsausschusses
BT-Drs 7/3157 = **147** J 6
Einzelplan 23,
Bundesminister für wirtschaftliche Zusammenarbeit
Antrag des Haushaltsausschusses
BT-Drs 7/3158 = **147** J 7
Einzelplan 25
Bundesminister für Raumordnung, Bauwesen und Städtebau
Antrag des Haushaltsausschusses
BT-Drs 7/3159 = **147** J 11
Einzelplan 27
Bundesminister für innerdeutsche Beziehungen
Antrag des Haushaltsausschusses
BT-Drs 7/3160 = **147** K 3
Einzelplan 30
Bundesminister für Forschung und Technologie
Antrag des Haushaltsausschusses
BT-Drs 7/3161 = **147** K 10
Einzelplan 31
Bundesminister für Bildung und Wissenschaft
Antrag des Haushaltsausschusses
BT-Drs 7/3162 = **147** L 2
Bericht des Haushaltsausschusses
BT-Drs 7/3253 = **152** H 8
Änderungsantrag zur 2. Beratung
BT-Drs 7/3391 = **155** E 9
Einzelplan 32
Bundesschuld
Unterrichtung des Haushaltsausschusses
BT-Drs 7/3163 = **147** L 5
Änderungsantrag zur 2. Beratung
BT-Drs 7/3394 = **155** E 11
Einzelplan 33
Versorgung
Antrag des Haushaltsausschusses
BT-Drs 7/3164 = **147** L 7
Einzelplan 35
Verteidigungslasten im Zusammenhang mit dem Aufenthalt ausländischer Streitkräfte
Antrag des Haushaltsausschusses
BT-Drs 7/3165 = **147** L 9
Einzelplan 36
Zivile Verteidigung
Antrag des Haushaltsausschusses
BT-Drs 7/3166 = **147** L 10
Einzelplan 60
Allgemeine Finanzverwaltung
Antrag des Haushaltsausschusses
BT-Drs 7/3167 = **147** L 14
Änderungsanträge zur 2. Beratung
BT-Drs 7/3392 = **155** E 10
BT-Drs 7/3394 = **155** E 11
Entschließungsantrag zur 3. Beratung
BT-Drs 7/3407 = **155** H 1
Bericht und Antrag des Haushaltsausschusses
BT-Drs 7/3715 = **167** L 12
3. Beratung
BT-PlPr 7/160 = **30** M 5

– Antrag betr Unterrichtung des Bundestages über erhebliche Änderungen der Haushaltsentwicklung
Bericht und Antrag des Haushaltsausschusses
BT-Drs 7/3716 = **167** L 13

– *GesEntw über die Feststellung eines Nachtrags zum Bundeshaushaltsplan für das Haushaltsjahr 1975* (Nachtragshaushaltsgesetz 1975)
BR-Drs 520/75 = **126** B 12
BR-Drs 585/75 = **130** H 10
BR-PlPr 423 = **5** D 8
BR-PlPr 424 = **5** E 4
BT-Drs 7/4001 = **174** L 9
Stellungnahme des Bundesrates sowie Gegenäußerung der Bundesregierung
BT-Drs 7/4057 = **176** E 13
Antrag des Haushaltsausschusses
BT-Drs 7/4060 = **176** F 4
Einzelplan 11
Bundesminister für Arbeit und Sozialordnung
Anlage zum Entw eines Nachtragshaushaltsgesetzes 1975
BT-Drs 7/4001 = **174** L 9
Einzelplan 15
Bundesminister für Jugend, Familie und Gesundheit
Anlage zum Entw eines Nachtragshaushaltsgesetzes 1975
BT-Drs 7/4001 = **174** L 9
Einzelplan 23
Bundesminister für wirtschaftliche Zusammenarbeit
Anlage zum Entw eines Nachtragshaushaltsgesetzes 1975
BT-Drs 7/4001 = **174** L 9
Einzelplan 32
Bundesschuld
Anlage zum Entw eines Nachtragshaushaltsgesetzes 1975
BT-Drs 7/4001 = **174** L 9
Einzelplan 60
Allgemeine Finanzverwaltung
Anlage zum Entw eines Nachtragshaushaltsgesetzes 1975
BT-Drs 7/4001 = **174** L 9
1. Beratung
BT-PlPr 7/184 = **35** E 3
BT-PlPr 7/185 = **35** J 3
2. Beratung und Schlußabstimmung
BT-PlPr 7/188 = **36** C 13

– *überplanmäßige Ausgaben*
Unterrichtung betr überplanmäßige Ausgaben betr Hilfsmaßnahmen für die Länder des ehemaligen Indochina
BT-Drs 7/3607 = **163** H 4
Antrag des Haushaltsausschusses
BT-Drs 7/5232 = **216** D 14
Unterrichtung betr überplanmäßige Ausgabe betr Beitrag zum Indusbecken – Entwicklungsfonds
BT-Drs 7/3619 = **163** J 2
Antrag des Haushaltsausschusses
BT-Drs 7/4040 = **176** D 1
Unterrichtung betr Zustimmung zu überplanmäßigen Ausgaben betr Zuschuß an die Bundesanstalt für Arbeit
BT-Drs 7/3745 = **168** G 3
Antrag des Haushaltsausschusses
BT-Drs 7/4092 = **176** M 4
Unterrichtung betr Zustimmung zu einer überplanmäßigen Ausgabe betr Beihilfen für Schul- und Berufsausbildung
BT-Drs 7/3903 = **172** A 3
Antrag des Haushaltsausschusses
BT-Drs 7/4093 = **176** M 5
Unterrichtung betr überplanmäßige Ausgaben betr Zuschüsse an Krankenversicherungen für Landwirte
BT-Drs 7/4358 = **189** H 2
Unterrichtung betr überplanmäßige Ausgabe betr Verwendung von Gasöl durch Landwirtschaftsbetriebe
BT-Drs 7/4222 = **184** K 13
Unterrichtung betr Einwilligung in eine überplanmäßige Ausgabe betr Bewirtschaftungskosten
BT-Drs 7/4515 = **193** D 7
Unterrichtung betr grundsätzliche Einwilligung in eine überplanmäßige Ausgabe betr Bewirtschaftungskosten
BT-Drs 7/4750 = **202** C 6
Unterrichtung betr Zustimmung zur Leistung einer außerplanmäßigen Ausgabe betr Beitrag der Bundesrepublik Deutschland zum Zinssubventionskonto für die Ölfazilität des Internationalen Währungsfonds
BT-Drs 7/4745 = **202** A 9
Antrag des Haushaltsausschusses
BT-Drs 7/4913 = **206** I 10

Bundeshaushaltsgesetz 1976

– *GesEntw über die Feststellung des Bundeshaushaltsplans für das Haushaltsjahr 1976*
BR-Drs 625/75 = **132** D 5
BR-Drs 330/76 = **163** O 10
BR-PlPr 427 = **5** K 3
BR-PlPr 435 = **6** I 1
GesEntw der Bundesregierung
BT-Drs 7/4100 = **176** N 2
Stellungnahme des Bundesrates und Gegenäußerung der Bundesregierung
BT-Drs 7/4629 = **196** O 6
Antrag des Haushaltsausschusses
BT-Drs 7/5058 = **212** E 8
Bericht des Haushaltsausschusses
BT-Drs 7/5104 = **213** L 6
Änderungsantrag zur 2. Beratung
BT-Drs 7/5158 = **214** H 5
Einbringung
BT-PlPr 7/198 = **37** E 13
1. Beratung
BT-PlPr 7/199 = **37** F 9
2. Beratung
BT-PlPr 7/240 = **45** L 4
BT-PlPr 7/241 = **46** B 6
BT-PlPr 7/242 = **46** F 3
BT-PlPr 7/243 = **46** K 10
Einzelplan 01
Bundespräsident und Bundespräsidialamt
Antrag des Haushaltsausschusses
BT-Drs 7/5031 = **211** J 12
Einzelplan 02
Deutscher Bundestag

Antrag des Haushaltsausschusses
BT-Drs 7/5032 = **211 J 14**
Einzelplan 03
Bundesrat
Antrag des Haushaltsausschusses
BT-Drs 7/5033 = **211 K 5**
Einzelplan 04
Bundeskanzler und Bundeskanzleramt
Antrag des Haushaltsausschusses
BT-Drs 7/5034 = **211 K 6**
Änderungsanträge zur 2. Beratung
BT-Drs 7/5152 = **214 H 2**
BT-Drs 7/5153 = **214 H 3**
Einzelplan 05
Auswärtiges Amt
Antrag des Haushaltsausschusses
BT-Drs 7/5035 = **211 K 12**
Einzelplan 06
Bundesminister des Innern
Antrag des Haushaltsausschusses
BT-Drs 7/5036 = **211 L 3**
Einzelplan 07
Bundesminister der Justiz
Antrag des Haushaltsausschusses
BT-Drs 7/5037 = **211 M 2**
Einzelplan 08
Bundesminister der Finanzen
Antrag des Haushaltsausschusses
BT-Drs 7/5038 = **211 M 10**
Einzelplan 09
Bundesminister für Wirtschaft
Antrag des Haushaltsausschusses
BT-Drs 7/5039 = **211 N 2**
Einzelplan 10
Bundesminister für Ernährung, Landwirtschaft und Forsten
Antrag des Haushaltsausschusses
BT-Drs 7/5040 = **211 N 10**
Änderungsantrag zur 2. Beratung
BT-Drs 7/5166 = **214 L 10**
Einzelplan 11
Bundesminister für Arbeit und Sozialordnung
Antrag des Haushaltsausschusses
BT-Drs 7/5041 = **211 O 1**
Einzelplan 12
Bundesminister für Verkehr
Antrag des Haushaltsausschusses
BT-Drs 7/5042 = **211 O 8**
Bericht des Haushaltsausschusses
BT-Drs 7/5085 = **212 N 8**
Änderungsantrag zur 2. Beratung
BT-Drs 7/5169 = **214 L 14**
Einzelplan 13
Bundesminister für das Post- und Fernmeldewesen
Antrag des Haushaltsausschusses
BT-Drs 7/5043 = **212 A 6**
Einzelplan 14
Bundesminister der Verteidigung
Antrag des Haushaltsausschusses
BT-Drs 7/5044 = **212 A 7**
Einzelplan 15
Bundesminister für Jugend, Familie und Gesundheit
Antrag des Haushaltsausschusses
BT-Drs 7/5045 = **212 B 5**
Änderungsantrag zur 2. Beratung
BT-Drs 7/5154 = **214 H 3**
Entschließungsanträge zur 3. Beratung
BT-Drs 7/5218 = **215 O 4**
BT-Drs 7/5219 = **215 O 5**

Beratung
BT-PlPr 7/245 = **47 A 5**
Einzelplan 19
Bundesverfassungsgericht
Antrag des Haushaltsausschusses
BT-Drs 7/5046 = **212 B 12**
Einzelplan 20
Bundesrechnungshof
Antrag des Haushaltsausschusses
BT-Drs 7/5047 = **212 B 13**
Einzelplan 23
Bundesminister für wirtschaftliche Zusammenarbeit
Antrag des Haushaltsausschusses
BT-Drs 7/5048 = **212 C 1**
Entschließungsanträge zur 3. Beratung
BT-Drs 7/5163 = **214 H 14**
BT-Drs 7/5227 = **216 D 7**
Beratung
BT-PlPr 7/245 = **47 A 5**
Einzelplan 25
Bundesminister für Raumordnung, Bauwesen und Städtebau
Antrag des Haushaltsausschusses
BT-Drs 7/5049 = **212 C 5**
Einzelplan 27
Bundesminister für innerdeutsche Beziehungen
Antrag des Haushaltsausschusses
BT-Drs 7/5050 = **212 C 9**
Änderungsantrag zur 2. Beratung
BT-Drs 7/5155 = **214 H 4**
Einzelplan 30
Bundesminister für Forschung und Technologie
Antrag des Haushaltsausschusses
BT-Drs 7/5051 = **212 C 12**
Änderungsantrag zur 2. Beratung
BT-Drs 7/5156 = **214 H 4**
Einzelplan 31
Bundesminister für Bildung und Wissenschaft
Antrag des Haushaltsausschusses
BT-Drs 7/5052 = **212 D 5**
Bericht des Haushaltsausschusses
BT-Drs 7/5167 = **214 L 11**
Einzelplan 32
Bundesschuld
Antrag des Haushaltsausschusses
BT-Drs 7/5053 = **212 D 8**
Einzelplan 33
Versorgung
Antrag des Haushaltsausschusses
BT-Drs 7/5054 = **212 D 10**
Einzelplan 35
Verteidigungslasten im Zusammenhang mit dem Aufenthalt ausländischer Streitkräfte
Antrag des Haushaltsausschusses
BT-Drs 7/5055 = **212 D 12**
Einzelplan 36
Zivile Verteidigung
Antrag des Haushaltsausschusses
BT-Drs 7/5056 = **212 D 14**
Einzelplan 60
Allgemeine Finanzverwaltung
Antrag des Haushaltsausschusses
BT-Drs 7/5057 = **212 E 4**
Änderungsanträge zur 2. Beratung
BT-Drs 7/5151 = **214 H 1**
BT-Drs 7/5157 = **214 H 5**
Unterrichtung über die in 2. Beratung beschlossenen Änderungen
BT-Drs 7/5189 = **215 D 11**

Änderungsantrag zur 3. Beratung
BT-Drs 7/5216 = **215 O 3**
Änderungsantrag zur 3. Beratung des Ges-Entw der Bundesregierung
BT-Drs 7/5217 = **215 O 3**
Entschließungsanträge zur 3. Beratung
BT-Drs 7/5224 = **216 D 3**
BT-Drs 7/5226 = **216 D 5**
Antrag des Haushaltsausschusses
BT-Drs 7/5421 = **220 I 12**
3. Beratung
BT-PlPr 7/245 = **47 A 5**

– *überplanmäßige und außerplanmäßige Ausgaben*
Unterrichtung betr Zustimmung zu außerplanmäßigen Haushaltsausgaben betr Maßnahmen zur Eingliederung von Aussiedlern
BT-Drs 7/5644 = **224 G 6**
Antrag des Haushaltsausschusses
BT-Drs 7/5880 = **231 J 8**
Unterrichtung betr Zustimmung zu einer außerplanmäßigen Ausgabe betr Einlage in die Stiftung „Hilfswerk für behinderte Kinder"
BT-Drs 7/5713 = **227 C 2**
Antrag des Haushaltsausschusses
BT-Drs 7/5885 = **231 J 11**
Unterrichtung betr Zustimmung zu einer überplanmäßigen Ausgabe betr Beihilfen an junge Zuwanderer für Schul- und Berufsausbildung
BT-Drs 7/5733 = **227 I 4**
Antrag des Haushaltsausschusses
BT-Drs 7/5884 = **231 J 10**
Unterrichtung betr überplanmäßige Ausgaben für Leistungen nach dem Investitionszuschußgesetz für Mietwohnungen, Genossenschaftswohnungen und Wohnheime im sozialen Wohnungsbau
BT-Drs 7/5786 = **228 N 3**
Antrag des Haushaltsausschusses
BT-Drs 7/5883 = **231 J 10**
Unterrichtung betr außerplanmäßige Ausgaben betr Dürreschäden in der Land- und Forstwirtschaft
BT-Drs 7/5833 = **230 D 7**
Antrag des Haushaltsausschusses
BT-Drs 7/5934 = **234 B 14**
Unterrichtung betr überplanmäßige Ausgabe betr Eingliederungshilfen für ehemalige politische Häftlinge
BT-Drs 7/5835 = **230 E 8**
Antrag des Haushaltsausschusses
BT-Drs 7/5881 = **231 J 9**
Unterrichtung betr überplanmäßige Ausgabe betr Entschädigung an ehemalige Kriegsgefangene
BT-Drs 7/5857 = **230 O 8**
Antrag des Haushaltsausschusses
BT-Drs 7/5935 = **234 B 14**
Unterrichtung betr überplanmäßige Ausgabe betr Kindergeld
BT-Drs 7/5882 = **231 J 9**
Antrag des Haushaltsausschusses
BT-Drs 7/5936 = **234 C 1**
Unterrichtung betr überplanmäßige Ausgabe für Wohngeld
BT-Drs 7/5907 = **233 A 6**
Antrag des Haushaltsausschusses
BT-Drs 7/5937 = **234 C 1**
Unterrichtung betr überplanmäßige Ausga-

be betr Ausbildungskosten für ausländische Soldaten
BT-Drs 7/5908 = **233** A 9
Antrag des Haushaltsausschusses
BT-Drs 7/5938 = **234** C 2
Unterrichtung betr überplanmäßige Ausgaben betr Kriegsopferversorgung und gleichartige Leistungen
BT-Drs 7/5909 = **233** A 10
Antrag des Haushaltsausschusses
BT-Drs 7/5939 = **234** C 2
Unterrichtung betr überplanmäßige Ausgabe betr Anpassungsgeld für Arbeitnehmer des Steinkohlenbergbaus
BT-Drs 7/5925 = **233** N 11

Bundeshaushaltsplan
- *GesEntw über die Feststellung des Bundeshaushaltsplans*
  s *Bundeshaushaltsgesetz*
- s a Vorschlag einer VO (EGKS, EWG, EURATOM) zur Änderung der Haushaltsordnung für den Gesamthaushaltsplan der Europäischen Gemeinschaften
  BR-Drs 552/76 = **174** L 1
  BT-Drs 7/5745 = **227** L 3

Bundes-Immissionsschutzgesetz
s a Umweltschutz
- *GesEntw zum Schutz vor schädlichen Umwelteinwirkungen durch Luftverunreinigung, Geräusche, Erschütterungen und ähnliche Vorgänge* – (Bundes-Immissionsschutzgesetz – BImSchG)
  BR-Drs 27/73 = **8** L 11
  BR-Drs 58/74 = **57** A 11
  BR-PlPr 389 = **1** B 11
  BR-PlPr 401 = **3** C 2
  BT-Drs 7/179 = **59** G 8
  Antrag des Innenausschusses
  BT-Drs 7/1508 = **101** M 11
  Bericht des Innenausschusses
  BT-Drs 7/1513 = **102** B 8
  Änderungsantrag zur 2. Beratung
  BT-Drs 7/1546 = **103** E 6
  1. Beratung
  BT-PlPr 7/17 = **2** O 1
  2. und 3. Beratung
  BT-PlPr 7/74 = **13** F 13
- *GesEntw zur Änderung des Bundes-Immissionsschutzgesetzes*
  BR-Drs 191/76 = **155** J 3
  BR-PlPr 433 = **6** D 11
  BT-Drs 7/4452 = **191** L 8
  Bericht und Antrag des Innenausschusses
  BT-Drs 7/4760 = **202** D 4
  1. Beratung
  BT-PlPr 7/216 = **40** N 12
  2. und 3. Beratung
  BT-PlPr 7/227 = **43** A 1
- 1. Allgemeine Verwaltungsvorschrift zum Bundes-Immissionsschutzgesetz, – Technische Anleitung zur Reinhaltung der Luft (TA Luft) –
  BR-Drs 500/74 = **77** F 9
- 2. Allgemeine Verwaltungsvorschrift zum Bundes-Immissionsschutzgesetz (Emissionswerte für Krane)
  BR-Drs 307/74 = **69** F 2
- 3. Allgemeine Verwaltungsvorschrift zum Bundes-Immissionsschutzgesetz (Emissionswerte für Drucklufthämmer)
  BR-Drs 198/76 = **155** M 13
- 4. Allgemeine Verwaltungsvorschrift zum Bundes-Immissionsschutzgesetz (Ermittlung von Immissionen in Belastungsgebieten)
  BR-Drs 29/75 = **98** I 9
- 1. VO zur Durchführung des Bundes-Immissionsschutzgesetzes (VO über Feuerungsanlagen)
  BR-Drs 437/74 = **75** L 1
- Allgemeine Verwaltungsvorschrift zur 1. VO zur Durchführung des Bundes-Immissionsschutzgesetzes
  BR-Drs 22/75 = **98** C 10
- 2. VO zur Durchführung des Bundes-Immissionsschutzgesetzes (VO über Chemischreinigungsanlagen)
  BR-Drs 368/74 = **72** H 4
- 3. VO zur Durchführung des Bundes-Immissionsschutzgesetzes (VO über Schwefelgehalt von leichtem Heizöl und Dieselkraftstoff)
  BR-Drs 539/74 = **80** E 4
- 4. VO zur Durchführung des Bundes-Immissionsschutzgesetzes (VO über genehmigungsbedürftige Anlagen)
  BR-Drs 650/74 = **85** I 5
- 5. VO zur Durchführung des Bundes-Immissionsschutzgesetzes (VO über Immissionsschutzbeauftragte)
  BR-Drs 660/74 = **85** O 5
- 6. VO zur Durchführung des Bundes-Immissionsschutzgesetzes (VO über die Fachkunde und Zuverlässigkeit der Immissionsschutzbeauftragten)
  BR-Drs 28/75 = **98** H 13
- 7. VO zur Durchführung des Bundes-Immissionsschutzgesetzes (VO zur Auswurfbegrenzung von Holzstaub)
  BR-Drs 561/75 = **129** A 1
- VO zur Durchführung des Bundes-Immissionschutzgesetzes (Rasenmäherlärm)
  BR-Drs 408/76 = **168** K 1
- VO zur Durchführung des Bundes-Immissionsschutzgesetzes (Grundsätze des Genehmigungsverfahrens)
  BR-Drs 526/76 = **173** L 8

Bundesjagdgesetz
- *GesEntw eines 2. ÄndGes zum Bundesjagdgesetz*
  BR-Drs 240/75 = **111** N 9
  BR-Drs 464/76 = **171** A 9
  BR-PlPr 420 = **4** N 9
  BR-PlPr 437 = **6** L 10
  BT-Drs 7/4285 = **186** E 12
  Bericht und Antrag des Ausschusses für Ernährung, Landwirtschaft und Forsten
  BT-Drs 7/5471 = **221** G 8
  Änderungsantrag zur 2. Beratung
  BT-Drs 7/5512 = **222** F 1
  1. Beratung
  BT-PlPr 7/207 = **39** B 4
  2. und 3. Beratung
  BT-PlPr 7/256 = **49** K 13

Bundesjugendplan
- Antrag betr Reform und Weiterentwicklung
  BT-Drs 7/487 = **69** C 7
  Beratung
  BT-PlPr 7/34 = **5** M 13
- s a Sozialbericht 1973
  BT-Drs 7/1167 = **89** D 6

Bundeskanzler
- Wahl des Bundeskanzlers
  BT-PlPr 7/2 = **1** B 2
- Erklärung anläßlich der Wiederwahl
  BT-PlPr 7/4 = **1** B 8
- Wahl des Bundeskanzlers
  BT-PlPr 7/97 = **18** F 2
- Eidesleistung
  BT-PlPr 7/98 = **18** F 7

Bundeskartellamt
- Bericht über die Tätigkeit im Jahr 1972
  BT-Drs 7/986 = **82** F 1
- Bericht des Bundeskartellamts über seine Tätigkeit im Jahr 1973 sowie über Lage und Entwicklung auf seinem Aufgabengebiet
  BT-Drs 7/2250 = **120** I 1
- Bericht des Bundeskartellamts über seine Tätigkeit im Jahr 1974
  BT-Drs 7/3791 = **168** N 11
- Bericht des Bundeskartellamts über seine Tätigkeit im Jahr 1975
  BT-Drs 7/5390 = **219** G 4

Bundeskindergeldgesetz
- *GesEntw eines 4. ÄndGes zum Bundeskindergeldgesetz*
  BR-Drs 275/73 = **25** A 8
  BR-Drs 470/73 = **33** L 10
  BR-PlPr 393 = **2** E 8
  BR-PlPr 396 = **2** I 14
  Vermittlungsverfahren:
  BR-Drs 610/73 = **40** I 5
  BR-PlPr 397 = **2** L 1
  BT-Drs 7/531 = **70** F 4
  Bericht und Antrag des Ausschusses für Jugend, Familie und Gesundheit
  BT-Drs 7/655 = **75** F 9
  Änderungsantrag zur 2. Beratung
  BT-Drs 7/670 = **75** N 12
  Entschließungsantrag zur 3. Beratung
  BT-Drs 7/672 = **75** N 14
  Bericht des Haushaltsausschusses
  BT-Drs 7/685 = **76** A 4
  Unterrichtung betr Anrufung des Vermittlungsausschusses
  BT-Drs 7/980 = **82** D 12
  Unterrichtung durch den Vermittlungsausschuß
  BT-Drs 7/1069 = **86** C 4
  1. Beratung
  BT-PlPr 7/34 = **5** M 13
  2. und 3. Beratung
  BT-PlPr 7/39 = **6** H 14
- *GesEntw eines 5. ÄndGes zum Bundeskindergeldgesetz*
  BR-Drs 552/73 = **37** B 14
  BR-Drs 753/73 = **50** B 2
  BR-PlPr 397 = **2** L 1
  BR-PlPr 400 = **3** A 1
  BT-Drs 7/1130 = **87** K 7
  Bericht und Antrag des Ausschusses für Jugend, Familie und Gesundheit
  BT-Drs 7/1227 = **91** F 9
  Bericht des Haushaltsausschusses
  BT-Drs 7/1298 = **95** F 10
  1. Beratung
  BT-PlPr 7/61 = **10** C 14
  2. und 3. Beratung
  BT-PlPr 7/67 = **11** E 10
- *GesEntw zur Änderung des Bundeskindergeldgesetzes*
  BR-Drs 397/75 = **121** M 7
  BR-PlPr 422 = **5** B 1
  BT-Drs 7/3599 = **162** J 14

Bericht und Antrag des Ausschusses für Jugend, Familie und Gesundheit
BT-Drs 7/3675 = **164** H 8
Bericht des Haushaltsausschusses
BT-Drs 7/3723 = **167** M 10
1. Beratung
BT-PlPr 7/171 = **32** M 11
2. und 3. Beratung
BT-PlPr 7/176 = **33** I 7
– *GesEntw zur Änderung des Bundeskindergeldgesetzes*
BR-Drs 81/76 = **149** D 9
BR-PlPr 432 = **6** B 14
BT-Drs 7/5376 = **219** C 11
Bericht und Antrag des Ausschusses für Jugend, Familie und Gesundheit
BT-Drs 7/5559 = **222** O 2
1. Beratung
BT-PlPr 7/256 = **49** K 13
2. Beratung
BT-PlPr 7/257 = **50** A 13
– *GesEntw zur Vereinheitlichung des Familienlastenausgleichs*
BT-Drs 7/2032 = **115** N 12
Antrag des Ausschusses für Jugend, Familie und Gesundheit
BT-Drs 7/2163 = **118** G 9
Bericht des Ausschusses für Jugend, Familie und Gesundheit
BT-Drs 7/2174 = **118** N 9
Änderungsantrag zur 2. Beratung
BT-Drs 7/2187 = **119** H 2
Bericht des Haushaltsausschusses
BT-Drs 7/2190 = **119** H 10
1. Beratung
BT-PlPr 7/96 = **18** B 12
2. und 3. Beratung
BT-PlPr 7/104 = **19** E 7
siehe nunmehr:
Einkommensteuerreformgesetz
– *GesEntw zur Änderung des Bundeskindergeldgesetzes und des Rechts der gesetzlichen Krankenversicherung*
BR-Drs 488/76 = **172** C 6
BR-PlPr 437 = **6** L 10
BT-Drs 7/5480 = **221** N 2
Bericht des Haushaltsausschusses
BT-Drs 7/5560 = **222** O 6
1. Beratung
BT-PlPr 7/256 = **49** K 13
BT-PlPr 7/257 = **50** A 13

Bundeskriminalamt
– *Entw eines 2. ÄndGes zum Ges über die Einrichtung eines Bundeskriminalpolizeiamts*
BR-Drs 417/73 = **31** N 14
BR-PlPr 387 = **1** A 1
BR-PlPr 395 = **2** I 1
BT-Drs 7/178 = **59** F 12
Bericht und Antrag des Innenausschusses
BT-Drs 7/587 = **72** M 14
Bericht des Haushaltsausschusses
BT-Drs 7/608 = **73** G 8
1. Beratung
BT-PlPr 7/17 = **2** O 1
2. und 3. Beratung
BT-PlPr 7/36 = **6** E 3
– Allgemeine Verwaltungsvorschrift über den zentralen Schußwaffenerkennungsdienst des Bundeskriminalamts
BR-Drs 196/76 = **155** M 1

Bundeskriminalpolizeiamt
s Bundeskriminalamt

Bundesmeldegesetz (BMG)
– *GesEntwurf eines Bundesmeldegesetzes*
BR-Drs 390/73 = **30** E 2
BR-PlPr 396 = **2** I 14
BT-Drs 7/1059 = **86** A 4
1. Beratung
BT-PlPr 7/67 = **11** E 10

Bundesminister
– *GesEntw zur Anpassung gesetzlich festgelegter Zuständigkeiten an die Neuabgrenzung der Geschäftsbereiche von Bundesministern* – (Zuständigkeitsanpassungs-Gesetz)
BR-Drs 250/74 = **66** L 5
BR-Drs 43/75 = **99** I 2
BR-PlPr 405 = **3** I 2
BR-PlPr 416 = **4** I 9
BT-Drs 7/2214 = **119** L 12
Bericht und Antrag des Innenausschusses
BT-Drs 7/2965 = **141** N 8
1. Beratung
BT-PlPr 7/108 = **20** E 5
2. und 3. Beratung
BT-PlPr 7/141 = **26** L 3

Bundesministerium, für Forschung und Technologie
– Antrag betr Rationalisierung, Kosten – und Erfolgskontrolle von BMFT
BT-Drs 7/865 = **78** K 7
– Antrag betr Förderung der technologischen Forschung und Entwicklung
BT-Drs 7/890 = **79** J 6
Bericht und Antrag des Ausschusses für Forschung und Technologie und für das Post- und Fernmeldewesen
BT-Drs 7/1904 = **112** D 7
BT-Drs 7/1972 = **113** M 9

Bundesmittelstandsförderungsgesetz
– *GesEntw zur Förderung der kleinen und mittleren Unternehmen sowie der freien Berufe ...*
BT-Drs 7/4284 = **186** E 4
1. Beratung
BT-PlPr 7/208 = **39** D 5

Bundesmünzen
– VO zur Außerkurssetzung der Bundesmünzen im Nennwert von 2 Deutschen Mark (Max Planck)
BR-Drs 440/73 = **33** A 12
– VO zur Außerkurssetzung der Bundesmünzen im Nennwert von 5 Deutschen Mark (Umlaufmünzen aus Silber)
BR-Drs 364/75 = **119** I 3

Bundesnachrichtendienst
– Bericht der Kommission „Vorbeugender Geheimschutz“ über die Prüfung von Sicherheitsfragen im Zusammenhang mit dem Fall Guillaume im November 1974 und Auszug aus dem 2. Teil des Berichts der sogenannten Mercker-Kommission, der sich mit der Lage des Bundesnachrichtendienstes vor dem Jahre 1969 befaßt
BR-Drs 817/74 = **95** I 7
BT-Drs 7/3083 = **146** B 10
BT-PlPr 7/152 = **28** M 6

Bundesnaturschutzgesetz
– *GesEntw über Rahmenvorschriften für Naturschutz und Landschaftspflege sowie zur Anpassung bundesrechtlicher Vorschriften an die Erfordernisse des Naturschutzes und der Landschaftspflege* – (Naturschutzrahmengesetz)
BR-Drs 137/75 = **104** E 11
BR-Drs 384/76 = **167** K 3
BR-PlPr 419 = **4** N 2
BR-PlPr 436 = **6** J 12
Vermittlungsverfahren:
BR-Drs 651/76 = **178** M 9
BR-PlPr 440 = **7** A 8
BT-Drs 7/3879 = **171** J 5
Antrag des Ausschusses für Ernährung, Landwirtschaft und Forsten
BT-Drs 7/5171 = **214** M 2
Bericht des Haushaltsausschusses
BT-Drs 7/5173 = **214** M 10
Bericht des Ausschusses für Ernährung, Landwirtschaft und Forsten
BT-Drs 7/5251 = **216** L 4
Unterrichtung betr Anrufung des Vermittlungsausschusses
BT-Drs 7/5498 = **222** C 13
Antrag des Vermittlungsausschusses
BT-Drs 7/5566 = **223** A 14
1. Beratung
BT-PlPr 7/184 = **35** E 3
2. und 3. Beratung
BT-PlPr 7/247 = **47** I 2
Beratung eines Antrags des Vermittlungsausschusses
BT-PlPr 7/258 = **50** E 3
– s a Umweltbericht 1976
BT-Drs 7/5684 = **226** A 1

Bundespatentgericht
s Patentgebühren

Bundespersonalvertretungsgesetz
– *GesEntw zur Änderung*
BR-Drs 50/74 = **56** A 10
BR-PlPr 401 = **3** C 2
BT-Drs 7/176 = **59** D 12
Antrag des Innenausschusses
BT-Drs 7/1339 = **96** A 3
Bericht des Innenausschusses
BT-Drs 7/1373 = **96** I 13
Änderungsanträge zur 2. Beratung
BT-Drs 7/1403 = **97** D 13
BT-Drs 7/1410 = **97** E 12
Bericht des Haushaltsausschusses
BT-Drs 7/1425 = **97** G 7
1. Beratung
BT-PlPr 7/15 = **2** J 13
2. und 3. Beratung
BT-PlPr 7/70 = **12** C 14
– s a Sozialbericht 1976
BT-Drs 7/4953 = **207** G 3

Bundespflegesatzverordnung
– Bericht der Bundesregierung über die Auswirkungen des Ges zur wirtschaftlichen Sicherung der Krankenhäuser und zur Regelung der Krankenhauspflegesätze
BT-Drs 7/4530 = **193** H 7
– 1. VO zur Änderung der BundespflegesatzVO
BR-Drs 125/76 = **152** J 11

Bundespost, Deutsche
– Antrag betr einheitliches Notrufnummernsystem im Bundesgebiet
BT-Drs 7/475 = **68** J 4
Bericht und Antrag des Ausschusses für Forschung und Technologie und für das Post- und Fernmeldewesen
BT-Drs 7/1189 = **90** N 13
Unterrichtung
BT-Drs 7/2588 = **130** E 2
– Bericht der Bundesregierung zu der zwischen dem Bundesministerium für das Post- und Fernmeldewesen und der Deutschen

Postgewerkschaft geschlossenen Vereinbarung
BT-Drs 7/5927 = **234** A 2
- s a Bundesbericht Forschung V
BT-Drs 7/3574 = **160** A 1
- s a Entw eines ÄndGes zum Umsatzsteuergesetz
BT-Drs 7/4754 = **202** C 9
- s a GesEntw zu dem Internationalen *Fernmeldevertrag*
- VO über die von den Trägern der Sozialversicherung an die Deutsche Bundespost zu zahlende Vergütung für das Auszahlen von Renten
BR-Drs 220/73 = **21** C 12
- VO über die für den Verkauf der Beitragsmarken der Rentenversicherungen der Arbeiter und der Angestellten zu zahlende Vergütung an die Deutsche Bundespost
BR-Drs 265/74 = **67** I 7
- 2. VO zu § 5 Abs 6 Satz 3 des Bundesbesoldungsgesetzes betr Rationalisierungsmaßnahmen für die Deutsche Bundespost
BR-Drs 19/75 = **98** B 5
- VO zur Änderung der VO über die von den Trägern der Sozialversicherung an die Deutsche Bundespost, zu zahlende Vergütung für das Auszahlen von Renten
BR-Drs 185/75 = **108** F 8

Bundespräsident
- Vereidigung und Amtseinführung des neugewählten Präsidenten der Bundesrepublik Deutschland Walter Scheel
BR-PlPr 408 = **3** O 1
- Ansprache des Bundespräsidenten Walter Scheel
BT-PlPr 7/112 = **21** B 5

Bundesrat
- Schlußbericht der Enquête – Kommission Verfassungsreform
BT-Drs 7/5924 = **233** D 5
- Antrag zur Änderung der Diätenordnung des Bundesrats
BR-Drs 666/73 = **43** A 2

Bundesraumordnungsprogramm
- Antwort auf die Große Anfrage betr Raumordnung
BT-Drs 7/2044 = **116** C 12
- *Raumordnungsprogramm für die großräumige Entwicklung des Bundesgebietes*
BR-Drs 285/75 = **114** A 3
BR-PlPr 422 = **5** B 1
BT-Drs 7/3584 = **162** C 2
Bericht und Antrag des Ausschusses für Raumordnung, Bauwesen und Städtebau
BT-Drs 7/4786 = **202** M 13
BT-PlPr 7/239 = **45** I 6
- Raumordnungsbericht 1974
BT-Drs 7/3582 = **161** G 3

Bundesrechnungshof
- Anträge des Präsidenten betr Rechnung und Vermögensrechnung des Bundesrechnungshofes für die Haushaltsjahre 1971, 1972 und 1973
BT-Drs 7/1046 = **85** L 1
Antrag des Haushaltsausschusses
BT-Drs 7/5299 = **218** A 9
- Rechnung und Vermögensrechnung für das Haushaltsjahr 1973
Antrag des Präsidenten des Bundesrechnungshofes
BT-Drs 7/2176 = **118** O 4

Antrag des Haushaltsausschusses
BT-Drs 7/5299 = **218** A 9
- Antrag des Präsidenten des Bundesrechnungshofes betr Rechnung und Vermögensrechnung des Bundesrechnungshofes für das Haushaltsjahr 1974
BT-Drs 7/4018 = **175** G 11
- s a Bundeshaushalt

Bundesrechtsanwaltsordnung
- *GesEntw zur Änderung der Bundesrechtsanwaltsordnung und anderer Vorschriften*
(betr Änderung der Gerichtseinteilung)
BR-Drs 344/74 = **70** M 5
BR-Drs 166/75 = **107** A 14
BR-PlPr 407 = **3** L 12
BR-PlPr 418 = **4** M 1
BT-Drs 7/2376 = **123** H 1
Bericht und Antrag des Rechtsausschusses
BT-Drs 7/3244 = **151** O 12
1. Beratung
BT-PlPr 7/116 = **21** G 5
2. und 3. Beratung
BT-PlPr 7/152 = **28** M 6
- *GesEntw zur Änderung des Strafgesetzbuches, der Strafprozeßordnung, des Gerichtsverfassungsgesetzes und der Bundesrechtsanwaltsordnung*
(betr terroristische Vereinigungen)
BR-Drs 381/75 = **120** N 10
BR-Drs 428/76 = **169** H 9
BR-PlPr 422 = **5** B 1
BR-PlPr 437 = **6** L 10
Vermittlungsverfahren:
BR-Drs 506/76 = **172** G 11
BR-PlPr 438 = **6** O 1
BT-Drs 7/4005 = **175** A 1
Bericht und Antrag des Rechtsausschusses
BT-Drs 7/5401 = **220** C 2
Änderungsantrag zur 2. Beratung
BT-Drs 7/5430 = **220** K 5
Unterrichtung betr Anrufung des Vermittlungsausschusses
BT-Drs 7/5607 = **223** N 6
Unterrichtung durch den Vermittlungsausschuß
BT-Drs 7/5663 = **224** K 5
1. Beratung
BT-PlPr 7/213 = **40** D 13
2. und 3. Beratung
BT-PlPr 7/253 = **48** M 9

Bundesrepublik Deutschland
- s *Grundlagenvertrag* zwischen der Bundesrepublik Deutschland und der DDR

Bundesregierung
- s Tätigkeitsbericht 1973
- Bekanntgabe der Bildung der Bundesregierung
BT-PlPr 7/4 = **1** B 8
- Erklärung über das Regierungsprogramm
BT-PlPr 7/7 = **1** F 4
- Erklärung über das Regierungsprogramm und Aussprache
BT-PlPr 7/8 = **1** G 8
- Bekanntgabe der Bildung der Bundesregierung
BT-PlPr 7/99 = **18** H 1
- Abgabe einer Erklärung durch den Bundeskanzler Schmidt
BT-PlPr 7/100 = **18** H 3
- Aussprache über die Erklärung der Bundesregierung
BT-PlPr 7/101 = **18** I 7
BT-PlPr 7/102 = **18** K 9

- Erklärung zur Lage der Nation
BT-PlPr 7/109 = **20** F 9
- Abgabe einer Erklärung zum Waffenstillstand in Vietnam
BT-PlPr 7/8 = **1** G 8
- Abgabe einer Erklärung zur Entwicklungspolitik
BT-PlPr 7/9 = **1** J 9
- Bericht aus der Kabinettsitzung betr Aufwertung der Deutschen Mark
BT-PlPr 7/19 = **3** E 11
- Bericht aus der Kabinettsitzung betr Schwerbeschädigte
BT-PlPr 7/22 = **3** M 7
- Abgabe einer Erklärung betr Stabilitätsprogramm
BT-PlPr 7/30 = **5** A 6
- Bericht aus der Kabinettsitzung betr Außenpolitik
BT-PlPr 7/32 = **5** I 3
- Abgabe einer Erklärung zum Abkommen mit der Sowjetunion
BT-PlPr 7/35 = **6** A 14
- Erklärung anläßlich des Besuchs des Generalsekretärs der KPdSU Breschnew
BT-PlPr 7/35 = **6** A 14
- Bericht aus der Kabinettsitzung betr Ausländerbeschäftigung
BT-PlPr 7/38 = **6** G 14
- Bericht aus der Kabinettsitzung betr Bildungswesen
BT-PlPr 7/41 = **6** O 12
- Abgabe einer Erklärung zur Konferenz der europäischen Außenminister in Kopenhagen
BT-PlPr 7/48 = **8** D 4
- Abgabe einer Erklärung, NATO-Tagung in Ottawa
BT-PlPr 7/110 = **20** J 5
- Abgabe einer Erklärung zur Außen- und Wirtschaftspolitik
BT-PlPr 7/115 = **21** E 3
- Abgabe einer Erklärung über die Beziehungen zur Sowjetunion
BT-PlPr 7/127 = **23** I 10
- Abgabe einer Erklärung betr Terroristenorganisation
BT-PlPr 7/130 = **24** D 14
- Abgabe einer Erklärung zur konjunkturellen Situation
BT-PlPr 7/137 = **25** O 3
- Abgabe einer Erklärung über Ergebnisse der NATO-Ratstagung
BT-PlPr 7/139 = **26** E 12

Bundesreisekostengesetz
- *GesEntw zur Änderung des Bundesreisekostengesetzes*
BR-Drs 28/73 = **8** L 13
BR-Drs 612/73 = **40** I 8
BR-PlPr 389 = **1** B 11
BR-PlPr 397 = **2** L 1
BT-Drs 7/283 = **63** G 7
Bericht und Antrag des Innenausschusses
BT-Drs 7/1038 = **84** J 4
Bericht des Haushaltsausschusses
BT-Drs 7/1052 = **85** N 6
1. Beratung
BT-PlPr 7/21 = **3** J 11
2. und 3. Beratung
BT-PlPr 7/54 = **9** A 1

Bundes-Seuchengesetz
- *GesEntw zur Änderung des Bundesseu-*

chengesetzes (betr Röntgenuntersuchung auf Tuberkulose)
BR-Drs 237/74 = **66** C 2
BR-Drs 132/75 = **104** D 5
BR-PlPr 405 = **3** I 2
BR-PlPr 417 = **4** K 9
BT-Drs 7/2468 = **127** E 4
Bericht und Antrag des Ausschusses für Jugend, Familie und Gesundheit
BT-Drs 7/3219 = **151** A 8
1. Beratung
BT-PlPr 7/117 = **21** K 7
2. und 3. Beratung
BT-PlPr 7/149 = **28** E 8
- VO über Trinkwasser und über Brauchwasser für Lebensmittelbetriebe (TrinkwasserVO)
BR-Drs 695/74 = **87** N 5

Bundessortenamt
- *GesEntw über die Erhebung von Kosten beim Bundessortenamt*
BR-Drs 18/76 = **145** D 5
BR-Drs 465/76 = **171** B 2
BR-PlPr 431 = **5** O 8
BR-PlPr 437 = **6** L 10
BT-Drs 7/4966 = **209** L 13
Bericht und Antrag des Ausschusses für Ernährung, Landwirtschaft und Forsten
BT-Drs 7/5472 = **221** H 6
1. Beratung
BT-PlPr 7/238 = **45** D 14
2. und 3. Beratung
BT-PlPr 7/256 = **49** K 13

Bundessozialhilfegesetz
- *GesEntw eines 3. ÄndGes zum Bundessozialhilfegesetz*
BR-Drs 139/73 = **16** M 7
BR-Drs 56/74 = **56** M 11
BR-PlPr 390 = **2** A 6
BR-PlPr 401 = **3** C 2
Vermittlungsverfahren:
BR-Drs 172/74 = **62** O 3
BR-PlPr 403 = **3** F 14
BT-Drs 7/308 = **63** O 5
Antrag des Ausschusses für Jugend, Familie und Gesundheit
BT-Drs 7/1467 = **99** A 6
Bericht des Ausschusses für Jugend, Familie und Gesundheit
BT-Drs 7/1511 = **102** B 5
Änderungsantrag zur 2. Beratung
BT-Drs 7/1541 = **103** D 13
Bericht des Haushaltsausschusses
BT-Drs 7/1542 = **103** D 14
Unterrichtung betr Anrufung des Vermittlungsausschusses
BT-Drs 7/1703 = **108** B 1
Antrag des Vermittlungsausschusses
BT-Drs 7/1740 = **108** G 12
1. Beratung
BT-PlPr 7/23 = **3** N 5
2. und 3. Beratung
BT-PlPr 7/74 = **13** F 13
Beratung des Antrags des Vermittlungsausschusses
BT-PlPr 7/85 = **15** I 2
- *GesEntw zur Änderung des 3. Ges zur Änderung des Bundessozialhilfegesetzes und des 5. Ges über die Anpassung der Leistungen des Bundesversorgungsgesetzes*
BR-Drs 686/75 = **137** O 11
BR-PlPr 427 = **5** K 3
BT-Drs 7/3794 = **169** H 14
Bericht und Antrag des Ausschusses für Jugend, Familie und Gesundheit
BT-Drs 7/4220 = **184** K 9
1. Beratung
BT-PlPr 7/191 = **36** G 10
2. und 3. Beratung
BT-PlPr 7/201 = **38** A 1
- 1. Bericht der Bundesregierung betr Maßnahmen aufgrund des Abschnitts 12 des Bundessozialhilfegesetzes
BT-Drs 7/654 = **75** D 4
- Bericht der Bundesregierung über die Möglichkeiten einer Einbeziehung von Leistungen nach dem Bundessozialhilfegesetz in das Rehabilitationsangleichungsgesetz
BT-Drs 7/4535 = **194** D 10
- Bericht über die Durchführung hinsichtlich der Hilfe zur häuslichen Pflege und der Hilfe für alleinstehende Elternteile mit mindestens zwei Kindern unter 16 Jahren
BT-Drs 7/4947 = **207** B 3
- s a GesEntw über die Gewährung eines einmaligen *Heizölkostenzuschusses*
BR-Drs 772/73 = **50** L 8
BT-Drs 7/1395 = **97** C 6
- VO zur Durchführung des § 24 Abs 2 Satz 1 des Bundessozialhilfegesetzes
BR-Drs 308/74 = **69** G 2
- VO zur Änderung der VO zur Durchführung des § 88 Abs 2 Nr 8 des Bundessozialhilfegesetzes
BR-Drs 309/74 = **69** G 9
- VO zur Änderung der VO nach § 47 des Bundessozialhilfegesetzes
BR-Drs 743/74 = **90** I 4
- VO zur Durchführung des § 81 Abs 1 Nr 3 des Bundessozialhilfegesetzes
BR-Drs 118/75 = **103** I 13
- VO nach § 69 Abs 6 des Bundessozialhilfegesetzes
BR-Drs 122/75 = **103** J 9
- VO nach § 81 Abs 5 des Bundessozialhilfegesetzes
BR-Drs 127/75 = **103** N 7
- VO zur Durchführung des § 72 des Bundessozialhilfegesetzes
BR-Drs 258/76 = **160** C 14
- VO zur Änderung der VO zur Durchführung des § 76 des Bundessozialhilfegesetzes
BR-Drs 382/76 = **167** I 14

Bundessportplan
s Sport

Bundesstatistik
s Statistik

Bundesstraße
- Straßenbaubericht 1973
BT-Drs 7/2413 = **124** E 6
- Straßenbaubericht 1974
BT-Drs 7/3822 = **169** N 2
- Straßenbaubericht 1975
BT-Drs 7/5677 = **225** I 6

Bundestag, Deutscher
- *GesEntw zur Neuregelung der Rechtsverhältnisse der Mitglieder*
BT-Drs 7/5525 = **222** I 13
Materialien
BT-Drs 7/5531 = **222** J 12
Bericht und Antrag des 2. Sonderausschusses
BT-Drs 7/5903 = **232** M 2
Änderungsantrag zur 2. Beratung
BT-Drs 7/5922 = **233** D 4
Bericht des Haushaltsausschusses
BT-Drs 7/5928 = **234** A 5
Änderungsantrag zur 3. Beratung
BT-Drs 7/5929 = **234** A 6
1. Beratung
BT-PlPr 7/256 = **49** K 13
2. und 3. Beratung
BT-PlPr 7/259 = **50** F 7
BR-Drs 701/76 = **181** G 11
BR-PlPr 442 = **7** C 1
- Antrag betr Verzicht der Mitglieder des Bundestages auf eine Anhebung ihrer Aufwandsentschädigungen für das Jahr 1976
BT-Drs 7/4147 = **178** L 7
- Schlußbericht der Enquête – Kommission Verfassungsreform
BT-Drs 7/5924 = **233** D 5

Bundestagswahl 1972
- Antrag der Bundesregierung zur Festsetzung des festen Betrages zur Erstattung der Kosten
BR-Drs 661/73 = **42** M 3
BR-PlPr 399 = **2** N 12
- Anträge betr Einsprüche gegen die Gültigkeit der Wahl
BT-Drs 7/337 – 7/358 = **64** H 8 – **64** K 10
Anträge des Wahlprüfungsausschusses
BT-Drs 7/698 – 7/709 = **76** D 3 – **76** F 1
- Unterrichtung durch die Bundesregierung
BT-Drs 7/867 = **78** K 12
Bericht und Antrag des Innenausschusses
BT-Drs 7/2063 = **116** K 13
Änderungsantrag
BT-Drs 7/2132 = **118** E 1
- Bericht der Wahlkreiskommission für die 7. Wahlperiode gem § 3 Bundeswahlgesetz
BT-Drs 7/1379 = **96** J 11
Bericht und Antrag des Innenausschusses
BT-Drs 7/2063 = **116** K 13
Änderungsantrag
BT-Drs 7/2132 = **118** E 1
- Anträge des Wahlprüfungsausschusses betr Einsprüche gegen die Gültigkeit der Wahl
BT-Drs 7/1952 – 7/1956 = **113** H 2 – **113** H 14
- Antrag betr Sicherstellung der Wahlergebnisse
BT-Drs 7/2435 = **126** G 1
BT-PlPr 7/103 = **19** B 7
- s a Bundeswahlgesetz

Bundestarifordnung Elektrizität
- VO zur Änderung der Bundestarifordnung Elektrizität
BR-Drs 602/73 = **40** E 11

Bundestierärzteordnung
- *GesEntw zur Änderung der Bundestierärzteordnung*
(betr Zulassung von Ausländern zum tierärztlichen Beruf)
BR-Drs 342/74 = **70** L 1
BR-Drs 779/74 = **92** I 1
BR-PlPr 407 = **3** L 12
BR-PlPr 415 = **4** G 8
BT-Drs 7/2504 = **128** C 5
Bericht und Antrag des Ausschusses für Jugend, Familie und Gesundheit
BT-Drs 7/2701 = **132** J 10
1. Beratung
BT-PlPr 7/116 = **21** G 5
2. und 3. Beratung
BT-PlPr 7/131 = **24** F 7

Bundesumzugskostengesetz
- *GesEntw zur Änderung des Bundesreisekosten- und Bundesumzugskostengesetzes*
  BR-Drs 28/73 = **8** L 13
  BR-Drs 612/73 = **40** I 8
  BR-PlPr 389 = **1** B 11
  BR-PlPr 397 = **2** L 1
  BT-Drs 7/283 = **63** G 7
  Bericht und Antrag des Innenausschusses
  BT-Drs 7/1038 = **84** J 4
  Bericht des Haushaltsausschusses
  BT-Drs 7/1052 = **85** N 6
  1. Beratung
  BT-PlPr 7/21 = **3** J 11
  2. und 3. Beratung
  BT-PlPr 7/54 = **9** A 1

Bundesurlaubsgesetz
- s GesEntw zur Änderung des *Heimarbeitsgesetzes* und anderer arbeitsrechtlicher Vorschriften
  BR-Drs 395/73 = **30** J 12
  BT-Drs 7/975 = **82** C 2

Bundesverfassungsgericht
- Übersicht 1 über die dem Deutschen Bundestag zugeleiteten Streitsachen
  BT-Drs 7/316 = **64** B 8
- Übersicht 2 über die dem Deutschen Bundestag zugeleiteten Streitsachen
  BT-Drs 7/628 = **74** A 1
- Übersicht 3 über die dem Deutschen Bundestag zugeleiteten Streitsachen
  BT-Drs 7/711 = **76** F 4
- Übersicht 4 über die dem Deutschen Bundestag zugeleiteten Streitsachen
  BT-Drs 7/1060 = **86** B 3
- Übersicht 5 über die dem Deutschen Bundestag zugeleiteten Streitsachen
  BT-Drs 7/1318 = **95** J 3
- Übersicht 6 über die dem Deutschen Bundestag zugeleiteten Streitsachen
  BT-Drs 7/1790 = **109** M 10
- Übersicht 7 über die dem Deutschen Bundestag zugeleiteten Streitsachen
  BT-Drs 7/2120 = **118** C 1
- Übersicht 8 über die dem Deutschen Bundestag zugeleiteten Streitsachen
  BT-Drs 7/2218 = **119** N 6
- Übersicht 9 über die dem Deutschen Bundestag zugeleiteten Streitsachen
  BT-Drs 7/2553 = **129** K 11
- Übersicht 10 über die dem Deutschen Bundestag zugeleiteten Streitsachen
  BT-Drs 7/2644 = **131** K 5
- Übersicht 11 über die dem Deutschen Bundestag zugeleiteten Streitsachen
  BT-Drs 7/2688 = **132** F 13
- Übersicht 12 über die dem Deutschen Bundestag zugeleiteten Streitsachen
  BT-Drs 7/2973 = **141** O 9
  Berichtigung
  BT-Drs 7/2995 = **142** I 8
- Übersicht 13 über die dem Deutschen Bundestag zugeleiteten Streitsachen
  BT-Drs 7/3384 = **155** D 7
- Übersicht 14 über die dem Deutschen Bundestag zugeleiteten Streitsachen
  BT-Drs 7/3728 = **168** A 9
- Übersicht 15 über die dem Deutschen Bundestag zugeleiteten Streitsachen
  BT-Drs 7/4090 = **176** M 1
- Übersicht 16 über die dem Deutschen Bundestag zugeleiteten Streitsachen
  BT-Drs 7/4383 = **190** H 10
- Übersicht 17 über die dem Deutschen Bundestag zugeleiteten Streitsachen
  BT-Drs 7/4955 = **209** F 14
- Übersicht 18 über die dem Deutschen Bundestag zugeleiteten Streitsachen
  BT-Drs 7/5181 = **215** A 2
- Übersicht 19 über die dem Deutschen Bundestag zugeleiteten Streitsachen
  BT-Drs 7/5470 = **221** G 5
- Übersicht 20 über die dem Deutschen Bundestag zugeleiteten Streitsachen
  BT-Drs 7/5899 = **231** O 8

Bundesverkehrswegeplan
- 1. Stufe
  BT-Drs 7/1045 = **85** A 6
  Beratung
  BT-PlPr 7/73 = **13** B 6

Bundesvermögensrechnung
s Bundeshaushalt

Bundesversorgungsgesetz
- *Entw eines ÄndGes*
  BT-Drs 7/4585 = **196** B 1
  Bericht und Antrag des Ausschusses für Arbeit und Sozialordnung
  BT-Drs 7/4960 = **209** I 10
  Bericht des Haushaltsausschusses
  BT-Drs 7/4999 = **210** G 4
  1. Beratung
  BT-PlPr 7/225 = **42** K 12
  2. Beratung
  BT-PlPr 7/235 = **44** I 6
- s a GesEntw zur Änderung des 3. Ges zur Änderung des *Bundessozialhilfegesetzes*
- 8. VO über das anzurechnende Einkommen nach dem Bundesversorgungsgesetz (AnrechnungsVO 1974)
  BR-Drs 679/73 = **43** I 1
- 9. VO über das anzurechnende Einkommen nach dem Bundesversorgungsgesetz (AnrechnungsVO 1974/75)
  BR-Drs 423/74 = **75** A 8
- 10. VO über das anzurechnende Einkommen nach dem Bundesversorgungsgesetz, (AnrechnungsVO 1975/76)
  BR-Drs 216/75 = **109** K 14
- 11. VO über das anzurechnende Einkommen nach dem Bundesversorgungsgesetz (AnrechnungsVO 1976/77)
  BR-Drs 770/75 = **141** M 2
- VO zur Durchführung des § 30 Abs 3 und 4 des Bundesversorgungsgesetzes
  BR-Drs 21/74 = **55** D 6
- Allgemeine Verwaltungsvorschrift zur Änderung der Allgemeinen Verwaltungsvorschrift zum Bundesversorgungsgesetz
  BR-Drs 182/74 = **63** F 1
- 6. VO zur Änderung der VO zur Durchführung des § 33 des Bundesversorgungsgesetzes
  BR-Drs 564/74 = **82** B 6
- Allgemeine Verwaltungsvorschrift zur Änderung der Allgemeinen Verwaltungsvorschriften zu den §§ 1 bis 9 und 30ff des Bundesversorgungsgesetzes
  BR-Drs 107/75 = **101** J 9
- VO zur Änderung der VO zur Durchführung des § 11 Abs 3 und des § 13 des Bundesversorgungsgesetzes
  BR-Drs 114/76 = **152** D 1
- 2. VO zur Änderung der VO zur Durchführung des § 19 Abs 1 des Bundesversorgungsgesetzes
  BR-Drs 288/76 = **162** G 11
- VO zur Änderung der VO zur Durchführung des § 11 Abs 3 und des § 13 des Bundesversorgungsgesetzes
  BR-Drs 406/76 = **168** J 4
- VO zur Durchführung des § 30 Abs 3 bis 5 des Bundesversorgungsgesetzes
  BR-Drs 577/76 = **175** L 1

Bundesvertriebenengesetz
- VO über die Zuführung von Mitteln nach dem Ges zur Abwicklung der unter Sonderverwaltung stehenden Vermögen von Kreditinstituten, Versicherungsunternehmen und Bausparkassen für Zwecke des § 96 des Bundesvertriebenengesetzes
  BR-Drs 430/74 = **75** G 7

Bundesverwaltung
- Antrag betr gesetzmäßige Behandlung der Personalangelegenheiten in der Bundesverwaltung
  BT-Drs 7/3926 = **172** L 4
  Bericht und Antrag des Innenausschusses
  BT-Drs 7/5386 = **219** F 11
  Änderungsantrag zur Beratung
  BT-Drs 7/5536 = **222** M 4
  Entschließungsantrag zur Beratung
  BT-Drs 7/5558 = **222** O 1
  Beratung des Antrags
  BT-PlPr 7/191 = **36** G 10
  BT-PlPr 7/256 = **49** K 13
- Schlußbericht der Enquête – Kommission Verfassungsreform
  BT-Drs 7/5924 = **233** D 5

Bundeswahlgesetz
- *GesEntw zur Änderung des Bundeswahlgesetzes*
  BR-Drs 641/74 = **85** C 3
  BR-Drs 275/75 = **112** N 7
  BR-PlPr 413 = **4** D 12
  BR-PlPr 420 = **4** N 9
  BT-Drs 7/2873 = **140** A 7
  Bericht und Antrag des Innenausschusses
  BT-Drs 7/3371 = **154** N 4
  Änderungsantrag zur 2. Beratung
  BT-Drs 7/3466 = **156** M 4
  Bericht des Haushaltsausschusses
  BT-Drs 7/3475 = **156** N 9
  1. Beratung
  BT-PlPr 7/136 = **25** J 7
  2. und 3. Beratung
  BT-PlPr 7/162 = **31** A 14

Bundeswaldgesetz
- *GesEntw zur Erhaltung des Waldes und zur Förderung der Forstwirtschaft* – (Bundeswaldgesetz)
  BR-Drs 207/73 = **20** G 13
  BR-Drs 776/74 = **92** F 9
  BR-PlPr 392 = **2** D 6
  BR-PlPr 415 = **4** G 8
  Vermittlungsverfahren:
  BR-Drs 37/75 = **98** N 12
  BR-PlPr 416 = **4** I 9
  BT-Drs 7/889 = **79** H 12
  Bericht und Antrag des Ausschusses für Ernährung, Landwirtschaft und Forsten
  BT-Drs 7/2727 = **133** M 13
  Bericht des Haushaltsausschusses
  BT-Drs 7/2753 = **134** G 4
  Änderungsantrag zur 2. Beratung
  BT-Drs 7/2788 = **135** B 3
  Unterrichtung betr Anrufung des Vermittlungsausschusses
  BT-Drs 7/3016 = **142** L 5

Antrag des Vermittlungsausschusses
BT-Drs 7/3192 = **148** I 7
1. Beratung
BT-PlPr 7/57 = **9** I 7
2. und 3. Beratung
BT-PlPr 7/131 = **24** F 7
Beratung eines Antrags des Vermittlungsausschusses
BT-PlPr 7/149 = **28** E 8

Bundeswasserstraße
– Bauprogramme 1973 bis 1975
s Bundesverkehrswegeplan
BT-Drs 7/1045 = **85** A 6
– VO zur Umstellung der VO zur Einführung der VO über die Beförderung gefährlicher Güter auf dem Rhein (ADNR) und über die Ausdehnung dieser VO auf die übrigen Bundeswasserstraßen
BR-Drs 633/76 = **177** N 3

Bundeswasserstraße Elbe-Seitenkanal
– *GesEntw über den rechtlichen Status*
BR-Drs 628/75 = **132** J 5
BR-Drs 112/76 = **152** C 13
BR-PlPr 427 = **5** K 3
BR-PlPr 431 = **5** O 8
BT-Drs 7/4381 = **190** H 2
Bericht und Antrag des Ausschusses für Verkehr
BT-Drs 7/4588 = **196** B 8
1. Beratung
BT-PlPr 7/208 = **39** D 5
2. und 3. Beratung
BT-PlPr 7/221 = **41** M 14

Bundeswasserstraße Saar
– *GesEntw über den rechtlichen Status*
BR-Drs 546/74 = **80** I 7
BR-Drs 45/75 = **99** I 11
BR-PlPr 412 = **4** B 12
BR-PlPr 416 = **4** I 9
BT-Drs 7/2962 = **141** N 5
Bericht und Antrag des Ausschusses für Verkehr
BT-Drs 7/2834 = **137** A 8
1. Beratung
BT-PlPr 7/128 = **23** K 8
2. und 3. Beratung
BT-PlPr 7/136 = **25** J 7

Bundeswehr
s a Streitkräfte
– *Jahresbericht 1972,*
Unterrichtung durch den Wehrbeauftragten
BT-Drs 7/334 = **64** E 8
Bericht und Antrag des Verteidigungsausschusses
BT-Drs 7/1208 = **91** B 11
Beratung
BT-PlPr 7/67 = **11** E 10
– *Jahresbericht 1973,*
Unterrichtung durch den Wehrbeauftragten
BT-Drs 7/1765 = **108** O 2
Bericht und Antrag des Verteidigungsausschusses
BT-Drs 7/2726 = **133** M 11
Beratung
BT-PlPr 7/134 = **56** M 1
– *Jahresbericht 1974,*
Unterrichtung durch den Wehrbeauftragten
BT-Drs 7/3228 = **151** E 5
Bericht des Verteidigungsausschusses
BT-Drs 7/3762 = **168** J 2
Beratung
BT-PlPr 7/165 = **31** K 5
BT-PlPr 7/235 = **44** I 6
– *Jahresbericht 1975,*
Unterrichtung durch den Wehrbeauftragten
BT-Drs 7/4812 = **204** C 6
Bericht und Antrag des Verteidigungsausschusses
BT-Drs 7/5342 = **218** J 14
Beratung
BT-PlPr 7/235 = **44** I 6
BT-PlPr 7/254 = **49** C 4
– *Weißbuch 1973/1974 zur Sicherheit der Bundesrepublik Deutschland und zur Entwicklung der Bundeswehr*
BR-Drs 20/74 = **54** J 3
BR-Drs 277/75 = **113** A 4
BT-Drs 7/1505 = **101** D 3
Beratung
BT-PlPr 7/90 = **16** J 10
– *Weißbuch 1975/1976 zur Sicherheit der Bundesrepublik Deutschland und zur Entwicklung der Bundeswehr*
BR-Drs 10/76 = **144** G 7
BT-Drs 7/4554 = **194** O 2
Bericht und Antrag des Verteidigungsausschusses
BT-Drs 7/5323 = **218** I 4
Entschließungsantrag zur Beratung
BT-Drs 7/5481 = **221** N 4
Beratung
BT-PlPr 7/254 = **49** C 4
– Antrag betr Aus- und Fortbildung der Unteroffiziere
BT-Drs 7/1095 = **86** L 7
Bericht und Antrag des Verteidigungsausschusses
BT-Drs 7/1397 = **97** D 1
Beratung
BT-PlPr 7/64 = **10** L 13
BT-PlPr 7/77 = **13** O 6
– Antrag betr Verbesserung der Aufstiegsmöglichkeiten für Unteroffiziere (betr militärfachlicher Dienst)
BT-Drs 7/4433 = **191** I 3
Bericht und Antrag des Verteidigungsausschusses
BT-Drs 7/5316 = **218** H 10
Bericht des Haushaltsausschusses
BT-Drs 7/5317 = **218** H 11
Beratung
BT-PlPr 7/212 = **39** O 6
BT-PlPr 7/254 = **49** C 4
– Unterrichtung betr Leistung von überplanmäßigen Ausgaben bei der Beschaffung von Kampffahrzeugen, Schiffen und Munition
BT-Drs 7/1566 = **103** K 3
Antrag des Haushaltsausschusses
BT-Drs 7/1857 = **111** K 2
– Unterrichtung betr überplanmäßige Ausgabe betr Betriebsstoff im Haushaltsjahr 1974
BT-Drs 7/2841 = **137** B 13
Antrag des Haushaltsausschusses
BT-Drs 7/5235 = **216** E 1
– s a GesEntw eines 11. ÄndGes zum *Soldatengesetz*
– s a Entw eines ÄndGes zum *Soldatengesetz* und zum Vertrauensmänner – Wahlgesetz
– s a Entw eines ÄndGes zum *Soldatengesetz,* Soldatenversorgungsgesetz und zur Wehrdisziplinarordnung
– s a GesEntw eines 2. Ges zur Änderung der *Wehrdisziplinarordnung*
– s a GesEntw eines 9. Ges. zur Änderung des *Wehrpflichtgesetzes*
– s a GesEntw eines 8. Ges zur Änderung des *Wehrsoldgesetzes*
– s a Bundesbericht *Forschung* V
BT-Drs 7/3574 = **160** A 1
– s a Bericht über die Lage der Psychiatrie in der Bundesrepublik Deutschland
BT-Drs 7/4200 = **179** N 2
– s a 3. *Sport*bericht der Bundesregierung
BT-Drs 7/4609 = **196** G 1

Bundeswehrfachschulen
– 2. VO zur Änderung der Prüfungsordnung für Bundeswehrfachschulen
BR-Drs 559/76 = **175** A 4

Bundeswirtschaftsrat
– s Schlußbericht der *Enquête – Kommission* Verfassungsreform
BT-Drs 7/5924 = **233** D 5

Bundeszentralregistergesetz
– *GesEntw zur Änderung des Bundeszentralregistergesetzes*
BR-Drs 534/75 = **127** F 1
BR-Drs 141/76 = **153** G 1
BR-PlPr 424 = **5** E 4
BR-PlPr 432 = **6** B 14
Vermittlungsverfahren:
BR-Drs 221/76 = **156** G 12
BR-PlPr 433 = **6** D 11
BT-Drs 7/4328 = **189** B 3
Bericht und Antrag des Sonderausschusses für die Strafrechtsreform
BT-Drs 7/4529 = **193** G 13
Unterrichtung betr Anrufung des Vermittlungsausschusses
BT-Drs 7/4877 = **206** A 6
Unterrichtung durch den Vermittlungsausschuß
BT-Drs 7/4931 = **206** N 10
1. Beratung
BT-PlPr 7/207 = **39** B 4
2. und 3. Beratung
BT-PlPr 7/221 = **41** M 14
– 1. VO über den Übergang von Aufgaben nach dem Bundeszentralregistergesetz
BR-Drs 308/75 = **115** B 12
– 2. VO über den Übergang von Aufgaben nach dem Bundeszentralregistergesetz
BR-Drs 669/75 = **135** N 10
– 3. VO über den Übergang von Aufgaben nach dem Bundeszentralregistergesetz
BR-Drs 128/76 = **152** K 12
– 4. VO über den Übergang von Aufgaben nach dem Bundeszentralregistergesetz
BR-Drs 381/76 = **167** I 12
– 5. VO über den Übergang von Aufgaben nach dem Bundeszentralregistergesetz
BR-Drs 583/76 = **175** M 14
– 1. Allgemeine Verwaltungsvorschrift zur Durchführung des Tit XI – Gewerbezentralregister – der Gewerbeordnung
BR-Drs 526/75 = **126** H 14
– Allgemeine Verwaltungsvorschrift zur Änderung der 1. und 2. Allgemeinen Verwaltungsvorschrift zur Durchführung des Bundeszentralregistergesetzes
BR-Drs 620/75 = **131** K 14
– Allgemeine Verwaltungsvorschrift zur Änderung der 3. Allgemeinen Verwaltungsvorschrift zur Durchführung des Bundeszentralregistergesetzes
BR-Drs 393/76 = **168** C 8
– Allgemeine Verwaltungsvorschrift zur Änderung der 2. Allgemeinen Verwaltungsvor-

schrift zur Durchführung des Bundeszentralregistergesetzes
BR-Drs 579/76 = **175** M 9

Bundeszuschüsse
- VO über die den Trägern der gesetzlichen Krankenversicherung zu zahlenden Bundeszuschüsse zu den Aufwendungen für sonstige Hilfen
  BR-Drs 679/76 = **179** N 10

Busfahrer
- VO zur Änderung der Straßenverkehrs-Zulassungs-Ordnung
  BR-Drs 416/74 = **74** J 3

Bußgeld
s a Verwarnungsgeld
- Anhebung der Regelsätze
  BT-Drs 7/135 = **56** M 7
  BT-PlPr 7/13 = **2** E 3
- VO zur Änderung der VO über die Begrenzung der Geschäfte des Rechtspflegers bei der Vollstreckung in Straf- und Bußgeldsachen
  BR-Drs 789/74 = **93** K 4

Butter
- 5. VO zur Änderung der Butterverordnung
  BR-Drs 312/73 = **27** C 4

C

CEMT-Genehmigungen
VO über den grenzüberschreitenden Güterkraftverkehr mit CEMT-Genehmigungen
BR-Drs 382/74 = **72** N 2

CERN
s Europäische Organisation für *Kernforschung*

Charta der Vereinten Nationen
s Vereinte Nationen

Chemikalie
- Umweltgutachten 1974
  BT-Drs 7/2802 = **135** C 10
- Umweltbericht 1976
  BR-Drs 513/76 = **172** J 10
- 82. VO zur Änderung der Eisenbahn-Verkehrsordnung
  (betr Verpackung und Beförderung bestimmter Chemikalien)
  BR-Drs 698/73 = **45** K 14
- 2. VO zur Durchführung des Bundes-Immissionsschutzgesetzes (VO über Chemischreinigungsanlagen – 2. BImSchV)
  BR-Drs 368/74 = **72** H 4

China, Volksrepublik
- *GesEntw zum Abkommen Bundesrepublik Deutschland/Volksrepublik China über den Seeverkehr*
  BR-Drs 171/76 = **154** E 2
  BR-Drs 391/76 = **168** A 2
  BR-PlPr 433 = **6** D 11
  BR-PlPr 436 = **6** J 12
  BT-Drs 7/5060 = **212** G 1
  Bericht und Antrag des Ausschusses für Verkehr und für das Post- und Fernmeldewesen
  BT-Drs 7/5241 = **216** E 13
  1. Beratung
  BT-PlPr 7/239 = **45** I 6
  2. Beratung und Schlußabstimmung
  BT-PlPr 7/247 = **47** I 2

Choleraimpfung
- 2. VO zur Änderung der VO zur Durchführung der Internationalen Gesundheitsvorschriften im Luftverkehr
  BR-Drs 621/74 = **84** L 2

Container
- *GesEntw zum Übereinkommen über sichere Container*
  BR-Drs 307/75 = **115** A 1
  BR-Drs 683/75 = **137** I 8
  BR-PlPr 421 = **5** A 7
  BR-PlPr 427 = **5** K 3
  BT-Drs 7/3917 = **172** E 2
  Bericht und Antrag des Ausschusses für Verkehr und für das Post- und Fernmeldewesen
  BT-Drs 7/4096 = **176** M 12
  1. Beratung
  BT-PlPr 7/184 = **35** E 3
  2. Beratung und Schlußabstimmung
  BT-PlPr 7/197 = **37** B 12

Conterganschäden
- Antwort auf die Große Anfrage betr Wiedereingliederung körperlich, geistig und seelisch Behinderter in Gesellschaft, Arbeit und Beruf
  BT-Drs 7/2842 = **137** B 14
- sa *Stiftung „Hilfswerk für behinderte Kinder"*

D

Dänemark, Königreich
- s *GesEntw zu dem Übereinkommen* zwischen Belgien, Dänemark, der Bundesrepublik Deutschland, Irland, Italien, Luxemburg, den Niederlanden, der Europäischen Atomgemeinschaft und der Internationalen Atomenergie-Organisation über die Nichtverbreitung von *Kernwaffen*
  BT-Drs 7/995 = **83** E 14

Darlehen
- s GesEntw über die Finanzierung ölpreisbedingter *Zahlungsbilanzdefizite* von Mitgliedstaaten im Rahmen der EG
  BR-Drs 761/74 = **91** H 9
  BT-Drs 7/2860 = **139** H 10
- VO über die Einziehung der nach dem Bundesausbildungsförderungsgesetz geleisteten Darlehen
  BR-Drs 780/73 = **50** N 5
  BR-Drs 228/76 = **156** J 13
  BR-Drs 545/76 = **174** I 7

Daten, personenbezogene
- s Entw eines *Bundesmeldegesetzes*
  BT-Drs 7/1059 = **86** A 4
- s GesEntw zum Schutz vor Mißbrauch personenbezogener Daten – *Bundesdatenschutzgesetz* –
  BT-Drs 7/1027 = **84** G 8

Datenschutz
im medizinischen Bereich
- Antwort auf die Große Anfrage betr Situation des Gesundheitswesens in der Bundesrepublik Deutschland
  BT-Drs 7/3322 = **153** J 4

Datenschutzgesetz
s Bundesdatenschutzgesetz

Datenverarbeitung
- Mitteilung der Kommission der EG an den Rat der EG über die Politik der Gemeinschaft auf dem Gebiet der Datenverarbeitung
  BR-Drs 30/74 = **55** I 3
  BT-Drs 7/1531 = **102** K 3
  BT-Drs 7/2229 = **120** A 13
- Mitteilung der Kommission der EG über die Gemeinschaftspolitik für ein Programm auf dem Gebiet der Datenverarbeitung
  BR-Drs 757/75 = **151** D 1
  BT-Drs 7/4421 = **191** E 10
- Erste Vorschläge der Kommission der EG für prioritäre Aktionen auf dem Gebiet der Informatik
  BT-Drs 7/3437 = **156** A 2
  BT-Drs 7/3836 = **170** C 11
- Bundesbericht Forschung V
  BT-Drs 7/3574 = **160** A 1

Dauerwohnrecht
s Wohnbesitz
Wohnungsbau
- s Entw eines Ges zur Förderung von Wohnungseigentum und *Wohnbesitz* im sozialen Wohnungsbau
  BR-Drs 141/73 = **16** N 2
  BT-Drs 7/577 = **72** K 4

Deckinfektion
- VO zum Schutz gegen übertragbare Geschlechtskrankheiten der Rinder
  BR-Drs 128/75 = **103** O 2

DDR
s Deutsche Demokratische Republik

DDT
- VO über die Höchstmenge an DDT und anderen Pestiziden in oder auf Lebensmitteln tierischer Herkunft
  BR-Drs 421/73 = **32** A 1

Demonstration
- GesEntw zur Änderung des *Versammlungsgesetzes*
  BR-Drs 852/74 = **96** M 11
  BT-Drs 7/3419 = **155** K 5

Denkmalschutz
- *GesEntw zur Erhaltung und Modernisierung kulturhistorisch wertvoller Stadtkerne*
  BR-Drs 197/74 = **64** B 5
  BR-PlPr 407 = **3** L 12
  BT-Drs 7/2552 = **129** K 7
  Bericht und Antrag des Finanzausschusses
  BT-Drs 7/5523 = **222** I 9
  Bericht des Haushaltsausschusses
  BT-Drs 7/5546 = **222** N 2
  1. Beratung
  BT-PlPr 7/122 = **22** G 7
  2. Beratung
  BT-PlPr 7/256 = **49** K 13
- Städtebaubericht 1975
  BT-Drs 7/3583 = **161** M 9

Deutsche Bundesbahn
s Bundesbahn

Deutsche Bundespost
s Bundespost

Deutsche Demokratische Republik
- *GesEntw zum Vertrag vom 21. 12. 1972 zwischen der Bundesrepublik Deutschland und der Deutschen Demokratischen Republik über die Grundlagen der Beziehungen*
  BR-Drs 341/73 = **28** A 10
  BR-PlPr 389 = **1** B 11
  BR-PlPr 394 = **2** F 12
  BT-Drs 7/153 = **58** K 8

Bericht und Antrag des Ausschusses für innerdeutsche Beziehungen
BT-Drs 7/500 = **69** I 3
Berichtigung zum Bericht und Antrag des Ausschusses für innerdeutsche Beziehungen
BT-Drs 7/516 = **70** C 6
1. Beratung
BT-PlPr 7/14 = **2** F 9
BT-PlPr 7/15 = **2** J 13
2. Beratung und Schlußabstimmung
BT-PlPr 7/29 = **4** K 4
BT-PlPr 7/30 = **5** A 6
BT-PlPr 7/31 = **5** D 11
- *GesEntw zur Regelung besonderer dienstrechtlicher Fragen der Bediensteten in der Ständigen Vertretung der Bundesrepublik Deutschland bei der DDR*
BR-Drs 695/73 = **45** J 3
BR-Drs 287/74 = **68** G 1
BR-PlPr 400 = **3** A 1
BR-PlPr 405 = **3** I 2
BT-Drs 7/1677 = **107** J 14
Bericht und Antrag des Innenausschusses
BT-Drs 7/1812 = **111** A 2
Bericht des Haushaltsausschusses
BT-Drs 7/1847 = **111** I 9
1. Beratung
BT-PlPr 7/81 = **14** N 5
2. und 3. Beratung
BT-PlPr 7/89 = **16** I 3
- *GesEntw über die Gewährung von Erleichterungen, Vorrechten und Befreiungen an die Ständige Vertretung der DDR*
BR-Drs 143/73 = **17** D 14
BR-Drs 469/73 = **33** L 9
BR-PlPr 391 = **2** B 11
BR-PlPr 396 = **2** I 14
BT-Drs 7/424 = **67** D 4
Bericht und Antrag des Ausschusses für innerdeutsche Beziehungen
BT-Drs 7/720 = **76** G 11
Änderungsantrag zur 2. Beratung
BT-Drs 7/783 = **77** M 2
1. Beratung
BT-PlPr 7/31 = **5** D 11
2. und 3. Beratung
BT-PlPr 7/42 = **7** A 12
- *GesEntw zum Abkommen Bundesrepublik Deutschland/Deutsche Demokratische Republik auf dem Gebiet des Gesundheitswesens*
BR-Drs 12/75 = **97** M 2
BR-Drs 635/75 = **133** B 5
BR-PlPr 416 = **4** I 9
BR-PlPr 425 = **5** G 3
BT-Drs 7/3363 = **154** J 7
Bericht und Antrag des Ausschusses für Jugend, Familie und Gesundheit
BT-Drs 7/4094 = **176** M 5
Bericht des Haushaltsausschusses
BT-Drs 7/4150 = **178** L 14
1. Beratung
BT-PlPr 7/162 = **31** A 14
2. Beratung und Schlußabstimmung
BT-PlPr 7/194 = **36** M 12
- Entwicklung der Beziehungen zwischen der Bundesrepublik Deutschland und der DDR
BR-Drs 282/73 = **25** F 12
BT-Drs 7/420 = **66** L 5
BT-PlPr 7/34 = **5** M 13
- Materialien zum *Bericht zur Lage der Nation 1974*
BR-Drs 536/74 = **78** L 9
BT-Drs 7/2423 = **124** J 13
- Antwort auf die Große Anfrage betr Deutschlandpolitik
BT-Drs 7/2933 = **141** E 3
- Antrag betr Verhandlungen mit der DDR über Grenzmarkierungen an der Elbe
BT-Drs 7/3278 = **152** O 10
Antrag des Innenausschusses
BT-Drs 7/3780 = **168** M 4
BT-PlPr 7/167 = **31** N 12
BT-PlPr 7/181 = **34** J 3
- Allgemeine Verwaltungsvorschrift über die umsatzsteuerliche Behandlung des innerdeutschen Waren- und Dienstleistungsverkehrs zwischen den Währungsgebieten der Deutschen Mark und der Mark der DDR (VwV zu § 26 Abs 4 UStG 1967)
BR-Drs 217/73 = **21** B 11
- Allgemeine Verwaltungsvorschrift zur Ausführung von Art 3 des Abkommens Bundesrepublik Deutschland/DDR auf dem Gebiet des Gesundheitswesens
BR-Drs 696/75 = **138** D 10
- VO über die Gewährung von Erleichterungen, Vorrechten und Befreiungen an die Ständige Vertretung der DDR
BR-Drs 221/74 = **65** L 13
BR-PlPr 404 = **3** G 6
- VO über die Erstattung von Umsatzsteuer an die Ständige Vertretung der DDR und ihrer Mitglieder
BR-Drs 792/74 = **93** N 11
- sa GesEntw eines 28. ÄndGes zum Lastenausgleichsgesetz
BR-Drs 210/74 = **64** N 5
- sa VO zur Änderung der Straßenverkehrs-Zulassungs-Ordnung
BR-Drs 416/74 = **74** J 3

Arbeitsrecht
Materialien zum Bericht zur Lage der Nation 1974
BT-Drs 7/2423 = **124** J 13

Beschäftigungspolitik
Materialien zum Bericht zur Lage der Nation 1974
BT-Drs 7/2423 = **124** J 13

Bildungswesen
Unterrichtung über die Entwicklung der Beziehungen zwischen der Bundesrepublik Deutschland und der DDR
BT-Drs 7/420 = **66** L 5

Einkommensverteilung
Materialien zum Bericht zur Lage der Nation 1974
BT-Drs 7/2423 = **124** J 13

Ernährungspolitik
Materialien zum Bericht zur Lage der Nation 1974
BT-Drs 7/2423 = **124** J 13

Familienzusammenführung
Antwort auf die Große Anfrage betr Deutschlandpolitik
BT-Drs 7/2933 = **141** E 3

Fernmeldeverkehr
zwischen der Bundesrepublik Deutschland und der DDR
- Unterrichtung über die Entwicklung der Beziehungen
BT-Drs 7/420 = **66** L 5

Fernsehen
Unterrichtung über die Entwicklung der Beziehungen zwischen der Bundesrepublik Deutschland und der DDR
BT-Drs 7/420 = **66** L 5

Finanzwesen
Materialien zum Bericht zur Lage der Nation 1974
BT-Drs 7/2423 = **124** J 13

Gesundheitswesen
- Unterrichtung über die Entwicklung der Beziehungen zwischen der Bundesrepublik Deutschland und der DDR
BT-Drs 7/420 = **66** L 5
- Antwort auf die Große Anfrage betr Deutschlandpolitik
BT-Drs 7/2933 = **141** E 3

Grundlagenvertrag
- Antwort auf die Große Anfrage betr Deutschlandpolitik
BT-Drs 7/2933 = **141** E 3
- Antwort auf die Große Anfrage betr Konferenz über Sicherheit und Zusammenarbeit in Europa (KSZE)
BT-Drs 7/2616 = 130 M 10

innerdeutscher Handel
Unterrichtung über die Entwicklung der Beziehungen zwischen der Bundesrepublik Deutschland und der DDR
BT-Drs 7/420 = **66** L 5

Kultur
- Unterrichtung über die Entwicklung der Beziehungen zwischen der Bundesrepublik Deutschland und der DDR
BT-Drs 7/420 = **66** L 5
- Bericht der Enquête-Kommission Auswärtige Kulturpolitik
BT-Drs 7/4121 = **177** F 5

Postverkehr
zwischen der Bundesrepublik Deutschland und der DDR
- Unterrichtung über die Entwicklung der Beziehungen
BT-Drs 7/420 = **66** L 5
- Antwort auf die Große Anfrage betr Deutschlandpolitik
BT-Drs 7/2933 = **141** E 3

Presse
- Unterrichtung über die Entwicklung der Beziehungen zwischen der Bundesrepublik Deutschland und der DDR
BT-Drs 7/420 = **66** L 5
- Bericht der Bundesregierung über den Bezug von Zeitungen und Zeitschriften aus der DDR für das Jahr 1972
BT-Drs 7/712 = **76** F 6
Bericht und Antrag des Ausschusses für innerdeutsche Beziehungen
BT-Drs 7/1126 = **87** J 14

Rechtshilfe
- sa Ges zur Änderung des Ges über die innerdeutsche Rechts- und Amtshilfe in Strafsachen
BR-Drs 654/74 = **85** N 2
- Unterrichtung über die Entwicklung der Beziehungen
BT-Drs 7/420 = **66** L 5

Reiseverkehr
zwischen der Bundesrepublik Deutschland und der DDR
- Unterrichtung über die Entwicklung der Beziehungen
BT-Drs 7/420 = **66** L 5

- Antwort auf die Große Anfrage betr Deutschlandpolitik
  BT-Drs 7/2933 = **141** E 3

Rentenpolitik
  Materialien zum Bericht zur Lage der Nation 1974
  BT-Drs 7/2423 = **124** J 13

Sozialpolitik
  Materialien zum Bericht zur Lage der Nation 1974
  BT-Drs 7/2423 = **124** J 13

Sport
  Unterrichtung über die Entwicklung der Beziehungen zwischen der Bundesrepublik Deutschland und der DDR
  BT-Drs 7/420 = **66** L 5

Territorialplanung
  und Raumordnungspolitik in der Bundesrepublik Deutschland
  Materialien zum Bericht zur Lage der Nation
  BT-Drs 7/2423 = **124** J 13

Umweltschutz
- Unterrichtung über die Entwicklung der Beziehungen zwischen der Bundesrepublik Deutschland und der DDR
  BT-Drs 7/420 = **66** L 5
- Materialien zum Bericht zur Lage der Nation 1974
  BT-Drs 7/2423 = **124** J 13
- Umweltbericht 1976
  BT-Drs 7/5684 = **226** A 1

Verkehrswesen
  Unterrichtung über die Entwicklung der Beziehungen zwischen der Bundesrepublik Deutschland und der DDR
  BT-Drs 7/420 = **66** L 5

Verwaltungsrecht
  Materialien zum Bericht zur Lage der Nation 1974
  BT-Drs 7/2423 = **124** J 13

Wirtschaftsbeziehungen
- Antwort auf die Große Anfrage betr Deutschlandpolitik
  BT-Drs 7/2933 = **141** E 3

Wissenschaft
  Unterrichtung über die Entwicklung der Beziehungen zwischen der Bundesrepublik Deutschland und der DDR
  BT-Drs 7/420 = **66** L 5

Deutsche Genossenschaftsbank
- *GesEntw über die Deutsche Genossenschaftsbank und zur Änderung des Ges über die Landwirtschaftliche Rentenbank*
  BR-Drs 741/75 = **140** O 1
  BR-PlPr 429 = **5** M 3
  BT-Drs 7/3469 = **156** M 6
  Bericht und Antrag des Finanzausschusses
  BT-Drs 7/4286 = **186** F 12
  Änderungsantrag zur 2. Beratung
  BT-Drs 7/4395 = **190** K 13
  1. Beratung
  BT-PlPr 7/164 = **31** I 1
  2. und 3. Beratung
  BT-PlPr 7/207 = **39** B 4

Deutsche Industriebank
- *GesEntw über die Verwendung des Vermögens der Deutschen Industriebank*
  BR-Drs 564/73 = **38** N 2
  BR-Drs 227/74 = **65** O 6
  BR-PlPr 397 = **2** L 1
  BR-PlPr 404 = **3** G 6
  BT-Drs 7/1266 = **93** N 1
  Bericht und Antrag des Rechtsausschusses
  BT-Drs 7/1712 = **108** B 13
  1. Beratung
  BT-PlPr 7/69 = **11** M 6
  2. und 3. Beratung
  BT-PlPr 7/86 = **15** N 2

Deutsche Kapitalanlagen
s Kapitalanlagen

Deutsche Kommunistische Partei (DKP)
- Antrag betr Unterrichtung über Fragen der inneren Sicherheit
  BT-Drs 7/3259 = **152** J 7

Deutsche Mark
- Vorlage zur Außerkurssetzung der Bundesmünzen im Nennwert von 5 DM (Umlaufmünzen aus Silber)
  BR-Drs 364/75 = **119** I 3
- Außerkurssetzung der Bundesmünzen im Nennwert von 2 Deutschen Mark (Max Planck)
  BR-PlPr 396 = **2** I 14
- Unterrichtung über den EG-Bericht über die Entwicklung der wirtschaftlichen Lage der deutschen Landwirtschaft nach der Aufwertung der DM 1969
  BR-Drs 34/74 = **55** K 9

Deutsche Nation
s Nation

Deutscher Bundestag
s Bundestag

Deutscher Film
s Filmförderung

Deutsches Richtergesetz
s *Richtergesetz*

Deutschlandpolitik
- Antwort auf die Große Anfrage der SPD/FDP
  BT-Drs 7/2933 = **141** E 3
- Antwort auf die Große Anfrage der CDU/CSU
  BT-Drs 7/2934 = **141** E 13
  Beantwortung der großen Anfragen der CDU/CSU und SPD/FDP
  BT-PlPr 7/146 = **27** J 3
  BT-PlPr 7/147 = **28** A 1
- *Bericht der Bundesregierung über die Lage der Nation 1974*
  BR-Drs 536/74 = **78** L 9
  BT-Drs 7/2423 = **124** J 13
- Erklärung der Bundesregierung zur Lage der Nation
  BT-PlPr 7/146 = **27** J 3
  BT-PlPr 7/147 = **28** A 1
- Tätigkeitsbericht 1973 der Bundesregierung
  BT-Drs 7/1434 = **97** H 8

Deutsch-Lehrgänge
- VO über die Förderung der Teilnahme von Aussiedlern an Deutsch-Lehrgängen
  BR-Drs 338/76 = **164** D 11

Diätassistent
- *GesEntw über den Beruf des ...*
  BR-Drs 54/73 = **9** A 2
  BR-Drs 268/73 = **24** M 8
  BR-PlPr 389 = **1** B 11
  BR-PlPr 392 = **2** D 6
  Vermittlungsverfahren:
  BR-Drs 361/73 = **28** I 4
  BR-PlPr 394 = **2** F 12
  BT-Drs 7/116 = **55** M 8
  Bericht und Antrag des Ausschusses für Jugend, Familie und Gesundheit
  BT-Drs 7/362 = **64** M 4
  Einberufung des Vermittlungsausschusses
  BT-Drs 7/469 = **68** G 8
  Antrag des Vermittlungsausschusses
  BT-Drs 7/583 = **72** M 8
  1. Beratung
  BT-PlPr 7/15 = **2** J 13
  2. und 3. Beratung
  BT-PlPr 7/23 = **3** N 5
  Vermittlungsverfahren
  BT-PlPr 7/34 = **5** M 13
- Ausbildungs- und Prüfungsordnung für Diätassistenten
  BR-Drs 667/73 = **43** A 6
  BR-PlPr 400 = **3** A 1

Diätengesetz 1968
- *Entw eines 2. ÄndGes*
  BR-Drs 478/74 = **77** A 2
  BR-PlPr 410 = **3** O 9
  BT-Drs 7/2285 = **121** M 10
  Bericht des Haushaltsausschusses
  BT-Drs 7/2297 = **121** N 13
  1. Beratung
  BT-PlPr 7/110 = **20** J 5
  2. und 3. Beratung
  BT-PlPr 7/110 = **20** J 5
- *Entw eines 3. ÄndGes*
  BR-Drs 446/76 = **170** J 12
  BR-PlPr 437 = **6** L 10
  BT-Drs 7/5247 = **216** F 7
  Bericht und Antrag des Innenausschusses
  BT-Drs 7/5357 = **218** N 9
  Änderungsantrag zur 2. Beratung
  BT-Drs 7/5431 = **220** K 10
  Bericht des Haushaltsausschusses
  BT-Drs 7/5454 = **220** M 11
  1. Beratung
  BT-PlPr 7/245 = **47** A 5
  2. und 3. Beratung
  BT-PlPr 7/253 = **48** M 9

Diätenordnung des Bundesrates
- Antrag zur Änderung der ...
  BR-Drs 666/73 = **43** A 2

Diätkost
- 4. VO zur Änderung der VO über diätetische Lebensmittel
  BR-Drs 18/75 = **97** O 10
- VO über die Verlängerung von Übergangsvorschriften für diätetische Lebensmittel
  BR-Drs 690/75 = **138** B 1

Dienstbezüge
- s a Besoldung
- VO zur Regelung des örtlichen Sonderzuschlags für Hamburg
  BR-Drs 712/74 = **88** I 10

Dienstleistungsverkehr
- s GesEntw zum Abkommen Bundesrepublik Deutschland/Republik *Österreich* über die Umsatzbesteuerung des Waren- und Dienstleistungsverkehrs zwischen den österreichischen Gemeinden Mittelberg und Jungholz und der Bundesrepublik Deutschland
  BR-Drs 79/73 = **10** I 10
  BT-Drs 7/259 = **62** I 9

Dienst, Öffentlicher
- Antrag betr Auswirkungen neuer Gesetze auf den Arbeits- und Personalaufwand
  BT-Drs 7/2599 = **130** H 12
  Bericht und Antrag des Haushaltsausschusses
  BT-Drs 7/5182 = **215** A 5
- Vergleich des beamtenrechtlichen Versor-

gungssystems mit dem Versorgungssystem für Arbeitnehmer im öffentlichen Dienst und in der privaten Wirtschaft
BT-Drs 7/5569 = **223** B 4
Dienstpostenbewertung
– Bericht zur Ämterbewertung
BT-Drs 7/6 = **51** M 5
– Arbeitsbericht über die Vorarbeiten für eine Ämter- und Dienstpostenbewertung
BT-Drs 7/5510 = **222** E 11
Dienstrecht
– s a Beamtenrecht
– *GesEntw eines 2. Ges zur Änderung dienstrechtlicher Vorschriften*
BR-Drs 778/75 = **142** B 8
BR-PlPr 430 = **5** N 11
BT-Drs 7/4922 = **206** K 8
Dieselkraftstoff
– 3. VO zur Durchführung des Bundes-Immissionsschutzgesetzes
BR-Drs 539/74 = **80** E 4
Diplom
– Unterrichtung über den Vorschlag einer EG-Entschließung betr Leitlinien für die gegenseitige Anerkennung der Diplome, Prüfungszeugnisse und sonstiger Befähigungsnachweise gem Artikel 57 des EG-Vertrages
BR-Drs 255/74 = **67** A 5
BT-Drs 7/1868 = **111** M 11
– Unterrichtung betr Europäische Hochschulpolitik
BT-Drs 7/3331 = **153** M 8
Diplomatenschutzkonvention
– *GesEntw zum Übereinkommen über die Verhütung, Verfolgung und Bestrafung von Straftaten gegen völkerrechtlich geschützte Personen einschließlich Diplomaten*
BR-Drs 539/75 = **127** J 7
BR-Drs 478/76 = **171** O 12
BR-PlPr 424 = **5** E 4
BR-PlPr 437 = **6** L 10
BT-Drs 7/4820 = **204** F 6
Bericht und Antrag des Auswärtigen Ausschusses
BT-Drs 7/5475 = **221** K 7
1. Beratung
BT-PlPr 7/230 = **43** J 6
2. Beratung und Schlußabstimmung
BT-PlPr 7/256 = **49** K 13
Direktversicherung
– Vorschlag einer 1. EG-Richtlinie über die Aufnahme und Ausübung der Direktversicherung (Lebensversicherung)
BR-Drs 37/74 = **55** L 6
BT-Drs 7/1525 = **102** H 13
– Vorschlag einer 2. EG-Richtlinie zur Koordinierung der die direkte Schadenversicherung betreffenden Rechts- und Verwaltungsvorschriften und zur Erleichterung des freien Dienstleistungsverkehrs im Versicherungswesen
BR-Drs 63/76 = **148** B 10
BT-Drs 7/4649 = **197** M 5
– *GesEntw zur Durchführung der 1. EG-Richtlinie zur Koordinierung der Rechts- und Verwaltungsvorschriften betr die Aufnahme und Ausübung der Tätigkeit der Direktversicherung. – 1. Durchführungsgesetz/EWG zum VAG –*
BR-Drs 130/75 = **104** B 9
BR-Drs 637/75 = **133** B 12
BR-PlPr 418 = **4** M 1
BR-PlPr 425 = **5** G 3
BT-Drs 7/3687 = **165** A 5
Bericht und Antrag des Finanzausschusses
BT-Drs 7/4084 = **176** K 4
Bericht des Haushaltsausschusses
BT-Drs 7/4085 = **176** L 5
1. Beratung
BT-PlPr 7/178 = **34** B 13
2. und 3. Beratung
BT-PlPr 7/194 = **36** M 12
Disziplinarmaßnahmen
– s Entw eines *Strafvollzugs*gesetzes
BR-Drs 71/73 = **9** D 11
BT-Drs 7/918 = **80** H 13
Dividenden
– Vorschlag einer EG-Richtlinie zur Harmonisierung der Körperschaftsteuersysteme und der Regelungen der Quellensteuer auf Dividenden
BR-Drs 482/76 = **172** B 3
Donauschifferausweis
– 7. VO zur Änderung der VO zur Durchführung des Ausländergesetzes
BR-Drs 288/75 = **114** B 14
Dorfhelfer
– VO über die Ausbildungsförderung für den Besuch von Ausbildungsstätten für Dorfhelfer
BR-Drs 275/74 = **67** N 6
Dosimeter
– 2.VO über die Eichpflicht von Meßgeräten
BR-Drs 700/74 = **88** C 1
Doppelbesteuerungsabkommen
– *GesEntw zum Abkommen Bundesrepublik Deutschland/Australischer Bund zur Vermeidung der Doppelbesteuerung und zur Verhinderung der Steuerverkürzung bei Einkommens- und Vermögenssteuer sowie bei anderen Steuern*
BR-Drs 524/73 = **35** N 12
BR-Drs 151/74 = **61** N 2
BR-PlPr 397 = **2** L 1
BR-PlPr 402 = **3** E 5
BT-Drs 7/1139 = **88** B 12
Bericht und Antrag des Finanzausschusses
BT-Drs 7/1613 = **104** E 8
1. Beratung
BT-PlPr 7/64 = **10** L 13
2. Beratung und Schlußabstimmung
BT-PlPr 7/81 = **14** N 5
– *GesEntw zum Abkommen Bundesrepublik Deutschland/Föderative Republik Brasilien zur Vermeidung der Doppelbesteuerung auf dem Gebiet der Steuern vom Einkommen und vom Vermögen*
BR-Drs 611/75 = **131** F 9
BR-Drs 747/75 = **141** A 2
BR-PlPr 425 = **5** G 3
BR-PlPr 429 = **5** M 3
BT-Drs 7/4229 = **184** O 11
Unterrichtung durch die Bundesregierung
BT-Drs 7/4302 = **187** E 5
Bericht und Antrag des Finanzausschusses
BT-Drs 7/4377 = **190** G 6
1. Beratung
BT-PlPr 7/203 = **38** F 6
2. Beratung und Schlußabstimmung
BT-PlPr 7/207 = **39** B 4
– *GesEntw zum Abkommen Bundesrepublik Deutschland/Republik Island zur Vermeidung von Doppelbesteuerung im Bereich Einkommens- und Vermögenssteuer*
BR-Drs 37/73 = **8** N 1
BR-Drs 256/73 = **22** L 11
BR-PlPr 389 = **1** B 11
BR-PlPr 392 = **2** D 6
BT-Drs 7/99 = **55** A 1
Bericht und Antrag des Finanzausschusses
BT-Drs 7/264 = **62** M 8
1. Beratung
BT-PlPr 7/15 = **2** J 13
2. Beratung und Schlußabstimmung
BT-PlPr 7/21 = **3** J 11
– *GesEntw zum Abkommen Bundesrepublik Deutschland/Republik Jamaika zur Vermeidung der Doppelbesteuerung auf dem Gebiet der Steuern vom Einkommen und vom Vermögen*
BR-Drs 782/75 = **142** E 4
BR-Drs 263/76 = **160** G 1
BR-PlPr 430 = **5** N 11
BR-PlPr 434 = **6** F 11
BT-Drs 7/4686 = **200** E 2
Bericht und Antrag des Finanzausschusses
BT-Drs 7/4901 = **206** H 1
1. Beratung
BT-PlPr 7/224 = **42** G 6
2. Beratung und Schlußabstimmung
BT-PlPr 7/233 = **44** D 5
– *GesEntw zum Abkommen Bundesrepublik Deutschland/Republik Kanada zur Vermeidung der Doppelbesteuerung und zur Verhinderung der Steuerverkürzung auf dem Gebiet der Steuern vom Einkommen, vom Vermögen und bestimmter anderer Steuern*
BR-Drs 249/76 = **157** I 13
BR-PlPr 434 = **6** F 11
BT-Drs 7/5378 = **219** C 14
1. Beratung
BT-PlPr 7/256 = **49** K 13
– *GesEntw eines Ges zum Abkommen Bundesrepublik Deutschland/Liberia zur Vermeidung der Doppelbesteuerung auf dem Gebiet der Steuern vom Einkommen und vom Vermögen*
BR-Drs 199/73 = **19** O 3
BR-Drs 447/73 = **33** E 12
BR-PlPr 392 = **2** D 6
BR-PlPr 396 = **2** I 14
BT-Drs 7/472 = **68** H 11
Bericht und Antrag des Finanzausschusses
BT-Drs 7/661 = **75** M 14
1. Beratung
BT-PlPr 7/30 = **5** A 6
2. Beratung und Schlußabstimmung
BT-PlPr 7/39 = **6** H 14
– *GesEntw zum Ergänzungsprotokoll zur Änderung des Abkommens Bundesrepublik Deutschland/Großherzogtum Luxemburg zur Vermeidung der Doppelbesteuerungen und über gegenseitige Amts- und Rechtshilfe auf dem Gebiet der Steuern vom Einkommen und vom Vermögen sowie Gewerbesteuern und Grundsteuern sowie seines Schlußprotokolls*
BR-Drs 741/74 = **90** H 9
BR-PlPr 415 = **4** G 8
– *GesEntw zum Abkommen Bundesrepublik Deutschland/Republik Malta zur Vermeidung der Doppelbesteuerung bei Steuern vom Einkommen und vom Vermögen*
BR-Drs 239/75 = **111** M 8
BR-Drs 614/75 = **131** H 8
BR-PlPr 420 = **4** N 9
BR-PlPr 425 = **5** G 3
BT-Drs 7/3735 = **168** C 4

Bericht und Antrag des Finanzausschusses
BT-Drs 7/4061 = **176** F 5
1. Beratung
BT-PlPr 7/181 = **34** J 3
2. Beratung und Schlußabstimmung
BT-PlPr 7/191 = **36** G 10
– *GesEntw zum Abkommen Bundesrepublik Deutschland/Königreich Marokko zur Vermeidung der Doppelbesteuerung auf dem Gebiet der Steuern vom Einkommen und vom Vermögen*
BR-Drs 198/73 = **19** N 5
BR-Drs 457/73 = **33** H 9
BR-PlPr 392 = **2** D 6
BR-PlPr 396 = **2** I 14
BT-Drs 7/471 = **68** G 11
Bericht und Antrag des Finanzausschusses
BT-Drs 7/717 = **76** G 5
1. Beratung
BT-PlPr 7/30 = **5** A 6
2. Beratung und Schlußabstimmung
BT-PlPr 7/42 = **7** A 12
– *GesEntw zum Abkommen Bundesrepublik Deutschland/Volksrepublik Polen zur Vermeidung der Doppelbesteuerung auf dem Gebiet der Steuern vom Einkommen und vom Vermögen*
BR-Drs 313/74 = **69** K 1
BR-Drs 51/75 = **99** J 4
BR-PlPr 406 = **3** K 7
BR-PlPr 416 = **4** I 9
BT-Drs 7/2520 = **128** L 5
Bericht und Antrag des Finanzausschusses
BT-Drs 7/2825 = **136** O 5
1. Beratung
BT-PlPr 7/116 = **21** G 5
2. Beratung und Schlußabstimmung
BT-PlPr 7/136 = **25** J 7
– *GesEntw zum Abkommen Bundesrepublik Deutschland/Sozialistische Republik Rumänien zur Vermeidung der Doppelbesteuerung auf dem Gebiet der Steuern vom Einkommen und vom Vermögen*
BR-Drs 314/74 = **69** K 14
BR-Drs 49/75 = **99** J 2
BR-PlPr 406 = **3** K 7
BR-PlPr 416 = **4** I 9
BT-Drs 7/2515 = **128** I 7
Bericht und Antrag des Finanzausschusses
BT-Drs 7/2838 = **137** B 9
1. Beratung
BT-PlPr 7/116 = **21** G 5
2. Beratung und Schlußabstimmung
BT-PlPr 7/136 = **25** J 7
– *GesEntw zum Abkommen Bundesrepublik Deutschland/Republik Sambia zur Vermeidung der Doppelbesteuerung auf dem Gebiet der Steuern vom Einkommen und vom Vermögen*
BR-Drs 401/74 = **73** O 5
BR-Drs 52/75 = **99** J 5
BR-PlPr 410 = **3** O 9
BR-PlPr 416 = **4** I 9
BT-Drs 7/2395 = **123** L 13
Bericht und Antrag des Finanzausschusses
BT-Drs 7/2837 = **137** B 8
1. Beratung
BT-PlPr 7/116 = **21** G 5
2. Beratung und Schlußabstimmung
BT-PlPr 7/136 = **25** J 7
– *GesEntw zum Abkommen Bundesrepublik Deutschland/Republik Singapur zur Vermeidung der Doppelbesteuerung auf dem Gebiet der Steuern vom Einkommen und vom Vermögen*
BR-Drs 68/73 = **9** B 8
BR-Drs 257/73 = **22** L 12
BR-PlPr 389 = **1** B 11
BR-PlPr 392 = **2** D 6
BT-Drs 7/106 = **55** E 3
Bericht und Antrag des Finanzausschusses
BT-Drs 7/275 = **63** D 1
1. Beratung
BT-PlPr 7/15 = **2** J 13
2. Beratung und Schlußabstimmung
BT-PlPr 7/21 = **3** J 11
– *GesEntw zum Abkommen Bundesrepublik Deutschland/Republik Südafrika zur Vermeidung der Doppelbesteuerung auf dem Gebiet der Steuern vom Einkommen und vom Vermögen*
BR-Drs 8/74 = **54** E 7
BR-Drs 472/74 = **76** L 4
BR-PlPr 401 = **3** C 2
BR-PlPr 410 = **3** O 9
BT-Drs 7/1713 = **108** C 3
Bericht und Antrag des Finanzausschusses
BT-Drs 7/2262 = **121** D 3
1. Beratung
BT-PlPr 7/86 = **15** N 2
2. Beratung und Schlußabstimmung
BT-PlPr 7/108 = **20** E 5
– *GesEntw zum Abkommen Bundesrepublik Deutschland/Republik Trinidad und Tobago zur Vermeidung der Doppelbesteuerung auf dem Gebiet der Steuern vom Einkommen und zur Förderung des internationalen Handels und der internationalen Investitionstätigkeit*
BR-Drs 402/74 = **74** A 4
BR-Drs 53/75 = **99** J 6
BR-PlPr 410 = **3** O 9
BR-PlPr 416 = **4** I 9
BT-Drs 7/2393 = **123** K 7
Bericht und Antrag des Finanzausschusses
BT-Drs 7/2824 = **136** O 4
1. Beratung
BT-PlPr 7/116 = **21** G 5
2. Beratung und Schlußabstimmung
BT-PlPr 7/136 = **25** J 7
– *GesEntw zum Abkommen Bundesrepublik Deutschland/Republik Tunesien zur Vermeidung der Doppelbesteuerung auf dem Gebiet der Steuern vom Einkommen und vom Vermögen*
BR-Drs 168/76 = **154** A 11
BR-Drs 476/76 = **171** O 9
BR-PlPr 433 = **6** D 11
BR-PlPr 437 = **6** L 10
BT-Drs 7/5030 = **211** I 14
Bericht und Antrag des Finanzausschusses
BT-Drs 7/5377 = **219** C 13
1. Beratung
BT-PlPr 7/240 = **45** L 4
2. Beratung und Schlußabstimmung
BT-PlPr 7/256 = **49** K 13
– *GesEntw zum Abkommen Bundesrepublik Deutschland/Republik Türkei zur Vermeidung der Doppelbesteuerung und zur Regelung von Fragen auf dem Gebiet der Steuern vom Einkommen und vom Vermögen*
BR-Drs 678/75 = **137** F 6
BR-PlPr 429 = **5** M 3
– *GesEntw zum Abkommen Bundesrepublik Deutschland/Republik Zypern zur Vermeidung der Doppelbesteuerung auf dem Gebiet der Steuern vom Einkommen und vom Vermögen*
BR-Drs 672/76 = **179** G 4
BR-PlPr 442 = **7** C 1

Drittländer
s Assoziierung mit den EG

Drogen
s a Rauschgift
– s a GesEntw zum Internationalen Einheitsübereinkommen über *Suchtstoffe*
BR-Drs 55/73 = **9** A 3
BT-Drs 7/126 = **56** G 2
– s a GesEntw zum Protokoll zur Änderung des Einheitsübereinkommens 1961 über *Suchtstoffe*
BR-Drs 10/74 = **54** G 8
BT-Drs 7/2071 = **116** N 11
– s a GesEntw zum Übereinkommen über *psychotrope Stoffe*
BR-Drs 99/76 = **150** C 13
BT-Drs 7/4957 = **209** G 7
– Sozialbericht 1973
BR-Drs 680/73 = **43** I 9
BT-Drs 7/1167 = **89** D 6
– Sozialbericht 1976
BR-Drs 252/76 = **157** M 7
BT-Drs 7/4953 = **207** G 3

Drogenkriminalität
– s GesEntw zur Änderung des *Betäubungsmittelgesetzes*
BR-Drs 227/75 = **111** H 9
BT-Drs 7/4141 = **178** K 4

Drogenmißbrauch
– Antwort der Bundesregierung auf die Große Anfrage
BT-Drs 7/620 = **73** J 4
BT-PlPr 7/40 = **6** L 12
– Antrag der CDU/CSU
BT-Drs 7/671 = **75** N 13
Bericht und Antrag des Ausschusses für Jugend, Familie und Gesundheit
BT-Drs 7/4168 = **179** A 4
BT-PlPr 7/40 = **6** L 12
BT-PlPr 7/203 = **38** F 6
– Antwort auf die Große Anfrage betr Situation der Kinder in Deutschland
BT-Drs 7/3340 = **154** D 13

DruckgasVO
– 3. VO zur Änderung der Eisenbahn-Verkehrsordnung (EVO) und 2. VO zur Änderung der DruckgasVO
BR-Drs 293/76 = **162** M 7

Drucklufthämmer
– 3. Allgemeine Verwaltungsvorschrift zum Bundes-Immissionsschutzgesetz
BR-Drs 198/76 = **155** M 13

Düngemittel
– s GesEntw eines 2. ÄndGes zum *Pflanzenschutzgesetz*
BR-Drs 550/74 = **80** K 10
BT-Drs 7/2874 = **140** C 6

Düngemittelstatistik
– VO über eine Düngemittelstatistik
BR-Drs 703/75 = **138** H 6

DüngemittelVO
– 11.VO zur Änderung der ...
BR-Drs 787/73 = **51** F 3
– 12. VO zur Änderung der ...
BR-Drs 16/75 = **97** O 3
– 13. VO zur Änderung der ...
BR-Drs 716/75 = **139** C 1
– 14. VO zur Änderung der ...
BR-Drs 666/76 = **179** B 6

E

EAGFL
s Europäischer Ausrichtungs- und Garantiefonds für die Landwirtschaft
Eber
– VO zur Änderung der 3. DurchführungsVO zum Tierzuchtgesetz über die Körung von Ebern und Ziegenböcken
BR-Drs 180/74 = **63** E 1
EDV-Anlagen
– Mitteilung über die Politik der EG auf dem Gebiet der Datenverarbeitung
BR-Drs 30/74 = **55** I 3
EG
s Europäische Gemeinschaften
Ehenamen
– *GesEntw über den Ehe- und Familiennamen*
BR-Drs 69/75 = **99** N 9
BR-PlPr 416 = **4** I 9
Vermittlungsverfahren:
BR-Drs 182/75 = **108** E 11
BR-Drs 791/75 = **142** I 9
BR-PlPr 418 = **4** M 1
1. Bericht und Antrag des Rechtsausschusses
BT-Drs 7/3119 = **146** M 8
1. Bericht des Haushaltsausschusses
BT-Drs 7/3120 = **146** N 3
Unterrichtung betr Anrufung des Vermittlungsausschusses
BT-Drs 7/3268 = **152** M 7
Antrag des Vermittlungsausschusses
BT-Drs 7/3358 = **154** J 1
Unterrichtung durch den Bundesrat betr Nicht-Zustimmung
BT-Drs 7/3504 = **157** O 4
Unterrichtung betr Einberufung des Vermittlungsausschusses
BT-Drs 7/4509 = **193** A 10
Antrag des Vermittlungsausschusses
BT-Drs 7/4992 = **210** E 4
2. und 3. Beratung
BT-PlPr 7/147 = **28** A 1
Beratung des Antrags des Vermittlungsausschusses
BT-PlPr 7/159 = **30** G 10
Beratung eines weiteren Antrags des Vermittlungsausschusses
BT-PlPr 7/235 = **44** I 6
Eherechtsreformgesetz
– *GesEntw eines 1. Ges zur Reform des Ehe- und Familienrechts* (1. EheRG)
BR-Drs 260/73 = **22** M 8
BR-Drs 1/76 = **143** A 4
BR-PlPr 394 = **2** F 12
BR-PlPr 430 = **5** N 11
Vermittlungsverfahren:
BR-Drs 216/76 = **156** F 4
BR-PlPr 433 = **6** D 11
BT-Drs 7/650 = **74** G 4
1. Bericht und Antrag des Rechtsausschusses
BT-Drs 7/3119 = **146** M 8
1. Bericht des Haushaltsausschusses
BT-Drs 7/3120 = **146** N 3
Aufspaltung des GesEntw
s jetzt a *Ehenamen*
2. Bericht und Antrag des Rechtsausschusses
BT-Drs 7/4361 = **189** I 1
2. Bericht des Haushaltsausschusses
BT-Drs 7/4396 = **190** K 14
Änderungsanträge zur 2. Beratung
BT-Drs 7/4432 = **191** I 1
BT-Drs 7/4445 = **191** L 2
BT-Drs 7/4446 = **191** L 2
BT-Drs 7/4447 = **191** L 3
BT-Drs 7/4448 = **191** L 4
BT-Drs 7/4449 = **191** L 6
BT-Drs 7/4453 = **191** L 10
BT-Drs 7/4454 = **191** L 14
BT-Drs 7/4455 = **191** M 2
BT-Drs 7/4456 = **191** M 5
BT-Drs 7/4457 = **191** M 5
BT-Drs 7/4463 = **192** B 3
Entschließungsantrag zur 3. Beratung
BT-Drs 7/4458 = **191** M 6
Unterrichtung betr Anrufung des Vermittlungsausschusses
BT-Drs 7/4694 = **200** G 8
Antrag des Vermittlungsausschusses
BT-Drs 7/4992 = **210** E 4
1. Beratung
BT-PlPr 7/40 = **6** L 12
2. Beratung
BT-PlPr 7/147 = **28** A 1
2. und 3. Beratung
BT-PlPr 7/209 = **39** G 11
Beratung eines Antrags des Vermittlungsausschusses
BT-PlPr 7/235 = **44** I 6
– *Entw eines ÄndGes zum 1. Ges zur Reform des Ehe- und Familienrechts*
BT-Drs 7/4964 = **209** K 8
BT-PlPr 7/237 = **45** C 13
– Sozialbericht 1973
BT-Drs 7/1167 = **89** D 6
Ehescheidung
s Scheidungsrecht
Eheschließung
– s GesEntw eines 4. Änderungs- und Ergänzungsgesetzes des *Personenstandsgesetzes*
BR-Drs 526/73 = **36** B 12
BT-Drs 7/1490 = **100** O 2
Ehrenamt
ehrenamtliche Tätigkeit im Verwaltungsverfahren
– s Entw eines *Verwaltungsverfahrensgesetzes*
BT-Drs 7/910 = **80** B 5
Ehrenamtliche Richter
– s GesEntw zur Änderung von Bezeichnungen der *Richter* und ehrenamtlichen Richter
BR-Drs 410/75 = **122** A 6
BT-Drs 7/3550 = **158** O 5
– s GesEntw zur Änderung des Ges über die Entschädigung von *Zeugen* und Sachverständigen sowie des Ges über die Entschädigung der ehrenamtlichen Richter
BR-Drs 631/75 = **132** L 5
BT-Drs 7/4599 = **196** D 13
Eichgesetz
– *GesEntw zur Änderung des Eichgesetzes*
BR-Drs 43/73 = **8** N 7
BR-Drs 345/73 = **28** B 13
BR-PlPr 389 = **1** B 11
BR-PlPr 395 = **2** I 1
BT-Drs 7/103 = **55** C 11
Bericht und Antrag des Wirtschaftsausschusses
BT-Drs 7/439 = **67** H 14
Bericht des Haushaltsausschusses
BT-Drs 7/523 = **70** D 10
1. Beratung
BT-PlPr 7/15 = **2** J 13
2. und 3. Beratung
BT-PlPr 7/31 = **5** D 11
– *Entw eines 2. Ges zur Änderung des Eichgesetzes*
BR-Drs 352/75 = **118** J 7
BR-Drs 729/75 = **140** I 12
BR-PlPr 422 = **5** B 1
BR-PlPr 429 = **5** M 3
BT-Drs 7/4016 = **175** G 1
Bericht und Antrag des Wirtschaftsausschusses
BT-Drs 7/4282 = **186** D 9
1. Beratung
BT-PlPr 7/184 = **35** E 3
2. und 3. Beratung
BT-PlPr 7/203 = **38** F 6
– 2. VO über die Eichpflicht von Meßgeräten (betr Strahlenschutz)
BR-Drs 700/74 = **88** C 1
EichgültigkeitsVO
– 2. VO zur Änderung
BR-Drs 354/74 = **72** C 2
– 3. VO zur Änderung
BR-Drs 403/76 = **168** I 2
Eichkostenordnung
VO zur Änderung
BR-Drs 759/74 = **91** C 5
Eichordnung
– Erlaß einer neuen Eichordnung
BR-Drs 770/74 = **91** M 12
– VO zur Änderung der Eichordnung
BR-Drs 671/76 = **179** D 5
Eichpflicht
– 2. VO über die Eichpflicht von Meßgeräten
BR-Drs 700/74 = **88** C 1
– Empfehlung zur 2. VO über die Eichpflicht von Meßgeräten
BR-Drs 322/75 = **115** J 7
– 2. VO zur Änderung der Eichpflicht-AusnahmeVO
BR-Drs 339/73 = **27** O 11
– 3. VO zur Änderung der Eichpflicht-AusnahmeVO
BR-Drs 763/74 = **91** J 4
– 4. VO zur Änderung der Eichpflicht-AusnahmeVO
BR-Drs 561/76 = **175** A 13
Eichrecht
– VO über die Pflichten der Besitzer von Meßgeräten
BR-Drs 353/74 = **72** B 12
Eichung
– Allgemeine Verwaltungsvorschrift für die Eichung von Meßgeräten
BR-Drs 151/73 = **17** J 2
– VO zur Änderung der PrüfstellenVO
BR-Drs 753/74 = **90** O 6
– VO zur Änderung der Zulassungskostenordnung
BR-Drs 754/74 = **90** O 8
– sa GesEntw zum Übereinkommen über die *Eichung* von Binnenschiffen
BR-Drs 78/73 = **10** H 9
BT-Drs 7/481 = **68** N 9
– sa Schiffsvermessung
Eidesvorschriften
– s GesEntw eines 2. Ges zur Reform des *Strafverfahrens*rechts (2. StVRG)
BR-Drs 348/74 = **71** C 10
BT-Drs 7/2526 = **128** M 14

Eigentumswohnung
s a Wohnbesitz, Wohnungseigentum
- s GesEntw betr *Vermögens- und Eigentumsbildung*
  BT-Drs 7/294 = **63** J 14
- s GesEntw betr Förderung von Wohnungseigentum und *Wohnbesitz*
  BR-Drs 141/73 = **16** N 2
  BT-Drs 7/577 = **72** K 4
- Antwort auf die Große Anfrage betr Ziele und Aufgaben der Wohnungspolitik
  BT-Drs 7/3523 = **158** B 11

Einführungsgesetz zum ...
s unter dem jeweiligen Gesetz

Einfuhrbeschränkungen
- Vorschlag der EG zur zeitweisen Erweiterung der mengenmäßigen Einfuhrbeschränkungen um 10%
  BR-Drs 158/73 = **18** A 14

Einfuhrliste
- 43. VO zur Änderung der Einfuhrliste – Anlage zum Außenwirtschaftsgesetz –
  BR-Drs 232/73 = **22** E 6
  BT-Drs 7/311 = **64** A 13
  Bericht des Wirtschaftsausschusses
  BT-Drs 7/582 = **72** M 6
- 44. VO zur Änderung der Einfuhrliste
  BR-Drs 487/73 = **34** F 9
  BT-Drs 7/875 = **78** N 13
  Bericht des Wirtschaftsausschusses
  BT-Drs 7/1022 = **84** E 9
- 45. VO zur Änderung der Einfuhrliste
  BR-Drs 496/73 = **34** N 6
  BT-Drs 7/920 = **80** N 3
  Bericht des Wirtschaftsausschusses
  BT-Drs 7/1022 = **84** E 9
- 46. VO zur Änderung der Einfuhrliste
  BR-Drs 560/73 = **38** L 2
  BT-Drs 7/983 = **82** E 9
  Bericht des Wirtschaftsausschusses
  BT-Drs 7/1022 = **84** E 9
- 47. VO zur Änderung der Einfuhrliste
  BR-Drs 95/74 = **58** K 3
  BT-Drs 7/1581 = **103** O 10
  Bericht des Wirtschaftsausschusses
  BT-Drs 7/1851 = **111** J 7
- 48. VO zur Änderung der Einfuhrliste
  BR-Drs 850/74 = **96** M 10
  BT-Drs 7/3044 = **143** J 6
  Bericht des Wirtschaftsausschusses
  BT-Drs 7/3312 = **153** F 3
- 49. VO zur Änderung der Einfuhrliste
  BR-Drs 464/75 = **124** B 5
  BT-Drs 7/3880 = **171** K 13
  Bericht des Wirtschaftsausschusses
  BT-Drs 7/4049 = **176** E 2
- 50. VO zur Änderung der Einfuhrliste
  BR-Drs 732/75 = **140** K 2
  BT-Drs 7/4331 = **189** C 4
  Bericht des Wirtschaftsausschusses
  BT-Drs 7/4587 = **196** B 7
- 51. VO zur Änderung der Einfuhrliste
  BR-Drs 733/75 = **140** K 10
  BT-Drs 7/4332 = **189** C 8
  Bericht des Wirtschaftsausschusses
  BT-Drs 7/4587 = **196** B 7
- 52. VO zur Änderung der Einfuhrliste
  BR-Drs 53/76 = **147** C 4
  BT-Drs 7/4610 = **196** J 7
  Bericht des Wirtschaftsausschusses
  BT-Drs 7/4867 = **205** O 7
- 53. VO zur Änderung der Einfuhrliste
  BR-Drs 394/76 = **168** C 12
  BT-Drs 7/5289 = **217** K 5
  Bericht des Wirtschaftsausschusses
  BT-Drs 7/5460 = **221** F 6
- 54. VO zur Änderung der Einfuhrliste
  BR-Drs 508/76 = **172** H 3
  BT-Drs 7/5650 = **224** H 10
- 55. VO zur Änderung der Einfuhrliste
  BR-Drs 618/76 = **177** E 2
  BT-Drs 7/5855 = **230** O 6
- 56. VO zur Änderung der Einfuhrliste
  BR-Drs 738/76 = **182** E 4

Einfuhrstellen
- s GesEntw über die Neuorganisation von *Marktordnungsstellen*
  BR-Drs 359/75 = **118** O 9
  BT-Drs 7/4021 = **175** J 5

Einfuhruntersuchungen
- 6. VO zur Änderung der VO über die Untersuchung des in das Zollgebiet eingehenden Fleisches
  BR-Drs 746/74 = **90** L 4
- VO zur Änderung der Fleischbeschau-StatistikVO
  BR-Drs 745/74 = **90** K 7
- VO über die Kosten für die Untersuchung des in das Zollgebiet eingehenden Fleisches
  BR-Drs 752/74 = **90** N 8

Eingliederungshilfe
- VO zur Änderung der VO nach § 47 des Bundessozialhilfegesetzes
  BR-Drs 743/74 = **90** I 4

Eingliederungshilfe für Häftlinge
- 2. VO über die Auszahlung von zusätzlichen Eingliederungshilfen und Ausgleichsleistungen nach dem Häftlingshilfegesetz
  BR-Drs 106/73 = **11** I 8
- VO zur Änderung der 2. VO über die Auszahlung von zusätzlichen Eingliederungshilfen und Ausgleichsleistungen nach dem Häftlingshilfegesetz
  BR-Drs 203/74 = **64** F 6

Einheitswert
- s a GesEntw zur Reform des *Grundsteuerrechts* (betr die Einheitswerte des Grundbesitzes 1964)
  BR-Drs 357/73 = **28** D 13
- s a GesEntw zur Änderung vermögens*steuerrecht*licher Vorschriften
  BR-Drs 439/73 = **33** A 1
- s a GesEntw zur Änderung *steuerrecht*licher Vorschriften
  BR-Drs 782/73 = **50** O 1
- 6. VO zur Änderung der VO zur Durchführung des § 33 des Bundesversorgungsgesetzes
  BR-Drs 564/74 = **82** B 6

Einhufer
- VO zum Schutz gegen die ansteckende Blutarmut der Einhufer
  BR-Drs 232/75 = **111** J 7
- VO zur Änderung der Einhufer-EinfuhrVO,
  BR-Drs 518/75 = **125** O 11

Einkommenspolitik
- Jahresgutachten 1972 des Sachverständigenrats zur Begutachtung der gesamtwirtschaftlichen Entwicklung
  BT-Drs 7/2 = **51** A 6
- Jahresgutachten 1973 des Sachverständigenrats zur Begutachtung der gesamtwirtschaftlichen Entwicklung
  BT-Drs 7/1273 = **93** O 10
- Jahresgutachten 1974 des Sachverständigenrats zur Begutachtung der gesamtwirtschaftlichen Entwicklung
  BT-Drs 7/2848 = **137** G 3
- Jahresgutachten 1975 des Sachverständigenrates zur Begutachtung der gesamtwirtschaftlichen Entwicklung
  BT-Drs 7/4326 = **188** E 14
- Jahresgutachten 1976/1977 des Sachverständigenrates zur Begutachtung der gesamtwirtschaftlichen Entwicklung
  BT-Drs 7/5902 = **232** A 12

Einkommensteuergesetz
- s a *Doppelbesteuerungsabkommen*
- *Entw eines ÄndGes*
  BT-Drs 7/223 = **60** M 3
  Antrag des Finanzausschusses
  BT-Drs 7/591 = **73** A 1
  Bericht des Finanzausschusses
  BT-Drs 7/592 = **73** B 5
  Bericht des Haushaltsausschusses
  BT-Drs 7/603 = **73** F 13
  1. Beratung
  BT-PlPr 7/21 = **3** J 11
  2. Beratung
  BT-PlPr 7/35 = **6** A 14
- *GesEntw zur Änderung des Einkommensteuergesetzes und des Investitionszulagengesetzes* (betr erhöhte Absetzung für Wirtschaftsgüter, die dem Umweltschutz dienen)
  BR-Drs 64/75 = **99** L 5
  wurde eingebracht als 3. Steuerreformgesetz
  BR-Drs 700/73 = **46** A 6
  BR-PlPr 416 = **4** I 9
  2. Bericht und Antrag des Finanzausschusses
  BT-Drs 7/3194 = **148** I 10
  2. und 3. Beratung
  BT-PlPr 7/147 = **28** A 1
- *GesEntw zur Änderung des Einkommensteuergesetzes* (betr Altbaumodernisierung und Sonderabschreibung nach § 7b)
  BR-Drs 423/75 = **122** D 14
  BR-PlPr 422 = **5** B 1
- *GesEntw zur Änderung des Einkommensteuergesetzes* (betr Verlustrücktrag)
  BR-Drs 134/76 = **153** D 6
  BR-PlPr 431 = **5** O 8
  Vermittlungsverfahren:
  BR-Drs 214/76 = **156** F 1
  BR-PlPr 433 = **6** D 11
  BT-Drs 7/4604 = **196** F 5
  Bericht und Antrag des Finanzausschusses
  BT-Drs 7/4705 = **200** N 9
  Änderungsantrag zur 2. Beratung
  BT-Drs 7/4725 = **201** F 1
  Bericht des Haushaltsausschusses
  BT-Drs 7/4730 = **201** F 6
  Unterrichtung betr Anrufung des Vermittlungsausschusses
  BT-Drs 7/4799 = **203** H 6
  Unterrichtung durch den Vermittlungsausschuß
  BT-Drs 7/4928 = **206** N 9
  1. Beratung
  BT-PlPr 7/215 = **40** I 2
  2. und 3. Beratung
  BT-PlPr 7/221 = **41** M 14
- *GesEntw der CDU/CSU zur Beseitigung von Inflationsschäden bei der Einkommen- und Lohnsteuer*
  BT-Drs 7/1043 = **84** N 12

Bericht und Antrag des Finanzausschusses
BT-Drs 7/1147 = **89 A 9**
Bericht des Haushaltsausschusses
BT-Drs 7/1152 = **89 B 8**
1. Beratung
BT-PlPr 7/54 = **9 A 1**
2. Beratung
BT-PlPr 7/60 = **10 B 3**
– *GesEntw der CDU/CSU zur Beseitigung von Inflationsschäden bei der Einkommen- und Lohnsteuer* – Inflationsentlastungsgesetz –
BT-Drs 7/1543 = **103 E 1**
Antrag des Finanzausschusses
BT-Drs 7/2164 = **118 H 2**
Bericht des Finanzausschusses
BT-Drs 7/2180 = **119 A 11**
Änderungsantrag zur 2. Beratung
BT-Drs 7/2188 = **119 H 3**
Bericht des Haushaltsausschusses
BT-Drs 7/2191 = **119 H 11**
1. Beratung
BT-PlPr 7/77 = **13 O 6**
2. Beratung
BT-PlPr 7/104 = **19 E 7**
– *GesEntw des Bundesrates zur Beseitigung von Inflationsschäden bei Einkommen- und Lohnsteuer* – Inflationsentlastungsgesetz
BR-Drs 512/74 = **78 C 6**
BR-PlPr 410 = **3 O 9**
– *GesEntw der CDU/CSU zur Beseitigung von Inflationsschäden bei der Einkommen- und Lohnsteuer* – Inflationsentlastungsgesetz –
BT-Drs 7/2368 = **123 F 14**
– s a Entw eines *Steueränderungsgesetzes* 1973 –
BT-Drs 7/419 = **66 J 9**
– s a Entw eines 2. *Steueränderungsgesetzes* 1973 –
BT-Drs 7/1509 = **101 O 7**
– s a Entw eines *Steueränderungsgesetzes* 1974 –
BT-Drs 7/2171 = **118 K 14**
– s a Entw eines *Steueränderungsgesetzes* 1975 –
BT-Drs 7/3667 = **164 G 1**
– zustimmungsbedürftige 3. VO über steuerliche Konjunkturmaßnahmen
BT-Drs 7/546 = **70 I 3**
– Allgemeine Verwaltungsvorschrift über die Änderung und Ergänzung der Einkommensteuer-Richtlinien für 1969 (EStER 1972)
BR-Drs 130/73 = **16 G 1**
– VO zur Änderung der Einkommensteuer-DurchführungsVO
BR-Drs 456/74 = **76 C 14**
– VO zur Änderung der Einkommensteuer-DurchführungsVO 1974
BR-Drs 713/74 = **88 I 14**
– VO über die Ermittlung der Schlüsselzahlen für die Aufteilung des Gemeindeanteils an der Einkommensteuer für die Jahre 1975, 1976 und 1977
BR-Drs 217/75 = **109 L 6**
– Allgemeine Verwaltungsvorschrift über die Änderung und Ergänzung der Einkommensteuer-Richtlinien für das Kalenderjahr 1972
BR-Drs 666/75 = **135 B 3**
– VO zur Änderung der Einkommensteuer-DurchführungsVO 1975
BR-Drs 692/76 = **180 G 5**

Einkommensteuerreform
– 4. VO zur Änderung der VO über die Ablösung öffentlicher Baudarlehen nach dem 2. Wohnungsbaugesetz
BR-Drs 742/74 = **90 H 14**
– 5. VO zur Änderung der VO zur Durchführung des Spar-Prämiengesetzes
BR-Drs 798/74 = **95 B 5**

Einkommensteuerreformgesetz
– *GesEntw zur Reform der Einkommensteuer, des Familienlastenausgleichs und der Sparförderung* (Einkommensteuerreformgesetz – EStRG)
BR-Drs 410/74 = **74 C 12**
BR-PlPr 407 = **3 L 12**
eingebracht als 3. *Steuerreformgesetz*
1. Vermittlungsverfahren:
BR-Drs 491/74 = **77 C 3**
BR-Drs 533/74 = **78 L 2**
BR-PlPr 410 = **3 O 9**
2. Vermittlungsverfahren:
BR-Drs 534/74 = **78 L 3**
Vermittlungsverfahren
BR-PlPr 411 = **4 B 9**
1. Antrag des Finanzausschusses
BT-Drs 7/2164 = **118 H 2**
Unterrichtung betr Anrufung des Vermittlungsausschusses
BT-Drs 7/2306 = **122 E 9**
Antrag des Vermittlungsausschusses
BT-Drs 7/2352 = **123 C 5**
Unterrichtung durch den Bundesrat betr Nicht-Zustimmung
BT-Drs 7/2380 = **123 I 13**
Unterrichtung durch die Bundesregierung
BT-Drs 7/2384 = **123 J 2**
Antrag des Vermittlungsausschusses
BT-Drs 7/2408 = **124 A 14**
2. und 3. Beratung
BT-PlPr 7/104 = **19 E 7**
Vermittlungsverfahren:
BT-PlPr 7/113 = **21 B 12**
BT-PlPr 7/114 = **21 C 12**
– *GesEntw eines Einführungsgesetzes zum Einkommensteuerreformgesetz*
BR-Drs 602/74 = **84 D 3**
BR-Drs 823/74 = **95 L 6**
BR-PlPr 412 = **4 B 12**
BR-PlPr 415 = **4 G 8**
BT-Drs 7/2722 = **133 K 11**
Antrag des Finanzausschusses
BT-Drs 7/2931 = **140 O 14**
Bericht des Finanzausschusses
BT-Drs 7/2945 = **141 G 10**
Bericht des Haushaltsausschusses
BT-Drs 7/2960 = **141 N 2**
Änderungsantrag zur 2. Beratung
BT-Drs 7/2974 = **141 O 11**
1. Beratung
BT-PlPr 7/131 = **24 F 7**
2. und 3. Beratung
BT-PlPr 7/136 = **25 J 7**

EinkommensVO
– VO zur Bezeichnung der als Einkommen geltenden sonstigen Einnahmen nach § 21 Abs 3 Nr 4 Bundesausbildungsförderungsgesetz
BR-Drs 422/74 = **75 A 1**
– VO zur Änderung der VO zur Bezeichnung der als Einkommen geltenden sonstigen Einnahmen nach § 21 Abs 3 Nr 4 Bundesausbildungsförderungsgesetz
BR-Drs 582/74 = **82 K 6**

Einreisegenehmigung
– *GesEntw eines ÄndGes über Einreise und Aufenthalt von Staatsangehörigen der Mitgliedsstaaten der EG*
BR-Drs 549/73 = **37 A 3**
BR-Drs 150/74 = **61 N 1**
BR-PlPr 397 = **2 L 1**
BR-PlPr 402 = **3 E 5**
BT-Drs 7/1366 = **96 H 4**
Bericht und Antrag des Innenausschusses
BT-Drs 7/1619 = **104 F 6**
1. Beratung
BT-PlPr 7/74 = **13 F 13**
2. und 3. Beratung
BT-PlPr 7/81 = **14 N 5**

Einwohnermeldeamt
s Bundesmeldegesetz

Einzelrichter
– s a GesEntw zur Änderung der *Zivilprozeßordnung*
(betr die Zuständigkeit des Einzelrichters)
BR-Drs 476/73 = **33 N 13**
BT-Drs 7/1550 = **103 E 11**
– s a GesEntw zur Vereinfachung und Beschleunigung gerichtlicher Verfahren *(Vereinfachungsnovelle)*
BR-Drs 551/74 = **80 L 9**
BT-Drs 7/2729 = **133 O 2**
– s a GesEntw zur Entlastung der Landgerichte und zur Vereinfachung des gerichtlichen Protokolls – (betr Streitwert)
(s *Zivilprozeßordnung*)
BR-Drs 178/73 = **18 N 6**
BT-Drs 7/853 = **78 H 3**

Eiprodukte
– VO über die gesundheitlichen Anforderungen an Eiprodukte und deren Kennzeichnung
BR-Drs 719/74 = **89 H 3**

Eisenbahn
s a Bundesbahn, Deutsche
– *GesEntw zum Zusatzübereinkommen zum Internationalen Übereinkommen über den Eisenbahn-, Personen- und -Gepäckverkehr, über die Haftung der Eisenbahn für Tötung und Verletzung von Reisenden sowie zu den Internationalen Übereinkommen über den Eisenbahnfrachtverkehr und den Eisenbahn-, Personen- und -Gepäckverkehr*
BR-Drs 555/73 = **38 A 14**
BR-Drs 152/74 = **61 N 3**
BR-PlPr 397 = **2 L 1**
BR-PlPr 404 = **3 G 6**
BT-Drs 7/1453 = **98 D 5**
Bericht und Antrag des Verkehrsausschusses
BT-Drs 7/1675 = **107 J 7**
1. Beratung
BT-PlPr 7/74 = **13 F 13**
2. Beratung und Schlußabstimmung
BT-PlPr 7/81 = **14 N 5**
– s a GesEntw über den Bau und den Betrieb von Versuchsanlagen zur Erprobung von Techniken für den spurgeführten *Verkehr*
BR-Drs 591/73 = **39 J 8**
BT-Drs 7/1875 = **111 O 4**
– s a Entw eines *Bundesimmissionsschutzgesetzes*
BT-Drs 7/179 = **59 G 8**
– s a GesEntw über Statistiken des Personenverkehrs und der *Kraftfahrzeug*fahrleistungen 1974
BT-Drs 7/1005 = **83 I 12**

- s a GesEntw über die Beförderung *gefährlicher Güter*
  BT-Drs 7/2517 = **128** J 10
- s a Raumordnungsbericht 1974
  BT-Drs 7/3582 = **161** G 3
- VO über die Verkehrsleistungen der Eisenbahnen, für die Streitkräfte
  BR-Drs 437/76 = **169** N 8

Eisenbahngesetz
s Allgemeines Eisenbahngesetz

Eisenbahn-Verkehrsordnung (EVO)
- 80. VO zur Änderung der Eisenbahn-Verkehrsordnung
  BR-Drs 314/73 = **27** C 14
- 81. VO zur Änderung der Eisenbahnverkehrsordnung
  BR-Drs 174/73 = **18** L 6
- 82. VO zur Änderung der Eisenbahn-Verkehrsordnung
  BR-Drs 698/73 = **45** K 14
- 83. VO zur Änderung der Eisenbahn-Verkehrsordnung
  BR-Drs 309/75 = **115** B 14
- VO zur Sicherstellung des Eisenbahnverkehrs (betr Verteidigungsfall)
  BR-Drs 383/76 = **167** J 10

Ekofisk-Feld
- s GesEntw zum Vertrag Bundesrepublik Deutschland/Königreich Norwegen über den Transport von *Kohlenwasserstoffen* durch eine Rohrleitung in die Bundesrepublik Deutschland
  BR-Drs 595/74 = **83** K 5
  BT-Drs 7/2686 = **132** F 6

Elbe
- Antrag betr Verhandlungen mit der DDR über die Grenzmarkierungen an der Elbe
  BT-Drs 7/3278 = **152** O 10
  Antrag des Innenausschusses
  BT-Drs 7/3780 = **168** M 4
  Beratung
  BT-PlPr 7/167 = **31** N 12
  BT-PlPr 7/181 = **34** J 3

Elbe-Seitenkanal
- *GesEntw über den rechtlichen Status der Bundeswasserstraße Elbe-Seitenkanal*
  BR-Drs 628/75 = **132** J 5
  BR-Drs 112/76 = **152** C 13
  BR-PlPr 427 = **5** K 3
  BR-PlPr 431 = **5** O 8
  BT-Drs 7/4381 = **190** H 2
- Bericht und Antrag des Ausschusses für Verkehr und für das Post- und Fernmeldewesen
  BT-Drs 7/4588 = **196** B 8
  1. Beratung
  BT-PlPr 7/208 = **39** D 5
  2. und 3. Beratung
  BT-PlPr 7/221 = **41** M 14

Elektrizitätswirtschaft
- s a Energiepolitik, Energieversorgung
- Unterrichtung über die Energiepolitik der Bundesregierung
  BT-Drs 7/1057 = **85** N 13
- Bericht der Bundesregierung über die Ausnahmebereiche des Ges gegen Wettbewerbsbeschränkungen
  BT-Drs 7/3206 = **148** M 10
- Vorschlag einer EG-Richtlinie über die Einschränkung des Erdgasverbrauchs in Elektrizitätswerken
  BR-Drs 499/74 = **77** E 2
- VO zur Änderung der Bundestarifordnung Elektrizität
  BR-Drs 602/73 = **40** E 11
- VO über die Sicherstellung der Elektrizitätsversorgung
  BR-Drs 30/76 = **146** F 3
- Allgemeine Verwaltungsvorschrift zur Elektrizitätslastverteilungs-VO – (BR-Drs 30/76)
  BR-Drs 31/76 = **146** F 3

Elektroblech
- VO zur Änderung des Deutschen Teil-Zolltarifs – (Nr 7/74)
  BR-Drs 297/74 = **68** J 4
  BT-Drs 7/1970 = **113** M 6
- VO zur Änderung des Deutschen Teil-Zolltarifs – (Nr 12/74)
  BR-Drs 647/74 = **85** H 11
  BT-Drs 7/2577 = **130** A 2
- VO zur Änderung des Deutschen Teil-Zolltarifs – (Nr 3/75)
  BR-Drs 187/75 = **108** G 3
  BT-Drs 7/3380 = **155** C 14
- VO zur Änderung des Deutschen Teil-Zolltarifs – (Nr 10/75)
  BR-Drs 514/75 = **125** N 9
  BT-Drs 7/3992 = **174** E 1
- VO zur Änderung des Deutschen Teil-Zolltarifs – (Nr 3/76)
  BR-Drs 86/76 = **149** J 4
  BT-Drs 7/4654 = **197** O 9
- VO zur Änderung des Deutschen Teil-Zolltarifs – (Nr 12/75)
  BR-Drs 115/76 = **152** D 8
  BT-Drs 7/4685 = **200** E 1
- VO zur Änderung des Deutschen Teil-Zolltarifs – (Nr 8/76)
  BR-Drs 362/76 = **165** F 13
  BT-Drs 7/5260 = **216** M 13
- VO zur Änderung des Deutschen Teil-Zolltarifs – (Nr 10/76)
  BR-Drs 523/76 = **173** G 2
  BT-Drs 7/5686 = **226** E 14

Elterliches Sorgerecht
- *GesEntw zur Neuregelung des Rechts der elterlichen Sorge*
  BR-Drs 690/73 = **45** A 13
  BR-PlPr 400 = **3** A 1
  BT-Drs 7/2060 = **116** H 13
  BT-PlPr 7/129 = **24** A 12
- 2. Familienbericht der Bundesregierung
  BT-Drs 7/3502 = **157** G 4

Emanzipation
s Gleichberechtigung

Emissionsschutz
s a *Bundes-Immissionsschutzgesetz*
- Emissionsrichtwerte für Planierraupen: Allgemeine Verwaltungsvorschrift zum Schutz gegen Baulärm
  BR-Drs 100/73 = **11** F 1
- Emissionsrichtwerte für Betonpumpen: Allgemeine Verwaltungsvorschrift zum Schutz gegen Baulärm
  BR-Drs 108/73 = **11** J 6
- Emissionsrichtwerte für Kettenlader: Allgemeine Verwaltungsvorschrift zum Schutz gegen Baulärm
  BR-Drs 229/73 = **22** C 8
- Emissionsrichtwerte für Bagger: Allgemeine Verwaltungsvorschrift zum Schutz gegen Baulärm
  BR-Drs 662/73 = **42** M 5
- Emissionsrichtwerte für Krane: 2. Allgemeine Verwaltungsvorschrift zum Bundes-Immissionsschutzgesetz
  BR-Drs 307/74 = **69** F 2
- Emissionsrichtwerte für Drucklufthämmer: 3. Allgemeine Verwaltungsvorschrift zum Bundes-Immissionsschutzgesetz
  BR-Drs 198/76 = **155** M 13

Energieeinsparung
- s a GesEntw zur Änderung des *Investitionszulagengesetzes* – (InvZulG 1975) (betr Förderung von Energieanlagen, die der Energieeinsparung dienen)
  BR-Drs 213/75 = **109** J 11
- *GesEntw zur Einsparung von Energie in Gebäuden* (Energieeinsparungsgesetz – EnEG)
  BR-Drs 684/75 = **137** I 10
  BR-Drs 387/76 = **167** O 2
  BR-PlPr 429 = **5** M 3
  BR-PlPr 436 = **6** J 12
  BT-Drs 7/4575 = **195** M 12
  Bericht und Antrag des Wirtschaftsausschusses
  BT-Drs 7/5209 = **215** K 2
  Bericht des Haushaltsausschusses
  BT-Drs 7/5240 = **216** E 13
  1. Beratung
  BT-PlPr 7/215 = **40** I 2
  2. und 3. Beratung
  BT-PlPr 7/247 = **47** I 2
- Vorschläge von EG-Empfehlungen zur Energieeinsparung
  BR-Drs 107/74 = **59** B 10
- Entwurf einer EG-Mitteilung betr rationelle Energieverwendung
  BR-Drs 499/74 = **77** E 2
- Entschließung des Ausschusses für Wissenschaft und Technik der 20. Jahrestagung der Nordatlantischen Versammlung
  BR-Drs 27/75 = **98** H 5
- Entwurf einer EG-Entschließung betr Festlegung eines kurzfristigen Zieles im Bereich der Energieeinsparung 1976 bis 1977
  BR-Drs 604/75 = **131** C 12

Energieforschung
- Antrag betr Enquête-Kommission
  BT-Drs 7/3003 = **142** J 7
  BT-PlPr 7/147 = **28** A 1
- Unterrichtung über die Energiepolitik der Bundesregierung
  BT-Drs 7/1057 = **85** N 13
- s a GesEntw zum Übereinkommen über ein *Internationales Energieprogramm*
  BR-Drs 790/74 = **93** K 12

Energiekrise
s a Energieversorgung
- Sondergutachten des Sachverständigenrates zu den gesamtwirtschaftlichen Auswirkungen der Ölkrise
  BR-Drs 785/73 = **51** B 9
  BT-Drs 7/1456 = **98** L 8
- 1. Fortschreibung des Energieprogramms der Bundesregierung
  BR-Drs 718/74 = **89** F 2
  BT-Drs 7/2713 = **133** D 4

Energiepolitik
- s a GesEntw zur Änderung *kohle*rechtlicher Vorschriften
  BT-Drs 7/1770 = **109** I 14
- s a GesEntw über die statistische Erfassung der in den Geltungsbereich dieses Ges verbrachten festen *Brennstoffe*
  BT-Drs 7/2350 = **123** B 11

- s a Entw eines ÄndGes zum *Mineralölsteuergesetz* 1964
  BT-Drs 7/2580 = **130** A 9
- s a Jahresgutachten des Sachverständigenrates zur Begutachtung der gesamtwirtschaftlichen Entwicklung
  BT-Drs 7/2848 = **137** G 3
- s a Bericht der Bundesregierung über die *Integration* in den Europäischen Gemeinschaften
- s a Jahreswirtschaftsbericht der Bundesregierung
- Umweltgutachten 1974
  BT-Drs 7/2802 = **135** C 10
- Umweltbericht 1976
  BT-Drs 7/5684 = **226** A 1
- Mitteilung der EG – Kommission über Fortschritte auf dem Gebiet der gemeinschaftlichen Energiepolitik,
  Mitteilung der EG-Kommission über Probleme und Mittel für den Zeitraum 1975/1985
  BT-Drs 7/281 = **63** E 14
- Entw der Kommission der EG eines Aktionsprogramms für die Politik im wissenschaftlich-technologischen Bereich
  BT-Drs 7/1026 = **84** F 3
- Unterrichtung über die Energiepolitik der Bundesregierung
  BT-Drs 7/1057 = **85** N 13
  Beratung
  BT-PlPr 7/134 = **25** A 1
  Bericht und Antrag des Wirtschaftsausschusses
  BT-Drs 7/3539 = **158** M 3
  Beratung
  BT-PlPr 7/167 = **31** N 12
- Erklärung der Bundesregierung zu aktuellen Fragen – Entschließungsantrag
  BT-Drs 7/1303 = **95** G 9
  BT-PlPr 7/67 = **11** E 10
- Antrag der CDU/CSU betr Energiepolitik
  BT-Drs 7/1401 = **97** D 10
  Bericht und Antrag des Wirtschaftsausschusses
  BT-Drs 7/3539 = **158** M 3
  Beratung
  BT-PlPr 7/70 = **12** C 14
- Entschließung zum gegenwärtigen Stand der Energiepolitik der EG
  BT-Drs 7/3347 = **154** G 4
- Bericht der Kommission über die Verwirklichung der Ziele der gemeinschaftlichen Energiepolitik bis 1985
  BT-Drs 7/4700 = **200** J 3
- Antrag betr Entlastung des Bundesministers für Wirtschaft wegen der Rechnung für das Wirtschaftsjahr 1975 über das Sondervermögen des Bundes „Ausgleichsfonds zur Sicherung des Steinkohleneinsatzes"
  BT-Drs 7/5416 = **220** H 12
- Antwort auf die Große Anfrage betr Auswirkungen der Seerechtskonferenz der Vereinten Nationen auf die politischen und wirtschaftlichen Interessen der Bundesrepublik Deutschland
  BT-Drs 7/5455 = **220** M 11
- Unterrichtung über den Finanzplan des Bundes 1973 bis 1977
  BR-Drs 601/73 = **40** O 1
  BT-Drs 7/1101 = **86** O 7
- EG-Mitteilung über eine erste Verwirklichung der „Orientierungen und vordringlichen Maßnahmen auf dem Gebiet der gemeinschaftlichen Energiepolitik"
  BR-Drs 673/73 = **43** F 3
  BT-Drs 7/1180 = **90** J 4
- Vorschlag einer EG-Richtlinie zur Verpflichtung der Mitgliedstaaten der EG, Mindestvorräte an Brennstoffen bei den Wärmekraftwerken zu halten
  BR-Drs 115/74 = **59** E 12
  BT-Drs 7/1656 = **107** D 13
- Vorschläge zu EG-Richtlinien über die Einschränkung des Erdgasverbrauchs in Elektrizitätswerken, Begrenzung des Einsatzes von Erdölerzeugnissen in Kraftwerken und zu einer EG-VO über eine gemeinsame Regelung für Ein- und Ausfuhr von Kohlenwasserstoffen sowie zum Entwurf einer EG-Mitteilung betr rationelle Energieverwendung
  BR-Drs 499/74 = **77** E 2
  BT-Drs 7/2336 = **122** L 9
- EG-Programme für Forschungs- und Entwicklungsaktionen auf dem Gebiet der Energie
  BR-Drs 124/75 = **103** J 13
  BT-Drs 7/3250 = **152** F 4
- Vorschlag einer EG-VO zur Abänderung der EG-VO über die Mitteilung der Investitionsvorhaben von gemeinschaftlichem Interesse auf dem Erdöl-, Erdgas- und Elektrizitätssektor
  BR-Drs 517/75 = **125** O 8
  BT-Drs 7/3987 = **174** C 13
- Unterrichtung über Mitteilung, Berichte und Entwürfe von Entschließungen der EG zu energiepolitischen Zielen der EG
  BR-Drs 117/76 = **152** D 11
  BT-Drs 7/4700 = **200** J 3

Energieprogramm
- *GesEntw zum Übereinkommen über ein Internationales Energieprogramm*
  BR-Drs 790/74 = **93** K 12
  BR-Drs 246/75 = **112** F 6
  BR-PlPr 415 = **4** G 8
  BR-PlPr 419 = **4** N 2
  BT-Drs 7/3027 = **143** A 4
  Bericht und Antrag des Wirtschaftsausschusses
  BT-Drs 7/3482 = **157** B 10
  Bericht des Haushaltsausschusses
  BT-Drs 7/3485 = **157** C 3
  1. Beratung
  BT-PlPr 7/141 = **26** L 3
  2. Beratung und Schlußabstimmung
  BT-PlPr 7/167 = **31** N 12
- 1. Fortschreibung des Energieprogramms der Bundesregierung
  BR-Drs 718/74 = **89** F 2
  BR-PlPr 417 = **4** K 9
  BT-Drs 7/2713 = **133** D 4
  Bericht und Antrag des Wirtschaftsausschusses
  BT-Drs 7/3539 = **158** M 3
  Beratung
  BT-PlPr 7/134 = **25** A 1
  Beratung des Berichts und Antrags des Wirtschaftsausschusses
  BT-PlPr 7/167 = **31** N 12

Energiesicherungsgesetz
- *GesEntw zur Sicherung der Energieversorgung bei Gefährdung oder Störung der Einfuhr von Mineralöl oder Erdgas*
  BR-Drs 707/73 = **47** N 7
  BR-PlPr 398 = **2** M 12
  BT-Drs 7/1198 = **91** A 6
  Bericht und Antrag des Wirtschaftsausschusses
  BT-Drs 7/1221 = **91** E 1
  Bericht des Haushaltsausschusses
  BT-Drs 7/1222 = **91** E 5
  Änderungsanträge zur 2. Beratung
  BT-Drs 7/1229 = **91** F 12
  BT-Drs 7/1230 = **91** F 13
  BT-Drs 7/1231 = **91** G 3
  1. Beratung
  BT-PlPr 7/63 = **10** K 10
  2. und 3. Beratung
  BT-PlPr 7/65 = **11** B 9
- *GesEntw zur Sicherung der Energieversorgung bei Gefährdung oder Störung der Einfuhr von Erdöl, Erdölerzeugnissen oder Erdgas*
  BR-Drs 346/74 = **70** O 5
  BR-Drs 820/74 = **95** K 9
  BR-PlPr 407 = **3** L 12
  BR-PlPr 415 = **4** G 8
  BT-Drs 7/2461 = **127** A 10
  Bericht und Antrag des Wirtschaftsausschusses
  BT-Drs 7/2898 = **140** I 14
  Bericht des Haushaltsausschusses
  BT-Drs 7/2899 = **140** J 7
  Änderungsanträge zur 2. Beratung
  BT-Drs 7/2902 = **140** J 10
  BT-Drs 7/2918 = **140** L 9
  1. Beratung
  BT-PlPr 7/125 = **23** A 1
  2. und 3. Beratung
  BT-PlPr 7/134 = **25** A 1
  Wiederholung der Schlußabstimmung
  BT-PlPr 7/138 = **26** C 5
- VO über das Verfahren zur Festsetzung von Entschädigung und Härteausgleich nach dem Energiesicherungsgesetz
  BR-Drs 212/74 = **65** A 1

Energiesparmaßnahmen
- Antwort auf die Große Anfrage betr rationelle und sparsame Energieverwendung
  BT-Drs 7/3595 = **162** G 3

Energieversorgung
s a Energiepolitik
- *GesEntw über die weitere Sicherung des Einsatzes von Gemeinschaftskohle in der Elektrizitätswirtschaft* – (3. Verstromungsgesetz)
  BR-Drs 99/74 = **58** L 3
  BR-Drs 734/74 = **90** A 3
  BR-PlPr 402 = **3** E 5
  BR-PlPr 414 = **4** F 5
  BT-Drs 7/1991 = **114** I 9
  Bericht und Antrag des Wirtschaftsausschusses
  BT-Drs 7/2623 = **131** C 1
  Bericht des Haushaltsausschusses
  BT-Drs 7/2627 = **131** F 3
  Änderungsanträge zur 2. Beratung
  BT-Drs 7/2737 = **134** F 1
  BT-Drs 7/2738 = **134** F 2
  BT-Drs 7/2739 = **134** F 3
  Entschließungsantrag zur 3. Beratung
  BT-Drs 7/2740 = **134** F 4
  1. Beratung
  BT-PlPr 7/103 = **19** B 7

2. und 3. Beratung
BT-PlPr 7/129 = **24** A 12
– *GesEntw zur Änd des 3. Verstromungsgesetzes*
BR-Drs 144/76 = **153** I 6
BR-PlPr 432 = **6** B 14
BT-Drs 7/4577 = **195** N 12
Antrag des Wirtschaftsausschusses
BT-Drs 7/4740 = **201** I 7
Bericht des Wirtschaftsausschusses
BT-Drs 7/4744 = **202** A 7
Änderungsanträge zur 2. Beratung
BT-Drs 7/4756 = **202** C 11
BT-Drs 7/4765 = **202** E 4
Entschließungsantrag zur 3. Beratung
BT-Drs 7/4758 = **202** C 13
1. Beratung
BT-PlPr 7/215 = **40** I 2
2. und 3. Beratung
BT-PlPr 7/224 = **42** G 6
– s a Sondergutachten des *Sachverständigenrates* zur Begutachtung der gesamtwirtschaftlichen Entwicklung zu den gesamtwirtschaftlichen Auswirkungen der Ölkrise
BR-Drs 785/73 = **51** B 9
BT-Drs 7/1456 = **98** L 8
– s a Bundesbericht Forschung V
BR-Drs 282/75 = **113** C 5
BT-Drs 7/3574 = **160** A 1
– s a Raumordnungsbericht 1974
BT-Drs 7/3582 = **161** G 3
– s a GesEntw zum Vertrag Bundesrepublik Deutschland/Königreich *Norwegen* über den Transport von Kohlenwasserstoffen durch eine Rohrleitung vom Ekofisk-Feld und benachbarten Gebieten in die Bundesrepublik Deutschland – (s *Erdgas*)
– s a GesEntw zum Übereinkommen über ein Internationales *Energieprogramm*
BR-Drs 790/74 = **93** K 12
BT-Drs 7/3027 = **143** A 4
– s a Entw eines ÄndGes zum *Investitionszulagengesetz*
BT-Drs 7/3900 = **171** O 11
– s a GesEntw zur Änderung des Ges über Mindestvorräte an *Erdöl*erzeugnissen
BR-Drs 333/73 = **27** K 3
BT-Drs 7/956 = **81** L 5
– s a GesEntw zur Sicherung der Energieversorgung – *(Energiesicherungsgesetz)*
– Antwort auf die Große Anfrage betr friedliche Nutzung der Kernenergie in der Bundesrepublik Deutschland
BT-Drs 7/3871 = **171** B 4
Entschließungsantrag zur Beratung
BT-Drs 7/4600 = **196** E 8
– Antwort auf die Große Anfrage betr rationelle und sparsame Energieverwendung
BT-Drs 7/3595 = **162** G 3
Entschließungsantrag zur Beratung
BT-Drs 7/4607 = **196** F 10
Beratung
BT-PlPr 7/215 = **40** I 2
– Erklärung der Bundesregierung zur Energieversorgung
BT-PlPr 7/73 = **13** B 6
– Empfehlung des Wirtschaftsausschusses und Ausschusses für Wissenschaft und Technik der 19. Jahrestagung der Nordatlantischen Versammlung
BR-Drs 800/73 = **52** D 2
– Entschließung der 20. Jahrestagung der Nordatlantischen Versammlung (betr Energieversorgung im Bereich des Atlantischen Bündnisses)
BR-Drs 27/75 = **98** H 5
– Entschließung des Militärausschusses und des Ausschusses für Wissenschaft und Technik der 21. Jahrestagung der Nordatlantischen Versammlung
BR-Drs 700/75 = **138** G 1
– Mineralölbewirtschaftungs-VO
BR-Drs 26/76 = **146** A 14
– Allgemeine Verwaltungsvorschrift zur MineralölbewirtschaftungsVO
BR-Drs 27/76 = **146** C 1
– VO über die Sicherstellung der Gasversorgung
BR-Drs 28/76 = **146** D 5
– VO über die Sicherstellung der Elektrizitätsversorgung
BR-Drs 30/76 = **146** F 3
Allgemeine Verwaltungsvorschrift dazu
BR-Drs 31/76 = **146** H 9
– Entwurf einer EG-VO betr Informationen über die Energieversorgungslage der Gemeinschaft
BR-Drs 63/76 = **148** B 10
BT-Drs 7/4643 = **197** H 7

Enquête-Kommission
– für Verfassungsreform: Antrag auf Einsetzung
BT-Drs 7/214 = **60** L 7
Schlußbericht
BT-Drs 7/5924 = **233** D 5
– für auswärtige Kulturpolitik: Antrag auf Einsetzung
BT-Drs 7/215 = **60** L 8
Bericht
BT-Drs 7/4121 = **177** F 5
Antrag der CDU/CSU
BT-Drs 7/5119 = **214** A 1
Beratung
BT-PlPr 7/239 = **45** I 6
– Frau und Gesellschaft: Antrag auf Einsetzung
BT-Drs 7/367 = **64** N 12
Bericht und Antrag des Ausschusses für Jugend, Familie und Gesundheit
BT-Drs 7/1148 = **89** A 11
Zwischenbericht
BT-Drs 7/5866 = **231** D 3
Beratung
BT-PlPr 7/34 = **5** M 13
BT-PlPr 7/64 = **10** L 13
– Schutz ungeborenen Lebens: Antrag auf Einsetzung
BT-Drs 7/548 = **70** I 6
Bericht und Antrag des Ausschusses für Jugend, Familie und Gesundheit
BT-Drs 7/1789 = **109** M 8
Beratung
BT-PlPr 7/33 = **5** J 1
BT-PlPr 7/88 = **16** C 13
– Energieforschung: Antrag auf Einsetzung
BT-Drs 7/3003 = **142** J 7
BT-PlPr 7/147 = **28** A 1

Ensembleschutz
– s GesEntw zur Erhaltung und Modernisierung kultur-historisch wertvoller Stadtkerne – *Denkmalschutz*
BR-Drs 197/74 = **64** B 5
BT-Drs 7/2552 = **129** K 7

Enteignungsrecht
– s GesEntw zur Änderung des *Bundesbaugesetzes*
BR-Drs 300/74 = **68** K 3
BT-Drs 7/2496 = **127** L 8
– Städtebaubericht 1975
BT-Drs 7/3583 = **161** M 9

Entlassungen
s Massenentlassungen

Entlastung der Bundesregierung
– Antrag des Haushaltsausschusses betr Entlastung der Bundesregierung für die Rechnungsjahre 1967, 1968 und 1969
BT-Drs 7/749 = **77** B 4
– Beratung über den Antrag betr Entlastung der Bundesregierung für die Haushaltsjahre 1971 und 1972
BT-Drs 7/5350 = **218** I 12
BT-PlPr 7/253 = **48** M 9
– s a *Bundeshaushalt* 1970–1974

Entschädigung
s a Bundesentschädigungsgesetz
– *GesEntw über die Entschädigung für Opfer von Gewalttaten* – (OEG)
BR-Drs 352/74 = **72** A 1
BR-Drs 87/76 = **149** J 7
BR-PlPr 407 = **3** L 12
BR-PlPr 431 = **5** O 8
Vermittlungsverfahren:
BR-Drs 220/76 = **156** G 10
BR-PlPr 433 = **6** D 11
BT-Drs 7/2506 = **128** F 2
Bericht und Antrag des Rechtsausschusses
BT-Drs 7/4614 = **196** K 11
Bericht des Haushaltsausschusses
BT-Drs 7/4615 = **196** K 14
Unterrichtung betr Anrufung des Vermittlungsausschusses
BT-Drs 7/4804 = **203** J 6
Antrag des Vermittlungsausschusses
BT-Drs 7/4907 = **206** I 2
BT-PlPr 7/123 = **22** L 1
2. und 3. Beratung
BT-PlPr 7/219 = **41** I 1
Beratung eines Antrags des Vermittlungsausschusses
BT-PlPr 7/233 = **44** D 5
– s a GesEntw zur Änderung des Ges über die Entschädigung von *Zeugen* und Sachverständigen
BR-Drs 631/75 = **132** L 5
BT-Drs 7/4599 = **196** D 13
– s a GesEntw zur Änderung des Ges über die Entschädigung für *Strafverfolgungsmaßnahmen*
BR-Drs 460/75 = **123** L 14
BT-Drs 7/4552 = **194** N 3
– s a Sozialbericht 1976
BT-Drs 7/4953 = **207** G 3
– VO über das Verfahren zur Festsetzung von Entschädigung und Härteausgleich nach dem Energiesicherungsgesetz
BR-Drs 212/74 = **65** A 1

Entsorgung
– Antwort auf die Große Anfrage betr friedliche Nutzung der Kernenergie in der Bundesrepublik Deutschland
BT-Drs 7/3871 = **171** B 4
– s a Entw eines 4. ÄndGes zum *AtomGes*

Entspannungspolitik
s Weißbuch

Entwicklung
wirtschaftliche und finanzielle
Aktuelle Stunde
BT-PlPr 7/178 = **34** B 13
– s a Jahresgutachten des *Sachverständigen-*

rates zur Begutachtung der gesamtwirtschaftlichen Entwicklung

Entwicklungsfonds
s Afrikanischer/Europäischer Entwicklungsfonds

Entwicklungshelfer-Gesetz
- *Entw eines ÄndGes*
  BR-Drs 629/75 = **132 J 10**
  BR-Drs 262/76 = **160 F 12**
  BR-PlPr 427 = **5 K 3**
  BR-PlPr 434 = **6 F 11**
  BT-Drs 7/4393 = **190 K 6**
  Bericht und Antrag des Ausschusses für wirtschaftliche Zusammenarbeit
  BT-Drs 7/4933 = **206 N 11**
  Bericht des Haushaltsausschusses
  BT-Drs 7/4934 = **206 O 3**
  1. Beratung
  BT-PlPr 7/208 = **39 D 5**
  2. und 3. Beratung
  BT-PlPr 7/233 = **44 D 5**

Entwicklungshilfe
s a Entwicklungsländer
- s GesEntw zu dem AKP-EWG-*Abkommen von Lomé* sowie zu den mit diesem Abkommen in Zusammenhang stehenden Abkommen
  BR-Drs 576/75 = **129 O 9**
  BT-Drs 7/4139 = **178 F 8**
- s GesEntw zum Übereinkommen über die Errichtung eines *Afrikanischen Entwicklungsfonds*
  BR-Drs 556/73 = **38 J 2**
  BT-Drs 7/1177 = **90 H 6**
- s GesEntw zu dem Übereinkommen zur Errichtung der *Interamerikanischen Entwicklungsbank*
  BR-Drs 660/75 = **134 K 9**
  BT-Drs 7/4315 = **187 L 8**
- Entw der Kommission der EG eines Aktionsprogramms für die Politik im wissenschaftlich-technologischen Bereich
  BT-Drs 7/1026 = **84 F 3**
- Bericht zur Entwicklungspolitik der Bundesregierung
  BT-Drs 7/1236 = **92 H 3**
  BT-PlPr 7/85 = **15 I 2**
- Bericht zur Entwicklungspolitik der Bundesregierung
  BT-Drs 7/4293 = **186 L 14**
  BT-PlPr 7/204 = **38 K 3**
- Antwort auf die Große Anfrage betr Entwicklungspolitik der Bundesregierung
  BT-Drs 7/1375 = **96 J 4**
  BT-PlPr 7/85 = **15 I 2**
- Tätigkeitsbericht 1973 der Bundesregierung
  BT-Drs 7/1434 = **97 H 8**

Entwicklungshilfe – Steuergesetz
s Entwicklungsländer

Entwicklungsländer
Bildungswesen
- Entschließung der Interparlamentarischen Union
  BT-Drs 7/15 = **52 E 8**
- Berichte zur Entwicklungspolitik der Bundesregierung
  BT-Drs 7/1236 = **92 H 3**
  BT-Drs 7/4293 = **186 L 14**
- s a GesEntw zu Verträgen über die Förderung und den gegenseitigen Schutz von *Kapitalanlagen*
- Vorschlag einer EG-VO zur Aufnahme der Philippinen in die Liste der Entwicklungsländer
  BR-Drs 436/73 = **32 N 5**
  BT-Drs 7/751 = **77 C 7**
- Vorschlag einer EG-VO zur Errichtung einer Europäischen Agentur für handelspolitische Zusammenarbeit mit Entwicklungsländern
  BR-Drs 641/76 = **178 E 10**
  BT-Drs 7/5847 = **230 H 11**

Entwicklungsländer-Steuergesetz
- *GesEntw eines 2. Ges zur Änderung des Entwicklungshilfe-Steuergesetzes* (betr Förderung von Kapitalanlagen deutscher Unternehmen)
  BR-Drs 262/74 = **67 F 11**
- nunmehr: *Entw eines 2. Ges zur Änderung des Ges über steuerliche Maßnahmen zur Förderung von privaten Kapitalanlagen in Entwicklungsländern*
  BR-Drs 777/74 = **92 H 8**
  BR-PlPr 405 = **3 I 2**
  BR-PlPr 415 = **4 G 8**
  BT-Drs 7/2094 = **117 C 14**
  Bericht und Antrag des Finanzausschusses
  BT-Drs 7/2773 = **134 L 5**
  Bericht des Haushaltsausschusses
  BT-Drs 7/2776 = **134 M 2**
  Entschließungsantrag zur 3. Beratung
  BT-Drs 7/2791 = **135 B 5**
  1. Beratung
  BT-PlPr 7/103 = **19 B 7**
  2. und 3. Beratung
  BT-PlPr 7/131 = **24 F 7**
- 2. VO zur Änderung der VO über die Entwicklungsländer iSd Entwicklungshilfe-Steuergesetzes
  BR-Drs 295/73 = **26 E 14**
- s a Teil-Zolltarif, Deutscher

Entwicklungspolitik
s a Entwicklungshilfe
- Antwort auf die Große Anfrage betr Entwicklungspolitik der Bundesregierung
  BT-Drs 7/1375 = **96 J 4**
  Beratung
  BT-PlPr 7/85 = **15 I 2**
- Antwort auf die Große Anfrage betr Grundsätze der wirtschaftlichen Zusammenarbeit
  BT-Drs 7/3805 = **169 J 13**
  Berichtigung
  BT-Drs 7/3907 = **172 A 12**
  Beratung
  BT-PlPr 7/204 = **38 K 3**

Erbbaurecht
- *GesEntw zur Änderung der VO über das Erbbaurecht*
  BR-Drs 32/73 = **8 M 10**
  BR-Drs 763/73 = **50 F 9**
  BR-PlPr 389 = **1 B 11**
  BR-PlPr 400 = **3 A 1**
  BT-Drs 7/118 = **55 O 3**
  Bericht und Antrag des Rechtsausschusses
  BT-Drs 7/1285 = **95 D 14**
  Änderungsantrag zur 2. Beratung
  BT-Drs 7/1354 = **96 E 4**
  1. Beratung
  BT-PlPr 7/17 = **2 O 1**
  2. und 3. Beratung
  BT-PlPr 7/69 = **11 M 6**
- s a Entw eines ÄndGes zum *Wohnungseigentumsgesetz*
  BT-Drs 7/62 = **53 G 6**
- s a Entw eines ÄndGes zum *Bürgerlichen Gesetzbuch*
  BT-Drs 7/63 = **53 G 12**

Erbrecht
- s Entw eines 2. ÄndGes zur *Höfeordnung*
  BT-Drs 7/1443 = **97 M 11**

Erbschaftsteuerrecht
- *GesEntw zur Reform des Erbschaftsteuer- und Schenkungsteuerrechts* (2. Steuerreformgesetz)
  BR-Drs 759/73 = **50 C 2**
  BR-PlPr 400 = **3 A 1**
  1. Vermittlungsverfahren:
  BR-Drs 48/74 = **56 A 8**
  BR-Drs 167/74 = **62 M 14**
  BR-PlPr 401 = **3 C 2**
  2. Vermittlungsverfahren:
  BR-Drs 170/74 = **62 N 7**
  BR-PlPr 403 = **3 F 14**
  BT-Drs 7/78 = **53 N 9**
  2. Antrag des Finanzausschusses
  BT-Drs 7/1329 = **95 M 7**
  2. Bericht des Finanzausschusses
  BT-Drs 7/1333 = **95 O 1**
  2. Bericht des Haushaltsausschusses
  BT-Drs 7/1355 = **96 E 5**
  3. Bericht des Haushaltsausschusses
  BT-Drs 7/1426 = **97 G 8**
  Änderungsanträge zur 2. Beratung
  BT-Drs 7/1349 = **96 D 11**
  BT-Drs 7/1350 = **96 D 13**
  BT-Drs 7/1351 = **96 D 14**
  BT-Drs 7/1361 = **96 G 10**
  Unterrichtung betr Anrufung des Vermittlungsausschusses
  BT-Drs 7/1482 = **100 L 6**
  Unterrichtung durch den Vermittlungsausschuß
  BT-Drs 7/1600 = **104 C 1**
  Unterrichtung betr Schreiben an den Vermittlungsausschuß
  BT-Drs 7/1697 = **107 N 8**
  Unterrichtung betr Nicht-Zustimmung
  BT-Drs 7/1710 = **108 B 12**
  Antrag des Vermittlungsausschusses
  BT-Drs 7/1799 = **109 N 10**
  1. Beratung
  BT-PlPr 7/17 = **2 O 1**
  2. und 3. Beratung
  BT-PlPr 7/69 = **11 M 6**
  Beratung eines Antrags des Vermittlungsausschusses
  BT-PlPr 7/85 = **15 I 2**

Erdbeben
- Antrag betr Hilfsmaßnahmen für die Opfer der Erdbebenkatastrophe in Norditalien
  BT-Drs 7/5170 = **214 M 1**
  Beratung des Antrags der CDU/CSU
  BT-PlPr 7/245 = **47 A 5**

Erdgas
- *GesEntw zum Vertrag Bundesrepublik Deutschland/Königreich Norwegen über den Transport von Kohlenwasserstoffen durch eine Rohrleitung vom Ekofisk-Feld und benachbarten Gebieten in die Bundesrepublik Deutschland*
  BR-Drs 595/74 = **83 K 5**
  BR-Drs 55/75 = **99 J 11**
  BR-PlPr 412 = **4 B 12**
  BR-PlPr 416 = **4 I 9**
  BT-Drs 7/2686 = **132 F 6**

Bericht und Antrag des Wirtschaftsausschusses
BT-Drs 7/2969 = **141** O 5
1. Beratung
BT-PlPr 7/128 = **23** K 8
2. Beratung und Schlußabstimmung
BT-PlPr 7/138 = **26** C 5
– s a Entw eines *Energiesicherungsgesetzes*
BT-Drs 7/1198 = **91** A 6
– s a GesEntw zur Sicherung der Energieversorgung bei Gefährdung der Einfuhren – *Energiesicherungsgesetz* 1975 –
BT-Drs 7/2461 = **127** A 10
– Unterrichtung über die Energiepolitik der Bundesregierung
BR-Drs 607/73 = **40** G 1
BT-Drs 7/1057 = **85** N 13
– 1. Fortschreibung des Energieprogramms der Bundesregierung
BR-Drs 718/74 = **89** F 2
BT-Drs 7/2713 = **133** D 4

Erdöl
– s a Ölkrise
– *GesEntw zur Änderung des Ges über Mindestvorräte an Erdölerzeugnissen*
BR-Drs 333/73 = **27** K 3
BR-Drs 262/75 = **112** K 10
BR-PlPr 395 = **2** I 1
BR-PlPr 420 = **4** N 9
BT-Drs 7/956 = **81** L 5
Bericht und Antrag des Wirtschaftsausschusses
BT-Drs 7/3413 = **155** I 1
Bericht des Haushaltsausschusses
BT-Drs 7/3461 = **156** L 14
Ergänzung
BT-Drs 7/3524 = **158** C 3
1. Beratung
BT-PlPr 7/48 = **8** D 4
2. und 3. Beratung
BT-PlPr 7/167 = **31** N 12
– s a GesEntw zur Sicherung der Energieversorgung bei Gefährdung oder Störung der Einfuhren von Erdöl, Erdölerzeugnissen oder Erdgas *(Energiesicherungsgesetz)*
– Vorschlag einer EG-Entscheidung über den innergemeinschaftlichen Handel mit Erdöl und Erdölerzeugnissen
BR-Drs 107/74 = **59** B 10
– Vorschlag einer EG-VO über ein gemeinschaftliches und vorübergehendes System der Überwachung der Preise für Erdölerzeugnisse
BR-Drs 128/74 = **61** G 2
– Vorschlag einer EG-VO zur Eröffnung, Aufteilung und Verwaltung von Gemeinschaftszollkontingenten für bestimmte raffinierte Erdölerzeugnisse
BR-Drs 185/74 = **63** J 8
– Vorschlag einer EG-Richtlinie betr die Begrenzung des Einsatzes von Erdölerzeugnissen
BR-Drs 499/74 = **77** E 2
BT-Drs 7/2336 = **122** L 9
– Mineralölbewirtschaftungs-VO
BR-Drs 26/76 = **146** A 14
– Allgemeine Verwaltungsvorschrift zur MineralölbewirtschaftungsVO
BR-Drs 27/76 = **146** C 1

Erfinder
– s GesEntw zur Änderung des *Berlinförderungsgesetzes* und anderer Gesetze
BR-Drs 738/75 = **140** M 4
BT-Drs 7/4194 = **179** K 9

Erfindung
– s GesEntw über internationale Patentübereinkommen (s *Patentrecht*)
BR-Drs 220/75 = **109** M 6
BT-Drs 7/3712 = **165** M 12

Erfüllungsort
– s Entw eines ÄndGes zur *Zivilprozeßordnung*
BR-Drs 53/74 = **56** L 14
BT-Drs 7/268 = **62** N 2

Ergänzungsabgabegesetz
– s GesEntw zur Reform der Einkommensteuer, des Familienlastenausgleichs und der Sparförderung (*Einkommensteuerreformgesetz* – EStRG)
BR-Drs 410/74 = **74** C 12
BT-Drs 7/2164 = **118** H 2

Ernährung
– Agrarbericht 1973
BT-Drs 7/146 = **57** A 6
– Agrarbericht 1974
BT-Drs 7/1650 = **105** K 5
– Agrarbericht 1975
BT-Drs 7/3210 = **149** B 5
– Agrarbericht 1976
BT-Drs 7/4680 = **198** N 3
– s a Entw eines *Futtermittelgesetzes*
BT-Drs 7/2990 = **142** F 7
– Bundesbericht Forschung V
BT-Drs 7/3574 = **160** A 1
– 4. Subventionsbericht
BT-Drs 7/1144 = **88** F 1
– 5. Subventionsbericht
BT-Drs 7/4203 = **183** M 6
– 2. Bericht der Bundesregierung zur Verbraucherpolitik
BT-Drs 7/4181 = **179** F 5
– ErnährungswirtschaftsmeldeVO, (betr Sicherstellung der Ernährung im Spannungs- oder Verteidigungsfall durch Meldepflicht für Betriebe der Ernährungswirtschaft)
BR-Drs 366/75 = **119** K 14
– VO über das Formblatt zur ErnährungswirtschaftsmeldeVO
BR-Drs 370/75 = **119** M 1

Erpresserischer Menschenraub
– s GesEntw zur Bekämpfung *terroristischer* krimineller Vereinigungen
BR-Drs 291/75 = **114** D 8
BT-Drs 7/4004 = **174** O 9

Ersatzdienst
s Zivildienstgesetz

Ersatzgewürze
– VO zur Aufhebung der VO über Ersatzgewürze
BR-Drs 228/73 = **22** C 7

Erschütterungen
– s GesEntw zum Schutz vor schädlichen Umwelteinwirkungen durch Luftverunreinigung, Geräusche, Erschütterungen und ähnliche Vorgänge
(Bundes-Immissionsschutzgesetz)

Erschwerniszulagen
– VO über die Gewährung von Erschwerniszulagen
BR-Drs 669/73 = **43** B 11
– VO zur vorläufigen Regelung von Erschwerniszulagen in besonderen Fällen
BR-Drs 101/74 = **59** A 5
– VO über die Gewährung von Erschwerniszulagen
BR-Drs 152/76 = **153** J 8

ERP-Wirtschaftsplangesetz 1973
– *GesEntw über die Feststellung der Wirtschaftspläne des ERP-Sondervermögens 1973*
BR-Drs 45/73 = **8** N 9
BR-Drs 634/73 = **41** E 1
BR-PlPr 389 = **1** B 11
BR-PlPr 398 = **2** M 12
BT-Drs 7/479 = **68** K 5
Bericht und Antrag des Wirtschaftsausschusses
BT-Drs 7/1070 = **86** C 5
1. Beratung
BT-PlPr 7/30 = **5** A 6
2. und 3. Beratung
BT-PlPr 7/57 = **9** I 7
– *GesEntw über die Feststellung der Wirtschaftspläne des ERP-Sondervermögens 1974*
BR-Drs 159/74 = **62** D 9
BR-Drs 474/74 = **76** L 6
BR-PlPr 404 = **3** G 6
BR-PlPr 410 = **3** O 9
BT-Drs 7/1979 = **114** A 5
Bericht und Antrag des Wirtschaftsausschusses
BT-Drs 7/2252 = **121** B 3
1. Beratung
BT-PlPr 7/103 = **19** B 7
2. und 3. Beratung
BT-PlPr 7/108 = **20** E 5
– *GesEntw über die Feststellung der Wirtschaftspläne des ERP-Sondervermögens 1975*
BR-Drs 581/74 = **82** H 14
BR-Drs 93/75 = **101** D 13
BR-PlPr 412 = **4** B 12
BR-PlPr 416 = **4** I 9
BT-Drs 7/2784 = **134** N 13
Antrag des Wirtschaftsausschusses
BT-Drs 7/3133 = **147** A 11
Bericht des Wirtschaftsausschusses
BT-Drs 7/3185 = **148** H 14
1. Beratung
BT-PlPr 7/134 = **25** A 1
2. und 3. Beratung
BT-PlPr 7/147 = **28** A 1
– *GesEntw über die Feststellung der Wirtschaftspläne des ERP-Sondervermögens 1976*
BR-Drs 675/75 = **136** L 10
BR-Drs 326/76 = **163** N 11
BR-PlPr 429 = **5** M 3
BR-PlPr 435 = **6** I 1
Vermittlungsverfahren:
BR-Drs 418/76 = **169** B 14
BR-PlPr 437 = **6** L 10
BT-Drs 7/4513 = **193** B 10
Bericht und Antrag des Wirtschaftsausschusses
BT-Drs 7/5135 = **214** B 4
Unterrichtung betr Anrufung des Vermittlungsausschusses
BT-Drs 7/5320 = **218** J 1
Unterrichtung durch den Vermittlungsausschuß
BT-Drs 7/5572 = **223** H 1
1. Beratung
BT-PlPr 7/216 = **40** N 12

2. und 3. Beratung
BT-PlPr 7/242 = **46** F 3
Erwerbsleben
– s GesEntw über die Durchführung einer Repräsentativstatistik der Bevölkerung und des Erwerbslebens *(Mikrozensus)*
BR-Drs 549/74 = **80** J 14
BT-Drs 7/3042 = **143** H 11
Erwerbs- und Wirtschaftsgenossenschaften
– *GesEntw zur Änderung des Gesetzes betr die Erwerbs- und Wirtschaftsgenossenschaften*
BR-Drs 30/73 = **8** M 4
BR-Drs 446/73 = **33** E 2
BR-PlPr 389 = **1** B 11
BR-PlPr 396 = **2** I 14
BT-Drs 7/97 = **54** M 10
Bericht und Antrag des Rechtsausschusses
BT-Drs 7/659 = **75** I 14
1. Beratung
BT-PlPr 7/17 = **2** O 1
2. und 3. Beratung
BT-PlPr 7/39 = **6** H 14
Erwerbsunfähigkeitsrente
– s GesEntw über die *Sozialversicherung Behinderter*
BR-Drs 73/74 = **57** O 9
BT-Drs 7/1992 = **114** J 10
Erzeugergemeinschaften
– *GesEntw zur Änderung des Marktstrukturgesetzes*
BR-Drs 282/74 = **68** C 13
BR-Drs 395/74 = **73** H 8
BR-Drs 408/75 = **122** A 1
BR-PlPr 410 = **3** O 9
BR-PlPr 422 = **5** B 1
BT-Drs 7/2508 = **128** G 7
Bericht und Antrag des Ausschusses für Ernährung, Landwirtschaft und Forsten
BT-Drs 7/3678 = **164** I 1
Bericht des Haushaltsausschusses
BT-Drs 7/3679 = **164** I 5
1. Beratung
BT-PlPr 7/119 = **21** O 2
2. und 3. Beratung
BT-PlPr 7/181 = **34** J 3
– DurchführungsVO zum Marktstrukturgesetz: Qualitätsraps
BR-Drs 404/74 = **74** B 12
– DurchführungsVO zum Marktstrukturgesetz: Wolle
BR-Drs 684/76 = **180** B 13
Erziehungsberechtigte
– s GesEntw zur Neuregelung des *elterlichen Sorgerechts*
BR-Drs 690/73 = **45** A 13
BT-Drs 7/2060 = **116** H 13
Erziehungsgeld
– s Entw eines *Bundeserziehungsgeldgesetzes*
BT-Drs 7/2031 = **115** N 7
– 2. Familienbericht
BT-Drs 7/3502 = **157** G 4
Erziehungshilfe
s Jugendhilfe
Erzwingungshaft
– s Entw eines *Strafvollzugs*gesetzes
BR-Drs 71/73 = **9** D 11
BT-Drs 7/918 = **80** H 13
EssenzenVO
– VO zur Änderung der EssenzenVO
BR-Drs 152/73 = **17** L 4
Europa
– politische Einigung
Entschließung des Europäischen Parlaments
BT-Drs 7/505 = **69** M 13
– Europäische Zusammenarbeit in der NATO
Weißbuch 1973/1974 zur Sicherheit der Bundesrepublik Deutschland und zur Entwicklung der Bundeswehr
BT-Drs 7/1505 = **101** D 3
– europäische Entspannung und Sicherheit
Materialien zum Bericht zur Lage der Nation 1974
BT-Drs 7/2423 = **124** J 13
– *Antwort auf die Große Anfrage betr Konferenz über Sicherheit und Zusammenarbeit in Europa (KSZE)*
BT-Drs 7/2616 = **130** M 10
Berichtigung
BT-Drs 7/2643 = **131** K 4
Entschließungsantrag zur Beratung
BT-Drs 7/2673 = **132** D 10
Beratung
BT-PlPr 7/125 = **23** A 1
– Unterrichtung durch die deutsche Delegation
BT-Drs 7/3302 = **153** C 8
– Entschließung über die Konferenz für Sicherheit und Zusammenarbeit in Europa (KSZE)
BT-Drs 7/3542 = **158** N 4
– Schlußakte der Konferenz über Sicherheit und Zusammenarbeit in Europa (KSZE) und Wortlaut der Erklärung des Europäischen Rates vom 17. 7. 1975 zu den Konferenzergebnissen
BT-Drs 7/3867 = **170** N 1
Entschließungsanträge
BT-Drs 7/3884 = **171** L 6
BT-Drs 7/3885 = **171** L 7
Regierungserklärung
BT-PlPr 7/175 = **33** G 14
Europäische Agentur für handelspolitische Zusammenarbeit mit Entwicklungsländern
– Vorschlag einer EG-VO zur Errichtung einer Europäischen Agentur für handelspolitische Zusammenarbeit mit Entwicklungsländern
BR-Drs 641/76 = **178** E 10
BT-Drs 7/5847 = **230** H 3
Europäische Aktiengesellschaft
– Vorschlag einer EG-VO über die Satzung einer europäischen Aktiengesellschaft
BR-Drs 369/74 = **72** H 12
BT-Drs 7/1109 = **87** I 1
– geänderter Vorschlag einer EG-VO über das Statut für Europäische Aktiengesellschaften
BR-Drs 372/75 = **119** N 12
BT-Drs 7/3713 = **166** N 10
Atomgemeinschaft
Europäische
Nichtverbreitung von Kernwaffen
– s a GesEntw zu dem Übereinkommen zwischen Belgien, Dänemark, der Bundesrepublik Deutschland, Irland, Italien, Luxemburg, den Niederlanden, der Europäischen Atomgemeinschaft und der Internationalen Atomenergie-Organisation (betr *Atomwaffen*)
BR-Drs 402/73 = **31** B 9
BT-Drs 7/995 = **83** E 14
Forschungsförderung
– s a Bundesbericht Forschung V
BT-Drs 7/3574 = **160** A 1
– Entwurf eines EG-Beschlusses, mit dem die Kommission im Hinblick auf einen Beitrag der EG zur Finanzierung von Kernkraftwerken zur Aufnahme von Euratom-Anleihen ermächtigt wird
BR-Drs 151/75 = **105** K 6
BT-Drs 7/3333 = **153** N 10
Europäische Ausfuhrbank
– Vorschlag einer EG-VO zur Errichtung einer Europäischen Ausfuhrbank
BR-Drs 193/76 = **155** J 9
BT-Drs 7/4882 = **206** A 12
Europäische Gemeinschaft für Kohle und Stahl (EGKS)
– *GesEntw zum Beschluß der Vertreter der Regierungen der Mitgliedstaaten der EGKS zur Aufhebung der gem Artikel 69 des Vertrages über die Gründung der EGKS erlassenen Rechtsakte*
BR-Drs 531/73 = **36** F 9
BR-Drs 774/73 = **50** L 12
BR-PlPr 397 = **2** L 1
BR-PlPr 400 = **3** A 1
BT-Drs 7/1142 = **88** D 13
Bericht und Antrag des Wirtschaftsausschusses
BT-Drs 7/1374 = **96** J 3
1. Beratung
BT-PlPr 7/64 = **10** L 13
2. Beratung und Schlußabstimmung
BT-PlPr 7/70 = **12** C 14
– *GesEntw zum Abkommen zwischen den Mitgliedstaaten der EGKS, der EGKS und der Republik Finnland* (betr Zollabbau und freien Warenverkehr)
BR-Drs 75/74 = **58** A 11
BR-Drs 678/74 = **86** K 6
BR-PlPr 402 = **3** E 5
BR-PlPr 413 = **4** D 12
BT-Drs 7/1778 = **109** K 14
Bericht und Antrag des Wirtschaftsausschusses
BT-Drs 7/2574 = **129** O 6
1. Beratung
BT-PlPr 7/88 = **16** C 13
2. Beratung und Schlußabstimmung
BT-PlPr 7/122 = **22** G 7
– s a GesEntw zum Abkommen der Mitgliedstaaten der EGKS mit der Schweizerischen Eidgenossenschaft über die Geltung des Abkommens für das *Fürstentum Liechtenstein*
BR-Drs 82/73 = **10** K 3
BT-Drs 7/251 = **61** I 9
– s a GesEntw zum Abkommen zwischen den Mitgliedstaaten der EGKS und der *Republik Island*
BR-Drs 83/73 = **10** K 11
BT-Drs 7/252 = **61** J 7
– s a GesEntw zum Abkommen zwischen den Mitgliedstaaten der EGKS und der *Portugiesischen Republik*
BR-Drs 84/73 = **10** L 4
BT-Drs 7/249 = **61** E 10
– s a GesEntw zum Abkommen zwischen den Mitgliedstaaten der EGKS und dem *Königreich Schweden*
BR-Drs 85/73 = **10** M 1
BT-Drs 7/248 = **61** D 10
– s a GesEntw zum Abkommen der Mitglied-

staaten der Europäischen Gemeinschaft für Kohle und Stahl und der *Republik Österreich*
BR-Drs 86/73 = **10** M 10
BT-Drs 7/247 = **61** C 10
- s a GesEntw zum Interimsabkommen der Mitgliedstaaten der Europäischen Gemeinschaft für Kohle und Stahl und der *Republik Österreich*
BR-Drs 87/73 = **10** N 11
BT-Drs 7/246 = **61** C 2
- s a GesEntw zum Abkommen zwischen den Mitgliedstaaten der EGKS und dem *Königreich Norwegen*
BR-Drs 532/73 = **36** F 13
BT-Drs 7/1140 = **88** C 12
- s a GesEntw zum Abkommen zwischen den Mitgliedstaaten der EGKS einerseits und dem Staat *Israel*
BR-Drs 411/76 = **168** M 11
- VO zur Änderung des Deutschen Teil-Zolltarifs (betr Zollsätze gegenüber Österreich – EGKS)
BR-Drs 3/73 = **8** A 8
BT-Drs 7/53 = **52** O 5
- VO zur Änderung des Deutschen Teil-Zolltarifs (betr Kohle aus Beitrittsländern der EGKS)
BR-Drs 7/73 = **8** B 13
BT-Drs 7/54 = **52** O 7
- VO zur Änderung des Deutschen Teil-Zolltarifs (Nr. 5/73 – Waren der EGKS – 1. Halbjahr 1973)
BR-Drs 179/73 = **19** A 7
BT-Drs 7/244 = **61** B 14
- VO zur Änderung des Deutschen Teil-Zolltarifs (Nr 3/73 – Zollpräferenzen 1973 gegenüber Entwicklungsländern – EGKS)
BR-Drs 296/73 = **26** F 4
BT-Drs 7/428 = **67** E 13
- VO zur Änderung des Deutschen Teil-Zolltarifs (Nr. 11/73 – besondere Zollsätze gegenüber Norwegen – EGKS)
BR-Drs 563/73 = **38** M 13
BT-Drs 7/987 = **82** M 1
- VO zur Änderung des Deutschen Teil-Zolltarifs (Nr 14/73 – Waren der EGKS – 2. Halbjahr 1973)
BR-Drs 568/73 = **38** O 10
BT-Drs 7/999 = **83** M 2
- VO zur Änderung des Deutschen Teil-Zolltarifs (Nr 5/74 – Besondere Zollsätze gegenüber Norwegen)
BR-Drs 140/74 = **61** J 13
BT-Drs 7/1698 = **107** N 9
- VO zur Änderung des Deutschen Teil-Zolltarifs (Nr 6/74 – Besondere Zollsätze gegenüber Finnland)
BR-Drs 296/74 = **68** I 13
BT-Drs 7/1969 = **113** M 4
- VO zur Änderung des Deutschen Teil-Zolltarifs (Nr 9/74 – Zollpräferenzen 1974 gegenüber Entwicklungsländern)
BR-Drs 458/74 = **76** F 7
BT-Drs 7/2282 = **121** M 4
- VO zur Änderung des Deutschen Teil-Zolltarifs (Nr 6/75 – Besondere Zollsätze gegenüber Israel – EGKS)
BR-Drs 485/75 = **124** M 5
BT-Drs 7/3937 = **172** N 7
- VO zur Änderung des Deutschen Teil-Zolltarifs (Nr 7/75 – Besondere Zollsätze gegenüber den AKP-Staaten)
BR-Drs 500/75 = **125** C 4
BT-Drs 7/3962 = **173** I 2
- VO zur Änderung des Deutschen Teil-Zolltarifs (Nr 8/75 – Zollpräferenzen 1975 gegenüber Entwicklungsländern – EGKS)
BR-Drs 511/75 = **125** M 8
BT-Drs 7/3984 = **174** C 6
- VO zur Änderung des Deutschen Teil-Zolltarifs (Nr 4/76 – Besondere Zollsätze gegenüber Israel)
BR-Drs 104/76 = **151** O 2
BT-Drs 7/4674 = **198** J 12
- VO zur Änderung des Deutschen Teil-Zolltarifs (Nr 5/76 – Zollpräferenzen 1976 gegenüber Entwicklungsländern – EGKS)
BR-Drs 162/76 = **153** N 14
BT-Drs 7/4792 = **203** B 4
- VO zur Änderung des Deutschen Teil-Zolltarifs (Nr 12/76 – Besondere Zollsätze gegenüber Portugal – EGKS)
BR-Drs 527/76 = **173** O 12
BT-Drs 7/5690 = **226** F 11
- VO zur Änderung des Deutschen Teil-Zolltarifs (Nr 13/76 – Besondere Zollsätze gegenüber Algerien, Marokko und Tunesien – EGKS)
BR-Drs 567/76 = **175** H 4
BT-Drs 7/5864 = **231** D 1

Europäische Gemeinschaften
- *GesEntw zum Vertrag zur Änderung bestimmter Finanzvorschriften der Verträge zur Gründung der EG und des Vertrages zur Einsetzung eines gemeinsamen Rates und einer gemeinsamen Kommission der EG* (betr Haushaltsbefugnisse des Europäischen Parlaments und Errichtung eines Europäischen Rechnungshofes)
BR-Drs 22/76 = **145** K 13
BR-Drs 327/76 = **163** O 2
BR-PlPr 431 = **5** O 8
BR-PlPr 435 = **6** I 1
BT-Drs 7/4684 = **200** D 1
Bericht und Antrag des Haushaltsausschusses
BT-Drs 7/5127 = **214** A 11
1. Beratung
BT-PlPr 7/224 = **42** G 6
2. Beratung und Schlußabstimmung
BT-PlPr 7/240 = **45** L 4
- Bericht der Bundesregierung über die Integration von April bis September 1972
BT-Drs 7/5 = **51** L 4
Bericht und Antrag des Auswärtigen Ausschusses
BT-Drs 7/771 = **77** H 11
- Bericht der Bundesregierung über die Integration für die Zeit vom Oktober 1972 bis März 1973
BT-Drs 7/488 = **69** C 8
- Bericht der Bundesregierung über die Integration für April bis September 1973
BT-Drs 7/1108 = **87** D 13
- Bericht der Bundesregierung über die Integration in der Zeit vom Oktober 1973 bis März 1974
BT-Drs 7/2021 = **115** J 4
- Bericht der Bundesregierung über die Integration von April bis September 1974
BT-Drs 7/2662 = **132** A 13
- Bericht der Bundesregierung über die Integration von Oktober 1974 bis März 1975
BT-Drs 7/3575 = **160** L 4
- Bericht der Bundesregierung über die Integration von April bis September 1975
BT-Drs 7/4227 = **184** N 8
- Bericht der Bundesregierung über die Integration von Oktober 1975 bis März 1976
BT-Drs 7/5072 = **212** J 9
- Bericht der Bundesregierung über die Integration vom April bis September 1976
BT-Drs 7/5834 = **230** D 8
- Entwurf der EG eines Aktionsprogramms für die Politik im wissenschaftlich-technologischen Bereich
BR-Drs 584/73 = **39** D 2
BT-Drs 7/1026 = **84** F 3
- Unterrichtung durch das Europäische Parlament betr Entschließung über die Wirtschaftslage der Gemeinschaft
BT-Drs 7/2344 = **122** N 12
- Jahresbericht über die Wirtschaftslage der Gemeinschaft
BT-Drs 7/2916 = **140** K 11
- Jahresbericht über die Wirtschaftslage der Gemeinschaft
BT-Drs 7/4249 = **185** I 14
- Stellungnahme der Kommission der EG zum griechischen Beitrittsgesuch
BT-Drs 7/4748 = **202** B 2
- Entw eines Vertrages zur Änderung der Verträge zur Gründung der EG zwecks gemeinsamer Regelung des strafrechtlichen Schutzes der finanziellen Interessen der EG sowie Ahndung von Zuwiderhandlungen gegen die Vorschriften genannter Verträge, Entw eines Vertrages zur Änderung des Vertrages zur Einsetzung eines gemeinsamen Rates und einer gemeinsamen Kommission der EG zwecks gemeinsamer Regelung der Verantwortlichkeit und des Schutzes der Beamten und sonstigen Bediensteten der EG auf dem Gebiet des Strafrechts
BT-Drs 7/5739 = **227** J 8
- Vorschlag der Kommission der EG für einen Jahresbericht über die Wirtschaftslage der EG
BT-Drs 7/5872 = **231** G 2
- Vorschlag einer EG-VO zur Gründung von gemeinsamen Unternehmen
BR-Drs 366/73 = **28** M 3
- Vorschlag einer EG-VO über Gemeinschaftsanleihen
BR-Drs 749/74 = **90** M 9
BT-Drs 7/2777 = **134** M 3

Europäische Investitionsbank
- *GesEntw zum Vertrag zur Änderung bestimmter Vorschriften des Protokolls über die Satzung*
BR-Drs 170/76 = **154** D 11
BR-Drs 426/76 = **169** H 7
BR-PlPr 433 = **6** D 11
BR-PlPr 436 = **6** J 12
BT-Drs 7/5061 = **212** G 6
Bericht und Antrag des Wirtschaftsausschusses
BT-Drs 7/5249 = **216** H 10
1. Beratung
BT-PlPr 7/240 = **45** L 4
2. Beratung und Schlußabstimmung
BT-PlPr 7/250 = **48** C 11

Europäische Kooperationsvereinigung
- Vorschlag einer EG-VO über die Europäische Kooperationsvereinigung
BR-Drs 91/74 = **58** I 1
BT-Drs 7/1644 = **105** D 6

Europäische Luftfahrtindustrie
– Empfehlungen zur EG-Mitteilung betr ein Aktionsprogramm für die Europäische Luftfahrt
BR-Drs 481/76 = **172** A 13
BT-Drs 7/1644 = **105** D 6
Europäische Menschenrechtskonvention
– s GesEntw zu *Internationalen Pakt über bürgerliche und politische Rechte*
BR-Drs 304/73 = **26** K 12
BT-Drs 7/660 = **75** K 6
Europäische Organisation für Astronomische Forschung in der Südlichen Hemisphäre
– VO zum Protokoll über die Vorrechte und Immunitäten der Organisation
BR-Drs 20/75 = **98** C 1
Europäische Organisation zur Sicherung der Luftfahrt EUROCONTROL
– VO zur Änderung der VO über die Erhebung von Gebühren für die Inanspruchnahme von Diensten und Einrichtungen der Flugsicherung
BR-Drs 701/74 = **88** C 10
Europäische Patente
s Patentrecht, internationales
Europäische Rechnungseinheit
– Vorschlag einer EG-VO über die Verwendung in den Rechtsakten der Organe der Europäischen Gemeinschaften
BR-Drs 636/76 = **178** C 14
BT-Drs 7/5846 = **230** G 10
Europäische Stiftung für die Verbesserung der Lebens- und Arbeitsbedingungen
– Vorschlag einer EG-VO über die Gründung einer Europäischen Stiftung für die Verbesserung der Lebens- und Arbeitsbedingungen
BR-Drs 40/74 = **55** N 6
BT-Drs 7/1518 = **102** E 9
– Vorschlag einer EG-VO betr Finanzvorschriften für das Europäische Zentrum für die Förderung der Berufsbildung und für die Verbesserung der Lebens- und Arbeitsbedingungen
BR-Drs 695/75 = **138** B 14
BT-Drs 7/4255 = **185** O 10
Europäische Union
– Unterrichtung über den Bericht von Premierminister Leo Tindemans über die Schaffung der Europäischen Union
BR-Drs 290/76 = **162** H 11
BR-PlPr 439 = **6** O 12
Antrag der CDU/CSU
BT-Drs 7/4757 = **202** C 12
Beratung des Antrags der CDU/CSU
BT-PlPr 7/230 = **43** J 6
Bericht von Premierminister Leo Tindemans und Stellungnahme der Bundesregierung hierzu
BT-Drs 7/4969 = **209** M 8
Beratung des Berichts
BT-PlPr 7/235 = **44** I 6
Europäische Weltraumorganisation
– *GesEntw zum Übereinkommen zur Gründung einer Europäischen Weltraumorganisation*
BR-Drs 97/76 = **149** N 13
BR-Drs 441/76 = **170** E 14
BR-PlPr 432 = **6** B 14
BR-PlPr 437 = **6** L 10
BT-Drs 7/5103 = **213** J 6
Bericht und Antrag des Ausschusses für Forschung und Technologie
BT-Drs 7/5392 = **220** A 12
Bericht des Haushaltsausschusses
BT-Drs 7/5444 = **220** M 1
1. Beratung
BT-PlPr 7/240 = **45** L 4
2. Beratung und Schlußabstimmung
BT-PlPr 7/252 = **48** J 1
Europäische Wirtschafts- und Währungsunion
– EG-Vorschläge von Entschließungen zur Verwirklichung der 2. Stufe
BR-Drs 751/73 = **50** A 5
BT-Drs 7/1322 = **95** K 14
Europäische Wirtschaftsgemeinschaft – EWG
– *GesEntw über die Finanzierung ölpreisbedingter Zahlungsbilanzdefizite von Mitgliedstaaten im Rahmen der EG*
BR-Drs 761/74 = **91** H 9
BR-Drs 822/74 = **95** L 4
BR-PlPr 414 = **4** F 5
BR-PlPr 415 = **4** G 8
BT-Drs 7/2860 = **139** H 10
Bericht und Antrag des Haushaltsausschusses
BT-Drs 7/2961 = **141** N 3
1. Beratung
BT-PlPr 7/134 = **25** A 1
2. und 3. Beratung
BT-PlPr 7/136 = **25** J 7
– s a Entw eines ÄndGes zu dem Ges über *Einreise* und Aufenthalt der Staatsangehörigen der Mitgliedstaaten der EWG
BR-Drs 549/73 = **37** A 3
BT-Drs 7/1366 = **96** H 4
Europäischer Ausrichtungs- und Garantiefonds
– Vorschlag einer EG-VO über das Verzeichnis der mit Vorrang zu fördernder Agrargebiete und Gebietsteile nach der EG-VO über die Finanzierung von Vorhaben durch den Europäischen Ausrichtungs- und Garantiefonds für die Landwirtschaft
BR-Drs 659/73 = **42** K 12
BT-Drs 7/237 = **61** B 4
– Vorschlag einer EG-VO über die Zuweisung eines Betrages von 150 Millionen Rechnungseinheiten aus den zurückgestellten Mitteln der Abteilung Ausrichtung des Europäischen Ausrichtungs- und Garantiefonds für die Landwirtschaft, an den Europäischen Fond für Regionalentwicklung
BR-Drs 123/75 = **103** J 12
BT-Drs 7/3251 = **152** H 4
– Vorschlag einer EG-VO zur Änderung der EG-VO hinsichtlich der Finanzierung bestimmter Maßnahmen durch den Europäischen Ausrichtungs- und Garantiefonds für die Landwirtschaft, Abteilung Garantie
BR-Drs 255/75 = **112** H 12
BT-Drs 7/3578 = **160** M 8
– Vorschlag einer EG-VO über die allgemeinen Regeln für die Finanzierung der Interventionen durch den Europäischen Ausrichtungs- und Garantiefonds für die Landwirtschaft, Abteilung Garantie
BR-Drs 550/76 = **174** K 7
BT-Drs 7/5741 = **227** K 5
Europäischer Fonds für regionale Entwicklung
– Vorschlag einer VO über die Errichtung eines Europäischen Fonds für regionale Entwicklung
BR-Drs 547/73 = **36** L 4
BT-Drs 7/982 = **82** E 1
– Vorschlag einer EG-VO über das Verzeichnis der Gebiete und Gebietsteile gem EG-VO über die Errichtung eines Europäischen Fonds für regionale Entwicklung
BR-Drs 659/73 = **42** K 12
BT-Drs 7/1183 = **90** M 2
– Vorschlag einer EG-VO über die Zuweisung eines Betrages von 150 Millionen Rechnungseinheiten aus den zurückgestellten Mitteln der Abteilung Ausrichtung des Europäischen Ausrichtungs- und Garantiefonds für die Landwirtschaft an den Europäischen Fonds für regionale Entwicklung
BR-Drs 123/75 = **103** J 12
BT-Drs 7/3251 = **152** M 4
Europäischer Fonds für währungspolitische Zusammenarbeit
– Vorschlag einer Entscheidung des Rates zur Errichtung eines Europäischen Fonds für währungspolitische Zusammenarbeit
BR-Drs 153/73 = **17** N 4
BT-Drs 7/172 = **59** D 6
BT-Drs 7/456 = **68** E 9
– Vorschlag einer EG-VO zur Änderung der EG-VO zur Errichtung eines Europäischen Fonds für währungspolitische Zusammenarbeit
BR-Drs 26/75 = **98** H 3
BT-Drs 7/3025 = **142** O 10
Europäischer Sozialfonds
– Vorschlag für einen EG-Beschluß zur Beteiligung des Europäischen Sozialfonds an Maßnahmen zugunsten behinderter Personen und Arbeitnehmer, die innerhalb der EG zu- und abwandern
BR-Drs 777/73 = **50** M 5
BT-Drs 7/1462 = **98** N 13
Europäischer Stillegungsfonds für die Binnenschiffahrt
– Vorschlag einer EG-VO zum Abschluß des Übereinkommens über die Errichtung und zum Erlaß von Bestimmungen für dessen Inkrafttreten
BR-Drs 535/76 = **174** D 4
BT-Drs 7/5709 = **226** O 10
Europäisches Arzneibuch
– *GesEntw zu dem Übereinkommen über die Ausarbeitung eines Europäischen Arzneibuchs*
BR-Drs 53/73 = **9** A 1
BR-Drs 271/73 = **24** M 14
BR-PlPr 389 = **1** B 11
BR-PlPr 392 = **2** D 6
BT-Drs 7/125 = **56** F 8
Bericht und Antrag des Ausschusses für Jugend, Familie und Gesundheit
BT-Drs 7/336 = **64** H 6
1. Beratung
BT-PlPr 7/15 = **2** J 13
2. Beratung und Schlußabstimmung
BT-PlPr 7/23 = **3** N 5
– VO über das Europäische Arzneibuch Band I
BR-Drs 317/74 = **69** M 7
– VO über das Europäische Arzneibuch Band II
BR-Drs 367/75 = **119** L 7

- 2. VO zur Änderung der Apothekenbetriebsordnung
  BR-Drs 418/74 = **74** L 8

Europäisches Hochschulinstitut
- *GesEntw zum Übereinkommen über die Gründung eines Europäischen Hochschulinstituts*
  BR-Drs 554/73 = **37** O 10
  BR-Drs 477/74 = **77** A 1
  BR-PlPr 397 = **2** L 1
  BR-PlPr 410 = **3** O 9
  BT-Drs 7/1657 = **107** E 1
  Bericht und Antrag des Auswärtigen Ausschusses
  BT-Drs 7/2278 = **122** K 4
  Bericht des Haushaltsausschusses
  BT-Drs 7/2290 = **121** N 3
  1. Beratung
  BT-PlPr 7/81 = **14** N 5
  2. Beratung und Schlußabstimmung
  BT-PlPr 7/110 = **20** J 5

Europäisches Laboratorium für Molekularbiologie (EMBL)
- *GesEntw zur Sitzstaatvereinbarung mit der Regierung der Bundesrepublik Deutschland*
  BR-Drs 9/75 = **97** K 5
  BR-Drs 329/75 = **115** L 1
  BR-PlPr 416 = **4** I 9
  BR-PlPr 421 = **5** A 7
  BT-Drs 7/3332 = **153** M 12
  Bericht und Antrag des Ausschusses für Forschung und Technologie
  BT-Drs 7/3553 = **158** O 9
  Bericht des Haushaltsausschusses
  BT-Drs 7/3628 = **163** K 7
  1. Beratung
  BT-PlPr 7/162 = **31** A 14
  2. und 3. Beratung
  BT-PlPr 7/170 = **32** H 2
- VO über die Gewährung von Vorrechten und Befreiungen an das Europäische Laboratorium für Molekularbiologie
  BR-Drs 372/73 = **29** A 6

Europäisches Parlament
- *GesEntw über die Wahl der deutschen Mitglieder*
  BT-Drs 7/1352 = **96** E 1
  1. Beratung
  BT-PlPr 7/91 = **17** A 1
- Antrag betr Stärkung des Europäischen Parlaments
  BT-Drs 7/1688 = **107** M 7
- Unterrichtung betr Entschließung zur derzeitigen Lage der Gemeinschaft
  BT-Drs 7/1749 = **108** H 13
- Unterrichtung betr Wahlen der Mitglieder
  BT-Drs 7/3366 = **154** L 4
- Bericht und Antrag des Innenausschusses
  BT-Drs 7/3768 = **168** K 5
  BT-PlPr 7/218 = **41** C 14

Europäisches Patentamt
- s GesEntw zum Übereinkommen zur Vereinheitlichung gewisser Begriffe des materiellen Rechts der Erfindungspatente, zum Vertrag über internationale Zusammenarbeit auf dem Gebiet des Patentwesens und zum Übereinkommen über die Erteilung europäischer Patente (Ges über internationale Patentübereinkommen, s *Patentrecht*)
  BR-Drs 220/75 = **109** M 6
  BT-Drs 7/3712 = **165** M 12

Europäisches Rüstungsamt
- Unterrichtung über die Entschließung des Militärausschusses der 19. Jahrestagung der Nordatlantischen Versammlung (betr Schaffung eines Europäischen Rüstungsamtes)
  BR-Drs 800/73 = **52** D 2

Europäisches Sozialbudget
- EG-Mitteilung
  BR-Drs 34/76 = **146** I 6
  BT-Drs 7/4565 = **195** K 10

Europäisches Zentrum für mittelfristige Wettervorhersage
- *GesEntw zum Übereinkommen zur Errichtung des Europäischen Zentrums für mittelfristige Wettervorhersage*
  BR-Drs 604/74 = **84** F 7
  BR-Drs 36/75 = **98** N 10
  BR-PlPr 412 = **4** B 12
  BR-PlPr 416 = **4** I 9
  BT-Drs 7/2704 = **132** K 5
  Bericht und Antrag des Ausschusses für Forschung und Technologie
  BT-Drs 7/3121 = **146** N 4
  Bericht des Haushaltsausschusses
  BT-Drs 7/3122 = **146** N 6
  1. Beratung
  BT-PlPr 7/131 = **24** F 7
  2. und 3. Beratung
  BT-PlPr 7/147 = **28** A 1

Europapolitik
- s a Europäische Union
  Antrag der CDU/CSU
  BT-Drs 7/1353 = **96** E 3
  Beratung
  BT-PlPr 7/91 = **17** A 1

Europarat
- Halbjahresbericht der Bundesregierung über die Tätigkeit für die Zeit vom 1. 4. bis 30. 9. 1972
  BT-Drs 7/7 = **51** M 11
- Bericht über die Tagung vom 17. bis 24. 10. 1972 in Straßburg
  BT-Drs 7/19 = **52** G 7
- Wahl der Vertreter der Bundesrepublik Deutschland
  BT-Drs 7/194 = **60** H 7
- Bericht über die Tagung der beratenden Versammlung vom 22. bis 26. 1. 1973 in Straßburg
  BT-Drs 7/232 = **60** O 5
- Bericht über die Tagung vom 14. bis 18. 5. 1973 in Straßburg
  BT-Drs 7/842 = **78** E 10
- Bericht über die Tagung vom 25. 9. bis 2. 10. 1973 in Straßburg
  BT-Drs 7/1102 = **87** A 14
- Unterrichtung über das Kolloquium vom 29. bis 30. 6. 1973 in Florenz
  BT-Drs 7/1137 = **88** A 5
- Halbjahresbericht der Bundesregierung über die Tätigkeit vom 1. 4. 1973 bis 30. 9. 1973
  BT-Drs 7/1263 = **93** L 5
- Unterrichtung über die Tagung vom 21. bis 25. 1. 1974 in Straßburg
  BT-Drs 7/1701 = **108** A 1
- Halbjahresbericht der Bundesregierung über die Tätigkeit vom 1. 10. 1973 bis 31. 3. 1974
  BT-Drs 7/2064 = **116** L 2
- Unterrichtung über die Tagung der Beratenden Versammlung vom 6. bis 10. 5. 1974 in Straßburg
  BT-Drs 7/2314 = **122** G 1
- Halbjahresbericht über die Tätigkeit vom 1. 4. bis 30. 9. 1974
  BT-Drs 7/2966 = **141** O 1
- Unterrichtung über die Tagung der Parlamentarischen Versammlung vom 24. bis 30. 9. 1974 in Straßburg
  BT-Drs 7/3047 = **144** G 9
- Bericht über die Tagung der parlamentarischen Versammlung vom 22. bis 29. 1. 1975 in Straßburg
  BT-Drs 7/3396 = **155** E 14
- Halbjahresbericht der Bundesregierung über die Tätigkeit vom 1. 10. 1974 bis 31. 3. 1975
  BT-Drs 7/3707 = **165** L 8
- Bericht über die Tagung der Parlamentarischen Versammlung des Europarates vom 21. bis 25. 4. 1975 in Straßburg
  BT-Drs 7/3837 = **170** C 12
- Unterrichtung über die Tagung der Parlamentarischen Versammlung vom 1. bis 9. 10. 1975 in Straßburg
  BT-Drs 7/4319 = **188** A 3
- Halbjahresbericht der Bundesregierung über die Tätigkeit vom 1. 4. bis 30. 9. 1975
  BT-Drs 7/4355 = **189** G 10
- Unterrichtung über die Tagung der Parlamentarischen Versammlung vom 26. bis 30. 1. 1976 in Straßburg
  BT-Drs 7/4835 = **205** B 4
- Halbjahresbericht der Bundesregierung über die Tätigkeit vom 1. 10. 1975 bis 31. 3. 1976
  BT-Drs 7/4985 = **210** D 4
- Unterrichtung über die Tagung der Parlamentarischen Versammlung vom 3. bis 7. 5. 1976 in Straßburg
  BT-Drs 7/5300 = **218** A 10
- Halbjahresbericht der Bundesregierung über die Tätigkeit vom 1. 4. bis 30. 9. 1976
  BT-Drs 7/5821 = **229** N 11
- Unterrichtung über die Tagung der Parlamentarischen Versammlung vom 15. bis 22. 9. 1976 in Straßburg
  BT-Drs 7/5859 = **230** O 9

European-Recovery-Program
s ERP-Wirtschaftsplangesetz

EWO
s Europäische Weltraumorganisation

Exekutive
Rechtsetzungsbefugnisse
- Schlußbericht der Enquête-Kommission Verfassungsreform
  BT-Drs 7/5924 = **233** D 5

Explosionsgefährliche Stoffe
- s GesEntw zur Änderung des *Sprengstoffgesetzes*
  BR-Drs 677/75 = **137** D 12
  BT-Drs 7/4824 = **204** H 8
- 2. VO zur Änderung der 2. VO zur Durchführung des Sprengstoffgesetzes
  BR-Drs 278/74 = **67** O 1
- 3. VO zur Änderung der 2. VO zur Durchführung des Sprengstoffgesetzes
  BR-Drs 235/76 = **156** O 11
- 3. VO zur Änderung der Listen der explosionsgefährlichen Stoffe
  BR-Drs 59/74 = **57** C 2
- 4. VO zur Änderung der Listen der explosionsgefährlichen Stoffe
  BR-Drs 685/74 = **87** B 4

- 5. VO zur Änderung der Listen der explosionsgefährlichen Stoffe
  BR-Drs 712/75 = **138 I 14**

Extremistische Ausschreitungen
- s GesEntw zur Änderung der *Strafprozeßordnung* und des Gerichtsverfassungsgesetzes
  BR-Drs 358/74 = **72 D 3**
  BT-Drs 7/2536 = **129 G 14**

F

Fachhochschulen
- s GesEntw eines 2. Ges zur Änderung *beamtenrecht*licher Vorschriften
  BR-Drs 156/74 = **62 A 7**
  BT-Drs 7/2204 = **119 J 11**
- s GesEntw eines 2. Ges zur Änderung des *Rechtspflegergesetzes* (betr Fachhochschulen für Rechtspfleger)
  BR-Drs 157/74 = **62 B 13**
  BT-Drs 7/2205 = **119 K 7**
- Bildungsgesamtplan
  BT-Drs 7/1474 = **100 C 8**
- ergänzende Materialien zum Bericht der Bundesregierung über die wirtschaftliche und soziale Sicherung des Studiums
  BT-Drs 7/2803 = **136 A 1**
- Antwort auf die Große Anfrage betr Zukunftschancen der jungen Generation in der Bildung und im Beruf
  BT-Drs 7/5099 = **213 F 4**
- 8. VO zur Ergänzung der Anlage zum Hochschulbauförderungsgesetz
  BR-Drs 573/76 = **175 J 10**

Fachschulen
s a Höhere Fachschulen
- VO zur Änderung der VO über die Förderungshöchstdauer für den Besuch von Höheren Fachschulen, Akademien und Hochschulen
  BR-Drs 429/74 = **75 F 11**

Fachzahnärzte für Kieferorthopädie
- VO zur Änderung der Zulassungsordnung für Kassenzahnärzte
  BR-Drs 446/74 = **75 O 10**

Fachplanung
- Raumordnungsbericht 1974
  BT-Drs 7/3582 = **161 G 3**

Fahrerlaubnis
- VO zur Änderung der Straßenverkehrs-Zulassungs-Ordnung
  (betr DDR-Fahrerlaubnis)
  BR-Drs 416/74 = **74 J 3**

Fahrlehrer
- *GesEntw zur Änderung des Ges über das Fahrlehrerwesen*
  BR-Drs 303/75 = **114 M 6**
  BR-Drs 727/75 = **140 I 4**
  BR-PlPr 421 = **5 A 7**
  BR-PlPr 429 = **5 M 3**
  BT-Drs 7/3913 = **172 B 14**
  Bericht und Antrag des Ausschusses für Verkehr und für das Post- und Fernmeldewesen
  BT-Drs 7/4238 = **185 C 9**
  1. Beratung
  BT-PlPr 7/184 = **35 E 3**
  2. und 3. Beratung
  BT-PlPr 7/203 = **38 F 6**

Fahrpersonal
- *GesEntw zur Änderung des Ges über das Fahrpersonal im Straßenverkehr*
  BR-Drs 544/75 = **127 M 8**
  BR-Drs 316/76 = **163 K 7**
  BR-PlPr 424 = **5 E 4**
  BR-PlPr 435 = **6 I 1**
  BT-Drs 7/4336 = **189 C 13**
  Bericht und Antrag des Ausschusses für Verkehr
  BT-Drs 7/5015 = **211 B 9**
  1. Beratung
  BT-PlPr 7/207 = **39 B 4**
  2. und 3. Beratung
  BT-PlPr 7/238 = **45 D 14**
- s a GesEntw zum Europäischen Übereinkommen über die Arbeit des im internationalen *Straßenverkehrs* beschäftigten Fahrpersonals
  BR-Drs 630/73 = **40 N 14**
  BT-Drs 7/1641 = **105 A 11**
- Vorschlag einer EG-VO über die Inkraftsetzung des Europäischen Übereinkommens über die Arbeit im internationalen Straßenverkehr beschäftigten Fahrpersonals
  BR-Drs 337/75 = **115 M 9**
  BT-Drs 7/3695 = **165 F 12**

Fahrräder mit Hilfsmotor
- Antrag zu einer Entschließung des BR zur Verminderung der Geräusche der Krafträder und Fahrräder mit Hilfsmotor
  BR-Drs 622/74 = **84 L 5**
  BR-PlPr 413 = **4 D 12**

Fahrschulausbildung
- Programm der Bundesregierung zur Verbesserung der Sicherheit im Straßenverkehr
  BT-Drs 7/1283 = **95 B 12**
- VO über die Ausbildung von Fahrschülern für den Kraftfahrzeugverkehr
  BR-Drs 253/76 = **159 M 9**
- s a GesEntw zur Änderung des Ges über das *Fahrlehrerwesen*
  BR-Drs 303/75 = **114 M 6**
  BT-Drs 7/3913 = **172 B 14**

Fahrverbote
- s VO zur Erleichterung des *Ferienreiseverkehrs* auf der Straße im Jahre ...

Familienangehörige
- s GesEntw eines ÄndGes über Einreise und Aufenthalt von *Staatsangehörigen* der Mitgliedstaaten der EG
  BR-Drs 549/73 = **37 A 3**
  BT-Drs 7/1366 = **96 H 4**
- Vorschlag einer EG-VO zur Änderung der VO über die Anwendung der Systeme der Sozialen Sicherheit auf Arbeitnehmer und deren Familienangehörige, die innerhalb der EG zu- und abwandern
  BR-Drs 114/74 = **59 E 5**
  BT-Drs 7/1648 = **105 J 9**

Familienbeihilfen
- Vorschlag einer EG-VO zur Vereinheitlichung der Regelung für die Zahlung der Familienleistungen an Arbeitnehmer, deren Familienangehörige in einem anderen als dem Beschäftigungsland wohnen
  BR-Drs 281/75 = **113 B 12**
  BT-Drs 7/3589 = **162 E 8**

Familienberatung
- Antrag der SPD/FDP
  BT-Drs 7/374 = **65 B 14**
- Antrag der CDU/CSU
  BT-Drs 7/549 = **70 I 7**
  Beratung der Anträge
  BT-PlPr 7/33 = **5 J 1**
  Bericht und Antrag des Ausschusses für Jugend, Familie und Gesundheit
  BT-Drs 7/1813 = **111 A 6**
  Beratung des Berichts
  BT-PlPr 7/88 = **16 C 13**

Familienbericht, Zweiter
- Bericht über die Lage der Familie in der Bundesrepublik Deutschland
  BT-Drs 7/3502 = **157 G 4**
  Beratung des Berichts der Bundesregierung
  BT-PlPr 7/173 = **33 A 9**

Familienforschung
  Antrag betr Gründung eines Instituts
  BT-Drs 7/3862 = **170 M 7**

Familiengericht
- s GesEntw eines 1. Ges zur Reform des *Ehe- und Familienrechts* (1. EheRG)
  BR-Drs 260/73 = **22 M 8**
  BT-Drs 7/650 = **74 G 4**

Familienhilfe
  im Rahmen der *Reichsversicherungsordnung*
- s GesEntw betr Verbesserung der *Familienhilfe*
  BT-Drs 7/464 = **68 G 1**

Familienlastenausgleich
- *GesEntw eines 7. Ges zur Änderung beamtenrechtlicher und besoldungsrechtlicher Vorschriften*
  BR-Drs 762/74 = **91 I 1**
  BR-Drs 816/74 = **95 H 8**
  BR-PlPr 414 = **4 F 5**
  BR-PlPr 415 = **4 G 8**
  BT-Drs 7/2861 = **139 H 13**
  Gegenäußerung der Bundesregierung zur Stellungnahme des Bundesrates
  BT-Drs 7/2880 = **140 D 7**
  Bericht und Antrag des Innenausschusses
  BT-Drs 7/2919 = **140 L 9**
  Bericht des Haushaltsausschusses
  BT-Drs 7/2958 = **141 N 1**
  1. Beratung
  BT-PlPr 7/133 = **24 N 11**
  2. und 3. Beratung
  BT-PlPr 7/136 = **25 J 7**
- *GesEntw zur Vereinheitlichung des Familienlastenausgleichs*
  BT-Drs 7/2032 = **115 N 12**
  Antrag des Ausschusses für Jugend, Familie und Gesundheit
  BT-Drs 7/2163 = **118 G 9**
  Bericht des Ausschusses für Jugend, Familie und Gesundheit
  BT-Drs 7/2174 = **118 N 9**
  Änderungsantrag zur 2. Beratung
  BT-Drs 7/2187 = **119 H 2**
  Bericht des Haushaltsausschusses
  BT-Drs 7/2190 = **119 H 10**
  1. Beratung
  BT-PlPr 7/96 = **18 B 12**
  2. und 3. Beratung
  BT-PlPr 7/104 = **19 E 7**
  nunmehr:
  GesEntw zur Reform der Einkommensteuer, des Familienlastenausgleichs und der Sparförderung (EStRG)
  BR-Drs 410/74 = **74 C 12**
  BR-PlPr 407 = **3 L 12**
  Unterrichtung betr Anrufung des Vermittlungsausschusses
  BT-Drs 7/2306 = **122 E 9**

Antrag des Vermittlungsausschusses
BT-Drs 7/2352 = **123 C 5**
Beratung dieses Antrags
BT-PlPr 7/113 = **21 B 12**
Vermittlungsverfahren:
BR-Drs 491/74 = **77 C 3**
BR-PlPr 410 = **3 O 9**
Unterrichtung durch den Bundesrat betr Nicht-Zustimmung
BT-Drs 7/2380 = **123 I 13**
Unterrichtung durch die Bundesregierung
BT-Drs 7/2384 = **123 J 2**
BR-Drs 533/74 = **78 L 2**
Antrag des Vermittlungsausschusses
BT-Drs 7/2408 = **124 A 14**
Beratung des Antrags
BT-PlPr 7/114 = **21 C 12**
2. Vermittlungsverfahren:
BR-Drs 534/74 = **78 L 3**
BR-PlPr 411 = **4 B 9**
– *GesEntw der CDU/CSU zur Vereinheitlichung des Familienlastenausgleichs*
BT-Drs 7/2367 = **123 F 10**
– *GesEntw des Bundesrates zur Vereinheitlichung des Familienlastenausgleichs*
BR-Drs 516/74 = **78 D 5**
– s a Sozialbericht 1973
BR-Drs 680/73 = **43 I 9**
BT-Drs 7/1167 = **89 D 6**
– s a Sozialbudget 1974
BR-Drs 797/74 = **94 B 7**
BT-Drs 7/2853 = **138 E 12**
– Sozialbericht 1976
BR-Drs 252/76 = **157 M 7**
BT-Drs 7/4953 = **207 G 3**
– s a 2. Familienbericht der Bundesregierung
BT-Drs 7/3502 = **157 G 4**

Familienleistungen
s Familienbeihilfen

Familiennamen
– s GesEntw über den *Ehe- und Familiennamen*
BR-Drs 69/75 = **99 N 9**
BT-Drs 7/3119 = **146 M 8**
– *GesEntw zum Übereinkommen über die Angabe von Familiennamen und Vornamen in den Personenstandsbüchern*
BR-Drs 248/76 = **157 I 8**
BR-Drs 447/76 = **170 J 14**
BR-PlPr 434 = **6 F 11**
BR-PlPr 437 = **6 L 10**
BT-Drs 7/5203 = **215 I 8**
Bericht und Antrag des Innenausschusses
BT-Drs 7/5370 = **219 B 11**
1. Beratung
BT-PlPr 7/247 = **47 I 2**
2. Beratung und Schlußabstimmung
BT-PlPr 7/252 = **48 J 1**

Familienpfleger
– VO über die Ausbildungsförderung für den Besuch von Ausbildungsstätten für Familienpfleger
BR-Drs 275/74 = **67 N 6**

Familienplanung
– s GesEntw über ergänzende Maßnahmen zum *5. Strafrechtsreformgesetz* (Strafrechtsreform-Ergänzungsgesetz)
BR-Drs 285/74 = **68 E 7**
BT-Drs 7/376 = **65 C 7**
Antrag der SPD/FDP
BT-Drs 7/374 = **65 B 14**

Antrag der CDU/CSU
BT-Drs 7/549 = **70 I 7**
– s *Familienberatung*

Familienpolitik
– s *Sozialbericht*

Familienrecht
– *Entw eines 1. Ges zur Reform des Ehe- und Familienrechts*
BR-Drs 260/73 = **22 M 8**
BR-Drs 1/76 = **143 A 4**
BR-PlPr 394 = **2 F 12**
BR-PlPr 430 = **5 N 11**
Vermittlungsverfahren:
BR-Drs 216/76 = **156 F 4**
BR-PlPr 433 = **6 D 11**
BT-Drs 7/650 = **74 G 4**
1. Bericht und Antrag des Rechtsausschusses
BT-Drs 7/3119 = **146 M 8**
1. Bericht des Haushaltsausschusses
BT-Drs 7/3120 = **146 N 3**
2. Bericht und Antrag des Rechtsausschusses
BT-Drs 7/4361 = **189 I 1**
2. Bericht des Haushaltsausschusses
BT-Drs 7/4396 = **190 K 14**
Änderungsanträge zur 2. Beratung
BT-Drs 7/4432 = **191 I 1**
BT-Drs 7/4445 = **191 L 2**
BT-Drs 7/4446 = **191 L 2**
BT-Drs 7/4447 = **191 L 3**
BT-Drs 7/4448 = **191 L 4**
BT-Drs 7/4449 = **191 L 6**
BT-Drs 7/4453 = **191 L 10**
BT-Drs 7/4454 = **191 L 14**
BT-Drs 7/4455 = **191 M 2**
BT-Drs 7/4456 = **191 M 5**
BT-Drs 7/4457 = **191 M 5**
BT-Drs 7/4463 = **192 B 3**
Entschließungsantrag zur 3. Beratung
BT-Drs 7/4458 = **191 M 6**
Unterrichtung betr Anrufung des Vermittlungsausschusses
BT-Drs 7/4694 = **200 G 8**
Antrag des Vermittlungsausschusses
BT-Drs 7/4992 = **210 E 4**
1. Beratung
BT-PlPr 7/40 = **6 L 12**
2. Beratung
BT-PlPr 7/147 = **28 A 1**
2. und 3. Beratung
BT-PlPr 7/209 = **39 G 11**
Beratung eines Antrags des Vermittlungsausschusses
BT-PlPr 7/235 = **44 I 6**
– *Entw eines ÄndGes zum 1. Ges zur Reform des Ehe- und Familienrechts*
BT-Drs 7/4964 = **209 K 8**
– 2. Familienbericht
BT-Drs 7/3502 = **157 G 4**

Familienzusammenführung
– Briefwechsel zwischen der Bundesrepublik Deutschland und der DDR
BT-Drs 7/153 = **58 K 8**
– Antwort auf die Große Anfrage betr Deutschlandpolitik
BT-Drs 7/2933 = **141 E 3**
– Schlußakte der Konferenz über Sicherheit und Zusammenarbeit in Europa (KSZE)
BT-Drs 7/3867 = **170 N 1**

Farbstoff
– VO zur Änderung der Farbstoff-VO und anderer lebensmittelrechtlicher Verordnungen
BR-Drs 565/76 = **175 D 13**

Faulbrut
– VO zur Änderung der BienenseuchenVO
BR-Drs 570/74 = **82 D 4**

Federn
– VO über die Einfuhr und Durchfuhr von Geflügel, Bruteiern sowie unbearbeiteten Federn und Federteilen (Geflügel-EinfuhrVO)
BR-Drs 366/74 = **72 F 10**

Feingehalt
s Gold- und Silberwaren

Ferienreiseverkehr
– VO zur Erleichterung des Ferienreiseverkehrs auf der Straße 1973
BR-Drs 194/73 = **19 J 13**
– VO zur Erleichterung des Ferienreiseverkehrs auf der Straße 1974
BR-Drs 144/74 = **61 L 10**
– VO zur Erleichterung des Ferienreiseverkehrs auf der Straße im Jahre 1975
BR-Drs 178/75 = **107 N 11**
– VO zur Erleichterung des Ferienreiseverkehrs auf der Straße 1976
BR-Drs 102/76 = **151 M 12**

Ferngasleitungen
– VO über Gashochdruckleitungen
BR-Drs 563/74 = **81 N 14**

Fernmeldegeheimnis
– s GesEntw zur Änderung des Ges zur Beschränkung des *Brief-*, Post-, und Fernmel*degeheimnisses* (betr Unterrichtung des Betroffenen bei Beschränkung)
BR-Drs 158/74 = **62 C 12**
BT-Drs 7/2507 = **128 F 14**

Fernmeldesatellitenorganisation
s Internationale Fernmeldesatellitenorganisation

Fernmeldewesen
Telefonseelsorge
– Antrag betr Sonderdienst-Rufnummern bei der Einführung von Nahverkehrsbereichen
BT-Drs 7/4486 = **192 J 2**
Fernsprechteilnehmer in Berlin
– Antrag betr Benachteiligung bei der Einführung von Nahverkehrsbereichen
BT-Drs 7/4487 = **192 J 4**
Zonenrand-, Grenz- und Küstengebiet
– Antrag betr Benachteiligung der Fernsprechteilnehmer bei der Einführung von Nahverkehrsbereichen
BT-Drs 7/4488 = **192 J 4**
Antrag betr Tarifänderung bei der Einführung von Nahverkehrsbereichen
BT-Drs 7/4489 = **192 J 5**
Beratung der Anträge
BT-PlPr 7/222 = **42 C 10**

Fernmeldeverkehr
zwischen der Bundesrepublik Deutschland und der DDR
– Unterrichtung über die Entwicklung der Beziehungen
BT-Drs 7/420 = **66 L 5**
– Antwort auf die Große Anfrage betr Deutschlandpolitik
BT-Drs 7/2933 = **141 E 3**
– s a Entw eines 1. Ges zur Reform des *Strafverfahrens*
BT-Drs 7/551 = **71 L 8**

- s a Entw eines ÄndGes zum *Betäubungsmittelgesetz*
  BT-Drs 7/4141 = **178** K 4

Fernmeldevertrag, Internationaler
- *GesEntw zum Internationalen Fernmeldevertrag*
  BR-Drs 20/76 = **145** E 11
  BR-Drs 317/76 = **163** K 12
  BR-PlPr 431 = **5** O 8
  BR-PlPr 435 = **6** I 1
  BT-Drs 7/4807 = **203** M 4
  Bericht und Antrag des Ausschusses für Verkehr und für das Post- und Fernmeldewesen
  BT-Drs 7/5007 = **210** G 11
  1. Beratung
  BT-PlPr 7/230 = **43** J 6
  2. Beratung und Schlußabstimmung
  BT-PlPr 7/238 = **45** D 14

Fernschulgesetz
- Antrag
  BT-Drs 7/1337 = **95** O 10
  Bericht und Antrag des Ausschusses für Bildung und Wissenschaft
  BT-Drs 7/4965 = **209** K 12
  BT-PlPr 7/77 = **13** O 6

Fernsehsendungen
- *GesEntw zum Zusatzprotokoll zum Europäischen Abkommen zum Schutz von Fernsehsendungen*
  BR-Drs 154/74 = **61** N 7
  BR-Drs 634/74 = **85** A 7
  BR-PlPr 404 = **3** G 6
  BR-PlPr 412 = **4** B 12
  BT-Drs 7/1976 = **113** O 7
  Bericht und Antrag des Rechtsausschusses
  BT-Drs 7/2547 = **129** I 12
  1. Beratung
  BT-PlPr 7/96 = **18** B 12
  2. Beratung und Schlußabstimmung
  BT-PlPr 7/119 = **21** O 2
- s a Entw eines Ges zum Schutz von *Redaktionsgeheimnissen*
  BT-Drs 7/1681 = **107** K 11
- s a GesEntw zum Schutze der Jugend vor *Medien*gefahren
  BT-Drs 7/4079 = **176** J 7
- Bericht der Bundesregierung über die Lage von Presse und Rundfunk in der Bundesrepublik Deutschland (1974)
  BT-Drs 7/2104 = 117 G 4

Fernsprechtarife
s Fernmeldewesen

Fernstraßen
s Bundesfernstraßen

Fernstraßengesetz
s Bundesfernstraßengesetz

Fernstudium
- Reformmaßnahmen: Bildungsgesamtplan
  BT-Drs 7/1474 = 100 C 8
- Rundfunkprogramme: Bericht der Bundesregierung über die Lage von Presse und Rundfunk in der Bundesrepublik Deutschland (1974)
  BT-Drs 7/2104 = **117** G 4

Fernuniversität Hagen
- 8. VO zur Ergänzung der Anlage zum Hochschulbauförderungsgesetz
  BR-Drs 573/76 = **175** J 10

Fernunterricht
in der beruflichen Bildung
- s Entw eines *Berufsbildungsgesetzes*
  BT-Drs 7/3714 = **167** H 12
- 2. Bericht der Bundesregierung zur Verbraucherpolitik
  BT-Drs 7/4181 = **179** F 5

Fernunterrichtsschutzgesetz
- *GesEntw zum Schutz der Teilnehmer am Fernunterricht*
  BR-Drs 530/75 = **126** J 14
  BR-Drs 308/76 = **163** I 6
  BR-PlPr 424 = **5** E 4
  BR-PlPr 435 = **6** I 1
  Vermittlungsverfahren:
  BR-Drs 416/76 = **169** B 9
  BR-PlPr 436 = **6** J 12
  BT-Drs 7/4245 = **185** H 8
  Bericht und Antrag des Ausschusses für Bildung und Wissenschaft
  BT-Drs 7/4965 = **209** K 12
  Bericht des Haushaltsausschusses
  BT-Drs 7/5006 = **210** G 9
  Änderungsanträge zur 2. Beratung
  BT-Drs 7/5123 = **214** A 8
  BT-Drs 7/5128 = **214** A 12
  Unterrichtung betr Anrufung des Vermittlungsausschusses
  BT-Drs 7/5325 = **218** J 7
  Antrag des Vermittlungsausschusses
  BT-Drs 7/5385 = **219** F 10
  1. Beratung
  BT-PlPr 7/207 = **39** B 4
  2. und 3. Beratung
  BT-PlPr 7/238 = **45** D 14
  Beratung eines Antrags des Vermittlungsausschusses
  BT-PlPr 7/253 = **48** M 9

Fertigpackung
- VO zur Änderung der FertigpackungsVO
  BR-Drs 337/73 = **27** M 13
- 2. VO zur Änderung der Eichpflicht-AusnahmeVO
  BR-Drs 339/73 = **27** O 11
- 2. VO zur Änderung der FertigpackungsVO
  BR-Drs 755/74 = **90** O 10
- 3. VO zur Änderung der FertigpackungsVO
  BR-Drs 659/75 = **134** K 4
- 4. VO zur Änderung der Eichpflicht-AusnahmeVO
  BR-Drs 561/76 = **175** A 13
- 4. VO zur Änderung der FertigpackungsVO
  BR-Drs 616/76 = **177** B 9

Festlandsockel
- *GesEntw zur Änderung des Ges zur vorläufigen Regelung der Rechte am Festlandsockel*
  BR-Drs 74/74 = **58** A 8
  BR-Drs 469/74 = **76** J 12
  BR-PlPr 402 = **3** E 5
  BR-PlPr 410 = **3** O 9
  BT-Drs 7/1963 = **113** K 10
  Bericht und Antrag des Wirtschaftsausschusses
  BT-Drs 7/2225 = **120** A 4
  1. Beratung
  BT-PlPr 7/96 = **18** B 12
  2. und 3. Beratung
  BT-PlPr 7/108 = **20** E 5

Feststellungsgesetz
- VO zur Änderung von Verordnungen zur Durchführung des Feststellungsgesetzes und des Beweissicherungs- und Feststellungsgesetzes
  BR-Drs 425/73 = **32** F 11
- 3. VO zur Änderung der 11. VO zur Durchführung des Feststellungsgesetzes
  BR-Drs 473/73 = **33** M 7

Feuerbrandkrankheit
- 3. VO zur Bekämpfung
  BR-Drs 222/73 = **21** D 9

Feuerungsanlagen
- 1. VO zur Durchführung des Bundes-Immissionsschutzgesetzes
  BR-Drs 437/74 = **75** L 1
- Allgemeine Verwaltungsvorschrift zur 1. VO zur Durchführung des Bundes-Immissionsschutzgesetzes
  BR-Drs 22/75 = **98** C 10

Feuerwehr
- Antrag betr einheitliches Notrufnummernsystem im Bundesgebiet
  BT-Drs 7/475 = **68** J 4
  Unterrichtung
  BT-Drs 7/2588 = **130** E 2
  Bericht und Antrag des Ausschusses für Verkehr und für das Post- und Fernmeldewesen
  BT-Drs 7/4108 = 177 C 8

Filmförderung
- *Entw eines 2. ÄndGes zum Ges über Maßnahmen zur Förderung des deutschen Films*
  BR-Drs 397/73 = 30 M 8
  BR-Drs 771/73 = 50 K 11
  BR-PlPr 396 = 2 I 14
  BR-PlPr 400 = 3 A 1
  Vermittlungsverfahren:
  BR-Drs 92/74 = 58 I 10
  BR-PlPr 401 = 3 C 2
  BT-Drs 7/974 = 82 B 8
  Bericht und Antrag des Wirtschaftsausschusses
  BT-Drs 7/1388 = 97 A 10
  Änderungsantrag zur 2. Beratung
  BT-Drs 7/1402 = 97 D 12
  Änderungsantrag zur 2. Beratung
  BT-Drs 7/1427 = 97 G 9
  Unterrichtung betr Anrufung des Vermittlungsausschusses
  BT-Drs 7/1475 = 100 K 4
  Antrag des Vermittlungsausschusses
  BT-Drs 7/1599 = 104 B 14
  1. Beratung
  BT-PlPr 7/51 = 8 I 5
  2. und 3. Beratung
  BT-PlPr 7/71 = 12 M 7
  Beratung des Antrags des Vermittlungsausschusses
  BT-PlPr 7/76 = 13 J 14

Finanzausgleich zwischen Bund und Ländern
- *GesEntw eines 3. Ges zur Änderung des Ges über den Finanzausgleich zwischen Bund und Ländern*
  BR-Drs 750/73 = 49 N 13
  BR-Drs 225/74 = 65 O 1
  BR-PlPr 400 = 3 A 1
  BR-PlPr 401 = 3 C 2
  BR-PlPr 404 = 3 G 6
  BT-Drs 7/1489 = 100 N 13
  Bericht und Antrag des Finanzausschusses
  BT-Drs 7/1731 = 108 F 10
  Bericht des Haushaltsausschusses
  BT-Drs 7/1732 = 108 F 12
  Änderungsantrag zur 2. Beratung
  BT-Drs 7/1795 = 109 N 5
  1. Beratung
  BT-PlPr 7/73 = 13 B 6

2. und 3. Beratung
BT-PlPr 7/86 = **15** N 2
- *GesEntw eines 4. Ges zur Änderung des Ges über den Finanzausgleich zwischen Bund und Ländern*
BR-Drs 547/75 = **128** B 4
BR-Drs 750/75 = **141** A 8
BR-PlPr 423 = **5** D 8
BR-PlPr 429 = **5** M 3
BT-Drs 7/4059 = **176** F 1
Bericht und Antrag des Finanzausschusses
BT-Drs 7/4398 = **190** L 2
Bericht des Haushaltsausschusses
BT-Drs 7/4399 = **190** L 4
1. Beratung
BT-PlPr 7/191 = **36** G 10
2. und 3. Beratung
BT-PlPr 7/208 = **39** D 5
- 1. VO zur Durchführung des Gesetzes über den Finanzausgleich zwischen Bund und Ländern, 1973
BR-Drs 110/73 = **11** K 7
- 2. VO zur Durchführung des Gesetzes über den Finanzausgleich Bund/Länder 1970
BR-Drs 176/73 = **18** M 7
- 2. VO zur Durchführung des Ges über den Finanzausgleich 1971 zwischen Bund und Ländern
BR-Drs 230/73 = **22** D 7
- 2. VO zur Durchführung des Ges über den Finanzausgleich 1972 zwischen Bund und Ländern
BR-Drs 696/73 = **45** J 13
- 1. VO zur Durchführung des Ges über den Finanzausgleich zwischen Bund und Ländern im Ausgleichsjahr 1974
BR-Drs 412/74 = **74** H 6
- 2. VO zur Durchführung des Ges über den Finanzausgleich zwischen Bund und Ländern im Ausgleichsjahr 1973
BR-Drs 686/74 = **87** B 10
- 2. VO zur Durchführung des Ges über den Finanzausgleich zwischen Bund und Ländern im Ausgleichsjahr 1974
BR-Drs 619/75 = **131** K 3
- 1. VO zur Durchführung des Ges über den Finanzausgleich 1975 zwischen Bund und Ländern
BR-Drs 118/76 = **152** H 7
- 1. VO zur Durchführung des Ges über den Finanzausgleich 1976 zwischen Bund und Ländern
BR-Drs 135/76 = **153** E 2
- 2. VO zur Durchführung des Ges über den Finanzausgleich zwischen Bund und Ländern im Ausgleichsjahr 1975
BR-Drs 619/76 = **177** E 6

Finanzgerichtsordnung
- s GesEntw zur Änderung der Finanzgerichtsordnung (betr *Gebühren* und Kosten)
BR-Drs 71/74 = **57** G 5
BT-Drs 7/2016 = **115** C 6
- s Entw eines Einführungsgesetzes zur *Abgabenordnung 1974*
BR-Drs 134/73 = **16** L 13
BT-Drs 7/261 = **62** J 12
- s Entw eines ÄndGes zur Finanzgerichtsordnung (s *Revision*)
BR-Drs 31/73 = **8** M 5
BT-Drs 7/444 = **67** I 14
- Entw eines ÄndGes, – Ges zum Schutz von Redaktionsgeheimnissen – (s *Zeugnisverweigerungsrecht*)
BT-Drs 7/1681 = **107** K 11
- s GesEntw zur Änderung *verwaltungsprozessualer* Vorschriften
BR-Drs 533/75 = **127** D 10
BT-Drs 7/4324 = **188** D 13

Finanzhilfe
- s GesEntw zu dem *AKP-EWG-Abkommen von Lomé* sowie zu den mit diesem Abkommen in Zusammenhang stehenden Abkommen
BR-Drs 576/75 = **129** O 9
BT-Drs 7/4139 = **178** F 8
- s GesEntw zur Änderung des Ges zur Sicherung der *Krankenhäuser* und zur Regelung der Krankenhauspflegesätze
BR-Drs 615/73 = **40** J 12
- Unterrichtung über das Investitionsprogramm des Bundes 1973 bis 1977
BR-Drs 261/74 = **67** E 12
- Bericht der Bundesregierung über die Entwicklung der Finanzhilfen des Bundes und der Steuervergünstigungen 1971 bis 1974 gem § 12 des Ges zur Förderung der Stabilität und des Wachstums der Wirtschaft (StWG) – 4. Subventionsbericht –
BR-Drs 647/73 = **41** M 1
BT-Drs 7/1144 = **88** F 1
- Bericht der Bundesregierung über die Entwicklung der Finanzhilfen des Bundes und der Steuervergünstigungen für die Jahre 1973 bis 1976 gem § 12 des Ges zur Förderung der Stabilität und des Wachstums der Wirtschaft (StWG) – 5. Subventionsbericht
BR-Drs 652/75 = **133** K 14
BT-Drs 7/4203 = **183** M 6

Finanzplan des Bundes 1972 bis 1976
BR-Drs 281/73 = **25** E 3
BR-PlPr 393 = **2** E 8
BT-Drs 7/370 = **64** O 1
Stellungnahme des Bundesrates und Gegenäußerung der Bundesregierung
BT-Drs 7/600 = **73** E 7
Beratung
BT-PlPr 7/28 = **4** I 11

Finanzplan des Bundes 1973–1977
BR-Drs 601/73 = **40** O 1
BR-PlPr 399 = **2** N 12
BT-Drs 7/1101 = **86** O 7
Stellungnahme des Bundesrates sowie Gegenäußerung der Bundesregierung
BT-Drs 7/1506 = **101** M 9
Beratung
BT-PlPr 7/62 = **10** I 5

Finanzplan und Investitionsprogramm des Bundes 1974 bis 1978
BR-Drs 591/74 = **83** G 3
BR-PlPr 412 = **4** B 12
BT-Drs 7/2503 = **128** A 13
Stellungnahme des Bundesrates sowie Gegenäußerung der Bundesregierung zum Beschluß des Bundesrates
BT-Drs 7/2831 = **137** A 5
Beratung
BT-PlPr 7/117 = **21** K 7

Finanzplan des Bundes 1975 bis 1979
BR-Drs 626/75 = **132** H 2
Bericht und Antrag des Ausschusses für Jugend, Familie und Gesundheit
BT-Drs 7/483 = **69** A 7
BR-Drs 73/76 = **148** I 6
BR-PlPr 427 = **5** K 3
BT-Drs 7/4101 = **177** A 7
Stellungnahme des Bundesrates und Gegenäußerung der Bundesregierung
BT-Drs 7/4630 = **196** O 12
Beratung
BT-PlPr 7/199 = **37** F 9

Finanzplanung
- Antrag zur Entschließung des Bundesrates zur Aufstellung eines Rahmenplans für den öffentlichen Gesamthaushalt
BR-Drs 639/74 = **85** B 1

Finanzpolitik
- Unterrichtung über das Investitionsprogramm 1972–1976 des Bundes
BR-Drs 481/73 = **34** C 3
- Jahresgutachten 1973 des Sachverständigenrates zur Begutachtung der gesamtwirtschaftlichen Entwicklung
BR-Drs 740/73 = **49** A 6
BT-Drs 7/1273 = **93** O 10
- Jahresgutachten 1974 des Sachverständigenrates zur Begutachtung der gesamtwirtschaftlichen Entwicklung
BR-Drs 781/74 = **92** I 10
BT-Drs 7/2848 = **137** G 3
- Sondergutachten des Sachverständigenrates zur Begutachtung der gesamtwirtschaftlichen Lage zur konjunkturpolitischen Lage im August 1975
BR-Drs 505/75 = **125** K 11
BT-Drs 7/3976 = **173** M 1
- Jahresgutachten 1975/76 des Sachverständigenrates zur Begutachtung der gesamtwirtschaftlichen Entwicklung
BR-Drs 725/75 = **139** H 10
BT-Drs 7/4326 = **188** E 14
- Jahresgutachten 1976/77 des Sachverständigenrates zur Begutachtung der gesamtwirtschaftlichen Entwicklung
BR-Drs 700/76 = **180** K 4
BT-Drs 7/5902 = **232** A 12
- Jahreswirtschaftsbericht 1973 der Bundesregierung
BR-Drs 164/73 = **18** D 4
BT-Drs 7/225 = **60** M 6
- Jahreswirtschaftsbericht 1974 der Bundesregierung
BR-Drs 130/74 = **61** H 1
BT-Drs 7/1646 = **105** E 3
- Jahreswirtschaftsbericht 1975 der Bundesregierung
BR-Drs 110/75 = **101** M 7
BT-Drs 7/3197 = **148** J 6
- Jahreswirtschaftsbericht 1976 der Bundesregierung
BR-Drs 105/76 = **151** O 5
BT-Drs 7/4677 = **198** L 4
- s a *Finanzplan des Bundes*
- Vorschlag einer EG-VO zur Schaffung eines Finanzmechanismus
BR-Drs 499/75 = **125** C 2
- Vorschlag einer VO (EWG-Euratom-EGKS) des Rates zur Anpassung bzw Änderung der VO 2/71 zur Durchführung des Beschlusses über die Ersetzung der Finanzbeträge der Mitgliedstaaten durch eigene Mittel der Gemeinschaft
BR-Drs 457/76 = **170** L 13

Finanzstatistik
- *GesEntw zur Änderung des Gesetzes über die Finanzstatistik*
BR-Drs 34/73 = **8** M 12

BR-Drs 343/73 = **28** B 7
BR-PlPr 389 = **1** B 11
BR-PlPr 395 = **2** I 1
BT-Drs 7/98 = **54** O 1
Bericht und Antrag des Haushaltsausschusses
BT-Drs 7/409 = **66** F 6
1. Beratung
BT-PlPr 7/15 = **2** J 13
2. und 3. Beratung
BT-PlPr 7/31 = **5** D 11

Finanzverfassung
– Materialien zum Bericht zur Lage der Nation 1974
BT-Drs 7/2423 = **124** J 13
– Schlußbericht der Enquête – Kommission Verfassungsreform
BT-Drs 7/5924 = **233** D 5

Finanzieller Beistandsfonds, OECD
– s GesEntw zum Übereinkommen über einen finanziellen Beistandsfonds der *Organisation für Wirtschaftliche Zusammenarbeit und Entwicklung*
BR-Drs 361/75 = **119** F 11
BT-Drs 7/3869 = **170** O 9

Finanzierter Abzahlungskauf
– s Entw eines 2. ÄndGes zum *Abzahlungsgesetz*
BR-Drs 90/73 = **11** A 4
BT-Drs 7/598 = **73** D 12

Finderlohn
s Fundsachen

Finnland, Republik
– *GesEntw zum Vertrag Bundesrepublik Deutschland/Republik Finnland über die gegenseitige Unterstützung in Zollangelegenheiten*
BR-Drs 538/75 = **127** I 13
BR-Drs 113/76 = **152** C 14
BR-PlPr 424 = **5** E 4
BR-PlPr 431 = **5** O 8
BT-Drs 7/4175 = **179** D 8
Bericht und Antrag des Finanzausschusses
BT-Drs 7/4605 = **196** F 8
1. Beratung
BT-PlPr 7/201 = **38** A 1
2. Beratung und Schlußabstimmung
BT-PlPr 7/221 = **41** M 14
– *GesEntw zum Abkommen zwischen den Mitgliedstaaten der Europäischen Gemeinschaft für Kohle und Stahl – EGKS –, und der Republik Finnland (betr Zollabbau und freien Warenverkehr)*
BR-Drs 75/74 = **58** A 11
BR-Drs 678/74 = **86** K 6
BR-PlPr 402 = **3** E 5
BR-PlPr 413 = **4** D 12
BT-Drs 7/1778 = **109** K 14
Bericht und Antrag des Wirtschaftsausschusses
BT-Drs 7/2574 = **129** O 6
1. Beratung
BT-PlPr 7/88 = **16** C 13
2. Beratung und Schlußabstimmung
BT-PlPr 7/122 = **22** G 7
– zustimmungsbedürftige VO zur Änderung des Deutschen Teil-Zolltarifs
BT-Drs 7/1969 = **113** M 4
Bericht und Antrag des Wirtschaftsausschusses
BT-Drs 7/2084 = **117** B 9
– Vorschlag einer EG-VO über den Abschluß eines Zusatzprotokolls zu dem zwischen der EG und der Republik Finnland geschlossenen Abkommen
BT-Drs 614/74 = **84** I 14

Fische
– VO über Höchstmengen an Quecksilber in Fischen, Krusten-, Schalen- und Weichtieren
BR-Drs 727/74 = **89** N 5

Fischerei
s a Seefischerei-Vertragsgesetz
– Agrarbericht 1973
BT-Drs 7/146 = **57** A 6
– Agrarbericht 1974
BT-Drs 7/1650 = **105** K 5
Materialband zum Agrarbericht 1974
BT-Drs 7/1651 = **106** B 1
– Agrarbericht 1975
BT-Drs 7/3210 = **149** B 5
Materialband zum Agrarbericht 1975
BT-Drs 7/3211 = **149** H 12
– Agrarbericht 1976
BT-Drs 7/4680 = **198** N 3
Materialband zum Agrarbericht 1976
BT-Drs 7/4681 = **199** B 8
– 4. Subventionsbericht
BT-Drs 7/1144 = **88** F 1
– *GesEntw zum Übereinkommen über das Verhalten beim Fischfang im Nordatlantik*
BR-Drs 129/75 = **104** A 8
BR-Drs 578/75 = **130** E 6
BR-PlPr 418 = **4** M 1
BR-PlPr 424 = **5** E 4
BT-Drs 7/3501 = **157** F 4
Bericht und Antrag des Ausschusses für Ernährung, Landwirtschaft und Forsten
BT-Drs 7/3796 = **169** I 5
1. Beratung
BT-PlPr 7/167 = **31** N 12
2. Beratung und Schlußabstimmung
BT-PlPr 7/184 = **35** E 3
– s a GesEntw zum Übereinkommen zur Erhaltung der lebenden Schätze des Südostatlantiks, zum Protokoll zur Änderung des Übereinkommens über den Schutz des Lachsbestandes in der Ostsee, zur Konvention über die Fischerei und den Schutz der lebenden Ressourcen in der Ostsee und den Belten sowie zur Änderung des Seefischerei-Vertragsgesetzes 1971
(Seefischerei-Vertragsgesetz 1976)
– s a GesEntw zum Übereinkommen der *Internationalen Arbeitsorganisation* über die Quartierräume an Bord von Fischereifahrzeugen
– s a GesEntw zum Übereinkommen der *Internationalen Arbeitsorganisation* über die ärztliche Untersuchung der Fischer
– Vorschlag einer EG-VO über eine Aktion zur Umstrukturierung des Sektors der handwerklichen Küstenfischerei
BR-Drs 768/75 = **141** L 3
BT-Drs 7/4498 = **192** N 3
– Vorschlag einer EG-VO einer künftigen Fischereipolitik gegenüber Drittländern und innergemeinschaftliche Fischereiregelung
BR-Drs 610/76 = **176** I 9
BT-Drs 7/5814 = **229** H 3
– Vorschlag einer EG-VO zur Einführung einer gemeinschaftlichen Regelung zur Erhaltung und Bewirtschaftung der Fischereiressourcen
BR-Drs 627/76 = **177** K 10
BT-Drs 7/5829 = **230** C 8

Fischereifahrzeuge
– 1. VO zur Änderung der VO über die Unterbringung der Besatzungsmitglieder an Bord von Kauffahrteischiffen
BR-Drs 336/76 = **164** C 6

Fischfang
s Fischerei

Fischwirtschaft
Erzeugergemeinschaften
– s Entw eines ÄndGes zum *Marktstrukturgesetz*
BR-Drs 395/74 = **73** H 8
BT-Drs 7/2508 = **128** G 7

Flächennutzung
– Raumordnungsbericht 1974
BT-Drs 7/3582 = **161** G 3
– Städtebaubericht 1975
BT-Drs 7/3583 = **161** M 9

Fleischbeschau
– 5. VO zur Änderung der AuslandsfleischbeschauVO
BR-Drs 644/73 = **41** J 4
– VO zur Änderung der Ausführungsbestimmungen A über Untersuchung und gesundheitspolizeiliche Behandlung der Schlachttiere und des Fleisches bei Schlachtungen im Inland
BR-Drs 646/73 = **41** K 12
– 10. VO zur Änderung der AuslandsfleischbeschaustellenVO
BR-Drs 266/74 = **67** I 11
– VO über hygienische Mindestanforderungen an Fleisch, das für die Bundesrepublik Deutschland bestimmt ist
BR-Drs 600/74 = **84** A 1
– 6. VO zur Änderung der VO über die Untersuchungen des in das Zollgebiet eingehenden Fleisches
BR-Drs 746/74 = **90** L 4
– VO über die Kosten für die Untersuchung des in das Zollgebiet eingehenden Fleisches
BR-Drs 752/74 = **90** N 8
– VO über die Durchführung der Fleischbeschau- und Geflügelfleischhygienestatistik
BR-Drs 669/76 = **179** C 8

Fleischbeschaugesetz
– *GesEntw zur Änderung des Fleischbeschaugesetzes*
BR-Drs 56/73 = **9** A 4
BR-Drs 415/73 = **31** L 12
BR-PlPr 389 = **1** B 11
BR-PlPr 395 = **2** I 1
BT-Drs 7/122 = **56** E 1
Bericht und Antrag des Ausschusses für Jugend, Familie und Gesundheit
BT-Drs 7/483 = **69** A 7
1. Beratung
BT-PlPr 7/15 = **2** J 13
2. und 3. Beratung
BT-PlPr 7/31 = **5** D 11
– s a Entw eines 2. Ges zur Änderung des *Vieh- und Fleischgesetzes*
BR-Drs 627/73 = **40** M 3
BT-Drs 7/1570 = **103** L 3

Fleischbeschaustatistik
s a *Schlachtungs-* und Schlachtgewichtsstatistik
– VO zur Änderung der Fleischbeschau-StatistikVO
BR-Drs 745/74 = **90** K 7

Fleischeinfuhr
– VO über hygienische Mindestanforde-

rungen an Fleisch, das für die Bundesrepublik Deutschland bestimmt ist
BR-Drs 600/74 = **84** A 1

Fleischgesetz
s Vieh- und Fleischgesetz

Fleischimport
– 2. VO zur Änderung der VO über Mindestanforderungen und Gesundheitszeugnisse für den Export von Fleisch in die Bundesrepublik Deutschland
BR-Drs 645/73 = **41** K 3

Fleischwaren
Import, Export
– s Entw eines Gesetzes zur Änderung des *Fleischbeschaugesetzes*
BR-Drs 56/73 = **9** A 4
BT-Drs 7/122 = **56** E 1

Flexible Wechselkurse
s Wechselkurse

Flexible Altersgrenze
– s GesEntw zur Verbesserung der betrieblichen *Altersversorgung*
BR-Drs 590/73 = **39** H 1
BT-Drs 7/1281 = **94** O 11

Florenz
– s GesEntw zum Übereinkommen über die Gründung eines *Europäischen Hochschulinstituts*
BR-Drs 554/73 = **37** O 10
BT-Drs 7/1657 = **107** E 1

Flüchtlinge
– *GesEntw zum Protokoll von Den Haag über Flüchtlingsseeleute*
BR-Drs 694/74 = **87** M 14
BR-Drs 61/75 = **99** K 11
BR-PlPr 414 = **4** F 5
BR-PlPr 416 = **4** I 9
BT-Drs 7/2897 = **140** I 10
Bericht und Antrag des Innenausschusses
BT-Drs 7/3088 = **146** E 2
1. Beratung
BT-PlPr 7/136 = **25** J 7
2. Beratung und Schlußabstimmung
BT-PlPr 7/147 = **28** A 1

Flugbetrieb
– Empfehlungen zur VO über die zeitliche Einschränkung des Flugbetriebs mit Leichtflugzeugen und Motorseglern an Landeplätzen
BR-Drs 431/76 = **169** M 5

Flughafen Bremen
– VO über die Festsetzung des Lärmschutzbereichs
BR-Drs 272/74 = **67** L 1

Flughafen Düsseldorf
– VO über die Festsetzung des Lärmschutzbereichs für den Verkehrsflughafen Düsseldorf
BR-Drs 796/73 = **51** O 8
BR-PlPr 401 = **3** C 2

Flughafen Hamburg (Fuhlsbüttel)
– VO über die Festsetzung des Lärmschutzbereichs für den Verkehrsflughafen Hamburg (Fuhlsbüttel)
BR-Drs 194/76 = **155** K 4

Flughafen Hannover-Langenhagen
– 3. VO über die Festsetzung des Lärmschutzbereichs
BR-Drs 764/74 = **91** J 8

Flughafen Köln/Bonn
– VO über die Festsetzung des Lärmschutzbereichs für den Verkehrsflughafen Köln/Bonn
BR-Drs 601/75 = **131** A 10

Flughafen Nürnberg
– VO über die Festsetzung des Lärmschutzbereichs für den Verkehrsflughafen Nürnberg
BR-Drs 384/74 = **72** O 6

Flughafen München (Riem)
– VO über die Festsetzung des Lärmschutzbereichs für den Verkehrsflughafen München (Riem)
BR-Drs 430/76 = **169** K 6

Flughafen Salzburg
– *GesEntw zum Vertrag Bundesrepublik Deutschland/Republik Österreich über die Auswirkungen des Flughafens Salzburg auf das Gebiet der Bundesrepublik Deutschland*
BR-Drs 148/73 = **17** H 3
BR-Drs 619/73 = **40** K 11
BR-PlPr 391 = **2** B 11
BR-PlPr 398 = **2** M 12
BT-Drs 7/908 = **80** A 6
Bericht und Antrag des Verkehrsausschusses
BT-Drs 7/1032 = **84** I 10
1. Beratung
BT-PlPr 7/48 = **8** D 4
2. Beratung und Schlußabstimmung
BT-PlPr 7/57 = **9** I 7

Flughafen Stuttgart
– VO über die Festsetzung des Lärmschutzbereichs für den Verkehrsflughafen Stuttgart
BR-Drs 482/75 = **124** J 14

Fluglärm
s a Lärmschutzbereich
– Antrag betr Ges zum Schutz gegen Fluglärm
BT-Drs 7/2263 = **121** D 4
Bericht und Antrag des Innenausschusses
BT-Drs 7/3400 = **155** G 8
Beratung
BT-PlPr 7/122 = **22** G 7
BT-PlPr 7/164 = **31** I 1
– Bericht der Bundesregierung
BT-Drs 7/4580 = **195** O 3
Bericht und Antrag des Innenausschusses
BT-Drs 7/5321 = **218** I 2
Beratung
BT-PlPr 7/214 = **40** H 3
BT-PlPr 7/250 = **48** C 11
– Umweltbericht 1976
BT-Drs 7/5684 = **226** A 1
– VO über bauliche Schallschutzanforderungen nach dem Gesetz zum Schutz gegen Fluglärm – (SchallschutzVO)
BR-Drs 670/73 = **43** D 8

Fluglinienverkehr
s Internationaler Fluglinienverkehr
Luftverkehrsabkommen

Fluglotsen
– Bummelstreik der Fluglotsen – aktuelle Stunde:
BT-PlPr 7/51 = **8** I 5

Flugplätze
– Allgemeine Verwaltungsvorschrift über die Ausübung der Luftaufsicht auf Flugplätzen ohne Flugverkehrskontrollstelle der Bundesanstalt für Flugsicherung – (VwV Luftaufsicht)
BR-Drs 147/75 = **105** E 11
– VO über die Festsetzung des Lärmschutzbereichs für den militärischen Flugplatz Bremgarten
BR-Drs 261/75 = **112** I 14
– VO über die Festsetzung des Lärmschutzbereichs für den militärischen Flugplatz Büchel
BR-Drs 621/76 = **177** F 7
– VO über die Festsetzung des Lärmschutzbereichs für den militärischen Flugplatz Erding
BR-Drs 836/74 = **96** D 4
BR-Drs 566/75 = **129** B 11
– VO über die Festsetzung des Lärmschutzbereichs für den militärischen Flugplatz Gütersloh
BR-Drs 207/75 = **108** M 2
– VO über die Festsetzung des Lärmschutzbereichs für den militärischen Flugplatz Hopsten
BR-Drs 8/76 = **144** E 1
– VO über die Festsetzung des Lärmschutzbereichs für den militärischen Flugplatz Ingolstadt
BR-Drs 256/76 = **159** O 10
– VO über die Festsetzung des Lärmschutzbereichs für den militärischen Flugplatz Jever
BR-Drs 368/76 = **165** M 12
– VO über die Festsetzung des Lärmschutzbereichs für den militärischen Flugplatz Laarbruch
BR-Drs 690/76 = **180** E 5
– VO über die Festsetzung des Lärmschutzbereichs für den militärischen Flugplatz Lechfeld
BR-Drs 257/76 = **160** B 6
– VO über die Festsetzung des Lärmschutzbereichs für den militärischen Flugplatz Leipheim
BR-Drs 457/74 = **76** D 12
– VO über die Festsetzung des Lärmschutzbereichs für den militärischen Flugplatz Neuburg an der Donau
BR-Drs 455/75 = **123** I 3
– VO über die Festsetzung des Lärmschutzbereichs für den militärischen Flugplatz Nörvenich
BR-Drs 517/74 = **78** D 12
– VO über den Lärmschutzbereich für den militärischen Flugplatz Memmingen
BR-Drs 194/75 = **108** H 5
– VO über die Festsetzung des Lärmschutzbereichs für den militärischen Flugplatz Oldenburg
BR-Drs 208/75 = **108** N 11
– VO über die Festsetzung des Lärmschutzbereichs für den militärischen Flugplatz Pferdsfeld
BR-Drs 371/76 = **166** E 10
– VO über die Festsetzung des Lärmschutzbereichs für den militärischen Flugplatz Ramstein
BR-Drs 622/76 = **177** H 4
– VO über die Festsetzung des Lärmschutzbereichs für den militärischen Flugplatz Söllingen
BR-Drs 454/75 = **123** F 5
– VO über die Festsetzung des Lärmschutzbereichs für den militärischen Flugplatz Wittmundhafen
BR-Drs 369/76 = **166** B 3
– VO über die Festsetzung des Lärmschutzbe-

reichs für den militärischen Flugplatz Zweibrücken
BR-Drs 370/76 = **166** C 12

Flugsicherheit
- 4. VO zur Änderung der Luftverkehrsordnung 1964
BR-Drs 599/74 = **83** O 9

Flugsicherung
- 3. VO über die Erhebung von Gebühren für die Inanspruchnahme von Diensten und Einrichtungen der Flugsicherung
BR-Drs 409/73 = **31** K 4
- 4. VO über die Erhebung von Gebühren für die Inanspruchnahme von Diensten und Einrichtungen der Flugsicherung
BR-Drs 697/73 = **45** K 8
- *GesEntw zur Änderung des Ges über die Bundesanstalt für Flugsicherung* (betr Herabsetzung der Altersgrenze für den Flugverkehrskontrolldienst)
BR-Drs 251/74 = **66** M 8
BR-Drs 462/74 = **76** I 4
BR-PlPr 405 = **3** I 2
BR-PlPr 410 = **3** O 9
BT-Drs 7/2095 = **117** D 6
Bericht und Antrag des Verkehrsausschusses
BT-Drs 7/2257 = **121** C 4
Bericht des Haushaltsausschusses
BT-Drs 7/2258 = **121** C 5
1. Beratung
BT-PlPr 7/104 = **19** E 7
2. und 3. Beratung
BT-PlPr 7/108 = **20** E 5
- VO zur vorläufigen Regelung von Erschwerniszulagen im Flugsicherungsbetriebsdienst
BR-Drs 101/74 = **59** A 5
- VO zur Änderung der VO über die Erhebung von Gebühren für die Inanspruchnahme von Diensten und Einrichtungen der Flugsicherung
BR-Drs 701/74 = **88** C 10
- Allgemeine Verwaltungsvorschrift über die Ausübung der Luftaufsicht auf Flugplätzen ohne Flugverkehrskontrollstelle der Bundesanstalt für Flugsicherung
BR-Drs 147/75 = **105** E 11

Flugsicherungsgebühren
- s GesEntw zur Änderung des *Luftverkehrsgesetzes* (8. Änderungsgesetz)

Flugverkehr
s a Luftverkehr
- Bauprogramme 1973 bis 1975: Bundesverkehrswegeplan 1. Stufe
BT-Drs 7/1045 = **85** A 6

Flugverkehrskontrollstellen
- 4. VO zur Änderung der Luftverkehrsordnung 1964
BR-Drs 599/74 = **83** O 9

Flugzeugbau
- Basisprogramm für die deutsche Luft- und Raumfahrtindustrie 1974 bis 1978 (Fortschreibung)
BT-Drs 7/2986 = **142** C 14

Flugzeuge
- Bauordnung für Luftfahrgeräte (LuftBauO)
BR-Drs 448/74 = **76** A 3
- Empfehlungen zur VO über die zeitliche Einschränkung des Flugbetriebes mit Leichtflugzeugen und Motorseglern an Landeplätzen
BR-Drs 431/76 = **169** M 5

Flurbereinigungsgesetz
- *GesEntw zur Änderung des Flurbereinigungsgesetzes*
BR-Drs 589/74 = **83** A 3
BR-Drs 730/75 = **140** J 4
BR-PlPr 412 = **4** B 12
BR-PlPr 429 = **5** M 3
BT-Drs 7/3020 = **142** L 12
Bericht und Antrag des Ausschusses für Ernährung, Landwirtschaft und Forsten
BT-Drs 7/4169 = **179** A 7
1. Beratung
BT-PlPr 7/141 = **26** L 3
2. und 3. Beratung
BT-PlPr 7/203 = **38** F 6
- Rahmenplan zur Verbesserung der Agrarstruktur und des Küstenschutzes 1973–1976
BT-Drs 7/61 = **53** A 8
- Rahmenplan zur Verbesserung der Agrarstruktur und des Küstenschutzes für 1974 bis 1977
BT-Drs 7/1538 = **102** L 4
- Rahmenplan zur Verbesserung der Agrarstruktur und des Küstenschutzes für 1975 bis 1978
BT-Drs 7/3563 = **159** A 14
- Rahmenplan zur Verbesserung der Agrarstruktur und des Küstenschutzes für 1976 bis 1979
BT-Drs 7/5671 = **224** L 6

Fördergebiets- und Fremdenverkehrsgebiets VO
- VO über die förderungsbedürftigen Gebiete und über die Fremdenverkehrsgebiete i.S. des Investitionszulagengesetzes
BR-Drs 717/75 = **139** C 9
- 2. VO über die förderungsbedürftigen Gebiete und über die Fremdenverkehrsgebiete im Sinne des Investitionszulagengesetzes
BR-Drs 514/76 = **173** A 12

FörderungshöchstdauerVO
- VO zur Änderung der FörderungshöchstdauerVO
BR-Drs 256/74 = **67** B 4
- VO zur Änderung der VO über die Förderungshöchstdauer für den Besuch von Höheren Fachschulen, Akademien und Hochschulen
BR-Drs 429/74 = **75** F 11
- 2. VO zur Änderung der VO über die Förderungshöchstdauer, für den Besuch von Höheren Fachschulen, Akademien und Hochschulen
BR-Drs 226/76 = **156** H 8

Fonds, Europäischer
- Vorschlag zur Errichtung eines Europäischen Fonds für währungspolitische Zusammenarbeit
BT-Drs 7/172 = **59** D 6
- Entschließung des Europäischen Parlaments
BT-Drs 7/456 = **68** E 9

Formularvertrag
- s Entw eines Ges über *Allgemeine Geschäftsbedingungen*
BT-Drs 7/3200 = **148** K 13
- GesEntw zur Regelung des Rechts der *Allgemeinen Geschäftsbedingungen*
BT-Drs 7/3919 = **172** G 2

Forschung
Bundesministerium für Forschung und Technologie
- Antrag betr Rationalisierung Kosten- und Erfolgskontrolle
BT-Drs 7/865 = **78** K 10
Bericht und Antrag des Ausschusses für Forschung und Technologie und für das Post- und Fernmeldewesen
BT-Drs 7/1904 = **112** D 7
- Antrag betr Förderung der technologischen Forschung und Entwicklung im Bundesministerium für Forschung und Technologie
BT-Drs 7/890 = **79** J 6
Bericht und Antrag des Ausschusses für Forschung und Technologie und für das Post- und Fernmeldewesen
BT-Drs 7/1972 = **113** M 9
- Bundesbericht Forschung V
BR-Drs 282/75 = **113** C 5
BT-Drs 7/3574 = **160** A 1
Bericht und Antrag des Ausschusses für Forschung und Technologie
BT-Drs 7/5389 = **219** G 2
BT-PlPr 7/252 = **48** C 11
- Große Anfrage der SPD/FDP betr Krebsforschung
BT-Drs 7/3236 = **151** J 3
BT-Drs 7/4711 = **201** B 6
BT-Drs 7/4815 = **204** E 7
BT-PlPr 7/251 = **48** H 2
- Vorschlag eines EG-Beschlusses zur Regelung der Verbreitung von Kenntnissen
BT-Drs 7/1371 = **96** I 9
BR-Drs 738/73 = **48** O 8

Forschungszentrum
- Antrag betr Zukunft der Forschungszentren
BT-Drs 7/1477 = **100** K 8
BT-PlPr 7/88 = **16** C 13

Forschungspolitik
- Antwort auf die Große Anfrage
BT-Drs 7/1279 = **94** N 8
BT-PlPr 7/88 = **16** C 13
- Antrag betr Forschungspolitik und Arbeitsplätze der Zukunft
BT-Drs 7/4921 = **206** K 6
BT-Drs 7/252 = **48** J 1

Forstarbeiter
- s GesEntw über die Errichtung einer *Zusatzversorgungskasse* für Arbeitnehmer in der Land- und Forstwirtschaft
BR-Drs 561/73 = **38** L 3
BT-Drs 7/1342 = **96** C 12

Forstliches Saat- und Pflanzgut
s Pflanzgut und Saatgut

Forstwirte
- *GesEntw über die Kaufmannseigenschaft von Land- und Forstwirten*
BR-Drs 354/75 = **118** L 9
BR-Drs 201/76 = **156** A 2
BR-PlPr 422 = **5** B 1
BR-PlPr 433 = **6** D 11
BT-Drs 7/3918 = **172** F 10
Bericht und Antrag des Rechtsausschusses
BT-Drs 7/4634 = **197** C 8
Änderungsantrag zur 2. Beratung
BT-Drs 7/4894 = **206** F 14
1. Beratung
BT-PlPr 7/184 = **35** E 3
2. und 3. Beratung
BT-PlPr 7/230 = **43** J 6

Forstwirtschaft
- *GesEntw zur Änderung des Ges über forstwirtschaftliche Zusammenschlüsse*
BR-Drs 412/73 = **31** L 2

BR-PlPr 395 = **2** I 1
BT-Drs 7/400 = **65** I 13
Bericht und Antrag des Ausschusses für Ernährung, Landwirtschaft und Forsten
BT-Drs 7/547 = **70** I 5
Bericht des Haushaltsausschusses
BT-Drs 7/575 = **72** K 1
1. Beratung
BT-PlPr 7/30 = **5** A 6
2. und 3. Beratung
BT-PlPr 7/34 = **5** M 13
- *GesEntw zur Erhaltung des Waldes und zur Förderung der Forstwirtschaft (Bundeswaldgesetz)*
  BR-Drs 207/73 = **20** G 13
  BR-Drs 776/74 = **92** F 9
  BR-PlPr 392 = **2** D 6
  BR-PlPr 415 = **4** G 8
  Vermittlungsverfahren:
  BR-Drs 37/75 = **98** N 12
  BR-PlPr 416 = **4** I 9
  BT-Drs 7/889 = **79** H 12
  Bericht und Antrag des Ausschusses für Ernährung, Landwirtschaft und Forsten
  BT-Drs 7/2727 = **133** M 13
  Bericht des Haushaltsausschusses
  BT-Drs 7/2753 = **134** G 4
  Änderungsantrag zur 2. Beratung
  BT-Drs 7/2788 = **135** B 3
  Unterrichtung betr Anrufung des Vermittlungsausschusses
  BT-Drs 7/3016 = **142** L 5
  Antrag des Vermittlungsausschusses
  BT-Drs 7/3192 = **148** I 7
  1. Beratung
  BT-PlPr 7/57 = **9** I 7
  2. und 3. Beratung
  BT-PlPr 7/131 = **24** F 7
  Vermittlungsverfahren
  BT-PlPr 7/149 = **28** E 8
- s a GesEntw über die Errichtung einer Zusatzversorgungskasse für *Arbeitnehmer in der Land- und Forstwirtschaft* – ZVALG
  BR-Drs 561/73 = **38** L 3
  BT-Drs 7/1342 = **96** C 12
- s a Entw eines ÄndGes zum *Umsatzsteuergesetz* und zum Aufwertungsausgleichgesetz
  BT-Drs 7/2111 = **117** L 1
- s a GesEntw zur Änderung des *Flurbereinigungsgesetzes*
  BR-Drs 589/74 = **83** A 3
  BT-Drs 7/3020 = **142** L 12
- s a GesEntw eines 2. ÄndGes zum Ges über forstliches *Saat-und Pflanzgut*
  BR-Drs 230/76 = **156** K 13
  BT-Drs 7/5262 = **216** O 2
- Agrarbericht 1973
  BT-Drs 7/146 = **57** A 6
- Agrarbericht 1974
  BT-Drs 7/1650 = **105** K 5
  Materialband zum Agrarbericht 1974
  BT-Drs 7/1651 = **106** B 1
- Agrarbericht 1975
  BT-Drs 7/3210 = **149** B 5
  Materialband zum Agrarbericht 1975
  BT-Drs 7/3211 = **149** H 12
- Agrarbericht 1976
  BT-Drs 7/4680 = **198** N 3
  Materialband zum Agrarbericht 1976
  BT-Drs 7/4681 = **199** B 8
- Rahmenplan zur Verbesserung der Agrarstruktur und des Küstenschutzes 1973–1976
  BT-Drs 7/61 = **53** A 8
  Ergänzung
  BT-Drs 7/480 = **68** M 5
- Rahmenplan zur Verbesserung der Agrarstruktur und des Küstenschutzes für 1974 bis 1977
  BT-Drs 7/1538 = **102** L 4
- Rahmenplan zur Verbesserung der Agrarstruktur und des Küstenschutzes für 1975 bis 1978
  BT-Drs 7/3563 = **159** A 14
- Rahmenplan zur Verbesserung der Agrarstruktur und des Küstenschutzes für 1976 bis 1979
  BT-Drs 7/5671 = **224** L 6
- 4. Subventionsbericht
  BT-Drs 7/1144 = **88** F 1
- 5. Subventionsbericht für 1973 bis 1976
  BT-Drs 7/4203 = **183** M 6
- Bericht der Bundesregierung über die Ausnahmebereiche des Ges gegen Wettbewerbsbeschränkungen
  BT-Drs 7/3206 = **148** M 10
- Unterrichtung betr außerplanmäßige Ausgaben im Haushaltsjahr 1976 (betr Dürreschäden)
  BT-Drs 7/5833 = **230** D 7
  BT-Drs 7/5934 = **234** B 14
- VO zur Änderung der VO über die Beschränkung des ordentlichen Holzeinschlags der Forstwirtschaft
  BR-Drs 370/73 = **28** O 11

Forstwirtschaftliche Zusammenschlüsse
s Forstwirtschaft

Fortbildung, berufliche
- Arbeitsförderungsbericht
  BT-Drs 7/403 = **65** O 5

Frachtverkehr
s Eisenbahn

Fraktion
- Berechnung des Stellenanteils
  BT-Drs 7/73 = **53** L 3

Frankreich, Republik
- *GesEntw zum Abkommen Bundesrepublik Deutschland/Französische Republik über die deutsche Gerichtsbarkeit bei Verbrechensverfolgung*
  BR-Drs 23/73 = **8** L 5
  BR-Drs 60/75 = **99** K 11
  BR-PlPr 389 = **1** B 11
  BR-PlPr 416 = **4** I 9
  BT-Drs 7/130 = **56** J 9
  Bericht und Antrag des Auswärtigen Ausschusses
  BT-Drs 7/3169 = **147** N 1
  1. Beratung
  BT-PlPr 7/17 = **2** O 1
  2. Beratung und Schlußabstimmung
  BT-PlPr 7/146 = **27** J 3
- *GesEntw eines ÄndGes zum Übereinkommen zwischen Belgien, Bundesrepublik Deutschland, Frankreich, Italien, Luxemburg und den Niederlanden über gegenseitige Unterstützung ihrer Zollverwaltungen und zum Beitritt Griechenlands zu diesem Übereinkommen*
  BR-Drs 196/73 = **19** M 14
  BR-Drs 455/73 = **33** H 7
  BR-PlPr 392 = **2** D 6
  BR-PlPr 396 = **2** I 14
  BT-Drs 7/470 = **68** G 9
  Bericht und Antrag des Finanzausschusses
  BT-Drs 7/689 = **76** A 7
  1. Beratung
  BT-PlPr 7/30 = **5** A 6
  2. Beratung und Schlußabstimmung
  BT-PlPr 7/42 = **7** A 12
- *GesEntw zum Abkommen Bundesrepublik Deutschland/Republik Frankreich über die Befreiung öffentlicher Urkunden von der Legalisation*
  BR-Drs 629/73 = **40** N 3
  BR-Drs 442/74 = **75** N 1
  BR-PlPr 399 = **2** N 12
  BR-PlPr 410 = **3** O 9
  BT-Drs 7/1622 = **104** F 10
  Bericht und Antrag des Rechtsausschusses
  BT-Drs 7/2150 = **118** E 14
  1. Beratung
  BT-PlPr 7/81 = **14** N 5
  2. Beratung und Schlußabstimmung
  BT-PlPr 7/106 = **19** N 8
- *GesEntw zum Protokoll zur Änderung des Vertrages Bundesrepublik Deutschland/Französische Republik und Großherzogtum Luxemburg über die Schiffbarmachung der Mosel*
  BR-Drs 11/75 = **97** L 11
  BT-Drs 274/75 = **112** N 6
  BR-PlPr 416 = **4** I 9
  BR-PlPr 420 = **4** N 9
  BT-Drs 7/3277 = **152** O 7
  Bericht und Antrag des Ausschusses für Verkehr und für das Post- und Fernmeldewesen
  BT-Drs 7/3470 = **156** M 12
  1. Beratung
  BT-PlPr 7/155 = **29** I 2
  2. Beratung und Schlußabstimmung
  BT-PlPr 7/164 = **31** I 1
- *GesEntw zum Vertrag Bundesrepublik Deutschland/Republik Frankreich zum Europäischen Übereinkommen über die Rechtshilfe in Strafsachen*
  BR-Drs 535/75 = **127** G 6
  BR-PlPr 424= **5** E 4
  BT-Drs 7/4360 = **189** H 8
  BT-PlPr 7/208 = **39** D 5
- VO zum Protokoll zwischen der Regierung der Bundesrepublik Deutschland und der Regierung der Französischen Republik über die Durchführung des Kulturabkommens 1954 auf dem Gebiet der Steuern und Zölle
  BT-Drs 499/73 = **34** N 10

Frauen
s a Verheiratete Frauen

Frau und Gesellschaft
- Antrag betr Enquête – Kommission
  BT-Drs 7/367 = **64** N 12
  Bericht und Antrag des Ausschusses für Jugend, Familie und Gesundheit
  BT-Drs 7/1148 = **89** A 11
- Zwischenbericht der Enquête – Kommission Frau und Gesellschaft
  BT-Drs 7/5866 = **231** D 3
  Beratung des Zwischenberichts der Enquête-Kommission „Frau und Gesellschaft"
  BT-PlPr 7/259 = **50** F 7
- s a GesEntw zur Änderung des *Soldatengesetzes*, des Soldatenversorgungsgesetzes und der Wehrdisziplinarordnung (betr Einstellung von Frauen als Sanitätsoffiziere)
  BR-Drs 131/75 = **104** C 13
  BT-Drs 7/3505 = **157** O 5

- s a GesEntw zu dem Übereinkommen über die *Staatsangehörigkeit* verheirateter Frauen
- Vorschlag einer EG-Richtlinie betr den Grundsatz des gleichen Entgelts für Männer und Frauen
  BR-Drs 778/73 = **50 M** 11
  BT-Drs /1451 = **98 C** 11
- Sozialbericht 1976
  BT-Drs 7/4953 = **207 G** 3

Frauenhofer-Gesellschaft
- Bundesbericht Forschung V
  BT-Drs 7/3574 = **160 A** 1

Freihandelszone
- s GesEntw zum Abkommen zwischen den Mitgliedsstaaten der EGKS und der EGKS einerseits und dem Königreich *Schweden* betr die Errichtung einer Freihandelszone

Freiheitsstrafe
- *GesEntw über den Vollzug der Freiheitsstrafe und der freiheitsentziehenden Maßregeln der Besserung und Sicherung – Strafvollzugsgesetz* – (StVollzG)
  BR-Drs 71/73 = **9 D** 11
  BR-Drs 685/75 = **137 K** 2
  BR-PlPr 390 = **2 A** 6
  BR-PlPr 427 = **5 K** 3
  Vermittlungsverfahren:
  BR-Drs 121/76 = **152 I** 14
  BR-PlPr 431 = **5 O** 8
  BT-Drs 7/918 = **80 H** 13
  Bericht und Antrag des Sonderausschusses für die Strafrechtsreform
  BT-Drs 7/3998 = **174 G** 6
  Bericht des Haushaltsausschusses
  BT-Drs 7/4208 = **184 J** 1
  Änderungsanträge zur 2. Beratung
  BT-Drs 7/4246 = **185 I** 12
  BT-Drs 7/4287 = **186 G** 6
  BT-Drs 7/4288 = **186 G** 6
  Unterrichtung betr Anrufung des Vermittlungsausschusses
  BT-Drs 7/4378 = **190 G** 7
  Antrag des Vermittlungsausschusses
  BT-Drs 7/4662 = **198 A** 6
  1. Beratung
  BT-PlPr 7/58 = **9 M** 4
  2. und 3. Beratung
  BT-PlPr 7/200 = **37 J** 11
  Vermittlungsverfahren
  BT-PlPr 7/221 = **41 M** 14

Freiheitlich demokratische Grundordnung
- s GesEntw zur Änderung des *Beamtenrechtsrahmengesetzes*, des Deutschen Richtergesetzes und des Ges über die Rechtsstellung der Soldaten
  BR-Drs 125/74 = **61 E** 10
  BT-Drs 7/2432 = **126 F** 2

Freistellungs-VO
- VO zur Änderung der VO über die Befreiung bestimmter Beförderungsfälle von den Bestimmungen des Güterkraftverkehrsgesetzes
  BR-Drs 186/74 = **63 J** 11

Freiwillige Gerichtsbarkeit
- s GesEntw über die Ermächtigung des Landes Baden-Württemberg zur *Rechtsbereinigung*
  BR-Drs 260/74 = **67 D** 13
  BT-Drs 7/2206 = **119 K** 13

Freiwilliges soziales Jahr
s Soziales Jahr

Freizeit
gesellschaftspolitische Zusammenhänge von Freizeit und Tourismus
- Unterrichtung betr Tourismus in der Bundesrepublik Deutschland – Grundlagen und Ziele –
  BR-Drs 448/75 = **123 B** 3
  BT-Drs 7/3840 = **170 F** 3

Freizeitsport
- Sportbericht der Bundesregierung
  BT-Drs 7/1040 = **84 K** 2

Fremdenverkehr
- Unterrichtung durch die Bundesregierung über den Tourismus in der Bundesrepublik Deutschland – Grundlagen und Ziele –
  BR-Drs 448/75 = **123 B** 3
  BT-Drs 7/3840 = **170 F** 3

Fremdenverkehrsgebiete
- VO über die Fremdenverkehrsgebiete im Sinne des § 3 Abs 2 des Investitionszulagengesetzes
  BR-Drs 459/74 = **76 F** 10
- VO über die förderungsbedürftigen Gebiete und über die Fremdenverkehrsgebiete, i.S. des Investitionszulagengesetzes
  BR-Drs 717/75 = **139 C** 9
- 2. VO über die förderungsbedürftigen Gebiete und über die Fremdenverkehrsgebiete im Sinne des Investitionszulagengesetzes
  BR-Drs 514/76 = **173 A** 12

Fremdstoff-VO
s Allgemeine Fremdstoff-VO

Friedenssicherung
- Antwort auf die Große Anfraqe betr Konferenz über Sicherheit und Zusammenarbeit in Europa (KSZE)
  BT-Drs 7/2616 = **130 M** 10

Fristen
im Verwaltungsverfahren
- s Entw eines *Verwaltungsverfahrensgesetzes*
  BR-Drs 227/73 = **21 L** 5
  BT-Drs 7/910 = **80 B** 5

Früherkennung, von Krankheiten
- Bericht der Bundesregierung
  BT-Drs 7/454 = **68 A** 9

Fragestunden im Deutschen Bundestag
- Sitzungen am 19. und 20. 12. 1972
  BT-Drs 7/12 = **52 D** 12
  BT-Drs 7/29 = **52 K** 1
  BT-PlPr 7/5 = **1 C** 4
  BT-PlPr 7/6 = **1 D** 10
- Sitzungen am 31. 1. 1973 u. 1. 2. 1973
  BT-Drs 7/77 = **53 M** 1
  BT-PlPr 7/11 = **1 O** 9
  BT-PlPr 7/12 = **2 A** 13
- Sitzungen am 14., 15., und 16. 2. 1973
  BT-Drs 7/156 = **58 O** 4
  BT-PlPr 7/13 = **2 E** 3
  BT-PlPr 7/14 = **2 F** 9
  BT-PlPr 7/15 = **2 J** 13
- Sitzungen am 21., 22. und 23. 2. 1973
  BT-Drs 7/188 = **59 K** 5
  BT-Drs 7/216 = **60 L** 9
  BT-PlPr 7/16 = **2 N** 3
  BT-PlPr 7/17 = **2 O** 1
  BT-PlPr 7/18 = **3 C** 9
- Sitzungen am 14., 15. und 16. 3. 1973
  BT-Drs 7/296 = **63 K** 8
  BT-PlPr 7/19 = **3 E** 11
  BT-PlPr 7/20 = **3 F** 13
  BT-PlPr 7/21 = **3 J** 11
- Sitzungen am 21., 22. und 23. 3. 1973
  BT-Drs 7/360 = **64 K** 14
  BT-PlPr 7/22 = **3 M** 7
  BT-PlPr 7/23 = **3 N** 5
  BT-PlPr 7/24 = **4 A** 6
- Sitzungen am 4., 5. und 6. 4. 1973
  BT-Drs 7/433 = **67 F** 11
  BT-Drs 7/441 = **67 I** 7
- Sitzungen am 9., 10. und 11. 5. 1973
  BT-Drs 7/511 = **69 O** 4
  BT-PlPr 7/29 = **4 K** 4
  BT-PlPr 7/30 = **5 A** 6
  BT-PlPr 7/31 = **5 D** 11
- Sitzungen am 16., 17. und 18. 5. 1973
  BT-Drs 7/555 = **72 C** 12
  BT-PlPr 7/32 = **5 I** 3
  BT-PlPr 7/33 = **5 J** 1
  BT-PlPr 7/34 = **5 M** 13
- Sitzungen am 23., 24. und 25. 5. 1973
  BT-Drs 7/588 = **72 N** 5
  BT-PlPr 7/35 = **6 A** 14
  BT-PlPr 7/36 = **6 E** 3
  BT-PlPr 7/37 = **6 F** 11
- Sitzungen am 6., 7. und 8. 6. 1973
  BT-Drs 7/653 = **75 C** 4
  BT-Drs 7/665 = **75 N** 7
  BT-PlPr 7/38 = **6 G** 14
  BT-PlPr 7/39 = **6 H** 14
  BT-PlPr 7/40 = **6 L** 12
- Sitzungen am 13., 14. und 15. 6. 1973
  BT-Drs 7/690 = **76 A** 9
  BT-PlPr 7/41 = **6 O** 12
  BT-PlPr 7/42 = **7 A** 12
  BT-PlPr 7/43 = **7 E** 13
- Sitzungen am 18., 19. und 20. 6. 1973
  BT-Drs 7/769 = **77 G** 9
  BT-Drs 7/800 = **78 A** 1
  BT-PlPr 7/44 = **7 G** 7
  BT-PlPr 7/45 = **7 K** 7
  BT-PlPr 7/46 = **8 A** 1
- Fragen für Juli 1973 den dazu erteilten schriftlichen Antworten
  Teil I
  BT-Drs 7/893 = **79 K** 6
  Teil II
  BT-Drs 7/928 = **80 O** 3
  Teil III
  BT-Drs 7/941 = **81 F** 2
  Teil IV
  BT-Drs 7/952 = **81 I** 9
  Teil V
  BT-Drs 7/1010 = **83 K** 8
- Fragen für August 1973
  Fragen mit den schriftlichen Antworten
  Teil I
  BT-Drs 7/1011 = **83 L** 8
  Teil II
  BT-Drs 7/1012 = **83 N** 6
  Teil III
  BT-Drs 7/1013 = **84 A** 1
  Teil IV
  BT-Drs 7/1014 = **84 C** 1
- Sitzungen am 13. und 14. 9. 1973
  BT-Drs 7/990 = **82 M** 14
  BT-PlPr 7/48 = **8 D** 4
  BT-PlPr 7/49 = **8 G** 8
- Sitzungen am 19., 20. und 21. 9. 1973
  BT-Drs 7/1004 = **83 I** 2
  BT-PlPr 7/50 = **8 H** 7
  BT-PlPr 7/51 = **8 I** 5
  BT-PlPr 7/52 = **8 L** 5
- Sitzungen am 3., 4. und 5. 10. 1973
  BT-Drs 7/1044 = **84 O** 2

BT-PlPr 7/53 = **8** M 5
BT-PlPr 7/54 = **9** A 1
BT-PlPr 7/55 = **9** E 5
- Sitzungen am 17., 18. und 19. 10. 1973
  BT-Drs 7/1086 = **86** I 9
  BT-PlPr 7/56 = **9** H 9
  BT-PlPr 7/57 = **9** I 7
  BT-PlPr 7/58 = **9** M 4
- Sitzungen am 24. und 25. 10. 1973
  BT-Drs 7/1122 = **87** H 8
  BT-Drs 7/1146 = **89** A 8
  BT-PlPr 7/60 = **10** B 3
  BT-PlPr 7/61 = **10** C 14
- Sitzungen am 7. und 8. 11. 1973
  BT-Drs 7/1182 = **90** K 12
  BT-Drs 7/1204 = **91** B 2
  BT-PlPr 7/63 = **10** K 10
  BT-PlPr 7/64 = **10** L 13
- Sitzungen am 28. und 29. 11. 1973
  BT-Drs 7/1277 = **94** L 12
  BT-PlPr 7/66 = **11** D 10
  BT-PlPr 7/67 = **11** E 10
- Sitzungen am 5. und 6. 12. 1973
  BT-Drs 7/1320 = **95** J 7
  BT-Drs 7/1338 = **96** A 2
  BT-PlPr 7/68 = **11** K 6
  BT-PlPr 7/69 = **11** M 6
- Sitzungen am 12. und 13. 12. 1973
  BT-Drs 7/1380 = **96** L 13
  BT-Drs 7/1393 = **97** C 4
  BT-Drs 7/1394 = **97** C 5
  BT-Drs 7/1412 = **97** E 14
  BT-PlPr 7/70 = **12** C 14
  BT-PlPr 7/71 = **12** H 7
- Sitzungen am 16. und 17. 1. 1974
  BT-Drs 7/1510 = **102** A 1
  BT-PlPr 7/72 = **12** M 7
  BT-PlPr 7/73 = **13** B 3
- Sitzungen am 23. und 24. 1. 1974
  BT-Drs 7/1555 = **103** F 3
  BT-Drs 7/1573 = **103** M 2
  BT-PlPr 7/75 = **13** I 7
  BT-PlPr 7/76 = **13** J 14
- Sitzungen am 13. und 14. 2. 1974
  BT-Drs 7/1661 = **107** F 7
  BT-PlPr 7/78 = **14** C 12
  BT-PlPr 7/79 = **14** D 12
- Sitzungen am 20. und 21. 2. 1974
  BT-Drs 7/1700 = **107** N 12
  BT-Drs 7/1718 = **108** E 2
  BT-PlPr 7/81 = **14** N 5
  BT-Drs 7/82 = **15** C 12
- Sitzungen am 13. und 14. 3. 1974
  BT-Drs 7/1766 = **109** B 8
  BT-PlPr 7/84 = **15** G 6
  BT-PlPr 7/85 = **15** I 2
- Sitzungen am 20. und 21. 3. 1974
  BT-Drs 7/1816 = **111** B 11
  BT-Drs 7/1830 = **111** F 14
  BT-PlPr 7/87 = **16** B 13
  BT-PlPr 7/88 = **16** C 13
- Sitzungen am 27. und 28. 3. 1974
  BT-Drs 7/1867 = **111** L 10
  BT-Drs 7/1877 = **112** A 2
  BT-Drs 7/1889 = **112** B 14
  BT-PlPr 7/90 = **16** J 10
  BT-PlPr 7/91 = **17** A 1
- Sitzungen am 24. und 25. 4. 1974
  BT-Drs 7/2008 = **114** O 3
  BT-PlPr 7/94 = **17** J 7
  BT-PlPr 7/95 = **17** K 10
  BT-PlPr 7/96 = **18** B 12
- Sitzung am 7. 5. 1974
  BT-Drs 7/2059 = **116** H 1
- Sitzungen vom 13. bis 17. 5. 1974
  BT-Drs 7/2080 = **117** A 13
  BT-PlPr 7/98 = **18** F 7
  BT-PlPr 7/100 = **18** H 3
- Sitzungen vom 20. bis 24. 5. 1974
  BT-Drs 7/2118 = **118** B 6
- Sitzungen am 5. und 6. 6. 1974
  BT-Drs 7/2173 = **118** M 8
  BT-PlPr 7/104 = **19** E 7
  BT-PlPr 7/105 = **19** K 9
- Sitzungen am 11. und 12. 6. 1974
  BT-Drs 7/2197 = **119** I 1
  BT-Drs 7/2213 = **119** L 11
  BT-PlPr 7/106 = **19** N 8
  BT-PlPr 7/107 = **20** C 12
- Sitzungen am 19. und 20. 6. 1974
  BT-Drs 7/2268 = **121** D 11
  BT-PlPr 7/109 = **20** F 9
  BT-PlPr 7/110 = **20** J 5
- Fragen für Juli 1974 mit den dazu erteilten Antworten
  Teil I
  BT-Drs 7/2412 = **124** C 1
  Teil II
  BT-Drs 7/2465 = **127** B 11
  Teil III
  BT-Drs 7/2494 = **127** J 7
  Teil IV
  BT-Drs 7/2530 = **128** O 10
  Teil V
  BT-Drs 7/2534 = **129** C 11
- Fragen für August 1974 mit den dazu erteilten Antworten
  Teil I
  BT-Drs 7/2535 = **129** C 14
  Teil II
  BT-Drs 7/2642 = **131** I 3
- Sitzungen am 18. und 19. 9. 1974
  BT-Drs 7/2531 = **129** B 4
  BT-PlPr 7/115 = **21** E 3
  BT-PlPr 7/116 = **21** G 5
- Sitzungen am 25. und 26. 9. 1974
  BT-Drs 7/2550 = **129** J 6
  BT-PlPr 7/118 = **21** N 2
  BT-PlPr 7/119 = **21** O 2
- Sitzungen am 9. und 10. 10. 1974
  BT-Drs 7/2584 = **130** B 3
  BT-Drs 7/2604 = **130** K 13
  BT-PlPr 7/121 = **22** F 6
  BT-PlPr 7/122 = **22** G 7
- Sitzungen am 16. und 17. 10. 1974
  BT-Drs 7/2631 = **131** F 12
  BT-Drs 7/2661 = **132** A 13
  BT-PlPr 7/124 = **22** N 5
  BT-PlPr 7/125 = **23** A 1
- Sitzungen am 6. und 7. 11. 1974
  BT-Drs 7/2720 = **133** F 6
  BT-PlPr 7/127 = **23** I 10
  BT-PlPr 7/128 = **23** K 8
- Sitzungen am 13. und 14. 11. 1974
  BT-Drs 7/2767 = **134** I 7
  BT-Drs 7/2779 = **134** M 8
  BT-Drs 7/2780 = **134** M 9
  BT-Drs 7/2792 = **135** B 6
  BT-PlPr 7/130 = **24** D 14
  BT-PlPr 7/131 = **24** F 7
- Sitzungen am 4. und 5. 12. 1974
  BT-Drs 7/2857 = **139** F 7
  BT-Drs 7/2888 = **140** H 14
  BT-PlPr 7/133 = **24** N 11
  BT-PlPr 7/134 = **25** A 1
- Sitzungen am 11. und 12. 12. 1974
  BT-Drs 7/2927 = **140** N 4
  BT-PlPr 7/135 = **25** G 10
  BT-PlPr 7/137 = **25** O 3
- Sitzungen am 18. und 19. 12. 1974
  BT-Drs 7/2982 = **142** B 6
  BT-PlPr 7/138 = **26** C 5
  BT-PlPr 7/139 = **26** E 12
- Sitzungen am 15. und 16. 1. 1975
  BT-Drs 7/3070 = **145** F 12
  BT-PlPr 7/140 = **26** K 2
  BT-PlPr 7/141 = **26** L 3
- Sitzungen am 22. und 23. 1. 1975
  BT-Drs 7/3089 = **146** E 3
  BT-PlPr 7/142 = **27** B 7
  BT-PlPr 7/143 = **27** C 8
- Sitzungen am 29. und 30. 1. 1975
  BT-Drs 7/3135 = **147** A 14
  BT-Drs 7/3173 = **147** N 14
  BT-PlPr 7/145 = **27** I 3
  BT-PlPr 7/146 = **27** J 3
- Sitzungen am 19. und 20. 2. 1975
  BT-Drs 7/3227 = **151** C 13
  BT-PlPr 7/148 = **28** D 7
  BT-PlPr 7/149 = **28** E 8
- Sitzungen am 26. und 27. 2. 1975
  BT-Drs 7/3258 = **152** I 3
  BT-Drs 7/3285 = **153** A 12
  BT-PlPr 7/151 = **28** L 6
  BT-PlPr 7/152 = **28** M 6
- Sitzungen am 12. und 13. 3. 1975
  BT-Drs 7/3335 = **153** N 14
  BT-PlPr 7/154 = **29** G 9
  BT-PlPr 7/155 = **29** I 2
- Sitzungen am 18. und 20. 3. 1975
  BT-Drs 7/3365 = **154** K 3
  BT-PlPr 7/157 = **30** A 10
  BT-PlPr 7/159 = **30** G 10
- Sitzungen am 9. und 10. 4. 1975
  BT-Drs 7/3447 = **156** G 9
  BT-PlPr 7/161 = **30** O 3
  BT-PlPr 7/162 = **31** A 14
- Sitzungen am 16. und 17. 4. 1975
  BT-Drs 7/3481 = **157** A 7
  BT-Drs 7/3515 = **158** A 13
  BT-PlPr 7/163 = **31** H 1
  BT-PlPr 7/164 = **31** I 1
- Sitzungen am 23. und 24. 4. 1975
  BT-Drs 7/3534 = **158** K 8
  BT-PlPr 7/166 = **31** M 12
  BT-PlPr 7/167 = **31** N 12
- Sitzungen am 14. und 15. 5. 1975
  BT-Drs 7/3602 = **163** C 1
  BT-Drs 7/3620 = **163** J 3
  BT-PlPr 7/169 = **32** F 14
  BT-PlPr 7/170 = **32** H 2
- Sitzungen am 21. und 22. 5. 1975
  BT-Drs 7/3630 = **163** K 8
  BT-Drs 7/3665 = **164** F 7
  BT-PlPr 7/172 = **32** O 7
  BT-PlPr 7/173 = **33** A 9
- Sitzungen am 4. und 5. 6. 1975
  BT-Drs 7/3706 = **165** K 6
  BT-PlPr 7/175 = **33** G 14
  BT-PlPr 7/176 = **33** I 7
- Sitzungen am 11. und 12. 6. 1975
  BT-Drs 7/3737 = **168** D 4
  BT-Drs 7/3744 = **168** G 2
  BT-Drs 7/3754 = **168** I 5
  BT-PlPr 7/177 = **34** A 13
  BT-PlPr 7/178 = **34** B 13
- Sitzung am 18. 6. 1975

BT-Drs 7/3763 = **168** J 3
BT-PlPr 7/180 = **34** H 5
- Fragen für Juli 1975 mit den dazu erteilten Antworten
Teil I
BT-Drs 7/3860 = **170** L 4
Teil II
BT-Drs 7/3894 = **171** M 14
Teil III
BT-Drs 7/3920 = **172** I 6
Teil IV
BT-Drs 7/3977 = **173** M 9
Teil V
BT-Drs 7/4006 = **175** B 2
- Fragen für August 1975 mit den dazu erteilten Antworten
Teil I
BT-Drs 7/4007 = **175** B 10
Teil II
BT-Drs 7/4019 = **175** H 9
Teil III
BT-Drs 7/4026 = **175** L 12
Teil IV
BT-Drs 7/4130 = **178** A 6
- Sitzungen am 17. und 18. 9. 1975
BT-Drs 7/4024 = **175** K 6
BT-PlPr 7/184 = **35** E 3
BT-PlPr 7/185 = **35** J 3
- Sitzungen am 24. und 25. 9. 1975
BT-Drs 7/4038 = **176** C 2
BT-PlPr 7/186 = **35** N 6
BT-PlPr 7/187 = **36** A 1
- Sitzungen am 1. 10. und 2. 10. 1975
BT-Drs 7/4069 = **176** F 14
BT-PlPr 7/189 = **36** D 12
BT-PlPr 7/190 = **36** E 14
- Sitzungen am 15. und 16. 10. 1975
BT-Drs 7/4138 = **178** E 6
BT-PlPr 7/192 = **36** I 1
BT-PlPr 7/193 = **36** K 12
- Sitzungen am 22. und 23. 10. 1975
BT-Drs 7/4161 = **178** M 13
BT-PlPr 7/195 = **36** N 12
BT-PlPr 7/196 = **37** A 1
- Sitzungen am 5. und 6. 11. 1975
BT-Drs 7/4242 = **185** E 2
BT-PlPr 7/199 = **37** F 9
BT-PlPr 7/200 = **37** J 11
- Sitzungen am 26. und 27. 11. 1975
BT-Drs 7/4322 = **188** C 2
BT-PlPr 7/202 = **38** C 5
BT-PlPr 7/203 = **38** F 6
- Sitzungen am 3. und 4. 12. 1975
BT-Drs 7/4364 = **190** A 8
BT-PlPr 7/205 = **38** N 4
BT-PlPr 7/206 = **38** O 4
- Sitzungen am 10. und 11. 12. 1975
BT-Drs 7/4409 = **191** A 14
BT-PlPr 7/208 = **39** D 5
BT-PlPr 7/209 = **39** G 11
- Sitzungen am 14. und 15. 1. 1976
BT-Drs 7/4555 = **195** H 4
BT-PlPr 7/211 = **39** N 5
BT-PlPr 7/212 = **39** O 6
- Sitzungen am 21. und 22. 1. 1976
BT-Drs 7/4595 = **196** C 10
BT-PlPr 7/214 = **40** H 3
BT-PlPr 7/215 = **40** I 2
- Sitzungen am 28. und 29. 1. 1976
BT-Drs 7/4632 = **197** B 6
BT-PlPr 7/217 = **41** B 13
BT-PlPr 7/218 = **41** C 14
- Sitzungen am 11. und 12. 2. 1976
BT-Drs 7/4707 = **200** O 5
BT-PlPr 7/220 = **41** L 12
BT-PlPr 7/221 = **41** M 14
- Sitzung am 18. 2. 1976
BT-Drs 7/4739 = **201** H 8
BT-PlPr 7/223 = **42** F 5
- Sitzungen am 10. und 11. 3. 1976
BT-Drs 7/4827 = **204** K 12
BT-PlPr 7/226 = **42** N 12
BT-PlPr 7/227 = **43** A 1
- Sitzungen am 17. und 18. 3. 1976
BT-Drs 7/4865 = **205** N 2
BT-Drs 7/4885 = **206** B 13
BT-PlPr 7/229 = **43** H 13
BT-PlPr 7/230 = **43** J 6
- Sitzungen am 31. 3. und 1. 4. 1976
BT-Drs 7/4926 = **206** L 12
BT-PlPr 7/232 = **44** B 14
BT-PlPr 7/233 = **44** D 5
- Sitzungen am 7. und 8. 4. 1976
BT-Drs 7/4963 = **209** J 8
BT-Drs 7/4980 = **210** C 14
BT-PlPr 7/234 = **44** H 7
BT-PlPr 7/235 = **44** I 6
- Sitzungen am 5. und 6. 5. 1976
BT-Drs 7/5094 = **213** D 3
BT-Drs 7/5107 = **213** M 7
BT-Drs 7/5134 = **214** B 4
BT-PlPr 7/237 = **45** C 13
BT-PlPr 7/238 = **45** D 14
- Sitzung am 19. 5. 1976
BT-Drs 7/5188 = **215** C 7
BT-PlPr 7/244 = **46** N 1
- Sitzungen am 2. und 3. 6. 1976
BT-Drs 7/5263 = **217** A 6
BT-PlPr 7/246 = **47** F 9
BT-PlPr 7/247 = **47** I 2
- Sitzungen am 9. und 10. 6. 1976
BT-Drs 7/5290 = **217** L 13
BT-PlPr 7/249 = **48** B 10
BT-PlPr 7/250 = **48** C 11
- Sitzungen am 23. und 24. 6. 1976
BT-Drs 7/5404 = **220** D 10
BT-Drs 7/5419 = **220** I 5
BT-PlPr 7/252 = **48** J 1
BT-PlPr 7/253 = **48** M 9
- Sitzungen am 30. 6. und 1. 7. 1976
BT-Drs 7/5482 = **221** N 5
BT-Drs 7/5515 = **222** F 5
BT-PlPr 7/255 = **49** F 10
BT-PlPr 7/256 = **49** K 13
- Fragen für Juli 1976 mit den dazu erteilten Antworten
Teil I
BT-Drs 7/5651 = **224** H 12
Teil II
BT-Drs 7/5681 = **225** M 5
Teil III
BT-Drs 7/5701 = **226** K 9
Teil IV
BT-Drs 7/5724 = **227** F 4
Teil V
BT-Drs 7/5748 = **228** A 1
- Fragen für August 1976 mit den dazu erteilten Antworten
Teil I
BT-Drs 7/5749 = **228** A 9
Teil II
BT-Drs 7/5755 = **228** D 5
Teil III
BT-Drs 7/5761 = **228** F 13
Teil IV
BT-Drs 7/5788 = **228** N 5
- Fragen für September 1976 mit den dazu erteilten Antworten
Teil I
BT-Drs 7/5825 = **230** A 10
Teil II
BT-Drs 7/5863 = **231** B 7
Teil III
BT-Drs 7/5878 = **231** I 5
- Fragen für Oktober 1976 mit den dazu erteilten Antworten
Teil I
BT-Drs 7/5905 = **232** O 4
Teil II
BT-Drs 7/5926 = **233** N 12
Teil III
BT-Drs 7/5941 = **234** C 3
Teil IV
BT-Drs 7/5948 = **234** E 14
- Fragen für November 1976 mit den dazu erteilten Antworten
Teil I
BT-Drs 7/5949 = **234** G 1
Teil II
BT-Drs 7/5950 = **234** H 6
Teil III
BT-Drs 7/5951 = **234** I 10

Führerschein
s Fahrerlaubnis

Führungsaufsicht
Berechnung der Mindest- und Höchstdauer
- s Entw eines 2. ÄndGes zum Einführungsgesetz zum *Strafgesetzbuch*
BT-Drs 7/4017 = **175** G 8

Führungszeugnis
- VO über den Vordruck für den Antrag auf Erteilung
BR-Drs 258/75 = **112** I 2
- Allgemeine Verwaltungsvorschrift zur Änderung der 3. Allgemeinen Verwaltungsvorschrift zur Durchführung des Bundeszentralregistergesetzes (betr Gebühren für Erteilung von Führungszeugnissen)
BR-Drs 393/76 = **168** C 8

Füllmengen
- VO zur Änderung der FertigpackungsVO
BR-Drs 337/73 = **27** M 13

Fundsachen
- *GesEntw zur Änderung von Vorschriften des Fundrechts*
BR-Drs 775/74 = **92** E 8
BR-Drs 314/76 = **163** K 4
BR-PlPr 416 = **4** I 9
BR-PlPr 435 = **6** I 1
BT-Drs 7/3559 = **159** A 4
Bericht und Antrag des Rechtsausschusses
BT-Drs 7/5105 = **213** M 2
1. Beratung
BT-PlPr 7/173 = **33** A 9
2. und 3. Beratung
BT-PlPr 7/238 = **45** D 14

Fusionskontrolle
- s Entwurf eines 2. Ges zur Änderung des Ges gegen *Wettbewerbsbeschränkungen*
BR-Drs 449/73 = **33** F 4
BT-Drs 7/76 = **53** L 6
- s Entw eines 3. ÄndGes zum Ges gegen *Wettbewerbsbeschränkungen*
BR-Drs 593/74 = **83** I 5
BT-Drs 7/2954 = **141** M 3
- Bericht des *Bundeskartellamtes* über seine Tätigkeit im Jahre 1973 sowie über Lage

und Entwicklung auf seinem Aufgabengebiet
BT-Drs 7/2250 = **120** I 1
– Bericht des Bundeskartellamtes über seine Tätigkeit im Jahre 1975
BT-Drs 7/5390 = **219** G 4
– Bericht der Bundesregierung über die Lage von Presse und Rundfunkt in der Bundesrepublik Deutschland (1974)
BT-Drs 7/2104 = **117** G 4
– Vorschlag einer EG-VO über die Kontrolle von Unternehmenszusammenschlüssen
BR-Drs 504/73 = **35** A 11
BT-Drs 7/940 = **81** E 9

Fußballweltmeisterschaft
– Antrag betr Fernsehübertragungen
BT-Drs 7/1725 = **108** F 3

Fußgängerzonen
– Städtebaubericht 1975
BT-Drs 7/3583 = **161** M 9

Futtermittel
– Vorschlag einer 2. EG-Richtlinie über Zusatzstoffe in der Tierernährung
BR-Drs 561/74 = **81** M 12
– 2. VO zur Änderung der VO zur Ausführung des Futtermittelgesetzes
BR-Drs 107/73 = **11** J 2
– 6. VO zur Durchführung des Ges zur Änderung futtermittelrechtlicher Vorschriften
BR-Drs 282/73 = **29** G 14
– 7. VO zur Durchführung des Gesetzes zur Änderung futtermittelrechtlicher Vorschriften
BR-Drs 26/74 = **55** G 10
– 3. VO zur Änderung der VO zur Ausführung des Futtermittelgesetzes
BR-Drs 27/74 = **55** H 8
– 9. VO zur Durchführung des Ges zur Änderung futtermittelrechtlicher Vorschriften
BR-Drs 707/74 = **88** F 12
– VO über die Analysemethoden für die amtliche Untersuchung von Futtermitteln und Vormischungen
BR-Drs 595/75 = **130** N 4
– 10. VO zur Durchführung des Ges zur Änderung futtermittelrechlicher Vorschriften
BR-Drs 17/76 = **145** C 13
– FuttermittelVO
BR-Drs 271/76 = **161** F 5
– VO zur Änderung der VO über Analysemethoden für die amtliche Untersuchung von Futtermitteln und Vormischungen
BR-Drs 570/76 = **175** I 1
– VO zur Änderung der FuttermittelVO
BR-Drs 665/76 = **179** A 7

Futtermittelgesetz
– *GesEntw eines Futtermittelgesetzes*
BR-Drs 645/74 = **85** G 5
BR-Drs 334/75 = **115** L 10
BR-PlPr 413 = **4** D 12
BR-PlPr 421 = **5** A 7
BT-Drs 7/2990 = **142** F 7
Bericht und Antrag des Ausschusses für Ernährung, Landwirtschaft und Forsten
BT-Drs 7/3581 = **161** F 6
Bericht des Haushaltsausschusses
BR-Drs 7/3629 = **163** K 8
1. Beratung
BT-PlPr 7/141 = **26** L 3
2. und 3. Beratung
BT-PlPr 7/170 = **32** H 2

Futterzusatzstoffe
– VO über Ausnahmen von der Wartezeit nach § 15 Abs 2 Satz 2 des Lebensmittel- und Bedarfsgegenständegesetzes
BR-Drs 728/74 = **89** N 13

G

GAL-BeitragsVO
s Altershilfe für Landwirte

Gartenbau
– Agrarbericht 1973
BT-Drs 7/146 = **57** A 6
– Agrarbericht 1974
BT-Drs 7/1650 = **105** K 5
– Agrarbericht 1975
BT-Drs 7/3210 = **149** B 5
– Agrarbericht 1976
BT-Drs 7/4680 = **198** N 3

Gas
s a Erdgas
– VO über Gashochdruckleitungen
BR-Drs 563/74 = **81** N 14

Gasöl-Betriebsbeihilfe
– 2. VO zur Änderung der Gasöl-BetriebsbeihilfeVO
BR-Drs 567/73 = **38** O 8
– 3. VO über die Gewährung von Betriebsbeihilfe für Verkehrsbetriebe mit schienengebundenen Fahrzeugen
BR-Drs 671/73 = **43** E 9
– VO über Betriebsbeihilfen für den öffentlichen Personennahverkehr mit Kraftfahrzeugen
BR-Drs 678/73 = **43** H 5
– VO zur Änderung der Gasöl-Betriebsbeihilfen-VO-Schienenverkehr
BR-Drs 623/74 = **84** L 11

Gasversorgung
– VO über die Sicherstellung der Gasversorgung
BR-Drs 28/76 = **146** D 5
– Allgemeine Verwaltungsvorschrift zur Gaslastverteilungs-VO
BR-Drs 29/76 = **146** E 10

Gaswerk
– Bericht der Bundesregierung über die Ausnahmebereiche des Ges gegen Wettbewerbsbeschränkungen
BT-Drs 7/3206 = **148** M 10

Gaststättengesetz
– s Entw eines *Bundesimmissionsschutzgesetzes*
BR-Drs 27/73 = **8** L 11
BT-Drs 7/179 = **59** G 8

Gebäude
– *GesEntw zur Erhaltung und Modernisierung kulturhistorisch und städtebaulich wertvoller Gebäude*
BR-Drs 197/74 = **64** B 5
BR-PlPr 407 = **3** L 12
BT-Drs 7/2552 = **129** K 7
Bericht und Antrag des Finanzausschusses
BT-Drs 7/5523 = **222** I 9
Bericht des Haushaltsausschusses
BT-Drs 7/5546 = **222** N 2
1. Beratung
BT-PlPr 7/122 = **22** G 7
2. Beratung
BT-PlPr 7/256 = **49** K 13
– s a GesEntw zur Einsparung von Energie in Gebäuden (*Energieeinsparungs*gesetz)
BR-Drs 684/75 = **137** I 10
BT-Drs 7/4575 = **195** M 12

Gebäudezählung
– *GesEntw zur Vorbereitung der Gebäude-, Wohnungs- und Arbeitsstättenzählung 1975*
BR-Drs 689/73 = **45** A 4
BR-Drs 246/74 = **66** F 12
BR-PlPr 400 = **3** A 1
BR-PlPr 404 = **3** G 6
BT-Drs 7/1662 = **107** H 1
Bericht und Antrag des Ausschusses für Raumordnung, Bauwesen und Städtebau
BT-Drs 7/1835 = **111** H 1
Bericht des Haushaltsausschusses
BT-Drs 7/1836 = **111** H 5
1. Beratung
BT-PlPr 7/81 = **14** N 5
2. und 3. Beratung
BT-PlPr 7/88 = **16** C 13

Gebietsreform
– s GesEntw zur Anpassung der Bezirke der landwirtschaftlichen *Berufsgenossenschaften* an die Gebietsreform
BR-Drs 422/75 = **122** C 13
BT-Drs 7/4594 = **196** C 6

Gebühren
– s GesEntw zur Änderung des *Gerichtskostengesetzes*, des Ges über Kosten der Gerichtsvollzieher, der Bundesgebührenordnung für Rechtsanwälte und anderer Vorschriften
BR-Drs 71/74 = **57** G 5
BT-Drs 7/2016 = **115** C 6
– s GesEntw über die Gebühren des *Patentamtes* und des Patentgerichts
BR-Drs 355/75 = **118** M 3
BT-Drs 7/3939 = **172** N 11
– VO zur Änderung der VO über die Erhebung von Gebühren für die Inanspruchnahme von Diensten und Einrichtungen der Flugsicherung
BR-Drs 701/74 = **88** C 10

Gebührenordnung
s auch Bundesgebührenordnung
– Gebührenordnung für Amtshandlungen auf dem Gebiet des Schornsteinfegerwesens
BR-Drs 91/75 = **101** D 4
– 4. VO zur Änderung der Gebührenordnung für Maßnahmen im Straßenverkehr
BR-Drs 685/76 = **180** C 4

Geburten
– 3. VO zur Änderung der VO zur Ausführung des Personenstandsgesetzes
BR-Drs 624/74 = **84** L 13

Geburtenrückgang
– Antwort auf die Große Anfrage betr Situation der Kinder in Deutschland
BT-Drs 7/3340 = **154** D 13

Gefährliche Güter
– s GesEntw über die Beförderung gefährlicher *Güter*
BR-Drs 525/73 = **36** A 1
BT-Drs 7/2517 = **128** J 10

Gefährdungshaftung
– s GesEntw zur Änderung *schadensersatzrechtlicher* Vorschriften
BR-Drs 777/75 = **142** A 3
BT-Drs 7/233 = **44** D 5

Gefängnis
s Justizvollzugsanstalt, Strafvollzug, Gefangener

Gefahrguttransporte
– s GesEntw über die Beförderung gefährlicher *Güter*

BR-Drs 525/73 = 36 A 1
BT-Drs 7/2517 = 128 J 10
Gefangener
s a Kriegsgefangenenentschädigungsgesetz
– s GesEntw eines *Strafvollzugsgesetzes*
BR-Drs 71/73 = 9 D 11
BT-Drs 7/918 = 80 H 13
– s Entw eines 6. Ges zur Änderung und Ergänzung des *Häftlingshilfegesetzes*
BR-Drs 88/74 = 58 H 3
BT-Drs 7/1094 = 86 L 5
GeflügelfleischausnahmeVO
– VO über Ausnahmen nach § 37 Abs 2 des Geflügelfleischhygienegesetzes
BR-Drs 342/76 = 164 G 5
Geflügel-EinfuhrVO
– VO über Einfuhr und Durchfuhr von Geflügel, Bruteiern sowie unbearbeiteten Federn und Federteilen
BR-Drs 366/74 = 72 F 10
Geflügelfleisch
– VO über die hygienischen Mindestanforderungen an Geflügelfleisch
BR-Drs 423/73 = 32 B 6
– VO über die amtlichen Untersuchungen des Schlachtgeflügels und des Geflügelfleisches
BR-Drs 424/73 = 32 D 6
– VO zur Änderung der Geflügelfleischuntersuchungs-VO
BR-Drs 340/76 = 164 E 8
– VO zur Änderung der Geflügelfleischmindestanforderungen-VO
BR-Drs 341/76 = 164 F 9
Geflügelfleischhygienegesetz
– *Entw eines Geflügelfleischhygienegesetzes*
BR-Drs 342/73 = 28 A 12
BR-PlPr 389 = 1 B 11
BR-PlPr 395 = 2 I 1
BT-Drs 7/155 = 58 N 2
Bericht und Antrag des Ausschusses für Jugend, Familie und Gesundheit
BT-Drs 7/392 = 65 G 10
Änderungsantrag zur 2. Beratung
BT-Drs 7/394 = 65 H 13
Bericht des Haushaltsausschusses
BT-Drs 7/521 = 70 D 8
1. Beratung
BT-PlPr 7/15 = 2 J 13
2. und 3. Beratung
BT-PlPr 7/31 = 5 D 11
– *GesEntw zur Änderung des Geflügelfleischhygienegesetzes*
BR-Drs 615/75 = 131 H 10
BR-Drs 111/76 = 152 C 9
BR-PlPr 427 = 5 K 3
BR-PlPr 431 = 5 O 8
BT-Drs 7/4413 = 191 C 5
Bericht und Antrag des Ausschusses für Jugend, Familie und Gesundheit
BT-Drs 7/4624 = 196 M 12
1. Beratung
BT-PlPr 7/208 = 39 D 5
2. und 3. Beratung
BT-PlPr 7/221 = 41 M 14
– VO über Geflügelfleischkontrolleure
BR-Drs 383/73 = 29 K 7
– VO über die Gebühren für Amtshandlungen bei der Durchführung des Geflügelfleischhygiengesetzes
BR-Drs 422/73 = 32 A 11
Geflügelstatistik
– *GesEntw eines ÄndGes über eine Geflügelstatistik*
BR-Drs 530/73 = 36 F 7
BR-Drs 137/74 = 61 J 7
BR-PlPr 397 = 2 L 1
BR-PlPr 402 = 3 E 5
BT-Drs 7/1141 = 88 D 10
Bericht und Antrag des Ausschusses für Ernährung, Landwirtschaft und Forsten
BT-Drs 7/1602 = 104 C 3
Bericht des Haushaltsausschusses
BT-Drs 7/1683 = 107 L 4
1. Beratung
BT-PlPr 7/64 = 10 L 13
2. und 3. Beratung
BT-PlPr 7/80 = 14 I 14
– VO über die Durchführung der Fleischbeschau- und Geflügelfleischhygienestatistik
BR-Drs 669/76 = 179 C 8
GeflügelpestVO
– VO zur Änderung der GeflügelpestVO
BR-Drs 250/75 = 112 G 2
Geflügelschutzimpfung
– VO zur Änderung der Gebührenordnung für Tierärzte
BR-Drs 565/73 = 38 O 3
Geflügelseuchen
– VO über die Einfuhr und Durchfuhr von Geflügel, Bruteiern sowie unbearbeiteten Federn und Federteilen
BR-Drs 366/74 = 72 F 10
Gehälter
s Lohnstatistik
Geheimdienst
– Bericht, den die Kommission „Vorbeugender Geheimschutz“ über die Prüfung von Sicherheitsfragen im Zusammenhang mit dem Fall Guillaume im November 1974 der Bundesregierung erstattet hat
BR-Drs 817/74 = 95 I 7
BR-PlPr 419 = 4 N 2
BT-Drs 7/3083 = 146 B 10
Bericht und Antrag des 2. Untersuchungsausschusses
BT-Drs 7/3246 = 152 A 2
BT-PlPr 7/152 = 28 M 6
Geheimhaltungspflicht
– s GesEntw zur Änderung des Ges über *Umweltstatistiken*
BR-Drs 245/76 = 157 G 11
BT-Drs 7/5212 = 215 L 13
Geheimnisverletzung
– s Entw eines ... *Strafrechtsänderungsgesetzes*
BT-Drs 7/1804 = 110 C 9
Geheimschutz
s „Vorbeugender Geheimschutz“
Geheimschutzordnung des Deutschen Bundestages
Neufassung
– Bericht und Antrag des Ausschusses für Wahlprüfung, Immunität und Geschäftsordnung
BT-Drs 7/2946 = 141 G 13
Änderungsantrag
BT-Drs 7/3452 = 156 J 8
BT-PlPr 7/162 = 31 A 14
Gehobener Dienst
– VO zur Änderung der VO zu § 5 Abs 6 Satz 3 des Bundesbesoldungsgesetzes (betr den gehobenen technischen Dienst)
BR-Drs 209/74 = 64 M 8
Geiselnahme
– s GesEntw zur Bekämpfung *terroristischer* krimineller Vereinigungen
BT-Drs 7/3661 = 164 E 13
BT-Drs 7/4004 = 174 O 9
Geisteswissenschaften
Ausgaben und Personal der Forschungseinrichtungen
– Bundesbericht Forschung V
BT-Drs 7/3574 = 160 A 1
Geistig Behinderte
s Schwerbeschädigte
Geldpolitik
– s Jahresgutachten des *Sachverständigenrates zur Begutachtung der gesamtwirtschaftlichen Entwicklung*
Gelsenberg AG
– Antrag zum Tausch der dem Bund gehörenden Aktien der Gelsenberg AG gegen neue Aktien der VEBA AG
BR-Drs 720/74 = 89 K 7
– Unterrichtung betr Einwilligung in außerplanmäßige Haushaltsausgaben zum Erwerb von Beteiligungen im Haushaltsjahr 1973
BT-Drs 7/1512 = 102 B 7
Antrag des Haushaltsausschusses
BT-Drs 7/1786 = 109 M 6
Gemeinde
– Antwort auf die Große Anfrage betr Lage der Städte, Gemeinden und Kreise
BT-Drs 7/2409 = 124 B 4
Entschließungsanträge
BT-Drs 7/2741 = 134 F 4
BT-Drs 7/2744 = 134 F 7
BT-Drs 7/2745 = 134 F 8
Bericht und Antrag des Ausschusses für Wahlprüfung, Immunität und Geschäftsordnung
BT-Drs 7/3747 = 168 G 8
Bericht und Antrag des Innenausschusses
BT-Drs 7/3764 = 168 K 2
Bericht des Haushaltsausschusses
BT-Drs 7/3765 = 168 K 3
BT-Drs 7/3767 = 168 K 4
BT-PlPr 7/181 = 34 J 3
– VO über die Begrenzung der Kreditaufnahme durch Bund, Länder, Gemeinden und Gemeindeverbände im Haushaltsjahr 1974
BR-Drs 748/73 = 49 N 2
BR-Drs 70/74 = 57 F 12
Gemeindeanteil an Einkommensteuer
– VO über die Ermittlung der Schlüsselzahlen für die Aufteilung des Einkommensteueranteils für die Jahre 1975, 1976 und 1977
BR-Drs 217/75 = 109 L 6
Gemeindestraßen
– *GesEntw über die Statistik der Straßen in den Gemeinden 1976*
BR-Drs 338/74 = 70 J 5
BR-Drs 44/75 = 99 I 9
BR-PlPr 407 = 3 L 12
BR-PlPr 416 = 4 I 9
BT-Drs 7/2518 = 128 K 9
Bericht und Antrag des Ausschusses für Verkehr und für das Post- und Fernmeldewesen
BT-Drs 7/2892 = 140 J 4
Bericht des Haushaltsausschusses
BT-Drs 7/2964 = 141 N 7
1. Beratung
BT-PlPr 116 = 21 G 5
2. und 3. Beratung
BT-PlPr 7/138 = 26 C 5
Gemeinsamer Ausschuß
– Beschluß zur Geschäftsordnung des Ge-

meinsamen Ausschusses nach Art 53a des Grundgesetzes
BR-Drs 213/73 = **21** B 3
BR-Drs 711/76 = **181** K 12
BR-PlPr 442 = **7** C 1
Gemeinsame Marktorganisation
s Marktordnungsrecht
„Gemeinschaftsanleihen"
s Anleihen
Gemeinschaftsaufgabe
– *Entw eines 2. ÄndGes zum Ges über die Gemeinschaftsaufgaben*
BT-Drs 7/1674 = **107** J 5
1. Beratung
BT-PlPr 7/81 = **14** N 5
Gemeinschaftsfrieden
– *GesEntw zum Schutze des Gemeinschaftsfriedens*
BR-Drs 507/74 = **77** L 11
BR-PlPr 412 = **4** B 12
BR-PlPr 413 = **4** D 12
GesEntw Bayerns
BT-Drs 7/2854 = **139** E 5
GesEntw der CDU/CSU
BT-Drs 7/2772 = **134** K 13
Bericht und Antrag des Sonderausschusses für die Strafrechtsreform
BT-Drs 7/4549 = **194** K 13
1. Beratung
BT-PlPr 7/155 = **29** I 2
2. Beratung
BT-PlPr 7/213 = **40** D 13
Gemüse
– VO zur Änderung der VO über Qualitätsnormen für Obst und Gemüse
BR-Drs 164/76 = **153** O 4
Gemüsearten
– s GesEntw zur Änderung des *Sortenschutzgesetzes*
BR-Drs 205/73 = **20** E 11
BT-Drs 7/596 = **73** C 3
– 3. VO zur Änderung der VO über die Einfuhr und den Vertrieb von Saatgut nicht in der Sortenliste eingetragener Sorten
BR-Drs 179/74 = **63** D 8
– 4. VO zur Änderung der VO über die Einfuhr und den Vertrieb von Saatgut nicht in der Sortenliste eingetragener Sorten
BR-Drs 576/74 = **82** G 8
GemüsesaatgutVO
– VO über Gemüsesaatgut
BR-Drs 221/75 = **110** N 11
Genehmigungsbedürftige Anlagen
– 4. VO zur Durchführung des Bundes-Immissionsschutzgesetzes
BR-Drs 650/74 = **85** I 5
Genossenschaften
– s Entw eines ÄndGes zum Ges betr die *Erwerbs- und Wirtschaftsgenossenschaften*
BR-Drs 446/73 = **33** E 2
BT-Drs 7/97 = **54** M 10
Genossenschaftsbank
s Deutsche Genossenschaftsbank
Genossenschaftsregister
– ÄndVO zur VO über das Genossenschaftsregister
BR-Drs 693/73 = **45** G 14
Genossenschaftswohnungen
– s GesEntw über *Investitionszuschüsse* für Mietwohnungen, Genossenschaftswohnungen und Wohnheime im sozialen Wohnungsbau
BR-Drs 840/74 = **96** F 14
BT-Drs 7/3006 = **142** J 10
Gepäckverkehr
s Eisenbahn
Gerichtsbarkeit
– s Entw eines ÄndGes betr *Wertgrenzen*
BR-Drs 178/73 = **18** N 6
BT-Drs 7/853 = **78** H 3
Gerichtsgebäude
– s GesEntw zur Änderung des *Versammlungsgesetzes*
BR-Drs 852/74 = **96** M 11
BT-Drs 7/3419 = **155** K 5
Gerichtshof, internationaler
– Charta der Vereinten Nationen
BT-Drs 7/154 = **58** L 6
Gerichtskostengesetz
– *GesEntw zur Änderung des Gerichtskostengesetzes und anderer Gesetze*
BR-Drs 71/74 = **57** G 5
BR-Drs 165/75 = **106** K 10
BR-PlPr 402 = **3** E 5
BR-PlPr 418 = **4** M 1
Vermittlungsverfahren:
BR-Drs 380/75 = **120** M 13
BR-PlPr 422 = **5** B 1
BT-Drs 7/2016 = **115** C 6
Bericht und Antrag des Rechtsausschusses
BT-Drs 7/3243 = **151** K 8
Bericht des Haushaltsausschusses
BT-Drs 7/3297 = **153** C 1
Unterrichtung betr Anrufung des Vermittlungsausschusses
BT-Drs 7/3498 = **157** E 4
Antrag des Vermittlungsausschusses
BT-Drs 7/3803 = **169** J 8
1. Beratung
BT-PlPr 7/96 = **18** B 12
2. und 3. Beratung
BT-PlPr 7/152 = **28** M 6
Beratung eines Antrags des Vermittlungsausschusses
BT-PlPr 7/182 = **34** N 10
Gerichtsverfahren
– *GesEntw zur Vereinfachung und Beschleunigung gerichtlicher Verfahren* – (Vereinfachungsnovelle)
BR-Drs 551/74 = **80** L 9
BR-Drs 386/76 = **167** L 10
BR-PlPr 412 = **4** B 12
BT-PlPr 436 = **6** J 12
Vermittlungsverfahren:
BR-Drs 657/76 = **178** N 10
BR-PlPr 440 = **7** A 8
BT-Drs 7/2729 = **133** O 2
Bericht und Antrag des Rechtsausschusses
BT-Drs 7/5250 = **216** H 12
Bericht des Haushaltsausschusses
BT-Drs 7/5255 = **216** M 2
Änderungsantrag
BT-Drs 7/5279 = **217** H 12
1. Beratung
BT-PlPr 7/134 = **25** A 1
2. und 3. Beratung
BT-PlPr 7/247 = **47** I 2
Vermittlungsverfahren:
BT-Drs 7/5499 = **222** D 1
BT-Drs 7/5565 = **223** A 13
BT-Drs 7/5860 = **231** B 4
BT-PlPr 7/258 = **50** E 3
Gerichtsverfassungsgesetz
– *GesEntw zur Änderung des Gerichtsverfassungsgesetzes*
BR-Drs 131/74 = **61** I 6
BR-PlPr 402 = **3** E 5
BT-Drs 7/226 = **60** N 9
BT-Drs 7/365 = **64** N 9
Bericht und Antrag des Rechtsausschusses
BT-Drs 7/1586 = **104** A 7
1. Beratung
BT-PlPr 7/23 = **3** N 5
2. und 3. Beratung
BT-PlPr 7/80 = **14** I 14
– s a Entw eines ÄndGes zum Gerichtsverfassungsgesetz (betr *Revisionsrecht*)
BT-Drs 7/444 = **67** J 14
– s a Entw eines Einführungsgesetzes zum *Strafgesetzbuch*
BR-Drs 111/73 = **11** L 3
BT-Drs 7/550 = **70** J 8
– s a GesEntw zur Änderung der *Strafprozeßordnung* und des Gerichtsverfassungsgesetzes
(– Ges zum Schutz der Rechtspflege gegen extremistische Ausschreitungen –)
BR-Drs 358/74 = **72** D 3
BT-Drs 7/2536 = **129** G 14
– s a Entw eines ÄndGes
(betr *terroristische Vereinigungen*)
BT-Drs 7/3729 = **168** A 11
– s a GesEntw zur Änderung des Strafgesetzbuches, der *Strafprozeßordnung*, des Gerichtsverfassungsgesetzes und der Bundesrechtsanwaltsordnung
(betr *terroristische Vereinigungen*)
BR-Drs 381/75 = **120** N 10
BT-Drs 7/4005 = **175** A 1
– s a GesEntw zur Beschleunigung strafrechtlicher Verfahren
(s *Strafverfahren*)
BR-Drs 715/75 = **138** N 9
BT-Drs 7/5267 = **217** C 5
Gesamthochschule Bamberg
– 6. VO zur Ergänzung der Anlage zum Hochschulbauförderungsgesetz
BR-Drs 677/73 = **43** H 1
Geschäftsbedingungen
s Allgemeine Geschäftsbedingungen
Geschäftsbereiche, Bundesminister
– s GesEntw zur Anpassung gesetzlich festgelegter Zuständigkeiten an die Neuabgrenzung der Geschäftsbereiche von *Bundesministern*
(Zuständigkeitsanpassungs-Gesetz)
BR-Drs 250/74 = **66** L 5
BT-Drs 7/2214 = **119** L 12
Geschäftsordnung des Bundesarbeitsgerichts
– Vorlage der Geschäftsordnung
BR-Drs 199/76 = **155** N 9
Geschäftsordnung des Deutschen Bundestages
– Antrag betr Änderung des § 6
BT-Drs 7/4230 = **185** A 14
– Antrag betr Änderung des § 24
BT-Drs 7/1439 = **97** L 13
– Antrag betr Änderung des § 39
BT-Drs 7/3692 = **165** C 11
– Änderung der §§ 73 und 74
Bericht und Antrag des Ausschusses für Wahlprüfung, Immunität und Geschäftsordnung
BT-Drs 7/3747 = **168** G 8
– Änderung betr Verfahrensregelung zur parlamentarischen Berichtigung von Gesetzesbeschlüssen (§ 123): Bericht und Antrag des

Ausschusses für Wahlprüfung, Immunität und Geschäftsordnung
BT-Drs 7/3242 = **151** K 5
– Neufassung der Geheimschutzordnung
Bericht und Antrag des Ausschusses für Wahlprüfung, Immunität und Geschäftsordnung
BT-Drs 7/2946 = **141** G 13
Änderungsantrag
BT-Drs 7/3452 = **156** J 8
Geschäftsordnung des Gemeinsamen Ausschusses
– Beschluß zur Geschäftsordnung des Gemeinsamen Ausschusses nach Artikel 53a des Grundgesetzes
BR-Drs 213/73 = **21** B 3
BR-Drs 711/76 = **181** K 12
BR-PlPr 391 = **2** B 11
Geschäftsordnung des Vermittlungsausschusses
– Beschluß zur Gemeinsamen Geschäftsordnung des Bundestages und Bundesrates für den Ausschuß nach Art 77 Abs 2 GG (Vermittlungsausschuß)
BR-Drs 212/73 = **21** B 2
BR-Drs 710/76 = **181** K 11
Geschäftsordnung für das Verfahren nach Art. 115d GG
– Beschluß zur Geschäftsordnung für das Verfahren nach Art 115d GG
BR-Drs 721/76 = **181** N 6
BR-PlPr 442 = **7** C 1
Geschlechtskrankheiten, Rinder
– VO zum Schutz gegen übertragbare Geschlechtskrankheiten
BR-Drs 128/75 = **103** N 9
Geschwindigkeitsbegrenzung
„Tempo 100“
– Programm der Bundesregierung zur Verbesserung der Sicherheit im Straßenverkehr
BT-Drs 7/1283 = **95** B 12
– Antrag betr Aufhebung
BT-Drs 7/1736 = **108** G 6
– Antrag betr Großversuch mit Richtgeschwindigkeit 130 auf Autobahnen und Höchstgeschwindigkeit auf Teilabschnitten
BT-Drs 7/1827 = **111** E 8
Bericht und Antrag des Ausschusses für Verkehr und für das Post- und Fernmeldewesen
BT-Drs 7/2541 = **129** J 4
BT-PlPr 7/93 = **17** G 13
– VO zur Änderung der Straßenverkehrs-Ordnung
(betr Dauereinführung von 100 km/h für Kraftfahrzeuge auf Landstraßen)
BR-Drs 645/75 = **133** G 9
– VO über die versuchsweise Einführung einer allgemeinen Beschränkung der zulässigen Höchstgeschwindigkeit für Kraftfahrzeuge auf Autobahnen und ähnlichen Straßen – (Autobahn-Höchstgeschwindigkeits-VO)
BR-Drs 183/74 = **63** H 6
Gesellschaft mit beschränkter Haftung (GmbH)
– *GesEntw eines Einführungsges zum Ges über die Gesellschaft mit beschränkter Haftung (GmbH)*
BR-Drs 133/73 = **16** L 12
BR-PlPr 390 = **2** A 6
BT-Drs 7/253 = **61** K 3

1. Beratung
BT-PlPr 7/23 = **3** N 5
Gesellschaft für Zivilschutz e. V.
– Verwaltungsanordnung über die besondere Anerkennung steuerbegünstigter Zwecke
BR-Drs 70/75 = **100** A 2
Gesellschaftsfusionen
– Vorschlag einer EG-Richtlinie zur Harmonisierung der Rechtsvorschriften der Mitgliedstaaten über die Wahrung von Ansprüchen und Vergünstigungen der Arbeitnehmer bei Gesellschaftsfusionen, Betriebsübertragungen sowie Unternehmenszusammenschlüssen
BR-Drs 495/74 = **77** C 14
BT-Drs 7/2312 = **122** F 7
Gesellschaftsordnung
Entwicklung nach dem Grundgesetz
– Materialien zum Bericht zur Lage der Nation 1974
BT-Drs 7/2423 = **124** J 13
Gesellschaftspolitik
– Tätigkeitsbericht 1973 der Bundesregierung
BT-Drs 7/1434 = **97** H 8
– Sozialbericht 1973
BR-Drs 680/73 = **43** I 9
– Sozialbericht 1976
BT-Drs 7/4953 = **207** G 3
Gesetz
s a Bundesgesetz
– *GesEntw zur Bereinigung von Verfahrensmängeln beim Erlaß einiger Gesetze*
BR-Drs 392/73 = **30** I 7
BR-Drs 132/74 = **61** I 8
BR-PlPr 396 = **2** I 14
BR-PlPr 402 = **3** E 5
BT-Drs 7/1000 = **83** H 4
Bericht und Antrag des Rechtsausschusses
BT-Drs 7/1587 = **104** A 12
1. Beratung
BT-PlPr 7/51 = **8** I 5
2. und 3. Beratung
BT-PlPr 7/80 = **14** I 14
– *GesEntw über vereinfachte Verkündungen und Bekanntgaben*
BR-Drs 347/74 = **71** B 11
BR-Drs 404/75 = **121** O 5
BR-PlPr 407 = **3** L 12
BR-PlPr 422 = **5** B 1
BT-Drs 7/2405 = **124** A 7
Bericht und Antrag des Rechtsausschusses
BT-Drs 7/3674 = **164** H 4
1. Beratung
BT-PlPr 7/116 = **21** G 5
2. und 3. Beratung
BT-PlPr 7/176 = **33** I 7
Gesetzgebung
Gestaltung der Gesetzesberatung
– Schlußbericht der Enquête-Kommission Verfassungsreform
BT-Drs 7/5924 = **233** D 5
Gesetzliche Krankenversicherung
s Krankenversicherung, gesetzliche
Gesetzliche Rentenversicherung
s Rentenversicherung, gesetzliche
Gesetzliche Unfallversicherung
s Unfallversicherung, gesetzliche
Gesundheitsdienst, öffentlicher
– Antwort auf die Große Anfrage betr Situation des Gesundheitswesens in der Bundesrepublik Deutschland
BT-Drs 7/3322 = **153** J 4

Gesundheitsgefährdender Abfall
s Abfallbeseitigungsgesetz
Gesundheitspolitik
– Tätigkeitsbericht 1973 der Bundesregierung
BT-Drs 7/1434 = **97** H 8
– Materialien zum Bericht zur Lage der Nation 1974
BT-Drs 7/2423 = **124** J 13
– 2. Bericht der Bundesregierung zur Verbraucherpolitik
BR-Drs 644/75 = **133** F 5
BT-Drs 7/4181 = **179** F 5
– Sozialbudget 1974
BT-Drs 7/2853 = **138** E 12
– Sozialbericht 1976
BT-Drs 7/4953 = **207** G 3
Gesundheitsschutz
von Arbeitnehmern im Handel und in Büros
– s GesEntw zu dem Übereinkommen der *Internationalen Arbeitsorganisation*
– s GesEntw zu dem Übereinkommen der *Internationalen Arbeitsorganisation* über die Bekämpfung der durch krebserzeugende Stoffe verursachten Berufsgefahren
– Vorschlag einer EG-Richtlinie (Euratom) zur Abänderung der Richtlinie über Grundnormen für den Gesundheitsschutz der Bevölkerung und der Arbeitskräfte gegen die Gefahren ionisierender Strahlungen
BR-Drs 113/74 = **59** C 7
BT-Drs 7/1637 = **104** N 4
Gesundheitsvorschriften
s a Internationale Gesundheitsvorschriften
– ÄndVO zur VO zur Durchführung der Internationalen Gesundheitsvorschriften im Luftverkehr
BR-Drs 507/73 = **35** B 7
– VO über die Inkraftsetzung einer Änderung der Internationalen Gesundheitsvorschriften vom 25. 7. 69
BR-Drs 321/74 = **69** O 12
– 2. VO zur Änderung der VO zur Durchführung der Internationalen Gesundheitsvorschriften im Luftverkehr
BR-Drs 621/74 = **84** L 2
– VO zur Durchführung der Internationalen Gesundheitsvorschriften im Landverkehr
BR-Drs 493/76 = **172** D 7
– VO zur Änderung der VO zur Durchführung der Internationalen Gesundheitsvorschriften in Häfen und auf dem Nord-Ostsee-Kanal
BR-Drs 494/76 = **172** D 13
– 3. VO zur Änderung der VO zur Durchführung der Internationalen Gesundheitsvorschriften im Luftverkehr
BR-Drs 495/76 = **172** E 5
Gesundheitsvorsorge, arbeitsmedizinische
– Unfallverhütungsbericht
BT-Drs 7/189 = **59** L 5
Gesundheitsvorsorge
als Pflichtleistungen der Krankenkassen
– Bericht der Bundesregierung
BT-Drs 7/454 = **68** A 9
Gesundheitswesen
– *GesEntw zum Abkommen Bundesrepublik Deutschland / Regierung der DDR auf dem Gebiet des Gesundheitswesens*
BR-Drs 12/75 = **97** M 2
BR-Drs 635/75 = **133** B 5
BR-PlPr 416 = **4** I 9

BR-PlPr 425 = **5** G 3
BT-Drs 7/3363 = **154** J 7
Bericht und Antrag des Ausschusses für Jugend, Familie und Gesundheit
BT-Drs 7/4094 = **176** M 5
Bericht des Haushaltsausschusses
BT-Drs 7/4150 = **178** L 14
1. Beratung
BT-PlPr 7/162 = **31** A 14
2. Beratung und Schlußabstimmung
BT-PlPr 7/194 = **36** M 12
– Antwort auf die Große Anfrage betr Situation des Gesundheitswesens in der Bundesrepublik Deutschland
BT-Drs 7/3322 = **153** J 4
Entschließungsanträge zur Beratung
BT-Drs 7/3718 = **167** M 1
BT-Drs 7/3719 = **167** M 4
Beratung
BT-PlPr 7/176 = **33** I 7
– Bericht der Bundesregierung über die Auswirkungen des Ges zur wirtschaftlichen Sicherung der Krankenhäuser und zur Regelung der Krankenhauspflegesätze
BT-Drs 7/4530 = **193** H 7
– Bundesbericht Forschung V
BT-Drs 7/3574 = **160** A 1
– Unterrichtung über die Entwicklung der Beziehungen zwischen der Bundesrepublik Deutschland und der DDR
BT-Drs 7/420 = **66** L 5
– s a Entw eines Ges über die *Pockenschutzimpfung*
BR-Drs 531/75 = **126** N 2
BT-Drs 7/4375 = **190** F 6
– Allgemeine Verwaltungsvorschrift zur Ausführung von Art 3 des Abkommens Bundesrepublik Deutschland/DDR auf dem Gebiet des Gesundheitswesens – (medizinische Hilfe für Einreisende aus der DDR und Berlin-Ost)
BR-Drs 696/75 = **138** D 10
– s a Halbjahresberichte der Bundesregierung über die Tätigkeit des *Europarates*
BT-Drs 7/1263 = **93** L 5
BT-Drs 7/2064 = **116** L 2
BT-Drs 7/2966 = **141** O 1
BT-Drs 7/3707 = **165** L 8
BT-Drs 7/4355 = **189** G 10
BT-Drs 7/4985 = **210** D 4

Getränkeschankanlagen
– ÄndVO zur GetränkeschankanlagenVO
BR-Drs 501/73 = **34** O 6
– VO zur Änderung der VO über Gebühren für Prüfungen nach § 8 der GetränkeschankanlagenVO
BR-Drs 596/74 = **83** K 11

Getreide
– Vorschlag einer EG-VO zur Festsetzung der einheitlichen Interventionspreise für Gerste, Roggen, Hartweizen und Mais, sowie der wichtigsten Handelsplätze für Weichweizen und zur Festsetzung der Interventionspreise 1974/75
BR-Drs 202/74 = **64** E 14
BT-Drs 7/1764 = **108** N 11
– Vorschlag einer EG-VO zur Änderung der EG-VO über die gemeinsame Marktorganisation für Getreide
BR-Drs 522/74 = **78** G 6
BT-Drs 7/2385 = **123** J 3
– Vorschlag einer EG-VO zur Änderung der EG-VO betr Festsetzung und Gewährung von Erstattungen bei der Ausfuhr von Getreide
BR-Drs 525/74 = **78** G 14
BT-Drs 7/2392 = **123** K 5
– Vorschlag einer EG-VO zur Änderung der EG-VO zur Festlegung der im Falle von Störungen auf dem Getreidesektor anzuwendenden Grundregeln
BR-Drs 526/74 = **78** H 2
BT-Drs 7/2389 = **123** J 14
– VO zur Anpassung getreiderechtlicher Verordnungen an die Straf- und Bußgeldvorschriften des Einführungsgesetzes zum Strafgesetzbuch
BR-Drs 618/75 = **131** J 13
– VO zur Änderung der 7. DurchführungsVO zum Getreidegesetz: Kennzeichnung von Getreidemahlerzeugnissen
BR-Drs 352/76 = **165** A 13
– VO zur Änderung der 17. Durchführungs-VO zum Getreidegesetz (Mahlerzeugnisse aus Getreide)
BR-Drs 353/76 = **165** B 3
– 2. VO zur Änderung der 17. DurchführungsVO zum Getreidegesetz (Mahlerzeugnisse aus Getreide)
BR-Drs 670/76 = **179** C 14
– 3. VO zur Änderung der 7. Durchführungs-VO zum Getreidegesetz (Kennzeichnung von Getreidemahlerzeugnissen)
BR-Drs 684/76 = **180** B 13

Getreidesaatgut
s Saatgut

Gewässerschutz
s a Umweltschutz
– *GesEntw eines 4. ÄndGes zum Wasserhaushaltsgesetz*
BR-Drs 201/73 = **20** A 10
BR-Drs 42/76 = **146** K 1
BR-PlPr 392 = **2** D 6
BR-PlPr 431 = **5** O 8
GesEntw der Bundesregierung
BT-Drs 7/888 = **79** G 10
Bericht und Antrag des Innenausschusses
BT-Drs 7/4546 = **194** K 1
GesEntw der CDU/CSU
BT-Drs 7/1088 = **86** J 14
Antrag des Innenausschusses
BT-Drs 7/5088 = **213** A 12
Bericht des Innenausschusses
BT-Drs 7/5183 = **215** A 6
Änderungsanträge zur 2. Beratung
BT-Drs 7/4579 = **195** O 2
BT-Drs 7/5238 = **216** E 10
1. Beratung
BT-PlPr 7/57 = **9** I 7
2. und 3. Beratung
BT-PlPr 7/212 = **39** O 6
– *GesEntw über Abgaben für das Einleiten von Abwasser in Gewässer* – (Abwasserabgabengesetz)
BR-Drs 213/74 = **65** A 13
BR-Drs 373/76 = **166** H 2
BR-PlPr 405 = **3** I 2
BR-PlPr 436 = **6** J 12
BT-Drs 7/2272 = **121** G 7
Antrag des Innenausschusses
BT-Drs 7/5088 = **213** A 12
Bericht des Haushaltsausschusses
BT-Drs 7/5161 = **214** H 13
Bericht des Innenausschusses
BT-Drs 7/5183 = **215** A 6
Änderungsantrag zur 2. Beratung
BT-Drs 7/5238 = **216** E 10
1. Beratung
BT-PlPr 7/122 = **22** G 7
2. und 3. Beratung
BT-PlPr 7/245 = **47** A 5
– s a GesEntw betr die Umweltverträglichkeit von Wasch- und Reinigungsmitteln – *(Waschmittelgesetz)*
BR-Drs 214/74 = **65** F 9
BT-Drs 7/2271 = **121** F 11
– Umweltgutachten 1974
BT-Drs 7/2802 = **135** C 10
– Bundesbericht Forschung V
BT-Drs 7/3574 = **160** A 1
– Unterrichtung betr Umweltprobleme des Rheins
BT-Drs 7/5014 = **210** H 6
– Vorschlag eines EG-Beschlusses zur Eindämmung der Verunreinigung infolge der Ableitung bestimmter gefährlicher Stoffe in die Gewässer der Gemeinschaft
BR-Drs 786/74 = **93** J 8
BT-Drs 7/2821 = **136** N 7
– Empfehlungen zum Vorschlag eines EG-Beschlusses zur Eindämmung der Verunreinigung infolge der Ableitung bestimmter gefährlicher Stoffe in die Gewässer der Gemeinschaft
BR-Drs 417/75 = **122** B 11
BT-Drs 7/3826 = **170** B 7
– VO über die Abbaubarkeit anionischer und nichtanionischer grenzflächenaktiver Stoffe in Wasch- und Reinigungsmitteln
BR-Drs 509/76 = **172** H 3

Gewalttaten
– s GesEntw über die Entschädigung für *Opfer von Gewalttaten* – Opferentschädigungsgesetz
BR-Drs 352/74 = **72** A 1
BT-Drs 7/2506 = **128** F 2
– s GesEntw zum Schutze des *Gemeinschaftsfriedens*
BR-Drs 507/74 = **77** L 11
BT-Drs 7/2854 = **139** E 5
– s GesEntw eines *13. Strafrechtsänderungsgesetzes* (betr Androhung und Befürwortung von Gewalttaten)
BR-Drs 791/74 = **93** M 8
BT-Drs 7/3030 = **143** C 3

Gewaltverherrlichung
– s Entwurf eines *4. Strafrechtsreformgesetzes*
BR-Drs 441/73 = **33** B 5
BT-Drs 7/80 = **54** D 9

Gewerbe
– Antrag betr Heizölkostenbeihilfe
BT-Drs 7/1348 = **96** D 10

Gewerbearzt
Tätigkeit
– Unfallverhütungsbericht
BT-Drs 7/189 = **59** L 5

Gewerbeaufsicht
– Unfallverhütungsbericht
BT-Drs 7/189 = **59** L 5
BT-Drs 7/4668 = **198** B 8

Gewerbeordnung
– *GesEntw zur Änderung der Gewerbeordnung* (betr Gewerbeuntersagung)
BR-Drs 41/73 = **8** N 5
BR-Drs 775/73 = **50** L 13
BR-PlPr 389 = **1** B 11

BR-PlPr 400 = **3 A 1**
BT-Drs 7/111 = **55 G 11**
Bericht und Antrag des Wirtschaftsausschusses
BT-Drs 7/1385 = **97 A 6**
1. Beratung
BT-PlPr 7/17 = **2 O 1**
2. und 3. Beratung
BT-PlPr 7/70 = **12 C 14**
– *GesEntw zur Änd der Gewerbeordnung und zur Einrichtung eines Gewerbezentralregisters*
BR-Drs 72/73 = **9 O 2**
BR-Drs 133/74 = **61 I 9**
BR-PlPr 390 = **2 A 6**
BR-PlPr 404 = **3 G 6**
BT-Drs 7/626 = **73 N 8**
Bericht und Antrag des Wirtschaftsausschusses
BT-Drs 7/1685 = **107 L 8**
Bericht des Haushaltsausschusses
BT-Drs 7/1686 = **107 M 3**
1. Beratung
BT-PlPr 7/39 = **6 H 14**
2. und 3. Beratung
BT-PlPr 7/81 = **14 N 5**
– *Entw eines ÄndGes*
BT-Drs 7/774 = **77 I 1**
1. Beratung
BT-PlPr 7/43 = **7 E 13**
– *GesEntw zur Änderung der Gewerbeordnung* (betr § 34c Abs 3)
BR-Drs 468/74 = **76 J 9**
BR-PlPr 410 = **3 O 9**
BT-Drs 7/1590 = **104 B 3**
Bericht und Antrag des Wirtschaftsausschusses
BT-Drs 7/2249 = **120 H 9**
1. Beratung
BT-PlPr 7/80 = **14 I 14**
2. und 3. Beratung
BT-PlPr 7/108 = **20 E 5**
– *GesEntw zur Änderung der Gewerbeordnung* (betr Makler, Bauträger und Baubetreuer)
BR-Drs 97/74 = **58 K 4**
BR-PlPr 401 = **3 C 2**
BT-Drs 7/1989 = **114 H 13**
Bericht und Antrag des Wirtschaftsausschusses
BT-Drs 7/2249 = **120 H 13**
1. Beratung
BT-PlPr 7/96 = **18 B 12**
2. Beratung
BT-PlPr 7/108 = **20 E 5**
– *GesEntw zur Änderung des Titels IV der Gewerbeordnung* (betr Ausstellungen, Messen, Märkte)
BR-Drs 241/75 = **112 C 2**
BR-Drs 205/76 = **156 A 12**
BR-PlPr 420 = **4 N 9**
BR-PlPr 433 = **6 D 11**
Vermittlungsverfahren:
BR-Drs 303/76 = **163 D 12**
BR-PlPr 434 = **6 F 11**
BT-Drs 7/3859 = **170 K 6**
Bericht und Antrag des Wirtschaftsausschusses
BT-Drs 7/4846 = **205 F 10**
Unterrichtung betr Anrufung des Vermittlungsausschusses
BT-Drs 7/5023 = **211 C 9**

Antrag des Vermittlungsausschusses
BT-Drs 7/5142 = **214 E 7**
1. Beratung
BT-PlPr 7/184 = **35 E 3**
2. und 3. Beratung
BT-PlPr 7/230 = **43 J 6**
Beratung eines Antrags des Vermittlungsausschusses
BT-PlPr 7/241 = **46 B 6**
– s a Entw eines *Bundesimmissionsschutzgesetzes*
BR-Drs 27/73 = **8 L 11**
BT-Drs 7/179 = **59 G 8**
– s a GesEntw über die *Statistik* im Produzierenden Gewerbe
– VO zur Durchführung des § 34c der Gewerbeordnung (betr Makler und Bauträger)
BR-Drs 786/73 = **51 D 3**
– VO zur Änderung der VO über das Verfahren bei Erteilung von Unbedenklichkeitsbescheinigungen für die Veranstalter anderer Spiele im Sinne des § 33d Abs 1 der Gewerbeordnung
BR-Drs 168/74 = **62 N 1**
– VO zur Änderung der VO zur Durchführung des § 34c der Gewerbeordnung
BR-Drs 179/75 = **107 O 10**
– 1. Allgemeine Verwaltungsvorschrift zur Durchführung des Titels XI – Gewerbezentralregister – der Gewerbeordnung
BR-Drs 526/75 = **126 H 14**
– 2. Allgemeine Verwaltungsvorschrift zur Durchführung des Titels XI – Gewerbezentralregister – der Gewerbeordnung
BR-Drs 621/75 = **131 N 2**
– Allgemeine Verwaltungsvorschrift zur Änderung der Allgemeinen Verwaltungsvorschrift zur Durchführung des Titels XI – Gewerbezentralregister – der Gewerbeordnung
BR-Drs 631/76 = **177 L 10**

Gewerberecht
– VO zur Änderung gewerberechtlicher und anderer Vorschriften
BT-Drs 7/4514 = **193 D 3**
Bericht und Antrag des Wirtschaftsausschusses
BT-Drs 7/4821 = **204 G 4**

Gewerbesteuergesetz
– s Entwurf eines 2. *Steuerreformgesetzes*
BT-Drs 7/78 = **53 N 9**
– s Entw eines 2. *Steueränderungsgesetzes 1973*
BR-Drs 699/73 = **45 O 10**
BT-Drs 7/1509 = **101 O 7**
– s Entw eines *Steueränderungsgesetzes* 1975
BR-Drs 828/74 = **95 N 3**
BT-Drs 7/3667 = **164 G 1**

Gewerbesteuer-DurchführungsVO
– VO zur Änderung der Gewerbesteuer-DurchführungsVO
BR-Drs 583/74 = **82 K 12**

Gewerbesteuer-Richtlinien
– Allgemeine Verwaltungsvorschrift über die Änderung und Ergänzung der Gewerbesteuer-Richtlinien 1969 (GewStER 1974)
BR-Drs 846/74 = **96 K 8**

Gewerbezentralregister
– *GesEntw zur Änderung der Gewerbeordnung und zur Einrichtung eines Gewerbezentralregisters*
BR-Drs 72/73 = **9 O 2**
BR-Drs 133/74 = **61 I 9**

BR-PlPr 390 = **2 A 6**
BR-PlPr 404 = **3 G 6**
BT-Drs 7/626 = **73 N 8**
Bericht und Antrag des Wirtschaftsausschusses
BT-Drs 7/1685 = **107 L 8**
Bericht des Haushaltsausschusses
BT-Drs 7/1686 = **107 M 3**
1. Beratung
BT-PlPr 7/39 = **6 H 14**
2. und 3. Beratung
BT-PlPr 7/81 = **14 N 5**
– 1. Allgemeine Verwaltungsvorschrift zur Durchführung des Titels XI – Gewerbezentralregister – der Gewerbeordnung
BR-Drs 526/75 = **126 H 14**
– 2. Allgemeine Verwaltungsvorschrift zur Durchführung des Titels XI – Gewerbezentralregister – der Gewerbeordnung
BR-Drs 621/75 = **131 N 2**
– Allgemeine Verwaltungsvorschrift zur Änderung der Allgemeinen Verwaltungsvorschrift zur Durchführung des Tit XI – Gewerbezentralregister – der Gewerbeordnung
BR-Drs 631/76 = **177 L 10**

Gewerbliche Wirtschaft
– s a GesEntw zur Errichtung einer Stiftung zur Förderung der gewerblichen Wirtschaft *(Deutsche Industriebank)*
BR-Drs 564/73 = **38 N 2**
BT-Drs 7/1266 = **93 N 1**
– Bericht der Bundesregierung über Lage und Entwicklung der kleinen und mittleren Unternehmen (Mittelstandsbericht)
BR-Drs 360/76 = **165 D 5**
BT-Drs 7/5248 = **216 F 8**

Gewerkschaft
Beteiligung gewerkschaftlicher Spitzenorganisationen
– s GesEntw zum Ausbau des *Beteiligungsverfahrens*
BT-Drs 7/1975 = **113 O 4**
– s Entw eines 2. Ges zur Änderung *dienstrechtlicher* Vorschriften (betr Beteiligungsrecht der Spitzenorganisationen der Gewerkschaften bei der Regelung beamtenrechtlicher, richterrechtlicher und soldatenrechtlicher Verhältnisse)
BR-Drs 778/75 = **142 B 8**
BT-Drs 7/4922 = **206 K 8**
– Vorschlag einer EG-VO zur Änderung der EG-VO über die Ausweitung der gewerkschaftlichen Rechte zugunsten der Arbeitnehmer, die innerhalb der EG zu- und abwandern
BR-Drs 597/75 = **130 N 11**
BT-Drs 7/4115 = **177 D 13**

Gewinnabführungsvertrag
– s Entw eines Ges über die *Gesellschaft mit beschränkter Haftung*
BR-Drs 133/73 = **16 L 12**
BT-Drs 7/253 = **61 K 3**

Gewinnbeteiligung, betriebliche
– Antrag betr Förderung
BT-Drs 7/3664 = **164 F 4**

Gewissensprüfung
– s Zivildienst

Gewürze
– VO zur Aufhebung der VO über Ersatzgewürze
BR-Drs 228/73 = **22 C 7**

Glas
s Kristallglaskennzeichnungsgesetz
Gleichberechtigung
– im Ehe- und Familienrecht
s Entw eines 1. Ges zur Reform des *Ehe- und Familienrechts*
BT-Drs 7/650 = **74** G 4
– Lohngleichheit zwischen Männern und Frauen
Bericht der Bundesregierung betr die Anwendung des Artikels 119 EWG-Vertrag
BT-Drs 7/3267 = **152** M 5
– von männlichen und weiblichen Arbeitnehmern
Mitteilung der Kommission der EG an den Rat
BR-Drs 149/75 = **105** F 5
BT-Drs 7/3316 = **153** G 14
– Vorschlag einer EG-Richtlinie betr den Grundsatz des gleichen Entgelts für Männer und Frauen
BR-Drs 778/73 = **50** M 11
BT-Drs 7/1451 = **98** C 11
– s a *Sozialbericht*
GleichstellungsVO
– VO zur Änderung der GleichstellungsVO (betr Saatgut)
BR-Drs 577/74 = **82** G 11
– 2. VO zur Änderung der GleichstellungsVO
BR-Drs 506/75 = **125** L 7
– VO über die Gleichstellung von Anerkennungen und Zulassungen von Saatgut
BR-Drs 292/76 = **162** K 12
Glühlampe
– s Entw eines ÄndGes zum *Leuchtmittelsteuergesetz*
BR-Drs 163/74 = **62** J 12
BT-Drs 7/1980 = **114** C 2
GmbH
s Gesellschaft mit beschränkter Haftung
Gold- und Silberwaren
– *GesEntw eines 2. Ges zur Änderung des Ges über den Feingehalt der Gold- und Silberwaren*
BR-Drs 542/75 = **127** L 9
BR-Drs 52/76 = **147** C 3
BR-PlPr 424 = **5** E 4
BR-PlPr 431 = **5** O 8
BT-Drs 7/4177 = **179** E 4
Bericht und Antrag des Wirtschaftsausschusses
BT-Drs 7/4467 = **197** B 9
1. Beratung
BT-PlPr 7/201 = **38** A 1
2. und 3. Beratung
BT-PlPr 7/216 = **40** N 12
Graduiertenförderung
– 1. VO zur Änderung der VO über die Durchführung der Graduiertenförderung
BR-Drs 697/75 = **138** E 13
Graduiertenförderungsgesetz
– *GesEntw eines 1. ÄndGes zum Graduiertenförderungsgesetz*
BR-Drs 603/74 = **84** F 3
BR-Drs 271/75 = **112** N 1
BR-PlPr 412 = **4** B 12
BR-PlPr 420 = **4** N 9
BT-Drs 7/2705 = **132** L 11
Bericht und Antrag des Ausschusses für Bildung und Wissenschaft
BT-Drs 7/3136 = **147** B 14
Bericht des Haushaltsausschusses
BT-Drs 7/3517 = **158** B 3
1. Beratung
BT-PlPr 7/131 = **24** F 7
2. und 3. Beratung
BT-PlPr 7/167 = **31** N 12
Grab
– VO über die Festsetzung der Pauschsätze für Instandsetzung und Pflege der Gräber im Sinne des Gräbergesetzes für 1973 und 1974
BR-Drs 722/73 = **48** I 11
– VO über die Pauschsätze für Instandsetzung und Pflege der Gräber i. S. des Gräbergesetzes für die Haushaltsjahre 1975 und 1976
BR-Drs 235/76 = **156** O 11
Grenzabfertigung
– *GesEntw zum Abkommen zur Änderung des Abkommens Bundesrepublik Deutschland/Königreich der Niederlande über die Zusammenlegung der Grenzabfertigung und über die Einrichtung von Gemeinschafts- oder Betriebswechselbahnhöfen an der deutsch-niederländischen Grenze*
BR-Drs 537/75 = **127** I 8
BR-Drs 151/76 = **153** J 7
BR-PlPr 424 = **5** E 4
BR-PlPr 432 = **6** B 14
BT-Drs 7/4174 = **179** D 5
Bericht und Antrag des Finanzausschusses
BT-Drs 7/4737 = **201** G 7
1. Beratung
BT-Drs 7/201 = **38** A 1
2. Beratung und Schlußabstimmung
BT-PlPr 7/224 = **42** G 6
Grenzbrücken
– 2. VO zur Ergänzung zum Vertrag Bundesrepublik Deutschland/Republik Österreich über zoll- und paßrechtliche Fragen an der deutsch-österreichischen Grenze bei Staustufen und Grenzbrücken
BR-Drs 283/73 = **25** L 8
Grenze
s Staatsgrenze
Grenzgebiet
Fernmeldewesen
– Antrag betr Benachteiligung der Fernsprechteilnehmer bei der Einführung von Nahverkehrsbereichen
BT-Drs 7/4488 = **192** J 4
Grenzschutz
s Bundesgrenzschutz
Grenzschutzdienst
– VO über die pauschale Berechnung und die Zahlung der Beiträge zur gesetzlichen Rentenversicherung für die Dauer eines auf Grund gesetzlicher Pflicht zu leistenden Dienstes
BR-Drs 42/74 = **55** O 8
Grenzübertritt
s Grenzverkehr
Grenzverkehr
– Vorlage zur Entschließung des BR zur Behinderung des EG-Warenverkehrs an der italienisch-österreichischen Grenze
BR-Drs 298/74 = **68** J 8
– VO zur Inkraftsetzung der Vereinbarung zur Änderung des Abkommens Bundesrepublik Deutschland/Schweizerische Eidgenossenschaft über den Grenzübertritt von Personen im kleinen Grenzverkehr
BR-Drs 320/76 = **163** L 1
Grenzübergangsstellen
– Briefwechsel zwischen der Bundesrepublik Deutschland und der DDR
BT-Drs 7/153 = **58** K 8
Grenzüberschreitender Straßengüterverkehr
– s GesEntw zur Vereinbarung Bundesrepublik Deutschland/Italienische Republik über Erleichterungen der fiskalischen Behandlung des grenzüberschreitenden deutsch-italienischen *Straßengüterverkehrs*
– s GesEntw über eine Statistik des grenzüberschreitenden *Güterkraftverkehrs*
– 5. VO zur Änderung der VO zur Durchführung des Ges über die Statistik des grenzüberschreitenden Warenverkehrs
BR-Drs 80/74 = **58** D 12
– VO über den grenzüberschreitenden Güterkraftverkehr mit CEMT-Genehmigungen
BR-Drs 382/74 = **72** N 2
– VO zur Änderung der VO über den grenzüberschreitenden Güterkraftverkehr ausländischer Unternehmer
BR-Drs 383/74 = **72** N 10
– VO zur Änderung der 6. VO zur Durchführung des Umsatzsteuergesetzes (Mehrwertsteuer)
BR-Drs 721/74 = **89** K 10
– Vorschlag einer EG-Richtlinie zur Erfassung des grenzüberschreitenden Güterkraftverkehrs im Rahmen einer Regionalstatistik
BR-Drs 458/75 = **123** L 2
BT-Drs 7/3931 = **172** L 14
– 2. VO zur Änderung der 7. VO zur Durchführung des Umsatzsteuergesetzes (Mehrwertsteuer)
BR-Drs 485/76 = **172** B 11
Griechenland, Republik
– s GesEntw eines ÄndGes zum Übereinkommen zwischen Belgien, Bundesrepublik Deutschland, Frankreich, Italien, Luxemburg und den Niederlanden über gegenseitige Unterstützung ihrer *Zollverwaltungen* und zum Beitritt Griechenlands zu diesem Übereinkommen
BR-Drs 196/73 = **19** M 14
BT-Drs 7/470 = **68** G 9
– *GesEntw zum 2. Abkommen zur Änderung des Abkommens Bundesrepublik Deutschland/Königreich Griechenland über Soziale Sicherheit und der Zusatzvereinbarung zu diesem Abkommen*
BR-Drs 800/74 = **95** B 11
BR-Drs 95/75 = **101** E 4
BR-PlPr 415 = **4** G 8
BR-PlPr 416 = **4** I 9
BT-Drs 7/3021 = **142** N 8
Bericht und Antrag des Ausschusses für Arbeit und Sozialordnung
BT-Drs 7/3134 = **147** A 12
1. Beratung
BT-PlPr 7/141 = **26** L 3
2. Beratung und Schlußabstimmung
BT-PlPr 7/147 = **28** A 1
– *GesEntw zum Zusatzprotokoll zum Abkommen zur Gründung einer Assoziation EG / Griechenland infolge des Beitritts neuer Mitgliedstaaten zur EG*
BR-Drs 630/75 = **132** K 3
BR-Drs 204/76 = **156** A 11
BR-PlPr 427 = **5** K 3
BR-PlPr 433 = **6** D 11
BT-Drs 7/4382 = **190** H 5

Bericht und Antrag des Wirtschaftsausschusses
BT-Drs 7/4734 = **201** G 2
1. Beratung
BT-PlPr 7/208 = **39** D 5
2. Beratung und Schlußabstimmung
BT-PlPr 7/230 = **43** J 6
– Antrag betr Mitgliedschaft in der EG
BT-Drs 7/2794 = **135** B 8
– Stellungnahme der Kommission der EG zum griechischen Beitrittsgesuch
BT-Drs 7/4748 = **202** B 2

Großbritannien, Vereinigtes Königreich
– *GesEntw zum Abkommen Bundesrepublik Deutschland/Vereinigtes Königreich von Großbritannien und Nordirland zur steuerlichen Behandlung von Straßenfahrzeugen im internationalen Verkehr*
BR-Drs 66/73 = **9** B 2
BT-Drs 255/73 = **22** L 10
BR-PlPr 389 = **1** B 11
BR-PlPr 392 = **2** D 6
BT-Drs 7/107 = **55** F 3
Bericht und Antrag des Finanzausschusses
BT-Drs 7/263 = **62** M 7
1. Beratung
BT-PlPr 7/15 = **2** J 13
2. Beratung und Schlußabstimmung
BT-PlPr 7/21 = **3** J 11
– *GesEntw zum Abkommen Bundesrepublik Deutschland/Vereinigtes Königreich von Großbritannien und Nordirland über die Gewährung von Sachleistungen der Krankenversicherung*
BR-Drs 173/75 = **107** L 7
BR-Drs 412/75 = **122** B 1
BR-PlPr 419 = **4** N 2
BR-PlPr 422 = **5** B 1
BT-Drs 7/3587 = **162** D 13
Bericht und Antrag des Ausschusses für Arbeit und Sozialordnung
BT-Drs 7/3742 = **168** F 13
1. Beratung
BT-PlPr 7/173 = **33** A 9
2. Beratung und Schlußabstimmung
BT-PlPr 7/181 = **34** J 3
– Abkommen zwischen der Bundesrepublik Deutschland, Kanada, Großbritannien und Nordirland über die Durchführung von Manövern und anderen Übungen im Raum Soltau – Lüneburg
Bericht betr NATO-Truppenstatut und Zusatzvereinbarungen
BT-Drs 7/2443 = **126** K 2
Bericht und Antrag des Innenausschusses
BT-Drs 7/3300 = **153** C 4

Grundbuchordnung
– VO zur Änderung der VO zur Ausführung der Grundbuchordnung sowie zur Änderung der Grundbuchverfügung und der Verfügung über die grundbuchmäßige Behandlung der Wohnungseigentumssachen
BR-Drs 67/74 = **57** E 10

Grundbuchrecht
– s a GesEntw über die Ermächtigung des Landes *Baden-Württemberg* zur *Rechtsbereinigung*
– *GesEntw zur Änderung sachen- und grundbuchrechtlicher Vorschriften sowie von Vorschriften der ZPO, des Ges über die Zwangsversteigerung und die Zwangsverwaltung und die Kostenordnung*
BR-Drs 676/76 = **179** J 9
BR-PlPr 442 = **7** C 1

Grundfreibetrag
– s GesEntw zur Änderung des *Einkommensteuergesetzes*
(Steueränderungsgesetz 1974)

Grundgesetz
– Antrag der CDU/CSU (betr Wahrung der verfassungsmäßigen Ordnung)
BT-Drs 7/1481 = **100** L 5
– Antrag der SPD/FDP (betr Ausbau des Rechtsstaates und Friedenssicherung)
BT-Drs 7/1670 = **107** I 10
Beratung der Anträge
BT-PlPr 7/79 = **14** D 12
– Schlußbericht der Enquête-Kommission Verfassungsreform
BT-Drs 7/5924 = **233** D 5

Grundgesetz – Art. 29
– *GesEntw über die Regelung der Landeszugehörigkeit des Verwaltungsbezirks Oldenburg und des Landkreises Schaumburg-Lippe nach Art 29 Abs 3 Satz 2 GG*
BR-Drs 551/75 = **128** J 5
BR-Drs 743/75 = **140** O 9
BR-PlPr 424 = **5** E 4
BR-PlPr 429 = **5** M 3
BT-Drs 7/4167 = **179** A 1
Bericht und Antrag des Innenausschusses
BT-Drs 7/4384 = **190** M 12
Entschließungsantrag zur 3. Beratung
BT-Drs 7/4431 = **191** M 14
1. Beratung
BT-PlPr 7/197 = **37** B 12
2. und 3. Beratung
BT-PlPr 7/208 = **39** D 5
– *GesEntw eines Ges zur Änderung des Grundgesetzes – (Art 29 GG)*
(betr Neugliederung des Bundesgebietes)
BR-Drs 96/76 = **149** N 1
BR-PlPr 432 = **6** B 14
BT-Drs 7/4958 = **209** I 3
Bericht und Antrag des Rechtsausschusses
BT-Drs 7/5491 = **222** B 6
Änderungsantrag zur 2. Beratung
BT-Drs 7/5527 = **222** J 9
1. Beratung
BT-PlPr 7/235 = **44** I 6
nunmehr:
– *Entw eines 33. Ges zur Änd des Grundgesetzes – (Art. 29 und 39)*
BR-Drs 462/76 = **170** O 3
BR-PlPr 437 = **6** L 10
Änderungsantrag zur 3. Beratung
BT-Drs 7/5535 = **222** M 4
2. und 3. Beratung
BT-PlPr 7/256 = **49** K 13

Grundgesetz – Art. 39
– *Entw eines ... ÄndGes zum Grundgesetz (Art 39)*
BT-Drs 7/5307 = **218** E 2
Bericht und Antrag des Rechtsausschusses
BT-Drs 7/5491 = **222** B 6
1. Beratung
BT-PlPr 7/253 = **48** M 9
Änderungsantrag zur 2. Beratung
BT-Drs 7/5527 = **222** J 9
2. Beratung
BT-PlPr 7/256 = **49** K 13
nunmehr: *Entw eines 33. Ges zur Änd des Grundgesetzes* – s oben

Grundgesetz – Art. 45 c
– *GesEntw zur Änderung des Grundgesetzes (Artikel 45 c)*
(betr Petitionsausschuß des BT)
BR-Drs 163/75 = **106** J 14
BR-PlPr 418 = **4** M 1
Vermittlungsverfahren:
BR-Drs 324/75 = **115** K 2
BR-PlPr 420 = **4** N 9
BT-Drs 7/580 = **72** M 2
Bericht und Antrag des Rechtsausschusses
BT-Drs 7/3195 = **148** I 14
Unterrichtung betr Anrufung des Vermittlungsausschusses
BT-Drs 7/3495 = **157** E 1
Unterrichtung durch den Vermittlungsausschuß
BT-Drs 7/3549 = **158** O 5
1. Beratung
BT-PlPr 7/36 = **6** E 3
2. und 3. Beratung
BT-PlPr 7/152 = **28** M 6

Grundgesetz – Art. 74
– *GesEntw zur Änderung des Grundgesetzes (Art 74 Nr. 25 – Naturschutz und Landschaftspflege)*
BR-Drs 204/73 = **20** E 5
BR-PlPr 392 = **2** D 6
BT-Drs 7/885 = **79** E 2
1. Beratung
BT-PlPr 7/57 = **9** I 7
– *GesEntw zur Änderung des Grundgesetzes (Art 74 Nr. 24 – Wasserhaushalt)*
BR-Drs 209/73 = **20** N 5
BR-PlPr 392 = **2** D 6
BT-Drs 7/887 = **79** G 4
1. Beratung
BT-PlPr 7/57 = **9** I 7
– *GesEntw zur Änderung des Grundgesetzes (Art 74 Nr 4 a – Sprengstoffrecht)*
BR-Drs 76/76 = **148** O 7
BR-PlPr 431 = **5** O 8
BT-Drs 7/5101 = **213** I 11
Bericht und Antrag des Rechtsausschusses
BT-Drs 7/5491 = **222** B 6
1. Beratung
BT-PlPr 7/240 = **45** L 4
nunmehr:
– *Entw eines 34. Ges zur Änderung des GG (Art 74 Nr 4 a)*
BR-Drs 491/76 = **172** D 2
BR-PlPr 437 = **6** L 10
2. und 3. Beratung
BT-PlPr 7/256 = **49** K 13

Grundgesetz – Art. 94
– Antrag betr Entw eines Ges zur Änd des Grundgesetzes (betr Einführung der Zweidrittelmehrheit für die Wahl von Bundesverfassungsrichtern)
BT-Drs 7/1064 = **86** B 9
Beratung
BT-PlPr 7/64 = **10** L 13

Grundlagenvertrag
– *GesEntw zum Vertrag zwischen der Bundesrepublik Deutschland und der DDR über die Grundlagen der Beziehungen*
BT-Drs 7/153 = **58** K 8
Bericht und Antrag des Ausschusses für innerdeutsche Beziehungen
BT-Drs 7/500 = **69** I 3
Berichtigung
BT-Drs 7/516 = **70** C 6

1. Beratung
BT-PlPr 7/14 = **2** F 9
BT-PlPr 7/15 = **2** J 13
2. Beratung und Schlußabstimmung
BT-PlPr 7/29 = **4** K 4
BT-PlPr 7/30 = **5** A 6
BT-PlPr 7/31 = **5** D 11
BR-Drs 341/73 = **28** A 10
BR-PlPr 394 = **2** F 12
– Materialien zum Bericht zur Lage der Nation 1974
BT-Drs 7/2423 = **124** J 13
– Antwort auf die Große Anfrage betr Konferenz über Sicherheit und Zusammenarbeit in Europa (KSZE)
BT-Drs 7/2616 = **130** M 10
– Antwort auf die Große Anfrage der SPD/FDP betr Deutschlandpolitik
BT-Drs 7/2933 = **141** E 3
– Antwort auf die Große Anfrage der CDU/CSU betr Deutschlandpolitik
BT-Drs 7/2934 = **141** E 13
BT-PlPr 7/147 = **28** A 1

Grundpfandrechte
– s GesEntw zur Änderung sachen- und *grundbuchrechtlicher* Vorschriften sowie von Vorschriften der ZPO, des Ges über die Zwangsversteigerung und die Zwangsverwaltung und die Kostenordnung
BR-Drs 676/76 = **179** J 9

Grundrechte
– s GesEntw zu dem Internationalen Pakt über bürgerliche und politische Rechte (s *Menschenrechte*)
BR-Drs 304/73 = **26** K 12
BT-Drs 7/660 = **75** K 6
– Schutz im militärischen Bereich
Jahresbericht 1972 des Wehrbeauftragten
BT-Drs 7/334 = **64** E 8
Jahresbericht 1973 des Wehrbeauftragten
BT-Drs 7/1765 = **108** O 2
Jahresbericht 1974 des Wehrbeauftragten
BT-Drs 7/3228 = **151** E 5
Jahresbericht 1975 des Wehrbeauftragten
BT-Drs 7/4812 = **204** C 6

Grundschule
Reformmaßnahmen
– Bildungsgesamtplan
BT-Drs 7/1474 = **100** C 8

Grundsteuerrecht
– *GesEntw zur Reform des Grundsteuerrechts* – (eingebracht als 2. Steuerreformgesetz)
BR-Drs 357/73 = **28** D 13
BR-PlPr 394 = **2** F 12
Vermittlungsverfahren:
BR-Drs 431/73 = **32** J 14
BR-PlPr 395 = **2** I 1
1. Bericht und Antrag des Finanzausschusses
BT-Drs 7/485 = **69** B 3
Änderungsantrag zur 2. Beratung
BT-Drs 7/539 = **70** G 9
Gründe für die Einberufung des Vermittlungsausschusses
BT-Drs 7/641 = **74** C 1
Antrag des Vermittlungsausschusses
BT-Drs 7/681 = **75** O 13
2. und 3. Beratung
BT-PlPr 7/31 = **5** D 11
Beratung des Antrags des Vermittlungsausschusses
BT-PlPr 7/39 = **6** H 14
– Allgemeine Verwaltungsvorschrift über die Grundsteuer-Richtlinien 1974
BR-Drs 711/73 = **48** A 3
– Verwaltungsanordnung zur Änderung und Ergänzung der Verwaltungsanordnung über die Anerkennung steuerbegünstigter Wohnungen nach dem 2. Wohnungsbaugesetz sowie über die Grundsteuervergünstigung nach dem 1. und 2. Wohnungsbaugesetz
BR-Drs 712/73 = **48** C 2

Grundstück
Beurkundungszwang bei Verpflichtung zum Erwerb
– s Entw eines ÄndGes zum *Bürgerlichen Gesetzbuch*
BT-Drs 273/73 = **24** N 9
BT-Drs 7/63 = **53** G 12
– Unterrichtung betr verbilligte Veräußerung von bundeseigenen Grundstücken
BT-Drs 7/282 = **63** G 5
Antrag des Haushaltsausschusses
BT-Drs 7/1018 = **84** E 4
– Unterrichtung betr verbilligte Veräußerung von bundeseigenen Grundstücken
BT-Drs 7/1706 = **108** B 5
Antrag des Haushaltsausschusses
BT-Drs 7/2160 = **118** G 6
– Unterrichtung betr verbilligte Veräußerung von bundeseigenen Grundstücken
BT-Drs 7/3226 = 151 C 11
Antrag des Haushaltsausschusses
BT-Drs 7/3717 = **167** L 14
– Unterrichtung betr verbilligte Veräußerung von bundeseigenen Grundstücken
BT-Drs 7/4704 = **200** N 7
Antrag des Haushaltsausschusses
BT-Drs 7/5940 = **234** C 3
– Antwort auf die Große Anfrage betr Städtebau und Städtebaupolitik
BT-Drs 7/962 = **81** N 5

Grundwehrdienstleistende
s Unterhaltssicherungsgesetz

Guatemala, Republik
– *GesEntw zum Abkommen Bundesrepublik Deutschland/Republik Guatemala über den internationalen Fluglinienverkehr*
BR-Drs 334/73 = 27 K 13
BR-Drs 622/73 = 40 L 2
BR-PlPr 395 = **2** I 1
BR-PlPr 398 = **2** M 12
BT-Drs 7/849 = **78** G 4
Bericht/Antrag des Verkehrsausschusses
BT-Drs 7/1035 = **84** J 1
1. Beratung
BT-PlPr 7/48 = **8** D 4
2. Beratung und Schlußabstimmung
BT-PlPr 7/57 = **9** I 7

Güterbeförderung
– *GesEntw über die Beförderung gefährlicher Güter*
BR-Drs 525/73 = **36** A 1
BR-Drs 66/75 = 99 L 12
BR-PlPr 397 = **2** L 1
BR-PlPr 416 = **4** I 9
Vermittlungsverfahren:
BR-Drs 327/75 = **115** K 6
BR-PlPr 420 = **4** N 9
BT-Drs 7/2517 = **128** J 10
Bericht und Antrag des Ausschusses für Verkehr und Post
BT-Drs 7/3132 = **147** A 3
1. Beratung
BT-PlPr 7/116 = **21** G 5
2. und 3. Beratung
BT-PlPr 7/147 = **28** A 1
Vermittlungsverfahren:
BT-Drs 7/3270 = **152** M 11
BT-Drs 7/3546 = **158** O 2
BT-PlPr 7/167 = **31** N 12
– VO über die Beförderung von gefährlichen Gütern auf Straßen
BR-Drs 195/73 = **19** L 1
– 82. VO zur Änderung der Eisenbahn-Verkehrsordnung betr Beförderung von gefährlichen Gütern
BR-Drs 698/73 = **45** K 14
– VO zur Umstellung der VO über die Beförderung gefährlicher Güter auf der Straße auf das Ges über die Beförderung gefährlicher Güter sowie zur Änderung dieser VO
BR-Drs 294/76 = **162** O 3

Güterfernverkehr
– s GesEntw eines 3. ÄndGes zum *Güterkraftverkehrsgesetz*
BR-Drs 312/74 = **69** I 7
BT-Drs 7/2460 = **127** A 1
– VO über den grenzüberschreitenden Güterkraftverkehr mit CEMT-Genehmigungen
BR-Drs 382/74 = **72** N 2
– VO zur Änderung der VO über den grenzüberschreitenden Güterkraftverkehr ausländischer Unternehmer
BR-Drs 383/74 = **72** N 10
– VO zur Umstellung der VO zur Einführung der VO über die Beförderung gefährlicher Güter auf dem Rhein und über die Ausdehnung dieser VO auf die übrigen Bundeswasserstraßen auf das Ges über die Beförderung gefährlicher Güter sowie zur Änderung dieser VO
BR-Drs 633/76 = **177** N 3

Güterkraftverkehrsgesetz
– *GesEntw eines 3. ÄndGes zum Güterkraftverkehrsgesetz*
BR-Drs 312/74 = **69** I 7
nunmehr:
– *GesEntw über Maßnahmen auf dem Gebiet des Güterverkehrs*
BR-Drs 342/75 = **116** K 1
BR-PlPr 406 = **3** K 7
BR-PlPr 421 = **5** A 7
BT-Drs 7/2460 = **127** A 1
– Bericht und Antrag des Ausschusses für Verkehr und für das Post- und Fernmeldewesen
BT-Drs 7/3566 = **159** L 7
Entschließungsantrag zur 3. Beratung
BT-Drs 7/3662 = **164** F 3
Bericht und Antrag des Ausschusses für Verkehr und für das Post- und Fernmeldewesen zum Entschließungsantrag
BT-Drs 7/3807 = **169** K 4
1. Beratung
BT-PlPr 7/119 = **21** O 2
2. und 3. Beratung
BT-PlPr 7/173 = **33** A 9
– *GesEntw zur Änderung des Güterkraftverkehrsgesetzes*
(betr grenzüberschreitender Verkehr)
BR-Drs 19/76 = **145** E 7
BR-Drs 319/76 = **163** K 14
BR-PlPr 431 = **5** O 8
BR-PlPr 435 = **6** I 1
BT-Drs 7/4813 = **204** D 13
Bericht und Antrag des Ausschusses für

Verkehr und für das Post- und Fernmeldewesen
BT-Drs 7/5009 = **210** G 13
1. Beratung
BT-PlPr 7/230 = **43** J 6
2. und 3. Beratung
BT-PlPr 7/238 = **45** D 14
– VO zur Änderung der VO über die Befreiung bestimmter Beförderungsfälle von den Bestimmungen des Güterkraftverkehrsgesetzes
BR-Drs 186/74 = **63** J 11
– VO über den grenzüberschreitenden Güterkraftverkehr mit CEMT-Genehmigungen
BR-Drs 382/74 = **72** N 2
– VO zur Änderung der VO über den grenzüberschreitenden Güterkraftverkehr ausländischer Unternehmer
BR-Drs 383/74 = **72** N 10
– Allgemeine Verwaltungsvorschrift zur Änderung der Allgemeinen Verwaltungsvorschrift zum Güterkraftverkehrsgesetz
BR-Drs 736/75 = **140** L 10

Güterkraftverkehrsstatistik
– *GesEntw zur Statistik des grenzüberschreitenden Güterkraftverkehrs*
BR-Drs 77/73 = **10** H 2
BR-Drs 621/73 = **40** L 1
BR-PlPr 390 = **2** A 6
BR-PlPr 398 = **2** M 12
BT-Drs 7/426 = **67** D 9
Bericht und Antrag des Verkehrsausschusses
BT-Drs 7/1034 = **84** I 14
1. Beratung
BT-PlPr 7/30 = **5** A 6
2. und 3. Beratung
BT-PlPr 7/57 = **9** I 7
– Vorschlag einer EG-Richtlinie zur Erfassung des grenzüberschreitenden Güterkraftverkehrs im Rahmen einer Regionalstatistik
BR-Drs 458/75 = **123** L 2
BT-Drs 7/3931 = **172** L 14
BT-Drs 7/4221 = **184** K 12

Güterverkehr
– s GesEntw zu dem Europäischen Übereinkommen über die Arbeit des im internationalen *Straßenverkehr* beschäftigten Fahrpersonals
BR-Drs 630/73 = **40** N 14
BT-Drs 7/1641 = **105** A 11

Güterverkehr
– s GesEntw über die Beförderung *gefährlicher Güter*
BR-Drs 525/73 = **36** A 1
BT-Drs 7/2517 = **128** J 10
– Verplombung von Leerfahrzeugen: Unterrichtung betr Durchgangsverkehr zwischen der Bundesrepublik Deutschland und Berlin (West)
BT-Drs 7/3230 = **151** H 12
– Express- und Stückgutverkehr: Raumordnungsbericht 1974
BT-Drs 7/3582 = **161** G 3

Guillaume, Günter
– Spionageverdacht: Aktuelle Stunde
BT-PlPr 7/96 = **18** B 12
– Bericht über die Prüfung von Sicherheitsfragen im Zusammenhang mit dem Fall Guillaume
BT-Drs 7/3083 = **146** B 10
BT-PlPr 7/152 = **28** M 6
– Bericht und Antrag des 2. Untersuchungsausschusses
BT-Drs 7/3246 = **152** A 2

Gutachten des Sozialbeirats
s Sozialbeirat

Gymnasium
Reformmaßnahmen
– Bildungsgesamtplan
BT-Drs 7/1474 = **100** C 8

H

Haager Kaufrechtsübereinkommen (1. 7. 1964)
– *GesEntw zum Haager Kaufrechtsübereinkommen*
BR-Drs 63/73 = **9** A 13
BR-Drs 264/73 = **24** M 4
BR-PlPr 389 = **1** B 11
BR-PlPr 392 = **2** D 6
BT-Drs 7/115 = **55** I 4
Bericht und Antrag des Rechtsausschusses
BT-Drs 7/317 = **64** B 14
1. Beratung
BT-PlPr 7/15 = **2** J 13
2. Beratung und Schlußabstimmung
BT-PlPr 7/23 = **3** N 5
– *GesEntw eines einheitlichen Ges zum internationalen Kauf beweglicher Sachen*
BR-Drs 64/73 = **9** A 14
BR-Drs 265/73 = **24** M 5
BR-PlPr 389 = **1** B 11
BR-PlPr 392 = **2** D 6
BT-Drs 7/123 = **56** E 11
Bericht und Antrag des Rechtsausschusses
BT-Drs 7/318 = **64** C 2
1. Beratung
BT-PlPr 7/15 = **2** J 13
2. und 3. Beratung
BT-PlPr 7/23 = **3** N 5
– *Entw eines einheitlichen Ges über den Abschluß von internationalen Kaufverträgen über bewegliche Sachen*
BR-Drs 65/73 = **9** B 1
BR-Drs 266/73 = **24** M 6
BR-PlPr 389 = **1** B 11
BR-PlPr 392 = **2** D 6
BT-PlPr 7/124 = **56** F 5
Bericht und Antrag des Rechtsausschusses
BT-PlPr 7/319 = **64** C 3
1. Beratung
BT-PlPr 7/15 = **2** J 13
2. und 3. Beratung
BT-PlPr 7/23 = **3** N 5

Hackfleisch
– VO über Hackfleisch, Schabefleisch und anderes zerkleinertes rohes Fleisch
BR-Drs 82/76 = **149** E 1

Häftling
s Gefangener

Häftlingshilfegesetz
– *Entw eines 6. Ges zur Änderung und Ergänzung des Häftlingshilfegesetzes*
BR-Drs 88/74 = **58** H 3
BR-PlPr 401 = **3** C 2
BR-PlPr 7/1094 = **86** L 5
Bericht und Antrag des Innenausschusses
BT-Drs 7/1547 = **103** E 7
Bericht des Haushaltsausschusses
BT-Drs 7/1596 = **104** B 11
1. Beratung
BT-PlPr 7/64 = **10** L 13
2. und 3. Beratung
BT-PlPr 7/77 = **13** O 6
– *Entw eines 7. Ges zur Änderung des Häftlingshilfegesetzes*
BR-Drs 401/75 = **121** O 1
BR-PlPr 422 = **5** B 1
BT-Drs 7/3554 = **158** O 11
Bericht und Antrag des Innenausschusses
BT-Drs 7/3680 = **164** I 6
1. Beratung
BT-PlPr 7/170 = **32** H 2
2. und 3. Beratung
BT-PlPr 7/176 = **33** I 7
– 2. VO über die Auszahlung von zusätzlichen Eingliederungshilfen und Ausgleichsleistungen nach dem Häftlingshilfegesetz
BR-Drs 106/73 = **11** I 8
– VO zur Änderung der 2. VO über die Auszahlung von zusätzlichen Eingliederungshilfen und Ausgleichsleistungen nach dem Häftlingshilfegesetz
BR-Drs 203/74 = **64** F 6

Härteausgleich
– VO über das Verfahren zur Festsetzung von Entschädigung und Härteausgleich nach dem Energiesicherungsgesetz
BR-Drs 212/74 = **65** A 1

Hafen
– VO zur Änderung der VO zur Durchführung der Internationalen Gesundheitsvorschriften in Häfen und auf dem Nord-Ostsee-Kanal
BR-Drs 494/76 = **172** D 13

Haft
– s Entw eines *Strafvollzugsgesetzes*
BR-Drs 71/73 = **9** D 11
BT-Drs 7/918 = **80** H 13
– s GesEntw zur Bekämpfung *terroristischer krimineller Vereinigungen*
BR-Drs 291/75 = **114** D 8
BT-Drs 7/4004 = **174** O 9

Haftpflichtversicherung
s a Kraftfahrzeughaftpflichtversicherung
– *GesEntw zur Änd des Ges über die Haftpflichtversicherung für ausländische Kraftfahrzeuge und Kraftfahrzeuganhänger*
BR-Drs 399/73 = **30** O 3
BR-Drs 620/73 = **40** K 13
BR-PlPr 396 = **2** I 14
BR-PlPr 398 = **2** M 12
BT-Drs 7/978 = **82** D 5
Bericht und Antrag des Verkehrsausschusses
BT-Drs 7/1033 = **84** I 12
1. Beratung
BT-PlPr 7/48 = **8** D 4
2. und 3. Beratung
BT-PlPr 7/57 = **9** I 7

Haftungsrecht
– s GesEntw zur Änderung *schadensersatzrechtlicher* Vorschriften
BR-Drs 777/75 = **142** A 3
BT-Drs 7/4825 = **204** I 9
– s GesEntw zum Internationalen Übereinkommen über zivilrechtliche Haftung für Ölverschmutzungsschäden und über Errichtung eines Internationalen Fonds zur Entschädigung von Ölverschmutzungsschäden (s *Ölkatastrophen*)
BR-Drs 216/74 = **65** I 5

Haiti, Republik
– *GesEntw zum Vertrag Bundesrepublik Deutschland/Republik Haiti über die För-*

derung und den gegenseitigen Schutz von Kapitalanlagen
BR-Drs 403/74 = **74** B 4
BR-Drs 681/74 = **86** L 10
BR-PlPr 410 = **3** O 9
BR-PlPr 413 = **4** D 12
BT-Drs 7/2398 = **123** N 10
Bericht und Antrag des Wirtschaftsausschusses
BT-Drs 7/2618 = **130** N 2
1. Beratung
BT-PlPr 7/116 = **21** G 5
2. Beratung und Schlußabstimmung
BT-PlPr 7/125 = **23** A 1

Halbfettmargarine
– s GesEntw zur Änderung des *Margarinegesetzes*
BR-Drs 146/73 = **17** E 11
BT-Drs 7/877 = **79** C 10

Halbfetterzeugnisse
– 3. ÄndVO zur VO über Milcherzeugnisse
BR-Drs 596/73 = **39** N 6

Halluzigene Stoffe
s Suchtstoffe

Hamburg
– s Entw eines 3. Ges zur Änderung *mietpreis*rechtlicher Vorschriften in der Stadt München und im Landkreis München sowie in der Freien und Hansestadt Hamburg
BT-Drs 7/1576 = **103** N 11
BT-Drs 7/1671 = **197** I 11
– s Entw eines 4. Ges zur Änderung *mietpreis*rechtlicher Vorschriften in der Stadt und im Landkreis München sowie in der Freien und Hansestadt Hamburg
BR-Drs 93/74 = **58** I 12
BT-Drs 7/2069 = **116** N 1
– VO zur Regelung des örtlichen Sonderzuschlags für Hamburg
BR-Drs 712/74 = **88** I 10

Handel, innerdeutscher
– Unterrichtung über die Entwicklung der Beziehungen zwischen der Bundesrepublik Deutschland und der DDR
BR-Drs 282/73 = **25** F 12
BT-Drs 7/420 = **66** L 5

Handelsabkommen
s Allgemeines Zoll- und Handelsabkommen Doppelbesteuerungsabkommen
– *GesEntw zum Protokoll zum Abkommen über Handelsverkehr und technische Zusammenarbeit zwischen der EG und den Mitgliedstaaten einerseits und der Libanesischen Republik*
BR-Drs 242/74 = **66** F 2
BR-Drs 677/74 = **86** K 5
BR-PlPr 405 = **3** I 2
BR-PlPr 413 = **4** D 12
BT-Drs 7/2110 = **117** K 12
Bericht und Antrag des Wirtschaftsausschusses
BT-Drs 7/2573 = **129** O 5
1. Beratung
BT-PlPr 7/106 = **19** N 8
2. Beratung und Schlußabstimmung
BT-PlPr 7/122 = **22** G 7
– s a GesEntw zum Protokoll zur Verlängerung der langfristigen Vereinbarung über den internationalen Handel mit *Baumwolltextilien*
– Vorschlag einer EG-VO zur Durchführung einer Erhebung über Struktur und Verteilung der Löhne und Gehälter im Bank- und Versicherungsgewerbe und im Handel
BR-Drs 540/73 = **36** I 5
BT-Drs 7/966 = **81** O 4
– Vorschlag einer EG-VO über die Durchführung einer Arbeitskostenerhebung im Bank- und Versicherungsgewerbe und im Handel
BR-Drs 541/73 = **36** I 9
– Vorschlag einer EG-VO über den Abshcluß eines Abkommens über handelspolitische Zusammenarbeit zwischen der EG und der Republik Indien
BR-Drs 69/74 = **57** F 8
– Vorschlag einer EG-VO über den Abschluß eines Zusatzprotokolls zu dem zwischen der EG und der Republik Finnland geschlossenen Abkommen
BR-Drs 614/74 = **84** I 14
– Empfehlung einer EG-VO über den Abschluß eines Abkommens EG/Demokratische Volksrepublik Algerien und Empfehlung eines EG-Beschlusses (betr Ermächtigung zu Verhandlungen mit Algerien über ein Interimsabkommen)
BR-Drs 184/76 = **154** L 11
– Vorschlag einer EG-VO über den Abschluß des Abkommens über handelspolitische Zusammenarbeit zwischen EG/Islamische Republik Pakistan
BR-Drs 321/76 = **163** L 8
– Unterrichtung über die EG-Mitteilung betr Unterzeichnung und Abschluß eines Rahmenabkommens über handelspolitische und wirtschaftliche Zusammenarbeit zwischen Kanada und den Europäischen Gemeinschaften
BR-Drs 458/76 = **170** M 4

Handelsbeziehungen
– EG-Memorandum über die Anpassung der gemeinsamen Agrarpolitik
BT-Drs 745/73 = **49** L 6

Handelsgesetzbuch
– s Entw eines Einführungsgesetzes zur *Abgabenordnung 1974*
BR-Drs 134/73 = **16** L 13
BT-Drs 7/261 = **62** J 12
– s GesEntw über die Kaufmannseigenschaft von Land- und *Forstwirten*
BR-Drs 354/75 = **118** L 9
BT-Drs 7/3918 = **172** F 10

Handelsklassen, gesetzliche
– ÄndVO zur VO über gesetzliche Handelsklassen für Rohholz
BR-Drs 558/73 = **38** K 12
– ÄndVO zur VO über gesetzliche Handelsklassen für Schweinehälften
BR-Drs 776/73 = **50** M 1
– 2. VO zur Änderung der VO über gesetzliche Handelsklassen für Schweinehälften
BR-Drs 176/76 = **154** G 6
– 2. VO zur Änderung der Schlachtvieh-Handelsklassen- und NotierungsVO
BR-Drs 177/76 = **154** G 9

Handelsklassengesetz
– *GesEntw zur Änderung des Handelsklassengesetzes*
BR-Drs 674/75 = **136** K 11
BR-PlPr 429 = **5** M 3
BT-Drs 7/4746 = **202** A 10
1. Beratung
BT-PlPr 7/227 = **43** A 1

Handelspolitik
– Antrag betr den Beirat für Vereinbarungen
BT-Drs 7/222 = **60** M 2
– Vorschlag einer EG-VO betr Maßnahmen der öffentlichen Hand zur Beeinflussung der Zinssätze von Krediten zur Finanzierung von Ausfuhren in Industrieländer und Staatshandelsländer
BR-Drs 243/73 = **22** J 8
BT-Drs 7/386 = **65** F 4
– Vorschlag einer EG-VO zur Errichtung einer Europäischen Agentur für handelspolitische Zusammenarbeit mit Entwicklungsländern
BR-Drs 641/76 = **178** E 10
BT-Drs 7/5847 = **230** H 3

Handelsregister
– 5. VO zur Änderung der Handelsregisterverfügung
BR-Drs 334/76 = **164** B 8

Handelsvertreter
– s GesEntw über die Kaufmannseigenschaft von *Land- und Forstwirten* und den Ausgleichsanspruch des Handelsvertreters
BR-Drs 354/75 = **118** L 9
BT-Drs 7/3918 = **172** F 10

Handelsvertretung
– VO über die Aufhebung der VO über die Gewährung von Vorrechten und Befreiungen an die Handelsvertretung der Volksrepublik Polen sowie über die Aufhebung der ErgänzungsVO dazu
BR-Drs 321/73 = **27** H 3
– VO über die Aufhebung der VO über die Gewährung von Vorrechten und Befreiungen an die Handelsvertretungen der Volksrepublik Bulgarien, der Tschechoslowakischen Sozialistischen Republik und der Ungarischen Volksrepublik
BR-Drs 324/74 = **70** B 10
– VO über die Durchführung einer Statistik über die Investitionen im Bauhauptgewerbe und im proudzierenden Handwerk
BR-Drs 186/73 = **19** I 7
– 2. VO über die Anerkennung von Prüfungen bei Ablegung der Meisterprüfung im Handwerk
BR-Drs 420/73 = **31** O 8
– 3. VO über die Anerkennung von Prüfungen bei Ablegung der Meisterprüfung im Handwerk
BR-Drs 60/74 = **57** C 7

Handwerksrolle
– VO zur Änderung der VO über die Anerkennung von Prüfungen bei der Eintragung in die Handwerksrolle und bei Ablegung der Meisterprüfung
BR-Drs 661/75 = **134** N 8
– 2. VO zur Änderung der VO über die für Staatsangehörige der übrigen Mitgliedstaaten der EG geltenden Voraussetzungen der Eintragung in die Handwerksrolle
BR-Drs 492/76 = **172** D 3

Handwerkszählungsgesetz
– *GesEntw über die Handwerkszählung 1977*
BR-Drs 487/76 = **172** C 3
BR-PlPr 437 = **6** L 10
BT-Drs 7/5228 = **216** D 8
Bericht und Antrag des Wirtschaftsausschusses
BT-Drs 7/5375 = **219** C 9

Bericht des Haushaltsausschusses
BT-Drs 7/5517 = **222** F 14
Antrag betr Deckungsvorschlag
BT-Drs 7/5540 = **222** M 6
Bericht des Haushaltsausschusses
BT-Drs 7/5545 = **222** N 1
1. Beratung
BT-PlPr 7/248 = **47** M 11
2. und 3. Beratung
BT-PlPr 7/256 = **49** K 13

Hasen
– VO zur Änderung der HaseneinfuhrVO
BR-Drs 115/73 = **13** I 11

Hauptschule
Reformmaßnahmen
– Bildungsgesamtplan
BT-Drs 7/1474 = 100 C 8

Hausgeflügel
s Geflügelstatistik

Haushaltsausgaben
s Bundeshaushalt 19..
überplanmäßige Ausgaben

Haushaltsgesetz
s Bundeshaushaltsplan

Haushaltshilfe
– Übernahme der Kosten durch die gesetzliche Krankenversicherung
s Entw eines *Leistungsverbesserungsgesetzes*
BT-Drs 7/377 = **65** C 11
– bei Krankheit der Mutter
s GesEntw betr Verbesserung der Familienhilfe
BT-Drs 7/464 = **68** G 1

Haushaltsjahr
s Bundeshaushalt

Haushaltsplan
s Bundeshaushaltsgesetz

Haushaltspolitik
s Finanzplan des Bundes
Investitionen

Haushaltsrechnung
s Bundeshaushalt

Haushaltsstrukturgesetz
– *GesEntw zur Verbesserung der Haushaltsstruktur*
BR-Drs 575/75 = **129** G 6
BR-Drs 670/75 = **135** N 13
BR-PlPr 424 = **5** E 4
BR-PlPr 426 = **5** I 5
Vermittlungsverfahren:
BR-Drs 740/75 = **140** N 8
BR-Drs 765/75 = **141** I 4
BR-PlPr 428 = **5** L 13
BR-PlPr 429 = **5** M 3
GesEntw der Bundesregierung
BT-Drs 7/4127 = **177** M 11
Stellungnahme des Bundesrates sowie Gegenäußerung der Bundesregierung
BT-Drs 7/4193 = **179** J 5
Antrag des Haushaltsausschusses
BT-Drs 7/4224 = **184** K 14
Bericht des Haushaltsausschusses
BT-Drs 7/4243 = **185** F 5
Änderungsanträge zur 2. Beratung
BT-Drs 7/4256 = **186** B 6
BT-Drs 7/4257 = **186** B 7
BT-Drs 7/4258 = **186** B 7
BT-Drs 7/4259 = **186** B 8
BT-Drs 7/4260 = **186** B 8
BT-Drs 7/4261 = **186** B 9
BT-Drs 7/4262 = **186** B 9
BT-Drs 7/4263 = **186** B 11
BT-Drs 7/4264 = **186** B 11
BT-Drs 7/4275 = **186** C 11
BT-Drs 7/4276 = **186** C 11
BT-Drs 7/4280 = **186** D 2
BT-Drs 7/4283 = **186** E 3
Änderungsanträge zur 3. Beratung
BT-Drs 7/4265 = **186** B 12
BT-Drs 7/4266 = **186** B 12
BT-Drs 7/4267 = **186** B 13
Bericht und Antrag des Haushaltsausschusses
BT-Drs 7/4871 = **205** O 12
1. Beratung
BT-PlPr 7/192 = **36** I 1
2. und 3. Beratung
BT-PlPr 7/199 = **37** F 9
BT-PlPr 7/200 = **37** J 11
Vermittlungsverfahren:
Unterrichtung betr Anrufung des Vermittlungsausschusses durch den Bundesrat
BT-Drs 7/4325 = **188** E 9
1. Antrag des Vermittlungsausschusses
BT-Drs 7/4359 = **189** H 3
2. Antrag des Vermittlungsausschusses
BT-Drs 7/4372 = **190** E 10
Beratung des 1. Antrags des Vermittlungsausschusses
BT-PlPr 7/204 = **38** K 3
Beratung des 2. Antrags des Vermittlungsausschusses
BT-PlPr 7/206 = **38** O 4
2. Vermittlungsverfahren:
Unterrichtung betr Nicht-Zustimmung
BT-Drs 7/4412 = **191** C 4
Unterrichtung betr Einberufung des Vermittlungsausschusses
BT-Drs 7/4414 = **191** C 10
Antrag des Vermittlungsausschusses
BT-Drs 7/4461 = **182** A 8
Beratung eines Antrags des Vermittlungsausschusses
BT-PlPr 7/210 = **39** L 5
– *GesEntw zur Verbesserung der Haushaltsstruktur im Geltungsbereich des Arbeitsförderungs- und Bundesversorgungsgesetzes* (– im Vermittlungsverfahren abgespalten –)
Vermittlungsverfahren:
BR-Drs 739/75 = **140** M 13
BR-PlPr 428 = **5** L 13
BT-Drs 7/4359 = **189** H 3
BT-Drs 7/4411 = **191** C 4
BT-PlPr 7/204 = **38** K 3
BT-PlPr 7/208 = **39** D 5

Hauspfleger
– VO über die Ausbildungsförderung für den Besuch von Ausbildungsstätten für Hauspfleger
BR-Drs 275/74 = **67** N 6

„Haustürgeschäfte“
– *GesEntw über den Widerruf von Haustürgeschäften und ähnlichen Geschäften*
BR-Drs 384/75 = **121** D 14
BR-Drs 394/75 = **121** I 11
BR-Drs 730/76 = **182** B 3
BR-PlPr 422 = **5** B 1
BR-PlPr 442 = **7** C 1
BT-Drs 7/4078 = **176** I 12
BT-PlPr 7/194 = **36** M 12

Hebammen
– 5. VO zur Änderung der VO über die von Krankenkassen den freiberuflich tätigen Hebammen für Hebammenhilfe zu zahlenden Gebühren
BR-Drs 129/74 = **61** G 9
– 6. VO zur Änderung der VO über die von den Krankenkassen den freiberuflich tätigen Hebammen für Hebammenhilfe zu zahlenden Gebühren
BR-Drs 278/76 = **161** L 2

Heer
s Bundeswehr

Heizanlagen
s Feuerungsanlagen

Heilbehandlung
– VO über die vom Bund zu tragenden Aufwendungen für Heil- und Krankenbehandlung Versorgungsberechtigter in Versorgungskrankenanstalten der Länder
BR-Drs 138/75 = **104** O 3

Heilerziehungspfleger
– VO über die Ausbildungsförderung für den Besuch von Ausbildungsstätten für Heilerziehungspfleger
BR-Drs 275/74 = **67** N 6

Heilhilfsberufe
– VO zur Änderung der VO über die Ausbildungsförderung für den Besuch von Ausbildungsstätten für Heilhilfsberufe
BR-Drs 270/74 = **67** K 7

Heimarbeitsgesetz
– *GesEntw zur Änderung des Heimarbeitsgesetzes und anderer arbeitsrechtlicher Vorschriften*
BR-Drs 395/73 = **30** J 12
BR-Drs 444/74 = **75** N 5
BR-PlPr 396 = **2** I 14
BR-PlPr 410 = **3** O 9
Vermittlungsverfahren:
BR-Drs 631/74 = **85** A 3
BR-PlPr 412 = **4** B 12
BT-Drs 7/975 = **82** C 2
Bericht und Antrag des Ausschusses für Arbeit und Sozialordnung
BT-Drs 7/2025 = **115** L 6
Bericht des Haushaltsausschusses
BT-Drs 7/2037 = **115** O 10
Unterrichtung betr Anrufung des Vermittlungsausschusses
BT-Drs 7/2382 = **123** I 14
Unterrichtung durch den Vermittlungsausschuß
BT-Drs 7/2628 = **131** F 4
1. Beratung
BT-PlPr 7/51 = **8** I 5
2. und 3. Beratung
BT-PlPr 7/106 = **19** N 8
– s a GesEntw zum Übereinkommen der *Internationalen Arbeitsorganisation* über den bezahlten Jahresurlaub
– Sozialbericht 1973
BT-Drs 7/1167 = **89** D 6
– Sozialbericht 1976
BT-Drs 7/4953 = **207** G 3
– VO zur 1. RechtsVO zur Durchführung des Heimarbeitsgesetzes
BR-Drs 720/75 = **139** D 7

Heimatvertriebene
s Vertriebene
– s GesEntw eines 28. ÄndGes zum *Lastenausgleichsgesetz*

Heimgesetz
– *GesEntw über Altenheime, Altenwohnheime und Pflegeheime für Volljährige*
BR-Drs 445/74 = 75 O 3

BR-PlPr 387 = **1** A 1
BR-PlPr 410 = **3** O 9
BT-Drs 7/180 = **59** I 13
Bericht und Antrag des Ausschusses für Jugend, Familie und Gesundheit
BT-Drs 7/2068 = **116** M 5
Änderungsanträge zur 2. Beratung
BT-Drs 7/2234 = **120** B 5
BT-Drs 7/2235 = **120** B 6
BT-Drs 7/2236 = **120** B 6
BT-Drs 7/2237 = **120** B 7
1. Beratung
BT-PlPr 7/18 = **3** C 9
2. und 3. Beratung
BT-PlPr 7/106 = **19** N 8
– VO über die Mitwirkung der Bewohner von Altenheimen, Altenwohnheimen und Pflegeheimen für Volljährige in Angelegenheiten des Heimbetriebes
BR-Drs 350/76 = **164** N 14

Heimkehrergesetz
– 6. VO zur Änderung der VO zur Durchführung des Heimkehrergesetzes
BR-Drs 769/74 = **91** M 9

Heizölkennzeichnung
– *GesEntw zur Änderung des Mineralölsteuergesetzes 1964*
BR-Drs 588/73 = **39** G 4
BR-Drs 92/75 = **101** D 8
BR-PlPr 398 = **2** M 12
BR-PlPr 416 = **4** I 9
BT-Drs 7/1944 = **113** F 10
Bericht und Antrag des Finanzausschusses
BT-Drs 7/3138 = **147** C 2
Bericht des Haushaltsausschusses
BT-Drs 7/3190 = **148** I 5
Änderungsantrag zur 2. Beratung
BT-Drs 7/3199 = **148** K 13
1. Beratung
BT-PlPr 7/96 = **18** B 12
2. und 3. Beratung
BT-PlPr 7/147 = **28** A 1

Heizölkostenzuschuß
– *GesEntw über die Gewährung eines einmaligen Heizölkostenzuschusses*
BR-Drs 772/73 = **50** L 8
BR-PlPr 400 = **3** A 1
BT-Drs 7/1395 = **97** C 6
Bericht und Antrag des Ausschusses für Jugend, Familie und Gesundheit
BT-Drs 7/1430 = **97** G 14
Bericht des Haushaltsausschusses
BT-Drs 7/1431 = **97** H 4
1. Beratung
BT-PlPr 7/70 = **12** C 14
2. und 3. Beratung
BT-PlPr 7/71 = **12** H 7
– *Entw eines ÄndGes*
BT-Drs 7/1819 = **111** D 4
1. Beratung
BT-PlPr 7/93 = **17** G 13
– Antrag betr soziale Maßnahmen zum Ausgleich der aufgrund der Ölkrise gestiegenen Heizkosten
BT-Drs 7/1346 = **96** D 8
– Antrag betr Heizölkostenbeihilfe für Landwirtschaft und Gewerbe
BT-Drs 7/1348 = **96** D 10
– Antrag zu einer Entschließung des BR zur Herabsetzung des Schwefelgehalts im schweren Heizöl
BR-Drs 339/74 = **70** J 13

BR-PlPr 405 = **3** I 2
BR-PlPr 407 = **3** L 12
– s a 5. Subventionsbericht für 1973 bis 1976
BT-Drs 7/4203 = **183** M 6
– s a Sozialbericht 1976
BT-Drs 7/4953 = **207** G 3
– VO über den Nachweis des Bezuges von leichtem Heizöl
BR-Drs 404/76 = **168** I 10
– Vorschlag einer EG-Richtlinie über die Verwendung von Heizölen mit dem Ziel der Verringerung von Schwefelemissionen
BR-Drs 62/76 = **148** B 1
BT-Drs 7/4647 = **197** I 1

Heizölsteuer
– s Entw eines ÄndGes zum *Mineralölsteuergesetz 1964*
BR-Drs 592/74 = **83** H 12
BT-Drs 7/2580 = **130** A 9

Hengste
– VO zur Änderung der 4. Durchführungs-VO zum Tierzuchtgesetz über die Körung von Hengsten
BR-Drs 702/74 = **88** C 14

Herstellerschutz
s Urheberrecht
– s GesEntw zum Übereinkommen zum Schutz der Hersteller von *Tonträgern* gegen die unerlaubte Vervielfältigung ihrer Tonträger

Herstellungsdatum
– 5. VO zur Änderung der ButterVO
BR-Drs 312/73 = **27** C 4

Hilfsdienst
– *GesEntw zur Verlängerung des Ges zur Förderung sozialer Hilfsdienste*
BR-Drs 778/74 = **92** H 13
BR-PlPr 415 = **4** G 8
BT-Drs 7/2085 = **117** B 11
Bericht und Antrag des Ausschusses für Arbeit und Sozialordnung
BT-Drs 7/2699 = **132** J 2
1. Beratung
BT-PlPr 7/103 = **19** B 7
2. und 3. Beratung
BT-PlPr 7/131 = **24** F 7

„Hilfswerk für behinderte Kinder"
– s GesEntw zur Änderung des Ges über die Errichtung einer *Stiftung „Hilfswerk für behinderte Kinder"*

Hinterbliebene
s Anpassungsgesetz – Kriegsopferversorgung

Hinterbliebenenversorgung
– s GesEntw zur Verbesserung der *betrieblichen Altersversorgung*
BR-Drs 590/73 = **39** H 1
BT-Drs 7/1281 = **94** O 11

Hirnverletzte
Versorgung psychisch Kranker
– Bericht über die Lage der Psychiatrie in der Bundesrepublik Deutschland
BT-Drs 7/4200 = **179** N 2

Hochleistungssportler
soziale Betreuung und ärztliche Versorgung
– Sportbericht der Bundesregierung
BT-Drs 7/1040 = **84** K 2

Hochschule
– *GesEntw zur Neuordnung der Besoldung im Hochschulbereich*
BT-Drs 7/612 = **73** G 12
Antrag des Innenausschusses
BT-Drs 7/3213 = **150** I 13

Bericht des Innenausschusses
BT-Drs 7/3249 = **152** E 13
Bericht des Haushaltsausschusses
BT-Drs 7/3286 = **153** A 13
Änderungsantrag zur 2. Beratung
BT-Drs 7/3296 = **153** B 14
1. Beratung
BT-PlPr 7/39 = **6** H 14
2. Beratung
BT-PlPr 7/152 = **28** M 6
–Unterrichtung über den Bildungsgesamtplan
BR-Drs 790/73 = **51** G 2
BT-Drs 7/1474 = **100** C 8
–Antwort auf die Große Anfrage betr Maßnahmen gegen den numerus clausus
BT-Drs 7/1313 = **95** H 8
– Bericht der Bundesregierung über Nachfrage und Angebot bei Studienplätzen
BT-Drs 7/1340 = **96** C 5
– Bericht der Bundesregierung über die wirtschaftliche und soziale Sicherung des Studiums
BT-Drs 7/2116 = **117** O 1
BT-Drs 7/2803 = **136** A 1
– Bundesbericht Forschung V
BR-Drs 282/75 = **113** C 5
BT-Drs 7/3574 = **160** A 1
– Antwort auf die Große Anfrage betr Zukunftschancen der jungen Generation in der Bildung und im Beruf
BT-Drs 7/5099 = **213** F 4
– VO zur Änderung der VO über die Förderungshöchstdauer für den Besuch von Höheren Fachschulen, Akademien und Hochschulen
BR-Drs 256/74 = **67** B 4
– VO zur Änderung der VO über die Förderungshöchstdauer für den Besuch von Höheren Fachschulen, Akademien und Hochschulen
BR-Drs 429/74 = **75** F 11
– 2. VO zur Änderung der VO über die Förderungshöchstdauer für den Besuch von Höheren Fachschulen, Akademien und Hochschulen
BR-Drs 226/76 = **156** H 8

Hochschulbauförderungsgesetz
– *Entw eines 2. Ges zur Änderung des Hochschulbauförderungs Ges*
GesEntw des Bundesrates
BT-Drs 7/904 = **79** O 7
GesEntw der CDU/CSU
BT-Drs 7/912 = **80** F 8
Bericht und Antrag des Ausschusses für Bildung und Wissenschaft
BT-Drs 7/2159 = **118** G 3
Bericht des Haushaltsausschusses
BT-Drs 7/2200 = **119** I 14
1. Beratung
BT-PlPr 7/48 = **8** D 4
2. Beratung
BT-PlPr 7/106 = **19** N 8
– 6. VO zur Ergänzung der Anlage zum Hochschulbauförderungsgesetz
BR-Drs 677/73 = **43** H 1
– 7. VO zur Ergänzung der Anlage zum Hochschulbauförderungsgesetz
BR-Drs 425/75 = **122** E 8
– 8. VO zur Ergänzung der Anlage zum Hochschulbauförderungsgesetz
BR-Drs 573/76 = **175** J 10

Hochschulinstitut
s Europäisches Hochschulinstitut
Hochschulpolitik, Europäische
- Unterrichtung durch die Bundesregierung
BT-Drs 7/3331 = **153** M 8
- Bericht und Antrag des Ausschusses für Bildung und Wissenschaft
BT-Drs 7/5288 = **217** K 3
Beratung
BT-PlPr 7/252 = **48** J 1
Hochschulrahmengesetz (HRG)
- *Entw eines Hochschulrahmengesetzes*
BR-Drs 553/73 = **37** C 8
BR-Drs 40/75 = **98** O 4
BR-PlPr 397 = **2** L 1
BR-PlPr 416 = **4** I 9
Vermittlungsverfahren:
BR-Drs 766/75 = **141** I 13
BR-PlPr 429 = **5** M 3
BT-Drs 7/1328 = **235** A 1
Antrag des Ausschusses für Bildung und Wissenschaft
BT-Drs 7/2844 = **137** E 11
Bericht des Haushaltsausschusses
BT-Drs 7/2905 = **140** J 12
Bericht des Ausschusses für Bildung und Wissenschaft
BT-Drs 7/2932 = **141** B 9
Antrag betr Deckungsvorschlag
BT-Drs 7/2947 = **141** H 4
Beratung dieses Antrags
BT-PlPr 7/135 = **25** G 10
Änderungsanträge zur 2. Beratung
BT-Drs 7/2953 = **141** M 2
BT-Drs 7/2957 = **141** M 13
Bericht des Haushaltsausschusses
BT-Drs 7/2962 = **141** N 5
Unterrichtung betr Anrufung des Vermittlungsausschusses
BT-Drs 7/3279 = **152** O 11
Antrag des Vermittlungsausschusses
BT-Drs 7/4462 = **192** A 11
1. Beratung
BT-PlPr 7/71 = **12** H 7
2. und 3. Beratung
BT-PlPr 7/136 = **25** J 7
Beratung eines Antrags des Vermittlungsausschusses
BT-PlPr 7/210 = **39** L 5
Hochschulstatistik
- Bericht des Ausschusses für die Hochschulstatistik an die gesetzgebenden Körperschaften nach § 21 Abs 2 des Ges über eine Bundesstatistik für das Hochschulwesen
BR-Drs 235/74 = **66** A 14
BT-Drs 7/1751 = **108** I 10
- 2. Bericht des Ausschusses für Hochschulstatistik an die gesetzgebenden Körperschaften nach § 21 Abs 2 des Ges über eine Bundesstatistik für das Hochschulwesen
BR-Drs 78/76 = **149** B 11
BT-Drs 7/4636 = **197** C 11
HöchstbetragsVO
- 3. VO zur Änderung der HöchstbetragsVO
BR-Drs 62/74 = **57** D 6
- 4. VO zur Änderung der HöchstbetragsVO
BR-Drs 573/74 = **82** F 4
Höchstgeschwindigkeit
s a Autobahn-HöchstgeschwindigkeitsVO
- VO zur Änderung der Straßenverkehrs-Ordnung
BR-Drs 645/75 = **133** G 9

Höfeordnung
- *Entwurf eines 2. Ges zur Änderung der Höfeordnung*
BR-Drs 548/73 = **36** M 5
BR-Drs 89/76 = **149** K 14
BR-PlPr 397 = **2** L 1
BR-PlPr 431 = **5** O 8
BT-Drs 7/1443 = **97** M 11
Bericht und Antrag des Rechtsausschusses
BT-Drs 7/4545 = **194** I 14
1. Beratung
BT-PlPr 7/74 = **13** F 13
2. und 3. Beratung
BT-PlPr 7/219 = **41** I 1
Höferecht
s Agrarbericht
Höhere Fachschulen
s a Fachschulen
- VO zur Änderung der VO über die Förderungshöchstdauer für den Besuch von Höheren Fachschulen, Akademien und Hochschulen
BR-Drs 256/74 = **67** B 4
- 2. VO zur Änderung der VO über die Förderungshöchstdauer für den Besuch von Höheren Fachschulen, Akademien und Hochschulen
BT-Drs 226/76 = **156** H 8
Höherer Dienst
s Beamte
Hörfunk
- Bericht der Bundesregierung über die Lage von Presse und Rundfunk in der Bundesrepublik Deutschland (1974)
BT-Drs 7/2104 = **117** G 4
Hörgeräte
Vertriebsverbot im Reisegewerbe
- s Entw eines ÄndGes zur *Gewerbeordnung*
BT-Drs 7/774 = **77** I 1
Holzmarkt
- VO zur Änderung der VO über die Beschränkung des ordentlichen Holzeinschlags der Forstwirtschaft
BR-Drs 370/73 = **28** O 11
Holzschliff
- VO zur Änderung des Deutschen Teil-Zolltarifs (Nr. 2/73)
BR-Drs 167/73 = **18** K 7
- VO zur Änderung des Deutschen Teil-Zolltarifs (Nr. 7/73)
BR-Drs 168/73 = **18** K 8
- VO zur Änderung des Deutschen Teil-Zolltarifs (Nr. 3/74)
BR-Drs 138/74 = **61** J 8
- VO zur Änderung des Deutschen Teil-Zolltarifs (Nr 18/74)
BR-Drs 188/75 = **108** G 6
Holzstaub
- 7. VO zur Durchführung des Bundesimmissionsschutzgesetzes
BR-Drs 561/75 = **129** A 1
Holzwirtschaft
- Agrarbericht 1973
BT-Drs 7/146 = **57** A 6
- Agrarbericht 1974
BT-Drs 7/1650 = **105** K 5
- Agrarbericht 1975
BT-Drs 7/3210 = **149** B 5
Agrarbericht 1976
BT-Drs 7/4680 = **198** N 3
Homosexualität
- s Entw eines 4. *Strafrechtsreformgesetzes*
BT-Drs 7/80 = **54** D 9

Honig
- HonigVO
BR-Drs 649/76 = **178** L 10
Honorarordnung für Architekten und Ingenieure
- VO über die Honorare für Leistungen der Architekten und der Ingenieure
BR-Drs 270/76 = **160** L 8
Hüttenknappschaftliche Zusatzversicherung
- VO zur Abstimmung über die Aufnahme in die Hüttenknappschaftliche Zusatzversicherung
BR-Drs 572/74 = **82** E 7
- 2. VO über die Anpassung der Zusatzrenten aus der Hüttenknappschaftlichen Zusatzversicherung
BR-Drs 580/74 = **82** H 8
- VO über die Versicherung von Arbeitnehmern in der Hüttenknappschaftlichen Zusatzversicherung
BR-Drs 249/75 = **112** F 14
- 3. VO über die Anpassung der Zusatzrenten aus der Hüttenknappschaftlichen Zusatzversicherung
BR-Drs 564/76 = **175** D 6
- 2. VO über die Versicherung von Arbeitnehmern in der Hüttenknappschaftlichen Zusatzversicherung
BR-Drs 569/76 = **175** H 11
Hufbeschlagschmied
- VO zur Änderung der VO über den Hufbeschlag
BR-Drs 322/74 = **70** A 8
Hundeausstellungen
- VO zur Änderung der VO zum Schutz gegen Tollwut
BR-Drs 571/74 = **82** E 4
Hundehaltung
- VO über die Hundehaltung im Freien
BR-Drs 274/74 = **67** M 9
Hypothek
s Grundpfandrechte
Hypothekenbankgesetz
- *GesEntw zur Änd des Hypothekenbankgesetzes und des Schiffsbankgesetzes*
BR-Drs 29/73 = **8** M 3
BR-Drs 54/74 = **56** M 4
BR-PlPr 389 = **1** B 11
BR-PlPr 401 = **3** C 2
BT-Drs 7/114 = **55** H 9
Antrag des Finanzausschusses
BT-Drs 7/1382 = **96** N 5
Bericht des Finanzausschusses
BT-Drs 7/1390 = **97** B 12
1. Beratung
BT-PlPr 7/15 = **2** J 13
2. und 3. Beratung
BT-PlPr 7/70 = **12** C 14

I

Immissionsschutz
s a Baulärm, Bundes-Immissionsschutzgesetz, Emissionsschutz
- Umweltgutachten 1974
BT-Drs 7/2802 = **135** C 10
- Umweltbericht 1976
BT-Drs 7/5684 = **226** A 1
Immissionsschutzbeauftragter
- 5. VO zur Durchführung des Bundes-Immissionsschutzgesetzes
BR-Drs 660/74 = **85** O 5

- 6. VO zur Durchführung des Bundes-Immissionsschutzgesetzes
  BR-Drs 28/75 = **98** H 13

Immunität
von Angehörigen des Diplomatischen Corps
- s Entw eines Gesetzes zur Änderung des *Gerichtsverfassungsgesetzes*
  BT-Drs 7/226 = **60** N 9
  BT-Drs 7/365 = **64** N 9
- s GesEntw zum Übereinkommen über die Vorrechte und Immunitäten der *Vereinten Nationen*
  BR-Drs 172/76 = **154** E 8
  BT-Drs 7/5366 = **219** A 11

Impfstoffe
- s GesEntw zur Änderung des *Viehseuchengesetzes*
  BR-Drs 3/76 = **143** J 3
  BT-Drs 7/4919 = **206** J 5

Impfung
- *GesEntw über die Pockenschutzimpfung*
  BR-Drs 531/75 = **126** N 2
  BR-Drs 142/76 = **153** G 9
  BR-PlPr 424 = **5** E 4
  BR-PlPr 432 = **6** B 14
  Vermittlungsverfahren:
  BR-Drs 222/76 = **156** G 13
  BR-PlPr 433 = **6** D 11
  BT-Drs 7/4375 = **190** F 6
  Bericht und Antrag des Ausschusses für Jugend, Familie, Gesundheit
  BT-Drs 7/4709 = **201** A 12
  Unterrichtung betr Anrufung des Vermittlungsausschusses
  BT-Drs 7/4880 = **206** A 9
  Antrag des Vermittlungsausschusses
  BT-PlPr 7/4909 = **206** I 4
  1. Beratung
  BT-PlPr 7/208 = **39** D 5
  2. und 3. Beratung
  BT-PlPr 7/221 = **41** M 14
  Beratung eines Antrags des Vermittlungsausschusses
  BT-PlPr 7/233 = **44** D 5

Importfahrzeuge
- VO zur Änderung der Straßenverkehrs-Zulassungs-Ordnung
  BR-Drs 416/74 = **74** J 3

Indien, Republik
- Vorschlag einer EG-VO über den Abschluß eines Abkommens über handelspolitische Zusammenarbeit zwischen der EG und der Republik Indien
  BR-Drs 69/74 = **57** F 8
  BT-Drs 7/1560 = **103** H 10

Indirekte Steuern
- Vorschlag einer EG-Richtlinie über die indirekten Steuern auf Geschäften mit Wertpapieren
  BR-Drs 273/76 = **161** I 9
  BT-Drs 7/5082 = **212** M 11

Indochina
- Unterrichtung betr überplanmäßige Haushaltsausgaben im Haushaltsjahr 1975 betr Hilfsmaßnahmen für die Länder des ehemaligen Indochina
  BT-Drs 7/3607 = **163** H 4
  Antrag des Haushaltsausschusses
  BT-Drs 7/5232 = **216** D 14

Indusbecken-Entwicklungsfonds
- Unterrichtung betr überplanmäßige Ausgabe im Haushaltsjahr 1975 betr Beitrag zum Indusbecken-Entwicklungsfonds
  BT-Drs 7/3619 = **163** J 2
  Antrag des Haushaltsausschusses
  BT-Drs 7/4040 = **176** D 1

Industrie
- Raumordnungsbericht 1974
  BT-Drs 7/3582 = **161** G 3
- VO über die Durchführung einer Statistik über die Investitionen im Bergbau und in der Industrie
  BR-Drs 187/73 = **19** I 10

Industrieabfälle
- s GesEntw zur Änderung des *Abfallbeseitigungsgesetzes*
  BR-Drs 694/73 = **45** I 5
  BT-Drs 7/2593 = **130** G 5

Industriebank
s Deutsche Industriebank

Industriepolitik
- Memorandum betr Industriepolitik der EG
  BT-Drs 7/606 = **73** G 5
- Entw der Kommission der EG eines Aktionsprogramms für die Politik im wissenschaftlich-technologischen Bereich
  BT-Drs 7/1026 = **84** F 3

Industriestatistik
- s GesEntw über die *Statistik* im Produzierenden Gewerbe
  BR-Drs 690/74 = **87** E 14
  BT-Drs 7/3372 = **155** A 10
- s Entw eines ÄndGes zum Ges über *Statistiken* der Rohstoff- und Produktionswirtschaft einzelner Wirtschaftszweige
  BR-Drs 302/75 = **114** L 11
  BT-Drs 7/4603 = **196** F 1

Inflation
- *GesEntw zur Beseitigung von Inflationsschäden bei der Einkommen- und Lohnsteuer*
  BT-Drs 7/1043 = **84** N 12
  Bericht und Antrag des Finanzausschusses
  BT-Drs 7/1147 = **89** A 9
  Bericht des Haushaltsausschusses
  BT-Drs 7/1152 = **89** B 8
  1. Beratung
  BT-PlPr 7/54 = **9** A 1
  2. Beratung
  BT-PlPr 7/60 = **10** B 3
- *GesEntw zur Beseitigung von Inflationsschäden bei der Einkommen- und Lohnsteuer – Inflationsentlastungsgesetz*
  BT-Drs 7/1543 = **103** E 1
  Antrag des Finanzausschusses
  BT-Drs 7/2164 = **118** H 2
  Bericht des Finanzausschusses
  BT-Drs 7/2180 = **119** A 11
  Änderungsantrag zur 2. Beratung
  BT-Drs 7/2188 = **119** H 3
  Bericht des Haushaltsausschusses
  BT-Drs 7/2191 = **119** H 11
  1. Beratung
  BT-PlPr 7/77 = **13** O 6
  2. Beratung
  BT-PlPr 7/104 = **19** E 7
- *GesEntw zur Beseitigung von Inflationsschäden bei der Einkommen- und Lohnsteuer*
  BR-Drs 512/74 = **78** C 6
  BR-PlPr 410 = **3** O 9
- *GesEntw zur Beseitigung von Inflationsschäden bei der Einkommen- und Lohnsteuer*
  BT-Drs 7/2368 = **123** F 14
- Jahresgutachten 1972 zur gesamtwirtschaftlichen Entwicklung
  BT-Drs 7/2 = **51** A 6
- Jahresgutachten 1973 des Sachverständigenrates über die gesamtwirtschaftliche Entwicklung
  BT-Drs 7/1273 = **93** O 10
- Jahresgutachten 1974 des Sachverständigenrates zur Begutachtung der gesamtwirtschaftlichen Entwicklung
  BT-Drs 7/2848 = **137** G 3
- Jahresgutachten 1975 des Sachverständigenrats zur Begutachtung der gesamtwirtschaftlichen Entwicklung
  BT-PlPr 7/4326 = **188** E 14
- Jahresgutachten 1976/1977 des Sachverständigenrates zur Begutachtung der gesamtwirtschaftlichen Entwicklung
  BT-Drs 7/5902 = **232** A 12

Informatik
- Erste Vorschläge der Kommission der EG für prioritäre Aktionen auf dem Gebiet der Informatik
  BR-Drs 206/75 = **108** L 2
  BT-Drs 7/3437 = **156** A 2
  Bericht und Antrag des Ausschusses für Forschung und Technologie
  BT-Drs 7/3836 = **170** C 11

Infrastruktur
- Bundesraumordnungsprogramm
  BT-Drs 7/3584 = **162** C 2
- Städtebaubericht 1975
  BT-Drs 7/3583 = **161** M 9

Ingenieure
- VO über die Honorare für Leistungen der Architekten und Ingenieure
  BR-Drs 270/76 = **160** L 8

Ingenieurwissenschaften
- Bundesbericht Forschung V
  BT-Drs 7/3574 = **160** A 1

Innerdeutsche Beziehungen
- Materialien zum Bericht zur Lage der Nation 1974
  BR-Drs 536/74 = **78** L 9
- s a GesEntw zur Änderung des Ges über die innerdeutsche *Rechts- und Amtshilfe* in Strafsachen
  BR-Drs 654/74 = **85** N 2
  BT-Drs 7/1882 = **112** A 9
- s a GesEntw zum Vertrag Bundesrepublik Deutschland/DDR über die *Grundlagen* ihrer Beziehungen
  BR-Drs 341/73 = **28** A 10
  BT-Drs 7/153 = **58** K 8
- Allgemeine Verwaltungsvorschrift über die umsatzsteuerliche Behandlung des zwischen den Währungsgebieten der Deutschen Mark und der Mark der DDR (VwV zu § 26 Abs 4 UStG 1967)
  BR-Drs 217/73 = **21** B 11

Innerdeutscher Handel
s Handel mit der DDR

INTELSAT
s Internationale Fernmeldesatellitenorganisation

Instrumentenflugbetrieb
- 4. VO zur Änderung der Luftverkehrsordnung 1964
  BR-Drs 599/74 = **83** O 9

Integration, Europäische
- Bericht von Premierminister Leo Tindemans über die Europäische Union sowie die Stellungnahme der Bundesregierung hierzu
  BR-Drs 290/76 = **162** H 11

Integrationsbericht der Bundesregierung
Bericht der Bundesregierung über die Integration in den Europäischen Gemeinschaften
- (April 1972–September 1972)
  BT-Drs 7/5 = **51** L 4
- (Oktber 1972–März 1973)
  BT-Drs 7/488 = **69** C 8
- (April 1973–September 1973)
  BT-Drs 7/1108 = **87** D 13
- (Oktober 1973 bis März 1974)
  BR-Drs 325//74 = **70** B 13
  BT-Drs 7/2021 = **115** J 4
- (April 1974 bis September 1974)
  BR-Drs 687/74 = **87** C 6
  BT-Drs 7/2662 = **132** A 13
- (Oktober 1974 bis März 1975)
  BR-Drs 283/75 = **113** N 12
  BT-Drs 7/3575 = **160** L 4
- (April 1975 bis September 1975)
  BR-Drs 662/75 = **134** O 6
  BT-Drs 7/4227 = **184** N 8
- (Oktober 1975 bis März 1976)
  BR-Drs 277/76 = **161** J 14
  BT-Drs 7/5072 = **212** J 9
- (April 1976 bis September 1976)
  BR-Drs 632/76 = **177** L 12
  BT-Drs 7/5834 = **230** D 8

Interamerikanische Entwicklungsbank
- *GesEntw zu dem Übereinkommen zur Errichtung der Interamerikanischen Entwicklungsbank*
  BR-Drs 660/75 = **134** K 9
  BR-Drs 748/75 = **141** A 4
  BR-PlPr 427 = **5** K 3
  BR-PlPr 429 = **5** M 3
  BT-Drs 7/4315 = **187** L 8
  Antrag des Ausschusses für wirtschaftliche Zusammenarbeit
  BT-Drs 7/4436 = **191** I 6
  Bericht des Haushaltsausschusses
  BT-Drs 7/4451 = **191** L 8
  1. Beratung
  BT-PlPr 7/204 = **38** K 3
  2. Beratung und Schlußabstimmung
  BT-PlPr 7/210 = **39** L 5

Interimsabkommen
- s GesEntw zu dem Interimsabkommen zwischen den Mitgliedstaaten der Europäischen Gemeinschaft für Kohle und Stahl und *Österreich*
  BR-Drs 87/73 = **10** N 11
  BT-Drs 7/246 = **61** C 2

Internationale Arbeitsorganisation
- *GesEntw zum Übereinkommen der internationalen Arbeitsorganisation über die Arbeitsaufsicht in der Landwirtschaft*
  BR-Drs 49/73 = **8** O 6
  BR-Drs 414/73 = **31** L 11
  BR-PlPr 389 = **1** B 11
  BR-PlPr 395 = **2** I 1
  BT-Drs 7/109 = **55** F 11
  Bericht und Antrag des Ausschusses für Arbeit und Sozialordnung
  BT-Drs 7/533 = **70** F 10
  1. Beratung
  BT-PlPr 7/15 = **2** J 13
  2. Beratung und Schlußabstimmung
  BT-PlPr 7/35 = **6** A 14
- *GesEntw zum Übereinkommen der Internationalen Arbeitsorganisation über den Schutz der Arbeitnehmer vor ionisierenden Strahlen*
  BR-Drs 50/73 = **8** O 8
  BR-Drs 411/73 = **31** L 1
  BR-PlPr 389 = **1** B 11
  BR-PlPr 395 = **2** I 1
  BT-Drs 7/105 = **55** D 11
  Bericht und Antrag des Ausschusses für Arbeit und Sozialordnung
  BT-Drs 7/526 = **70** D 14
  1. Beratung
  BT-PlPr 7/15 = **2** J 13
  2. Beratung und Schlußabstimmung
  BT-PlPr 7/34 = **5** M 13
- *GesEntw zum Übereinkommen der Internationalen Arbeitsorganisation über Schutz vor durch Benzol verursachten Vergiftungsgefahren*
  BR-Drs 80/73 = **10** J 2
  BR-Drs 386/73 = **29** N 1
  BR-PlPr 390 = **2** A 6
  BR-PlPr 395 = **2** I 1
  BT-Drs 7/257 = **62** H 11
  Bericht und Antrag des Ausschusses für Arbeit und Sozialordnung
  BT-Drs 7/536 = **70** G 4
  1. Beratung
  BT-PlPr 7/21 = **3** J 11
  2. Beratung und Schlußabstimmung
  BT-PlPr 7/35 = **6** A 14
- *GesEntw zum Übereinkommen der Internationalen Arbeitsorganisation über Schutz und Erleichterung für Arbeitnehmervertreter im Betrieb*
  BR-Drs 81/73 = **10** J 11
  BR-Drs 387/73 = **29** N 2
  BR-PlPr 390 = **2** A 2
  BR-PlPr 395 = **2** I 1
  BT-Drs 7/258 = **62** I 3
  Bericht und Antrag des Ausschusses für Arbeit und Sozialordnung
  BT-Drs 7/536 = **70** G 4
  1. Beratung
  BT-PlPr 7/21 = **3** J 11
  2. Beratung und Schlußabstimmung
  BT-PlPr 7/35 = **6** A 14
- *GesEntw zum Übereinkommen der Internationalen Arbeitsorganisation über Gesundheitsschutz im Handel und in Büros*
  BR-Drs 149/73 = **17** H 14
  BR-Drs 443/73 = **33** D 8
  BR-PlPr 391 = **2** B 11
  BR-PlPr 396 = **2** I 14
  BT-Drs 7/414 = **66** I 2
  Bericht und Antrag des Ausschusses für Arbeit und Sozialordnung
  BT-Drs 7/652 = **75** C 3
  1. Beratung
  BT-PlPr 7/30 = **5** A 6
  2. Beratung und Schlußbestimmung
  BT-PlPr 7/39 = **6** H 14
- *GesEntw zum Übereinkommen der Internationalen Arbeitsorganisation über Quartierräume an Bord von Schiffen*
  BR-Drs 518/73 = **35** I 13
  BR-Drs 291/74 = **68** I 7
  BR-PlPr 397 = **2** L 1
  BR-PlPr 405 = **3** I 2
  BT-PlPr 7/1135 = **87** N 11
  Bericht und Antrag des Ausschusses für Arbeit und Sozialordnung
  BT-Drs 7/1864 = **111** L 4
  1. Beratung
  BT-PlPr 7/64 = **10** L 13
  2. Beratung und Schlußabstimmung
  BT-PlPr 7/93 = **17** G 13
- *GesEntw zum Übereinkommen der Internationalen Arbeitsorganisation über Quartierräume an Bord von Fischereifahrzeugen*
  BR-Drs 519/73 = **35** J 12
  BR-Drs 294/74 = **68** I 10
  BR-PlPr 397 = **2** L 1
  BR-PlPr 405 = **3** I 2
  BT-Drs 7/1133 = **87** L 11
  Bericht und Antrag des Ausschusses für Arbeit und Sozialordnung
  BT-Drs 7/1864 = **111** L 4
  1. Beratung
  BT-PlPr 7/64 = **10** L 13
  2. Beratung und Schlußbestimmung
  BT-PlPr 7/93 = **17** G 13
- *GesEntw zum Übereinkommen der Internationalen Arbeitsorganisation über die Quartierräume der Besatzung an Bord von Schiffen* – (zusätzliche Bestimmunen)
  BR-Drs 521/73 = **35** L 12
  BR-Drs 292/74 = **68** I 8
  BR-PlPr 397 = **2** L 1
  BR-PlPr 405 = **3** I 2
  BT-Drs 7/1136 = **87** O 9
  Bericht und Antrag des Ausschusses für Arbeit und Sozialordnung
  BT-Drs 7/1864 = **111** L 4
  1. Beratung
  BT-PlPr 7/64 = **10** L 13
  2. Beratung und Schlußabstimmung
  BT-PlPr 7/93 = **17** G 13
- *GesEntw zum Übereinkommen der Internationalen Arbeitsorganisation über ärztliche Betreuung und Krankengeld*
  BR-Drs 520/73 = **35** K 10
  BR-Drs 149/74 = **61** M 14
  BR-PlPr 397 = **2** L 1
  BR-PlPr 402 = **3** E 5
  BT-Drs 7/1134 = **87** M 9
  Bericht und Antrag des Ausschusses für Arbeit und Sozialordnung
  BT-Drs 7/1615 = **104** E 10
  1. Beratung
  BT-PlPr 7/64 = **10** L 13
  2. Beratung und Schlußabstimmung
  BT-PlPr 7/81 = **14** N 5
- *GesEntw zum Übereinkommen der Internationalen Arbeitsorganisation über den Schutz der Seeleute gegen Arbeitsunfälle*
  BR-Drs 522/73 = **35** M 7
  BR-Drs 293/74 = **68** I 9
  BR-PlPr 397 = **2** L 1
  BR-PlPr 405 = **3** I 2
  BT-Drs 7/1132 = **87** L 5
  Bericht und Antrag des Ausschusses für Arbeit und Sozialordnung
  BT-Drs 7/1864 = **111** L 4
  1. Beratung
  BT-PlPr 7/64 = **10** L 13
  2. Beratung und Schlußabstimmung
  BT-PlPr 7/93 = **17** G 13
- *GesEntw zum Übereinkommen der Internationalen Arbeitsorganisation über den bezhalten Jahresurlaub*
  BR-Drs 252/74 = **66** M 12
  BR-Drs 133/75 = **104** D 7

BR-PlPr 405 = 3 I 2
BR-PlPr 417 = **4** K 9
BT-Drs 7/2394 = **123** L 6
Bericht und Antrag des Ausschusses für Arbeit und Sozialordnung
BT-Drs 7/3174 = **147** N 14
1. Beratung
BT-PlPr 7/116 = **21** G 5
2. Beratung und Schlußabstimmung
BT-PlPr 7/149 = **28** E 8

– *GesEntw zum Übereinkommen der Internationalen Arbeitsorganisation über das Mindestalter für die Zulassung zur Beschäftigung*
BR-Drs 541/74 = **80** F 9
BR-Drs 744/75 = **140** O 11
BR-PlPr 412 = **4** B 12
BR-PlPr 429 = **5** M 3
BT-Drs 7/2685 = **132** E 10
Bericht und Antrag des Ausschusses für Arbeit und Sozialordnung
BT-Drs 7/4330 = **189** C 2
1. Beratung
BT-PlPr 7/128 = **23** K 8
2. Beratung und Schlußabstimmung
BT-PlPr 7/207 = **39** B 4

– *GesEntw zum Übereinkommen der Internationalen Arbeitsorganisation über die Verhütung und Bekämpfung der durch krebserzeugende Stoffe und Einwirkungen verursachten Berufsgefahren*
BR-Drs 540/75 = **127** K 5
BR-Drs 148/76 = **153** J 4
BR-PlPr 424 = **5** E 4
BR-PlPr 432 = **6** B 14
BT-Drs 7/4178 = **179** E 6
Bericht und Antrag des Ausschusses für Arbeit und Sozialordnung
BT-Drs 7/4718 = **201** D 5
1. Beratung
BT-PlPr 7/201 = **38** A 1
2. Beratung und Schlußabstimmung
BT-PlPr 7/224 = **42** G 6

– *GesEntw zum Übereinkommen der Internationalen Arbeitsorganisation über die ärztliche Untersuchung der Fischer*
BR-Drs 679/75 = **137** G 5
BR-Drs 311/76 = **163** J 12
BR-PlPr 429 = **5** M 3
BR-PlPr 435 = **6** I 1
BT-Drs 7/4511 = **193** A 13
Bericht und Antrag des Ausschusses für Arbeit und Sozialordnung
BT-Drs 7/5106 = **213** M 4
1. Beratung
BT-PlPr 7/216 = **40** N 12
2. Beratung und Schlußabstimmung
BT-PlPr 7/238 = **45** D 14

– *GesEntw zum Übereinkommen der Internationalen Arbeitsorganisation über die ärztliche Untersuchung der Schiffsleute*
BR-Drs 680/75 = **137** G 12
BR-Drs 312/76 = **163** J 13
BR-PlPr 429 = **5** M 3
BR-PlPr 435 = **6** I 1
BT-Drs 7/4512 = **193** B 5
Bericht und Antrag des Ausschusses für Arbeit und Sozialordnung
BT-Drs 7/5106 = **213** M 4
1. Beratung
BT-PlPr 7/216 = **40** N 12
2. Beratung und Schlußbestimmung
BT-PlPr 7/238 = **45** D 14

– *GesEntw zum Übereinkommen der Internationalen Arbeitsorganisation über den bezahlten Bildungsurlaub*
BR-Drs 781/75 = **142** D 7
BR-Drs 451/76 = **170** K 4
BR-PlPr 430 = **5** N 11
BR-PlPr 437 = **6** L 10
BT-Drs 7/4766 = **202** E 5
Bericht und Antrag des Ausschusses für Arbeit und Sozialordnung
BT-Drs 7/5355 = **218** N 6
1. Beratung
BT-PlPr 7/230 = **43** J 6
2. Beratung und Schlußbestimmung
BT-PlPr 7/252 = **48** J 1

– *GesEntw zum Übereinkommen der Internationalen Arbeitsorganisation über die Verbände ländlicher Arbeitskräfte und ihre Rolle in der wirtschaftlichen und sozialen Entwicklung*
BR-Drs 673/76 = **179** H 3
BR-PlPr 442 = **7** C 1

– Unterrichtung über das Übereinkommen Nr 137 über die sozialen Auswirkungen neuer Umschlagmethoden in Häfen und über die Empfehlung Nr 145 betr die sozialen Auswirkungen neuer Umschlagmethoden in Häfen
BR-Drs 215/75 = **109** K 7
BT-Drs 7/3445 = **156** F 14

Internationale Atomenergie-Organisation
– s GesEntw zum Übereinkommen mit dem Königreich Belgien, dem Königreich Dänemark, der Bundesrepublik Deutschland, Irland, der Italienischen Republik, dem Großherzogtum Luxemburg, dem Königreich der Niederlande, der Europäischen Atomgemeinschaft in Ausführung des Vertrages über die Nichtverbreitung von *Kernwaffen*
BR-Drs 402/73 = **31** B 9
BT-Drs 7/995 = **83** E 14

Internationale Energie-Agentur
– s GesEntw zum Übereinkommen über ein Internationales *Energieprogramm*
BR-Drs 790/74 = **93** K 12
BT-Drs 7/3027 = **143** A 4

Internationale Fernmeldesatellitenorganisation „INTELSAT“
– *GesEntw zum Übereinkommen über die Internationale Fernmeldesatellitenorganisation „INTELSAT“*
BR-Drs 24/73 = **8** L 7
BR-Drs 253/73 = **22** L 8
BR-PlPr 389 = **1** B 11
BR-PlPr 392 = **2** D 6
BT-Drs 7/120 = **56** A 1
Antrag des auswärtigen Ausschusses
BT-Drs 7/284 = **63** H 1
1. Beratung
BT-PlPr 7/15 = **2** J 13
2. Beratung und Schlußabstimmung
BT-PlPr 7/21 = **3** J 11

Internationale Gesundheitsvorschriften
s Gesundheitsvorschriften

Internationale Kaffee-Organisation
– VO über die Gewährung von Vorrechten und Befreiungen (nach der Entschließung des Internationalen Kaffee-Rates zur Verlängerung des Internationalen Kaffee-Übereinkommens 1968)
BR-Drs 494/73 = **34** J 1

Internationale militärische Hauptquartiere
s Bundeswehr, Militärpersonal

Internationaler Fernmeldevertrag
– *GesEntw zum Internationalen Fernmeldevertrag*
BR-Drs 20/76 = **145** E 11
BR-Drs 317/76 = **163** K 12
BR-PlPr 431 = **5** O 8
BR-PlPr 435 = **6** I 1
BT-Drs 7/4807 = **203** M 4
Bericht und Antrag des Ausschusses für Verkehr und Post
BT-Drs 7/5007 = **210** G 11
1. Beratung
BT-PlPr 7/230 = **43** J 6
2. Beratung und Schlußabstimmung
BT-PlPr 7/238 = **45** D 14

Internationaler Fond zur Entschädigung von Ölverschmutzungsschäden
– s GesEntw zu den Übereinkommen über die zivilrechtliche Haftung für Ölverschmutzungsschäden (s *Ölkatastrophen*)
BR-Drs 216/74 = **65** I 5
BT-Drs 7/2299 = **121** 0 2

Internationaler Kapitalverkehr
– 27. VO zur Änderung der AußenwirtschaftsVO
BR-Drs 460/73 = **33** H 14
BT-Drs 7/852 = **78** H 1

Internationaler Pakt über bürgerliche und politische Rechte
s Menschenrechtsabkommen

Internationaler Pakt über wirtschaftliche, soziale und kulturelle Rechte
s Menschenrechtsabkommen

Internationaler Straßenverkehr
– s GesEntw zum Europäischen Übereinkommen über die Arbeit des im Internationalen *Straßenverkehr* beschäftigten Fahrpersonals

Internationaler Verkehr
– s GesEntw zum Abkommen Bundesrepublik Deutschland/Vereinigtes Königreich *Großbritannien* und Nordirland über die steuerliche Behandlung von Straßenfahrzeugen im Internationalen Verkehr
– s GesEntw zum Abkommen Bundesrepublik Deutschland/Sozialistische Republik *Rumänien* über die steuerliche Behandlung von Straßenfahrzeugen im Internationalen Verkehr

Internationales Energieprogramm
– s GesEntw zum Übereinkommen über ein Internationales *Energieprogramm*
BR-Drs 790/74 = **93** K 12
BT-Drs 7/3027 = **143** A 4

Internationales Kakao-Übereinkommen
s Kakao-Übereinkommen

Internationales Kaffee-Übereinkommen
s Kaffee-Übereinkommen

Internationales Olivenöl-Übereinkommen
s Olivenöl-Übereinkommen

Internationales Patentrecht
s Patentrecht, internationales

Internationales Patentübereinkommen
s Patentrecht, internationales

Internationales Schiffsvermessungs-Übereinkommen
– s GesEntw zum Internationalen *Schiffsvermessungs*übereinkommen
BR-Drs 631/73 = **41** B 4
BT-Drs 7/2054 = **116** E 14

Internationales Zinn-Übereinkommen
– VO über die Gewährung von Vorrechten und Immunitäten an den Internationalen Zinn-Rat nach dem 5. Internationalen Zinn-Übereinkommen
BR-Drs 438/76 = **169** O 3
Interparlamentarische Union
– Unterrichtung durch die Deutsche Gruppe betr die 60. Jahreskonferenz vom 21. bis 29. 9. 1972 in Rom
BT-Drs 7/15 = **52** E 8
– Unterrichtung über die Tagung vom 22. bis 26. 10. 1973 in Genf
BT-Drs 7/1240 = **93** B 5
– Unterrichtung über die 61. Jahrestagung vom 2. bis 11. 10. 1974 in Tokio
BT-Drs 7/2871 = **139** O 13
– Unterrichtung über die Tagung vom 31. 3. bis 6. 4. 1975 in Colombo
BT-Drs 7/3614 = **163** I 10
– Unterrichtung über die Tagung in London vom 3. bis 13. 9. 1975
BT-Drs 7/4370 = **190** C 10
– Unterrichtung über die Tagung in Mexiko-City vom 18. bis 25. 4. 1976
BT-Drs 7/5391 = **220** A 10
– Unterrichtung über die 63. Jahreskonferenz in Madrid vom 22. 9. bis 1. 10. 1976
BT-Drs 7/5853 = **230** N 12
Invaliditätsversorgung
– s GesEntw zur Verbesserung der *betrieblichen Altersversorgung*
BR-Drs 590/73 = **39** H 1
BT-Drs 7/1281 = **94** O 11
Investitionen
– *GesEntw zur Förderung von Investitionen und Beschäftigung*
BR-Drs 838/74 = **96** E 13
BR-PlPr 415 = **4** G8
BT-Drs 7/2979 = **142** A 13
Bericht und Antrag des Finanzausschusses
BT-Drs 7/3010 = **142** K 2
Bericht des Haushaltsausschusses
BT-Drs 7/3012 = **142** L 1
Änderungsantrag zur 2. Beratung
BT-Drs 7/3014 = **142** L 4
Entschließungsantrag zur 3. Beratung
BT-Drs 7/3013 = **142** L 3
1. Beratung
BT-PlPr 7/137 = **25** O 3
2. und 3. Beratung
BT-PlPr 7/139 = **26** E 12
– s a GesEntw eines 3. ÄndGes zum *Außenwirtschaftsgesetz*
BR-Drs 543/75 = **127** L12
BT-Drs 7/4323 = **188** D 6
– Investitionsprogramm des Bundes 1972 bis 1976
BR-Drs 481/73 = **34** C 3
BT-Drs 7/891 = **79** J 7
– Investitionsprogramm des Bundes 1973 bis 1977
BR-Drs 261/74 = **67** E 12
BT-Drs 7/1888 = **112** B 2
– Finanzplan und Investitionsprogramm des Bundes 1974 bis 1978
BR-Drs 591/74 = **83** G 3
BT-Drs 7/2503 = **128** A 13
– Finanzplan des Bundes 1975 bis 1979
BR-Drs 626/75 = **132** H 2
BT-Drs 7/4101 = **177** A 7
– Programm zur Stärkung von Bau- und anderen Investitionen
BR-Drs 522/75 = **126** E 11
BR-PlPr 423 = **5** D 8
BT-Drs 7/4013 = **175** E 12
Stellungnahme des Bundesrates
BT-Drs 7/4043 = **176** D 4
Bericht und Antrag des Haushaltsausschusses
BT-Drs 7/4044 = **176** D 5
Entschließungsantrag zur Beratung
BT-Drs 7/4058 = **176** E 14
BT-PlPr 7/184 = **35** E 3
BT-PlPr 7/185 = **35** J 3
BT-PlPr 7/186 = **35** N 6
– Bericht der Bundesregierung über die Verwendung der Mittel aus dem Programm zur Stärkung von Bau- und anderen Investitionen – Ausgaben für Arbeitsbeschaffungsmaßnahmen –
BT-Drs 7/5093 = **213** D 1
– VO über die Durchführung einer Statistik über die Investitionen im Bauhauptgewerbe und im produzierenden Handwerk
BR-Drs 186/73 = **19** I 7
– VO über die Durchführung einer Statistik über die Investitionen in der Industrie und im Bergbau
BR-Drs 187/73 = **19** I 10
– 3. VO über steuerliche Konjunkturmaßnahmen betr die umsatzsteuerliche Investitionsbelastung
BR-Drs 368/73 = **28** N 9
– s a Jahresgutachten des *Sachverständigenrates* zur Begutachtung der gesamtwirtschaftlichen Entwicklung
Interventionsausgaben (EG)
– Vorschlag einer EG-Verordnung zur Änderung der Verordnungen über die Finanzierung der Interventionsausgaben im Hinblick auf die Finanzierungskosten
BR-Drs 608/76 = **176** H 13
BT-Drs 7/5815 = **229** H 10
Investitionsbank
s Europäische Investitionsbank
Investitionsförderung
– s GesEntw zur Änderung des *Einkommensteuer-* und Gewerbesteuergesetzes (Steueränderungsgesetz 1975)
BR-Drs 828/74 = **95** N 3
BT-Drs 7/3667 = **164** G 1
– Unterrichtung über die Vorlage betr zusätzliche Bundesausgaben zur Förderung der Konjunktur (§ 6 Abs 2 StWG)
BR-Drs 830/74 = **96** A 13
Investitionssteuer
– 9. VO zur Durchführung des Umsatzsteuergesetzes
BR-Drs 788/73 = **51** F 10
Investitionszulagengesetz
– *Entw eines ÄndGes*
BT-Drs 7/1364 = **96** H 1
Bericht und Antrag des Finanzausschusses
BT-Drs 7/1614 = **104** E 9
Bericht des Haushaltsausschusses
BT-Drs 7/1730 = **108** F 10
1. Beratung
BT-PlPr 7/70 = **12** C 14
2. Beratung
BT-PlPr 7/81 = **14** N 5
– *Entw eines Ges zur Änderung des Investitionszulagengesetzes*
BR-Drs 839/74 = **96** F 12
BR-PlPr 415 = **4** G 8
BT-Drs 7/2980 = **142** B 3
Bericht und Antrag des Finanzausschusses
BT-Drs 7/3011 = **142** K 12
Bericht des Haushaltsausschusses
BT-Drs 7/3012 = **142** L 1
Entschließungsantrag zur 3. Beratung
BT-Drs 7/3013 = **142** L 3
1. Beratung
BT-PlPr 7/137 = **25** O 3
2. und 3. Beratung
BT-PlPr 7/139 = **26** E 12
– *GesEntw zur Änderung des Investitionszulagengesetzes*
BR-Drs 829/74 = **95** O 9
BR-PlPr 415 = **4** G 8
BR-PlPr 416 = **4** I 9
BT-Drs 7/3658 = **164** E 4
1. Beratung
BT-PlPr 7/216 = **40** N 12
– *GesEntw zur Änderung des Investitionszulagengesetzes*
BR-Drs 126/75 = **103** N 2
BR-PlPr 416 = **4** I 9
– *GesEntw zur Änderung des Investitionszulagengesetzes* (InvZulG 1975)
BR-Drs 213/75 = **109** J 11
BR-PlPr 419 = **4** N 2
BT-Drs 7/3900 = **171** O 11
1. Beratung
BT-PlPr 7/216 = **40** N 12
– s a Entw eines *Steueränderungsgesetzes* 1973
BR-Drs 183/73 = **19** C 12
BT-Drs 7/419 = **66** J 9
– s a GesEntw zur Änderung des *Einkommensteuergesetzes* und des Investitionszulagengesetzes
BR-Drs 64/75 = **99** L 5
BT-Drs 7/3194 = **148** I 10
– VO über die Fremdenverkehrsgebiete im Sinne des § 3 Abs 2 des Investitionszulagengesetzes
BR-Drs 459/74 = **76** F 10
– VO über die förderungsbedürftien Gebiete und über die Fremdenverkehrsgebiete i. S. des Investitionszulagengesetzes
BR-Drs 717/75 = **139** C 9
– 2. VO über die förderungsbedürftigen Gebiete und über die Fremdenverkehrsgebiete im Sinne des Investitionszulagengesetzes
BR-Drs 514/76 = **173** A 12
Investitionszuschußgesetz
– *GesEntw über Investitionszuschüsse für gemeinnützige Wohnungs-und Siedlungsunternehmen*
BR-Drs 840/74 = **96** F 14
BR-PlPr 415 = **4** G 8
BT-Drs 7/2981 = **142** B 5
Bericht und Antrag des Ausschusses für Raumordnung, Bauwesen und Städtebau
BT-Drs 7/3006 = **142** J 10
nunmehr:
– *GesEntw über Investitionszuschüsse für Mietwohnungen, Genossenschaftswohnungen und Wohnheime im sozialen Wohnungsbau*
Änderungsantrag zur 2. Beratung
BT-Drs 7/3007 = **142** J 13
Bericht des Haushaltsausschusses
BT-Drs 7/3012 = **142** L 1
1. Beratung
BT-PlPr 7/137 = **25** O 3
2. und 3. Beratung
BT-PlPr 7/139 = **26** E 12

Ionisierende Strahlen
- s GesEntw zu dem Übereinkommen der *Internationalen Arbeitsorganisation*
- Vorschlag einer EG-Richtlinie (Euratom) zur Abänderung der Richtlinie über Grundnormen für den Gesundheitsschutz der Bevölkerung und der Arbeitskräfte gegen die Gefahren von ionisierenden Strahlungen
  BR-Drs 113/74 = **59** C 7
  BT-Drs 7/1637 = **104** N 4
- VO über den Schutz vor Schäden durch ionisierende Strahlen. (StrahlenschutzVO)
  BR-Drs 375/76 = **166** I 3

Irland
s a Nordirland

Irland, Republik
- s GesEntw zum Übereinkommen mit dem Königreich Belgien, dem Königreich Dänemark, der Bundesrepublik Deutschland, der Italienischen Republik, dem Großherzogtum Luxemburg, dem Königreich der Niederlande, der Europäischen Atomgemeinschaft und der Internationalen Atomenergie-Organisation in Ausführung des Vertrages über die Nichtverbreitung von *Kernwaffen*
  BR-Drs 402/73 = **31** B 9
  BT-Drs 7/995 = **83** E 14

Island, Republik
- *GesEntw zum Abkommen zwischen den Mitgliedstaaten der Europäischen Gemeinschaft für Kohle und Stahl und der Republik Island*
  BR-Drs 83/73 = **10** K 11
  BR-Drs 351/73 = **28** D 7
  BR-PlPr 390 = **2** A 6
  BR-PlPr 394 = **2** F 12
  BT-Drs 7/252 = **61** J 7
  Bericht und Antrag des Wirtschaftsausschusses
  BT-Drs 7/397 = **65** I 2
  2. Beratung und Schlußabstimmung
  BT-PlPr 7/31 = **5** D 11
  1. Beratung
  BT-PlPr 7/21 = **3** J 11
- *GesEntw zum Abkommen Bundesrepublik Deutschland/Republik Island zur Vermeidung von Doppelbesteuerung im Bereich der Einkommen- und Vermögensteuer*
  BR-Drs 37/73 = **8** N 1
  BR-Drs 256/73 = **22** L 11
  BR-PlPr 389 = **1** B 11
  BR-PlPr 392 = **2** D 6
  BT-Drs 7/99 = **55** A 1
  Bericht und Antrag des Finanzausschusses
  BT-Drs 7/264 = **62** M 8
  1. Beratung
  BT-PlPr 7/15 = **2** J 13
  2. Beratung und Schlußabstimmung
  BT-PlPr 7/21 = **3** J 11

IsolierschlachtVO
- VO über hygienische Mindestanforderungen an Isolierschlachtbetriebe und Isolierschlachträume
  BR-Drs 298/75 = **114** G 10

Isothermbeförderungsmittel
- s GesEntw zum Übereinkommen über internationale Beförderung leicht verderblicher *Lebensmittel*
  BR-Drs 75/73 = **9** E 4
  BT-Drs 7/876 = **79** A 6

Israel, Republik
- *GesEntw zum Abkommen Bundesrepublik Deutschland/Republik Israel über Soziale Sicherheit*
  BR-Drs 646/74 = **85** H 5
  BR-Drs 63/75 = **99** L 4
  BR-PlPr 413 = **4** D 12
  BR-PlPr 416 = **4** I 9
  BT-Drs 7/2783 = **134** N 7
  Bericht und Antrag des Ausschusses für Arbeit und Sozialordnung
  BT-Drs 7/3101 = **146** G 10
  1. Beratung
  BT-PlPr 7/134 = **25** A 1
  2. Beratung und Schlußabstimmung
  BT-PlPr 7/147 = **28** A 1
- *GesEntw zum Abkommen zwischen den Mitgliedstaaten der EGKS und dem Staat Israel*
  BR-Drs 411/76 = **168** M 11
  BR-PlPr 437 = **6** L 10
- Unterrichtung über die Empfehlung einer EG-VO betr Abschluß eines Zusatzprotokolls zum Abkommen zwischen der EG und Israel
  BR-Drs 715/76 = **181** L 7
  BT-Drs 7/5943 = **234** K 8
- VO zur Änderung des Deutschen Teil-Zolltarifs (Nr 6/75)
  BR-Drs 485/75 = **124** M 5
  BT-Drs 7/3937 = **172** N 7
- VO zur Änderung des Deutschen Teil-Zolltarifs (Nr 4/76)
  BR-Drs 104/76 = **151** O 2
  BT-Drs 7/4674 = **198** J 12

Italien, Republik
- *GesEntw zum Abkommen Bundesrepublik Deutschland/Republik Italien über die Regelung der mit dem deutsch-italienischen Abkommen vom 26. 2. 1941 zusammenhängenden Fragen*
  BR-Drs 246/76 = **157** H 1
  BR-Drs 456/76 = **170** L 12
  BR-PlPr 434 = **6** F 11
  BR-PlPr 437 = **6** L 10
  BT-Drs 7/5211 = **215** L 3
  Bericht und Antrag des Ausschusses für Arbeit und Sozialordnung
  BT-Drs 7/5358 = **218** N 10
  Bericht des Haushaltsausschusses
  BT-Drs 7/5452 = **220** M 10
  1. Beratung
  BT-PlPr 7/247 = **47** I 2
  2. Beratung und Schlußabstimmung
  BT-Drs 7/252 = **48** J 1
- *GesEntw zur Vereinbarung Bundesrepublik Deutschland/Italienische Republik über Erleichterungen der fiskalischen Behandlung des grenzüberschreitenden deutsch-italienischen Straßengüterverkehrs*
  BR-Drs 36/73 = **8** M 14
  BR-Drs 252/73 = **22** L 7
  BR-PlPr 389 = **1** B 11
  BR-PlPr 392 = **2** D 6
  BT-Drs 7/113 = **55** H 5
  Bericht und Antrag des Finanzausschusses
  BT-Drs 7/289 = **63** I 12
  1. Beratung
  BT-PlPr 7/15 = **2** J 13
  2. Beratung und Schlußabstimmung
  BT-PlPr 7/21 = **3** J 11
- *GesEntw zum Vertrag Bundesrepublik Deutschland/Republik Italien über den Verzicht auf Legalisation von Urkunden*
  BR-Drs 628/73 = **40** M 10
  BR-Drs 443/74 = **75** N 4
  BR-PlPr 399 = **2** N 12
  BR-PlPr 410 = **3** O 9
  BT-Drs 7/1381 = **96** M 13
  Bericht und Antrag des Rechtsausschusses
  BT-Drs 7/2149 = **118** E 12
  1. Beratung
  BT-PlPr 7/74 = **13** F 13
  2. Beratung und Schlußabstimmung
  BT-PlPr 7/106 = **19** N 8
- s a GesEntw eines ÄndGes zum Übereinkommen zwischen Beglien, Bundesrepublik Deutschland, Frankreich, Italien, Luxemburg und den Niederlanden über gegenseitige Unterstützung ihrer *Zollverwaltungen* und zum Beitritt Griechenlands zu diesem Übereinkommen
  BR-Drs 196/73 = **19** M 14
  BT-Drs 7/470 = **68** G 9
- s a GesEntw zum Übereinkommen zwischen dem Königreich Belgien, dem Königreich Dänemark, der Bundesrepublik Deutschland, Irland, der Italienischen Republik, dem Großherzogtum Luxemburg, dem Königreich der Niederlande, der Europäischen Atomgemeinschaft und der Internationalen Atomenergie-Organisation in Ausführung des Vertrages über die Nichtverbreitung von *Kernwaffen*
  BR-Drs 402/73 = **31** B 9
  BT-Drs 7/995 = **83** E 14
- Erdbebenkatastrophe
  Antrag betr Hilfsmaßnahmen für die Opfer
  BT-Drs 7/5170 = **214** M 1
  BT-PlPr 7/245 = **47** A 5
- Vorlage einer Entschließung des Bundesrates zur Behinderung des EG-Warenverkehrs an der italienisch-österreichischen Grenze
  BR-Drs 298/74 = **68** J 7

J

Jährliche Sonderzuwendungen
s Sonderzuwendungen

Jagdgesetz
s Bundesjagdgesetz

Jagdwesen
- Agrarbericht 1973
  BT-Drs 7/146 = **57** A 6
  Materialband zum Agrarbericht 1973
  BT-Drs 7/147 = **57** F 2
- Agrarbericht 1974
  BT-Drs 7/1650 = **105** K 5
  Materialband zum Agrarbericht 1974
  BT-Drs 7/1651 = **106** B 1
- Agrarbericht 1975
  BT-Drs 7/3210 = **149** B 5
  Materialband zum Agrarbericht 1975
  BT-Drs 7/3211 = **149** H 12
- Agrarbericht 1976
  BT-Drs 7/4680 = **198** N 3
  Materialband zum Agrarbericht 1976
  BT-Drs 7/4681 = **199** B 8

Jahresrechnung
s Bundeshaushalt

Jahresurlaub
- s GesEntw zum Übereinkommen der *Internationalen Arbeitsorganisation* über den bezahlten Jahresurlaub

Jahreswirtschaftsbericht der Bundesregierung
- Unterrichtung über den Jahreswirtschaftsbericht 1973 der Bundesregierung

BR-Drs 164/73 = **18** D 4
BR-PlPr 393 = **2** E 8
BT-Drs 7/225 = **60** N 6
BT-PlPr 7/20 = **3** F 13
– Unterrichtung über den Jahreswirtschaftsbericht 1974 der Bundesregierung
BR-Drs 130/74 = **61** H 1
BR-PlPr 405 = **3** I 2
BT-Drs 7/1646 = **105** E 3
BT-PlPr 7/92 = **17** E 11
– Unterrichtung über den Jahreswirtschaftsbericht 1975 der Bundesregierung
BR-Drs 110/75 = **101** M 7
BR-PlPr 417 = **4** K 9
BT-Drs 7/3197 = **148** J 6
BT-PlPr 7/149 = **28** E 8
– Unterrichtung über den Jahreswirtschaftsbericht 1976 der Bundesregierung
BR-Drs 105/76 = **151** O 5
BR-PlPr 432 = **6** B 14
BT-Drs 7/4677 = **198** L 4
BT-PlPr 7/227 = **43** A 1

Jahrmarkt
– s GesEntw zur Änderung des Tit IV und anderer Vorschriften der *Gewerbeordnung*

Jamaika, Republik
– *GesEntw zum Abkommen Bundesrepublik Deutschland/Republik Jamaika zur Vermeidung der Doppelbesteuerung auf dem Gebiet der Steuern vom Einkommen und vom Vermögen*
BR-Drs 782/75 = **142** E 4
BR-Drs 263/76 = **160** G 1
BR-PlPr 430 = **5** N 11
BR-PlPr 434 = **6** F 11
BT-Drs 7/4686 = **200** E 2
Bericht und Antrag des Finanzausschusses
BT-Drs 7/4901 = **206** H 1
1. Beratung
BT-PlPr 7/224 = **42** G 6
2. Beratung und Schlußabstimmung
BT-PlPr 7/233 = **44** D 5

Jemen, Arabische Republik
– *GesEntw zum Vertrag Bundesrepublik Deutschland/Arabische Republik Jemen über die Förderung und den gegenseitigen Schutz von Kapitalanlagen*
BR-Drs 106/75 = **101** J 2
BR-Drs 332/75 = **115** L 4
BR-PlPr 417 = **4** K 9
BR-PlPr 421 = **5** A 7
BT-Drs 7/3379 = **155** C 8
Bericht und Antrag des Wirtschaftsausschusses
BT-Drs 7/3530 = **158** D 13
1. Beratung
BT-PlPr 7/162 = **31** A 14
2. Beratung und Schlußabstimmung
BT-PlPr 7/170 = **32** H 2

Jordanien, Haschemitisches Königreich
– *GesEntw zum Vertrag Bundesrepublik Deutschland/Haschemitisches Königreich Jordanien über die Förderung und den gegenseitigen Schutz von Kapitalanlagen*
BR-Drs 10/75 = **97** L 3
BR-Drs 330/75 = **115** L 2
BR-PlPr 416 = **4** I 9
BR-PlPr 421 = **5** A 7
BT-Drs 7/3264 = **152** L 4
Bericht und Antrag des Wirtschaftsausschusses
BT-Drs 7/3528 = **158** D 11

1. Beratung
BT-PlPr 7/155 = **29** I 2
2. Beratung und Schlußabstimmung
BT-PlPr 7/170 = **32** H 2
– Unterrichtung über die Empfehlung für eine EG-VO betr Abschluß von Abkommen zwischen der EG und Jordanien
BR-Drs 712/76 = **181** K 13

Journalist
– Bericht der Bundesregierung über die Lage von Presse und Rundfunk in der Bundesrepublik Deutschland (1974)
BT-Drs 7/2104 = **117** G 4
– s a GesEntw über das *Zeugnisverweigerungsrecht* der Mitarbeiter von Presse und Rundfunk
BR-Drs 394/74 = **73** G 1
BT-Drs 7/2539 = **129** H 6
– Journalistenerlaß der DDR: aktuelle Stunde
BT-PlPr 7/20 = **3** F 13

Jugendarbeitslosigkeit
– Antrag betr Dringlichkeitsprogramm zur Überwindung des Lehrstellenmangels und zur Verringerung der Jugendarbeitslosigkeit
BT-Drs 7/3196 = **148** J 3
BT-PlPr 7/156 = **29** M 13
– Antrag betr Einsetzung eines Sonderausschusses zur Bekämpfung der Jugendarbeitslosigkeit
BT-Drs 7/3507 = **157** O 10
BT-PlPr 7/170 = **32** H 2

Jugendarbeitsschutzgesetz
– *Entw eines Ges zur Reform des Jugendarbeitsschutzgesetzes* (GesEntw der CDU/CSU)
BT-Drs 7/615 = **73** I 4
1. Beratung
BT-PlPr 7/42 = **7** A 12
2. Beratung
BT-PlPr 7/216 = **40** N 12
– *GesEntw zum Schutze der arbeitenden Jugend (Jugendarbeitsschutzgesetz)* (GesEntw der Bundesregierung)
BR-Drs 207/74 = **64** H 5
BR-Drs 43/76 = **146** K 9
BR-PlPr 405 = **3** I 2
BR-PlPr 431 = **5** O 8
Vermittlungsverfahren:
BR-Drs 219/76 = **156** G 7
BR-PlPr 433 = **6** D 11
BT-Drs 7/2305 = **122** C 9
Bericht und Antrag des Ausschusses für Arbeit und Sozialordnung
BT-Drs 7/4544 = **194** H 2
Bericht des Haushaltsausschusses
BT-Drs 7/4578 = **195** O 2
Unterrichtung betr Anrufung des Vermittlungsausschusses
BT-Drs 7/4795 = **203** G 14
Antrag des Vermittlungsausschusses
BT-Drs 7/4906 = **206** I 1
1. Beratung
BT-PlPr 7/119 = **21** O 2
2. und 3. Beratung
BT-PlPr 7/216 = **40** N 12
Beratung eines Antrags des Vermittlungsausschusses
BT-PlPr 7/233 = **44** D 5
– s a GesEntw zu dem Übereinkommen der *Internationalen Arbeitsorganisation* über das Mindestalter für die Zulassung zur Beschäftigung

Jugendaustausch
– Bericht der Enquête – Kommission Auswärtige Kulturpolitik
BT-Drs 7/4121 = **177** F 5

Jugendgefährdende Schriften
– s Entw eines 4. Ges zur Reform des *Strafrechts*

Jugendgerichtsgesetz
– s GesEntw betr Herabsetzung des *Volljährigkeits*alters
BT-Drs 7/206 = **60** J 4
– s Entw eines Einführungsgesetzes zum *Strafgesetzbuch*
BR-Drs 111/73 = **11** L 3
BT-Drs 7/550 = **70** I 8

Jugendgesetzbuch
– Antrag betr Schaffung eines einheitlichen und umfassenden Jugendgesetzbuchs
BT-Drs 7/1019 = **84** E 5
Bericht und Antrag des Ausschusses für Arbeit und Sozialordnung
BT-Drs 7/4697 = **200** I 4
Beratung
BT-PlPr 7/51 = **8** I 5

Jugendhilfe
– s GesEntw eines *Sozialgesetzbuchs* – Allgemeiner Teil –
BR-Drs 286/73 = **25** L 14
BT-Drs 7/868 = **78** K 14
– *GesEntw zur Änderung des 1. Ges zur Überleitung von* Lasten *und Deckungsmitteln auf den Bund*
BR-Drs 255/76 = **159** N 14
– VO über die Durchführung einer Statistik über die Struktur des Personals in der Jugendhilfe
BR-Drs 421/74 = **74** O 8
– VO zur Änderung der Jugendarrestvollzugsordnung
BR-Drs 281/76 = **161** N 13

Jugendliche Zeugen
– s GesEntw eines 2. Ges zur Reform des *Strafverfahrensrechts*
BR-Drs 348/74 = **71** C 10
BT-Drs 7/2526 = **128** M 14

Jugendplan
s Bundesjugendplan

Jugendpolitik
– Sozialbericht 1973
BT-Drs 7/1167 = **89** D 6
– Sozialbudget 1974
BT-Drs 7/2853 = **138** E 12
– Sozialbericht 1976
BT-Drs 7/4953 = **207** G 3
– Tätigkeitsbericht 1973 der Bundesregierung
BT-Drs 7/1434 = **97** H 8
– Unterrichtung über den Bildungsgesamtplan
BR-Drs 790/73 = **51** G 2
BT-Drs 7/1474 = **100** C 8

Jugendschutz
– Antrag betr Novellierung des Ges zum Schutze der Jugend in der Öffentlichkeit
BT-Drs 7/3663 = **164** F 3
BT-PlPr 7/191 = **36** G 10
– *GesEntw zum Schutze der Jugend vor Mediengefahren*
BT-Drs 7/4079 = **176** J 7
1. Beratung
BT-PlPr 7/207 = **39** B 4

Jugendstrafanstalt
– s Entw eines *Strafvollzugsgesetzes*

BR-Drs 71/73 = **9** D 11
BT-Drs 7/918 = **80** H 13

Jugendstrafvollzug

– Antrag betr Berufung einer Kommission
BT-Drs 7/648 = **74** F 14
Bericht des Sonderausschusses für die Strafrechtsreform
BT-Drs 7/3643 = **163** O 2
Beratung des Antrags
BT-PlPr 7/42 = **7** A 12
BT-PlPr 7/176 = **33** I 7

Jugendvertretung

– *GesEntw zum Schutz in Ausbildung befindlicher Mitglieder von Betriebsverfassungsorganen*
BR-Drs 761/73 = **50** F 3
BR-PlPr 400 = **3** A 1
BT-Drs 7/1170 = **90** C 12
Bericht und Antrag des Ausschusses für Arbeit und Sozialordnung
BT-Drs 7/1334 = **95** O 5
1. Beratung
BT-PlPr 7/64 = **10** L 13
2. und 3. Beratung
BT-PlPr 7/69 = **11** M 6

– *Entw eines ÄndGes zum Kündigungsschutzgesetz*
BT-Drs 7/1163 = **89** C 13
Bericht und Antrag des Ausschusses für Arbeit und Sozialordnung
BT-Drs 7/1334 = **95** O 5
1. Beratung
BT-PlPr 7/64 = **10** L 13
2. Beratung
BT-PlPr 7/69 = **11** M 6

– s a Entw eines *Bundespersonalvertretungsgesetzes*
BT-Drs 7/176 = **59** D 12

Jugendwohlfahrtsgesetz

– *GesEntw zur Änderung des Ges für Jugendwohlfahrt*
BR-Drs 108/75 = **101** L 1
BR-Drs 634/75 = **133** B 1
BR-PlPr 417 = **4** K 9
BR-PlPr 425 = **5** G 3
BT-Drs 7/3642 = **163** N 12
Bericht und Antrag des Ausschusses für Jugend, Familie und Gesundheit
BT-Drs 7/4074 = **176** I 5
1. Beratung
BT-PlPr 7/173 = **33** A 9
2. und 3. Beratung
BT-PlPr 7/194 = **36** M 12

– *GesEntw der CDU/CSU zur Änd des Jugendwohlfahrtsgesetzes*
BT-Drs 7/3303 = **153** C 13
Bericht und Antrag des Ausschusses für Jugend, Familie und Gesundheit
BT-Drs 7/4074 = **176** I 5
1. Beratung
BT-PlPr 7/173 = **33** A 9
2. Beratung
BT-PlPr 7/194 = **36** M 12

Jugendlicher

– Antrag betr Reform und Weiterentwicklung des Bundesjugendplanes
BT-Drs 7/487 = **69** C 7

– Antrag betr Schaffung eines Jugendgesetzbuchs
BT-Drs 7/1019 = **84** E 5
BT-PlPr 7/224 = **42** G 6

– s a GesEntw zu dem Übereinkommen der *Internationalen Arbeitsorganisation* über das Mindestalter für die Zulassung zur Beschäftigung

– Antwort auf die Große Anfrage betr Zukunftschancen der jungen Generation in der Bildung und im Beruf
BT-Drs 7/5099 = **213** F 4
BT-PlPr 7/255 = **49** F 10

Jugoslawien, Sozialistische Föderative Republik

– *GesEntw zur Vereinbarung mit der Bundesrepublik Deutschland zur Durchführung des Abkommens über Soziale Sicherheit*
BR-Drs 51/73 = **8** O 10
BR-Drs 254/73 = **22** L 9
BR-PlPr 389 = **1** B 11
BR-PlPr 392 = **2** D 6
BT-Drs 7/108 = **55** F 7
Bericht und Antrag des Ausschusses für Arbeit und Sozialordnung
BT-Drs 7/240 = **61** B 9
1. Beratung
BT-PlPr 7/15 = **2** J 13
2. Beratung und Schlußabstimmung
BT-PlPr 7/21 = **3** J 11

– *GesEntw zum Abkommen zur Änderung des Abkommens Bundesrepublik Deutschland/Sozialistische Föderative Republik Jugoslawien über Soziale Sicherheit*
BR-Drs 801/74 = **95** C 6
BR-Drs 98/75 = **101** E 7
BR-PlPr 415 = **4** G 8
BR-PlPr 416 = **4** I 9
BT-Drs 7/3024 = **142** O 7
Bericht und Antrag des Ausschusses für Arbeit und Sozialordnung
BT-Drs 7/3134 = **147** A 12
1. Beratung
BT-PlPr 7/141 = **26** L 3
2. Beratung und Schlußabstimmung
BT-PlPr 7/147 = **28** A 1

– *GesEntw zum Vertrag mit der Bundesrepublik Deutschland über Rechtshilfe in Strafsachen*
BR-Drs 59/73 = **9** A 7
BR-Drs 331/74 = **70** H 13
BR-PlPr 389 = **1** B 11
BR-PlPr 405 = **3** I 2
BT-Drs 7/371 = **65** A 5
Bericht und Antrag des Rechtsausschusses
BT-Drs 7/2013 = **115** B 10
1. Beratung
BT-PlPr 7/30 = **5** A 6
2. Beratung und Schlußabstimmung
BT-PlPr 7/96 = **18** B 12

– *GesEntw zum Vertrag mit der Bundesrepublik Deutschland über die Auslieferung*
BR-Drs 60/73 = **9** A 9
BR-Drs 441/74 = **75** M 14
BR-PlPr 389 = **1** B 11
BR-PlPr 410 = **3** O 9
BT-Drs 7/372 = **65** B 1
Bericht und Antrag des Rechtsausschusses
BT-Drs 7/2065 = **116** L 6
1. Beratung
BT-PlPr 7/30 = **5** A 6
2. Beratung und Schlußabstimmung
BT-PlPr 7/106 = **19** N 8

– *GesEntw zum Vertrag mit der Bundesrepublik Deutschland über gegenseitige Unterstützung zur Verhinderung, Ermittlung und Verfolgung von Zuwiderhandlungen gegen die Zollvorschriften*
BR-Drs 542/74 = **80** G 6
BR-Drs 48/75 = **99** J 1
BR-PlPr 412 = **4** B 12
BR-PlPr 416 = **4** I 9
BT-Drs 7/2695 = **132** H 8
Bericht und Antrag des Finanzausschusses
BT-Drs 7/2817 = **136** L 9
1. Beratung
BT-PlPr 7/128 = **23** K 8
2. Beratung und Schlußabstimmung
BT-PlPr 7/136 = **25** J 7

Jungholz

– s GesEntw zum Abkommen Bundesrepublik Deutschland/Republik *Österreich* über die Umsatzbesteuerung des Waren- und Dienstleistungsverkehrs zwischen den österreichischen Gemeinden Mittelberg und Jungholz und der Bundesrepublik Deutschland
BR-Drs 79/73 = **10** I 10
BT-Drs 7/259 = **62** I 9

Juristenausbildung

– Bericht über die Juristenausbildung in den Ländern
BR-Drs 321/75 = **115** F 13
BT-Drs 7/3604 = **163** D 9
BT-PlPr 7/178 = **34** B 13

Justizvollzugsanstalt

– s Entw eines *Strafvollzugsgesetzes*
BR-Drs 71/73 = **9** D 11
BT-Drs 7/918 = **80** H 13

K

Kabelfernsehen

– Bericht der Bundesregierung über die Lage von Presse und Rundfunk in der Bundesrepublik Deutschland (1974)
BT-Drs 7/2104 = **117** G 4

Käse

– 3. VO zur Änderung der KäseVO
BR-Drs 23/75 = **98** E 6

Kaffee-Übereinkommen

– *GesEntw zu dem Internationalen Kaffee-Übereinkommen 1976*
BR-Drs 169/76 = **154** B 10
BR-Drs 389/76 = **167** O 7
BR-PlPr 433 = **6** D 11
BR-PlPr 436 = **6** J 12
BT-Drs 7/5028 = **211** G 8
Bericht und Antrag des Wirtschaftsausschusses
BT-Drs 7/5229 = **216** D 10
Bericht des Haushaltsausschusses
BT-Drs 7/5281 = **217** I 4
1. Beratung
BT-PlPr 7/239 = **45** I 6
2. Beratung und Schlußabstimmung
BT-PlPr 7/247 = **47** I 2

Kakao

– VO über Kakao und Kakaoerzeugnisse
BR-Drs 744/74 = **90** J 1
BR-Drs 252/75 = **112** G 7

Kakao-Übereinkommen

– *GesEntw zum Internationalen Kakao-Übereinkommen 1972*
BR-Drs 302/73 = **26** I 3
BR-Drs 708/73 = **47** O 3
BR-PlPr 394 = **2** F 12
BR-PlPr 399 = **2** N 12
BT-Drs 7/645 = **74** D 2

Bericht und Antrag des Ausschusses für Ernährung, Landwirtschaft und Forsten
BT-Drs 7/1154 = **89 B 10**
Bericht des Haushaltsausschusses
BT-Drs 7/1205 = **91 B 3**
1. Beratung
BT-PlPr 7/39 = **6 H 14**
2. Beratung und Schlußabstimmung
BT-PlPr 7/64 = **10 L 13**
– *GesEntw zum Internationalen Kakao-Übereinkommen 1975*
BR-Drs 585/76 = **175 N 8**
BR-PlPr 440 = **7 A 8**

Kanada, Republik
– *GesEntw zum Abkommen Bundesrepublik Deutschland/Kanada über den Luftverkehr*
BR-Drs 543/74 = **80 G 12**
BR-Drs 815/74 = **95 H 7**
BR-PlPr 412 = **4 B 12**
BR-PlPr 415 = **4 G 8**
BT-Drs 7/2691 = **132 G 3**
Bericht und Antrag des Ausschusses für Verkehr und für das Post- und Fernmeldewesen
BT-Drs 7/2806 = **136 K 3**
1. Beratung
BT-PlPr 7/128 = **23 K 8**
2. Beratung und Schlußabstimmung
BT-PlPr 7/134 = **25 A 1**
– *GesEntw zum Abkommen Bundesrepublik Deutschland/Kanada zur Vermeidung der Doppelbesteuerung und zur Verhinderung der Steuerverkürzung auf dem Gebiet der Steuern vom Einkommen und bestimmter anderer Steuern*
BR-Drs 249/76 = **157 I 13**
BR-PlPr 434 = **6 F 11**
BT-Drs 7/5378 = **219 C 14**
1. Beratung
BT-PlPr 7/256 = **49 K 13**
– Abkommen zwischen der Bundesrepublik Deutschland, Kanada, Großbritannien und Nordirland über die Durchführung von Manövern und anderen Übungen im Raum Soltau – Lüneburg
Bericht betr NATO – Truppenstatut und Zusatzvereinbarungen
BT-Drs 7/2443 = **126 K 2**
Bericht und Antrag des Innenausschusses
BT-Drs 7/3300 = **153 C 4**
– s a GesEntw zur Änderung des *Bundesausbildungsförderungsgesetzes*
BR-Drs 510/74 = **77 O 12**
BT-Drs 7/3386 = **155 E 3**
– Unterrichtung über die EG-Mitteilung betr Unterzeichnung und Abschluß eines Rahmenabkommens über handelspolitische und wirtschaftliche Zusammenarbeit zwischen Kanada und den EG
BR-Drs 458/76 = **170 M 4**
BT-Drs 7/5521 = **222 I 1**

Kanal
s Bundeswasserstraße Elbe-Seitenkanal

Kandidatenaufstellung
– s GesEntw zur Änderung des *Bundeswahlgesetzes*
BR-Drs 641/74 = **85 C 3**
BT-Drs 7/2873 = **140 A 7**

Kapitalanlagen
– *GesEntw zum Abkommen Bundesrepublik Deutschland/Mauritius über die Förderung und den gegenseitigen Schutz von Kapitalanlagen*
BR-Drs 44/73 = **8 N 8**
BR-Drs 250/73 = **22 L 5**
BR-PlPr 389 = **1 B 11**
BR-PlPr 392 = **2 D 6**
BT-Drs 7/104 = **55 D 3**
Bericht und Antrag des Wirtschaftsausschusses
BT-Drs 7/325 = **64 D 9**
1. Beratung
BT-PlPr 7/15 = **2 J 13**
2. Beratung und Schlußabstimmung
BT-PlPr 7/21 = **3 J 11**
– *GesEntw zum Vertrag Bundesrepublik Deutschland/Republik Singapur über die Förderung und den gegenseitigen Schutz von Kapitalanlagen*
BR-Drs 160/74 = **62 F 9**
BR-Drs 682/74 = **86 L 11**
BR-PlPr 404 = **3 G 6**
BR-PlPr 413 = **4 D 12**
BT-Drs 7/1978 = **113 O 11**
Bericht und Antrag des Wirtschaftsausschusses
BT-Drs 7/2624 = **131 C 12**
1. Beratung
BT-PlPr 7/96 = **18 B 12**
2. Beratung und Schlußabstimmung
BT-PlPr 7/125 = **23 A 1**
– *GesEntw zum Vertrag Bundesrepublik Deutschland/Republik Haiti über die Förderung und den gegenseitigen Schutz von Kapitalanlagen*
BR-Drs 403/74 = **74 B 4**
BR-Drs 681/74 = **86 L 10**
BR-PlPr 410 = **3 O 9**
BR-PlPr 413 = **4 D 12**
BT-Drs 7/2398 = **123 N 10**
Bericht und Antrag des Wirtschaftsausschusses
BT-Drs 7/2618 = **130 N 2**
1. Beratung
BT-PlPr 7/116 = **21 G 5**
2. Beratung und Schlußabstimmung
BT-PlPr 7/125 = **23 A 1**
– *GesEntw zum Vertrag Bundesrepublik Deutschland/Haschemitisches Königreich Jordanien über die Förderung und den gegenseitigen Schutz von Kapitalanlagen*
BR-Drs 10/75 = **97 L 3**
BR-Drs 330/75 = **115 L 2**
BR-PlPr 416 = **4 I 9**
BR-PlPr 421 = **5 A 7**
BT-Drs 7/3264 = **152 L 4**
Bericht und Antrag des Wirtschaftsausschusses
BT-Drs 7/3528 = **158 D 11**
1. Beratung
BT-PlPr 7/155 = **29 I 2**
2. Beratung und Schlußabstimmung
BT-PlPr 7/170 = **32 H 2**
– *GesEntw zum Vertrag Bundesrepublik Deutschland/Republik Malta über die Förderung und den gegenseitigen Schutz von Kapitalanlagen*
BR-Drs 105/75 = **101 I 9**
BR-Drs 331/75 = **115 L 3**
BR-PlPr 417 = **4 K 9**
BR-PlPr 421 = **5 A 7**
BT-Drs 7/3378 = **155 C 1**
Bericht und Antrag des Wirtschaftsausschusses
BT-Drs 7/3529 = **158 D 12**
1. Beratung
BT-PlPr 7/162 = **31 A 14**
2. Beratung und Schlußabstimmung
BT-PlPr 7/170 = **32 H 2**
– *GesEntw zum Vertrag Bundesrepublik Deutschland/Arabische Republik Jemen über die Förderung und den gegenseitigen Schutz von Kapitalanlagen*
BR-Drs 106/75 = **101 J 2**
BR-Drs 332/75 = **115 L 4**
BR-PlPr 417 = **4 K 9**
BR-PlPr 421 = **5 A 7**
BT-Drs 7/3379 = **155 C 8**
Bericht und Antrag des Wirtschaftsausschusses
BT-Drs 7/3530 = **158 D 13**
1. Beratung
BT-PlPr 7/162 = **31 A 14**
2. Beratung und Schlußabstimmung
BT-PlPr 7/170 = **32 H 2**
– *GesEntw zum Abkommen Bundesrepublik Deutschland/Arabische Republik Ägypten über die Förderung und den gegenseitigen Schutz von Kapitalanlagen*
BR-Drs 747/76 = **182 H 5**
– s a GesEntw eines 2. Ges zur Änderung des *Entwicklungshilfe-Steuergesetzes* (betr Förderung von Kapitalanlagen, deutscher Unternehmen in Entwicklungsländern)
BR-Drs 262/74 = **67 F 11**
BT-Drs 7/2094 = **117 C 14**

Kapitalausstattung
– VO über die Kapitalausstattung von Versicherungsunternehmungen
BR-Drs 785/75 = **142 G 12**

Kapitalbeteiligung, betriebliche
– Antrag betr Förderung der betrieblichen Kapitalbeteiligung der Arbeitnehmer
BT-Drs 7/3664 = **164 F 4**

Kapitalertragsteuer
– VO zur Änderung der VO zur Durchführung des Steuerabzugs vom Kapitalertrag
BR-Drs 113/75 = **103 G 14**
– VO zur Änderung der Kapitalertragsteuer-DurchführungsVO
BR-Drs 406/76 = **168 J 4**

Kapitalgesellschaften
– VO zur gesonderten Feststellung des gemeinen Werts nichtnotierter Anteile an Kapitalgesellschaften – (AnteilsbewertungsVO)
BR-Drs 680/76 = **179 O 3**

Kapitalverkehr
s a Internationaler Kapitalverkehr
– 32. VO zur Änderung der AußenwirtschaftsVO
BR-Drs 619/74 = **84 K 9**

Kapitalverkehrsteuergesetz
– *GesEntw eines Ges zur Änderung des Kapitalverkehrsteuergesetzes*
BR-Drs 301/75 = **114 L 6**
BR-Drs 109/76 = **152 C 2**
BR-PlPr 421 = **5 A 7**
BR-PlPr 431 = **5 O 8**
Vermittlungsverfahren:
BR-Drs 213/76 = **156 E 13**
BR-PlPr 433 = **6 D 11**
BT-Drs 7/4374 = **190 F 2**
Bericht und Antrag des Finanzausschusses
BT-Drs 7/4612 = **196 K 8**
Bericht des Haushaltsausschusses
BT-Drs 7/4658 = **198 A 3**

Unterrichtung betr Anrufung des Vermittlungsausschusses
BT-Drs 7/4797 = **203** H 3
Unterrichtung durch den Vermittlungsausschuß
BT-Drs 7/4929 = **206** N 9
1. Beratung
BT-PlPr 7/208 = **39** D 5
2. Beratung
BT-PlPr 7/219 = **41** I 1
3. Beratung
BT-PlPr 7/219 = **41** I 1
BT-PlPr 7/221 = **41** M 14

Kap-Verde
s São Tomé, Republik

Karibik
Zollsätze gegenüber Staaten im karibischen Raum
– zustimmungsbedürftige VO zur Änderung des Deutschen Teil-Zolltarifs
BT-Drs 7/3962 = **173** I 2
Bericht und Antrag des Wirtschaftsausschusses
BT-Drs 7/4051 = **176** E 4

Kartellbericht
– Bericht des Bundeskartellamtes über seine Tätigkeit im Jahr 1972
BT-Drs 7/986 = **82** F 1
– Bericht des Bundeskartellamtes über seine Tätigkeit im Jahre 1973
BT-Drs 7/2250 = **120** I 1
– Bericht des Bundeskartellamtes über seine Tätigkeit im Jahre 1974
BT-Drs 7/3791 = **168** N 11
– Bericht des Bundeskartellamtes über seine Tätigkeit im Jahre 1975
BT-Drs 7/5390 = **219** G 4

Kartellgesetz
s Wettbewerb

Kartellrecht
– Bericht der Bundesregierung über die Ausnahmebereiche des Ges gegen Wettbewerbsbeschränkungen
BT-Drs 7/3206 = **148** M 10

Kartoffeln
– VO zur Änderung der 7. DurchführungsVO zum Marktstrukturgesetz
BR-Drs 165/73 = **18** E 7
– VO über Pflanzgut von Kartoffeln
BR-Drs 224/75 = **111** E 6

Kassenarztrecht
– *GesEntw zur Änderung und Ergänzung von Vorschriften des 2. Buches der Reichsversicherungsordnung (Ges zur Weiterentwicklung des Kassenarztrechts)*
BR-Drs 476/74 = **76** L 8
BR-PlPr 415 = **4** G 8
BT-Drs 7/3337 = **154** B 14
Bericht und Antrag des Ausschusses für Arbeit und Sozialordnung
BT-Drs 7/5365 = **218** O 5
1. Beratung
BT-PlPr 7/176 = **33** I 7
2. Beratung
BT-PlPr 7/253 = **48** M 9
– *GesEntw zur Weiterentwicklung des Kassenarztrechts und zur Änderung der Krankenversicherung der Rentner (Krankenversicherungs-Weiterentwicklungsgesetz)*
BR-Drs 771/74 = **91** N 14
BR-Drs 442/76 = **170** F 1
BR-PlPr 415 = **4** G 8
BR-PlPr 437 = **6** L 10

Vermittlungsverfahren:
BR-Drs 653/76 = **178** M 14
BR-PlPr 440 = **7** A 8
BT-Drs 7/3336 = **154** A 2
Bericht und Antrag des Ausschusses für Arbeit und Sozialordnung
BT-Drs 7/5365 = **218** O 5
Änderungsanträge zur 2. Beratung
BT-Drs 7/5429 = **220** K 3
BT-Drs 7/5446 = **220** M 3
Bericht des Haushaltsausschusses
BT-Drs 7/5449 = **220** M 7
Unterrichtung betr Anrufung des Vermittlungsausschusses
BT-Drs 7/5611 = **223** O 11
Antrag des Vermittlungsausschusses
BT-Drs 7/5653 = **224** I 14
1. Beratung
BT-PlPr 7/176 = **33** I 7
2. und 3. Beratung
BT-PlPr 7/253 = **48** M 9
Beratung eines Antrags des Vermittlungsausschusses
BT-PlPr 7/258 = **50** E 3

Kassenzahnärzte
– VO zur Änderung der Zulassungsordnung für Kassenzahnärzte
BR-Drs 446/74 = **75** O 10

Katastrophenschutz
s Bundesamt für Zivilschutz, Zivilschutz

Katzen
– VO zur Änderung der VO zum Schutz gegen Tollwut
BR-Drs 571/74 = **82** E 4

Kauffahrteischiffe
– s GesEntw zum Übereinkommen der *Internationalen Arbeitsorganisation* über Quartierräume der Besatzung
– 1. VO zur Änderung der VO über die Unterbringung der Besatzungsmitglieder an Bord von Kauffahrteischiffen
BR-Drs 336/76 = **164** C 6

Kaufkraft
s Inflation
Steueränderungsgesetz

Kaufmann
– *GesEntw über die Kaufmannseigenschaft von Land- und Forstwirten*
BR-Drs 354/75 = **118** L 9
BR-Drs 201/76 = **156** A 2
BR-PlPr 422 = **5** B 1
BR-PlPr 433 = **6** D 11
BT-Drs 7/3918 = **172** F 10
Bericht und Antrag des Rechtsausschusses
BT-Drs 7/4634 = **197** C 8
Änderungsantrag zur 2. Beratung
BT-Drs 7/4894 = **206** F 14
1. Beratung
BT-PlPr 7/184 = **35** E 3
2. und 3. Beratung
BT-PlPr 7/230 = **43** J 6

Kaufrechtsübereinkommen
s Haager Kaufrechtsübereinkommen

Kaufvertrag
s Allgemeine Geschäftsbedingungen
– s a GesEntw über den Widerruf von *Haustürgeschäften* und ähnlichen Geschäften
BR-Drs 384/75 = **121** D 14
BT-Drs 7/4078 = **176** I 12

Kernenergie
s Atomgesetz
Kernwaffen
Reaktorschiff

– s a GesEntw zu den Pariser und Brüsseler *Atomhaftungs-Übereinkommen*
BR-Drs 350/74 = **71** J 4
BT-Drs 7/2182 = **119** B 12
– s a Entw eines 3. ÄndGes zum *Atomgesetz*
BR-Drs 351/74 = **71** M 5
BT-Drs 7/2183 = **119** F 8
– s a GesEntw eines 4. Ges zur Änderung des *Atomgesetzes*
BR-Drs 101/76 = **151** L 2
BT-Drs 7/4794 = **203** G 8
– Antrag betr Verbundanlage Kernenergie und Kohle
BT-Drs 7/1319 = **95** J 5
– Antwort auf die Große Anfrage betr friedliche Nutzung der Kernenergie in der Bundesrepublik Deutschland
BT-Drs 7/3871 = **171** B 4
Entschließungsanträge zur Beratung
BT-Drs 7/4600 = **196** E 8
BT-Drs 7/4607 = **196** F 10
Bericht und Antrag des Ausschusses für Forschung und Technologie
BT-Drs 7/4948 = **207** B 8
Beratung
BT-PlPr 7/215 = **40** I 2
– Antrag betr friedliche Nutzung der Kernenergie – Brennstoffkreislauf
BT-Drs 7/3827 = **170** B 9
Bericht und Antrag des Ausschusses für Forschung und Technologie
BT-Drs 7/5466 = **221** G 1
Beratung
BT-PlPr 7/215 = **40** I 2
– Unterrichtung über die Energiepolitik der Bundesregierung
BR-Drs 607/73 = **40** G 1
BT-Drs 7/1057 = **85** N 13
– Unterrichtung über die 1. Fortschreibung des Energieprogramms der Bundesregierung
BR-Drs 718/74 = **89** F 2
BT-Drs 7/2713 = **133** D 4

Kernkraft
– s Bericht betr die Entwicklung der *Umweltradioaktivität*

Kernkraftwerk
– Antrag betr Standortplanung
BT-Drs 7/3720 = **167** M 5
BT-PlPr 7/215 = **40** I 2
– Antwort auf die Große Anfrage betr friedliche Nutzung der Kernenergie in der Bundesrepublik Deutschland
BT-Drs 7/3871 = **171** B 4
– Entwurf eines EG-Beschlusses, mit dem die Kommission im Hinblick auf einen Beitrag der EG zur Finanzierung von Kernkraftwerken, zur Aufnahme von Euratom-Anleihen ermächtigt wird
BR-Drs 151/75 = **105** K 6

Kernreaktor
s Reaktor
– Antrag betr Ziele bei der Förderung durch den Bundesminister für Forschung und Technologie
BT-Drs 7/4984 = **210** D 2
BT-PlPr 7/252 = **48** C 11

Kernwaffen
– *GesEntw zum Vertrag vom 1. 7. 1968 über die Nichtverbreitung von Kernwaffen*
BR-Drs 401/73 = **31** A 2
BR-Drs 145/74 = **61** M 7
BR-PlPr 396 = **2** I 14

BR-PlPr 402 = **3 E 5**
BT-Drs 7/994 = **83 D 8**
Bericht und Antrag des Auswärtigen Ausschusses
BT-Drs 7/1694 = **107 N 4**
Bericht des Haushaltsausschusses
BT-Drs 7/1696 = **107 N 8**
1. Beratung
BT-PlPr 7/64 = **10 L 13**
2. Beratung und Schlußabstimmung
BT-PlPr 7/81 = **14 N 5**
– *GesEntw zum Übereinkommen zwischen dem Königreich Belgien, dem Königreich Dänemark, der Bundesrepublik Deutschland, Irland, der Italienischen Republik, dem Großherzogtum Luxemburg, dem Königreich der Niederlande, der Europäischen Atomgemeinschaft und der Internationalen Atomenergie-Organisation in Ausführung des Vertrages über Nichtverbreitung von Kernwaffen – (Verifikationsabkommen)*
BR-Drs 402/73 = **31 B 9**
BR-Drs 146/74 = **61 M 9**
BR-PlPr 396 = **2 I 14**
BR-PlPr 402 = **3 E 5**
BT-Drs 7/995 = **83 E 14**
Bericht und Antrag des Auswärtigen Ausschusses
BT-Drs 7/1693 = **107 M 13**
Bericht des Haushaltsausschusses
BT-Drs 7/1695 = **107 N 7**
1. Beratung
BT-PlPr 7/64 = **10 L 13**
2. Beratung und Schlußabstimmung
BT-PlPr 7/81 = **14 N 5**

Kernforschung
– Bundesbericht Forschung V
BT-Drs 7/3574 = **160 A 1**
– Unterrichtung betr Leistungen an die Europäische Organisation für Kernforschung
BT-Drs 7/4598 = **196 D 12**

Kettenlader
– Allgemeine Verwaltungsvorschrift zum Schutz gegen Baulärm – Emissionsrichtwerte für Kettenlader
BR-Drs 229/73 = **22 C 8**

Kind
– s GesEntw zur Neuregelung des Rechts der *elterlichen Sorge*
BR-Drs 690/73 = **45 A 13**
BT-Drs 7/2060 = **116 H 13**
– s GesEntw über die *Annahme als Kind*
BR-Drs 691/74 = **87 G 5**
BT-Drs 7/3061 = **144 N 6**
– s GesEntw über die Vermittlung der Annahme als Kind – *Adoptionsvermittlungsgesetz* –
BR-Drs 7/75 = **97 G 13**
BT-Drs 7/3421 = **155 K 14**
– s GesEntw zur Änderung *sozialversicherungsrechtlicher* Vorschriften
BR-Drs 143/74 = **61 K 8**
BT-Drs 7/2351 = **123 B 14**
– s GesEntw zur vereinfachten Abänderung von *Unterhaltsrenten*
BR-Drs 532/75 = **126 O 5**
BT-Drs 7/4791 = **203 A 2**
– s Entw eines ÄndGes zum Ges über die Errichtung einer *Stiftung „Hilfswerk für behinderte Kinder"*
BR-Drs 7/5062 = **212 G 10**
BT-Drs 7/5121 = **214 A 6**
– Antwort auf die Große Anfrage betr Wiedereingliederung körperlich, geistig und seelisch Behinderter in Gesellschaft, Arbeit und Beruf
BT-Drs 7/2842 = **137 B 14**
– 2. Familienbericht
BT-Drs 7/3502 = **157 G 4**
– Antwort auf die Große Anfrage betr Situation der Kinder in Deutschland
BT-Drs 7/3340 = **154 D 13**
Entschließungsantrag zur Beratung
BT-Drs 7/3660 = **164 E 10**
Beratung
BT-PlPr 7/173 = **33 A 9**

Kinderarbeit
– s GesEntw zum Schutze der arbeitenden Jugend – *(Jugendarbeitsschutzgesetz)*
BR-Drs 207/74 = **64 H 5**
BT-Drs 7/2305 = **122 C 9**

Kinderfahrpreisermäßigung
– 80. VO zur Änderung der Eisenbahn-Verkehrsordnung
BR-Drs 314/73 = **27 C 14**

Kinderfreibeträge
– s GesEntw zur Vereinheitlichung des *Familienlastenausgleichs*
BR-Drs 516/74 = **78 D 5**
BT-Drs 7/2367 = **123 F 10**
– s GesEntw zur Vereinheitlichung des *Familienlastenausgleichs*
BT-Drs 7/2032 = **115 N 12**
– s GesEntw zur Vereinheitlichung des *Familienlastenausgleichs*
BT-Drs 7/2367 = **123 F 10**
– s GesEntw zur Änderung des *Einkommensteuergesetzes (Steueränderungsgesetz 1974)*
BR-Drs 189/74 = **63 K 9**

Kindergarten
– Antwort auf die Große Anfrage betr Situation der Kinder in Deutschland
BT-Drs 7/3340 = **154 D 13**
– Unfallverhütungsbericht
BT-Drs 7/4668 = **198 B 8**

Kindergeld
s a Bundeskindergeldgesetz
Sozialversicherungsabkommen
– s GesEntw eines *Sozialgesetzbuchs* – Allgemeiner Teil –
BR-Drs 286/73 = **25 L 14**
BT-Drs 7/868 = **78 K 14**
– s GesEntw eines 5. ÄndGes zum *Bundeskindergeldgesetz*
BR-Drs 552/73 = **37 B 14**
BT-Drs 7/1130 = **87 K 7**
– s GesEntw zur Vereinheitlichung des *Familienlastenausgleichs*
BT-Drs 7/2032 = **115 N 12**
BR-Drs 516/74 = **78 D 5**
BT-Drs 7/2367 = **123 F 10**
– s Entw eines 7. Ges zur Änderung *beamtenrechtlicher* und besoldungsrechtlicher Vorschriften
BR-Drs 762/74 = **91 I 1**
BT-Drs 7/2861 = **139 H 13**
– s GesEntw zur Änderung des *Bundeskindergeldgesetzes*
BR-Drs 81/76 = **149 D 9**
BT-Drs 7/5376 = **219 C 11**
– Bericht der Bundesregierung gemäß der Entschließung des Deutschen Bundestages betr Bundesausbildungsförderungsgesetz
BT-Drs 7/3438 = **156 B 2**
– Bericht der Bundesregierung zu Fragen des Leistungsrechts des Arbeitsförderungsgesetzes
BT-Drs 7/4120 = **177 E 13**

Kindergeldgesetz
s Bundeskindergeldgesetz

Kinderlastenausgleich
– Bericht der Bundesregierung über die wirtschaftliche und soziale Sicherung des Studiums
BT-Drs 7/2116 = **117 O 1**
– s a GesEntw eines 3. *Steuerreformgesetzes*
BR-Drs 700/73 = **46 A 6**
BT-Drs 7/1470 = **99 B 8**

Kinderzulage
– s GesEntw zur Änderung *sozialversicherungsrechtlicher* Vorschriften
BR-Drs 143/74 = **61 K 8**
BT-Drs 7/2351 = **123 B 14**

Kindesmißhandlung
– Antwort auf die Große Anfrage betr Situation der Kinder in Deutschland
BT-Drs 7/3340 = **154 D 13**

Kindestötung
– Antwort auf die Große Anfrage betr Situation der Kinder in Deutschland
BT-Drs 7/3340 = **154 D 13**

Kino
– s GesEntw zum Schutze der Jugend vor *Medien*gefahren
BT-Drs 7/4079 = **176 J 7**

Klauentiere
– VO zur Änderung der Klauentier-EinfuhrVO
BR-Drs 642/73 = **41 I 10**
– VO zur Änderung der VO zum Schutz gegen die Verschleppung der Leukose des Rindes und der Klauentiere
BR-Drs 244/75 = **112 E 13**
– VO zur Änderung der Klauentiere-EinfuhrVO
BR-Drs 79/76 = **149 C 13**

Kleiner Grenzverkehr
s Grenzverkehr

Kommunale Verkehrsbetriebe
s Verkehrsbetriebe

Kommunale Versorgungsbetriebe
s Versorgungsbetriebe

Knappschaftliche Rentenversicherung
– VO über die für 1975 maßgebenden Rechnungsgrößen im Beitrags- und Leistungsrecht der Rentenversicherung der Arbeiter, der Rentenversicherung der Angestellten und der knappschaftlichen Rentenversicherung
BR-Drs 705/74 = **88 F 1**
– VO über die für 1976 maßgebenden Rechnungsgrößen im Beitrags- und Leistungsrecht der Rentenversicherung der Arbeiter, der Rentenversicherung der Angestellten und der knappschaftlichen Rentenversicherung
BR-Drs 594/75 = **130 M 11**
– VO über die für 1977 maßgebenden Rechnungseinheiten im Beitrags- und Leistungsrecht der Rentenversicherung der Arbeiter, der Rentenversicherung der Angestellten und der knappschaftlichen Rentenversicherung
BR-Drs 587/76 = **176 B 3**
– Unterrichtung über den Bericht der Bundesregierung über die gesetzlichen Rentenversicherungen, insbesondere deren Finanzlage

in den künftigen 15 Kalenderjahren und Gutachten des Sozialbeirats
BR-Drs 716/74 = **88** L 10
– Unterrichtung über den Bericht der Bundesregierung über die gesetzlichen Rentenversicherungen, insbesondere deren Finanzlage in den künftigen 15 Kalenderjahren und Gutachten des Sozialbeirats
BR-Drs 672/75 = **136** E 13

Körperbehinderte
s Behinderte, Schwerbeschädigte

Körperschaftsteuer
s Steueränderungsgesetz
Steuerreformgesetz
– Unterrichtung über den Vorschlag einer EG-Richtlinie zur Harmonisierung der Körperschaftsteuersysteme und der Regelung der Quellensteuer auf Dividenden
BR-Drs 498/75 = **125** B 9
BT-Drs 7/3981 = **174** B 2
– Empfehlungen zum Vorschlag einer EG-Richtlinie zur Harmonisierung der Körperschaftsteuersysteme und der Regelungen der Quellensteuer auf Dividenden
BR-Drs 482/76 = **172** B 3
– VO zur Änderung der Körperschaftsteuer-DurchführungsVO
BR-Drs 340/73 = **28** A 7
BR-Drs 553/75 = **128** K 9

Körperschaftsteuerreformgesetz
– *GesEntw eines Einführungsgesetzes zum Körperschaftsteuerreformgesetz*
BR-Drs 75/76 = **148** M 11
BR-Drs 468/76 = **171** F 11
BR-PlPr 431 = **5** O 8
BR-PlPr 437 = **6** L 10
BT-Drs 7/4803 = **203** H 14
Gegenäußerung der Bundesregierung zur Stellungnahme des Bundesrates
BT-Drs 7/5021 = **211** C 7
Antrag des Finanzausschusses
BT-Drs 7/5476 = **221** K 10
Bericht des Finanzausschusses
BT-Drs 7/5502 = **222** D 5
Änderungsantrag zur 2. Beratung
BT-Drs 7/5511 = **222** F 1
1. Beratung
BT-PlPr 7/230 = **43** J 6
2. und 3. Beratung
BT-PlPr 7/255 = **49** F 10
– *Entw eines Körperschaftsteuerreformgesetzes* – eingebracht als: 3. Steuerreformgesetz
BT-Drs 7/1470 = **99** B 8
3. Antrag des Finanzausschusses
BT-Drs 7/5303 = **218** C 1
3. Bericht des Finanzausschusses
BT-Drs 7/5310 = **218** E 6
Bericht des Haushaltsausschusses
BT-Drs 7/5346 = **218** K 5
Ergänzung zum 3. Antrag und 3. Bericht des Finanzausschusses
BT-Drs 7/5349 = **218** K 7
2. und 3. Beratung
BT-PlPr 7/250 = **48** C 11
BR-Drs 421/76 = **169** C 6
BR-PlPr 436 = **6** J 12

Kohle
s a Steinkohle
– *GesEntw zur Änderung kohlerechtlicher Vorschriften*
BR-Drs 4/74 = **54** C 7
BR-Drs 467/74 = **76** J 7
BR-PlPr 401 = **3** C 2
BR-PlPr 410 = **3** O 9
BT-Drs 7/1770 = **109** I 14
Bericht und Antrag des Wirtschaftsausschusses
BT-Drs 7/2224 = **120** A 1
Bericht des Haushaltsausschusses
BT-Drs 7/2244 = **120** D 13
Änderungsantrag zur 2. Beratung
BT-Drs 7/2284 = **121** M 8
1. Beratung
BT-PlPr 7/88 = **16** C 13
2. und 3. Beratung
BT-PlPr 7/108 = **20** E 5
– s a GesEntw über die statistische Erfassung der in den Geltungsbereich dieses Ges verbrachten festen *Brennstoffe*
BR-Drs 281/74 = **68** C 7
BT-Drs 7/2350 = **123** B 11
– s a GesEntw über die weitere Sicherung des Einsatzes von Gemeinschaftskohle in der Elektrizitätswirtschaft – Drittes *Verstromungsgesetz* –
BR-Drs 99/74 = **58** L 3
BT-Drs 7/1991 = **114** I 9
– Antrag betr Verbundanlage Kernenergie und Kohle
BT-Drs 7/1319 = **95** J 5
– Unterrichtung über die Energiepolitik der Bundesregierung
BT-Drs 7/1057 = **85** N 13
– 1. Fortschreibung des Energieprogramms der Bundesregierung
BT-Drs 7/2713 = **133** D 4

Kohlenimportkontingent
– s GesEntw des 15. Änderungsges zum *Zollgesetz*
BR-Drs 67/73 = **9** B 3
BT-Drs 7/287 = **63** H 6

Kohlenwasserstoffe
– *GesEntw zum Vertrag Bundesrepublik Deutschland/Königreich Norwegen über den Transport von Kohlenwasserstoffen durch eine Rohrleitung vom Ekofisk-Feld und benachbarten Gebieten in die Bundesrepublik Deutschland*
BR-Drs 595/74 = **83** K 5
BR-Drs 55/75 = **99** J 11
BR-PlPr 412 = **4** B 12
BR-PlPr 416 = **4** I 9
BT-Drs 7/2686 = **132** F 6
Bericht und Antrag des Wirtschaftsausschusses
BT-Drs 7/2969 = **141** O 5
1. Beratung
BT-PlPr 7/128 = **23** K 8
2. Beratung und Schlußabstimmung
BT-PlPr 7/138 = **26** C 5
– Unterrichtung zu Vorschlägen zu EG-Verordnungen zur Ein- und Ausfuhr von Kohlenwasserstoff
BR-Drs 673/73 = **43** F 3
BT-Drs 7/1180 = **90** J 4
– Unterrichtung über den Vorschlag einer EG-VO über eine gemeinsame Regelung für die Ein- und Ausfuhr von Kohlenwasserstoffen
BR-Drs 499/74 = **77** E 2
BT-Drs 7/1673 = **107** I 14

Kolonialgesellschaften
– *GesEntw über die Auflösung, Abwicklung und Löschung von Kolonialgesellschaften*
BR-Drs 594/74 = **83** J 11
BR-Drs 415/75 = **122** B 7
BR-PlPr 412 = **4** B 12
BR-PlPr 422 = **5** B 1
BT-Drs 7/2885 = **140** E 6
Antrag des Auswärtigen Ausschusses
BT-Drs 7/3772 = **168** L 2
1. Beratung
BT-PlPr 7/136 = **25** J 7
2. und 3. Beratung
BT-PlPr 7/181 = **34** J 3

Kolumbien, Republik
– *GesEntw zur Erklärung über den vorläufigen Beitritt Kolumbiens zum Allgemeinen Zoll- und Handelsabkommen*
BR-Drs 409/76 = **168** L 5
BR-PlPr 437 = **6** L 10

Kommanditgesellschaft auf Aktien
– s GesEntw über die Mitbestimmung der Arbeitnehmer – *Mitbestimmungsgesetz* –
BR-Drs 200/74 = **64** C 14
BT-Drs 7/2172 = **118** L 5

Kommunalpolitik
– Antwort auf die Große Anfrage betr Lage der Städte, Gemeinden und Kreise
BT-Drs 7/2409 = **124** B 4

Komponist
– Bericht der Bundesregierung über die wirtschaftliche und soziale Lage der künstlerischen Berufe
BT-Drs 7/3071 = **145** G 14

Konferenz über Sicherheit und Zusammenarbeit in Europa
– Antwort auf die Große Anfrage der CDU/CSU
BT-Drs 7/2616 = **130** M 10
Berichtigung
BT-Drs 7/2643 = **131** K 4
Entschließungsantrag zur Beratung
BT-Drs 7/2673 = **132** D 10
Beratung
BT-PlPr 7/125 = **23** A 1
– Antrag zur Entschließung des Bundesrates zur Konferenz über Sicherheit und Zusammenarbeit in Europa
BR-Drs 446/75 = **123** A 9
BR-PlPr 422 = **5** B 1
– Erklärung der Bundesregierung
BT-PlPr 7/183 = **35** B 4
Entschließungsanträge zur Erklärung der Bundesregierung
BT-Drs 7/3884 = **171** L 6
BT-Drs 7/3885 = **171** L 7

Konjunktur
– s *Sachverständigenrat* zur Begutachtung der gesamtwirtsch. Entwicklung
– Antrag betr zusätzliche Bundesausgaben zur Förderung der Konjunktur – Ein Teilbereich des konjunkturellen Gesamtprogramms der Bundesregierung vom 12. 12. 1974
BR-Drs 830/74 = **96** A 13
BT-Drs 7/2978 = **142** A 3
Bericht und Antrag des Haushaltsausschusses
BT-Drs 7/3008 = **142** J 13
Entschließungsanträge zur Beratung
BT-Drs 7/3009 = **142** K 1
BT-Drs 7/3013 = **142** L 3
Bericht und Antrag des Haushaltsausschusses
BT-Drs 7/3254 = **152** H 10
– Beschluß des Bundesrates zur Vorlage über zusätzliche Bundesausgaben

BT-Drs 7/3072 = **146** A 4
BT-PlPr 7/139 = **26** E 12

Konjunkturausgleichsrücklagen
– VO über die Freigabe von Mitteln aus den Konjunkturausgleichsrücklagen der Haushaltsjahre 1969 bis 1970
BR-Drs 644/74 = **85** G 1
BR-Drs 442/75 = **122** M 11
– 2. VO über die Freigabe von Mitteln aus den Konjunkturausgleichsrücklagen der Haushaltsjahre 1969 und 1970
BR-Drs 521/75 = **126** E 7

Konjunkturpolitik
– zustimmungsbedürftige 3. VO über steuerliche Konjunkturmaßnahmen
BR-Drs 368/73 = **28** N 9
BR-PlPr 394 = **2** F 12
BT-Drs 7/546 = **70** I 3
Antrag des Finanzausschusses
BT-Drs 7/591 = **73** A 1
Bericht des Finanzausschusses
BT-Drs 7/592 = **73** B 5
Änderungsantrag zur Beratung
BT-Drs 7/610 = **73** G 10
BT-PlPr 7/35 = **6** A 14
– VO zur Änderung der 3. VO über steuerliche Konjunkturmaßnahmen
BR-Drs 789/73 = **51** F 14
BT-Drs 7/1459 = **98** M 5
Bericht und Antrag des Finanzausschusses
BT-Drs 7/1539 = **103** D 11
Bericht des Haushaltsausschusses
BT-Drs 7/1540 = **103** D 12
BT-PlPr 7/72 = **12** N 11
– Zielsetzungen der Konjunkturpolitik
BT-Drs 7/225 = **60** M 6
– Sondergutachten zur konjunkturpolitischen Lage im Mai 1973
BT-Drs 7/530 = **70** E 7
BR-Drs 364/73 = **28** J 2
– Jahresgutachten 1973 des Sachverständigenrates zur Begutachtung der gesamtwirtschaftlichen Entwicklung
BR-Drs 740/73 = **49** A 6
BT-Drs 7/1273 = **93** O 10
– Jahresgutachten 1974 des Sachverständigenrates zur Begutachtung der gesamtwirtschaftlichen Entwicklung
BR-Drs 781/74 = **92** I 10
BT-Drs 7/2848 = **137** G 3
– Sondergutachten des Sachverständigenrates zur Begutachtung der gesamtwirtschaftlichen Lage zur konjunkturpolitischen Lage im August 1975
BR-Drs 505/75 = **125** K 11
BT-Drs 7/3976 = **173** M 1
– Jahresgutachten 1975 des Sachverständigenrates zur Begutachtung der gesamtwirtschaftlichen Entwicklung
BR-Drs 725/75 = **139** H 10
BT-Drs 7/4326 = **188** E 14
– Jahresgutachten 1976/77 des Sachverständigenrates zur Begutachtung der gesamtwirtschaftlichen Entwicklung
BR-Drs 700/76 = **180** K 4
BT-Drs 7/5902 = **232** A 12
– Investitionsprogramm des Bundes 1972 bis 1976
BR-Drs 481/73 = **34** C 3
BT-Drs 7/891 = **79** J 7
– Investitionsprogramm des Bundes 1973 bis 1977
BR-Drs 261/74 = **67** E 12
BT-Drs 7/1888 = **112** B 2
– Finanzplan des Bundes 1973 bis 1977
BR-Drs 601/73 = **40** O 1
BT-Drs 7/1101 = **86** O 7
– Finanzplan des Bundes 1974 bis 1978
BR-Drs 591/74 = **83** G 3
BT-Drs 7/2503 = **128** A 13
– Finanzplan des Bundes 1975 bis 1979
BR-Drs 626/75 = **132** H 2
BT-Drs 7/4101 = **177** A 7
– s a GesEntw zur Verbesserung der *Haushaltsstruktur* (Haushaltsstrukturgesetz)
BR-Drs 575/75 = **129** G 6
BT-Drs 7/4127 = **177** M 11
– s a Vorlage eines Programms zur Stärkung von Bau- und anderen *Investitionen*
BR-Drs 522/75 = **126** E 11
BT-Drs 7/4013 = **175** E 12
– s a GesEntw zur Änderung des *Investitionszulagengesetzes*
BR-Drs 829/74 = **95** O 9
BT-Drs 7/3658 = **164** E 4

Konjunkturstatistiken
s Statistik

Konkursausfallgeld
– *GesEntw über Konkursausfallgeld* – (3. Ges zur Änd des Arbeitsförderungsgesetzes)
BR-Drs 9/74 = **54** F 10
BR-Drs 464/74 = **76** I 8
BR-PlPr 401 = **3** C 2
BR-PlPr 410 = **3** O 9
BT-Drs 7/1750 = **108** H 14
Bericht und Antrag des Ausschusses für Arbeit und Sozialordnung
BT-Drs 7/2260 = **121** C 8
1. Beratung
BT-PlPr 7/86 = **15** N 2
2. und 3. Beratung
BT-PlPr 7/110 = **20** J 5

Konkursdelikte
– s GesEntw eines 1. Ges zur Bekämpfung der *Wirtschaftskriminalität*
BR-Drs 5/75 = **97** C 7
BT-Drs 7/3441 = **156** D 4

Konservierungsstoff
– VO zur Änderung der Konservierungsstoff-VO und anderer lebensmittelrechtlicher Verordnungen
BR-Drs 708/74 = **88** H 2

Konstanz
– s GesEntw zum Übereinkommen über die *Schiffahrt* auf dem Bodensee und zum Vertrag über die Schiffahrt auf dem Untersee und dem Rhein zwischen Konstanz und Schaffhausen
BR-Drs 740/74 = **90** G 14
BT-Drs 7/3439 = **156** C 4

Konsulargesetz
– *GesEntw über die Konsularbeamten, ihre Aufgaben und Befugnisse*
BR-Drs 26/73 = **8** L 9
BR-Drs 336/74 = **70** I 4
BR-PlPr 389 = **1** B 11
BR-PlPr 405 = **3** I 2
BT-Drs 7/131 = **56** K 3
Bericht und Antrag des Auswärtigen Ausschusses
BT-Drs 7/2006 = **114** N 7
1. Beratung
BT-PlPr 7/15 = **2** J 13
2. und 3. Beratung
BT-PlPr 7/96 = **18** B 12

Konsultationsverfahren
– Vorschlag einer EG-Entscheidung über die Einführung eines Konsultationsverfahrens für Kooperationsabkommen der Mitgliedstaaten mit dritten Ländern
BR-Drs 688/73 = **44** O 12
BT-Drs 7/1223 = **91** E 6

Konsummilch
s a Milch
– VO über die Kennzeichnung wärmebehandelter Konsummilch
BR-Drs 184/74 = **63** I 7

Konzentration von Unternehmen
s Unternehmenszusammenschlüsse

Konzerne
– Unterrichtung über den Vorschlag einer 7. EG-Richtlinie auf Grund von Art 54 Abs g des EWG-Vertrages für den Konzernabschluß
BR-Drs 348/76 = **164** L 11
BT-Drs 7/5221 = **216** A 4

Konzertierte Aktion
– Antrag auf Einberufung
BT-Drs 7/1347 = **96** D 9
BT-PlPr 7/70 = **12** C 14

Kopfstütze
Bau- und Ausrüstungsvorschriften für Kraftfahrzeuge
– Programm der Bundesregierung zur Verbesserung der Sicherheit im Straßenverkehr
BT-Drs 7/1283 = **95** B 12
– Antrag betr Sicherheitsgurte und Kopfstützen
BT-Drs 7/2349 = **123** B 10
Beratung
BT-PlPr 7/128 = **23** K 8

Kosmetik
– s GesEntw zur Gesamtreform des *Lebensmittelrechts*
BR-Drs 140/73 = **16** M 11
BT-Drs 7/255 = **62** F 5

Kostenmiete
s Mieten, Mietpreis

Kostenrecht
s a Gebührenordnungen
– *GesEntw eines Auslandskostengesetzes*
BR-Drs 286/76 = **162** D 8
BR-PlPr 435 = **6** I 1
– s a GesEntw zur Änderung der Kostenermächtigungsvorschriften des *Seemannsgesetzes*
– 4. VO zur Änderung der Kostenordnung für die Prüfung überwachungsbedürftiger Anlagen
BR-Drs 719/76 = **181** M 5

Kraftfahrunternehmen
– VO über den Betrieb von Kraftfahrunternehmen im Personenverkehr
BR-Drs 153/75 = **105** K 12
– VO zur Änderung der VO über den Betrieb von Kraftfahrunternehmen
BR-Drs 740/76 = **182** E 12

Kraftfahrzeug
s a Straßenverkehr
Verkehr
– Programm der Bundesregierung zur Verbesserung der Sicherheit im Straßenverkehr
BT-Drs 7/1283 = **95** B 12
– Antrag betr Sicherheitsgurte und Kopfstützen
BT-Drs 7/2349 = **123** B 10

- Unfallverhütungsbericht Straßenverkehr
  BT-Drs 7/3685 = **164** J 13
- Umweltbericht 1976
  BT-Drs 7/5684 = **226** A 1
- Antrag zur Entschließung des BR zur Herabsetzung der Mindestmotorleistung von 8 PS/t auf 6 PS/t für Kraftfahrzeuge (einschl. Anhänger) zur Güterbeförderung
  BR-Drs 195/76 = **155** L 13
- *GesEntw über Statistiken des Personenverkehrs und der Kraftfahrzeugfahrleistungen 1974*
  BR-Drs 318/73 = **27** E 1
  BR-Drs 136/74 = **61** J 5
  BR-Drs 438/74 = **75** M 6
  BR-PlPr 395 = **2** I 1
  BR-PlPr 402 = **3** E 5
  BT-Drs 7/1005 = **83** I 12
  Bericht und Antrag des Verkehrsausschusses
  BT-Drs 7/1564 = **103** J 14
  Bericht des Haushaltsausschusses
  BT-Drs 7/1598 = **104** B 13
  Unterrichtung betr Anrufung des Vermittlungsausschusses
  BT-Drs 7/1774 = **109** K 7
  Antrag des Vermittlungsausschusses
  BT-Drs 7/2155 = **118** F 10
  1. Beratung
  BT-PlPr 7/54 = **9** A 1
  2. und 3. Beratung
  BT-PlPr 7/80 = **14** I 14
  Vermittlungsverfahren
  BT-PlPr 7/104 = **19** E 7
- s a GesEntw zur Ergänzung des *Benzinbleigesetzes*
  BR-Drs 358/75 = **118** N 13
  BT-Drs 7/4020 = **175** I 13

Kraftfahrzeuge, ausländische
- *Entw eines ÄndGes über die Haftpflichtversicherung für ausländische Kraftfahrzeuge und Kraftfahrzeuganhänger*
  BR-Drs 399/73 = **30** O 3
  BR-Drs 620/73 = **40** K 13
  BR-PlPr 396 = **2** I 14
  BR-PlPr 398 = **2** M 12
  BT-Drs 7/978 = **82** D 5
  Bericht und Antrag des Verkehrsausschusses
  BT-Drs 7/1033 = **84** I 12
  1. Beratung
  BT-PlPr 7/48 = **8** D 4
  2. und 3. Beratung
  BT-PlPr 7/57 = **9** I 7

Kraftfahrzeughaftpflichtversicherung
- s GesEntw eines ÄndGes über die Haftpflichtversicherung für ausländische *Kraftfahrzeuge* und Kraftfahrzeuganhänger
  BR-Drs 399/73 = **30** O 3
  BT-Drs 7/978 = **82** D 5

Kraftfahrzeugkennzeichen
- VO zur Änderung der Straßenverkehrs-Zulassungs-Ordnung
  BR-Drs 416/74 = **74** J 3
- Entschließung des Bundesrates zur Bekämpfung der Kriminalität durch Maßnahmen auf dem Gebiet der Straßenverkehrs-Zulassungsordnung (betr. fälschungssichere Kraftfahrzeugkennzeichen und Kraftfahrzeugpapiere)
  BR-Drs 426/75 = **122** F 3

- Antrag betr Sicherheitsprogramm
  BT-Drs 7/3356 = **154** I 13

Kraftfahrzeugsteuer
- *GesEntw zur Reform der Kraftfahrzeugsteuer*
  BR-Drs 766/73 = **50** G 1
  BR-PlPr 400 = **3** A 1
- *GesEntw eines Kraftfahrzeugsteuergesetzes*
  BR-Drs 701/73 = **47** H 13
  BR-PlPr 400 = **3** A 1
- *Entw eines ÄndGes zum Kraftfahrzeugsteuergesetz*
  BT-Drs 7/5448 = **20** M 5
  1. Beratung
  BT-PlPr 7/256 = **49** K 13
- s a GesEntw zum Abkommen zwischen der Bundesrepublik Deutschland und dem Vereinigten Königreich von *Großbritannien* und Nordirland über die steuerliche Behandlung von Straßenfahrzeugen im internationalen Verkehr
- s a GesEntw zum Abkommen Bundesrepublik Deutschland/Sozialistische Republik *Rumänien* über die steuerliche Behandlung von Straßenfahrzeugen im internationalen Verkehr
- VO zur Änderung der Kraftfahrzeugsteuer-DurchführungsVO
  BR-Drs 429/76 = **169** K 3

Kraftrad
- Antrag zu einer Entschließung des BR zur Verminderung der Geräusche der Krafträder und Fahrräder mit Hilfsmotor
  BR-Drs 622/74 = **84** L 5
  BR-PlPr 413 = **4** D 12

Kraftstoff
- 2. Allgemeine Verwaltungsvorschrift zum Benzinbleigesetz
  BR-Drs 337/74 = **70** I 9

Kraftverkehr
s Güterkraftverkehrsgesetz

Kraftwerke
- s GesEntw über die weitere Sicherung des Einsatzes von Gemeinschaftskohle in der Elektrizitätswirtschaft – *(3. Verstromungsgesetz)*
  BR-Drs 99/74 = **58** L 3
  BT-Drs 7/1991 = **114** I 9
- Antwort auf die Große Anfrage betr Raumordnung
  BT-Drs 7/2044 = **116** C 12
- Vorschlag einer EG-Richtlinie betr die Begrenzung des Einsatzes von Erdölerzeugnissen in Kraftwerken
  BR-Drs 499/74 = **77** E 2
  BT-Drs 7/2336 = **122** L 9
- Entwurf einer EG-Entschließung über die gemeinschaftliche Abstimmung über Fragen der Standortwahl beim Bau von Kraftwerken
  BR-Drs 744/76 = **182** G 7

Krane
- 2. Allgemeine Verwaltungsvorschrift zum Bundes-Immissionsschutzgesetz (Emissionswerte für Krane)
  BR-Drs 307/74 = **69** F 2

Kranke
Versorgung psychisch Kranker
- Bericht über die Lage der Psychiatrie in der Bundesrepublik Deutschland
  BT-Drs 7/1124 = **87** I 7
  BT-Drs 7/4200 = **179** N 2

Krankenanstalten
- VO über die Aufhebung von Vorschriften über Pflegesätze von Krankenanstalten
  BR-Drs 17/74 = **54** I 7
- VO über die vom Bund zu tragenden Aufwendungen für die Heil- und Krankenbehandlung Versorgungsberechtigter in Versorgungskrankenanstalten der Länder
  BR-Drs 138/75 = **104** O 3

Krankenfahrzeuge
- VO über die orthopädische Versorgung Unfallverletzter mit Krankenfahrzeugen
  BR-Drs 338/73 = **27** O 4

Krankengeld
- s GesEntw zum Übereinkommen der *Internationalen Arbeitsorganisation* über ärztliche Betreuung und Krankengeld
  BR-Drs 520/73 = **35** K 10
  BT-Drs 7/1134 = **87** M 9

Krankenhaus
- *GesEntw zur Änderung des Ges zur wirtschaftlichen Sicherung der Krankenhäuser und zur Regelung der Krankenhauspflegesätze*
  BR-Drs 615/73 = **40** J 12
  BR-Drs 531/74 = **78** J 12
- s Entw eines ÄndGes zum Ges über das *Apothekenwesen*
  BT-Drs 7/4281 = **186** D 3
- Antwort auf die Große Anfrage betr Wiedereingliederung körperlich, geistig und seelisch Behinderter in Gesellschaft, Arbeit und Beruf
  BT-Drs 7/2842 = **137** B 14
- Antwort auf die Große Anfrage betr Situation des Gesundheitswesens in der Bundesrepublik Deutschland
  BT-Drs 7/3322 = **153** J 4
- Zwischenbericht der Sachverständigenkommission zur Lage der Psychiatrie in der Bundesrepublik Deutschland
  BT-Drs 7/1124 = **87** I 7
- Bericht über die Lage der Psychiatrie in der Bundesrepublik Deutschland
  BT-Drs 7/4200 = **179** N 2
- Bericht der Bundesregierung über die Auswirkungen des Ges zur wirtschaftlichen Sicherung der Krankenhäuser und zur Regelung der Krankenhauspflegesätze
  BT-Drs 7/4530 = **193** H 7
- 1. VO zur Neufestsetzung der Bemessungsgrundlage in § 10 Abs 1 des Ges zur wirtschaftlichen Sicherung der Krankenhäuser und zur Regelung der Krankenhauspflegesätze
  BR-Drs 126/76 = **152** K 3
- VO über die Bildung eines Beirats zur Beratung des Ausschusses für Fragen der wirtschaftlichen Sicherung der Krankenhäuser
  BR-Drs 413/76 = **168** O 7
- VO über die durchschnittliche Nutzungsdauer und die Abgrenzung von Anlagegütern in Krankenhäusern – AbgrenzungsVO
  BR-Drs 414/76 = **169** A 3

Krankenhauspflegesatz
- Bericht der Bundesregierung über die Auswirkungen des Ges zur wirtschaftlichen Sicherung der Krankenhäuser und zur Regelung der Krankenhauspflegesätze
  BT-Drs 7/4530 = **193** H 7
- *GesEntw zur Änderung des Ges zur Sicherung der Krankenhäuser und zur Regelung der Krankenhauspflegesätze*

BR-Drs 615/73 = **40** J 12
BR-Drs 531/74 = **78** J 12
– VO über die Aufhebung von Vorschriften über Pflegesätze von Krankenanstalten
BR-Drs 17/74 = **54** I 7
– 1. VO zur Änderung der BundespflegesatzVO
BR-Drs 125/76 = **152** J 11
– 1. VO zur Neufestsetzung der Bemessungsgrundlage in § 10 Abs 1 des Ges zur wirtschaftlichen Sicherung der Krankenhäuser und zur Regelung der Krankenhauspflegesätze
BR-Drs 126/76 = **152** K 3

Krankenkasse
– Maßnahmen zur Früherkennung von Krankheiten als Pflichtleistungen
Bericht der Bundesregierung
BT-Drs 7/454 = **68** A 9
– Antwort auf die Große Anfrage betr Situation des Gesundheitswesens in der Bundesrepublik Deutschland
BT-Drs 7/3322 = **153** J 4
– s GesEntw zur Änderung und Ergänzung von Vorschriften des 2. Buches der *Reichsversicherungsordnung* (Ges zur Weiterentwicklung des *Kassenarztrechts*)
BR-Drs 476/74 = **76** L 8
BT-Drs 7/3337 = **154** B 14
– 5. VO zur Änderung der VO über die von den Krankenkassen, den freiberuflich tätigen Hebammen für Hebammenhilfe zu zahlenden Gebühren
BR-Drs 129/74 = **61** G 9

Krankenschein
– Antrag betr Einführung für Kriegsbeschädigte und Kriegshinterbliebene
BT-Drs 7/230 = **60** O 2
Bericht und Antrag des Ausschusses für Arbeit und Sozialordnung
BT-Drs 7/627 = **73** O 12
Beratung
BT-PlPr 7/23 = **3** N 5

Krankenversicherung
– *GesEntw zum Abkommen Bundesrepublik Deutschland/Vereinigtes Königreich von Großbritannien und Nordirland über die Gewährung von Sachleistungen der Krankenversicherung*
BR-Drs 173/75 = **107** L 7
BR-Drs 412/75 = **122** B 1
BR-PlPr 419 = **4** N 2
BR-PlPr 422 = **5** B 1
BT-Drs 7/3587 = **162** D 13
Bericht und Antrag des Ausschusses für Arbeit und Sozialordnung
BT-Drs 7/3742 = **168** F 13
1. Beratung
BT-PlPr 7/173 = **33** A 9
2. Beratung und Schlußabstimmung
BT-PlPr 7/181 = **34** J 3
– *GesEntw zur Verbesserung von Leistungen in der gesetzlichen Krankenversicherung*
BR-Drs 616/73 = **40** K 2
BR-PlPr 398 = **2** M 12
BT-Drs 7/377 = **65** C 11
Bericht und Antrag des Ausschusses für Arbeit und Sozialordnung
BT-Drs 7/1039 = **84** J 14
Bericht des Haushaltsausschusses
BT-Drs 7/1053 = **85** N 7
1. Beratung
BT-PlPr 7/33 = **5** J 1
2. und 3. Beratung
BT-PlPr 7/55 = **9** E 5
– s a GesEntw zur Angleichung der Leistungen zur *Rehabilitation* Behinderter
– s a GesEntw eines *Sozialgesetzbuchs*
– s a GesEntw über die *Sozialversicherung* Behinderter
– Sozialbericht 1973
BT-Drs 7/1167 = **89** D 6
– Sozialbudget 1974
BT-Drs 7/2853 = **138** E 12
– Sozialbericht 1976
BT-Drs 7/4953 = **207** G 3
– 2. Familienbericht
BT-Drs 7/3502 = **157** G 4
– Anspruch auf ärztliche Hilfe bei Schwangerschaftsabbruch:
s Entw eines *Strafrechtsreform-Ergänzungsgesetzes*
BR-Drs 285/74 = **68** E 7
BT-Drs 7/376 = **65** C 7
über ärztliche Betreuung und Krankengeld
– s a GesEntw zu dem Übereinkommen der *Internationalen Arbeitsorganisation*
– VO über die pauschale Berechnung und die Zahlung der Beiträge zur Krankenversicherung für die Dauer eines auf Grund gesetzlicher Pflicht zu leistenden Dienstes (KV-PauschalbeitragsVO)
BR-Drs 583/73 = **39** C 11
– Allgemeine Verwaltungsvorschrift über Rechnungswesen und Statistik bei den Trägern der Krankenversicherung
BR-Drs 23/74 = **55** F 5
– 1. VO zur Änderung der VO über den Beitrag zur Krankenversicherung der Empfänger von Arbeitslosengeld, Arbeitslosenhilfe und Unterhaltsgeld
BR-Drs 247/74 = **66** F 14
– 2. VO zur Änderung der VO über den Beitrag zur Krankenversicherung der Empfänger von Arbeitslosengeld, Arbeitslosenhilfe und Unterhaltsgeld
BR-Drs 339/75 = **116** J 5
– VO zur Änderung der Krankenversicherung-PauschalbeitragsVO
BR-Drs 166/76 = **154** A 2
– VO über die den Trägern der Krankenversicherung zu zahlenden Bundeszuschüsse zu den Aufwendungen für sonstige Hilfen
BR-Drs 679/76 = **179** N 10

Krankenversicherung der Landwirte
– *GesEntw zur Änd des Ges über die Krankenversicherung der Landwirte*
BT-Drs 7/1162 = **89** C 11
Bericht und Antrag des Ausschusses für Arbeit und Sozialordnung
BT-Drs 7/3102 = **146** G 12
Bericht des Haushaltsausschusses
BT-Drs 7/3123 = **146** N 7
1. Beratung
BT-PlPr 7/67 = **11** E 10
2. Beratung
BT-PlPr 7/147 = **28** A 1
– Erfahrungsbericht der Bundesregierung über die Ausführung des Ges über die Krankenversicherung der Landwirte
BT-Drs 7/2346 = **122** N 14
– Allgemeine Verwaltungsvorschrift über Rechnungswesen und Statistik bei den Trägern der Krankenversicherung der Landwirte
BR-Drs 210/73 = **20** N 13

Krankenversicherung der Rentner
– Antrag betr Neuordnung der Rentnerkrankenversicherung
BT-Drs 7/1873 = **111** O 2
Beratung des Antrags
BT-PlPr 7/106 = **19** N 8
– s a GesEnw zur Weiterentwicklung des *Kassenarztrechts* (Krankenversicherungs-Weiterentwicklungsgesetz)
BR-Drs 771/74 = **91** N 14
BT-Drs 7/3336 = **154** A 2
– s a GesEntw zum Abkommen Bundesrepublik Deutschland/Königreich der *Niederlande* über die Krankenversicherung alter Rentner
BR-Drs 48/73 = **8** O 5

Krankenversicherung der Studenten
– Antrag betr Neuordnung der studentischen Krankenversicherung
BT-Drs 7/1096 = **86** L 8
BT-PlPr 7/65 = **11** B 9
– *GesEntw des Bundesrates über die Krankenversicherung der Studierenden*
BR-Drs 196/74 = **63** N 13
BR-PlPr 402 = **3** E 5
BR-PlPr 404 = **3** G 6
BR-PlPr 406 = **3** K 7
BT-Drs 7/2519 = **128** K 13
– *GesEntw der SPD/FDP über die Krankenversicherung der Studenten*
BR-Drs 344/75 = **116** K 12
BR-PlPr 421 = **5** A 7
BT-Drs 7/2993 = **142** H 13
Bericht und Antrag des Ausschusses für Arbeit und Sozialordnung
BT-Drs 7/3640 = **163** M 14
Bericht des Haushaltsausschusses
BT-Drs 7/3641 = **163** N 11
Änderungsantrag zur 2. Beratung
BT-Drs 7/3673 = **164** H 4
1. Beratung beider Gesetzentwürfe
BT-PlPr 7/138 = **26** C 5
2. und 3. Beratung – (2. Beratung des GesEntw des Bundesrates)
BT-PlPr 7/173 = **33** A 9
– Bericht der Bundesregierung über die wirtschaftliche und soziale Sicherung des Studiums
BT-Drs 7/2116 = **117** O 1
– VO über den Nachweis, die Zahlung und die Abrechnung des Bundeszuschusses nach § 8 Abs 2 des Ges über die Krankenversicherung der Studenten (BundeszuschußVO für privatversicherte Studenten)
BR-Drs 558/75 = **128** M 9
– VO über Inhalt, Form und Frist der Meldungen sowie das Meldeverfahren für die Krankenversicherung der Studenten
BR-Drs 559/75 = **128** N 5
– Allgemeine Verwaltungsvorschrift über Fälligkeit und Zahlung der Bundeszuschüsse nach § 381a Abs 2 der Reichsversicherungsordnung
BR-Drs 560/75 = **128** O 6

Krankenversicherungs-Weiterentwicklungsgesetz
– s GesEntw zur Weiterentwicklung des *Kassenarztrechts* und zur Änderung der Krankenversicherung der Rentner
BR-Drs 771/74 = **91** N 14
BT-Drs 7/3336 = **154** A 2

Krankenversorgung
– s GesEntw zum Abkommen Bundesrepu-

blik Deutschland/DDR auf dem Gebiet des *Gesundheitswesens*
– Allgemeine Verwaltungsvorschrift zur Ausführung von Art 3 des Abkommens Bundesrepublik Deutschland/DDR auf dem Gebiet des Gesundheitswesens
BR-Drs 696/75 = **138** D 10

Krebs
– Früherkennungsuntersuchungen als Pflichtleistungen der Krankenkassen
Bericht der Bundesregierung
BT-Drs 7/454 = **68** A 9
– s a GesEntw zum Übereinkommen der *Internationalen Arbeitsorganisation* über die Verhütung und Bekämpfung der durch krebserzeugende Stoffe und Einwirkungen verursachten Berufsgefahren
BR-Drs 540/75 = **127** K 5
BT-Drs 7/4178 = **179** E 6

Krebsforschung
– Antwort auf die Große Anfrage der SPD/FDP
BT-Drs 7/4711 = **201** B 6
Ergänzung der Antwort
BT-Drs 7/4815 = **204** E 7
Entschließungsanträge zur Beratung
BT-Drs 7/5330 = **218** I 12
BT-Drs 7/5336 = **218** J 8
Bericht und Antrag des Ausschusses für Jugend, Familie und Gesundheit
BT-Drs 7/5459 = **221** F 4
Beratung
BT-PlPr 7/251 = **48** H 2

Kreditanstalten, öffentlich-rechtliche
– s GesEntw zur Änderung des Ges über die *Pfandbriefe* und verwandten Schuldverschreibungen
BR-Drs 39/73 = **8** N 3
BT-Drs 7/112 = **55** H 1

Kreditaufnahme
– VO über die Begrenzung der Kreditaufnahme durch Bund, Länder, Gemeinden und Gemeindeverbände im Haushaltsjahr 1973
BR-Drs 369/73 = **28** O 3
BT-Drs 7/682 = **76** A 1
– VO über die Begrenzung der Kreditaufnahme durch Bund, Länder, Gemeinden und Gemeindeverbände im Haushaltsjahr 1974
BR-Drs 748/73 = **49** N 2

Kreditbetrug
– s GesEntw eines 1. Ges zur Bekämpfung der *Wirtschaftskriminalität*
BR-Drs 5/75 = **97** C 7
BT-Drs 7/3441 = **156** D 4

Kreditfinanzierungsplan
s Bundeshaushaltsplan

Kreditgewerbe
– Antrag betr Sicherung von Einlagen
BT-Drs 7/2734 = **134** E 11
Bericht und Antrag des Finanzausschusses
BT-Drs 7/4631 = **197** A 5
BT-PlPr 7/134 = **25** A 1

Kredithilfe für Flüchtlinge und Vertriebene
– s GesEntw über die Feststellung der Wirtschaftspläne des *ERP-Sondervermögens*
– *Entw eines ÄndGes zum Ges zur Abwicklung der unter Sonderverwaltung stehenden Vermögen von Kreditinstituten, Versicherungsunternehmen und Bausparkassen*
BR-Drs 764/73 = **50** F 10
BR-PlPr 400 = **3** A 1
BT-Drs 7/613 = **73** H 14
Bericht und Antrag des Finanzausschusses
BT-Drs 7/1321 = **95** K 11
1. Beratung
BT-PlPr 7/39 = **6** H 14
2. und 3. Beratung
BT-PlPr 7/69 = **11** M 6
– VO über die Zuführung von Mitteln nach dem Ges zur Abwicklung der unter Sonderverwaltung stehenden Vermögen von Kreditinstituten, Versicherungsunternehmen und Bausparkassen für Zwecke des § 96 des Bundesvertriebenengesetzes
BR-Drs 430/74 = **75** G 7
– Allgemeine Verwaltungsvorschrift über die steuerliche Anerkennung von Sammelwertberichtigungen bei Kreditinstituten
BR-Drs 455/74 = **76** C 10
– Vorschlag einer EG-Richtlinie zur Koordinierung der Rechts- und Verwaltungsvorschriften über die Aufnahme und Ausübung der Tätigkeit der Kreditinstitute
BR-Drs 34/75 = **98** J 14
BT-Drs 7/3082 = **146** B 4

Kreditinstitute, privatrechtliche
– s GesEntw zur Änderung des *Hypothekenbankgesetzes* und des Schiffsbankgesetzes

Kreditwesen
– *GesEntw zur Änderung des Ges über das Kreditwesen*
BR-Drs 562/74 = **81** N 3
BR-PlPr 412 = **4** B 12
– *GesEntw eines 2. Ges zur Änderung des Ges über das Kreditwesen*
BR-Drs 1/75 = **97** A 4
BR-Drs 88/76 = **149** K 5
BR-PlPr 416= **4** I 9
BR-PlPr 431 = **5** O 8
BT-Drs 7/3657 = **164** C 14
Bericht und Antrag des Finanzausschusses
BT-Drs 7/4631 = **197** A 5
Bericht des Haushaltsausschusses
BT-Drs 7/4633 = **197** C 7
Änderungsantrag zur 2. Beratung
BT-Drs 7/4670 = **198** J 7
1. Beratung
BT-PlPr 7/176 = **33** J 7
2. und 3. Beratung
BT-PlPr 7/219 = **41** I 1

Kreditwirtschaft
– Bericht der Bundesregierung über die Ausnahmebereiche des Ges gegen Wettbewerbsbeschränkungen
BT-Drs 7/3206 = **148** M 10

Kreditwucher
– s Entw eines ÄndGes zum *Bürgerlichen Gesetzbuch*
BR-Drs 586/73 = **39** E 13
BT-Drs 7/1667 = **107** I 2

Kreditzinsen
– Vorschlag einer EG-Verordnung zur Beeinflussung der Zinssätze von Krediten zur Finanzierung von Ausfuhren in Industrieländer und Staatshandelsländer
BR-Drs 243/73 = **22** J 8
BT-Drs 7/386 = **65** F 4

Kreis
s Landkreis

Krieg
Zivilschutz
– s Entw eines ÄndGes zum 1. Ges über Maßnahmen zum Schutz der *Zivilbevölkerung*
BR-Drs 353/75 = **118** K 4
BT-Drs 7/4484 = **192** I 4

Kriegsbeschädigte
– Antrag betr Einführung von Krankenscheinheften
BT-Drs 7/230 = **60** O 2
Bericht und Antrag des Ausschusses für Arbeit und Sozialordnung
BT-Drs 7/627 = **73** O 12
– VO über den für 1974 und 1975 maßgebenden Vomhundertsatz nach § 4 des Ges über die unentgeltliche Beförderung von Kriegsbeschädigten, Wehrdienstbeschädigten sowie anderen Behinderten im Nahverkehr
BR-Drs 610/74 = **84** I 7
– s a GesEntw zur Weiterentwicklung des *Schwerbeschädigtenrechts*

Kriegsdienstverweigerer
– Antrag betr Prüfungsverfahren
BT-Drs 7/2102 = **117** G 1
Bericht und Antrag des Ausschusses für Arbeit und Sozialordnung
BT-Drs 7/4841 = **205** E 1
BT-PlPr 7/106 = **19** N 8
– Weißbuch 1973/1974 zur Sicherheit der Bundesrepublik Deutschland und zur Entwicklung der Bundeswehr
BT-Drs 7/1505 = **101** D 3
– Weißbuch 1975/1976
BT-Drs 7/4554 = **194** O 2
– s a GesEntw zur Änderung des Wehrdienstgesetzes und des *Zivildienstgesetzes*
BR-Drs 267/76 = **160** H 11
BT-Drs 7/3730 = **168** B 1
– s a Entw eines ÄndGes zum *Wehrpflichtgesetz*
BT-Drs 7/4206 = **184** I 9
– Jahresbericht 1972 – Unterrichtung durch den Wehrbeauftragten –
BT-Drs 7/334 = **64** E 8
– Jahresbericht 1973 – Unterrichtung durch den Wehrbeauftragten –
BT-Drs 7/1765 = **108** O 2
– Jahresbericht 1974 – Unterrichtung durch den Wehrbeauftragten –
BT-Drs 7/3228 = **151** E 5
– Jahresbericht 1975 – Unterrichtung durch den Wehrbeauftragten –
BT-Drs 7/4812 = **204** C 6

Kriegführung, elektronische
– Empfehlung der Nordatlantischen Versammlung
BT-Drs 7/50 = **52** N 10

Kriegsgefangenenentschädigungsgesetz
– *Entw eines 6. Ges zur Änderung und Ergänzung des Kriegsgefangenenentschädigungsgesetzes*
GesEntw der CDU/CSU
BT-Drs 7/636 = **74** A 13
GesEntw der SPD/FDP
BT-Drs 7/2793 = **135** B 6
GesEntw der CDU/CSU
BT-Drs 7/2884 = **140** E 3
Bericht und Antrag des Innenausschusses
BT-Drs 7/4379 = **190** G 12
Bericht des Haushaltsausschusses
BT-Drs 7/4403 = **190** M 10
1. Beratung
BT-PlPr 7/39 = **6** H 14
BT-PlPr 7/134 = **25** A 1
2. Beratung
BT-PlPr 7/207 = **39** B 4
2. und 3. Beratung
BT-PlPr 7/207 = **39** B 4

BR-Drs 742/75 = **140** O 6
BR-PlPr 429 = **5** M 3
– Antrag betr Beseitigung von Nachteilen bei der Alterssicherung
BT-Drs 7/668 = **75** N 10
Bericht und Antrag des Ausschusses für Arbeit und Sozialordnung
BT-Drs 7/1664 = **107** H 9
– Bericht der Bundesregierung über die Beseitigung etwaiger Nachteile
BT-Drs 7/3054 = **144** J 2

Kriegsopferversorgung
– s GesEntw zur Angleichung der Leistungen zur *Rehabilitation*
BR-Drs 517/73 = **35** E 12
BT-Drs 7/1237 = **92** N 1
– Allgemeine Verwaltungsvorschrift zur Änderung der Allgemeinen Verwaltungsvorschriften zum Ges über das Verwaltungsverfahren der Kriegsopferversorgung
BR-Drs 703/74 = **88** D 10
– Ausbau der sozialen Sicherung: Sozialbericht 1976
BT-Drs 7/4953 = **207** G 3

Kriegsschadensrente
– VO zur Änderung der 3. VO über Ausgleichsleistungen nach dem Lastenausgleichsgesetz
BR-Drs 609/74 = **84** H 12

Kriegsverbrechen
– s GesEntw zum Abkommen mit der *Französischen Republik* über die deutsche Gerichtsbarkeit für die Verfolgung bestimmter Verbrechen
BR-Drs 23/73 = **8** L 5
BT-Drs 7/130 = **56** J 9

Kriegswaffenliste
– 3. VO zur Änderung der Kriegswaffenliste
BR-Drs 413/73 = **31** L 4

Kriminalpolizei
s a Bundeskriminalamt
– Zusammenarbeit zwischen Bund und Ländern
s Entw eines 2. ÄndGes betr die Einrichtung eines *Bundeskriminalpolizeiamtes*
BR-Drs 417/73 = **31** N 14
BT-Drs 7/178 = **59** F 12

Kriminelle Vereinigungen
– s GesEntw zur Änderung der *Strafprozeßordnung*
BR-Drs 176/75 = **107** M 2
BT-Drs 7/3734 = **168** C 1
– s GesEntw zur Bekämpfung *terroristischer* krimineller Vereinigungen
BR-Drs 291/75 = **114** D 8
BT-Drs 7/4004 = **174** O 9

Kristallglaskennzeichnungsgesetz
– *Entw eines ÄndGes*
BR-Drs 121/75 = **103** J 6
BR-Drs 402/75 = **121** O 3
BR-PlPr 418 = **4** M 1
BR-PlPr 422 = **5** B 1
BT-Drs 7/3500 = **157** F 2
Bericht und Antrag des Wirtschaftsausschusses
BT-Drs 7/3677 = **164** H 14
1. Beratung
BT-PlPr 7/167 = **31** N 12
2. und 3. Beratung
BT-PlPr 7/176 = **33** I 7

Krustentiere
– VO über Höchstmengen an Quecksilber in Fischen, Krustentieren, Schalen- und Weichtieren
BR-Drs 727/74 = **89** N 5

KSZE
s Konferenz über Sicherheit und Zusammenarbeit in Europa

Küken
– s GesEntw eines ÄndGes über eine *Geflügelstatistik*
BR-Drs 530/73 = **36** F 7
BT-Drs 7/1141 = **88** D 10

Kündigungsschutzgesetz
– *GesEntw zum Schutze in Ausbildung befindlicher Mitglieder von Betriebsverfassungsorganen*
BR-Drs 761/73 = **50** F 3
BR-PlPr 400 = **3** A 1
BT-Drs 7/1170 = **90** C 12
Bericht und Antrag des Ausschusses für Arbeit und Sozialordnung
BT-Drs 7/1334 = **95** O 5
1. Beratung
BT-PlPr 7/64 = **10** L 13
2. und 3. Beratung
BT-PlPr 7/69 = **11** M 6
– *GesEntw zur Änd des Kündigungsschutzgesetzes*
BR-Drs 484/75 = **124** L 12
BR-Drs 310/76 = **163** J 11
BR-PlPr 424 = **5** E 4
BR-PlPr 435 = **6** I 1
BT-Drs 7/4519 = **193** E 5
Bericht und Antrag des Ausschusses für Arbeit und Sozialordnung
BT-Drs 7/5074 = **212** K 11
1. Beratung
BT-PlPr 7/2213 = **41** M 14
2. und 3. Beratung
BT-PlPr 7/238 = **45** D 14
– s a Entw eines *Bundespersonalvertretungsgesetzes*
BR-Drs 50/74 = **56** A 10
BT-Drs 7/176 = **59** D 12
– *GesEntw eines 2. Ges über den Kündigungsschutz für Mietverhältnisse über Wohnraum*
BR-Drs 161/74 = **62** G 7
BR-Drs 679/74 = **86** K 7
BR-PlPr 404 = **3** G 6
BR-PlPr 413 = **4** D 12
Vermittlungsverfahren:
BR-Drs 766/74 = **91** L 6
BR-PlPr 414 = **4** F 5
BT-Drs 7/2011 = **115** A 10
Antrag des Rechtsausschusses
BT-Drs 7/2629 = **131** F 4
Bericht des Rechtsausschusses
BT-Drs 7/2638 = **131** H 10
Änderungsantrag zur 2. Beratung
BT-Drs 7/2659 = **132** A 12
Änderungsantrag
BT-Drs 7/2660 = **132** A 12
Unterrichtung betr Anrufung des Vermittlungsausschusses
BT-Drs 7/2775 = **134** L 14
Unterrichtung durch den Vermittlungsausschuß
BT-Drs 7/2812 = **136** K 13
1. Beratung
BT-PlPr 7/103 = **19** B 7
2. und 3. Beratung
BT-PlPr 7/125 = **23** A 1

Künstler
– Bericht der Bundesregierung über die wirtschaftliche und soziale Lage der künstlerischen Berufe
BT-Drs 7/3071 = **145** G 14
BT-PlPr 7/144 = **27** G 4
– Antrag betr Verbesserung der wirtschaftlichen und sozialen Lage der künstlerischen Berufe und Förderung des künstlerischen Nachwuchses
BT-Drs 7/4997 = **210** F 14
BT-PlPr 7/256 = **49** K 13
– Sozialbericht 1973
BT-Drs 7/1167 = **89** D 6
– Sozialbericht 1976
BT-Drs 7/4953 = **207** G 3
– *GesEntw über die Sozialversicherung der selbständigen Künstler und Publizisten (Künstlersozialversicherungsgesetz)*
BR-Drs 410/76 = **168** L 10
BR-PlPr 437 = **6** L 10

Küstenfischerei
– Vorschlag einer EG-VO über eine Aktion zur Umstrukturierung des Sektors der handwerklichen Küstenfischerei
BR-Drs 768/75 = **141** L 3
BT-Drs 7/4498 = **192** N 3

Küstengebiet
– Antrag betr Benachteiligung der Fernsprechteilnehmer bei der Einführung von Nahverkehrsbereichen
BT-Drs 7/4488 = **192** J 4

Küstengewässer
– Umweltbericht 1976
BT-Drs 7/5684 = **226** A 1

Küstenschutz
– Antrag betr Sturmflutschäden an der deutschen Nordseeküste
BT-Drs 7/1536 = **102** L 2
Antrag des Haushaltsausschusses
BT-Drs 7/2043 = **116** C 11
BT-PlPr 7/106 = **19** N 8
– Rahmenplan zur Verbesserung der Agrarstruktur und des Küstenschutzes für 1973 bis 1976
BT-Drs 7/61 = **53** A 8
BT-Drs 7/480 = **68** M 5
Bericht und Antrag des Ausschusses für Ernährung, Landwirtschaft und Forsten
BT-Drs 7/949 = **81** I 3
– Rahmenplan zur Verbesserung der Agrarstruktur und des Küstenschutzes für 1974 bis 1977
BT-Drs 7/1538 = **102** L 4
Bericht und Antrag des Ausschusses für Ernährung, Landwirtschaft und Forsten
BT-Drs 7/2581 = **130** A 12
Ergänzung zum Rahmenplan
BT-Drs 7/2587 = **130** C 11
Bericht und Antrag des Ausschusses für Ernährung, Landwirtschaft und Forsten
BT-Drs 7/3842 = **170** G 14
– Rahmenplan zur Verbesserung der Agrarstruktur und des Küstenschutzes für 1975 bis 1978
BT-Drs 7/3563 = **159** A 14
Bericht und Antrag des Ausschusses für Ernährung, Landwirtschaft und Forsten
BT-Drs 7/4153 = **178** M 3
– Rahmenplan zur Verbesserung der Agrarstruktur und des Küstenschutzes für 1976 bis 1979
BT-Drs 7/5671 = **224** L 6

- s a Agrarbericht
- s a GesEntw zum Internationalen Übereinkommen über Maßnahmen auf Hoher See bei Ölverschmutzungs-Unfällen
  BR-Drs 263/74 = **67** G 10
  BT-Drs 7/2109 = **117** K 3

Kultur
- Unterrichtung über die Entwicklung der Beziehungen zwischen der Bundesrepublik Deutschland und der DDR
  BR-Drs 282/73 = **25** F 12
  BT-Drs 7/420 = **66** L 5
- VO zum Protokoll zwischen der Regierung der Bundesrepublik Deutschland und der Regierung der Französischen Republik über die Durchführung des Kulturabkommens 1954 auf dem Gebiet der Steuern und Zölle
  BR-Drs 499/73 = **34** N 10

Kulturelle Rechte
s Menschenrechte

Kulturgut
- *GesEntw zum Europäischen Übereinkommen zum Schutz archäologischen Kulturguts*
  BR-Drs 400/73 = **30** O 9
  BR-Drs 509/74 = **77** O 11
  BR-PlPr 396 = **2** I 14
  BR-PlPr 410 = **3** O 9
  BT-Drs 7/896 = **79** M 6
  Bericht und Antrag des Auswärtigen Ausschusses
  BT-Drs 7/2318 = **122** H 10
  1. Beratung
  BT-PlPr 7/48 = **8** D 4
  2. Beratung und Schlußabstimmung
  BT-PlPr 7/113 = **21** B 12

Kulturpolitik, auswärtige
- Antrag betr Enquête – Kommission
  BT-Drs 7/215 = **60** L 8
- Bericht der Enquête – Kommission
  BT-Drs 7/4121 = **177** F 5
- Antrag betr Empfehlungen der Enquête-Kommission
  BT-Drs 7/5119 = **214** A 1
  BT-PlPr 7/239 = **45** I 6
- s a GesEntw zum Übereinkommen über die Gründung eines *Europäischen Hochschulinstituts*
  BR-Drs 554/73 = **37** O 10

Kunstgegenstände
- s GesEntw zur Änderung des *Bewertungsgesetzes*
  BR-Drs 445/75 = **123** A 2
  BT-Drs 7/4601 = **196** E 9

Kuppelei
- s Entwurf eines 4. *Strafrechtsreformgesetzes*
  BR-Drs 441/73 = **33** B 5
  BT-Drs 7/80 = **54** D 9

Kurzarbeitergeld
- Bericht über das Ruhen des Anspruchs auf Arbeitslosengeld und Kurzarbeitergeld bei Arbeitskämpfen
  BR-Drs 725/74 = **89** M 1
- Bericht über das Ruhen des Anspruchs auf Arbeitslosengeld und Kurzarbeitergeld bei Arbeitskämpfen
  BR-Drs 577/75 = **130** E 4
- Bericht über das Ruhen des Anspruchs auf Arbeitslosengeld und Kurzarbeitergeld bei Arbeitskämpfen
  BR-Drs 662/76 = **178** O 12

- Winterbau – Bericht 1974
  BT-Drs 7/3508 = **157** O 10
- Bericht der Bundesregierung zu Fragen des Leistungsrechts des Arbeitsförderungsgesetzes
  BT-Drs 7/4120 = **177** E 13

L

Laboratorium für Molekularbiologie
s Europäisches Laboratorium für Molekularbiologie

Lachsbestand
- s GesEntw zum Protokoll zur Änderung des Übereinkommens über den Schutz des Lachsbestandes in der Ostsee – *Seefischerei-Vertragsgesetz 1976* –

Lärmschutz
- s Entw eines *Bundesimmissionsschutzgesetzes*
  BR-Drs 27/73 = **8** L 11
  BT-Drs 7/179 = **59** G 8
- Antrag betr Ges zum Schutz gegen Fluglärm
  BT-Drs 7/2263 = **121** D 4
  Bericht und Antrag des Innenausschusses
  BT-Drs 7/3400 = **155** G 8
  BT-PlPr 7/122 = **22** G 7
- Bericht der Bundesregierung betr Ges zum Schutz gegen Fluglärm
  BT-Drs 7/4580 = **195** O 3
  Bericht und Antrag des Innenausschusses
  BT-Drs 7/5321 = **218** I 2
- s Entw eines 2. ÄndGes zum *Bundesfernstraßengesetz*
  BR-Drs 261/73 = **24** A 4
  BT-Drs 7/1265 = **93** L 11
- Unfallverhütungsbericht
  BT-Drs 7/189 = **59** L 5
- Unfallverhütungsbericht
  BT-Drs 7/4668 = **198** B 8
- Straßenbaubericht 1972
  BT-Drs 7/782 = **77** I 12
- Straßenbaubericht 1973
  BT-Drs 7/2413 = **124** E 6
- Straßenbaubericht 1974
  BT-Drs 7/3822 = **169** N 2
- Straßenbaubericht 1975
  BT-Drs 7/5677 = **225** I 6
- Städtebaubericht 1975
  BT-Drs 7/3583 = **161** M 9
- Umweltgutachten 1974
  BT-Drs 7/2802 = **135** C 10
- Umweltbericht 1976
  BT-Drs 7/5684 = **226** A 1
- Entschließung des Bundesrates zur Verminderung der Geräusche der Krafträder und Fahrräder mit Hilfsmotor
  BR-Drs 622/74 = **84** L 5

Lärmschutzbereich
- VO über die Festsetzung des Lärmschutzbereiches für den Verkehrsflughafen Bremen
  BR-Drs 272/74 = **67** L 1
- VO über die Festsetzung des Lärmschutzbereiches für den militärischen Flugplatz Bremgarten
  BR-Drs 261/75 = **112** I 14
- VO über die Festsetzung des Lärmschutzbereiches für den militärischen Flugplatz Büchel
  BR-Drs 621/76 = **177** F 7
- VO über die Festsetzung des Lärmschutzbereiches für den Verkehrsflughafen Düsseldorf
  BR-Drs 796/73 = **51** O 8
- VO über die Festsetzung des Lärmschutzbereiches für den militärischen Flugplatz Erding
  BR-Drs 836/74 = **96** D 4
  BR-Drs 566/75 = **129** B 11
- VO über die Festsetzung des Lärmschutzbereiches für den militärischen Flugplatz Gütersloh
  BR-Drs 207/75 = **108** M 2
- VO über die Festsetzung des Lärmschutzbereiches für den Verkehrsflughafen Hamburg (Fuhlsbüttel)
  BR-Drs 194/76 = **155** K 4
- 3. VO über die Festsetzung des Lärmschutzbereiches für den Verkehrsflughafen Hannover-Langenhagen
  BR-Drs 764/74 = **91** J 8
- VO über die Festsetzung des Lärmschutzbereiches für den militärischen Flugplatz Hopsten
  BR-Drs 8/76 = **144** E 1
- VO über die Festsetzung des Lärmschutzbereiches für den militärischen Flugplatz Ingolstadt
  BR-Drs 256/76 = **159** O 10
- VO über die Festsetzung des Lärmschutzbereiches für den militärischen Flugplatz Jever
  BR-Drs 368/76 = **165** M 12
- VO über die Festsetzung des Lärmschutzbereiches für den Verkehrsflughafen Köln/Bonn
  BR-Drs 601/75 = **131** A 10
- VO über die Festsetzung des Lärmschutzbereiches für den militärischen Flugplatz Laarbruch
  BR-Drs 690/76 = **180** E 5
- VO über die Festsetzung des Lärmschutzbereiches für den militärischen Flugplatz Lechfeld
  BR-Drs 257/76 = **160** B 6
- VO über die Festsetzung des Lärmschutzbereiches für den militärischen Flugplatz Leipheim
  BR-Drs 457/74 = **76** D 12
- VO über die Festsetzung des Lärmschutzbereiches für den militärischen Flugplatz Memmingen
  BR-Drs 194/75 = **108** H 5
- VO über die Festsetzung des Lärmschutzbereiches für den Verkehrsflughafen München (Riem)
  BR-Drs 430/76 = **169** K 6
- VO über die Festsetzung des Lärmschutzbereiches für den militärischen Flugplatz Neuburg a. d. Donau
  BR-Drs 455/75 = **123** I 3
- VO über die Festsetzung des Lärmschutzbereiches für den militärischen Flugplatz Nörvenich
  BR-Drs 517/74 = **78** D 12
- VO über die Festsetzung des Lärmschutzbereiches für den Verkehrsflughafen Nürnberg
  BR-Drs 384/74 = **72** O 6
- VO über die Festsetzung des Lärmschutzbereiches für den militärischen Flugplatz Oldenburg
  BR-Drs 208/75 = **108** N 11
- VO über die Festsetzung des Lärmschutzbe-

reiches für den militärischen Flugplatz Pferdsfeld
BR-Drs 371/76 = **166** E 10
- VO über die Festsetzung des Lärmschutzbereiches für den militärischen Flugplatz Ramstein
BR-Drs 622/76 = **177** H 4
- VO über die Festsetzung des Lärmschutzbereiches für den militärischen Flugplatz Söllingen
BR-Drs 454/75 = **123** F 5
- VO über die Festsetzung des Lärmschutzbereiches für den Verkehrsflughafen Stuttgart
BR-Drs 482/75 = **124** J 14
- VO über die Festsetzung des Lärmschutzbereiches für den militärischen Flugplatz Wittmundhafen
BR-Drs 369/76 = **166** B 3
- VO über die Festsetzung des Lärmschutzbereiches für den militärischen Flugplatz Zweibrücken
BR-Drs 370/76 = **166** C 12

Laienrichter
s Richter, ehrenamtliche

Landabgaberente
- s GesEntw über die laufende Anpassung der Altersgelder in der *Altershilfe für Landwirte* (7. ÄndG-GAL)
BR-Drs 396/73 = **30** K 13
BT-Drs 7/934 = **81** D 8

Landarbeiter
- s GesEntw über die Errichtung einer *Zusatzversorgungskasse* für Arbeitnehmer in der Land- und Forstwirtschaft
BR-Drs 561/73 = **38** L 3
BT-Drs 7/1342 = **96** C 12

Landarbeiterwohnungen
- 5. VO zur Änderung der VO über Steuervergünstigungen zur Förderung des Baues von Landarbeiterwohnungen
BR-Drs 420/74 = **74** O 5

Landeplätze
- Empfehlungen zur VO über die zeitliche Einschränkung des Flugbetriebes mit Leichtflugzeugen und Motorseglern an Landeplätzen
BR-Drs 431/76 = **169** M 5

Landesplanungsrecht
- Raumordnungsbericht 1974
BT-Drs 7/3582 = **161** G 3

Landesversorgungsamt
- Bericht der Bundesregierung über die Auswirkungen, die sich aus der Nichterrichtung (bzw Auflösung) eines Landesversorgungsamtes in bestimmten Ländern ergeben haben
BR-Drs 106/76 = **152** B 6
BT-Drs 7/4683 = **200** C 14
Bericht und Antrag des Ausschusses für Arbeit und Sozialordnung
BT-Drs 7/4960 = **209** I 10

Landgericht
- s GesEntw zur Vereinfachung und Beschleunigung gerichtlicher Verfahren *(Vereinfachungsnovelle)*
BR-Drs 551/74 = **80** L 9
BT-Drs 7/2729 = **133** O 2
- s GesEntw zur Entlastung der Landgerichte und zur Vereinfachung des gerichtlichen Protokolls
(s *Zivilprozeßordnung*)

BR-Drs 476/73 = **33** X 13
BT-Drs 7/2769 = **134** K 1

Landfriedensbruch
- s GesEntw zum Schutze des *Gemeinschaftsfriedens*
BR-Drs 507/74 = **77** L 11
BT-Drs 7/2772 = **134** K 13
BT-Drs 7/2854 = **139** E 5

Landkreis
- Antwort auf die Große Anfrage betr Lage der Städte, Gemeinden und Kreise
BT-Drs 7/2409 = **124** B 4
Entschließungsanträge
BT-Drs 7/2741 = **134** F 4
BT-Drs 7/2744 = **134** F 7
BT-Drs 7/2745 = **134** F 8
Bericht und Antrag des Ausschusses für Wahlprüfung, Immunität und Geschäftsordnung
BT-Drs 7/3747 = **168** G 8
Bericht und Antrag des Innenausschusses
BT-Drs 7/3764 = **168** K 2
Berichte des Haushaltsausschusses
BT-Drs 7/3765 = **168** K 3
BT-Drs 7/3767 = **168** K 4
Beratung
BT-PlPr 7/128 = **23** K 8
BT-PlPr 7/181 = **34** J 3

Landpacht
s Pachtrecht

Landschaftspflege
- *Entw eines Ges über Naturschutz und Landschaftspflege*
GesEntw der Bundesregierung
BR-Drs 208/73 = **20** J 14
BR-PlPr 392 = **2** D 6
BT-Drs 7/886 = **79** E 8
GesEntw der CDU/CSU
BT-Drs 7/324 = **64** C 14
Antrag des Ausschusses für Ernährung, Landwirtschaft und Forsten
BT-Drs 7/5171 = **214** M 2
Bericht des Haushaltsausschusses
BT-Drs 7/5173 = **214** M 10
Bericht des Ausschusses für Ernährung, Landwirtschaft und Forsten
BT-Drs 7/5251 = **216** L 4
1. Beratung des GesEntw der CDU/CSU
BT-PlPr 7/23 = **3** N 5
1. Beratung des GesEntw der Bundesregierung
BT-PlPr 7/57 = **9** I 7
2. Beratung beider Gesetzentwürfe
BT-PlPr 7/247 = **47** I 2
- *GesEntw zur Änderung des Grundgesetzes (Artikel 74 Nr 25 – Naturschutz und Landschaftspflege)*
BR-Drs 204/73 = **20** E 5
BR-PlPr 392 = **2** D 6
BT-Drs 7/885 = **79** E 2
1. Beratung
BT-PlPr 7/57 = **9** I 7
- *GesEntw über Rahmenvorschriften für Naturschutz und Landschaftspflege sowie zur Anpassung landesrechtlicher Vorschriften an die Erfordernisse des Naturschutzes und der Landschaftspflege (Naturschutzrahmengesetz)*
BR-Drs 137/75 = **104** E 11
BR-Drs 384/76 = **167** K 3
BR-PlPr 419 = **4** N 2
BR-PlPr 436 = **6** J 12

Vermittlungsverfahren:
BR-Drs 651/76 = **178** M 9
BR-PlPr 440 = **7** A 8
BT-Drs 7/3879 = **171** J 5
Antrag des Ausschusses für Ernährung, Landwirtschaft und Forsten
BT-Drs 7/5171 = **214** M 2
Bericht des Haushaltsausschusses
BT-Drs 7/5173 = **214** M 10
Bericht des Ausschusses für Ernährung, Landwirtschaft und Forsten
BT-Drs 7/5251 = **216** L 4
Unterrichtung betr Anrufung des Vermittlungsausschusses
BT-Drs 7/5498 = **222** C 13
Antrag des Vermittlungsausschusses
BT-Drs 7/5566 = **223** A 14
1. Beratung
BT-PlPr 7/184 = **35** E 3
2. und 3. Beratung
BT-PlPr 7/247 = **47** I 2
Beratung eines Antrags des Vermittlungsausschusses
BT-PlPr 7/258 = **50** E 3
- s a GesEntw zur Änderung des *Flurbereinigungsgesetzes*
BR-Drs 589/74 = **83** A 3
BT-Drs 7/3020 = **142** L 12
- Umweltgutachten 1974
BT-Drs 7/2802 = **135** C 10
- Umweltbericht 1976
BT-Drs 7/5684 = **226** A 1

Landstraßen
- VO zur Änderung der Straßenverkehrs-Ordnung (betr Dauereinführung von 100 km/h für Kraftfahrzeuge)
BR-Drs 645/75 = **133** G 9

Landtausch
- s GesEntw zur Änderung des *Flurbereinigungsgesetzes*

Landtausch, freiwilliger
s Rahmenplan zur Verbesserung der Agrarstruktur und des *Küstenschutzes*

Landverkehr
- VO zur Durchführung der Internationalen Gesundheitsvorschriften im Landverkehr
BR-Drs 493/76 = **172** D 7

Landwirte
s a Altershilfe für Landwirte
- s GesEntw über die laufende Anpassung der Altersgelder in der *Altershilfe für Landwirte*
BR-Drs 396/73 = **30** K 13
BT-Drs 7/934 = **81** D 8
- *GesEntw über die Kaufmannseigenschaft von Landwirten und Forstwirten*
BR-Drs 354/75 = **118** L 9
BR-Drs 201/76 = **156** A 2
BR-PlPr 422 = **5** B 1
BR-PlPr 433 = **6** D 11
BT-Drs 7/3918 = **172** F 10
Bericht und Antrag des Rechtsausschusses
BT-Drs 7/4634 = **197** C 8
Änderungsantrag zur 2. Beratung
BT-Drs 7/4894 = **206** F 14
1. Beratung
BT-PlPr 7/184 = **35** E 3
2. und 3. Beratung
BT-PlPr 7/230 = **43** J 6
- *Entw eines ÄndGes zum Ges über die Krankenversicherung der Landwirte*
BT-Drs 7/1162 = **89** C 11

Bericht und Antrag des Ausschusses für Arbeit und Sozialordnung
BT-Drs 7/3102 = **146** G 12
Bericht des Haushaltsausschusses
BT-Drs 7/3123 = **146** N 7
1. Beratung
BT-PlPr 7/67 = **11** E 10
2. Beratung
BT-PlPr 7/147 = **28** A 1
– Erfahrungsbericht der Bundesregierung über die Ausführung des Gesetzes
BT-Drs 7/2346 = **122** N 14
– s a Entw eines *17. Rentenanpassungsgesetzes*
BR-Drs 682/73 = **44** L 14
BT-Drs 7/1483 = **100** L 10
– *GesEntw eines 18. Ges über die Anpassung der Renten aus den gesetzlichen Rentenversicherungen sowie über die Anpassung der Geldleistungen aus der gesetzlichen Unfallversicherung und der Altersgelder in der Altershilfe für Landwirte*
(18. Rentenanpassungsgesetz)
BR-Drs 688/74 = **87** D 8
BR-Drs 162/75 = **106** J 9
BR-PlPr 414 = **4** F 5
BR-PlPr 418 = **4** M 1
BT-Drs 7/3065 = **145** C 5
Gegenäußerung der Bundesregierung zu der Stellungnahme des Bundesrates
BT-Drs 7/3073 = **146** A 5
Bericht und Antrag des Ausschusses für Arbeit und Sozialordnung
BT-Drs 7/3235 = **151** I 6
Änderungsantrag zur 2. Beratung
BT-Drs 7/3282 = **153** A 10
Bericht des Haushaltsausschusses
BT-Drs 7/3288 = **153** B 1
1. Beratung
BT-PlPr 7/141 = **26** L 3
2. und 3. Beratung
BT-PlPr 7/152 = **28** M 6
– *GesEntw eines 19. Ges über die Anpassung der Renten aus den gesetzlichen Rentenversicherungen sowie über die Anpassung der Geldleistungen aus der gesetzlichen Unfallversicherung und der Altersgelder in der Altershilfe für Landwirte*
(19. Rentenanpassungsgesetz)
BR-Drs 671/75 = **136** D 5
BR-Drs 264/76 = **160** G 2
BR-PlPr 429 = **5** M 3
BR-PlPr 434 = **6** F 11
BT-Drs 7/4722 = **201** E 1
Bericht und Antrag des Ausschusses für Arbeit und Sozialordnung
BT-Drs 7/4951 = **207** E 12
Bericht des Haushaltsausschusses
BT-Drs 7/4998 = **210** G 3
1. Beratung
BT-PlPr 7/225 = **42** K 12
2. und 3. Beratung
BT-PlPr 7/235 = **44** I 6
– Sozialbudget 1974
BT-Drs 7/2853 = **138** E 12
– Sozialbericht 1976
BT-Drs 7/4953 = **207** G 3
– Allgemeine Verwaltungsvorschrift zur Durchführung des § 2a Abs 2 des Ges über eine Altershilfe für Landwirte
BR-Drs 554/74 = **81** J 14

Landwirtschaft
s a Agrarförderung
Agrarwirtschaft
Landwirte
– Antwort auf die Große Anfrage betr Lage der Deutschen Landwirtschaft
BT-Drs 7/2586 = **130** C 7
Entschließungsantrag zur Beratung
BT-Drs 7/2617 = **130** N 1
Bericht und Antrag des Ausschusses für Ernährung, Landwirtschaft und Forsten
BT-Drs 7/3077 = **146** A 11
Bericht und Antrag des Auswärtigen Ausschusses
BT-Drs 7/3131 = **147** A 1
Beratung
BT-PlPr 7/122 = **22** G 7
BT-PlPr 7/153 = **29** D 2
– Antrag betr Heizölkostenbeihilfe
BT-Drs 7/1348 = **96** D 10
– s a GesEntw zum Übereinkommen der *Internationalen Arbeitsorganisation* über die Arbeitsaufsicht in der Landwirtschaft
BR-Drs 49/73 = **8** O 6
BT-Drs 7/109 = **55** F 11
– s a GesEntw über die Errichtung einer *Zusatzversorgungskasse* für Arbeitnehmer in der Land- und Forstwirtschaft
BR-Drs 561/73 = **38** L 3
BT-Drs 7/1342 = **96** C 12
– s a Entw eines 2. ÄndGes zur *Höfeordnung*
BR-Drs 548/73 = **36** M 5
BT-Drs 7/1443 = **97** M 11
– s a Entw eines *Agrarberichterstattungsgesetzes*
BR-Drs 72/74 = **57** N 11
BT-Drs 7/1990 = **114** I 2
– s a GesEntw zur Änderung des *Flurbereinigungsgesetzes*
BR-Drs 589/74 = **83** A 3
BT-Drs 7/3020 = **142** L 12
– s a GesEntw zur Änderung des *Umsatzsteuergesetzes* und des Aufwertungsausgleichsgesetzes
BR-Drs 643/74 = **85** F 10
BT-Drs 7/2696 = **132** H 13
– s a Entw eines ÄndGes zum *Marktstrukturgesetz*
BR-Drs 395/74 = **73** H 8
BT-Drs 7/2508 = **128** G 7
– s a Entw eines *Futtermittelgesetzes*
BR-Drs 645/74 = **85** G 5
BT-Drs 7/2990 = **142** F 7
– s a GesEntw über die *Deutsche Genossenschaftsbank* und zur Änderung des Ges über die Landwirtschaftliche Rentenbank
BR-Drs 741/75 = **140** O 1
BT-Drs 7/3469 = **156** M 6
– s a Entw eines *Tierzuchtgesetzes*
BR-Drs 351/75 = **118** H 8
BT-Drs 7/4008 = **175** D 2
– s a GesEntw über die Neuorganisation der *Marktordnungsstellen*
BR-Drs 359/75 = **118** O 9
BT-Drs 7/4021 = **175** J 5
– s a GesEntw über die Auflösung der *Mühlenstelle* und die Übertragung von Zuständigkeiten im Bereich der Mühlenwirtschaft
BR-Drs 548/75 = **128** B 9
BT-Drs 7/4327 = **189** A 13
– s a GesEntw eines 3. ÄndGes zum Ges über die *Landwirtschaftliche Rentenbank*
BR-Drs 627/75 = **132** I 14
BT-Drs 7/4380 = **190** G 14
– s a GesEntw zur Anpassung der Bezirke der landwirtschaftlichen *Berufsgenossenschaften* an die Gebietsreform
BR-Drs 422/75 = **122** C 13
BT-Drs 7/4594 = **196** C 6
– s a GesEntw zum Übereinkommen der *Internationalen Arbeitsorganisation* über die Verbände ländlicher Arbeitskräfte und ihre Rolle in der wirtschaftlichen und sozialen Entwicklung
BR-Drs 673/76 = **179** H 3
– Rahmenplan zur Verbesserung der Agrarstruktur und des Küstenschutzes für 1973 bis 1976
BT-Drs 7/61 = **53** A 8
BT-Drs 7/480 = **68** M 5
– Rahmenplan zur Verbesserung der Agrarstruktur und des Küstenschutzes für 1974 bis 1977
BT-Drs 7/1538 = **102** L 4
BT-Drs 7/2587 = **130** C 11
– Rahmenplan zur Verbesserung der Agrarstruktur und des Küstenschutzes für 1975 bis 1978
BT-Drs 7/3563 = **159** A 14
– Rahmenplan zur Verbesserung der Agrarstruktur und des Küstenschutzes für 1976 bis 1979
BT-Drs 7/5671 = **224** L 6
– agrar- und ernährungspolitischer Bericht der Bundesregierung 1973
BR-Drs 118/73 = **14** G 12
BR-Drs 119/73 = **15** I 13
BT-Drs 7/146 = **57** A 6
BT-Drs 7/147 = **57** F 2
BT-Drs 7/148 = **58** C 7
– agrar- und ernährungspolitischer Bericht der Bundesregierung 1974
BR-Drs 120/74 = **59** G 8
BT-Drs 7/1650 = **105** K 5
BT-Drs 7/1651 = **106** B 1
– agrar- und ernährungspolitischer Bericht der Bundesregierung 1975
BR-Drs 112/75 = **101** O 8
BT-Drs 7/3210 = **149** B 5
BT-Drs 7/3211 = **149** H 12
– agrar- und ernährungspolitischer Bericht der Bundesregierung 1976
BR-Drs 100/76 = **150** E 11
BT-Drs 7/4680 = **198** N 3
BT-Drs 7/4681 = **199** B 8
– Sozialbericht 1976
BT-Drs 7/4953 = **207** G 3
– Bericht der Bundesregierung über die Ausnahmebereiche des Ges gegen Wettbewerbsbeschränkungen
BT-Drs 7/3206 = **148** M 10
– 4. Subventionsbericht
BR-Drs 647/73 = **41** M 1
BT-Drs 7/1144 = **88** F 1
– 5. Subventionsbericht
BR-Drs 652/75 = **133** K 14
BT-Drs 7/4203 = **183** M 6
– Vorschlag einer EG-VO über die Beteiligung des Europäischen Ausrichtungs- und Garantiefonds für die Landwirtschaft 1973
BR-Drs 323/73 = **27** H 9
BT-Drs 7/490 = **69** E 3
– VO über die Anrechnung auf die Ausbildungszeit in Ausbildungsberufen der Landwirtschaft – Anrechnung eines schulischen Berufsgrundbildungsjahres und des Besuchs einer einjährigen Berufsfachschule
BR-Drs 408/73 = **31** J 10

- EG-Memorandum über die Anpassung der gemeinsamen Agrarpolitik
  BR-Drs 745/73 = **49** L 6
  BT-Drs 7/1302 = **95** G 1
- EG-Bericht über die Entwicklung der wirtschaftlichen Lage der deutschen Landwirtschaft nach der Aufwertung der Deutschen Mark 1969
  BR-Drs 34/74 = **55** K 9
  BT-Drs 7/1528 = **102** I 12
- Vorschlag einer EG-VO über die Beteiligung des Europäischen Ausrichtungs- und Garantiefonds für die Landwirtschaft, Abteilung Ausrichtung für das Jahr 1974
  BR-Drs 559/74 = **81** M 6
  BT-Drs 7/2478 = **127** H 3
- Vorschlag einer EG-VO über die Aufteilung der Mittel des Europäischen Ausrichtungs- und Garantiefonds für die Landwirtschaft, Abteilung Ausrichtung, für das Jahr 1974 und über bestimmte Fristen für 1974 und 1975
  BR-Drs 747/74 = **90** M 4
  BT-Drs 7/2762 = **134** I 1
- Vorschläge für EG-Richtlinien in bezug auf das Gemeinschaftsverzeichnis benachteiligter landwirtschaftlicher Gebiete im Sinne der Richtlinie über die Landwirtschaft in Berggebieten und in bestimmten benachteiligten Gebieten
  BR-Drs 85/75 = **100** K 11
  BT-Drs 7/3181 = **148** E 12
- Vorschlag einer EG-Entscheidung über ergänzende Maßnahmen in der Landwirtschaft im Anschluß an die Aufwertung der Deutschen Mark
  BR-Drs 32/76 = **146** I 3
  BT-Drs 7/4564 = **195** K 9
- EG-Vorschlag zur Festsetzung der Preise für verschiedene landwirtschaftliche Erzeugnisse und flankierende Maßnahmen
  BR-Drs 60/76 = **147** L 9
  BT-Drs 7/4648 = **197** I 6

Landwirtschaftliche Altershilfe
s Altershilfe für Landwirte

Landwirtschaftliche Arbeiter
- Vorschlag einer EG-VO zur Durchführung einer Erhebung über die Verdienste der ständig in der Landwirtschaft beschäftigten Arbeiter
  BR-Drs 192/76 = **155** J 5
  BT-Drs 7/4859 = **205** M 8

Landwirtschaftliche Berufsgenossenschaften
- *GesEntw zur Anpassung der Bezirke der landwirtschaftlichen Berufsgenossenschaften an die Gebietsreform*
  BR-Drs 422/75 = **122** C 13
  BR-PlPr 422 = **5** B 1
  BR-PlPr 424 = **5** E 4
  BT-Drs 7/4594 = **196** C 6
  1. Beratung
  BT-PlPr 7/221 = **41** M 14

Landwirtschaftliche Erzeugnisse
  Unterrichtung über Vorschläge von EG-Verordnungen betr Festsetzung der Preise und über gemeinsame Maßnahmen zur Agrarpolitik
  BR-Drs 122/74 = **60** N 14
  BT-Drs 7/1647 = **105** F 5
- Vorschlag einer EG-VO betr gemeinsame Maßnahmen zur Verbesserung der Verarbeitungs- und Absatzbedingungen für landwirtschaftliche Erzeugnisse
  BR-Drs 568/75 = **129** C 4
  BT-Drs 7/4033 = **176** B 7

Landwirtschaftliche Krankenkasse
- VO zur Änderung der BeitragseinzugsVO
  BR-Drs 529/73 = **36** F 4

Landwirtschaftliche Rentenbank
- *GesEntw eines 3. ÄndGes zum Ges über die Landwirtschaftliche Rentenbank*
  BR-Drs 627/75 = **132** I 14
  BR-Drs 206/76 = **156** B 7
  BR-PlPr 427 = **5** K 3
  BR-PlPr 433 = **6** D 11
  BT-Drs 7/4380 = **190** G 14
  Bericht und Antrag des Ausschusses für Ernährung, Landwirtschaft und Forsten
  BT-Drs 7/4872 = **205** O 13
  1. Beratung
  BT-PlPr 7/208 = **39** D 5
  2. und 3. Beratung
  BT-PlPr 7/230 = **43** J 6

Landwirtschaftsstatistik
- s GesEntw über die *Agrarberichterstattung* – (Agrarberichterstattungsgesetz)
  BR-Drs 72/74 = **57** N 11
  BT-Drs 7/1990 = **114** I 2

Lastenausgleich
- Sozialbericht 1973
  BT-Drs 7/1167 = **89** D 6
- Sozialbudget 1974
  BT-Drs 7/2853 = **138** E 12
- Sozialbericht 1976
  BT-Drs 7/4953 = **207** G 3
- VO zur Änderung lastenausgleichsrechtlicher Vorschriften
  BR-Drs 157/73 = **18** A 6

Lastenausgleichsgesetz
- *Gesentw zur Änd des Lastenausgleichsgesetzes*
  BT-Drs 7/459 = **68** E 14
  Bericht und Antrag des Finanzausschusses
  BT-Drs 7/2826 = **136** O 6
  Bericht des Haushaltsausschusses
  BT-Drs 7/2904 = **140** J 12
  1. Beratung
  BT-PlPr 7/36 = **6** E 3
  2. Beratunq
  BT-PlPr 7/167 = **31** N 12
- *Entwurf eines 27. ÄndGes zum Lastenausgleichsgesetz*
  (GesEntw des Bundesrates)
  BR-Drs 274/73 = **24** N 10
  BR-PlPr 397 = **2** L 1
  BT-Drs 7/1575 = **103** N 5
  Stellungnahme der Bundesregierung zum GesEntw des Bundesrates
  BT-Drs 7/1824 = **111** E 2
  Bericht und Antrag des Innenausschusses
  BT-Drs 7/2809 = **136** K 9
  Bericht des Haushaltsausschusses
  BT-Drs 7/2903 = **140** J 11
  Änderungsantrag zur 2. Beratung
  BT-Drs 7/3000 = **142** J 2
  1. Beratung
  BT-PlPr 7/80 = **14** I 14
  2. Beratung
  BT-PlPr 7/138 = **26** C 5
- GesEntw der CDU/CSU
  BR-Drs 709/73 = **47** O 4
  BR-PlPr 399 = **2** N 12
  Vermittlungsverfahren:
  BR-Drs 757/73 = **50** B 10
  BR-PlPr 400 = **3** A 1
  BT-Drs 7/458 = **68** E 12
  Bericht und Antrag des Innenausschusses
  BT-Drs 7/1155 = **89** B 12
  Änderungsanträge zur 2. Beratung
  BT-Drs 7/1199 = **91** A 11
  BT-Drs 7/1200 = **91** A 12
  BT-Drs 7/1201 = **91** A 13
  BT-Drs 7/1202 = **91** A 14
  BT-Drs 7/1203 = **91** B 1
  Bericht des Haushaltsausschusses
  BT-Drs 7/1206 = **91** B 4
  Unterrichtung betr Anrufung des Vermittlungsausschusses
  BT-Drs 7/1330 = **95** N 11
  Unterrichtung durch den Vermittlungsausschuß
  BT-Drs 7/1433 = **97** H 7
  1. Beratung
  BT-PlPr 7/36 = **6** E 3
  2. und 3. Beratung
  BT-PlPr 7/64 = **10** L 13
- *GesEntw eines 28. ÄndGes zum Lastenausgleichsgesetz*
  BR-Drs 210/74 = **64** N 5
  BR-Drs 813/74 = **95** G 14
  BR-PlPr 405 = **3** I 2
  BR-PlPr 415 = **4** G 8
  BT-Drs 7/2516 = **128** J 4
  Bericht und Antrag des Innenausschusses
  BT-Drs 7/2808 = **136** K 7
  Änderungsantrag zur 2. Beratung
  BT-Drs 7/2891 = **140** I 3
  Bericht des Haushaltsausschusses
  BT-Drs 7/2900 = **140** J 8
  1. Beratung
  BT-PlPr 7/119 = **21** O 2
  2. und 3. Beratung
  BT-PlPr 7/134 = **25** A 1
- 13. VO über Ausgleichsleistungen nach dem Lastenausgleichsgesetz
  BR-Drs 473/73 = **33** M 7
- VO zur Anpassung der Unterhaltshilfe nach dem Lastenausgleichsgesetz
  BR-Drs 585/73 = **39** E 9
- 2. VO zur Anpassung der Unterhaltshilfe nach dem Lastenausgleichsgesetz
  BR-Drs 271/74 = **67** K 10
- VO zur Änderung der 3. VO über Ausgleichsleistungen nach dem Lastenausgleichsgesetz (betr Berechnung der bei der Kriegsschadensrente zu berücksichtigenden Einkünfte)
  BR-Drs 609/74 = **84** H 12
- 3. VO zur Anpassung der Unterhaltshilfe nach dem Lastenausgleichsgesetz
  BR-Drs 145/75 = **105** E 4
- 2. VO zur Änderung lastenausgleichsrechtlicher Vorschriften
  BR-Drs 186/75 = **108** F 12
- 1. AnpassungsVO zu § 276 Abs 2 des Lastenausgleichsgesetzes (betr Erstattung freiwilliger Krankenversicherungsbeiträge)
  BR-Drs 513/75 = **125** N 6
- 4. VO zur Anpassung der Unterhaltshilfe nach dem Lastenausgleichsgesetz
  BR-Drs 139/76 = **153** E 13
- VO zur Änderung der 3. VO über Ausgleichsleistungen nach dem Lastenausgleichsgesetz (betr Kriegsschadensrente)
  BR-Drs 743/76 = **182** G 3

Lastkraftwagen
- Antrag betr Mindestmotorleistung
  BT-Drs 7/4205 = **184** I 8

Bericht und Antrag des Ausschusses für Verkehr und für das Post- und Fernmeldewesen
BT-Drs 7/5244 = **216** F 3
Beratung des Antrags
BT-PlPr 7/203 = **38** F 6
- VO zur Erleichterung des Ferienreiseverkehrs auf der Straße 1976
BR-Drs 102/76 = **151** M 12

Laufbahn
- Antrag betr Laufbahnreform
BT-Drs 7/330 = **64** E 1
Bericht und Antrag des Ausschusses für Bildung und Wissenschaft
BT-Drs 7/694 = **76** C 1
Unterrichtung durch die Bundesregierung
BT-Drs 7/1129 = **87** K 4

Lebensbedingungen
- Vorschlag einer EG-VO über die Gründung einer europäischen Stiftung für die Verbesserung der Lebens- und Arbeitsbedingungen
BR-Drs 40/74 = **55** N 6
BT-Drs 7/1518 = **102** E 9
BT-Drs 7/5743 = **227** K 10

Lebensmittel
- *GesEntw zum Übereinkommen über internationale Beförderungen leicht verderblicher Lebensmittel und über die besonderen Beförderungsmittel für diese Beförderungen*
BR-Drs 75/73 = **10** E 4
BR-Drs 135/74 = **61** J 4
BR-PlPr 390 = **2** A 6
BR-PlPr 402 = **3** E 5
BT-Drs 7/876 = **79** A 6
Bericht und Antrag des Verkehrsausschusses
BT-Drs 7/1549 = **103** E 10
1. Beratung
BT-PlPr 7/48 = **8** D 4
2. Beratung und Schlußabstimmung
BT-PlPr 7/80 = **14** I 14
- s a GesEntw zur Gesamtreform des *Lebensmittelrechts*
BR-Drs 140/73 = **16** M 11
BT-Drs 7/255 = **62** F 5
- 2. VO zur Neufestsetzung der in der ÄndVO zur Lebensmittel-KennzeichnungsVO getroffenen Übergangsregelungen
BR-Drs 5/73 = **8** B 5
- 5. VO zur Neufestsetzung des Zeitpunktes für das Außerkrafttreten der Zulassung von Ameisensäure als Zusatz zu Lebensmitteln
BR-Drs 6/73 = **8** B 9
- VO über die Höchstmenge an DDT und anderen Pestiziden in oder auf Lebensmitteln tierischer Herkunft
BR-Drs 421/73 = **32** A 1
- VO über Trinkwasser und über Brauchwasser für Lebensmittelbetriebe
BR-Drs 695/74 = **87** N 5
- VO über Ausnahmen von der Wartezeit nach § 15 Abs 2 Satz 2 des Lebensmittel- und Bedarfsgegenständegesetzes (betr von Tieren gewonnene Lebensmittel)
BR-Drs 728/74 = **89** N 13
- 2. VO zur Änderung der HöchstmengenVO Pflanzenschutz
BR-Drs 563/75 = **129** A 10

Lebensmittelrecht
s a Arzneimittelgesetz, Futtermittelgesetz, Margarinegesetz

- *GesEntw zur Neuordnung und Bereinigung des Rechts im Verkehr mit Lebensmitteln, Tabakerzeugnissen, kosmetischen Mitteln und sonstigen Bedarfsgegenständen – (GesEntw zur Gesamtreform des Lebensmittelrechts)*
BR-Drs 140/73 = **16** M 11
BR-Drs 460/74 = **76** G 1
BR-PlPr 390 = **2** A 6
BR-PlPr 410 = **3** O 9
BT-Drs 7/255 = **62** F 5
Antrag des Ausschusses für Jugend, Familie und Gesundheit
BT-Drs 7/2243 = **120** C 3
Bericht des Haushaltsausschusses
BT-Drs 7/2255 = **121** B 9
Bericht des Ausschusses für Jugend, Familie und Gesundheit
BT-Drs 7/2269 = **121** E 9
1. Beratung
BT-PlPr 7/23 = **3** N 5
2. und 3. Beratung
BT-PlPr 7/108 = **20** E 5
- 2. Bericht der Bundesregierung zur Verbraucherpolitik
BT-Drs 7/4181 = **179** F 5
- 6. VO zur Neufestsetzung des Zeitpunktes für das Außerkrafttreten der Zulassung von Ameisensäure als Zusatz zu Lebensmitteln
BR-Drs 25/74 = **55** G 6
- Vorschlag einer EG-Richtlinie zur Angleichung der Rechtsvorschriften der Mitgliedstaaten über Materialien und Gegenstände, die dazu bestimmt sind, mit Lebensmitteln in Berührung zu kommen
BR-Drs 587/74 = **82** M 6
BT-Drs 7/2239 = **120** B 8
- VO zur Änderung der Konservierungsstoff-VO und anderer lebensmittelrechtlicher Verordnungen
BR-Drs 708/74 = **88** H 2
- VO über die gesundheitlichen Anforderungen an Eiprodukte und deren Kennzeichnung
BR-Drs 719/74 = **89** H 3
- VO über Höchstmengen an Quecksilber in Fischen, Krusten-, Schalen- und Weichtieren
BR-Drs 727/74 = **89** N 5
- VO über Kakao und Kakaoerzeugnisse
BR-Drs 744/74 = **90** J 1
- VO zur Änderung der FleischbeschaustatistikVO
BR-Drs 745/74 = **90** K 7
- 6. VO zur Änderung der VO über die Untersuchungen des in das Zollgebiet eingehenden Fleisches
BR-Drs 746/74 = **90** L 4
- VO über die Kosten für die Untersuchung des in das Zollgebiet eingehenden Fleisches
BR-Drs 752/74 = **90** N 8
- 3. VO zur Änderung der KäseVO
BR-Drs 23/75 = **98** E 6
- VO zur Änderung der Allgemeinen Fremdstoff-VO und anderer lebensmittelrechtlicher Verordnungen
BR-Drs 188/76 = **155** B 14
- VO über die Höchstmengen an Aflatoxinen in Lebensmitteln
BR-Drs 522/76 = **173** F 11
- VO zur Änderung der Farbstoff-VO und anderer lebensmittelrechtlicher Verordnungen
BR-Drs 565/76 = **175** D 13

Lebensversicherung
- Vorschlag einer 1. EG-Richtlinie über die Aufnahme und Ausübung der Direktversicherung
BR-Drs 37/74 = **55** L 6
BT-Drs 7/1525 = **102** H 13

Legalisation von Urkunden
s Urkunden

Legislaturperiode, 7.
- Amtliche Mitteilung zum Ende – Stand: 13. 12. 1976 –
BT-Drs 7/5953 = **234** K 8

Lehrer
- s Entw eines ÄndGes zum *Beamtenrechtsrahmengesetz*
BR-Drs 362/75 = **119** H 5
BT-Drs 7/4568 = **195** L 2
- VO über die Gewährung einer Unterrichtsvergütung für Lehramtsanwärter
BR-Drs 399/76 = **168** G 9
- Unterrichtung über den Bildungsgesamtplan
BR-Drs 790/73 = **51** G 2
BT-Drs 7/1474 = **100** G 8

Lehrstelle
- Antrag betr Dringlichkeitsprogramm zur Überwindung des Lehrstellenmangels und zur Verringerung der Jugendarbeitslosigkeit
BT-Drs 7/3196 = **148** J 3
BT-PlPr 7/156 = **29** M 13

Leichtflugzeuge
- VO über die zeitliche Einschränkung des Flugbetriebs mit Leichtflugzeugen und Motorseglern an Landeplätzen
BR-Drs 734/75 = **140** L 1

Leiharbeitnehmer
s a Arbeitnehmer
- Bericht der Bundesregierung über Erfahrungen bei der Anwendung des Arbeitnehmerüberlassungsgesetzes
BT-Drs 7/2365 = **123** E 4
- 2. Bericht der Bundesregierung über Erfahrungen bei der Anwendung des Arbeitnehmerüberlassungsgesetzes
BT-Drs 7/5631 = **224** E 1

Leistungsverbesserungsgesetz
- *GesEntw zur Verbesserung von Leistungen in der gesetzlichen Krankenversicherung*
BR-Drs 616/73 = **40** K 2
BR-PlPr 398 = **2** M 12
BT-Drs 7/377 = **65** C 11
Bericht und Antrag des Ausschusses für Arbeit und Sozialordnung
BT-Drs 7/1039 = **84** J 14
Bericht des Haushaltsausschusses
BT-Drs 7/1053 = **85** N 7
1. Beratung
BT-PlPr 7/33 = **5** J 1
2. und 3. Beratung
BT-PlPr 7/55 = **9** E 5

Leuchtmittelsteuergesetz
- *GesEntw zur Änderung des Leuchtmittelsteuergesetzes*
BR-Drs 163/74 = **62** J 12
BR-Drs 473/74 = **76** L 5
BR-PlPr 404 = **3** G 6
BR-PlPr 410 = **3** O 9
BT-Drs 7/1980 = **114** C 2
Bericht und Antrag des Finanzausschusses
BT-Drs 7/2261 = **121** D 2

1. Beratung
BT-PlPr 7/96 = **18 B 12**
2. und 3. Beratung
BT-PlPr 7/108 = **20 E 5**

Leukose
- VO zur Änderung der VO zum Schutz gegen die Verschleppung der Leukose des Rindes
BR-Drs 43/74 = **55 O 11**
- VO zum Schutz gegen die Leukose der Rinder
BR-Drs 398/76 = **168 F 8**

Libanon, Republik
- *GesEntw zum Protokoll zum Abkommen über Handelsverkehr und technische Zusammenarbeit zwischen der EG und den Mitgliedstaaten einerseits und der Libanesischen Republik*
BR-Drs 242/74 = **66 F 2**
BR-Drs 677/74 = **86 K 5**
BR-PlPr 405 = **3 I 2**
BR-PlPr 413 = **4 D 12**
BT-Drs 7/2110 = **117 K 12**
Bericht und Antrag des Wirtschaftsausschusses
BT-Drs 7/2573 = **129 O 5**
1. Beratung
BT-PlPr 7/106 = **19 N 8**
2. Beratung und Schlußabstimmung
BT-PlPr 7/122 = **22 G 7**

Liberia, Republik
- *GesEntw zum Abkommen zwischen der Bundesrepublik Deutschland und der Republik Liberia zur Vermeidung der Doppelbesteuerung auf dem Gebiete der Steuern vom Einkommen und Vermögen*
BR-Drs 199/73 = **19 O 3**
BR-Drs 447/73 = **33 E 12**
BR-PlPr 392 = **2 D 6**
BR-PlPr 396 = **2 I 14**
BT-Drs 7/472 = **68 H 11**
Bericht und Antrag des Finanzausschusses
BT-Drs 7/661 = **75 M 14**
1. Beratung
BT-PlPr 7/30 = **5 A 6**
2. Beratung und Schlußabstimmung
BT-PlPr 7/39 = **6 H 14**
- *GesEntw zum Abkommen Bundesrepublik Deutschland/Republik Liberia über Einrichtung und Betrieb eines Fluglinienverkehrs zwischen ihren Hoheitsgebieten und darüberhinaus*
BR-Drs 691/73 = **45 G 3**
BR-Drs 153/74 = **61 N 6**
BR-PlPr 400 = **3 A 1**
BR-PlPr 402 = **3 E 5**
BT-Drs 7/1484 = **100 M 3**
Bericht und Antrag des Verkehrsausschusses
BT-Drs 7/1676 = **107 J 13**
1. Beratung
BT-PlPr 7/74 = **13 F 13**
2. Beratung und Schlußabstimmung
BT-PlPr 7/81 = **14 N 5**

Liechtenstein, Fürstentum
- *GesEntw zum Abkommen der Mitgliedstaaten der Europäischen Gemeinschaft für Kohle und Stahl und der Schweizerischen Eidgenossenschaft über die Geltung des Abkommens für das Fürstentum Liechtenstein*
BR-Drs 82/73 = **10 K 3**
BR-Drs 350/73 = **28 D 6**
BR-PlPr 390 = **2 A 6**
BR-PlPr 394 = **2 F 12**
BT-Drs 7/251 = **61 I 9**
Bericht und Antrag des Wirtschaftsausschusses
BT-Drs 7/397 = **65 I 2**
1. Beratung
BT-PlPr 7/21 = **3 J 11**
2. Beratung und Schlußabstimmung
BT-PlPr 7/31 = **5 D 11**

Linksradikalismus
BT-PlPr – Antrag betr Unterrichtung über Fragen der inneren Sicherheit
BT-Drs 7/3259 = **152 J 7**

Listenverbindung
s Bundeswahlgesetz

Lizenzvertrag
- Bericht des Bundeskartellamts über seine Tätigkeit im Jahr 1972
BT-Drs 7/986 = **82 F 1**
- Bericht des Bundeskartellamtes über seine Tätigkeit im Jahre 1973
BT-Drs 7/2250 = **120 I 1**
- Bericht des Bundeskartellamtes über seine Tätigkeit im Jahre 1975
BT-Drs 7/5390 = **219 G 4**

Löschwasser
- 2. Wassersicherungsverordnung
BR-Drs 301/73 = **26 H 6**

Logopäde
- *GesEntw über den Beruf*
BT-Drs 7/3852 = **170 I 12**
1. Beratung
BT-PlPr 7/203 = **38 F 6**

Lohnausfall
- s GesEntw über *Konkursausfallgeld*
BR-Drs 9/74 = **54 F 10**
BT-Drs 7/1750 = **108 H 14**

Lohnfortzahlung
- *Entw eines ÄndGes zum Ges über die Fortzahlung des Arbeitsentgelts im Krankheitsfalle*
BT-Drs 7/1284 = **95 D 12**
1. Beratung
BT-PlPr 7/69 = **11 M 6**

Lohngleichheit
zwischen Männern und Frauen
- Bericht der Bundesregierung betr die Anwendung des Artikels 119 EWG – Vertrag
BT-Drs 7/3267 = **152 M 5**

Lohnpolitik
- Jahresgutachten 1972 zur gesamtwirtschaftlichen Entwicklung
BT-Drs 7/2 = **51 A 6**
- Jahresgutachten 1973 des Sachverständigenrates über die gesamtwirtschaftliche Entwicklung
BT-Drs 7/1273 = **93 O 10**
- Jahresgutachten 1975 des Sachverständigenrates zur Begutachtung der gesamtwirtschaftlichen Entwicklung
BT-Drs 7/4326 = **188 E 14**

Lohnsteuer
s a Einkommensteuergesetz
- VO zur Änderung und Ergänzung der Lohnsteuer-DurchführungsVO
BR-Drs 672/74 = **86 H 3**
- s GesEntw eines *3. Steuerreformgesetzes*
BR-Drs 700/73 = **46 A 6**
BT-Drs 7/1470 = **99 B 8**
- s GesEntw zur Beseitigung von *Inflations*schäden bei der Einkommen- und Lohnsteuer
BR-Drs 512/74 = **78 C 6**
BT-Drs 7/1043 = **84 N 12**
- s GesEntw zur Beseitigung von Inflationsschäden bei der Einkommen- und Lohnsteuer –*Inflations*entlastungsgesetz
BT-Drs 7/1543 = **103 E 1**
BT-Drs 7/2368 = **123 F 14**

Lohnsteuerabzugsverfahren
- VO zur Änderung und Ergänzung der Lohnsteuer-DurchführungsVO
BR-Drs 672/74 = **86 H 3**

Lohnsteuerhilfevereine
- s GesEntw eines 3. Ges zur Änderung des *Steuerberatungsgesetzes*
BR-Drs 588/74 = **82 M 12**
BT-Drs 7/2852 = **138 C 13**
- VO zur Durchführung der Vorschriften über die Lohnsteuerhilfevereine
BR-Drs 386/75 = **121 H 7**
- VO über Art und Inhalt der zulässigen Hinweise auf die Befugnis zur Hilfeleistung in Steuersachen
BR-Drs 613/76 = **177 A 12**

Lohnstatistik
s Statistik
- Vorschlag einer EG-VO zur Durchführung einer Erhebung über Struktur und Verteilung der Löhne und Gehälter im Handel, im Bank- und Versicherungsgewerbe
BR-Drs 540/73 = **36 I 5**
BT-Drs 7/966 = **81 O 4**

Lohnsteuer-Richtlinien 1975
- Allgemeine Verwaltungsvorschrift zur Durchführung der Vorschriften über den Steuerabzug vom Arbeitslohn
BR-Drs 337/75 = **115 M 9**

Lotteriegesetz
s Rennwett- und Lotteriegesetz

Luftaufsicht
- Allgemeine Verwaltungsvorschrift über die Ausübung der Luftaufsicht auf Flugplätzen ohne Flugverkehrskontrollstelle der Bundesanstalt für Flugsicherung
BR-Drs 147/75 = **105 E 11**

Luftfahrt
- EG-Mitteilung betr Aktionsprogramm für die europäische Luftfahrtindustrie und Luftfahrt
BR-Drs 658/75 = **134 J 1**
BT-Drs 7/4195 = **179 K 14**
- Bauordnung für Luftfahrtgeräte
BR-Drs 448/74 = **76 A 3**
- VO über Luftfahrtpersonal
BR-Drs 550/75 = **128 C 12**
- 4. Subventionsbericht
BT-Drs 7/1144 = **88 F 1**
- Bundesbericht Forschung V
BT-Drs 7/3574 = **160 A 1**

Luftfahrtindustrie
s a Europäische Luftfahrtindustrie
- Basisprogramm für die deutsche Luft- und Raumfahrtindustrie 1974 bis 1978 (Fortschreibung)
BT-Drs 7/2986 = **142 C 14**

Luftfahrtbehörden
- s Entw eines ÄndGes zum *Straßenverkehrsgesetz*

Luftfahrzeuge
- s Entw zum Übereinkommen zur Verhütung der *Meeresverschmutzung* durch das Einbringen von Abfällen durch Schiffe und Luftfahrzeuge

Lufthansa, Deutsche
- Unterrichtung über die überplanmäßigen Investitionsdarlehen an die Deutsche Lufthansa 1973
  BR-Drs 784/73 = **51** B 8
  BT-Drs 7/1454 = **98** L 5
  BT-Drs 7/1783 = **109** M 5

Luftpiraterie
s a Terrorismus
- *GesEntw zum Übereinkommen zur Bekämpfung widerrechtlicher Handlungen gegen die Sicherheit der Zivilluftfahrt*
  BR-Drs 357/75 = **118** N 3
  BR-PlPr 422 = **5** B 1
  BT-Drs 7/3982 = **174** B 9
  1. Beratung
  BT-PlPr 7/184 = **35** E 3
- Unterrichtung über die Entschließung des Politischen Ausschusses und des Ausschusses für Wissenschaft und Technologie der 18. Jahrestagung der Nordatlantischen Versammlung zur Luftpiraterie
  BR-Drs 131/73 = **16** L 3

Luftreinhaltung
- Umweltgutachten 1974
  BT-Drs 7/2802 = **135** C 10
- Umweltbericht 1976
  BT-Drs 7/5684 = **226** A 1
- 1. Allgemeine Verwaltungsvorschrift zum Bundes-Immissionsschutzgesetz – Technische Anleitung zur Luftreinhaltung (TA Luft) –
  BR-Drs 500/74 = **77** F 9

Luftverkehr
s a Flugverkehr
- Antrag betr regionaler Luftverkehr
  BT-Drs 7/2130 = **118** D 13
  BT-PlPr 7/106 = **19** N 8
- Bericht der Bundesregierung zum Ges zum Schutz gegen Fluglärm
  BT-Drs 7/4580 = **195** O 3
- s a GesEntw zur Änderung des Ges über die *Bundesanstalt für Flugsicherung* (betr Herabsetzung der Altersgrenze für den Flugverkehrskontrolldienst)
  BR-Drs 251/74 = **66** M 8
  BT-Drs 7/2095 = **117** D 6
- s a GesEntw über die Beförderung gefährlicher *Güter*
  BR-Drs 525/73 = **36** A 1
  BT-Drs 7/2517 = **128** J 10
- 4. VO über die Erhebung von Gebühren für die Inanspruchnahme von Diensten und Einrichtungen der Flugsicherung
  BR-Drs 697/73 = **45** K 8
- Bauordnung für Luftfahrgeräte
  BR-Drs 448/74 = **76** A 3
- 2. VO zur Änderung der VO zur Durchführung der Internationalen Gesundheitsvorschriften im Luftverkehr
  BR-Drs 621/74 = **84** L 2
- ÄndVO zur VO zur Durchführung der Internationalen Gesundheitsvorschriften im Luftverkehr
  BR-Drs 507/73 = **35** B 7
- 3. VO zur Änderung der VO zur Durchführung der Internationalen Gesundheitsvorschriften im Internationalen Luftverkehr
  BR-Drs 495/76 = **172** E 5

Luftverkehrsabkommen
- *GesEntw zum Abkommen Bundesrepublik Deutschland/Republik Guatemala über den internationalen Fluglinienverkehr*
  BR-Drs 334/73 = **27** K 13
  BR-Drs 622/73 = **40** L 2
  BR-PlPr 395 = **2** I 1
  BR-PlPr 398 = **2** M 12
  BT-Drs 7/849 = **78** G 4
  Bericht und Antrag des Verkehrsausschusses
  BT-Drs 7/1035 = **84** J 1
  1. Beratung
  BT-PlPr 7/48 = **8** D 4
  2. Beratung und Schlußabstimmung
  BT-PlPr 7/57 = **9** I 7
- *GesEntw zum Abkommen Bundesrepublik Deutschland/Republik Liberia über Einrichtung und Betrieb eines Fluglinienverkehrs zwischen ihren Hoheitsgebieten und darüberhinaus*
  BR-Drs 153/74 = **61** N 6
  BR-Drs 691/73 = **45** G 3
  BR-PlPr 400 = **3** A 1
  BR-PlPr 402 = **3** E 5
  BT-Drs 7/1484 = **100** M 3
  Bericht und Antrag des Verkehrsausschusses
  BT-Drs 7/1676 = **107** J 13
  1. Beratung
  BT-PlPr 7/74 = **13** F 13
  2. Beratung und Schlußabstimmung
  BT-PlPr 7/81 = **14** N 5
- *GesEntw zum Abkommen Bundesrepublik Deutschland/Republik Togo über den Luftverkehr*
  BR-Drs 76/74 = **58** B 8
  BR-Drs 475/74 = **76** L 7
  BR-PlPr 402 = **3** E 5
  BR-PlPr 410 = **3** O 9
  BT-Drs 7/1779 = **109** L 10
  Bericht und Antrag des Verkehrsausschusses
  BT-Drs 7/2221 = **119** N 11
  1. Beratung
  BT-PlPr 7/88 = **16** C 13
  2. Beratung und Schlußabstimmung
  BT-PlPr 7/108 = **20** E 5
- *GesEntw zum Abkommen Bundesrepublik Deutschland/Sierra Leone über den Luftverkehr*
  BR-Drs 164/74 = **62** K 5
  BR-Drs 636/74 = **85** A 11
  BR-PlPr 404 = **3** G 6
  BR-PlPr 412 = **4** B 12
  BT-Drs 7/1973 = **113** M 10
  Bericht und Antrag des Ausschusses für Verkehr und für das Post- und Fernmeldewesen
  BT-Drs 7/2543 = **129** I 8
  1. Beratung
  BT-PlPr 7/96 = **18** B 12
  2. Beratung und Schlußabstimmung
  BT-PlPr 7/119 = **21** O 2
- *GesEntw zum Abkommen Bundesrepublik Deutschland/Republik Kanada über den Luftverkehr*
  BR-Drs 543/74 = **80** G 12
  BR-Drs 815/74 = **95** H 7
  BR-PlPr 412 = **4** B 12
  BR-PlPr 415 = **4** G 8
  BT-Drs 7/2691 = **132** G 3
  Bericht und Antrag des Ausschusses für Verkehr und für das Post- und Fernmeldewesen
  BT-Drs 7/2806 = **136** K 3
  1. Beratung
  BT-PlPr 7/128 = **23** K 8
  2. Beratung und Schlußabstimmung
  BT-PlPr 7/134 = **25** A 1
- *GesEntw zum Abkommen Bundesrepublik Deutschland/Republik der Philippinen über den Luftverkehr*
  BR-Drs 306/75 = **114** O 7
  BR-Drs 682/75 = **137** I 6
  BR-PlPr 421 = **5** A 7
  BR-PlPr 427 = **5** K 3
  BT-Drs 7/3821 = **169** M 10
  Bericht und Antrag des Ausschusses für Verkehr und für das Post- und Fernmeldewesen
  BT-Drs 7/4097 = **176** M 13
  1. Beratung
  BT-PlPr 7/184 = **35** E 3
  2. Beratung und Schlußabstimmung
  BT-PlPr 7/197 = **37** B 12

Luftverkehrsgesetz
- *GesEntw zur Änderung des Luftverkehrsgesetzes – (8. Änderungsgesetz)*
  BR-Drs 304/75 = **114** N 2
  BR-Drs 584/75 = **130** H 9
  BR-PlPr 420 = **4** N 9
  BR-PlPr 424 = **5** E 4
  BT-Drs 7/3721 = **167** M 6
  Bericht und Antrag des Ausschusses für Verkehr und für das Post- und Fernmeldewesen
  BT-Drs 7/4056 = **176** E 12
  1. Beratung
  BT-PlPr 7/178 = **34** B 13
  2. und 3. Beratung
  BT-PlPr 7/186 = **35** N 6
- s a GesEntw zur Änderung *schadensersatzrechtlicher* Vorschriften
  BR-Drs 777/75 = **142** A 3
  BT-Drs 7/4825 = **204** I 9
- 4. VO zur Änderung der Luftverkehrs-Ordnung 1968
  BR-Drs 599/74 = **83** O 9
- 5. VO zur Änderung der Luftverkehrs-Ordnung 1968
  BR-Drs 469/75 = **124** C 10

Luftverschmutzung
s a Umweltschutz
- s a Entw eines *Bundesimmissionsschutzgesetzes*
  BR-Drs 27/73 = **8** L 11
  BT-Drs 7/179 = **59** G 8
- Städtebaubericht 1975
  BT-Drs 7/3583 = **161** M 9
- 1. Allgemeine Verwaltungsvorschrift zum Bundes-Immissionsschutzgesetz – Technische Anleitung zur Reinhaltung der Luft (TA Luft)
  BR-Drs 500/74 = **77** F 9
- 4. Allgemeine Verwaltungsvorschrift zum Bundes-Immissionsschutzgesetz (Ermittlungen von Immissionen in Belastungsgebieten)
  BR-Drs 29/75 = **98** I 9
- VO zur Änderung der Straßenverkehrs-Zulassungs-Ordnung (betr Maßnahmen gegen Luftverschmutzung durch Abgase von Kraftfahrzeugen)
  BR-Drs 181/75 = **108** C 2
- Vorschlag einer EG-Richtlinie betr die Qualitätsnormen für den Bleigehalt in der Luft

BR-Drs 314/75 = **115** D 3
BT-Drs 7/3623 = **163** J 6
– Vorschlag einer EG-Entschließung betr Festlegung von Kriterien für Schwefeldioxid und Schwebeteilchen in der Atmosphäre von Ballungsgebieten und über den Vorschlag einer EG-Richtlinie über Gesundheitsschutznormen dazu
BR-Drs 185/76 = **155** A 7
BT-Drs 7/4857 = **205** I 6
Luftwaffe
s a Bundeswehr
– Entwurf einer EG-Entschließung betr Kauf und Entwicklung von Luftwaffensystemen
BR-Drs 658/75 = **134** J 1
BR-Drs 481/76 = **172** A 13
Luxemburg, Großherzogtum
– *GesEntw eines ÄndGes zum Übereinkommen zwischen Belgien, Bundesrepublik Deutschland, Frankreich, Italien, Luxemburg und den Niederlanden über gegenseitige Unterstützung ihrer Zollverwaltungen und zum Beitritt Griechenlands zu diesem Übereinkommen*
BR-Drs 196/73 = **19** M 14
BR-Drs 455/73 = **33** H 7
BR-PlPr 392 = **2** D 6
BR-PlPr 396 = **2** I 14
BT-Drs 7/470 = **68** G 9
Bericht und Antrag des Finanzausschusses
BT-Drs 7/689 = **76** A 7
1. Beratung
BT-PlPr 7/30 = **5** A 6
2. Beratung und Schlußabstimmung
BT-PlPr 7/42 = **7** A 12
– *GesEntw zum Protokoll zur Änderung des Vertrages Bundesrepublik Deutschland/Französische Republik und Großherzogtum Luxemburg über die Schiffbarmachung der Mosel*
BR-Drs 11/75 = **97** L 11
BR-Drs 274/75 = **112** N 6
BR-PlPr 416 = **4** I 9
BR-PlPr 420 = **4** N 9
BT-Drs 7/3277 = **152** O 7
Bericht und Antrag des Ausschusses für Verkehr und für das Post- und Fernemeldewesen
BT-Drs 7/3470 = **156** M 12
1. Beratung
BT-PlPr 7/155 = **29** I 2
2. Beratung und Schlußabstimmung
BT-PlPr 7/164 = **31** I 1
– *GesEntw zum Ergänzungsprotokoll zur Änderung des Abkommens Bundesrepublik Deutschland/Großherzogtum Luxemburg zur Vermeidung der Doppelbesteuerungen und über gegenseitige Amts- und Rechtshilfe auf dem Gebiet der Steuern vom Einkommen und vom Vermögen sowie der Gewerbesteuern und der Grundsteuern sowie seines Schlußprotokolls*
BR-Drs 741/74 = **90** H 9
BR-PlPr 415 = **4** G 8
– s a GesEntw zum *Atomwaffen*sperrvertrag
BR-Drs 402/73 = **31** B 9
BT-Drs 7/995 = **83** E 14
– VO zum Abkommen Bundesrepublik Deutschland/Großherzogtum Luxemburg über die Einziehung und Beitreibung von Beiträgen der Sozialen Sicherheit
BR-Drs 37/76 = **146** I 13
– VO zum Abkommen Bundesrepublik Deutschland/Großherzogtum Luxemburg über den Verzicht auf Erstattung der Kosten der verwaltungsmäßigen und ärztlichen Kontrolle
BR-Drs 38/76 = **146** J 5

M

Magermilch
s a Milch
– Unterrichtung über die Mitteilung der EG über das Nahrungsmittelhilfeprogramm
BR-Drs 186/76 = **155** B 3
BT-Drs 7/4856 = **205** H 10
BT-Drs 7/5719 = **227** D 4
Magnetschwebetechnik
– s GesEntw über den Bau und Betrieb von Versuchsanlagen zur Erprobung von Techniken für den spurgeführten *Verkehr*
BR-Drs 591/73 = **39** J 8
BT-Drs 7/1875 = **111** O 4
Mahnverfahren
– s GesEntw zur Vereinfachung und Beschleunigung gerichtlicher Verfahren *(Vereinfachungsnovelle)*
BR-Drs 551/74 = **80** L 9
BT-Drs 7/2729 = 133 O 2
Makler
– s GesEntw zur Änderung der *Gewerbeordnung*
BR-Drs 97/74 = **58** K 4
BT-Drs 7/1590 = **104** B 3
– 2. Bericht der Bundesregierung zur Verbraucherpolitik
BT-Drs 7/4181 = **179** F 5
– VO zur Änderung der VO zur Durchführung des § 34c der Gewerbeordnung
BR-Drs 179/75 = **107** O 10
– VO zur Durchführung des § 34c der Gewerbeordnung
BR-Drs 786/73 = **51** D 3
Malta, Republik
– *GesEntw zum Vertrag Bundesrepublik Deutschland/Republik Malta über die Förderung und den gegenseitigen Schutz von Kapitalanlagen*
BR-Drs 105/75 = **101** I 9
BR-Drs 331/75 = **115** L 3
BR-PlPr 417 = **4** K 9
BR-PlPr 421 = **5** A 7
BT-Drs 7/3378 = **155** C 1
Bericht und Antrag des Wirtschaftsausschusses
BT-Drs 7/3529 = **158** D 12
1. Beratung
BT-PlPr 7/162 = **31** A 14
2. Beratung und Schlußabstimmung
BT-PlPr 7/170 = **32** H 2
– *GesEntw zum Abkommen Bundesrepublik Deutschland/Republik Malta zur Vermeidung der Doppelbesteuerung*
BR-Drs 239/75 = **111** M 8
BR-Drs 614/75 = **131** H 8
BR-PlPr 420 = **4** N 9
BR-PlPr 425 = **5** G 3
BT-Drs 7/3735 = **168** C 4
Bericht und Antrag des Finanzausschusses
BT-Drs 7/4061 = **176** F 5
1. Beratung
BT-PlPr 7/181 = **34** J 3
2. Beratung und Schlußabstimmung
BT-PlPr 7/191 = **36** G 10
Mandat, parlamentarisches
– Schlußbericht der Enquête – Kommission Verfassungsreform
BT-Drs 7/5924 = **233** D 5
Margarine
– 3. ÄndVO zur VO über Milcherzeugnisse
BR-Drs 596/73 = **39** N 6
– *GesEntw zur Änderung des Margarinegesetzes*
BR-Drs 146/73 = **17** E 11
BR-Drs 226/74 = **65** O 2
BR-PlPr 391 = **2** B 11
BR-PlPr 404 = **3** G 6
BT-Drs 7/877 = **79** C 10
Bericht und Antrag des Ausschusses für Ernährung, Landwirtschaft und Forsten
BT-Drs 7/1763 = **108** N 6
1. Beratung
BT-PlPr 7/48 = **8** D 4
2. und 3. Beratung
BT-PlPr 7/86 = **15** N 2
Marine
s Bundeswehr
Markt
– s GesEntw zur Änderung des Titels IV der *Gewerbeordnung*
BR-Drs 241/75 = **112** C 2
BT-Drs 7/3859 = **170** K 6
Marktordnungsrecht (EG)
– *GesEntw zur Änderung des Ges zur Durchführung der gemeinsamen Marktorganisationen*
BR-Drs 545/75 = **127** O 2
BR-PlPr 424 = **5** E 4
– Vorschlag einer EG-VO zur Änderung der EG-VO über die gemeinsame Marktorganisation für Getreide
BR-Drs 522/74 = **78** G 6
BT-Drs 7/2385 = **123** J 3
Marktordnungsstellen
– *GesEntw über die Neuordnung der Marktordnungsstellen*
BR-Drs 359/75 = **118** O 9
BR-Drs 7/76 = **144** D 1
BR-PlPr 422 = **5** B 1
BR-PlPr 431 = **5** O 8
Vermittlungsverfahren
BR-Drs 209/76 = **156** B 11
BR-PlPr 433 = **6** D 11
BT-Drs 7/4021 = **175** J 5
Bericht und Antrag des Ausschusses für Ernährung, Landwirtschaft und Forsten
BT-Drs 7/4408 = **181** A 3
Unterrichtung betr Anrufung des Vermittlungsausschusses
BT-Drs 7/4796 = **203** H 1
Antrag des Vermittlungsausschusses
BT-Drs 7/4864 = **205** N 1
1. Beratung
BT-PlPr 7/186 = **35** N 6
2. und 3. Beratung
BT-PlPr 7/208 = **39** D 5
Beratung eines Antrags des Vermittlungsausschusses
BT-PlPr 7/230 = **43** J 6
Marktpolitik
s Agrarbericht, Landwirtschaft
Marktstrukturgesetz
– *GesEntw des Bundesrates zur Änderung des Marktstrukturgesetzes*
BR-Drs 282/74 = **68** C 13
BR-PlPr 405 = **3** I 2
BR-PlPr 410 = **3** O 9

- *GesEntw der Bundesregierung zur Änderung des Marktstrukturgesetzes*
  BR-Drs 395/74 = **73** H 8
  BR-Drs 408/75 = **122** A 1
  BR-PlPr 410 = **3** O 9
  BR-PlPr 422 = **5** B 1
  BT-Drs 7/2508 = **128** G 7
  Bericht und Antrag des Ausschusses für Ernährung, Landwirtschaft und Forsten
  BT-Drs 7/3678 = **164** I 1
  Bericht des Haushaltsausschusses
  BT-Drs 7/3679 = **164** I 5
  1. Beratung
  BT-PlPr 7/119 = **21** 0 2
  2. und 3. Beratung
  BT-PlPr 7/181 = **34** J 3
- VO zur Änderung der 7. DurchführungsVO zum Marktstrukturgesetz: Kartoffeln
  BR-Drs 165/73 = **18** E 7
- DurchführungsVO zum Marktstrukturgesetz: Pfropfreben
  BR-Drs 41/74 = **55** 0 2
- DurchführungsVO zum Marktstrukturgesetz: Qualitätsraps
  BR-Drs 404/74 = **74** B 12
- DurchführungsVO zum Marktstrukturgesetz: Baumschulerzeugnisse
  BR-Drs 21/75 = **98** C 8
- DurchführungsVO zum Marktstrukturgesetz: Wolle
  BR-Drs 683/76 = **180** B 8
- s a Rahmenplan zur Verbesserung der *Agrarstruktur* und des *Küstenschutzes*

Marktverkehr
- s Entw eines ÄndGes zu Titel IV der *Gewerbeordnung*
  BR-Drs 241/75 = **112** C 2
  BT-Drs 7/3859 = **170** K 6

Marktwirtschaft
- Materialien zum Bericht zur Lage der Nation 1974
  BR-Drs 536/74 = **78** L 9
  BT-Drs 7/2423 = **124** J 13
- s a Jahresgutachten des *Sachverständigenrates* zur Begutachtung der gesamtwirtschaftlichen Entwicklung
- s a Jahreswirtschaftsbericht

Marokko, Königreich
- *GesEntw zum Abkommen Bundesrepublik Deutschland/Königreich Marokko zur Vermeidung der Doppelbesteuerung auf dem Gebiet der Steuern vom Einkommen und vom Vermögen*
  BR-Drs 198/73 = **19** N 3
  BR-Drs 457/73 = **33** H 9
  BR-PlPr 392 = **2** D 6
  BR-PlPr 396 = **2** I 14
  BT-Drs 7/471 = **68** G 11
  Bericht und Antrag des Finanzausschusses
  1. Beratung
  BT-PlPr 7/30 = **5** A 6
  2. Beratung und Schlußabstimmung
  BT-PlPr 7/42 = **7** A 12
- Empfehlung einer EG-VO über den Abschluß eines Abkommens zur Verlängerung des Assoziierungsabkommens zwischen der EG und dem Königreich Marokko
  BR-Drs 699/74 = **88** B 8
  BT-Drs 7/2672 = **132** D 3
- VO zur Änderung des Deutschen Teil-Zolltarifs (Nr 17/74)
  BR-Drs 245/75 = **112** F 4
  BT-Drs 7/3535 = **158** L 10
- VO zur Änderung des Deutschen Teil-Zolltarifs (Nr 13/75)
  BR-Drs 173/76 = **154** F 4
  BT-Drs 7/4816 = **204** E 12
- VO zur Änderung des Deutschen Teil-Zolltarifs (Nr 13/76)
  BR-Drs 567/76 = **175** H 4
  BT-Drs 7/5864 = **231** D 1

Marshall-Plan
s ERP-Wirtschaftsplangesetz

Maschinenschutzgesetz
- Unfallverhütungsbericht
  BT-Drs 7/189 = **59** L 5
- Unfallverhütungsbericht
  BT-Drs 7/4668 = **198** B 8

Massenentlassungen
- Unterrichtung über den geänderten Vorschlag einer EG-Richtlinie zur Angleichung der Rechtsvorschriften der Mitgliedstaaten über Massenentlassungen
  BR-Drs 126/74 = **61** F 7
  BT-Drs 7/1669 = **107** I 6

Massentierhaltung
- VO zum Schutz gegen die Gefährdung durch Viehseuchen bei der Haltung großer Schweinebestände
  BR-Drs 72/75 = **100** B 7

Materialprüfung
- VO zur Änderung der VO über das Verfahren bei der Zulassung der Bauart von Spielgeräten
  BR-Drs 297/73 = **26** F 7

Matrosen
- VO über die Berufsausbildung zum Matrosen in der Seeschiffahrt und über den Erwerb des Matrosenbriefes
  BR-Drs 71/75 = **100** A 4

Mauritius, Dominion
- *GesEntw zum Abkommen über eine Assoziation betr den Beitritt von Mauritius zum Assoziierungsabkommen zwischen der EG und den assoziierten afrikanischen Staaten und Madagaskar sowie zur Änderung des Internen Abkommens (Jaunde 1969) über die Finanzierung und die Verwaltung der Hilfe der Gemeinschaft*
  BR-Drs 251/73 = **22** L 6
  BR-PlPr 392 = **2** D 6
  BT-Drs 7/132 = **56** L 3
  Bericht und Antrag des Wirtschaftsausschusses
  BT-Drs 7/326 = **64** D 10
  1. Beratung
  BT-PlPr 7/15 = **2** J 13
  2. Beratung und Schlußabstimmung
  BT-PlPr 7/21 = **3** J 11
- *GesEntw zum Abkommen Bundesrepublik Deutschland/Mauritius über die Förderung und den gegenseitigen Schutz von Kapitalanlagen*
  BR-Drs 44/73 = **8** N 8
  BR-Drs 250/73 = **22** L 5
  BR-PlPr 389 = **1** B 11
  BR-PlPr 392 = **2** D 6
  BT-Drs 7/104 = **55** D 3
  Bericht und Antrag des Wirtschaftsausschusses
  BT-Drs 7/325 = **64** D 9
  1. Beratung
  BT-PlPr 7/15 = **2** J 13
  2. Beratung und Schlußabstimmung
  BT-PlPr 7/21 = **3** J 11

Max-Planck-Gesellschaft
- Bundesbericht Forschung V
  BT-Drs 7/3574 = **160** A 1

Max-Planck-Münzen
- VO zur Außerkurssetzung der Bundesmünzen im Nennwert von 2 Deutschen Mark
  BR-Drs 440/73 = **33** A 12

Medien
- *GesEntw zum Schutz der Jugend vor Mediengefahren*
  BT-Drs 7/4079 = **176** J 7
  1. Beratung
  BT-PlPr 7/207 = **39** B 4
- Tätigkeitsbericht 1973 der Bundesregierung
  BT-Drs 7/1434 = **97** H 8
- Bericht der Bundesregierung über die Lage von Presse und Rundfunk in der Bundesrepublik Deutschland 1974
  BT-Drs 7/2104 = **117** G 4
  Bericht und Entschließungsantrag des Innenausschusses
  BT-Drs 7/4770 = **202** F 8
  Beratung
  BT-PlPr 7/228 = **43** F 6
- Bericht der Enquête – Kommission Auswärtige Kulturpolitik
  BT-Drs 7/4121 = **177** F 5

Medikamente
s Arzneimittel

Medizin
s a Arzneimittel
- Antwort auf die Große Anfrage betr Situation des Gesundheitswesens in der Bundesrepublik Deutschland
  BT-Drs 7/3322 = **153** J 4
- Bundesbericht Forschung V
  BT-Drs 7/3574 = **160** A 1

Mediziner-Ausbildung
s Bundesärzteordnung

Meer
- Antwort auf die Große Anfrage betr Auswirkungen der Seerechtskonferenz der Vereinten Nationen auf die politischen und wirtschaftlichen Interessen der Bundesrepublik Deutschland
  BT-Drs 7/5455 = **220** M 11
- Umweltbericht 1976
  BT-Drs 7/5684 = **226** A 1

Meeresrohrleitungen
- s GesEntw zur Änderung des Ges zur vorläufigen Regelung der Rechte am *Festlandsockel*
  BR-Drs 74/74 = **58** A 8
  BT-Drs 7/1963 = **113** K 10

Meeresverschmutzung
- *GesEntw zum Übereinkommen zur Verhütung der Meeresverschmutzung durch das Einbringen von Abfällen durch Schiffe und Luftfahrzeuge*
  BR-Drs 98/76 = **150** A 14
  BR-Drs 479/76 = **171** O 13
  BR-PlPr 432 = **6** B 14
  BR-PlPr 437 = **6** L 10
  Vermittlungsverfahren:
  BR-Drs 660/76 = **178** O 3
  BR-PlPr 440 = **7** A 8
  BT-Drs 7/5268 = **217** D 2
  Bericht und Antrag des Ausschusses für

Verkehr und für das Post- und Fernmeldewesen
BT-Drs 7/5477 = **221** M 1
Bericht des Haushaltsausschusses
BT-Drs 7/5548 = **222** N 3
Unterrichtung betr Anrufung des Vermittlungsausschusses
BT-Drs 7/5616 = **224** A 5
Antrag des Vermittlungsausschusses
BT-Drs 7/5640 = **224** F 10
1. Beratung
BT-PlPr 7/250 = **48** C 11
2. Beratung und Schlußabstimmung
BT-PlPr 7/256 = **49** K 13
Beratung eines Antrags des Vermittlungsausschusses
BT-PlPr 7/258 = **50** E 3
– Vorschlag eines EG-Beschlusses über den Beitritt der EG zum Übereinkommen zur Verhinderung der Meeresverschmutzung
BR-Drs 742/73 = **49** K 13
BT-Drs 7/1423 = **97** G 3
– Vorschlag einer EG-Richtlinie über die Versenkung von Abfällen im Meer
BR-Drs 59/76 = **148** G 12
BT-Drs 7/4639 = **197** G 6
– VO zur Änderung der 17. DurchführungsVO zum Getreidegesetz (Mahlerzeugnisse aus Getreide)
BR-Drs 353/76 = **165** B 3

Mehrarbeitsentschädigung
– ÄndVO zur VO über die Gewährung von Mehrarbeitsentschädigung für Beamte
BR-Drs 582/73 = **39** C 6
– 2. VO zur Änderung der VO über die Gewährung von Mehrarbeitsentschädigung für Beamte
BR-Drs 385/74 = **73** B 3
– Allgemeine Verwaltungsvorschrift zur VO über die Gewährung von Mehrarbeitsentschädigung für Beamte
BR-Drs 386/74 = **73** B 9

Mehrfachtäterpunktesystem
Einführung
– Programm der Bundesregierung zur Verbesserung der Sicherheit im Straßenverkehr
BT-Drs 7/1283 = **95** B 12

Mehrwertsteuer
s Umsatzsteuer

Meisterprüfung
– 2. VO über die Anerkennung von Prüfungen bei Ablegung der Meisterprüfung im Handwerk
BR-Drs 420/73 = **31** O 8
– 3. VO über die Anerkennung von Prüfungen bei Ablegung der Meisterprüfung im Handwerk
BR-Drs 60/74 = **57** C 7
– VO zur Änderung der VO über die Anerkennung von Prüfungen bei der Eintragung in die Handwerksrolle und bei Ablegung der Meisterprüfung
BR-Drs 661/75 = **134** N 8

Meldegesetz
s Bundesmeldegesetz

Melderegister
– s GesEntw über das Meldewesen (*Bundesmeldegesetz*)
BR-Drs 390/73 = **30** E 2
BT-Drs 7/1059 = **86** A 4

Menschenrechte
– Antwort auf die Große Anfrage betr Konferenz über Sicherheit und Zusammenarbeit in Europa (KSZE)
BT-Drs 7/2616 = **130** M 10
– Unterrichtung betr Fakultativprotokoll zu dem Internationalen Pakt über bürgerliche und politische Rechte
BT-Drs 7/3076 = **146** A 8
– Antrag betr Menschenrechtsbericht der Bundesregierung
BT-Drs 7/4616 = **196** K 14
Bericht und Antrag des Ausschusses für innerdeutsche Beziehungen
BT-Drs 7/5150 = **214** G 13
Beratung
BT-PlPr 7/218 = **41** C 14
BT-PlPr 7/247 = **47** I 2
– Unterrichtung über Empfehlung des Politischen Ausschusses der 19. Jahrestagung der Nordatlantischen Versammlung betr Menschenrechte
BR-Drs 800/73 = **52** D 2
BT-Drs 7/1396 = **97** C 9
– Unterrichtung über die Entschließung der 20. Jahrestagung der Nordatlandischen Versammlung betr Menschenrechte
BR-Drs 27/75 = **98** H 5
BT-Drs 7/3046 = **144** G 1
– Unterrichtung über den Bericht von Premierminister Leo Tindemans über die Europäische Union sowie die Stellungnahme der Bundesregierung hierzu
BR-Drs 290/76 = **162** H 11

Menschenrechtsabkommen
– *GesEntw zum Internationalen Pakt über bürgerliche und politische Rechte*
BR-Drs 304/73 = **26** K 12
BR-Drs 618/73 = **40** K 8
BR-PlPr 394 = **2** F 12
BR-PlPr 398 = **2** M 12
BT-Drs 7/660 = **75** K 6
Antrag des Rechtsausschusses
BT-Drs 7/1092 = **86** L 1
1. Beratung
BT-PlPr 7/39 = **6** H 14
2. Beratung und Schlußabstimmung
BT-PlPr 7/57 = **9** I 7
– *GesEntw zum Internationalen Pakt über wirtschaftliche, soziale und kulturelle Rechte*
BR-Drs 305/73 = **26** N 7
BR-Drs 653/73 = **42** J 1
BR-PlPr 394 = **2** F 12
BR-PlPr 398 = **2** M 12
BT-Drs 7/658 = **75** H 14
Bericht und Antrag des Rechtsausschusses
BT-Drs 7/1093 = **86** L 2
1. Beratung
BT-PlPr 7/39 = **6** M 14
2. Beratung und Schlußabstimmung
BT-PlPr 7/57 = **9** I 7

Mercker-Kommission
– Auszug aus dem 2. Teil des Berichts, der sich mit der Lage des Bundesnachrichtendienstes vor dem Jahre 1969 befaßt
BR-Drs 817/74 = **95** I 7

Messen
– s GesEntw zur Änderung des Titels IV der *Gewerbeordnung*
BR-Drs 241/75 = **112** C 2
BT-Drs 7/3859 = **170** K 6

Meßeinheiten
s Meßwesen
– s a GesEntw zur Änderung des *Eichgesetzes*
BR-Drs 43/73 = **8** N 7
BT-Drs 7/103 = **55** C 11

Meßgeräte
– Allgemeine Verwaltungsvorschrift für die Eichung von Meßgeräten
BR-Drs 151/73 = **17** J 2
– VO über die Pflichten der Besitzer von Meßgeräten
BR-Drs 353/74 = **72** B 12
– 2. VO über die Eichpflicht von Meßgeräten
BR-Drs 700/74 = **88** C 1
– VO zur Änderung der PrüfstellenVO
BR-Drs 753/74 = **90** O 6
– VO zur Änderung der Beglaubigungskosten
BR-Drs 756/74 = **91** A 4
– 3. VO zur Änderung der Eichpflicht-AusnahmeVO
BR-Drs 763/74 = **91** J 4
– Erlaß einer neuen Eichordnung
BR-Drs 770/74 = **91** M 12
– 2. VO über die Eichung von Meßgeräten
BR-Drs 322/75 = **115** J 7

Meßwesen
– *GesEntw zur Änderung des Ges über Einheiten im Meßwesen*
BR-Drs 42/73 = **8** N 6
BR-Drs 344/73 = **28** B 10
BR-PlPr 389 = **1** B 11
BR-PlPr 395 = **2** I 1
BT-Drs 7/102 = **55** C 7
Bericht und Antrag des Wirtschaftsausschusses
BT-Drs 7/440 = **67** J 6
1. Beratung
BT-PlPr 7/15 = **2** J 13
2. und 3. Beratung
BT-PlPr 7/31 = **5** D 11
– VO zur Änderung der AusführungsVO zum Ges über Einheiten im Meßwesen
BR-Drs 528/73 = **36** E 14

Meteorologie
– s GesEntw zum Übereinkommen zur Errichtung des *Europäischen Zentrums für mittelfristige Wettervorhersage*
BR-Drs 604/74 = **84** F 7
BT-Drs 7/2704 = **132** K 5

Mieten
– Mietenbericht 1972 betr Entwicklung der Mieten für Wohnraum
BT-Drs 7/651 = **75** B 12
Bericht und Antrag des Ausschusses für Raumordnung, Bauwesen und Städtebau
BT-Drs 7/1833 = **111** G 12
– Wohngeld- und Mietenbericht 1975
BT-Drs 7/4460 = **191** M 7
Bericht und Antrag des Ausschusses für Raumordnung, Bauwesen und Städtebau
BT-Drs 7/5012 = **210** H 2
Beratung
BT-PlPr 7/252 = **48** J 1
– Antwort auf die Große Antrage betr Ziele und Aufgaben der Wohnungspolitik
BT-Drs 7/3523 = **158** B 11
BT-PlPr 7/170 = **32** M 2

Mietpreis
– *Entw eines 3. Ges zur Änderung mietpreisrechtlicher Vorschriften in der Stadt München und im Landkreis München sowie in der Freien und Hansestadt Hamburg*
(GesEntw der CDU/CSU)
BT-Drs 7/1576 = **103** N 11
GesEntw der SPD/FDP
BT-Drs 7/1671 = **107** I 11

Bericht und Antrag des Ausschusses für Raumordnung, Bauwesen und Städtebau
BT-Drs 7/2634 = **131** H 2
1. Beratung
BT-PlPr 7/80 = **14** I 14
2. Beratung
BT-PlPr 7/125 = **23** A 1

- *Entw eines 4. Ges zur Änderung mietpreisrechtlicher Vorschriften in der kreisfreien Stadt München und im Landkreis München sowie in der Freien und Hansestadt Hamburg* (GesEntw des Bundesrates)
BR-Drs 93/74 = **58** I 12
BR-Drs 123/74 = **61** D 4
BR-PlPr 401 = **3** C 2
BR-PlPr 404 = **3** G 6
BT-Drs 7/2069 = **116** N 1
1. Beratung
BT-PlPr 7/80 = **14** I 14
BT-PlPr 7/103 = **19** B 7
2. Beratung
BT-PlPr 7/125 = **23** A 1
- *GesEntw zur Änderung mietrechtlicher und mietpreisrechtlicher Vorschriften im Land Berlin*
BR-Drs 639/75 = **133** C 9
BR-PlPr 425 = **5** G 3
BT-Drs 7/3795 = **169** I 2
Bericht und Antrag des Ausschusses für Raumordnung, Bauwesen und Städtebau
BT-Drs 7/4149 = **178** L 9
1. Beratung
BT-PlPr 7/184 = **35** E 3
2. und 3. Beratung
BT-PlPr 7/194 = **36** M 12
- *GesEntw eines 2. Ges über den Kündigungsschutz für Mietverhältnisse über Wohnraum*
BR-Drs 161/74 = **62** G 7
BR-Drs 679/74 = **86** K 7
BR-PlPr 404 = **3** G 6
BR-PlPr 413 = **4** D 12
Vermittlungsverfahren
BR-Drs 766/74 = **91** L 6
BR-PlPr 414 = **4** F 5
BT-Drs 7/2011 = **115** A 10
Antrag des Rechtsausschusses
BT-Drs 7/2629 = **131** F 4
Bericht des Rechtsausschusses
BT-Drs 7/2638 = **131** H 10
Änderungsanträge
BT-Drs 7/2659 = **132** A 12
BT-Drs 7/2660 = **132** A 12
Unterrichtung betr Anrufung des Vermittlungsausschusses
BT-Drs 7/2775 = **134** L 14
Unterrichtung durch den Vermittlungsausschuß
BT-Drs 7/2812 = **136** K 13
1. Beratung
BT-PlPr 7/103 = **19** B 7
2. und 3. Beratung
BT-PlPr 7/125 = **23** A 1
- s a GesEntw eines 3. ÄndGes zum 2. *Wohngeldgesetz*
BR-Drs 550/73 = **37** A 8
BT-Drs 7/1131 = **87** K 11
- s a GesEntw zur Änderung des 2. *Wohnungsbaugesetzes* und des *Wohnungsbindungsgesetzes*
- s a GesEntw über *Investitionszuschüsse* für Mietwohnungen, Genossenschaftswohnungen und Wohnheime im sozialen Wohnungsbau
BR-Drs 840/74 = **96** F 14
BT-Drs 7/2981 = **142** B 5
- 2. VO zur Änderung berechnungsrechtlicher und mietpreisrechtlicher Vorschriften
BR-Drs 726/74 = **89** M 3

Mietspiegel
- Bericht der Bundesregierung betr die Ermöglichung einer vermehrten Aufstellung von Mietspiegeln durch die Gemeinden
BR-Drs 325/76 = **163** N 4
BT-Drs 7/5160 = **214** H 7

Mikrozensus
- *GesEntw über die Durchführung einer Repräsentativstatistik der Bevölkerung und des Erwerbslebens*
BR-Drs 549/74 = **80** J 14
BR-Drs 167/75 = **107** B 3
BR-PlPr 412 = **4** B 12
BR-PlPr 418 = **4** M 1
Vermittlungsverfahren
BR-Drs 326/75 = **115** K 4
BR-PlPr 420 = **4** N 9
BT-Drs 7/3042 = **143** H 11
Bericht und Antrag des Innenausschusses
BT-Drs 7/3289 = **153** B 2
Bericht des Haushaltsausschusses
BT-Drs 7/3290 = **153** B 6
Unterrichtung betr Anrufung des Vermittlungsausschusses
BT-Drs 7/3497 = **157** E 3
Antrag des Vermittlungsausschusses
BT-Drs 7/3547 = **158** O 3
1. Beratung
BT-PlPr 7/141 = **26** L 3
2. und 3. Beratung
BT-PlPr 7/152 = **28** M 6
Beratung eines Antrags des Vermittlungsausschusses
BT-PlPr 7/167 = **31** N 12

Milch
- 2. VO zur Änderung der VO über Milcherzeugnisse
BR-Drs 336/73 = **27** L 11
- 3. ÄndVO zur VO über Milcherzeugnisse
BR-Drs 596/73 = **39** N 6
- VO über die Kennzeichnung wärmebehandelter Konsummilch
BT-Drs 184/74 = **63** I 7
- VO zur Änderung der Konsummilch-Kennzeichnungs-VO
BR-Drs 226/75 = **111** H 4
- Vorschläge zu EG-Verordnungen und zu einem EG-Beschluß betr Lieferung von Milchfetten als Nahrungsmittelhilfe an Entwicklungsländer und Organisationen
BR-Drs 278/75 = **113** A 4
BT-Drs 7/3590 = **162** F 1
- 2. VO zur Änderung der VO über Erhitzung von Milch zu Futterzwecken und Beseitigung von Zentrifugenschlamm aus Molkereien
BR-Drs 689/75 = **138** A 12

Milchwirtschaft
s Molkereiwirtschaft

Militär
s Bundeswehr

Militärflughafen
- VO über die Festsetzung des Lärmschutzbereichs für den militärischen Flugplatz Bremgarten
BR-Drs 261/75 = **112** I 14
- VO über die Festsetzung des Lärmschutzbereichs für den militärischen Flugplatz Büchel
BR-Drs 621/76 = **177** F 7
- VO über die Festsetzung desLärmschutzbereichs für den militärischen Flugplatz Erding
BR-Drs 836/74 = **96** D 4
BR-Drs 566/75 = **129** B 11
- VO über die Festsetzung des Lärmschutzbereichs für den militärischen Flugplatz Gütersloh
BR-Drs 207/75 = **108** M 2
- VO über die Festsetzung des Lärmschutzbereichs für den militärischen Flugplatz Hopsten
BR-Drs 8/76 = **144** E 1
- VO über die Festsetzung des Lärmschutzbereichs für den militärischen Flugplatz Ingolstadt
BR-Drs 256/76 = **159** 0 10
- VO über die Festsetzung des Lärmschutzbereichs für den militärischen Flugplatz Jever
BR-Drs 368/76 = **165** M 12
- VO über die Festsetzung des Lärmschutzbereichs für den militärischen Flugplatz Laarbruch
BR-Drs 690/76 = **180** E 5
- VO über die Festsetzung des Lärmschutzbereichs für den militärischen Flugplatz Lechfeld
BR-Drs 257/76 = **160** B 6
- VO über die Festsetzung des Lärmschutzbereichs für den Militärflugplatz Leipheim
BR-Drs 457/74 = **76** D 12
- VO über den Lärmschutzbereich für den militärischen Flugplatz Memmingen
BR-Drs 194/75 = **108** H 5
- VO über die Festsetzung des Lärmschutzbereichs für den militärischen Flugplatz Neuburg a d Donau
BR-Drs 455/75 = **123** I 3
- VO über die Festsetzung des Lärmschutzbereichs für den militärischen Flugplatz Nörvenich
BR-Drs 517/74 = **78** D 12
- VO über die Festsetzung des Lärmschutzbereichs für den militärischen Flugplatz Oldenburg
BR-Drs 208/75 = **108** N 11
- VO über die Festsetzung des Lärmschutzbereichs für den militärischen Flugplatz Pferdsfeld
BR-Drs 371/76 = **166** E 10
- VO über die Festsetzung des Lärmschutzbereichs für den militärischen Flugplatz Ramstein
BR-Drs 622/76 = **177** H 4
- VO über die Festsetzung des Lärmschutzbereichs für den militärischen Flugplatz Söllingen
BR-Drs 454/75 = **123** F 5
- VO über die Festsetzung des Lärmschutzbereichs für den militärischen Flugplatz Wittmundhafen
BR-Drs 369/76 = **166** B 3
- VO über die Festsetzung des Lärmschutzbereichs für den militärischen Flugplatz Zweibrücken
BR-Drs 370/76 = **166** C 12

Militärpersonal
- VO über die Gewährung von Vorrechten

und Befreiungen an Militärpersonal der internationalen militärischen Hauptquartiere in der Bundesrepublik Deutschland
BR-Drs 751/75 = **141** A 10

Minderjährige
s Elterliches Sorgerecht

Mindestalter jugendlicher Arbeitnehmer
- GesEntw zum Übereinkommen der *Internationalen Arbeitsorganisation* über das Mindestalter für die Zulassung zur Beschäftigung

Mindestanforderungen
- VO über hygienische Mindestanforderungen an Fleisch, das für die Bundesrepublik Deutschland bestimmt ist
BR-Drs 600/74 = **84** A 1
- 5. VO zur Änderung der ButterVO (betr Mindesthaltbarkeitsdatum)
BR-Drs 312/73 = **27** C 4

Mindestvorräte, Erdölerzeugnisse
- *GesEntw zur Änderung des Ges über Mindestvorräte an Erdölerzeugnissen*
BR-Drs 333/73 = **27** K 3
BR-Drs 262/75 = **112** K 10
BR-PlPr 395 = **2** I 1
BR-PlPr 420 = **4** N 9
BT-Drs 7/956 = **81** L 5
Bericht und Antrag des Wirtschaftsausschusses
BT-Drs 7/3413 = **155** I 1
BT-Drs 7/3524 = **158** C 3
Bericht des Haushaltsausschusses
BT-Drs 7/3461 = **156** L 14
1. Beratung
BT-PlPr 7/48 = **8** D 4
2. und 3. Beratung
BT-PlPr 7/167 = **31** N 12

Mineralöl
s a Mindestvorräte
Ölkrise
- s GesEntw zur Sicherung der Energieversorgung bei Gefährdung oder Störung der Einfuhr von Mineralöl oder Erdgas *(Energiesicherungsgesetz)*
BR-Drs 707/73 = **47** N 7
BT-Drs 7/1198 = **91** A 6
- s GesEntw zur Sicherung der Energieversorgung bei Gefährdung oder Störung der Einfuhr von Erdöl, Erdölerzeugnissen oder Erdgas *(Energiesicherungsgesetz 1975)*
BR-Drs 346/74 = **70** O 5
BT-Drs 7/2461 = **127** A 10
- Unterrichtung über die Energiepolitik der Bundesregierung
BR-Drs 607/73 = **40** G 1
BT-Drs 7/1057 = **85** N 13
- 1. Fortschreibung des Energieprogramms der Bundesregierung
BR-Drs 718/74 = **89** F 2
BT-Drs 7/2713 = **133** D 4
- 4. Subventionsbericht
BT-Drs 7/1144 = **88** F 1
- 5. Subventionsbericht für 1973 bis 1976
BT-Drs 7/4203 = **183** M 6
- Vorschlag einer EG-Richtlinie über die Harmonisierung der Verbrauchsteuern auf Mineralöl
BR-Drs 587/73 = **39** F 8
BT-Drs 7/1042 = **84** N 3
- Mineralölbewirtschaftungs-VO
BR-Drs 26/76 = **146** A 14
- Allgemeine Verwaltungsvorschrift zur MineralölbewirtschaftungsVO
BR-Drs 27/76 = **146** C 1
- Vorschlag einer EG-VO über ein gemeinschaftliches Verfahren zur Unterrichtung und Konsultation über die Preise für Rohöl und Mineralölerzeugnisse in der Gemeinschaft
BR-Drs 497/75 = **125** B 4
BT-Drs 7/3979 = **174** A 8

Mineralölsteuergesetz
- *GesEntw zur Änderung des Mineralölsteuergesetzes 1964 und des Gesetzes über das Branntweinmonopol*
BR-Drs 182/73 = **19** B 13
BR-Drs 358/73 = **28** F 4
BR-PlPr 391 = **2** B 11
BR-PlPr 394 = **2** F 12
Vermittlungsverfahren:
BR-Drs 429/73 = **32** J 7
BR-PlPr 395 = **2** I 1
BT-Drs 7/422 = **67** C 10
Bericht und Antrag des Finanzausschusses
BT-Drs 7/590 = **72** O 13
Gründe für die Einberufung des Vermittlungsausschusses
BT-Drs 7/642 = **74** C 3
Unterrichtung durch den Vermittlungsausschuß
BT-Drs 7/683 = **76** A 3
Unterrichtung betr Zustimmung
BT-Drs 7/803 = **78** A 5
1. Beratung
BT-PlPr 7/26 = **4** D 4
BT-PlPr 7/27 = **4** F 3
BT-PlPr 7/28 = **4** I 11
2. und 3. Beratung
BT-PlPr 7/35 = **6** A 14
- *GesEntw zur Änderung des Mineralölsteuergesetzes 1964*
(betr. Heizölkennzeichnung)
BR-Drs 588/73 = **39** G 4
BR-Drs 92/75 = **101** D 8
BR-PlPr 398 = **2** M 12
BR-PlPr 416 = **4** I 9
BT-Drs 7/1944 = **113** F 10
Bericht und Antrag des Finanzausschusses
BT-Drs 7/3138 = **147** C 2
Bericht des Haushaltsausschusses
BT-Drs 7/3190 = **148** I 5
Änderungsantrag zur 2. Beratung
BT-Drs 7/3199 = **148** K 13
1. Beratung
BT-PlPr 7/96 = **18** B 12
2. und 3. Beratung
BT-PlPr 7/147 = **28** A 1
- *GesEntw zur Änderung des Mineralölsteuergesetzes 1964*
(betr Heizölsteuer)
BR-Drs 592/74 = **83** H 12
BR-Drs 821/74 = **95** L 3
BR-PlPr 412 = **4** B 12
BR-PlPr 415 = **4** G 8
BT-Drs 7/2580 = **130** A 9
Stellungnahme des Bundesrates
BT-Drs 7/2690 = **132** G 2
Bericht und Antrag des Finanzausschusses
BT-Drs 7/2823 = **136** O 2
Gegenäußerung der Bundesregierung zur Stellungnahme des Bundesrates
BT-Drs 7/2839 = **137** B 10
1. Beratung
BT-PlPr 7/125 = **23** A 1
2. und 3. Beratung
BT-PlPr 7/136 = **25** J 7
- s a Entw eines *Steueränderungsgesetzes* 1973
BT-Drs 7/419 = **66** J 9

Mineralölversorgung
s a Energieversorgung
- s GesEntw zu dem Übereinkommen über ein Internationales *Energieprogramm*
BR-Drs 790/74 = **93** K 12
BT-Drs 7/3027 = **143** A 4
- s GesEntw zur Ergänzung des *Benzinbleigesetzes*
BR-Drs 358/75 = **118** N 13
BT-Drs 7/4020 = **175** J 13

Minister
s Bundesminister

Mischfuttermittel
s a Futtermittel
- 7. VO zur Durchführung des Ges zur Änderung futtermittelrechtlicher Vorschriften
BR-Drs 26/74 = **55** G 10

Mißbrauch, sexueller
- s Entw eines 4. *Strafrechtsreformgesetzes*
BR-Drs 441/73 = **33** B 5
BT-Drs 7/80 = **54** D 9

Mißbrauch, im Wettbewerbsrecht
- s Berichte des *Bundeskartellamts* über seine Tätigkeit
- s Entwurf eines 2. Ges. zur Änderung des Ges gegen *Wettbewerbsbeschränkungen*
BR-Drs 449/73 = **33** F 4
BT-Drs 7/76 = **53** L 6

Mitbestimmung
- Tätigkeitsbericht 1973 der Bundesregierung
BT-Drs 7/1434 = **97** H 8
- Materialien zum Bericht zur Lage der Nation 1974
BT-Drs 7/2423 = **124** J 13
- Sozialbericht 1976
BT-Drs 7/4953 = **207** G 3
- s a Entw eines *Hochschulrahmengesetzes*
BR-Drs 553/73 = **37** C 8
BT-Drs 7/1328 = **235** A 1

Mitbestimmungsgesetz
- *GesEntw über die Mitbestimmung der Arbeitnehmer*
BR-Drs 200/74 = **64** C 14
BR-Drs 200/76 = **155** O 6
BR-PlPr 404 = **3** G 6
BR-PlPr 433 = **6** D 11
BT-Drs 7/2172 = **118** L 5
Antrag des Ausschusses für Arbeit und Sozialordnung
BT-Drs 7/4787 = **202** N 3
Bericht des Ausschusses für Arbeit und Sozialordnung
BT-Drs 7/4845 = **205** F 2
Änderungsanträge zur 2. Beratung
BT-Drs 7/4887 = **206** C 13
BT-Drs 7/4890 = **206** D 5
1. Beratung
BT-PlPr 7/110 = **20** J 5
2. und 3. Beratung
BT-PlPr 7/230 = **43** J 6

Miterbenabfindung
- s Entwurf eines 2. Ges zur Änderung der *Höfeordnung*

Mittelberg
- s GesEntw zum Abkommen Bundesrepublik Deutschland/Republik Österreich über

die Umsatzbesteuerung des Waren- und Dienstleistungsverkehrs zwischen den österreichischen Gemeinden Mittelberg und *Jungholz* und der Bundesrepublik Deutschland
BR-Drs 79/73 = **10** I 10
BT-Drs 7/259 = **62** I 9

Mittelmeer
– Vorschlag für einen EG-Beschluß bezüglich des Abschlusses eines Übereinkommens über den Schutz des Mittelmeers gegen Verschmutzung sowie eines Protokolls zur Verhütung der Verschmutzung des Mittelmeers durch das Einbringen von Abfallstoffen durch Schiffe und Luftfahrzeuge
BR-Drs 347/76 = **164** K 10
BT-Drs 7/5223 = **216** C 5
– Bundesbericht Forschung V
BT-Drs 7/3574 = **160** A 1
– Entschließung des Politischen Ausschusses der 20. Jahrestagung der Nordatlantischen Versammlung (betr Maßnahmen des Atlantischen Bündnisses für den östlichen Mittelmeerraum)
BR-Drs 27/75 = **98** H 5
– Entschließung des Politischen Ausschusses der 21. Jahrestagung der Nordatlantischen Versammlung (betr Lage im östlichen Mittelmeer)
BR-Drs 700/75 = **138** G 1

Mittelstand
– s Entw eines *Bundesmittelstandsförderungsgesetzes*
BT-Drs 7/4284 = **186** E 4
– Bericht der Bundesregierung über Lage und Entwicklung der kleinen und mittleren Unternehmen (Mittelstandsbericht)
BR-Drs 360/76 = **165** D 5
BR-PlPr 437 = **6** L 10
BT-Drs 7/5248 = **216** F 8
BT-PlPr 7/248 = **47** M 11

Mittelstandspolitik
– Jahreswirtschaftsbericht 1973
BT-Drs 7/225 = **60** M 6
– Jahreswirtschaftsbericht 1974 der Bundesregierung
BT-Drs 7/1646 = **105** E 3
– Jahreswirtschaftsbericht 1975
BT-Drs 7/3197 = **148** J 6
– Jahreswirtschaftsbericht 1976
BT-Drs 7/4677 = **198** L 4

Modernisierung, von Wohnungen
s Wohnungsmodernisierungsgesetz

Molkereiwirtschaft
– Rahmenplan zur Verbessserung der Agrarstruktur und des Küstenschutzes für 1973 bis 1976
BT-Drs 7/61 = **53** A 8
– Rahmenplan zur Verbesserung der Agrarstruktur und des Küstenschutzes für 1974 bis 1977
BT-Drs 7/1538 = **102** L 4
– Rahmenplan zur Verbesserung der Agrarstruktur und des Küstenschutzes für 1975 bis 1978
BT-Drs 7/3563 = **159** A 14
– Rahmenplan zur Verbesserung der Agrarstruktur und des Küstenschutzes für 1976 bis 1979
BT-Drs 7/5671 = **224** L 6

13. Monatsgehalt
s Sonderzuwendungen

Monopolverwaltung für Branntwein
– Geschäftsbericht 1971/72
BT-Drs 7/399 = **65** I 6
– Geschäftsbericht 1972/73
BT-Drs 7/1892 = **112** C 3
– Geschäftsbericht 1973/74
BT-Drs 7/3418 = **155** J 13
– Geschäftsbericht 1974/75
BT-Drs 7/4939 = **206** O 12

Mosel
– *GesEntw zum Protokoll zur Änderung des Vertrages Bundesrepublik Deutschland/Französische Republik und Großherzogtum Luxemburg über die Schiffbarmachung der Mosel*
BR-Drs 11/75 = **97** L 11
BR-Drs 274/75 = **112** N 6
BR-PlPr 416 = **4** I 9
BR-PlPr 420 = **4** N 9
BT-Drs 7/3277 = **152** O 7
Bericht und Antrag des Ausschusses für Verkehr und für das Post- und Fernmeldewesen
BT-Drs 7/3470 = **156** M 12
1. Beratung
BT-PlPr 7/155 = **29** I 2
2. Beratung und Schlußabstimmung
BT-PlPr 7/164 = **31** I 1

Motorleistung
– VO zur Änderung der Straßenverkehrs-Zulassungs-Ordnung (betr Mindestmotorleistung)
BR-Drs 181/76 = **154** I 11
– Antrag zur Entschließung des Bundesrates zur Herabsetzung der Mindestmotorleistung von 8 PS/t auf 6 PS/t für Kraftfahrzeuge zur Güterbeförderung
BR-Drs 195/76 = **155** L 13

Mühlen
– *GesEntw über die Auflösung der Mühlenstelle und die Übertragung von Zuständigkeiten im Bereich der Mühlenwirtschaft*
BR-Drs 548/75 = **128** B 9
BR-Drs 108/76 = **152** B 13
BR-PlPr 424 = **5** E 4
BR-PlPr 431 = **5** O 8
BT-Drs 7/4327 = **189** A 13
Bericht und Antrag des Ausschusses für Ernährung, Landwirtschaft und Forsten
BT-Drs 7/4617 = **196** L 1
Bericht des Haushaltsausschusses
BT-Drs 7/4618 = **196** L 3
1. Beratung
BT-PlPr 7/207 = **39** B 4
2. und 3. Beratung
BT-PlPr 7/221 = **41** M 14
– VO zur Änderung der VO über Beiträge nach dem Absatzfondsgesetz
BR-Drs 165/76 = **153** O 11

München, Stadt
– s Entw eines 4. Ges zur Änderung *mietpreisrechtlicher* Vorschriften in der Stadt und im Landkreis München sowie in Hamburg
BR-Drs 93/74 = **58** I 12
BT-Drs 7/2069 = **116** N 1
– s Entw eines 3. Ges zur Änderung *mietpreisrechtlicher* Vorschriften in München, im Landreis München sowie in Hamburg
BR-Drs 123/74 = **61** D 4
BT-Drs 7/1576 = **103** N 11
BT-Drs 7/1671 = **107** I 11
BT-Drs 7/2069 = **116** N 1

– s GesEntw zur Änderung des *Wohnungsbindungsgesetzes* 1965 und des 2. Wohnungsbaugesetzes
BR-Drs 113/73 = **13** E 8
BT-Drs 7/855 = **78** H 13

Münzen
s Bundesmünzen

Musterung
– 3. VO zur Änderung der Musterungsverordnung
BR-Drs 668/74 = **86** D 1

N

Nachrichtendienste
– Bericht der Kommission „Vorbeugender Geheimschutz“ über die Prüfung von Sicherheitsfragen im Zusammenhang mit dem Fall Guillaume im November 1974
BT-Drs 7/2193 = **119** H 12
BT-PlPr 7/152 = **28** M 6

Nachtragshaushaltsgesetz 1975
– *GesEntw über die Feststellung eines Nachtrags zum Bundeshaushaltsplan für das Haushaltsjahr 1975*
BR-Drs 520/75 = **126** B 12
BR-Drs 585/75 = **130** H 10
BR-PlPr 423 = **5** D 8
BR-PlPr 424 = **5** E 4
BT-Drs 7/4001 = **174** L 9
BT-Drs 7/4057 = **176** E 13
Antrag des Haushaltsausschusses
BT-Drs 7/4060 = **176** F 4
1. Beratung
BT-PlPr 7/184 = **35** E 3
BT-PlPr 7/185 = **35** J 3
2. Beratung und Schlußabstimmung
BT-PlPr 7/188 = **36** C 13

Naher Osten
– Entschließung der Interparlamentarischen Union zur Lage im Nahen Osten
BT-Drs 7/15 = **52** E 8
– Unterrichtung über Beschlüsse der 19. Jahrestagung der Nordatlantischen Versammlung (betr. den Nahost-Krieg)
BR-Drs 800/73 = **52** D 2
BT-Drs 7/1396 = **97** C 9

Nahrungsmittelhilfe
– s Bericht zur *Entwicklungspolitik* der Bundesregierung
BT-Drs 7/4293 = **186** L 14

Nahverkehr s Personennahverkehr

Nahverkehrsbereich
– *Telefonseelsorge*
Antrag betr Sonderdienst – Rufnummern bei der Einführung von Nahverkehrsbereichen
BT-Drs 7/4486 = **192** J 2
– *Fernsprechteilnehmer in Berlin*
Antrag betr Benachteiligung bei der Einführung von Nahverkehrsbereichen
BT-Drs 7/4487 = **192** J 4
– *Zonenrand-, Grenz- und Küstengebiet*
– Antrag betr Benachteiligung der Fernsprechteilnehmer bei der Einführung von Nahverkehrsbereichen
BT-Drs 7/4488 = **192** J 4
– *Zeitmessung von Telephongesprächen*
– Antrag betr Tarifänderung bei der Einführung von Nahverkehrsbereichen im Fernmeldewesen
BT-Drs 7/4489 = **192** J 5

Beratung der Anträge
BT-PlPr 7/222 = **42** C 10
Namensrecht
– s Entw eines 1. Ges. zur Reform des *Ehe- und Familienrechts*
Narkotika
s Betäubungsmittel
Nation
– Materialien zum Bericht zur Lage der Nation 1974
BR-Drs 536/74 = **78** L 9
BT-Drs 7/2423 = **124** J 13
Antrag des Ausschusses für innerdeutsche Beziehungen
BT-Drs 7/4158 = **178** M 9
BT-PlPr 7/218 = **41** C 14
– Entschließungsantrag zur Erklärung der Bundesregierung zur Lage der Nation
BT-Drs 7/1593 = **104** B 8
Bericht und Antrag des Ausschusses für innerdeutsche Beziehungen
BT-Drs 7/2210 = **119** L 7
BT-PlPr 7/76 = **13** J 14
BT-PlPr 7/109 = **20** F 9
– Erklärung der Bundesregierung zur Lage der Nation
BT-PlPr 7/146 = **27** J 3
BT-PlPr 7/147 = **28** A 1
NATO
s a Nordatlantikvertrag
– Entschließungen und Empfehlungen der 18. Jahrestagung der Nordatlantischen Versammlung in Bonn
BR-Drs 131/73 = **16** L 3
BT-Drs 7/50 = **52** N 10
– Entschließungen und Empfehlungen der 19. Jahrestagung der Nordatlantischen Versammlung in Ankara und Istanbul
BR-Drs 800/73 = **52** D 2
BR-Drs 204/74 = **64** F 10
BT-Drs 7/1396 = **97** C 9
BT-Drs 7/1636 = **104** M 5
– Empfehlungen und Entschließungen der 20. Jahrestagung der Nordatlantischen Versammlung in London
BR-Drs 27/75 = **98** H 5
BT-Drs 7/3046 = **144** G 1
Antrag des Auswärtigen Ausschusses
BT-Drs 7/3561 = **159** A 9
BT-PlPr 7/170 = **32** H 2
– Empfehlungen und Entschließungen der 21. Jahrestagung der Nordatlantischen Versammlung in Kopenhagen
BR-Drs 700/75 = **138** G 1
BT-Drs 7/4241 = **185** D 8
BT-PlPr 7/218 = **41** C 14
– Weißbuch 1973/1974 zur Sicherheit der Bundesrepublik Deutschland und zur Entwicklung der Bundeswehr
BT-Drs 7/1505 = **101** D 3
– Weißbuch 1975/1976
BT-Drs 7/4554 = **194** O 2
– Antwort auf die Große Anfrage betr Verteidigungspolitik
BT-Drs 7/4072 = **176** H 3
NATO-Truppenstatut
– *GesEntw zum Abkommen zur Änderung des Zusatzabkommens zum Abkommen zwischen den Parteien des Nordatlantikvertrages über die Rechtsstellung ihrer Truppen hinsichtlich der in der Bundesrepublik Deutschland stationierten ausländischen Truppen*
BR-Drs 25/73 = **8** L 8
BR-Drs 269/73 = **24** M 10
BR-PlPr 389 = **1** B 11
BR-PlPr 392 = **2** D 6
BT-Drs 7/119 = **55** O 8
Bericht und Antrag des Auswärtigen Ausschusses
BT-Drs 7/361 = **64** M 2
1. Beratung
BT-PlPr 7/15 = **2** J 13
2. Beratung und Schlußabstimmung
BT-PlPr 7/23 = **3** N 5
– *Abkommen zwischen der Bundesrepublik Deutschland, Kanada, Großbritannien und Nordirland über die Durchführung von Manövern und anderen Übungen im Raum Soltau – Lüneburg*
Bericht betr NATO–Truppenstatut und Zusatzvereinbarungen
BT-Drs 7/2443 = **126** K 2
Bericht und Antrag des Innenausschusses
BT-Drs 7/3300 = **153** C 4
Naturschutzgesetz
s Bundesnaturschutzgesetz
– s a GesEntw zur Änderung des *Grundgesetzes* (Art 74 Nr 25 – Naturschutz und Landschaftspflege)
BR-Drs 204/73 = **20** E 5
BT-Drs 7/885 = **79** E 2
– *Entw eines Ges über Naturschutz und Landschaftspflege*
BR-Drs 208/73 = **20** J 14
BR-PlPr 392 = **2** D 6
GesEntw der CDU/CSU
BT-Drs 7/324 = **64** C 14
1. Beratung
BT-PlPr 7/23 = **3** N 5
GesEntw der Bundesregierung
BT-Drs 7/886 = **79** E 8
1. Beratung
BT-PlPr 7/57 = **9** I 7
Antrag des Ausschusses für Ernährung, Landwirtschaft und Forsten
BT-Drs 7/5171 = **214** M 2
Bericht des Haushaltsausschusses
BT-Drs 7/5173 = **214** M 10
Bericht des Ausschusses für Ernährung, Landwirtschaft und Forsten
BT-Drs 7/5251 = **216** L 4
2. Beratung der Gesetzentwürfe
BT-PlPr 7/247 = **47** I 2
– s a GesEntw zur Änderung des *Flurbereinigungsgesetzes*
BR-Drs 589/74 = **83** A 3
BT-Drs 7/3020 = **142** L 12
– s a GesEntw zur Erhaltung des Waldes und zur Förderung der Forstwirtschaft *(Bundeswaldgesetz)*
– Umweltgutachten 1974
BT-Drs 7/2802 = **135** C 10
– Umweltbericht 1976
BT-Drs 7/5684 = **226** A 1
– Bundesbericht Forschung V
BT-Drs 7/3574 = **160** A 1
Nebenklage
– s Entw eines 1. Ges zur Reform des *Strafverfahrensrechts*
BR-Drs 117/73 = **13** N 3
BT-Drs 7/551 = **71** L 8
Negatives Kapitalkonto
– Antrag zu einer Entschließung des Bundesrates zum steuerlichen Ausschluß des negativen Kapitalkontos bei Mitunternehmern, die nur beschränkt haften
BR-Drs 694/76 = **180** G 13
BR-PlPr 441 = **7** B 6
Nelkenwickler
– VO zur Bekämpfung von Nelkenwicklern
BR-Drs 154/76 = **153** L 10
Nervenarzt
– Bericht über die Lage der Psychiatrie in der Bundesrepublik Deutschland
BT-Drs 7/4200 = **179** N 2
Neubaumieten
– 2. VO zur Änderung berechnungsrechtlicher und mietpreisrechtlicher Vorschriften
BR-Drs 726/74 = **89** M 3
Neugliederung des Bundesgebietes
– s Entw eines Ges zur Änderung des *Grundgesetzes* (Art 29 GG)
BR-Drs 96/76 = **149** N 1
BT-Drs 7/4958 = **209** J 3
Newcastle-Krankheit
– VO zur Änderung der GeflügelpestVO
BR-Drs 250/75 = **112** G 2
Nichteheliches Kind
– VO zur Neufestsetzung des Regelbedarfs (Regelbedarfs-VO)
BR-Drs 24/74 = **55** F 14
– VO zur Neufestsetzung des Regelbedarfs (Regelbedarfs-VO 1976)
BR-Drs 407/76 = **168** J 10
Nichtverbreitung von Kernwaffen
s Kernwaffen
Niederlande, Königreich
– *GesEntw zum Abkommen Bundesrepublik Deutschland/Königreich der Niederlande betr Krankenversicherung alter Rentner*
BR-Drs 48/73 = **8** O 5
BR-PlPr 389 = **1** B 11
BT-Drs 7/110 = **55** G 7
BT-PlPr 7/15 = **2** J 13
– s a GesEntw zum Übereinkommen in Ausführung des Vertrages über die Nichtverbreitung von *Kernwaffen*
BR-Drs 402/73 = **31** B 9
BT-Drs 7/995 = **83** E 14
– *GesEntw eines ÄndGes zum Übereinkommen zwischen Belgien, Bundesrepublik Deutschland, Frankreich, Italien, Luxemburg und den Niederlanden über gegenseitige Unterstützung ihrer Zollverwaltungen und zum Beitritt Griechenlands zu diesem Übereinkommen*
BR-Drs 196/73 = **19** M 14
BR-Drs 455/73 = **33** H 7
BR-PlPr 392 = **2** D 6
BR-PlPr 396 = **2** I 14
BT-Drs 7/470 = **68** G 9
Bericht und Antrag des Finanzausschusses
BT-Drs 7/689 = **76** A 7
1. Beratung
BT-PlPr 7/30 = **5** A 6
2. Beratung und Schlußabstimmung
BT-PlPr 7/42 = **7** A 12
– *GesEntw zum Abkommen zur Änderung des Abkommens Bundesrepublik Deutschland/Königreich der Niederlande über die Zusammenlegung der Grenzabfertigung und über die Einrichtung von Gemeinschafts- oder Betriebswechselbahnhöfen an der deutsch-niederländischen Grenze*
BR-Drs 537/75 = **127** I 8
BR-Drs 151/76 = **153** J 7
BR-PlPr 424 = **5** E 4

BR-PlPr 432 = **6** B 14
BT-Drs 7/4174 = **179** D 5
Bericht und Antrag des Finanzausschusses
BT-Drs 7/4737 = **201** G 7
1. Beratung
BT-PlPr 7/201 = **38** A 1
2. Beratung und Schlußabstimmung
BT-PlPr 7/224 = **42** G 6

Niederlassungsfreiheit
- s GesEntw zur Änderung der *Bundesärzteordnung* (betr Anerkennung der Diplome, Prüfungszeugnisse usw. innerhalb der EG und Erleichterungen der Ausübung der Niederlassungsfreiheit)
  BR-Drs 244/76 = **157** F 2
  BT-Drs 7/5314 = **218** H 1

Niedersachsen
- *GesEntw über die Volksentscheide aufgrund der nach Art 29 Abs 2 GG in den Ländern Rheinland-Pfalz und Niedersachsen zustande gekommenen Volksbegehren*
  BR-Drs 392/74 = **73** F 3
  BR-Drs 633/74 = **85** A 6
  BR-PlPr 410 = **3** O 9
  BR-PlPr 412 = **4** B 12
  BT-Drs 7/2355 = **123** C 14
  Stellungnahme des Bundesrates sowie Gegenäußerung der Bundesregierung dazu
  BT-Drs 7/2439 = **126** G 7
  Bericht und Antrag des Innenausschusses
  BT-Drs 7/2549 = **129** J 4
  Bericht des Haushaltsausschusses
  BT-Drs 7/2571 = **129** O 3
  1. Beratung
  BT-PlPr 7/115 = **21** E 3
  2. und 3. Beratung
  BT-PlPr 7/119 = **21** O 2
- Vorlage der Festsetzung des Festbetrages zur Erstattung der Kosten für die Volksentscheide in Rheinland-Pfalz und Niedersachsen
  BR-Drs 772/75 = **141** N 4
- 3. VO zur Durchführung des Ges über Volksbegehren und Volksentscheid bei Neugliederung des Bundesgebietes nach Art 29 Abs 2 bis 6 des Grundgesetzes
  BR-Drs 642/74 = **85** E 14

Nonproliferation
s Kernwaffen, Nichtverbreitung von

Nordamerika
- Empfehlung des Politischen Ausschusses der 18. Jahrestagung der Nordatlantischen Versammlung zur Beziehung Nordamerika/Westeuropa
  BR-Drs 131/73 = **16** L 3
  BT-Drs 7/50 = **52** N 10

Nordatlantik
- *GesEntw zum Übereinkommen über das Verhalten beim Fischfang im Nordatlantik*
  BR-Drs 129/75 = **104** A 8
  BR-Drs 578/75 = **130** E 6
  BR-PlPr 418 = **4** M 1
  BR-PlPr 424 = **5** E 4
  BT-Drs 7/3501 = **157** F 4
  Bericht und Antrag des Ausschusses für Ernährung, Landwirtschaft und Forsten
  BT-Drs 7/3796 = **169** I 5
  1. Beratung
  BT-PlPr 7/167 = **31** N 12
  2. Beratung und Schlußabstimmung
  BT-PlPr 7/184 = **35** E 3

Nordatlantikrat
- Empfehlung des Politischen Ausschusses der 20. Jahrestagung des Nordatlantischen Versammlung betr Beziehungen zwischen der Nordatlantischen Versammlung und dem Nordatlantikrat
  BR-Drs 27/75 = **98** H 5
  BT-Drs 7/3046 = **144** G 1

Nordatlantikvertrag
- GesEntw zu Abkommen zwischen den Parteien des Nordatlantikvertrages über die Rechtsstellung ihrer Truppen hinsichtlich der in der Bundesrepublik Deutschland stationierten ausländischen Truppen
  (s *NATO-Truppenstatut*)
  BR-Drs 25/73 = **8** L 8
  BT-Drs 7/119 = **55** O 8

Nordatlantische Versammlung
- Unterrichtung über die Beschlüsse der 18. Jahrestagung der Nordatlantischen Versammlung
  BR-Drs 131/73 = **16** L 3
  BT-Drs 7/50 = **52** N 10
- Unterrichtung über Beschlüsse der 19. Jahrestagung der Nordatlantischen Versammlung
  BR-Drs 800/73 = **52** D 2
  BT-Drs 7/1396 = **97** C 9
  BT-Drs 7/1636 = **104** M 5
- Unterrichtung über die Beschlüsse der 20. Jahrestagung der Nordatlantischen Versammlung
  BR-Drs 27/75 = **98** H 5
  BT-Drs 7/3046 = **144** G 1
- Unterrichtung über die Beschlüsse auf der 21. Jahrestagung der Nordatlantischen Versammlung
  BR-Drs 700/75 = **138** G 1
  BT-Drs 7/4241 = **185** D 8

Nordirland
s Großbritannien

Nord-Ostsee-Kanal
- VO über die Beförderung von Tieren, Teilen, Erzeugnissen und Gegenständen von Tieren, die Träger von Ansteckungsstoff sein können durch den Nord-Ostsee-Kanal
  BR-Drs 225/73 = **21** K 12
- VO zur Änderung der VO zur Durchführung der Internationalen Gesundheitsvorschriften in Häfen und auf dem Nord-Ostsee-Kanal
  BR-Drs 494/76 = **172** D 13

Nordsee
s Nordatlantik

Nordseeküste, deutsche
- Antrag betr Sturmflutschäden
  BT-Drs 7/1536 = **102** L 2
  Antrag des Haushaltsausschusses
  BT-Drs 7/2043 = **116** C 11

Normenkontrollverfahren
- s GesEntw zur Änderung *verwaltungsprozessualer* Vorschriften (betr § 47 Verwaltungsgerichtsordnung)
  BR-Drs 533/75 = **127** D 10
  BT-Drs 7/4324 = **188** D 13

Norwegen, Königreich
- *GesEntw zum Abkommen zwischen den Mitgliedstaaten der EGKS und der EGKS einerseits und dem Königreich Norwegen* (betr Errichtung einer Freihandelszone)
  BR-Drs 532/73 = **36** F 13
  BR-Drs 230/74 = **65** O 11
  BR-PlPr 397 = **2** L 1
  BR-PlPr 404 = **3** G 6
  BT-Drs 7/1140 = **88** C 12
  Bericht und Antrag des Wirtschaftsausschusses
  BT-Drs 7/1691 = **107** M 11
  1. Beratung
  BT-PlPr 7/64 = **10** L 13
  2. Beratung und Schlußabstimmung
  BT-PlPr 7/86 = **15** N 2
- *GesEntw zum Vertrag Bundesrepublik Deutschland/Königreich Norwegen über den Transport von Kohlenwasserstoff durch eine Rohrleitung vom Elkofisk-Feld und benachbarten Gebieten in die Bundesrepublik Deutschland*
  BR-Drs 595/74 = **83** K 5
  BR-Drs 55/75 = **99** J 11
  BR-PlPr 412 = **4** B 12
  BR-PlPr 416 = **4** I 9
  BT-Drs 7/2686 = **132** F 6
  Bericht und Antrag des Wirtschaftsausschusses
  BT-Drs 7/2969 = **141** O 5
  1. Beratung
  BT-PlPr 7/128 = **23** K 8
  2. Beratung und Schlußabstimmung
  BT-PlPr 7/138 = **26** C 5
- *GesEntw zum Vertrag Bundesrepublik Deutschland/Königreich Norwegen über die gegenseitige Unterstützung in Zollangelegenheiten*
  BR-Drs 693/74 = **87** M 7
  BR-Drs 62/75 = **99** L 3
  BR-PlPr 414 = **4** F 5
  BR-PlPr 416 = **4** I 9
  BT-Drs 7/2869 = **139** N 11
  Bericht und Antrag des Finanzausschusses
  BT-Drs 7/3091 = **146** F 7
  1. Beratung
  BT-PlPr 7/136 = **25** J 7
  2. Beratung und Schlußabstimmung
  BT-PlPr 7/147 = **28** A 1
- VO zur Änderung des Deutschen Teil-Zolltarifs (Nr 11/73 – besondere Zollsätze gegenüber Norwegen-EGKS)
  BR-Drs 563/73 = **38** M 13
  BT-Drs 7/987 = **82** M 1
- VO zur Änderung des Deutschen Teil-Zolltarifs (Nr 5/74 – Besondere Zollsätze gegenüber Norwegen-EGKS)
  BR-Drs 140/74 = **61** J 13
  BT-Drs 7/1698 = **107** N 9

Notarielle Beurkundung
s Bürgerliches Gesetzbuch

Notarrecht
- s GesEntw über die Ermächtigung des Landes *Baden-Württemberg* zur Rechtsbereinigung
  BR-Drs 260/74 = **67** D 13
  BT-Drs 7/2206 = **119** K 13

Nothelfer
- s GesEntw über die Entschädigung für *Opfer von Gewalttaten*
  BR-Drs 352/74 = **72** A 1
  BT-Drs 7/2506 = **128** F 2

Notruf
- Antrag betr einheitliches Notrufnummernsystem im Bundesgebiet
  BT-Drs 7/475 = **68** J 4
  Bericht und Antrag des Ausschusses für Forschung und Technologie und für das Post- und Fernmeldewesen
  BT-Drs 7/1189 = **90** N 13

- Bericht über Maßnahmen zur Verbesserung des Rettungswesens
  BT-Drs 7/489 = **69** D 11
  Bericht und Antrag des Verkehrsausschusses
  BT-Drs 7/2287 = **121** M 12
- Unterrichtung betr einheitliches Notrufnummernsystem im Bundesgebiet
  BT-Drs 7/2588 = **130** E 2
  Bericht und Antrag des Ausschusses für Verkehr und für das Post- und Fernmeldewesen
  BT-Drs 7/4108 = **177** C 8

NPD
- Antrag betr Unterrichtung über Fragen der inneren Sicherheit
  BT-Drs 7/3259 = **152** J 7

Nuklearschäden
- s GesEntw zum Vertrag Bundesrepublik Deutschland/Föderative Republik *Brasilien* über das Einlaufen von Reaktorschiffen in brasilianische Gewässer und ihren Aufenthalt in brasilianischen Häfen

Nuklearschiff „Otto Hahn"
- s GesEntw zur Änderung des 3. Ges zur Änderung des *Atomgesetzes*

Nuklearwaffen
- s Weißbuch 1973/1974 zur Sicherheit der Bundesrepublik Deutschland und zur Entwicklung der *Bundeswehr*
- s GesEntw zum Vertrag über die Nichtverbreitung von *Kernwaffen*

Numerus clausus
- Antwort auf die Große Anfrage betr Maßnahmen gegen den numerus clausus
  BT-Drs 7/1313 = **95** H 8
  Entschließungsanträge zur Beratung
  BT-Drs 7/1360 = **96** G 9
  BT-Drs 7/1362 = **96** G 11
  Beratung
  BT-PlPr 7/69 = **11** M 6
- Bericht der Bundesregierung über die wirtschaftliche und soziale Sicherung des Studiums
  BT-Drs 7/2116 = **117** O 1
  BT-Drs 7/2803 = **136** A 1
- Antwort auf die Große Anfrage betr Zukunftschancen der jungen Generation in der Bildung und im Beruf
  BT-Drs 7/5099 = **213** F 4

O

Oberfinanzdirektionen
- Verwaltungsanordnung zur Änderung der Geschäftsordnung für die Oberfinanzdirektionen
  BR-Drs 459/75 = **123** L 9

Obst
- s GesEntw eines 2. ÄndGes zum *Pflanzenschutzgesetz*
- VO zur Änderung der VO über Obsterzeugnisse
  BR-Drs 586/74 = **82** M 1
- 25. VO zur Änderung der Einfuhrliste – Anlage zum Außenwirtschaftsgesetz –
  BR-Drs 732/75 = **140** K 2
- VO über eine Obstanbauerhebung
  BR-Drs 620/76 = **177** F 1
- VO zur Änderung der VO über Qualitätsnormen für Obst und Gemüse
  BR-Drs 164/76 = **153** O 4

OECD
s Organisation für wirtschaftliche Zusammenarbeit und Entwicklung

Öffentliche Abwasserbeseitigung
s Abwasserbeseitigung

Öffentliche Sicherheit und Ordnung
- s GesEntw zum Schutze des *Gemeinschaftsfriedens*

Öffentliche Urkunden
s Urkunden

Öffentliche Wasserversorgung
s Wasserversorgung

Öffentlicher Dienst
s Beamtenrecht, Bundesbesoldung
- Antrag betr Auswirkungen neuer Gesetze auf den Arbeits- und Personalaufwand im öff. Dienst
  BT-Drs 7/2599 = **130** H 12
  BT-PlPr 7/247 = **47** I 2
- s a GesEntw zur Änderung des *Beamtenrechtsrahmengesetzes*, des Deutschen Richtergesetzes und des Ges über die Rechtsstellung der Soldaten
- s a GesEntw über die Versorgung der Beamten und Richter in Bund und Ländern (*Beamtenversorgungsgesetz*-BeamtVG)
- s a GesEntw eines 2. Ges zur Vereinheitlichung und Neuregelung des *Besoldungsrechts* in Bund und Ländern
- s a GesEntw zur Verbesserung der *betrieblichen Altersversorgung*
- s a Entw eines *Bundespersonalvertretungsgesetzes*
  BT-Drs 7/176 = **59** D 12

Öffentlicher Personennahverkehr
s Personennahverkehr

Ökologisches Gleichgewicht
- s GesEntw zur Änderung des *Flurbereinigungsgesetzes*
- Entwurf einer EG-Entschließung für ein EG-Aktionsprogramm zum Umweltschutz
  BR-Drs 365/73 = **28** K 1

Öl
s Mineralöl

Ölkrise
- Antrag betr soziale Maßnahmen zum Ausgleich der aufgrund der Ölkrise gestiegenen Heizkosten
  BT-Drs 7/1346 = **96** D 8
- Sondergutachten zu den gesamtwirtschaftlichen Auswirkungen der Ölkrise
  BR-Drs 785/73 = **51** B 9
  BR-PlPr 405 = **3** I 2
  BT-Drs 7/1456 = **98** L 8
  BT-PlPr 7/73 = **13** B 6
- s a GesEntw zum Übereinkommen über ein Internationales *Energieprogramm*
  BR-Drs 790/74 = **93** K 12
  BT-Drs 7/3027 = **143** A 4
- 1. Fortschreibung des Energieprogramms der Bundesregierung
  BR-Drs 718/74 = **89** F 2
  BT-Drs 7/2713 = **133** D 4

Ölpreis
- s GesEntw über die Finanzierung ölpreisbedingter *Zahlungsbilanzdefizite* von Mitgliedstaaten im Rahmen der EG
  BR-Drs 761/74 = **91** H 9
  BT-Drs 7/2860 = **139** H 10

Ölkatastrophen
- *GesEntw zum Internationalen Übereinkommen über zivilrechtliche Haftung für Ölverschmutzungsschäden und über Errichtung eines Internationalen Fonds zur Entschädigung von Ölverschmutzungsschäden*
  BR-Drs 216/74 = **65** I 5
  BR-Drs 54/75 = **99** J 7
  BR-PlPr 405 = **3** I 2
  BR-PlPr 416 = **4** I 9
  BT-Drs 7/2299 = **121** O 2
  Bericht und Antrag des Rechtsausschusses
  BT-Drs 7/2855 = **139** F 1
  Bericht des Haushaltsausschusses
  BT-Drs 7/2908 = **140** J 14
  1. Beratung
  BT-PlPr 7/116 = **21** G 5
  2. Beratung und Schlußabstimmung
  BT-PlPr 7/136 = **25** J 7
- *GesEntw zum Internationalen Übereinkommen über Maßnahmen auf Hoher See bei Ölverschmutzungsunfällen*
  BR-Drs 263/74 = **67** G 10
  BR-Drs 675/74 = **86** I 3
  BR-PlPr 405 = **3** I 2
  BR-PlPr 413 = **4** D 12
  BT-Drs 7/2109 = **117** K 3
  Bericht und Antrag des Ausschusses für Verkehr und für das Post- und Fernmeldewesen
  BT-Drs 7/2559 = **129** L 14
  1. Beratung
  BT-PlPr 7/106 = **19** N 8
  2. Beratung und Schlußabstimmung
  BT-PlPr 7/122 = **22** G 7

Ölversorgung
s Energieversorgung

Österreich, Republik
- *GesEntw zum Vertrag Bundesrepublik Deutschland/Republik Österreich über die Führung geschlossener Züge über deutsche Bundesbahnstrecken*
  BR-Drs 58/73 = **9** A 6
  BR-Drs 249/73 = **22** L 4
  BR-PlPr 389 = **1** B 11
  BR-PlPr 392 = **2** D 6
  BT-Drs 7/134 = **56** M 1
  BT-Drs 7/228 = **60** N 13
  1. Beratung
  BT-PlPr 7/15 = **2** J 13
  2. Beratung und Schlußabstimmung
  BT-PlPr 7/21 = **3** J 11
- s a GesEntw zum Abkommen Bundesrepublik Deutschland/Österreichische Republik betr Umsatzbesteuerung des Waren- und Dienstleistungsverkehrs zwischen den Gemeinden *Mittelberg* und Jungholz und der Bundesrepublik Deutschland
  BR-Drs 79/73 = **10** I 10
  BT-Drs 7/259 = **62** I 9
- *GesEntw zum Abkommen zwischen den Mitgliedstaaten der Europäischen Gemeinschaft für Kohle und Stahl, der Gemeinschaft selbst und der Republik Österreich*
  BR-Drs 86/73 = **10** M 10
  BR-Drs 354/73 = **28** D 10
  BR-PlPr 390 = **2** A 6
  BR-PlPr 394 = **2** F 12
  BT-Drs 7/247 = **61** C 10
  Bericht und Antrag des Wirtschaftsausschusses
  BT-Drs 7/397 = **65** I 2
  1. Beratung
  BT-PlPr 7/21 = **3** J 11
  2. Beratung und Schlußabstimmung
  BT-PlPr 7/31 = **5** D 11

- *GesEntw zum Interimsabkommen zwischen den Mitgliedstaaten der Europäischen Gemeinschaft für Kohle und Stahl und der Republik Österreich*
  BR-Drs 87/73 = **10** N 11
  BR-Drs 355/73 = **28** D 11
  BR-PlPr 390 = **2** A 6
  BR-PlPr 394 = **2** F 12
  BT-Drs 7/246 = **61** C 2
  Bericht und Antrag des Wirtschaftsausschusses
  BT-Drs 7/397 = **65** I 2
  1. Beratung
  BT-PlPr 7/21 = **3** J 11
  2. Beratung und Schlußabstimmung
  BT-PlPr 7/31 = **5** D 11
- *GesEntw zum Vertrag Bundesrepublik Deutschland/Österreich über die Auswirkungen des Flughafens Salzburg auf das Gebiet der Bundesrepublik Deutschland*
  BR-Drs 148/73 = **17** H 3
  BR-Drs 619/73 = **40** K 11
  BR-PlPr 391 = **2** B 11
  BR-PlPr 398 = **2** M 12
  BT-Drs 7/908 = **80** A 6
  Bericht und Antrag des Verkehrsausschusses
  BT-Drs 7/1032 = **84** I 10
  1. Beratung
  BT-PlPr 7/48 = **8** D 4
  2. Beratung und Schlußabstimmung
  BT-PlPr 7/57 = **9** I 7
- *GesEntw zum Protokoll des Vertrages Bundesrepublik Deutschland/Republik Österreich zur Regelung vermögensrechtlicher Beziehungen*
  BR-Drs 592/73 = **39** L 11
  BR-Drs 487/74 = **77** B 13
  BR-PlPr 398 = **2** M 12
  BR-PlPr 410 = **3** O 9
  BT-Drs 7/1251 = **93** G 4
  Bericht und Antrag des Auswärtigen Ausschusses
  BT-Drs 7/2283 = **121** M 6
  1. Beratung
  BT-PlPr 7/69 = **11** M 6
  2. Beratung und Schlußabstimmung
  BT-PlPr 7/113 = **21** B 12
- *GesEntw zum Vertrag Bundesrepublik Deutschland/Republik Österreich über die gemeinsame Staatsgrenze*
  BR-Drs 399/74 = **73** M 10
  BR-Drs 46/75 = **99** I 12
  BR-PlPr 410 = **3** O 9
  BR-PlPr 416 = **4** I 9
  BT-Drs 7/2396 = **123** M 11
  Bericht und Antrag des Auswärtigen Ausschusses
  BT-Drs 7/2936 = **141** F 7
  1. Beratung
  BT-PlPr 7/116 = **21** G 5
  2. Beratung und Schlußabstimmung
  BT-PlPr 7/138 = **26** C 5
- *GesEntw zum Vertrag Bundesrepublik Deutschland/Republik Östereich über die Ergänzung des Europäischen Übereinkommens über die Rechtshilfe in Strafsachen und die Erleichterung seiner Anwendung*
  BR-Drs 544/74 = **80** H 7
  BR-Drs 268/75 = **112** M 10
  BR-PlPr 412 = **4** B 12
  BR-PlPr 420 = **4** N 9
  BT-Drs 7/2836 = **137** B 1
  Bericht und Antrag des Rechtsausschusses
  BT-Drs 7/3519 = **158** B 5
  1. Beratung
  BT-PlPr 7/136 = **25** J 7
  2. Beratung und Schlußabstimmung
  BT-PlPr 7/167 = **31** N 12
- *GesEntw zum Vertrag Bundesrepublik Deutschland/Republik Österreich über die Ergänzung des Europäischen Auslieferungsübereinkommens und die Erleichterung seiner Anwendung*
  BR-Drs 545/74 = **80** H 14
  BR-Drs 267/75 = **112** M 9
  BR-PlPr 412 = **4** B 12
  BR-PlPr 420 = **4** N 9
  BT-Drs 7/2835 = **137** A 9
  Bericht und Antrag des Rechtsausschusses
  BT-Drs 7/3518 = **158** B 4
  1. Beratung
  BT-PlPr 7/136 = **25** J 7
  2. Beratung und Schlußabstimmung
  BT-PlPr 7/167 = **31** N 12
- *GesEntw zu den Zusatzvereinbarungen zum Abkommen Bundesrepublik Deutschland/Republik Österreich über Soziale Sicherheit und zu der Vereinbarung zur Durchführung dieses Abkommens*
  BR-Drs 692/74 = **87** L 10
  BR-Drs 65/75 = **99** L 11
  BR-PlPr 414 = **4** F 5
  BR-PlPr 416 = **4** I 9
  BT-Drs 7/2870 = **139** O 3
  Bericht und Antrag des Ausschusses für Arbeit und Sozialordnung
  BT-Drs 7/3103 = **146** G 14
  1. Beratung
  BT-PlPr 7/136 = **25** J 7
  2. Beratung und Schlußabstimmung
  BT-PlPr 7/147 = **28** A 1
- s a GesEntw zu dem Abkommen zwischen der Bundesrepublik Deutschland und Österreich betr *Umsatzbesteuerung*
  BR-Drs 79/73 = **10** I 10
  BT-Drs 7/259 = **62** I 9
- s a GesEntw zu dem Übereinkommen über die *Schiffahrt* auf dem Bodensee und zu dem Vertrag über die Schiffahrt auf dem Untersee und dem Rhein zwischen Konstanz und Schaffhausen
  BR-Drs 740/74 = **90** G 14
  BT-Drs 7/3439 = **156** C 4
- Vorlage zur Entschließung des BRates zur Behinderung des EG-Warenverkehrs an der italienisch-österreichischen Grenze
  BR-Drs 298/74 = **68** J 7
- VO zur Änderung des Deutschen Teil-Zolltarifs (betr Zollsätze gegenüber Österreich-EGKS)
  BR-Drs 3/73 = **8** A 8
  BT-Drs 7/53 = **52** O 5
- 2. VO zur Ergänzung zum Vertrag Bundesrepublik Deutschland/Republik Österreich über zoll- und paßrechtliche Fragen an der deutsch-österreichischen Grenze bei Staustufen und Grenzbrücken
  BR-Drs 283/73 = **25** L 8

Offiziere
- s GesEntw eines 11. ÄndGes zum *Soldatengesetz*
- s Jahresbericht – Unterrichtung durch den Wehrbeauftragten –
- s *Weißbuch*

Offene Handelsgesellschaft
Einführung des Konkursgrundes der Überschuldung
- s Entw eines 1. Ges zur Bekämpfung der *Wirtschaftskriminalität*
  BT-Drs 6/75 = **97** F 10
  BT-Drs 7/3441 = **156** D 4

Oldenburg
- *GesEntw über die Regelung der Landeszugehörigkeit des Verwaltungsbezirks Oldenburg und des Landkreises Schaumburg--Lippe nach Art 29 Abs 3 Satz 2 GG*
  BR-Drs 551/75 = **128** J 5
  BR-Drs 743/75 = **140** O 9
  BR-PlPr 424 = **5** E 4
  BR-PlPr 429 = **5** M 3
  BT-Drs 7/4167 = **179** A 1
  Bericht und Antrag des Innenausschusses
  BT-Drs 7/4384 = **190** H 12
  Entschließungsantrag zur 3. Beratung
  BT-Drs 7/4431 = **191** H 14
  1. Beratung
  BT-PlPr 7/197 = **37** B 12
  2. und 3. Beratung
  BT-PlPr 7/208 = **39** D 5

Olivenöl-Übereinkommen
- *GesEntw zum Internationalen Olivenöl-Übereinkommen 1963*
  BR-Drs 147/73 = **17** F 9
  BR-Drs 462/73 = **33** I 5
  BR-PlPr 391 = **2** B 11
  BR-PlPr 396 = **2** I 14
  BT-Drs 7/413 = **66** G 8
  Bericht und Antrag des Ausschusses für Ernährung, Landwirtschaft und Forsten
  BT-Drs 7/759 = **77** E 2
  Bericht des Haushaltsausschusses
  BT-Drs 7/790 = **77** M 13
  1. Beratung
  BT-PlPr 7/30 = **5** A 6
  2. Beratung und Schlußabstimmung
  BT-PlPr 7/43 = **7** E 13

Olympiade
- Unterrichtung betr Gesamtfinanzierung der olympischen Sommerspiele 1972
  BT-Drs 7/3066 = **145** C 13
  Bericht und Antrag des Sportausschusses
  BT-Drs 7/5254 = **216** L 14
  Antrag des Haushaltsausschusses
  BT-Drs 7/5350 = **218** K 9
- 3. Sportbericht der Bundesregierung
  BT-Drs 7/4609 = **196** G 1
- Bericht des Bundesrechnungshofes über die Betätigung des Bundes bei der Olympia-Baugesellschaft mbH und über Zuwendungen zu den Kosten der Spiele
  BR-Drs 655/75 = **134** H 11
  BT-Drs 7/4297 = **187** C 14
  Antrag des Haushaltsausschusses
  BT-Drs 7/5424 = **220** J 13

Omnibusverkehr
- Antrag betr Verbesserung des öffentlichen Personennahverkehrs – insbesondere des Omnibusverkehrs –
  BT-Drs 7/4320 = **188** B 12
  Bericht und Antrag des Ausschusses für Verkehr und für das Post- und Fernmeldewesen
  BT-Drs 7/4581 = **195** O 4
  Beratung
  BT-PlPr 7/222 = **42** C 10

– Bericht über die Folgekosten des öffentlichen Personennahverkehrs
  BT-Drs 7/4556 = **195** I 7
– s a GesEntw über Statistiken des Personenverkehrs und der *Kraftfahrzeug*fahrleistungen 1974
  BR-Drs 318/73 = **27** E 1
  BT-Drs 7/1005 = **83** I 12

Opfer von Gewalttaten
– *GesEntw über die Entschädigung für Opfer von Gewalttaten – (Opferentschädigungsgesetz)*
  BR-Drs 352/74 = **72** A 1
  BR-Drs 87/76 = **149** J 7
  BR-PlPr 407 = **3** L 12
  BR-PlPr 431 = **5** O 8
  Vermittlungsverfahren:
  BR-Drs 220/76 = **156** G 10
  BR-PlPr 433 = **6** D 11
  BT-Drs 7/2506 = **128** F 2
  Bericht und Antrag des Rechtsausschusses
  BT-Drs 7/4614 = **196** K 11
  Bericht des Haushaltsausschusses
  BT-Drs 7/4615 = **196** K 14
  Unterrichtung betr Anrufung des Vermittlungsausschusses
  BT-Drs 7/4804 = **203** J 6
  Antrag des Vermittlungsausschusses
  BT-Drs 7/4907 = **206** I 2
  1. Beratung
  BT-PlPr 7/123 = **22** L 1
  2. und 3. Beratung
  BT-PlPr 7/219 = **41** I 1
  Beratung eines Antrags des Vermittlungsausschusses
  BT-PlPr 7/233 = **44** D 5
– Sozialbericht 1973
  BT-Drs 7/1167 = **89** D 6
– Sozialbericht 1976
  BT-Drs 7/4953 = **207** G 3

Optionshandel
– 4. VO über die Zulassung von Wertpapieren zu Börsentermingeschäften
  BR-Drs 103/76 = **151** N 10

Ordnungshaft
– s Entw eines *Strafvollzugsgesetzes*
  BR-Drs 71/73 = **9** D 11
  BT-Drs 7/918 = **80** H 13

Ordnungswidrigkeitengesetz
– s Entw eines Einführungsgesetzes zum *Strafgesetzbuch*
  BR-Drs 111/73 = **11** L 3
  BT-Drs 7/550 = **70** I 8

Organisation für Wirtschaftliche Zusammenarbeit und Entwicklung (OECD)
– *GesEntw zum Übereinkommen über einen Finanziellen Beistandsfonds der Organisation für Wirtschaftliche Zusammenarbeit und Entwicklung*
  BR-Drs 361/75 = **119** F 11
  BR-Drs 149/76 = **153** J 5
  BR-PlPr 422 = **5** B 1
  BR-PlPr 432 = **6** B 14
  BT-Drs 7/3869 = **170** O 9
  Bericht und Antrag des Finanzausschusses
  BT-Drs 7/4129 = **178** A 4
  1. Beratung
  BT-PlPr 7/184 = **35** E 3
  2. Beratung und Schlußabstimmung
  BT-PlPr 7/221 = **41** M 14

Orthopädie
– VO über die orthopädische Versorgung Unfallverletzter
  BR-Drs 338/73 =
– VO zur Durchführung des § 81 Abs 1 Nr 3 des Bundessozialhilfegesetzes
  BR-Drs 118/75 = **103** I 13

Ortslöhne
– 5. VO über die Festsetzung der Ortslöhne in der Sozialversicherung
  BR-Drs 611/74 = **84** I 11

Ostsee
– s Entw eines *Seefischerei-Vertragsgesetzes* 1976
  BR-Drs 250/76 = **157** K 6
  BT-Drs 7/5213 = **215** M 1

Ostverträge
– Antwort auf die Große Anfrage betr Konferenz über Sicherheit und Zusammenarbeit in Europa (KSZE)
  BT-Drs 7/2616 = **130** M 10

P

Pachtrecht, landwirtschaftliches
– *GesEntw zur Neuordnung des landwirtschaftlichen Pachtrechts*
  BR-Drs 677/76 = **179** K 10
  BR-PlPr 442 = **7** C 1

Pakistan, Islamische Republik
– Vorschlag einer EG-VO über den Abschluß des Abkommens über handelspolitische Zusammenarbeit EG/Pakistan
  BR-Drs 321/76 = **163** L 8
  BT-Drs 7/5147 = **214** F 9

Pakt, Internationaler
– s GesEntw zu dem Pakt über wirtschaftliche, soziale und kulturelle Rechte – *(Menschenrechtsabkommen)*
  BR-Drs 305/73 = **26** N 7
  BT-Drs 7/658 = **75** H 14
– s GesEntw zu dem Pakt über bürgerliche und politische Rechte – *(Menschenrechtsabkommen)*
  BR-Drs 304/73 = **26** K 12
  BT-Drs 7/660 = **75** K 6

Papageien
– VO über die Einfuhr und die Durchfuhr von Papageien und Sittichen
  BR-Drs 14/75 = **97** M 14
– VO zur Änderung der PsittakoseVO
  BR-Drs 111/75 = **101** N 14

Papierindustrie
– Unterrichtung über die EG-Mitteilung zu Problemen in der Halbstoff-, Papier- und Pappenerzeugung
  BR-Drs 328/74 = **70** E 4

Parken
– s GesEntw eines ÄndGes zum *Straßenverkehrsgesetz*
  BR-Drs 511/73 = **35** C 13
  BT-Drs 7/1618 = **104** E 13
– Allgemeine Verwaltungsvorschrift zur Änderung der Allgemeinen Verwaltungsvorschrift zur Straßenverkehrs-Ordnung
  BR-Drs 400/76 = **168** H 1

Parlament
s Europäisches Parlament

Parlamentarische Staatssekretäre
– *GesEntw über die Rechtsverhältnisse der Parlamentarischen Staatssekretäre*
  BR-Drs 308/73 = **27** A 7
  BR-Drs 470/74 = **76** J 13
  BR-PlPr 394 = **2** F 12
  BR-PlPr 410 = **3** O 9
  BT-Drs 7/820 = **78** C 1
  Bericht und Antrag des Innenausschusses
  BT-Drs 7/1899 = **112** D 1
  Bericht des Haushaltsausschusses
  BT-Drs 7/1900 = **112** D 3
  1. Beratung
  BT-PlPr 7/51 = **8** I 5
  2. und 3. Beratung
  BT-PlPr 7/110 = **20** J 5

Parteiengesetz
– *Entw eines Ges zur Änd des Ges über die politischen Parteien*
  BR-Drs 405/74 = **74** C 2
  BR-PlPr 405 = **3** I 2
  BT-Drs 7/1878 = **112** A 3
  Bericht und Antrag des Innenausschusses
  BT-Drs 7/2081 = **117** B 5
  Bericht des Haushaltsausschusses
  BT-Drs 7/2082 = **117** B 6
  1. Beratung
  BT-PlPr 7/90 = **16** J 10
  2. und 3. Beratung
  BT-PlPr 7/103 = **19** B 7

Partnerschaftsgesetz
– *Entw eines Partnerschaftsgesetzes*
  BR-Drs 444/76 = **170** I 6
  BR-PlPr 437 = **6** L 10
  BT-Drs 7/4089 = **176** L 10
  Antrag des Rechtsausschusses
  BT-Drs 7/5402 = **220** C 14
  Bericht des Rechtsausschusses
  BT-Drs 7/5413 = **220** H 3
  Änderungsantrag zur 2. Beratung
  BT-Drs 7/5513 = **222** F 2
  Unterrichtung durch den Bundesrat betr Nichtzustimmung
  BT-Drs 7/5605 = **223** N 5
  1. Beratung
  BT-PlPr 7/197 = **37** B 12
  2. und 3. Beratung
  BT-PlPr 7/256 = **49** K 13

Paßwesen
– 2. VO zur Ergänzung zum Vertrag Bundesrepublik Deutschland/Republik Österreich über zoll- und paßrechtliche Fragen an der deutsch-österreichischen Grenze bei Staustufen und Grenzbrücken
  BR-Drs 283/73 = **25** L 8

Patentgebühren
– *GesEntw über die Gebühren des Patentamts und des Patentgerichts*
  BR-Drs 355/75 = **118** M 3
  BR-Drs 372/76 = **166** G 6
  BR-PlPr 422 = **5** B 1
  BR-PlPr 436 = **6** J 12
  Vermittlungsverfahren:
  BR-Drs 502/76 = **172** G 8
  BR-PlPr 438 = **6** O 1
  BT-Drs 7/3939 = **172** N 11
  Berichtigung
  BT-Drs 7/4023 = **175** K 5
  Bericht und Antrag des Rechtsausschusses
  BT-Drs 7/5178 = **214** N 10
  Änderungsantrag zur 2. Beratung
  BT-Drs 7/5214 = **215** N 7
  Unterrichtung betr Anrufung des Vermittlungsausschusses
  BT-Drs 7/5500 = **222** D 2

Unterrichtung durch den Vermittlungsausschuß
BT-Drs 7/5635 = **224** F 4
1. Beratung
BT-PlPr 7/184 = **35** E 3
2. und 3. Beratung
BT-PlPr 7/245 = **47** A 5

Patentrecht, internationales
– *GesEntw zum Übereinkommen zur Vereinheitlichung gewisser Begriffe des materiellen Rechts der Erfindungspatente, zum Vertrag über internationale Zusammenarbeit auf dem Gebiet des Patentwesens und zum Übereinkommen über die Erteilung europäischer Patente (GesEntw über internationale Patentübereinkommen)*
BR-Drs 220/75 = **109** M 6
BR-Drs 339/76 = **164** E 1
BR-PlPr 420 = **4** N 9
BR-PlPr 435 = **6** I 1
BT-Drs 7/3712 = **165** M 12
Bericht und Antrag des Rechtsausschusses
BT-Drs 7/5179 = **214** N 14
Bericht des Haushaltsausschusses
BT-Drs 7/5180 = **215** A 1
1. Beratung
BT-PlPr 7/178 = **34** B 13
2. Beratung und Schlußabstimmung
BT-PlPr 7/245 = **47** A 5

Paul-Ehrlich-Institut
–, VO zur Änderung der Kostenordnung für Amtshandlungen des Paul-Ehrlich-Instituts
BR-Drs 713/75 = **138** J 5

Pauschalreisen
– s GesEntw über den *Reiseveranstaltungsvertrag*
BR-Drs 210/76 = **156** B 14

Pazifischer Ozean
Zollsätze gegenüber Staaten im Pazifischen Ozean
– zustimmungsbedürftige VO zur Änderung des Deutschen Teil-Zolltarifs
BT-Drs 7/3962 = **173** I 2
Bericht und Antrag des Wirtschaftsausschusses
BT-Drs 7/4051 = **176** E 4

Pelztiere
– VO zur Aufhebung viehseuchenrechtlicher Vorschriften über die Einfuhr und Durchfuhr von Edelpelztieren
BR-Drs 641/73 = **41** I 6

Pensionsrückstellung
– s GesEntw zur Verbesserung der *betrieblichen Altersversorgung*
BR-Drs 590/73 = **39** H 1
BT-Drs 7/1281 = **94** O 11

Personalausweis
Sicherung gegen Fälschung
– Antrag betr Sicherheitsprogramm
BT-Drs 7/3356 = **154** I 13

Personalstruktur
– VO über die Durchführung einer Personalstruktur-Statistik in der Jugendhilfe
BR-Drs 421/74 = **74** O 5

Personalvertretung
– s GesEntw eines *Bundespersonalvertretungsgesetzes*
– Antrag der CDU/CSU betr gesetzmäßige Behandlung der Personalangelegenheiten in der Bundesverwaltung
BT-Drs 7/3926 = **172** L 4
Bericht und Antrag des Innenausschusses
BT-Drs 7/5386 = **219** F 11

Änderungsantrag
BT-Drs 7/5536 = **222** M 4
Entschließungsantrag
BT-Drs 7/5558 = **222** O 1
Beratung
BT-PlPr 7/191 = **36** G 10
BT-PlPr 7/256 = **49** K 13

Personalvertretungsgesetz
s Bundespersonalvertretungsgesetz

Personenbeförderung
– VO über den Betrieb von Kraftfahrunternehmen im Personenverkehr
BR-Drs 153/75 = **105** K 12

Personenbeförderungsgesetz
– *GesEntw eines 3. Ges zur Änderung des Personenbeförderungsgesetzes* (betr Ausgleich bei nicht kostendeckenden Beförderungsentgelten)
BR-Drs 3/74 = **54** A 13
BR-Drs 260/76 = **160** E 5
BR-PlPr 401 = **3** C 2
BR-PlPr 434 = **6** F 11
Vermittlungsverfahren:
BR-Drs 419/76 = **169** C 1
BR-PlPr 436 = **6** J 12
BT-Drs 7/2018 = **115** I 1
Bericht und Antrag des Ausschusses für Verkehr und für das Post- und Fernmeldewesen
BT-Drs 7/4899 = **206** G 11
Bericht des Haushaltsausschusses
BT-Drs 7/4900 = **206** H 1
Unterrichtung betr Anrufung des Vermittlungsausschusses
BT-Drs 7/5194 = **215** H 3
Antrag des Vermittlungsausschusses
BT-Drs 7/5382 = **219** F 7
1. Beratung
BT-PlPr 7/106 = **19** N 8
2. und 3. Beratung
BT-PlPr 7/233 = **44** D 5
Beratung eines Antrages des Vermittlungsausschusses
BT-PlPr 7/253 = **48** M 9
– 2. Bericht der Bundesregierung über die Erfahrungen betr die Neuregelung des § 8 des Gesetzes
BT-Drs 7/1460 = **98** M 6
Bericht und Antrag des Verkehrsausschusses
BT-Drs 7/1709 = **108** B 11
– s a Entw eines *Bundesimmissionsschutzgesetzes*
BR-Drs 27/73 = **8** L 11
BT-Drs 7/179 = **59** G 8

Personenbeförderungsverkehr, grenzüberschreitender
– s GesEntw zu dem Europäischen Übereinkommen über die Arbeit des im internationalen *Straßenverkehr* beschäftigten *Fahrpersonals*
BR-Drs 630/73 = **40** N 14
BT-Drs 7/1641 = **105** A 11

Personengesellschaft
s Umwandlungs-Steuergesetz Wirtschaftskriminalität

Personenkennziffer
s Bundesmeldegesetz

Personenkraftfahrzeuge
– s GesEntw eines *Kraftfahrzeugsteuergesetzes*
BR-Drs 701/73 = **47** H 13

– s GesEntw zur Reform der *Kraftfahrzeugsteuer*
BR-Drs 766/73 = **50** G 1

Personennahverkehr, öffentlicher
– Antrag betr Bericht über die fortdauernden Folgekosten
BT-Drs 7/2495 = **127** L 7
Bericht und Antrag des Ausschusses für Verkehr und für das Post- und Fernmeldewesen
BT-Drs 7/2725 = **133** M 9
Beratung
BT-PlPr 7/119 = **21** O 2
BT-PlPr 7/131 = **24** F 7
– Antrag betr Verbesserung des öffentlichen Personennahverkehrs – insbesondere des Omnibusverkehrs
BT-Drs 7/4320 = **188** B 12
Bericht und Antrag des Ausschusses für Verkehr und für das Post- und Fernmeldewesen
BT-Drs 7/4581 = **195** O 4
Beratung
BT-PlPr 7/222 = **42** C 10
– Bericht über die Folgekosten des öffentlichen Personennahverkehrs
BT-Drs 7/4556 = **195** I 7
Bericht und Antrag des Ausschusses für Verkehr und für das Post- und Fernmeldewesen
BT-Drs 7/5242 = **216** F 1
Bericht des Haushaltsausschusses
BT-Drs 7/5243 = **216** F 3
BT-PlPr 7/250 = **48** C 11
Beratung
BT-PlPr 7/222 = **42** C 10
– Städtebaubericht 1975
BT-Drs 7/3583 = **161** M 9
– s a GesEntw zur Änderung des Allgemeinen *Eisenbahngesetzes*
– s a GesEntw über die unentgeltliche Beförderung Schwerbehinderter im öffentlichen Personenverkehr (s *Schwerbeschädigte*)
– VO über Betriebsbeihilfen für den öffentlichen Personennahverkehr mit Kraftfahrzeugen
BR-Drs 678/73 = **43** H 5
– VO über den für 1974 und 1975 maßgebenden Vomhundertsatz nach § 4 des Ges über die unentgeltliche Beförderung von Kriegs- und Wehrdienstbeschädigten sowie anderen Behinderten im Nahverkehr
BR-Drs 610/74 = **84** I 7

Personensorgerecht
– s GesEntw zur Neuregelung des *elterlichen Sorgerechts*
BR-Drs 690/73 = **45** A 13
BT-Drs 7/2060 = **116** H 13

Personenstandsbücher
– *GesEntw zum Übereinkommen über die Angabe von Familiennamen und Vornamen in den Personenstandsbüchern*
BR-Drs 248/76 = **157** I 8
BR-Drs 447/76 = **170** J 14
BR-PlPr 434 = **6** F 11
BR-PlPr 437 = **6** L 10
BT-Drs 7/5203 = **215** I 8
Bericht und Antrag des Innenausschusses
BT-Drs 7/5370 = **219** B 11
1. Beratung
BT-PlPr 7/247 = **47** I 2
2. Beratung und Schlußabstimmung
BT-PlPr 7/252 = **48** J 1

Personenstandsgesetz
- *GesEntw eines 4. Änderungs- und Ergänzungsgesetzes*
  BR-Drs 526/73 = **36** B 12
  BR-Drs 406/74 = **74** C 3
  BR-PlPr 397 = **2** L 1
  BR-PlPr 407 = **3** L 12
  BT-Drs 7/1490 = **100** O 2
  Bericht und Antrag des Innenausschusses
  BT-Drs 7/2040 = **116** C 1
  1. Beratung
  BT-PlPr 7/74 = **13** F 13
  2. und 3. Beratung
  BT-PlPr 7/103 = **19** B 7
- 3. VO zur Änderung der VO zur Ausführung des Personenstandsgesetzes
  BR-Drs 624/74 = **84** L 13
- 2. Allgemeine Verwaltungsvorschrift zur Änderung der Allgemeinen Verwaltungsvorschrift zum Personenstandsgesetz
  BR-Drs 35/75 = **98** K 8
- 4. VO zur Änderung der VO zur Ausführung des Personenstandsgesetzes
  BR-Drs 354/76 = **165** B 5
- 5. VO zur Änderung der VO zur Ausführung des Personenstandsgesetzes
  BR-Drs 664/76 = **179** A 2
- Antrag betr Änderung des Personenstandsgesetzes
  BT-Drs 7/4940 = **207** A 4
  Bericht und Antrag des Innenausschusses
  BT-Drs 7/5274 = **217** F 14
  Beratung
  BT-PlPr 7/236 = **44** O 1
  BT-PlPr 7/250 = **48** C 11

Personenverkehr
- *GesEntw über Statistiken des Personenverkehrs und der Kraftfahrzeugleistungen 1974*
  BR-Drs 318/73 = **27** E 1
  BR-Drs 136/74 = **61** J 5
  BR-Drs 438/74 = **75** M 6
  BR-PlPr 395 = **2** I 1
  BR-PlPr 402 = **3** E 5
  BT-Drs 7/1005 = **83** I 12
  Bericht und Antrag des Verkehrsausschusses
  BT-Drs 7/1564 = **103** J 14
  Bericht des Haushaltsausschusses
  BT-Drs 7/1598 = **104** B 13
  Unterrichtung betr Anrufung des Vermittlungsausschusses
  BT-Drs 7/1774 = **109** K 7
  Antrag des Vermittlungsausschusses
  BT-Drs 7/2155 = **118** F 10
  1. Beratung
  BT-PlPr 7/54 = **9** A 1
  2. Beratung und Schlußabstimmung
  BT-PlPr 7/80 = **14** I 14
- *GesEntw über die unentgeltliche Beförderung Schwerbehinderter im öffentlichen Personenverkehr*
  BR-Drs 736/74 = **90** B 4
  BR-PlPr 415 = **4** G 8
- VO über den Betrieb von Kraftfahrunternehmen im Personenverkehr
  BR-Drs 153/75 = **105** K 12
- VO zur Änderung der VO über den Betrieb von Kraftfahrunternehmen im Personenverkehr
  BR-Drs 740/76 = **182** E 12
- s a *Eisenbahn*-Personenverkehr

Pestizide
- VO über die Höchstmenge an DDT und anderen Pestiziden in oder auf Lebensmitteln tierischer Herkunft
  BR-Drs 421/73 = **32** A 1

Petition
- Sammelübersicht über die Anträge der 6. Wahlperiode, sowie der Zeit zwischen der 6. und der 7. Wahlperiode
  BT-Drs 7/195 = **60** H 8
- Sammelübersicht 2 über Anträge zu Petitionen
  BT-Drs 7/267 = **62** M 14
- Sammelübersicht 3 über Anträge zu Petitionen
  BT-Drs 7/402 = **65** O 1
- Sammelübersicht 4 über Anträge zu Petitionen
  BT-Drs 7/410 = **66** F 11
- Sammelübersicht 5 über Anträge zu Petitionen
  BT-Drs 7/589 = **72** O 3
- Sammelübersicht 6 über Anträge zu Petitionen
  BT-Drs 7/617 = **73** I 11
- Sammelübersicht 7 über Anträge zu Petitionen
  BT-Drs 7/770 = **77** H 4
- Sammelübersicht 8 über Anträge zu Petitionen
  BT-Drs 7/1084 = **86** G 13
- Sammelübersicht 9 über Anträge zu Petitionen
  BT-Drs 7/1098 = **86** L 11
- Sammelübersicht 10 über Anträge zu Petitionen
  BT-Drs 7/1186 = **90** N 2
- Sammelübersicht 11 über Anträge zu Petitionen
  BT-Drs 7/1235 = **92** G 14
- Sammelübersicht 12 über Anträge zu Petitionen
  BT-Drs 7/1363 = **96** G 12
- Sammelübersicht 13 über Anträge zu Petitionen
  BT-Drs 7/1378 = **96** J 9
- Sammelübersicht 14 über Anträge zu Petitionen
  BT-Drs 7/1486 = **100** N 1
- Sammelübersicht 15 über Anträge zu Petitionen
  BT-Drs 7/1632 = **104** L 11
- Sammelübersicht 16 über Anträge zu Petitionen
  BT-Drs 7/1773 = **109** K 4
- Sammelübersicht 17 über Anträge zu Petitionen
  BT-Drs 7/1826 = **111** E 6
- Sammelübersicht 18 über Anträge zu Petitionen
  BT-Drs 7/1966 = **113** L 3
- Sammelübersicht 19 über Anträge zu Petitionen
  BT-Drs 7/2055 = **116** G 7
- Sammelübersicht 20 über Anträge zu Petitionen
  BT-Drs 7/2087 = **117** C 1
- Sammelübersicht 21 über Anträge zu Petitionen
  BT-Drs 7/2223 = **119** O 4
- Sammelübersicht 22 über Anträge zu Petitionen
  BT-Drs 7/2259 = **121** C 6
- Sammelübersicht 23 über Anträge zu Petitionen
  BT-Drs 7/2292 = **121** N 6
- Sammelübersicht 24 über Anträge zu Petitionen
  BT-Drs 7/2339 = **122** N 2
- Sammelübersicht 25 über Anträge zu Petitionen
  BT-Drs 7/2528 = **128** O 5
- Sammelübersicht 26 über Anträge zu Petitionen
  BT-Drs 7/2562 = **129** M 4
- Sammelübersicht 27 über Anträge zu Petitionen
  BT-Drs 7/2585 = **130** C 5
- Sammelübersicht 28 über Anträge zu Petitionen
  BT-Drs 7/2700 = **132** J 4
- Sammelübersicht 29 über Anträge zu Petitionen
  BT-Drs 7/2827 = **136** O 7
- Sammelübersicht 30 über Anträge zu Petitionen
  BT-Drs 7/2849 = **138** C 1
- Sammelübersicht 31 über Anträge zu Petitionen
  BT-Drs 7/2991 = **142** G 5
- Sammelübersicht 32 über Anträge zu Petitionen
  BT-Drs 7/2997 = **142** I 9
- Sammelübersicht 33 über Anträge zu Petitionen
  BT-Drs 7/3063 = **145** B 8
- Sammelübersicht 34 über Anträge zu Petitionen
  BT-Drs 7/3306 = **153** E 7
- Sammelübersicht 35 über Anträge zu Petitionen
  BT-Drs 7/3317 = **153** H 12
- Sammelübersicht 36 über Anträge zu Petitionen
  BT-Drs 7/3323 = **153** K 10
- Sammelübersicht 37 über Anträge zu Petitionen
  BT-Drs 7/3425 = **155** M 13
- Sammelübersicht 38 über Anträge zu Petitionen
  BT-Drs 7/3448 = **156** H 12
- Sammelübersicht 39 über Anträge zu Petitionen
  BT-Drs 7/3506 = **157** O 8
- Sammelübersicht 40 über Anträge zu Petitionen
  BT-Drs 7/3571 = **159** O 5
- Sammelübersicht 41 über Anträge zu Petitionen
  BT-Drs 7/3572 = **159** O 10
- Sammelübersicht 42 über Anträge zu Petitionen
  BT-Drs 7/3671 = **164** G 11
- Sammelübersicht 43 über Anträge zu Petitionen
  BT-Drs 7/3672 = **164** G 13
- Sammelübersicht 44 über Anträge zu Petitionen
  BT-Drs 7/3752 = **168** H 9
- Sammelübersicht 45 über Anträge zu Petitionen
  BT-Drs 7/3758 = **168** I 9
  Ergänzung
  BT-Drs 7/3798 = **169** I 7

- Sammelübersicht 46 über Anträge zu Petitionen
  BT-Drs 7/4073 = **176** H 8
- Sammelübersicht 47 über Anträge zu Petitionen
  BT-Drs 7/4142 = **178** K 8
- Sammelübersicht 48 über Anträge zu Petitionen
  BT-Drs 7/4166 = **178** O 6
- Sammelübersicht 49 über Anträge zu Petitionen
  BT-Drs 7/4314 = **187** K 12
- Sammelübersicht 50 über Anträge zu Petitionen
  BT-Drs 7/4415 = **191** C 11
- Sammelübersicht 51 über Anträge zu Petitionen
  BT-Drs 7/4510 = **193** A 11
- Sammelübersicht 52 über Anträge zu Petitionen
  BT-Drs 7/4622 = **196** L 13
- Sammelübersicht 53 über Anträge zu Petitionen
  BT-Drs 7/4708 = **201** A 8
- Sammelübersicht 54 über Anträge zu Petitionen
  BT-Drs 7/4789 = **202** O 6
- Sammelübersicht 55 über Anträge zu Petitionen
  BT-Drs 7/4800 = **203** H 7
- Sammelübersicht 56 über Anträge zu Petitionen
  BT-Drs 7/4905 = **206** H 8
- Sammelübersicht 57 über Anträge zu Petitionen
  BT-Drs 7/5067 = **212** I 7
- Sammelübersicht 58 über Anträge zu Petitionen
  BT-Drs 7/5215 = **215** N 10
- Sammelübersicht 59 über Anträge zu Petitionen
  BT-Drs 7/5399 = **220** B 11
- Sammelübersicht 60 über Anträge zu Petitionen
  BT-Drs 7/5478 = **221** M 3
- Sammelübersicht 61 über Anträge zu Petitionen
  BT-Drs 7/5488 = **222** A 1
- Sammelübersicht 62 über Anträge zu Petitionen
  BT-Drs 7/5785 = **228** M 10
- Sammelübersicht 63 über Anträge zu Petitionen
  BT-Drs 7/5865 = **231** D 2
- Sammelübersicht 64 über Anträge zu Petitionen
  BT-Drs 7/5898 = **231** M 12

Petitionsausschuß
- *Entw eines Ges über den Petitionsausschuß* (Ges nach Artikel 45 c des Grundgesetzes)
  BR-Drs 164/75 = **106** K 6
  BR-PlPr 418 = **4** M 1
  Vermittlungsverfahren:
  BR-Drs 325/75 = **115** K 3
  BR-PlPr 420 = **4** N 9
  BT-Drs 7/581 = **72** M 4
  Bericht und Antrag des Ausschusses für Wahlprüfung, Immunität und Geschäftsordnung
  BT-Drs 7/3252 = **152** H 5
  Unterrichtung betr Anrufung des Vermittlungsausschusses
  BT-Drs 7/3496 = **157** E 2
  Unterrichtung durch den Vermittlungsausschuß
  BT-Drs 7/3548 = **158** O 4
  1. Beratung
  BT-PlPr 7/36 = **6** E 3
  2. und 3. Beratung
  BT-PlPr 7/152 = **28** M 6
- s a Entw eines Ges zur Änderung des *Grundgesetzes Art. 45 c*
  BR-Drs 163/75 = **106** J 14
  BT-Drs 7/580 = **72** M 2

Pfändungsschutz
- s GesEntw zur Änderung *zwangsvollstrekkungsrechtlicher* Vorschriften
  BR-Drs 242/75 = **112** D 4
  BT-Drs 7/3838 = **170** E 6

Pfandbriefe
- *Entw eines ÄndGes zum Ges über die Pfandbriefe und verwandten Schuldverschreibungen öffentlich-rechtlicher Kreditanstalten*
  BR-Drs 39/73 = **8** N 3
  BR-Drs 55/74 = **56** M 8
  BR-PlPr 389 = **1** B 11
  BR-PlPr 401 = **3** C 2
  BT-Drs 7/112 = **55** H 1
  Antrag des Finanzausschusses
  BT-Drs 7/1383 = **96** N 11
  Bericht des Finanzausschusses
  BT-Drs 7/1390 = **97** B 12
  1. Beratung
  BT-PlPr 7/15 = **2** J 13
  2. und 3. Beratung
  BT-PlPr 7/70 = **12** C 14

Pflanzen
- s Entw eines ÄndGes zum *Sortenschutzgesetz*
  BR-Drs 205/73 = **20** E 11
  BT-Drs 7/596 = **73** C 3
- s a GesEntw zum Übereinkommen über den internationalen Handel mit gefährdeten *Arten* freilebender Tiere und Pflanzen – (Washingtoner *Artenschutzübereinkommen*)
  BR-Drs 398/74 = **73** K 6
  BT-Drs 7/2626 = **131** D 1
- 13. VO zur Änderung der Pflanzenbeschau-VO
  BR-Drs 549/75 = **128** C 5

Pflanzenfett
- s Entw eines ÄndGes zum *Margarinegesetz*
  BR-Drs 146/73 = **17** E 11
  BT-Drs 7/877 = **79** C 10

Pflanzensaatgut
- s GesEntw zur Änderung des *Saatgutverkehrsgesetzes*

Pflanzenschutz
- s GesEntw über die Erhebung von Kosten beim *Bundessortenamt*
  BR-Drs 18/76 = **145** D 5
  BT-Drs 7/4966 = **209** L 13
- s Entw eines *Bundesnaturschutzgesetzes*
  BR-Drs 137/75 = **104** E 11
  BT-Drs 7/3879 = **171** J 5
- s GesEntw zu der Zusatzakte zur Änderung des Internationalen Übereinkommens zum Schutz von *Pflanzenzüchtungen*
  BR-Drs 591/75 = **130** L 14
  BT-Drs 7/4303 = **187** E 5
- Umweltbericht 1976
  BT-Drs 7/5684 = **226** A 1
- 2. VO zur Änderung der HöchstmengenVO – Pflanzenschutz, pflanzliche Lebensmittel
  BR-Drs 563/75 = **129** A 10

Pflanzenschutzgesetz
- *GesEntw eines 2. ÄndGes zum Pflanzenschutzgesetz*
  BR-Drs 550/74 = **80** K 10
  BR-Drs 328/75 = **115** K 9
  BR-PlPr 412 = **4** B 12
  BR-PlPr 421 = **5** A 7
  BT-Drs 7/2874 = **140** C 6
  Bericht und Antrag des Ausschusses für Ernährung, Landwirtschaft und Forsten
  BT-Drs 7/3540 = **158** M 9
  Bericht des Haushaltsausschusses
  BT-Drs 7/3541 = **158** N 3
  1. Beratung
  BT-PlPr 7/136 = **25** J 7
  2. und 3. Beratung
  BT-PlPr 7/170 = **32** H 2

Pflanzenschutzmittel
- VO zur Neufassung der VO über Anwendungsverbote und -beschränkungen für Pflanzenschutzmittel
  BR-Drs 323/74 = **70** A 14
- 2. VO zur Änderung der HöchstmengenVO Pflanzenschutz, pflanzliche Lebensmittel
  BR-Drs 563/75 = **129** A 10
- VO zur Änderung der VO über Anwendungsverbote und -beschränkungen für Pflanzenschutzmittel
  BR-Drs 735/76 = **182** C 3

Pflanzensorten
- s GesEntw über die Erhebung von Kosten beim *Bundessortenamt*
- 5. VO zur Änderung der VO über die Einfuhr und den Vertrieb von Saatgut nicht in der Sortenliste eingetragener Sorten
  BR-Drs 15/75 = **97** N 14

Pflanzenzüchtungen
- *GesEntw zu der Zusatzakte zur Änderung des Internationalen Übereinkommens zum Schutz von Pflanzenzüchtungen*
  BR-Drs 591/75 = **130** L 14
  BR-Drs 147/76 = **153** J 3
  BR-PlPr 425 = **5** G 3
  BR-PlPr 432 = **6** B 14
  BT-Drs 7/4303 = **187** E 5
  Bericht und Antrag des Ausschusses für Ernährung, Landwirtschaft und Forsten
  BT-Drs 7/4652 = **197** O 1
  Bericht des Haushaltsausschusses
  BT-Drs 7/4660 = **198** A 5
  1. Beratung
  BT-PlPr 7/207 = **39** B 4
  2. Beratung und Schlußabstimmung
  BT-PlPr 7/221 = **41** M 14

PflanzgutVO
s SaatgutVO

Pflanzliche Lebensmittel
s Lebensmittel

Pferdehufbeschlag
- VO zur Änderung der VO über den Hufbeschlag (betr Zugang zum Beruf des Hufbeschlagschmieds)
  BR-Drs 322/74 = **70** A 8

Pferdeseuchen
- VO zur Änderung der Einhufer-EinfuhrVO
  BR-Drs 518/75 = **125** O 11

Pflegebedürftige
- s Entw eines 3. Ges zur Änderung des *Bundessozialhilfegesetzes*

Pflegegeld
- VO nach § 69 Abs 6 des Bundessozialhilfegesetzes
  BR-Drs 122/75 = **103** J 9

Pflegeheim
- s GesEntw über Altenheime, Altenwohnheime und Pflegeheime für Volljährige *(Heimgesetz)*
  BR-Drs 445/74 = **75** O 3
  BT-Drs 7/180 = **59** I 13
- VO über Mindestanforderungen für Altenheime, Altenwohnheime und Pflegeheime für Volljährige
  BR-Drs 760/74 = **91** F 3
- VO über die Mitwirkung der Bewohner von Altenheimen, Altenwohnheimen und Pflegeheimen für Volljährige in Angelegenheiten des Heimbetriebes
  BR-Drs 350/76 = **164** N 14

Pflegesätze
s Krankenhauspflegesätze

Pflegezulageempfänger
- s GesEntw eines 5. Ges über die Anpassung der Leistungen des Bundesversorgungsgesetzes (5. *AnpassungsGes*-KOV)
  BR-Drs 403/73 = **31** D 6
  BT-Drs 7/1008 = **83** J 5
- s GesEntw eines 6. Ges über die Anpassung der Leistungen des Bundesversorgungsgesetzes (6. *Anpassungsgesetz*-KOV)
  BR-Drs 162/74 = **62** I 7
  BT-Drs 7/2121 = **118** C 3

Pflichtverteidigerauswahl
- s GesEntw eines 2. Ges zur Reform des *Strafverfahrensrechts*
  BR-Drs 348/74 = **71** C 10
  BT-Drs 7/2526 = **128** M 14

Pharmazeutische Richtlinien
- s GesEntw zur Neuordnung des *Arzneimittelrechts*

Pharmazeutische Vorprüfung
s Apothekeranwärter

Philippinen, Republik
- *GesEntw zum Abkommen Bundesrepublik Deutschland/Republik der Philippinen über den Luftverkehr*
  BR-Drs 306/75 = **114** O 7
  BR-Drs 682/75 = **137** I 6
  BR-PlPr 421 = **5** A 7
  BR-PlPr 427 = **5** K 3
  BT-Drs 7/3821 = **169** M 10
  Bericht und Antrag des Ausschusses für Verkehr und für das Post- und Fernmeldewesen
  BT-Drs 7/4097 = **176** M 13
  1. Beratung
  BT-PlPr 7/184 = **35** E 3
  2. Beratung und Schlußabstimmung
  BT-PlPr 7/197 = **37** B 12
- *GesEntw zur Erklärung über den vorläufigen Beitritt der Republik der Philippinen zum Allgemeinen Zoll- und Handelsabkommen*
  BR-Drs 541/75 = **127** L 3
  BR-Drs 51/76 = **147** C 2
  BR-PlPr 424 = **5** E 4
  BR-PlPr 431 = **5** O 8
  BT-Drs 7/4176 = **179** D 14
  Bericht und Antrag des Wirtschaftsausschusses
  BT-Drs 7/4468 = **192** B 10
  1. Beratung
  BT-PlPr 7/201 = **38** A 1
  2. Beratung und Schlußabstimmung
  BT-PlPr 7/216 = **40** N 12
- Vorschlag einer EG-VO zur Aufnahme der Philippinen in die Liste der Entwicklungsländer
  BR-Drs 436/73 = **32** N 5
  BT-Drs 7/751 = **77** C 7

Physikalisch-Technische Bundesanstalt
- VO zur Änderung der Zulassungskostenordnung
  BR-Drs 754/74 = **90** O 8

Planierraupen
- Allgemeine Verwaltungsvorschrift zum Schutz gegen Baulärm (betr Emissionsrichtwerte für Planierraupen)
  BR-Drs 100/73 = **11** F 1

Planfeststellungsverfahren
- s Entw eines *Verwaltungsverfahrensgesetzes*
  BR-Drs 227/73 = **21** L 5
  BT-Drs 7/910 = **80** B 5

Planung
- Raumordnungsbericht 1974
  BT-Drs 7/3582 = **161** G 3
- Städtebaubericht 1975
  BT-Drs 7/3583 = **161** M 9

Pockenschutzimpfung
- *GesEntw über die Pockenschutzimpfung*
  BR-Drs 531/75 = **126** N 2
  BR-Drs 142/76 = **153** G 9
  BR-PlPr 424 = **5** E 4
  BR-PlPr 432 = **6** B 14
  Vermittlungsverfahren:
  BR-Drs 222/76 = **156** G 13
  BR-PlPr 433 = **6** D 11
  BT-Drs 7/4375 = **190** F 6
  Bericht und Antrag des Ausschusses für Jugend, Familie und Gesundheit
  BT-Drs 7/4709 = **201** A 12
  Unterrichtung betr Anrufung des Vermittlungsausschusses
  BT-Drs 7/4880 = **206** A 9
  Antrag des Vermittlungsausschusses
  BT-Drs 7/4909 = **206** I 4
  1. Beratung
  BT-PlPr 7/208 = **39** D 5
  2. und 3. Beratung
  BT-PlPr 7/221 = **41** M 14
  Beratung eines Antrags des Vermittlungsausschusses
  BT-PlPr 7/233 = **44** D 5

Polen, Volksrepublik
- *GesEntw zum Abkommen Bundesrepublik Deutschland/Volksrepublik Polen über die Sozialversicherung von Arbeitnehmern bei vorübergehendem Aufenthalt im anderen Land*
  BR-Drs 7/74 = **54** D 13
  BR-Drs 333/74 = **70** I 1
  BR-PlPr 401 = **3** C 2
  BR-PlPr 405 = **3** I 2
  BT-Drs 7/1714 = **108** D 6
  Bericht und Antrag des Ausschusses für Arbeit und Sozialordnung
  BT-Drs 7/1905 = **112** D 9
  1. Beratung
  BT-PlPr 7/86 = **15** N 2
  2. Beratung und Schlußabstimmung
  BT-PlPr 7/96 = **18** B 12
- *GesEntw zum Abkommen Bundesrepublik Deutschland/Volksrepublik Polen zur Vermeidung der Doppelbesteuerung auf dem Gebiet der Steuern vom Einkommen und vom Vermögen*
  BR-Drs 313/74 = **69** K 1
  BR-Drs 51/75 = **99** J 4
  BR-PlPr 406 = **3** K 7
  BR-PlPr 416 = **4** I 9
  BT-Drs 7/2520 = **128** L 5
  Bericht und Antrag des Finanzausschusses
  BT-Drs 7/2825 = **136** O 5
  1. Beratung
  BT-PlPr 7/116 = **21** G 5
  2. Beratung und Schlußabstimmung
  BT-PlPr 7/136 = **25** J 7
- *GesEntw zum Abkommen Bundesrepublik Deutschland/Volksrepublik Polen über Renten- und Unfallversicherung nebst der Vereinbarung hierzu*
  BR-Drs 633/75 = **132** O 1
  BR-Drs 150/76 = **153** J 6
  BR-PlPr 425 = **5** G 3
  BR-PlPr 432 = **6** B 14
  BT-Drs 7/4310 = **187** J 9
  Bericht und Antrag des Ausschusses für Arbeit und Sozialordnung
  BT-Drs 7/4731 = **201** F 7
  Bericht des Haushaltsausschusses
  BT-Drs 7/4733 = **201** G 1
  1. Beratung
  BT-PlPr 7/202 = **38** C 5
  2. Beratung und Schlußabstimmung
  BT-PlPr 7/224 = **42** G 6
- Unterrichtung durch die Bundesregierung über die Vereinbarungen mit der Volksrepublik Polen
  BT-Drs 7/4184 = **179** G 10
  BT-PlPr 7/202 = **38** C 5
- Aussiedlung Deutscher aus Polen: Aktuelle Stunde
  BT-PlPr 7/88 = **16** C 13
- VO über die Aufhebung der VO über die Gewährung von Vorrechten und Befreiungen an die Handelsvertretung der Volksrepu-blik Polen sowie über die Aufhebung der ErgänzungsVO dazu
  BR-Drs 321/73 = **27** H 3

Politische Beamte
- s GesEntw zur Änderung des *Beamtenrechtsrahmengesetzes*
  BR-Drs 362/75 = **119** H 5
  BT-Drs 7/4568 = **195** L 2

Politische Häftlinge
- 6. VO zur Änderung der VO zur Durchführung des Heimkehrergesetzes (betr Erhöhung der Leistungen für Heimkehrer und ehemalige politische Häftlinge)
  BR-Drs 769/74 = **91** M 9

Politische Rechte
s Menschenrechte

Polizei
s a Bundeskriminalamt
- Antrag betr einheitliches Notrufnummernsystem im Bundesgebiet
  BT-Drs 7/475 = **68** J 4
  Bericht und Antrag des Ausschusses für Forschung und Technologie und für das Post- und Fernmeldewesen
  BT-Drs 7/1189 = **90** N 13
- Unterrichtung betr einheitliches Notrufnummernsystem im Bundesgebiet
  BT-Drs 7/2588 = **130** E 2
  Bericht und Antrag des Ausschusses für Verkehr und für das Post- und Fernmeldewesen
  BT-Drs 7/4108 = **177** C 8

Polizeivollzugsbeamte
- s GesEntw über die Personalstruktur des *Bundesgrenzschutzes*

BR-Drs 103/75 = **101** G 8
BT-Drs 7/3494 = **157** D 5
Pornographie
– s Entw eines 4. Ges zur Reform des *Strafrechts*
BR-Drs 441/73 = **33** B 5
BT-Drs 7/80 = **54** D 9
Portugal, Republik
– *GesEntw zum Abkommen zwischen den Mitgliedstaaten der Europäischen Gemeinschaft für Kohle und Stahl, der EGKS und der Portugiesischen Republik*
BR-Drs 84/73 = **10** L 4
BR-Drs 352/73 = **28** D 8
BR-PlPr 390 = **2** A 6
BR-PlPr 394 = **2** F 12
BT-Drs 7/249 = **61** E 10
Bericht und Antrag des Wirtschaftsausschusses
BT-Drs 7/397 = **65** I 2
1. Beratung
BT-PlPr 7/21 = **3** J 11
2. Beratung und Schlußabstimmung
BT-PlPr 7/31 = **5** D 11
– *GesEntw zum Abkommen zur Änderung des Abkommens Bundesrepublik Deutschland/Portugiesische Republik über Soziale Sicherheit und der Zusatzvereinbarung*
BR-Drs 802/74 = **95** C 11
BR-Drs 97/75 = **101** E 6
BR-PlPr 415 = **4** G 8
BR-PlPr 416 = **4** I 9
BT-Drs 7/3023 = **142** O 2
Bericht und Antrag des Ausschusses für Arbeit und Sozialordnung
BT-Drs 7/3134 = **147** A 12
1. Beratung
BT-PlPr 7/141 = **26** L 3
2. Beratung und Schlußabstimmung
BT-PlPr 7/147 = **28** A 1
– VO zur Änderung des Deutschen Teil-Zolltarifs (Nr 12/76)
BR-Drs 527/76 = **173** O 12
BT-Drs 7/5690 = **226** F 11
Post
s a Bundespost Internationaler Fernmeldevertrag
– s a GesEntw zu den Verträgen des *Weltpostvereins*
BR-Drs 171/75 = **107** C 13
BT-Drs 7/3580 = **160** N 1
Postgeheimnis
s Grundgesetz, Art. 10
Postgewerkschaft, Deutsche
– Bericht der Bundesregierung zu der zwischen dem Bundesministerium für das Post- und Fernmeldewesen und der Deutschen Postgewerkschaft geschlossenen Vereinbarung
BT-Drs 7/5927 = **234** A 2
Post- und Fernmeldeverkehr
– Unterrichtung über die Entwicklung der Beziehungen zwischen der Bundesrepublik Deutschland und der DDR
BR-Drs 282/73 = **25** F 12
BT-Drs 7/420 = **66** L 5
– Antwort auf die Große Anfrage betr Deutschlandpolitik
BT-Drs 7/2933 = **141** E 3
Postverfassung
– *GesEntw über die Unternehmensverfassung der Deutschen Bundespost*
BT-Drs 7/81 = **54** E 2
BT-PlPr 7/12 = **2** A 13
Postzeitungsdienst
– Antrag zu einer Entschließung des Bundesrates zur Gebührenbelastung des Postzeitungsdienstes
BR-Drs 269/74 = **67** K 6
BR-PlPr 404 = **3** G 6
BR-PlPr 405 = **3** I 2
Preisbindung
s Bundeskartellamt
Prämienrecht
– s GesEntw zur Änderung des *Unterhaltssicherungsgesetzes* und prämienrechtlicher Vorschriften (betr Grundwehrdienstleistende)
BR-Drs 397/74 = **73** J 12
BT-Drs 7/2397 = **123** N 6
Preisgegenüberstellung, mißbräuchliche
– s Entw eines 9. ÄndGes zum Ges gegen den unlauteren *Wettbewerb*
BT-Drs 7/2049 = **116** E 5
Preispolitik
– Jahreswirtschaftsbericht 1973
BR-Drs 164/73 = **18** D 4
BT-Drs 7/225 = **60** M 6
– Jahreswirtschaftsbericht 1974
BR-Drs 130/74 = **61** H 1
BT-Drs 7/1646 = **105** E 3
– Jahreswirtschaftsbericht 1975
BR-Drs 110/75 = **101** M 7
BT-Drs 7/3197 = **148** J 6
– Jahreswirtschaftsbericht 1976
BR-Drs 105/76 = **151** O 5
BT-Drs 7/4677 = **198** L 4
– Jahresgutachten 1973 des Sachverständigenrates über die gesamtwirtschaftliche Entwicklung
BR-Drs 740/73 = **49** A 6
BT-Drs 7/1273 = **93** O 10
– Jahresgutachten 1975 des Sachverständigenrates zur Begutachtung der gesamtwirtschaftlichen Entwicklung
BR-Drs 725/75 = **139** H 10
BT-Drs 7/4326 = **188** E 14
– s a Agrarbericht
Presse
s a Publizisten
– *GesEntw über das Zeugnisverweigerungsrecht der Mitarbeiter von Presse und Rundfunk*
BR-Drs 394/74 = **73** G 1
BR-Drs 134/75 = **104** D 8
BR-PlPr 410 = **3** O 9
BR-PlPr 417 = **4** K 9
Vermittlungsverfahren:
BR-Drs 379/75 = **120** M 11
BR-PlPr 422 = **5** B 1
BT-Drs 7/2539 = **129** H 6
Bericht und Antrag des Rechtsausschusses
BT-Drs 7/3118 = **146** M 1
Änderungsanträge zur 2. Beratung
BT-Drs 7/3245 = **152** A 1
BT-Drs 7/3255 = **152** H 11
Unterrichtung betr Anrufung des Vermittlungsausschusses
BT-Drs 7/3374 = **155** B 8
Antrag des Vermittlungsausschusses
BT-Drs 7/3777 = **168** L 14
1. Beratung
BT-PlPr 7/126 = **23** F 4
2. und 3. Beratung
BT-PlPr 7/150 = **28** J 7
Beratung eines Antrags des Vermittlungsausschusses
BT-PlPr 7/181 = **34** J 3
– *GesEntw zur Gewährleistung der Unabhängigkeit des vom Deutschen Presserat eingesetzten Beschwerdeausschusses*
BR-Drs 449/76 = **170** K 2
BR-PlPr 437 = **6** L 10
BT-Drs 7/4889 = **206** D 2
Bericht und Antrag des Innenausschusses
BT-Drs 7/5145 = **214** F 1
Änderungsantrag zur 2. Beratung
BT-Drs 7/5432 = **220** K 11
Bericht des Haushaltsausschusses
BT-Drs 7/5453 = **220** M 10
1. Beratung
BT-PlPr 7/230 = **43** J 6
2. und 3. Beratung
BT-PlPr 7/253 = **48** M 9
– *Entw eines Ges zum Schutz von Redaktionsgeheimnissen*
BT-Drs 7/1681 = **107** K 11
Bericht und Antrag des Rechtsausschusses
BT-Drs 7/3118 = **146** M 1
1. Beratung
BT-PlPr 7/126 = **23** F 4
2. Beratung
BT-PlPr 7/150 = **28** J 7
– Bericht der Bundesregierung über die Lage von Presse und Rundfunk in der Bundesrepublik Deutschland (1974)
BT-Drs 7/2104 = **117** G 4
Bericht und Antrag des Innenausschusses
BT-Drs 7/4770 = **202** F 8
Beratung
BT-PlPr 7/228 = **43** F 6
– Antrag betr Erhaltung der Pressevielfalt
BT-Drs 7/2633 = **131** G 14
Bericht und Antrag des Finanzausschusses
BT-Drs 7/5507 = **222** D 13
Bericht des Haushaltsausschusses
BT-Drs 7/5549 = **222** N 4
Beratung des Antrags
BT-PlPr 7/126 = **23** F 4
Beratung der Ausschußberichte
BT-PlPr 7/256 = **49** K 13
– *GesEntw über die Gewährung einer Umsatzsteuerkürzung für Presseunternehmen*
BR-Drs 132/76 = **152** N 1
BR-PlPr 432 = **6** B 14
BT-Drs 7/5555 = **222** N 10
– s a Unterrichtung über die Entwicklung der Beziehungen zwischen der Bundesrepublik Deutschland und der DDR
BR-Drs 282/73 = **25** F 12
BT-Drs 7/420 = **66** L 5
– s a Entw eines ÄndGes zum *Umsatzsteuergesetz*
BR-Drs 268/74 = **67** I 10
BT-Drs 7/2467 = **127** E 1
– s a GesEntw eines 3. ÄndGes zum Ges gegen *Wettbewerbsbeschränkungen*
BR-Drs 593/74 = **83** I 5
BT-Drs 7/2954 = **141** M 3
– s a GesEntw zur Änderung der *Strafprozeßordnung*
BR-Drs 124/74 = **61** D 9
BT-Drs 7/2377 = **123** H 5
Pressestatistik
– *GesEntw über eine Pressestatistik*
BR-Drs 482/74 = **77** A 12
BR-Drs 58/75 = **99** K 4
BR-PlPr 410 = **3** O 9

BR-PlPr 416 = **4 I 9**
BT-Drs 7/2407 = **124 A 12**
Bericht und Antrag des Innenausschusses
BT-Drs 7/2928 = **140 O 4**
Bericht des Haushaltsausschusses
BT-Drs 7/2938 = **141 F 10**
1. Beratung
BT-PlPr 7/126 = **23 F 4**
2. und 3. Beratung
BT-PlPr 7/143 = **27 C 8**

Presseunternehmen
- *GesEntw über die Gewährung einer Umsatzsteuerkürzung für Presseunternehmen*
  BR-Drs 132/76 = **152 N 1**
  BR-PlPr 432 = **6 B 14**
  BT-Drs 7/5555 = **222 N 10**
- Antrag zur Entschließung des Bundesrates zur steuerlichen Entlastung kleinerer und mittlerer Zeitungsverlage
  BR-Drs 267/74 = **67 J 5**

„Preußischer Kulturbesitz"
- VO zur Änderung der VO über die Satzung der Stiftung „Preußischer Kulturbesitz"
  BR-Drs 724/74 = **89 L 7**

Privatinvestitionen
- Vorschlag einer EG-VO zur Einführung eines gemeinschaftlichen Garantiesystems für Privatinvestitionen in dritte Länder
  BR-Drs 122/73 = **16 B 9**
  BT-Drs 7/145 = **56 O 11**

Produzentenhaftung
- Vorschlag einer EG-Richtlinie zur Angleichung der Rechts- und Verwaltungsvorschriften der Mitgliedstaaten über die Haftung für fehlerhafte Produkte
  BR-Drs 607/76 = **176 H 7**
  BT-Drs 7/5812 = **229 C 10**

Produzierendes Gewerbe
- s GesEntw über die *Statistik* im produzierenden Gewerbe

Prothesen
- VO über die orthopädische Versorgung Unfallverletzter mit Körperersatzstücken
  BR-Drs 338/73 = **27 O 4**

Protokoll
- s GesEntw zur Entlastung der Landgerichte und zur Vereinfachung des gerichtlichen Protokolls (s *Zivilprozeßordnung*)

Prozeßförderungspflicht der Parteien
- s *„Vereinfachungsnovelle"*
  BR-Drs 551/74 = **80 L 9**
  BT-Drs 7/2729 = **133 O 2**

PrüfstellenVO
- VO zur Änderung der PrüfstellenVO
  BR-Drs 753/74 = **90 O 6**

Prüfungsordnungen
- VO zur Änderung der Prüfungsordnung für Wirtschaftsprüfer
  BR-Drs 646/75 = **133 H 4**
- 2. VO zur Änderung der Prüfungsordnung für Bundeswehrfachschulen
  BR-Drs 559/76 = **175 A 4**
- Ausbildungs- und Prüfungsordnung für Beschäftigungs- und Arbeitstherapeuten
  BR-Drs 736/76 = **182 C 9**

Prüfungszeugnisse
- Vorschlag einer EG-Entschließung betr Leitlinien für die gegenseitige Anerkennung der Diplome, Prüfungszeugnisse und sonstigen Befähigungsnachweise gem Artikel 57 des EG-Vertrages
  BR-Drs 255/74 = **67 A 5**
  BT-Drs 7/1868 = **111 M 11**

- Unterrichtung betr Europäische Hochschulpolitik
  BT-Drs 7/3331 = **153 M 8**

Psittakose
- VO zur Änderung der PsittakoseVO
  BR-Drs 111/75 = **101 N 14**

Psychiatrie
- Enquête über die Lage der Psychiatrie in der Bundesrepublik Deutschland
  Zwischenbericht der Sachverständigenkommission
  BT-Drs 7/1124 = **87 I 7**
- Bericht über die Lage der Psychiatrie in der Bundesrepublik Deutschland – zur psychiatrischen und psychotherapeutischen/psychosomatischen Versorgung der Bevölkerung
  BT-Drs 7/4200 = **179 N 2**
  Anhang zum Bericht über die Lage der Psychiatrie in der Bundesrepublik Deutschland
  BT-Drs 7/4201 = **180 O 3**

Psychotrope Stoffe
- *GesEntw zum Übereinkommen über psychotrope Stoffe*
  BR-Drs 99/76 = **150 C 13**
  BR-Drs 477/76 = **171 O 10**
  BR-PlPr 432 = **6 B 14**
  BR-PlPr 437 = **6 L 10**
  BT-Drs 7/4957 = **209 G 7**
  Bericht und Antrag des Ausschusses für Jugend, Familie und Gesundheit
  BT-Drs 7/5398 = **220 B 9**
  Bericht des Haushaltsausschusses
  BT-Drs 7/5468 = **221 G 3**
  1. Beratung
  BT-PlPr 7/238 = **45 D 14**
  2. Beratung und Schlußabstimmung
  BT-PlPr 7/256 = **49 K 13**

Publizisten
- s GesEntw über die Sozialversicherung der selbständigen *Künstler* und Publizisten (Künstlersozialversicherungsgesetz)
  BR-Drs 410/76 = **168 L 10**

PTA-Gesetz
s Assistent, Pharmazeutisch-technischer

Q

Qualitätsnormen
- s GesEntw zur Änderung des *Handelsklassengesetzes* (betr nationale Handelsklassen und EG-Qualitätsnormen)

Quartierräume
- s GesEntw zum Übereinkommen der *Internationalen Arbeitsorganisation*

Quecksilber
- VO über Höchstmengen an Quecksilber in Fischen, Krusten-, Schalen- und Weichtieren
  BR-Drs 727/74 = **89 N 5**

Quellfassungen
- 2. WassersicherungsVO zur Bauweise und zu Baustoffen von Quellfassungen, die nicht der zentralen Wasserversorgung dienen
  BR-Drs 301/73 = **26 H 6**

R

Radarführungsdienst
- VO zur vorläufigen Regelung von Erschwerniszulagen
  BR-Drs 101/74 = **59 A 5**

Radikalen-Erlaß
- Antrag zur Entschließung des Bundesrates zur Behandlung der GesEntwürfe über die Prüfung der Verfassungstreue von Bewerbern für den öffentlichen Dienst
  BR-Drs 195/75 = **108 I 14**

Radioaktive Abfälle
- s GesEntw eines 4. Ges zur Änderung des *Atomgesetzes*
- Unterrichtung über das EG-Programm für Bewirtschaftung und Lagerung radioaktiver Abfälle
  BR-Drs 124/75 = **103 J 13**
  BT-Drs 7/3250 = **152 F 4**
- VO über den Schutz vor Schäden durch ionisierende Strahlen
  BR-Drs 375/76 = **166 I 3**
- s a GesEntw zu dem Vertrag zwischen der Bundesrepublik Deutschland und *Brasilien* betr Reaktorschiffe in brasilianischen Gewässern
  BR-Drs 398/73 = **30 N 10**
  BT-Drs 7/903 = **79 N 14**

Radioaktivität
s a Umweltradioaktivität
- Bericht betr die Entwicklung der Umweltradioaktivität im Jahre 1972
  BT-Drs 7/929 = **81 A 11**
  Bericht und Antrag des Innenausschusses
  BT-Drs 7/3128 = **146 O 10**
  Beratung
  BT-PlPr 7/156 = **29 M 13**
- Antrag betr Schutz vor den Gefahren radioaktiver Strahlen
  BT-Drs 7/2369 = **123 G 3**
  Bericht und Antrag des Innenausschusses
  BT-Drs 7/3298 = **153 C 1**
  Beratung
  BT-PlPr 7/122 = **22 G 7**
  BT-PlPr 7/156 = **29 M 13**
- Bericht der Bundesregierung betr Umweltradioaktivität im Jahre 1973
  BT-Drs 7/2510 = **128 G 13**
- Bericht der Bundesregierung über Umweltradioaktivität und Strahlenbelastung im Jahre 1974
  BT-Drs 7/4706 = **200 N 13**
  Bericht und Antrag des Innenausschusses
  BT-Drs 7/5394 = **220 B 3**

Räumungsverkauf
Beseitigung der Mißstände im Räumungsverkaufswesen
- s Entw eines 9. ÄndGes zum Ges gegen den unlauteren *Wettbewerb*
  BT-Drs 7/2049 = **116 E 5**

Rahmenplan
Einflußmöglichkeit des Bundestags bei der Erstellung der Rahmenpläne
- s Entw eines 2. ÄndGes zum Ges über die *Gemeinschaftsaufgaben*
  BT-Drs 7/1674 = **107 J 5**

Raps
- DurchführungsVO zum Marktstrukturgesetz: Qualitätsraps
  BR-Drs 404/74 = **74 B 12**

Rasenmäher
- VO zur Durchführung des Bundes-Immissionsschutzgesetzes
  BR-Drs 408/76 = **168 K 1**

Rassenhaß
- s Entw eines 4. Ges zur Reform des *Strafrechts*

BR-Drs 441/73 = **33** B 5
BT-Drs 7/80 = **54** D 9

Ratenzahlungsvertrag
- s GesEntw eines 2. Änderungsgesetzes zum *Abzahlungsgesetz*

Raumfahrt
- s GesEntw zu dem Übereinkommen über die völkerrechtliche Haftung für Schäden durch *Weltraum*gegenstände
  BR-Drs 343/74 = **70** L 10
  BT-Drs 7/2323 = **122** I 1
- Entschließung der Nordatlantischen Versammlung betr Zusammenarbeit zwischen den USA, Kanada und den europäischen Ländern
  BT-Drs 7/50 = **52** N 10
- Basisprogramm für die deutsche Luft- und Raumfahrtindustrie 1974 bis 1978 (Fortschreibung)
  BT-Drs 7/2986 = **142** C 14
- Bundesbericht Forschung V
  BT-Drs 7/3574 = **160** A 1

Raumordnung
- s a GesEntw zur Änderung des *Bundesbaugesetzes*
- Antwort auf die Große Anfrage betr Raumordnung
  BT-Drs 7/2044 = **116** C 12
- Entschließungsantrag zur Großen Anfrage
  BT-Drs 7/2563 = **129** N 5
  Bericht und Antrag des Ausschusses für Raumordnung, Bauwesen und Städtebau
  BT-Drs 7/4786 = **202** M 13
  Beratung
  BT-PlPr 7/119 = **21** O 2
- Tätigkeitsbericht 1973 der Bundesregierung
  BT-Drs 7/1434 = **97** H 8
- Umweltbericht 1976
  BT-Drs 7/5684 = **226** A 1
- s a Halbjahresbericht der Bundesregierung über die Tätigkeit des *Europarates*

Raumordnungsbericht
- Bericht und Antrag des Ausschusses für Raumordnung, Bauwesen und Städtebau zum Raumordnungsbericht 1972
  BT-Drs 7/4786 = **202** M 13
- Raumordnungsbericht 1974
  BT-Drs 7/3582 = **161** G 3
  Bericht und Antrag des Ausschusses für Raumordnung, Bauwesen und Städtebau
  BT-Drs 7/4786 = **202** M 13
  Beratung der Ausschußempfehlungen zu den Raumordnungsberichten 1972 und 1974
  sowie des Bundesraumordnungsprogrammes
  BT-PlPr 7/239 = **45** I 6

Raumordnungsgesetz
- *GesEntw zur Änderung des Raumordnungsgesetzes*
  BR-Drs 385/76 = **167** L 8
  BR-PlPr 436 = **6** J 12
  BT-Drs 7/5108 = **213** M 7
  Bericht und Antrag des Ausschusses für Raumordnung, Bauwesen und Städtebau
  BT-Drs 7/5239 = **216** E 11
  1. Beratung
  BT-PlPr 7/239 = **45** I 6
  2. und 3. Beratung
  BT-PlPr 7/247 = **47** I 2

Raumordnungspolitik
- Sozialbericht 1973
  BT-Drs 7/1167 = **89** D 6
- Raumordnungsbericht 1974
  BT-Drs 7/3582 = **161** G 3
- Bundesraumordnungsprogramm
  BR-Drs 285/75 = **114** A 3
  BT-Drs 7/3584 = **162** C 2
- Antwort auf die Große Anfrage betr Ziele und Aufgaben der Wohnungspolitik
  BT-Drs 7/3523 = **158** B 11
- Bundesbericht Forschung V
  BT-Drs 7/3574 = **160** A 1

Raumordnungsprogramm
s Bundesraumordnungsprogramm

Rauschgift
s Drogen, Suchtstoffe
- s a Entw eines ÄndGes zum *Betäubungsmittelgesetz*
- s GesEntw zu dem Protokoll zur Änderung des Einheits-Übereinkommens über *Suchtstoffe*
- Entschließung der Interparlamentarischen Union zum Kampf gegen Drogenmißbrauch
  BT-Drs 7/15 = **52** E 8
- Antwort der Bundesregierung auf die Große Anfrage der CDU/CSU betr Rauschmittel und Drogenmißbrauch
  BT-Drs 7/620 = **73** J 4
  Beratung
  BT-PlPr 7/40 = **6** L 12
- Antrag der CDU/CSU
  BT-Drs 7/671 = **75** N 13
  Bericht und Antrag des Ausschusses für Jugend, Familie und Gesundheit
  BT-Drs 7/4168 = **179** A 4
  1. Beratung des Antrags
  BT-PlPr 7/40 = **6** L 12
  BT-PlPr 7/203 = **38** F 6
- Sozialbericht 1973
  BT-Drs 7/1167 = **89** D 6

Reaktor
s Atomhaftungsübereinkommen
  Kernkraftwerk

Reaktorschiffe
- *GesEntw zum Vertrag Bundesrepublik Deutschland/Föderative Republik Brasilien über das Einlaufen von Reaktorschiffen in brasilianische Gewässer und ihren Aufenthalt in brasilianischen Häfen*
  BR-Drs 398/73 = **30** N 10
  BR-Drs 134/74 = **61** J 3
  BR-PlPr 396 = **2** I 14
  BR-PlPr 402 = **3** E 5
  BT-Drs 7/903 = **79** N 14
  Bericht und Antrag des Verkehrsausschusses
  BT-Drs 7/1548 = **103** E 9
  1. Beratung
  BT-PlPr 7/48 = **8** D 4
  2. Beratung und Schlußabstimmung
  BT-PlPr 7/80 = **14** I 14
- s a Entw eines 3. ÄndGes zum *Atomgesetz*
  BT-Drs 7/4179 = **179** E 14
- s a GesEntw zu den Pariser und Brüsseler *Atomhaftungs-Übereinkommen*
  BR-Drs 350/74 = **71** J 4
  BT-Drs 7/2182 = **119** B 12

Realschule
  Reformmaßnahmen
- Bildungsgesamtplan
  BT-Drs 7/1474 = **100** C 8

Realkredit
- s GesEntw zur Änderung des Ges über das *Kreditwesen*

Reben
- DurchführungsVO zum Marktstrukturgesetz: Pfropfreben
  BR-Drs 41/74 = **55** O 2
- VO über Pflanzgut von Ertragsreben und Unterlagsreben (RebenpflanzgutVO)
  BR-Drs 225/75 = **111** F 12

Rechnungshof
- s GesEntw zur Änderung bestimmter Finanzvorschriften der Verträge zur Gründung der *EG* und des Vertrages zur Einsetzung eines gemeinsamen Rates und einer gemeinsamen Kommission der *EG*
  (s *Europäische Gemeinschaften*)
  BR-Drs 22/76 = **145** K 13
  BT-Drs 7/4684 = **200** D 1

Rechnungswesen
- Allgemeine Verwaltungsvorschrift über das Rechnungswesen bei den Trägern der Rentenversicherungen der Arbeiter und der Angestellten
  BR-Drs 389/73 = **29** N 9
- Allgemeine Verwaltungsvorschrift über Rechnungswesen und Statistik bei den Trägern der gesetzlichen Krankenversicherung
  BR-Drs 23/74 = **55** F 5

Recht
s ausländisches Recht
  Menschenrechte

Rechtsanwaltsordnung
s Bundesrechtsanwaltsordnung

Rechtsauskunft
- s GesEntw zu dem Europäischen Übereinkommen betr Auskünfte über *ausländisches Recht*
  BR-Drs 393/73 = **30** I 7
  BT-Drs 7/992 = **83** C 8
- s GesEntw zur Ausführung des Europäischen Übereinkommens betr Auskünfte über *ausländisches Recht*
  BR-Drs 394/73 = **30** J 6
  BT-Drs 7/993 = **83** D 2

Rechtsausschuß
- Antrag auf Einsetzung
  BT-Drs 7/21 = **52** I 3

Rechtsbehelfsverfahren
  gegen Verwaltungsakte
- s Entw eines *Verwaltungsverfahrensgesetzes*
  BR-Drs 227/73 = **21** L 5
  BT-Drs 7/910 = **80** B 5

Rechtsberatung
- s GesEntw eines 3. Ges zur Änderung des *Steuerberatungsgesetzes* (betr Hilfeleistung in Steuersachen)
  BR-Drs 588/74 = **82** M 12
  BT-Drs 7/2852 = **138** C 13

Rechtsbereinigung
- *GesEntw über die Ermächtigung des Landes Baden-Württemberg zur Rechtsbereinigung*
  BR-Drs 260/74 = **67** D 13
  BR-Drs 729/74 = **89** O 4
  BR-PlPr 405 = **3** I 2
  BR-PlPr 414 = **4** F 5
  BT-Drs 7/2206 = **119** K 13
  Bericht und Antrag des Rechtsausschusses
  BT-Drs 7/2714 = **133** E 5
  1. Beratung
  BT-PlPr 7/108 = **20** E 5

2. und 3. Beratung
BT-PlPr 7/128 = **23** K 8

Rechtshilfe in Strafsachen
- *GesEntw zum Vertrag Bundesrepublik Deutschland/Sozialistische Republik Jugoslawien über Rechtshilfe in Strafsachen*
BR-Drs 59/73 = **9** A 7
BR-Drs 331/74 = **70** H 13
BR-PlPr 389 = **1** B 11
BR-PlPr 405 = **3** I 2
BT-Drs 7/371 = **65** A 5
Bericht und Antrag des Rechtsausschusses
BT-Drs 7/2013 = **115** B 10
1. Beratung
BT-PlPr 7/30 = **5** A 6
2. Beratung und Schlußabstimmung
BT-PlPr 7/96 = **18** B 12
- *GesEntw zur Änderung des Ges über die innerdeutsche Rechts- und Amtshilfe in Strafsachen*
BR-Drs 654/74 = **85** N 2
BR-PlPr 412 = **4** B 12
BT-Drs 7/1882 = **112** A 9
Bericht und Antrag des Rechtsausschusses
BT-Drs 7/2590 = **130** F 6
1. Beratung
BT-PlPr 7/96 = **18** B 12
2. und 3. Beratung
BT-PlPr 7/122 = **22** G 7
- *GesEntw zum Vertrag Bundesrepublik Deutschland/Schweizerische Eidgenossenschaft über die Ergänzung des Europäischen Übereinkommens über die Rechtshilfe in Strafsachen und die Erleichterung seiner Anwendung*
BR-Drs 257/74 = **67** C 3
BR-Drs 270/75 = **112** M 12
BR-PlPr 405 = **3** I 2
BR-PlPr 420 = **4** N 9
BT-Drs 7/2281 = **121** L 10
Bericht und Antrag des Rechtsausschusses
BT-Drs 7/3521 = **158** B 7
1. Beratung
BT-PlPr 7/116 = **21** G 5
2. Beratung und Schlußabstimmung
BT-PlPr 7/167 = **31** N 12
- *GesEntw zum Vertrag Bundesrepublik Deutschland/Republik Österreich über die Ergänzung des Europäischen Übereinkommens über die Rechtshilfe in Strafsachen und die Erleichterung seiner Anwendung*
BR-Drs 544/74 = **80** H 7
BR-Drs 268/75 = **112** M 10
BR-PlPr 412 = **4** B 12
BR-PlPr 420 = **4** N 9
BT-Drs 7/2836 = **137** B 1
Bericht und Antrag des Rechtsausschusses
BT-Drs 7/3519 = **158** B 5
1. Beratung
BT-PlPr 7/136 = **25** J 7
2. Beratung und Schlußabstimmung
BT-PlPr 7/167 = **31** N 12
- *GesEntw zum Vertrag Bundesrepublik Deutschland/Französische Republik zum Europäischen Übereinkommen über die Rechtshilfe in Strafsachen*
BR-Drs 535/75 = **127** G 6
BR-PlPr 424 = **5** E 4
BT-Drs 7/4360 = **189** H 8
1. Beratung
BT-PlPr 7/208 = **39** D 5
- s a GesEntw zu den *Haager Übereinkommen* über die Zustellung gerichtlicher und außergerichtlicher Schriftstücke im Ausland und über die Beweisaufnahme im Ausland in Zivil- oder Handelssachen
BR-Drs 24/76 = **145** M 4
BT-Drs 7/4892 = **206** D 6
- s a GesEntw zur Ausführung der *Haager Übereinkommen* über die Zustellung gerichtlicher und außergerichtlicher Schriftstücke im Ausland und über die Beweisaufnahme im Ausland in Zivil- oder Handelssachen
BR-Drs 25/76 = **145** O 8
BT-Drs 7/4893 = **206** F 8

Rechtshilfeverkehr
zwischen der Bundesrepublik Deutschland und der DDR
- Unterrichtung über die Entwicklung der Beziehungen
BR-Drs 282/73 = **25** F 12
BT-Drs 7/420 = **66** L 5

Rechtspflege
- *GesEntw der CDU/CSU zum Schutz der Rechtspflege*
BT-Drs 7/3116 = **146** L 10
Bericht und Antrag des Rechtsausschusses
BT-Drs 7/5401 = **220** C 2
1. Beratung
BT-PlPr 7/155 = **29** I 2
2. Beratung
BT-PlPr 7/253 = **48** M 9
- s a GesEntw des Bundesrates zur Änd der *Strafprozeßordnung* und des Gerichtsverfassungsgesetzes (GesEntw zum Schutz der Rechtspflege)
BR-Drs 358/74 = **72** D 3
BT-Drs 7/2536 = **129** G 14

Rechtspflegergesetz
- *GesEntw eines 2. Ges zur Änderung des Rechtspflegergesetzes*
BR-Drs 157/74 = **62** B 13
BR-Drs 473/76 = **171** N 9
BR-PlPr 404 = **3** G 6
BR-PlPr 437 = **6** L 10
BT-Drs 7/2205 = **119** K 7
Bericht und Antrag des Rechtsausschusses
BT-Drs 7/5493 = **222** C 2
Bericht des Haushaltsausschusses
BT-Drs 7/5494 = **222** C 6
Änderungsantrag zur 2. Beratung
BT-Drs 7/5537 = **222** M 5
1. Beratung
BT-PlPr 7/110 = **20** J 5
2. und 3. Beratung
BT-PlPr 7/256 = **49** K 13
- VO zur Änderung der VO über die Begrenzung der Geschäfte des Rechtspflegers bei der Vollstreckung in Straf- und Bußgeldsachen
BR-Drs 789/74 = **93** K 4

Rechtsradikalismus
- Antrag betr Unterrichtung über Fragen der inneren Sicherheit
BT-Drs 7/3259 = **152** J 7

Rechtsträger-Abwicklungsgesetz
- 3. VO nach § 1 Abs 2 des Rechtsträger-Abwicklungsgesetzes
BR-Drs 50/76 = **147** B 13

Rechtsverordnung
Bekanntgabe
- s GesEntw über vereinfachte *Verkündungen* und *Bekanntgaben*

Rechtsweg
Zuweisung im Grundgesetz
- Schlußbericht der Enquête-Kommission Verfassungsreform
BT-Drs 7/5924 = **233** D 5

Rechtswissenschaft
- Bericht über die Juristenausbildung in den Ländern
BT-Drs 7/3604 = **163** D 9

Redaktionsgeheimnis
- *Entw eines Ges zum Schutz von Redaktionsgeheimnissen*
BT-Drs 7/1681 = **107** K 11
Bericht und Antrag des Rechtsausschusses
BT-Drs 7/3118 = **146** M 1
1. Beratung
BT-PlPr 7/126 = **23** F 4
2. Beratung
BT-PlPr 7/150 = **28** J 7
- s a GesEntw über das *Zeugnisverweigerungsrecht* der Mitarbeiter von Presse und Rundfunk
BR-Drs 394/74 = **73** G 1
BT-Drs 7/2539 = **129** M 6

Regelunterhalt
- VO zur Neufestsetzung des Regelbedarfs (Regelbedarf-VO 1974)
BR-Drs 24/74 = **55** F 14
- VO zur Neufestsetzung des Regelbedarfs 1976
BR-Drs 407/76 = **168** J 10

Regierungserklärung
- des Bundeskanzlers über das Regierungsprogramm
BT-PlPr 7/4 = **1** B 8
- der Bundesregierung über das Regierungsprogramm
BT-PlPr 7/7 = **1** F 4
- der Bundesregierung über die Unterstützung beim Aufbau in Vietnam
BT-PlPr 7/8 = **1** G 8
- des Bundesministers der Finanzen Helmut Schmidt zur Währungskrise
BT-PlPr 7/13 = **2** E 3
- des Bundeskanzlers zum 2. Stabilitätsprogramm der Bundesregierung
BT-PlPr 7/30 = **5** A 6
- zu aktuellen Fragen der Wirtschafts- und Energiepolitik
BT-PlPr 7/67 = **11** E 10
- des Bundesministers der Verteidigung zur neuen Wehrstruktur der Bundeswehr
BT-PlPr 7/67 = **11** E 10
- zur Lage der Energieversorgung
BT-PlPr 7/73 = **13** B 3
- des neuen Bundeskanzlers Helmut Schmidt zum Regierungsprogramm
BT-PlPr 7/101 = **18** I 7
- der Bundesregierung zur konjunkturellen Situation
BT-PlPr 7/137 = **25** O 3

Regionalplanung
- Raumordnungsbericht 1974
BT-Drs 7/3582 = **161** G 3

Regionalpolitik
- Entw eines Beschlusses über die Einsetzung eines Ausschusses für Regionalpolitik
BR-Drs 547/73 = **36** L 4

Rehabilitation
- s GesEntw zur Weiterentwicklung des *Schwerbeschädigtenrechts*
BR-Drs 262/73 = **24** D 5
BT-Drs 7/656 = **75** F 11
- Antwort auf die Große Anfrage betr Wiedereingliederung körperlich, geistig und

seelisch Behinderter in Gesellschaft, Arbeit und Beruf
BT-Drs 7/2842 = **137** B 14
- Bericht über die Lage der Psychiatrie in der Bundesrepublik Deutschland
  BT-Drs 7/4200 = **179** N 2
- Bericht der Bundesregierung über gesetzliche Initiativen zur Verbesserung der Leistungen und die Errichtung von Rehabilitationsstätten sowie Bericht der Bundesregierung über die Möglichkeiten einer Einbeziehung von Leistungen nach dem Bundessozialhilfegesetz in das Rehabilitationsangleichungsgesetz
  BT-Drs 7/4535 = **194** D 10
- Bericht der Bundesregierung über Maßnahmen für eine wirksame Koordinierung im institutionellen Bereich
  BT-Drs 7/5575 = **223** H 4
- Bericht der Bundesregierung nach § 2 Abs 3 des Ges über die Angleichung der Leistungen zur Rehabilitation
  BR-Drs 83/76 = **149** G 3
- Sozialbericht 1973 der Bundesregierung
  BR-Drs 680/73 = **43** I 9
  BT-Drs 7/1167 = **89** D 6
- Sozialbudget 1974
  BR-Drs 797/74 = **94** B 7
- Sozialbericht 1976
  BR-Drs 252/76 = **157** M 7
  BT-Drs 7/4953 = **207** G 3
- s a Entw eines *Beschäftigungs-* und *Arbeitstherapeutengesetzes*
  BR-Drs 547/74 = **80** I 12
  BT-Drs 7/3113 = **146** L 1
- VO zur Änderung der 2. VO über die Dringlichkeit von Ausgaben für Bauvorhaben in der Rentenversicherung der Arbeiter
  BR-Drs 702/75 = **138** G 14

Rehabilitations-Angleichungsgesetz
- *GesEntw über die Angleichung der Leistungen zur Rehabilitation Behinderter*
  BR-Drs 517/73 = **35** E 12
  BR-Drs 465/74 = **76** I 14
  BR-PlPr 397 = **2** L 1
  BR-PlPr 410 = **3** O 9
  BT-Drs 7/1237 = **92** N 1
  Antrag des Ausschusses für Arbeit und Sozialordnung
  BT-Drs 7/2245 = **120** D 14
  Bericht des Haushaltsausschusses
  BT-Drs 7/2246 = **120** H 9
  Bericht des Ausschusses für Arbeit und Sozialordnung
  BT-Drs 7/2256 = **121** B 9
  1. Beratung
  BT-PlPr 7/69 = **11** M 6
  2. und 3. Beratung
  BT-PlPr 7/110 = **20** J 5

Reichsabgabenordnung
s Abgabenordnung

Reichsärztekammer
- *GesEntw zur Abwicklung der Reichsärztekammer*
  BR-Drs 74/73 = **10** D 12
  BR-Drs 461/73 = **33** I 4
  BR-PlPr 390 = **2** A 6
  BR-PlPr 396 = **2** I 14
  BT-Drs 7/507 = **69** N 4
  Bericht und Antrag des Ausschusses für Jugend, Familie und Gesundheit
  BT-Drs 7/713 = **76** F 7
  Bericht des Haushaltsausschusses
  BT-Drs 7/787 = **77** M 10
  1. Beratung
  BT-PlPr 7/31 = **5** D 11
  2. und 3. Beratung
  BT-PlPr 7/42 = **7** A 12

Reichshaftpflichtgesetz
Verdoppelung der Haftungshöchstbeträge
- s GesEntw zur Änderung *schadensersatzrechtlicher Vorschriften*
  BR-Drs 777/75 = **142** A 3
  BT-Drs 7/4825 = **204** I 9

Reichsknappschaftsgesetz
- s Entw eines 4. *Rentenversicherungs*ÄndGes
  BR-Drs 8/73 = **8** C 2
  BT-Drs 7/3 = **51** K 8
- s Entw eines 1. Ges zur Reform des *Ehe- und Familienrechts*
  BR-Drs 260/73 = **22** M 8
  BT-Drs 7/650 = **74** G 4

Reichs- und Staatsangehörigkeitsgesetz
- *GesEntw zur Änderung des* ... (betr Gleichstellung ehelicher Kinder deutscher Väter und deutscher Mütter bei Erwerb der Staatsangehörigkeit durch Geburt)
  BR-Drs 249/74 = **66** K 8
  BR-Drs 814/74 = **95** H 5
  BR-PlPr 405 = **3** I 2
  BR-PlPr 415 = **4** G 8
  BT-Drs 7/2175 = **118** N 11
  Bericht und Antrag des Innenausschusses
  BT-Drs 7/2814 = **136** L 1
  Änderungsantrag zur 2. Beratung
  BT-Drs 7/2895 = **140** I 9
  1. Beratung
  BT-PlPr 7/106 = **19** N 8
  2. und 3. Beratung
  BT-PlPr 7/134 = **25** A 1
- GesEntw der CDU/CSU
  BT-Drs 7/1880 = **112** A 6

Reichsversicherungsordnung
- *GesEntw zur Verbesserung der Hauspflege und Familienhilfe im Rahmen der Reichsversicherungsordnung*
  BT-Drs 7/464 = **68** G 1
  Bericht und Antrag des Ausschusses für Arbeit und Sozialordnung
  BT-Drs 7/1039 = **84** J 14
- 1. Beratung
  BT-PlPr 7/33 = **5** J 1
  2. Beratung
  BT-PlPr 7/55 = **9** E 5
- s a GesEntw zur Änderung und Ergänzung von Vorschriften des 2. Buches der Reichsversicherungsordnung, (Ges zur Weiterentwicklung des *Kassenarztrechts*)
  BR-Drs 476/74 = **76** L 8
  BT-Drs 7/3337 = **154** B 14
- s a GesEntw zur Änd des *Bundeskindergeldgesetzes* und der Reichsversicherungsordnung
  BR-Drs 488/76 = **172** C 6
  BT-Drs 7/5480 = **221** N 2
- Allgemeine Verwaltungsvorschrift über Fälligkeit und Zahlung der Bundeszuschüsse nach § 381a Abs. 2 der Reichsversicherungsordnung
  BR-Drs 560/75 = **128** O 6
- 5. VO über die Bemessung der Aufwendungen für die Leistungen gem §§ 1236 bis 1244a, 1305 und 1306 der Reichsversicherungsordnung und für Verwaltungs- und Verfahrenskosten in der Rentenversicherung der Arbeiter
  BR-Drs 502/73 = **35** A 4
- 6. VO über die Bemessung der Aufwendungen für die Leistungen gem §§ 1236 bis 1244a, 1305 und 1306 der Reichsversicherungsordnung und für Verwaltungs- und Verfahrenskosten in der Rentenversicherung der Arbeiter
  BR-Drs 413/74 = **74** I 1
- 8. VO über die Bemessung der Aufwendungen für die Leistungen gem §§ 1236 bis 1244a, 1305 und 1306 der Reichsversicherungsordnung und für Verwaltungs- und Verfahrenskosten in der Rentenversicherung der Arbeiter
  BR-Drs 251/76 = **157** M 1

Reinigungsmittel
- s GesEntw betr die Umweltverträglichkeit von Wasch- und Reinigungsmitteln *(Waschmittelgesetz)*
  BR-Drs 214/74 = **65** F 9
  BT-Drs 7/2271 = **121** F 11
- VO über die Abbaubarkeit anionischer und nichtanionischer grenzflächenaktiver Stoffe in Wasch- und Reinigungsmitteln
  BR-Drs 509/76 = **172** H 3

Reisebüro
s Reiseveranstaltungsvertrag

Reiseerleichterung
- Briefwechsel zwischen der Bundesrepublik Deutschland und der DDR
  BT-Drs 7/153 = **58** K 8

Reisegewerbekarte
- s GesEntw zur Änderung der *Gewerbeordnung*
  BR-Drs 41/73 = **8** N 5
  BT-Drs 7/111 = **55** G 11

Reisekostengesetz
s Bundesreisekostengesetz

Reisekostenrecht
- s Entw zur Änderung des *Gerichtskostengesetzes*

Reiseveranstaltungsvertrag
- *GesEntw über den* ...
  BR-Drs 210/76 = **156** B 14
  BR-PlPr 433 = **6** D 11
  BT-Drs 7/5141 = **214** D 3
  BT-PlPr 7/247 = **47** I 2

Reiseverkehr
- Unterrichtung über die Entwicklung der Beziehungen zwischen der Bundesrepublik Deutschland und der DDR
  BR-Drs 282/73 = **25** F 12
  BT-Drs 7/420 = **66** L 5
- Antwort auf die Große Anfrage betr Deutschlandpolitik
  BT-Drs 7/2933 = **141** E 3
- VO über eine Inkraftsetzung einer Änderung der Internationalen Gesundheitsvorschriften
  BR-Drs 321/74 = **69** O 12

Rennwettgesetz
- *GesEntw zur Änderung des Rennwett- und Lotteriegesetzes*
  BR-Drs 340/74 = **70** K 6
  BR-Drs 731/74 = **89** O 6
  BR-PlPr 407 = **3** L 12
  BR-PlPr 414 = **4** F 5
  BT-Drs 7/2483 = **127** H 13
  Bericht und Antrag des Finanzausschusses
  BT-Drs 7/2680 = **132** E 4

1. Beratung
BT-PlPr 7/116 = **21** G 5
2. und 3. Beratung
BT-PlPr 7/128 = **23** K 8

Rente
s a Altersversorgung
– Bericht der Bundesregierung über Auswirkungen des Rentenreformgesetzes vom 16. 10. 1972
BT-Drs 7/2046 = **116** D 3

Rentenanpassungsbericht der Bundesregierung
– *Rentenanpassungsbericht 1973:*
Bericht der Bundesregierung über die gesetzlichen Rentenversicherungen, ihre Finanzlage in den künftigen 15 Jahren und über das Gutachten des Sozialbeirats
BR-Drs 116/73 = **13** J 4
BR-PlPr 391 = **2** B 11
BT-Drs 7/88 = **54** F 7
Bericht und Antrag des Ausschusses für Arbeit und Sozialordnung
BT-Drs 7/757 = **77** D 11
– *Rentenanpassungsbericht 1974:*
Bericht der Bundesregierung über die gesetzlichen Rentenversicherungen, insbesondere deren Finanzlage in den künftigen 15 Kalenderjahren und über das Gutachten des Sozialbeirats
BR-Drs 681/73 = **44** I 3
BR-PlPr 400 = **3** A 1
BT-Drs 7/1176 = **90** D 10
Bericht und Antrag des Ausschusses für Arbeit und Sozialordnung
BT-Drs 7/1642 = **105** C 11
– *Rentenanpassungsbericht 1975:*
Bericht der Bundesregierung über die gesetzlichen Rentenversicherungen, insbesondere über deren Finanzlage in den künftigen 15 Kalenderjahren und über das Gutachten des Sozialbeirats
BR-Drs 716/74 = **88** L 10
BR-PlPr 414 = **4** F 5
BT-Drs 7/2721 = **133** G 14
Bericht und Antrag des Ausschusses für Arbeit und Sozialordnung
BT-Drs 7/3235 = **151** I 6
– *Rentenanpassungsbericht 1976:*
Bericht der Bundesregierung über die gesetzlichen Rentenversicherungen, insbesondere deren Finanzlage in den künftigen 15 Kalenderjahren und über das Gutachten des Sozialbeirats
BR-Drs 672/75 = **136** E 13
BR-PlPr 429 = **5** M 3
BT-Drs 7/4250 = **185** J 13
Bericht und Antrag des Ausschusses für Arbeit und Sozialordnung
BT-Drs 7/4951 = **207** E 12
Beratung
BT-PlPr 7/225 = **42** K 12

Rentenanpassungsgesetz
– *GesEntw über die 16. Rentenanpassung und zur Anpassung der Renten aus den gesetzlichen Rentenversicherungen sowie der Geldleistungen aus der gesetzlichen Unfallversicherung*
BR-Drs 156/73 = **17** N 13
BR-Drs 347/73 = **28** C 4
BR-PlPr 391 = **2** B 11
BR-PlPr 394 = **2** F 12
GesEntw der Bundesregierung
BT-Drs 7/427 = **67** D 13
GesEntw der CDU/CSU
BT-Drs 7/446 = **67** L 11
Bericht und Antrag des Ausschusses für Arbeit und Sozialordnung
BT-Drs 7/532 = **70** F 8
Änderungsanträge zur 2. Beratung
BT-Drs 7/564 = **72** I 1
BT-Drs 7/566 = **72** I 3
Bericht des Haushaltsausschusses
BT-Drs 7/567 = **72** I 7
1. Beratung
BT-PlPr 7/28 = **4** I 11
2. und 3. Beratung
BT-PlPr 7/33 = **5** J 1
– *Entw eines 17. Ges über die Anpassung der Renten aus den gesetzlichen Rentenversicherungen sowie über die Anpassung der Geldleistungen aus der gesetzlichen Unfallversicherung und der Altersgelder in der Altershilfe für Landwirte*
BR-Drs 682/73 = **44** L 14
BR-Drs 147/74 = **61** M 10
BR-PlPr 400 = **3** A 1
BR-PlPr 402 = **3** E 5
BT-Drs 7/1483 = **100** L 10
Bericht und Antrag des Ausschusses für Arbeit und Sozialordnung
BT-Drs 7/1642 = **105** C 11
Bericht des Haushaltsausschusses
BT-Drs 7/1682 = **107** L 3
1. Beratung
BT-PlPr 7/74 = **13** F 13
2. und 3. Beratung
BT-PlPr 7/81 = **14** N 5
– *Entw eines 18. Ges über die Anpassung der Renten aus den gesetzlichen Rentenversicherungen sowie über die Anpassung der Geldleistungen aus der gesetzlichen Unfallversicherung und der Altersgelder in der Altershilfe für Landwirte*
BR-Drs 688/74 = **87** D 8
BR-Drs 162/75 = **106** J 9
BR-PlPr 414 = **4** F 5
BR-PlPr 418 = **4** M 1
BT-Drs 7/3065 = **145** C 5
Gegenäußerung der Bundesregierung zu der Stellungnahme des Bundesrates
BT-Drs 7/3073 = **146** A 5
Bericht und Antrag des Ausschusses für Arbeit und Sozialordnung
BT-Drs 7/3235 = **151** I 6
Änderungsantrag zur 2. Beratung
BT-Drs 7/3282 = **153** A 10
Bericht des Haushaltsausschusses
BT-Drs 7/3288 = **153** B 1
1. Beratung
BT-PlPr 7/141 = **26** L 3
2. und 3. Beratung
BT-PlPr 7/152 = **28** M 6
– *Entw eines 19. Ges über die Anpassung der Renten aus den gesetzlichen Rentenversicherungen sowie über die Anpassung der Geldleistungen aus der gesetzlichen Unfallversicherung und der Altersgelder in der Altershilfe für Landwirte*
BR-Drs 671/75 = **136** D 5
BR-Drs 264/76 = **160** G 2
BR-PlPr 429 = **5** M 3
BR-PlPr 434 = **6** F 11
BT-Drs 7/4722 = **201** E 1
Bericht und Antrag des Ausschusses für Arbeit und Sozialordnung
BT-Drs 7/4951 = **207** E 12
Bericht des Haushaltsausschusses
BT-Drs 7/4998 = **210** G 3
1. Beratung
BT-PlPr 7/225 = **42** K 12
2. und 3. Beratung
BT-PlPr 7/235 = **44** I 6
– s a Entw eines 5. Ges über die Anpassung der Leistungen des *Bundesversorgungsgesetzes* (*5. Anpassungsgesetz-KOV*)
– s a Entw eines Ges über die laufende Anpassung der Altersgelter in der *Altershilfe für Landwirte*
– 2. VO über die Anpassung der Zusatzrenten aus der hüttenknappschaftlichen Zusatzversicherung
BR-Drs 580/74 = **82** H 8

Rentenantrag
Bearbeitungsdauer
– Bericht der Bundesregierung über Auswirkungen des Rentenreformgesetzes vom 16. 10. 1972
BT-Drs 7/2046 = **116** D 3

Rentenanwartschaft
– s Entw eines 1. Ges zur Reform des *Ehe- und Familienrechts*

Rentenauskünfte
– VO über die Erteilung von Rentenauskünften an Versicherte der gesetzlichen Rentenversicherungen
BR-Drs 701/75 = **138** G 10

Rentenauszahlung
– VO über die von den Trägern der Sozialversicherung an die Deutsche Bundespost zu zahlende Vergütung für das Auszahlen von Renten
BR-Drs 220/73 = **21** C 12
– VO zur Änderung der VO über die von den Trägern der Sozialversicherung an die Deutsche Bundespost zu zahlende Vergütung für das Auszahlen von Renten
BR-Drs 185/75 = **108** F 8

Rentenbank
s Landwirtschaftliche Rentenbank

Rentenberechnung
– 12. VO zur Änderung der 1. VO zur Durchführung des Bundesentschädigungsgesetzes und
13. VO zur Änderung der 2. und 3. VO zur Durchführung des Bundesentschädigungsgesetzes
BR-Drs 532/74 = **78** J 13

Rentenniveau
– *GesEntw zur Verbesserung der Rentenniveausicherungsklausel*
BR-Drs 477/73 = **34** A 3
BR-PlPr 397 = **2** L 1
BT-Drs 7/1567 = **103** K 4
Bericht und Antrag des Ausschusses für Arbeit und Sozialordnung
BT-Drs 7/4959 = **209** I 8
Bericht des Haushaltsausschusses
BT-Drs 7/5005 = **210** G 9
1. Beratung
BT-PlPr 7/81 = **14** N 5
2. Beratung
BT-PlPr 7/238 = **45** D 14

Rentenpapiere
– Antrag betr Errichtung eines Fonds zum Ausgleich für soziale Härtefälle bei den Besitzern niedrig verzinslicher Rentenpapiere
BT-Drs 7/2322 = **122** H 14
Bericht und Antrag des Finanzausschusses
BT-Drs 7/5508 = **222** E 1

Beratung
BT-PlPr 7/119 = **21** O 2

Rentenreformgesetz
– Bericht der Bundesregierung über Auswirkungen
BT-Drs 7/2046 = **116** D 3
Bericht und Antrag des Ausschusses für Arbeit und Sozialordnung
BT-Drs 7/4951 = **207** E 12

Rentenversicherung
– *GesEntw zur Änderung von Vorschriften der gesetzlichen Rentenversicherungen* – (4. Rentenversicherungs-Änderungsgesetz)
BR-Drs 8/73 = **8** C 2
BR-PlPr 389 = **1** B 11
Vermittlungsverfahren:
BR-Drs 175/73 = **18** M 4
BR-PlPr 390 = **2** A 6
GesEntw der SPD/FDP
BT-Drs 7/3 = **51** K 8
Entschließungsantrag zur 3. Beratung des GesEntw
BT-Drs 7/33 = **52** K 9
Unterrichtung durch den Vermittlungsausschuß
BT-Drs 7/224 = **60** M 5
Unterrichtung durch den Bundesrat betr Zustimmungsbedürftigkeit
BT-Drs 7/243 = **61** A 13
Unterrichtung betr Nicht-Zustimmung
BT-Drs 7/307 = **63** O 4
1. Beratung
BT-PlPr 7/5 = **1** C 4
2. Beratung
BT-PlPr 7/5 = **1** C 4
3. Beratung
BT-PlPr 7/6 = **1** D 10
– *Entw eines ÄndGes zum Ges zur Neuregelung des Rechts der Rentenversicherung der Arbeiter und des Ges zur Neuregelung des Rechts der Rentenversicherung der Angestellten*
BR-Drs 443/75 = **122** M 13
BR-PlPr 422 = **5** B 1
BR-PlPr 424 = **5** E 4
BT-Drs 7/4602 = **196** E 11
BT-PlPr 7/225 = **42** K 12
– Bericht der Bundesregierung über die Beseitigung etwaiger Nachteile bei der Rentenversicherung ehemaliger Kriegsgefangener
BT-Drs 7/3054 = **144** J 2
– s a *16.–19. RentenanpassungsGes*
– s a GesEntw über die *Sozialversicherung Behinderter*
BR-Drs 73/74 = **57** O 9
BT-Drs 7/1992 = **114** J 10
– s a GesEntw eines *Sozialgesetzbuchs*
BR-Drs 300/75 = **114** H 10
BT-Drs 7/4122 = **177** K 5
– s a GesEntw über die Angleichung der Leistungen zur *Rehabilitation* Behinderter
BR-Drs 517/73 = **35** E 12
BT-Drs 7/1237 = **92** N 1
– Sozialbericht 1973
BR-Drs 680/73 = **43** I 9
BT-Drs 7/1167 = **89** D 6
– Sozialbudget 1974
BR-Drs 797/74 = **94** B 7
BT-Drs 7/2853 = **138** E 12
– Sozialbericht 1976
BR-Drs 252/76 = **157** M 7
BT-Drs 7/4953 = **207** G 3
– 2. VO zur Änderung der VO über die Anerkennung von Systemen und Einrichtungen der sozialen Sicherheit als gesetzliche Rentenversicherungen
BR-Drs 185/73 = **19** I 4
– VO über die Höhe der Vergütung für den Einzug der Beiträge zu den gesetzlichen Rentenversicherungen
BR-Drs 362/73 = **28** I 6
– Allgemeine Verwaltungsvorschrift über das Rechnungswesen bei den Trägern der Rentenversicherungen der Arbeiter und Angestellten
BR-Drs 389/73 = **29** N 9
– Allgemeine Verwaltungsvorschrift über die Erteilung von Ausfertigungen in den gesetzlichen Rentenversicherungen
BR-Drs 488/73 = **34** F 10
– 5. VO über die Bemessung der Aufwendungen für die Leistungen gem §§ 1236 bis 1244a, 1305 und 1306 der Reichsversicherungsordnung und für Verwaltungs- und Verfahrenskosten in der Rentenversicherung der Arbeiter
BR-Drs 502/73 = **35** A 4
– VO über die für 1974 maßgebenden Rechnungsgrößen im Beitrags- und Leistungsrecht der Rentenversicherung der Arbeiter, der Angestellten und der knappschaftlichen Rentenversicherung – (Rentenversicherungs-BezugsgrößenVO 1974)
BR-Drs 580/73 = **39** B 13
– Allgemeine Verwaltungsvorschrift über das Rentenzahlverfahren in der Sozialversicherung
BR-Drs 595/73 = **39** N 4
– Allgemeine Verwaltungsvorschrift über das Zahlen von Leistungen der gesetzlichen Unfallversicherung und der Rentenversicherungen in das Ausland
BR-Drs 727/73 = **48** J 14
– VO über die pauschale Berechnung und die Zahlung der Beiträge zur Rentenversicherung für die Dauer eines auf Grund gesetzlicher Pflicht zu leistenden Dienstes
BR-Drs 42/74 = **55** O 8
– 2. VO über die Dringlichkeit von Ausgaben für Bauvorhaben in der Rentenversicherung der Arbeiter
BR-Drs 61/74 = **57** C 12
– VO über die für den Verkauf der Beitragsmarken der Rentenversicherungen der Arbeiter und der Angestellten zu zahlende Vergütung
BR-Drs 265/74 = **67** I 7
– 6. VO über die Bemessung der Aufwendungen für die Leistungen gem §§ 1236 bis 1244a, 1305 und 1306 der Reichsversicherungsordnung und für Verwaltungs- und Verfahrenskosten in der Rentenversicherung der Arbeiter
BR-Drs 413/74 = **74** I 1
– 6. VO über die Dringlichkeit von Ausgaben für Bauvorhaben in der Rentenversicherung der Arbeiter
BR-Drs 414/74 = **74** I 7
– VO über die für 1975 maßgebenden Rechnungsgrößen im Beitrags- und Leistungsrecht der Rentenversicherung der Arbeiter, der Rentenversicherung der Angestellten und der knappschaftlichen Rentenversicherung (RV-BezugsgrößenVO 1975)
BR-Drs 705/74 = **88** F 1
– VO zur Änderung der Rentenversicherung-Beitragseinzugs-VergütungsVO
BR-Drs 758/74 = **91** C 3
– 3. VO zur Änderung der VO über die Anerkennung von Systemen und Einrichtungen der sozialen Sicherheit als Rentenversicherungen
BR-Drs 24/75 = **98** G 10
– 7. VO über die Bemessung der Aufwendungen für die Leistungen gem §§ 1236 bis 1244a, 1305 und 1306 der Reichsversicherungsordnung und für Verwaltungs- und Verfahrenskosten in der Rentenversicherung der Arbeiter
BR-Drs 363/75 = **119** H 13
– VO über die Erstattung von Beiträgen zur gesetzlichen Rentenversicherung für in Werkstätten beschäftigte Behinderte
BR-Drs 371/75 = **119** N 1
– 2. VO zur Änderung der VO über das Entrichten von Beiträgen zu den Rentenversicherungen der Arbeiter und Angestellten bei Aufenthalt außerhalb des Geltungsbereiches des GG
BR-Drs 580/75 = **130** E 11
– VO über die für 1976 maßgebenden Rechnungsgrößen im Beitrags- und Leistungsrecht der Rentenversicherung der Arbeiter, der Rentenversicherung der Angestellten und der knappschaftlichen Rentenversicherung (RV-BezugsgrößenVO 1976)
BR-Drs 594/75 = **130** M 11
– VO über die Erteilung von Rentenauskünften an Versicherte der gesetzlichen Rentenversicherungen
BR-Drs 701/75 = **138** G 10
– VO zur Änderung der 2. VO über die Dringlichkeit von Ausgaben für Bauvorhaben in der Rentenversicherung der Arbeiter
BR-Drs 702/75 = **138** G 14
– 8. VO über die Bemessung der Aufwendungen für die Leistungen gem §§ 1236 bis 1244a, 1305 und 1306 der Reichsversicherungsordnung und für Verwaltungs- und Verfahrenskosten in der Rentenversicherung der Arbeiter
BR-Drs 251/76 = **157** M 1
– VO über das Entrichten von Beiträgen zu den Rentenversicherungen der Arbeiter und der Angestellten
BR-Drs 279/76 = **161** L 9
– VO über die Ermittlung des beitragspflichtigen Arbeitsentgelts in der Rentenversicherung der Angestellten und der Rentenversicherung der Arbeiter für bestimmte Beschäftigte bei den Rundfunk- und Fernsehanstalten
BR-Drs 358/76 = **165** C 12
– 2. VO zur Änderung der Rentenversicherungs-Beitragseinzug-VergütungsVO
BR-Drs 578/76 = **175** M 7
– VO über die für 1977 maßgebenden Rechnungseinheiten im Beitrags- und Leistungsrecht der Rentenversicherung der Arbeiter, der Rentenversicherung der Angestellten und der knappschaftlichen Rentenversicherung (Rentenversicherungs-BezugsgrößenVO 1977)
BR-Drs 587/76 = **176** B 3

Rentenversicherungsabkommen
– *GesEntw zum Abkommen Bundesrepublik Deutschland/Volksrepublik Polen über*

Renten- und Unfallversicherung nebst der Vereinbarung hierzu
BR-Drs 633/75 = **132** O 1
BR-Drs 150/76 = **153** J 6
BR-PlPr 425 = **5** G 3
BR-PlPr 432 = **6** B 14
BT-Drs 7/4310 = **187** J 9
Bericht und Antrag des Ausschusses für Arbeit und Sozialordnung
BT-Drs 7/4731 = **201** F 7
Bericht des Haushaltsausschusses
BT-Drs 7/4733 = **201** G 1
1. Beratung
BT-PlPr 7/202 = **38** C 5
2. Beratung und Schlußabstimmung
BT-PlPr 7/224 = **42** G 6

Rentenversicherungsbeitrag
– Antrag betr freiwillige Aufstockung von Rentenversicherungsbeiträgen für die Vergangenheit
BT-Drs 7/3467 = **156** M 5

Rentner
Krankenversicherung
– s GesEntw zur Weiterentwicklung des *Kassenarztrechts* und zur Änderung der Krankenversicherung der Rentner
BR-Drs 771/74 = **91** N 14
BT-Drs 7/3336 = **154** A 2
– *GesEntw zum Abkommen Bundesrepublik Deutschland/Königreich der Niederlande betreffend Krankenversicherung alter Rentner*
BR-Drs 48/73 = **8** O 5
BR-PlPr 389 = **1** B 11
BT-Drs 7/110 = **55** G 7
BT-PlPr 7/15 = **2** J 13

Repräsentativstatistik
s Statistik

Rettungsdienst
– *GesEntw über den Beruf des Rettungssanitäters*
BR-Drs 73/73 = **10** D 1
BR-PlPr 390 = **2** A 6
BT-Drs 7/822 = **78** C 10
1. Beratung
BT-PlPr 7/48 = **8** D 4
Antrag betr einheitliches Notrufnummernsystem im Bundesgebiet
BT-Drs 7/475 = **68** J 4
Bericht und Antrag des Ausschusses für Forschung und Technologie und für das Post- und Fernmeldewesen
BT-Drs 7/1189 = **90** N 13
BT-PlPr 7/67 = **11** E 10
– Bericht über Maßnahmen zur Verbesserung des Rettungswesens
BT-Drs 7/489 = **69** D 11
Bericht und Antrag des Verkehrsausschusses
BT-Drs 7/2287 = **121** M 12
– Programm der Bundesregierung zur Verbesserung der Sicherheit im Straßenverkehr
BT-Drs 7/1283 = **95** B 12
– Unfallverhütungsbericht Straßenverkehr 1973
BT-Drs 7/3685 = **164** I 13
– Übersicht über die vorhandenen Einrichtungen im Rettungswesen
BT-Drs 7/3815 = **169** L 5
Bericht und Antrag des Ausschusses für Verkehr und für das Post- und Fernmeldewesen
BT-Drs 7/5318 = **218** H 12

Revision
– *GesEntw zur Änderung des Rechts der Revision in Zivilsachen und in Verfahren vor Gerichten der Verwaltungs- und Finanzgerichtsbarkeit*
BR-Drs 31/73 = **8** M 5
BR-PlPr 389 = **1** B 11
BT-Drs 7/444 = **67** I 14
1. Bericht und Antrag des Rechtsausschusses
BT-Drs 7/3596 = **162** H 7
Änderungsanträge zur 2. Beratung
BT-Drs 7/3624 = **163** K 3
BT-Drs 7/3644 = **163** O 4
2. Bericht und Antrag des Rechtsausschusses
BT-Drs 7/3654 = **164** C 5
1. Beratung
BT-PlPr 7/34 = **5** M 13
2. Beratung
BT-PlPr 7/171 = **32** M 11
3. Beratung
BT-PlPr 7/176 = **33** I 7
– *GesEntw zur Einführung der Zulassungsrevision gegen Berufungsurteile der Landgerichte*
BT-Drs 7/2459 = **126** O 13
1. Beratung
BT-PlPr 7/123 = **22** L 1
– *GesEntw zur Änd des Rechts der Revision in Zivilsachen* –
eingebracht als: GesEntw zur Änd des Rechts der Revision in Zivilsachen und in Verfahren vor Gerichten der Verwaltungs- und Finanzgerichtsbarkeit
BR-Drs 343/75 = **116** K 6
BR-PlPr 421 = **5** A 7
BT-Drs 7/3596 = **162** H 7
BT-Drs 7/3644 = **163** O 4
2. und 3. Beratung
BT-PlPr 7/171 = **32** M 11

Rezepte
– VO über das Verschreiben, die Abgabe und den Nachweis des Verbleibs von Betäubungsmitteln (Betäubungsmittel-Verschreibungsverordnung)
BR-Drs 527/73 = **36** C 7

Rheinland-Pfalz
– *GesEntw über die Volksentscheide aufgrund der nach Art 29 Abs 2 GG in den Ländern Rheinland-Pfalz und Niedersachsen zustande gekommenen Volksbegehren*
BR-Drs 392/74 = **73** F 3
BR-Drs 633/74 = **85** A 6
BR-PlPr 410 = **3** O 9
BR-PlPr 412 = **4** B 12
BT-Drs 7/2355 = **123** C 14
Stellungnahme des Bundesrates sowie Gegenäußerung der Bundesregierung dazu
BT-Drs 7/2439 = **126** G 7
Bericht und Antrag des Innenausschusses
BT-Drs 7/2549 = **129** J 4
Bericht des Haushaltsausschusses
BT-Drs 7/2571 = **129** O 3
1. Beratung
BT-PlPr 7/115 = **21** E 3
2. und 3. Beratung
BT-PlPr 7/119 = **21** O 2
– Vorlage der Festsetzung des Festbetrages zur Erstattung der Kosten für die Volksentscheide in Rheinland-Pfalz und Niedersachsen
BR-Drs 772/75 = **141** N 4
– Bericht über den Ausbau der Saar und Maßnahmen zur Strukturverbesserung im Saarland und in Rheinland-Pfalz
BT-Drs 7/1468 = **99** B 2
– 3. VO zur Durchführung des Ges über Volksbegehren und Volksentscheid bei Neugliederung des Bundesgebietes nach Art 29 Abs 2 bis 6 des GG
BR-Drs 642/74 = **85** E 14
– Einspruch gegen die Gültigkeit des Volksentscheids im früheren Bezirk Montabaur des Landes Rheinland-Pfalz
Antrag des Ausschusses für Wahlprüfung, Immunität und Geschäftsordnung
BT-Drs 7/3751 = **168** H 3

Rheinschiffahrt
– *GesEntw zum Zusatzprotokoll zu der in Mannheim unterzeichneten Revidierten Rheinschiffartsakte*
BR-Drs 692/73 = **45** G 9
BR-Drs 638/74 = **85** A 14
BR-PlPr 400 = **3** A 1
BR-PlPr 412 = **4** B 12
BT-Drs 7/1485 = **100** M 9
Bericht und Antrag des Ausschusses für Verkehr und für das Post- und Fernmeldewesen
BT-Drs 7/2545 = **129** I 10
1. Beratung
BT-PlPr 7/74 = **13** F 13
2. Beratung und Schlußabstimmung
BT-PlPr 7/119 = **21** O 2
– s a GesEntw zum Übereinkommen über die Schiffahrt auf dem Bodensee und zum Vertrag über die *Schiffahrt* auf dem Untersee und dem Rhein zwischen Konstanz und Schaffhausen
BR-Drs 740/74 = **90** G 14
BT-Drs 7/3439 = **156** C 4
– Entschließung zu der akuten Gefahr einer weiteren Verschmutzung des Rheins – Unterrichtung durch das Europäische Parlament
BT-Drs 7/3848 = **170** H 14
– Unterrichtung betr Umweltprobleme des Rheins
BR-Drs 609/76 = **176** I 1
BT-Drs 7/5014 = **210** H 6
– VO zur Umstellung der VO zur Einführung der VO über die Beförderung gefährlicher Güter auf dem Rhein und über die Ausdehnung dieser VO auf die übrigen Bundeswasserstraßen ...
BR-Drs 633/76 = **177** N 3

Richter
s a Ehrenamtlicher Richter
– *GesEntw zur Änderung von Bezeichnungen der Richter und ehrenamtlichen Richter*
BR-Drs 410/75 = **122** A 6
BR-PlPr 422 = **5** B 1
Vermittlungsverfahren:
BR-Drs 602/75 = **131** C 7
BR-PlPr 424 = **5** E 4
BT-Drs 7/3550 = **158** O 5
Bericht und Antrag des Rechtsausschusses
BT-Drs 7/3781 = **168** M 5
Anrufung des Vermittlungsausschusses
BT-Drs 7/3882 = **171** L 3
Antrag des Vermittlungsausschusses
BT-Drs 7/4066 = **176** F 11
1. Beratung
BT-PlPr 7/174 = **33** E 11

2. und 3. Beratung
BT-PlPr 7/181 = **34** J 3
Beratung eines Antrags des Vermittlungsausschusses
BT-PlPr 7/191 = **36** G 10
- s a Entw eines Ges zur Änderung dienstrechtlicher Vorschriften – *(Beamtenrecht)*
- s a Entw eines 2. Ges zur Änderung dienstrechtlicher Vorschriften – *(Beamtenrecht)*
- s a Entw eines *Beamtenversorgungsgesetzes*
- s a GesEntw über die Versorgung der Beamten und Richter in Bund und Ländern *(Beamtenversorgungsgesetz)*
- s a Entw eines 2. Ges zur Vereinheitlichung und Neuregelung des *Besoldungsrechts* in Bund und Ländern (2. BesVNG)
- s a GesEntw zur Verbesserung der *betrieblichen Altersversorgung*
- s a Entw eines *3. Bundesbesoldungserhöhungsgesetzes*
- s a GesEntw eines 5. Ges über die Erhöhung von Dienst- und Versorgungsbezügen in Bund und Ländern *(5. Bundesbesoldungserhöhungsgesetz)*
- s a GesEntw über die Erhöhung der jährlichen *Sonderzuwendung*

Richtgeschwindigkeit
auf Autobahnen
- Antrag betr Großversuch
BT-Drs 7/1827 = **111** E 8
Bericht und Antrag des Ausschusses für Verkehr und für das Post- und Fernmeldewesen
BT-Drs 7/2541 = **129** I 4

Rinder
- VO zur Änderung der VO zum Schutz gegen die Verschleppung der Leukose des Rindes
BR-Drs 43/74 = **55** O 11
- VO zum Schutz gegen übertragbare Geschlechtskrankheiten der Rinder
BR-Drs 128/75 = **103** O 2
- VO zur Änderung der VO zum Schutz gegen die Verschleppung der Rinderleukose und der Klauentiere-EinfuhrVO
BR-Drs 244/75 = **112** E 13
- VO zum Schutz gegen die Leukose der Rinder
BR-Drs 398/76 = **168** F 8

Roggen
s Getreide

Rohholz
- ÄndVO zur VO über gesetzliche Handelsklassen
BR-Drs 558/73 = **38** K 12

Rohrleitungsanlagen
- VO über wassergefährdende Stoffe bei der Beförderung in Rohrleitungsanlagen
BR-Drs 489/73 = **34** F 12
- VO zur Änderung der VO über wassergefährdende Stoffe bei der Beförderung in Rohrleitungen
BR-Drs 722/75 = **139** F 13

Rohstoffe
- Unterrichtung über die Entschließung des Ausschusses für Wissenschaft und Technik der 20. Jahrestagung der Nordatlantischen Versammlung
BR-Drs 27/75 = **98** H 5
- Unterrichtung über die Entschließung des Ausschusses für Wissenschaft und Technik der 21. Jahrestagung der Nordatlantischen Versammlung
BR-Drs 700/75 = **138** G 1
- Bundesbericht Forschung V
BT-Drs 7/3574 = **160** A 1

Rohstoffwirtschaft
- s GesEntw zur Änderung des Ges über *Statistiken* der Rohstoffwirtschaft und Produktionswirtschaft einzelner Wirtschaftszweige
BR-Drs 302/75 = **114** L 11
BT-Drs 7/4603 = **196** F 1

Rollenverpackung
- 5. VO zur Änderung der ButterVO
BR-Drs 312/73 = **27** C 4

Rüstung
s Abrüstung
Kernwaffen

Rüstungsamt
s Europäisches Rüstungsamt

Rüstungskontrolle
- Weißbuch 1973/1974 zur Sicherheit der Bundesrepublik Deutschland und zur Entwicklung der Bundeswehr
BR-Drs 20/74 = **54** J 3
BT-Drs 7/1505 = **101** D 3
- Weißbuch 1975/1976
BR-Drs 10/76 = **144** G 7
BT-Drs 7/4554 = **194** O 2

Rüstungspolitik
- Antwort auf die Große Anfrage betr Konferenz über Sicherheit und Zusammenarbeit in Europa (KSZE)
BT-Drs 7/2616 = **130** M 10

Rumänien, Sozialistische Republik
- *GesEntw zum Abkommen Bundesrepublik Deutschland/Sozialistische Republik Rumänien über Sozialversicherung*
BR-Drs 703/73 = **47** L 1
BR-Drs 228/74 = **65** O 8
BR-PlPr 400 = **3** A 1
BR-PlPr 404 = **3** G 6
BT-Drs 7/1480 = **100** K 11
Bericht und Antrag des Ausschusses für Arbeit und Sozialordnung
BT-Drs 7/1767 = **109** C 14
1. Beratung
BT-PlPr 7/74 = **13** F 13
2. Beratung und Schlußabstimmung
BT-PlPr 7/86 = **15** N 2
- *GesEntw zum Abkommen Bundesrepublik Deutschland/Sozialistische Republik Rumänien zur Vermeidung der Doppelbesteuerung auf dem Gebiet der Steuern vom Einkommen und vom Vermögen*
BR-Drs 314/74 = **69** K 14
BR-Drs 49/75 = **99** J 2
BR-PlPr 406 = **3** K 7
BR-PlPr 416 = **4** I 9
BT-Drs 7/2515 = **128** I 7
Bericht und Antrag des Finanzausschusses
BT-Drs 7/2838 = **137** B 9
1. Beratung
BT-PlPr 7/116 = **21** G 5
2. Beratung und Schlußabstimmung
BT-PlPr 7/136 = **25** J 7
- *GesEntw zum Abkommen Bundesrepublik Deutschland/Sozialistische Republik Rumänien über die steuerliche Behandlung von Straßenfahrzeugen im internationalen Verkehr*
BR-Drs 540/74 = **80** F 5
BR-Drs 50/75 = **99** J 3
BR-PlPr 416 = **4** I 9
BR-PlPr 412 = **4** B 12
BT-Drs 7/2694 = **132** H 5
Bericht und Antrag des Finanzausschusses
BT-Drs 7/2816 = **136** L 7
1. Beratung
BT-PlPr 7/128 = **23** K 8
2. Beratung und Schlußabstimmung
BT-PlPr 7/136 = **25** J 7

Rundfunk
- s Entw eines Ges zum Schutz von *Redaktionsgeheimnissen*
BT-Drs 7/1681 = **107** K 11
- s GesEntw zum Schutze der Jugend vor *Medien*gefahren
BT-Drs 7/4079 = **176** J 7
- s Entw eines ÄndGes zur *Strafprozeßordnung*
- *GesEntw über das Zeugnisverweigerungsrecht der Mitarbeiter von Presse und Rundfunk*
BR-Drs 394/74 = **73** G 1
BR-Drs 134/75 = **104** D 8
BR-PlPr 410 = **3** O 9
BR-PlPr 417 = **4** K 9
Vermittlungsverfahren:
BR-Drs 379/75 = **120** M 11
BR-PlPr 422 = **5** B 1
BT-Drs 7/2539 = **129** H 6
Bericht und Antrag des Rechtsausschusses
BT-Drs 7/3118 = **146** M 1
Änderungsanträge zur 2. Beratung
BT-Drs 7/3245 = **152** A 1
BT-Drs 7/3255= **152** H 11
Unterrichtung betr Anrufung des Vermittlungsausschusses
BT-Drs 7/3374 = **155** B 8
Antrag des Vermittlungsausschusses
BT-Drs 7/3777 = **168** L 14
1. Beratung
BT-PlPr 7/126 = **23** F 4
2. und 3. Beratung
BT-PlPr 7/150 = **28** J 7
Beratung eines Antrags des Vermittlungsausschusses
BT-PlPr 7/181 = **34** J 3
- Bericht der Bundesregierung über die Lage von Presse und Rundfunk in der Bundesrepublik Deutschland (1974)
BT-Drs 7/2104 = **114** G 4
Bericht und Antrag des Innenausschusses
BT-Drs 7/4770 = **202** F 8
Beratung
BT-PlPr 7/228 = **43** F 6
- VO über die Ermittlung des beitragspflichtigen Arbeitsentgelts in der Rentenversicherung der Arbeiter und der Angestellten für bestimmte Beschäftigte bei den Rundfunk- und Fernsehanstalten
BR-Drs 358/76 = **165** C 12

S

Saar
- *GesEntw über den rechtlichen Status der Bundeswasserstraße Saar*
BR-Drs 546/74 = **80** I 7
BR-Drs 45/75 = **99** I 11
BR-PlPr 412 = **4** B 12
BR-PlPr 416 = **4** I 9
BT-Drs 7/2692 = **132** G 11

Bericht und Antrag des Ausschusses für Verkehr und für das Post- und Fernmeldewesen
BT-Drs 7/2834 = **137** A 8
1. Beratung
BT-PlPr 7/128 = **23** K 8
2. und 3. Beratung
BT-PlPr 7/136 = **25** J 7

Saarland
– Bericht über den Ausbau der Saar und Maßnahmen zur Strukturverbesserung im Saarland und in Rheinland-Pfalz
BT-Drs 7/1468 = **99** B 2

Saatgut
– *GesEntw eines 2. ÄndGes zum Ges über forstliches Saat- und Pflanzgut*
BR-Drs 230/76 = **156** K 13
BR-PlPr 434 = **6** F 11
BT-Drs 7/5262 = **216** O 2
1. Beratung
BT-PlPr 7/247 = **47** I 2
– 5. VO zur Änderung von Rechtsvorschriften zum Saatgutsverkehrsgesetz
BR-Drs 385/73 = **29** L 5
– 3. VO zur Änderung der VO über die Einfuhr und den Vertrieb von Saatgut nicht in der Sortenliste eingetragener Sorten
BR-Drs 179/74 = **63** D 8
– 4. VO zur Änderung der VO über die Einfuhr und den Vertrieb von Saatgut nicht in der Sortenliste eingetragener Sorten
BR-Drs 576/74 = **82** G 8
– 5. VO zur Änderung der VO über die Einfuhr und den Vertrieb von Saatgut nicht in der Sortenliste eingetragener Sorten
BR-Drs 15/75 = **97** N 14
– VO über Gemüsesaatgut
BR-Drs 221/75 = **110** N 11
– VO über Saatgut von Getreide, Gräsern, landwirtschaftlichen Leguminosen, Öl- und Faserpflanzen, Hackfrüchten außer Kartoffel
BR-Drs 223/75 = **111** B 9
– VO über Pflanzgut von Kartoffel
BR-Drs 224/75 = **111** E 6
– VO über die Meldung und Vorführung von Saatgut bei der Einfuhr
BR-Drs 320/75 = **115** F 6
– VO zur Änderung der GleichstellungsVO
BR-Drs 577/74 = **82** G 11
– 2. VO zur Änderung der GleichstellungsVO
BR-Drs 506/75 = **125** L 7
– VO über die Gleichstellung von Anerkennungen und Zulassungen von Saatgut (GleichstellungsVO)
BR-Drs 292/76 = **162** K 12

Saatgutverkehrsgesetz
– *Entw eines ÄndGes* zum *Saatgutverkehrsgesetz*
BR-Drs 206/73 = **20** F 9
BR-Drs 219/75 = **109** L 11
BR-PlPr 392 = **2** D 6
BR-PlPr 419 = **4** N 2
BT-Drs 7/597 = **73** C 12
Bericht und Antrag des Ausschusses für Ernährung, Landwirtschaft und Forsten
BT-Drs 7/3305 = **153** D 4
Bericht des Haushaltsausschusses
BT-Drs 7/3307 = **153** E 11
1. Beratung
BT-PlPr 7/39 = **6** H 14
2. und 3. Beratung
BT-PlPr 7/162 = **31** A 14

– VO über das Artenverzeichnis zum Saatgutverkehrsgesetz
BR-Drs 222/75 = **111** B 1
– s a GesEntw über die Erhebung von Kosten beim *Bundessortenamt*
BR-Drs 18/76 = **145** D 5
BT-Drs 7/4966 = **209** L 13

Sachverständiger
– *GesEntw zur Änderung des Ges über die Entschädigung von Zeugen und Sachverständigen sowie des Ges über die Entschädigung der ehrenamtlichen Richter*
BR-Drs 631/75 = **132** L 5
BR-Drs 452/76 = **170** K 5
BR-PlPr 427 = **5** K 3
BR-PlPr 437 = **6** L 10
Vermittlungsverfahren:
BR-Drs 658/76 = **178** N 13
BR-PlPr 440 = **7** A 8
BT-Drs 7/4599 = **196** D 13
Bericht und Antrag des Rechtsausschusses
BT-Drs 7/5423 = **220** J 6
Bericht des Haushaltsausschusses
BT-Drs 7/5451 = **220** M 9
Unterrichtung betr Anrufung des Vermittlungsausschusses
BT-Drs 7/5610 = **223** O 9
Antrag des Vermittlungsausschusses
BT-Drs 7/5637 = **224** F 7
1. Beratung
BT-PlPr 7/221 = **41** M 14
2. und 3. Beratung
BT-PlPr 7/252 = **48** J 1
Beratung eines Antrags des Vermittlungsausschusses
BT-PlPr 7/258 = **50** E 3

Sachverständigenrat zur Begutachtung der gesamtwirtschaftlichen Entwicklung
– Jahresgutachten 1972 zur gesamtwirtschaftlichen Entwicklung
BT-Drs 7/2 = **51** A 6
BT-PlPr 7/20 = **3** F 13
– Sondergutachten zur konjunkturpolitischen Lage im Mai 1973
BR-Drs 364/73 = **28** J 2
BT-Drs 7/530 = **70** E 7
BT-PlPr 7/35 = **6** A 14
– Jahresgutachten 1973
BR-Drs 740/73 = **49** A 6
BT-Drs 7/1273 = **93** O 10
BT-PlPr 7/92 = **17** E 11
– Sondergutachten zu den gesamtwirtschaftlichen Auswirkungen der Ölkrise
BR-Drs 785/73 = **51** B 9
BT-Drs 7/1456 = **98** L 8
BT-PlPr 7/73 = **13** B 3
– Jahresgutachten 1974
BR-Drs 781/74 = **92** I 10
BT-Drs 7/2848 = **137** G 3
BT-PlPr 7/149 = **28** E 8
– Sondergutachten zur konjunkturpolitischen Lage im August 1975
BR-Drs 505/75 = **125** K 11
BT-Drs 7/3976 = **173** M 1
BT-PlPr 7/185 = **35** J 3
– Jahresgutachten 1975
BR-Drs 725/75 = **139** H 10
BT-Drs 7/4326 = **188** E 14
BT-PlPr 7/227 = **43** A 1
– Jahresgutachten 1976/77
BR-Drs 700/76 = **180** K 4
BT-Drs 7/5902 = **232** A 12

Sänger
– Bericht der Bundesregierung über die wirtschaftliche und soziale Lage der künstlerischen Berufe
BT-Drs 7/3071 = **145** G 14

Säuglingssterblichkeit
– Antwort auf die Große Nachfrage betr Situation der Kinder in Deutschland
BT-Drs 7/3340 = **154** D 13

Salmonellen
– VO über die gesundheitlichen Anforderungen an Eiprodukte und deren Kennzeichnung
BR-Drs 719/74 = **89** H 3

Salzburg
– *GesEntw zum Vertrag Bundesrepublik Deutschland/Republik Österreich über Auswirkungen der Anlage und des Betriebes des Flughafens Salzburg auf das Hoheitsgebiet der Bundesrepublik Deutschland*
BR-Drs 148/73 = **17** H 3
BR-Drs 619/73 = **40** K 11
BR-PlPr 391 = **2** B 11
BR-PlPr 398 = **2** M 12
BT-Drs 7/908 = **80** A 6
Bericht und Antrag des Verkehrsausschusses
BT-Drs 7/1032 = **84** I 10
1. Beratung
BT-PlPr 7/48 = **8** D 4
2. Beratung und Schlußabstimmung
BT-PlPr 7/57 = **9** I 7

Salzlösungen
– VO zur Änderung der VO über wassergefährdende Stoffe bei der Beförderung in Rohrleitungen
BR-Drs 722/75 = **139** F 13

Sambia, Republik
– *GesEntw zum Abkommen Bundesrepublik Deutschland/Republik Sambia zur Vermeidung der Doppelbesteuerung auf dem Gebiet der Steuern vom Einkommen und vom Vermögen*
BR-Drs 401/74 = **73** O 5
BR-Drs 52/75 = **99** J 5
BR-PlPr 410 = **3** O 9
BR-PlPr 416 = **4** I 9
BT-Drs 7/2395 = **123** L 13
Bericht und Antrag des Finanzausschusses
BT-Drs 7/2837 = **137** B 8
1. Beratung
BT-PlPr 7/116 = **21** G 5
2. Beratung und Schlußabstimmung
BT-PlPr 7/136 = **25** J 7

Samen
s Saatgut

Sanierung
– *GesEntw über Sanierungs- und Entwicklungsgemeinschaften*
BR-Drs 142/73 = **17** C 3
BR-PlPr 391 = **2** B 11
BT-Drs 7/764 = **77** E 13
BT-PlPr 7/48 = **8** D 4
– 4. Subventionsbericht
BT-Drs 7/1144 = **88** F 1
– Städtebaubericht 1975
BT-Drs 7/3583 = **161** M 9

Sanitäter
– s Rettungsdienst

Sanitätsoffiziere
- s GesEntw zur Änderung des *Unterhaltssicherungsgesetzes* und prämienrechtlicher Vorschriften
  BR-Drs 397/74 = **73** J 12
  BT-Drs 7/2397 = **123** N 6
- *GesEntw zur Änderung des Soldatengesetzes, des Soldatenversorgungsgesetzes und der Wehrdisziplinarordnung* (betr Einstellung von Frauen)
  BR-Drs 131/75 = **104** C 13
  BR-Drs 411/75 = **122** A 13
  BR-PlPr 418 = **4** M 1
  BR-PlPr 422 = **5** B 1
  BT-Drs 7/3505 = **157** O 5
  Bericht und Antrag des Verteidigungsausschusses
  BT-Drs 7/3773 = **168** L 5
  1. Beratung
  BT-PlPr 7/171 = **32** M 11
  2. und 3. Beratung
  BT-PlPr 7/181 = **34** J 3

São Tomé und Principe, Republik
- Unterrichtung über die EG-Mitteilung über die Verhandlung der EG und São Tomé und Principe bzw Kap-Verde im Hinblick auf deren Beitritt zum AKP-EWG-Abkommen von Lomé
  BR-Drs 589/76 = **176** B 11
  BT-Drs 7/5780 = **228** L 2

Satelliten
s Internationale Fernmeldesatellitenorganisation „INTELSAT"
- Unterrichtung über die Empfehlung des Ausschusses für Wissenschaft und Technik der 19. Jahrestagung der Nordatlantischen Versammlung zur Satellitenüberwachung
  BR-Drs 800/73 = **52** D 2
  BT-Drs 7/1396 = **97** C 9

Schadensersatzrecht
- *GesEntw zur Änderung schadensersatzrechtlicher Vorschriften*
  BR-Drs 777/75 = **142** A 3
  BR-PlPr 430 = **5** N 11
  BT-Drs 7/4825 = **204** I 9
  BT-PlPr 7/233 = **44** D 5

Schädlingsbekämpfung
- VO zur Neufassung der VO über Anwendungsverbote und -beschränkungen für Pflanzenschutzmittel
  BR-Drs 323/74 = **70** A 14

Schafböcke
- 7. DurchführungsVO zum Tierzuchtgesetz
  BR-Drs 181/74 = **63** E 7

Schaffhausen
- s GesEntw zum Übereinkommen über die Schiffahrt auf dem *Bodensee* und zum Vertrag über die *Schiffahrt* auf dem Untersee und dem Rhein zwischen Konstanz und Schaffhausen
  BR-Drs 740/74 = **90** G 14
  BT-Drs 7/3439 = **156** C 4

Schalentiere
- VO über Höchstmengen an Quecksilber in Fischen, Krusten-, Schalen- und Weichtieren
  BR-Drs 727/74 = **89** N 5

Schallplatte
s Tonträger

Schallschutz
- VO über bauliche Schallschutzanforderungen nach dem Ges zum Schutz gegen Fluglärm
  BR-Drs 670/73 = **43** D 8

Schaumburg-Lippe, Landkreis
- *GesEntw über die Regelung der Landeszugehörigkeit des Verwaltungsbezirks Oldenburg und des Landkreises Schaumburg-Lippe nach Art 29 Abs 3 Satz 2 GG*
  BR-Drs 551/75 = **128** J 5
  BR-Drs 743/75 = **140** O 9
  BR-PlPr 424 = **5** E 4
  BR-PlPr 429 = **5** M 3
  BT-Drs 7/4167 = **179** A 1
  Bericht und Antrag des Rechtsausschusses
  BT-Drs 7/4384 = **190** H 12
  Entschließungsantrag zur 3. Beratung
  BT-Drs 7/4431 = **191** H 14
  1. Beratung
  BT-PlPr 7/197 = **37** B 12
  2. und 3. Beratung
  BT-PlPr 7/208 = **39** D 5

Schauspieler
- Bericht der Bundesregierung über die wirtschaftliche und soziale Lage der künstlerischen Berufe
  BT-Drs 7/3071 = **145** G 14

Schaustellergewerbe
- VO zur Änderung der VO über die gewerbsmäßige Veranstaltung unbedenklicher Spiele
  BR-Drs 101/75 = **101** F 13

Scheidungsrecht
s Eherechtsreformgesetz
- s Entw eines 1. Ges zur Reform des *Ehe- und Familienrechts*
  BR-Drs 260/73 = **22** M 8
  BT-Drs 7/650 = **74** G 4

Schenkungssteuergesetz
s Erbschaftssteuerrecht

Schienenverkehr
- s GesEntw über den Bau und Betrieb von Versuchsanlagen zur Erprobung von Techniken für den spurgeführten *Verkehr*
- Bericht über die Folgekosten des öffentlichen Personennahverkehrs
  BT-Drs 7/4556 = **195** I 7
- 3. VO über die Gewährung von Betriebsbeihilfe für Verkehrsbetriebe mit schienengebundenen Fahrzeugen
  BR-Drs 671/73 = **43** E 9
  BR-Drs 623/74 = **84** L 11

Schiff
- Antrag betr Schiffahrts – Enquête
  BT-Drs 7/963 = **81** N 8
- s a GesEntw zu dem Vertrag zwischen der Bundesrepublik Deutschland und *Brasilien* betr *Reaktorschiffe* in brasilianischen Gewässern
- s a GesEntw zum Übereinkommen zur Verhütung der *Meeresverschmutzung* durch das Einbringen von Abfällen durch Schiffe und Luftfahrzeuge
- s a *Internationale Arbeitsorganisation*

Schiffsbankgesetz
- *GesEntw zur Änd des Hypothekenbank- und des Schiffsbankgesetzes*
  BR-Drs 29/73 = **8** M 3
  BR-Drs 54/74 = **56** M 4
  BR-PlPr 389 = **1** B 11
  BR-PlPr 401 = **3** C 2
  BT-Drs 7/114 = **55** H 9
  Antrag des Finanzausschusses
  BT-Drs 7/1382 = **96** N 5
  Bericht des Finanzausschusses
  BT-Drs 7/1390 = **97** B 12
  1. Beratung
  BT-PlPr 7/15 = **2** J 13
  2. und 3. Beratung
  BT-PlPr 7/70 = **12** C 14

Schiffbau
- Vorschläge der Kommission der EG an den Rat der EG
  BR-Drs 746/73 = **49** M 4
  BT-Drs 7/1315 = **95** H 14

Schiffsbesatzung
s a Seeleute
- s a GesEntw zum Übereinkommen der *Internationalen Arbeitsorganisation* über die Quartierräume an Bord von Fischereifahrzeugen
- VO zur Änderung der Schiffsbesetzungs- und Ausbildungsordnung
  BR-Drs 649/74 = **84** I 3
- 2. VO zur Änderung der Schiffsbesetzungs- und Ausbildungsordnung
  BR-Drs 80/76 = **149** D 5
- 1. VO zur Änderung der VO über die Unterbringung der Besatzungsmitglieder an Bord von Kauffahrteischiffen
  BR-Drs 336/76 = **164** C 6
- 3. VO zur Änderung der Schiffsbesetzungs- und Ausbildungsordnung
  BR-Drs 576/76 = **175** K 11

Schiffahrtsabkommen
- *GesEntw zum Übereinkommen über die Schiffahrt auf dem Bodensee und zum Vertrag über die Schiffahrt auf dem Untersee und dem Rhein zwischen Konstanz und Schaffhausen*
  BR-Drs 740/74 = **90** G 14
  BR-Drs 416/75 = **122** B 10
  BR-PlPr 415 = **4** G 8
  BR-PlPr 422 = **5** B 1
  BT-Drs 7/ 3439 = **156** C 4
  Bericht und Antrag des Ausschusses für Verkehr und für das Post- und Fernmeldewesen
  BT-Drs 7/3736 = **168** D 3
  1. Beratung
  BT-PlPr 7/164 = **31** I 1
  2. Beratung und Schlußabstimmung
  BT-PlPr 7/178 = **34** B 13
- *GesEntw zum Abkommen Bundesrepublik Deutschland/Volksrepublik China über den Seeverkehr*
  BR-Drs 171/76 = **154** E 2
  BR-Drs 391/76 = **168** A 2
  BR-PlPr 433 = **6** D 11
  BR-PlPr 436 = **6** J 12
  BT-Drs 7/5060 = **212** G 1
  Bericht und Antrag des Ausschusses für Verkehr und für das Post- und Fernmeldewesen
  BT-Drs 7/5241 = **216** E 13
  1. Beratung
  BT-PlPr 7/239 = **45** I 6
  2. Beratung und Schlußabstimmung
  BT-PlPr 7/247 = **47** I 2
- s a GesEntw über die Beförderung *gefährlicher Güter*
- s a GesEntw zu dem Zusatzprotokoll zu der Revidierten *Rheinschiffahrtsakte*
  BR-Drs 692/73 = **45** G 9
  BT-Drs 7/1485 = **100** M 9

s a Seeunfall

Schiffahrtsrecht
- s GesEntw zum Internationalen Übereinkommen über Maßnahmen auf Hoher See bei *Ölverschmutzungs-Unfällen*

Schiffsleute
- s GesEntw zu dem Übereinkommen der *Internationalen Arbeitsorganisation* über die ärztliche Untersuchung betr Seediensttauglichkeit

Schiffahrtspolitik
- ÄndVO zur VO zur Regelung von Zuständigkeiten im Außenwirtschaftsverkehr
  BR-Drs 371/73 = 29 A 3

Schiffsvermessung
- *GesEntw zum Übereinkommen über die Eichung von Binnenschiffen*
  BR-Drs 78/73 = **10** H 9
  BR-Drs 442/73 = **33** D 6
  BR-PlPr 390 = **2** A 6
  BR-PlPr 396 = **2** I 14
  BT-Drs 7/481 = **68** N 9
  Bericht und Antrag des Verkehrsausschusses
  BT-Drs 7/634 = **74** A 10
  1. Beratung
  BT-PlPr 7/30 = **5** A 6
  2. Beratung und Schlußabstimmung
  BT-PlPr 7/39 = **6** H 14
- *GesEntw zu dem Internationalen Schiffsvermessungs-Übereinkommen*
  BR-Drs 631/73 = **41** B 4
  BR-Drs 637/74 = **85** A 12
  BR-PlPr 399 = **2** N 12
  BR-PlPr 412 = **4** B 12
  BT-Drs 7/2054 = **116** E 14
  Bericht und Antrag des Ausschusses für Verkehr und für das Post- und Fernmeldewesen
  BT-Drs 7/2542 = **129** I 6
  1. Beratung
  BT-PlPr 7/103 = **19** B 7
  2. Beratung und Schlußabstimmung
  BT-PlPr 7/119 = **21** O 2

Schlachtung
- s a *Fleischbeschaugesetz*
- *GesEntw über eine Schlachtungs- und Schlachtgewichtsstatistik*
  BR-Drs 738/74 = **90** E 4
  BR-Drs 398/75 = **121** M 9
  BR-PlPr 415 = **4** G 8
  BR-PlPr 422 = **5** B 1
  BT-Drs 7/3440 = **156** C 13
  Bericht und Antrag des Ausschusses für Ernährung, Landwirtschaft und Forsten
  BT-Drs 7/3638 = **163** M 10
  Bericht des Haushaltsausschusses
  BT-Drs 7/3639 = **163** M 13
  1. Beratung
  BT-PlPr 7/164 = **31** I 1
  2. und 3. Beratung
  BT-PlPr 7/176 = **33** I 7
- Allgemeine Verwaltungsvorschrift zur Festsetzung der Ausbeutesätze nach § 3 Abs 3 des Ges über eine Schlachtungs- und Schlachtgewichtsstatistik
  BR-Drs 763/75 = **141** H 12

Schlachtgeflügel
s Geflügel

Schlachtgewicht
- s Entw eines 2. Ges zur Änderung des *Vieh- und Fleischgesetzes*

- 7. DurchführungsVO zum Vieh- und Fleischgesetz
  BR-Drs 179/76 = **154** H 2
- VO zur Änderung der 4. DurchführungsVO zum Vieh- und Fleischgesetz
  BR-Drs 180/76 = **154** H 14

Schlachttiere
- VO zur Änderung der Ausführungsbestimmungen A über Untersuchung und gesundheitspolizeiliche Behandlung der Schlachttiere und des Fleisches bei Schlachtungen im Inland
  BR-Drs 646/73 = **41** K 12
- VO zur Änderung der Fleischbeschau-StatistikVO
  BR-Drs 745/74 = **90** K 7
- 2. VO zur Änderung der Schlachtvieh-Handelsklassen- und NotierungsVO
  BR-Drs 177/76 = **154** G 9
- 6. DurchführungsVO zum Vieh- und Fleischgesetz
  BR-Drs 178/76 = **154** G 11
- 7. DurchführungsVO zum Vieh- und Fleischgesetz
  BR-Drs 179/76 = **154** H 2

Schlafmittel
- VO zur Änderung der VO über die Bestimmung von Stoffen oder Zubereitungen aus Stoffen nach § 38 a des Arzneimittelgesetzes
  BR-Drs 315/74 = **69** L 12

Schlechtwettergeld
- Winterbau – Bericht 1973
  BT-Drs 7/1623 = **104** G 4
- Winterbau – Bericht 1974
  BT-Drs 7/3508 = **157** O 10
- Bericht der Bundesregierung zu Fragen des Leistungsrechts des Arbeitsförderungsgesetzes
  BT-Drs 7/4120 = **177** E 13
- Winterbau – Bericht 1975
  BT-Drs 7/4621 = **196** L 6

Schlepper
  Arbeitsschutzmaßnahmen bei Ackerschleppern
- Unfallverhütungsbericht
  BT-Drs 7/189 = **59** L 5

Schmerzmittel
- VO zur Änderung der VO über die Bestimmung von Stoffen oder Zubereitungen aus Stoffen nach § 38 a des Arzneimittelgesetzes
  BR-Drs 315/74 = **69** L 12

Schokoladeerzeugnisse
- VO über Kakao und Kakaoerzeugnisse
  BR-Drs 744/74 = **90** J 1
  BR-Drs 252/75 = **112** G 7

Schornsteinfegerwesen
- VO zur Änderung der VO über das Schornsteinfegerwesen
  BR-Drs 193/74 = **63** N 5
- Gebührenordnung für Amtshandlungen auf dem Gebiet des Schornsteinfegerwesens
  BR-Drs 91/75 = **101** D 4

Schriften, jugendgefährdende
- s GesEntw zum Schutze der Jugend vor *Mediengefahren*
  BT-Drs 7/4079 = **176** J 7

Schriften, pornographische
- s Entwurf eines 4. *Strafrechtsreformgesetzes*
  BR-Drs 441/73 = **33** B 5
  BT-Drs 7/80 = **54** D 9

Schuldienst, Höherer
- s GesEntw zur Änderung des *Beamtenrechtsrahmengesetzes*
  (betr Laufbahnbewerber)

Schuldverschreibungen
- s GesEntw zur Änderung des Ges über die *Pfandbriefe* und verwandten Schuldverschreibungen öffentlich-rechtlicher Kreditanstalten
  BR-Drs 39/73 = **8** N 3
  BT-Drs 7/112 = **55** H 1

Schule
  Reformmaßnahmen
- Bildungsgesamtplan
  BR-Drs 790/73 = **51** G 2
  BT-Drs 7/1474 = **100** C 8
- Bericht der Enquête-Kommission Auswärtige Kulturpolitik
  BT-Drs 7/4121 = **177** F 5
  Unfälle in Schulen
- Unfallverhütungsbericht
  BT-Drs 7/4668 = **198** B 8

Schulsport
- Sportbericht der Bundesregierung
  BT-Drs 7/1040 = **84** K 2
- Antwort auf die Große Anfrage betr Sportpolitik
  BT-Drs 7/2592 = **130** F 11
- 3. Sportbericht der Bundesregierung
  BT-Drs 7/4609 = **196** G 1

Schußwaffen
- Allgemeine Verwaltungsvorschrift über den zentralen Schußwaffenerkennungsdienst des Bundeskriminalamtes
  BR-Drs 196/76 = **155** M 1

Schutzräume
- 3. VO zur Änderung der HöchstbetragsVO
  BR-Drs 62/74 = **57** D 6
- 4. VO zur Änderung der HöchstbetragsVO (betr Höchstbeträge der steuerlich begünstigten Herstellungskosten für Schutzräume)
  BR-Drs 573/74 = **82** F 4

Schwangerschaftsabbruch
- Antrag betr Enquête-Kommission
  BT-Drs 7/548 = **70** I 6
  Antrag betr Sammlung und Auswertung der Erfahrungen über die Folgen ärztlich vorgenommener Schwangerschaftsabbrüche
  BT-Drs 7/552 = **72** C 6
  Bericht und Antrag des Ausschusses für Jugend, Familie und Gesundheit
  BT-Drs 7/1789 = **109** M 8
  Beratung der Anträge
  BT-PlPr 7/33 = **5** J 1
  BT-PlPr 7/88 = **16** C 13
- *Entw eines 5. Ges zur Reform des Strafrechts – (5. StrRG)*
  (betr Straffreiheit für Schwangerschaftsabbruch)
- 1. GesEntw der SPD/FDP
  BR-Drs 329/74 = **70** G 4
  BR-PlPr 405 = **3** I 2
  Vermittlungsverfahren:
  BR-Drs 390/74 = **73** F 1
  BR-PlPr 406 = **3** K 7
  Beschluß des Bundestages betr Zurückweisung des Einspruchs
  BR-Drs 439/74 = **75** M 7
  BT-Drs 7/375 = **65** C 1
  1. Bericht des Sonderausschusses für die Strafrechtsreform
  BT-Drs 7/1981 = **114** C 8

Änderungsantrag der CDU/CSU zur 3. Beratung
BT-Drs 7/2041 = **116** C 6
Entschließungsantrag der CDU/CSU zur 3. Beratung
BT-Drs 7/2042 = **116** C 10
Unterrichtung durch den Bundesrat betr Anrufung des Vermittlungsausschusses
BT-Drs 7/2092 = **117** C 9
Antrag des Vermittlungsausschusses
BT-Drs 7/2151 = **118** F 8
Unterrichtung durch den Bundesrat betr Versagung der Zustimmung
BT-Drs 7/2181 = **119** B 11
1. Beratung
BT-PlPr 7/33 = **5** J 1
2. Beratung
BT-PlPr 7/95 = **17** K 10
3. Beratung
BT-PlPr 7/96 = **18** B 12
Beratung eines Antrags des Vermittlungsausschusses
BT-PlPr 7/104 = **19** E 7

– 2. GesEntw der Abgeordneten Dr. Müller-Emmert, Dürr, Dr. Bardens u.a., Fraktion der SPD
BT-Drs 7/443 = **67** I 10
1. Bericht des Sonderausschusses für die Strafrechtsreform
BT-Drs 7/1982 = **114** D 11
1. Beratung
BT-PlPr 7/33 = **5** J 1
2. Beratung
BT-PlPr 7/95 = **17** K 10

– 3. GesEntw der CDU/CSU
BT-Drs 7/554 = **72** C 8
1. Bericht des Sonderausschusses für die Strafrechtsreform
BT-Drs 7/1983 = **114** F 1
1. Beratung
BT-PlPr 7/33 = **5** J 1
2. Beratung
BT-PlPr 7/95 = **17** K 10

– 4. GesEntw der Abgeordneten Dr. Heck, Köster, Dr. Unland u.a., Fraktion der CDU/CSU
BT-Drs 7/561 = **72** H 10
1. Bericht des Sonderausschusses für die Strafrechtsreform
BT-Drs 7/1984 = **114** G 4
1. Beratung
BT-PlPr 7/33 = **5** J 1
2. Beratung
BT-PlPr 7/95 = **17** K 10

– 5. Verfahren vor dem Bundesverfassungsgericht
Antrag des Rechtsausschusses
BT-Drs 7/2301 = **122** C 4
Beratung des Antrags
BT-PlPr 7/111 = **21** A 1
Antrag der SPD/FDP
BT-Drs 7/2353 = **123** C 8
Beratung des Antrags
BT-PlPr 7/113 = **21** B 12
Antrag des Rechtsausschusses
BT-Drs 7/2546 = **129** I 11
BT-PlPr 7/117 = **21** K 7

– *Entw eines ÄndGes zum 5. Ges zur Reform des Strafrechts*
BT-Drs 7/4211 = **184** J 5
Bericht und Antrag des Sonderausschusses für die Strafrechtsreform
BT-Drs 7/4696 = **200** H 8
Bericht des Haushaltsausschusses
BT-Drs 7/4729 = **201** F 6
1. Beratung
BT-PlPr 7/201 = **38** A 1
2. Beratung
BT-PlPr 7/221 = **41** M 14

– s a Entw eines 15. *Strafrechtsänderungsgesetzes*
BR-Drs 140/76 = **153** F 5
BT-Drs 7/4128 = **178** A 1

– s a GesEntw zur Änderung des *Bundesseuchengesetzes*

Schweden, Königreich

– *GesEntw zum Vertrag Bundesrepublik Deutschland/Königreich Schweden über gegenseitige Unterstützung in Zollangelegenheiten*
BR-Drs 259/73 = **22** M 2
BR-Drs 456/73 = **33** H 8
BR-PlPr 393 = **2** E 8
BR-PlPr 396 = **2** I 14
BT-Drs 7/517 = **70** C 7
Bericht und Antrag des Finanzausschusses
BT-Drs 7/691 = **76** B 9
1. Beratung
BT-PlPr 7/34 = **5** M 13
2. Beratung und Schlußabstimmung
BT-PlPr 7/42 = **7** A 12

– *GesEntw Zum Abkommen zwischen den Mitgliedstaaten der Europäischen Gemeinschaft für Kohle und Stahl, der Gemeinschaft selbst und dem Königreich Schweden*
BR-Drs 85/73 = **10** M 1
BR-Drs 353/73 = **28** D 9
BR-PlPr 390 = **2** A 6
BR-PlPr 394 = **2** F 12
BT-Drs 7/248 = **61** D 10
Bericht und Antrag des Wirtschaftsausschusses
BT-Drs 7/397 = **65** I 2
1. Beratung
BT-PlPr 7/21 = **3** J 11
2. Beratung und Schlußabstimmung
BT-PlPr 7/31 = **5** D 11

– *GesEntw zum Vertrag zur Änderung des Vertrages Bundesrepublik Deutschland/Königreich Schweden über gegenseitige Unterstützung in Zollangelegenheiten*
BR-Drs 23/76 = **145** L 14
BR-Drs 427/76 = **169** H 8
BR-PlPr 431 = **5** O 8
BR-PlPr 436 = **6** J 12
BT-Drs 7/4802 = **203** H 11
Bericht und Antrag des Finanzausschusses
BT-Drs 7/5294 = **218** A 3
1. Beratung
BT-PlPr 7/230 = **43** J 6
2. Beratung und Schlußabstimmung
BT-PlPr 7/250 = **48** C 11

– *GesEntw zum Abkommen Bundesrepublik Deutschland/Königreich Schweden über Soziale Sicherheit*
BR-Drs 337/76 = **164** C 9
BR-PlPr 436 = **6** J 12

Schwefel

– VO zur Änderung der SchwefeldioxydVO
BR-Drs 152/73 = **17** L 4

– Vorschlag einer EG-Richtlinie zur Angleichung der Rechtsvorschriften der Mitgliedstaaten über die Begrenzung des Schwefelgehalts bestimmter flüssiger Brennstoffe
BR-Drs 201/74 = **64** E 9
BT-Drs 7/1758 = **108** K 6

– Entschließung des Bundesrates zur Herabsetzung des Schwefelgehaltes in schwerem Heizöl
BR-Drs 339/74 = **70** J 13

– 3. VO zur Durchführung des Bundes-Immissionsschutzgesetzes (VO über Schwefelgehalt von leichtem Heizöl und Dieselkraftstoff)
BR-Drs 539/74 = **80** E 4

– Vorschlag einer EG-Richtlinie über die Verwendung von Heizölen mit dem Ziel der Verringerung von Schwefelemissionen
BR-Drs 62/76 = **148** B 1
BT-Drs 7/4647 = **197** I 1

– Vorschlag einer EG-Entschließung betr Festlegung von Kriterien für Schwefeldioxid und Schwebeteilchen in der Atmosphäre von Ballungsgebieten und Vorschlag einer EG-Richtlinie über Gesundheitsschutznormen dazu
BR-Drs 185/76 = **155** A 7
BT-Drs 7/4857 = **205** I 6

Schweinefleisch

– ÄndVO zur VO über gesetzliche Handelsklassen für Schweinehälften
BR-Drs 776/73 = **50** M 1

– Vorschläge von EG-Verordnungen über den Markt und Ein- und Ausfuhr von Schweinefleisch
BR-Drs 806/74 = **95** E 5

– 2. VO zur Änderung der VO über gesetzliche Handelsklassen für Schweinehälften
BR-Drs 176/76 = **154** G 6

Schweinehaltung

– VO zum Schutz gegen die Gefährdung durch Viehseuchen bei der Haltung großer Schweinebestände (MassentierhaltungsVO – Schweine)
BR-Drs 72/75 = **100** B 7

Schweinekrankheit

– ÄndVO zur VO über die Verhütung einer Einschleppung der resikulären Schweinekrankheit
BR-Drs 551/73 = **37** B 11

Schweinepest

– VO zum Schutz gegen die Schweinepest
BR-Drs 519/75 = **126** A 9

Schweiz, Eidgenossenschaft

– *GesEntw zum Abkommen der Mitgliedstaaten der EGKS mit der Schweizerischen Eidgenossenschaft über die Geltung des Abkommens für das Fürstentum Liechtenstein*
BR-Drs 82/73 = **10** K 3
BR-Drs 350/73 = **28** D 6
BR-PlPr 390 = **2** A 6
BR-PlPr 394 = **2** F 12
BT-Drs 7/251 = **61** I 9
Bericht und Antrag des Wirtschaftsausschusses
BT-Drs 7/397 = **65** I 2
1. Beratung
BT-PlPr 7/21 = **3** J 11
2. Beratung und Schlußabstimmung
BT-PlPr 7/31 = **5** D 11

– *GesEntw zum Vertrag Bundesrepublik Deutschland/Schweizerische Eidgenossenschaft über die Ergänzung des Europäischen Übereinkommens über die Rechtshilfe in Strafsachen und die Erleichterung seiner Anwendung*
BR-Drs 257/74 = **67** C 3
BR-Drs 270/75 = **112** M 12

BR-PlPr 405 = **3** I 2
BR-PlPr 420 = **4** N 9
BT-Drs 7/2281 = **121** L 10
Bericht und Antrag des Rechtsausschusses
BT-Drs 7/3521 = **158** B 7
1. Beratung
BT-PlPr 7/116 = **21** G 5
2. Beratung und Schlußabstimmung
BT-PlPr 7/167 = **31** N 12
– *GesEntw zum Vertrag Bundesrepublik Deutschland/Schweizerische Eidgenossenschaft über die Ergänzung des Europäischen Auslieferungsübereinkommens und die Erleichterung seiner Anwendung*
BR-Drs 258/74 = **67** C 12
BR-Drs 269/75 = **112** M 11
BR-PlPr 405 = **3** I 2
BR-PlPr 420 = **4** N 9
BT-Drs 7/2280 = **121** L 3
Bericht und Antrag des Rechtsausschusses
BT-Drs 7/3520 = **158** B 6
1. Beratung
BT-PlPr 7/116 = **21** G 5
2. Beratung und Schlußabstimmung
BT-PlPr 7/167 = **31** N 12
– *GesEntw zum Zusatzabkommen zum Abkommen Bundesrepublik Deutschland/Schweizerische Eidgenossenschaft über Soziale Sicherheit*
BR-Drs 167/76 = **154** A 5
BR-Drs 454/76 = **170** L 10
BR-PlPr 433 = **6** D 11
BR-PlPr 437 = **6** L 10
BT-Drs 7/5029 = **211** I 8
Bericht und Antrag des Ausschusses für Arbeit und Sozialordnung
BT-Drs 7/5360 = **218** N 13
1. Beratung
BT-PlPr 7/240 = **45** L 4
2. Beratung und Schlußabstimmung
BT-PlPr 7/252 = **48** J 1
– s a GesEntw zu dem Übereinkommen über die *Schiffahrt* auf dem *Bodensee* und zu dem Vertrag über die Schiffahrt auf dem Untersee und dem Rhein zwischen Konstanz und Schaffhausen
BR-Drs 740/74 = **90** G 14
BT-Drs 7/3439 = **156** C 4
– VO zur Inkraftsetzung der Vereinbarung zur Änderung des Abkommens Bundesrepublik Deutschland/Schweizerische Eidgenossenschaft über den Grenzübertritt von Personen im kleinen Grenzverkehr
BR-Drs 320/76 = **163** L 1

Schwerbehinderte
s Behinderte

Schwerbeschädigte
– s a GesEntw über die *Sozialversicherung* Behinderter
– s a GesEntw eines *Sozialgesetzbuchs* (SGB)
– s a GesEntw über die unentgeltliche Beförderung im öffentlichen *Personenverkehr*
– s a GesEntw zur Änderung des *Heimarbeitsgesetzes* und anderer arbeitsrechtlicher Vorschriften – (Heimarbeitsänderungsgesetz)
– s a Entw eines 5. Ges über die Anpassung der Leistungen des Bundesversorgungsgesetzes (*5. Anpassungsgesetz-KOV*)
GesEntw eines 6. Ges über die Anpassung der Leistungen des Bundesversorgungsgesetzes (*6. Anpassungsgesetz-KOV*)
– *GesEntw zur Weiterentwicklung des Schwerbeschädigtenrechts*
BR-Drs 262/73 = **24** D 5
BR-Drs 57/74 = **56** O 1
BR-PlPr 393 = **2** E 8
BR-PlPr 401 = **3** C 2
Vermittlungsverfahren:
BR-Drs 173/74 = **62** O 5
BR-PlPr 403 = **3** F 14
BT-Drs 7/656 = **75** F 11
Bericht und Antrag des Ausschusses für Arbeit und Sozialordnung
BT-Drs 7/1515 = **102** B 14
Änderungsantrag zur 2. Beratung
BT-Drs 7/1592 = **104** B 7
Bericht des Haushaltsausschusses
BT-Drs 7/1597 = **104** B 12
Unterrichtung betr Anrufung des Vermittlungsausschusses
BT-Drs 7/1704 = **108** B 2
Antrag des Vermittlungsausschusses
BT-Drs 7/1741 = **108** G 13
1. Beratung
BT-PlPr 7/51 = **8** I 5
2. und 3. Beratung
BT-PlPr 7/77 = **13** O 6
Beratung des Antrags des Vermittlungsausschusses
BT-PlPr 7/85 = **15** I 2
– Tätigkeitsbericht 1973 der Bundesregierung
BT-Drs 7/1434 = **97** H 8
– Antwort auf die Große Anfrage betr Wiedereingliederung körperlich, geistig und seelisch Behinderter in Gesellschaft, Arbeit und Beruf
BT-Drs 7/2842 = **137** B 14
– Unterrichtung über Beschäftigung bei Bundesdienststellen
BT-Drs 7/49 = **52** N 7
BT-Drs 7/1964 = **113** K 13
BT-Drs 7/3904 = **172** A 3
BT-Drs 7/5585 = **223** J 14
– VO zur Durchführung des § 24 Abs 2 Satz 1 des Bundessozialhilfegesetzes
BR-Drs 308/74 = **69** G 2
– VO zur Änderung der VO zur Durchführung des § 88 Abs 2 Nr 8 des Bundessozialhilfegesetzes
BR-Drs 309/74 = **69** G 9
– VO zur Änderung der VO nach § 47 des Bundessozialhilfegesetzes
BR-Drs 743/74 = **90** I 4
– 1. VO zur Durchführung des Schwerbehindertengesetzes
BR-Drs 290/75 = **114** C 5

Schweres Heizöl
s Heizöl

Schwurgericht
Änderung der Vorschriften über Organisation und Besetzung
– s Entw eines 1. Ges zur Reform des *Strafverfahrensrechts*

Sedativa
s Suchtstoffe

Seediensttauglichkeit
– s GesEntw zum Übereinkommen der *Internationalen Arbeitsorganisation* über die ärztliche Untersuchung der Fischer
– VO zur Änderung der VO über die Seediensttauglichkeit
BR-Drs 406/75 = **121** O 8

Seefahrtbuch
– 2. VO zur Änderung der SeemannsamtsVO
BR-Drs 661/74 = **86** A 5

Seefischerei-Vertragsgesetz 1976
– *GesEntw zum Übereinkommen zur Erhaltung der lebenden Schätze des Südostatlantiks, zum Protokoll zur Änderung des Übereinkommens über den Schutz des Lachsbestandes in der Ostsee, zur Konvention über die Fischerei und den Schutz der lebenden Ressourcen in der Ostsee und den Belten sowie zur Änderung des Seefischerei-Vertragsgesetzes 1971*
BR-Drs 250/76 = **157** K 6
BR-Drs 450/76 = **170** K 3
BR-PlPr 434 = **6** F 11
BR-PlPr 437 = **6** L 10
BT-Drs 7/5213 = **215** M 1
Bericht und Antrag des Ausschusses für Ernährung, Landwirtschaft und Forsten
BT-Drs 7/5334 = **218** J 5
Bericht des Haushaltsausschusses
BT-Drs 7/5450 = **220** M 8
1. Beratung
BT-PlPr 7/247 = **47** I 2
2. Beratung und Schlußabstimmung
BT-PlPr 7/252 = **48** J 1

Seeleute
– s GesEntw zum Übereinkommen der *Internationalen Arbeitsorganisation* über den Schutz der Seeleute gegen Arbeitsunfälle
– s GesEntw zum Übereinkommen der *Internationalen Arbeitsorganisation* über die Quartierräume an Bord von Fischereifahrzeugen
– s GesEntw zum Übereinkommen der *Internationalen Arbeitsorganisation* über die Quartierräume der Besatzung an Bord von Schiffen
– s GesEntw zu dem Protokoll über Flüchtlings*seeleute*
BT-Drs 7/2897 = **140** I 10
– 2. VO zur Änderung der SeemannsamtsVO (betr Seefahrtbuch)
BR-Drs 661/74 = **86** A 5
– 3. VO zur Änderung der SeemannsamtsVO (betr Gebühr für Ausstellung des Seefahrtbuches)
BR-Drs 649/75 = **133** K 3

Seemannsgesetz
– *GesEntw zur Änderung der Kostenermächtigungsvorschrift des Seemannsgesetzes*
BR-Drs 76/73 = **10** G 10
BR-Drs 459/73 = **33** H 12
BR-PlPr 390 = **2** A 6
BR-PlPr 396 = **2** I 14
BT-Drs 7/482 = **69** A 3
Bericht und Antrag des Ausschusses für Arbeit und Sozialordnung
BT-Drs 7/718 = **76** G 6
Bericht des Haushaltsausschusses
BT-Drs 7/788 = **77** M 11
1. Beratung
BT-PlPr 7/30 = **5** A 6
2. und 3. Beratung
BT-PlPr 7/42 = **7** A 12
– VO über die Anwendung der Arbeitszeitordnung auf die in § 7 Abs 1 des Seemannsgesetzes genannten Personen
BR-Drs 114/75 = **103** H 7

Seerechtskonferenz der Vereinten Nationen
– Antwort auf die Große Anfrage betr Auswirkungen auf die politischen und wirt-

schaftlichen Interessen der Bundesrepublik Deutschland
BT-Drs 7/5455 = **220** M 11
Entschließungsantrag der SPD/FDP zur Beratung
BT-Drs 7/5557 = **222** N 14
Entschließungsantrag der CDU/CSU zur Beratung
BT-Drs 7/5561 = **222** O 7
Beratung
BT-PlPr 7/257 = **50** A 13

Seeschiffahrt
s a Schiffbau
Seeunfall
Unfallverhütungsbericht
– VO über die Berufsausbildung zum Matrosen in der Seeschiffahrt und über den Erwerb des Matrosenbriefes (Matrosen-Ausbildungsordnung)
BR-Drs 71/75 = **100** A 4

Seeunfall
– s a GesEntw zu dem Internationalen Übereinkommen über die Haftung für Ölverschmutzungsschäden und über die Errichtung eines Internationalen Fonds zur Entschädigung (s *Ölkatastrophen*)
BR-Drs 216/74 = **65** I 5
BT-Drs 7/2299 = **121** O 2
GesEntw zum Internationalen Übereinkommen über Maßnahmen auf Hoher See bei Ölverschmutzungs-Unfällen
BR-Drs 263/74 = **67** G 10
BT-Drs 7/2109 = **117** K 3
– *GesEntw zum Übereinkommen über die Internationalen Regeln zur Verhütung von Zusammenstößen auf See*
BR-Drs 21/76 = **145** I 14
BR-Drs 318/76 = **163** K 13
BR-PlPr 431 = **5** O 8
BR-PlPr 435 = **6** I 1
BT-Drs 7/4806 = **203** K 7
Bericht und Antrag des Ausschusses für Verkehr und für das Post- und Fernmeldewesen
BT-Drs 7/5008 = **210** G 12
1. Beratung
BT-PlPr 7/230 = **43** J 6
2. Beratung und Schlußabstimmung
BT-PlPr 7/238 = **45** D 14

Seeverkehr
– *GesEntw zum Abkommen Bundesrepublik Deutschland/Volksrepublik China über den Seeverkehr*
BR-Drs 171/76 = **154** E 2
BR-Drs 391/76 = **168** A 2
BR-PlPr 433 = **6** D 11
BR-PlPr 436 = **6** J 12
BT-Drs 7/5060 = **212** G 1
Bericht und Antrag des Ausschusses für Verkehr und für das Post- und Fernmeldewesen
BT-Drs 7/5241 = **216** E 13
1. Beratung
BT-PlPr 7/239 = **45** I 6
2. Beratung und Schlußabstimmung
BT-PlPr 7/247 = **47** I 2

Segelflugzeuge
– VO über die zeitliche Einschränkung des Flugbetriebes mit Leichtflugzeugen und Motorseglern an Landeplätzen
BR-Drs 734/75 = **140** L 1
– Empfehlungen zur VO über die zeitliche Einschränkung des Flugbetriebes mit Leichtflugzeugen und Motorseglern an Landeplätzen
BR-Drs 431/76 = **169** M 5

Sekretärin
– VO über die Prüfung zum anerkannten Abschluß Geprüfte Sekretärin/Geprüfter Sekretär
BR-Drs 436/74 = **75** J 5

Selbstmord
– Antwort auf die Große Anfrage betr Situation der Kinder in Deutschland
BT-Drs 7/3340 = **154** D 13
– Bericht über die Lage der Psychiatrie in der Bundesrepublik Deutschland
BT-Drs 7/4200 = **179** N 2

Selbstverwaltungsrecht
– *GesEntw zur Vereinfachung des Wahlverfahrens und Weiterentwicklung des Selbstverwaltungsrechts* – (8. Ges zur Änderung des SelbstverwaltungsGes)
BR-Drs 136/73 = **16** M 2
BR-Drs 445/73 = **33** D 10
BR-PlPr 390 = **2** A 6
BR-PlPr 396 = **2** I 14
BT-PlPr 7/288 = **63** H 13
Bericht und Antrag des Ausschusses für Arbeit und Sozialordnung
BT-Drs 7/644 = **74** C 5
Bericht des Haushaltsausschusses
BT-Drs 7/679 = **75** O 9
Änderungsantrag der CDU/CSU zur 2. Beratung
BT-Drs 7/687 = **76** A 5
1. Beratung
BT-PlPr 7/21 = **3** J 11
2. und 3. Beratung
BT-PlPr 7/39 = **6** H 14

Seuchengesetz
s Bundesseuchengesetz

Sexualstraftaten
– s Entw eines 3. Ges zur *Reform des Strafrechts*
– s Entw eines 4. Ges zur *Reform des Strafrechts*

Sicherheit, innere
– Tätigkeitsbericht 1973 der Bundesregierung
BT-Drs 7/1434 = **97** H 8
– Antrag betr Unterrichtung über Fragen der Inneren Sicherheit
BT-Drs 7/3259 = **152** J 7
– Antrag betr innere Sicherheit in der Bundesrepublik Deutschland
BT-Drs 7/3303 = **153** C 13
Entschließungsantrag zur Beratung
BT-Drs 7/3357 = **154** I 14
Beratung
BT-PlPr 7/155 = **29** I 2

Sicherheit, öffentliche
– s GesEntw zum Schutze des *Gemeinschaftsfriedens*

Sicherheitsgurt
– Programm der Bundesregierung zur Verbesserung der Sicherheit im Straßenverkehr
BT-Drs 7/1283 = **95** B 12
– Antrag betr Sicherheitsgurte und Kopfstützen
BT-Drs 7/2349 = **123** B 10

Sicherheitsingenieur
– Bericht über den Vollzug des Ges über Betriebsärzte, Sicherheitsingenieure und andere Fachkräfte für Arbeitssicherheit: Unfallverhütungsbericht
BT-Drs 7/4668 = **198** B 8

Sicherheitspolitik
– Tätigkeitsbericht 1973 der Bundesregierung
BT-Drs 7/1434 = **97** H 8
– Weißbuch 1973/1974 zur Sicherheit der Bundesrepublik Deutschland und zur Entwicklung der Bundeswehr
BR-Drs 20/74 = **54** J 3
BT-Drs 7/1505 = **101** D 3
– Weißbuch 1975/1976 zur Sicherheit der Bundesrepublik Deutschland und zur Entwicklung der Bundeswehr
BR-Drs 10/76 = **144** G 7
BT-Drs 7/4554 = **194** O 2
– Bericht von Premierminister Leo Tindemans über die Europäische Union sowie die Stellungnahme der Bundesregierung hierzu
BR-Drs 290/76 = **162** H 11

Sicherheitsrat
– Charta der Vereinten Nationen
BT-Drs 7/154 = **58** L 6

Sicherungshaft
– s Entw eines *Strafvollzugsgesetzes*

Siedlungsstruktur
im Bundesgebiet
– Raumordnungsbericht 1974
BT-Drs 7/3582 = **161** G 3
– Städtebaubericht 1975
BT-Drs 7/3583 = **161** M 9
– Bundesraumordnungsprogramm
BT-Drs 7/3584 = **162** C 2

Sierra Leone
– *GesEntw zum Abkommen Bundesrepublik Deutschland/Sierra Leone über den Luftverkehr*
BR-Drs 164/74 = **62** K 5
BR-Drs 636/74 = **85** A 11
BR-PlPr 404 = **3** G 6
BR-PlPr 412 = **4** B 12
BT-Drs 7/1973 = **113** M 10
Bericht und Antrag des Ausschusses für Verkehr und für das Post- und Fernmeldewesen
BT-Drs 7/2543 = **129** I 8
1. Beratung
BT-PlPr 7/96 = **18** B 12
2. Beratung und Schlußabstimmung
BT-PlPr 7/119 = **21** O 2

Silberwaren
– *Entw eines 2. Ges zur Änderung des Ges über den Feingehalt der Gold- und Silberwaren*
BR-Drs 542/75 = **127** L 9
BR-Drs 52/76 = **147** C 3
BR-PlPr 424 = **5** E 4
BR-PlPr 431 = **5** O 8
BT-Drs 7/4177 = **179** E 4
Bericht und Antrag des Wirtschaftsausschusses
BT-Drs 7/4467 = **192** B 9
1. Beratung
BT-PlPr 7/201 = **38** A 1
2. und 3. Beratung
BT-PlPr 7/216 = **40** N 12

Singapur, Republik
– *GesEntw zum Abkommen Bundesrepublik Deutschland/Republik Singapur zur Vermeidung der Doppelbesteuerung auf dem Gebiet der Steuern vom Einkommen und vom Vermögen*

BR-Drs 68/73 = **9** B 8
BR-Drs 257/73 = **22** L 12
BR-PlPr 389 = **1** B 11
BR-PlPr 392 = **2** D 6
BT-Drs 7/106 = **55** E 3
Bericht und Antrag des Finanzausschusses
BT-Drs 7/275 = **63** D 1
1. Beratung
BT-PlPr 7/15 = **2** J 13
2. Beratung und Schlußabstimmung
BT-PlPr 7/21 = **3** J 11
– *GesEntw zum Vertrag Bundesrepublik Deutschland/Republik Singapur über die Förderung und den gegenseitigen Schutz von Kapitalanlagen*
BR-Drs 160/74 = **62** F 9
BR-Drs 682/74 = **86** L 11
BR-PlPr 404 = **3** G 6
BR-PlPr 413 = **4** D 12
BT-Drs 7/1978 = **113** O 11
Bericht und Antrag des Wirtschaftsausschusses
BT-Drs 7/2624 = **131** C 12
1. Beratung
BT-PlPr 7/96 = **18** B 12
2. Beratung und Schlußabstimmung
BT-PlPr 7/125 = **23** A 1

Sittiche
– VO über die Einfuhr und Durchfuhr von Papageien und Sittichen
BR-Drs 14/75 = **97** M 14
– VO zur Änderung der Psittakose-VO
BR-Drs 111/75 = **101** N 14

Smog
– VO zur Änderung der Straßenverkehrs-Ordnung
BR-Drs 376/76 = **167** F 12

Soldat
s Bundeswehr
Sicherheit
Wehrbeauftragter
– s a GesEntw eines 2. Ges zur Vereinheitlichung und Neuregelung des *Besoldungsrechts* in Bund und Ländern
BR-Drs 1/74 = **53** A 4
BT-Drs 7/1906 = **112** D 11
– s a GesEntw zur Änderung des *Beamtenrechtsrahmengesetzes,* des Deutschen Richtergesetzes und des Ges über die Rechtsstellung der Soldaten
BR-Drs 125/74 = **61** E 10
BT-Drs 7/2432 = **126** F 2
– s a GesEntw zur Änderung des Soldatengesetzes und des *Vertrauensmänner-Wahlgesetzes*
BR-Drs 165/74 = **62** K 12
BT-Drs 7/1968 = **113** L 12
– s a GesEntw zur Änderung *dienstrechtlicher* Vorschriften
(betr Verfassungstreue von Einstellungsbewerbern)
BR-Drs 208/74 = **64** L 9
BT-Drs 7/2433 = **126** F 5
– s a GesEntw eines 3. Ges über die Erhöhung von Dienst- und Versorgungsbezügen in Bund und Ländern
(3. *Bundesbesoldungserhöhungsgesetz)*
BR-Drs 211/74 = **64** O 2
BT-Drs 7/2003 = **114** M 10
– s a GesEntw zur Änderung des Soldatengesetzes, des Soldatenversorgungsgesetzes und der Wehrdisziplinarordnung
(betr Einstellung von Frauen als *Sanitätsoffiziere)*
BR-Drs 131/75 = **104** C 13
BT-Drs 7/3505 = **157** O 5
– s a GesEntw eines 5. Ges über die Erhöhung von Dienst- und Versorgungsbezügen in Bund und Ländern (5. *Bundesbesoldungserhöhungsgesetz)*
BR-Drs 280/76 = **161** M 7
BT-Drs 7/5192 = **215** G 7
– s a GesEntw über die Erhöhung der jährlichen *Sonderzuwendung*
BR-Drs 626/73 = **40** L 10
BT-Drs 7/1244 = **93** F 6
– s a GesEntw eines 9. Ges zur Änderung des *Wehrpflichtgesetzes*
– s a GesEntw eines 8. Ges zur Änderung des *Wehrsoldgesetzes*
– Allgemeine Verwaltungsvorschrift zum Ges über vermögenswirksame Leistungen für Beamte, Richter, Berufssoldaten und Soldaten auf Zeit
BR-Drs 456/75 = **123** K 3

Soldatengesetz
– *GesEntw eines 11. ÄndGes zum Soldatengesetz*
BR-Drs 241/74 = **66** E 11
BR-Drs 768/74 = **91** M 8
BR-PlPr 405 = **3** I 2
BR-PlPr 414 = **4** F 5
BT-Drs 7/2105 = **117** J 6
Bericht und Antrag des Verteidigungsausschusses
BT-Drs 7/2770 = **134** K 11
Bericht des Haushaltsausschusses
BT-Drs 7/2771 = **134** K 12
1. Beratung
BT-PlPr 7/116 = **21** G 5
2. und 3. Beratung
BT-PlPr 7/131 = **24** F 7

Soldatenversorgungsgesetz
– *GesEntw zur Änderung des Soldatengesetzes, des Soldatenversorgungsgesetzes und der Wehrdisziplinarordnung*
(betr Einstellung von Frauen als Sanitätsoffiziere)
BR-Drs 131/75 = **104** C 13
BR-Drs 411/75 = **122** A 13
BR-PlPr 418 = **4** M 1
BR-PlPr 422 = **5** B 1
BT-Drs 7/3505 = **157** O 5
Bericht und Antrag des Verteidigungsausschusses
BT-Drs 7/3773 = **168** L 5
1. Beratung
BT-PlPr 7/171 = **32** M 11
2. und 3. Beratung
BT-PlPr 7/181 = **34** J 3

Soldatenvertretung
– s GesEntw zur Änderung des Soldatengesetzes und des *Vertrauensmänner-Wahlgesetzes*

Soltau – Lüneburg – Abkommen
– Bericht betr NATO – Truppenstatut und Zusatzvereinbarungen
BT-Drs 7/2443 = **126** K 2
Bericht und Antrag des Innenausschusses
BT-Drs 7/3300 = **153** C 4

Sommerzeit
– Vorschlag einer EG-Richtlinie zur Regelung der Sommerzeit
BR-Drs 136/76 = **153** E 9
BT-Drs 7/4747 = **202** A 14

Sonderausschuß
– Antrag betr Einsetzung betr Ges zur Ausführung des Art 48 GG
BT-Drs 7/4333 = **189** C 10

Sondereigentum
– s GesEntw zur Änderung des *Bürgerlichen Gesetzbuches* (betr notarielle Beurkundung eines Vorvertrages zur Einräumung oder zum Erwerb eines Sondereigentums an Wohnraum)

Sondererbrecht
– s Entwurf eines 2. Ges zur Änderung der *Höfeordnung*

Sondergutachten
s *Sachverständigenrat* zur Begutachtung der gesamtwirtschaftlichen Entwicklung

Sondermüll
– s GesEntw zur Änderung des *Abfallbeseitigungsgesetzes*

Sonderpädagogik
– Unterrichtung über den Bildungsgesamtplan
BR-Drs 790/73 = **51** G 2
BT-Drs 7/1474 = **100** C 8

Sonderschule
– Bildungsgesamtplan
BR-Drs 790/73 = **51** G 2
BT-Drs 7/1474 = **100** C 8
– Antwort auf die Große Anfrage betr Situation der Kinder in Deutschland
BT-Drs 7/3340 = **154** D 13

Sondervermögen
s a ERP-Sondervermögen
– VO über die Zuführung von Mitteln nach dem Ges zur Abwicklung der unter Sonderverwaltung stehenden Vermögen von Kreditinstituten, Versicherungsunternehmen und Bausparkassen für Zwecke des § 96 des Bundesvertriebenengesetzes
BR-Drs 430/74 = **75** G 7

Sonderzuschlag
– VO zur Regelung des örtlichen Sonderzuschlags für Hamburg
BR-Drs 712/74 = **88** I 10

Sonderzuwendungen
– *GesEntw über die Erhöhung der jährlichen Sonderzuwendung*
(betr den öffentlichen Dienst)
BR-Drs 626/73 = **40** L 10
BR-Drs 762/73 = **50** F 7
BR-PlPr 398 = **2** M 12
BR-PlPr 400 = **3** A 1
BT-Drs 7/1244 = **93** F 6
Gegenäußerung der Bundesregierung
BT-Drs 7/1293 = **95** F 4
Bericht und Antrag des Innenausschusses
BT-Drs 7/1317 = **95** I 14
Bericht des Haushaltsausschusses
BT-Drs 7/1356 = **96** E 6
1. Beratung
BT-PlPr 7/67 = **11** E 10
2. und 3. Beratung
BT-PlPr 7/69 = **11** M 6
– s a GesEntw eines 2. Ges zur Vereinheitlichung und Neuregelung des *Besoldungsrechts* in Bund und Ländern (2. BesVNG)
BR-Drs 1/74 = **53** A 4
BT-Drs 7/1906 = **112** D 11

Sonntagsfahrverbot
– Sondergutachten des Sachverständigenrates zur Begutachtung der gesamtwirtschaftlichen Entwicklung zu den gesamtwirtschaftlichen Auswirkungen der Ölkrise

BR-Drs 785/73 = **51** B 9
BT-Drs 7/1456 = **98** L 8
– Unfallverhütungsbericht Straßenverkehr 1973
BT-Drs 7/3685 = **164** I 13
Sorgerecht
s Elterliches Sorgerecht
Sortenamt
s Bundessortenamt
Sortenkatalog für Pflanzen
s Pflanzensorten
Sortenliste
– 3. VO zur Änderung der VO über die Einfuhr und den Vertrieb von Saatgut nicht in der Sortenliste eingetragener Sorten
BR-Drs 179/74 = **63** D 8
Sortenschutz
s a Saatgutverkehrsgesetz
– *GesEntw zur Änd des Sortenschutzgesetzes*
BR-Drs 205/73 = **20** E 11
BR-Drs 732/74 = **89** O 8
BR-PlPr 392 = **2** D 6
BR-PlPr 414 = **4** F 5
BT-Drs 7/596 = **73** C 3
Bericht und Antrag des Ausschusses für Ernährung, Landwirtschaft und Forsten
BT-Drs 7/2706 = **132** L 13
Bericht des Haushaltsausschusses
BT-Drs 7/2751 = **134** G 3
1. Beratung
BT-PlPr 7/39 = **6** H 14
2. und 3. Beratung
BT-PlPr 7/128 = **23** K 8
Sowjetflotte
– Empfehlung des Militärausschusses der 18. Jahrestagung der Nordatlantischen Versammlung zur Bedrohung durch die Sowjetflotte
BR-Drs 131/73 = **16** L 3
BT-Drs 7/50 = **52** N 10
Sowjetzonenflüchtlinge
– s GesEntw eines 28. ÄndGes zum *Lastenausgleichsgesetz*
Sozialabkommen
s Sozialversicherungsabkommen
Sozialbeirat der Bundesregierung
– Rentenanpassungsbericht 1973
BR-Drs 116/73 = **13** J 4
BT-Drs 7/8 = **54** F 7
– Rentenanpassungsbericht 1974
BR-Drs 681/73 = **44** I 3
BT-Drs 7/1176 = **90** D 10
– Rentenanpassungsbericht 1975
BR-Drs 716/74 = **88** L 10
BT-Drs 7/2721 = **133** G 14
– Rentenanpassungsbericht 1976
BR-Drs 672/75 = **136** E 13
BT-Drs 7/4250 = **185** J 13
Sozialbericht der Bundesregierung
– Unterrichtung über den Sozialbericht 1973 der Bundesregierung
BR-Drs 680/73 = **43** I 9
BR-PlPr 401 **3** C 2
BT-Drs 7/1167 = **89** D 6
BT-PlPr 7/78 = **14** C 12
– Unterrichtung über den Sozialbericht 1976 der Bundesregierung
BR-Drs 252/76 = **157** M 7
BR-PlPr 436 = **6** J 12
BT-Drs 7/4953 = **207** G 3
BT-PlPr 7/256 = **49** K 13
Sozialbudget
– Unterrichtung über das Sozialbudget 1974
BR-Drs 797/74 = **94** B 7
BR-PlPr 416 = **4** I 9
BT-Drs 7/2853 = **138** E 12
BT-PlPr 7/141 = **26** L 3
Soziale Hilfsdienste
s Hilfsdienst
Soziale Pfleger-VO
– VO über die Ausbildungsförderung für den Besuch von Ausbildungsstätten für Dorfhelfer, Alten-, Familien-, Haus- und Heilerziehungspfleger
BR-Drs 275/74 = **67** N 6
Soziale Rechte
s Menschenrechte
Soziale Sicherheit
s Sozialversicherung
Sozialversicherungsabkommen
Sozialer Wohnungsbau
– s GesEntw eines Ges zur Förderung von Wohnungseigentum und *Wohnbesitz* im sozialen Wohnungsbau
BR-Drs 141/73 = **16** N 2
BT-Drs 7/577 = **72** K 4
– *GesEntw zur Vermögens- und Eigentumsbildung im sozialen Wohnungsbau*
BT-Drs 7/294 = **63** J 14
Bericht und Antrag des Ausschusses für Raumordnung, Bauwesen und Städtebau
BT-Drs 7/3314 = **153** F 6
1. Beratung
BT-PlPr 7/36 = **6** E 3
2. Beratung
BT-PlPr 7/162 = **31** A 14
– s a GesEntw zur Änderung des Ges zur Sicherung der Zweckbestimmung von Sozialwohnungen
(*Wohnungsbindungsgesetz* 1965)
– s a GesEntw über *Investitionszuschüsse* für Mietwohnungen, Genossenschaftswohnungen und Wohnheime im Sozialen Wohnungsbau
Soziales Jahr
– *GesEntw eines 2. Ges zur Änderung des Ges zur Förderung eines freiwilligen sozialen Jahres* (betr Versicherungsschutz und Einsatz im Europäischen Ausland)
BR-Drs 356/75 = **118** M 12
BR-Drs 699/75 = **138** F 13
BR-PlPr 422 = **5** B 1
BR-PlPr 427 = **5** K 3
BT-Drs 7/4002 = **174** O 4
Bericht und Antrag des Ausschusses für Jugend, Familie und Gesundheit
BT-Drs 7/4240 = **185** D 6
1. Beratung
BT-PlPr 7/191 = **36** G 10
2. und 3. Beratung
BT-PlPr 7/201 = **38** A 1
Sozialfonds, EG
– Vorschlag eines EG-Beschlusses betr die Beteiligung des Sozialfonds an strukturellen Anpassungsmaßnahmen
BR-Drs 318/75 = **115** F 2
BT-Drs 7/3634 = **163** L 9
Sozialgerichtsgesetz
– *Entw eines ÄndGes zum Sozialgerichtsgesetz*
BR-Drs 300/73 = **26** F 14
BR-Drs 480/74 = **77** A 7
BR-PlPr 394 = **2** F 12
BR-PlPr 410 = **3** O 9
BT-Drs 7/861 = **78** J 9
Bericht und Antrag des Ausschusses für Arbeit und Sozialordnung
BT-Drs 7/2024 = **115** K 13
Änderungsantrag zur 2. Beratung
BT-Drs 7/2238 = **120** D 7
1. Beratung
BT-PlPr 7/51 = **8** I 5
2. und 3. Beratung
BT-PlPr 7/106 = **19** N 8
Sozialgesetzbuch (SGB)
– *GesEntw eines Sozialgesetzbuches – Allgemeiner Teil –*
BR-Drs 286/73 = **25** L 14
BR-Drs 395/75 = **121** K 1
BR-PlPr 394 = **2** F 12
BR-PlPr 422 = **5** B 1
Vermittlungsverfahren:
BR-Drs 600/75 = **131** A 8
BR-PlPr 424 = **5** E 4
BT-Drs 7/868 = **78** K 14
Antrag des Ausschusses für Arbeit und Sozialordnung
BT-Drs 7/3738 = **168** E 1
Bericht des Haushaltsausschusses
BT-Drs 7/3766 = **168** K 4
Bericht des Ausschusses für Arbeit und Sozialordnung
BT-Drs 7/3786 = **168** N 2
Unterrichtung betr Anrufung des Vermittlungsausschusses
BT-Drs 7/3883 = **171** L 4
Antrag des Vermittlungsausschusses
BT-Drs 7/4067 = **176** F 12
1. Beratung
BT-PlPr 7/51 = **8** I 5
2. und 3. Beratung
BT-PlPr 7/181 = **34** J 3
Beratung eines Antrags des Vermittlungsausschusses
BT-PlPr 7/191 = **36** G 10
– *GesEntw eines Sozialgesetzbuches – Gemeinsame Vorschriften für die Sozialversicherung –*
BR-Drs 300/75 = **114** H 10
BR-Drs 466/76 = **171** B 7
BR-PlPr 421 = **5** A 7
BR-PlPr 437 = **6** L 10
Vermittlungsverfahren:
BR-Drs 654/76 = **178** N 3
BR-PlPr 440 = **7** A 8
BT-Drs 7/4122 = **177** K 5
Bericht und Antrag des Ausschusses für Arbeit und Sozialordnung
BT-Drs 7/5457 = **221** C 2
Änderungsantrag zur 3. Beratung
BT-Drs 7/5551 = **222** N 5
Unterrichtung betr Anrufung des Vermittlungsausschusses
BT-Drs 7/5612 = **223** O 13
Antrag des Vermittlungsausschusses
BT-Drs 7/5652 = **224** I 13
1. Beratung
BT-PlPr 7/201 = **38** A 1
2. und 3. Beratung
BT-PlPr 7/256 = **49** K 13
Beratung eines Antrags des Vermittlungsausschusses
BT-PlPr 7/258 = **50** E 3
Sozialhilfe
s a Bundessozialhilfegesetz
– Sozialbericht 1973
BR-Drs 600/73 = **43** I 9
BT-Drs 7/1167 = **89** D 6

- Sozialbudget 1974
  BR-Drs 797/74 = **94** B 7
  BT-Drs 7/2853 = **138** E 12
- Bericht der Bundesregierung zu Fragen des Leistungsrechts des Arbeitsförderungsgesetzes
  BT-Drs 7/4120 = **177** E 13
- Sozialbericht 1976
  BR-Drs 252/76 = **157** M 7
  BT-Drs 7/4953 = **207** G 3
- s a GesEntw über die Angleichung der Leistungen zur Rehabilitation *Behinderter*
  BR-Drs 517/73 = **35** E 12
  BT-Drs 7/1237 = **92** N 1
- s a GesEntw zur Verlängerung des Ges zur Förderung sozialer *Hilfsdienste*
  BR-Drs 778/74 = **92** H 13
  BT-Drs 7/2085 = **117** B 11
- Antrag betr Maßnahmen zum Ausgleich der aufgrund der Ölkrise gestiegenen Heizkosten
  BT-Drs 7/1346 = **96** D 8
- s a GesEntw über die Gewährung eines einmaligen *Heizölkostenzuschusses*

Sozialpolitik
- s Halbjahresbericht der Bundesregierung über die Tätigkeit des *Europarates*
- s *Integrationsbericht*
- Unterrichtung über den Finanzplan des Bundes 1973 bis 1977
  BR-Drs 601/73 = **40** O 1
  BT-Drs 7/1101 = **86** O 7
- Entw der Kommission der EG eines Aktionsprogramms für die Politik im wissenschaftlich – technologischen Bereich
  BT-Drs 7/1026 = **84** F 3
- Sozialbericht 1973
  BT-Drs 7/1167 = **89** D 6
- Tätigkeitsbericht 1973 der Bundesregierung
  BT-Drs 7/1434 = **97** H 8
- Materialien zum Bericht zur Lage der Nation 1974
  BT-Drs 7/2423 = **124** J 13
- Programm von Modellvorhaben und Studien zur Bekämpfung der Armut gem der EG-Entschließung über ein sozialpolitisches Aktionsprogramm
  BR-Drs 100/75 = **101** F 5
  BT-Drs 7/3208 = **149** A 3
- Sozialbericht 1976
  BT-Drs 7/4953 = **207** G 3

Sozialrat
- Errichtung:
  Schlußbericht der Enquête – Kommission Verfassungsreform
  BT-Drs 7/5924 = **233** D 5

Sozialversicherung
- Bericht der Bundesregierung betr die Selbstverwaltung in der Sozialversicherung
  BT-Drs 7/4244 = **185** G 1
- *GesEntw zur Änderung sozialversicherungsrechtlicher Vorschriften über die Leistung von Kinderzulage, Kinderzuschuß und Waisenrente für behinderte Kinder*
  BR-Drs 143/74 = **61** K 8
  BR-PlPr 404 = **3** G 6
  BT-Drs 7/2351 = **123** B 14
  BT-PlPr 7/116 = **21** G 5
- s a GesEntw zur Weiterentwicklung des *Selbstverwaltungsrechts* und zur Vereinfachung des Wahlverfahrens im Bereich der Sozialversicherung
  BR-Drs 136/73 = **16** M 2
  BT-Drs 7/288 = **63** M 13
- s a GesEntw über die Ermächtigung zum Erlaß von Rechtsverordnungen im Rahmen der EG-VO Nr 1408/71 zur Anwendung der Systeme der Sozialen Sicherheit auf Arbeitnehmer und deren Familien, die innerhalb der EG zu- und abwandern
  BR-Drs 632/73 = **41** C 13
  BT-Drs 7/1516 = **102** E 2
- s a GesEntw über die Sozialversicherung *Behinderter*
  BR-Drs 73/74 = **57** O 9
  BT-Drs 7/1992 = **114** J 10
- s a GesEntw eines Ges zur Änderung des *Entwicklungshelfer*-Gesetzes
  BR-Drs 629/75 = **132** J 10
  BT-Drs 7/4393 = **190** K 6
- s a GesEntw über die Sozialversicherung der selbständigen *Künstler* und Publizisten (Künstlersozialversicherungsgesetz)
  BR-Drs 410/76 = **168** L 10
  BT-Drs 7/4997 = **210** F 14
- Vorschlag einer EG-VO zur Änderung der VO über die Anwendung der Systeme der Sozialen Sicherheit auf Arbeitnehmer und deren Familienangehörige, die innerhalb der EG zu- und abwandern
  BR-Drs 114/74 = **59** E 5
  BR-Drs 515/74 = **78** D 3
  BR-Drs 613/75 = **131** H 2
  BT-Drs 7/1648 = **105** J 9
  BT-Drs 7/2364 = **123** E 2
  BT-Drs 7/4113 = **177** D 6
- 2. VO zur Änderung der VO über die Anerkennung von Systemen und Einrichtungen der Sozialen Sicherheit als gesetzliche Rentenversicherungen
  BR-Drs 185/73 = **19** I 4
- 3. VO zur Änderung der Wahlordnung für die Sozialversicherung
  BR-Drs 407/73 = **31** G 3
- Allgemeine Verwaltungsvorschrift über das Rentenzahlverfahren in der Sozialversicherung
  BR-Drs 595/73 = **39** N 4
- Allgemeine Verwaltungsvorschrift zur Durchführung des § 2 a Abs 2 des Ges über eine Altershilfe für Landwirte
  BR-Drs 554/74 = **81** J 14
- 5. VO über die Festsetzung der Ortslöhne in der Sozialversicherung
  BR-Drs 611/74 = **84** I 11
- 3. VO zur Änderung der VO über die Anerkennung von Systemen und Einrichtungen der Sozialen Sicherheit als gesetzliche Rentenversicherungen
  BR-Drs 24/75 = **98** G 10
- VO zum Abkommen Bundesrepublik Deutschland/Großherzogtum Luxemburg über die Einziehung und Beitreibung von Beiträgen der Sozialen Sicherheit
  BR-Drs 37/76 = **146** I 13
- VO zum Abkommen Bundesrepublik Deutschland/Großherzogtum Luxemburg über den in Art 105 Abs 2 der EG-VO Nr 574/72 vorgesehenen Verzicht auf Erstattung der Kosten der verwaltungsmäßigen und ärztlichen Kontrolle
  BR-Drs 38/76 = **146** J 5

Sozialversicherungsabkommen
- *GesEntw zur Vereinbarung Bundesrepublik Deutschland/Sozialistische Föderative Republik Jugoslawien zur Durchführung des Abkommens über Soziale Sicherheit*
  BR-Drs 51/73 = **8** O 10
  BR-Drs 254/73 = **22** L 9
  BR-PlPr 389 = **1** B 11
  BR-PlPr 392 = **2** D 6
  BT-Drs 7/108 = **55** F 7
  Bericht und Antrag des Ausschusses für Arbeit und Sozialordnung
  BT-Drs 7/240 = **61** B 9
  1. Beratung
  BT-PlPr 7/15 = **2** J 13
  2. Beratung und Schlußabstimmung
  BT-PlPr 7/21 = **3** J 11
- *GesEntw zum Abkommen Bundesrepublik Deutschland/Sozialistische Republik Rumänien über Sozialversicherung*
  BR-Drs 703/73 = **47** L 1
  BR-Drs 228/74 = **65** O 8
  BR-PlPr 400 = **3** A 1
  BR-PlPr 404 = **3** G 6
  BT-Drs 7/1480 = **100** K 11
  Bericht und Antrag des Ausschusses für Arbeit und Sozialordnung
  BT-Drs 7/1767 = **109** C 14
  1. Beratung
  BT-PlPr 7/74 = **13** F 13
  2. Beratung und Schlußabstimmung
  BT-PlPr 7/86 = **15** N 2
- *GesEntw zum Abkommen Bundesrepublik Deutschland/Volksrepublik Polen über die Sozialversicherung von Arbeitnehmern bei vorübergehendem Aufenthalt im anderen Land*
  BR-Drs 7/74 = **54** D 13
  BR-Drs 333/74 = **70** I 1
  BR-PlPr 401 = **3** C 2
  BR-PlPr 405 = **3** I 2
  BT-Drs 7/1714 = **108** D 6
  Bericht und Antrag des Ausschusses für Arbeit und Sozialordnung
  BT-Drs 7/1905 = **112** D 9
  1. Beratung
  BT-PlPr 7/86 = **15** N 2
  2. Beratung und Schlußabstimmung
  BT-PlPr 7/96 = **18** B 12
- *GesEntw zum 3. Abkommen zur Änderung des Abkommens Bundesrepublik Deutschland/Königreich Spanien über Soziale Sicherheit*
  BR-Drs 607/74 = **84** H 3
  BR-Drs 94/75 = **101** E 3
  BR-PlPr 412 = **4** B 12
  BR-PlPr 416 = **4** I 9
  BT-Drs 7/2579 = **130** A 5
  Unterrichtung durch die Bundesregierung
  BT-Drs 7/2687 = **132** F 12
  Bericht und Antrag des Ausschusses für Arbeit und Sozialordnung
  BT-Drs 7/3134 = **147** A 12
  1. Beratung
  BT-PlPr 7/125 = **23** A 1
  2. Beratung und Schlußabstimmung
  BT-PlPr 7/147 = **28** A 1
- *GesEntw zum Abkommen Bundesrepublik Deutschland/Republik Israel über Soziale Sicherheit*
  BR-Drs 646/74 = **85** H 5
  BR-Drs 63/75 = **9** L 4
  BR-PlPr 413 = **4** D 12
  BR-PlPr 416 = **4** I 9
  BT-Drs 7/2783 = **134** N 7

Bericht und Antrag des Ausschusses für Arbeit und Sozialordnung
BT-Drs 7/3101 = **146** G 10
1. Beratung
BT-PlPr 7/134 = **25** A 1
2. Beratung und Schlußabstimmung
BT-PlPr 7/147 = **28** A 1
- *GesEntw zu den Zusatzvereinbarungen zum Abkommen Bundesrepublik Deutschland/Republik Österreich über Soziale Sicherheit und zu der Vereinbarung zur Durchführung dieses Abkommens*
BR-Drs 692/74 = **87** L 10
BR-Drs 65/75 = **99** L 11
BR-PlPr 414 = **4** F 5
BR-PlPr 416 = **4** I 9
BT-Drs 7/2870 = **139** O 3
Bericht und Antrag des Ausschusses für Arbeit und Sozialordnung
BT-Drs 7/3103 = **146** G 14
1. Beratung
BT-PlPr 7/136 = **25** J 7
2. Beratung und Schlußabstimmung
BT-PlPr 7/147 = **28** A 1
- *GesEntw zum 2. Abkommen zur Änderung des Abkommens Bundesrepublik Deutschland/Königreich Griechenland über Soziale Sicherheit und der Zusatzvereinbarung zu diesem Abkommen*
BR-Drs 800/74 = **95** B 11
BR-Drs 95/75 = **101** E 4
BR-PlPr 415 = **4** G 8
BR-PlPr 416 = **4** I 9
BT-Drs 7/3021 = **142** N 8
Bericht und Antrag des Ausschusses für Arbeit und Sozialordnung
BT-Drs 7/3134 = **147** A 12
1. Beratung
BT-PlPr 7/141 = **26** L 3
2. Beratung und Schlußabstimmung
BT-PlPr 7/147 = **28** A 1
- *GesEntw zum Abkommen zur Änderung des Abkommens Bundesrepublik Deutschland/Sozialistische Föderative Republik Jugoslawien über Soziale Sicherheit*
BR-Drs 801/74 = **95** C 6
BR-Drs 98/75 = **101** E 7
BR-PlPr 415 = **4** G 8
BR-PlPr 416 = **4** I 9
BT-Drs 7/3024 = **142** O 7
Bericht und Antrag des Ausschusses für Arbeit und Sozialordnung
BT-Drs 7/3134 = **147** A 12
1. Beratung
BT-PlPr 7/141 = **26** L 3
2. Beratung und Schlußabstimmung
BT-PlPr 7/147 = **28** A 1
- *GesEntw zum Abkommen zur Änderung des Abkommens Bundesrepublik Deutschland/Portugiesische Republik über Soziale Sicherheit und der Zusatzvereinbarung*
BR-Drs 802/74 = **95** C 11
BR-Drs 97/75 = **101** E 6
BR-PlPr 415 = **4** G 8
BR-PlPr 416 = **4** I 9
BT-Drs 7/3023 = **142** O 2
Bericht und Antrag des Ausschusses für Arbeit und Sozialordnung
BT-Drs 7/3134 = **147** A 12
1. Beratung
BT-PlPr 7/141 = **26** L 3
2. Beratung und Schlußabstimmung
BT-PlPr 7/147 = **28** A 1
- *GesEntw zum Zwischenabkommen zur Änderung des Abkommens Bundesrepublik Deutschland/Republik Türkei über Soziale Sicherheit*
BR-Drs 803/74 = **95** D 2
BR-Drs 96/75 = **101** E 5
BR-PlPr 415 = **4** G 8
BR-PlPr 416 = **4** I 9
BT-Drs 7/3022 = **142** N 12
Bericht und Antrag des Ausschusses für Arbeit und Sozialordnung
BT-Drs 7/3134 = **147** A 12
1. Beratung
BT-PlPr 7/141 = **26** L 3
2. Beratung und Schlußabstimmung
BT-PlPr 7/147 = **28** A 1
- *GesEntw zum Zusatzabkommen zum Abkommen Bundesrepublik Deutschland/Schweizerische Eidgenossenschaft über Soziale Sicherheit*
BR-Drs 167/76 = **154** A 5
BR-Drs 454/76 = **170** L 10
BR-PlPr 433 = **6** D 11
BR-PlPr 437 = **6** L 10
BT-Drs 7/5029 = **211** I 8
Bericht und Antrag des Ausschusses für Arbeit und Sozialordnung
BT-Drs 7/5360 = **218** N 13
1. Beratung
BT-PlPr 7/242 = **45** L 4
2. Beratung und Schlußabstimmung
BT-PlPr 7/252 = **48** J 1
- *GesEntw zum Abkommen Bundesrepublik Deutschland/Vereinigte Staaten von Amerika über Soziale Sicherheit*
BR-Drs 247/76 = **157** H 12
BR-Drs 455/76 = **170** L 11
BR-PlPr 434 = **6** F 11
BR-PlPr 437 = **6** L 10
BT-Drs 7/5210 = **215** K 8
Bericht und Antrag des Ausschusses für Arbeit und Sozialordnung
BT-Drs 7/5359 = **218** N 12
1. Beratung
BT-PlPr 7/247 = **47** I 2
2. Beratung und Schlußabstimmung
BT-PlPr 7/252 = **48** J 1
- *GesEntw zum Abkommen Bundesrepublik Deutschland/Königreich Spanien über Soziale Sicherheit und dem Ergänzungsabkommen*
BR-Drs 287/76 = **162** E 10
BR-PlPr 435 = **6** I 1
- *GesEntw zum Abkommen Bundesrepublik Deutschland/Königreich Schweden über Soziale Sicherheit*
BR-Drs 337/76 = **164** C 9
BR-PlPr 436 = **6** J 12

Sozialversicherungsbeiträge
- VO zum Abkommen Bundesrepublik Deutschland/Großherzogtum Luxemburg über die Einziehung und Beitreibung von Beiträgen der Sozialen Sicherheit
BR-Drs 37/76 = **146** I 13

Sozialversicherungsträger
- VO über die von den Trägern der Sozialversicherung an die Deutsche Bundespost zu zahlende Vergütung für das Auszahlen von Renten
BR-Drs 220/73 = **21** C 12
BR-Drs 185/75 = **108** F 8

Sozialwohnungen
- *GesEntw über die Belegung der Sozialwohnungen*
BT-Drs 7/843 = **78** F 8
Bericht und Antrag des Ausschusses für Raumordnung, Bauwesen und Städtebau
BT-Drs 7/1445 = **97** O 5
Bericht des Haushaltsausschusses
BT-Drs 7/1544 = **103** E 4
1. Beratung
BT-PlPr 7/48 = **8** D 4
2. Beratung
BT-PlPr 7/80 = **14** I 14
- s a Entw eines ÄndGes zur Sicherung der Zweckbestimmung von Sozialwohnungen (*WohnungsbindungsGes* 1965)
BR-Drs 160/73 = **18** B 7
BT-Drs 7/855 = **78** H 13
- Antwort auf die Große Anfrage betr Ziele und Aufgaben der Wohnungspolitik
BT-Drs 7/3523 = **158** B 11
- Wohngeld – und Mietenbericht 1975
BT-Drs 7/4460 = **191** M 7

Spanien, Königreich
- *GesEntw zum 3. Abkommen zur Änderung des Abkommens Bundesrepublik Deutschland/Königreich Spanien über Soziale Sicherheit*
BR-Drs 607/74 = **84** H 3
BR-Drs 94/75 = **101** E 3
BR-PlPr 412 = **4** B 12
BR-PlPr 416 = **4** I 9
BT-Drs 7/2579 = **130** A 5
Unterrichtung durch die Bundesregierung
BT-Drs 7/2687 = **130** F 12
Bericht und Antrag des Ausschusses für Arbeit und Sozialordnung
BT-Drs 7/3134 = **147** A 12
1. Beratung
BT-PlPr 7/125 = **23** A 1
2. Beratung und Schlußabstimmung
BT-PlPr 7/147 = **28** A 1
- *GesEntw zum Abkommen Bundesrepublik Deutschland/Königreich Spanien über Soziale Sicherheit und dem Ergänzungsabkommen*
BR-Drs 287/76 = **162** E 10
BR-PlPr 435 = **6** I 1
- Vorschlag einer EG-VO über die Eröffnung, Aufteilung und Verwaltung eines Gemeinschaftszollkontingents für bestimmte in Spanien raffinierte Erdölerzeugnisse 1977
BR-Drs 601/76 = **176** F 13

Sparförderung
- *GesEntw zur Reform der Einkommensteuer, des Familienlastenausgleichs und der Sparförderung* – (eingebracht als 3. Steuerreformgesetz)
BR-Drs 410/74 = **74** C 12
BR-PlPr 407 = **3** L 12
Vermittlungsverfahren:
BR-Drs 491/74 = **77** C 3
BR-PlPr 410 = **3** O 9
BR-Drs 533/74 = **78** L 2
2. Vermittlungsverfahren:
BR-Drs 534/74 = **78** L 3
BR-PlPr 411 = **4** B 9
1. Antrag des Finanzausschusses
BT-Drs 7/2164 = **118** H 2
Unterrichtung betr Anrufung des Vermittlungsausschusses
BT-Drs 7/2306 = **122** E 9
Antrag des Vermittlungsausschusses
BT-Drs 7/2352 = **123** C 5
Unterrichtung durch den Bundesrat betr Nicht – Zustimmung
BT-Drs 7/2380 = **123** I 13

Unterrichtung durch die Bundesregierung
BT-Drs 7/2384 = **123** J 2
Antrag des Vermittlungsausschusses
BT-Drs 7/2408 = **124** A 14
2. und 3. Beratung
BT-PlPr 7/104 = **19** E 7
1. Vermittlungsverfahren:
BT-PlPr 7/113 = **21** B 12
2. Vermittlungsverfahren:
BT-PlPr 7/114 = **21** C 12
– s a GesEntw zur Änderung des *Unterhaltssicherungsgesetzes* und prämienrechtlicher Vorschriften
BR-Drs 397/74 = **73** J 12
BT-Drs 7/2796 = **135** B 9
– 4. Subventionsbericht
BR-Drs 647/73 = **41** M 1
BT-Drs 7/1144 = **88** F 1
– 5. Subventionsbericht
BR-Drs 652/75 = **133** K 14
BT-Drs 7/4203 = **183** M 6
– Sozialbudget 1974
BR-Drs 797/74 = **94** B 7
BT-Drs 7/2853 = **138** E 12
– Sozialbericht 1976
BR-Drs 252/76 = **157** M 7
BT-Drs 7/4953 = **207** G 3

Sparkassen
– VO über die Zuordnung der Ämter der hauptamtlichen Vorstandsmitglieder öffentlich-rechtlicher Sparkassen
BR-Drs 231/76 = **156** M 5

Sparprämiengesetz
– *GesEntw zur Änderung des Sparprämiengesetzes und des Wohnungsbau-Prämiengesetzes*
BR-Drs 773/74 = **92** D 13
BR-PlPr 414 = **4** F 5
BT-Drs 7/2797 = **135** B 12
BT-Drs 7/2798 = **135** C 2
BT-PlPr 7/131 = **24** F 7
– s a GesEntw eines 3. *Steuerreformgesetzes*
BR-Drs 700/73 = **46** A 6
BT-Drs 7/1470 = **99** B 8
– s a *UnterhaltssicherungsGes*
– Allgemeine Verwaltungsvorschrift zur Ausführung des Spar-Prämiengesetzes
BR-Drs 58/76 = **147** J 11
– 5. VO zur Änderung der VO zur Durchführung des Spar-Prämiengesetzes
BR-Drs 798/74 = **95** B 5

Spenden
– 6. VO über den Abzug von Spenden zur Förderung staatspolitischer Zwecke
BR-Drs 668/73 = **43** B 10

Spiele
– VO zur Änderung der VO über das Verfahren bei Erteilung von Unbedenklichkeitsbescheinigungen für die Veranstalter anderer Spiele im Sinne des § 33 d Abs 1 der Gewerbeordnung
BR-Drs 168/74 = **62** N 1
– VO zur Änderung der VO über die gewerbsmäßige Veranstaltung unbedenklicher Spiele
BR-Drs 101/75 = **101** F 13
– VO zur Änderung der VO über das Verfahren bei Erteilung der Unbedenklichkeitsbescheinigungen für die Veranstaltung anderer Spiele im Sinne des § 33d Abs 1 der Gewerbeordnung
BR-Drs 338/75 = **116** J 2
– VO zur Änderung der VO über Spielgeräte und andere Spiele mit Gewinnmöglichkeit
BR-Drs 752/75 = **141** A 13

Spielgeräte
– VO zur Änderung der VO über das Verfahren bei der Zulassung der Bauart von Spielgeräten
BR-Drs 297/73 = **26** F 7
BR-Drs 296/75 = **114** F 13

Spielplatz
– Antwort auf die Große Anfrage betr Situation der Kinder in Deutschland
BT-Drs 7/3340 = **154** D 13
– 2. Familienbericht
BT-Drs 7/3502 = **157** G 4

Spikesreifen
– Straßenbaubericht 1974
BT-Drs 7/3822 = **169** N 2

Sport
– Unterrichtung über die Entwicklung der Beziehungen zwischen der Bundesrepublik Deutschland und der DDR
BT-Drs 7/420 = **66** L 5
– Antrag betr Bundessportplan
BT-Drs 7/622 = **73** J 13
Beratung
BT-PlPr 7/48 = **8** D 4
Bericht und Antrag des Sportausschusses
BT-Drs 7/2288 = **121** M 14
Beratung
BT-PlPr 7/131 = **24** F 7
– Sportbericht der Bundesregierung
BT-Drs 7/1040 = **84** K 2
– 3. Sportbericht der Bundesregierung
BT-Drs 7/4609 = **196** G 1
BT-PlPr 7/219 = **41** I 1

Sportpolitik
– Antwort auf die Große Anfrage der SPD/FDP betr Sportpolitik
BT-Drs 7/2592 = **130** F 11
Beratung
BT-PlPr 7/131 = **24** F 7
Entschließungsanträge
BT-Drs 7/2790 = **135** B 5
BT-Drs 7/2800 = **135** C 4
Bericht und Antrag des Sportausschusses
BT-Drs 7/3902 = **172** A 1
Änderungsanträge
BT-Drs 7/4637 = **197** D 7
BT-Drs 7/4669 = **198** J 6
– Unterrichtung betr Beschluß des Deutschen Bundestages zu den Entschließungsanträgen
BT-Drs 7/5435 = **220** L 2
Beratung der Entschließungsanträge
BT-PlPr 7/219 = **41** I 1

Sportschützen
– s GesEntw zur Änderung des *Waffengesetzes*
BR-Drs 253/74 = **66** N 7
BT-Drs 7/2379 = **123** H 11

Sprengstoff
– 3. VO zur Änderung der Listen der explosionsgefährlichen Stoffe
BR-Drs 59/74 = **57** C 2
– 4. VO zur Änderung der Listen der explosionsgefährlichen Stoffe
BR-Drs 685/74 = **87** B 4

Sprengstoffgesetz
– *GesEntw zur Änderung des Sprengstoffgesetzes* (betr explosionsgefährliche Stoffe)
BR-Drs 677/75 = **137** D 12
BR-Drs 463/76 = **170** O 6
BR-PlPr 429 = **5** M 3
BR-PlPr 437 = **6** L 10
BT-Drs 7/4824 = **204** H 8
Bericht und Antrag des Innenausschusses
BT-Drs 7/5474 = **221** I 3
1. Beratung
BT-PlPr 7/230 = **43** J 6
2. und 3. Beratung
BT-PlPr 7/256 = **49** K 13
– Allgemeine Verwaltungsvorschrift zum Sprengstoffgesetz
BR-Drs 713/73 = **48** D 6
– 2. VO zur Änderung des 2. VO zur Durchführung des Sprengstoffgesetzes
BR-Drs 278/74 = **67** O 1
– 3. VO zur Änderung der 2. VO zur Durchführung des Sprengstoffgesetzes
BR-Drs 234/76 = **156** N 11

Sprengstoffrecht
– *GesEntw zur Vereinheitlichung des Sprengstoffrechts*
BR-Drs 77/76 = **149** A 1
BR-PlPr 432 = **6** B 14
BT-Drs 7/5102 = **213** I 14
Bericht und Antrag des Innenausschusses
BT-Drs 7/5474 = **221** I 3
1. Beratung
BT-PlPr 7/240 = **45** L 4
2. Beratung
BT-PlPr 7/256 = **49** K 13
– s a Entw eines 34. Ges zur Änderung des *Grundgesetzes* (Art 74 Nr 4 a)
BR-Drs 76/76 = **148** O 7
BT-Drs 7/5101 = **213** I 11

Staatenlose
– *GesEntw zum Übereinkommen über die Rechtsstellung der Staatenlosen*
BR-Drs 536/75 = **127** H 1
BR-Drs 41/76 = **146** J 14
BR-PlPr 424 = **5** E 4
BR-PlPr 431 = **5** O 8
BT-Drs 7/4170 = **179** B 11
Bericht und Antrag des Innenausschusses
BT-Drs 7/4429 = **191** H 12
1. Beratung
BT-PlPr 7/201 = **38** A 1
2. Beratung und Schlußabstimmung
BT-PlPr 7/212 = **39** O 6
– 8. VO zur Änderung der VO zur Durchführung des Ausländergesetzes
BR-Drs 324/76 = **163** M 14
– *GesEntw zum Übereinkommen zur Verminderung der Staatenlosigkeit und zu dem Übereinkommen zur Verringerung der Fälle von Staatenlosigkeit*
BR-Drs 674/76 = **179** H 12
BR-PlPr 442 = **7** C 1

Staatsangehörigkeit
– *GesEntw zum Übereinkommen über die Staatsangehörigkeit verheirateter Frauen*
BR-Drs 69/73 = **9** B 9
BR-Drs 349/73 = **28** D 5
BR-PlPr 390 = **2** A 6
BR-PlPr 394 = **2** F 12
BT-Drs 7/254 = **62** E 13
Bericht und Antrag des Innenausschusses
BT-Drs 7/412 = **66** G 7
1. Beratung
BT-PlPr 7/21 = **3** J 11
2. Beratung und Schlußabstimmung
BT-PlPr 7/31 = **5** D 11
– *GesEntw zur Änderung des Reichs- und Staatsangehörigkeitsgesetzes* (betr Gleich-

stellung ehelicher Kinder deutscher Väter und deutscher Mütter bei Erwerb der Staatsangehörigkeit durch Geburt)
BR-Drs 249/74 = **66** K 8
BR-Drs 814/74 = **95** H 5
BR-PlPr 405 = **3** I 2
BR-PlPr 415 = **4** G 8
BT-Drs 7/2175 = **118** N 11
Bericht und Antrag des Innenausschusses
BT-Drs 7/2814 = **136** L 1
Änderungsantrag zur 2. Beratung
BT-Drs 7/2895 = **140** I 9
1. Beratung
BT-PlPr 7/106 = **19** N 8
2. und 3. Beratung
BT-PlPr 7/134 = **25** A 1
– Staatsangehörigkeits-GebührenVO
BR-Drs 797/73 = **52** B 5
– Allgemeine Verwaltungsvorschrift über Urkunden in Staatsangehörigkeitssachen
BR-Drs 236/75 = **111** K 5
– VO zur Änderung der Staatsangehörigkeits-GebührenVO
BR-Drs 243/75 = **112** E 9

Staatsgrenze
– *GesEntw zum Vertrag Bundesrepublik Deutschland/Republik Österreich über die gemeinsame Staatsgrenze*
BR-Drs 399/74 = **73** M 10
BR-Drs 46/75 = **99** I 12
BR-PlPr 410 = **3** O 9
BR-PlPr 416 = **4** I 9
BT-Drs 7/2396 = **123** M 11
Bericht und Antrag des Auswärtigen Ausschusses
BT-Drs 7/2936 = **141** F 7
1. Beratung
BT-PlPr 7/116 = **21** G 5
2. Beratung und Schlußabstimmung
BT-PlPr 7/138 = **26** C 5

Staatshandelsländer
– Vorschlag einer EG-VO zur Beeinflussung der Zinssätze von Krediten zur Finanzierung von Ausfuhren in Industrieländer und Staatshandelsländer
BR-Drs 243/73 = **22** J 8
BT-Drs 7/386 = **65** F 4
– Vorschlag einer EG-VO zur Änderung der EG-VO betr gemeinsame Regelungen für Einfuhren aus Staatshandelsländern und Drittländern
BR-Drs 66/76 = **148** D 7
BT-Drs 7/4701 = **200** M 12

Staatsprüfung, Juristische
– Bericht über die Juristenausbildung in den Ländern
BT-Drs 7/3604 = **163** D 9

Staatssekretäre
s Parlamentarische Staatssekretäre

Staatsschutz
– s Neufassung der *Geheimschutzordnung* des Deutschen Bundestages und Änderung der Geschäftsordnung

Stabilität
– *GesEntw eines 2. Änderungsgesetzes zum Ges zur Förderung der Stabilität und des Wachstums der Wirtschaft*
BR-Drs 89/73 = **11** A 1
BR-PlPr 389 = **1** B 11
BT-Drs 7/499 = **69** H 14
BT-PlPr 7/35 = **6** A 14
– Bericht der Bundesregierung über die Entwicklung der Finanzhilfen des Bundes und der Steuervergünstigungen 1971 bis 1974 gem § 12 des Ges zur Förderung der Stabilität und des Wachstums der Wirtschaft (StWG) 4. Subventionsbericht
BR-Drs 647/73 = **41** M 1
BT-Drs 7/1144 = **88** F 1
– Bericht der Bundesregierung über die Entwicklung der Finanzhilfen des Bundes und der Steuervergünstigungen für die Jahre 1973 bis 1976 gem § 12 des Ges zur Förderung der Stabilität und des Wachstums der Wirtschaft (StWG) – 5. Subventionsbericht
BR-Drs 652/75 = **133** K 14
BT-Drs 7/4203 = **183** M 6
– Investitionsprogramm des Bundes 1972 bis 1976
BR-Drs 481/73 = **34** C 3
BT-Drs 7/891 = **79** J 7
– Investitionsprogramm des Bundes 1973 bis 1977
BR-Drs 261/74 = **67** E 12
BT-Drs 7/1888 = **112** B 2
– Finanzplan des Bundes 1973 bis 1977
BR-Drs 601/73 = **40** O 1
BT-Drs 7/1101 = **86** O 7
– Finanzplan und Investitionsprogramm des Bundes 1974 bis 1978
BR-Drs 591/74 = **83** G 3
BT-Drs 7/2503 = **128** A 13
– Finanzplan des Bundes 1975 bis 1979
BR-Drs 626/75 = **132** H 2
BT-Drs 7/4101 = **177** A 7
– s a Jahreswirtschaftsbericht
– s a Sachverständigenrat ...

Stabilitätsabgabe
s a Finanzpolitik
– Erklärung der Bundesregierung zum Stabilitätsprogramm
BT-PlPr 7/30 = **5** A 6

Stadt
– Antwort auf die Große Anfrage betr Lage der Städte, Gemeinden und Kreise
BT-Drs 7/2409 = **124** B 4
Entschließungsanträge
BT-Drs 7/2741 = **134** F 4
BT-Drs 7/2744 = **134** F 7
BT-Drs 7/2745 = **134** F 8
Bericht und Antrag des Ausschusses für Wahlprüfung, Immunität und Geschäftsordnung
BT-Drs 7/3747 = **168** G 8
Bericht und Antrag des Innenausschusses
BT-Drs 7/3764 = **168** K 2
Bericht des Haushaltsausschusses
BT-Drs 7/3765 = **168** K 3
Bericht des Haushaltsausschusses
BT-Drs 7/3767 = **168** K 4
Beratung
BT-PlPr 7/128 = **23** K 8
BT-PlPr 7/181 = **34** J 3

Stadtkerne
– *GesEntw zur Erhaltung und Modernisierung kulturhistorisch wertvoller Stadtkerne*
BR-Drs 197/74 = **64** B 5
BR-PlPr 407 = **3** L 12
BT-Drs 7/2552 = **129** K 7
Bericht und Antrag des Finanzausschusses
BT-Drs 7/5523 = **222** I 9
Bericht des Haushaltsausschusses
BT-Drs 7/5546 = **222** N 2
1. Beratung
BT-PlPr 7/122 = **22** G 7
2. Beratung
BT-PlPr 7/256 = **49** K 13

Stadtentwicklung
– s GesEntw zur Änderung des *Bundesbaugesetzes*
– Bundesbericht Forschung V
BT-Drs 7/3574 = **160** A 1
– Städtebaubericht 1975
BT-Drs 7/3583 = **161** M 9

Städtebau
– Antwort auf die Große Anfrage
BT-Drs 7/962 = **81** N 5
BT-PlPr 7/54 = **9** A 1
– Antwort auf die Große Anfrage betr Ziele und Aufgaben der Wohnungspolitik
BT-Drs 7/3523 = **158** B 11
– Raumordnungsbericht 1974
BT-Drs 7/3582 = **161** G 3
– 4. Subventionsbericht
BR-Drs 647/73 = **41** M 1
BT-Drs 7/1144 = **88** F 1
– 5. Subventionsbericht
BR-Drs 652/75 = **133** K 14
BT-Drs 7/4203 = **183** M 6
– Tätigkeitsbericht 1973 der Bundesregierung
BT-Drs 7/1434 = **97** H 8
– Entwurf einer EG-Entschließung für ein EG-Aktionsprogramm zum Umweltschutz und zur Städteplanung und Raumordnung
BR-Drs 365/73 = **28** K 1
BT-Drs 7/560 = 72 F 8
– s a GesEntw betr *Sanierungs-* und Entwicklungsgemeinschaften
BR-Drs 142/73 = **17** C 3
BT-Drs 7/764 = **77** E 13

Städtebaubericht der Bundesregierung
– Städtebaubericht 1975
BT-Drs 7/3583 = **161** M 9
Bericht und Antrag des Ausschusses für Raumordnung, Bauwesen und Städtebau
BT-Drs 7/4465 = **192** B 5
Beratung
BT-PlPr 7/175 = **33** G 14
BT-PlPr 7/216 = **40** N 12

Städtebauförderungsgesetz
– Allgemeine Verwaltungsvorschrift über den Einsatz von Förderungsmitteln
BR-Drs 598/74 = **83** M 4
– VO über die Kosten der Ordnungsmaßnahmen nach § 41 Abs 2 des Städtebauförderungsgesetzes
BR-Drs 552/75 = **128** J 12
– VO über die Erhebung von Ausgleichsbeträgen nach den §§ 41 und 42 des Städtebauförderungsgesetzes
BR-Drs 641/75 = 133 D 5

Ständige Vertretung der Bundesrepublik Deutschland bei der DDR
– *GesEntw zur Regelung besonderer dienstrechtlicher Fragen der Bediensteten in der Ständigen Vertretung der Bundesrepublik Deutschland bei der DDR*
BR-Drs 695/73 = **45** J 3
BR-Drs 287/74 = **68** G 1
BR-PlPr 400 = **3** A 1
BR-PlPr 405 = **3** I 2
BT-Drs 7/1677 = **107** J 14
Bericht und Antrag des Innenausschusses
BT-Drs 7/1812 = **111** A 2
Bericht des Haushaltsausschusses
BT-Drs 7/1847 = **111** I 9

1. Beratung
BT-PlPr 7/81 = **14** N 5
2. und 3. Beratung
BT-PlPr 7/89 = **16** I 3

Ständige Vertretung der DDR bei der Bundesrepublik Deutschland
- *GesEntw über die Gewährung von Erleichterungen, Vorrechten und Befreiungen an die Ständige Vertretung der DDR bei der Bundesrepublik Deutschland*
BR-Drs 143/73 = **17** D 14
BR-Drs 469/73 = **33** L 9
BR-PlPr 391 = **2** B 11
BR-PlPr 396 = **2** I 14
BT-Drs 7/424 = **67** D 4
Bericht und Antrag des Ausschusses für innerdeutsche Beziehungen
BT-Drs 7/720 = **76** G 11
Änderungsantrag zur 2. Beratung
BT-Drs 7/783 = **77** M 2
1. Beratung
BT-PlPr 7/31 = **5** D 11
2. und 3. Beratung
BT-PlPr 7/42 = **7** A 12
- VO über die Gewährung von Erleichterungen, Vorrechten und Befreiungen an die Ständige Vertretung der DDR
BR-Drs 221/74 = **65** L 13
- VO zur Änderung der Straßenverkehrs-Zulassungs-Ordnung
BR-Drs 416/74 = **74** J 3
- VO über die Erstattung von Umsatzsteuer an die Ständige Vertretung der DDR und ihre Mitglieder
BR-Drs 792/74 = **93** N 11

Standesbeamte
- 2. Allgemeine Verwaltungsvorschrift zur Änderung der Allgemeinen Verwaltungsvorschrift zum Personenstandsgesetz
BR-Drs 35/75 = **98** K 8

Stangenverpackung
- 5. VO zur Änderung der ButterVO
BR-Drs 312/73 = **27** C 4

Statistik
s a Brennstoffe, Finanzstatistik, Geflügelstatistik, Güterkraftverkehrsstatistik, Hochschulstatistik, Kraftfahrzeuge, Pressestatistik, Schlachtung, Umweltstatistik
- *GesEntw zur Vorbereitung der Gebäude-, Wohnungs- und Arbeitsstättenzählung 1975*
BR-Drs 689/73 = **45** A 4
BR-Drs 246/74 = **66** F 12
BR-PlPr 400 = **3** A 1
BR-PlPr 404 = **3** G 6
BT-Drs 7/1662 = **107** H 1
Bericht und Antrag des Ausschusses für Raumordnung, Bauwesen und Städtebau
BT-Drs 7/1835 = **111** H 1
Bericht des Haushaltsausschusses
BT-Drs 7/1836 = **111** H 5
1. Beratung
BT-PlPr 7/81 = **14** N 5
2. und 3. Beratung
BT-PlPr 7/88 = **16** C 13
- *GesEntw über die Statistik der Straßen in den Gemeinden 1976*
BR-Drs 338/74 = **70** J 5
BR-Drs 44/75 = **99** I 9
BR-PlPr 407 = **3** L 12
BR-PlPr 416 = **4** I 9
BT-Drs 7/2518 = **128** K 9
Bericht und Antrag des Ausschusses für Verkehr und Post
BT-Drs 7/2892 = **140** I 4
Bericht des Haushaltsausschusses
BT-Drs 7/2964 = **141** N 7
1. Beratung
BT-PlPr 7/116 = **21** G 5
2. und 3. Beratung
BT-PlPr 7/138 = **26** C 5
- *GesEntw über die Durchführung einer Repräsentativstatistik der Bevölkerung und des Erwerbslebens – (Mikrozensus)*
BR-Drs 549/74 = **80** J 14
BR-Drs 167/75 = **107** B 3
BR-PlPr 412 = **4** B 12
BR-PlPr 418 = **4** M 1
Vermittlungsverfahren:
BR-Drs 326/75 = **115** K 4
BR-PlPr 420 = **4** N 9
BT-Drs 7/3042 = **143** H 11
Bericht und Antrag des Innenausschusses
BT-Drs 7/3289 = **153** B 2
Bericht des Haushaltsausschusses
BT-Drs 7/3290 = **153** B 6
1. Beratung
BT-PlPr 7/141 = **26** L 3
2. und 3. Beratung
BT-PlPr 7/152 = **28** M 6
Beratung des Antrags des Vermittlungsausschusses
BT-PlPr 7/167 = **31** N 12
- *GesEntw über die Statistik im Produzierenden Gewerbe*
BR-Drs 690/74 = **87** E 14
BR-Drs 399/75 = **121** M 11
BR-PlPr 414 = **4** F 5
BR-PlPr 422 = **5** B 1
Vermittlungsverfahren:
BR-Drs 603/75 = **131** C 9
BR-PlPr 424 = **5** E 4
BT-Drs 7/3372 = **155** A 10
Bericht und Antrag des Wirtschaftsausschusses
BT-Drs 7/3651 = **164** B 5
Bericht des Haushaltsausschusses
BT-Drs 7/3652 = **164** C 1
Unterrichtung betr Anrufung des Vermittlungsausschusses
BT-Drs 7/3881 = **171** L 2
Antrag des Vermittlungsausschusses
BT-Drs 7/4068 = **176** F 13
1. Beratung
BT-PlPr 7/162 = **31** A 14
2. und 3. Beratung
BT-PlPr 7/176 = **33** J 7
Beratung eines Antrags des Vermittlungsausschusses
BT-PlPr 7/191 = **36** G 10
- *GesEntw zur Änderung des Ges über Statistiken der Rohstoff- und Produktionswirtschaft einzelner Wirtschaftszweige*
BR-Drs 302/75 = **114** L 11
BR-Drs 315/76 = **163** K 6
BR-PlPr 421 = **5** A 7
BR-PlPr 435 = **6** I 1
BT-Drs 7/4603 = **196** F 1
Bericht und Antrag des Wirtschaftsausschusses
BT-Drs 7/5016 = **211** C 1
Änderungsantrag zur 2. Beratung
BT-Drs 7/5124 = **214** A 9
1. Beratung
BT-PlPr 7/221 = **41** M 14
2. und 3. Beratung
BT-PlPr 7/238 = **45** D 14
- VO über die Durchführung einer Statistik für Bundeszwecke über die Investitionen im Bauhauptgewerbe und im produzierenden Handwerk
BR-Drs 186/73 = **19** I 7
- VO über die Durchführung einer Statistik für Bundeszwecke über die Investitionen in der Industrie und im Bergbau
BR-Drs 187/73 = **19** I 10
- Allgemeine Verwaltungsvorschrift über Rechnungswesen und Statistik bei den Trägern der Krankenversicherung der Landwirte
BR-Drs 210/73 = **20** N 13
- VO über die Durchführung einer Statistik, über den Auftragseingang im Bauhauptgewerbe
BR-Drs 651/73 = **42** I 9
- VO über die Durchführung einer Statistik über den Auftragsbestand im Bauhauptgewerbe
BR-Drs 652/73 = **42** I 3
- VO zur Durchführung einer Erhebung über Arten und Umfang der betrieblichen Altersversorgung
BR-Drs 22/74 = **55** F 1
- Allgemeine Verwaltungsvorschrift über Rechnungswesen und Statistik, bei den Trägern der gesetzlichen Krankenversicherung
BR-Drs 23/74 = **55** F 5
- 5. VO zur Änderung der VO zur Durchführung des Ges über die Statistik des grenzüberschreitenden Warenverkehrs
BR-Drs 80/74 = **58** D 12
- VO über die Durchführung einer Statistik über die Struktur des Personals in der Jugendhilfe
BR-Drs 421/74 = **74** O 8
- Vorschlag einer EG-VO zur Durchführung einer Stichprobenerhebung über Arbeitskräfte
BR-Drs 615/74 = **84** J 3
BT-Drs 7/2609 = **130** L 8
- VO zur Änderung der Fleischbeschau-StatistikVO
BR-Drs 745/74 = **90** K 7
- VO nach § 5 Abs 3 Nr 1 des Ges über Umweltstatistiken
BR-Drs 782/74 = **93** E 10
- VO nach § 5 Abs 1 des Ges über Umweltstatistiken
BR-Drs 349/75 = **117** N 10
- Vorschlag einer EG-Richtlinie zur Erfassung des grenzüberschreitenden Güterkraftverkehrs im Rahmen einer Regionalstatistik
BR-Drs 458/75 = **123** L 2
BT-Drs 7/3931 = **172** L 14
- VO über eine Düngemittelstatistik
BR-Drs 703/75 = **138** H 6
- Allgemeine Verwaltungsvorschrift zur Festsetzung der Ausbeutesätze nach § 3 Abs 3 des Ges über eine Schlachtungs- und Schlachtgewichtsstatistik
BR-Drs 763/75 = **141** H 12
- Vorschlag einer EG-VO zur Durchführung einer Erhebung über die Verdienste der ständig in der Landwirtschaft beschäftigten Arbeiter
BR-Drs 192/76 = **155** J 5
BT-Drs 7/4859 = **205** M 8

- VO über eine Obstanbauerhebung
  BR-Drs 620/76 = **177** F 1
- Entwurf einer EG-Richtlinie zur Durchführung koordinierter Konjunkturstatistiken im Baugewerbe
  BR-Drs 628/76 = **177** L 6
- VO über die Durchführung der Fleischbeschau- und Geflügelfleischhygienestatistik
  BR-Drs 669/76 = **179** C 8

Statut von Genossenschaften
s Erwerbs- und Wirtschaftsgenossenschaften

Steinkohle
s a Kohle
- Unterrichtung über die Energiepolitik der Bundesregierung
  BR-Drs 607/73 = **40** G 1
  BT-Drs 7/1057 = **85** N 13
- Unterrichtung über die 1. Fortschreibung des Energieprogramms der Bundesregierung
  BR-Drs 718/74 = **89** F 2
  BT-Drs 7/2713 = **133** D 4
- Antrag betr Entlastung des Bundesministers für Wirtschaft wegen der Rechnung für das Wirtschaftsjahr 1975 über das Sondervermögen des Bundes „Ausgleichsfonds zur Sicherung des Steinkohleneinsatzes"
  BT-Drs 7/5416 = **220** H 12
  Antrag des Haushaltsausschusses
  BT-Drs 7/5550 = **222** N 4
- *GesEntw zur Änderung kohlerechtlicher Vorschriften*
  BR-Drs 4/74 = **54** C 7
  BR-Drs 467/74 = **76** J 7
  BR-PlPr 401 = **3** C 2
  BR-PlPr 410 = **3** O 9
  BT-Drs 7/1770 = **109** I 14
  Bericht und Antrag des Wirtschaftsausschusses
  BT-Drs 7/2224 = **120** A 1
  Bericht des Haushaltsausschusses
  BT-Drs 7/2244 = **120** D 13
  Änderungsantrag zur 2. Beratung
  BT-Drs 7/2284 = **121** M 8
  1. Beratung
  BT-PlPr 7/88 = **16** C 13
  2. und 3. Beratung
  BT-PlPr 7/108 = **20** E 5
- s a GesEntw über die weitere Sicherung des Einsatzes von Gemeinschaftskohle in der Elektrizitätswirtschaft (3. *Verstromungsgesetz*)
  BR-Drs 99/74 = **58** L 3
  BT-Drs 7/1991 = **114** I 9
- s a Entw eines Änd Ges zum *3. Verstromungsgesetz*
  BR-Drs 144/76 = **153** I 6
  BT-Drs 7/4577 = **195** N 12
- s a GesEntw über die statistische Erfassung der in den Geltungsbereich dieses Ges verbrachten festen *Brennstoffe*
- s a GesEntw zur Änderung des Ges über das Zollkontingent für feste *Brennstoffe*

Stellplatz
- Städtebaubericht 1975
  BT-Drs 7/3583 = **161** M 9

Sterbefälle
- 3. VO zur Änderung der VO zur Ausführung des Personenstandsgesetzes (betr Beurkundung von Sterbefällen auf deutschen Seeschiffen)
  BR-Drs 624/74 = **84** L 13

Sterilisation, freiwillige
- s Entw eines 5. Ges zur Reform des *Strafrechts*
  BT-Drs 7/375 = **65** C 1
  BT-Drs 7/443 = **67** I 10

Steuer
s a Umsatzsteuer
- Allgemeine Verwaltungsvorschrift zur Durchführung der Vorschriften über den Steuerabzug vom Arbeitslohn (Lohnsteuer-Richtlinie 1975)
  BR-Drs 337/75 = **115** M 9

Steuerabkommen
s Doppelbesteuerungsabkommen

Steueränderungsgesetz
- *GesEntw eines Steueränderungsgesetzes 1973*
  GesEntw der Bundesregierung
  BR-Drs 183/73 = **19** C 12
  GesEntw des Bundesrates
  BR-Drs 381/73 = **29** D 3
  BR-Drs 359/73 = **28** F 7
  BR-PlPr 391 = **2** B 11
  BR-PlPr 394 = **2** F 12
  Vermittlungsverfahren:
  BR-Drs 430/73 = **32** J 8
  BR-PlPr 395 = **2** I 1
  GesEntw der Bundesregierung
  BT-Drs 7/419 = **66** J 9
  Antrag des Finanzausschusses
  BT-Drs 7/591 = **73** A 1
  Bericht des Finanzausschusses
  BT-Drs 7/592 = **73** B 5
  Bericht des Haushaltsausschusses
  BT-Drs 7/603 = **73** F 10
  Änderungsantrag zur 2. Beratung
  BT-Drs 7/606 = **73** G 5
  Entschließungsantrag zur 3. Beratung
  BT-Drs 7/607 = **73** G 7
  Änderungsantrag zur 2. Beratung
  BT-Drs 7/611 = **73** G 11
  Gründe für die Einberufung des Vermittlungsausschusses
  BT-Drs 7/640 = **74** B 12
  Antrag des Vermittlungsausschusses
  BT-Drs 7/680 = **75** O 10
  1. Beratung
  BT-PlPr 7/26 = **4** D 4
  BT-PlPr 7/27 = **4** F 3
  BT-PlPr 7/28 = **4** I 11
  2. und 3. Beratung
  BT-PlPr 7/35 = **6** A 14
  Beratung eines Antrags des Vermittlungsausschusses
  BT-PlPr 7/39 = **6** H 14
- *GesEntw eines 2. Steueränderungsgesetzes 1973*
  BR-Drs 699/73 = **45** O 10
  BR-Drs 286/74 = **68** F 6
  BR-PlPr 400 = **3** A 1
  BR-PlPr 405 = **3** I 2
  Vermittlungsverfahren:
  BR-Drs 408/74 = **74** C 8
  BR-PlPr 407 = **3** L 12
  BT-Drs 7/1509 = **101** O 7
  Antrag des Finanzausschusses
  BT-Drs 7/1860 = **111** K 4
  Bericht des Finanzausschusses
  BT-Drs 7/1871 = **111** N 10
  Änderungsantrag zur 2. Beratung
  BT-Drs 7/1884 = **112** A 13
  Änderungsanträge zur 2. Beratung
  BT-Drs 7/1885 = **112** A 14
  BT-Drs 7/1886 = **112** A 14
  BT-Drs 7/1895 = **112** C 11
  BT-Drs 7/1902 = **112** D 6
  Bericht des Haushaltsausschusses
  BT-Drs 7/1893 = **112** C 9
  Unterrichtung betr Anrufung des Vermittlungsausschusses
  BT-Drs 7/2089 = **117** C 6
  Antrag des Vermittlungsausschusses
  BT-Drs 7/2156 = **118** F 11
  1. Beratung
  BT-PlPr 7/77 = **13** O 6
  2. und 3. Beratung
  BT-PlPr 7/91 = **17** A 1
  Beratung eines Antrags des Vermittlungsausschusses
  BT-PlPr 7/104 = **19** E 7
- *GesEntw zur Änderung des Einkommensteuergesetzes – (Steueränderungsgesetz 1974)*
  BR-Drs 189/74 = **63** K 9
  BR-PlPr 402 = **3** E 5
  BR-PlPr 404 = **3** G 6
  BT-Drs 7/2171 = **118** K 14
  Bericht und Antrag des Finanzausschusses
  BT-Drs 7/3092 = **146** F 8
  Bericht des Haushaltsausschusses
  BT-Drs 7/3172 = **147** N 13
  1. Beratung
  BT-PlPr 7/104 = **19** E 7
  2. Beratung
  BT-PlPr 7/147 = **28** A 1
- *GesEntw zur Änderung des Einkommensteuer- und Gewerbesteuergesetzes – (Steueränderungsgesetz 1975)*
  BR-Drs 828/74 = **95** N 3
  BR-PlPr 415 = **4** G 8
  BR-PlPr 416 = **4** I 9
  BT-Drs 7/3667 = **164** G 1
  Bericht und Antrag des Finanzausschusses
  BT-Drs 7/4705 = **200** N 9
  Bericht des Haushaltsausschusses
  BT-Drs 7/4730 = **201** F 6
  1. Beratung
  BT-PlPr 7/199 = **37** F 9
  2. Beratung
  BT-PlPr 7/221 = **41** M 14

Steuerauskunft
- Vorschlag einer EG-Richtlinie über die gegenseitige Amtshilfe zwischen den zuständigen Behörden der Mitgliedstaaten im Bereich der direkten Steuern
  BR-Drs 284/76 = **162** C 10
  BT-Drs 7/5081 = **212** M 7

Steuerbeamten-Ausbildungsgesetz
- *Entw eines ÄndGes zum Steuerbeamten – Ausbildungsgesetz* GesEntw des Bundesrates
  BR-Drs 468/73 = **33** J 5
  GesEntw der Bundesregierung
  BR-Drs 155/74 = **61** N 11
  BR-Drs 472/76 = **171** N 4
  BR-PlPr 398 = **2** M 12
  BR-PlPr 404 = **3** G 6
  BR-PlPr 437 = **6** L 10
  GesEntw des Bundesrates
  BT-Drs 7/1643 = **105** C 14
  GesEntw der Bundesregierung
  BT-Drs 7/2203 = **119** J 2
  Bericht und Antrag des Finanzausschusses
  BT-Drs 7/5312 = **218** G 2
  Bericht des Haushaltsausschusses
  BT-Drs 7/5315 = **218** H 9

Änderungsanträge zur 2. Beratung
BT-Drs 7/5529 = **222** J 11
BT-Drs 7/5539 = **222** M 6
1. Beratung
BT-PlPr 7/110 = **20** J 5
2. und 3. Beratung
BT-PlPr 7/256 = **49** K 13

Steuerbefreiungen
– 2. VO zur Änderung der 7. VO zur Durchführung des Umsatzsteuergesetzes (Mehrwertsteuer)
BR-Drs 485/76 = **172** B 11

Steuerbegünstigung
s Steuervergünstigung

Steuerberatungsgesetz
– *Entw eines 3. Ges zur Änderung des Steuerberatungsgesetzes*
BR-Drs 588/74 = **82** M 12
BR-Drs 264/75 = **112** L 6
BR-PlPr 412 = **4** B 12
BR-PlPr 420 = **4** N 9
BT-Drs 7/2852 = **138** C 13
Bericht und Antrag des Finanzausschusses
BT-Drs 7/3526 = **158** C 6
1. Beratung
BT-PlPr 7/134 = **25** A 1
2. und 3. Beratung
BT-PlPr 7/167 = **31** N 12
– VO-Vorhaben zum Übergang von Steuerbevollmächtigten in den Beruf des Steuerberaters gem § 118b Steuerberatungsgesetz
BR-Drs 4/73 = **8** A 12
– ÄndVO zur VO zur Durchführung des Steuerberatungsgesetzes
BR-Drs 542/73 = **36** I 12

Steuerbescheid
Vereinfachung der Zustellung
– s Entw eines 2. Gesetzes zur Änderung des *Verwaltungszustellungsgesetzes*

Steuerbevollmächtigter
– s GesEntw eines 3. Ges zur Änderung des *Steuerberatungsgesetzes*
– VO-Vorhaben zum Übergang von Steuerbevollmächtigten in den Beruf des Steuerberaters gem § 118b Steuerberatungsgesetz
BR-Drs 4/73 = **8** A 12
– ÄndVO zur VO zur Durchführung des Steuerberatungsgesetzes (betr Zugang zum Beruf des Steuerbevollmächtigten)
BR-Drs 542/73 = **36** I 12

Steuerentlastung
– s GesEntw zur Beseitigung von Inflationsschäden bei Einkommen- und Lohnsteuer (*Inflationsentlastungsgesetz*)
– s a *Steueränderungsgesetz* 1974

Steuerliche Abschreibung
s a Absetzung gem § 7b EinkommensteuerGes
Investitionszulagengesetz
– s GesEntw zur Änderung des *Einkommensteuergesetzes*
(betr Altbaumodernisierung und Sonderabschreibung nach § 7b)
BR-Drs 423/75 = **122** D 14
– 9. VO zur Durchführung des Umsatzsteuergesetzes
BR-Drs 788/73 = **51** F 10
– ÄndVO zur 3. VO über steuerliche Konjunkturmaßnahmen
BR-Drs 789/73 = **51** F 14
– VO zur Änderung der Einkommensteuer-DurchführungsVO
BR-Drs 456/74 = **76** C 14

Steuerplaketten
– s GesEntw eines *Kraftfahrzeugsteuergesetzes*

Steuerpolitik
– 3. VO über steuerliche Konjunkturmaßnahmen
BR-Drs 368/73 = **28** N 9
– Bericht der Bundesregierung über die Integration der Europäischen Gemeinschaften
Oktober 1973 bis März 1974
BR-Drs 325/74 = **70** B 13
BT-Drs 7/2021 = **115** J 4
April 1974 bis September 1974
BR-Drs 687/74 = **87** C 6
BT-Drs 7/2662 = **132** A 13
Oktober 1974 bis März 1975
BR-Drs 283/75 = **113** N 12
BT-Drs 7/3575 = **160** L 4
April 1975 bis September 1975
BR-Drs 662/75 = **134** O 6
BT-Drs 7/4227 = **184** N 8
Oktober 1975 bis März 1976
BR-Drs 277/76 = **161** J 14
BT-Drs 7/5072 = **212** J 9
April 1976 bis September 1976
BR-Drs 632/76 = **177** L 12
BT-Drs 7/5834 = **230** D 8

Steuerrecht
s a Finanzplan
– *GesEntw zur Änderung steuerrechtlicher Vorschriften*
BR-Drs 782/73 = **50** O 1
BR-PlPr 400 = **3** A 1
BR-PlPr 403 = **3** F 14
– s a GesEntw zur Änderung *vermögensteuerrechtlicher* Vorschriften
BR-Drs 439/73 = **33** A 1
BT-Drs 7/1003 = **83** H 12
– Vorschlag einer EG-Richtlinie zur Harmonisierung der Körperschaftsteuersysteme und der Regelungen der Quellensteuer auf Dividenden
BR-Drs 498/75 = **125** B 9
BT-Drs 7/3981 = **174** B 2
– Antrag zu einer Entschließung des Bundesrates zum steuerlichen Ausschluß des negativen Kapitalkontos bei Mitunternehmern, die nur beschränkt haften
BR-Drs 694/76 = **180** G 13
– VO zur Änderung der 3. VO über steuerliche Konjunkturmaßnahmen
BT-Drs 7/1459 = **98** M 5
Bericht und Antrag des Finanzausschusses
BT-Drs 7/1539 = **103** D 11
Bericht des Haushaltsausschusses
BT-Drs 7/1540 = **103** D 12
– s a Jahresgutachten des *Sachverständigenrates zur Begutachtung der gesamtwirtschaftlichen Entwicklung*

Steuerreformgesetz
– *Entw eines 2. Steuerreformgesetzes*
BT-Drs 7/78 = **53** N 9
1. Bericht und Antrag des Finanzausschusses
BT-Drs 7/485 = **69** B 3
1. Bericht des Haushaltsausschusses
BT-Drs 7/522 = **70** D 9
Änderungsantrag zur 2. Beratung
BT-Drs 7/524 = **70** D 11
2. Antrag des Finanzausschusses
BT-Drs 7/1329 = **95** M 7
2. Bericht des Finanzausschusses
BT-Drs 7/1333 = **95** O 1
2. Bericht des Haushaltsausschusses
BT-Drs 7/1355 = **96** E 5
3. Antrag des Finanzausschusses
BT-Drs 7/1358 = **96** E 8
3. Bericht (Schlußbericht) des Finanzausschusses
BT-Drs 7/1389 = **97** B 6
3. Bericht des Haushaltsausschusses
BT-Drs 7/1426 = **97** G 8
1. Beratung
BT-PlPr 7/17 = **2** O 1
2. Beratung
BT-PlPr 7/31 = **5** D 11
2. und 3. Beratung
BT-PlPr 7/69 = **11** M 6
BT-PlPr 7/71 = **12** M 7
– *Entw eines 3. Steuerreformgesetzes*
BR-Drs 700/73 = **46** A 6
BR-PlPr 400 = **3** A 1
BR-PlPr 401 = **3** C 2
BT-Drs 7/1470 = **99** B 8
Unterrichtung betr weitere Stellungnahme des Bundesrates
BT-Drs 7/1722 = **108** E 6
1. Antrag des Finanzausschusses
BT-Drs 7/2164 = **118** H 2
1. Bericht des Finanzausschusses
BT-Drs 7/2180 = **119** A 11
Bericht des Haushaltsausschusses
BT-Drs 7/2189 = **119** H 4
Entschließungsanträge zur 3. Beratung
BT-Drs 7/2192 = **119** H 11
BT-Drs 7/2194 = **119** H 13
BT-Drs 7/2195 = **119** H 14
2. Bericht und Antrag des Finanzausschusses
BT-Drs 7/3194 = **148** I 10
– Aufspaltung des GesEntw in:
1) *Einkommensteuerreformgesetz*
2) *Körperschaftsteuerreformgesetz*
3. Antrag des Finanzausschusses
BT-Drs 7/5303 = **218** C 1
3. Bericht des Finanzausschusses
BT-Drs 7/5310 = **218** E 6
Bericht des Haushaltsausschusses
BT-Drs 7/5346 = **218** K 5
Ergänzung zum 3. Antrag und 3. Bericht des Finanzausschusses
BT-Drs 7/5349 = **218** K 7
1. Beratung
BT-PlPr 7/77 = **13** O 6
2. Beratung
BT-PlPr 7/104 = **19** E 7
BT-PlPr 7/147 = **28** A 1
2. und 3. Beratung
BT-PlPr 7/250 = **48** C 11

Steuervergünstigungen
– s GesEntw eines 2. Ges zur Änderung des *Entwicklungshilfe-Steuergesetzes* (betr Förderung von Kapitalanlagen deutscher Unternehmen in Entwicklungsländern)
BR-Drs 262/74 = **67** F 11
BT-Drs 7/2094 = **117** C 14
– s GesEntw zur Verbesserung der Haushaltsstruktur
(*Haushaltsstrukturgesetz*)
BR-Drs 575/75 = **129** G 6
BT-Drs 7/4127 = **177** M 11
– Bericht der Bundesregierung über Finanzhilfen und Steuervergünstigungen für 1971 bis 1974 gem § 12 des Stabilitätsgesetzes – 4. Subventionsbericht –

BR-Drs 647/73 = **41** M 1
BT-Drs 7/1144 = **88** F 1
– 5. Subventionsbericht für 1973 bis 1976
BR-Drs 652/75 = **133** K 14
BT-Drs 7/4203 = **183** M 6
– Verwaltungsanordnung über die besondere Anerkennung steuerbegünstigter Zwecke
BR-Drs 505/73 = **35** B 4
– 6. VO über den Abzug von Spenden zur Förderung staatspolitischer Zwecke
BR-Drs 668/73 = **43** B 10
– 9. VO zur Durchführung des Umsatzsteuergesetzes
BR-Drs 788/73 = **51** F 10
– ÄndVO zur 3. VO über steuerliche Konjunkturmaßnahmen
BR-Drs 789/73 = **51** F 14
– Verwaltungsanordnung über die besondere Anerkennung steuerbegünstigter Zwecke (betr Gesellschaft für Zivilschutz)
BR-Drs 70/75 = **100** A 2
Steuerverkürzung
s Doppelbesteuerung
Steuerverwaltung
– 3. Bericht über die Automation
BT-Drs 7/4406 = **190** M 14
StGB
s Strafgesetzbuch
Stiftung
s behindertes Kind
(„Hilfswerk für behinderte Kinder")
Stiftung „Preußischer Kulturbesitz"
– VO zur Änderung der VO über die Satzung
BR-Drs 724/74 = **89** L 7
Stipendium
– 1. VO zur Änderung der VO über die Durchführung der Graduiertenförderung
BR-Drs 697/75 = **138** E 13
Stoffe, psychotrope
s psychotrope Stoffe
Strafarrest
– s Entw eines *Strafvollzugsgesetzes*
Strafgefangener
– s Entw eines *Strafvollzugsgesetzes*
Strafgesetzbuch
– *Entw eines Einführungsgesetzes zum Strafgesetzbuch*
BR-Drs 111/73 = **11** L 3
BR-Drs 51/74 = **56** C 9
BR-PlPr 391 = **2** B 11
BR-PlPr 401 = **3** C 2
BT-Drs 7/550 = **70** I 8
1. Antrag des Sonderausschusses für die Strafrechtsreform
BT-Drs 7/1232 = **91** G 4
1. Bericht des Sonderausschusses für die Strafrechtsreform
BT-Drs 7/1261 = **93** I 13
Änderungsanträge zur 2. Beratung
BT-Drs 7/1399 = **97** D 8
BT-Drs 7/1400 = **97** D 9
1. Beratung
BT-PlPr 7/36 = **6** E 3
2. und 3. Beratung
BT-PlPr 7/70 = **12** C 14
– *GesEntw zur Änd des Einführungsgesetzes zum Strafgesetzbuch*
BR-Drs 463/74 = **76** I 5
BR-PlPr 410 = **3** O 9
BT-Drs 7/550 = **70** I 8
2. Bericht und Antrag des Sonderausschusses für die Strafrechtsreform
BT-Drs 7/2222 = **119** N 12
1. Beratung
BT-PlPr 7/36 = **6** E 3
2. und 3. Beratung
BT-PlPr 7/108 = **20** E 5
– *GesEntw zur ergänzenden Regelung der Zuständigkeit der Strafvollstreckungskammer*
BR-Drs 385/75 = **121** G 10
BR-PlPr 422 = **5** B 1
BT-Drs 7/4017 = **175** G 8
Bericht und Antrag des Sonderausschusses für die Strafrechtsreform
BT-Drs 7/4354 = **189** G 8
1. Beratung
BT-PlPr 7/187 = **36** A 1
2. Beratung
BT-PlPr 7/208 = **39** D 5
– s a *Strafrechtsänderungsgesetz*
– s a *Strafrechtsreformgesetz*
– s a *Wirtschaftskriminalität*
– VO zur Anpassung getreiderechtlicher Verordnungen an die Straf- und Bußgeldvorschriften des Einführungsgesetzes zum Strafgesetzbuch
BR-Drs 618/75 = **131** J 13
Strafprozeßrecht
s a Strafverfahren
– Antrag betr Vorlage des GesEntw zur Regelung des Verteidigerauschlusses
BT-Drs 7/563 = **72** H 14
Bericht und Antrag des Rechtsausschusses
BT-Drs 7/1065 = **86** B 10
Beratung
BT-PlPr 7/34 = **5** M 13
– *GesEntw zur Änderung der Strafprozeßordnung*
(betr Zeugnisverweigerungsrecht von Presseangehörigen)
BR-Drs 124/74 = **61** D 9
BR-PlPr 404 = **3** G 6
BT-Drs 7/2377 = **123** H 5
Bericht und Antrag des Rechtsausschusses
BT-Drs 7/3118 = **146** M 1
1. Beratung
BT-PlPr 7/126 = **23** F 4
2. Beratung
BT-PlPr 7/150 = **28** J 7
– *GesEntw zur Änderung der Strafprozeßordnung*
(betr Verkehr des Strafverteidigers mit dem inhaftierten Beschuldigten)
BR-Drs 90/75 = **101** B 9
BR-PlPr 416 = **4** I 9
BT-Drs 7/3649 = **163** O 13
Bericht und Antrag des Rechtsausschusses
BT-Drs 7/5401 = **220** C 2
1. Beratung
BT-PlPr 7/178 = **34** B 13
2. Beratung
BT-PlPr 7/253 = **48** M 9
– *GesEntw zur Änderung der Strafprozeßordnung*
(betr Bekämpfung besonders gefährlicher krimineller Vereinigungen)
GesEntw des Bundesrates
BR-Drs 176/75 = **107** M 2
BR-PlPr 419 = **4** N 2
BT-Drs 7/3734 = **168** C 1
BT-PlPr 7/178 = **34** B 13
– *GesEntw zur Bekämpfung terroristischer krimineller Vereinigungen*
GesEntw des Bundesrates
BR-Drs 291/75 = **114** D 8
BR-PlPr 421 = **5** A 7
BT-Drs 7/4004 = **174** O 9
BT-PlPr 7/213 = **40** D 13
GesEntw der CDU/CSU
BT-Drs 7/3661 = **164** E 13
BT-PlPr 7/178 = **34** B 13
– *GesEntw zur Änd des Strafgesetzbuches, der Strafprozeßordnung und anderer Gesetze*
(betr terroristische Vereinigungen)
GesEntw der SPD/FDP
BT-Drs 7/3729 = **168** A 11
BT-PlPr 7/178 = **34** B 13
– *GesEntw zur Änderung des Strafgesetzbuches, der Strafprozeßordnung, des Gerichtsverfassungsgesetzes und der Bundesrechtsanwaltsordnung*
GesEntw der Bundesregierung
BR-Drs 381/75 = **120** N 10
BR-PlPr 422 = **5** B 1
BT-Drs 7/4005 = **175** A 1
1. Beratung
BT-PlPr 7/213 = **40** D 13
Bericht und Antrag des Rechtsausschusses
BT-Drs 7/5401 = **220** C 2
Änderungsantrag zur 2. Beratung
BT-Drs 7/5430 = **220** K 5
gemeinsame 2. und 3. Beratung aller vorstehend genannten Gesetzentwürfe
BT-PlPr 7/253 = **48** M 9
BR-Drs 428/76 = **169** H 9
BR-PlPr 437 = **6** L 10
Vermittlungsverfahren:
BR-Drs 506/76 = **172** G 11
BR-PlPr 438 = **6** O 1
Unterrichtung betr Anrufung des Vermittlungsausschusses
BT-Drs 7/5607 = **223** N 6
Unterrichtung durch den Vermittlungsausschuß
BT-Drs 7/5663 = **224** K 5
– s a GesEntw zur Änderung der Strafprozeßordnung und des Gerichtsverfassungsgesetzes – Ges zum Schutz der *Rechtspflege* gegen extremistische Ausschreitungen –
BR-Drs 358/74 = **72** D 3
BT-Drs 7/2536 = **129** G 14
– s a GesEntw über das *Zeugnisverweigerungsrecht* der Mitarbeiter von Presse und Rundfunk
BR-Drs 394/74 = **73** G 1
BT-Drs 7/2539 = **129** H 6
– s a GesEntw betr Schutz von Kindern als *Zeugen* im Strafprozeß
BT-Drs 7/649 = **74** G 2
– s a Entw eines ÄndGes, – Ges zum Schutz von *Redaktionsgeheimnissen* –
BT-Drs 7/1681 = **107** K 11
Strafrecht
s Strafgesetzbuch
Strafrechtsänderungsgesetz
Strafrechtsreformgesetz
Strafprozeßrecht
– VO zur Änderung der VO über die Begrenzung der Geschäfte des Rechtspflegers bei der Vollstreckung in Straf- und Bußgeldsachen
BR-Drs 789/74 = **93** K 4
– Entwurf eines Vertrages zur Änderung der Verträge zur Gründung der EG zwecks gemeinsamer Regelung des strafrechtlichen Schutzes der finanziellen Interessen der EG sowie der Ahndung von Zuwiderhandlun-

gen gegen die Vorschriften genannter Verträge
BR-Drs 546/76 = **174** J 5
BT-Drs 7/5739 = **227** J 8

Strafrechtsänderungsgesetz
BT-PlPr 7/126 = **23** F 4
– Entw eines ... *Strafrechtsänderungsgesetzes*
(betr § 353 c Strafgesetzbuch)
BT-Drs 7/1804 = **110** C 9
– *Entw eines ... Strafrechtsänderungsgesetzes*
(betr § 108 b Strafgesetzbuch)
BT-Drs 7/1883 = **112** A 11
BT-PlPr 7/96 = **18** B 12
– *Entw eines 14./(später: 13.) Strafrechtsänderungsgesetzes*
(betr Befürwortung und Androhung von Gewalttaten)
BR-Drs 791/74 = **93** M 8
BR-Drs 44/76 = **146** M 9
BR-PlPr 415 = **4** G 8
BR-PlPr 431 = **5** O 8
Vermittlungsverfahren:
BR-Drs 212/76 = **156** E 13
BR-PlPr 433 = **6** D 11
BT-Drs 7/3030 = **143** C 3
Gegenäußerung der Bundesregierung zu der Stellungnahme des Bundesrates
BT-Drs 7/3064 = **145** C 4
Bericht und Antrag des Sonderausschusses für die Strafrechtsreform
BT-Drs 7/4549 = **194** K 13
Änderungsantrag zur 2. Beratung
BT-Drs 7/4582 = **195** O 6
Unterrichtung betr Anrufung des Vermittlungsausschusses
BT-Drs 7/4808 = **204** B 1
Unterrichtung durch den Vermittlungsausschuß
BT-Drs 7/4930 = **206** N 10
1. Beratung
BT-PlPr 7/155 = **29** I 2
2. und 3. Beratung
BT-PlPr 7/213 = **40** D 13
– *Entw eines 14./(später: 13.) Strafrechtsänderungsgesetzes*
(betr Verkehrsunfallflucht)
BR-Drs 345/74 = **70** N 1
BR-Drs 266/75 = **112** M 8
BR-PlPr 407 = **3** L 12
BR-PlPr 420 = **4** N 9
BT-Drs 7/2434 = **126** F 9
Bericht und Antrag des Sonderausschusses für die Strafrechtsreform
BT-Drs 7/3503 = **157** N 14
Änderungsantrag zur 2. Beratung
BT-Drs 7/3552 = **158** O 8
1. Beratung
BT-PlPr 7/123 = **22** L 1
2. und 3. Beratung
BT-PlPr 7/167 = **31** N 12
– *Entw eines 15. Strafrechtsänderungsgesetzes*
(betr Schwangerschaftsabbruch)
BR-Drs 140/76 = **153** F 5
BR-PlPr 432 = **6** B 14
Vermittlungsverfahren:
BR-Drs 215/76 = **156** F 3
BR-PlPr 433 = **6** D 11
BT-Drs 7/4128 = **178** A 1
Bericht und Antrag des Sonderausschusses für die Strafrechtsreform
BT-Drs 7/4696 = **200** H 8
Bericht des Haushaltsausschusses
BT-Drs 7/4729 = **201** F 6
Unterrichtung betr Anrufung des Vermittlungsausschusses
BT-Drs 7/4876 = **206** A 3
Unterrichtung durch den Vermittlungsausschuß
BT-Drs 7/4932 = **206** N 11
Unterrichtung durch den Bundesrat betr Einspruchseinlegung
BT-Drs 7/5022 = **211** C 8
1. Beratung
BT-PlPr 7/201 = **38** A 1
2. und 3. Beratung
BT-PlPr 7/221 = **41** M 14
Beratung des Einspruchs des Bundesrats
BT-PlPr 7/238 = **45** D 14

Strafrechtsreform
– Einsetzung eines Sonderausschusses
BT-Drs 7/75 = **53** L 5

Strafrechtsreformgesetz
– *GesEntw über ergänzende Maßnahmen zum 5. Strafrechtsreformgesetz – Strafrechtsreform-Ergänzungsgesetz*
(betr Schwangerschaftsabbruch und Familienplanung)
BR-Drs 285/74 = **68** E 7
BR-PlPr 405 = **3** I 2
Vermittlungsverfahren:
BR-Drs 492/74 = **77** C 8
BR-PlPr 410 = **3** O 9
Unterrichtung durch die Bundesregierung
BR-Drs 535/74 = **78** L 8
2. Vermittlungsverfahren:
BR-Drs 377/75 = **120** M 3
BR-PlPr 422 = **5** B 1
BT-Drs 7/376 = **65** C 7
Bericht und Antrag des Ausschusses für Arbeit und Sozialordnung
BT-Drs 7/1753 = **108** J 11
Bericht des Haushaltsausschusses
BT-Drs 7/1754 = **108** K 3
Änderungsanträge zur 2. Beratung
BT-Drs 7/1839 = **111** H 7
BT-Drs 7/1840 = **111** H 8
BT-Drs 7/1841 = **111** H 8
BT-Drs 7/1842 = **111** H 9
Entschließungsantrag zur 3. Beratung
BT-Drs 7/1843 = **111** H 9
Unterrichtung betr Anrufung des Vermittlungsausschusses
BT-Drs 7/2088 = **117** C 5
Unterrichtung durch den Vermittlungsausschuß
BT-Drs 7/2319 = **122** H 12
Unterrichtung durch den Bundesrat betr Nicht – Zustimmung
BT-Drs 7/2381 = **123** I 13
Unterrichtung durch die Bundesregierung
BT-Drs 7/2411 = **124** B 14
Antrag des Vermittlungsausschusses
BT-Drs 7/3778 = **168** M 1
1. Beratung
BT-PlPr 7/33 = **5** J 1
2. und 3. Beratung
BT-PlPr 7/88 = **16** C 13
Beratung eines Antrags des Vermittlungsausschusses
BT-PlPr 7/181 = **34** J 3
– *Entw eines 4. Ges zur Reform des Strafrechts – 4. StrafrechtsreformGes*
BR-Drs 441/73 = **33** B 5
BR-PlPr 396 = **2** I 14
Vermittlungsverfahren:
BR-Drs 648/73 = **42** I 5
BR-PlPr 398 = **2** M 12
BT-Drs 7/80 = **54** D 9
Bericht und Antrag des Sonderausschusses für die Strafrechtsreform
BT-Drs 7/514 = **70** A 11
Änderungsantrag zur 2. Beratung
BT-Drs 7/675 = **75** O 5
Änderungsanträge zur 3. Beratung
BT-Drs 7/676 = **75** O 6
BT-Drs 7/677 = **75** O 7
Unterrichtung betr Anrufung des Vermittlungsausschusses
BT-Drs 7/979 = **82** D 9
Antrag des Vermittlungsausschusses
BT-Drs 7/1166 = **89** D 4
1. Beratung
BT-PlPr 7/12 = **2** A 13
2. und 3. Beratung
BT-PlPr 7/39 = **6** H 14
Beratung eines Antrags des Vermittlungsausschusses
BT-PlPr 7/64 = **10** L 13
– *Entw eines 5. Ges zur Reform des Strafrechts – 5. Strafrechtsreformgesetz*
(betr Indikationenregelung bei Schwangerschaftsabbruch)
BR-Drs 329/74 = **70** G 4
BR-PlPr 405 = **3** I 2
Vermittlungsverfahren:
BR-Drs 390/74 = **73** F 1
BR-PlPr 406 = **3** K 7
BR-Drs 439/74 = **75** M 7
– 1. GesEntw der Abgeordneten Dr. Müller – Emmert, Dürr, Dr. Bardens, u.a. – Fraktion der SPD
BT-Drs 7/443 = **67** I 10
– 1. Bericht des Sonderausschusses für die Strafrechtsreform
BT-Drs 7/1982 = **114** D 11
– 2. GesEntw der CDU/CSU
BT-Drs 7/554 = **72** C 8
1. Bericht des Sonderausschusses für die Strafrechtsreform
BT-Drs 7/1983 = **114** F 1
– 3. GesEntw der Abgeordneten Dr. Heck, Köster, Dr. Unland, u.a. – Fraktion der CDU/CSU
BT-Drs 7/561 = **72** H 10
1. Bericht des Sonderausschusses für die Strafrechtsreform
BT-Drs 7/1984 = **114** G 4
– 4. GesEntw der SPD/FDP
BT-Drs 7/375 = **65** C 1
1. Bericht des Sonderausschusses für die Strafrechtsreform
BT-Drs 7/1981 = **114** C 8
Änderungsantrag zur 3. Beratung
BT-Drs 7/2041 = **116** C 6
Entschließungsantrag zur 3. Beratung
BT-Drs 7/2042 = **116** C 10
Unterrichtung betr Anrufung des Vermittlungsausschusses
BT-Drs 7/2092 = **117** C 9
Unterrichtung durch den Vermittlungsausschuß
BT-Drs 7/2151 = **118** F 8
Unterrichtung durch den Bundesrat betr Nicht – Zustimmung
BT-Drs 7/2181 = **119** B 11
1. Beratung aller Gesetzentwürfe
BT-PlPr 7/33 = **5** J 1

2. Beratung aller Gesetzentwürfe
BT-PlPr 7/95 = **17** K 10
3. Beratung des GesEntw der SPD/FDP
BT-PlPr 7/96 = **18** B 12
Beratung des Einspruches des Bundesrates
BT-PlPr 7/104 = **19** E 7
– Antrag der Landesregierung Baden-Württemberg beim Bundesverfassungsgericht auf Erlaß einer einstweiligen Anordnung
Antrag des Rechtsausschusses
BT-Drs 7/2301 = **122** C 4
Beratung des Antrags
BT-PlPr 7/111 = **21** A 1
– Antrag betr Verfahren zur Prüfung der Verfassungsmäßigkeit des 5. Strafrechtsreformgesetzes
BT-Drs 7/2353 = **123** C 5
Antrag des Rechtsausschusses
BT-Drs 7/2546 = **129** I 11
Beratung
BT-PlPr 7/117 = **21** K 7
– *GesEntw zur Änderung des 5. Ges zur Reform des Strafrechts*
BT-Drs 7/4211 = **184** J 5
Bericht und Antrag des Sonderausschusses für die Strafrechtsreform
BT-Drs 7/4696 = **200** H 8
Bericht des Haushaltsausschusses
BT-Drs 7/4729 = **201** F 6
1. Beratung
BT-PlPr 7/201 = **38** A 1
2. Beratung
BT-PlPr 7/221 = **41** M 14
– *GesEntw über das Inkrafttreten des 2. Ges zur Reform des Strafrechts*
BR-Drs 203/73 = **20** D 12
BR-Drs 388/73 = **29** N 3
BR-PlPr 392 = **2** D 6
BR-PlPr 395 = **2** I 1
Vermittlungsverfahren:
BR-Drs 472/73 = **33** M 5
BR-PlPr 396 = **2** I 14
BT-Drs 7/506 = **69** N 1
Bericht und Antrag des Sonderausschusses für die Strafrechtsreform
BT-Drs 7/576 = **72** K 2
Unterrichtung betr Anrufung des Vermittlungsausschusses
BT-Drs 7/802 = **78** A 4
Antrag des Vermittlungsausschusses
BT-Drs 7/850 = **78** G 12
1. Beratung
BT-PlPr 7/30 = **5** A 6
2. und 3. Beratung
BT-PlPr 7/36 = **6** E 3
Beratung eines Antrags des Vermittlungsausschusses
BT-PlPr 7/47 = **8** C 5
– Tätigkeitsbericht 1973 der Bundesregierung
BT-Drs 7/1434 = **97** H 8
– s a *Opfer*entschädigungsgesetz

Straftäter, psychisch kranke
– Bericht über die Lage der Psychiatrie in der Bundesrepublik Deutschland
BT-Drs 7/4200 = **179** N 2

Straftat
– Sozialbericht 1973
BT-Drs 7/1167 = **89** D 6
– Sozialbericht 1976
BT-Drs 7/4953 = **207** G 3
– s a 14. *Strafrechtsänderungsgesetz*

– s a GesEntw über die Entschädigung für *Opfer* von Gewalttaten
BR-Drs 352/74 = **72** A 1
BT-Drs 7/2506 = **128** F 2
– s a GesEntw zum Schutze des *Gemeinschaftsfriedens*

Strafverfahren
s a Strafprozeßrecht
– *GesEntw zur Beschleunigung strafrechtlicher Verfahren*
BR-Drs 715/75 = **138** N 9
BR-PlPr 427 = **5** K 3
BR-PlPr 431 = **5** O 8
BT-Drs 7/5267 = **217** C 5
– *Entw eines Ersten Gesetzes zur Reform des Strafverfahrensrechts*
BR-Drs 117/73 = **13** N 3
BR-Drs 676/74 = **86** I 5
BR-PlPr 391 = **2** B 11
BR-PlPr 413 = **4** D 12
Vermittlungsverfahren:
BR-Drs 765/74 = **91** L 3
BR-PlPr 414 = **4** F 5
BT-Drs 7/551 = **71** L 8
Bericht und Antrag des Rechtsausschusses
BT-Drs 7/2600 = **130** H 13
Änderungsanträge zur 2. Beratung
BT-Drs 7/2674 = **132** D 11
BT-Drs 7/2678 = **132** E 1
Unterrichtung betr Anrufung des Vermittlungsausschusses
BT-Drs 7/2774 = **134** L 11
Antrag des Vermittlungsausschusses
BT-Drs 7/2810 = **136** K 11
1. Beratung
BT-PlPr 7/34 = **5** M 13
2. und 3. Beratung
BT-PlPr 7/126 = **23** F 4
Beratung eines Antrags des Vermittlungsausschusses
BT-PlPr 7/132 = **24** L 1
– *Entw eines 2. Ges zur Reform des Strafverfahrensrechts*
BR-Drs 348/74 = **71** C 10
BR-PlPr 407 = **3** L 12
nunmehr:
Ges zur Ergänzung des 1. Ges zur Reform des Strafverfahrensrechts
BR-Drs 831/74 = **96** C 1
BR-PlPr 415 = **4** G 8
BT-Drs 7/2526 = **128** M 14
Bericht und Antrag des Rechtsausschusses
BT-Drs 7/2989 = **142** E 5
1. Beratung
BT-PlPr 7/123 = **22** L 1
2. und 3. Beratung
BT-PlPr 7/138 = **26** C 5

Strafverfolgung
– *GesEntw zur Änderung des Gesetzes über die Entschädigung für Strafverfolgungsmaßnahmen*
BR-Drs 460/75 = **123** L 14
BR-PlPr 424 = **5** E 4
BT-Drs 7/4552 = **194** N 3
BT-PlPr 7/216 = **40** N 12
– s a Strafprozeßrecht
Terrorismus

Strafverteidiger
s Verteidiger

Strafvollzug
– *GesEntw über den Vollzug der Freiheitsstrafe und der freiheitsentziehenden Maßregeln der Besserung und Sicherung – Strafvollzugsgesetz*
BR-Drs 71/73 = **9** D 11
BR-Drs 685/75 = **137** K 2
BR-PlPr 390 = **2** A 6
BR-PlPr 427 = **5** K 3
Vermittlungsverfahren:
BR-Drs 121/76 = **152** I 14
BR-PlPr 431 = **5** O 8
BT-Drs 7/918 = **80** H 13
Bericht und Antrag des Sonderausschusses für die Strafrechtsreform
BT-Drs 7/3998 = **174** G 6
Bericht des Haushaltsausschusses
BT-Drs 7/4208 = **184** J 1
Änderungsanträge zur 2. Beratung
BT-Drs 7/4246 = **185** I 12
BT-Drs 7/4287 = **186** G 6
BT-Drs 7/4288 = **186** G 6
Unterrichtung betr Anrufung des Vermittlungsausschusses
BT-Drs 7/4378 = **190** G 7
Antrag des Vermittlungsausschusses
BT-Drs 7/4662 = **198** A 6
1. Beratung
BT-PlPr 7/58 = **9** M 4
2. und 3. Beratung
BT-PlPr 7/200 = **37** J 11
Beratung eines Antrags des Vermittlungsausschusses
BT-PlPr 7/221 = **41** M 14
– Antrag betr Berufung einer Jugendstrafvollzugskommission
BT-Drs 7/648 = **74** F 14
BT-Drs 7/3643 = **163** O 2
– VO über die Vergütungsstufen des Arbeitsentgelts und der Ausbildungsbeihilfe nach dem Strafvollzugsgesetz
BR-Drs 289/76 = **162** H 1

Strahlenschutz
– s GesEntw zu dem Übereinkommen der *Internationalen Arbeitsorganisation*
– Vorschlag einer EG-Richtlinie zur Abänderung der Richtlinie über Grundnormen für den Gesundheitsschutz der Bevölkerung und der Arbeitskräfte gegen die Gefahren ionisierender Strahlungen
BR-Drs 113/74 = **59** C 7
BT-Drs 7/1637 = **104** N 4
BT-Drs 7/3129 = **146** O 12
BT-PlPr 7/156 = **29** M 13
– Antrag betr Schutz vor den Gefahren
BT-Drs 7/2369 = **123** G 3
Bericht und Antrag des Innenausschusses
BT-Drs 7/3298 = **153** C 1
Beratung
BT-PlPr 7/122 = **22** G 7
BT-PlPr 7/156 = **29** M 13
– Bericht zur Umweltradioaktivität 1972
BT-Drs 7/929 = **81** A 11
Bericht und Antrag des Innenausschusses
BT-Drs 7/3128 = **146** O 10
– Unterrichtung durch die Bundesregierung betr Umweltradioaktivität im Jahre 1973
BT-Drs 7/2510 = **128** G 13
– Bericht der Bundesregierung über Umweltradioaktivität und Strahlenbelastung im Jahre 1974
BT-Drs 7/4706 = **200** N 13
Bericht und Antrag des Innenausschusses
BT-Drs 7/5394 = **220** B 3
– Bundesbericht Forschung V
BT-Drs 7/3574 = **160** A 1

- Unfallverhütungsbericht
  BT-Drs 7/189 = **59** L 5
- Unfallverhütungsbericht
  BT-Drs 7/4668 = **198** B 8
- Antwort auf die Große Anfrage betr friedliche Nutzung der Kernenergie in der Bundesrepublik Deutschland
  BT-Drs 7/3871 = **171** B 4
- VO über den Schutz vor Schäden durch ionisierende Strahlen
  BR-Drs 375/76 = **166** I 3
- 2. VO über die Eichpflicht von Meßgeräten
  BR-Drs 700/74 = **88** C 1

Straßenanlieger
- s Entw eines 2. ÄndGes zum *Bundesfernstraßengesetz*

Straßenbau
- Straßenbaubericht 1972
  BT-Drs 7/782 = **77** I 12
- Straßenbaubericht für das Jahr 1973
  BT-Drs 7/2413 = **124** E 6
- Straßenbaubericht 1974
  BT-Drs 7/3822 = **169** N 2
- Straßenbaubericht 1975
  BT-Drs 7/5677 = **225** I 6
- Programm der Bundesregierung zur Verbesserung der Sicherheit im Straßenverkehr
  BT-Drs 7/1283 = **95** B 12
- Unfallverhütungsbericht Straßenverkehr 1973
  BT-Drs 7/3685 = **164** I 13

Straßenfahrzeuge
- s Abkommen über die steuerliche Behandlung im internationalen Verkehr zwischen dem Vereinigten Königreich von *Großbritannien* und Nordirland und der Bundesrepublik Deutschland
- s Abkommen mit der Sozialistischen Republik *Rumänien* über die steuerliche Behandlung von Straßenfahrzeugen im internationalen Verkehr

Straßengüterverkehr
- *GesEntw zur Vereinbarung Bundesrepublik Deutschland/Italienische Republik über Erleichterungen der fiskalischen Behandlung des grenzüberschreitenden deutsch-italienischen Straßengüterverkehrs*
  BR-Drs 36/73 = **8** M 14
  BR-Drs 252/73 = **22** L 7
  BR-PlPr 389 = **1** B 11
  BR-PlPr 392 = **2** D 6
  BT-Drs 7/113 = **55** H 5
  Bericht und Antrag des Finanzausschusses
  BT-Drs 7/289 = **63** I 12
  1. Beratung
  BT-PlPr 7/15 = **2** J 13
  2. Beratung und Schlußabstimmung
  BT-PlPr 7/21 = **3** J 11

Straßenkreuzungen
- VO zur Änderung der VO über Kreuzungsanlagen im Zuge von Bundesfernstraßen
  BR-Drs 555/75 = **128** L 4

Straßenverkehr
- *GesEntw zum Europäischen Übereinkommen über die Arbeit des im internationalen Straßenverkehr beschäftigten Fahrpersonals*
  BR-Drs 630/73 = **40** N 14
  BR-Drs 635/74 = **85** A 8
  BR-PlPr 399 = **2** N 12
  BR-PlPr 412 = **4** B 12
  BT-Drs 7/1641 = **105** A 11
  Bericht und Antrag des Ausschusses für Verkehr und für das Post- und Fernmeldewesen
  BT-Drs 7/2540 = **129** I 2
  1. Beratung
  BT-PlPr 7/81 = **14** N 5
  2. Beratung und Schlußabstimmung
  BT-PlPr 7/119 = **21** O 2
- *GesEntw zur Änderung des Ges über das Fahrpersonal im Straßenverkehr*
  BR-Drs 544/75 = **127** M 8
  BR-Drs 316/76 = **163** K 7
  BR-PlPr 424 = **5** E 4
  BR-PlPr 435 = **6** I 1
  BT-Drs 7/4336 = **189** C 13
  Bericht und Antrag des Ausschusses für Verkehr und für das Post- und Fernmeldewesen
  BT-Drs 7/5015 = **211** B 9
  1. Beratung
  BT-PlPr 7/207 = **39** B 4
  2. und 3. Beratung
  BT-PlPr 7/238 = **45** D 14
- Programm der Bundesregierung zur Verbesserung der Sicherheit im Straßenverkehr
  BT-Drs 7/1283 = **95** B 12
  Antrag betr Verkehrssicherheit
  BT-Drs 7/1535 = **102** L 1
  Beratung
  BT-PlPr 7/73 = **13** B 3
  Bericht und Antrag des Verkehrsausschusses
  BT-Drs 7/1733 = **108** F 12
  Beratung
  BT-PlPr 7/86 = **15** N 2
- s a Entw eines 2. ÄndGes zum *Bundesfernstraßengesetz*
- s a GesEntw über die Beförderung *gefährlicher Güter*
- s a GesEntw über Statistiken des *Personenverkehrs* und der Kraftfahrzeugfahrleistungen 1974 – (*Kraftfahrzeugstatistik*)
- Unfallverhütungsbericht 1973
  BT-Drs 7/3685 = **164** I 13
- Umweltbericht 1976
  BT-Drs 7/5684 = **226** A 1
- 3. VO zur Änderung der Gebührenordnung für Maßnahmen im Straßenverkehr
  BR-Drs 625/74 = **84** L 13
- Vorschlag einer EG-VO über die Inkraftsetzung des Europäischen Übereinkommens über die Arbeit des im internationalen Straßenverkehr beschäftigten Fahrpersonals
  BR-Drs 336/75 = **115** M 6
  BT-Drs 7/3695 = **165** F 12
- VO über Maßnahmen im Straßenverkehr
  BR-Drs 503/75 = **125** F 5
- 4. VO zur Änderung der Gebührenordnung für Maßnahmen im Straßenverkehr
  BR-Drs 685/76 = **180** C 4

Straßenverkehrsgesetz
- *GesEntw zur Änderung des Straßenverkehrsgesetzes*
  (betr Promillegrenze)
  BR-Drs 57/73 = **9** A 5
  BR-Drs 458/73 = **33** H 10
  BR-PlPr 389 = **1** B 11
  BR-PlPr 396 = **2** I 14
  BT-Drs 7/133 = **56** L 11
  Bericht und Antrag des Verkehrsausschusses
  BT-Drs 7/692 = **76** B 10
  1. Beratung
  BT-PlPr 7/21 = **3** J 11
  2. und 3. Beratung
  BT-PlPr 7/42 = **7** A 12
- *GesEntw zur Änderung des Straßenverkehrsgesetzes*
  (betr Parkregelungen)
  BR-Drs 511/73 = **35** C 13
  BR-Drs 461/74 = **76** H 8
  BR-PlPr 397 = **2** L 1
  BR-PlPr 410 = **3** O 9
  Vermittlungsverfahren:
  BR-Drs 632/74 = **85** A 4
  BR-PlPr 412 = **4** B 12
  BT-Drs 7/1618 = **104** E 13
  Bericht und Antrag des Verkehrsausschusses
  BT-Drs 7/2226 = **120** A 5
  Änderungsantrag zur 2. Beratung
  BT-Drs 7/2286 = **121** M 12
  Unterrichtung betr Anrufung des Vermittlungsausschusses
  BT-Drs 7/2383 = **123** J 1
  Antrag des Vermittlungsausschusses
  BT-Drs 7/2630 = **131** F 11
  Unterrichtung betr Nicht–Zustimmung des Bundesrates
  BT-Drs 7/2682 = **132** E 7
  1. Beratung
  BT-PlPr 7/81 = **14** N 5
  2. und 3. Beratung
  BT-PlPr 7/110 = **20** J 5
  Beratung des Antrags des Vermittlungsausschusses
  BT-PlPr 7/125 = **23** A 1
- *GesEntw zur Änderung des Straßenverkehrsgesetzes*
  (betr RechtsVO und Allgemeine Verwaltungsvorschriften)
  BR-Drs 335/75 = **115** M 1
  BR-PlPr 421 = **5** A 7
  Vermittlungsverfahren:
  BR-Drs 651/75 = **133** K 11
  BR-PlPr 425 = **5** G 3
  BR-Drs 503/76 = **172** G 9
  BT-Drs 7/3055 = **144** J 14
  Bericht und Antrag des Rechtsausschusses
  BT-Drs 7/3450 = **156** I 3
  Änderungsantrag zur 2. Beratung
  BT-Drs 7/3632 = **163** L 7
  Änderungsantrag zur 3. Beratung
  BT-Drs 7/3625 = **163** K 4
  Unterrichtung betr Anrufung des Vermittlungsausschusses
  BT-Drs 7/3808 = **169** K 5
  Antrag des Vermittlungsausschusses
  BT-Drs 7/4065 = **176** F 10
  Unterrichtung durch den Bundesrat betr Einspruchseinlegung
  BT-Drs 7/4295 = **187** C 13
  1. Beratung
  BT-PlPr 7/141 = **26** L 3
  2. und 3. Beratung
  BT-PlPr 7/170 = **32** H 2
  Beratung eines Antrags des Vermittlungsausschusses
  BT-PlPr 7/197 = **37** B 12
  Beratung des Einspruchs des Bundesrates
  BT-PlPr 7/256 = **49** K 13

Straßenverkehrsrecht
- Antrag betr Information ausländischer Kraftfahrer über nationales Verkehrsrecht im europäischen Raum
  BT-Drs 7/2829 = **136** O 11

Straßenverkehrsordnung
s a Verwarnungsgeld
– Verwaltungsvorschrift zur Änderung der Allgemeinen Verwaltungsvorschrift zur Straßenverkehrsordnung
BR-Drs 502/75 = **125** C 12
– VO über Maßnahmen im Straßenverkehr
BR-Drs 503/75 = **125** F 5
– VO zur Änderung der Straßenverkehrsordnung
(betr Dauereinführung von 100 km/h Höchstgeschwindigkeit auf Landstraßen)
BR-Drs 645/75 = **133** G 9
– VO zur Änderung der Straßenverkehrsordnung
(betr „Smog-VO")
BR-Drs 376/76 = **167** F 12
– Allgemeine Verwaltungsvorschrift zur Änderung der Allgemeinen Verwaltungsvorschrift zur Straßenverkehrsordnung
(betr Parkerleichterung für Behinderte und Ärzte)
BR-Drs 400/76 = **168** H 1

Straßennetzstatistik
– *GesEntw über die Statistik der Straßen in den Gemeinden 1976*
BR-Drs 338/74 = **70** J 5
BR-Drs 44/75 = **99** I 9
BR-PlPr 407 = **3** L 12
BR-PlPr 416 = **4** I 9
BT-Drs 7/2518 = **128** K 9
Bericht und Antrag des Ausschusses für Verkehr und für das Post- und Fernmeldewesen
BT-Drs 7/2892 = **140** I 4
Bericht des Haushaltsausschusses
BT-Drs 7/2964 = **141** N 7
1. Beratung
BT-PlPr 7/116 = **21** G 5
2. und 3. Beratung
BT-PlPr 7/138 = **26** C 5

Straßenverkehrszulassungsordnung
– VO zur Änderung der Straßenverkehrszulassungsordnung
BR-Drs 223/73 = **21** D 13
– Allgemeine Verwaltungsvorschriften zu den §§ 13 bis 13d der Straßenverkehrszulassungsordnung
BR-Drs 224/73 = **21** J 8
– VO zur Änderung der Straßenverkehrszulassungsordnung
(betr Eintragung in das Verkehrszentralregister)
BR-Drs 566/73 = **38** O 6
– Allgemeine Verwaltungsvorschrift zu § 15b der Straßenverkehrszulassungsordnung
BR-Drs 721/73 = **48** H 8
– VO zur Änderung der Straßenverkehrszulassungsordnung
BR-Drs 416/74 = **74** J 3
– Allgemeine Verwaltungsvorschrift zur Änderung der Allgemeinen Verwaltungsvorschriften zu den §§ 13 bis 13d der Straßenverkehrszulassungsordnung
BR-Drs 177/75 = **107** N 3
– VO zur Änderung der Straßenverkehrszulassungsordnung
(betr Maßnahmen gegen Verunreinigung der Luft durch Abgase von Kraftfahrzeugen)
BR-Drs 181/75 = **108** C 2
– Antrag zur Entschließung des Bundesrates zur Bekämpfung der Kriminalität durch Maßnahmen auf dem Gebiet der Straßenverkehrszulassungsordnung
(betr fälschungssichere Kraftfahrzeugkennzeichen und Kraftfahrzeugpapiere)
BR-Drs 426/75 = **122** F 3
– Antrag zur Entschließung des Bundesrates zur Verbesserung der Verkehrssicherheit durch Maßnahmen auf dem Gebiet der Straßenverkehrszulassungsordnung
(betr Autoreifen)
BR-Drs 581/75 = **130** F 5
– VO zur Änderung der Straßenverkehrszulassungsordnung
(betr Mindestmotorleistung)
BR-Drs 181/76 = **154** I 11
– Antrag betr Mindestmotorleistung für Lastkraftwagen
BT-Drs 7/4205 = **184** I 8

Streitkräfte
s a Bundeswehr, Truppen
– Unterrichtung über die Empfehlung des Militärausschusses der 18. Jahrestagung der Nordatlantischen Versammlung zur Schlagkraft der Streitkräfte
BR-Drs 131/73 = **16** L 3
BT-Drs 7/50 = **52** N 10
– VO über die Verkehrsleistungen der Eisenbahnen für die Streitkräfte
BR-Drs 437/76 = **169** N 8

Strom
s Elektrizität

Stromversorgung
s Energieversorgung

Streitwert
s Wertgrenzen

Strukturpolitik
s Agrarstruktur, Integrationsbericht, Jahreswirtschaftsbericht

Studentenwohnraumförderung
s a Sozialbericht
– Bericht über die Erfahrungen der Studentenwohnraumförderung nach den Richtlinien des Bundes und der Länder
BT-Drs 7/4536 = **194** E 12

Studentische Krankenversicherung
– *GesEntw über die Krankenversicherung der Studierenden*
(GesEntw des Bundesrates)
BR-Drs 196/74 = **63** N 13
BR-PlPr 402 = **3** E 5
BR-PlPr 404 = **3** G 6
BR-PlPr 406 = **3** K 7
BT-Drs 7/2519 = **128** K 13
– *GesEntw über die Krankenversicherung der Studenten*
(GesEntw der SPD/FDP)
BR-Drs 344/75 = **116** K 12
BR-PlPr 421 = **5** A 7
BT-Drs 7/2993 = **142** H 13
Bericht und Antrag des Ausschusses für Arbeit und Sozialordnung
BT-Drs 7/3640 = **163** M 14
Bericht des Haushaltsausschusses
BT-Drs 7/3641 = **163** N 11
Änderungsantrag zur 2. Beratung
BT-Drs 7/3673 = **164** H 4
1. Beratung der Gesetzentwürfe
BT-PlPr 7/138 = **26** C 5
2. Beratung /
2. und 3. Beratung
BT-PlPr 7/173 = **33** A 9
– Antrag betr Neuordnung der Krankenversicherung
BT-Drs 7/1096 = **86** L 8
Beratung
BT-PlPr 7/65 = **11** B 9
– ergänzende Materialien zum Bericht der Bundesregierung über die wirtschaftliche und soziale Sicherung des Studiums
BT-Drs 7/2803 = **136** A 1
– VO über den Nachweis, die Zahlung und die Abrechnung des Bundeszuschusses nach § 8 Abs 2 des Ges über die Krankenversicherung der Studenten
(BundeszuschußVO für privatversicherte Studenten)
BR-Drs 558/75 = **128** M 9
– VO über Inhalt, Form und Frist der Meldungen sowie das Meldeverfahren für die Krankenversicherung der Studenten
BR-Drs 559/75 = **128** N 5
– Allgemeine Verwaltungsvorschrift über Fälligkeit und Zahlung der Bundeszuschüsse nach § 381a Abs 2 der Reichsversicherungsordnung
BR-Drs 560/75 = **128** O 6

Studienberatung
– Bericht der Bundesregierung über die wirtschaftliche und soziale Sicherung des Studiums
BT-Drs 7/2116 = **117** O 1
BT-Drs 7/2803 = **136** A 1

Studienplatz
– Bericht der Bundesregierung über Nachfrage und Angebot
BT-Drs 7/1340 = **96** C 5
– Antwort auf die Große Anfrage betr Maßnahmen gegen den numerus clausus
BT-Drs 7/1313 = **95** H 8
BT-Drs 7/1360 = **96** G 9
BT-Drs 7/1362 = **96** G 11
BT-PlPr 7/69 = **11** M 6
– s a Entw eines *Hochschulrahmengesetzes*
BR-Drs 553/73 = **37** C 8
BT-Drs 7/1328 = **235** A 1
– s a GesEntw zur Änderung des *Bundesausbildungsförderungsgesetzes*
(betr Studium in USA und Kanada)
BR-Drs 510/74 = **77** O 12
BT-Drs 7/3386 = **155** E 5

Studienreform
– Antwort auf die Große Anfrage betr Maßnahmen gegen den numerus clausus
BT-Drs 7/1313 = **95** H 8
– Bildungsgesamtplan
BR-Drs 790/73 = **51** G 2
BT-Drs 7/1474 = **100** C 8

Studium
– Programm „Studium in den USA"
Antrag betr Einbeziehung der Finanzierung in die Offset-Verhandlungen mit den USA
BT-Drs 7/1726 = **108** F 4
– Bericht der Bundesregierung über die wirtschaftliche und soziale Sicherung des Studiums
BT-Drs 7/2116 = **117** O 1
ergänzende Materialien zum Bericht der Bundesregierung
BT-Drs 7/2803 = **136** A 1

Stückgutbahnhof
– Antrag betr Schließung von Stückgutbahnhöfen
BT-Drs 7/2663 = **132** C 1

Bericht und Antrag des Ausschusses für Verkehr und Post
BT-Drs 7/4635 = **197** C 10
Sturmflut
– Rahmenplan zur Verbesserung der Agrarstruktur und des Küstenschutzes für 1975 bis 1978
BT-Drs 7/3563 = **159** A 14
Subvention
– Bericht der Bundesregierung über die Entwicklung der Finanzhilfen des Bundes und der Steuervergünstigungen 1971 bis 1974 gem § 12 des Ges zur Förderung der Stabilität und des Wachstums der Wirtschaft
(4. Subventionsbericht)
BR-Drs 647/73 = **41** M 1
BT-Drs 7/1144 = **88** F 1
– Bericht der Bundesregierung über die Entwicklung der Finanzhilfen des Bundes und der Steuervergünstigungen für die Jahre 1973 bis 1976 gem § 12 des Ges zur Förderung der Stabilität und des Wachstums der Wirtschaft
(5. Subventionsbericht)
BR-Drs 652/75 = **133** K 14
BT-Drs 7/4203 = **183** M 6
– 5. Rahmenplan zur Verbesserung der regionalen Wirtschaftsstruktur
BT-Drs 7/4742 = **201** I 12
Subventionsbetrug
– s Entw eines 1. Ges zur Bekämpfung der *Wirtschaftskriminalität*
BR-Drs 5/75 = **97** C 7
BT-Drs 7/3441 = **156** D 4
Suchtkranke
psychiatrische Versorgung
– Bericht über die Lage der Psychiatrie in der Bundesrepublik Deutschland
BT-Drs 7/4200 = **179** N 2
Suchtstoffe
– *GesEntw zum internationalen Einheits-Übereinkommen über Suchtstoffe*
BR-Drs 55/73 = **9** A 3
BR-Drs 444/73 = **33** D 9
BR-PlPr 389 = **1** B 11
BR-PlPr 396 = **2** I 14
BT-Drs 7/126 = **56** G 2
Bericht und Antrag des Ausschusses für Jugend, Familie und Gesundheit
BT-Drs 7/638 = **74** B 8
Bericht des Haushaltsausschusses
BT-Drs 7/678 = **75** O 8
1. Beratung
BT-PlPr 7/15 = **2** J 13
2. Beratung und Schlußabstimmung
BT-PlPr 7/39 = **6** H 14
– *GesEntw zum Protokoll zur Änderung des Einheits-Übereinkommens 1961 über Suchtstoffe*
BR-Drs 10/74 = **54** G 8
BR-Drs 673/74 = **86** H 10
BR-PlPr 401 = **3** C 2
BR-PlPr 413 = **4** D 12
BT-Drs 7/2071 = **116** N 11
Bericht und Antrag des Ausschusses für Jugend, Familie und Gesundheit
BT-Drs 7/2557 = **129** L 3
1. Beratung
BT-PlPr 7/103 = **19** B 7
2. Beratung und Schlußabstimmung
BT-PlPr 7/122 = **22** G 7
– *GesEntw zum Übereinkommen über psychotrope Stoffe*
BR-Drs 99/76 = **150** C 13
BR-Drs 477/76 = **171** O 10
BR-PlPr 432 = **6** B 14
BR-PlPr 437 = **6** L 10
BT-Drs 7/4957 = **209** G 7
Bericht und Antrag des Ausschusses für Jugend, Familie und Gesundheit
BT-Drs 7/5398 = **220** B 9
Bericht des Haushaltsausschusses
BT-Drs 7/5468 = **221** G 3
1. Beratung
BT-PlPr 7/238 = **45** D 14
2. Beratung und Schlußabstimmung
BT-PlPr 7/256 = **49** K 13
Südafrika, Republik
– *GesEntw zum Abkommen Bundesrepublik Deutschland / Republik Südafrika zur Vermeidung der Doppelbesteuerung auf dem Gebiete der Steuern vom Einkommen und vom Vermögen*
BR-Drs 8/74 = **54** E 7
BR-Drs 472/74 = **76** L 4
BR-PlPr 401 = **3** C 2
BR-PlPr 410 = **3** O 9
BT-Drs 7/1713 = **108** C 3
Bericht und Antrag des Finanzausschusses
BT-Drs 7/2262 = **121** D 3
1. Beratung
BT-PlPr 7/86 = **15** N 2
2. Beratung und Schlußabstimmung
BT-PlPr 7/108 = **20** E 5
Südostatlantik
– s GesEntw zum Übereinkommen zur Erhaltung der lebenden Schätze des Südostatlantiks
(s *Seefischerei-Vertragsgesetz 1976*)
Südtiroler
– s GesEntw zum Abkommen Bundesrepublik Deutschland / Republik *Italien* über die Regelung der mit dem deutsch-italienischen Abkommen vom 26. 2. 1941 zusammenhängenden Fragen
(betr Sozialversicherung und Versorgung der Angehörigen des öffentlichen Dienstes für Südtiroler)
BR-Drs 246/76 = **157** H 1
BT-Drs 7/5211 = **215** L 3
Sulfatzellstoff
– VO zur Änderung des Deutschen Teil-Zolltarifs (Nr 2/73)
BR-Drs 167/73 = **18** K 7
BT-Drs 7/191 = **60** G 13
– VO zur Änderung des Deutschen Teil-Zolltarifs (Nr 3/74)
BR-Drs 138/74 = **61** J 8
BT-Drs 7/1663 = **107** H 7
Syrien, Arabische Republik
– Empfehlung für EG-Verordnungen betr Abschluß von Abkommen zwischen der EG und Syrien
BR-Drs 712/76 = **181** K 13
BT-Drs 7/5919 = **233** C 10

T

Tabakserzeugnisse
– s GesEntw zur Gesamtreform des *Lebensmittelrechts*
BR-Drs 140/73 = **16** M 11
BT-Drs 7/255 = **62** F 5
– VO über die Änderung tabakrechtlicher Bezeichnungsvorschriften
BR-Drs 9/76 = **144** F 13
– 4. VO zur Änderung der TabaksVO
BR-Drs 706/74 = **88** F 6
Tabaksteuer
– *Entw eines 12. ÄndGes zum Tabaksteuergesetz*
BR-Drs 589/73 = **39** G 12
BR-Drs 148/74 = **61** M 13
BR-PlPr 398 = **2** M 12
BR-PlPr 402 = **3** E 5
BT-Drs 7/1250 = **93** G 2
Bericht und Antrag des Finanzausschusses
BT-Drs 7/1617 = **104** E 12
1. Beratung
BT-PlPr 7/69 = **11** M 6
2. und 3. Beratung
BT-PlPr 7/81 = **14** N 5
– *GesEntw zur Änderung des Tabaksteuergesetzes und des Ges über das Branntweinmonopol*
BR-Drs 571/75 = **129** E 9
BR-Drs 328/76 = **163** O 4
BR-PlPr 425 = **5** G 3
BR-PlPr 435 = **6** I 1
BT-Drs 7/4518 = **193** D 14
Bericht und Antrag des Finanzausschusses
BT-Drs 7/5096 = **213** E 8
1. Beratung
BT-PlPr 7/216 = **40** N 12
2. und 3. Beratung
BT-PlPr 7/242 = **46** F 3
– s a GesEntw zur Verbesserung der *Haushaltsstruktur*
Tätigkeitsbericht
– Tätigkeitsbericht 1973 der Bundesregierung
BT-Drs 7/1434 = **97** H 8
BT-PlPr 7/76 = **13** J 14
Tagesmutter
– 2. Familienbericht
BT-Drs 7/3502 = **157** G 4
Tageszeitungen
– s a GesEntw zur Änderung des *Umsatzsteuergesetzes*
BR-Drs 268/74 = **67** J 10
BT-Drs 7/2467 = **127** E 1
– Entschließung des Bundesrates zur steuerlichen Entlastung kleinerer und mittlerer Zeitungsverlage
BR-Drs 267/74 = **67** J 5
– Entschließung des Bundesrates zur Gebührenbelastung des Postzeitungsdienstes
BR-Drs 269/74 = **67** K 6
Tankcontainer
– 82. VO zur Änderung der Eisenbahn-Verkehrsordnung
(betr Beförderung gefährlicher Güter)
BR-Drs 698/73 = **45** K 14
Taxigewerbe
s Kraftfahrunternehmen, Personenverkehr
Technik
– Antrag betr Amt zur Bewertung technologischer Entwicklung
BT-Drs 7/468 = **68** G 7
Bericht und Antrag des Ausschusses für Forschung und Technologie
BT-Drs 7/3802 = **169** J 6
– Antrag betr Förderung der technologischen Forschung und Entwicklung im Bundesministerium für Forschung und Technologie
BT-Drs 7/890 = **79** J 6

Bericht und Antrag des Ausschusses für Forschung und Technologie und für das Post- und Fernmeldewesen
BT-Drs 7/1972 = **113 M 9**
– Empfehlungen des Ausschusses für Wissenschaft und Technologie der 18. Jahrestagung der Nordatlantischen Versammlung zur Beziehung technologische Entwicklung/Beschäftigung
BR-Drs 131/73 = **16 L 3**
BT-Drs 7/50 = **52 N 10**
– Entwurf der EG eines Aktionsprogramms für die Politik im wissenschaftlich-technologischen Bereich
BR-Drs 584/73 = **39 D 2**
BT-Drs 7/1026 = **84 F 3**
– Schlußakte der Konferenz über Sicherheit und Zusammenarbeit in Europa (KSZE)
BT-Drs 7/3867 = **170 N 1**

Technischer Dienst
– VO zur Änderung der VO zu § 5 Abs 6 Satz 3 des Bundesbesoldungsgesetzes
BR-Drs 209/74 = **64 M 8**

Technischer Überwachungsverein (TÜV)
– 2. VO zur Änderung der Kostenordnung für die Prüfung überwachungsbedürftiger Anlagen
BR-Drs 597/74 = **83 K 13**
– 3. VO zur Änderung der Gebührenordnung für Maßnahmen im Straßenverkehr
BR-Drs 625/74 = **84 M 9**

Teilzahlungsgeschäft
– s Entw eines 2. ÄndGes zum *Abzahlungsgesetz*

Teilzeitbeschäftigung
– s GesEntw zur Änderung beamten- und richterrechtlicher Vorschriften
BR-Drs 202/73 = **20 D 4**
BT-Drs 7/821 = **78 C 6**

Teil-Zolltarif, Deutscher
– VO zur Änderung des Deutschen Teil-Zolltarifs
(betr Zollkontingent 1972 für Bananen)
BR-Drs 1/73 = **8 A 6**
BT-Drs 7/51 = **52 O 3**
Bericht des Wirtschaftsausschusses
BT-Drs 7/229 = **60 N 14**
– VO zur Änderung des Deutschen Teil-Zolltarifs
(betr Zollkontingent 1973 für Bananen)
BR-Drs 2/73 = **8 A 7**
BT-Drs 7/52 = **52 O 4**
Bericht des Wirtschaftsausschusses
BT-Drs 7/229 = **60 N 14**
– VO zur Änderung des Deutschen Teil-Zolltarifs
(betr Zollsätze gegenüber Österreich-EGKS)
BR-Drs 3/73 = **8 A 8**
BT-Drs 7/53 = **52 O 5**
– VO zur Änderung des Deutschen Teil-Zolltarifs
(betr Kohle aus Beitrittsländern der EGKS)
BR-Drs 7/73 = **8 B 13**
BT-Drs 7/54 = **52 O 7**
Bericht und Antrag des Wirtschaftsausschusses
BT-Drs 7/395 = **65 H 14**
BT-Drs 7/57 = **53 A 1**
Bericht und Antrag des Wirtschaftsausschusses
BT-Drs 7/183 = **59 J 10**
– VO zur Änderung des Deutschen Teil-Zolltarifs
(Nr 2/73 – Zollkontingente für Holzschliff und Sulfat- oder Natronzellstoff)
BR-Drs 167/73 = **18 K 7**
BT-Drs 7/191 = **60 G 13**
Bericht und Antrag des Wirtschaftsausschusses
BT-Drs 7/396 = **65 I 1**
– VO zur Änderung des Deutschen Teil-Zolltarifs
(Nr 3/73 – Zollpräferenzen 1973 gegenüber Entwicklungsländern-EGKS)
BR-Drs 296/73 = **26 F 4**
BT-Drs 7/244 = **61 B 14**
Bericht und Antrag des Wirtschaftsausschusses
BT-Drs 7/578 = **72 L 14**
– VO zur Änderung des Deutschen Teil-Zolltarifs
(Nr 5/73 – Waren der EGKS – 1. Halbjahr 1973)
BR-Drs 179/73 = **19 A 7**
BT-Drs 7/428 = **67 E 13**
Bericht und Antrag des Wirtschaftsausschusses
BT-Drs 7/578 = **72 L 14**
– VO zur Änderung des Deutschen Teil-Zolltarifs
(Nr 6/73 – Angleichungszoll für Trinkweine)
BR-Drs 197/73 = **19 N 3**
BT-Drs 7/310 = **64 A 11**
Bericht des Wirtschaftsausschusses
BT-Drs 7/579 = **72 M 1**
– VO zur Änderung des Deutschen Teil-Zolltarifs
(Nr 7/73 – Erhöhung des Zollkontingents 1972 für Holzschliff)
BR-Drs 168/73 = **18 K 8**
BT-Drs 7/213 = **60 L 6**
Bericht und Antrag des Wirtschaftsausschusses
BT-Drs 7/396 = **65 I 1**
– VO zur Änderung des Deutschen Teil-Zolltarifs
(Nr 9/73-Angleichungszoll für Trinkweine griechischer Herkunft)
BR-Drs 573/73 = **39 A 10**
BT-Drs 7/1001 = **83 H 9**
Bericht des Wirtschaftsausschusses
BT-Drs 7/1308 = **95 G 14**
– VO zur Änderung des Deutschen Teil-Zolltarifs
(Nr 11/73 – besondere Zollsätze gegenüber Norwegen-EGKS)
BR-Drs 563/73 = **38 M 13**
BT-Drs 7/987 = **82 M 1**
Bericht und Antrag des Wirtschaftsausschusses
BT-Drs 7/1061 = **86 B 6**
– VO zur Änderung des Deutschen Teil-Zolltarifs
(Nr 12/73 – Erhöhung des Zollkontingents 1973 für Bananen)
BR-Drs 593/73 = **39 M 1**
BT-Drs 7/1041 = **84 N 2**
Bericht des Wirtschaftsausschusses
BT-Drs 7/1308 = **95 G 14**
– VO zur Änderung des Deutschen Teil-Zolltarifs
(Nr 14/73 – Waren der EGKS – 2. Halbjahr 1973)
BR-Drs 568/73 = **38 O 10**
BT-Drs 7/999 = **83 H 2**
Bericht und Antrag des Wirtschaftsausschusses
BT-Drs 7/1061 = **86 B 6**
– VO zur Änderung des Deutschen Teil-Zolltarifs
(Nr 2/74 – Zollkontingent 1974 für Bananen)
BR-Drs 11/74 = **54 H 9**
BT-Drs 7/1492 = **101 A 5**
Bericht des Wirtschaftsausschusses
BT-Drs 7/1620 = **104 F 8**
– VO zur Änderung des Deutschen Teil-Zolltarifs
(Nr 3/74 – Zollkontingente 1974 für Holzschliff und Sulfat- oder Natronzellstoff)
BR-Drs 138/74 = **61 J 8**
BT-Drs 7/1663 = **107 H 7**
Bericht und Antrag des Wirtschaftsausschusses
BT-Drs 7/1850 = **111 J 6**
– VO zur Änderung des Deutschen Teil-Zolltarifs
(Nr 5/74 – Besondere Zollsätze gegenüber Norwegen – EGKS)
BR-Drs 140/74 = **61 J 13**
BT-Drs 7/1698 = **107 N 9**
Bericht und Antrag des Wirtschaftsausschusses
BT-Drs 7/1850 = **111 J 6**
– VO zur Änderung des Deutschen Teil-Zolltarifs
(Nr 6/74 – Besondere Zollsätze gegenüber Finnland – EGKS)
BR-Drs 296/74 = **68 I 13**
BT-Drs 7/1969 = **113 M 4**
Bericht und Antrag des Wirtschaftsausschusses
BT-Drs 7/2084 = **117 B 9**
– VO zur Änderung des Deutschen Teil-Zolltarifs
(Nr 7/74 – Zollkontingente für Walzdraht – 1. Halbjahr 1974)
BR-Drs 297/74 = **68 J 4**
BT-Drs 7/1970 = **113 M 6**
Bericht und Antrag des Wirtschaftsausschusses
BT-Drs 7/2084 = **117 B 9**
– VO zur Änderung des Deutschen Teil-Zolltarifs
(Nr 8/74 – Angleichungszoll für Trinkweine griechischer Herkunft)
BR-Drs 206/74 = **64 H 3**
BT-Drs 7/1759 = **108 K 9**
Bericht des Wirtschaftsausschusses
BT-Drs 7/2202 = **119 J 1**
– VO zur Änderung des Deutschen Teil-Zolltarifs
(Nr 9/74 – Zollpräferenzen 1974 gegenüber Entwicklungsländern – EGKS)
BR-Drs 458/74 = **76 F 7**
BT-Drs 7/2282 = **121 M 4**
Bericht und Antrag des Wirtschaftsausschusses
BT-Drs 7/2572 = **129 O 4**
– VO zur Änderung des Deutschen Teil-Zolltarifs
(Nr 12/74 – Zollkontingente für Walzdraht und Elektrobleche – 2. Halbjahr 1974)
BR-Drs 647/74 = **85 H 11**
BT-Drs 7/2577 = **130 A 2**

Bericht und Antrag des Wirtschaftsausschusses
BT-Drs 7/2763 = **134 I** 3
- VO zur Änderung des Deutschen Teil-Zolltarifs
(Nr 13/74 – Erhöhung des Zollkontingents 1974 für Bananen)
BR-Drs 606/74 = **84 H** 1
BT-Drs 7/2555 = **129 K** 14
Bericht des Wirtschaftsausschusses
BT-Drs 7/2764 = **134 I** 4
- VO zur Änderung des Deutschen Teil-Zolltarifs
(Nr 16/74 – 2. Erhöhung des Zollkontingents 1974 für Bananen)
BR-Drs 3/75 = **97 C** 4
BT-Drs 7/3058 = **144 K** 4
Bericht des Wirtschaftsausschusses
BT-Drs 7/3311 = **153 F** 2
- VO zur Änderung des Deutschen Teil-Zolltarifs
(Nr 17/74 – Besondere Zollsätze gegenüber Marokko)
BR-Drs 245/75 = **112 F** 4
BT-Drs 7/3535 = **158 L** 10
Bericht des Wirtschaftsausschusses
BT-Drs 7/3769 = **168 K** 7
- VO zur Änderung des Deutschen Teil-Zolltarifs
(Nr 18/74 – Erhöhung des Zollkontingents 1974 für Holzschliff)
BR-Drs 188/75 = **108 G** 6
BT-Drs 7/3381 = **155 D** 2
Bericht und Antrag des Wirtschaftsausschusses
BT-Drs 7/3527 = **158 D** 10
- VO zur Änderung des Deutschen Teil-Zolltarifs
(Nr 2/75 – Zollkontingent 1975 für Bananen)
BR-Drs 2/75 = **97 C** 2
BT-Drs 7/3057 = **144 K** 3
Bericht und Antrag des Wirtschaftsausschusses
BT-Drs 7/3311 = **153 F** 2
- VO zur Änderung des Deutschen Teil-Zolltarifs
(Nr 3/75 – Zollkontingente für Walzdraht und Elektrobleche – 1. Halbjahr 1975)
BR-Drs 187/75 = **108 G** 3
BT-Drs 7/3380 = **155 C** 14
Bericht und Antrag des Wirtschaftsausschusses
BT-Drs 7/3532 = **158 E** 2
- VO zur Änderung des Deutschen Teil-Zolltarifs
(Nr 6/75 – Besondere Zollsätze gegenüber Israel – EGKS)
BR-Drs 485/75 = **124 M** 5
BT-Drs 7/3937 = **172 N** 7
Bericht und Antrag des Wirtschaftsausschusses
BT-Drs 7/4051 = **176 E** 4
- VO zur Änderung des Deutschen Teil-Zolltarifs
(Nr 7/75 – Besondere Zollsätze gegenüber den AKP-Staaten und den ÜLG – EGKS)
BR-Drs 500/75 = **125 C** 4
BT-Drs 7/3962 = **173 I** 2
Bericht und Antrag des Wirtschaftsausschusses
BT-Drs 7/4051 = **176 E** 4
- VO zur Änderung des Deutschen Teil-Zolltarifs
(Nr 8/75 – Zollpräferenzen 1975 gegenüber Entwicklungsländern – EGKS)
BR-Drs 511/75 = **125 M** 8
BT-Drs 7/3984 = **174 C** 6
Bericht und Antrag des Wirtschaftsausschusses
BT-Drs 7/4051 = **176 E** 4
- VO zur Änderung des Deutschen Teil-Zolltarifs
(Nr 9/75 – Erhöhung des Zollkontingents 1975 für Bananen)
BR-Drs 574/75 = **129 G** 3
BT-Drs 7/4030 = **175 O** 4
Bericht des Wirtschaftsausschusses
BT-Drs 7/4215 = **184 K** 2
- VO zur Änderung des Deutschen Teil-Zolltarifs
(Nr 10/75 – Zollkontingente für Walzdraht und Elektrobleche – 2. Halbjahr 1975)
BR-Drs 514/75 = **125 N** 9
BT-Drs 7/3992 = **174 E** 1
Bericht und Antrag des Wirtschaftsausschusses
BT-Drs 7/4050 = **176 E** 3
- VO zur Änderung des Deutschen Teil-Zolltarifs
(Nr 12/75 – Erhöhung des Zollkontingents 1975 für Elektrobleche)
BR-Drs 115/76 = **152 D** 8
BT-Drs 7/4685 = **200 E** 1
Bericht und Antrag des Wirtschaftsausschusses
BT-Drs 7/4869 = **205 O** 9
- VO zur Änderung des Deutschen Teil-Zolltarifs
(Nr 13/75 – Besondere Zollsätze gegenüber Marokko)
BR-Drs 173/76 = **154 F** 4
BT-Drs 7/4816 = **204 E** 12
Bericht des Wirtschaftsausschusses
BT-Drs 7/5137 = **214 C** 13
- VO zur Änderung des Deutschen Teil-Zolltarifs
(Nr 2/76 – Zollkontingent 1976 für Bananen)
BR-Drs 788/75 = **142 H** 8
BT-Drs 7/4531 = **194 C** 8
Bericht des Wirtschaftsausschusses
BT-Drs 7/4868 = **205 O** 8
- VO zur Änderung des Deutschen Teil-Zolltarifs
(Nr 3/76 – Zollkontingente für Walzdraht und Elektrobleche – 1. Halbjahr 1976)
BR-Drs 86/76 = **149 J** 4
BT-Drs 7/4654 = **197 O** 9
Bericht und Antrag des Wirtschaftsausschusses
BT-Drs 7/4869 = **205 O** 9
- VO zur Änderung des Deutschen Teil-Zolltarifs
(Nr 4/76 – Besondere Zollsätze gegenüber Israel-EGKS)
BR-Drs 104/76 = **151 O** 2
BT-Drs 7/4674 = **198 J** 12
Bericht und Antrag des Wirtschaftsausschusses
BT-Drs 7/4869 = **205 O** 9
- VO zur Änderung des Deutschen Teil-Zolltarifs
(Nr 5/76 – Zollpräferenzen 1976 gegenüber Entwicklungsländern – EGKS)
BR-Drs 162/76 = **153 N** 14
BT-Drs 7/4792 = **203 B** 4
Bericht und Antrag des Wirtschaftsausschusses
BT-Drs 7/4952 = **207 G** 1
- VO zur Änderung des Deutschen Teil-Zolltarifs
(Nr 8/76 – Erhöhung des Zollkontingents für Elektrobleche – 1. Halbjahr 1976)
BR-Drs 362/76 = **165 F** 13
BT-Drs 7/5260 = **216 M** 13
Bericht und Antrag des Wirtschaftsausschusses
BT-Drs 7/5461 = **221 F** 7
- VO zur Änderung des Deutschen Teil-Zolltarifs
(Nr 10/76 – Erhöhung des Zollkontingents für Walzdraht und Elektrobleche – 2. Halbjahr 1976)
BR-Drs 523/76 = **173 G** 2
BT-Drs 7/5686 = **226 E** 14
- VO zur Änderung des Deutschen Teil-Zolltarifs
(Nr 12/76 – Besondere Zollsätze gegenüber Portugal – EGKS)
BR-Drs 526/76 = **173 L** 8
BT-Drs 7/5690 = **226 F** 11
- VO zur Änderung des Deutschen Teil-Zolltarifs
(Nr 13/76 – Besondere Zollsätze gegenüber Algerien, Marokko und Tunesien – EGKS)
BR-Drs 567/76 = **175 H** 4
BT-Drs 7/5864 = **231 D** 1
- VO zur Änderung des Deutschen Teil-Zolltarifs
(Nr 14/76 – Erhöhung des Zollkontingents 1976 für Bananen)
BR-Drs 586/76 = **176 B** 2
BT-Drs 7/5854 = **230 O** 5
- VO zur Änderung des Deutschen Teil-Zolltarifs
(Nr 17/76 – 2. Erhöhung des Zollkontingents 1976 für Bananen)
BR-Drs 737/76 = **182 E** 2

Telefonseelsorge
- Antrag betr Sonderdienst – Rufnummern bei der Einführung von Nahverkehrsbereichen
BT-Drs 7/4486 = **192 J** 2
Beratung des Antrags
BT-PlPr 7/222 = **42 C** 10

Termin, Früher erster
s Vereinfachungsnovelle

Terrorismus
- Entschließung der Interparlamentarischen Union
BT-Drs 7/15 = **52 E** 8
- Entschließung der Nordatlantischen Versammlung
BT-Drs 7/50 = **52 N** 10
- *GesEntw zur Bekämpfung terroristischer krimineller Vereinigungen*
(GesEntw des Bundesrates)
BR-Drs 291/75 = **114 D** 8
BR-PlPr 421 = **5 A** 7
(GesEntw der CDU/CSU)
BT-Drs 7/3661 = **164 E** 13
(GesEntw des Bundesrates)
BT-Drs 7/4004 = **174 O** 9
Bericht und Antrag des Rechtsausschusses
BT-Drs 7/5401 = **220 C** 2
1. Beratung
BT-PlPr 7/213 = **40 D** 13

2. Beratung
BT-PlPr 7/253 = **48** M 9
- s a GesEntw zur Änderung des Strafgesetzbuches, der *Strafprozeßordnung*, des Gerichtsverfassungsgesetzes und der Bundesrechtsanwaltsordnung
BR-Drs 381/75 = **120** N 10
BT-Drs 7/4005 = **175** A 1
- s a Erklärung der Bundesregierung zur inneren *Sicherheit*
- s a Entw eines ÄndGes zum *Strafgesetzbuch*
- s a GesEntw zu dem Übereinkommen zur Bekämpfung widerrechtlicher Handlungen gegen die Sicherheit der *Zivilluftfahrt*
- s a GesEntw zu dem Übereinkommen betr Straftaten gegen völkerrechtlich geschützte Personen einschließlich *Diplomaten*
BR-Drs 539/75 = **127** J 7
BT-Drs 7/4820 = **204** F 6

Textilien
- s a GesEntw zu dem Protokoll betr den internationalen Handel mit *Baumwolltextilien*
BR-Drs 306/73 = **26** O 8
BT-Drs 7/647 = **74** F 10
- s a GesEntw zur Änderung des Ges über Statistiken der Rohstoff- und Produktionswirtschaft einzelner Wirtschaftszweige
BR-Drs 302/75 = **114** L 11
BT-Drs 7/4603 = **196** F 1
- VO über Methoden der quantitativen Analyse von binären Textilfasergemischen
BR-Drs 665/73 = **42** N 13
- VO zur Anpassung des Textilkennzeichnungsgesetzes an den Beitrittsvertrag zu den Europäischen Gemeinschaften
BR-Drs 355/74 = **72** C 7
- VO über die quantitative Analyse von ternären Textilfasergemischen
BR-Drs 415/74 = **74** I 13
- 51. VO zur Änderung der Einfuhrliste – Anlage zum Außenwirtschaftsgesetz –
BR-Drs 734/75 = **140** L 1

Tier
Anwendung von Arzneimitteln
- s a Entw eines Änd Ges zum *Arzneimittelgesetz*
BR-Drs 138/73 = **16** M 6
BT-Drs 7/256 = **62** H 2
- s a GesEntw zu dem Übereinkommen über den internationalen Handel mit gefährdeten Arten freilebender Tiere und Pflanzen – Ges zum Washingtoner *Artenschutz-Übereinkommen* –
BR-Drs 398/74 = **73** K 6
BT-Drs 7/2626 = **131** D 1
- Vorschlag einer 2. EG-Richtlinie zur Änderung der EG-Richtlinie über Zusatzstoffe in der Tierernährung
BR-Drs 561/74 = **81** M 12
BT-Drs 7/2482 = **127** M 10
- VO zur Änderung der VO über meldepflichtige Tierkrankheiten
BR-Drs 574/76 = **175** K 6

Tierärzte
- VO zur Änderung der Gebührenordnung für Tierärzte
BR-Drs 565/73 = **38** O 3
- 2. VO zur Änderung der Bestallungsordnung für Tierärzte
BR-Drs 155/75 = **105** O 3
- VO über den Erwerb, Herstellung, Aufbewahrung und Abgabe von Arzneimitteln in Ausübung des tierärztlichen Dispensierrechts
(VO über tierärztliche Hausapotheken)
BR-Drs 348/75 = **117** M 6

Tierärzteordnung
s Bundes-Tierärzteordnung

Tierkörperbeseitigung
- *GesEntw über die Beseitigung von Tierkörpern, Tierkörperteilen und tierischen Erzeugnissen*
BR-Drs 737/74 = **90** C 12
BR-Drs 333/75 = **115** L 5
BR-PlPr 415 = **4** G 8
BR-PlPr 421 = **5** A 7
BT-Drs 7/3225 = **151** B 13
Bericht und Antrag des Ausschusses für Ernährung, Landwirtschaft und Forsten
BT-Drs 7/3570 = **159** N 6
1. Beratung
BT-PlPr 7/152 = **28** M 6
2. und 3. Beratung
BT-PlPr 7/170 = **32** H 2
- VO über Tierkörperbeseitigungsanstalten und Sammelstellen
BR-Drs 412/76 = **168** N 6

Tiernahrung
s a Futtermittel
- 9. VO zur Durchführung des Ges zur Änderung futtermittelrechtlicher Vorschriften (betr Zusatzstoffe in Tiernahrung)
BR-Drs 707/74 = **88** F 12

Tierseuchen
s Viehseuchen
und Viehseuchengesetz

Tierschutz
- *GesEntw zum Europäischen Übereinkommen zum Schutz von Tieren beim internationalen Transport*
BR-Drs 46/73 = **8** O 3
BR-Drs 346/73 = **28** C 3
BR-PlPr 389 = **1** B 11
BR-PlPr 394 = **2** F 12
BT-Drs 7/127 = **56** I 4
Bericht und Antrag des Ausschusses für Ernährung, Landwirtschaft und Forsten
BT-Drs 7/366 = **64** N 11
1. Beratung
BT-PlPr 7/15 = **2** J 13
2. Beratung und Schlußabstimmung
BT-PlPr 7/31 = **5** D 11
- Umweltbericht 1976
BT-Drs 7/5684 = **226** A 1
- s a GesEntw zum Übereinkommen über den Internationalen Handel mit gefährdeten Arten freilebender Tiere und Pflanzen (Ges zum Washingtoner *Artenschutzübereinkommen)*
- s a Entw eines 2. ÄndGes zum *Bundesjagdgesetz*
BR-Drs 240/75 = **111** N 9
BT-Drs 7/4285 = **186** E 12
- s a Entw eines *Bundesnaturschutzgesetzes*
- VO über das Halten von Hunden im Freien
BR-Drs 274/74 = **67** M 9

Tierzuchtgesetz
- Antrag betr Novellierung
BT-Drs 7/1090 = **86** K 13
Bericht und Antrag des Ausschusses für Ernährung, Landwirtschaft und Forsten
BT-Drs 7/1603 = **104** C 4
- *GesEntw eines Tierzuchtgesetzes*
BR-Drs 351/75 = **118** H 8
BR-Drs 6/76 = **144** C 7
BR-PlPr 422 = **5** B 1
BR-PlPr 431 = **5** O 8
BT-Drs 7/4008 = **175** D 2
Bericht und Antrag des Ausschusses für Ernährung, Landwirtschaft und Forsten
BT-Drs 7/4402 = **190** L 13
1. Beratung
BT-PlPr 7/184 = **35** E 3
2. und 3. Beratung
BT-PlPr 7/208 = **39** D 5
- VO zur Änderung der 3. DurchführungsVO zum Tierzuchtgesetz über die Körung von Ebern und Ziegenböcken
BR-Drs 180/74 = **63** E 1
- 7. DurchführungsVO zum Tierzuchtgesetz über die Körung von Schafböcken
BR-Drs 181/74 = **63** E 7
- VO zur Änderung der 4. DurchführungsVO zum Tierzuchtgesetz über die Körung von Hengsten
BR-Drs 702/74 = **88** C 14

Titandioxyd
- Vorschlag einer EG-Richtlinie über Titandioxyd-Abfälle
BR-Drs 474/75 = **124** D 12
BT-Drs 7/3964 = **173** I 9

Tobago
s Trinidad und Tobago

Togo, Republik
- *GesEntw zum Abkommen Bundesrepublik Deutschland/Republik Togo über den Luftverkehr*
BR-Drs 76/74 = **58** B 8
BR-Drs 475/74 = **76** L 7
BR-PlPr 402 = **3** E 5
BR-PlPr 410 = **3** O 9
BT-Drs 7/1779 = **109** L 10
Bericht und Antrag des Verkehrsausschusses
BT-Drs 7/2221 = **119** N 11
1. Beratung
BT-PlPr 7/88 = **16** C 13
2. Beratung und Schlußabstimmung
BT-PlPr 7/108 = **20** E 5

Tollwut
- VO zur Änderung der VO zum Schutz gegen die Tollwut
BR-Drs 571/74 = **82** E 4
- 2. VO zur Änderung der VO zum Schutz gegen die Tollwut
BR-Drs 507/75 = **125** L 10

Tondband
s Tonträger

Tonbandprotokoll
- s GesEntw zur Vereinfachung und Beschleunigung gerichtlicher Verfahren *(Vereinfachungsnovelle)*
BR-Drs 551/74 = **80** L 9
BT-Drs 7/2729 = **133** O 2

Tonträger
- *GesEntw zum Übereinkommen zum Herstellerschutz vor unerlaubter Vervielfältigung*
BR-Drs 61/73 = **9** A 10
BR-Drs 623/73 = **40** L 3
BR-PlPr 389 = **1** B 11
BR-PlPr 398 = **2** M 12
BT-Drs 7/121 = **56** D 7
Bericht und Antrag des Rechtsausschusses
BT-Drs 7/1049 = **85** M 10
1. Beratung
BT-PlPr 7/15 = **2** J 13

2. Beratung und Schlußabstimmung
BT-PlPr 7/57 = **9** I 7

Tourismus

- Unterrichtung durch die Bundesregierung über den Tourismus in der Bundesrepublik Deutschland – Grundlagen und Ziele –
  BR-Drs 448/75 = **123** B 3
  BR-PlPr 425 = **5** G 3
  BT-Drs 7/3840 = **170** F 3
  Bericht und Antrag des Wirtschaftsausschusses
  BT-Drs 7/5402 = **220** C 14
  Beratung
  BT-PlPr 7/256 = **49** K 13
- Schlußakte der Konferenz über Sicherheit und Zusammenarbeit in Europa (KSZE)
  BT-Drs 7/3867 = **170** N 1
- VO über die Gewährung von Vorrechten und Befreiungen an die Welt-Tourismus-Organisation
  BR-Drs 504/75 = **125** J 10

Tranquilizer

s Suchtstoffe

Transitabkommen

- Unterrichtung über die Entwicklung der Beziehungen zwischen der Bundesrepublik Deutschland und der DDR
  BR-Drs 282/73 = **25** F 12
  BT-Drs 7/420 = **66** L 5

Transitverkehr

- Verhandlungen der Grenzkommission und Behinderungen im Transitverkehr (aktuelle Stunde)
  BT-PlPr 7/131 = **24** F 7
- VO über den grenzüberschreitenden Güterkraftverkehr mit CEMT-Genehmigungen
  BR-Drs 382/74 = **72** N 2
- VO zur Änderung der VO über den grenzüberschreitenden Güterkraftverkehr ausländischer Unternehmer
  BR-Drs 383/74 = **72** N 10

Transport

- s GesEntw über die Beförderung *gefährlicher Güter*

Trichinen

- VO zur Änderung der FleischbeschaustatistikVO
  BR-Drs 745/74 = **90** K 7
- VO über die Kosten für die Untersuchung des in das Zollgebiet eingehenden Fleisches
  BR-Drs 752/74 = **90** N 8

Trinidad und Tobago, Republik

- *GesEntw zum Abkommen Bundesrepublik Deutschland/Republik Trinidad und Tobago zur Vermeidung der Doppelbesteuerung auf dem Gebiet der Steuern vom Einkommen und zur Förderung des internationalen Handels und der internationalen Investitionstätigkeit*
  BR-Drs 402/74 = **74** A 4
  BR-Drs 53/75 = **99** J 6
  BR-PlPr 410 = **3** O 9
  BR-PlPr 416 = **4** I 9
  BT-Drs 7/2393 = **123** K 7
  Bericht und Antrag des Finanzausschusses
  BT-Drs 7/2824 = **136** O 4
  1. Beratung
  BT-PlPr 7/116 = **21** G 5
  2. Beratung und Schlußabstimmung
  BT-PlPr 7/136 = **25** J 7

Trinkwasser

- 2. WassersicherstellungsVO
  BR-Drs 301/73 = **26** H 6
- VO über Trinkwasser und über Brauchwasser für Lebensmittelbetriebe
  BR-Drs 695/74 = **87** N 5

Trinkwein

s Wein

Truppen

- *GesEntw zum Abkommen zwischen den Parteien des Nordatlantikvertrages über die Rechtsstellung ihrer Truppen hinsichtlich der in der Bundesrepublik Deutschland stationierten ausländischen Truppen*
  BR-Drs 25/73 = **8** L 8
  BR-Drs 269/73 = 24 M 10
  BR-PlPr 389 = **1** B 11
  BR-PlPr 392 = **2** D 6
  BT-Drs 7/119 = **55** O 8
  Bericht und Antrag des Auswärtigen Ausschusses
  BT-Drs 7/361 = **64** M 2
  1. Beratung
  BT-PlPr 7/15 = **2** J 13
  2. Beratung und Schlußabstimmung
  BT-PlPr 7/23 = **3** N 5

Tschechoslowakei, Sozialistische Republik

- *GesEntw zum Vertrag über die gegenseitigen Beziehungen zwischen der Bundesrepublik Deutschland und der Tschechoslowakischen Sozialistischen Republik*
  BR-Drs 77/74 = **58** B 14
  BR-Drs 449/74 = **76** A 11
  BR-PlPr 402 = **3** E 5
  BR-PlPr 407 = **3** L 12
  Vermittlungsverfahren:
  BR-Drs 490/74 = **77** C 2
  BR-PlPr 409 = **3** O 7
  BT-Drs 7/1832 = **111** G 2
  Bericht und Antrag des Auswärtigen Ausschusses
  BT-Drs 7/2270 = **121** E 14
  Unterrichtung betr Anrufung des Vermittlungsausschusses
  BT-Drs 7/2307 = **122** E 10
  Unterrichtung durch den Vermittlungsausschuß
  BT-Drs 7/2320 = **122** H 12
  Unterrichtung durch den Bundesrat betr Einspruch
  BT-Drs 7/2325 = **122** I 13
  1. Beratung
  BT-PlPr 7/90 = **16** J 10
  2. Beratung
  BT-PlPr 7/109 = **20** F 9
  2. Beratung und Schlußabstimmung
  BT-PlPr 7/110 = **20** J 5
  Zurückweisung des Einspruchs des Bundesrates
  BT-PlPr 7/113 = **21** B 12
- VO über die Aufhebung der VO über die Gewährung von Vorrechten und Befreiungen an die Handelsvertretungen der Volksrepublik Bulgarien, der Sozialistischen Republik Tschechoslowakei und der Ungarischen Volksrepublik
  BR-Drs 324/74 = **70** B 10

Tuberkuloseuntersuchung

- s GesEntw zur Änderung des *Bundes-Seuchengesetzes*

Türkei, Republik

- *GesEntw zum Ergänzungsprotokoll zum Assoziierungsabkommen zwischen der EG und der Republik Türkei infolge des Beitritts neuer Mitgliedstaaten zur EG und zu ergänzenden internen Finanzabkommen und zum Ergänzungsprotokoll über EGKS-Erzeugnisse*
  BR-Drs 166/74 = **62** L 12
  BR-Drs 730/74 = **89** O 5
  BR-PlPr 404 = **3** G 6
  BR-PlPr 414 = **4** F 5
  BT-Drs 7/1974 = **113** N 2
  Bericht und Antrag des Wirtschaftsausschusses
  BT-Drs 7/2681 = **132** E 5
  1. Beratung
  BT-PlPr 7/96 = **18** B 12
  2. Beratung und Schlußabstimmung
  BT-PlPr 7/128 = **23** K 8
- *GesEntw zum Zwischenabkommen zur Änderung des Abkommens Bundesrepublik Deutschland/Republik Türkei über Soziale Sicherheit*
  BR-Drs 803/74 = **95** D 2
  BR-Drs 96/75 = **101** E 5
  BR-PlPr 415 = **4** G 8
  BR-PlPr 416 = **4** I 9
  BT-Drs 7/3022 = **142** N 12
  Bericht und Antrag des Ausschusses für Arbeit und Sozialordnung
  BT-Drs 7/3134 = **147** A 12
  1. Beratung
  BT-PlPr 7/141 = **26** L 3
  2. Beratung und Schlußabstimmung
  BT-PlPr 7/147 = **28** A 1
- *GesEntw zum Abkommen Bundesrepublik Deutschland/Republik Türkei zur Vermeidung der Doppelbesteuerung und zur Regelung von Fragen auf dem Gebiet der Steuern vom Einkommen und vom Vermögen*
  BR-Drs 678/75 = **137** F 6
  BR-PlPr 429 = **5** M 3
- Vorschlag einer EG-VO über die Eröffnung, Aufteilung und Verwaltung eines Gemeinschaftszollkontingents für bestimmte in der Türkei raffinierte Erdölerzeugnisse des Kap 27 des Gemeinsamen Zolltarifs (1975)
  BR-Drs 537/74 = **80** D 11
  BT-Drs 7/2456 = **126** N 14
- Vorschlag einer EG-VO zur Eröffnung und Verwaltung eines präferentiellen Gemeinschaftsplafonds für bestimmte in der Türkei raffinierte Erdölerzeugnisse und zur Einrichtung einer gemeinschaftlichen Überwachung der Einfuhren dieser Erzeugnisse
  BR-Drs 465/75 = **124** B 6
  BT-Drs 7/3943 = **173** A 7
- Vorschlag einer EG-VO zur Eröffnung und Verwaltung eines präferenziellen Gemeinschaftsplafonds für bestimmte in der Türkei raffinierte Erdölerzeugnisse und zur Einrichtung einer gemeinschaftlichen Überwachung der Einfuhren dieser Erzeugnisse
  BR-Drs 515/76 = **173** B 5
  BT-Drs 7/5655 = **224** J 5

Tunesien, Republik

- *GesEntw zum Abkommen Bundesrepublik Deutschland/Republik Tunesien zur Vermeidung der Doppelbesteuerung auf dem Gebiet der Steuern vom Einkommen und vom Vermögen*
  BR-Drs 168/76 = **154** A 11
  BR-Drs 476/76 = **171** O 6
  BR-PlPr 433 = **6** D 11
  BR-PlPr 437 = **6** L 10
  BT-Drs 7/5030 = **211** I 14

Bericht und Antrag des Finanzausschusses
BT-Drs 7/5377 = **219** C 13
1. Beratung
BT-PlPr 7/240 = **45** L 4
2. Beratung und Schlußabstimmung
BT-PlPr 7/256 = **49** K 13

- VO zur Änderung des Deutschen Teil-Zolltarifs (Nr 13/76)
  BR-Drs 567/76 = **175** H 4
  BT-Drs 7/5864 = **231** D 1
- Empfehlung einer EG-VO über den Abschluß eines Abkommens zur Verlängerung des Assoziierungsabkommens zwischen der EG und Tunesien
  BR-Drs 699/74 = **88** B 8
  BT-Drs 7/2672 = **132** D 3
- Vorschlag einer EG-VO zur Festsetzung von Plafonds und zur Einrichtung einer gemeinschaftlichen Überwachung der Einfuhren bestimmter Waren mit Ursprung in Algerien, Marokko und Tunesien
  BR-Drs 602/76 = **176** G 4
  BT-Drs 7/5791 = **229** A 6

U

Übergangszahlung
- VO zur Regelung einer Übergangszahlung an Beamte
  BR-Drs 393/75 = **121** I 5

Überleitungsgesetz
s Finanzausgleich

Über- und außerplanmäßige Haushaltsausgaben
- im Haushaltsjahr 1972
  BR-Drs 433/73 = **32** K 5
  BT-Drs 7/623 = **73** K 1
- Zusammenstellung der über – und außerplanmäßigen Ausgaben im 3. Vierteljahr 1973
  BT-Drs 7/1312 = **95** H 5
- Zusammenstellung der über – und außerplanmäßigen Ausgaben im 4. Vierteljahr 1973
  BR-Drs 371/74 = **72** J 2
  BT-Drs 7/2113 = **117** L 3
- Zusammenstellung der über – und außerplanmäßigen Ausgaben im 2. Vierteljahr des Haushaltsjahres 1974
  BR-Drs 568/74 = **82** D 8
  BT-Drs 7/2463 = **127** B 8
- Zusammenstellung der über – und außerplanmäßigen Ausgaben im 3. Vierteljahr des Haushaltsjahres 1974
  BR-Drs 827/74 = **95** M 8
  BT-Drs 7/2942 = **141** G 1
- Zusammenstellung der über – und außerplanmäßigen Ausgaben im 4. Vierteljahr des Haushaltsjahres 1974
  BR-Drs 365/75 = **119** I 4
  BT-Drs 7/3693 = **165** C 12
- Zusammenstellung der über – und außerplanmäßigen Ausgaben im 2. Vierteljahr des Haushaltsjahres 1975
  BR-Drs 495/75 = **125** A 10
  BT-Drs 7/3925 = **172** L 1
- Zusammenstellung der über – und außerplanmäßigen Ausgaben im 3. Vierteljahr des Haushaltsjahres 1975
  BR-Drs 721/75 = **139** F 6
  BT-Drs 7/4321 = **188** B 13
- Zusammenstellung der über – und außerplanmäßigen Ausgaben im 4. Vierteljahr des Haushaltsjahres 1975
  BR-Drs 346/76 = **164** I 3
  BT-Drs 7/5191 = **215** D 14
- Zusammenstellung der über – und außerplanmäßigen Ausgaben im 2. Vierteljahr des Haushaltsjahres 1976
  BR-Drs 575/76 = **175** K 9
  BT-Drs 7/5685 = **226** E 12
- Zusammenstellung der über – und außerplanmäßigen Ausgaben im 3. Vierteljahr des Haushaltsjahres 1976
  BR-Drs 731/76 = **182** B 5
  BT-Drs 7/5910 = **233** A 11

Überschallgeschwindigkeit
- 5. VO zur Änderung der Luftverkehrs-Ordnung
  BR-Drs 469/75 = **124** C 10

Überseeische Länder
- Vorschlag eines Beschlusses betr die Assoziierung überseeischer Länder und Gebiete mit der EG
  BR-Drs 96/73 = **11** C 14
  BT-Drs 7/70 = **53** J 9
- Zollsätze gegenüber Staaten in überseeischen Ländern und Gebieten
  zustimmungsbedürftige VO zur Änderung des Deutschen Teil – Zolltarifs
  BR-Drs 500/75 = **125** C 4
  BT-Drs 7/3962 = **173** I 2
  BT-Drs 7/4051 = **176** E 4

Überstunden
- 2. VO zur Änderung der VO über die Gewährung von Mehrarbeitsentschädigung für Beamte
  BR-Drs 385/74 = **73** B 3
- Allgemeine Verwaltungsvorschrift zur VO über die Gewährung von Mehrarbeitsentschädigung für Beamte
  BR-Drs 386/74 = **73** B 9

Überwachungsbedürftige Anlagen
- 2. VO zur Änderung der Kostenordnung für die Prüfung
  BR-Drs 597/74 = **83** K 13
- 3. VO zur Änderung der Kostenordnung für die Prüfung
  BR-Drs 622/75 = **132** C 13
- 4. VO zur Änderung der Kostenordnung für die Prüfung
  BR-Drs 719/76 = **181** M 5

Uhrgehäuse
- s GesEntw eines 2. Ges zur Änderung des Ges über den Feingehalt der *Gold- und Silberwaren*

Umrechnungskurse
- Vorschlag einer EG-VO zur Festsetzung der in der Landwirtschaft repräsentativen Umrechnungskurse
  BR-Drs 697/76 = **180** I 11
  BT-Drs 7/5897 = **231** M 10

Umsatzsteuer
- *GesEntw zum Abkommen Bundesrepublik Deutschland/Republik Österreich betreffend Umsatzbesteuerung des Waren- und Dienstleistungsverkehrs zwischen österreichischen Gemeinden Mittelberg und Jungholz und der Bundesrepublik Deutschland*
  BR-Drs 79/73 = **10** I 10
  BR-Drs 454/73 = **33** H 6
  BR-PlPr 390 = **2** A 6
  BR-PlPr 396 = **2** I 14
  BT-Drs 7/259 = **62** I 9
  Bericht und Antrag des Finanzausschusses
  BT-Drs 7/666 = **75** N 8
  1. Beratung
  BT-PlPr 7/21 = **3** J 11
  2. Beratung und Schlußabstimmung
  BT-PlPr 7/42 = **7** A 12
- *GesEntw zur Änderung des Umsatzsteuergesetzes*
  (betr Vertrieb von Tageszeitungen)
  BR-Drs 268/74 = **67** J 10
  BR-PlPr 404 = **3** G 6
  BR-PlPr 405 = **3** I 2
  BT-Drs 7/2467 = **127** E 1
  Bericht und Antrag des Finanzausschusses
  BT-Drs 7/3308 = **153** E 11
  Bericht des Haushaltsausschusses
  BT-Drs 7/3309 = **153** E 13
  1. Beratung
  BT-PlPr 7/126 = **23** F 4
  2. Beratung
  BT-PlPr 7/170 = **32** H 2
- *GesEntw zur Änderung des Umsatzsteuergesetzes und des Aufwertungsausgleichsgesetzes*
  (betr Land- und Forstwirtschaft)
  BR-Drs 643/74 = **85** F 10
  BR-Drs 824/74 = **95** M 5
  BR-PlPr 412 = **4** B 12
  BR-PlPr 415 = **4** G 8
  GesEntw der Bundesregierung
  BT-Drs 7/2696 = **132** H 13
  GesEntw der CDU/CSU
  BT-Drs 7/2111 = **117** L 1
  Bericht und Antrag des Finanzausschusses
  BT-Drs 7/2930 = **140** O 7
  Bericht des Haushaltsausschusses
  BT-Drs 7/2959 = **141** N 2
  1. Beratung des GesEntw der CDU/CSU
  BT-PlPr 7/104 = **19** E 7
  1. Beratung des GesEntw der Bundesregierung
  B?-PlPr 7/129 = **24** A 12
  2. Beratung des GesEntw der CDU/CSU
  BT-PlPr 7/136 = **25** J 7
  2. und 3. Beratung des GesEntw der Bundesregierung
  BT-PlPr 7/136 = **25** J 7
- *GesEntw zur Änderung des Umsatzsteuergesetzes*
  (betr Anhebung des allgemeinen Steuersatzes)
  BR-Drs 570/75 = **129** D 13
  BR-Drs 329/76 = **163** O 7
  BR-PlPr 425 = **5** G 3
  BR-PlPr 435 = **6** I 1
  BT-Drs 7/4428 = **191** H 8
  Bericht und Antrag des Finanzausschusses
  BT-Drs 7/5149 = **214** G 6
  Unterrichtung betr Beschluß des Bundesrates vom 4. 6. 1976 über die Versagung der Zustimmung gem Art 105 III GG
  BT-Drs 7/5328 = **218** I 10
  1. Beratung
  BT-PlPr 7/216 = **40** N 12
  2. und 3. Beratung
  BT-PlPr 7/242 = **46** F 3
- *GesEntw zur Änderung des Umsatzsteuergesetzes*
  (betr Presseunternehmen)
  BR-Drs 127/76 = **152** K 8
  BR-PlPr 432 = **6** B 14

- GesEntw über die Gewährung einer Umsatzsteuerkürzung für Presseunternehmen – s *Presseunternehmen*
  BR-Drs 132/76 = **152** N 1
  BT-Drs 7/5555 = **222** N 10
- *GesEntw zur Änd des UmsatzsteuerGes* (betr Steuerpflicht der Bundespost)
  BR-Drs 453/76 = **170** L 8
  BR-PlPr 437 = **6** L 10
  BT-Drs 7/4754 = **202** C 9
  Bericht und Antrag des Finanzausschusses
  BT-Drs 7/5400 = **220** B 13
  1. Beratung
  BT-PlPr 7/233 = **44** D 5
  2. und 3. Beratung
  BT-PlPr 7/252 = **48** J 1
- s a GesEntw eines 3. Ges zur Änderung des Ges über den *Finanzausgleich* zwischen Bund und Ländern
  BR-Drs 750/73 = **49** N 13
  BT-Drs 7/1489 = **100** N 13
- s a GesEntw eines 4. Ges zur Änderung des Ges über den *Finanzausgleich* zwischen Bund und Ländern
  BR-Drs 547/75 = **128** B 4
  BT-Drs 7/4059 = **176** F 1
- s a Entw eines Einführungsgesetzes zur *Abgabenordnung* 1974
  BR-Drs 134/73 = **16** L 13
  BT-Drs 7/261 = **62** J 12
- s a GesEntw zur Verbesserung der *Haushaltsstruktur*
- Vorschlag einer 6. Richtlinie des Rates betr gemeinsames Mehrwertsteuersystem
  BR-Drs 493/73 = **34** G 7
  BT-Drs 7/913 = **80** F 10
- 2. VO zur Anpassung des Umsatzsteuergesetzes an den Zolltarif
  BR-Drs 221/73 = **21** D 6
- Allgemeine Verwaltungsvorschrift über die umsatzsteuerliche Behandlung des innerdeutschen Waren- und Dienstleistungsverkehrs zwischen den Währungsgebieten der Deutschen Mark und der Mark der DDR
  BR-Drs 217/73 = **21** B 11
- 3. VO über steuerliche Konjunkturmaßnahmen (betr die umsatzsteuerliche Investitionsbelastung)
  BR-Drs 368/73 = **28** N 9
- 2. VO zur Durchführung des Ges über den Finanzausgleich 1972 zwischen Bund und Ländern
  BR-Drs 696/73 = **45** J 13
- 9. VO zur Durchführung des Umsatzsteuergesetzes
  BR-Drs 788/73 = **51** F 10
- 1. VO zur Durchführung des Ges über den Finanzausgleich zwischen Bund und Ländern im Ausgleichsjahr 1974
  BR-Drs 412/74 = **74** H 6
- 10. VO zur Durchführung des Umsatzsteuergesetzes
  BR-Drs 710/74 = **88** I 4
- VO zur Änderung der 6. VO zur Durchführung des Umsatzsteuergesetzes (betr grenzüberschreitende Güterbeförderung)
  BR-Drs 721/74 = **89** K 10
- 2. VO zur Durchführung des Ges über den Finanzausgleich zwischen Bund und Ländern im Ausgleichsjahr 1973
  BR-Drs 686/74 = **87** B 10
- VO über die Erstattung von Umsatzsteuer an die Ständige Vertretung der DDR und ihrer Mitglieder
  BR-Drs 792/74 = **93** N 11
- 3. VO zur Änderung der 1. VO zur Durchführung des Umsatzsteuergesetzes
  BR-Drs 248/75 = **112** F 12
- 2. VO zur Durchführung des Ges über den Finanzausgleich zwischen Bund und Ländern im Ausgleichsjahr 1974
  BR-Drs 619/75 = **131** K 3
- 1. VO zur Durchführung des Ges über den Finanzausgleich 1975 zwischen Bund und Ländern
  BR-Drs 118/76 = **152** H 7
- 1. VO zur Durchführung des Ges über den Finanzausgleich zwischen Bund und Ländern
  BR-Drs 135/76 = **153** E 2
- 2. VO zur Änderung der 7. VO zur Durchführung des Umsatzsteuergesetzes (betr Steuerbefreiungen im grenzüberschreitenden Reiseverkehr)
  BR-Drs 485/76 = **172** B 11

Umschulung
- Arbeitsförderungsbericht der Bundesregierung
  BR-Drs 263/73 = **24** G 11
  BT-Drs 7/403 = **65** O 5

Umwandlungsgesetz
- *Entw eines ÄndGes zum Ges über steuerliche Maßnahmen bei Änderung der Unternehmensform*
  BT-Drs 7/3774 = **168** L 9
  Antrag des Finanzausschusses
  BT-Drs 7/5476 = **221** K 10
  Bericht des Finanzausschusses
  BT-Drs 7/5502 = **222** D 5
  1. Beratung
  BT-PlPr 7/194 = **36** M 12
  2. Beratung
  BT-PlPr 7/255 = **49** F 10

Umweltbericht 1976
- Fortschreibung des Umweltprogramms der Bundesregierung
  BR-Drs 513/76 = **172** J 10
  BT-Drs 7/5684 = **226** A 1

Umweltbundesamt
- *GesEntw über die Errichtung eines Umweltbundesamtes*
  BR-Drs 100/74 = **58** O 9
  BR-Drs 479/74 = **77** A 5
  BR-PlPr 402 = **3** E 5
  BR-PlPr 410 = **3** O 9
  BT-Drs 7/2012 = **115** B 6
  Bericht und Antrag des Innenausschusses
  BT-Drs 7/2097 = **117** D 13
  Bericht des Haushaltsausschusses
  BT-Drs 7/2201 = **119** I 14
  1. Beratung
  BT-PlPr 7/94 = **17** J 7
  2. und 3. Beratung
  BT-PlPr 7/109 = **20** F 9

Umweltradioaktvität
s Radioaktivität

Umweltpolitik
s Agrarbericht
Integrationsbericht
- Umweltgutachten 1974
  BT-Drs 7/2802 = **135** C 10
- Fortschreibung des Umweltprogramms der Bundesregierung –
  BR-Drs 513/76 = **172** J 10
  BT-Drs 7/5684 = **226** A 1
- Bundesraumordnungsprogramm
  BT-Drs 7/3584 = **162** C 2
- Bundesbericht Forschung V
  BT-Drs 7/3574 = **160** A 1
- Entw der Kommission der EG eines Aktionsprogramms für die Politik im wissenschaftlich – technologischen Bereich
  BR-Drs 584/73 = **39** D 2
  BT-Drs 7/1026 = **84** F 3
- Entwurf für eine EG-Entschließung zur Fortschreibung und Durchführung der Umweltpolitik und des Aktionsprogramms der EG für den Umweltschutz
  BR-Drs 282/76 = **162** A 12
  BT-Drs 7/5063 = **212** G 12

Umweltschutz
s a Bundesimmissionsschutzgesetz
- s a Entw eines Ges über *Naturschutz* und Landschaftspflege
  BT-Drs 7/324 = **64** C 14
  BT-Drs 7/886 = **79** E 8
- s a Entw eines 4. ÄndGes zum *Wasserhaushaltsgesetz*
  BT-Drs 7/888 = **79** G 10
  BT-Drs 7/1088 = **86** J 14
- s a Entw eines *Bundeswaldgesetzes*
  BT-Drs 7/889 = **79** H 12
- s a GesEntw betr *Umweltstatistik*
  BT-Drs 7/988 = **82** M 3
- s a GesEntw über die Errichtung eines *Umweltbundesamtes*
  BR-Drs 100/74 = **58** O 9
  BT-Drs 7/2012 = **115** B 6
- s a Antrag betr Ges zum Schutz gegen *Fluglärm*
  BT-Drs 7/2263 = **121** D 4
- s a GesEntw betr die Umweltverträglichkeit von Wasch- und Reinigungsmitteln *(Waschmittelgesetz)*
  BR-Drs 214/74 = **65** F 9
  BT-Drs 7/2271 = **121** F 11
- s a GesEntw betr Abgaben für das Einleiten von Abwasser in Gewässer *(Abwasserabgabengesetz)*
  BR-Drs 213/74 = **65** A 13
  BT-Drs 7/2272 = **121** G 7
- s a GesEntw über die Beförderung *gefährlicher Güter*
  BR-Drs 525/73 = **36** A 1
  BT-Drs 7/2517 = **128** J 10
- s a GesEntw zur Änderung des *Abfallbeseitigungsgesetzes*
  BR-Drs 694/73 = **45** I 5
  BT-Drs 7/2593 = **130** G 5
- s a GesEntw zum Übereinkommen über den internationalen Handel mit gefährlichen Arten freilebender Tiere und Pflanzen (Ges zum Washingtoner *Artenschutzübereinkommen)*
  BR-Drs 398/74 = **73** K 6
  BT-Drs 7/2626 = **131** D 1
- s a Entw eines *Bundesnaturschutzgesetzes*
  BR-Drs 137/75 = **104** E 11
  BT-Drs 7/3879 = **171** J 5
- s a GesEntw zur Ergänzung des *Benzinbleigesetzes*
  BR-Drs 358/75 = **118** N 13
  BT-Drs 7/4020 = **175** I 13
- s a Entw eines ÄndGes zum *Altölgesetz*
  BR-Drs 589/75 = **130** L 1
  BT-Drs 7/4368 = **190** C 5

- s a Entw eines 4. ÄndGes zum *Atomgesetz*
  BR-Drs 101/76 = **151** L 2
  BT-Drs 7/4794 = **203** G 8
- s a GesEntw zu dem Übereinkommen zur Verhütung der *Meeresverschmutzung* durch das Einbringen von Abfällen durch Schiffe und Luftfahrzeuge
  BR-Drs 98/76 = **150** A 14
  BT-Drs 7/5268 = **217** D 2
- s a GesEntw zum Internationalen Übereinkommen über Maßnahmen auf Hoher See bei *Ölverschmutzungs-Unfällen*
  BR-Drs 263/74 = **67** G 10
  BT-Drs 7/2109 = **117** K 3
- Umweltgutachten 1974
  BT-Drs 7/2802 = **135** C 10
- Umweltbericht 1976
  BR-Drs 513/76 = **172** J 10
  BT-Drs 7/5684 = **226** A 1
- Entschließung der Interparlamentarischen Union zum Umweltschutz
  BT-Drs 7/15 = **52** E 8
- Unterrichtung über die Entwicklung der Beziehungen zwischen der Bundesrepublik Deutschland und der DDR
  BR-Drs 282/73 = **25** F 12
  BT-Drs 7/420 = **66** L 5
- Bericht betr die Entwicklung der Umweltradioaktivität im Jahre 1972
  BT-Drs 7/929 = **81** A 11
- Unterrichtung über die Energiepolitik der Bundesregierung
  BT-Drs 7/1057 = **85** N 13
- Tätigkeitsbericht 1973 der Bundesregie-
  BT-Drs 7/1434 = **97** H 8
- Bericht der Bundesregierung über die Beseitigung von Autowracks
  BT-Drs 7/1760 = **108** K 11
- Antwort auf die Große Anfrage betr Raumordnung
  BT-Drs 7/2044 = **116** C 12
- Antrag betr Schutz vor den Gefahren radioaktiver Strahlen
  BT-Drs 7/2369 = **123** G 3
- Straßenbaubericht 1973
  BT-Drs 7/2413 = **124** E 6
- Unterrichtung durch die Bundesregierung betr Radioaktivität
  BT-Drs 7/2510 = **128** G 13
- 1. Fortschreibung des Energieprogramms der Bundesregierung
  BR-Drs 718/74 = **89** F 2
  BT-Drs 7/2713 = **133** D 4
- 2. Bericht der Bundesregierung über die Tätigkeit des Rückstellungsfonds nach dem Altölgesetz
  BT-Drs 7/3455 = **156** I 12
- Bundesbericht Forschung V
  BR-Drs 282/75 = **113** C 5
  BT-Drs 7/3574 = **160** A 1
- Städtebaubericht 1975
  BT-Drs 7/3583 = **161** M 9
- Straßenbaubericht 1974
  BT-Drs 7/3822 = **169** N 2
- Entschließung zu der akuten Gefahr einer weiteren Verschmutzung des Rheins – Unterrichtung durch das Europäische Parlament –
  BT-Drs 7/3848 = **170** H 14
- Antwort auf die Große Anfrage betr friedliche Nutzung der Kernenergie in der Bundesrepublik Deutschland
  BT-Drs 7/3871 = **171** B 4
- Vorschlag eines Beschlusses des Rates zur Festlegung eines Forschungsprogramms für die EWG auf dem Gebiet des Umweltschutzes 1976 bis 1980
  BT-Drs 7/3972 = **173** K 2
- 2. Bericht der Bundesregierung zur Verbraucherpolitik
  BR-Drs 644/75 = **133** F 5
  BT-Drs 7/4181 = **179** F 5
- Bericht der Bundesregierung zum Ges zum Schutz gegen Fluglärm
  BT-Drs 7/4580 = **195** O 3
- Bericht der Bundesregierung über Umweltradioaktivität und Strahlenbelastung im Jahre 1974
  BT-Drs 7/4706 = **200** N 13
- Abfallwirtschaftsprogramm 1975 der Bundesregierung
  BT-Drs 7/4826 = **204** J 6
- Unterrichtung betr Umweltprobleme des Rheins
  BT-Drs 7/5014 = **210** H 6
- Straßenbaubericht 1975
  BT-Drs 7/5677 = **225** I 6
- Antrag zu einer Entschließung des Bundesrates zur Herabsetzung des Schwefelgehaltes im schweren Heizöl
  BR-Drs 339/74 = **70** J 13
- VO zur Neufassung der VO über Anwendungsverbote und -beschränkungen für Pflanzenschutzmittel
  BR-Drs 323/74 = **70** A 14
- 2. VO zur Durchführung des Bundes-Immissionsschutzgesetzes (VO über Chemischreinigungsanlagen)
  BR-Drs 368/74 = **72** H 4
- 1. VO zur Durchführung des Bundes-Immissionsschutzgesetzes (VO über Feuerungsanlagen)
  BR-Drs 437/74 = **75** L 1
- 3. VO zur Durchführung des Bundes-Immissionsschutzgesetzes (VO über Schwefelgehalt von leichtem Heizöl und Dieselkraftstoff)
  BR-Drs 539/74 = **80** E 4
- 4. VO zur Durchführung des Bundes-Immissionsschutzgesetzes (VO über genehmigungsbedürftige Anlagen)
  BR-Drs 650/74 = **85** I 5
- VO nach § 5 Abs 3 Nr 1 des Ges über Umweltstatistiken (AbwasserschädlichkeitsVO)
  BR-Drs 782/74 = **93** E 10

Umweltschutz in den EG
- Mitteilung der EG – Kommission über Fortschritte
  BT-Drs 7/281 = **63** E 14
- Entw einer Entschließung des Rats der EG zum Umweltschutz
  BT-Drs 7/560 = **72** F 8
- Empfehlungen des BR zum Umweltschutzprogramm der EG
  BR-Drs 120/73 = **16** A 13
- Vorschlag eines EG-Beschlusses zur Einführung eines Informationsverfahrens auf dem Gebiet des Umweltschutzes
  BR-Drs 365/73 = **28** K 1
  BT-Drs 7/560 = **72** F 8
- Vorschlag eines EG-Beschlusses über den Beitritt der EG zum Übereinkommen zur Verhinderung der Meeresverschmutzung
  BR-Drs 742/73 = **49** K 13
  BT-Drs 7/1423 = **97** G 3
- Vorschlag einer EG-VO über die Gründung einer europäischen Stiftung für die Verbesserung der Lebens- und Arbeitsbedingungen
  BR-Drs 40/74 = **55** N 6
  BT-Drs 7/1518 = **102** E 9
- Empfehlungen zum Entwurf von EG-Beschlüssen zum Umweltschutz
  BR-Drs 379/74 = **72** M 5
- Vorschlag einer EG-Entscheidung zur Einführung eines gemeinsamen Verfahrens für die Anlage und Fortschreibung eines ständigen europäischen Bestandsverzeichnisses der Informationsquellen auf dem Gebiet des Umweltschutzes
  BR-Drs 204/75 = **108** K 3
  BT-Drs 7/3435 = **155** O 3
- Vorschlag einer EG-Richtlinie über Abfälle aus der Titandioxyd-Produktion
  BR-Drs 474/75 = **124** D 12
  BT-Drs 7/3964 = **173** I 9
- Vorschlag eines mehrjährigen Forschungs- und Entwicklungsprogramms der EG auf dem Gebiet des Umweltschutzes (indirekte Aktion) 1976 bis 1980
  BR-Drs 487/75 = **124** M 9
  BT-Drs 7/3972 = **173** K 2

Umweltschutzdelikte
- Entschließung des Bundesrates zur Reform der Umweltschutzdelikte
  BR-Drs 723/73 = **48** J 1
  BR-PlPr 407 = **3** L 12

Umweltstatistiken
s a Statistik
- *GesEntw über Umweltstatistiken*
  BR-Drs 332/73 = **27** J 4
  BR-Drs 289/74 = **68** G 12
  BR-PlPr 395 = **2** I 1
  BR-PlPr 405 = **3** I 2
  Vermittlungsverfahren:
  BR-Drs 409/74 = **74** C 10
  BR-PlPr 407 = **3** L 12
  BT-Drs 7/988 = **82** M 3
  Bericht und Antrag des Innenausschusses
  BT-Drs 7/1808 = **110** D 2
  Bericht des Haushaltsausschusses
  BT-Drs 7/1846 = **111** I 8
  Unterrichtung durch den Bundesrat betr Einberufung des Vermittlungsausschusses
  BT-Drs 7/2090 = **117** C 7
  Antrag des Vermittlungsausschusses
  BT-Drs 7/2154 = **118** F 9
  1. Beratung
  BT-PlPr 7/51 = **8** I 5
  2. und 3. Beratung
  BT-PlPr 7/93 = **17** G 13
  Beratung eines Antrags des Vermittlungsausschusses
  BT-PlPr 7/104 = **19** E 7
- *GesEntw zur Änderung des Ges über Umweltstatistiken*
  BR-Drs 245/76 = **157** G 11
  BR-Drs 448/76 = **170** K 1
  BR-PlPr 434 = **6** F 11
  BR-PlPr 437 = **6** L 10
  BT-Drs 7/5212 = **215** L 13
  Bericht und Antrag des Innenausschusses
  BT-Drs 7/5395 = **220** B 4
  1. Beratung
  BT-PlPr 7/247 = **47** I 2
  2. und 3. Beratung
  BT-PlPr 7/252 = **48** J 1

Umzugskostengesetz
s Bundesumzugskostengesetz
UN
s Vereinte Nationen
Unbedenklichkeitsbescheinigungen
- VO zur Änderung der VO über das Verfahren für die Veranstalter anderer Spiele im Sinne des § 33d Abs 1 der Gewerbeordnung
  BR-Drs 168/74 = **62** N 1

UNESCO
- Unterrichtung über die UNESCO-Empfehlung betr die „Überarbeitete Empfehlung zur beruflichen Bildung"
  BR-Drs 441/75 = **122** M 2
  BT-Drs 7/3850 = **170** I 2
- Unterrichtung über die Empfehlung über die Erziehung zur internationalen Verständigung und Zusammenarbeit und zum Weltfrieden sowie die Erziehung im Hinblick auf die Menschenrechte und Grundfreiheiten
  BR-Drs 452/75 = **123** D 14
  BT-Drs 7/3858 = **170** K 2
- Unterrichtung über die UNESCO-Empfehlung zur Stellung wissenschaftlicher Forscher
  BR-Drs 508/75 = **125** L 13
  BT-Drs 7/3963 = **173** I 4

Unfall
- s a GesEntw zu dem Internationalen Übereinkommen über die Haftung für Ölverschmutzungsschäden und über die Errichtung eines Internationalen Fonds zur Entschädigung (s *Ölkatastrophen*)
- s a Bericht über Maßnahmen zur Verbesserung des *Rettungsdienstes*

Unfallflucht
Neufassung des § 142 Strafgesetzbuch
- s Entw eines *14. Strafrechtsänderungsgesetzes*
  BR-Drs 345/74 = **70** N 1
  BT-Drs 7/2434 = **126** F 9

Unfallrettungsdienst
- Antrag betr einheitliches Notrufnummernsystem im Bundesgebiet
  BT-Drs 7/475 = **68** J 4

Unfallverhütung
- Unfallverhütungsbericht 1971
  Bericht und Antrag des Verkehrsausschusses
  BT-Drs 7/693 = **76** B 13
- Unfallverhütungsbericht 1971/72
  BT-Drs 7/189 = **59** L 5
  Ergänzende Angaben für das Jahr 1972
  BT-Drs 7/991 = **82** N 14
  Bericht und Antrag des Ausschusses für Arbeit und Sozialordnung
  BT-Drs 7/1085 = **86** H 11
- Unfallverhütungsbericht 1974
  BT-Drs 7/2622 = **130** N 9
  Bericht und Antrag des Ausschusses für Arbeit und Sozialordnung
  BT-Drs 7/5380 = **219** E 10
  Beratung
  BT-PlPr 7/256 = **49** K 13
- Unfallverhütungsbericht Straßenverkehr 1973
  BT-Drs 7/3685 = **164** I 13
  Bericht und Antrag des Ausschusses für Verkehr und für das Post- und Fernmeldewesen
  BT-Drs 7/4164 = **178** O 1
- Unfallverhütungsbericht 1975
  BT-Drs 7/4668 = **198** B 8
  Bericht und Antrag des Ausschusses für Arbeit und Sozialordnung
  BT-Drs 7/5380 = **219** E 10
  ergänzende statistische Angaben
  BT-Drs 7/5817 = **229** I 4
  Beratung
  BT-PlPr 7/256 = **49** K 13
- Programm der Bundesregierung zur Verbesserung der Sicherheit im Straßenverkehr
  BT-Drs 7/1283 = **95** B 12
- Bundesbericht Forschung V
  BR-Drs 282/75 = **3** C 5
  BT-Drs 7/3574 = **160** A 1
- s a GesEntw betr *Betriebsärzte* und Fachkräfte für Arbeitssicherheit
  BR-Drs 137/73 = **16** M 4
  BT-Drs 7/260 = **62** J 1

Unfallverletzte
- VO über die orthopädische Versorgung von Unfallverletzten
  BR-Drs 338/73 = **27** O 4

Unfallversicherung, gesetzliche
- *GesEntw über die 16. Rentenanpassung und zur Anpassung der Renten aus den gesetzlichen Rentenversicherungen sowie der Geldleistungen aus der gesetzlichen Unfallversicherung*
  (16. Rentenanpassungsgesetz)
  BR-Drs 156/73 = **17** N 13
  BR-Drs 347/73 = **28** C 4
  BR-PlPr 391 = **2** B 11
  BR-PlPr 394 = **2** F 12
  GesEntw der Bundesregierung
  BT-Drs 7/427 = **67** D 13
  GesEntw der CDU/CSU
  BT-Drs 7/446 = **67** L 11
  Bericht und Antrag des Ausschusses für Arbeit und Sozialordnung
  BT-Drs 7/532 = **70** F 8
  Änderungsanträge zur 2. Beratung
  BT-Drs 7/564 = **72** I 1
  BT-Drs 7/566 = **72** I 3
  Bericht des Haushaltsausschusses
  BT-Drs 7/567 = **72** I 7
  1. Beratung
  BT-PlPr 7/26 = **4** D 4
  BT-PlPr 7/27 = **4** F 3
  BT-PlPr 7/28 = **4** I 11
  2. Beratung
  BT-PlPr 7/33 = **6** J 1
  2. und 3. Beratung
  BT-PlPr 7/33 = **5** J 1
- *GesEntw eines 17. Ges über die Anpassung der Renten aus den gesetzlichen Rentenversicherungen sowie über die Anpassung der Geldleistungen aus der Unfallversicherung und der Altersgelder in der Altershilfe für Landwirte*
  (17. Rentenanpassungsgesetz)
  BR-Drs 682/73 = **44** L 14
  BR-Drs 147/74 = **61** M 10
  BR-PlPr 400 = **3** A 1
  BR-PlPr 402 = **3** E 5
  BT-Drs 7/1483 = **100** L 10
  Bericht und Antrag des Ausschusses für Arbeit und Sozialordnung
  BT-Drs 7/1642 = **105** C 11
  Bericht des Haushaltsausschusses
  BT-Drs 7/1682 = **107** L 3
  1. Beratung
  BT-PlPr 7/74 = **13** F 13
  2. und 3. Beratung
  BT-PlPr 7/81 = **14** N 5
- *GesEntw eines 18. Ges über die Anpassung der Renten aus den gesetzlichen Rentenversicherungen sowie über die Anpassung der Geldleistungen aus der gesetzlichen Unfallversicherung und der Altersgelder in der Altershilfe für Landwirte*
  (18. Rentenanpassungsgesetz)
  BR-Drs 688/74 = **87** D 8
  BR-Drs 162/75 = **106** J 9
  BR-PlPr 414 = **4** F 5
  BR-PlPr 418 = **4** M 1
  BT-Drs 7/3065 = **145** C 5
  Gegenäußerung der Bundesregierung zu der Stellungnahme des Bundesrates
  BT-Drs 7/3073 = **146** A 5
  Bericht und Antrag des Ausschusses für Arbeit und Sozialordnung
  BT-Drs 7/3235 = **151** I 6
  Änderungsantrag zur 2. Beratung
  BT-Drs 7/3282 = **153** A 10
  Bericht des Haushaltsausschusses
  BT-Drs 7/3288 = **153** B 1
  1. Beratung
  BT-PlPr 7/141 = **26** L 3
  2. und 3. Beratung
  BT-PlPr 7/152 = **28** M 6
- *GesEntw eines 19. Ges über die Anpassung der Renten aus den gesetzlichen Rentenversicherungen sowie über die Anpassung der Geldleistungen aus der gesetzlichen Unfallversicherung und der Altersgelder in der Altershilfe für Landwirte*
  (19. Rentenanpassungsgesetz)
  BR-Drs 671/75 = **136** D 5
  BR-Drs 264/76 = **160** G 2
  BR-PlPr 429 = **5** M 3
  BR-PlPr 434 = **6** F 11
  BT-Drs 7/4722 = **201** E 1
  Bericht und Antrag des Ausschusses für Arbeit und Sozialordnung
  BT-Drs 7/4951 = **207** E 12
  Bericht des Haushaltsausschusses
  BT-Drs 7/4998 = **210** G 3
  1. Beratung
  BT-PlPr 7/225 = **42** K 12
  2. und 3. Beratung
  BT-PlPr 7/235 = **44** I 6
- *GesEntw zum Abkommen Bundesrepublik Deutschland/Volksrepublik Polen über Renten- und Unfallversicherung nebst der Vereinbarung hierzu*
  BR-Drs 633/75 = **132** O 1
  BR-Drs 150/76 = **153** J 6
  BR-PlPr 425 = **5** G 3
  BR-PlPr 432 = **6** B 14
  BT-Drs 7/4310 = **187** J 9
  Bericht und Antrag des Ausschusses für Arbeit und Sozialordnung
  BT-Drs 7/4731 = **201** F 7
  Bericht des Haushaltsausschusses
  BT-Drs 7/4733 = **201** G 1
  1. Beratung
  BT-PlPr 7/202 = **38** C 5
  2. Beratung und Schlußabstimmung
  BT-PlPr 7/224 = **42** G 6
- s a GesEntw über die Angleichung der Leistungen zur Rehabilitation *Behinderter*
- s a GesEntw eines *Sozialgesetzbuchs* (SGB) – Gemeinsame Vorschriften für die Sozialversicherung –

BR-Drs 300/75 = **114** H 10
BT-Drs 7/4122 = **177** K 5
– Sozialbericht 1973
BT-Drs 7/1167 = **89** D 6
– Sozialbudget 1974
BT-Drs 7/2853 = **138** E 12
– Sozialbericht 1976
BT-Drs 7/4953 = **207** G 3
– Bericht der Bundesregierung über die wirtschaftliche und soziale Sicherung des Studiums
BT-Drs 7/2116 = **117** O 1
– s a *Rentenanpassungsbericht*
– Allgemeine Verwaltungsvorschrift über das Zahlen von Leistungen der Unfallversicherung und der gesetzlichen Rentenversicherungen in das Ausland
BR-Drs 727/73 = **48** J 14

Ungarn, Volksrepublik
– VO über die Aufhebung der VO über die Gewährung von Vorrechten und Befreiungen an die Handelsvertretungen der Volksrepublik Bulgarien, der Tschechoslowakischen Sozialistischen Republik und der Volksrepublik Ungarn
BR-Drs 324/74 = **70** B 10

Universität
s a Hochschule
Hochschulrahmengesetz

Universität Passau
– 6. VO zur Ergänzung der Anlage zum Hochschulbauförderungsgesetz
BR-Drs 677/73 = **43** H 1

Unlauterer Wettbewerb
s a Wettbewerb
– *Entw eines 9. Ges zur Änd des Ges gegen den unlauteren Wettbewerb*
BT-Drs 7/2049 = **116** E 5
1. Beratung
BT-PlPr 7/111 = **21** A 1

Untätigkeitsklage
– s GesEntw zur Änderung *verwaltungsprozessualer* Vorschriften
BR-Drs 533/75 = **127** D 10
BT-Drs 7/4324 = **188** D 13

Unterhaltsgeld
– 1. VO zur Änderung der VO über Beitrag zur Krankenversicherung der Empfänger von Arbeitslosengeld, Arbeitslosenhilfe und Unterhaltsgeld
BR-Drs 247/74 = **66** F 14
– 2. VO zur Änderung der VO über den Beitrag zur Krankenversicherung der Empfänger von Arbeitslosengeld, Arbeitslosenhilfe und Unterhaltsgeld
BR-Drs 339/75 = **116** J 5

Unterhaltshilfe
– s a Entwurf eines 27. ÄndGes zum *Lastenausgleichsgesetz*
BR-Drs 274/73 = **24** N 10
BT-Drs 7/458 = **68** E 12
– VO zur Anpassung der Unterhaltshilfe nach dem Lastenausgleichsgesetz (1. Unterhaltshilfe-AnpassungsVO)
BR-Drs 585/73 = **39** E 9
– 2. VO zur Anpassung der Unterhaltshilfe nach dem Lastenausgleichsgesetz
BR-Drs 271/74 = **67** K 10
– 3. VO zur Anpassung der Unterhaltshilfe nach dem Lastenausgleichsgesetz
BR-Drs 145/75 = **105** E 4
– 4. VO zur Anpassung der Unterhaltshilfe nach dem Lastenausgleichsgesetz
BR-Drs 139/76 = **153** E 13

Unterhaltsrecht
– s Entw eines 1. Ges zur Reform des *Ehe- und Familienrechts*
BR-Drs 260/73 = **22** M 8
BT-Drs 7/650 = **74** G 4
– VO zur Neufestsetzung des Regelbedarfs (Regelbedarf-VO 1976)
BR-Drs 407/76 = **168** J 10

Unterhaltsrenten
– *GesEntw zur vereinfachten Abänderung von Unterhaltsrenten*
BR-Drs 532/75 = **126** O 5
BR-Drs 425/76 = **169** H 3
BR-PlPr 424 = **5** E 4
BR-PlPr 436 = **6** J 12
BT-Drs 7/4791 = **203** A 2
Bericht und Antrag des Rechtsausschusses
BT-Drs 7/5311 = **218** F 5
Entschließungsantrag zur 3. Beratung
BT-Drs 7/5331 = **218** I 13
Bericht des Haushaltsausschusses
BT-Drs 7/5347 = **218** K 6
Bericht und Antrag des Finanzausschusses
BT-Drs 7/5522 = **222** I 7
1. Beratung
BT-PlPr 7/233 = **44** D 5
2. und 3. Beratung
BT-PlPr 7/250 = **48** C 11

Unterhaltssicherungsgesetz
– *GesEntw zur Änderung des Unterhaltssicherungs- und Arbeitsplatzschutzgesetzes*
BR-Drs 52/73 = **8** O 12
BR-Drs 272/73 = **24** N 5
BR-PlPr 389 = **1** B 11
BR-PlPr 392 = **2** D 6
BT-Drs 7/129 = **56** J 4
Bericht und Antrag des Verteidigungsausschusses
BT-Drs 7/364 = **64** N 7
Bericht des Haushaltsausschusses
BT-Drs 7/373 = **65** B 13
1. Beratung
BT-PlPr 7/15 = **2** J 13
2. und 3. Beratung
BT-PlPr 7/23 = **3** N 5
– *GesEntw zur Änderung des Unterhaltssicherungsgesetzes und prämienrechtlicher Vorschriften*
BR-Drs 397/74 = **73** J 12
BR-PlPr 410 = **3** O 9
BT-Drs 7/2397 = **123** N 6
1. Bericht und Antrag des Verteidigungsausschusses
BT-Drs 7/2796 = **135** B 9
1. Beratung
BT-PlPr 7/116 = **21** G 5
Aufspaltung des GesEntw in:
1. GesEntw zur Änd des *SparprämienGes* und 2.
– *Entw eines 4. Ges zur Änderung des Unterhaltssicherungsgesetzes*
BR-Drs 772/74 = **92** D 10
BR-PlPr 414 = **4** F 5
2. Bericht und Antrag des Verteidigungsausschusses
BT-Drs 7/2797 = **135** B 12
Bericht des Haushaltsausschusses
BT-Drs 7/2798 = **135** C 2
2. und 3. Beratung
BT-PlPr 7/131 = **24** F 7

Unterkunft
– s GesEntw zum Abkommen der *Internationalen Arbeitsorganisation* betr Arbeitnehmerunterkünfte

Unternehmen
s a Umwandlungsgesetz
– s a GesEntw über die Kaufmannseigenschaft von *Land- und Forstwirten*
– Bericht der Bundesregierung über Lage und Entwicklung der kleinen und mittleren Unternehmen (Mittelstandsbericht)
BR-Drs 360/76 = **165** D 5
BT-Drs 7/5248 = **216** F 8
– Antrag betr strukturpolitisches Aktionsprogramm
BT-Drs 7/4759 = **202** C 14
BT-PlPr 7/248 = **47** M 11
– Entschließung des Wirtschaftsausschusses der 20. Jahrestagung der Nordatlantischen Versammlung betr multinationale Unternehmen
BR-Drs 27/75 = **98** H 5
BT-Drs 7/3046 = **144** G 1
– Vorschlag für eine EG-VO zur Gründung von gemeinsamen Unternehmen
BR-Drs 366/73 = **28** M 3
– Vorschlag einer EG-VO über die Europäische Kooperationsvereinigung (EKV)
BR-Drs 91/74 = **58** I 1
BT-Drs 7/1644 = **105** D 6

Unternehmenszusammenschlüsse
– Bericht des Bundeskartellamts über seine Tätigkeit im Jahr 1972
BT-Drs 7/986 = **82** F 1
– Bericht des Bundeskartellamtes über seine Tätigkeit im Jahre 1973
BT-Drs 7/2250 = **120** I 1
– Bericht des Bundeskartellamtes über seine Tätigkeit im Jahre 1974
BT-Drs 7/3791 = **168** N 11
– Bericht des Bundeskartellamtes über seine Tätigkeit im Jahre 1975
BT-Drs 7/5390 = **219** G 4
– Vorschlag einer EG-VO über die Kontrolle von Unternehmenszusammenschlüssen
BR-Drs 504/73 = **35** A 11
BT-Drs 7/940 = **81** E 9
– Vorschlag einer EG-Richtlinie zur Harmonisierung der Rechtsvorschriften der Mitgliedstaaten über die Wahrung von Ansprüchen und Vergünstigungen der Arbeitnehmer bei Gesellschaftsfusionen, Betriebsübertragungen sowie Unternehmenszusammenschlüssen
BR-Drs 495/74 = **77** C 14
BT-Drs 7/2312 = **122** F 7

Unteroffizier
– Antrag betr Aus- und Fortbildung
BT-Drs 7/1095 = **86** L 7
Beratung
BT-PlPr 7/64 = **10** L 13
Bericht und Antrag des Verteidigungsausschusses
BT-Drs 7/1397 = **97** D 1
Beratung
BT-PlPr 7/77 = **13** O 6
– Antrag betr Verbesserung der Aufstiegsmöglichkeiten
BT-Drs 7/4433 = **191** I 3
Beratung
BT-PlPr 7/212 = **39** O 6
Bericht und Antrag des Verteidigungsausschusses
BT-Drs 7/5316 = **218** H 10
Bericht des Haushaltsausschusses
BT-Drs 7/5317 = **218** H 11
Beratung
BT-PlPr 7/254 = **49** C 4

Unterricht
- VO über die Gewährung einer Unterrichtsvergütung, für Lehramtsanwärter
  BR-Drs 399/76 = **168** G 9

Untersee
- s GesEntw zum Übereinkommen über die *Schiffahrt* auf dem Bodensee und zum Vertrag über die Schiffahrt auf dem Untersee und dem Rhein zwischen Konstanz und Schaffhausen
  BR-Drs 740/74 = **90** G 14
  BT-Drs 7/3439 = **156** C 4

Untersuchungsausschuß
- Antrag betr Einsetzung zur Aufklärung der sog. „Wienand-Steiner-Affäre"
  BT-Drs 7/780 = **77** I 10
  Änderungsantrag aller Fraktionen
  BT-Drs 7/796 = **77** N 11
  BT-PlPr 7/43 = **7** E 13
  Bericht und Antrag des 1. Untersuchungsausschusses
  BT-Drs 7/1803 = **109** O 7
  BT-PlPr 7/90 = **16** J 10
- Antrag betr Einsetzung zur Aufklärung der Affäre Guillaume
  BT-Drs 7/2193 = **119** H 12
  BT-PlPr 7/105 = **19** K 9
  Bericht und Antrag des 2. Untersuchungsausschusses
  BT-Drs 7/3246 = **152** A 2
  BT-PlPr 7/152 = **28** M 6

Untersuchungshaft
s Strafvollzugsgesetz
- s a Entw eines ÄndGes zum *Betäubungsmittelgesetz*
  BR-Drs 227/75 = **111** H 9
  BT-Drs 7/4141 = **178** K 4

Unzucht
s 4. Strafrechtsreformgesetz

Urheberrecht
- *GesEntw zu den am 24. 7. 1971 in Paris unterzeichneten Übereinkünften auf dem Gebiet des Urheberrechts*
  BR-Drs 62/73 = **9** A 11
  BT-Drs 453/73 = **33** H 5
  BR-PlPr 389 = **1** B 11
  BR-PlPr 396 = **2** I 14
  BT-Drs 7/274 = **63** A 1
  Bericht und Antrag des Rechtsausschusses
  BT-Drs 7/715 = **76** F 13
  1. Beratung
  BT-PlPr 7/21 = **3** J 11
  2. Beratung und Schlußabstimmung
  BT-PlPr 7/42 = **7** A 12
- s a GesEntw zum Übereinkommen zum Schutz der Hersteller von *Tonträgern* gegen unerlaubte Vervielfältigung
  BR-Drs 61/73 = **9** A 10
  BT-Drs 7/121 = **56** D 7
- Bericht der Bundesregierung über die Ausnahmebereiche des Ges gegen Wettbewerbsbeschränkungen
  BT-Drs 7/3206 = **148** M 10

Urkunden
- *GesEntw zum Vertrag Bundesrepublik Deutschland/Italienische Republik über den Verzicht auf Legalisation von Urkunden*
  BR-Drs 628/73 = **40** M 10
  BR-Drs 443/74 = **75** N 4
  BR-PlPr 399 = **2** N 12
  BR-PlPr 410 = **3** O 9
  BT-Drs 7/1381 = **96** M 13
  Bericht und Antrag des Rechtsausschusses
  BT-Drs 7/2149 = **118** E 12
  1. Beratung
  BT-PlPr 7/74 = **13** F 13
  2. Beratung und Schlußabstimmung
  BT-PlPr 7/106 = **19** N 8
- *GesEntw zum Abkommen Bundesrepublik Deutschland/Französische Republik über die Befreiung öffentlicher Urkunden von der Legalisation*
  BR-Drs 629/73 = **40** N 3
  BR-Drs 442/74 = **75** N 1
  BR-PlPr 399 = **2** N 12
  BR-PlPr 410 = **3** O 9
  BT-Drs 7/1622 = **104** F 10
  Bericht und Antrag des Rechtsausschusses
  BT-Drs 7/2150 = **118** E 14
  1. Beratung
  BT-PlPr 7/81 = **14** N 5
  2. Beratung und Schlußabstimmung
  BT-PlPr 7/106 = **19** N 8

Urlaub
- s a GesEntw zu dem Übereinkommen der *Internationalen Arbeitsorganisation* betr bezahlten Bildungsurlaub
- s a GesEntw zu dem Übereinkommen der *Internationalen Arbeitsorganisation* betr bezahlten Jahresurlaub
- Unterrichtung betr Tourismus in der Bundesrepublik Deutschland – Grundlagen und Ziele –
  BT-Drs 7/3840 = **170** F 3
- Sozialbericht 1976
  BT-Drs 7/4953 = **207** G 3

Urlaubsreiseverkehr
s Ferienreiseverkehr

Urlaubsreisen
- s GesEntw über den *Reiseveranstaltungsvertrag*

USA
s Vereinigte Staaten von Amerika

V

VEBA-Aktien
- Antrag zum Tausch der dem Bund gehörenden Aktien der Gelsenberg AG gegen neue Aktien der VEBA AG
  BR-Drs 720/74 = **89** K 7

Verbraucheraufklärung
- 1. Programm der EG zur Unterrichtung und zum Schutz der Verbraucher
  BR-Drs 85/74 = **58** F 9
  BT-Drs 7/1610 = **104** D 7
- 2. Bericht der Bundesregierung zur Verbraucherpolitik
  BR-Drs 644/75 = **133** F 5
  BR-PlPr 429 = **5** M 3
  BT-Drs 7/4181 = **179** F 5
  Bericht und Antrag des Wirtschaftsausschusses
  BT-Drs 7/5174 = **214** M 11
  Beratung
  BT-PlPr 7/253 = **48** M 9

Verbraucherpolitik
- Jahreswirtschaftsbericht 1973
  BR-Drs 164/73 = **18** D 4
  BT-Drs 7/225 = **60** M 6
- Jahreswirtschaftsbericht 1974
  BR-Drs 130/74 = **61** H 1
  BT-Drs 7/1646 = **105** E 3
- Jahreswirtschaftsbericht 1975
  BR-Drs 110/75 = **101** M 7
  BT-Drs 7/3197 = **148** J 6
- Jahreswirtschaftsbericht 1976
  BR-Drs 105/76 = **151** O 5
  BT-Drs 7/4677 = **198** L 4
- s a *Agrarbericht*
- 2. Bericht der Bundesregierung zur Verbraucherpolitik
  BR-Drs 644/75 = **133** F 5
  BT-Drs 7/4181 = **179** F 5

Verbraucherschutz
- Zusammenfassung des 1. Programms der Gemeinschaft zur Unterrichtung und zum Schutz der Verbraucher
  BR-Drs 85/74 = **58** F 9
  BT-Drs 7/1610 = **104** D 7
- s a Entw eines 2. ÄndGes zum *Abzahlungsgesetz*
  BR-Drs 90/73 = **11** A 4
  BT-Drs 7/598 = **73** D 12
- s a Entw eines Ges über *Allgemeine Geschäftsbedingungen*
  BR-Drs 360/75 = **119** B 1
  BT-Drs 7/3200 = **148** K 13
- s a GesEntw eines 2. Ges zur Änderung des *Eichgesetzes*
  BR-Drs 352/75 = **118** J 7
  BT-Drs 7/4016 = **175** G 1
- Vorschlag einer EG-Richtlinie zur Angleichung der Rechtsvorschriften der Mitgliedstaaten über Materialien und Gegenstände, die dazu bestimmt sind, mit Lebensmitteln in Berührung zu kommen
  BR-Drs 587/74 = **82** M 6
  BT-Drs 7/2239 = **120** B 8

Verbrauchsgüter
- Bericht über Ausgleichsabgaben auf Verbrauchsgüter und die Förderung umweltfreundlicher Produktionsprozesse
  BR-Drs 280/74 = **68** B 9

Verbrauchssteuer
- Vorschlag einer 6. EG-Richtlinie zur Harmonisierung der Rechtsvorschriften der Mitgliedstaaten über die Umsatzsteuern – Gemeinsames Mehrwertsteuersystem: einheitliche steuerpflichtige Bemessungsgrundlage
  BR-Drs 493/73 = **34** G 7
  BT-Drs 7/913 = **80** F 10
- Vorschlag einer EG-Richtlinie über die Harmonisierung der Verbrauchsteuer auf Mineralöl
  BR-Drs 587/73 = **39** F 8
  BT-Drs 7/1042 = **84** N 3

Verbrechen
s Straftat

Verbrechensopfer
- s GesEntw über die Entschädigung für *Opfer* von Gewalttaten
  BR-Drs 352/74 = **72** A 1
  BT-Drs 7/2506 = **128** F 2

Verbrechensverfolgung
- s GesEntw zum Abkommen Bundesrepublik Deutschland/*Französische Republik* über die deutsche Gerichtsbarkeit für die Verfolgung bestimmter Verbrechen

Veredelungsverkehr
s Zollveredelungsverkehr

Vereinfachungsnovelle
– *GesEntw zur Vereinfachung und Beschleunigung gerichtlicher Verfahren (Vereinfachungsnovelle)*
BR-Drs 551/74 = **80** L 9
BR-Drs 386/76 = **167** L 10
BR-PlPr 412 = **4** B 12
BR-PlPr 436 = **6** J 12
Vermittlungsverfahren:
BR-Drs 657/76 = **178** N 10
BR-PlPr 440 = **7** A 8
BT-Drs 7/2729 = **133** O 2
Bericht und Antrag des Rechtsausschusses
BT-Drs 7/5250 = **216** H 12
Bericht des Haushaltsausschusses
BT-Drs 7/5255 = **216** M 2
Änderungsantrag zur 2. Beratung
BT-Drs 7/5279 = **217** H 12
Unterrichtung betr Anrufung des Vermittlungsausschusses
BT-Drs 7/5499 = **222** D 1
Antrag des Vermittlungsausschusses
BT-Drs 7/5565 = **223** A 13
Ergänzung des Antrags des Vermittlungsausschusses
BT-Drs 7/5860 = **231** B 4
1. Beratung
BT-PlPr 7/134 = **25** A 1
2. und 3. Beratung
BT-PlPr 7/247 = **47** I 2
Beratung eines Antrags des Vermittlungsausschusses
BT-PlPr 7/258 = **50** E 3

Vereinigungen, terroristische, kriminelle
s Terrorismus

Vereinigte Staaten von Amerika
– *GesEntw zum Vertrag Bundesrepublik Deutschland/Vereinigte Staaten von Amerika über die gegenseitige Unterstützung ihrer Zollverwaltungen*
BR-Drs 259/74 = **67** D 6
BR-Drs 47/75 = **99** I 13
BR-PlPr 405 = **3** I 2
BR-PlPr 416 = **4** I 9
BT-Drs 7/2114 = **117** N 7
Bericht und Antrag des Finanzausschusses
BT-Drs 7/2883 = **140** E 2
1. Beratung
BT-PlPr 7/106 = **19** N 8
2. Beratung und Schlußabstimmung
BT-PlPr 7/136 = **25** J 7
– *GesEntw zum Abkommen Bundesrepublik Deutschland/Vereinigte Staaten von Amerika über Soziale Sicherheit*
BR-Drs 247/76 = **157** H 12
BR-Drs 455/76 = **170** L 11
BR-PlPr 434 = **6** F 11
BR-PlPr 437 = **6** L 10
BT-Drs 7/5210 = **215** K 8
Bericht und Antrag des Ausschusses für Arbeit und Sozialordnung
BT-Drs 7/5359 = **218** N 12
1. Beratung
BT-PlPr 7/247 = **47** I 2
2. Beratung und Schlußabstimmung
BT-PlPr 7/252 = **48** J 1
– s a GesEntw zur Änderung des *Bundesausbildungsförderungsgesetzes* (betr Studium in den USA)
– Programm „Studium in den USA"
Antrag betr Einbeziehung der Finanzierung in die Offset – Verhandlungen mit den USA
BT-Drs 7/1726 = **108** F 4

Vereinte Nationen
– *GesEntw zum Beitritt der Bundesrepublik Deutschland zur Charta der Vereinten Nationen*
BR-Drs 356/73 = **28** D 12
BR-PlPr 389 = **1** B 11
BR-PlPr 394 = **2** F 12
BT-Drs 7/154 = **58** L 6
Bericht und Antrag des Auswärtigen Ausschusses
BT-Drs 7/502 = **69** I 12
Unterrichtung durch den Bundeskanzler
BT-Drs 7/503 = **69** J 1
Bericht des Haushaltsausschusses
BT-Drs 7/520 = **70** D 2
1. Beratung
BT-PlPr 7/15 = **2** J 13
2. Beratung
BT-PlPr 7/29 = **4** K 4
BT-PlPr 7/30 = **5** A 6
Schlußabstimmung
BT-PlPr 7/31 = **5** D 11
– *GesEntw zum Übereinkommen über die Vorrechte und Immunitäten der Vereinten Nationen*
BR-Drs 172/76 = **154** E 8
BR-PlPr 433 = **6** D 11
BT-Drs 7/5366 = **219** A 11
1. Beratung
BT-PlPr 7/256 = **49** K 13
– Bericht der Bundesregierung über die 28. Generalversammlung
BT-Drs 7/2300 = **122** B 12
– Bericht der Bundesregierung über die 29. Generalversammlung
BT-Drs 7/3637 = **163** M 4
– Antwort auf die Große Anfrage betr Auswirkungen der Seerechtskonferenz auf die politischen und wirtschaftlichen Interessen der Bundesrepublik Deutschland
BT-Drs 7/5455 = **220** M 11
Entschließungsanträge zur Beratung
BT-Drs 7/5557 = **222** N 14
BT-Drs 7/5561 = **222** O 7
Beratung
BT-PlPr 7/257 = **50** A 13

Verfahren, gerichtliches
s Vereinfachungsnovelle

Verfahrensgrundsätze
im Verwaltungsverfahren
– s Entw eines *Verwaltungsverfahrensgesetzes*

Verfahrensmängel
– *GesEntw zur Bereinigung von Verfahrensmängeln beim Erlaß einiger Gesetze*
BR-Drs 392/73 = **30** I 7
BR-Drs 132/74 = **61** I 8
BR-PlPr 396 = **2** I 14
BR-PlPr 402 = **3** E 5
BT-PlPr 7/1000 = **83** H 4
Bericht und Antrag des Rechtsausschusses
BT-Drs 7/1587 = **104** A 12
1. Beratung
BT-PlPr 7/51 = **8** I 5
2. und 3. Beratung
BT-PlPr 7/80 = **14** I 14

Verfassung
s Grundgesetz

Verfassungsgericht
s Bundesverfassungsgericht

Verfassungsreform
– Antrag betr Enquête – Kommission
BT-Drs 7/214 = **60** L 7
– Schlußbericht der Enquête – Kommission
BT-Drs 7/5924 = **233** D 5

Verfassungstreue
– s GesEntw zur Änderung *dienstrechtlicher* Vorschriften
BR-Drs 208/74 = **64** L 9
BT-Drs 7/2433 = **126** F 5
– Antrag zur Entschließung des BRes zur Behandlung der GesEntwürfe über die Prüfung der Verfassungstreue von Bewerbern für den öffentlichen Dienst
BR-Drs 195/75 = **108** I 14
BR-PlPr 418 = **4** M 1

Verfügungsbereitschaft
– s GesEntw eines 9. ÄndGes des *WehrpflichtGes*

Vergiftungsgefahren
– s GesEntw zum Übereinkommen der *Internationalen Arbeitsorganisation*
(betr Vergiftungsgefahr durch Benzol)

Vergleichsmiete
– s GesEntw eines 2. Ges über den *Kündigungsschutz* für Mietverhältnisse über *Wohnraum*

Verheiratete Frauen
s Staatsangehörigkeit

Verifikationsabkommen
s Atomenergieorganisation

Verkehr
s a Personennahverkehr
Straßenverkehr
Subventionsbericht
– *GesEntw über den Bau und den Betrieb von Versuchsanlagen zur Erprobung von Techniken für den spurgeführten Verkehr*
BR-Drs 591/73 = **39** J 8
BR-Drs 728/75 = **140** I 8
BR-PlPr 398 = **2** M 12
BR-PlPr 429 = **5** M 3
BT-Drs 7/1875 = **111** O 4
Bericht und Antrag des Ausschusses für Verkehr und für das Post- und Fernmeldewesen
BT-Drs 7/4239 = **185** C 14
1. Beratung
BT-PlPr 7/96 = **18** B 12
2. und 3. Beratung
BT-PlPr 7/203 = **38** F 6
– Bericht des Bundesministers für Verkehr 1972 betr Verkehrserschließung des Zonenrandgebietes
BT-Drs 7/64 = **53** G 14
Bericht und Antrag des Ausschusses für innerdeutsche Beziehungen
BT-Drs 7/1289 = **95** E 11
– Bericht des Bundesministers für Verkehr 1974 über den Fortgang der Verkehrserschließung für das Zonenrandgebiet
BT-Drs 7/2992 = **142** G 7
Bericht und Antrag des Ausschusses für innerdeutsche Beziehungen
BT-Drs 7/4471 = **192** C 3
– Bundesverkehrswegeplan 1. Stufe
BT-Drs 7/1045 = **85** A 6
– Bericht über die Folgekosten des öffentlichen Personennahverkehrs
BT-Drs 7/4556 = **195** I 7

Verkehrsbetriebe, öffentliche
– Antrag betr Bericht über die fortdauernden Folgekosten des öffentlichen Personennahverkehrs
BT-Drs 7/2495 = **127** L 7
Bericht und Antrag des Ausschusses für

Verkehr und für das Post- und Fernmeldewesen
BT-Drs 7/2725 = **133** M 9
– VO über die Zuordnung der Ämter der Leiter kommunaler Versorgungs- und Verkehrsbetriebe
BR-Drs 232/76 = **156** M 10
Verkehrserziehung
– Programm der Bundesregierung zur Verbesserung der Sicherheit im Straßenverkehr
BT-Drs 7/1283 = **95** B 12
– Unfallverhütungsbericht Straßenverkehr 1973
BT-Drs 7/3685 = **164** I 13
Verkehrsfinanzgesetz 1971
– Unterrichtung betr Zahlungsfristen im Mineralölhandel
BT-Drs 7/1104 = **87** C 14
– s a Entw eines *Steueränderungsgesetzes* 1973
Verkehrsflughafen
s Flughafen
Verkehrsflugzeuge
– 4. VO zur Änderung der Luftverkehrsordnung 1964
BR-Drs 599/74 = **83** O 9
Verkehrslärm
– Entschließung des Bundesrates zur Verminderung der Geräusche der Krafträder und Fahrräder mit Hilfsmotor
BR-Drs 622/74 = **84** L 5
Verkehrspolitik
– Antwort auf die Große Anfrage
BT-Drs 7/985 = **82** E 12
BT-PlPr 7/73 = **13** B 6
– Mitteilung der Kommission der EG an den Rat der EG über die weitere Entwicklung der gemeinsamen Verkehrspolitik
BR-Drs 799/73 = **52** C 5
BT-Drs 7/1472 = **100** B 12
BT-PlPr 7/174 = **33** E 11
– Tätigkeitsbericht 1973 der Bundesregierung
BT-Drs 7/1434 = **97** H 8
– Raumordnungsbericht 1974
BT-Drs 7/3582 = **161** G 3
– Städtebaubericht 1975
BT-Drs 7/3538 = **161** M 9
– EG-Mitteilung über die Marktordnung für den Binnengüterverkehr innerhalb der EG (Straßen-, Binnenschiffs- und Eisenbahnverkehr)
BR-Drs 760/75 = **151** F 14
BR-Drs 489/76 = **172** C 9
BT-Drs 7/4371 = **190** D 3
Verkehrsrundfunk
– Bericht der Bundesregierung über die Lage von Presse und Rundfunk in der Bundesrepublik Deutschland (1974)
BT-Drs 7/2104 = **117** G 4
Verkehrssicherheit
– Bundesverkehrswegeplan 1. Stufe
BT-Drs 7/1045 = **85** A 6
– Antrag betr Großversuch mit Richtgeschwindigkeit auf Autobahnen
BT-Drs 7/1827 = **111** E 8
Bericht und Antrag des Ausschusses für Verkehr und für das Post- und Fernmeldewesen
BT-Drs 7/2541 = **129** I 4
– Antrag betr Verkehrssicherheit im Straßenverkehr
BT-Drs 7/1535 = **102** L 1

Bericht und Antrag des Verkehrsausschusses
BT-Drs 7/1733 = **108** F 12
– Entschließung des BR zur Verbesserung der Verkehrssicherheit durch Maßnahmen auf dem Gebiet der Straßenverkehrs-Zulassungs-Ordnung
BR-Drs 581 = **130** F 5
BR-PlPr 425 = **5** G 3
– s a Entw eines ÄndGes zum Ges über das *Fahrlehrerwesen*
– VO über Zuständigkeiten nach dem Verkehrssicherstellungsgesetz
BR-Drs 660/73 = **42** L 7
Verkehrsstatistik
– s GesEntw über Statistiken des Personenverkehrs und der *Kraftfahrzeug*fahrleistungen 1974
– s GesEntw über die *Statistik* der Straßen in den Gemeinden 1976
Verkehrstechniken
– s GesEntw über den Bau und Betrieb von Versuchsanlagen zur Erprobung von Techniken für den spurgeführten *Verkehr*
Verkehrsunfall
– Antwort auf die Große Anfrage betr Situation der Kinder in Deutschland
BT-Drs 7/3340 = **154** D 13
– Programm der Bundesregierung zur Verbesserung der Sicherheit im Straßenverkehr
BT-Drs 7/1283 = **95** B 12
– s a GesEntw eines *14. Strafrechtsänderungsgesetzes*
Verkehrswesen
– Unterrichtung über die Entwicklung der Beziehungen zwischen der Bundesrepublik Deutschland und der DDR
BR-Drs 282/73 = **25** F 12
BT-Drs 7/420 = **66** L 5
– Bericht der Bundesregierung über die Ausnahmebereiche des Ges gegen Wettbewerbsbeschränkungen
BT-Drs 7/3206 = **148** M 10
Verkehrszeichen
– VO über Maßnahmen im Straßenverkehr (betr Änderung von Verkehrszeichen)
BR-Drs 503/75 = **125** F 5
Verkehrszentralregister
– s GesEntw eines ÄndGes zum *Straßenverkehrsgesetz*
– Allgemeine Verwaltungsvorschriften zu den §§ 13 bis 13d der Straßenverkehrs-Zulassungs-Ordnung
BR-Drs 224/73 = **21** J 8
– VO zur Änderung der Straßenverkehrszulassungsordnung
BR-Drs 566/73 = **38** O 6
Verkündung
– *GesEntw über vereinfachte Verkündungen und Bekanntgaben*
(betr Gesetzgebung in Krisenzeiten)
BR-Drs 347/74 = **71** B 11
BR-Drs 404/75 = **121** O 5
BR-PlPr 407 = **3** L 12
BR-PlPr 422 = **5** B 1
BT-Drs 7/2405 = **124** A 7
Bericht und Antrag des Rechtsausschusses
BT-Drs 7/3674 = **164** H 4
1. Beratung
BT-PlPr 7/116 = **21** G 5
2. und 3. Beratung
BT-PlPr 7/176 = **33** J 7

Verlustrücktrag
– s GesEntw zur Änderung des *Einkommensteuer-* und Gewerbesteuergesetzes (Steueränderungsgesetz 1975)
BR-Drs 828/74 = **95** N 3
BT-Drs 7/3667 = **164** G 1
– s Entw eines ÄndGes zum *Einkommensteuergesetz*
BR-Drs 134/76 = **153** D 6
BT-Drs 7/4604 = **196** F 5
Verlustzuweisungsgesellschaften
– Entschließung des BR zum steuerlichen Ausschluß des negativen Kapitalkontos bei Mitunternehmern, die nur beschränkt haften
BR-Drs 694/76 = **180** G 13
Vermittlungsausschuß
– Beschluß zur gemeinsamen Geschäftsordnung
BR-Drs 212/73 = **21** B 2
BR-Drs 710/76 = **181** K 11
BT-Drs 7/174 = **59** D 10
Vermögen
– s GesEntw zur Abwicklung der unter Sonderverwaltung stehenden Vermögen von Kreditanstalten, Versicherungsunternehmen und *Bausparkassen*
Vermögensbildung
– s a Entw eines Ges zur Vermögens- und Eigentumsbildung im sozialen *Wohnungsbau*
– s a GesEntw zur Änderung des *Spar-Prämiengesetzes* und des Wohnungsbau-Prämiengesetzes
– Tätigkeitsbericht 1973 der Bundesregierung
BT-Drs 7/1434 = **97** H 8
– 4. Subventionsbericht
BR-Drs 647/73 = **41** M 1
BT-Drs 7/1144 = **88** F 1
– 5. Subventionsbericht
BR-Drs 652/75 = **133** K 14
BT-Drs 7/4203 = **183** M 6
– Sozialbericht 1976
BR-Drs 252/76 = **157** M 7
BT-Drs 7/4953 = **207** G 3
– VO zur Änderung der VO zur Durchführung des 3. Vermögensbildungsgesetzes
BR-Drs 275/76 = **161** J 5
Vermögensberechnung
s Bundeshaushalt
Vermögensrechtliche Beziehungen
– *GesEntw zum Protokoll des Vertrages Bundesrepublik Deutschland/Republik Österreich zur Regelung vermögensrechtlicher Beziehungen*
BR-Drs 592/73 = **39** L 11
BR-Drs 487/74 = **77** B 13
BR-PlPr 398 = **2** M 12
BR-PlPr 410 = **3** O 9
BT-Drs 7/1251 = **93** G 4
Bericht und Antrag des Auswärtigen Ausschusses
BT-Drs 7/2283 = **121** M 6
1. Beratung
BT-PlPr 7/69 = **11** M 6
2. Beratung und Schlußabstimmung
BT-PlPr 7/113 = **21** B 12
Vermögensteuer
– *GesEntw zur Änderung vermögensteuerrechtlicher Vorschriften*
BR-Drs 439/73 = **33** A 1
BR-PlPr 395 = **2** I 1
BT-Drs 7/1003 = **83** H 12

Antrag des Finanzausschusses
BT-Drs 7/1358 = **96** E 8
Bericht (Schlußbericht) des Finanzausschusses
BT-Drs 7/1389 = **97** B 6
1. Beratung
BT-PlPr 7/54 = **9** A 1
2. Beratung
BT-PlPr 7/71 = **12** M 7
- *GesEntw zur Reform des Vermögensteuerrechts und zur Änderung anderer Steuergesetze (Vermögensteuerreformgesetz)* eingebracht als:
Entwurf eines 2. *Steuerreformgesetzes*
BT-Drs 7/78 = **53** N 9
3. Antrag des Finanzausschusses
BT-Drs 7/1358 = **96** E 8
Entschließungsantrag zur 3. Beratung
BT-Drs 7/1411 = **97** E 13
2. und 3. Beratung
BT-PlPr 7/71 = **12** H 7
BR-Drs 760/73 = **50** E 1
BR-PlPr 400 = **3** A 1
Unterrichtung betr Anrufung des Vermittlungsausschusses
BT-Drs 7/1482 = **100** L 6
Unterrichtung durch den Vermittlungsausschuß
BT-Drs 7/1601 = **104** C 2
1. Vermittlungsverfahren:
BR-Drs 49/74 = **56** A 8
BR-PlPr 401 = **3** C 2
Unterrichtung betr Nicht – Zustimmung
BT-Drs 7/1711 = **108** B 13
Unterrichtung über Anrufung des Vermittlungsausschusses
BR-Drs 167/74 = **62** M 14
Unterrichtung betr Schreiben an den Vermittlungsausschuß
BT-Drs 7/1697 = **107** N 8
Antrag des Vermittlungsausschusses
BT-Drs 7/1799 = **109** N 10
Beratung des Antrags des Vermittlungsausschusses
BT-PlPr 7/85 = **15** I 2
2. Vermittlungsverfahren:
BR-Drs 171/74 = **62** N 12
BR-PlPr 403 = **3** F 14
- s a *Doppelbesteuerungsabkommen*
- Allgemeine Verwaltungsvorschrift zur Änderung und Ergänzung der Vermögensteuer-Richtlinien für die Vermögensteuer-Hauptveranlagung 1974
BR-Drs 783/74 = **93** F 1
- Allgemeine Verwaltungsvorschrift zur Änderung und Ergänzung der Vermögensteuer-Richtlinien für die Vermögensteuer-Hauptveranlagung 1977
BR-Drs 681/76 = **179** O 7

Vermögensübertragung
- s Entw eines Ges über die *Gesellschaft mit beschränkter Haftung*

Vermögenswirksame Leistungen
- s GesEntw eines 2. Ges zur Vereinheitlichung und Neuregelung des *Besoldungsrechts* in Bund und Ländern
- Allgemeine Verwaltungsvorschrift zum Ges über vermögenswirksame Leistungen für Beamte, Richter, Berufssoldaten und Soldaten auf Zeit
BR-Drs 456/75 = **123** K 3

Verpachtung
Förderungsgrundsätze
- Rahmenplan zur Verbesserung der Agrarstruktur und des Küstenschutzes für 1973 bis 1976
BT-Drs 7/61 = **53** A 8
BT-Drs 7/480 = **68** M 5
- Rahmenplan zur Verbesserung der Agrarstruktur und des Küstenschutzes für 1974 bis 1977
BT-Drs 7/1538 = **102** L 4
- Rahmenplan zur Verbesserung der Agrarstruktur und des Küstenschutzes für 1975 bis 1978
BT-Drs 7/3563 = **159** A 14
- Rahmenplan zur Verbesserung der Agrarstruktur und des Küstenschutzes für 1976 bis 1979
BT-Drs 7/5671 = **224** L 6

Verpackungen
- s Entw eines 2. Ges zur Änderung des *Eichgesetzes*

Versäumnisverfahren
- s GesEntw zur Vereinfachung und Beschleunigung gerichtlicher Verfahren *(Vereinfachungsnovelle)*
BR-Drs 551/74 = **80** L 9
BT-Drs 7/2729 = **133** O 2

Versammlung, öffentliche
- s GesEntw zum Schutze des *Gemeinschaftsfriedens*
BT-Drs 7/2854 = **139** E 5
BR-Drs 507/74 = **77** L 11
BT-Drs 7/2772 = **134** K 13

Versammlungsgesetz
- *GesEntw zur Änderung des Versammlungsgesetzes*
(betr Schutz von Hauptverhandlungen in Strafverfahren)
BR-Drs 852/74 = **96** M 11
BR-PlPr 416 = **4** I 9
BT-Drs 7/3419 = **155** K 5
1. Beratung
BT-PlPr 7/168 = **32** D 13

Verschmelzung
von Genossenschaften
- s GesEntw zur Änderung des Genossenschaftsgesetzes
(s *Erwerbs- und Wirtschaftsgenossenschaften*)
BR-Drs 30/73 = **8** M 4
BT-Drs 7/97 = **54** M 10

Verschreibungspflicht
- 10. VO zur Änderung der VO nach § 35 Arzneimittelgesetz über verschreibungspflichtige Arzneimittel
BR-Drs 317/73 = **27** D 10
- 11. VO zur Änderung der VO nach § 35 des Arzneimittelgesetzes über verschreibungspflichtige Arzneimittel
BR-Drs 674/73 = **43** G 1
- 12. VO zur Änderung der VO nach § 35 des Arzneimittelgesetzes über verschreibungspflichtige Arzneimittel
BR-Drs 316/74 = **69** M 2
- 14. VO zur Änderung der VO nach § 35 des Arzneimittelgesetzes über verschreibungspflichtige Arzneimittel
BR-Drs 297/75 = **114** G 4
- 15. VO zur Änderung der VO nach § 35 des Arzneimittelgesetzes über verschreibungspflichtige Arzneimittel
BR-Drs 687/75 = **138** A 1
- 16. VO zur Änderung der VO nach § 35 des Arzneimittelgesetzes über verschreibungspflichtige Arzneimittel
BR-Drs 345/76 = **164** H 7
- 17. VO zur Änderung der VO nach § 35 des Arzneimittelgesetzes über verschreibungspflichtige Arzneimittel
BR-Drs 678/76 = **179** N 1

Versicherung
- s Entw eines 8. Ges zur Änderung des Selbstverwaltungsgesetzes
(s *Selbstverwaltungsrecht*)
BR-Drs 136/73 = **16** M 2
BT-Drs 7/288 = **63** H 13
- Vorschlag einer EG-VO zur Durchführung einer Erhebung über Struktur und Verteilung der Löhne und Gehälter im Handel, Bankgewerbe und im Versicherungsgewerbe
BR-Drs 540/73 = **36** I 5
BT-Drs 7/966 = **81** O 4
- Vorschlag einer EG-VO über die Durchführung einer Arbeitskostenerhebung im Handel, im Bankgewerbe und im Versicherungsgewerbe
BR-Drs 541/73 = **36** I 9
BT-Drs 7/971 = **82** A 4

Versicherungsaufsichtsgesetz
- *GesEntw zur Änderung des Ges über die Beaufsichtigung der privaten Versicherungsunternehmungen*
BR-Drs 38/73 = **8** N 2
BR-Drs 780/74 = **92** I 3
BR-PlPr 389 = **1** B 11
BR-PlPr 415 = **4** G 8
BT-Drs 7/100 = **55** A 13
BT-Drs 7/2712 = **133** C 10
1. Beratung
BT-PlPr 7/15 = **2** J 13
2. und 3. Beratung
BT-PlPr 7/131 = **24** F 7
- *GesEntw zur Durchführung der 1. EG-Richtlinie zur Koordinierung der Rechts- und Verwaltungsvorschriften* (betr Aufnahme und Ausübung der Tätigkeit der Direktversicherung: – 1. Durchführungsgesetz/EG zum VAG –)
BR-Drs 130/75 = **104** B 9
BR-Drs 637/75 = **133** B 12
BR-PlPr 418 = **4** M 1
BR-PlPr 425 = **5** G 3
BT-Drs 7/3687 = **165** A 5
Bericht und Antrag des Finanzausschusses
BT-Drs 7/4084 = **176** K 4
Bericht des Haushaltsausschusses
BT-Drs 7/4085 = **176** L 6
1. Beratung
BT-PlPr 7/178 = **34** B 13
2. und 3. Beratung
BT-PlPr 7/194 = **36** M 12

Versicherungsunternehmen
- VO über die Zuführung von Mitteln nach dem Ges zur Abwicklung der unter Sonderverwaltung stehenden Vermögen von Kreditinstituten, Versicherungsunternehmen und Bausparkassen für Zwecke des § 96 des Bundesvertriebenengesetzes
BR-Drs 430/74 = **75** G 7
- VO über die Kapitalausstattung von Versicherungsunternehmungen (Kapitalausstattungs-VO)
BR-Drs 785/75 = **142** G 12
- Vorschlag einer 2. EG-Richtlinie zur Koordinierung der die direkte Schadensversiche-

rung betreffenden Rechts- und Verwaltungsvorschriften und zur Erleichterung des freien Dienstleistungsverkehrs im Versicherungswesen
BR-Drs 63/76 = **148** B 10
BT-Drs 7/4649 = **197** M 5

Versicherungswirtschaft
kartellrechtliche Ausnahmebestimmungen
– Bericht der Bundesregierung über die Ausnahmebereiche des Ges gegen Wettbewerbsbeschränkungen
BT-Drs 7/3206 = **148** M 10

Versorgungsausgleich
– s GesEntw eines 1. Ges zur Reform des *Ehe- und Familienrechts*
BR-Drs 260/73 = **22** M 8
BT-Drs 7/650 = **74** G 4
– s GesEntw zur Änderung *beamtenversorgungsrechtlicher* Vorschriften

Versorgungsbetriebe, kommunale
– VO über die Zuordnung der Ämter der Leiter kommunaler Versorgungs- und Verkehrsbetriebe
BR-Drs 232/76 = **156** M 10

Versorgungsbezüge
– s Entw eines *Beamtenversorgungsgesetzes*
BR-Drs 349/74 = **71** F 6
BT-Drs 7/2505 = **128** C 9
– s GesEntw zur Änderung *beamtenversorgungsrecht*licher Vorschriften
BR-Drs 5/74 = **54** C 11
BT-Drs 7/2015 = **115** B 12
– s Entw eines 5. Ges über die *Anpassung* der Leistungen des Bundesversorgungsgesetzes
BR-Drs 403/73 = **31** D 6
BT-Drs 7/1008 = **83** J 5
– s Entw eines 6. Ges über die *Anpassung* der Leistungen des Bundesversorgungsgesetzes
BR-Drs 162/74 = **62** I 7
BT-Drs 7/2121 = **118** C 3
– s 7. und 8. *Anpassungsgesetz* – KOV
– s *Bundesbesoldungserhöhungsgesetz*
– s *Bundesversorgungsgesetz*
– VO zur Regelung des örtlichen Sonderzuschlags für Hamburg
BR-Drs 712/74 = **88** I 10

Versorgungskarten
– VO über Versorgungskarten
BR-Drs 242/76 = **157** D 8
– Allgemeine Verwaltungsvorschrift zur Versorgungskarten-VO
(betr Spannungs- oder Verteidigungsfall)
BR-Drs 243/76 = **157** E 2

Versorgungskrankenanstalten
s Krankenanstalten

Versorgungsrecht
s a Beamtenversorgungsgesetz
– VO zur Durchführung des § 30 Abs III–V des Bundesversorgungsgesetzes
BR-Drs 577/76 = **175** L 1
– VO zur Änderung der VO zur Durchführung des § 11 Abs III und des § 13 des Bundesversorgungsgesetzes
BR-Drs 406/76 = **168** J 4
– s GesEntw über die Rechtsverhältnisse der *Parlamentarischen Staatssekretäre*

Verstromungsgesetz
– *GesEntw über die weitere Sicherung des Einsatzes von Gemeinschaftskohle in der Elektrizitätswirtschaft – (3. Verstromungsgesetz)*
BR-Drs 99/74 = **58** L 3
BR-Drs 734/74 = **90** A 3
BR-PlPr 402 = **3** E 5
BR-PlPr 414 = **4** F 5
BT-Drs 7/1991 = **114** I 9
Bericht und Antrag des Wirtschaftsausschusses
BT-Drs 7/2623 = **131** C 1
Bericht des Haushaltsausschusses
BT-Drs 7/2627 = **131** F 3
Änderungsanträge zur 2. Beratung
BT-Drs 7/2737 = **134** F 1
BT-Drs 7/2738 = **134** F 2
BT-Drs 7/2739 = **134** F 3
Entschließungsantrag zur 3. Beratung
BT-Drs 2740 = **134** F 4
1. Beratung
BT-PlPr 7/103 = **19** B 7
2. und 3. Beratung
BT-PlPr 7/129 = **24** A 12
– *GesEntw zur Änderung des 3. Verstromungsgesetzes*
BR-Drs 144/76 = **153** I 6
BR-PlPr 432 = **6** B 14
BT-Drs 7/4577 = **195** N 12
Antrag des Wirtschaftsausschusses
BT-Drs 7/4740 = **201** I 7
Bericht des Wirtschaftsausschusses
BT-Drs 7/4744 = **202** A 7
Änderungsanträge zur 2. Beratung
BT-Drs 7/4756 = **202** C 11
BT-Drs 7/4765 = **202** E 4
Entschließungsantrag zur 3. Beratung
BT-Drs 7/4758 = **202** C 13
1. Beratung
BT-PlPr 7/215 = **40** I 2
2. und 3. Beratung
BT-PlPr 7/224 = **42** G 6
– Antrag betr Entlastung des Bundesministers für Wirtschaft wegen der Rechnung für das Wirtschaftsjahr 1975 über das Sondervermögen des Bundes „Ausgleichsfonds zur Sicherung des Steinkohleneinsatzes"
BT-Drs 7/5416 = **220** H 12
– Antrag des Haushaltsausschusses
BT-Drs 7/550 = **222** N 4

Versuchsanlagen
– s GesEntw über den Bau und Betrieb von Versuchsanlagen, zur Erprobung von Techniken für den spurgeführten *Verkehr*
BR-Drs 591/73 = **39** J 8
BT-Drs 7/1875 = **111** O 4

Verteidiger
s Strafverteidiger

Verteidigerausschluß
– s GesEntw eines 2. Ges zur Reform des *Strafverfahrensrechts*
BR-Drs 348/74 = **71** C 10
BT-Drs 7/2526 = **128** M 14
– s GesEntw zur Änderung der *Strafprozeßordnung*
BR-Drs 90/75 = **101** B 9
BR-Drs 7/3649 = **163** O 13
– s GesEntw zur Änderung des Strafgesetzbuches, der *Strafprozeßordnung*, des Gerichtsverfassungsgesetzes und der Bundesrechtsanwaltsordnung
(betr *terroristische Vereinigungen)*
BR-Drs 381/75 = **120** N 10
BT-Drs 7/4005 = **175** A 1

Verteidigung
s a Bundeswehr
Nordatlantische Versammlung
– Empfehlungen des Militärausschusses der 19. Jahrestagung der Nordatlantischen Versammlung (betr die Verteidigung)
BR-Drs 800/73 = **52** D 2
BT-Drs 7/1396 = **97** C 9
– Entschließung des Militärausschusses der 20. Jahrestagung der Nordatlantischen Versammlung (betr europ. Zusammenarbeit auf dem Gebiet der Verteidigung)
BR-Drs 27/75 = **98** H 5
BT-Drs 7/3046 = **144** G 1
– Weißbuch 1973/1974 zur Sicherheit der Bundesrepublik Deutschland und zur Entwicklung der Bundeswehr
BR-Drs 20/74 = **54** J 3
BT-Drs 7/1505 = **101** D 3
– Weißbuch 1975/1976 zur Sicherheit der Bundesrepublik Deutschland und zur Entwicklung der Bundeswehr
BR-Drs 10/76 = **144** G 7
BT-Drs 7/4554 = **194** O 2
– Antwort auf die Große Anfrage zur Verteidigungspolitik
BT-Drs 7/4072 = **176** H 3
BT-PlPr 7/212 = **39** O 6

Vertrag, öffentlich-rechtlicher
– s Entw eines Verwaltungsverfahrensgesetzes
BR-Drs 227/73 = **21** L 5
BT-Drs 7/910 = **80** B 5

Vertrauensmann der Soldaten
– *GesEntw zur Änderung des Soldatengesetzes und des Vertrauensmänner-Wahlgesetzes*
BR-Drs 165/74 = **62** K 12
BR-Drs 169/75 = **107** C 4
BR-PlPr 404 = **3** G 6
BR-PlPr 418 = **4** M 1
BT-Drs 7/1968 = **113** L 12
Bericht und Antrag des Verteidigungsausschusses
BT-Drs 7/3324 = **153** K 12
1. Beratung
BT-PlPr 7/96 = **18** B 12
2. und 3. Beratung
BT-PlPr 7/155 = **29** I 2

Vertrauensmann der Zivildienstleistenden
– s Entw eines ÄndGes zum *Zivildienstgesetz*

Vertreibungsschäden
– s GesEntw eines 28. ÄndGes zum *Lastenausgleichsgesetz*

Vertriebene
s Bundesvertriebenengesetz

Verwaltung
s Bundesverwaltung
Verwaltungsgerichtsordnung
Verwaltungsverfahrensgesetz
– s Entw eines Ges zur Erleichterung der *Verwaltungsreform*
BR-Drs 42/75 = **99** H 7
BT-Drs 7/273 = **62** O 2
– Tätigkeitsbericht 1973 der Bundesregierung
BT-Drs 7/1434 = **97** H 8
– Materialien zum Bericht zur Lage der Nation 1974
BR-Drs 536/74 = **78** L 9
BT-Drs 7/2423 = **124** J 13

Verwaltungsgerichtsordnung (VwGO)
– *Entw eines 2. ÄndGes zur Verwaltungsgerichtsordnung*
BR-Drs 380/73 = **29** C 9
BR-PlPr 396 = **2** I 14
BT-Drs 7/1058 = **86** A 1

Bericht und Antrag des Rechtsausschusses
BT-Drs 7/2711 = 133 C 6
1. Beratung
BT-PlPr 7/57 = 9 I 7
2. Beratung
BT-PlPr 7/128 = 23 K 8
– *GesEntw zur Änderung der Verwaltungsgerichtsordnung* (betr örtliche Zuständigkeit des Verwaltungsgerichts)
BR-Drs 733/74 = 89 O 12
BR-PlPr 414 = 4 F 5
Vermittlungsverfahren:
BR-Drs 39/75 = 98 O 2
BR-PlPr 416 = 4 I 9
BT-Drs 7/1588 = 104 A 14
Bericht und Antrag des Rechtsausschusses
BT-Drs 7/2711 = 133 C 6
Änderungsantrag zur 2. Beratung
BT-Drs 7/2742 = 134 F 5
Bericht des Haushaltsausschusses
BT-Drs 7/2749 = 134 F 14
Unterrichtung betr Anrufung des Vermittlungsausschusses
BT-Drs 7/2877 = 140 D 4
Antrag des Vermittlungsausschusses
BT-Drs 7/3191 = 148 I 6
1. Beratung
BT-PlPr 7/80 = 14 I 14
2. und 3. Beratung
BT-PlPr 7/128 = 23 K 8
Beratung eines Antrags des Vermittlungsausschusses
BT-PlPr 7/149 = 28 E 8
– s a Vereinfachungsnovelle
BR-Drs 551/74 = 80 L 9
BT-Drs 7/2729 = 133 O 2

Verwaltungsprozeßrecht
s a Verwaltungsgerichtsordnung
– *GesEntw zur Änderung verwaltungsprozessualer Vorschriften*
(betr § 47 Verwaltungsgerichtsordnung)
BR-Drs 533/75 = 127 D 10
BR-Drs 461/76 = 170 N 14
BR-PlPr 424 = 5 E 4
BR-PlPr 437 = 6 L 10
BT-Drs 7/4324 = 188 D 13
Bericht und Antrag des Rechtsausschusses
BT-Drs 7/5492 = 222 B 11
1. Beratung
BT-PlPr 7/207 = 39 B 4
2. und 3. Beratung
BT-PlPr 7/256 = 49 K 13

Verwaltungsreform
– *GesEntw zur Erleichterung der Verwaltungsreform in den Ländern* (Zuständigkeitslockerungsgesetz)
(BR-Drs 411/72)
BR-Drs 42/75 = 99 H 7
BR-PlPr 387 = 1 A 1
BR-PlPr 416 = 4 I 9
BT-Drs 7/273 = 62 O 2
Bericht und Antrag des Innenausschusses
BT-Drs 7/2882 = 140 D 9
Änderungsantrag zur 2. Beratung
BT-Drs 7/3075 = 146 A 7
1. Beratung
BT-PlPr 7/21 = 3 J 11
2. und 3. Beratung
BT-PlPr 7/141 = 26 L 3
– VO zur Erleichterung der Verwaltungsreform in den Ländern (Zuständigkeitslockerungsverordnung)
BR-Drs 125/75 = 103 M 3

Verwaltungsverfahrensgesetz (VwVfG)
– *Entw eines Verwaltungsverfahrensgesetzes*
BR-Drs 227/73 = 21 L 5
BR-Drs 45/76 = 146 O 2
BR-PlPr 393 = 2 E 8
BR-PlPr 431 = 5 O 8
Vermittlungsverfahren:
BR-Drs 223/76 = 156 H 1
BR-PlPr 433 = 6 D 11
BT-Drs 7/910 = 80 B 5
Bericht und Antrag des Innenausschusses
BT-Drs 7/4494 = 192 J 12
Änderungsantrag zur 2. Beratung
BT-Drs 7/4569 = 195 L 5
Änderungsantrag zur 2. Beratung
BT-Drs 7/4570 = 195 L 5
Unterrichtung betr Anrufung des Vermittlungsausschusses
BT-Drs 7/4798 = 203 H 4
Antrag des Vermittlungsausschusses
BT-Drs 7/4908 = 206 I 3
1. Beratung
BT-PlPr 7/48 = 8 D 4
2. und 3. Beratung
BT-PlPr 7/212 = 39 O 6
Beratung eines Antrags des Vermittlungsausschusses
BT-PlPr 7/233 = 44 D 5

Verwaltungszustellungsgesetz
– *Entw eines 2. ÄndGes*
BT-Drs 7/181 = 59 J 7
1. Beratung
BT-PlPr 7/17 = 2 O 1

Verwarnung
– Allgemeine Verwaltungsvorschrift für die Erteilung einer Verwarnung
BR-Drs 237/75 = 111 L 3

Verwarnungsgeld
s Bußgeld

Verwarnungsgeldkatalog
– Antrag betr Neufassung
BT-Drs 7/2755 = 134 G 8
Beratung
BT-PlPr 7/136 = 25 J 7
Bericht und Antrag des Ausschusses für Verkehr und für das Post- und Fernmeldewesen
BT-Drs 7/3562 = 159 A 10

Verweigerung der Aussage
s Zeugnisverweigerungsrecht

Verwertungsverbot
– s GesEntw zur Änderung des *Bundeszentralregistergesetzes*

Veterinärmedizin
– s GesEntw zur Änderung des *Arzneimittelgesetzes*
– s GesEntw zur Änderung des *Viehseuchengesetzes*

Vieh- und Fleischgesetz
– *Entw eines 2. ÄndGes zum Vieh- und Fleischgesetz*
BR-Drs 627/73 = 40 M 3
BR-Drs 680/74 = 86 L 8
BR-PlPr 399 = 2 N 12
BR-PlPr 413 = 4 D 12
BT-Drs 7/1570 = 103 L 3
Bericht und Antrag des Ausschusses für Ernährung, Landwirtschaft und Forsten
BT-Drs 7/2598 = 130 H 9
1. Beratung
BT-PlPr 7/80 = 14 I 14
2. und 3. Beratung
BT-PlPr 7/126 = 23 F 4
– 6. DurchführungsVO zum Vieh- und Fleischgesetz: Abrechnung für außerhalb von Märkten gehandeltes Schlachtvieh
BR-Drs 178/76 = 154 G 11
– 7. DurchführungsVO zum Vieh- und Fleischgesetz: Handel nach Schlachtgewicht auf Schlachtvieh(groß)märkten und Preismeldungen bei Direktzufuhren
BR-Drs 179/76 = 154 H 2
– VO zur Änderung der 4. DurchführungsVO zum Vieh- und Fleischgesetz
BR-Drs 180/76 = 154 H 14

Viehhaltung
– s GesEntw über *Umweltstatistiken* (betr Abfall- und Abwasserbeseitigung)
– s GesEntw über die *Agrarberichterstattung*

Viehseuchen
s a Tier
– VO über die Beförderung von Tieren, Teilen, Erzeugnissen und Gegenständen von Tieren, die Träger von Ansteckungsstoff sein können durch den Nord-Ostsee-Kanal
BR-Drs 225/73 = 21 K 12
– VO zur Aufhebung viehseuchenrechtlicher Vorschriften über die Einfuhr und Durchfuhr von Edelpelztieren
BR-Drs 641/73 = 41 I 6
– VO zur Änderung der Tierseuchenerreger-EinfuhrVO
BR-Drs 643/73 = 41 J 1
– VO zur Änderung der VO zum Schutz gegen die Verschleppung der Leukose des Rindes
BR-Drs 43/74 = 55 O 11
– VO zur Aufhebung viehseuchenrechtlicher Vorschriften über das Verfahren zur Blutuntersuchung auf Rotz
BR-Drs 365/74 = 72 F 6
– VO zur Änderung der VO zum Schutz gegen die Tollwut
BR-Drs 571/74 = 82 E 4
– VO zur Änderung der Tierseuchenerreger-EinfuhrVO
BR-Drs 17/75 = 97 O 8
– VO zum Schutz gegen die Gefährdung durch Viehseuchen bei der Haltung großer Schweinebestände (MassentierhaltungsVO – Schweine)
BR-Drs 72/75 = 100 B 7
– VO zum Schutz gegen die ansteckende Blutarmut der Einhufer
BR-Drs 232/75 = 111 J 7
– VO zur Änderung der Einhufer-EinfuhrVO
BR-Drs 518/75 = 125 O 11
– VO zur Änderung der Klauentiere-EinfuhrVO
BR-Drs 79/76 = 149 C 13

Viehseuchengesetz
– *GesEntw zur Änderung des Viehseuchengesetzes*
BR-Drs 3/76 = 143 J 3
BR-Drs 390/76 = 167 O 8
BR-PlPr 431 = 5 O 8
BR-PlPr 440 = 7 A 8
Vermittlungsverfahren:
BR-Drs 659/76 = 178 O 2
BR-PlPr 436 = 6 J 12
BT-Drs 7/4919 = 206 J 5
Bericht und Antrag des Ausschusses für Ernährung, Landwirtschaft und Forsten
BT-Drs 7/5271 = 217 F 2

Unterrichtung betr Anrufung des Vermittlungsausschusses
BT-Drs 7/5501 = **222 D** 4
Antrag des Vermittlungsausschusses
BT-Drs 7/5567 = **223 B** 1
1. Beratung
BT-PlPr 7/236 = **44 O** 1
2. und 3. Beratung
BT-PlPr 7/247 = **47 I** 2
Beratung eines Antrags des Vermittlungsausschusses
BT-PlPr 7/258 = **50 E** 3
Viehzählungsgesetz
– *GesEntw eines 2. ÄndGes zum Viehzählungsgesetz*
BR-Drs 47/73 = **8 O** 4
BR-Drs 258/73 = **22 L** 13
BR-PlPr 389 = **1 B** 11
BR-PlPr 392 = **2 D** 6
BT-Drs 7/128 = **56 I** 14
Bericht und Antrag des Ausschusses für Ernährung, Landwirtschaft und Forsten
BT-Drs 7/269 = **62 N** 7
Bericht des Haushaltsausschusses
BT-Drs 7/331 = **64 E** 2
1. Beratung
BT-PlPr 7/15 = **2 J** 13
2. und 3. Beratung
BT-PlPr 7/21 = **3 J** 11
Viermächte-Abkommen
– Unterrichtung über die Entwicklung der Beziehungen zwischen der Bundesrepublik Deutschland und der DDR
BR-Drs 282/73 = **25 F** 12
BT-Drs 7/2423 = **124 J** 13
Vietnam
humanitäre Hilfe
– Erklärung der Bundesregierung
BT-PlPr 7/161 = **30 O** 3
Viruskrankheiten
– VO zur Änderung der Kostenordnung für Amtshandlungen der Bundesforschungsanstalt für Viruskrankheiten
BR-Drs 688/75 = **138 A** 8
Visagebühren für DDR-Reisen
Erstattung
– aktuelle Fragestunde
BT-PlPr 7/17 = **2 O** 1
Völkerrechtliche Haftung
– s GesEntw zum Übereinkommen über die völkerrechtliche Haftung für Schäden durch *Weltraumgegenstände*
Volksentscheide
– *GesEntw über die Volksentscheide aufgrund der nach Art 29 Abs 2 GG in Rheinland-Pfalz und Niedersachsen zustande gekommenen Volksbegehren*
BR-Drs 392/74 = **73 F** 3
BR-Drs 633/74 = **85 A** 6
BR-PlPr 420 = **3 O** 9
BR-PlPr 412 = **4 B** 12
BT-Drs 7/2355 = **123 C** 14
Stellungnahme des Bundesrates sowie Gegenäußerung der Bundesregierung dazu
BT-Drs 7/2439 = **126 G** 7
Bericht und Antrag des Innenausschusses
BT-Drs 7/2549 = **129 J** 4
Bericht des Haushaltsausschusses
BT-Drs 7/2571 = **129 O** 3
1. Beratung
BT-PlPr 7/115 = **21 E** 3
2. und 3. Beratung
BT-PlPr 7/119 = **21 O** 2
– 3. VO zur Durchführung des Ges über Volksbegehren und Volksentscheid bei Neugliederung des Bundesgebietes nach Art 29 Abs 2 bis 6 GG
BR-Drs 642/74 = **85 E** 14
– Vorlage der Festsetzung des Festbetrages zur Erstattung der Kosten für die Volksentscheide in Rheinland-Pfalz und Niedersachsen
BR-Drs 772/75 = **141 N** 4
Volksvertretung
– Antrag auf Einsetzung eines Ausschusses zur Wahrung der Rechte
BT-Drs 7/201 = **60 I** 9
Volkswagenwerk
Massenentlassungen
– aktuelle Stunde
BT-PlPr 7/164 = **31 I** 1
Volkszählung
s Statistik
Volljährigkeit
– *GesEntw zur Neuregelung des Volljährigkeitsalters*
BR-Drs 33/73 = **8 M** 11
BR-Drs 284/74 = **68 D** 5
BR-PlPr 389 = **1 B** 11
BR-PlPr 405 = **3 I** 2
Vermittlungsverfahren:
BR-Drs 407/74 = **74 C** 7
BR-PlPr 407 = **3 L** 12
GesEntw der Bundesregierung
BT-Drs 7/117 = **55 M** 13
GesEntw der CDU/CSU
BT-Drs 7/206 = **60 J** 4
Bericht und Antrag des Rechtsausschusses
BT-Drs 7/1762 = **108 M** 8
Ergänzung zum Bericht und Antrag des Rechtsausschusses
BT-Drs 7/1858 = **111 K** 2
Unterrichtung betr Anrufung des Vermittlungsausschusses
BT-Drs 7/2093 = **117 C** 12
Antrag des Vermittlungsausschusses
BT-Drs 7/2153 = **118 F** 9
1. Beratung
BT-PlPr 7/17 = **2 O** 1
2. und 3. Beratung
BT-PlPr 7/89 = **16 I** 3
Beratung eines Antrags des Vermittlungsausschusses
BT-PlPr 7/104 = **19 E** 7
Vollstreckungsrecht
– s GesEntw zur Änderung *zwangsvollstreckungsrechtlicher* Vorschriften
– VO zur Änderung der VO über die Begrenzung der Geschäfte des Rechtspflegers bei der Vollstreckung in Straf- und Bußgeldsachen
BR-Drs 789/74 = **93 K** 4
– VO über die Vergütung für Beamte im Vollstreckungsdienst
BR-Drs 233/76 = **156 N** 2
Vorbereitungsdienst, juristischer
– Bericht über die Juristenausbildung in den Ländern
BT-Drs 7/3604 = **163 D** 9
Vorgeprüfter Apothekeranwärter
s Apothekerassistent
Vorkaufsrecht
– Städtebaubericht 1975
BT-Drs 7/3583 = **161 M** 9
Vornamen
– s GesEntw zum Übereinkommen über die Angabe von Familiennamen und Vornamen in den *Personenstandsbüchern*
BR-Drs 248/76 = **157 I** 8
BT-Drs 7/5203 = **215 I** 8
Vorschulerziehung
s Bildungsgesamtplan
Vorsteuerabzug
s Umsatzsteuer
Vorverfahren, schriftliches
– s Vereinfachungsnovelle
– s GesEntw eines ÄndGes zum *Sozialgerichtsgesetz*

W

Wachstumsregler
s Pflanzenschutzgesetz
Währung
– Entschließung des Europäischen Parlaments über die Reform des Weltwährungssystems
BT-Drs 7/944 = **81 G** 14
– Erklärung der Bundesregierung zur Währungskonferenz in Washington
BT-PlPr 7/143 = **27 C** 8
Währungsausgleich
– Vorschlag einer EG-VO über Maßnahmen im Agrarbereich zur Währungssituation in der EG
BR-Drs 294/73 = **26 D** 10
BT-Drs 7/451 = **67 M** 8
Währungsfonds, Internationaler
– Unterrichtung betr Zustimmung zur Leistung einer außerplanmäßigen Ausgabe im Haushaltsjahr 1975 betr Beitrag der Bundesrepublik Deutschland zum Zinssubventionskonto für die Ölfazilität des Internationalen Währungsfonds
BT-Drs 7/4745 = **202 A** 9
Antrag des Haushaltsausschusses
BT-Drs 7/4913 = **206 I** 10
Währungsordnung, internationale
– Jahreswirtschaftsbericht 1973 der Bundesregierung
BR-Drs 164/73 = **18 D** 4
BT-Drs 7/225 = **60 M** 6
Währungspolitik
– Vorschlag zur Errichtung eines Europäischen Fonds für währungspolitische Zusammenarbeit
BR-Drs 153/73 = **17 N** 4
BR-Drs 26/75 = **98 H** 3
BT-Drs 7/172 = **59 D** 6
– Jahresgutachten 1972 zur gesamtwirtschaftlichen Entwicklung
BT-Drs 7/2 = **51 A** 6
– Jahresgutachten 1973 des Sachverständigenrates über die gesamtwirtschaftliche Entwicklung
BR-Drs 740/73 = **49 A** 6
BT-Drs 7/1273 = **93 O** 10
– Jahresgutachten 1974 des Sachverständigenrates zur Begutachtung der gesamtwirtschaftlichen Entwicklung
BR-Drs 781/74 = **92 I** 10
BT-Drs 7/2848 = **137 G** 3
– Jahresgutachten 1975 des Sachverständigenrates zur Begutachtung der gesamtwirtschaftlichen Entwicklung
BR-Drs 725/75 = **139 H** 10
BT-Drs 7/4326 = **188 E** 14

– Jahresgutachten 1976/1977 des Sachverständigenrates zur Begutachtung der gesamtwirtschaftlichen Entwicklung
BR-Drs 700/76 = **180** K 4
BT-Drs 7/5902 = **232** A 12
– s a *Jahreswirtschaftsbericht*

Währungsumstellung
– *GesEntw zum Abschluß der Währungsumstellung*
BR-Drs 172/75 = **107** K 6
BR-Drs 640/75 = **133** C 14
BR-PlPr 419 = **4** N 2
BR-PlPr 425 = **5** G 3
BT-Drs 7/3686 = **164** O 7
Bericht und Antrag des Finanzausschusses
BT-Drs 7/4143 = **178** K 14
1. Beratung
BT-PlPr 7/178 = **34** B 13
2. und 3. Beratung
BT-PlPr 7/194 = **36** M 12

Wärmekraftwerke
– s GesEntw über *Umweltstatistiken* (betr Wasserversorgung und Abwasserbeseitigung)
– Vorschlag einer EG-Richtlinie zur Verpflichtung der Mitgliedstaaten der EG Mindestvorräte an Brennstoffen bei den Wärmekraftwerken zu halten
BR-Drs 115/74 = **59** E 12
BT-Drs 7/1656 = **107** D 13

Wärmeschutz
s Energieeinsparungsgesetz

Waffengesetz
– *GesEntw zur Änderung des Waffengesetzes*
BR-Drs 253/74 = **66** N 7
BR-Drs 5/76 = **144** B 11
BR-PlPr 405 = **3** I 2
BR-PlPr 431 = **5** O 8
BT-Drs 7/2379 = **123** H 11
Bericht und Antrag des Innenausschusses
BT-Drs 7/4407 = **190** N 9
Änderungsantrag zur 2. Beratung
BT-Drs 7/4435 = **191** I 5
1. Beratung
BT-PlPr 7/117 = **21** K 7
2. und 3. Beratung
BT-PlPr 7/208 = **39** D 5
– s a *Grundgesetz, Art. 74*
– 3. VO zum Waffengesetz
BR-Drs 10/73 = **8** D 1
– Allgemeine Verwaltungsvorschrift zum Waffengesetz
BR-Drs 166/73 = **18** E 14
– 1. VO zum Waffengesetz
BR-Drs 74/76 = **148** I 7
– 4. VO zum Waffengesetz
BR-Drs 364/76 = **165** G 3
– Allgemeine Verwaltungsvorschrift zum Waffengesetz
BR-Drs 365/76 = **165** G 11
– 2. VO zum Waffengesetz
BR-Drs 572/76 = **175** J 5
– 3. VO zum Waffengesetz
BR-Drs 612/76 = **176** J 9

Wahl
s Bundestagswahl

Wahlkampfkosten
– s Entw eines ÄndGes zum *Parteiengesetz*
BR-Drs 405/74 = **74** C 2
BT-Drs 7/1878 = **112** A 3

Wahlkreis
– s Entw eines ÄndGes zum *Bundeswahlgesetz*
BR-Drs 641/74 = **85** C 3
BT-Drs 7/2873 = **140** A 7
– Bericht der Wahlkreiskommission für die 7. Wahlperiode des Deutschen Bundestags gem § 3 Bundeswahlgesetz
BT-Drs 7/1379 = **96** J 11
Bericht und Antrag des Innenausschusses
BT-Drs 7/2063 = **116** K 13
Änderungsantrag
BT-Drs 7/2132 = **118** E 1
Beratung
BT-PlPr 7/103 = **19** B 7

Wahlordnung
– 1. VO zur Durchführung des Schwerbehindertengesetzes
BR-Drs 290/75 = **114** C 5
– 3. VO zur Änderung der Wahlordnung für die Sozialversicherung
BR-Drs 407/73 = **31** G 3

Wahlperiode, 7.
– Amtliche Mitteilung zum Ende – Stand: 13. 12. 1976 –
BT-Drs 7/5953 = **234** K 8

Wahlprüfung
– Anträge des Wahlprüfungsausschusses betr Einsprüche gegen die Gültigkeit der Wahl zum 7. Deutschen Bundestag vom 19. 11. 1972
BT-Drs 7/337–7/358 = **64** H 8 – **64** K 10
BT-Drs 7/698–7/709 = **76** D 3 – **76** F 1
BT-Drs 7/1952–7/1956 = **113** H 2 – **113** H 14

Wahlrecht
– Unterrichtung betr Bundestagswahlrecht
BT-Drs 7/867 = **78** K 12

Wahlverfahren
– Antrag betr Sicherstellung korrekter Wahlergebnisse
BT-Drs 7/2435 = **126** G 1
Bericht und Antrag des Innenausschusses
BT-Drs 7/3371 = **154** N 4
Beratung
BT-PlPr 7/119 = **21** O 2
– s a GesEntw zur Weiterentwicklung des *Selbstverwaltungsrechts* und zur Vereinfachung des Wahlverfahrens (8. Ges zur Änderung des Selbstverwaltungsges)
BR-Drs 136/73 = **16** M 2
BT-Drs 7/288 = **63** H 13

Waisen
s Bundeskindergeldgesetz
Bundesversorgungsgesetz

Waisenrente
– s GesEntw zur Änderung *sozialversicherungsrechtlicher* Vorschriften
BR-Drs 143/74 = **61** K 8
BT-Drs 7/2351 = **123** B 14

Wald
s a Bundeswaldgesetz
– s a GesEntw betr *Naturschutz* und Landschaftspflege

Walzdraht
– s zustimmungsbedürftige VO zur Änderung des Deutschen *Teil – Zolltarifs*

Wareneinfuhr, EG
– Vorschlag einer EG-VO über die zolltarifliche Behandlung von Waren, die in das Zollgebiet der EG zurückkehren
BR-Drs 360/74 = **72** E 6
BT-Drs 7/2079 = **117** A 9

Warenkennzeichnung
– 2. Bericht der Bundesregierung zur Verbraucherpolitik
BR-Drs 644/75 = **133** F 5
BT-Drs 7/4181 = **179** F 5

Warenverkehr
– s a GesEntw zu dem Abkommen zwischen den Mitgliedstaaten der EG für Kohle und Stahl und *Portugal*
BR-Drs 84/73 = **10** L 4
BT-Drs 7/249 = **61** E 10
– s a GesEntw zu dem Interimsabkommen zwischen den Mitgliedstaaten der EG für Kohle und Stahl und *Österreich*
BR-Drs 86/73 = **10** M 10
BT-Drs 7/246 = **61** C 2
– s a GesEntw zu dem Abkommen zwischen den Mitgliedstaaten der EG für Kohle und Stahl und *Schweden*
BR-Drs 85/73 = **10** M 1
BT-Drs 7/248 = **61** D 10
– s a GesEntw zu dem Abkommen zwischen der EG für Kohle und Stahl und der *Schweiz*
BR-Drs 82/73 = **10** K 3
BT-Drs 7/251 = **61** I 9
– s a GesEntw zu dem Abkommen zwischen der EG für Kohle und Stahl und *Island*
BR-Drs 83/73 = **10** K 11
BT-Drs 7/252 = **61** J 7
– Briefwechsel zwischen der Bundesrepublik Deutschland und der DDR
BT-Drs 7/153 = **58** K 8
– Unterrichtung über die Entwicklung der Beziehungen zwischen der Bundesrepublik Deutschland und der DDR
BR-Drs 282/73 = **25** F 12
BT-Drs 7/420 = **66** L 5
– Antwort auf die Große Anfrage betr Deutschlandpolitik
BT-Drs 7/2933 = **141** E 3
– Vorschlag der EG für eine VO über ein Zollverfahren zur Umwandlung von Waren unter zollamtlicher Überwachung
BR-Drs 104/73 = **11** H 9
BT-Drs 7/72 = **53** K 13
– Vorschlag einer EG-Richtlinie zur Harmonisierung der Verfahren für die Überführung von Waren in den zollrechtlich freien Verkehr
BR-Drs 87/74 = **58** G 13
BT-Drs 7/1606 = **104** C 14
– Entschließung des BR zur Behinderung des EG-Warenverkehrs an der italienisch-österreichischen Grenze
BR-Drs 298/74 = **68** J 7

Warschauer Pakt
– Antwort auf die Große Anfrage betr Verteidigungspolitik
BT-Drs 7/4072 = **176** H 3

Waschmittelgesetz
– *GesEntw über die Umweltverträglichkeit von Wasch- und Reinigungsmitteln*
BR-Drs 214/74 = **65** F 9
BR-Drs 413/75 = **122** B 2
BR-PlPr 405 = **3** I 2
BR-PlPr 422 = **5** B 1
BT-Drs 7/2271 = **121** F 11
Bericht und Antrag des Innenausschusses
BT-Drs 7/3702 = **165** G 12
1. Beratung
BT-PlPr 7/122 = **22** G 7
2. und 3. Beratung
BT-PlPr 7/178 = **34** B 13
– Umweltbericht 1976
BT-Drs 7/5684 = **226** A 1

- VO über die Abbaubarkeit anionischer und nichtanionischer grenzflächenaktiver Stoffe in Waschmitteln und Reinigungsmitteln
  BR-Drs 509/76 = **172** H 3

Washingtoner Artenschutzübereinkommen
s a Artenschutzübereinkommen
- Allgemeine Verwaltungsvorschrift zum Ges zum Washingtoner Artenschutzübereinkommen
  BR-Drs 436/76 = **169** M 12

Wasser
- VO über Trinkwasser und über Brauchwasser für Lebensmittelbetriebe (TrinkwasserVO)
  BR-Drs 695/74 = **87** N 5

Wassergefährdende Stoffe
- VO über wassergefährdende Stoffe bei der Beförderung in Rohrleitungsanlagen
  BR-Drs 489/73 = **34** F 12
- VO zur Änderung der VO über wassergefährdende Stoffe bei der Beförderung in Rohrleitungen
  BR-Drs 722/75 = **139** F 13

Wasserhaushalt
- *GesEntw zur Änderung des Grundgesetzes* (Artikel 74 Nr 24 – Wasserhaushalt)
  BR-Drs 209/73 = **20** N 5
  BR-PlPr 392 = **2** D 6
  BT-Drs 7/887 = **79** G 4
  BT-PlPr 7/57 = **9** I 7
- 2. Wassersicherstellungsverordnung
  BR-Drs 301/73 = **26** H 6

Wasserhaushaltsgesetz
- *Entw eines 4. ÄndGes*
  BR-Drs 201/73 = **20** A 10
  BR-Drs 42/76 = **146** K 1
  BR-PlPr 392 = **2** D 6
  BR-PlPr 431 = **5** O 8
  GesEntw der Bundesregierung
  BT-Drs 7/888 = **79** G 10
  Bericht und Antrag des Innenausschusses
  BT-Drs 7/4546 = **194** K 1
  Änderungsantrag zur 2. Beratung
  BT-Drs 7/4579 = **195** O 2
  GesEntw der CDU/CSU
  BT-Drs 7/1088 = **86** J 14
  Antrag des Innenausschusses
  BT-Drs 7/5088 = **213** A 12
  Bericht des Innenausschusses
  BT-Drs 7/5183 = **215** A 6
  Änderungsantrag zur 2. Beratung
  BT-Drs 7/5238 = **216** E 10
  1. Beratung beider GesEntw
  BT-PlPr 7/57 = **9** I 7
  2. und 3. Beratung
  BT-PlPr 7/212 = **39** O 6

Wasserkraftwerke
- s GesEntw zur Änderung des *Investitionszulagengesetzes*
  BR-Drs 213/75 = **109** J 11
  BT-Drs 7/3900 = **171** O 11

Wasserqualität
- Vorschlag einer EG-Richtlinie über die Qualität von Wasser für den menschlichen Gebrauch
  BR-Drs 494/75 = **124** O 6
  BT-Drs 7/3975 = **173** L 1

Wasserschutz
s Gewässerschutz

Wasserstraße
s Bundeswasserstraße

Wasserverschmutzung
- Vorschlag einer EG-Richtlinie betr Verringerung der Wasserverschmutzung durch die Zellstoffabriken in den Mitgliedstaaten
  BR-Drs 116/75 = **103** I 4
  BT-Drs 7/3212 = **150** I 9
- Unterrichtung über die EG-Richtlinie betr Verschmutzung der Meeres- und Süßgewässer für Badezwecke (Qualitätsanforderungen)
  BR-Drs 142/75 = **105** C 12
  BT-Drs 7/3272 = **152** N 1

Wasserversorgung
s a Wasserhaushaltsgesetz
- s a GesEntw über *Umweltstatistiken*
  BR-Drs 332/73 = **27** J 4
  BT-Drs 7/988 = **82** M 3
- VO über Trinkwasser und über Brauchwasser für Lebensmittelbetriebe (TrinkwasserVO)
  BR-Drs 695/74 = **87** N 5
- VO nach § 5 Abs 3 Nr 1 des Ges über Umweltstatistiken (AbwasserschädlichkeitsVO)
  BR-Drs 782/74 = **93** E 10

Wasserwerk
kartellrechtliche Ausnahmebestimmungen
- Bericht der Bundesregierung über die Ausnahmebereiche des Ges gegen Wettbewerbsbeschränkungen
  BT-Drs 7/3206 = **148** M 10

Wasserwirtschaft
- Rahmenplan zur Verbesserung der Agrarstruktur und des Küstenschutzes 1973–1976
  BT-Drs 7/61 = **53** A 8
- Rahmenplan zur Verbesserung der Agrarstruktur und des Küstenschutzes für 1974 bis 1977
  BT-Drs 7/1538 = **102** L 4
- Rahmenplan zur Verbesserung der Agrarstruktur und des Küstenschutzes für 1975 bis 1978
  BT-Drs 7/3563 = **159** A 14
- Rahmenplan zur Verbesserung der Agrarstruktur und des Küstenschutzes für 1976 bis 1979
  BT-Drs 7/5671 = **224** L 6

Wehrbeauftragter
- Wahl
  BT-PlPr 7/152 = **28** M 6
  BT-PlPr 7/155 = **29** I 2
- Wahl und Vereidigung
  BT-PlPr 7/158 = **30** C 1
- Jahresbericht 1972
  Unterrichtung durch den Wehrbeauftragten
  BT-Drs 7/334 = **64** E 8
  Bericht und Antrag des Verteidigungausschusses
  BT-Drs 7/1208 = **91** B 11
  BT-PlPr 7/67 = **11** E 10
- Jahresbericht 1973, – Unterrichtung durch den Wehrbeauftragten –
  BT-Drs 7/1765 = **108** O 2
  Bericht und Antrag des Verteidigungsausschusses
  BT-Drs 7/2726 = **133** M 11
  Beratung
  BT-PlPr 7/134 = **25** A 1
- Jahresbericht 1974 – Unterrichtung durch den Wehrbeauftragten –
  BT-Drs 7/3228 = **151** E 5
  Beratung
  BT-PlPr 7/165 = **31** K 5
  Bericht und Antrag des Verteidigungsausschusses
  BT-Drs 7/3762 = **168** J 2
  Beratung des Antrags
  BT-PlPr 7/235 = **44** I 6
- Jahresbericht 1975 – Unterrichtung durch den Wehrbeauftragten
  BT-Drs 7/4812 = **204** C 6
  Beratung
  BT-PlPr 7/235 = **44** I 6
  Bericht und Antrag des Verteidigungsausschusses
  BT-Drs 7/5342 = **218** J 14
  Beratung des Antrags
  BT-PlPr 7/254 = **49** C 4

Wehrdienst
s a Entwicklungshelfer-Gesetz
- VO über die pauschale Berechnung und die Zahlung der Beiträge zur gesetzlichen Rentenversicherung für die Dauer eines auf Grund gesetzlicher Pflicht zu leistenden Dienstes
  BR-Drs 42/74 = **55** O 8
- VO über den für 1974 und 1975 maßgebenden Vomhundertsatz nach § 4 des Ges über die unentgeltliche Beförderung von Wehrdienstbeschädigten, Kriegsbeschädigten sowie anderen Behinderten im Nahverkehr
  BR-Drs 610/74 = **84** I 7

Wehrdisziplinarordnung
- s a Entw eines ÄndGes (betr *Sanitätsoffiziere*)
  BR-Drs 131/75 = **104** C 13
  BT-Drs 7/3505 = **157** O 5
- *Entw eines 2. Ges zur Änderung der Wehrdisziplinarordnung*
  BR-Drs 305/75 = **114** N 5
  BR-PlPr 421 = **5** A 7
  BT-Drs 7/4027 = **175** N 2
  1. Beratung
  BT-PlPr 7/187 = **36** A 1

Wehrpflicht
s a Bundeswehr, Soldaten
- Weißbuch 1973/1974 zur Sicherheit der Bundesrepublik Deutschland und zur Entwicklung der Bundeswehr
  BR-Drs 20/74 = **54** J 3
  BT-Drs 7/1505 = **101** D 3
- Weißbuch 1975/1976
  BR-Drs 10/76 = **144** G 7
  BT-Drs 7/4554 = **194** O 2
- 3. VO zur Änderung der MusterungsVO
  BR-Drs 668/74 = **86** D 1

Wehrpflichtgesetz
- *Entw eines 9. Ges zur Änderung des Wehrpflichtgesetzes*
  (betr Verringerung der Zahl der ständig dienstleistenden Soldaten und Wehrdienst in Verfügungsbereitschaft)
  BR-Drs 240/74 = **66** D 12
  BR-PlPr 405 = **3** I 2
  BR-Drs 59/75 = **99** K 5
  BR-PlPr 416 = **4** I 9
  BT-Drs 7/2524 = **128** M 7
  Bericht und Antrag des Verteidigungsausschusses
  BT-Drs 7/3087 = **146** D 10
  1. Beratung
  BT-PlPr 7/122 = **22** G 7
  2. und 3. Beratung
  BT-PlPr 7/144 = **27** G 4

- *Entw eines ÄndGes*
  BT-Drs 7/4206 = **184** I 9
  Bericht und Antrag des Ausschusses für Arbeit und Sozialordnung
  BT-Drs 7/4841 = **205** E 1
  1. Beratung
  BT-PlPr 7/197 = **37** B 12
  2. Beratung
  BT-PlPr 7/235 = **44** I 6
- s a Entw eines 3. ÄndGes zum Ges über den *zivilen Ersatzdienst*
  BR-Drs 360/73 = **28** H 13
  BT-Drs 7/177 = **59** F 3

Wehrpflichtiger
- s GesEntw zur Änderung des *Unterhaltssicherungsgesetzes* und des Arbeitsplatzschutzgesetzes
  BR-Drs 52/73 = **8** O 12
  BT-Drs 7/129 = **56** J 4
- s Entw eines ÄndGes zum *Unterhaltssicherungsgesetz* und zur Änderung prämienrechtlicher Vorschriften
  BR-Drs 397/74 = **73** J 12
  BT-Drs 7/2397 = **123** N 6
- s Entw eines ÄndGes zum *Arbeitsplatzschutzgesetz*
  BR-Drs 52/73 = **8** O 12
  BT-Drs 7/129 = **56** J 4
  BT-Drs 7/3775 = **168** L 11
- s Entw eines 2. ÄndGes zum Ges zur Förderung eines freiwilligen *sozialen Jahres*
  BR-Drs 356/75 = **118** M 12
  BT-Drs 7/4002 = **174** O 4

Wehrsoldgesetz
- *GesEntw eines 8. Ges zur Änderung des Wehrsoldgesetzes*
  BR-Drs 6/74 = **54** D 8
  BR-Drs 481/74 = **77** A 11
  BR-PlPr 401 = **3** C 2
  BR-PlPr 410 = **3** O 9
  BT-Drs 7/1854 = **111** J 11
  Bericht und Antrag des Innenausschusses
  BT-Drs 7/2231 = **120** B 2
  Bericht des Haushaltsausschusses
  BT-Drs 7/2242 = **120** C 2
  1. Beratung
  BT-PlPr 7/93 = **17** G 13
  2. und 3. Beratung
  BT-PlPr 7/107 = **20** C 12

Wehrstrafgesetz
- s Entw eines Einführungsgesetzes zum *Strafgesetzbuch*
  BR-Drs 111/73 = **11** L 3
  BT-Drs 7/550 = **70** I 8

Wehrstruktur
- Unterrichtung durch die Bundesregierung
  BT-Drs 7/242 = **61** B 12

Weichtiere
- VO über Höchstmengen an Quecksilber in Fischen, Krusten-, Schalen- und Weichtieren
  BR-Drs 727/74 = **89** N 5

Weihnachtsgratifikation
- *GesEntw über die Erhöhung der jährlichen Sonderzuwendung*
  BR-Drs 626/73 = **40** L 10
  BR-Drs 762/73 = **50** F 7
  BR-PlPr 398 = **2** M 12
  BR-PlPr 400 = **3** A 1
  BT-Drs 7/1244 = **93** F 6
  Gegenäußerung der Bundesregierung
  BT-Drs 7/1293 = **95** F 4

- Bericht und Antrag des Innenausschusses
  BT-Drs 7/1317 = **95** I 14
  Bericht des Haushaltsausschusses
  BT-Drs 7/1356 = **96** E 6
  1. Beratung
  BT-PlPr 7/67 = **11** E 10
  2. und 3. Beratung
  BT-PlPr 7/69 = **11** M 6

Wein
- VO zur Änderung der Wein-VO, der Schaumwein-Branntwein-VO, der Wein-Überwachungs-VO, der VO über die Zulassung von deutschen Qualitätskennzeichnungen für ausländische Weine, der VO zur Ausführung des Weingesetzes und der EssenzenVO
  (2. Weinrechts-ÄnderungsVO)
  BR-Drs 566/76 = **175** E 9
- s a VO zur Änderung des Deutschen *Teil-Zolltarifs*

Weinbau
- Agrarbericht 1973
  BR-Drs 118/73 = **14** G 12
  BT-Drs 7/146 = **57** A 6
- Agrarbericht 1974
  BR-Drs 120/74 = **59** G 8
  BT-Drs 7/1650 = **105** K 5
- Agrarbericht 1975
  BR-Drs 112/75 = **101** O 8
  BT-Drs 7/3210 = **149** B 5
- Agrarbericht 1976
  BR-Drs 100/76 = **150** E 11
  BT-Drs 7/4680 = **198** N 3
- Bericht der Bundesregierung über Ergänzungsrebsorten zur Verbesserung der Weine
  BT-Drs 7/2115 = **117** N 13
  Bericht und Antrag des Ausschusses für Ernährung, Landwirtschaft und Forsten
  BT-Drs 7/3084 = **146** D 4
- s a Rahmenplan zur Verbesserung der Agrarstruktur und des *Küstenschutzes*
- VO zur Änderung der VO über die Zulassung von deutschen Qualitätskennzeichnungen für ausländische Weine
  BR-Drs 152/73 = **17** L 4
- VO über Pflanzgut von Ertragsreben und Unterlagsreben
  BR-Drs 225/75 = **111** F 12
- Vorschlag einer EG-VO über die Gewährung einer Umstellungsprämie im Weinbau
  BR-Drs 663/75 = **135** A 6
  BT-Drs 7/4233 = **185** B 8

Weingesetz
- *Entw eines 2. ÄndGes*
  BR-Drs 184/73 = **19** I 1
  BR-PlPr 391 = **2** B 11
  BT-Drs 7/86 = **54** F 2
  Bericht und Antrag des Ausschusses für Jugend, Familie und Gesundheit
  BT-Drs 7/186 = **59** K 1
  1. Beratung
  BT-PlPr 7/12 = **2** A 13
  2. und 3. Beratung
  BT-PlPr 7/17 = **2** O 1
- Bericht der Bundesregierung zur Naßverbesserung und zur schwefligen Säure
  BT-Drs 7/1625 = **104** H 7
- VO zur Änderung der VO zur Ausführung des Weingesetzes
  BR-Drs 152/73 = **17** L 4

Weinwirtschaftsgesetz
- *GesEntw zur Änderung des Weinwirtschaftsgesetzes*
  BR-Drs 689/74 = **87** E 5
  BR-Drs 383/75 = **121** D 12
  BR-PlPr 414 = **4** F 5
  BR-PlPr 421 = **5** A 7
  BT-Drs 7/2935 = **141** F 3
  Bericht und Antrag des Ausschusses für Ernährung, Landwirtschaft und Forsten
  BT-Drs 7/3670 = **164** G 8
  1. Beratung
  BT-PlPr 7/141 = **26** L 3
  2. und 3. Beratung
  BT-PlPr 7/176 = **33** I 7

Weißbuch der Bundesregierung
- Weißbuch 1973/1974 zur Sicherheit der Bundesrepublik Deutschland und zur Entwicklung der Bundeswehr
  BR-Drs 20/74 = **54** J 3
  BR-Drs 277/75 = **113** A 4
  BT-Drs 7/1505 = **101** D 3
  BT-PlPr 7/90 = **16** J 10
- Weißbuch 1975/1976 zur Sicherheit der Bundesrepublik Deutschland und zur Entwicklung der Bundeswehr
  BR-Drs 10/76 = **144** G 7
  BT-Drs 7/4554 = **194** O 2
  Bericht und Antrag des Verteidigungsausschusses
  BT-Drs 7/5323 = **218** I 4
  Entschließungsantrag zur Beratung
  BT-Drs 7/5481 = **221** N 4
  Beratung
  BT-PlPr 7/254 = **49** C 4

Weiterbildung
- Bildungsgesamtplan
  BR-Drs 790/73 = **51** G 2
  BT-Drs 7/1474 = **100** C 8

Weizen
s Getreide

Weltausstellungen
s Ausstellungen

Weltgesundheitsversammlung
- VO über die Inkraftsetzung einer Änderung der Internationalen Gesundheitsvorschriften
  BR-Drs 321/74 = **69** O 12

Weltpostverein
- *GesEntw zu den Verträgen des Weltpostvereins*
  BR-Drs 171/75 = **107** C 13
  BR-Drs 636/75 = **133** B 10
  BR-PlPr 419 = **4** N 2
  BR-PlPr 425 = **5** G 3
  BT-Drs 7/3580 = **160** N 1
  Bericht und Antrag des Ausschusses für Verkehr und für das Post- und Fernmeldewesen
  BT-Drs 7/4107 = **177** C 7
  1. Beratung
  BT-PlPr 7/173 = **33** A 9
  2. Beratung und Schlußabstimmung
  BT-PlPr 7/194 = **36** M 12

Welt-Tourismus-Organisation
- VO über die Gewährung von Vorrechten und Befreiungen
  BR-Drs 504/75 = **125** J 10

Weltwährungssystem
- Entschließung des Europäischen Parlaments über die Reform
  BT-Drs 7/944 = **81** G 14
- Jahresgutachten 1974 des Sachverständigenrates zur Begutachtung der gesamtwirtschaftlichen Entwicklung

BR-Drs 781/74 = 92 I 10
BT-Drs 7/2848 = 137 G 3
– Jahresgutachten 1975 des Sachverständigenrates zur Begutachtung der gesamtwirtschaftlichen Entwicklung
BR-Drs 725/75 = 139 H 10
BT-Drs 7/4326 = 188 E 14

Weltraumrecht
– *GesEntw zum Übereinkommen über die völkerrechtliche Haftung für Schäden durch Weltraumgegenstände*
BR-Drs 343/74 = 70 L 10
BR-Drs 273/75 = 112 N 5
BR-PlPr 407 = 3 L 12
BR-PlPr 420 = 4 N 9
BT-PlPr 7/2323 = 122 I 1
Bericht und Antrag des Ausschusses für Forschung und Technologie
BT-Drs 7/3489 = 157 C 13
Bericht des Haushaltsausschusses
BT-Drs 7/3490 = 157 C 14
1. Beratung
BT-PlPr 7/116 = 21 G 5
2. Beratung und Schlußabstimmung
BT-PlPr 7/164 = 31 I 1

Weltraumorganisation
– GesEntw zum Übereinkommen zur Gründung einer Europäischen Weltraumorganisation
BR-Drs 97/76 = 149 N 13
BR-Drs 441/76 = 170 E 14
BR-PlPr 432 = 6 B 14
BR-PlPr 437 = 6 L 10
BT-Drs 7/5103 = 213 J 6
Bericht und Antrag des Ausschusses für Forschung und Technologie
BT-Drs 7/5392 = 220 A 12
Bericht des Haushaltsausschusses
BT-Drs 7/5444 = 220 M 1
1. Beratung
BT-PlPr 7/240 = 45 L 4
2. Beratung und Schlußabstimmung
BT-PlPr 7/252 = 48 J 1

Weltraumprogramm
– Basisprogramm für die deutsche Luft- und Raumfahrtindustrie 1974 bis 1978 (Fortschreibung)
BT-Drs 7/2986 = 142 C 14

Weltraumtechnologie
– Bundesbericht Forschung V
BR-Drs 282/75 = 113 C 5
BT-Drs 7/3574 = 160 A 1

Werkfernverkehr
– 2. VO zur Änderung der Gasöl-Betriebsbeihilfe-VO – Werkfernverkehr
BR-Drs 567/73 = 38 O 8

Werkleiter
– VO über die Zuordnung der Ämter der Leiter kommunaler Versorgungs- und Verkehrsbetriebe
BR-Drs 232/76 = 156 M 10

Werkstätten
– VO über die Erstattung von Beiträgen zur gesetzlichen Rentenversicherung für in Werkstätten für Behinderte beschäftigte Behinderte
BR-Drs 371/75 = 119 N 1
– s a GesEntw über die *Sozialversicherung Behinderter*

Werkverkehr
– s Entw eines 3. ÄndGes zum *Güterkraftverkehrsgesetz*

Wertgrenzen
– s GesEntw zur Änderung von Wertgrenzen in der Gerichtsbarkeit
(betr *Streitwert*)
BR-Drs 178/73 = 18 N 6
BT-Drs 7/853 = 78 H 3

Wertpapiere
– s a GesEntw zum Abschluß der *Währungsumstellung*
BR-Drs 172/75 = 107 K 6
BT-Drs 7/3686 = 164 O 7
– Antrag betr Errichtung eines Fonds zum Ausgleich für soziale Härtefälle bei den Besitzern niedrig verzinslicher Rentenpapiere
BT-Drs 7/2322 = 122 H 14
– Vorschlag einer EG-Richtlinie zur Koordinierung der Bedingungen für die Zulassung von Wertpapieren zur amtlichen Notierung an einer Wertpapierbörse
BR-Drs 85/76 = 149 I 2
BT-Drs 7/4828 = 204 M 4
– 4. VO über die Zulassung von Wertpapieren zu Börsentermingeschäften
BR-Drs 103/76 = 151 N 10
BT-Drs 7/5082 = 212 M 11
– Vorschlag einer EG-Richtlinie über die indirekten Steuern auf Geschäfte mit Wertpapieren
BR-Drs 273/76 = 161 I 9
BT-Drs 7/5082 = 212 M 11

Westeuropäische Union
– Halbjahresbericht der Bundesregierung über die Tätigkeit vom 1. 4. bis 30. 9. 1972
BT-Drs 7/7 = 51 M 11
– Bericht über die Tagung vom 5. bis 7. 12. 1972 in Paris
BT-Drs 7/66 = 53 I 1
– Unterrichtung über die Tagung der Versammlung vom 19. bis 22. 6. 1973 in Paris
BT-Drs 7/931 = 81 B 10
– Halbjahresbericht der Bundesregierung über die Tätigkeit vom 1. 4. 1973 bis 30. 9. 1973
BT-Drs 7/1263 = 93 L 5
– Unterrichtung über die Tagung der Versammlung vom 20. bis 22. 11. 1973 in Paris
BT-Drs 7/1461 = 98 M 11
– Halbjahresbericht der Bundesregierung über die Tätigkeit vom 1. 10. 1973 bis 31. 3. 1974
BT-Drs 7/2064 = 116 L 2
– Unterrichtung über die Tagung der Versammlung vom 18. bis 20. 6. 1974 in Paris
BT-Drs 7/2558 = 129 L 5
– Halbjahresbericht der Bundesregierung über die Tätigkeit vom 1. 4. bis 30. 9. 1974
BT-Drs 7/2966 = 141 O 1
– Unterrichtung über die Tagung der Versammlung vom 3. bis 6. 12. 1974 in Paris
BT-Drs 7/3338 = 154 C 11
– Halbjahresbericht der Bundesregierung über die Tätigkeit vom 1. 10. 1974 bis 31. 3. 1975
BT-Drs 7/3707 = 165 L 8
– Bericht über den 1. Teil der 21. Sitzungsperiode der Versammlung vom 26. bis 29. 5. 1975 in Bonn
BT-Drs 7/3914 = 172 C 6
– Halbjahresbericht über die Tätigkeit vom 1. 4. bis 30. 9. 1975
BT-Drs 7/4355 = 189 G 10
– Bericht über den 2. Teil der 21. Sitzungsperiode vom 1. bis 4. 12. 1975
BT-Drs 7/4481 = 192 G 10
– Halbjahresbericht der Bundesregierung über die Tätigkeit vom 1. 10. 1975 bis 31. 3. 1976
BT-Drs 7/4985 = 210 D 4
– Unterrichtung über den 1. Teil der 22. ordentlichen Sitzungsperiode der Versammlung vom 14. bis 18. 6. 1976 in Paris
BT-Drs 7/5563 = 222 O 10
– Halbjahresbericht der Bundesregierung über die Tätigkeit vom 1. 4. bis 30. 9. 1976
BT-Drs 7/5821 = 229 N 1

Wettbewerb
– *Entw eines 9. ÄndGes zum Ges gegen den unlauteren Wettbewerb*
BT-Drs 7/2049 = 116 E 5
BT-PlPr 7/111 = 21 A 1
– *Entw eines 2. ÄndGes zum Ges gegen Wettbewerbsbeschränkungen*
BR-Drs 449/73 = 33 F 4
BR-PlPr 396 = 2 I 14
BT-Drs 7/76 = 53 L 6
Antrag des Wirtschaftsausschusses
BT-Drs 7/696 = 76 C 8
Bericht des Haushaltsausschusses
BT-Drs 7/697 = 76 D 2
Unterrichtung des Wirtschaftsausschusses
BT-Drs 7/765 = 77 F 11
Änderungsanträge zur 2. Beratung
BT-Drs 7/768 = 77 G 8
BT-Drs 7/773 = 77 H 13
BT-Drs 7/784 = 77 M 7
BT-Drs 7/785 = 77 M 8
Entschließungsanträge zur 3. Beratung
BT-Drs 7/766 = 77 G 5
BT-Drs 7/778 = 77 I 8
BT-Drs 7/779 = 77 I 9
1. Beratung
BT-PlPr 7/12 = 2 A 13
2. und 3. Beratung
BT-PlPr 7/42 = 7 A 12
– *Entw eines 3. ÄndGes zum Ges gegen Wettbewerbsbeschränkungen*
BR-Drs 593/74 = 83 I 5
BR-Drs 189/76 = 155 D 1
BR-PlPr 412 = 4 B 12
BR-PlPr 433 = 6 D 11
Vermittlungsverfahren:
BR-Drs 302/76 = 163 D 11
BR-PlPr 434 = 6 F 11
BR-Drs 357/76 = 165 C 12
BT-Drs 7/2954 = 141 M 3
Bericht und Antrag des Wirtschaftsausschusses
BT-Drs 7/4768 = 202 F 3
Bericht des Haushaltsausschusses
BT-Drs 7/4769 = 202 F 8
Entschließungsanträge zur 3. Beratung
BT-Drs 7/4842 = 205 E 13
BT-Drs 7/4851 = 205 G 10
Unterrichtung betr Entschließung des Deutschen Bundestages
BT-Drs 7/5086 = 212 N 10
Unterrichtung betr Anrufung des Vermittlungsausschusses
BT-Drs 7/5024 = 211 C 10
Unterrichtung durch den Vermittlungsausschuß
BT-Drs 7/5184 = 215 A 10
Unterrichtung durch den Bundesrat betr Einspruchseinlegung
BT-Drs 7/5193 = 215 H 2
1. Beratung
BT-PlPr 7/143 = 27 C 8

2. und 3. Beratung
BT-PlPr 7/228 = **43 F 6**
Beratung des Antrags des Vermittlungsausschusses
BT-PlPr 7/245 = **47 A 5**
- Bericht der Bundesregierung über die Ausnahmebereiche des Ges gegen Wettbewerbsbeschränkungen
BT-Drs 7/3206 = **148 M 10**
- 2. Bericht der Bundesregierung zur Verbraucherpolitik
BR-Drs 644/75 = **133 F 5**
BT-Drs 7/4181 = **179 F 5**
- Bericht des Bundeskartellamts über seine Tätigkeit im Jahr 1972
BT-Drs 7/986 = **82 F 1**
- Bericht des Bundeskartellamts über seine Tätigkeit im Jahre 1973
BT-Drs 7/2250 = **120 I 1**
- Bericht des Bundeskartellamts über seine Tätigkeit im Jahre 1974
BT-Drs 7/3791 = **168 N 11**
- Bericht des Bundeskartellamts über seine Tätigkeit im Jahre 1975
BT-Drs 7/5390 = **219 G 4**

Wettbewerbspolitik
- Bericht des Bundeskartellamts über seine Tätigkeit im Jahre 1972
BT-Drs 7/986 = **82 F 1**
- Tätigkeitsbericht 1973 der Bundesregierung
BT-Drs 7/1434 = **97 H 8**
- Bericht des Bundeskartellamts über seine Tätigkeit im Jahre 1974
BT-Drs 7/3791 = **168 N 11**
- Bericht des Bundeskartellamts über seine Tätigkeit im Jahre 1975
BT-Drs 7/5390 = **219 G 4**
- Jahreswirtschaftsbericht 1973
BT-Drs 7/225 = **60 M 6**
- Jahreswirtschaftsbericht 1974
BT-Drs 7/1646 = **105 E 3**
- Jahreswirtschaftsbericht 1975
BT-Drs 7/3197 = **148 J 6**
- Jahreswirtschaftsbericht 1976
BT-Drs 7/4677 = **198 L 4**
- Vorschlag einer EG-VO über die Kontrolle von Unternehmenszusammenschlüssen
BR-Drs 504/73 = **35 A 11**
BT-Drs 7/940 = **81 E 9**

Wettervorhersage, mittelfristige
- *GesEntw zum Übereinkommen zur Errichtung des Europäischen Zentrums für mittelfristige Wettervorhersage*
BR-Drs 604/74 = **84 F 7**
BR-Drs 36/75 = **98 N 10**
BR-PlPr 412 = **4 B 12**
BR-PlPr 416 = **4 I 9**
BT-Drs 7/2704 = **132 K 5**
Bericht und Antrag des Ausschusses für Forschung und Technologie
BT-Drs 7/3121 = **146 N 4**
Bericht des Haushaltsausschusses
BT-Drs 7/3122 = **146 N 6**
1. Beratung
BT-PlPr 7/131 = **24 F 7**
2. Beratung und Schlußabstimmung
BT-PlPr 7/147 = **28 A 1**

Widerrufsrecht bei Abzahlungsgeschäften
- s Entw eines 2. Änderungsgesetzes zum *Abzahlungsgesetz*
BR-Drs 90/73 = **11 A 4**
BT-Drs 7/598 = **73 D 12**

Wiederaufnahmeverfahren
- s Entw eines 1. Ges zur Reform des *Strafverfahrensrechts*
BR-Drs 117/73 = **13 N 3**
BT-Drs 7/551 = **71 L 8**

Wiedereinsetzung
s Verwaltungsverfahrensgesetz

Wiedergutmachung
- Sozialbudget 1974
BT-Drs 7/2853 = **138 E 12**

Wild
s a Bundesjagdgesetz
Jagdrecht
- VO über die hygienischen Mindestanforderungen an Fleisch, das für die Bundesrepublik Deutschland bestimmt ist
BR-Drs 600/74 = **84 A 1**
- VO zur Aufhebung der Wildfleisch-VO
BR-Drs 601/74 = **84 D 1**
- VO zur Änderung der Fleischbeschau-Statistik-VO
BR-Drs 745/74 = **90 K 7**
- 6. VO zur Änderung der VO über die Untersuchungen des in das Zollgebiet eingehenden Fleisches
BR-Drs 746/74 = **90 L 4**

Wildschutz
Maßnahmen zur Erhöhung der Verkehrssicherheit
- Straßenbaubericht 1975
BT-Drs 7/5677 = **225 I 6**

Winterbau-Bericht
- Bericht der Bundesregierung nach § 238 des Arbeitsförderungsgesetzes – (Winterbau-Bericht 1973)
BR-Drs 105/74 = **59 B 2**
BT-Drs 7/1623 = **104 G 4**
Bericht und Antrag des Ausschusses für Arbeit und Sozialordnung
BT-Drs 7/5351 = **218 N 1**
- Bericht der Bundesregierung nach § 238 Arbeitsförderungsgesetz – (Winterbau-Bericht 1974)
BR-Drs 238/75 = **111 L 14**
BT-Drs 7/3508 = **157 O 10**
Bericht und Antrag des Ausschusses für Arbeit und Sozialordnung
BT-Drs 7/5351 = **218 N 1**
- Bericht der Bundesregierung nach § 238 Arbeitsförderungsgesetz – (Winterbau-Bericht 1975)
BR-Drs 57/76 = **147 I 3**
BT-Drs 7/4621 = **196 L 6**
Bericht und Antrag des Ausschusses für Arbeit und Sozialordnung
BT-Drs 7/5351 = **218 N 1**
gemeinsame Beratung der Berichte
BT-PlPr 7/256 = **49 K 13**

Winterbaustellen
- 1. VO zur Änderung der VO über besondere Arbeitsschutzanforderungen bei Bauarbeiten in der Zeit vom 1. November bis 31. März
BR-Drs 192/74 = **63 M 12**

Winterdienst
auf Bundesstraßen und Autobahnen
- Straßenbaubericht 1974
BT-Drs 7/3822 = **169 N 2**
- Straßenbaubericht 1975
BT-Drs 7/5677 = **225 I 6**

Wirtschaft
s a Finanzplan
Investitionsprogramm
- Jahreswirtschaftsbericht 1973
BR-Drs 164/73 = **18 D 4**
BT-Drs 7/225 = **60 M 6**
- Jahreswirtschaftsbericht 1974
BR-Drs 130/74 = **61 H 1**
BT-Drs 7/1646 = **105 E 3**
- Jahreswirtschaftsbericht 1975
BR-Drs 110/75 = **101 M 7**
BT-Drs 7/3197 = **148 J 6**
- Jahreswirtschaftsbericht 1976
BR-Drs 105/76 = **151 O 5**
BT-Drs 7/4677 = **198 L 4**
- Jahresgutachten 1972 des Sachverständigenrates zur gesamtwirtschaftlichen Entwicklung
BT-Drs 7/2 = **51 A 6**
- Sondergutachten zur konjunkturpolitischen Lage im Mai 1973
BR-Drs 364/73 = **28 I 2**
BT-Drs 7/530 = **70 E 7**
- Jahresgutachten 1973 des Sachverständigenrates über die gesamtwirtschaftliche Entwicklung
BR-Drs 740/73 = **49 A 6**
BT-Drs 7/1273 = **93 O 10**
- Jahresgutachten 1974 des Sachverständigenrates zur Begutachtung der gesamtwirtschaftlichen Entwicklung
BR-Drs 781/74 = **92 I 10**
BT-Drs 7/2848 = **137 G 3**
- Sondergutachten des Sachverständigenrates zur Begutachtung der gesamtwirtschaftlichen Entwicklung zur konjunkturpolitischen Lage im August 1975
BR-Drs 505/75 = **125 K 11**
BT-Drs 7/3976 = **173 M 1**
- Jahresgutachten 1975 des Sachverständigenrates zur Begutachtung der gesamtwirtschaftlichen Entwicklung
BR-Drs 725/75 = **139 H 10**
BT-Drs 7/4326 = **188 E 14**
- Jahresgutachten 1976/1977 des Sachverständigenrates zur Begutachtung der gesamtwirtschaftlichen Entwicklung
BR-Drs 700/76 = **180 K 4**
BT-Drs 7/5902 = **232 A 12**
- 2. Rahmenplan zur Verbesserung der regionalen Wirtschaftsstruktur für 1973 bis 1976
BT-Drs 7/401 = **65 I 14**
- 3. Rahmenplan zur Verbesserung der regionalen Wirtschaftsstruktur für 1974 bis 1977
BT-Drs 7/1769 = **109 D 4**
- 4. Rahmenplan zur Verbesserung der regionalen Wirtschaftsstruktur für 1975 bis 1978
BT-Drs 7/3601 = **162 K 13**
- 5. Rahmenplan zur Verbesserung der regionalen Wirtschaftsstruktur
BT-Drs 7/4742 = **201 I 12**
- Jahresbericht über die wirtschaftliche Lage der Gemeinschaft
BT-Drs 7/2916 = **140 K 11**
- Jahresbericht über die Wirtschaftslage der EG
BT-Drs 7/4249 = **185 I 14**
- Vorschlag der Kommission der EG für einen Jahresbericht über die Wirtschaftslage der EG
BT-Drs 7/5872 = **231 G 2**

- Antwort auf die Große Anfrage betr Deutschlandpolitik
  BT-Drs 7/2933 = **141** E 3
- Sonderprogramm zur regionalen und lokalen Abstützung der Beschäftigung nach § 6 Abs 2 des Stabilitätsgesetzes
  BT-Drs 7/2589 = **130** E 4
  Bericht und Antrag des Haushaltsausschusses
  BT-Drs 7/2640 = **131** I 1
  Entschließungsantrag zur Beratung
  BT-Drs 7/2658 = **132** A 11
  Beschluß des Bundesrates
  BT-Drs 7/2689 = **132** G 1
- Antrag betr zusätzliche Bundesausgaben – Ein Teilbereich des konjunkturellen Gesamtprogramms der Bundesregierung vom 12. 12. 1974 –
  BT-Drs 7/2978 = **142** A 3
  Bericht und Antrag des Haushaltsausschusses
  BT-Drs 7/3008 = **142** J 13
  Entschließungsanträge zur Beratung
  BT-Drs 7/3009 = **142** K 1
  BT-Drs 7/3013 = **142** L 3
  Beschluß des Bundesrates zur Vorlage über zusätzliche Bundesausgaben
  BT-Drs 7/3072 = **146** A 4
  Bericht und Antrag des Haushaltsausschusses
  BT-Drs 7/3254 = **152** H 10
- Antwort auf die Große Anfrage betr Grundsätze der wirtschaftlichen Zusammenarbeit in der Entwicklungspolitik
  BT-Drs 7/3805 = **169** J 13
  Berichtigung
  BT-Drs 7/3907 = **172** A 12
- Antrag betr zusätzliche Förderungsmaßnahmen zur Verbesserung der Arbeitsmarktlage
  BT-Drs 7/3558 = **159** A 3

Wirtschaftsförderung
s a Subvention
- s a GesEntw über die Feststellung der Wirtschaftspläne des *ERP-Sondervermögens* für das Jahr (ERP-Wirtschaftsplangesetz)
  BR-Drs 581/74 = **82** H 14
- s a Entw eines *Bundesmittelstandsförderungsgesetzes*
  BT-Drs 7/4284 = **186** E 4
- s a Entw eines ÄndGes zum Gesetz über die Verbesserung der regionalen *Wirtschaftsstruktur*

Wirtschaftsgenossenschaften
s Erwerbs- und Wirtschaftsgenossenschaften

Wirtschaftshilfe
- Entschließung des Wirtschaftsausschusses der 20. Jahrestagung der Nordatlantischen Versammlung betr Wirtschaftshilfe an Mitgliedstaaten
  BR-Drs 27/75 = **98** H 5
  BT-Drs 7/3046 = **144** G 1
- Entschließung des Wirtschaftsausschusses der 21. Jahrestagung der Nordatlantischen Versammlung betr Wirtschaftshilfe an Portugal, Griechenland und die Türkei
  BR-Drs 700/75 = **138** G 1
  BT-Drs 7/4241 = **185** D 8

Wirtschaftskriminalität
- *Entw eines 1. Ges zur Bekämpfung der Wirtschaftskriminalität*
  BR-Drs 5/75 = **97** C 7
  BR-Drs 424/76 = **169** G 11
  BR-PlPr 416 = **4** I 9
  BR-PlPr 436 = **6** J 12
  BT-Drs 7/3441 = **156** D 4
  Bericht und Antrag des Sonderausschusses für die Strafrechtsreform
  BT-Drs 7/5291 = **217** M 13
  1. Beratung
  BT-PlPr 7/168 = **32** D 13
  2. und 3. Beratung
  BT-PlPr 7/250 = **48** C 11
- Tätigkeitsbericht 1973 der Bundesregierung
  BT-Drs 7/1434 = **97** H 8

Wirtschaftslenkung
s Subvention

Wirtschaftliche Rechte
s Menschenrechte

Wirtschaftsplangesetz
s ERP-Wirtschaftsplangesetz

Wirtschaftspolitik
s a Finanzplan
Integrationsbericht
Investitionsprogramm
Jahreswirtschaftsbericht
Sachverständigenrat
- s a GesEntw zur Verbesserung der *Haushaltsstruktur*
  BR-Drs 575/75 = **129** G 6
  BT-Drs 7/4127 = **177** M 11
- s a GesEntw über die Neuorganisation der *Marktordnungsstellen*
  BR-Drs 359/75 = **118** O 9
  BT-Drs 7/4021 = **175** J 5
- Bericht der Bundesregierung über Lage und Entwicklung der kleinen und mittleren Unternehmen – Mittelstandsbericht –
  BT-Drs 7/5248 = **216** F 8
- Vorlage eines Programms zur Stärkung von Bau- und anderen Investitionen
  BR-Drs 522/75 = **126** E 11
  BT-Drs 7/4013 = **175** E 12
  Stellungnahme des Bundesrates
  BT-Drs 7/4043 = **176** D 4
  Bericht und Antrag des Haushaltsausschusses
  BT-Drs 7/4044 = **176** D 5
  Entschließungsantrag zur Beratung
  BT-Drs 7/4058 = **176** E 14
- Tätigkeitsbericht 1973 der Bundesregierung
  BT-Drs 7/1434 = **97** H 8
- s a Entw eines 2. Ges zur Änderung des Ges zur Förderung der *Stabilität* und des Wachstums der Wirtschaft
- Empfehlung des Wirtschaftsausschusses der 19. Jahrestagung der Nordatlantischen Versammlung zur wirtschaftlichen Zusammenarbeit
  BR-Drs 800/73 = **52** D 2
  BT-Drs 7/1396 = **97** C 9
- Bericht des Ausschusses der Neun der Nordatlantischen Versammlung
  BR-Drs 204/74 = **64** F 10
  BT-Drs 7/1636 = **104** M 5

Wirtschaftsprüfer
- *GesEntw zur Änderung der Wirtschaftsprüferordnung* (betr Zulassung zum Examen und berufgerichtliche Verfahren)
  BR-Drs 215/74 = **65** H 1
  BR-Drs 400/75 = **121** N 8
  BR-PlPr 405 = **3** I 2
  BR-PlPr 422 = **5** B 1
  BT-Drs 7/2417 = **124** I 1
  Bericht und Antrag des Wirtschaftsausschusses
  BT-Drs 7/3650 = **164** A 4
  1. Beratung
  BT-PlPr 7/116 = **21** G 5
  2. und 3. Beratung
  BT-PlPr 7/176 = **33** J 7
- VO zur Änderung der Prüfungsordnung für Wirtschaftsprüfer
  BR-Drs 646/75 = **133** H 4

Wirtschaftsstatistik
s Statistik

Wirtschaftsstruktur
- Bundesraumordnungsprogramm
  BT-Drs 7/3584 = **162** C 2
- 2. Rahmenplan zur Verbesserung der regionalen Wirtschaftsstruktur für 1973 bis 1976
  BT-Drs 7/401 = **65** I 14
- 3. Rahmenplan zur Verbesserung der regionalen Wirtschaftsstruktur für 1974 bis 1977
  BT-Drs 7/1769 = **109** D 4
- 4. Rahmenplan zur Verbesserung der regionalen Wirtschaftsstruktur für 1975 bis 1978
  BT-Drs 7/3601 = **162** K 13
- 5. Rahmenplan zur Verbesserung der regionalen Wirtschaftsstruktur
  BT-Drs 7/4742 = **201** I 12

Wirtschafts- und Währungsunion
s Europäische Wirtschafts- und Währungsunion

Wirtschaftsverfassung
in der Bundesrepublik Deutschland und in der DDR
- Materialien zum Bericht zur Lage der Nation 1974
  BR-Drs 536/74 = **78** L 9
  BT-Drs 7/2423 = **124** J 13

Wirtschaftswachstum
- s Entw eines 2. Änderungsgesetzes betreffend das Ges zur Förderung der *Stabilität* und des Wachstums der Wirtschaft
  BR-Drs 89/73 = **11** A 1
  BT-Drs 7/499 = **69** H 14

Wissenschaft
- Unterrichtung über die Entwicklung der Beziehungen zwischen der Bundesrepublik Deutschland und der DDR
  BR-Drs 282/73 = **25** F 12
  BT-Drs 7/420 = **66** L 5
- Tätigkeitsbericht 1973 der Bundesregierung
  BT-Drs 7/1434 = **97** H 8
- Bundesbericht Forschung V
  BR-Drs 282/75 = **113** C 5
  BT-Drs 7/3574 = **160** A 1
- Schlußakte der Konferenz über Sicherheit und Zusammenarbeit in Europa (KSZE)
  BT-Drs 7/3867 = **170** N 1
- UNESCO – Empfehlung zur Stellung der wissenschaftlichen Forscher
  BR-Drs 509/75 = **125** M 5
  BT-Drs 7/3963 = **173** I 4
- Bericht der Enquête – Kommission Auswärtige Kulturpolitik
  BT-Drs 7/4121 = **177** F 5
- Entwurf der EG eines Aktionsprogramms für die Politik im wissenschaftlich-technologischen Bereich
  BR-Drs 584/73 = **39** D 2
  BT-Drs 7/1026 = **84** F 3

Witwenbeihilfe
- s Entw eines ÄndGes zum *Bundesversorgungsgesetz*
  BT-Drs 7/4585 = **196** B 1

Wochenendfahrverbot
- VO zur Erleichterung des Ferienreiseverkehrs auf der Straße 1974 (FerienreiseVO 1974)
  BR-Drs 144/74 = **61** L 10

Wochenmarkt
s Gewerbeordnung

Wohnbesitz
- *Entw eines Ges zur Förderung von Wohnungseigentum und Wohnbesitz im sozialen Wohnungsbau*
  BR-Drs 141/73 = **16** N 2
  BR-Drs 276/75 = **112** N 14
  BR-PlPr 391 = **2** B 11
  BR-PlPr 420 = **4** N 9
  1. Vermittlungsverfahren:
  BR-Drs 378/75 = **120** M 8
  BR-PlPr 422 = **5** B 1
  2. Vermittlungsverfahren:
  BR-Drs 650/75 = **133** K 6
  BR-PlPr 425 = **5** G 3
  3. Vermittlungsverfahren:
  BR-Drs 122/76 = **152** J 5
  BR-PlPr 431 = **5** O 8
  GesEntw der Bundesregierung
  BT-Drs 7/577 = **72** K 4
  Bericht und Antrag des Ausschusses für Raumordnung, Bauwesen und Städtebau
  BT-Drs 7/3314 = **153** F 6
  Änderungsanträge zur 2. Beratung
  BT-Drs 7/3462 = **156** M 1
  BT-Drs 7/3463 = **156** M 2
  BT-Drs 7/3464 = **156** M 3
  BT-Drs 7/3465 = **156** M 4
  1. Beratung
  BT-PlPr 7/36 = **6** E 3
  2. und 3. Beratung
  BT-PlPr 7/162 = **31** A 14
  Unterrichtung betr Anrufung des Vermittlungsausschusses
  BT-Drs 7/3710 = **165** L 13
  Antrag des Vermittlungsausschusses
  BT-Drs 7/3779 = **168** M 3
  Beratung eines Antrags des Vermittlungsausschusses
  BT-PlPr 7/181 = **34** J 3
  Schreiben des Präsidenten des Bundesrates betr Nicht-Zustimmung
  BT-Drs 7/3899 = **171** O 11
  Unterrichtung durch die Bundesregierung betr Einberufung des Vermittlungsausschusses
  BT-Drs 7/3901 = **171** O 13
  Antrag des Vermittlungsausschusses
  BT-Drs 7/4180 = **179** F 3
  Beratung eines Antrags des Vermittlungsausschusses
  BT-PlPr 7/197 = **37** B 12
  Unterrichtung durch den Bundesrat betr Nicht-Zustimmung
  BT-Drs 7/4296 = **187** C 14
  Antrag betr Anrufung des Vermittlungsausschusses
  BT-Drs 7/4334 = **189** C 10
  Beratung des Antrags auf Anrufung des Vermittlungsausschusses
  BT-PlPr 7/204 = **38** K 3
- Antrag des Vermittlungsausschusses
  BT-Drs 7/4663 = **198** A 10
  Beratung eines Antrags des Vermittlungsausschusses
  BT-PlPr 7/221 = **41** M 14

Wohngeld
- Sozialbericht 1973
  BT-Drs 7/1167 = **89** D 6
- Sozialbudget 1974
  BT-Drs 7/2853 = **138** E 12
- Sozialbericht 1976
  BT-Drs 7/4953 = **207** G 3
- 4. Subventionsbericht
  BT-Drs 7/1144 = **88** F 1
- Unterrichtung betr überplanmäßige Ausgabe im Haushaltsjahr 1974
  BR-Drs 826/74 = **95** M 7
  BT-Drs 7/2944 = **141** G 9
  Antrag des Haushaltsausschusses
  BT-Drs 7/3239 = **151** K 4
- Unterrichtung betr überplanmäßige Ausgabe im Haushaltsjahr 1976
  BR-Drs 706/76 = **181** K 8
  BT-Drs 7/5907 = **233** A 6
  Antrag des Haushaltsausschusses
  BT-Drs 7/5937 = **234** C 1
- Antwort auf die Große Anfrage betr Ziele und Aufgaben der Wohnungspolitik
  BT-Drs 7/3523 = **158** B 11
- VO zur Änderung der WohngeldVO
  BR-Drs 719/73 = **48** F 8
- 2. VO zur Änderung berechnungsrechtlicher und mietpreisrechtlicher Vorschriften
  BR-Drs 726/74 = **89** M 3

Wohngeldbericht
- 4. Wohngeldbericht der Bundesregierung
  BT-Drs 7/1563 = **103** I 6
  Bericht und Antrag des Ausschusses für Raumordnung, Bauwesen und Städtebau
  BT-Drs 7/1833 = **111** G 12
- Wohngeld – und Mietenbericht 1975
  BT-Drs 7/4460 = **191** M 7
  Bericht und Antrag des Ausschusses für Raumordnung, Bauwesen und Städtebau
  BT-Drs 7/5012 = **210** H 2
  Beratung
  BT-PlPr 7/252 = **48** J 1

Wohngeldgesetz, Zweites
- *Entw eines ÄndGes* (GesEntw der CDU/CSU)
  BT-Drs 7/1056 = **85** N 11
  Bericht und Antrag des Ausschusses für Raumordnung, Bauwesen und Städtebau
  BT-Drs 7/1209 = **91** B 13
  Bericht des Haushaltsausschusses
  BT-Drs 7/1210 = **91** C 8
  1. Beratung
  BT-PlPr 7/57 = **9** I 7
  2. Beratung
  BT-PlPr 7/64 = **10** L 13
- *Entw eines 3. ÄndGes zum 2. Wohngeldgesetz*
  BR-Drs 550/73 = **37** A 8
  BR-Drs 705/73 = **47** M 10
  BR-PlPr 397 = **2** L 1
  BR-PlPr 399 = **2** N 12
  GesEntw der Bundesregierung
  BT-Drs 7/1131 = **87** K 11
  Bericht und Antrag des Ausschusses für Raumordnung, Bauwesen und Städtebau
  BT-Drs 7/1209 = **91** B 13
  Bericht des Haushaltsausschusses
  BT-Drs 7/1210 = **91** C 8
  Änderungsanträge zur 2. Beratung
  BT-Drs 7/1213 = **91** D 5
  BT-Drs 7/1214 = **91** D 6
  1. Beratung
  BT-PlPr 7/61 = **10** C 14
  2. und 3. Beratung
  BT-PlPr 7/64 = **10** L 13
- Allgemeine Verwaltungsvorschrift zur Änderung der Allgemeinen Verwaltungsvorschrift zum 2. Wohngeldgesetz
  BR-Drs 720/73 = **48** F 12
- Allgemeine Verwaltungsvorschrift zur Änderung der Allgemeinen Verwaltungsvorschrift zum 2. Wohngeldgesetz
  BR-Drs 395/76 = **168** D 2
- Allgemeine Verwaltungsvorschrift zur Änderung der Allgemeinen Verwaltungsvorschrift zum 2. Wohngeldgesetz
  BR-Drs 557/76 = **174** O 14

Wohnheime
- s GesEntw über *Investitionszuschüsse* für Mietwohnungen, Genossenschaftswohnungen und Wohnheime im sozialen Wohnungsbau
  BR-Drs 840/74 = **96** F 14
  BT-Drs 7/3006 = **142** J 10

Wohnraumförderung
für Studenten
- Bericht der Bundesregierung über die wirtschaftliche und soziale Sicherung des Studiums
  BT-Drs 7/2116 = **117** O 1
- Bericht über die Erfahrungen der Studentenwohnraumförderung nach den Richtlinien des Bundes und der Länder
  BT-Drs 7/4536 = **194** E 12

Wohnraumkündigungsschutzgesetz
- *Entw eines 2. Ges über den Kündigungsschutz für Mietverhältnisse über Wohnraum*
  BR-Drs 161/74 = **62** G 7
  BR-Drs 679/74 = **86** K 7
  BR-PlPr 404 = **3** G 6
  BR-PlPr 413 = **4** D 12
  Vermittlungsverfahren:
  BR-Drs 766/74 = **91** L 6
  BR-PlPr 414 = **4** F 5
  BT-Drs 7/2011 = **115** A 10
  Antrag des Rechtsausschusses
  BT-Drs 7/2629 = **131** F 4
  Bericht des Rechtsausschusses
  BT-Drs 7/2638 = **131** H 10
  Änderungsantrag zur 2. Beratung
  BT-Drs 7/2659 = **132** A 12
  Unterrichtung betr Einberufung des Vermittlungsausschusses
  BT-Drs 7/2775 = **134** L 14
  Unterrichtung durch den Vermittlungsausschuß
  BT-Drs 7/2812 = **136** K 13
  1. Beratung
  BT-PlPr 7/103 = **19** B 7
  2. und 3. Beratung
  BT-PlPr 7/125 = **23** A 1
- Antwort auf die Große Anfrage betr Ziele und Aufgaben der Wohnungspolitik
  BT-Drs 7/3523 = **158** B 11
  BT-PlPr 7/170 = **32** H 2

Wohnungsbau, sozialer
s a Sozialwohnungen
- Entw eines ÄndGes zum Zweiten Wohnungsbaugesetz (GesEntw der CDU/CSU)
  BT-Drs 7/1083 = **86** G 11

Bericht und Antrag des Ausschusses für Raumordnung, Bauwesen und Städtebau
BT-Drs 7/1181 = **90** J 14
1. Beratung
BT-PlPr 7/57 = **9** I 7
2. Beratung
BT-PlPr 7/64 = **10** L 13
- *GesEntw zur Änderung des 2. Wohnungsbaugesetzes* (betr Zweitwohnungen) (GesEntw des Bundesrates)
BR-Drs 683/73 = **44** M 8
BR-PlPr 400 = **3** A 1
BT-Drs 7/1829 = **111** F 9
- *Entw eines ÄndGes zum 2. Wohnungsbaugesetz* (GesEntw der CDU/CSU)
BT-Drs 7/2207 = **119** L 2
Bericht und Antrag des Ausschusses für Raumordnung, Bauwesen und Städtebau
BT-Drs 7/3314 = **153** F 6
Bericht des Haushaltsausschusses
BT-Drs 7/3350 = **154** G 9
1. Beratung
BT-PlPr 7/108 = **20** E 5
2. Beratung
BT-PlPr 7/162 = **31** A 14
- *GesEntw zur Änderung des 2. Wohnungsbaugesetzes* und des Wohnungsbindungsgesetzes (betr einheitliche Kostenmiete) (GesEntw des Bundesrates)
BR-Drs 666/74 = **86** A 13
BR-PlPr 414 = **4** F 5
BR-PlPr 416 = **4** I 9
BT-Drs 7/3666 = **164** F 8
1. Beratung
BT-PlPr 7/178 = **34** B 13
- s a GesEntw betr Vermögens- und Eigentumsbildung im *sozialen Wohnungsbau*
- s a GesEntw über *Investitionszuschüsse* für gemeinnützige Wohnungs- und Siedlungsunternehmen
- s a GesEntw zur Förderung von Wohnungseigentum und *Wohnbesitz*
- s a Entwurf eines 2. *Steuerreformgesetzes*
- 2. Familienbericht
BT-Drs 7/3502 = **157** G 4
- Raumordnungsbericht 1974
BT-Drs 7/3582 = **161** G 3
- Sozialbericht 1973
BR-Drs 680/73 = **43** I 9
BT-Drs 7/1167 = **89** D 6
- Sozialbericht 1976
BR-Drs 252/76 = **157** M 7
BT-Drs 7/4953 = **207** G 3
- 4. Subventionsbericht
BT-Drs 7/1144 = **88** F 1
- 5. Subventionsbericht für 1973 bis 1976
BT-Drs 7/4203 = **183** M 6
- Antwort auf die Große Anfrage betr Ziele und Aufgaben der Wohnungspolitik
BT-Drs 7/3523 = **158** B 11
- Unterrichtung betr überplanmäßige Ausgaben im Haushaltsjahr 1976 nach dem Investitionszuschußgesetz für Mietwohnungen, Genossenschaftswohnungen und Wohnheime im sozialen Wohnungsbau
BT-Drs 7/5786 = **228** N 3
Antrag des Haushaltsausschusses
BT-Drs 7/5883 = **231** J 10

Wohnungsbau-Prämiengesetz
s a Sparprämiengesetz
- VO zur Änderung der VO zur Durchführung des Wohnungsbau-Prämiengesetzes
BR-Drs 247/75 = **112** F 7
- Allgemeine Verwaltungsvorschrift zur Ausführung des Wohnungsbau-Prämiengesetzes
BR-Drs 59/76 = **147** K 11

Wohnungsbindungsgesetz 1965
- *Entw eines ÄndGes zur Sicherung der Zweckbestimmung von Sozialwohnungen* (GesEntw Nordrhein-Westfalen)
BR-Drs 113/73 = **13** E 8
(GesEntw Bayern)
BR-Drs 160/73 = **18** B 7
BR-Drs 704/73 = **47** L 9
BR-PlPr 391 = **2** B 11
BR-PlPr 399 = **2** N 12
Vermittlungsverfahren:
BR-Drs 758/73 = **50** B 11
BR-PlPr 400 = **3** A 1
BT-Drs 7/855 = **78** H 13
Bericht und Antrag des Ausschusses für Raumordnung, Bauwesen und Städtebau
BT-Drs 7/1181 = **90** J 14
Unterrichtung betr Anrufung des Vermittlungsausschusses
BT-Drs 7/1332 = **95** N 13
Antrag des Vermittlungsausschusses
BT-Drs 7/1432 = **97** H 5
1. Beratung
BT-PlPr 7/48 = **8** D 4
2. und 3. Beratung
BT-PlPr 7/64 = **10** L 13
Beratung des Antrags des Vermittlungsausschusses
BT-PlPr 7/71 = **12** M 7

Wohnungseigentum
s a Wohnbesitz
- *GesEntw zur Änd des Wohnungseigentumsgesetzes und der Verordnung über das Erbbaurecht* (BR-Drs 608/72)
BR-Drs 452/73 = **33** H 3
BR-PlPr 387 = **1** A 1
BR-PlPr 396 = **2** I 14
BT-Drs 7/62 = **53** G 6
Bericht und Antrag des Rechtsausschusses
BT-Drs 7/714 = **76** F 9
1. Beratung
BT-PlPr 7/17 = **2** O 1
2. und 3. Beratung
BT-PlPr 7/42 = **7** A 12
- *GesEntw zur Änderung des Ges über das Wohnungseigentum und das Dauerwohnrecht (Wohnungseigentumsgesetz)*
BR-Drs 133/76 = **152** N 9
BR-PlPr 431 = **5** O 8
BR-PlPr 434 = **6** F 11
- Allgemeine Verwaltungsvorschrift für die Ausstellung von Bescheinigungen gem § 7 Abs 4 Nr 2 und § 32 Abs 2 Nr 2 des Wohnungseigentumsgesetzes
BR-Drs 614/73 = **40** J 1
- VO zur Änderung der VO zur Ausführung der Grundbuchordnung sowie zur Änderung der Grundbuchverfügung und der Verfügung über die grundbuchmäßige Behandlung der Wohnungseigentumssachen
BR-Drs 67/74 = **57** E 10

Wohnungsmangel
- Antwort auf die Große Anfrage betr Ziele und Aufgaben der Wohnungspolitik
BT-Drs 7/3523 = **158** B 11

Wohnungsmodernisierungsgesetz
- *GesEntw zur Verbesserung der Wohnverhältnisse* (GesEntw des Bundesrates)
BR-Drs 440/75 = **122** I 3
BR-PlPr 425 = **5** G 3
BT-Drs 7/4551 = **194** M 8
Antrag des Ausschusses für Raumordnung, Bauwesen und Städtebau
BT-Drs 7/5374 = **219** C 4
Bericht des Ausschusses für Raumordnung, Bauwesen und Städtebau
BT-Drs 7/5410 = **220** F 13
Änderungsanträge zur 2. Beratung
BT-Drs 7/5425 = **220** J 14
BT-Drs 7/5426 = **220** J 14
BT-Drs 7/5427 = **220** K 1
BT-Drs 7/5428 = **220** K 2
Bericht des Haushaltsausschusses
BT-Drs 7/5443 = **220** L 14
1. Beratung
BT-PlPr 7/221 = **41** M 14
2. Beratung
BT-PlPr 7/252 = **48** J 1
- *GesEntw zur Förderung der Modernisierung von Wohnungen* (GesEntw der Bundesregierung)
BR-Drs 588/75 = **130** I 5
BR-Drs 440/76 = **170** D 12
BR-PlPr 425 = **5** G 3
BR-PlPr 437 = **6** L 10
Vermittlungsverfahren:
BR-Drs 507/76 = **172** G 14
BR-PlPr 438 = **6** O 1
BT-Drs 7/4550 = **194** L 6
Antrag des Ausschusses für Raumordnung, Bauwesen und Städtebau
BT-Drs 7/5374 = **219** C 4
Bericht des Ausschusses für Raumordnung, Bauwesen und Städtebau
BT-Drs 7/5410 = **220** F 13
Änderungsanträge zur 2. Beratung
BT-Drs 7/5425 = **220** J 14
BT-Drs 7/5426 = **220** J 14
BT-Drs 7/5427 = **220** K 1
BT-Drs 7/5428 = **220** K 2
Bericht des Haushaltsausschusses
BT-Drs 7/5443 = **220** L 14
Unterrichtung betr Anrufung des Vermittlungsausschusses
BT-Drs 7/5615 = **224** A 4
Unterrichtung durch den Vermittlungsausschuß
BT-Drs 7/5660 = **224** K 3
1. Beratung
BT-PlPr 7/221 = **41** M 14
2. und 3. Beratung
BT-PlPr 7/252 = **48** J 1

Wohnungsversorgung
- Städtebaubericht 1975
BT-Drs 7/3583 = **161** M 9
- Materialien zum Bericht zur Lage der Nation 1974
BT-Drs 7/2423 = **124** J 13
- Tätigkeitsbericht 1973 der Bundesregierung
BT-Drs 7/1434 = **97** H 8

Wohnungsunternehmen, gemeinnützige
- s GesEntw über *Investitionszuschüsse*
BT-Drs 7/2981 = **142** B 5

Wohnungszählung
- *GesEntw über die Gebäude-, Wohnungs- und Arbeitsstättenzählung 1975* (Wohnungszählungsgesetz 1975)
BR-Drs 396/74 = **73** I 4
BR-PlPr 410 = **3** O 9

– *GesEntw zur Vorbereitung der Gebäude-, Wohnungs- und Arbeitsstättenzählung 1975*
BR-Drs 689/73 = **45** A 4
BR-Drs 246/74 = **66** F 12
BR-PlPr 400 = **3** A 1
BR-PlPr 404 = **3** G 6
BT-Drs 7/1662 = **107** H 1
Bericht und Antrag des Ausschusses für Raumordnung, Bauwesen und Städtebau
BT-Drs 7/1835 = **111** H 1
Bericht des Haushaltsausschusses
BT-Drs 7/1836 = **111** H 5
1. Beratung
BT-PlPr 7/81 = **14** N 5
2. und 3. Beratung
BT-PlPr 7/88 = **16** C 13

Wohnungspolitik
– Antwort auf die Große Anfrage betr Ziele und Aufgaben
BT-Drs 7/3523 = **158** B 11
Beratung
BT-PlPr 7/170 = **32** H 2
Entschließungsantrag
BT-Drs 7/3631 = **163** L 6
Bericht und Antrag des Ausschusses für Raumordnung, Bauwesen und Städtebau
BT-Drs 7/5012 = **210** H 2
Beratung
BT-PlPr 7/252 = **48** J 1
– 2. Bericht der Bundesregierung zur Verbraucherpolitik
BR-Drs 644/75 = **133** F 5
BT-Drs 7/4181 = **179** F 5
– Sozialbericht 1973 der Bundesregierung
BR-Drs 680/73 = **43** I 9
BT-Drs 7/1167 = **89** D 6
– Sozialbericht 1976
BR-Drs 252/76 = **157** M 7
BT-Drs 7/4953 = **207** G 3
– 4. Wohngeldbericht der Bundesregierung
BT-Drs 7/1563 = **103** I 6
– Wohngeld- und Mietenbericht 1975
BT-Drs 7/4460 = **191** M 7

Wucher
– s Entw eines ÄndGes zum Bürgerlichen Gesetzbuch
BR-Drs 586/73 = **39** E 13
BT-Drs 7/1667 = **107** I 2
– s Entw eines 1. Ges zur Bekämpfung der *Wirtschaftskriminalität*
BR-Drs 5/75 = **97** C 7
BT-Drs 7/3441 = **156** D 4

Z

Zahlungsbilanzdefizit
– *GesEntw über die Finanzierung ölpreisbedingter Zahlungsbilanzdefizite von Mitgliedstaaten im Rahmen der EG*
BR-Drs 761/74 = **91** H 9
BR-Drs 822/74 = **95** L 4
BR-PlPr 414 = **4** F 5
BR-PlPr 415 = **4** G 8
BT-Drs 7/2860 = **139** H 10
Bericht und Antrag des Haushaltsausschusses
BT-Drs 7/2961 = **141** N 3
1. Beratung
BT-PlPr 7/134 = **25** A 1
2. und 3. Beratung
BT-PlPr 7/136 = **25** J 7

Zahlungs- und Verrechnungsverkehr
– Unterrichtung über die Entwicklung der Beziehungen zwischen der Bundesrepublik Deutschland und der DDR
BR-Drs 282/73 = **25** F 12
BT-Drs 7/420 = **66** L 5

Zahnmedizin
– Antwort auf die Große Anfrage betr Situation des Gesundheitswesens in der Bundesrepublik Deutschland
BT-Drs 7/3322 = **153** J 4

Zeitoffiziere
– s Entw eines 11. ÄndGes zum *Soldatengesetz*

Zeitung
– Bericht der Bundesregierung für das Jahr 1972
BT-Drs 7/712 = **76** F 6
Bericht und Antrag des Ausschusses für innerdeutsche Beziehungen
BT-Drs 7/1126 = **87** J 14
– Antrag zur Entschließung des BR zur steuerlichen Entlastung kleinerer und mittlerer Zeitungsverlage
BR-Drs 267/74 = **67** J 5
BR-PlPr 404 = **3** G 6
– Entschließung des BR zur Gebührenbelastung des Postzeitungsdienstes
BR-Drs 269/74 = **67** K 6
BR-PlPr 405 = **3** I 2
– s a GesEntw über eine *Pressestatistik*
– s a Entw eines ÄndGes zum *Umsatzsteuergesetz*

Zellstoffindustrie
– EG-Mitteilung zu Problemen in der Halbstoff-, Papier- und Pappenherstellung
BR-Drs 328/74 = **70** E 4
BT-Drs 7/2039 = **116** A 1
– Vorschlag einer EG-Richtlinie betr Verringerung der Wasserverschmutzung durch die Zellstoffabriken in den Mitgliedstaaten
BR-Drs 116/75 = **103** I 4
BT-Drs 7/3212 = **150** I 9

Zerrüttungsprinzip
– s Entw eines 1. Ges zur Reform des *Ehe- und Familienrechts* (1. EheRG)
BR-Drs 260/73 = **22** M 8
BT-Drs 7/650 = **74** G 4

Zeugen
– *GesEntw zur Änderung des Ges über die Entschädigung von Zeugen und Sachverständigen sowie des Ges über die Entschädigung der ehrenamtlichen Richter*
BR-Drs 631/75 = **132** L 5
BR-Drs 452/76 = **170** K 5
BR-PlPr 427 = **5** K 3
BR-PlPr 437 = **6** L 10
Vermittlungsverfahren:
BR-Drs 658/76 = **178** N 13
BR-PlPr 440 = **7** A 8
BT-Drs 7/4599 = **196** D 13
Bericht und Antrag des Rechtsausschusses
BT-Drs 7/5423 = **220** J 6
Bericht des Haushaltsausschusses
BT-Drs 7/5451 = **220** M 9
Unterrichtung betr Anrufung des Vermittlungsausschusses
BT-Drs 7/5610 = **223** O 9
Antrag des Vermittlungsausschusses
BT-Drs 7/5637 = **224** F 7
1. Beratung
BT-PlPr 7/221 = **41** M 14
2. und 3. Beratung
BT-PlPr 7/252 = **48** J 1
Beratung eines Antrags des Vermittlungsausschusses
BT-PlPr 7/258 = **50** E 3
– *GesEntw zum Schutz von Kindern als Zeugen im Strafprozeß*
BT-Drs 7/649 = **74** G 2
BT-Drs 7/2989 = **142** E 5
BT-PlPr 7/39 = **6** H 14
BT-PlPr 7/138 = **26** C 5
– s a Entw eines 2. Ges zur Reform des *Strafverfahrensrechts*

Zeugnisse
Anerkennung in der EG
– Unterrichtung betr Europäische Hochschulpolitik
BT-Drs 7/3331 = **153** M 8

Zeugnisverweigerungsrecht
– *GesEntw über das Zeugnisverweigerungsrecht der Mitarbeiter von Presse und Rundfunk*
BR-Drs 394/74 = **73** G 1
BR-Drs 134/75 = **104** D 8
BR-PlPr 410 = **3** O 9
BR-PlPr 417 = **4** K 9
Vermittlungsverfahren:
BR-Drs 379/75 = **120** M 11
BR-PlPr 422 = **5** B 1
BT-Drs 7/2539 = **129** H 6
Bericht und Antrag des Rechtsausschusses
BT-Drs 7/3118 = **146** M 1
Änderungsanträge zur 2. Beratung
BT-Drs 7/3245 = **152** A 1
BT-Drs 7/3255 = **152** H 11
Unterrichtung betr Anrufung des Vermittlungsausschusses
BT-Drs 7/3374 = **155** B 8
Antrag des Vermittlungsausschusses
BT-Drs 7/3777 = **168** L 14
1. Beratung
BT-PlPr 7/126 = **23** F 4
2. und 3. Beratung
BT-PlPr 7/150 = **28** J 7
Beratung eines Antrags des Vermittlungsausschusses
BT-PlPr 7/181 = **34** J 3
– s a GesEntw zur Änderung der *Strafprozeßordnung* (betr Zeugnisverweigerungsrecht von Presseangehörigen)
BR-Drs 124/74 = **61** D 9
BT-Drs 7/2377 = **123** H 5
– s a GesEntw eines 2. Ges zur Reform des *Strafverfahrensrechts* (betr Zeugnisverweigerungsrecht für Sozialarbeiter, Sozialpädagogen und Psychologen)
BR-Drs 348/74 = **71** C 10
BT-Drs 7/2526 = **128** M 14

Ziegenböcke
– VO zur Änderung der 3. DurchführungsVO zum Tierzuchtgesetz
BR-Drs 180/74 = **63** E 1

Zigaretten
– VO über die Änderung tabakrechtlicher Bezeichnungsvorschriften
BR-Drs 9/76 = **144** F 13

Zinn-Übereinkommen
s Internationales Zinn-Übereinkommen

Zivilbevölkerung
s Zivilschutz

Zivildienstgesetz
– *GesEntw zur Änderung des Wehrpflichtgesetzes und des Zivildienstgesetzes*

BR-Drs 267/76 = **160** H 11
BR-PlPr 434 = **6** F 11
Vermittlungsverfahren:
BR-Drs 415/76 = **169** B 8
BR-PlPr 437 = **6** L 10
BT-Drs 7/3730 = **168** B 1
Bericht und Antrag des Ausschusses für Arbeit und Sozialordnung
BT-Drs 7/4841 = **205** E 1
Bericht des Haushaltsausschusses
BT-Drs 7/4843 = **205** E 13
Änderungsantrag zur 2. Beratung
BT-Drs 7/4981 = **210** C 14
Entschließungsantrag zur 3. Beratung
BT-Drs 7/5002 = **210** G 6
Unterrichtung betr Anrufung des Vermittlungsausschusses
BT-Drs 7/5196 = **215** H 5
Unterrichtung durch den Vermittlungsausschuß
BT-Drs 7/5571 = **223** G 14
Unterrichtung durch den Bundesrat betr Nicht-Zustimmung
BT-Drs 7/5606 = **223** N 5
Unterrichtung durch den Bundespräsidenten (Verweigerung der Ausfertigung)
BR-Drs 668/76 = **179** C 7
BT-Drs 7/5856 = **230** O 8
1. Beratung
BT-PlPr 7/182 = **34** N 10
2. und 3. Beratung
BT-PlPr 7/235 = **44** I 6

– *Entw eines 3. ÄndGes zum Ges über den Zivilen Ersatzdienst*
BR-Drs 360/73 = **28** H 13
BR-PlPr 395 = **2** I 1
BT-Drs 7/177 = **59** F 3
Bericht und Antrag des Ausschusses für Arbeit und Sozialordnung
BT-Drs 7/404 = **66** E 11
Bericht des Haushaltsausschusses
BT-Drs 7/529 = **70** E 6
1. Beratung
BT-PlPr 7/18 = **3** C 9
2. und 3. Beratung
BT-PlPr 7/34 = **5** M 13

– *GesEntw zur Änderung des Zivildienstgesetzes*
BR-Drs 407/75 = **121** O 10
BR-PlPr 422 = **5** B 1
BT-Drs 7/3460 = **156** L 12
Bericht und Antrag des Ausschusses für Arbeit und Sozialordnung
BT-Drs 7/3749 = **168** G 12
1. Beratung
BT-PlPr 7/164 = **31** I 1
2. und 3. Beratung
BT-PlPr 7/181 = **34** J 3

– s a Entw eines ÄndGes zur *Verwaltungsgerichtsordnung*
BR-Drs 733/74 = **89** O 12
BT-Drs 7/1588 = **104** A 14

– s a Entw eines ÄndGes zum *Entwicklungshelfer-Gesetz*
BR-Drs 629/75 = **132** J 10
BT-Drs 7/4393 = **190** K 6

– Tätigkeitsbericht 1973 der Bundesregierung
BT-Drs 7/1434 = **97** H 8

– VO über die pauschale Berechnung und die Zahlung der Beiträge zur gesetzlichen Rentenversicherung für die Dauer eines auf Grund gesetzlicher Pflicht zu leistenden Dienstes
BR-Drs 42/74 = **55** O 8

Zivilluftfahrt

– *GesEntw zum Übereinkommen zur Bekämpfung widerrechtlicher Handlungen gegen die Sicherheit der Zivilluftfahrt*
BR-Drs 357/75 = **118** N 3
BR-PlPr 422 = **5** B 1
BT-Drs 7/3982 = **174** B 9
1. Beratung
BT-PlPr 7/184 = **35** E 3

– Vorschlag einer EG-Entscheidung zur Einführung einer gemeinsamen Politik auf dem Gebiet der Zivilluftfahrtindustrie und der Zivilluftfahrt
BR-Drs 658/75 = **134** J 1
BT-Drs 7/4195 = **179** K 14

– Empfehlungen für eine EG-Entscheidung zur Einführung einer gemeinsamen Politik auf dem Gebiet der Zivilluftfahrtindustrie und der Zivilluftfahrt
BR-Drs 481/76 = **172** A 13

Zivilprozeß
s a Revision Vereinfachungsnovelle

Zivilprozeßordnung

– *GesEntw zur Änderung der Zivilprozeßordnung* (betr Gerichtsstand) (BR-Drs 606/72)
BR-Drs 53/74 = **56** L 14
BR-PlPr 387 = **1** A 1
BR-PlPr 401 = **3** C 2
BT-Drs 7/268 = **62** N 2
Bericht und Antrag des Rechtsausschusses
BT-Drs 7/1384 = **97** A 1
1. Beratung
BT-PlPr 7/21 = **3** J 11
2. und 3. Beratung
BT-PlPr 7/70 = **12** C 14

– *GesEntw zur Änderung der Zivilprozeßordnung*
BR-Drs 476/73 = **33** N 13
BR-PlPr 397 = **2** L 1
BT-Drs 7/1550 = **103** E 11
Bericht und Antrag des Rechtsausschusses
BT-Drs 7/2769 = **134** K 1
1. Beratung
BT-PlPr 7/80 = **14** I 14
2. Beratung
BT-PlPr 7/131 = **24** F 7

– *GesEntw zur Vereinfachung und Beschleunigung gerichtlicher Verfahren – (Vereinfachungsnovelle)*
BR-Drs 551/74 = **80** L 9
BR-Drs 386/76 = **167** L 10
BR-PlPr 412 = **4** B 12
BR-PlPr 436 = **6** J 12
Vermittlungsverfahren:
BR-Drs 657/76 = **178** N 10
BR-PlPr 440 = **7** A 8
BT-Drs 7/2729 = **133** O 2
Bericht und Antrag des Rechtsausschusses
BT-Drs 7/5250 = **216** H 12
Bericht des Haushaltsausschusses
BT-Drs 7/5255 = **216** M 2
Änderungsantrag zur 2. Beratung
BT-Drs 7/5279 = **217** H 12
Unterrichtung betr Anrufung des Vermittlungsausschusses
BT-Drs 7/5499 = **222** D 1
Antrag des Vermittlungsausschusses
BT-Drs 7/5565 = **223** A 13
Ergänzung des Antrags des Vermittlungsausschusses
BT-Drs 7/5860 = **231** B 4
1. Beratung
BT-PlPr 7/134 = **25** A 1
2. und 3. Beratung
BT-PlPr 7/247 = **47** I 2
Beratung eines Antrags des Vermittlungsausschusses
BT-PlPr 7/258 = **50** E 3

– s a GesEntw zur Einführung der Zulassungs*revision* gegen Berufungsurteile der Landgerichte
BT-Drs 7/2459 = **126** O 13

– s a Entw eines Ges zur Änderung *zwangsvollstreckungsrechtlicher* Vorschriften
BR-Drs 242/75 = **112** D 4
BT-Drs 7/3838 = **170** E 6

Zivilprozeßübereinkommen

– s GesEntw zu dem *Haager Übereinkommen* über die Zustellung gerichtlicher und außergerichtlicher Schriftstücke im Ausland in Zivil- oder Handelssachen und zu dem Haager Übereinkommen über die Beweisaufnahme im Ausland in Zivil- oder Handelssachen und GesEntw zur Ausführung dieser Übereinkommen
BR-Drs 24/76 = **145** M 4
BR-Drs 25/76 = **145** O 8
BT-Drs 7/4892 = **206** D 6
BT-Drs 7/4893 = **206** F 8

Zivilschutz
s a Bevölkerungsschutz

– *Entw zur Änderung des 1. Ges über Maßnahmen zum Schutz der Zivilbevölkerung*
BR-Drs 353/75 = **118** K 4
BR-Drs 313/76 = **163** J 14
BR-PlPr 422 = **5** B 1
BR-PlPr 435 = **6** I 1
BT-Drs 7/4484 = **192** I 4
Bericht und Antrag des Innenausschusses
BT-Drs 7/5027 = **211** G 1
1. Beratung
BT-PlPr 7/216 = **40** N 12
2. und 3. Beratung
BT-PlPr 7/238 = **45** D 14

Zollabkommen

– *GesEntw zum Vertrag Bundesrepublik Deutschland/Sozialistische Föderative Republik Jugoslawien über gegenseitige Unterstützung zur Verhinderung, Ermittlung und Verfolgung von Zuwiderhandlungen gegen die Zollvorschriften*
BR-Drs 542/74 = **80** G 6
BR-Drs 48/75 = **99** J 1
BR-PlPr 412 = **4** B 12
BR-PlPr 416 = **4** I 9
BT-Drs 7/2695 = **132** H 8
Bericht und Antrag des Finanzausschusses
BT-Drs 7/2817 = **136** L 9
1. Beratung
BT-PlPr 7/128 = **23** K 8
2. Beratung und Schlußabstimmung
BT-PlPr 7/136 = **25** J 7

– *GesEntw zum Vertrag Bundesrepublik Deutschland/Königreich Norwegen über die gegenseitige Unterstützung in Zollangelegenheiten*
BR-Drs 693/74 = **87** M 7
BR-Drs 62/75 = **99** L 3
BR-PlPr 414 = **4** F 5
BR-PlPr 416 = **4** I 9
BT-Drs 7/2869 = **139** N 11

Bericht und Antrag des Finanzausschusses
BT-Drs 7/3091 = **146** F 7
1. Beratung
BT-PlPr 7/136 = **25** J 7
2. Beratung und Schlußabstimmung
BT-PlPr 7/147 = **28** A 1

– *GesEntw zum Vertrag Bundesrepublik Deutschland/Republik Finnland über die gegenseitige Unterstützung in Zollangelegenheiten*
BR-Drs 538/75 = **127** I 13
BR-Drs 113/76 = **152** C 14
BR-PlPr 424 = **5** E 4
BR-PlPr 431 = **5** O 8
BT-Drs 7/4175 = **179** D 8
Bericht und Antrag des Finanzausschusses
BT-Drs 7/4605 = **196** F 8
1. Beratung
BT-PlPr 7/201 = **38** A 1
2. Beratung und Schlußabstimmung
BT-PlPr 7/221 = **41** M 14

– *GesEntw zum Vertrag Bundesrepublik Deutschland/Königreich Schweden über gegenseitige Unterstützung in Zollangelegenheiten*
BR-Drs 259/73 = **22** M 2
BR-Drs 456/73 = **33** H 8
BR-PlPr 393 = **2** E 8
BR-PlPr 396 = **2** I 14
BT-Drs 7/517 = **70** C 7
Bericht und Antrag des Finanzausschusses
BT-Drs 7/691 = **76** B 9
1. Beratung
BT-PlPr 7/34 = **5** M 13
2. Beratung und Schlußabstimmung
BT-PlPr 7/42 = **7** A 12

– *GesEntw zum Vertrag zur Änderung des Vertrages Bundesrepublik Deutschland/Königreich Schweden über gegenseitige Unterstützung in Zollangelegenheiten*
BR-Drs 23/76 = **145** L 14
BR-Drs 427/76 = **169** H 8
BR-PlPr 431 = **5** O 8
BR-PlPr 436 = **6** J 12
BT-Drs 7/4802 = **203** H 11
Bericht und Antrag des Finanzausschusses
BT-Drs 7/5294 = **218** A 3
1. Beratung
BT-PlPr 7/230 = **43** J 6
2. Beratung und Schlußabstimmung
BT-PlPr 7/250 = **48** C 11

– 2. VO zur Ergänzung zum Vertrag Bundesrepublik Deutschland/Republik Österreich über zoll- und paßrechtliche Fragen an der deutsch-österreichischen Grenze bei Staustufen und Grenzbrücken
BR-Drs 283/73 = **25** L 8

– VO zum Protokoll zwischen der Regierung der Bundesrepublik Deutschland und der Regierung der Französischen Republik über die Durchführung des Kulturabkommens auf dem Gebiet der Steuern und Zölle
BR-Drs 499/73 = **34** N 10

Zollgebiet

– Vorschlag einer EG-VO zur Änderung der EG-VO über die Bestimmung des Zollgebiets der Gemeinschaft
BR-Drs 539/73 = **36** I 3
BT-Drs 7/967 = **81** O 6

Zollgesetz

– *Entw eines 14. Änderungsges zum Zollgesetz*
BR-Drs 35/73 = **8** M 13
BR-Drs 448/73 = **33** E 13
BR-PlPr 389 = **1** B 11
BR-PlPr 396 = **2** I 14
BT-Drs 7/293 = **63** J 3
Bericht und Antrag des Finanzausschusses
BT-Drs 7/663 = **75** N 3
1. Beratung
BT-PlPr 7/21 = **3** J 11
2. und 3. Beratung
BT-PlPr 7/39 = **6** H 14

– *Entw des 15. ÄnderungsGes zum Zollgesetz*
BR-Drs 67/73 = **9** B 3
BR-Drs 348/73 = **28** C 13
BR-PlPr 390 = **2** A 6
BR-PlPr 394 = **2** F 12
Vermittlungsverfahren:
BR-Drs 432/73 = **32** K 4
BR-PlPr 395 = **2** I 1
BT-Drs 7/287 = **63** H 6
Bericht und Antrag des Wirtschaftsausschusses
BT-Drs 7/398 = **65** I 4
Grund für die Einberufung des Vermittlungsausschusses
BT-Drs 7/643 = **74** C 4
Unterrichtung durch den Vermittlungsausschuß
BT-Drs 7/684 = **76** A 3
1. Beratung
BT-PlPr 7/21= **3** J 11
2. und 3. Beratung
BT-PlPr 7/31 = **5** D 11
Beratung des Antrags des Vermittlungsausschusses
BT-PlPr 7/39 = **6** H 14

– *GesEntw eines 16. ÄndGes zum Zollgesetz*
BR-Drs 546/75 = **128** A 11
BR-Drs 110/76 = **152** C 6
BR-PlPr 424 = **5** E 4
BR-PlPr 431 = **5** O 8
BT-Drs 7/4318 = **187** O 12
Bericht und Antrag des Finanzausschusses
BT-Drs 7/4611 = **196** K 5
Änderungsantrag zur 2. Beratung
BT-Drs 7/4661 = **198** A 5
1. Beratung
BT-PlPr 7/207 = **39** B 4
2. und 3. Beratung
BT-PlPr 7/221 = **41** M 14

Zollkontingent

– *GesEntw zur Änderung des Ges über das Zollkontingent für feste Brennstoffe 1971, 1972, 1973, 1974, 1975 und 1976*
BR-Drs 780/75 = **142** C 12
BR-Drs 259/76 = **160** E 2
BR-PlPr 430 = **5** N 11
BR-PlPr 434 = **6** F 11
BT-Drs 7/4687 = **200** F 6
Bericht und Antrag des Wirtschaftsausschusses
BT-Drs 7/4936 = **206** O 5
1. Beratung
BT-PlPr 7/224 = **42** G 6
2. und 3. Beratung
BT-PlPr 7/233 = **44** D 5

Zollrecht

– Arbeitsprogramm der Kommission der EG für die Vereinfachung der Zollverfahren und des Zollrechts
BR-Drs 211/75 = **109** B 13
BT-Drs 7/3458 = **156** K 13
Bericht und Antrag des Finanzausschusses
BT-Drs 7/4064 = **176** F 8

– Vorschlag einer EG-Richtlinie zur Harmonisierung der Verfahren für die Überführung von Waren in den zollrechtlich freien Verkehr
BR-Drs 87/74 = **58** G 13
BT-Drs 7/1606 = **104** C 14

Zolltarif

s a Teil-Zolltarif

– 2. VO zur Anpassung des Umsatzsteuergesetzes (Mehrwertsteuer) an den Zolltarif
BR-Drs 221/73 = **21** D 6

Zollveredelungsverkehr

– s Entw eines 12. ÄndGes zum *Tabaksteuergesetz*

Zollverfahren

– Vorschlag der EG für eine VO über ein Zollverfahren zur Umwandlung von Waren unter zollamtlicher Überwachung
BR-Drs 104/73 = **11** H 9
BT-Drs 7/72 = **53** K 13

– Empfehlung eines EG-Beschlusses über die Annahme im Namen der EG von mehreren Anhängen zum Internationalen Übereinkommen zur Vereinfachung und Harmonisierung der Zollverfahren
BR-Drs 524/75 = **126** G 6
BT-Drs 7/3996 = **174** E 12

Zollverwaltungen

– *Entw eines ÄndGes zum Übereinkommen zwischen Belgien, Bundesrepublik Deutschland, Frankreich, Italien, Luxemburg und den Niederlanden über gegenseitige Unterstützung ihrer Zollverwaltungen*
BR-Drs 196/73 = **19** M 14
BR-Drs 455/73 = **33** H 7
BR-PlPr 392 = **2** D 6
BR-PlPr 396 = **2** I 14
BT-Drs 7/470 = **68** G 9
Bericht und Antrag des Finanzausschusses
BT-Drs 7/689 = **76** A 7
1. Beratung
BT-PlPr 7/30 = **5** A 6
2. Beratung und Schlußabstimmung
BT-PlPr 7/42 = **7** A 12

– *GesEntw zum Vertrag Bundesrepublik Deutschland/Vereinigte Staaten von Amerika über die gegenseitige Unterstützung ihrer Zollverwaltungen*
BR-Drs 259/74 = **67** D 6
BR-Drs 47/75 = **99** I 13
BR-PlPr 405 = **3** I 2
BR-PlPr 416 = **4** I 9
BT-Drs 7/2114 = **117** N 7
Bericht und Antrag des Finanzausschusses
BT-Drs 7/2883 = **140** E 2
1. Beratung
BT-PlPr 7/106 = **19** N 8
2. Beratung und Schlußabstimmung
BT-PlPr 7/136 = **25** J 7

Zonenrandförderungsgesetz

– *Entw eines ÄndGes*
BT-Drs 7/1168 = **90** C 9
Bericht und Antrag des Wirtschaftsausschusses
BT-Drs 7/1869 = **111** N 8
Bericht des Haushaltsausschusses
BT-Drs 7/1870 = **111** N 9
1. Beratung
BT-PlPr 7/67 = **11** E 10
2. Beratung
BT-PlPr 7/106 = **19** N 8

Zonenrandgebiet
– Bericht des Bundesministers für Verkehr 1972 über die Verkehrserschließung
BT-Drs 7/64 = **53** G 14
Bericht und Antrag des Ausschusses für innerdeutsche Beziehungen
BT-Drs 7/1289 = **95** E 11
– Bericht des Bundesministers für Verkehr 1974 über den Fortgang der Verkehrserschließung
BT-Drs 7/2992 = **142** G 7
Bericht und Antrag des Ausschusses für innerdeutsche Beziehungen
BT-Drs 7/4471 = **192** C 3
Beratung
BT-PlPr 7/218 = **41** C 14
– Unterrichtung betr Kosten der Erfüllung der Ansprüche auf Hauptentschädigung
BT-Drs 7/1950 = **113** G 12
Bericht und Antrag des Innenausschusses
BT-Drs 7/2807 = **136** K 5
– Antwort auf die Große Anfrage betr Raumordnung
BT-Drs 7/2044 = **116** C 12
– Antrag betr Förderung
BT-Drs 7/4117 = **177** E 10
Bericht und Antrag des Ausschusses für innerdeutsche Beziehungen
BT-Drs 7/4422 = **191** G 4
Beratung
BT-PlPr 7/218 = **41** C 14
– Antrag betr Benachteiligung bei der Einführung von Nahverkehrsbereichen
BT-Drs 7/4488 = **198** J 4
Beratung des Antrags
BT-PlPr 7/222 = **42** C 10
– s a Rahmenplan zur Verbesserung der regionalen *Wirtschaftsstruktur*
Zuchttiere
s Tierzuchtgesetz
– VO über Züchtervereinigungen und Zuchtunternehmen
BR-Drs 667/76 = **179** B 12
Zucker
– VO über die Zuteilung und Änderung von Quoten für Zucker
BR-Drs 157/75 = **106** A 11
– VO über einige zur menschlichen Ernährung bestimmte Zuckerarten
BR-Drs 11/76 = **144** O 11
Züge unter Bahnverschluß
– s GesEntw zum Vertrag Bundesrepublik Deutschland/Republik *Österreich* über die Führung von geschlossenen Zügen der Österreichischen Bundesbahnen über Strecken der Deutschen Bundesbahn in der Bundesrepublik Deutschland
Zuhälterei
s 4. Strafrechtsänderungsgesetz
Zusammenstöße auf See
– s GesEntw zum Übereinkommen über die Internationalen Regeln zur Verhütung von Zusammenstößen auf See *(Seeunfälle)*
Zusatzrenten
– 2. VO über die Anpassung der Zusatzrenten aus der hüttenknappschaftlichen Zusatzversicherung
BR-Drs 580/74 = **82** H 8
– 3. VO über die Anpassung der Zusatzrenten aus der hüttenknappschaftlichen Zusatzversicherung
BR-Drs 564/76 = **175** D 6
Zusatzversorgungskasse
– *GesEntw über die Errichtung einer Zusatzversorgungskasse für Arbeitnehmer in der Land- und Forstwirtschaft*
BR-Drs 561/73 = **38** L 3
BR-Drs 424/74 = **75** B 2
BR-PlPr 397 = **2** L 1
BR-PlPr 407 = **3** L 12
BT-Drs 7/1342 = **96** C 12
Bericht und Antrag des Ausschusses für Ernährung, Landwirtschaft und Forsten
BT-Drs 7/2066 = **116** L 8
Bericht des Haushaltsausschusses
BT-Drs 7/2112 = **117** L 3
1. Beratung
BT-PlPr 7/70 = **12** C 14
2. und 3. Beratung
BT-PlPr 7/104 = **19** E 7
Zuschläge
Steuerfreiheit
– s Entw eines ÄndGes zum *Einkommensteuergesetz*
BT-Drs 7/223 = **60** M 3
Zuständigkeitsanpassungsgesetz
– s GesEntw zur Anpassung gesetzlich festgelegter Zuständigkeiten an die Neuabgrenzung der Geschäftsbereiche von *Bundesministern*
BR-Drs 250/74 = **66** L 5
BT-Drs 7/2214 = **119** L 12
ZuständigkeitslockerungsVO
– VO zur Erleichterung der Verwaltungsreform in den Ländern
BR-Drs 125/75 = **103** M 3
Zustellung, gerichtliche
– s GesEntw zu dem *Haager Übereinkommen*
Zwangsumtausch
– Verdoppelung der Zwangsumtauschquote bei Reisen in die DDR: aktuelle Stunde
BT-PlPr 7/64 = **10** L 13
Zwangsversteigerung
s Zwangsvollstreckung
Zwangsvollstreckung
– *GesEntw zur Änderung des Ges über die Kosten der Zwangsvollstreckung nach der Reichsabgabenordnung*
BR-Drs 341/74 = **70** K 9
BR-Drs 218/75 = **109** L 10
BR-PlPr 407 = **3** L 12
BR-PlPr 419 = **4** N 2
BT-Drs 7/2315 = **122** H 4
Bericht und Antrag des Finanzausschusses
BT-Drs 7/3310 = **153** E 14
1. Beratung
BT-PlPr 7/116 = **21** G 5
2. und 3. Beratung
BT-PlPr 7/162 = **31** A 14
– *GesEntw zur Änderung zwangsvollstrekkungsrechtlicher Vorschriften*
BR-Drs 242/75 = **112** D 4
BR-PlPr 420 = **4** N 9
BT-Drs 7/3838 = **170** E 6
1. Beratung
BT-PlPr 7/184 = **35** E 3
Zweckbestimmung von Sozialwohnungen
s Wohnungsbindungsgesetz 1965
Zweigniederlassungen
– s Entw eines 3. ÄndGes zum *Außenwirtschaftsgesetz*
Zweitwohnungen
– s GesEntw zur Änderung des 2. *Wohnungsbaugesetzes*
Zypern, Republik
– *GesEntw zum Abkommen Bundesrepublik Deutschland/Republik Zypern zur Vermeidung der Doppelbesteuerung auf dem Gebiet der Steuern vom Einkommen und vom Vermögen*
BR-Drs 672/76 = **179** G 4
BR-PlPr 442 = **7** C 1
– Assoziierungsabkommen zwischen der EWG und Zypern
Entschließung des Europäischen Parlaments
BT-Drs 7/455 = **68** E 8
– Halbjahresbericht der Bundesregierung über die Tätigkeit des Europarates vom 1. 4. bis 30. 9. 1974
BT-Drs 7/2966 = **141** O 1

Konkordanzliste

Gegenüberstellung der Protokoll- bzw. Drucksachennummern und der entsprechenden Fundstellen in der Mikrofiche-Edition

Plenarprotokoll Nr.		Fiche Nr. und Koordinate	Plenarprotokoll Nr.		Fiche Nr. und Koordinate	Plenarprotokoll Nr.		Fiche Nr. und Koordinate	Plenarprotokoll Nr.		Fiche Nr. und Koordinate
7/1	=	**1** A 10	7/69	=	**11** M 6	7/137	=	**25** O 3	7/205	=	**38** N 4
2	=	**1** B 2	70	=	**12** C 14	138	=	**26** C 5	206	=	**38** O 4
3	=	**1** B 6	71	=	**12** H 7	139	=	**26** E 12	207	=	**39** B 4
4	=	**1** B 8	72	=	**12** N 11	140	=	**26** K 2	208	=	**39** D 5
5	=	**1** C 4	73	=	**13** B 3	141	=	**26** L 3	209	=	**39** G 11
6	=	**1** D 10	74	=	**13** F 13	142	=	**27** B 7	210	=	**39** L 5
7	=	**1** F 4	75	=	**13** I 7	143	=	**27** C 8	211	=	**39** N 5
8	=	**1** G 8	76	=	**13** J 14	144	=	**27** G 4	212	=	**39** O 6
9	=	**1** J 9	77	=	**13** O 6	145	=	**27** I 3	213	=	**40** D 13
10	=	**1** N 1	78	=	**14** C 12	146	=	**27** J 3	214	=	**40** H 3
11	=	**1** O 9	79	=	**14** D 12	147	=	**28** A 1	215	=	**40** I 2
12	=	**2** A 13	80	=	**14** I 14	148	=	**28** D 7	216	=	**40** N 12
13	=	**2** E 3	81	=	**14** N 5	149	=	**28** E 8	217	=	**41** B 13
14	=	**2** F 9	82	=	**15** C 12	150	=	**28** J 7	218	=	**41** C 14
15	=	**2** J 13	83	=	**15** G 3	151	=	**28** L 6	219	=	**41** I 1
16	=	**2** N 3	84	=	**15** G 6	152	=	**28** M 6	220	=	**41** L 12
17	=	**2** O 1	85	=	**15** I 2	153	=	**29** D 2	221	=	**41** M 14
18	=	**3** C 9	86	=	**15** N 2	154	=	**29** G 9	222	=	**42** C 10
19	=	**3** E 11	87	=	**16** B 13	155	=	**29** I 2	223	=	**42** F 5
20	=	**3** F 13	88	=	**16** C 13	156	=	**29** M 13	224	=	**42** G 6
21	=	**3** J 11	89	=	**16** I 3	157	=	**30** A 10	225	=	**42** K 12
22	=	**3** M 7	90	=	**16** J 10	158	=	**30** C 1	226	=	**42** N 12
23	=	**3** N 5	91	=	**17** A 1	159	=	**30** G 10	227	=	**43** A 1
24	=	**4** A 6	92	=	**17** E 11	160	=	**30** M 5	228	=	**43** F 6
25	=	**4** C 11	93	=	**17** G 13	161	=	**30** O 3	229	=	**43** H 13
26	=	**4** D 4	94	=	**17** J 7	162	=	**31** A 14	230	=	**43** J 6
27	=	**4** F 3	95	=	**17** K 10	163	=	**31** H 1	231	=	**43** O 6
28	=	**4** I 11	96	=	**18** B 12	164	=	**31** I 1	232	=	**44** B 14
29	=	**4** K 4	97	=	**18** F 2	165	=	**31** K 5	233	=	**44** D 5
30	=	**5** A 6	98	=	**18** F 7	166	=	**31** M 12	234	=	**44** H 7
31	=	**5** D 11	99	=	**18** H 1	167	=	**31** N 12	235	=	**44** I 6
32	=	**5** I 3	100	=	**18** H 3	168	=	**32** D 13	236	=	**44** O 1
33	=	**5** J 1	101	=	**18** I 7	169	=	**32** F 14	237	=	**45** C 13
34	=	**5** M 13	102	=	**18** K 9	170	=	**32** H 2	238	=	**45** D 14
35	=	**6** A 14	103	=	**19** B 7	171	=	**32** M 11	239	=	**45** I 6
36	=	**6** E 3	104	=	**19** E 7	172	=	**32** O 7	240	=	**45** L 4
37	=	**6** F 11	105	=	**19** K 9	173	=	**33** A 9	241	=	**46** B 6
38	=	**6** G 14	106	=	**19** N 8	174	=	**33** E 11	242	=	**46** F 3
39	=	**6** H 14	107	=	**20** C 12	175	=	**33** G 14	243	=	**46** K 10
40	=	**6** L 12	108	=	**20** E 5	176	=	**33** I 7	244	=	**46** N 1
41	=	**6** O 12	109	=	**20** F 9	177	=	**34** A 13	245	=	**47** A 5
42	=	**7** A 12	110	=	**20** J 5	178	=	**34** B 13	246	=	**47** F 9
43	=	**7** E 13	111	=	**21** A 1	179	=	**34** G 13	247	=	**47** I 2
44	=	**7** G 7	112	=	**21** B 5	180	=	**34** H 5	248	=	**47** M 11
45	=	**7** K 7	113	=	**21** B 12	181	=	**34** J 3	249	=	**48** B 10
46	=	**8** A 1	114	=	**21** C 12	182	=	**34** N 10	250	=	**48** C 11
47	=	**8** C 5	115	=	**21** E 3	183	=	**35** B 4	251	=	**48** H 2
48	=	**8** D 4	116	=	**21** G 5	184	=	**35** E 3	252	=	**48** J 1
49	=	**8** G 8	117	=	**21** K 7	185	=	**35** J 3	253	=	**48** M 9
50	=	**8** H 7	118	=	**21** N 2	186	=	**35** N 6	254	=	**49** C 4
51	=	**8** I 5	119	=	**21** O 2	187	=	**36** A 1	255	=	**49** F 10
52	=	**8** L 5	120	=	**22** D 8	188	=	**36** C 13	256	=	**49** K 13
53	=	**8** M 5	121	=	**22** F 6	189	=	**36** D 12	257	=	**50** A 13
54	=	**9** A 1	122	=	**22** G 7	190	=	**36** E 14	258	=	**50** E 3
55	=	**9** E 5	123	=	**22** L 1	191	=	**36** G 10	259	=	**50** F 7
56	=	**9** H 9	124	=	**22** N 5	192	=	**36** I 1			
57	=	**9** I 7	125	=	**23** A 1	193	=	**36** K 12			
58	=	**9** M 4	126	=	**23** F 4	194	=	**36** M 12			
59	=	**10** A 10	127	=	**23** I 10	195	=	**36** N 12			
60	=	**10** B 3	128	=	**23** K 8	196	=	**37** A 1			
61	=	**10** C 14	129	=	**24** A 12	197	=	**37** B 12			
62	=	**10** I 5	130	=	**24** D 14	198	=	**37** E 13			
63	=	**10** K 10	131	=	**24** F 7	199	=	**37** F 9			
64	=	**10** L 13	132	=	**24** L 1	200	=	**37** J 11			
65	=	**11** B 9	133	=	**24** N 11	201	=	**38** A 1			
66	=	**11** D 10	134	=	**25** A 1	202	=	**38** C 5			
67	=	**11** E 10	135	=	**25** G 10	203	=	**38** F 6			
68	=	**11** K 6	136	=	**25** J 7	204	=	**38** K 3			

Drucksache Nr.		Fiche Nr. und Koordinate	Drucksache Nr.		Fiche Nr. und Koordinate	Drucksache Nr.		Fiche Nr. und Koordinate	Drucksache Nr.		Fiche Nr. und Koordinate
7/1	=	51 A 5	7/69	=	53 J 7	7/137	=	56 M 14	7/205	=	60 I 14
2	=	51 A 6	70	=	53 J 9	138	=	56 N 4	206	=	60 J 4
3	=	51 K 8	71	=	53 K 10	139	=	56 N 7	207	=	60 J 8
4	=	51 K 12	72	=	53 K 13	140	=	56 N 14	208	=	60 J 9
5	=	51 L 4	73	=	53 L 3	141	=	56 O 2	209	=	60 J 10
6	=	51 M 5	74	=	53 L 4	142	=	56 O 4	210	=	60 J 13
7	=	51 M 11	75	=	53 L 5	143	=	56 O 7	211	=	60 K 13
8	=	51 N 1	76	=	53 L 6	144	=	56 O 9	212	=	60 L 4
9	=	52 B 5	77	=	53 M 1	145	=	56 O 11	213	=	60 L 6
10	=	52 B 7	78	=	53 N 9	146	=	57 A 6	214	=	60 L 7
11	=	52 D 11	79	=	54 A 4	147	=	57 F 2	215	=	60 L 8
12	=	52 D 12	80	=	54 D 9	148	=	58 C 7	216	=	60 L 9
13	=	52 E 6	81	=	54 E 2	149	=	58 I 13	217	=	60 L 10
14	=	52 E 7	82	=	54 E 10	150	=	58 K 2	218	=	60 L 12
15	=	52 E 8	83	=	54 E 11	151	=	58 K 4	219	=	60 L 13
16	=	52 F 11	84	=	54 E 13	152	=	58 K 6	220	=	60 L 14
17	=	52 F 12	85	=	54 E 14	153	=	58 K 8	221	=	60 M 1
18	=	52 F 14	86	=	54 F 2	154	=	58 L 6	222	=	60 M 2
19	=	52 G 7	87	=	54 F 4	155	=	58 N 2	223	=	60 M 3
20	=	52 I 2	88	=	54 F 7	156	=	58 O 4	224	=	60 M 5
21	=	52 I 3	89	=	54 J 5	157	=	59 A 4	225	=	60 M 6
22	=	52 I 4	90	=	54 L 9	158	=	59 A 7	226	=	60 N 9
23	=	52 I 6	91	=	54 L 11	159	=	59 A 11	227	=	60 N 11
24	=	52 I 8	92	=	54 L 12	160	=	59 A 12	228	=	60 N 13
25	=	52 I 10	93	=	54 L 13	161	=	59 A 14	229	=	60 N 14
26	=	52 I 13	94	=	54 M 7	162	=	59 B 8	230	=	60 O 2
27	=	52 J 5	95	=	54 M 8	163	=	59 B 13	231	=	60 O 3
28	=	52 J 7	96	=	54 M 9	164	=	59 C 2	232	=	60 O 5
29	=	52 K 1	97	=	54 M 10	165	=	59 C 3	233	=	61 A 11
30	=	52 K 2	98	=	54 O 1	166	=	59 C 4	234	=	61 A 13
31	=	52 K 5	99	=	55 A 1	167	=	59 C 7	235	=	61 B 1
32	=	52 K 6	100	=	55 A 13	168	=	59 C 9	236	=	61 B 2
33	=	52 K 9	101	=	55 B 11	169	=	59 C 11	237	=	61 B 4
34	=	52 K 10	102	=	55 C 7	170	=	59 C 13	238	=	61 B 6
35	=	52 K 11	103	=	55 C 11	171	=	59 D 5	239	=	61 B 8
36	=	52 K 12	104	=	55 D 3	172	=	59 D 6	240	=	61 B 9
37	=	52 K 14	105	=	55 D 11	173	=	59 D 8	241	=	61 B 11
38	=	52 L 2	106	=	55 E 3	174	=	59 D 10	242	=	61 B 12
39	=	52 L 4	107	=	55 F 3	175	=	59 D 11	243	=	61 B 13
40	=	52 L 7	108	=	55 F 7	176	=	59 D 12	244	=	61 B 14
41	=	52 L 8	109	=	55 F 11	177	=	59 F 3	245	=	61 C 1
42	=	52 L 10	110	=	55 G 7	178	=	59 F 12	246	=	61 C 2
43	=	52 L 12	111	=	55 G 11	179	=	59 G 8	247	=	61 C 10
44	=	52 M 4	112	=	55 H 1	180	=	59 I 13	248	=	61 D 10
45	=	52 M 6	113	=	55 H 5	181	=	59 J 7	249	=	61 E 10
46	=	52 M 8	114	=	55 H 9	182	=	59 J 9	250	=	61 F 12
47	=	52 M 13	115	=	55 I 4	183	=	59 J 10	251	=	61 I 9
48	=	52 N 2	116	=	55 M 8	184	=	59 J 12	252	=	61 J 7
49	=	52 N 7	117	=	55 M 13	185	=	59 J 13	253	=	61 K 3
50	=	52 N 10	118	=	55 O 3	186	=	59 K 1	254	=	62 E 13
51	=	52 O 3	119	=	55 O 8	187	=	59 K 2	255	=	62 F 5
52	=	52 O 4	120	=	56 A 1	188	=	59 K 5	256	=	62 H 2
53	=	52 O 5	121	=	56 D 7	189	=	59 L 5	257	=	62 H 11
54	=	52 O 7	122	=	56 E 1	190	=	60 G 11	258	=	62 I 3
55	=	52 O 9	123	=	56 E 11	191	=	60 G 13	259	=	62 I 9
56	=	52 O 11	124	=	56 F 5	192	=	60 H 1	260	=	62 J 1
57	=	53 A 1	125	=	56 F 8	193	=	60 H 6	261	=	62 J 12
58	=	53 A 2	126	=	56 G 2	194	=	60 H 7	262	=	62 M 2
59	=	53 A 4	127	=	56 I 4	195	=	60 H 8	263	=	62 M 7
60	=	53 A 6	128	=	56 I 14	196	=	60 I 4	264	=	62 M 8
61	=	53 A 8	129	=	56 J 4	197	=	60 I 5	265	=	62 M 9
62	=	53 G 6	130	=	56 J 9	198	=	60 I 6	266	=	62 M 11
63	=	53 G 12	131	=	56 K 3	199	=	60 I 7	267	=	62 M 14
64	=	53 G 14	132	=	56 L 3	200	=	60 I 8	268	=	62 N 2
65	=	53 H 14	133	=	56 L 11	201	=	60 I 9	269	=	62 N 7
66	=	53 I 1	134	=	56 M 1	202	=	60 I 10	270	=	62 N 10
67	=	53 J 3	135	=	56 M 7	203	=	60 I 11	271	=	62 N 12
68	=	53 J 5	136	=	56 M 8	204	=	60 I 12	272	=	62 O 1

Drucksache Nr.		Fiche Nr. und Koordinate	Drucksache Nr.		Fiche Nr. und Koordinate	Drucksache Nr.		Fiche Nr. und Koordinate	Drucksache Nr.		Fiche Nr. und Koordinate
7/273	=	**62** O 2	7/341	=	**64** I 2	7/409	=	**66** F 6	7/477	=	**68** K 2
274	=	**63** A 1	342	=	**64** I 4	410	=	**66** F 11	478	=	**68** K 4
275	=	**63** D 1	343	=	**64** I 7	411	=	**66** F 13	479	=	**68** K 5
276	=	**63** D 2	344	=	**64** I 9	412	=	**66** G 7	480	=	**68** M 5
277	=	**63** D 4	345	=	**64** I 11	413	=	**66** G 8	481	=	**68** N 9
278	=	**63** E 7	346	=	**64** I 13	414	=	**66** I 2	482	=	**69** A 3
279	=	**63** E 8	347	=	**64** J 1	415	=	**66** J 2	483	=	**69** A 7
280	=	**63** E 9	348	=	**64** J 3	416	=	**66** J 4	484	=	**69** B 2
281	=	**63** E 14	349	=	**64** J 5	417	=	**66** J 5	485	=	**69** B 3
282	=	**63** G 5	350	=	**64** J 7	418	=	**66** J 8	486	=	**69** C 6
283	=	**63** G 7	351	=	**64** J 9	419	=	**66** J 9	487	=	**69** C 7
284	=	**63** H 1	352	=	**64** J 11	420	=	**66** L 5	488	=	**69** C 8
285	=	**63** H 2	353	=	**64** J 13	421	=	**67** C 2	489	=	**69** D 11
286	=	**63** H 4	354	=	**64** K 2	422	=	**67** C 10	490	=	**69** E 3
287	=	**63** H 6	355	=	**64** K 4	423	=	**67** D 2	491	=	**69** E 5
288	=	**63** H 13	356	=	**64** K 6	424	=	**67** D 4	492	=	**69** E 8
289	=	**63** I 12	357	=	**64** K 8	425	=	**67** D 8	493	=	**69** E 10
290	=	**63** I 13	358	=	**64** K 10	426	=	**67** D 9	494	=	**69** E 11
291	=	**63** I 14	359	=	**64** K 12	427	=	**67** D 13	495	=	**69** E 14
292	=	**63** J 1	360	=	**64** K 14	428	=	**67** E 13	496	=	**69** F 2
293	=	**63** J 3	361	=	**64** M 2	429	=	**67** F 1	497	=	**69** F 3
294	=	**63** J 14	362	=	**64** M 4	430	=	**67** F 2	498	=	**69** H 12
295	=	**63** K 6	363	=	**64** M 6	431	=	**67** F 9	499	=	**69** H 14
296	=	**63** K 8	364	=	**64** N 7	432	=	**67** F 10	500	=	**69** I 3
297	=	**63** L 14	365	=	**64** N 9	433	=	**67** F 11	501	=	**69** I 11
298	=	**63** M 1	366	=	**64** N 11	434	=	**67** H 3	502	=	**69** I 12
299	=	**63** M 3	367	=	**64** N 12	435	=	**67** H 8	503	=	**69** J 1
300	=	**63** M 7	368	=	**64** N 13	436	=	**67** H 9	504	=	**69** M 11
301	=	**63** M 9	369	=	**64** N 14	437	=	**67** H 11	505	=	**69** M 13
302	=	**63** M 10	370	=	**64** O 1	438	=	**67** H 13	506	=	**69** N 1
303	=	**63** N 9	371	=	**65** A 5	439	=	**67** H 14	507	=	**69** N 4
304	=	**63** N 12	372	=	**65** B 1	440	=	**67** I 6	508	=	**69** N 9
305	=	**63** O 1	373	=	**65** B 13	441	=	**67** I 7	509	=	**69** O 1
306	=	**63** O 3	374	=	**65** B 14	442	=	**67** I 9	510	=	**69** O 2
307	=	**63** O 4	375	=	**65** C 1	443	=	**67** I 10	511	=	**69** O 4
308	=	**63** O 5	376	=	**65** C 7	444	=	**67** I 14	512	=	**70** A 8
309	=	**64** A 9	377	=	**65** C 11	445	=	**67** L 8	513	=	**70** A 9
310	=	**64** A 11	378	=	**65** C 14	446	=	**67** L 11	514	=	**70** A 11
311	=	**64** A 13	379	=	**65** D 7	447	=	**67** M 4	515	=	**70** C 4
312	=	**64** A 14	380	=	**65** E 5	448	=	**67** M 5	516	=	**70** C 6
313	=	**64** B 1	381	=	**65** E 6	449	=	**67** M 6	517	=	**70** C 7
314	=	**64** B 2	382	=	**65** E 7	450	=	**67** M 7	518	=	**70** C 13
315	=	**64** B 3	383	=	**65** E 12	451	=	**67** M 8	519	=	**70** D 1
316	=	**64** B 8	384	=	**65** E 14	452	=	**67** M 13	520	=	**70** D 2
317	=	**64** B 14	385	=	**65** F 2	453	=	**67** M 14	521	=	**70** D 8
318	=	**64** C 2	386	=	**65** F 4	454	=	**68** A 9	522	=	**70** D 9
319	=	**64** C 3	387	=	**65** F 8	455	=	**68** E 8	523	=	**70** D 10
320	=	**64** C 4	388	=	**65** F 14	456	=	**68** E 9	524	=	**70** D 11
321	=	**64** C 11	389	=	**65** G 1	457	=	**68** E 10	525	=	**70** D 12
322	=	**64** C 12	390	=	**65** G 5	458	=	**68** E 12	526	=	**70** D 14
323	=	**64** C 13	391	=	**65** G 7	459	=	**68** E 14	527	=	**70** E 1
324	=	**64** C 14	392	=	**65** G 10	460	=	**68** F 4	528	=	**70** E 5
325	=	**64** D 9	393	=	**65** H 12	461	=	**68** F 5	529	=	**70** E 6
326	=	**64** D 10	394	=	**65** H 13	462	=	**68** F 10	530	=	**70** E 7
327	=	**64** D 11	395	=	**65** H 14	463	=	**68** F 11	531	=	**70** F 4
328	=	**64** D 12	396	=	**65** I 1	464	=	**68** G 1	532	=	**70** F 8
329	=	**64** D 14	397	=	**65** I 2	465	=	**68** G 3	533	=	**70** F 13
330	=	**64** E 1	398	=	**65** I 4	466	=	**68** G 5	534	=	**70** G 1
331	=	**64** E 2	399	=	**65** I 6	467	=	**68** G 6	535	=	**70** G 3
332	=	**64** E 3	400	=	**65** I 13	468	=	**68** G 7	536	=	**70** G 4
333	=	**64** E 4	401	=	**65** I 14	469	=	**68** G 8	537	=	**70** G 6
334	=	**64** E 8	402	=	**65** O 1	470	=	**68** G 9	538	=	**70** G 7
335	=	**64** H 4	403	=	**65** O 5	471	=	**68** G 11	539	=	**70** G 9
336	=	**64** H 6	404	=	**66** E 11	472	=	**68** H 11	540	=	**70** G 10
337	=	**64** H 8	405	=	**66** E 13	473	=	**68** I 11	541	=	**70** G 13
338	=	**64** H 10	406	=	**66** F 1	474	=	**68** I 13	542	=	**70** H 6
339	=	**64** H 12	407	=	**66** F 2	475	=	**68** J 4	543	=	**70** H 7
340	=	**64** H 14	408	=	**66** F 4	476	=	**68** J 5	544	=	**70** H 9

Drucksache Nr.		Fiche Nr. und Koordinate	Drucksache Nr.		Fiche Nr. und Koordinate	Drucksache Nr.		Fiche Nr. und Koordinate	Drucksache Nr.		Fiche Nr. und Koordinate
545	=	**70** H 10	7/613	=	**73** H 14	7/681	=	**75** O 13	7/749	=	**77** B 4
546	=	**70** I 3	614	=	**73** I 2	682	=	**76** A 1	750	=	**77** C 6
547	=	**70** I 5	615	=	**73** I 4	683	=	**76** A 3	751	=	**77** C 7
548	=	**70** I 6	616	=	**73** I 10	684	=	**76** A 3	752	=	**77** C 9
549	=	**70** I 7	617	=	**73** I 11	685	=	**76** A 4	753	=	**77** C 11
550	=	**70** I 8	618	=	**73** I 13	686	=	**76** A 4	754	=	**77** D 1
551	=	**71** L 8	619	=	**73** J 2	687	=	**76** A 5	755	=	**77** D 7
552	=	**72** C 6	620	=	**73** J 4	688	=	**76** A 6	756	=	**77** D 9
553	=	**72** C 7	621	=	**73** J 11	689	=	**76** A 7	757	=	**77** D 11
554	=	**72** C 8	622	=	**73** J 13	690	=	**76** A 9	758	=	**77** E 1
555	=	**72** C 12	623	=	**73** K 1	691	=	**76** B 9	759	=	**77** E 2
556	=	**72** D 10	624	=	**73** M 7	692	=	**76** B 10	760	=	**77** E 3
557	=	**72** E 2	625	=	**73** N 5	693	=	**76** B 13	761	=	**77** E 6
558	=	**72** E 5	626	=	**73** N 8	694	=	**76** C 1	762	=	**77** E 11
559	=	**72** E 7	627	=	**73** O 12	695	=	**76** C 3	763	=	**77** E 12
560	=	**72** F 8	628	=	**74** A 1	696	=	**76** C 8	764	=	**77** E 13
561	=	**72** H 10	629	=	**74** A 5	697	=	**76** D 2	765	=	**77** F 11
562	=	**72** H 13	630	=	**74** A 6	698	=	**76** D 3	766	=	**77** G 5
563	=	**72** H 14	631	=	**74** A 7	699	=	**76** D 5	767	=	**77** G 6
564	=	**72** I 1	632	=	**74** A 8	700	=	**76** D 8	768	=	**77** G 8
565	=	**72** I 2	633	=	**74** A 9	701	=	**76** D 10	769	=	**77** G 9
566	=	**72** I 3	634	=	**74** A 10	702	=	**76** D 12	770	=	**77** H 4
567	=	**72** I 7	635	=	**74** A 12	703	=	**76** D 14	771	=	**77** H 11
568	=	**72** I 8	636	=	**74** A 13	704	=	**76** E 2	772	=	**77** H 12
569	=	**72** I 10	637	=	**74** B 3	705	=	**76** E 4	773	=	**77** H 13
570	=	**72** I 11	638	=	**74** B 8	706	=	**76** E 8	774	=	**77** I 1
571	=	**72** I 12	639	=	**74** B 10	707	=	**76** E 10	775	=	**77** I 3
572	=	**72** J 10	640	=	**74** B 12	708	=	**76** E 12	776	=	**77** I 5
573	=	**72** J 12	641	=	**74** C 1	709	=	**76** F 1	777	=	**77** I 7
574	=	**72** J 14	642	=	**74** C 3	710	=	**76** F 3	778	=	**77** I 8
575	=	**72** K 1	643	=	**74** C 4	711	=	**76** F 4	779	=	**77** I 9
576	=	**72** K 2	644	=	**74** C 5	712	=	**76** F 6	780	=	**77** I 10
577	=	**72** K 4	645	=	**74** D 2	713	=	**76** F 7	781	=	**77** I 11
578	=	**72** L 14	646	=	**74** F 8	714	=	**76** F 9	782	=	**77** I 12
579	=	**72** M 1	647	=	**74** F 10	715	=	**76** F 13	783	=	**77** M 2
580	=	**72** M 2	648	=	**74** F 14	716	=	**76** G 1	784	=	**77** M 7
581	=	**72** M 4	649	=	**74** G 2	717	=	**76** G 5	785	=	**77** M 8
582	=	**72** M 6	650	=	**74** G 4	718	=	**76** G 6	786	=	**77** M 9
583	=	**72** M 8	651	=	**75** B 12	719	=	**76** G 8	787	=	**77** M 10
584	=	**72** M 9	652	=	**75** C 3	720	=	**76** G 11	788	=	**77** M 11
585	=	**72** M 10	653	=	**75** C 4	721	=	**76** H 7	789	=	**77** M 12
586	=	**72** M 12	654	=	**75** D 4	722	=	**76** H 9	790	=	**77** M 13
587	=	**72** M 14	655	=	**75** F 9	723	=	**76** J 8	791	=	**77** M 14
588	=	**72** N 5	656	=	**75** F 11	724	=	**76** J 9	792	=	**77** N 2
589	=	**72** O 3	657	=	**75** H 9	725	=	**76** J 13	793	=	**77** N 8
590	=	**72** O 13	658	=	**75** H 14	726	=	**76** K 2	794	=	**77** N 9
591	=	**73** A 1	659	=	**75** I 14	727	=	**76** K 13	795	=	**77** N 10
592	=	**73** B 5	660	=	**75** K 6	728	=	**76** L 3	796	=	**77** N 11
593	=	**73** B 13	661	=	**75** M 14	729	=	**76** L 7	797	=	**77** N 12
594	=	**73** C 1	662	=	**75** N 1	730	=	**76** L 11	798	=	**77** N 13
595	=	**73** C 2	663	=	**75** N 3	731	=	**76** M 1	799	=	**77** N 14
596	=	**73** C 3	664	=	**75** N 5	732	=	**76** M 5	800	=	**78** A 1
597	=	**73** C 12	665	=	**75** N 7	733	=	**76** M 10	801	=	**78** A 2
598	=	**73** D 12	666	=	**75** N 8	734	=	**76** M 11	802	=	**78** A 4
599	=	**73** E 2	667	=	**75** N 9	735	=	**76** N 5	803	=	**78** A 5
600	=	**73** E 7	668	=	**75** N 10	736	=	**76** N 9	804	=	**78** A 6
601	=	**73** F 1	669	=	**75** N 11	737	=	**76** N 10	805	=	**78** A 7
602	=	**73** F 9	670	=	**75** N 12	738	=	**76** N 11	806	=	**78** A 8
603	=	**73** F 13	671	=	**75** N 13	739	=	**76** N 14	807	=	**78** A 9
604	=	**73** G 2	672	=	**75** N 14	740	=	**76** O 3	808	=	**78** A 10
605	=	**73** G 4	673	=	**75** O 1	741	=	**76** O 5	809	=	**78** A 11
606	=	**73** G 5	674	=	**75** O 3	742	=	**76** O 10	810	=	**78** A 12
607	=	**73** G 7	675	=	**75** O 5	743	=	**76** O 12	811	=	**78** A 13
608	=	**73** G 8	676	=	**75** O 6	744	=	**76** O 14	812	=	**78** A 14
609	=	**73** G 9	677	=	**75** O 7	745	=	**77** A 1	813	=	**78** B 1
610	=	**73** G 10	678	=	**75** O 8	746	=	**77** A 2	814	=	**78** B 2
611	=	**73** G 11	679	=	**75** O 9	747	=	**77** A 4	815	=	**78** B 6
612	=	**73** G 12	680	=	**75** O 10	748	=	**77** A 7	816	=	**78** B 7

Drucksache Nr.		Fiche Nr. und Koordinate	Drucksache Nr.		Fiche Nr. und Koordinate	Drucksache Nr.		Fiche Nr. und Koordinate	Drucksache Nr.		Fiche Nr. und Koordinate
7/817	=	**78** B 8	7/885	=	**79** E 2	7/953	=	**81** L 1	7/1021	=	**84** E 8
818	=	**78** B 13	886	=	**79** E 8	954	=	**81** L 3	1022	=	**84** E 9
819	=	**78** B 14	887	=	**79** G 4	955	=	**81** L 4	1023	=	**84** E 11
820	=	**78** C 1	888	=	**79** G 10	956	=	**81** L 5	1024	=	**84** E 13
821	=	**78** C 6	889	=	**79** H 12	957	=	**81** L 14	1025	=	**84** F 2
822	=	**78** C 10	890	=	**79** J 6	958	=	**81** M 9	1026	=	**84** F 3
823	=	**78** D 3	891	=	**79** J 7	959	=	**81** M 13	1027	=	**84** G 8
824	=	**78** D 4	892	=	**79** K 4	960	=	**81** N 3	1028	=	**84** I 1
825	=	**78** D 6	893	=	**79** K 6	961	=	**81** N 4	1029	=	**84** I 2
826	=	**78** D 8	894	=	**79** M 4	962	=	**81** N 5	1030	=	**84** I 3
827	=	**78** D 9	895	=	**79** M 5	963	=	**81** N 8	1031	=	**84** I 6
828	=	**78** D 10	896	=	**79** M 6	964	=	**81** N 9	1032	=	**84** I 10
829	=	**78** D 11	897	=	**79** M 12	965	=	**81** N 11	1033	=	**84** I 12
830	=	**78** D 12	898	=	**79** N 1	966	=	**81** O 4	1034	=	**84** I 14
831	=	**78** D 13	899	=	**79** N 2	967	=	**81** O 6	1035	=	**84** J 1
832	=	**78** D 14	900	=	**79** N 6	968	=	**81** O 8	1036	=	**84** J 2
833	=	**78** E 1	901	=	**79** N 12	969	=	**81** O 12	1037	=	**84** J 3
834	=	**78** E 2	902	=	**79** N 13	970	=	**82** A 1	1038	=	**84** J 4
835	=	**78** E 3	903	=	**79** N 14	971	=	**82** A 4	1039	=	**84** J 14
836	=	**78** E 4	904	=	**79** O 7	972	=	**82** A 6	1040	=	**84** K 2
837	=	**78** E 5	905	=	**79** O 11	973	=	**82** B 2	1041	=	**84** N 2
838	=	**78** E 6	906	=	**79** O 14	974	=	**82** B 8	1042	=	**84** N 3
839	=	**78** E 7	907	=	**80** A 2	975	=	**82** C 2	1043	=	**84** N 12
840	=	**78** E 8	908	=	**80** A 6	976	=	**82** D 1	1044	=	**84** O 2
841	=	**78** E 9	909	=	**80** B 2	977	=	**82** D 2	1045	=	**85** A 6
842	=	**78** E 10	910	=	**80** B 5	978	=	**82** D 5	1046	=	**85** L 1
843	=	**78** F 8	911	=	**80** F 5	979	=	**82** D 9	1047	=	**85** M 8
844	=	**78** F 11	912	=	**80** F 8	980	=	**82** D 12	1048	=	**85** M 9
845	=	**78** F 14	913	=	**80** F 10	981	=	**82** D 13	1049	=	**85** M 10
846	=	**78** G 1	914	=	**80** H 9	982	=	**82** E 1	1050	=	**85** M 12
847	=	**78** G 2	915	=	**80** H 10	983	=	**82** E 9	1051	=	**85** N 5
848	=	**78** G 3	916	=	**80** H 11	984	=	**82** E 11	1052	=	**85** N 6
849	=	**78** G 4	917	=	**80** H 12	985	=	**82** E 12	1053	=	**85** N 7
850	=	**78** G 12	918	=	**80** H 13	986	=	**82** F 1	1054	=	**85** N 8
851	=	**78** G 13	919	=	**80** N 1	987	=	**82** M 1	1055	=	**85** N 9
852	=	**78** H 1	920	=	**80** N 3	988	=	**82** M 3	1056	=	**85** N 11
853	=	**78** H 3	921	=	**80** N 7	989	=	**82** M 12	1057	=	**85** N 13
854	=	**78** H 10	922	=	**80** N 8	990	=	**82** M 14	1058	=	**86** A 1
855	=	**78** H 13	923	=	**80** N 10	991	=	**82** N 14	1059	=	**86** A 4
856	=	**78** I 11	924	=	**80** N 12	992	=	**83** C 8	1060	=	**86** B 3
857	=	**78** J 2	925	=	**80** N 14	993	=	**83** D 2	1061	=	**86** B 6
858	=	**78** J 5	926	=	**80** O 1	994	=	**83** D 8	1062	=	**86** B 7
859	=	**78** J 6	927	=	**80** O 2	995	=	**83** E 14	1063	=	**86** B 8
860	=	**78** J 7	928	=	**80** O 3	996	=	**83** G 12	1064	=	**86** B 9
861	=	**78** J 9	929	=	**81** A 11	997	=	**83** G 13	1065	=	**86** B 10
862	=	**78** K 3	930	=	**81** B 8	998	=	**83** H 1	1066	=	**86** B 11
863	=	**78** K 5	931	=	**81** B 10	999	=	**83** H 2	1067	=	**86** B 13
864	=	**78** K 6	932	=	**81** D 2	1000	=	**83** H 4	1068	=	**86** C 3
865	=	**78** K 7	933	=	**81** D 6	1001	=	**83** H 9	1069	=	**86** C 4
866	=	**78** K 8	934	=	**81** D 8	1002	=	**83** H 11	1070	=	**86** C 5
867	=	**78** K 12	935	=	**81** E 4	1003	=	**83** H 12	1071	=	**86** E 3
868	=	**78** K 14	936	=	**81** E 5	1004	=	**83** I 2	1072	=	**86** E 4
869	=	**78** M 9	937	=	**81** E 6	1005	=	**83** I 12	1073	=	**86** E 7
870	=	**78** M 11	938	=	**81** E 7	1006	=	**83** J 3	1074	=	**86** E 9
871	=	**78** M 13	939	=	**81** E 8	1007	=	**83** J 4	1075	=	**86** E 11
872	=	**78** M 14	940	=	**81** E 9	1008	=	**83** J 5	1076	=	**86** E 12
873	=	**78** N 2	941	=	**81** F 2	1009	=	**83** K 1	1077	=	**86** E 13
874	=	**78** N 11	942	=	**81** G 12	1010	=	**83** K 8	1078	=	**86** E 14
875	=	**78** N 13	943	=	**81** G 13	1011	=	**83** L 8	1079	=	**86** F 2
876	=	**79** A 6	944	=	**81** G 14	1012	=	**83** N 6	1080	=	**86** G 6
877	=	**79** C 10	945	=	**81** H 1	1013	=	**84** A 1	1081	=	**86** G 9
878	=	**79** D 2	946	=	**81** H 3	1014	=	**84** C 1	1082	=	**86** G 10
879	=	**79** D 4	947	=	**81** H 12	1015	=	**84** E 1	1083	=	**86** G 11
880	=	**79** D 6	948	=	**81** I 1	1016	=	**84** E 2	1084	=	**86** G 13
881	=	**79** D 7	949	=	**81** I 3	1017	=	**84** E 3	1085	=	**86** H 11
882	=	**79** D 9	950	=	**81** I 5	1018	=	**84** E 4	1086	=	**86** I 9
883	=	**79** D 10	951	=	**81** I 7	1019	=	**84** E 5	1087	=	**86** J 13
884	=	**79** E 1	952	=	**81** I 9	1020	=	**84** E 6	1088	=	**86** J 14

Drucksache Nr.		Fiche Nr. und Koordinate	Drucksache Nr.		Fiche Nr. und Koordinate	Drucksache Nr.		Fiche Nr. und Koordinate	Drucksache Nr.		Fiche Nr. und Koordinate
7/1089	=	**86** K 10	7/1157	=	**89** C 3	7/1225	=	**91** F 5	7/1293	=	**95** F 4
1090	=	**86** K 13	1158	=	**89** C 4	1226	=	**91** F 7	1294	=	**95** F 5
1091	=	**86** K 14	1159	=	**89** C 6	1227	=	**91** F 9	2195	=	**95** F 6
1092	=	**86** L 1	1160	=	**89** C 8	1228	=	**91** F 11	1296	=	**95** F 7
1093	=	**86** L 2	1161	=	**89** C 10	1229	=	**91** F 12	1297	=	**95** F 9
1094	=	**86** L 5	1162	=	**89** C 11	1230	=	**91** F 13	1298	=	**95** F 10
1095	=	**86** L 7	1163	=	**89** C 13	1231	=	**91** G 3	1299	=	**95** F 11
1096	=	**86** L 8	1164	=	**89** D 1	1232	=	**91** G 4	1300	=	**95** F 12
1097	=	**86** L 9	1165	=	**89** D 2	1233	=	**92** G 12	1301	=	**95** F 14
1098	=	**86** L 11	1166	=	**89** D 4	1234	=	**92** G 13	1302	=	**95** G 1
1099	=	**86** L 14	1167	=	**89** D 6	1235	=	**92** G 14	1303	=	**95** G 9
1100	=	**86** M 1	1168	=	**90** C 9	1236	=	**92** H 3	1304	=	**95** G 10
1101	=	**86** O 7	1169	=	**90** C 10	1237	=	**92** N 1	1305	=	**95** G 11
1102	=	**87** A 14	1170	=	**90** C 12	1238	=	**93** B 3	1306	=	**95** G 12
1103	=	**87** C 12	1171	=	**90** C 14	1239	=	**93** B 4	1307	=	**95** G 13
1104	=	**87** C 14	1172	=	**90** D 4	1240	=	**93** B 5	1308	=	**95** G 14
1105	=	**87** D 3	1173	=	**90** D 6	1241	=	**93** B 11	1309	=	**95** H 1
1106	=	**87** D 5	1174	=	**90** D 7	1242	=	**93** B 13	1310	=	**95** H 3
1107	=	**87** D 12	1175	=	**90** D 8	1243	=	**93** F 4	1311	=	**95** H 4
1108	=	**87** D 13	1176	=	**90** D 10	1244	=	**93** F 6	1312	=	**95** H 5
1109	=	**87** F 1	1177	=	**90** H 6	1245	=	**93** F 10	1313	=	**95** H 8
1110	=	**87** F 11	1178	=	**90** I 14	1246	=	**93** F 11	1314	=	**95** H 13
1111	=	**87** G 7	1179	=	**90** J 3	1247	=	**93** F 12	1315	=	**95** H 14
1112	=	**87** G 9	1180	=	**90** J 4	1248	=	**93** F 14	1316	=	**95** I 10
1113	=	**87** G 11	1181	=	**90** J 14	1249	=	**93** G 1	1317	=	**95** I 14
1114	=	**87** G 13	1182	=	**90** K 12	1250	=	**93** G 2	1318	=	**95** J 3
1115	=	**87** G 14	1183	=	**90** M 2	1251	=	**93** G 4	1319	=	**95** J 5
1116	=	**87** H 1	1184	=	**90** M 9	1252	=	**93** G 8	1320	=	**95** J 7
1117	=	**87** H 2	1185	=	**90** M 13	1253	=	**93** G 9	1321	=	**95** K 11
1118	=	**87** H 3	1186	=	**90** N 2	1254	=	**93** G 13	1322	=	**95** K 14
1119	=	**87** H 4	1187	=	**90** N 6	1255	=	**93** H 3	1323	=	**95** L 10
1120	=	**87** H 5	1188	=	**90** N 9	1256	=	**93** H 4	1324	=	**95** L 11
1121	=	**87** H 7	1189	=	**90** N 13	1257	=	**93** H 9	1325	=	**95** L 13
1122	=	**87** H 8	1190	=	**90** O 1	1258	=	**93** I 2	1326	=	**95** L 14
1123	=	**87** I 6	1191	=	**90** O 4	1259	=	**93** I 5	1327	=	**95** M 1
1124	=	**87** I 7	1192	=	**90** O 6	1260	=	**93** I 8	1328	=	**235** A 1
1125	=	**87** J 13	1193	=	**90** O 7	1261	=	**93** I 13	1329	=	**95** M 7
1126	=	**87** J 14	1194	=	**90** O 13	1262	=	**93** L 2	1330	=	**95** N 11
1127	=	**87** K 2	1195	=	**90** O 14	1263	=	**93** L 5	1331	=	**95** N 12
1128	=	**87** K 3	1196	=	**91** A 2	1264	=	**93** L 9	1332	=	**95** N 13
1129	=	**87** K 4	1197	=	**91** A 4	1265	=	**93** L 11	1333	=	**95** O 1
1130	=	**87** K 7	1198	=	**91** A 6	1266	=	**93** N 1	1334	=	**95** O 5
1131	=	**87** K 11	1199	=	**91** A 11	1267	=	**93** N 7	1335	=	**95** O 8
1132	=	**87** L 5	1200	=	**91** A 12	1268	=	**93** N 14	1336	=	**95** O 9
1133	=	**87** L 11	1201	=	**91** A 13	1269	=	**93** O 1	1337	=	**95** O 10
1134	=	**87** M 9	1202	=	**91** A 14	1270	=	**93** O 4	1338	=	**96** A 2
1135	=	**87** N 11	1203	=	**91** B 1	1271	=	**93** O 7	1339	=	**96** A 3
1136	=	**87** O 9	1204	=	**91** B 2	1272	=	**93** O 8	1340	=	**96** C 5
1137	=	**88** A 5	1205	=	**91** B 3	1273	=	**93** O 10	1341	=	**96** C 11
1138	=	**88** B 11	1206	=	**91** B 4	1274	=	**94** J 14	1342	=	**96** C 12
1139	=	**88** B 12	1207	=	**91** B 5	1275	=	**94** L 8	1343	=	**96** D 5
1140	=	**88** C 12	1208	=	**91** B 11	1276	=	**94** L 10	1344	=	**96** D 6
1141	=	**88** D 10	1209	=	**91** B 13	1277	=	**94** L 12	1345	=	**96** D 7
1142	=	**88** D 13	1210	=	**91** C 8	1278	=	**94** N 6	1346	=	**96** D 8
1143	=	**88** E 3	1211	=	**91** C 9	1279	=	**94** N 8	1347	=	**96** D 9
1144	=	**88** F 1	1212	=	**91** D 4	1280	=	**94** O 1	1348	=	**96** D 10
1145	=	**89** A 7	1213	=	**91** D 5	1281	=	**94** O 11	1349	=	**96** D 11
1146	=	**89** A 8	1214	=	**91** D 6	1282	=	**95** B 11	1350	=	**96** D 13
1147	=	**89** A 9	1215	=	**91** D 7	1283	=	**95** B 12	1351	=	**96** D 14
1148	=	**89** A 11	1216	=	**91** D 8	1284	=	**95** D 12	1352	=	**96** E 1
1149	=	**89** A 13	1217	=	**91** D 9	1285	=	**95** D 14	1353	=	**96** E 3
1150	=	**89** A 14	1218	=	**91** D 10	1286	=	**95** E 3	1354	=	**96** E 4
1151	=	**89** B 7	1219	=	**91** D 11	1287	=	**95** E 5	1355	=	**96** E 5
1152	=	**89** B 8	1220	=	**91** D 12	1288	=	**95** E 8	1356	=	**96** E 6
1153	=	**89** B 9	1221	=	**91** E 1	1289	=	**95** E 11	1357	=	**96** E 7
1154	=	**89** B 10	1222	=	**91** E 5	1290	=	**95** E 13	1358	=	**96** E 8
1155	=	**89** B 12	1223	=	**91** E 6	1291	=	**95** F 1	1359	=	**96** G 8
1156	=	**89** C 1	1224	=	**91** E 11	1292	=	**95** F 2	1360	=	**96** G 9

Drucksache Nr.		Fiche Nr. und Koordinate	Drucksache Nr.		Fiche Nr. und Koordinate	Drucksache Nr.		Fiche Nr. und Koordinate	Drucksache Nr.		Fiche Nr. und Koordinate
7/1361	=	**96** G 10	7/1429	=	**97** G 11	7/1497	=	**101** B 1	7/1565	=	**103** K 2
1362	=	**96** G 11	1430	=	**97** G 14	1498	=	**101** B 3	1566	=	**103** K 3
1363	=	**96** G 12	1431	=	**97** H 4	1499	=	**101** B 7	1567	=	**103** K 4
1364	=	**96** H 1	1432	=	**97** H 5	1500	=	**101** C 1	1568	=	**103** K 8
1365	=	**96** H 2	1433	=	**97** H 7	1501	=	**101** C 5	1569	=	**103** L 1
1366	=	**96** H 4	1434	=	**97** H 8	1502	=	**101** C 7	1570	=	**103** L 3
1367	=	**96** H 8	1435	=	**97** L 5	1503	=	**101** C 8	1571	=	**103** L 11
1368	=	**96** H 10	1436	=	**97** L 6	1504	=	**101** C 12	1572	=	**103** M 1
1369	=	**96** I 6	1437	=	**97** L 7	1505	=	**101** D 3	1573	=	**103** M 2
1370	=	**96** I 8	1438	=	**97** L 9	1506	=	**101** M 9	1574	=	**103** M 3
1371	=	**96** I 9	1439	=	**97** L 13	1507	=	**101** M 10	1575	=	**103** N 5
1372	=	**96** I 11	1440	=	**97** L 14	1508	=	**101** M 11	1576	=	**103** N 11
1373	=	**96** I 13	1441	=	**97** M 8	1509	=	**101** O 7	1577	=	**103** N 13
1374	=	**96** J 3	1442	=	**97** M 10	1510	=	**102** A 1	1578	=	**103** O 3
1375	=	**96** J 4	1443	=	**97** M 11	1511	=	**102** B 5	1579	=	**103** O 6
1376	=	**96** J 7	1444	=	**97** O 4	1512	=	**102** B 7	1580	=	**103** O 9
1377	=	**96** J 8	1445	=	**97** O 5	1513	=	**102** B 8	1581	=	**103** O 10
1378	=	**96** J 9	1446	=	**97** O 6	1514	=	**102** B 13	1582	=	**104** A 1
1379	=	**96** J 11	1447	=	**98** B 3	1515	=	**102** B 14	1583	=	**104** A 2
1380	=	**96** L 13	1448	=	**98** B 8	1516	=	**102** E 2	1584	=	**104** A 4
1381	=	**96** M 13	1449	=	**98** C 3	1517	=	**102** E 7	1585	=	**104** A 6
1382	=	**96** N 5	1450	=	**98** C 8	1518	=	**102** E 9	1586	=	**104** A 7
1383	=	**96** N 11	1451	=	**98** C 11	1519	=	**102** E 13	1587	=	**104** A 12
1384	=	**97** A 1	1452	=	**98** C 13	1520	=	**102** F 5	1588	=	**104** A 14
1385	=	**97** A 6	1453	=	**98** D 5	1521	=	**102** F 10	1589	=	**104** B 2
1386	=	**97** A 8	1454	=	**98** L 5	1522	=	**102** F 12	1590	=	**104** B 3
1387	=	**97** A 9	1455	=	**98** L 6	1523	=	**102** G 8	1591	=	**104** B 5
1388	=	**97** A 10	1456	=	**98** L 8	1524	=	**102** H 9	1592	=	**104** B 7
1389	=	**97** B 6	1457	=	**98** M 2	1525	=	**102** H 13	1593	=	**104** B 8
1390	=	**97** B 12	1458	=	**98** M 4	1526	=	**102** I 8	1594	=	**104** B 9
1391	=	**97** B 14	1459	=	**98** M 5	1527	=	**102** I 10	1595	=	**104** B 10
1392	=	**97** C 2	1460	=	**98** M 6	1528	=	**102** I 12	1596	=	**104** B 11
1393	=	**97** C 4	1461	=	**98** M 11	1529	=	**102** I 14	1597	=	**104** B 12
1394	=	**97** C 5	1462	=	**98** N 13	1530	=	**102** J 2	1598	=	**104** B 13
1395	=	**97** C 6	1463	=	**98** O 5	1531	=	**102** K 3	1599	=	**104** B 14
1396	=	**97** C 9	1464	=	**98** O 8	1532	=	**102** K 12	1600	=	**104** C 1
1397	=	**97** D 1	1465	=	**98** O 9	1533	=	**102** K 13	1601	=	**104** C 2
1398	=	**97** D 4	1466	=	**98** O 11	1534	=	**102** K 14	1602	=	**104** C 3
1399	=	**97** D 8	1467	=	**99** A 6	1535	=	**102** L 1	1603	=	**104** C 4
1400	=	**97** D 9	1468	=	**99** B 2	1536	=	**102** L 2	1604	=	**104** C 5
1401	=	**97** D 10	1469	=	**99** B 5	1537	=	**102** L 3	1605	=	**104** C 7
1402	=	**97** D 12	1470	=	**99** B 8	1538	=	**102** L 4	1606	=	**104** C 14
1403	=	**97** D 13	1471	=	**100** B 11	1539	=	**103** D 11	1607	=	**104** D 4
1404	=	**97** E 2	1472	=	**100** B 12	1540	=	**103** D 12	1608	=	**104** D 5
1405	=	**97** E 3	1473	=	**100** C 7	1541	=	**103** D 13	1609	=	**104** D 6
1406	=	**97** E 4	1474	=	**100** C 8	1542	=	**103** D 14	1610	=	**104** D 7
1407	=	**97** E 5	1475	=	**100** K 4	1543	=	**103** E 1	1611	=	**104** E 2
1408	=	**97** E 6	1476	=	**100** K 5	1544	=	**103** E 4	1612	=	**104** E 3
1409	=	**97** E 9	1477	=	**100** K 8	1545	=	**103** E 5	1613	=	**104** E 8
1410	=	**97** E 12	1478	=	**100** K 9	1546	=	**103** E 6	1614	=	**104** E 9
1411	=	**97** E 13	1479	=	**100** K 10	1547	=	**103** E 7	1615	=	**104** E 10
1412	=	**97** E 14	1480	=	**100** K 11	1548	=	**103** E 9	1616	=	**104** E 11
1413	=	**97** F 1	1481	=	**100** L 5	1549	=	**103** E 10	1617	=	**104** E 12
1414	=	**97** F 2	1482	=	**100** L 6	1550	=	**103** E 11	1618	=	**104** E 13
1415	=	**97** F 3	1483	=	**100** L 10	1551	=	**103** F 1	1619	=	**104** F 6
1416	=	**97** F 4	1484	=	**100** M 3	1552	=	**103** F 5	1620	=	**104** F 8
1417	=	**97** F 5	1485	=	**100** M 9	1553	=	**103** F 6	1621	=	**104** F 9
1418	=	**97** F 7	1486	=	**100** N 1	1554	=	**103** F 7	1622	=	**104** F 10
1419	=	**97** F 12	1487	=	**100** N 9	1555	=	**103** F 13	1623	=	**104** G 4
1420	=	**97** F 14	1488	=	**100** N 11	1556	=	**103** H 3	1624	=	**104** G 8
1421	=	**97** G 1	1489	=	**100** N 13	1557	=	**103** H 6	1625	=	**104** H 7
1422	=	**97** G 2	1490	=	**100** O 2	1558	=	**103** H 7	1626	=	**104** H 11
1423	=	**97** G 3	1491	=	**101** A 1	1559	=	**103** H 9	1627	=	**104** H 13
1424	=	**97** G 6	1492	=	**101** A 5	1560	=	**103** H 10	1628	=	**104** I 1
1425	=	**97** G 7	1493	=	**101** A 6	1561	=	**103** H 14	1629	=	**104** L 5
1426	=	**97** G 8	1494	=	**101** A 8	1562	=	**103** I 5	1630	=	**104** L 8
1427	=	**97** G 9	1495	=	**101** A 10	1563	=	**103** I 6	1631	=	**104** L 10
1428	=	**97** G 10	1496	=	**101** A 12	1564	=	**103** J 14	1632	=	**104** L 11

Drucksache Nr.		Fiche Nr. und Koordinate	Drucksache Nr.		Fiche Nr. und Koordinate	Drucksache Nr.		Fiche Nr. und Koordinate	Drucksache Nr.		Fiche Nr. und Koordinate
7/1633	=	**104** M 2	7/1701	=	**108** A 1	7/1769	=	**109** D 4	7/1837	=	**111** H 5
1634	=	**104** M 3	1702	=	**108** A 13	1770	=	**109** I 14	1838	=	**111** H 6
1635	=	**104** M 4	1703	=	**108** B 1	1771	=	**109** J 12	1839	=	**111** H 7
1636	=	**104** M 5	1704	=	**108** B 2	1772	=	**109** K 1	1840	=	**111** H 8
1637	=	**104** N 4	1705	=	**108** B 4	1773	=	**109** K 4	1841	=	**111** H 8
1638	=	**105** A 1	1706	=	**108** B 5	1774	=	**109** K 7	1842	=	**111** H 9
1639	=	**105** A 5	1707	=	**108** B 7	1775	=	**109** K 8	1843	=	**111** H 9
1640	=	**105** A 7	1708	=	**108** B 9	1776	=	**109** K 10	1844	=	**111** H 11
1641	=	**105** A 11	1709	=	**108** B 11	1777	=	**109** K 13	1845	=	**111** H 12
1642	=	**105** C 11	1710	=	**108** B 12	1778	=	**109** K 14	1846	=	**111** I 8
1643	=	**105** C 14	1711	=	**108** B 13	1779	=	**109** L 10	1847	=	**111** I 9
1644	=	**105** D 6	1712	=	**108** B 13	1780	=	**109** M 2	1848	=	**111** I 9
1645	=	**105** E 1	1713	=	**108** C 3	1781	=	**109** M 4	1849	=	**111** I 14
1646	=	**105** E 3	1714	=	**108** D 6	1782	=	**109** M 4	1850	=	**111** J 6
1647	=	**105** F 5	1715	=	**108** D 13	1783	=	**109** M 5	1851	=	**111** J 7
1648	=	**105** J 9	1716	=	**108** D 14	1784	=	**109** M 5	1852	=	**111** J 9
1649	=	**105** K 1	1717	=	**108** E 1	1785	=	**109** M 6	1853	=	**111** J 10
1650	=	**105** K 5	1718	=	**108** E 2	1786	=	**109** M 6	1854	=	**111** J 11
1651	=	**106** B 1	1719	=	**108** E 3	1787	=	**109** M 7	1855	=	**111** K 1
1652	=	**106** J 14	1720	=	**108** E 4	1788	=	**109** M 7	1856	=	**111** K 1
1653	=	**107** C 11	1721	=	**108** E 5	1789	=	**109** M 8	1857	=	**111** K 2
1654	=	**107** C 13	1722	=	**108** E 6	1790	=	**109** M 10	1858	=	**111** K 2
1655	=	**107** D 11	1723	=	**108** F 1	1791	=	**109** M 14	1859	=	**111** K 3
1656	=	**107** D 13	1724	=	**108** F 2	1792	=	**109** N 1	1860	=	**111** K 4
1657	=	**107** E 1	1725	=	**108** F 3	1793	=	**109** N 2	1861	=	**111** K 13
1658	=	**107** F 3	1726	=	**108** F 4	1794	=	**109** N 3	1862	=	**111** L 1
1659	=	**107** F 4	1727	=	**108** F 5	1795	=	**109** N 5	1863	=	**111** L 2
1660	=	**107** F 6	1728	=	**108** F 7	1796	=	**109** N 6	1864	=	**111** L 4
1661	=	**107** F 7	1729	=	**108** F 8	1797	=	**109** N 8	1865	=	**111** L 6
1662	=	**107** H 1	1730	=	**108** F 10	1798	=	**109** N 9	1866	=	**111** L 8
1663	=	**107** H 7	1731	=	**108** F 10	1799	=	**109** N 10	1867	=	**111** L 10
1664	=	**107** H 9	1732	=	**108** F 12	1800	=	**109** N 12	1868	=	**111** M 11
1665	=	**107** H 10	1733	=	**108** F 12	1801	=	**109** N 13	1869	=	**111** N 8
1666	=	**107** H 12	1734	=	**108** F 14	1802	=	**109** O 4	1870	=	**111** N 9
1667	=	**107** I 2	1735	=	**108** G 2	1803	=	**109** O 7	1871	=	**111** N 10
1668	=	**107** I 5	1736	=	**108** G 6	1804	=	**110** C 9	1872	=	**111** N 13
1669	=	**107** I 6	1737	=	**108** G 6	1805	=	**110** C 11	1873	=	**111** O 2
1670	=	**107** I 10	1738	=	**108** G 8	1806	=	**110** C 13	1874	=	**111** O 3
1671	=	**107** I 11	1739	=	**108** G 11	1807	=	**110** D 1	1875	=	**111** O 4
1672	=	**107** I 13	1740	=	**108** G 12	1808	=	**110** D 2	1876	=	**111** O 12
1673	=	**107** I 14	1741	=	**108** G 13	1809	=	**110** D 9	1877	=	**112** A 2
1674	=	**107** J 5	1742	=	**108** H 1	1810	=	**110** D 9	1878	=	**112** A 3
1675	=	**107** J 7	1743	=	**108** H 2	1811	=	**110** D 10	1879	=	**112** A 4
1676	=	**107** J 13	1744	=	**108** H 3	1812	=	**111** A 2	1880	=	**112** A 6
1677	=	**107** J 14	1745	=	**108** H 4	1813	=	**111** A 6	1881	=	**112** A 8
1678	=	**107** K 6	1746	=	**108** H 7	1814	=	**111** A 10	1882	=	**112** A 9
1679	=	**107** K 7	1747	=	**108** H 7	1815	=	**111** B 7	1883	=	**112** A 11
1680	=	**107** K 8	1748	=	**108** H 9	1816	=	**111** B 11	1884	=	**112** A 13
1681	=	**107** K 11	1749	=	**108** H 13	1817	=	**111** C 14	1885	=	**112** A 14
1682	=	**107** L 3	1750	=	**108** H 14	1818	=	**111** D 3	1886	=	**112** A 14
1683	=	**107** L 4	1751	=	**108** I 10	1819	=	**111** D 4	1887	=	**112** B 1
1684	=	**107** L 5	1752	=	**108** J 9	1820	=	**111** D 6	1888	=	**112** B 2
1685	=	**107** L 8	1753	=	**108** J 11	1821	=	**111** D 6	1889	=	**112** B 14
1686	=	**107** M 3	1754	=	**108** K 3	1822	=	**111** D 7	1890	=	**112** C 1
1687	=	**107** M 4	1755	=	**108** K 3	1823	=	**111** D 10	1891	=	**112** C 2
1688	=	**107** M 7	1756	=	**108** K 4	1824	=	**111** E 2	1892	=	**112** C 3
1689	=	**107** M 8	1757	=	**108** K 5	1825	=	**111** E 4	1893	=	**112** C 9
1690	=	**107** M 9	1758	=	**108** K 6	1826	=	**111** E 6	1894	=	**112** C 11
1691	=	**107** M 11	1759	=	**108** K 9	1827	=	**111** E 8	1895	=	**112** C 11
1692	=	**107** M 12	1760	=	**108** K 11	1828	=	**111** E 8	1896	=	**112** C 12
1693	=	**107** M 13	1761	=	**108** L 9	1829	=	**111** F 9	1897	=	**112** C 13
1694	=	**107** N 4	1762	=	**108** M 8	1830	=	**111** F 14	1898	=	**112** C 14
1695	=	**107** N 7	1763	=	**108** N 6	1831	=	**111** G 1	1899	=	**112** D 1
1696	=	**107** N 8	1764	=	**108** N 11	1832	=	**111** G 2	1900	=	**112** D 3
1697	=	**107** N 8	1765	=	**108** O 2	1833	=	**111** G 12	1901	=	**112** D 4
1698	=	**107** N 9	1766	=	**109** B 8	1834	=	**111** G 14	1902	=	**112** D 6
1699	=	**107** N 11	1767	=	**109** C 14	1835	=	**111** H 1	1903	=	**112** D 6
1700	=	**107** N 12	1768	=	**109** D 2	1836	=	**111** H 5	1904	=	**112** D 7

Drucksache Nr.		Fiche Nr. und Koordinate
7/1905	=	**112** D 9
1906	=	**112** D 11
1907	=	**112** I 10
1908	=	**112** I 13
1909	=	**112** J 2
1910	=	**112** J 4
1911	=	**112** J 12
1912	=	**112** J 14
1913	=	**112** L 13
1914	=	**112** L 14
1915	=	**112** M 3
1916	=	**112** M 8
1917	=	**112** N 6
1918	=	**112** N 12
1919	=	**112** O 2
1920	=	**112** O 7
1921	=	**112** O 11
1922	=	**113** A 4
1923	=	**113** A 12
1924	=	**113** A 13
1925	=	**113** B 11
1926	=	**113** C 3
1927	=	**113** C 4
1928	=	**113** C 6
1929	=	**113** C 12
1930	=	**113** D 2
1931	=	**113** D 4
1932	=	**113** D 10
1933	=	**113** D 13
1934	=	**113** E 1
1935	=	**113** E 3
1936	=	**113** E 4
1937	=	**113** E 7
1938	=	**113** E 10
1939	=	**113** F 2
1940	=	**113** F 3
1941	=	**113** F 4
1942	=	**113** F 6
1943	=	**113** F 8
1944	=	**113** F 10
1945	=	**113** G 3
1946	=	**113** G 4
1947	=	**113** G 5
1948	=	**113** G 6
1949	=	**113** G 11
1950	=	**113** G 12
1951	=	**113** G 14
1952	=	**113** H 2
1953	=	**113** H 4
1954	=	**113** H 6
1955	=	**113** H 8
1956	=	**113** H 14
1957	=	**113** J 4
1958	=	**113** J 9
1959	=	**113** J 12
1960	=	**113** J 12
1961	=	**113** K 6
1962	=	**113** K 8
1963	=	**113** K 10
1964	=	**113** K 13
1965	=	**113** L 2
1966	=	**113** L 3
1967	=	**113** L 11
1968	=	**113** L 12
1969	=	**113** M 4
1970	=	**113** M 6
1971	=	**113** M 8
1972	=	**113** M 9
7/1973	=	**113** M 10
1974	=	**113** N 2
1975	=	**113** O 4
1976	=	**113** O 7
1977	=	**113** O 10
1978	=	**113** O 11
1979	=	**114** A 5
1980	=	**114** C 2
1981	=	**114** C 8
1982	=	**114** D 11
1983	=	**114** F 1
1984	=	**114** G 4
1985	=	**114** H 5
1986	=	**114** H 6
1987	=	**114** H 8
1988	=	**114** H 9
1989	=	**114** H 13
1990	=	**114** I 2
1991	=	**114** I 9
1992	=	**114** J 10
1993	=	**114** K 6
1994	=	**114** K 7
1995	=	**114** K 11
1996	=	**114** K 14
1997	=	**114** L 4
1998	=	**114** L 6
1999	=	**114** L 11
2000	=	**114** L 14
2001	=	**114** M 7
2002	=	**114** M 9
2003	=	**114** M 10
2004	=	**114** N 2
2005	=	**114** N 4
2006	=	**114** N 7
2007	=	**114** O 1
2008	=	**114** O 3
2009	=	**115** A 8
2010	=	**115** A 10
2011	=	**115** A 10
2012	=	**115** B 6
2013	=	**115** B 10
2014	=	**115** B 11
2015	=	**115** B 12
2016	=	**115** C 6
2017	=	**115** H 8
2018	=	**115** I 1
2019	=	**115** I 7
2020	=	**115** I 10
2021	=	**115** J 4
2022	=	**115** K 8
2023	=	**115** K 11
2024	=	**115** K 13
2025	=	**115** L 6
2026	=	**115** M 6
2027	=	**115** M 13
2028	=	**115** N 4
2029	=	**115** N 5
2030	=	**115** N 6
2031	=	**115** N 7
2032	=	**115** N 12
2033	=	**115** O 4
2034	=	**115** O 5
2035	=	**115** O 6
2036	=	**115** O 8
2037	=	**115** O 10
2038	=	**115** O 11
2039	=	**116** A 1
2040	=	**116** C 1
7/2041	=	**116** C 6
2042	=	**116** C 10
2043	=	**116** C 11
2044	=	**116** C 12
2045	=	**116** D 2
2046	=	**116** D 3
2047	=	**116** D 11
2048	=	**116** D 14
2049	=	**116** E 5
2050	=	**116** E 10
2051	=	**116** E 11
2052	=	**116** E 12
2053	=	**116** E 13
2054	=	**116** E 14
2055	=	**116** G 7
2056	=	**116** G 12
2057	=	**116** G 14
2058	=	**116** G 14
2059	=	**116** H 1
2060	=	**116** H 13
2061	=	**116** K 6
2062	=	**116** K 12
2063	=	**116** K 13
2064	=	**116** L 2
2065	=	**116** L 6
2066	=	**116** L 8
2067	=	**116** M 1
2068	=	**116** M 5
2069	=	**116** N 1
2070	=	**116** N 5
2071	=	**116** N 11
2072	=	**116** O 9
2073	=	**116** O 11
2074	=	**116** O 13
2075	=	**117** A 3
2076	=	**117** A 4
2077	=	**117** A 6
2078	=	**117** A 8
2079	=	**117** A 9
2080	=	**117** A 13
2081	=	**117** B 5
2082	=	**117** B 6
2083	=	**117** B 7
2084	=	**117** B 9
2085	=	**117** B 11
2086	=	**117** B 13
2087	=	**117** C 1
2088	=	**117** C 5
2089	=	**117** C 6
2090	=	**117** C 7
2091	=	**117** C 8
2092	=	**117** C 9
2093	=	**117** C 12
2094	=	**117** C 14
2095	=	**117** D 6
2096	=	**117** D 10
2097	=	**117** D 13
2098	=	**117** E 1
2099	=	**117** F 9
2100	=	**117** F 12
2101	=	**117** F 13
2102	=	**117** G 1
2103	=	**117** G 2
2104	=	**117** G 4
2105	=	**117** J 6
2106	=	**117** J 9
2107	=	**117** J 12
2108	=	**117** J 14
7/2109	=	**117** K 3
2110	=	**117** K 12
2111	=	**117** L 1
2112	=	**117** L 3
2113	=	**117** L 3
2114	=	**117** N 7
2115	=	**117** N 13
2116	=	**117** O 1
2117	=	**118** A 12
2118	=	**118** B 6
2119	=	**118** B 12
2120	=	**118** C 1
2121	=	**118** C 3
2122	=	**118** C 11
2123	=	**118** D 6
2124	=	**118** D 6
2125	=	**118** D 7
2126	=	**118** D 8
2127	=	**118** D 8
2128	=	**118** D 9
2129	=	**118** D 12
2130	=	**118** D 13
2131	=	**118** D 14
2132	=	**118** E 1
2133	=	**118** E 2
2134	=	**118** E 3
2135	=	**118** E 3
2136	=	**118** E 4
2137	=	**118** E 4
2138	=	**118** E 5
2139	=	**118** E 5
2140	=	**118** E 6
2141	=	**118** E 6
2142	=	**118** E 7
2143	=	**118** E 8
2144	=	**118** E 9
2145	=	**118** E 10
2146	=	**118** E 10
2147	=	**118** E 11
2148	=	**118** E 11
2149	=	**118** E 12
2150	=	**118** E 14
2151	=	**118** F 8
2152	=	**118** F 8
2153	=	**118** F 9
2154	=	**118** F 9
2155	=	**118** F 10
2156	=	**118** F 11
2157	=	**118** F 11
2158	=	**118** F 13
2159	=	**118** G 3
2160	=	**118** G 6
2161	=	**118** G 7
2162	=	**118** G 8
2163	=	**118** G 9
2164	=	**118** H 2
2165	=	**118** K 4
2166	=	**118** K 5
2167	=	**118** K 6
2168	=	**118** K 7
2169	=	**118** K 9
2170	=	**118** K 10
2171	=	**118** K 14
2172	=	**118** L 5
2173	=	**118** M 8
2174	=	**118** N 9
2175	=	**118** N 11
2176	=	**118** O 4

Drucksache Nr.		Fiche Nr. und Koordinate	Drucksache Nr.		Fiche Nr. und Koordinate	Drucksache Nr.		Fiche Nr. und Koordinate	Drucksache Nr.		Fiche Nr. und Koordinate
7/2177	=	**119** A 1	7/2245	=	**120** D 14	7/2313	=	**122** F 12	7/2381	=	**123** I 13
2178	=	**119** A 5	2246	=	**120** H 9	2314	=	**122** G 1	2382	=	**123** I 14
2179	=	**119** A 9	2247	=	**120** H 10	2315	=	**122** H 4	2383	=	**123** J 1
2180	=	**119** A 11	2248	=	**120** H 12	2316	=	**122** H 7	2384	=	**123** J 2
2181	=	**119** B 11	2249	=	**120** H 13	2317	=	**122** H 8	2385	=	**123** J 3
2182	=	**119** B 12	2250	=	**120** I 1	2318	=	**122** H 10	2386	=	**123** J 5
2183	=	**119** F 8	2251	=	**121** B 2	2319	=	**122** H 12	2387	=	**123** J 6
2184	=	**119** G 9	2252	=	**121** B 3	2320	=	**122** H 12	2388	=	**123** J 12
2185	=	**119** G 13	2253	=	**121** B 5	2321	=	**122** H 13	2389	=	**123** J 14
2186	=	**119** H 1	2254	=	**121** B 7	2322	=	**122** H 14	2390	=	**123** K 1
2187	=	**119** H 2	2255	=	**121** B 9	2323	=	**122** I 1	2391	=	**123** K 3
2188	=	**119** H 3	2256	=	**121** B 9	2324	=	**122** I 9	2392	=	**123** K 5
2189	=	**119** H 4	2257	=	**121** C 4	2325	=	**122** I 13	2393	=	**123** K 7
2190	=	**119** H 10	2258	=	**121** C 5	2326	=	**122** I 13	2394	=	**123** L 6
2191	=	**119** H 11	2259	=	**121** C 6	2327	=	**122** I 14	2395	=	**123** L 13
2192	=	**119** H 11	2260	=	**121** C 8	2328	=	**122** J 2	2396	=	**123** M 11
2193	=	**119** H 12	2261	=	**121** D 2	2329	=	**122** J 10	2397	=	**123** N 6
2194	=	**119** H 13	2262	=	**121** D 3	2330	=	**122** J 14	2398	=	**123** N 10
2195	=	**119** H 14	2263	=	**121** D 4	2331	=	**122** K 8	2399	=	**123** O 3
2196	=	**119** H 14	2264	=	**121** D 5	2332	=	**122** K 14	2400	=	**123** O 4
2197	=	**119** I 1	2265	=	**121** D 7	2333	=	**122** L 3	2401	=	**123** O 6
2198	=	**119** I 12	2266	=	**121** D 8	2334	=	**122** L 6	2402	=	**123** O 8
2199	=	**119** I 13	2267	=	**121** D 9	2335	=	**122** L 7	2403	=	**123** O 9
2200	=	**119** I 14	2268	=	**121** D 11	2336	=	**122** L 9	2404	=	**123** O 10
2201	=	**119** I 14	2269	=	**121** E 9	2337	=	**122** M 12	2405	=	**124** A 7
2202	=	**119** J 1	2270	=	**121** E 14	2338	=	**122** N 1	2406	=	**124** A 12
2203	=	**119** J 2	2271	=	**121** F 11	2339	=	**122** N 2	2407	=	**124** A 12
2204	=	**119** J 11	2272	=	**121** G 7	2340	=	**122** N 4	2408	=	**124** A 14
2205	=	**119** K 7	2273	=	**121** I 9	2341	=	**122** N 4	2409	=	**124** B 4
2206	=	**119** K 13	2274	=	**121** I 11	2342	=	**122** N 6	2410	=	**124** B 10
2207	=	**119** L 2	2275	=	**121** I 14	2343	=	**122** N 8	2411	=	**124** B 14
2208	=	**119** L 4	2276	=	**121** J 2	2344	=	**122** N 12	2412	=	**124** C 1
2209	=	**119** L 6	2277	=	**121** J 12	2345	=	**122** N 13	2413	=	**124** E 6
2210	=	**119** L 7	2278	=	**121** K 4	2346	=	**122** N 14	2414	=	**124** H 8
2211	=	**119** L 9	2279	=	**121** K 6	2347	=	**123** B 8	2415	=	**124** H 10
2212	=	**119** L 10	2280	=	**121** L 3	2348	=	**123** B 8	2416	=	**124** H 12
2213	=	**119** L 11	2281	=	**121** L 10	2349	=	**123** B 10	2417	=	**124** I 1
2214	=	**119** L 12	2282	=	**121** M 4	2350	=	**123** B 11	2418	=	**124** J 1
2215	=	**119** M 11	2283	=	**121** M 6	2351	=	**123** B 14	2419	=	**124** J 6
2216	=	**119** N 2	2284	=	**121** M 8	2352	=	**123** C 5	2420	=	**124** J 7
2217	=	**119** N 3	2285	=	**121** M 10	2353	=	**123** C 8	2421	=	**124** J 8
2218	=	**119** N 6	2286	=	**121** M 12	2354	=	**123** C 9	2422	=	**124** J 12
2219	=	**119** N 8	2287	=	**121** M 12	2355	=	**123** C 14	2423	=	**124** J 13
2220	=	**119** N 10	2288	=	**121** M 14	2356	=	**123** D 3	2424	=	**126** B 14
2221	=	**119** N 11	2289	=	**121** N 2	2357	=	**123** D 4	2425	=	**126** C 2
2222	=	**119** N 12	2290	=	**121** N 3	2358	=	**123** D 5	2426	=	**126** C 4
2223	=	**119** O 4	2291	=	**121** N 4	2359	=	**123** D 7	2427	=	**126** C 5
2224	=	**120** A 1	2292	=	**121** N 6	2360	=	**123** D 9	2428	=	**126** C 9
2225	=	**120** A 4	2293	=	**121** N 8	2361	=	**123** D 12	2429	=	**126** E 1
2226	=	**120** A 5	2294	=	**121** N 9	2362	=	**123** D 13	2430	=	**126** E 9
2227	=	**120** A 10	2295	=	**121** N 10	2363	=	**123** D 14	2431	=	**126** F 1
2228	=	**120** A 12	2296	=	**121** N 11	2364	=	**123** E 2	2432	=	**126** F 2
2229	=	**120** A 13	2297	=	**121** N 13	2365	=	**123** E 4	2433	=	**126** F 5
2230	=	**120** A 14	2298	=	**121** N 14	2366	=	**123** F 5	2434	=	**126** F 9
2231	=	**120** B 2	2299	=	**121** O 2	2367	=	**123** F 10	2435	=	**126** G 1
2232	=	**120** B 3	2300	=	**122** B 12	2368	=	**123** F 14	2436	=	**126** G 3
2233	=	**120** B 4	2301	=	**122** C 4	2369	=	**123** G 3	2437	=	**126** G 4
2234	=	**120** B 5	2302	=	**122** C 5	2370	=	**123** G 4	2438	=	**126** G 5
2235	=	**120** B 6	2303	=	**122** C 7	2371	=	**123** G 6	2439	=	**126** G 7
2236	=	**120** B 6	2304	=	**122** C 8	2372	=	**123** G 7	2440	=	**126** G 8
2237	=	**120** B 7	2305	=	**122** C 9	2373	=	**123** G 8	2441	=	**126** I 14
2238	=	**120** B 7	2306	=	**122** E 9	2374	=	**123** G 10	2442	=	**126** J 2
2239	=	**120** B 8	2307	=	**122** E 10	2375	=	**123** G 11	2443	=	**126** K 2
2240	=	**120** B 11	2308	=	**122** E 11	2376	=	**123** H 1	2444	=	**126** K 4
2241	=	**120** B 14	2309	=	**122** E 13	2377	=	**123** H 5	2445	=	**126** K 5
2242	=	**120** C 2	2310	=	**122** F 1	2378	=	**123** H 10	2446	=	**126** L 9
2243	=	**120** C 3	2311	=	**122** F 6	2379	=	**123** H 11	2447	=	**126** L 11
2244	=	**120** D 13	2312	=	**122** F 7	2380	=	**123** I 13	2448	=	**126** L 13

Drucksache Nr.		Fiche Nr. und Koordinate	Drucksache Nr.		Fiche Nr. und Koordinate	Drucksache Nr.		Fiche Nr. und Koordinate	Drucksache Nr.		Fiche Nr. und Koordinate
7/2449	=	**126** M 1	7/2517	=	**128** J 10	7/2585	=	**130** C 5	7/2653	=	**131** N 8
2450	=	**126** M 2	2518	=	**128** K 9	2586	=	**130** C 7	2654	=	**132** A 4
2451	=	**126** M 8	2519	=	**128** K 13	2587	=	**130** C 11	2655	=	**132** A 6
2452	=	**126** M 9	2520	=	**128** L 5	2588	=	**130** E 2	2656	=	**132** A 7
2453	=	**126** M 13	2521	=	**128** M 2	2589	=	**130** E 4	2657	=	**132** A 8
2454	=	**126** N 1	2522	=	**128** M 5	2590	=	**130** F 6	2658	=	**132** A 11
2455	=	**126** N 11	2523	=	**128** M 6	2591	=	**130** F 9	2659	=	**132** A 12
2456	=	**126** N 14	2524	=	**128** M 7	2592	=	**130** F 11	2660	=	**132** A 12
2457	=	**126** O 5	2525	=	**128** M 13	2593	=	**130** G 5	2661	=	**132** A 13
2458	=	**126** O 11	2526	=	**128** M 14	2594	=	**130** H 2	2662	=	**132** A 13
2459	=	**126** O 13	2527	=	**128** O 3	2595	=	**130** H 3	2663	=	**132** C 1
2460	=	**127** A 1	2528	=	**128** O 5	2596	=	**130** H 6	2664	=	**132** C 2
2461	=	**127** A 10	2529	=	**128** O 7	2597	=	**130** H 7	2665	=	**132** C 3
2462	=	**127** B 6	2530	=	**128** O 10	2598	=	**130** H 9	2666	=	**132** C 5
2463	=	**127** B 8	2531	=	**129** B 4	2599	=	**130** H 12	2667	=	**132** C 7
2464	=	**127** B 10	2532	=	**129** C 4	2600	=	**130** H 13	2668	=	**132** C 11
2465	=	**127** B 11	2533	=	**129** C 10	2601	=	**130** K 9	2669	=	**132** C 12
2466	=	**127** D 14	2534	=	**129** C 11	2602	=	**130** K 10	2670	=	**132** C 13
2467	=	**127** E 1	2535	=	**129** C 14	2603	=	**130** K 11	2671	=	**132** D 1
2468	=	**127** E 4	2536	=	**129** G 14	2604	=	**130** K 13	2672	=	**132** D 3
2469	=	**127** E 7	2537	=	**129** H 3	2605	=	**130** K 13	2673	=	**132** D 10
2470	=	**127** E 9	2538	=	**129** H 4	2606	=	**130** L 1	2674	=	**132** D 11
2471	=	**127** F 3	2539	=	**129** H 6	2607	=	**130** L 2	2675	=	**132** D 12
2472	=	**127** F 4	2540	=	**129** I 2	2608	=	**130** L 5	2676	=	**132** D 13
2473	=	**127** G 1	2541	=	**129** I 4	2609	=	**130** L 8	2677	=	**132** D 14
2474	=	**127** G 2	2542	=	**129** I 6	2610	=	**130** L 10	2678	=	**132** E 1
2475	=	**127** G 3	2543	=	**129** I 8	2611	=	**130** L 12	2679	=	**132** E 2
2476	=	**127** G 5	2544	=	**129** I 9	2612	=	**130** L 14	2680	=	**132** E 4
2477	=	**127** G 7	2545	=	**129** I 10	2613	=	**130** M 2	2681	=	**132** E 5
2478	=	**127** H 3	2546	=	**129** I 11	2614	=	**130** M 5	2682	=	**132** E 7
2479	=	**127** H 4	2547	=	**129** I 12	2615	=	**130** M 10	2683	=	**132** E 8
2480	=	**127** H 6	2548	=	**129** I 14	2616	=	**130** M 10	2684	=	**132** E 10
2481	=	**127** H 8	2549	=	**129** J 4	2617	=	**130** N 1	2685	=	**132** E 10
2482	=	**127** H 10	2550	=	**129** J 6	2618	=	**130** N 2	2686	=	**132** F 6
2483	=	**127** H 13	2551	=	**129** K 5	2619	=	**130** N 3	2687	=	**132** F 12
2484	=	**127** I 1	2552	=	**129** K 7	2620	=	**130** N 6	2688	=	**132** F 13
2485	=	**127** I 5	2553	=	**129** K 11	2621	=	**130** N 8	2689	=	**132** G 1
2486	=	**127** I 7	2554	=	**129** K 13	2622	=	**130** N 9	2690	=	**132** G 2
2487	=	**127** I 8	2555	=	**129** K 14	2623	=	**131** C 1	2691	=	**132** G 3
2488	=	**127** I 9	2556	=	**129** L 1	2624	=	**131** C 12	2692	=	**132** G 11
2489	=	**127** I 14	2557	=	**129** L 3	2625	=	**131** C 13	2693	=	**132** H 1
2490	=	**127** J 2	2558	=	**129** L 5	2626	=	**131** D 1	2694	=	**132** H 5
2491	=	**127** J 4	2559	=	**129** L 14	2627	=	**131** F 3	2695	=	**132** H 8
2492	=	**127** J 5	2560	=	**129** M 1	2628	=	**131** F 4	2696	=	**132** H 13
2493	=	**127** J 6	2561	=	**129** M 3	2629	=	**131** F 4	2697	=	**132** I 1
2494	=	**127** J 7	2562	=	**129** M 4	2630	=	**131** F 11	2698	=	**132** I 13
2495	=	**127** L 7	2563	=	**129** N 5	2631	=	**131** F 12	2699	=	**132** J 2
2496	=	**127** L 8	2564	=	**129** N 6	2632	=	**131** G 12	2700	=	**132** J 4
2497	=	**127** O 10	2565	=	**129** N 7	2633	=	**131** G 14	2701	=	**132** J 10
2498	=	**127** O 12	2566	=	**129** N 8	2634	=	**131** H 2	2702	=	**132** J 14
2499	=	**127** O 13	2567	=	**129** N 10	2635	=	**131** H 4	2703	=	**132** K 4
2500	=	**128** A 1	2568	=	**129** N 12	2636	=	**131** H 6	2704	=	**132** K 5
2501	=	**128** A 11	2569	=	**129** N 14	2637	=	**131** H 8	2705	=	**132** L 11
2502	=	**128** A 12	2570	=	**129** O 2	2638	=	**131** H 10	2706	=	**132** L 13
2503	=	**128** A 13	2571	=	**129** O 3	2639	=	**131** H 13	2707	=	**132** M 8
2504	=	**128** C 5	2572	=	**129** O 4	2640	=	**131** I 1	2708	=	**132** M 10
2505	=	**128** C 9	2573	=	**129** O 5	2641	=	**131** I 2	2709	=	**132** M 11
2506	=	**128** F 2	2574	=	**129** O 6	2642	=	**131** I 3	2710	=	**133** C 4
2507	=	**128** F 14	2575	=	**129** O 7	2643	=	**131** K 4	2711	=	**133** C 6
2508	=	**128** G 7	2576	=	**129** O 10	2644	=	**131** K 5	2712	=	**133** C 10
2509	=	**128** G 13	2577	=	**130** A 2	2645	=	**131** K 7	2713	=	**133** D 4
2510	=	**128** G 13	2578	=	**130** A 4	2646	=	**131** K 9	2714	=	**133** E 5
2511	=	**128** H 10	2579	=	**130** A 5	2647	=	**131** K 10	2715	=	**133** E 6
2512	=	**128** H 14	2580	=	**130** A 9	2648	=	**131** L 8	2716	=	**133** E 7
2513	=	**128** I 3	2581	=	**130** A 12	2649	=	**131** M 9	2717	=	**133** E 9
2514	=	**128** I 5	2582	=	**130** A 13	2650	=	**131** M 10	2718	=	**133** E 12
2515	=	**128** I 7	2583	=	**130** B 1	2651	=	**131** N 4	2719	=	**133** E 13
2516	=	**128** J 4	2584	=	**130** B 3	2652	=	**131** N 6	2720	=	**133** F 6

Drucksache Nr.		Fiche Nr. und Koordinate	Drucksache Nr.		Fiche Nr. und Koordinate	Drucksache Nr.		Fiche Nr. und Koordinate	Drucksache Nr.		Fiche Nr. und Koordinate
7/2721	=	**133** G 14	7/2789	=	**135** B 4	7/2857	=	**139** F 7	7/2925	=	**140** N 2
2722	=	**133** K 11	2790	=	**135** B 5	2858	=	**139** G 11	2926	=	**140** N 3
2723	=	**133** M 4	2791	=	**135** B 5	2859	=	**139** H 2	2927	=	**140** N 4
2724	=	**133** M 7	2792	=	**135** B 6	2860	=	**139** H 10	2928	=	**140** O 4
2725	=	**133** M 9	2793	=	**135** B 6	2861	=	**139** H 13	2929	=	**140** O 5
2726	=	**133** M 11	2794	=	**135** B 8	2862	=	**139** I 11	2930	=	**140** O 7
2727	=	**133** M 13	2795	=	**135** B 8	2863	=	**139** I 12	2931	=	**140** O 14
2728	=	**133** O 1	2796	=	**135** B 9	2864	=	**139** I 14	2932	=	**141** B 9
2729	=	**133** O 2	2797	=	**135** B 12	2865	=	**139** J 13	2933	=	**141** E 3
2730	=	**134** E 5	2798	=	**135** C 2	2866	=	**139** J 14	2934	=	**141** E 13
2731	=	**134** E 7	2799	=	**135** C 3	2867	=	**139** K 3	2935	=	**141** F 3
2732	=	**134** E 7	2800	=	**135** C 4	2868	=	**139** K 14	2936	=	**141** F 7
2733	=	**134** E 9	2801	=	**135** C 6	2869	=	**139** N 11	2937	=	**141** F 9
2734	=	**134** E 11	2802	=	**135** C 10	2870	=	**139** O 3	2938	=	**141** F 10
2735	=	**134** E 12	2803	=	**136** A 1	2871	=	**139** O 13	2939	=	**141** F 11
2736	=	**134** E 13	2804	=	**136** K 1	2872	=	**140** A 6	2940	=	**141** F 13
2737	=	**134** F 1	2805	=	**136** K 3	2873	=	**140** A 7	2941	=	**141** F 14
2738	=	**134** F 2	2806	=	**136** K 3	2874	=	**140** C 6	2942	=	**141** G 1
2739	=	**134** F 3	2807	=	**136** K 5	2875	=	**140** D 1	2943	=	**141** G 7
2740	=	**134** F 4	2808	=	**136** K 7	2876	=	**140** D 2	2944	=	**141** G 9
2741	=	**134** F 4	2809	=	**136** K 9	2877	=	**140** D 4	2945	=	**141** G 10
2742	=	**134** F 5	2810	=	**136** K 11	2878	=	**140** D 5	2946	=	**141** G 13
2743	=	**134** F 5	2811	=	**136** K 12	2879	=	**140** D 6	2947	=	**141** H 4
2744	=	**134** F 7	2812	=	**136** K 13	2880	=	**140** D 7	2948	=	**141** H 5
2745	=	**134** F 8	2813	=	**136** K 14	2881	=	**140** D 8	2949	=	**141** H 7
2746	=	**134** F 10	2814	=	**136** L 1	2882	=	**140** D 9	2950	=	**141** H 9
2747	=	**134** F 12	2815	=	**136** L 6	2883	=	**140** E 2	2951	=	**141** I 11
2748	=	**134** F 13	2816	=	**136** L 7	2884	=	**140** E 3	2952	=	**141** L 6
2749	=	**134** F 14	2817	=	**136** L 9	2885	=	**140** E 6	2953	=	**141** M 2
2750	=	**134** G 1	2818	=	**136** L 10	2886	=	**140** E 10	2954	=	**141** M 3
2751	=	**134** G 3	2819	=	**136** M 2	2887	=	**140** E 12	2955	=	**141** M 9
2752	=	**134** G 3	2820	=	**136** M 13	2888	=	**140** H 14	2956	=	**141** M 11
2753	=	**134** G 4	2821	=	**136** N 7	2889	=	**140** I 1	2957	=	**141** M 13
2754	=	**134** G 5	2822	=	**136** N 14	2890	=	**140** I 1	2958	=	**141** N 1
2755	=	**134** G 8	2823	=	**136** O 2	2891	=	**140** I 3	2959	=	**141** N 2
2756	=	**134** G 8	2824	=	**136** O 4	2892	=	**140** I 4	2960	=	**141** N 2
2757	=	**134** G 11	2825	=	**136** O 5	2893	=	**140** I 6	2961	=	**141** N 3
2758	=	**134** G 14	2826	=	**136** O 6	2894	=	**140** I 8	2962	=	**141** N 5
2759	=	**134** H 4	2827	=	**136** O 7	2895	=	**140** I 9	2963	=	**141** N 6
2760	=	**134** H 6	2828	=	**136** O 11	2896	=	**140** I 10	2964	=	**141** N 7
2761	=	**134** H 11	2829	=	**136** O 11	2897	=	**140** I 10	2965	=	**141** N 8
2762	=	**134** I 1	2830	=	**136** O 12	2898	=	**140** I 14	2966	=	**141** O 1
2763	=	**134** I 3	2831	=	**137** A 5	2899	=	**140** J 7	2967	=	**141** O 4
2764	=	**134** I 4	2832	=	**137** A 6	2900	=	**140** J 8	2968	=	**141** O 5
2765	=	**134** I 5	2833	=	**137** A 7	2901	=	**140** J 9	2969	=	**141** O 5
2766	=	**134** I 6	2834	=	**137** A 8	2902	=	**140** J 10	2970	=	**141** O 6
2767	=	**134** I 7	2835	=	**137** A 9	2903	=	**140** J 11	2971	=	**141** O 7
2768	=	**134** J 11	2836	=	**137** B 1	2904	=	**140** J 12	2972	=	**141** O 8
2769	=	**134** K 1	2837	=	**137** B 8	2905	=	**140** J 12	2973	=	**141** O 9
2770	=	**134** K 11	2838	=	**137** B 9	2906	=	**140** J 13	2974	=	**141** O 11
2771	=	**134** K 12	2839	=	**137** B 10	2907	=	**140** J 13	2975	=	**141** O 13
2772	=	**134** K 13	2840	=	**137** B 11	2908	=	**140** J 14	2976	=	**142** A 1
2773	=	**134** L 5	2841	=	**137** B 13	2909	=	**140** J 14	2977	=	**142** A 2
2774	=	**134** L 11	2842	=	**137** B 14	2910	=	**140** K 1	2978	=	**142** A 3
2775	=	**134** L 14	2843	=	**137** C 10	2911	=	**140** K 3	2979	=	**142** A 13
2776	=	**134** M 2	2844	=	**137** E 11	2912	=	**140** K 5	2980	=	**142** B 3
2777	=	**134** M 3	2845	=	**137** F 10	2913	=	**140** K 8	2981	=	**142** B 5
2778	=	**134** M 5	2846	=	**137** F 12	2914	=	**140** K 10	2982	=	**142** B 6
2779	=	**134** M 8	2847	=	**137** F 14	2915	=	**140** K 10	2983	=	**142** C 8
2780	=	**134** M 9	2848	=	**137** G 3	2916	=	**140** K 11	2984	=	**142** C 12
2781	=	**134** M 14	2849	=	**138** C 1	2917	=	**140** L 8	2985	=	**142** C 13
2782	=	**134** N 5	2850	=	**138** C 4	2918	=	**140** L 9	2986	=	**142** C 14
2783	=	**134** N 7	2851	=	**138** C 13	2919	=	**140** L 9	2987	=	**142** E 1
2784	=	**134** N 13	2852	=	**138** C 13	2920	=	**140** M 7	2988	=	**142** E 2
2785	=	**135** A 13	2853	=	**138** E 12	2921	=	**140** M 9	2989	=	**142** E 5
2786	=	**135** A 14	2854	=	**139** E 5	2922	=	**140** M 11	2990	=	**142** F 7
2787	=	**135** B 1	2855	=	**139** F 1	2923	=	**140** M 12	2991	=	**142** G 5
2788	=	**135** B 3	2856	=	**139** F 3	2924	=	**140** M 14	2992	=	**142** G 7

Drucksache Nr.		Fiche Nr. und Koordinate	Drucksache Nr.		Fiche Nr. und Koordinate	Drucksache Nr.		Fiche Nr. und Koordinate	Drucksache Nr.		Fiche Nr. und Koordinate
7/2993	=	**142** H 13	7/3061	=	**144** N 6	7/3129	=	**146** O 12	7/3197	=	**148** J 6
2994	=	**142** I 5	3062	=	**145** B 8	3130	=	**146** O 13	3198	=	**148** K 11
2995	=	**142** I 8	3063	=	**145** B 8	3131	=	**147** A 1	3199	=	**148** K 13
2996	=	**142** I 9	3064	=	**145** C 4	3132	=	**147** A 3	3200	=	**148** K 13
2997	=	**142** I 9	3065	=	**145** C 5	3133	=	**147** A 11	3201	=	**148** L 11
2998	=	**142** I 13	3066	=	**145** C 13	3134	=	**147** A 12	3202	=	**148** L 12
2999	=	**142** I 14	3067	=	**145** F 7	3135	=	**147** A 14	3203	=	**148** M 7
3000	=	**142** J 2	3068	=	**145** F 9	3136	=	**147** B 14	3204	=	**148** M 8
3001	=	**142** J 2	3069	=	**145** F 11	3137	=	**147** C 2	3205	=	**148** M 9
3002	=	**142** J 3	3070	=	**145** F 12	3138	=	**147** C 2	3206	=	**148** M 10
3003	=	**142** J 7	3071	=	**145** G 14	3139	=	**147** C 10	3207	=	**149** A 2
3004	=	**142** J 8	3072	=	**146** A 4	3140	=	**147** C 11	3208	=	**149** A 3
3005	=	**142** J 9	3073	=	**146** A 5	3141	=	**147** C 12	3209	=	**149** A 11
3006	=	**142** J 10	3074	=	**146** A 6	3142	=	**147** C 14	3210	=	**149** B 5
3007	=	**142** J 13	3075	=	**146** A 7	3143	=	**147** D 3	3211	=	**149** H 12
3008	=	**142** J 13	3076	=	**146** A 8	3144	=	**147** D 4	3212	=	**150** I 9
3009	=	**142** K 1	3077	=	**146** A 11	3145	=	**147** D 8	3213	=	**150** I 13
3010	=	**142** K 2	3078	=	**146** A 14	3146	=	**147** D 13	3214	=	**150** O 13
3011	=	**142** K 12	3079	=	**146** B 1	3147	=	**147** E 11	3215	=	**151** A 1
3012	=	**142** L 1	3080	=	**146** B 2	3148	=	**147** F 4	3216	=	**151** A 3
3013	=	**142** L 3	3081	=	**146** B 3	3149	=	**147** F 10	3217	=	**151** A 5
3014	=	**142** L 4	3082	=	**146** B 4	3150	=	**147** G 5	3218	=	**151** A 5
3015	=	**142** L 5	3083	=	**146** B 10	3151	=	**147** G 10	3219	=	**151** A 8
3016	=	**142** L 5	3084	=	**146** D 4	3152	=	**147** H 2	3220	=	**151** A 11
3017	=	**142** L 8	3085	=	**146** D 5	3153	=	**147** H 14	3221	=	**151** B 4
3018	=	**142** L 10	3086	=	**146** D 7	3154	=	**147** I 1	3222	=	**151** B 7
3019	=	**142** L 11	3087	=	**146** D 10	3155	=	**147** I 12	3223	=	**151** B 10
3020	=	**142** L 12	3088	=	**146** E 2	3156	=	**147** J 5	3224	=	**151** B 11
3021	=	**142** N 8	3089	=	**146** E 3	3157	=	**147** J 6	3225	=	**151** B 13
3022	=	**142** N 12	3090	=	**146** F 4	3158	=	**147** J 7	3226	=	**151** C 11
3023	=	**142** O 2	3091	=	**146** F 7	3159	=	**147** J 11	3227	=	**151** C 13
3024	=	**142** O 7	3092	=	**146** F 8	3160	=	**147** K 3	3228	=	**151** E 5
3025	=	**142** O 10	3093	=	**146** F 9	3161	=	**147** K 10	3229	=	**151** H 10
3026	=	**142** O 12	3094	=	**146** F 10	3162	=	**147** L 2	3230	=	**151** H 12
3027	=	**143** A 4	3095	=	**146** F 11	3163	=	**147** L 5	3231	=	**151** H 14
3028	=	**143** B 14	3096	=	**146** F 12	3164	=	**147** L 7	3232	=	**151** I 2
3029	=	**143** C 1	3097	=	**146** F 13	3165	=	**147** L 9	3233	=	**151** I 3
3030	=	**143** C 3	3098	=	**146** G 3	3166	=	**147** L 10	3234	=	**151** I 5
3031	=	**143** C 9	3099	=	**146** G 5	3167	=	**147** L 14	3235	=	**151** I 6
3032	=	**143** C 11	3100	=	**146** G 6	3168	=	**147** M 4	3236	=	**151** J 3
3033	=	**143** C 14	3101	=	**146** G 10	3169	=	**147** N 1	3237	=	**151** J 5
3034	=	**143** G 8	3102	=	**146** G 12	3170	=	**147** N 5	3238	=	**151** K 3
3035	=	**143** G 10	3103	=	**146** G 14	3171	=	**147** N 12	3239	=	**151** K 4
3036	=	**143** G 14	3104	=	**146** H 2	3172	=	**147** N 13	3240	=	**151** K 4
3037	=	**143** H 1	3105	=	**146** H 3	3173	=	**147** N 14	3241	=	**151** K 5
3038	=	**143** H 2	3106	=	**146** H 5	3174	=	**147** N 14	3242	=	**151** K 5
3039	=	**143** H 7	3107	=	**146** I 1	3175	=	**147** O 2	3243	=	**151** K 8
3040	=	**143** H 8	3108	=	**146** I 3	3176	=	**148** B 9	3244	=	**151** O 12
3041	=	**143** H 9	3109	=	**146** J 5	3177	=	**148** B 14	3245	=	**152** A 1
3042	=	**143** H 11	3110	=	**146** J 11	3178	=	**148** C 2	3246	=	**152** A 2
3043	=	**143** I 5	3111	=	**146** K 4	3179	=	**148** D 2	3247	=	**152** E 3
3044	=	**143** J 6	3112	=	**146** K 13	3180	=	**148** D 10	3248	=	**152** E 5
3045	=	**144** F 13	3113	=	**146** L 1	3181	=	**148** E 12	3249	=	**152** E 13
3046	=	**144** G 1	3114	=	**146** L 8	3182	=	**148** F 11	3250	=	**152** F 4
3047	=	**144** G 9	3115	=	**146** L 9	3183	=	**148** G 1	3251	=	**152** H 4
3048	=	**144** H 13	3116	=	**146** L 10	3184	=	**148** G 3	3252	=	**152** H 5
3049	=	**144** I 3	3117	=	**146** L 13	3185	=	**148** H 14	3253	=	**152** H 8
3050	=	**144** I 4	3118	=	**146** M 1	3186	=	**148** I 2	3254	=	**152** H 10
3051	=	**144** I 11	3119	=	**146** M 8	3187	=	**148** I 2	3255	=	**152** H 11
3052	=	**144** I 12	3120	=	**146** N 3	3188	=	**148** I 3	3256	=	**152** H 12
3053	=	**144** I 14	3121	=	**146** N 4	3189	=	**148** I 4	3257	=	**152** H 13
3054	=	**144** J 2	3122	=	**146** N 6	3190	=	**148** I 5	3258	=	**152** I 3
3055	=	**144** J 14	3123	=	**146** N 7	3191	=	**148** I 6	3259	=	**152** J 7
3056	=	**144** K 2	3124	=	**146** N 7	3192	=	**148** I 7	3260	=	**152** K 14
3057	=	**144** K 3	3125	=	**146** N 9	3193	=	**148** I 9	3261	=	**152** L 1
3058	=	**144** K 4	3126	=	**146** O 9	3194	=	**148** I 10	3262	=	**152** L 2
3059	=	**144** K 5	3127	=	**146** O 9	3195	=	**148** I 14	3263	=	**152** L 3
3060	=	**144** K 7	3128	=	**146** O 10	3196	=	**148** J 3	3264	=	**152** L 4

Drucksache Nr.		Fiche Nr. und Koordinate	Drucksache Nr.		Fiche Nr. und Koordinate	Drucksache Nr.		Fiche Nr. und Koordinate	Drucksache Nr.		Fiche Nr. und Koordinate
7/3265	=	**152** L 11	7/3333	=	**153** N 10	7/3401	=	**155** G 9	7/3469	=	**156** M 6
3266	=	**152** M 3	3334	=	**153** N 12	3402	=	**155** G 10	3470	=	**156** M 12
3267	=	**152** M 5	3335	=	**153** N 14	3403	=	**155** G 11	3471	=	**156** N 5
3268	=	**152** M 7	3336	=	**154** A 2	3404	=	**155** G 12	3472	=	**156** N 6
3269	=	**152** M 10	3337	=	**154** B 14	3405	=	**155** G 13	3473	=	**156** N 7
3270	=	**152** M 11	3338	=	**154** C 11	3406	=	**155** H 1	3474	=	**156** N 8
3271	=	**152** M 13	3339	=	**154** D 11	3407	=	**155** H 1	3475	=	**156** N 9
3272	=	**152** N 1	3340	=	**154** D 13	3408	=	**155** H 3	3476	=	**156** N 10
3273	=	**152** N 9	3341	=	**154** E 10	3409	=	**155** H 4	3477	=	**156** N 11
3274	=	**152** N 14	3342	=	**154** F 9	3410	=	**155** H 7	3478	=	**156** N 12
3275	=	**152** O 1	3343	=	**154** F 11	3411	=	**155** H 10	3479	=	**156** N 13
3276	=	**152** O 3	3344	=	**154** G 1	3412	=	**155** H 11	3480	=	**157** A 5
3277	=	**152** O 7	3345	=	**154** G 2	3413	=	**155** I 1	3481	=	**157** A 7
3278	=	**152** O 10	3346	=	**154** G 3	3414	=	**155** I 12	3482	=	**157** B 10
3279	=	**152** O 11	3347	=	**154** G 4	3415	=	**155** I 14	3483	=	**157** B 13
3280	=	**153** A 8	3348	=	**154** G 5	3416	=	**155** J 8	3484	=	**157** C 1
3281	=	**153** A 9	3349	=	**154** G 6	3417	=	**155** J 9	3485	=	**157** C 3
3282	=	**153** A 10	3350	=	**154** G 9	3418	=	**155** J 13	3486	=	**157** C 3
3283	=	**153** A 11	3351	=	**154** G 9	3419	=	**155** K 5	3487	=	**157** C 11
3284	=	**153** A 11	3352	=	**154** G 11	3420	=	**155** K 8	3488	=	**157** C 12
3285	=	**153** A 12	3353	=	**154** G 13	3421	=	**155** K 14	3489	=	**157** C 13
3286	=	**153** A 13	3354	=	**154** G 14	3422	=	**155** M 1	3490	=	**157** C 14
3287	=	**153** A 14	3355	=	**154** H 2	3423	=	**155** M 5	3491	=	**157** D 1
3288	=	**153** B 1	3356	=	**154** I 13	3424	=	**155** M 11	3492	=	**157** D 2
3289	=	**153** B 2	3357	=	**154** I 14	3425	=	**155** M 13	3493	=	**157** D 4
3290	=	**153** B 6	3358	=	**154** J 1	3426	=	**155** N 2	3494	=	**157** D 5
3291	=	**153** B 7	3359	=	**154** J 2	3427	=	**155** N 3	3495	=	**157** E 1
3292	=	**153** B 8	3360	=	**154** J 3	3428	=	**155** N 4	3496	=	**157** E 2
3293	=	**153** B 10	3361	=	**154** J 4	3429	=	**155** N 6	3497	=	**157** E 3
3294	=	**153** B 11	3362	=	**154** J 5	3430	=	**155** N 7	3498	=	**157** E 4
3295	=	**153** B 12	3363	=	**154** J 7	3431	=	**155** N 9	3499	=	**157** E 12
3296	=	**153** B 14	3364	=	**154** J 14	3432	=	**155** N 11	3500	=	**157** F 2
3297	=	**153** C 1	3365	=	**154** K 3	3433	=	**155** N 13	3501	=	**157** F 4
3298	=	**153** C 1	3366	=	**154** L 4	3434	=	**155** O 1	3502	=	**157** G 4
3299	=	**153** C 3	3367	=	**154** M 8	3435	=	**155** O 3	3503	=	**157** N 14
3300	=	**153** C 4	3368	=	**154** M 9	3436	=	**156** A 1	3504	=	**157** O 4
3301	=	**153** C 6	3369	=	**154** M 10	3437	=	**156** A 2	3505	=	**157** O 5
3302	=	**153** C 8	3370	=	**154** M 11	3438	=	**156** B 2	3506	=	**157** O 8
3303	=	**153** C 13	3371	=	**154** N 4	3439	=	**156** C 4	3507	=	**157** O 10
3304	=	**153** D 1	3372	=	**155** A 10	3440	=	**156** C 13	3508	=	**157** O 10
3305	=	**153** D 4	3373	=	**155** B 7	3441	=	**156** D 4	3509	=	**158** A 3
3306	=	**153** E 7	3374	=	**155** B 8	3442	=	**156** F 4	3510	=	**158** A 6
3307	=	**153** E 11	3375	=	**155** B 10	3443	=	**156** F 4	3511	=	**158** A 8
3308	=	**153** E 11	3376	=	**155** B 11	3444	=	**156** F 10	3512	=	**158** A 10
3309	=	**153** E 13	3377	=	**155** B 12	3445	=	**156** F 14	3513	=	**158** A 11
3310	=	**153** E 14	3378	=	**155** C 1	3446	=	**156** G 5	3514	=	**158** A 12
3311	=	**153** F 2	3379	=	**155** C 8	3447	=	**156** G 9	3515	=	**158** A 13
3312	=	**153** F 3	3380	=	**155** C 14	3448	=	**156** H 12	3516	=	**158** A 14
3313	=	**153** F 4	3381	=	**155** D 2	3449	=	**156** I 2	3517	=	**158** B 3
3314	=	**153** F 6	3382	=	**155** D 3	3450	=	**156** I 3	3518	=	**158** B 4
3315	=	**153** G 11	3383	=	**155** D 5	3451	=	**156** I 6	3519	=	**158** B 5
3316	=	**153** G 14	3384	=	**155** D 7	3452	=	**156** I 8	3520	=	**158** B 6
3317	=	**153** H 12	3385	=	**155** D 9	3453	=	**156** I 9	3521	=	**158** B 7
3318	=	**153** I 8	3386	=	**155** E 3	3454	=	**156** I 11	3522	=	**158** B 9
3319	=	**153** I 11	3387	=	**155** E 7	3455	=	**156** I 12	3523	=	**158** B 11
3320	=	**153** I 13	3388	=	**155** E 8	3456	=	**156** J 12	3524	=	**158** C 3
3321	=	**153** J 2	3389	=	**155** E 8	3457	=	**156** J 13	3525	=	**158** C 4
3322	=	**153** J 4	3390	=	**155** E 9	3458	=	**156** K 13	3526	=	**158** C 6
3323	=	**153** K 10	3391	=	**155** E 9	3459	=	**156** L 7	3527	=	**158** D 10
3324	=	**153** K 12	3392	=	**155** E 10	3460	=	**156** L 12	3528	=	**158** D 11
3325	=	**153** L 4	3393	=	**155** E 10	3461	=	**156** L 14	3529	=	**158** D 12
3326	=	**153** L 7	3394	=	**155** E 11	3462	=	**156** M 1	3530	=	**158** D 13
3327	=	**153** L 9	3395	=	**155** E 13	3463	=	**156** M 2	3531	=	**158** D 14
3328	=	**153** L 11	3396	=	**155** E 14	3464	=	**156** M 3	3532	=	**158** E 2
3329	=	**153** L 12	3397	=	**155** G 4	3465	=	**156** M 4	3533	=	**158** E 3
3330	=	**153** L 14	3398	=	**155** G 5	3466	=	**156** M 4	3534	=	**158** K 8
3331	=	**153** M 8	3399	=	**155** G 6	3467	=	**156** M 5	3535	=	**158** L 10
3332	=	**153** M 12	3400	=	**155** G 8	3468	=	**235** F 1	3536	=	**158** L 11

Drucksache Nr.	Fiche Nr. und Koordinate	Drucksache Nr.	Fiche Nr. und Koordinate	Drucksache Nr.	Fiche Nr. und Koordinate	Drucksache Nr.	Fiche Nr. und Koordinate
7/3537	= **158** L 14	7/3605	= **163** H 1	7/3673	**164** H 4	7/3741	= **168** F 10
3538	= **158** M 2	3606	= **163** H 2	3674	**164** H 4	3742	= **168** F 13
3539	= **158** M 3	3607	= **163** H 4	3675	**164** H 8	3743	= **168** G 1
3540	= **158** M 9	3608	= **163** H 5	3676	**164** H 10	3744	= **168** G 2
3541	= **158** N 3	3609	= **163** H 6	3677	**164** H 14	3745	= **168** G 3
3542	= **158** N 4	3610	= **163** H 8	3678	**164** I 1	3746	= **168** G 3
3543	= **158** N 5	3611	= **163** H 9	3679	**164** I 5	3747	= **168** G 8
3544	= **158** N 6	3612	= **163** I 8	3680	**164** I 6	3748	= **168** G 10
3545	= **158** O 1	3613	= **163** I 9	3681	**164** I 8	3749	= **168** G 12
3546	= **158** O 2	3614	= **163** I 10	3682	**164** I 9	3750	= **168** H 1
3547	= **158** O 3	3615	= **163** I 12	3683	**164** I 10	3751	= **168** H 3
3548	= **158** O 4	3616	= **163** I 13	3684	**164** I 11	3752	= **168** H 9
3549	= **158** O 5	3617	= **163** I 14	3685	**164** I 13	3753	= **168** I 3
3550	= **158** O 5	3618	= **163** J 1	3686	**164** O 7	3754	= **168** I 5
3551	= **158** O 8	3619	= **163** J 2	3687	**165** A 5	3755	= **168** I 6
3552	= **158** O 8	3620	= **163** J 3	3688	**165** B 6	3756	= **168** I 7
3553	= **158** O 9	3621	= **163** J 3	3689	**165** B 7	3757	= **168** I 8
3554	= **158** O 11	3622	= **163** J 4	3690	**165** C 8	3758	= **168** I 9
3555	= **158** O 13	3623	= **163** J 6	3691	**165** C 9	3759	= **168** I 11
3556	= **159** A 1	3624	= **163** K 3	3692	**165** C 11	3760	= **168** I 14
3557	= **159** A 2	3625	= **163** K 4	3693	**165** C 12	3761	= **168** J 1
3558	= **159** A 3	3626	= **163** K 4	3694	**165** F 6	3762	= **168** J 2
3559	= **159** A 4	3627	= **163** K 5	3695	**165** F 12	3763	= **168** J 3
3560	= **159** A 8	3628	= **163** K 7	3696	**165** F 14	3764	= **168** K 2
3561	= **159** A 9	3629	= **163** K 8	3697	**165** G 3	3765	= **168** K 3
3562	= **159** A 10	3630	= **163** K 8	3698	**165** G 5	3766	= **168** K 4
3563	= **159** A 14	3631	= **163** L 6	3699	**165** G 6	3767	= **168** K 4
3564	= **159** L 2	3632	= **163** L 7	3700	**165** G 8	3768	= **168** K 5
3565	= **159** L 6	3633	= **163** L 8	3701	**165** G 11	3769	= **168** K 7
3566	= **159** L 7	3634	= **163** L 9	3702	**165** G 12	3770	= **168** K 8
3567	= **159** M 1	3635	= **163** L 11	3703	**165** H 5	3771	= **168** K 10
3568	= **159** M 3	3636	= **163** L 12	3704	**165** H 7	3772	= **168** L 2
3569	= **159** M 4	3637	= **163** M 4	3705	**165** H 11	3773	= **168** L 5
3570	= **159** N 6	3638	= **163** M 10	3706	**165** K 6	3774	= **168** L 9
3571	= **159** O 5	3639	= **163** M 13	3707	**165** L 8	3775	= **168** L 11
3572	= **159** O 10	3640	= **163** M 14	3708	**165** L 11	3776	= **168** L 12
3573	= **159** O 13	3641	= **163** N 11	3709	**165** L 12	3777	= **168** L 14
3574	= **160** A 1	3642	= **163** N 12	3710	**165** L 13	3778	= **168** M 1
3575	= **160** L 4	3643	= **163** O 2	3711	**165** M 5	3779	= **168** M 3
3576	= **160** M 5	3644	= **163** O 4	3712	**165** M 12	3780	= **168** M 4
3577	= **160** M 6	3645	= **163** O 4	3713	**166** N 10	3781	= **168** M 5
3578	= **160** M 8	3646	= **163** O 6	3714	**167** H 12	3782	= **168** M 10
3579	= **160** M 10	3647	= **163** O 10	3715	**167** L 12	3783	= **168** M 12
3580	= **160** N 1	3648	= **163** O 11	3716	**167** L 13	3784	= **168** M 14
3581	= **161** F 6	3649	= **163** O 13	3717	**167** L 14	3785	= **168** N 1
3582	= **161** G 3	3650	= **164** A 4	3718	**167** M 1	3786	= **168** N 2
3583	= **161** M 9	3651	= **164** B 5	3719	**167** M 4	3787	= **168** N 5
3584	= **162** C 2	3652	= **164** C 1	3720	**167** M 5	3788	= **168** N 6
3585	= **162** D 10	3653	= **164** C 1	3721	**167** M 6	3789	= **168** N 8
3586	= **162** D 11	3654	= **164** C 5	3722	**167** M 8	3790	= **168** N 9
3587	= **162** D 13	3655	= **164** C 9	3723	**167** M 10	3791	= **168** N 11
3588	= **162** E 3	3656	= **164** C 11	3724	**167** M 11	3792	= **169** H 5
3589	= **162** E 8	3657	= **164** C 14	3725	**167** M 12	3793	= **169** H 10
3590	= **162** F 1	3658	= **164** E 4	3726	**168** M 13	3794	= **169** H 14
3591	= **162** F 9	3659	= **164** E 8	3727	**168** A 8	3795	= **169** I 2
3592	= **162** F 11	3660	= **164** E 10	3728	**168** A 9	3796	= **169** I 5
3593	= **162** F 12	3661	= **164** E 13	3729	**168** A 11	3797	= **169** I 6
3594	= **162** G 2	3662	= **164** F 3	3730	**168** B 1	3798	= **169** I 7
3595	= **162** G 3	3663	= **164** F 3	3731	**168** B 9	3799	= **169** I 7
3596	= **162** H 7	3664	= **164** F 4	3732	**168** B 10	3800	= **169** I 11
3597	= **162** H 14	3665	= **164** F 7	3733	**168** B 14	3801	= **169** J 4
3598	= **162** I 6	3666	= **164** F 8	3734	**168** C 1	3802	= **169** J 6
3599	= **162** J 14	3667	= **164** G 1	3735	**168** C 4	3803	= **169** J 8
3600	= **162** K 2	3668	= **164** G 5	3736	**168** D 3	3804	= **169** J 12
3601	= **162** K 13	3669	= **164** G 6	3737	**168** D 4	3805	= **169** J 13
3602	= **163** C 1	3670	= **164** G 8	3738	**168** E 1	3806	= **169** K 3
3603	= **163** D 6	3671	= **164** G 11	3739	**168** F 5	3807	= **169** K 4
3604	= **163** D 9	3672	= **164** G 13	3740	**168** F 6	3808	= **169** K 5

Drucksache Nr.		Fiche Nr. und Koordinate	Drucksache Nr.		Fiche Nr. und Koordinate	Drucksache Nr.		Fiche Nr. und Koordinate	Drucksache Nr.		Fiche Nr. und Koordinate
7/3809	=	**169** K 6	7/3877	=	**171** D 3	7/3945	=	**173** A 10	7/4013	=	**175** E 12
3810	=	**169** K 7	3878	=	**171** D 5	3946	=	**173** A 12	4014	=	**175** F 12
3811	=	**169** K 9	3879	=	**171** J 5	3947	=	**173** B 1	4015	=	**175** F 13
3812	=	**169** K 10	3880	=	**171** K 13	3948	=	**173** B 2	4016	=	**175** G 1
3813	=	**169** K 13	3881	=	**171** L 2	3949	=	**173** B 5	4017	=	**175** G 8
3814	=	**169** L 3	3882	=	**171** L 3	3950	=	**173** B 9	4018	=	**175** G 11
3815	=	**169** L 5	3883	=	**171** L 4	3951	=	**173** C 1	4019	=	**175** H 9
3816	=	**169** L 13	3884	=	**171** L 6	3952	=	**173** C 2	4020	=	**175** I 13
3817	=	**169** M 1	3885	=	**171** L 7	3953	=	**173** C 5	4021	=	**175** J 5
3818	=	**169** M 4	3886	=	**171** L 8	3954	=	**173** C 8	4022	=	**175** K 4
3819	=	**169** M 6	3887	=	**171** L 11	3955	=	**173** C 14	4023	=	**175** K 5
3820	=	**169** M 9	3888	=	**171** M 4	3956	=	**173** D 7	4024	=	**175** K 6
3821	=	**169** M 10	3889	=	**171** M 7	3957	=	**173** D 11	4025	=	**175** L 8
3822	=	**169** N 2	3890	=	**171** M 10	3958	=	**173** D 14	4026	=	**175** L 12
3823	=	**170** B 3	3891	=	**171** M 11	3959	=	**173** E 8	4027	=	**175** N 2
3824	=	**170** B 4	3892	=	**171** M 12	3960	=	**173** H 12	4028	=	**175** N 13
3825	=	**170** B 5	3893	=	**171** M 13	3961	=	**173** I 1	4029	=	**175** O 1
3826	=	**170** B 7	3894	=	**171** M 14	3962	=	**173** I 2	4030	=	**175** O 4
3827	=	**170** B 9	3895	=	**171** O 2	3963	=	**173** I 4	4031	=	**175** O 14
2828	=	**170** B 12	3896	=	**171** O 4	3964	=	**173** I 9	4032	=	**176** A 1
3829	=	**170** B 14	3897	=	**171** O 6	3965	=	**173** I 14	4033	=	**176** B 7
3830	=	**170** C 1	3898	=	**171** O 8	3966	=	**173** J 1	4034	=	**176** B 12
3831	=	**170** C 2	3899	=	**171** O 11	3967	=	**173** J 2	4035	=	**176** B 13
3832	=	**170** C 3	3900	=	**171** O 11	3968	=	**173** J 3	4036	=	**176** B 14
3833	=	**170** C 5	3901	=	**171** O 13	3969	=	**173** J 4	4037	=	**176** C 1
3834	=	**170** C 7	3902	=	**172** A 1	3970	=	**173** J 6	4038	=	**176** C 2
3835	=	**170** C 9	3903	=	**172** A 3	3971	=	**173** K 1	4039	=	**176** C 14
3836	=	**170** C 11	3904	=	**172** A 3	3972	=	**173** K 2	4040	=	**176** D 1
3837	=	**170** C 12	3905	=	**172** A 10	3973	=	**173** K 9	4041	=	**176** D 2
3838	=	**170** E 6	3906	=	**172** A 11	3974	=	**173** K 12	4042	=	**176** D 3
3839	=	**170** F 2	3907	=	**172** A 12	3975	=	**173** L 1	4043	=	**176** D 4
3840	=	**170** F 3	3908	=	**172** A 14	3976	=	**173** M 1	4044	=	**176** D 5
3841	=	**170** G 13	3909	=	**172** B 4	3977	=	**173** M 9	4045	=	**176** D 6
3842	=	**170** G 14	3910	=	**172** B 10	3978	=	**174** A 6	4046	=	**176** D 8
3843	=	**170** H 1	3911	=	**172** B 12	3979	=	**174** A 8	4047	=	**176** D 10
3844	=	**170** H 5	3912	=	**172** B 13	3980	=	**174** A 12	4048	=	**176** D 13
3845	=	**170** H 6	3913	=	**172** B 14	3981	=	**174** B 2	4049	=	**176** E 2
3846	=	**170** H 9	3914	=	**172** C 6	3982	=	**174** B 9	4050	=	**176** E 3
3847	=	**170** H 11	3915	=	**172** D 13	3983	=	**174** C 5	4051	=	**176** E 4
3848	=	**170** H 14	3916	=	**172** D 14	3984	=	**174** C 6	4052	=	**176** E 6
3849	=	**170** I 1	3917	=	**172** E 2	3985	=	**174** C 8	4053	=	**176** E 9
3850	=	**170** I 2	3918	=	**172** F 10	3986	=	**174** C 12	4054	=	**176** E 10
3851	=	**170** I 10	3919	=	**172** G 2	3987	=	**174** C 13	4055	=	**176** E 11
3852	=	**170** I 12	3920	=	**172** I 6	3988	=	**174** D 1	4056	=	**176** E 12
3853	=	**170** J 1	3921	=	**172** J 12	3989	=	**174** D 3	4057	=	**176** E 13
3854	=	**170** J 2	3922	=	**172** K 2	3990	=	**174** D 12	4058	=	**176** E 14
3855	=	**170** J 3	3923	=	**172** K 6	3991	=	**174** D 13	4059	=	**176** F 1
3856	=	**170** J 6	3924	=	**172** K 14	3992	=	**174** E 1	4060	=	**176** F 4
3857	=	**170** J 8	3925	=	**172** L 1	3993	=	**174** E 3	4061	=	**176** F 5
3858	=	**170** K 2	3926	=	**172** L 4	3994	=	**174** E 9	4062	=	**176** F 6
3859	=	**170** K 6	3927	=	**172** L 4	3995	=	**174** E 11	4063	=	**176** F 7
3860	=	**170** L 4	3928	=	**172** L 5	3996	=	**174** E 12	4064	=	**176** F 8
3861	=	**170** M 6	3929	=	**172** L 7	3997	=	**174** G 4	4065	=	**176** F 10
3862	=	**170** M 7	3930	=	**172** L 13	3998	=	**174** G 6	4066	=	**176** F 11
3863	=	**170** M 9	3931	=	**172** L 14	3999	=	**174** L 2	4067	=	**176** F 12
3864	=	**170** M 11	3932	=	**172** M 6	4000	=	**174** L 7	4068	=	**176** F 13
3865	=	**170** M 13	3933	=	**172** M 7	4001	=	**174** L 9	4069	=	**176** F 14
3866	=	**170** M 14	3934	=	**172** M 8	4002	=	**174** O 4	4070	=	**176** G 14
3867	=	**170** N 1	3935	=	**172** M 11	4003	=	**174** O 8	4071	=	**176** H 2
3868	=	**170** O 7	3936	=	**172** N 2	4004	=	**174** O 9	4072	=	**176** H 3
3869	=	**170** O 9	3937	=	**172** N 7	4005	=	**175** A 1	4073	=	**176** H 8
3870	=	**171** B 2	3938	=	**172** N 9	4006	=	**175** B 2	4074	=	**176** I 5
3871	=	**171** B 4	3939	=	**172** N 11	4007	=	**175** B 10	4075	=	**176** I 9
3872	=	**171** C 8	3940	=	**172** O 5	4008	=	**175** D 2	4076	=	**176** I 10
3873	=	**171** C 10	3941	=	**173** A 5	4009	=	**175** E 2	4077	=	**176** I 11
3874	=	**171** C 11	3942	=	**173** A 6	4010	=	**175** E 4	4078	=	**176** I 12
3875	=	**171** C 13	3943	=	**173** A 7	4011	=	**175** E 5	4079	=	**176** J 7
3876	=	**171** D 1	3944	=	**173** A 9	4012	=	**175** E 7	4080	=	**176** J 14

Drucksache Nr.	Fiche Nr. und Koordinate	Drucksache Nr.	Fiche Nr. und Koordinate	Drucksache Nr.	Fiche Nr. und Koordinate	Drucksache Nr.	Fiche Nr. und Koordinate
7/4081	= **176** K 1	7/4149	= **178** L 9	7/4217	= **184** K 5	7/4285	= **186** E 12
4082	= **176** K 2	4150	= **178** L 14	4218	= **184** K 7	4286	= **186** F 12
4083	= **176** K 3	4151	= **178** M 1	4219	= **184** K 8	4287	= **186** G 6
4084	= **176** K 4	4152	= **178** M 2	4220	= **184** K 9	4288	= **186** G 6
4085	= **176** L 5	4153	= **178** M 3	4221	= **184** K 12	4289	= **186** G 7
4086	= **176** L 6	4154	= **178** M 4	4222	= **184** K 13	4290	= **186** G 8
4087	= **176** L 8	4155	= **178** M 5	4223	= **184** K 14	4291	= **186** G 10
4088	= **176** L 9	4156	= **178** M 7	4224	= **184** K 14	4292	= **186** G 11
4089	= **176** L 10	4157	= **178** M 8	4225	= **184** N 4	4293	= **186** L 14
4090	= **176** M 1	4158	= **178** M 9	4226	= **184** N 6	4294	= **187** C 11
4091	= **176** M 3	4159	= **178** M 10	4227	= **184** N 8	4295	= **187** C 13
4092	= **176** M 4	4160	= **178** M 11	4228	= **184** O 7	4296	= **187** C 14
4093	= **176** M 5	4161	= **178** M 13	4229	= **184** O 11	4297	= **187** C 14
4094	= **176** M 5	4162	= **178** N 11	4230	= **185** A 14	4298	= **187** D 8
4095	= **176** M 8	4163	= **178** N 13	4231	= **185** B 2	4299	= **187** D 9
4096	= **176** M 12	4164	= **178** O 1	4232	= **185** B 6	4300	= **187** D 11
4097	= **176** M 13	4165	= **178** O 3	4233	= **185** B 8	4301	= **187** E 4
4098	= **176** M 14	4166	= **178** O 6	4234	= **185** B 12	4302	= **187** E 5
4099	= **176** N 1	4167	= **179** A 1	4235	= **185** B 14	4303	= **187** E 6
4100	= **176** N 2	4168	= **179** A 4	4236	= **185** C 4	4304	= **187** E 10
4101	= **177** A 7	4169	= **179** A 7	4237	= **185** C 7	4305	= **187** F 1
4102	= **177** C 2	4170	= **179** B 11	4238	= **185** C 9	4306	= **187** F 4
4103	= **177** C 3	4171	= **179** D 2	4239	= **185** C 14	4307	= **187** J 2
4104	= **177** C 4	4172	= **179** D 3	4240	= **185** D 6	4308	= **187** J 6
4105	= **177** C 5	4173	= **179** D 4	4241	= **185** D 8	4309	= **187** J 7
4106	= **177** C 6	4174	= **179** D 5	4242	= **185** E 2	4310	= **187** J 9
4107	= **177** C 7	4175	= **179** D 8	4243	= **185** F 5	4311	= **187** K 5
4108	= **177** C 8	4176	= **179** D 14	4244	= **185** G 1	4312	= **187** K 7
4109	= **177** C 9	4177	= **179** E 4	4245	= **185** H 8	4313	= **187** K 9
4110	= **177** C 10	4178	= **179** E 6	4246	= **185** I 12	4314	= **187** K 12
4111	= **177** C 11	4179	= **179** E 14	4247	= **185** I 12	4315	= **187** L 8
4112	= **177** C 12	4180	= **179** F 3	4248	= **185** I 13	4316	= **187** O 6
4113	= **177** D 6	4181	= **179** F 5	4249	= **185** I 14	4317	= **187** O 9
4114	= **177** D 12	4182	= **179** G 3	4250	= **185** J 13	4318	= **187** O 12
4115	= **177** D 13	4183	= **179** G 4	4251	= **185** O 3	4319	= **188** A 3
4116	= **177** D 14	4184	= **179** G 10	4252	= **185** O 5	4320	= **188** B 12
4117	= **177** E 10	4185	= **179** G 13	4253	= **185** O 6	4321	= **188** B 13
4118	= **177** E 11	4186	= **179** I 12	4254	= **185** O 8	4322	= **188** C 2
4119	= **177** E 12	4187	= **179** I 13	4255	= **185** O 10	4323	= **188** D 6
4120	= **177** E 13	4188	= **179** J 1	4256	= **186** B 6	4324	= **188** D 13
4121	= **177** F 5	4189	= **179** J 2	4257	= **186** B 7	4325	= **188** E 9
4122	= **177** K 5	4190	= **179** J 3	4258	= **186** B 7	4326	= **188** E 14
4123	= **177** M 4	4191	= **179** J 3	4259	= **186** B 8	4327	= **189** A 13
4124	= **177** M 8	4192	= **179** J 4	4260	= **186** B 8	4328	= **189** B 3
4125	= **177** M 9	4193	= **179** J 5	4261	= **186** B 9	4329	= **189** B 13
4126	= **177** M 11	4194	= **179** K 9	4262	= **186** B 9	4330	= **189** C 2
4127	= **177** M 11	4195	= **179** K 14	4263	= **186** B 11	4331	= **189** C 4
4128	= **178** A 1	4196	= **179** M 3	4264	= **186** B 11	4332	= **189** C 8
4129	= **178** A 4	4197	= **179** M 4	4265	= **186** B 12	4333	= **189** C 10
4130	= **178** A 6	4198	= **179** M 10	4266	= **186** B 12	4334	= **189** C 10
4131	= **178** B 11	4199	= **179** M 12	4267	= **186** B 13	4335	= **189** C 11
4132	= **178** C 1	4200	= **179** N 2	4268	= **186** B 14	4336	= **189** C 13
4133	= **178** C 5	4201	= **180** O 3	4269	= **186** C 1	4337	= **189** D 6
4134	= **178** D 9	4202	= **183** M 5	4270	= **186** C 3	4338	= **189** D 9
4135	= **178** D 11	4203	= **183** M 6	4271	= **186** C 5	4339	= **189** D 11
4136	= **178** E 1	4204	= **184** I 7	4272	= **186** C 5	4340	= **189** D 12
4137	= **178** E 3	4205	= **184** I 8	4273	= **186** C 7	4341	= **189** E 2
4138	= **178** E 6	4206	= **184** I 9	4274	= **186** C 9	4342	= **189** E 4
4139	= **178** F 8	4207	= **184** I 13	4275	= **186** C 11	4343	= **189** E 6
4140	= **178** K 2	4208	= **184** J 1	4276	= **186** C 11	4344	= **189** E 7
4141	= **178** K 4	4209	= **184** J 2	4277	= **186** C 12	4345	= **189** E 8
4142	= **178** K 8	4210	= **184** J 4	4278	= **186** C 13	4346	= **189** E 8
4143	= **178** K 14	4211	= **184** J 5	4279	= **186** D 1	4347	= **189** E 10
4144	= **178** L 4	4212	= **184** J 10	4280	= **186** D 2	4348	= **189** E 11
4145	= **178** L 5	4213	= **184** J 14	4281	= **186** D 3	4349	= **189** E 12
4146	= **178** L 6	4214	= **184** K 1	4282	= **186** D 9	4350	= **189** E 13
4147	= **178** L 7	4215	= **184** K 2	4283	= **186** E 3	4351	= **189** E 14
4148	= **178** L 8	4216	= **184** K 3	4284	= **186** E 4	4352	= **189** F 3

Drucksache Nr.		Fiche Nr. und Koordinate	Drucksache Nr.		Fiche Nr. und Koordinate	Drucksache Nr.		Fiche Nr. und Koordinate	Drucksache Nr.		Fiche Nr. und Koordinate
7/4353	=	**189** F 4	7/4421	=	**191** E 10	7/4489	=	**192** J 5	7/4557	=	**194** J 10
4354	=	**189** G 8	4422	=	**191** G 4	4490	=	**192** J 6	4558	=	**194** J 14
4355	=	**189** G 10	4423	=	**191** G 9	4491	=	**192** J 7	4559	=	**194** K 2
4356	=	**189** G 13	4424	=	**191** G 10	4492	=	**192** J 9	4560	=	**194** K 3
4357	=	**189** G 14	4425	=	**191** G 12	4493	=	**192** J 10	4561	=	**195** K 5
4358	=	**189** H 2	4426	=	**191** H 5	4494	=	**192** J 12	4562	=	**195** K 7
4359	=	**189** H 3	4427	=	**191** H 6	4495	=	**192** L 3	4563	=	**195** K 8
4360	=	**189** H 8	4428	=	**191** H 8	4496	=	**192** L 5	4564	=	**195** K 9
4361	=	**189** I 1	4429	=	**191** H 12	4497	=	**192** L 14	4565	=	**195** K 10
4362	=	**190** A 4	4430	=	**191** H 13	4498	=	**192** N 3	4566	=	**195** K 12
4363	=	**190** A 6	4431	=	**191** H 14	4499	=	**192** N 12	4567	=	**195** L 1
4364	=	**190** A 8	4432	=	**191** I 1	4500	=	**192** N 14	4568	=	**195** L 2
4365	=	**190** B 8	4433	=	**191** I 3	4501	=	**192** O 3	4569	=	**195** L 5
4366	=	**190** C 1	4434	=	**191** I 4	4502	=	**192** O 5	4570	=	**195** L 5
4367	=	**190** C 2	4435	=	**191** I 5	4503	=	**192** O 6	4571	=	**195** L 6
4368	=	**190** C 5	4436	=	**191** I 6	4504	=	**192** O 7	4572	=	**195** L 7
4369	=	**190** C 9	4437	=	**191** I 8	4505	=	**192** O 10	4573	=	**195** L 9
4370	=	**190** C 10	4438	=	**191** I 8	4506	=	**192** O 12	4574	=	**195** L 11
4371	=	**190** D 3	4439	=	**191** I 9	4507	=	**193** A 1	4575	=	**195** M 12
4372	=	**190** E 10	4440	=	**191** I 10	4508	=	**193** A 9	4576	=	**195** N 7
4373	=	**190** E 12	4441	=	**191** I 11	4509	=	**193** A 10	4577	=	**195** N 12
4374	=	**190** F 2	4442	=	**191** I 13	4510	=	**193** A 11	4578	=	**195** O 2
4375	=	**190** F 6	4443	=	**191** J 3	4511	=	**193** A 13	4579	=	**195** O 2
4376	=	**190** F 12	4444	=	**191** J 10	4512	=	**193** B 5	4580	=	**195** O 3
4377	=	**190** G 6	4445	=	**191** L 2	4513	=	**193** B 10	4581	=	**195** O 4
4378	=	**190** G 7	4446	=	**191** L 2	4514	=	**193** D 3	4582	=	**195** O 6
4379	=	**190** G 12	4447	=	**191** L 3	4515	=	**193** D 7	4583	=	**195** O 7
4380	=	**190** G 14	4448	=	**191** L 4	4516	=	**193** D 7	4584	=	**196** A 1
4381	=	**190** H 2	4449	=	**191** L 6	4517	=	**193** D 8	4585	=	**196** B 1
4382	=	**190** H 5	4450	=	**191** L 7	4518	=	**193** D 14	4586	=	**196** B 4
4383	=	**190** H 10	4451	=	**191** L 8	4519	=	**193** E 5	4587	=	**196** B 7
4384	=	**190** H 12	4452	=	**191** L 8	4520	=	**193** E 8	4588	=	**196** B 8
4385	=	**190** I 2	4453	=	**191** L 10	4521	=	**193** E 9	4589	=	**196** B 9
4386	=	**190** I 4	4454	=	**191** L 14	4522	=	**193** E 10	4590	=	**196** B 13
4387	=	**190** I 9	4455	=	**191** M 2	4523	=	**193** F 4	4591	=	**196** C 1
4388	=	**190** I 10	4456	=	**191** M 5	4524	=	**193** F 6	4592	=	**196** C 3
4389	=	**190** I 12	4457	=	**191** M 5	4525		**193** F 10	4593	=	**196** C 5
4390	=	**190** I 14	4458	=	**191** M 6	4526	=	**193** F 13	4594	=	**196** C 6
4391	=	**190** J 2	4459	=	**191** M 6	4527	=	**193** G 8	4595	=	**196** C 10
4392	=	**190** J 4	4460	=	**191** M 7	4528	=	**193** G 9	4596	=	**196** D 9
4393	=	**190** K 6	4461	=	**192** A 8	4529	=	**193** G 13	4597	=	**196** D 10
4394	=	**190** K 12	4462	=	**192** A 11	4530	=	**193** H 7	4598	=	**196** D 12
4395	=	**190** K 13	4463	=	**192** B 3	4531	=	**194** C 8	4599	=	**196** D 13
4396	=	**190** K 14	4464	=	**192** B 4	4532	=	**194** C 10	4600	=	**196** E 8
4397	=	**190** L 1	4465	=	**192** B 5	4533	=	**194** C 12	4601	=	**196** E 9
4398	=	**190** L 2	4466	=	**192** B 7	4534	=	**194** C 14	4602	=	**196** E 11
4399	=	**190** L 4	4467	=	**192** B 9	4535	=	**194** D 10	4603	=	**196** F 1
4400	=	**190** L 5	4468	=	**192** B 10	4536	=	**194** E 12	4604	=	**196** F 5
4401	=	**190** L 12	4469	=	**192** B 11	4537	=	**194** E 14	4605	=	**196** F 8
4402	=	**190** L 13	4470	=	**192** B 14	4538	=	**194** F 1	4606	=	**196** F 9
4403	=	**190** M 10	4471	=	**192** C 3	4539	=	**194** F 2	4607	=	**196** F 10
4404	=	**190** M 11	4472	=	**192** C 5	4540	=	**194** F 3	4608	=	**196** F 12
4405	=	**190** M 14	4473	=	**192** C 7	4541	=	**194** F 5	4609	=	**196** G 1
4406	=	**190** M 14	4474	=	**192** C 8	4542	=	**194** F 8	4610	=	**196** J 7
4407	=	**190** N 9	4475	=	**192** F 1	4543	=	**194** G 4	4611	=	**196** K 5
4408	=	**191** A 3	4476	=	**192** F 2	4544	=	**194** H 2	4612	=	**196** K 8
4409	=	**191** A 14	4477	=	**192** F 4	4545	=	**194** I 14	4613	=	**196** K 9
4410	=	**191** C 2	4478	=	**192** F 5	4546	=	**194** K 1	4614	=	**196** K 11
4411	=	**191** C 4	4479	=	**192** F 6	4547	=	**194** K 11	4615	=	**196** K 14
4412	=	**191** C 4	4480	=	**192** G 8	4548	=	**194** K 12	4616	=	**196** K 14
4413	=	**191** C 5	4481	=	**192** G 10	4549	=	**194** K 13	4617	=	**196** L 1
4414	=	**191** C 10	4482	=	**192** I 2	4550	=	**194** L 6	4618	=	**196** L 3
4415	=	**191** C 11	4483	=	**192** I 3	4551	=	**194** M 8	4619	=	**196** L 3
4416	=	**191** D 5	4484	=	**192** I 4	4552	=	**194** N 3	4620	=	**196** L 4
4417	=	**191** D 6	4485	=	**192** I 14	4553	=	**194** N 7	4621	=	**196** L 6
4418	=	**191** E 3	4486	=	**192** J 2	4554	=	**194** O 2	4622	=	**196** L 13
4419	=	**191** E 4	4487	=	**192** J 4	4555	=	**195** H 4	4623	=	**196** M 9
4420	=	**191** E 8	4488	=	**192** J 4	4556	=	**195** I 7	4624	=	**196** M 12

Drucksache Nr.		Fiche Nr. und Koordinate	Drucksache Nr.		Fiche Nr. und Koordinate	Drucksache Nr.		Fiche Nr. und Koordinate	Drucksache Nr.		Fiche Nr. und Koordinate
7/4625	=	**196** N 4	7/4693	=	**200** G 7	7/4761	=	**202** D 5	7/4829	=	**204** M 14
4626	=	**196** N 5	4694	=	**200** G 8	4762	=	**202** D 6	4830	=	**204** N 5
4627	=	**196** O 3	4695	=	**200** H 6	4763	=	**202** D 9	4831	=	**204** N 10
4628	=	**196** O 4	4696	=	**200** H 8	4764	=	**202** D 10	4832	=	**205** A 7
4629	=	**196** O 6	4697	=	**200** I 4	4765	=	**202** E 4	4833	=	**205** A 10
4630	=	**196** O 12	4698	=	**200** I 6	4766	=	**202** E 5	4834	=	**205** A 11
4631	=	**197** A 5	4699	=	**200** I 8	4767	=	**202** E 13	4835	=	**205** B 4
4632	=	**197** B 6	4700	=	**200** J 3	4768	=	**202** F 3	4836	=	**205** C 9
4633	=	**197** C 7	4701	=	**200** M 12	4769	=	**202** F 8	4837	=	**205** D 1
4634	=	**197** C 8	4702	=	**200** N 2	4770	=	**202** F 8	4838	=	**205** D 3
4635	=	**197** C 10	4703	=	**200** N 3	4771	=	**202** F 10	4839	=	**205** D 5
4636	=	**197** C 11	4704	=	**200** N 7	4772	=	**202** F 11	4840	=	**205** D 11
4637	=	**197** D 7	4705	=	**200** N 9	4773	=	**202** F 12	4841	=	**205** E 1
4638	=	**197** D 8	4706	=	**200** N 13	4774	=	**202** F 13	4842	=	**205** E 13
4639	=	**197** G 6	4707	=	**200** O 5	4775	=	**202** G 1	4843	=	**205** E 13
4640	=	**197** G 12	4708	=	**201** A 8	4776	=	**202** G 6	4844	=	**205** E 14
4641	=	**197** G 14	4709	=	**201** A 12	4777	=	**202** L 11	4845	=	**205** F 2
4642	=	**197** H 5	4710	=	**201** B 4	4778	=	**202** L 14	4846	=	**205** F 10
4643	=	**197** H 7	4711	=	**201** B 6	4779	=	**202** M 2	4847	=	**205** G 4
4644	=	**197** H 10	4712	=	**201** B 13	4780	=	**202** M 3	4848	=	**205** G 6
4645	=	**197** H 12	4713	=	**201** B 14	4781	=	**202** M 4	4849	=	**205** G 7
4646	=	**197** H 14	4714	=	**201** C 2	4782	=	**202** M 5	4850	=	**205** G 8
4647	=	**197** I 1	4715	=	**201** C 13	4783	=	**202** M 7	4851	=	**205** G 10
4648	=	**197** I 6	4716	=	**201** C 14	4784	=	**202** M 9	4852	=	**205** G 11
4649	=	**197** M 5	4717	=	**201** D 3	4785	=	**202** M 11	4853	=	**205** G 12
4650	=	**197** M 13	4718	=	**201** D 5	4786	=	**202** M 13	4854	=	**205** G 13
4651	=	**197** N 9	4719	=	**201** D 8	4787	=	**202** N 3	4855	=	**205** H 6
4652	=	**197** O 1	4720	=	**201** D 11	4788	=	**202** O 5	4856	=	**205** H 10
4653	=	**197** O 2	4721	=	**201** D 13	4789	=	**202** O 6	4857	=	**205** I 6
4654	=	**197** O 9	4722	=	**201** E 1	4790	=	**203** A 1	4858	=	**205** I 12
4655	=	**197** O 11	4723	=	**201** E 11	4791	=	**203** A 2	4859	=	**205** M 8
4656	=	**197** O 13	4724	=	**201** E 14	4792	=	**203** B 4	4860	=	**205** M 10
4657	=	**198** A 1	4725	=	**201** F 1	4793	=	**203** B 6	4861	=	**205** M 12
4658	=	**198** A 3	4726	=	**201** F 2	4794	=	**203** G 8	4862	=	**205** M 12
4659	=	**198** A 3	4727	=	**201** F 2	4795	=	**203** G 14	4863	=	**205** M 13
4660	=	**198** A 5	4728	=	**201** F 3	4796	=	**203** H 1	4864	=	**205** N 1
4661	=	**198** A 5	4729	=	**201** F 6	4797	=	**203** H 3	4865	=	**205** N 2
4662	=	**198** A 6	4730	=	**201** F 6	4798	=	**203** H 4	4866	=	**205** O 4
4663	=	**198** A 10	4731	=	**201** F 7	4799	=	**203** H 6	4867	=	**205** O 7
4664	=	**198** A 11	4732	=	**201** G 1	4800	=	**203** H 7	4868	=	**205** O 8
4665	=	**198** A 12	4733	=	**201** G 1	4801	=	**203** H 10	4869	=	**205** O 9
4666	=	**198** B 6	4734	=	**201** G 2	4802	=	**203** H 11	4870	=	**205** O 11
4667	=	**198** B 7	4735	=	**201** G 3	4803	=	**203** H 14	4871	=	**205** O 12
4668	=	**198** B 8	4736	=	**201** G 4	4804	=	**203** J 6	4872	=	**205** O 13
4669	=	**198** J 6	4737	=	**201** G 7	4805	=	**203** J 8	4873	=	**205** O 14
4670	=	**198** J 7	4738	=	**201** G 8	4806	=	**203** K 7	4874	=	**206** A 1
4671	=	**198** J 7	4739	=	**201** H 8	4807	=	**203** M 4	4875	=	**206** A 2
4672	=	**198** J 9	4740	=	**201** I 7	4808	=	**204** B 1	4876	=	**206** A 3
4673	=	**198** J 10	4741	=	**201** I 11	4809	=	**204** B 4	4877	=	**206** A 6
4674	=	**198** J 12	4742	=	**201** I 12	4810	=	**204** B 6	4878	=	**206** A 7
4675	=	**198** J 14	4743	=	**202** A 5	4811	=	**204** C 5	4879	=	**206** A 9
4676	=	**198** L 4	4744	=	**202** A 7	4812	=	**204** C 6	4880	=	**206** A 9
4677	=	**198** L 4	4745	=	**202** A 9	4813	=	**204** D 13	4881	=	**206** A 10
4678	=	**198** M 12	4746	=	**202** A 10	4814	=	**204** E 1	4882	=	**206** A 12
4679	=	**198** M 13	4747	=	**202** A 14	4815	=	**204** E 7	4883	=	**206** B 5
4680	=	**198** N 3	4748	=	**202** B 2	4816	=	**204** E 12	4884	=	**206** B 9
4681	=	**199** B 8	4749	=	**202** C 5	4817	=	**204** E 13	4885	=	**206** B 13
4682	=	**200** C 13	4750	=	**202** C 6	4818	=	**204** E 14	4886	=	**206** B 13
4683	=	**200** C 14	4751	=	**202** C 6	4819	=	**204** F 2	4887	=	**206** C 13
4684	=	**200** D 1	4752	=	**202** C 7	4820	=	**204** F 6	4888	=	**206** D 2
4685	=	**200** E 1	4753	=	**202** C 8	4821	=	**204** G 4	4889	=	**206** D 2
4686	=	**200** E 2	4754	=	**202** C 9	4822	=	**204** G 5	4890	=	**206** D 5
4687	=	**200** F 6	4755	=	**202** C 11	4823	=	**204** G 6	4891	=	**206** D 6
4688	=	**200** F 10	4756	=	**202** C 11	4824	=	**204** H 8	4892	=	**206** D 6
4689	=	**200** F 11	4757	=	**202** C 12	4825	=	**204** I 9	4893	=	**206** F 8
4690	=	**200** F 12	4758	=	**202** C 13	4826	=	**204** J 6	4894	=	**206** F 14
4691	=	**200** G 5	4759	=	**202** C 14	4827	=	**204** K 12	4895	=	**206** G 1
4692	=	**200** G 6	4760	=	**202** D 4	4828	=	**204** M 4	4896	=	**206** G 3

Drucksache Nr.		Fiche Nr. und Koordinate	Drucksache Nr.		Fiche Nr. und Koordinate	Drucksache Nr.		Fiche Nr. und Koordinate	Drucksache Nr.		Fiche Nr. und Koordinate
7/4897	=	**206** G 5	7/4965	=	**209** K 12	7/5033	=	**211** K 5	7/5101	=	**213** I 11
4898	=	**206** G 9	4966	=	**209** L 13	5034	=	**211** K 6	5102	=	**213** I 14
4899	=	**206** G 11	4967	=	**209** M 6	5035	=	**211** K 12	5103	=	**213** J 6
4900	=	**206** H 1	4968	=	**209** M 8	5036	=	**211** L 3	5104	=	**213** L 6
4901	=	**206** H 1	4969	=	**209** M 8	5037	=	**211** M 2	5105	=	**213** M 2
4902	=	**206** H 2	4970	=	**209** O 2	5038	=	**211** M 10	5106	=	**213** M 4
4903	=	**206** H 6	4971	=	**209** O 11	5039	=	**211** N 2	5107	=	**213** M 7
4904	=	**206** H 6	4972	=	**209** O 13	5040	=	**211** N 10	5108	=	**213** M 7
4905	=	**206** H 8	4973	=	**210** A 5	5041	=	**211** O 1	5109	=	**213** M 9
4906	=	**206** I 1	4974	=	**210** A 11	5042	=	**211** O 8	5110	=	**213** M 11
4907	=	**206** I 2	4975	=	**210** A 13	5043	=	**212** A 6	5111	=	**213** N 1
4908	=	**206** I 3	4976	=	**210** B 4	5044	=	**212** A 7	5112	=	**213** N 2
4909	=	**206** I 4	4977	=	**210** C 4	5045	=	**212** B 5	5113	=	**213** N 3
4910	=	**206** I 5	4978	=	**210** C 10	5046	=	**212** B 12	5114	=	**213** N 7
4911	=	**206** I 6	4979	=	**210** C 10	5047	=	**212** B 13	5115	=	**213** N 9
4912	=	**206** I 9	4980	=	**210** C 14	5048	=	**212** C 1	5116	=	**213** N 12
4913	=	**206** I 10	4981	=	**210** C 14	5049	=	**212** C 5	5117	=	**213** O 4
4914	=	**206** I 11	4982	=	**210** D 1	5050	=	**212** C 9	5118	=	**213** O 10
4915	=	**206** I 12	4983	=	**210** D 1	5051	=	**212** C 12	5119	=	**214** A 1
4916	=	**206** I 14	4984	=	**210** D 2	5052	=	**212** D 5	5120	=	**214** A 2
4917	=	**206** J 2	4985	=	**210** D 4	5053	=	**212** D 8	5121	=	**214** A 6
4918	=	**206** J 3	4986	=	**210** D 8	5054	=	**212** D 10	5122	=	**214** A 8
4919	=	**206** J 5	4987	=	**210** D 10	5055	=	**212** D 12	5123	=	**214** A 8
4920	=	**206** K 2	4988	=	**210** D 14	5056	=	**212** D 14	5124	=	**214** A 9
4921	=	**206** K 6	4989	=	**210** E 1	5057	=	**212** E 4	5125	=	**214** A 9
4922	=	**206** K 8	4990	=	**210** E 2	5058	=	**212** E 8	5126	=	**214** A 10
4923	=	**206** K 12	4991	=	**210** E 2	5059	=	**212** F 7	5127	=	**214** A 11
4924	=	**206** L 9	4992	=	**210** E 4	5060	=	**212** G 1	5128	=	**214** A 12
4925	=	**206** L 10	4993	=	**210** E 8	5061	=	**212** G 6	5129	=	**214** A 14
4926	=	**206** L 12	4994	=	**210** E 9	5062	=	**212** G 10	5130	=	**214** A 14
4927	=	**206** N 6	4995	=	**210** F 5	5063	=	**212** G 12	5131	=	**214** B 1
4928	=	**206** N 9	4996	=	**210** F 13	5064	=	**212** I 4	5132	=	**214** B 1
4929	=	**206** N 9	4997	=	**210** F 14	5065	=	**212** I 5	5133	=	**214** B 2
4930	=	**206** N 10	4998	=	**210** G 3	5066	=	**212** I 6	5134	=	**214** B 4
4931	=	**206** N 10	4999	=	**210** G 4	5067	=	**212** I 7	5135	=	**214** B 4
4932	=	**206** N 11	5000	=	**210** G 5	5068	=	**212** I 14	5136	=	**214** C 11
4933	=	**206** N 11	5001	=	**210** G 6	5069	=	**212** J 1	5137	=	**214** C 13
4934	=	**206** O 3	5002	=	**210** G 6	5070	=	**212** J 2	5138	=	**214** C 14
4935	=	**206** O 4	5003	=	**210** G 7	5071	=	**212** J 5	5139	=	**214** D 1
4936	=	**206** O 5	5004	=	**210** G 8	5072	=	**212** J 9	5140	=	**214** D 2
4937	=	**206** O 10	5005	=	**210** G 9	5073	=	**212** K 10	5141	=	**214** D 3
4938	=	**206** O 10	5006	=	**210** G 9	5074	=	**212** K 11	5142	=	**214** E 7
4939	=	**206** O 12	5007	=	**210** G 11	5075	=	**212** K 13	5143	=	**214** E 8
4940	=	**207** A 4	5008	=	**210** G 12	5076	=	**212** L 1	5144	=	**214** E 14
4941	=	**207** A 9	5009	=	**210** G 13	5077	=	**212** L 3	5145	=	**214** F 1
4942	=	**207** A 10	5010	=	**210** G 14	5078	=	**212** L 8	5146	=	**214** F 3
4943	=	**207** A 11	5011	=	**210** H 1	5079	=	**212** L 9	5147	=	**214** F 9
4944	=	**207** A 12	5012	=	**210** H 2	5080	=	**212** L 11	5148	=	**214** F 13
4945	=	**207** A 13	5013	=	**210** H 5	5081	=	**212** M 7	5149	=	**214** G 6
4946	=	**207** B 1	5014	=	**210** H 6	5082	=	**212** M 11	5150	=	**214** G 13
4947	=	**207** B 3	5015	=	**211** B 9	5083	=	**212** N 4	5151	=	**214** H 1
4948	=	**207** B 8	5016	=	**211** C 1	5084	=	**212** N 7	5152	=	**214** H 2
4949	=	**207** B 10	5017	=	**211** C 3	5085	=	**212** N 8	5153	=	**214** H 3
4950	=	**207** E 10	5018	=	**211** C 4	5086	=	**212** N 10	5154	=	**214** H 3
4951	=	**207** E 12	5019	=	**211** C 5	5087	=	**212** N 10	5155	=	**214** H 4
4952	=	**207** G 1	5020	=	**211** C 6	5088	=	**213** A 12	5156	=	**214** H 4
4953	=	**207** G 3	5021	=	**211** C 7	5089	=	**213** B 2	5157	=	**214** H 5
4954	=	**209** F 11	5022	=	**211** C 8	5090	=	**213** B 11	5158	=	**214** H 5
4955	=	**209** F 14	5023	=	**211** C 9	5091	=	**213** C 1	5159	=	**214** H 6
4956	=	**209** G 3	5024	=	**211** C 10	5092	=	**213** C 13	5160	=	**214** H 7
4957	=	**209** G 7	5025	=	**211** C 11	5093	=	**213** D 1	5161	=	**214** H 13
4958	=	**209** I 3	5026	=	**211** F 14	5094	=	**213** D 3	5162	=	**214** H 13
4959	=	**209** I 8	5027	=	**211** G 1	5095	=	**213** E 6	5163	=	**214** H 14
4960	=	**209** I 10	5028	=	**211** G 8	5096	=	**213** E 8	5164	=	**214** I 1
4961	=	**209** J 5	5029	=	**211** I 8	5097	=	**213** E 13	5165	=	**214** I 2
4962	=	**209** J 6	5030	=	**211** I 14	5098	=	**213** F 3	5166	=	**214** L 10
4963	=	**209** J 8	5031	=	**211** J 12	5099	=	**213** F 4	5167	=	**214** L 11
4964	=	**209** K 8	5032	=	**211** J 14	5100	=	**213** F 14	5168	=	**214** L 13

Drucksache Nr.		Fiche Nr. und Koordinate	Drucksache Nr.		Fiche Nr. und Koordinate	Drucksache Nr.		Fiche Nr. und Koordinate	Drucksache Nr.		Fiche Nr. und Koordinate
7/5169	=	**214** L 14	7/5237	=	**216** E 8	7/5305	=	**218** D 13	7/5373	=	**219** B 14
5170	=	**214** M 1	5238	=	**216** E 10	5306	=	**218** E 1	5374	=	**219** C 4
5171	=	**214** M 2	5239	=	**216** E 11	5307	=	**218** E 2	5375	=	**219** C 9
5172	=	**214** M 8	5240	=	**216** E 13	5308	=	**218** E 4	5376	=	**219** C 11
5173	=	**214** M 10	5241	=	**216** E 13	5309	=	**218** E 5	5377	=	**219** C 13
5174	=	**214** M 11	5242	=	**216** F 1	5310	=	**218** E 6	5378	=	**219** C 14
5175	=	**214** M 13	5243	=	**216** F 3	5311	=	**218** F 5	5379	=	**219** E 8
5176	=	**214** N 4	5244	=	**216** F 3	5312	=	**218** G 2	5380	=	**219** E 10
5177	=	**214** N 7	5245	=	**216** F 4	5313	=	**218** G 9	5381	=	**219** F 6
5178	=	**214** N 10	5246	=	**216** F 5	5314	=	**218** H 1	5382	=	**219** F 7
5179	=	**214** N 14	5247	=	**216** F 7	5315	=	**218** H 9	5383	=	**219** F 8
5180	=	**215** A 1	5248	=	**216** F 8	5316	=	**218** H 10	5384	=	**219** F 9
5181	=	**215** A 2	5249	=	**216** H 10	5317	=	**218** H 11	5385	=	**219** F 10
5182	=	**215** A 5	5250	=	**216** H 12	5318	=	**218** H 12	5386	=	**219** F 11
5183	=	**215** A 6	5251	=	**216** L 4	5319	=	**218** H 13	5387	=	**219** F 13
5184	=	**215** A 10	5252	=	**216** L 12	5320	=	**218** I 1	5388	=	**219** G 1
5185	=	**215** A 10	5253	=	**216** L 13	5321	=	**218** I 2	5389	=	**219** G 2
5186	=	**215** B 2	5254	=	**216** L 14	5322	=	**218** I 3	5390	=	**219** G 4
5187	=	**215** B 13	5255	=	**216** M 2	5323	=	**218** I 4	5391	=	**220** A 10
5188	=	**215** C 7	5256	=	**216** M 2	5324	=	**218** I 5	5392	=	**220** A 12
5189	=	**215** D 11	5257	=	**216** M 4	5325	=	**218** I 7	5393	=	**220** A 14
5190	=	**215** D 11	5258	=	**216** M 6	5326	=	**218** I 8	5394	=	**220** B 3
5191	=	**215** D 14	5259	=	**216** M 12	5327	=	**218** I 9	5395	=	**220** B 4
5192	=	**215** G 7	5260	=	**216** M 13	5328	=	**218** I 10	5396	=	**220** B 5
5193	=	**215** H 2	5261	=	**216** M 14	5329	=	**218** I 11	5397	=	**220** B 7
5194	=	**215** H 3	5262	=	**216** O 2	5330	=	**218** I 12	5398	=	**220** B 9
5195	=	**215** H 4	5263	=	**217** A 6	5331	=	**218** I 13	5399	=	**220** B 11
5196	=	**215** H 5	5264	=	**217** B 6	5332	=	**218** I 14	5400	=	**220** B 13
5197	=	**215** H 7	5265	=	**217** C 2	5333	=	**218** J 4	5401	=	**220** C 2
5198	=	**215** H 9	5266	=	**217** C 3	5334	=	**218** J 5	5402	=	**220** C 14
5199	=	**215** H 13	5267	=	**217** C 5	5335	=	**218** J 7	5403	=	**220** D 6
5200	=	**215** I 4	5268	=	**217** D 2	5336	=	**218** J 8	5404	=	**220** D 10
5201	=	**215** I 6	5269	=	**217** E 11	5337	=	**218** J 9	5405	=	**220** F 2
5202	=	**215** I 7	5270	=	**217** E 14	5338	=	**218** J 10	5406	=	**220** F 3
5203	=	**215** I 8	5271	=	**217** F 2	5339	=	**218** J 11	5407	=	**220** F 5
5204	=	**215** I 13	5272	=	**217** F 12	5340	=	**218** J 12	5408	=	**220** F 7
5205	=	**215** J 3	5273	=	**217** F 13	5341	=	**218** J 13	5409	=	**220** F 12
5206	=	**215** J 5	5274	=	**217** F 14	5342	=	**218** J 14	5410	=	**220** F 13
5207	=	**215** J 12	5275	=	**217** G 1	5343	=	**218** K 2	5411	=	**220** G 6
5208	=	**215** J 14	5276	=	**217** G 2	5344	=	**218** K 3	5412	=	**220** G 11
5209	=	**215** K 2	5277	=	**217** G 4	5345	=	**218** K 4	5413	=	**220** H 3
5210	=	**215** K 8	5278	=	**217** H 10	5346	=	**218** K 5	5414	=	**220** H 9
5211	=	**215** L 3	5279	=	**217** H 12	5347	=	**218** K 6	5415	=	**220** H 11
5212	=	**215** L 13	5280	=	**217** I 1	5348	=	**218** K 7	5416	=	**220** H 12
5213	=	**215** M 1	5281	=	**217** I 4	5349	=	**218** K 7	5417	=	**220** H 14
5214	=	**215** N 7	5282	=	**217** I 5	5350	=	**218** K 9	5418	=	**220** I 2
5215	=	**215** N 10	5283	=	**217** I 8	5351	=	**218** N 1	5419	=	**220** I 5
5216	=	**215** O 3	5284	=	**217** J 10	5352	=	**218** N 3	5420	=	**220** I 6
5217	=	**215** O 3	5285	=	**217** J 12	5353	=	**218** N 4	5421	=	**220** I 12
5218	=	**215** O 4	5286	=	**217** J 14	5354	=	**218** N 5	5422	=	**220** I 12
5219	=	**215** O 5	5287	=	**217** K 2	5355	=	**218** N 6	5423	=	**220** J 6
5220	=	**215** O 7	5288	=	**217** K 3	5356	=	**218** N 8	5424	=	**220** J 13
5221	=	**216** A 4	5289	=	**217** K 5	5357	=	**218** N 9	5425	=	**220** J 14
5222	=	**216** B 2	5290	=	**217** L 13	5358	=	**218** N 10	5426	=	**220** J 14
5223	=	**216** C 5	5291	=	**217** M 13	5359	=	**218** N 12	5427	=	**220** K 1
5224	=	**216** D 3	5292	=	**217** O 10	5360	=	**218** N 13	5428	=	**220** K 2
5225	=	**216** D 4	5293	=	**217** O 10	5361	=	**218** N 14	5429	=	**220** K 3
5226	=	**216** D 5	5294	=	**218** A 3	5362	=	**218** O 2	5430	=	**220** K 5
5227	=	**216** D 7	5295	=	**218** A 4	5363	=	**218** O 3	5431	=	**220** K 10
5228	=	**216** D 8	5296	=	**218** A 5	5364	=	**218** O 4	5432	=	**220** K 11
5229	=	**216** D 10	5297	=	**218** A 7	5365	=	**218** O 5	5433	=	**220** K 11
5230	=	**216** D 12	5298	=	**218** A 8	5366	=	**219** A 11	5434	=	**220** L 1
5231	=	**216** D 13	5299	=	**218** A 9	5367	=	**219** B 6	5435	=	**220** L 2
5232	=	**216** D 14	5300	=	**218** A 10	5368	=	**219** B 9	5436	=	**220** L 6
5233	=	**216** D 14	5301	=	**218** B 13	5369	=	**219** B 10	5437	=	**220** L 7
5234	=	**216** E 1	5302	=	**218** B 14	5370	=	**219** B 11	5438	=	**220** L 8
5235	=	**216** E 1	5303	=	**218** C 1	5371	=	**219** B 12	5439	=	**220** L 9
5236	=	**216** E 2	5304	=	**218** D 6	5372	=	**219** B 13	5440	=	**220** L 11

Drucksache Nr.		Fiche Nr. und Koordinate	Drucksache Nr.		Fiche Nr. und Koordinate	Drucksache Nr.		Fiche Nr. und Koordinate	Drucksache Nr.		Fiche Nr. und Koordinate
7/5441	=	220 L 12	7/5509	=	222 E 3	7/5577	=	223 I 9	7/5645	=	224 G 6
5442	=	220 L 13	5510	=	222 E 11	5578	=	223 I 13	5646	=	224 G 7
5443	=	220 L 14	5511	=	222 F 1	5579	=	223 I 14	5647	=	224 G 8
5444	=	220 M 1	5512	=	222 F 1	5580	=	223 J 2	5648	=	224 H 6
5445	=	220 M 2	5513	=	222 F 2	5581	=	223 J 6	5649	=	224 H 9
5446	=	220 M 3	5514	=	222 F 3	5582	=	223 J 7	5650	=	224 H 10
5447	=	220 M 4	5515	=	222 F 5	5583	=	223 J 12	5651	=	224 H 12
5448	=	220 M 5	5516	=	222 F 5	5584	=	223 J 13	5652	=	224 I 13
5449	=	220 M 7	5517	=	222 F 14	5585	=	223 J 14	5653	=	224 I 14
5450	=	220 M 8	5518	=	222 F 14	5586	=	223 K 6	5654	=	224 J 2
5451	=	220 M 9	5519	=	222 H 3	5587	=	223 K 8	5655	=	224 J 5
5452	=	220 M 10	5520	=	222 H 6	5588	=	223 K 12	5656	=	224 J 8
5453	=	220 M 10	5521	=	222 I 1	5589	=	223 K 14	5657	=	224 J 9
5454	=	220 M 11	5522	=	222 I 7	5590	=	223 L 3	5658	=	224 J 11
5455	=	220 M 11	5523	=	222 I 9	5591	=	223 L 6	5659	=	224 K 1
5456	=	220 N 4	5524	=	222 I 11	5592	=	223 L 7	5660	=	224 K 3
5457	=	221 C 2	5525	=	222 I 13	5593	=	223 L 9	5661	=	224 K 4
5458	=	221 E 6	5526	=	222 J 5	5594	=	223 L 11	5662	=	224 K 4
5459	=	221 F 4	5527	=	222 J 9	5595	=	223 M 1	5663	=	224 K 5
5460	=	221 F 6	5528	=	222 J 11	5596	=	223 M 3	5664	=	224 K 5
5461	=	221 F 7	5529	=	222 J 11	5597	=	223 M 5	5665	=	224 K 6
5462	=	221 F 8	5530	=	222 J 12	5598	=	223 M 8	5666	=	224 K 9
5463	=	221 F 11	5531	=	222 J 12	5599	=	223 M 9	5667	=	224 K 10
5464	=	221 F 13	5532	=	222 L 14	5600	=	223 M 11	5668	=	224 K 10
5465	=	221 F 14	5533	=	222 M 1	5601	=	223 M 14	5669	=	224 K 14
5466	=	221 G 1	5534	=	222 M 2	5602	=	223 N 1	5670	=	224 L 3
5467	=	221 G 3	5535	=	222 M 4	5603	=	223 N 2	5671	=	224 L 6
5468	=	221 G 3	5536	=	222 M 4	5604	=	223 N 3	5672	=	225 H 6
5469	=	221 G 4	5537	=	222 M 5	5605	=	223 N 5	5673	=	225 H 10
5470	=	221 G 5	5538	=	222 M 5	5606	=	223 N 5	5674	=	225 H 12
5471	=	221 G 8	5539	=	222 M 6	5607	=	223 N 6	5675	=	225 H 14
5472	=	221 H 6	5540	=	222 M 6	5608	=	223 N 12	5676	=	225 I 2
5473	=	221 I 1	5541	=	222 M 7	5609	=	223 O 8	5677	=	225 I 6
5474	=	221 I 3	5542	=	222 M 9	5610	=	223 O 9	5678	=	225 L 10
5475	=	221 K 7	5543	=	222 M 11	5611	=	223 O 11	5679	=	225 L 11
5476	=	221 K 10	5544	=	222 M 14	5612	=	223 O 13	5680	=	225 L 12
5477	=	221 M 1	5545	=	222 N 1	5613	=	224 A 1	5681	=	225 M 5
5478	=	221 M 3	5546	=	222 N 2	5614	=	224 A 3	5682	=	225 N 12
5479	=	221 N 1	5547	=	222 N 2	5615	=	224 A 4	5683	=	225 O 8
5480	=	221 N 2	5548	=	222 N 3	5616	=	224 A 5	5684	=	226 A 1
5481	=	221 N 4	5549	=	222 N 4	5617	=	224 A 6	5685	=	226 E 12
5482	=	221 N 5	5550	=	222 N 4	5618	=	224 A 9	5686	=	226 E 14
5483	=	221 O 6	5551	=	222 N 5	5619	=	224 B 7	5687	=	226 F 2
5484	=	221 O 9	5552	=	222 N 5	5620	=	224 C 2	5688	=	226 F 6
5485	=	221 O 10	5553	=	222 N 6	5621	=	224 C 4	5689	=	226 F 9
5486	=	221 O 11	5554	=	222 N 8	5622	=	224 C 6	5690	=	226 F 11
5487	=	221 O 12	5555	=	222 N 10	5623	=	224 C 13	5691	=	226 F 13
5488	=	222 A 1	5556	=	222 N 13	5624	=	224 D 1	5692	=	226 G 4
5489	=	222 A 9	5557	=	222 N 14	5625	=	224 D 2	5693	=	226 I 12
5490	=	222 A 12	5558	=	222 O 1	5626	=	224 D 5	5694	=	226 J 4
5491	=	222 B 6	5559	=	222 O 2	5627	=	224 D 7	5695	=	226 J 5
5492	=	222 B 11	5560	=	222 O 6	5628	=	224 D 13	5696	=	226 J 8
5493	=	222 C 2	5561	=	222 O 7	5629	=	224 D 13	5697	=	226 J 12
5494	=	222 C 6	5562	=	222 O 9	5630	=	224 D 14	5698	=	226 K 4
5495	=	222 C 7	5563	=	222 O 10	5631	=	224 E 1	5699	=	226 K 5
5496	=	222 C 9	5564	=	223 A 12	5632	=	224 F 1	5700	=	226 K 8
5497	=	222 C 10	5565	=	223 A 13	5633	=	224 F 2	5701	=	226 K 9
5498	=	222 C 13	5566	=	223 A 14	5634	=	224 F 3	5702	=	226 M 6
5499	=	222 D 1	5567	=	223 B 1	5635	=	224 F 4	5703	=	226 M 9
5500	=	222 D 2	5568	=	223 B 2	5636	=	224 F 5	5704	=	226 N 1
5501	=	222 D 4	5569	=	223 B 4	5637	=	224 F 7	5705	=	226 N 3
5502	=	222 D 5	5570	=	223 G 12	5638	=	224 F 8	5706	=	226 N 5
5503	=	222 D 9	5571	=	223 G 14	5639	=	224 F 9	5707	=	226 O 7
5504	=	222 D 10	5572	=	223 H 1	5640	=	224 F 10	5708	=	226 O 8
5505	=	222 D 11	5573	=	223 H 1	5641	=	224 F 11	5709	=	226 O 10
5506	=	222 D 12	5574	=	223 H 2	5642	=	224 G 3	5710	=	227 B 3
5507	=	222 D 13	5575	=	223 H 4	5643	=	224 G 4	5711	=	227 B 9
5508	=	222 E 1	5576	=	223 I 6	5644	=	224 G 6	5712	=	227 C 1

Drucksache Nr.		Fiche Nr. und Koordinate	Drucksache Nr.		Fiche Nr. und Koordinate	Drucksache Nr.		Fiche Nr. und Koordinate	Drucksache Nr.		Fiche Nr. und Koordinate
7/5713	=	**227** C 2	7/5781	=	**228** L 11	7/5849	=	**230** H 13	7/5917	=	**233** C 7
5714	=	**227** C 3	5782	=	**228** M 1	5850	=	**230** L 11	5918	=	**233** C 9
5715	=	**227** C 7	5783	=	**228** M 7	5851	=	**230** M 4	5919	=	**233** C 10
5716	=	**227** C 11	5784	=	**228** M 8	5852	=	**230** N 11	5920	=	**233** C 13
5717	=	**227** C 13	5785	=	**228** M 10	5853	=	**230** N 12	5921	=	**233** D 2
5718	=	**227** D 3	5786	=	**228** N 3	5854	=	**230** O 5	5922	=	**233** D 4
5719	=	**227** D 4	5787	=	**228** N 3	5855	=	**230** O 6	5923	=	**235** G 1
5720	=	**227** D 14	5788	=	**228** N 5	5856	=	**230** O 8	5924	=	**233** D 5
5721	=	**227** E 7	5789	=	**229** A 1	5857	=	**230** O 8	5925	=	**233** N 11
5722	=	**227** E 13	5790	=	**229** A 5	5858	=	**230** O 9	5926	=	**233** N 12
5723	=	**227** F 3	5791	=	**229** A 6	5859	=	**230** O 9	5927	=	**234** A 2
5724	=	**227** F 4	5792	=	**229** A 11	5860	=	**231** B 4	5928	=	**234** A 5
5725	=	**227** G 7	5793	=	**229** A 12	5861	=	**231** B 5	5929	=	**234** A 6
5726	=	**227** G 8	5794	=	**229** A 13	5862	=	**231** B 6	5930	=	**234** A 7
5727	=	**227** H 3	5795	=	**229** B 4	5863	=	**231** B 7	5931	=	**234** A 9
5728	=	**227** H 5	5796	=	**229** B 6	5864	=	**231** D 1	5932	=	**234** A 13
5729	=	**227** H 8	5797	=	**229** B 7	5865	=	**231** D 2	5933	=	**234** B 12
5730	=	**227** H 10	5798	=	**229** B 9	5866	=	**231** D 3	5934	=	**234** B 14
5731	=	**227** H 13	5799	=	**229** B 14	5867	=	**231** F 2	5935	=	**234** B 14
5732	=	**227** I 3	5800	=	**229** C 5	5868	=	**231** F 3	5936	=	**234** C 1
5733	=	**227** I 4	5801	=	**229** D 1	5869	=	**231** F 5	5937	=	**234** C 1
5734	=	**227** I 5	5802	=	**229** D 3	5870	=	**231** F 11	5938	=	**234** C 2
5735	=	**227** I 7	5803	=	**229** D 12	5871	=	**231** F 12	5939	=	**234** C 2
5736	=	**227** I 9	5804	=	**229** E 4	5872	=	**231** G 2	5940	=	**234** C 3
5737	=	**227** I 10	5805	=	**229** E 7	5873	=	**231** H 4	5941	=	**234** C 3
5738	=	**227** I 12	5806	=	**229** E 14	5874	=	**231** H 8	5942	=	**234** D 3
5739	=	**227** J 8	5807	=	**229** F 3	5875	=	**231** H 13	5943	=	**234** D 12
5740	=	**227** K 4	5808	=	**229** F 5	5876	=	**231** I 1	5944	=	**234** E 4
5741	=	**227** K 5	5809	=	**229** F 6	5877	=	**231** I 3	5945	=	**234** E 5
5742	=	**227** K 8	5810	=	**229** F 10	5878	=	**231** I 5	5946	=	**234** E 10
5743	=	**227** K 10	5811	=	**229** G 4	5879	=	**231** J 8	5947	=	**234** E 13
5744	=	**227** K 11	5812	=	**229** G 10	5880	=	**231** J 8	5948	=	**234** E 14
5745	=	**227** L 3	5813	=	**229** H 2	5881	=	**231** J 9	5949	=	**234** G 1
5746	=	**227** O 9	5814	=	**229** H 3	5882	=	**231** J 9	5950	=	**234** H 6
5747	=	**227** O 11	5815	=	**229** H 10	5883	=	**231** J 10	5951	=	**234** I 10
5748	=	**228** A 1	5816	=	**229** H 12	5884	=	**231** J 10	5952	=	**234** K 5
5749	=	**228** A 9	5817	=	**229** I 4	5885	=	**231** J 11	5953	=	**234** K 8
5750	=	**228** C 9	5818	=	**229** M 4	5886	=	**231** J 11			
5751	=	**228** C 10	5819	=	**229** M 5	5887	=	**231** K 14			
5752	=	**228** C 11	5820	=	**229** N 9	5888	=	**231** L 2			
5753	=	**228** C 14	5821	=	**229** N 11	5889	=	**231** L 5			
5754	=	**228** D 3	5822	=	**229** O 1	5890	=	**231** L 7			
5755	=	**228** D 5	5823	=	**229** O 2	5891	=	**231** L 9			
5756	=	**228** F 5	5824	=	**229** O 13	5892	=	**231** L 11			
5757	=	**228** F 7	5825	=	**230** A 10	5893	=	**231** L 12			
5758	=	**228** F 9	5826	=	**230** C 3	5894	=	**231** M 4			
5759	=	**228** F 10	5827	=	**230** C 4	5895	=	**231** M 6			
5760	=	**228** F 12	5828	=	**230** C 5	5896	=	**231** M 8			
5761	=	**228** F 13	5829	=	**230** C 8	5897	=	**231** M 10			
5762	=	**228** H 10	5830	=	**230** D 1	5898	=	**231** M 12			
5763	=	**228** H 13	5831	=	**230** D 3	5899	=	**231** O 8			
5764	=	**228** I 7	5832	=	**230** D 5	5900	=	**231** O 11			
5765	=	**228** I 11	5833	=	**230** D 7	5901	=	**232** A 5			
5766	=	**228** I 13	5834	=	**230** D 8	5902	=	**232** A 12			
5767	=	**228** I 14	5835	=	**230** E 8	5903	=	**232** M 2			
5768	=	**228** J 1	5836	=	**230** E 9	5904	=	**232** N 12			
5769	=	**228** J 3	5837	=	**230** E 11	5905	=	**232** O 4			
5770	=	**228** J 4	5838	=	**230** E 12	5906	=	**233** A 7			
5771	=	**228** J 6	5839	=	**230** E 13	5907	=	**233** A 8			
5772	=	**228** J 9	5840	=	**230** E 14	5908	=	**233** A 9			
5773	=	**228** J 12	5841	=	**230** F 1	5909	=	**233** A 10			
5774	=	**228** K 2	5842	=	**230** F 5	5910	=	**233** A 11			
5775	=	**228** K 3	5843	=	**230** G 2	5911	=	**233** B 2			
5776	=	**228** K 4	5844	=	**230** G 6	5912	=	**233** B 6			
5777	=	**228** K 9	5845	=	**230** G 8	5913	=	**233** B 12			
5778	=	**228** K 11	5846	=	**230** G 10	5914	=	**233** C 3			
5779	=	**228** K 14	5847	=	**230** H 3	5915	=	**233** C 4			
5780	=	**228** L 2	5848	=	**230** H 11	5916	=	**233** C 6			

Plenarprotokoll Nr.		Fiche Nr. und Koordinate
387	=	**1** A 1
388	=	**1** B 9
389	=	**1** B 11
390	=	**2** A 6
391	=	**2** B 11
392	=	**2** D 6
393	=	**2** E 8
394	=	**2** F 12
395	=	**2** I 1
396	=	**2** I 14
397	=	**2** L 1
398	=	**2** M 12
399	=	**2** N 12
400	=	**3** A 1
401	=	**3** C 2
402	=	**3** E 5
403	=	**3** F 14
404	=	**3** G 6
405	=	**3** I 2
406	=	**3** K 7
407	=	**3** L 12
408	=	**3** O 1
409	=	**3** O 7
410	=	**3** O 9
411	=	**4** B 9
412	=	**4** B 12
413	=	**4** D 12
414	=	**4** F 5
415	=	**4** G 8
416	=	**4** I 9
417	=	**4** K 9
418	=	**4** M 1
419	=	**4** N 2
420	=	**4** N 9
421	=	**5** A 7
422	=	**5** B 1
423	=	**5** D 8
424	=	**5** E 4
425	=	**5** G 3
426	=	**5** I 5
427	=	**5** K 3
428	=	**5** L 13
429	=	**5** M 3
430	=	**5** N 11
431	=	**5** O 8
432	=	**6** B 14
433	=	**6** D 11
434	=	**6** F 11
435	=	**6** I 1
436	=	**6** J 12
437	=	**6** L 10
438	=	**6** O 1
439	=	**6** O 12
440	=	**7** A 8
441	=	**7** B 6
442	=	**7** C 1

Drucksache Nr.		Fiche Nr. und Koordinate	Drucksache Nr.		Fiche Nr. und Koordinate	Drucksache Nr.		Fiche Nr. und Koordinate	Drucksache Nr.		Fiche Nr. und Koordinate
1/73	=	**8** A 6	69/73	=	**9** B 9	137/73	=	**16** M 4	205/73	=	**20** E 11
2/73	=	**8** A 7	70/73	=	**9** C 10	138/73	=	**16** M 6	206/73	=	**20** F 9
3/73	=	**8** A 8	71/73	=	**9** D 11	139/73	=	**16** M 7	207/73	=	**20** G 13
4/73	=	**8** A 12	72/73	=	**9** O 2	140/73	=	**16** M 11	208/73	=	**20** J 14
5/73	=	**8** B 5	73/73	=	**10** D 1	141/73	=	**16** N 2	209/73	=	**20** N 5
6/73	=	**8** B 9	74/73	=	**10** D 12	142/73	=	**17** C 3	210/73	=	**20** N 13
7/73	=	**8** B 13	75/73	=	**10** E 4	143/73	=	**17** D 14	211/73	=	**21** B 1
8/73	=	**8** C 2	76/73	=	**10** G 10	144/73	=	**17** E 9	212/73	=	**21** B 2
9/73	=	**8** C 11	77/73	=	**10** H 2	145/73	=	**17** E 7	213/73	=	**21** B 3
10/73	=	**8** D 1	78/73	=	**10** H 9	146/73	=	**17** E 11	214/73	=	**21** B 4
11/73	=	**8** H 3	79/73	=	**10** I 10	147/73	=	**17** F 9	215/73	=	**21** B 7
12/73	=	**8** H 9	80/73	=	**10** J 2	148/73	=	**17** H 3	216/73	=	**21** B 9
13/73	=	**8** H 14	81/73	=	**10** J 11	149/73	=	**17** H 14	217/73	=	**21** B 11
14/73	=	**8** I 7	82/73	=	**10** K 3	150/73	=	**17** J 1	218/73	=	**21** C 9
15/73	=	**8** I 12	83/73	=	**10** K 11	151/73	=	**17** J 2	219/73	=	**21** C 10
16/73	=	**8** J 5	84/73	=	**10** L 4	152/73	=	**17** L 4	220/73	=	**21** C 12
17/73	=	**8** J 9	85/73	=	**10** M 1	153/73	=	**17** N 4	221/73	=	**21** D 6
18/73	=	**8** J 13	86/73	=	**10** M 10	154/73	=	**17** N 6	222/73	=	**21** D 9
19/73	=	**8** K 4	87/73	=	**10** N 11	155/73	=	**17** N 7	223/73	=	**21** D 13
20/73	=	**8** K 8	88/73	=	**10** O 6	156/73	=	**17** N 13	224/73	=	**21** J 8
21/73	=	**8** K 12	89/73	=	**11** A 1	157/73	=	**18** A 6	225/73	=	**21** K 12
22/73	=	**8** L 1	90/73	=	**11** A 4	158/73	=	**18** A 14	226/73	=	**21** L 3
23/73	=	**8** L 5	91/73	=	**11** B 2	159/73	=	**18** B 3	227/73	=	**21** L 5
24/73	=	**8** L 7	92/73	=	**11** B 14	160/73	=	**18** B 7	228/73	=	**22** C 7
25/73	=	**8** L 8	93/73	=	**11** C 7	161/73	=	**18** C 13	229/73	=	**22** C 8
26/73	=	**8** L 9	94/73	=	**11** C 10	162/73	=	**18** D 1	230/73	=	**22** D 7
27/73	=	**8** L 11	95/73	=	**11** C 12	163/73	=	**18** D 2	231/73	=	**22** E 3
28/73	=	**8** L 13	96/73	=	**11** C 14	164/73	=	**18** D 4	232/73	=	**22** E 6
29/73	=	**8** M 3	97/73	=	**11** D 14	165/73	=	**18** E 7	233/73	=	**22** E 8
30/73	=	**8** M 4	98/73	=	**11** E 10	166/73	=	**18** E 14	234/73	=	**22** G 14
31/73	=	**8** M 5	99/73	=	**11** E 13	167/73	=	**18** K 7	235/73	=	**22** H 4
32/73	=	**8** M 10	100/73	=	**11** F 1	168/73	=	**18** K 8	236/73	=	**22** H 6
33/73	=	**8** M 11	101/73	=	**11** G 3	169/73	=	**18** K 10	237/73	=	**22** H 7
34/73	=	**8** M 12	102/73	=	**11** G 10	170/73	=	**18** K 12	238/73	=	**22** H 10
35/73	=	**8** **M** 13	103/73	=	**11** H 6	171/73	=	**18** K 14	239/73	=	**22** I 2
36/73	=	**8** **M** 14	104/73	=	**11** H 9	172/73	=	**18** L 2	240/73	=	**22** I 7
37/73	=	**8** **N** 1	105/73	=	**11** I 6	173/73	=	**18** L 4	241/73	=	**22** J 5
38/73	=	**8** **N** 2	106/73	=	**11** I 8	174/73	=	**18** L 6	242/73	=	**22** J 6
39/73	=	**8** **N** 3	107/73	=	**11** J 2	175/73	=	**18** M 4	243/73	=	**22** J 8
40/73	=	**8** **N** 4	108/73	=	**11** J 6	176/73	=	**18** M 7	244/73	=	**22** J 14
41/73	=	**8** **N** 5	109/73	=	**11** K 4	177/73	=	**18** N 3	245/73	=	**22** K 2
42/73	=	**8** **N** 6	110/73	=	**11** K 7	178/73	=	**18** N 6	246/73	=	**22** K 8
43/73	=	**8** **N** 7	111/73	=	**11** L 3	179/73	=	**19** A 7	247/73	=	**22** K 10
44/73	=	**8** **N** 8	112/73	=	**13** E 4	180/73	=	**19** A 9	248/73	=	**22** L 3
45/73	=	**8** **N** 9	113/73	=	**13** E 8	181/73	=	**19** A 14	249/73	=	**22** L 4
46/73	=	**8** **O** 3	114/73	=	**13** I 7	182/73	=	**19** B 13	250/73	=	**22** L 5
47/73	=	**8** **O** 4	115/73	=	**13** I 11	183/73	=	**19** C 12	251/73	=	**22** L 6
48/73	=	**8** **O** 5	116/73	=	**13** J 4	184/73	=	**19** I 1	252/73	=	**22** L 7
49/73	=	**8** **O** 6	117/73	=	**13** N 3	185/73	=	**19** I 4	253/73	=	**22** L 8
50/73	=	**8** **O** 8	118/73	=	**14** G 12	186/73	=	**19** I 7	254/73	=	**22** L 9
51/73	=	**8** **O** 10	119/73	=	**15** I 13	187/73	=	**19** I 10	255/73	=	**22** L 10
52/73	=	**8** **O** 12	120/73	=	**16** A 13	188/73	=	**19** I 14	256/73	=	**22** L 11
53/73	=	**9** **A** 1	121/73	=	**16** B 7	189/73	=	**19** J 14	257/73	=	**22** L 12
54/73	=	**9** **A** 2	122/73	=	**16** B 9	190/73	=	**19** J 7	258/73	=	**22** L 13
55/73	=	**9** **A** 3	123/73	=	**16** C 6	191/73	=	**19** J 9	259/73	=	**22** M 2
56/73	=	**9** **A** 4	124/73	=	**16** C 8	192/73	=	**19** J 10	260/73	=	**22** M 8
57/73	=	**9** **A** 5	125/73	=	**16** D 4	193/73	=	**19** J 11	261/73	=	**24** A 4
58/73	=	**9** **A** 6	126/73	=	**16** D 8	194/73	=	**19** J 13	262/73	=	**24** D 5
59/73	=	**9** **A** 7	127/73	=	**16** D 10	195/73*	=	**19** L 1	263/73	=	**24** G 11
60/73	=	**9** **A** 9	128/73	=	**16** E 3	196/73	=	**19** M 14	264/73	=	**24** M 4
61/73	=	**9** **A** 10	129/73	=	**16** E 10	197/73	=	**19** N 3	265/73	=	**24** M 5
62/73	=	**9** **A** 11	130/73	=	**16** G 1	198/73	=	**19** N 5	266/73	=	**24** M 6
63/73	=	**9** **A** 13	131/73	=	**16** L 3	199/73	=	**19** O 3	267/73	=	**24** M 7
64/73	=	**9** **A** 14	132/73	=	**16** L 10	200/73	=	**20** A 4	268/73	=	**24** M 8
65/73	=	**9** **B** 1	133/73	=	**16** L 12	201/73	=	**20** A 10	269/73	=	**24** M 10
66/73	=	**9** **B** 2	134/73	=	**16** L 13	202/73	=	**20** D 4	270/73	=	**24** M 12
67/73	=	**9** **B** 3	135/73	=	**16** L 14	203/73	=	**20** D 12	271/73	=	**24** M 14
68/73	=	**9** **B** 8	136/73	=	**16** M 2	204/73	=	**20** E 5	272/73	=	**24** N 5

* Die Anlage zu dieser BR-Drs wurde nur in beschränkter Auflage verteilt. Sie wurde daher nicht in dieser Edition, sondern lediglich in der Mikrofiche-Ausgabe des Bundesgesetzblatts verfilmt.

Drucksache Nr.		Fiche Nr. und Koordinate	Drucksache Nr.		Fiche Nr. und Koordinate	Drucksache Nr.		Fiche Nr. und Koordinate	Drucksache Nr.		Fiche Nr. und Koordinate
273/73	=	**24** N 9	341/73	=	**28** A 10	409/73	=	**31** K 4	477/73	=	**34** A 3
274/73	=	**24** N 10	342/73	=	**28** A 12	410/73	=	**31** K 13	478/73	=	**34** B 6
275/73	=	**25** A 8	343/73	=	**28** B 7	411/73	=	**31** L 1	479/73	=	**34** B 7
276/73	=	**25** B 5	344/73	=	**28** B 10	412/73	=	**31** L 2	480/73	=	**34** B 12
277/73	=	**25** C 3	345/73	=	**28** B 13	413/73	=	**31** L 4	481/73	=	**34** C 3
278/73	=	**25** C 5	346/73	=	**28** C 3	414/73	=	**31** L 11	482/73	=	**34** D 9
279/73	=	**25** C 6	347/73	=	**28** C 4	415/73	=	**31** L 12	483/73	=	**34** E 9
280/73	=	**25** C 8	348/73	=	**28** C 13	416/73	=	**31** M 5	484/73	=	**34** E 10
281/73	=	**25** E 3	349/73	=	**28** D 5	417/73	=	**31** N 14	485/73	=	**34** E 11
282/73	=	**25** F 12	350/73	=	**28** D 6	418/73	=	**31** O 5	486/73	=	**34** E 12
283/73	=	**25** L 8	351/73	=	**28** D 7	419/73	=	**31** O 6	487/73	=	**34** F 9
284/73	=	**25** L 12	352/73	=	**28** D 8	420/73	=	**31** O 8	488/73	=	**34** F 10
285/73	=	**25** L 13	353/73	=	**28** D 9	421/73	=	**32** A 1	489/73	=	**34** F 12
286/73	=	**25** L 14	354/73	=	**28** D 10	422/73	=	**32** A 11	490/73	=	**34** G 1
287/73	=	**25** O 11	355/73	=	**28** D 11	423/73	=	**32** B 6	491/73	=	**34** G 4
288/73	=	**25** O 12	356/73	=	**28** D 12	424/73	=	**32** D 6	492/73	=	**34** G 6
289/73	=	**26** A 5	357/73	=	**28** D 13	425/73	=	**32** F 11	493/73	=	**34** G 7
290/73	=	**26** A 6	358/73	=	**28** F 4	426/73	=	**32** I 4	494/73	=	**34** J 1
291/73	=	**26** A 8	359/73	=	**28** F 7	427/73	=	**32** I 11	495/73	=	**34** N 1
292/73	=	**26** A 11	360/73	=	**28** H 13	428/73	=	**32** J 5	496/73	=	**34** N 6
293/73	=	**26** D 8	361/73	=	**28** I 4	429/73	=	**32** J 7	497/73	=	**34** N 7
294/73	=	**26** D 10	362/73	=	**28** I 6	430/73	=	**32** J 8	498/73	=	**34** N 8
295/73	=	**26** E 14	363/73	=	**28** I 9	431/73	=	**32** J 14	499/73	=	**34** N 10
296/73	=	**26** F 4	364/73	=	**28** J 2	432/73	=	**32** K 4	500/73	=	**34** O 2
297/73	=	**26** F 7	365/73	=	**28** K 1	433/73	=	**32** K 5	501/73	=	**34** O 6
298/73	=	**26** F 10	366/73	=	**28** M 3	434/73	=	**32** M 11	502/73	=	**35** A 4
299/73	=	**26** F 12	367/73	=	**28** M 8	435/73	=	**32** N 1	503/73	=	**35** A 10
300/73	=	**26** F 14	368/73	=	**28** N 9	436/73	=	**32** N 5	504/73	=	**35** A 11
301/73	=	**26** H 6	369/73	=	**28** O 3	437/73	=	**32** N 7	505/73	=	**35** B 4
302/73	=	**26** I 3	370/73	=	**28** O 11	438/73	=	**32** N 13	506/73	=	**35** B 6
303/73	=	**26** K 10	371/73	=	**29** A 3	439/73	=	**33** A 1	507/73	=	**35** B 7
304/73	=	**26** K 12	372/73	=	**29** A 6	440/73	=	**33** A 12	508/73	=	**35** B 10
305/73	=	**26** N 7	373/73	=	**29** B 1	441/73	=	**33** B 5	509/73	=	**35** B 12
306/73	=	**26** O 8	374/73	=	**29** B 13	442/73	=	**33** D 6	510/73	=	**35** C 7
307/73	=	**27** A 1	375/73	=	**29** C 1	443/73	=	**33** D 8	511/73	=	**35** C 13
308/73	=	**27** A 7	376/73	=	**29** C 3	444/73	=	**33** D 9	512/73	=	**35** D 10
309/73	=	**27** B 1	377/73	=	**29** C 5	445/73	=	**33** D 10	513/73	=	**35** E 5
310/73	=	**27** B 10	378/73	=	**29** C 6	446/73	=	**33** E 2	514/73	=	**35** E 7
311/73	=	**27** B 11	379/73	=	**29** C 7	447/73	=	**33** E 12	515/73	=	**35** E 9
312/73	=	**27** C 4	380/73	=	**29** C 9	448/73	=	**33** E 13	516/73	=	**35** E 11
313/73	=	**27** C 11	381/73	=	**29** D 3	449/73	=	**33** F 4	517/73	=	**35** E 12
314/73	=	**27** C 14	382/73	=	**29** G 14	450/73	=	**33** G 2	518/73	=	**35** I 13
315/73	=	**27** D 7	383/73	=	**29** K 7	451/73	=	**33** G 13	519/73	=	**35** J 12
316/73	=	**27** D 8	384/73	=	**29** L 3	452/73	=	**33** H 3	520/73	=	**35** K 10
317/73	=	**27** D 10	385/73	=	**29** L 5	453/73	=	**33** H 5	521/73	=	**35** L 12
318/73	=	**27** E 1	386/73	=	**29** N 1	454/73	=	**33** H 6	522/73	=	**35** M 7
319/73	=	**27** E 7	387/73	=	**29** N 2	455/73	=	**33** H 7	523/73	=	**35** M 14
320/73	=	**27** E 8	388/73	=	**29** N 3	456/73	=	**33** H 8	524/73	=	**35** N 12
321/73	=	**27** H 3	389/73	=	**29** N 9	457/73	=	**33** H 9	525/73	=	**36** A 1
322/73	=	**27** H 6	390/73	=	**30** E 2	458/73	=	**33** H 10	526/73	=	**36** B 12
323/73	=	**27** H 9	391/73	=	**30** F 12	459/73	=	**33** H 12	527/73	=	**36** C 7
324/73	=	**27** H 11	392/73	=	**30** I 7	460/73	=	**33** H 14	528/73	=	**36** E 14
325/73	=	**27** I 1	393/73	=	**30** I 11	461/73	=	**33** I 4	529/73	=	**36** F 4
326/73	=	**27** I 3	394/73	=	**30** J 6	462/73	=	**33** I 5	530/73	=	**36** F 7
327/73	=	**27** I 5	395/73	=	**30** J 12	463/73	=	**33** I 6	531/73	=	**36** F 9
328/73	=	**27** I 7	396/73	=	**30** K 13	464/73	=	**33** I 11	532/73	=	**36** F 13
329/73	=	**27** I 8	397/73	=	**30** M 8	465/73	=	**33** J 1	533/73	=	**36** G 10
330/73	=	**27** I 9	398/73	=	**30** N 10	466/73	=	**33** J 2	534/73	=	**36** G 11
331/73	=	**27** J 2	399/73	=	**30** O 3	467/73	=	**33** J 3	535/73	=	**36** H 1
332/73	=	**27** J 4	400/73	=	**30** O 9	468/73	=	**33** J 5	536/73	=	**36** H 5
333/73	=	**27** K 3	401/73	=	**31** A 2	469/73	=	**33** L 9	537/73	=	**36** H 6
334/73	=	**27** K 13	402/73	=	**31** B 9	470/73	=	**33** L 10	538/73	=	**36** H 13
335/73	=	**27** L 7	403/73	=	**31** D 6	471/73	=	**33** M 3	539/73	=	**36** I 3
336/73	=	**27** L 11	404/73	=	**31** F 1	472/73	=	**33** M 5	540/73	=	**36** I 5
337/73	=	**27** M 13	405/73	=	**31** F 2	473/73	=	**33** M 7	541/73	=	**36** I 9
338/73	=	**27** O 4	406/73	=	**31** F 5	474/73	=	**33** M 12	542/73	=	**36** I 12
339/73	=	**27** O 11	407/73	=	**31** G 3	475/73	=	**33** N 4	543/73	=	**36** J 11
340/73	=	**28** A 7	408/73	=	**31** J 10	476/73	=	**33** N 13	544/73	=	**36** J 13

Drucksache Nr.		Fiche Nr. und Koordinate	Drucksache Nr.		Fiche Nr. und Koordinate	Drucksache Nr.		Fiche Nr. und Koordinate	Drucksache Nr.		Fiche Nr. und Koordinate
545/73	=	**36** K 11	613/73	=	**40** I 14	681/73	=	**44** I 3	749/73	=	**49** N 12
546/73	=	**36** L 3	614/73	=	**40** J 1	682/73	=	**44** L 14	750/73	=	**49** N 13
547/73	=	**36** L 4	615/73	=	**40** J 12	683/73	=	**44** M 8	751/73	=	**50** A 5
548/73	=	**36** M 5	616/73	=	**40** K 2	684/73	=	**44** N 11	752/73	=	**50** B 1
549/73	=	**37** A 3	617/73	=	**40** K 5	685/73	=	**44** N 14	753/73	=	**50** B 2
550/73	=	**37** A 8	618/73	=	**40** K 8	686/73	=	**44** O 1	754/73	=	**50** B 3
551/73	=	**37** B 11	619/73	=	**40** K 11	687/73	=	**44** O 4	755/73	=	**50** B 4
552/73	=	**37** B 14	620/73	=	**40** K 13	688/73	=	**44** O 12	756/73	=	**50** B 6
553/73	=	**37** C 8	621/73	=	**40** L 1	689/73	=	**45** A 4	757/73	=	**50** B 10
554/73	=	**37** O 10	622/73	=	**40** L 2	690/73	=	**45** A 13	758/73	=	**50** B 11
555/73	=	**38** A 14	623/73	=	**40** L 3	691/73	=	**45** G 3	759/73	=	**50** C 2
556/73	=	**38** J 2	624/73	=	**40** L 4	692/73	=	**45** G 9	760/73	=	**50** E 1
557/73	=	**38** K 11	625/73	=	**40** L 7	693/73	=	**45** G 14	761/73	=	**50** F 3
558/73	=	**38** K 12	626/73	=	**40** L 10	694/73	=	**45** I 5	762/73	=	**50** F 7
559/73	=	**38** L 1	627/73	=	**40** M 3	695/73	=	**45** J 3	763/73	=	**50** F 9
560/73	=	**38** L 2	628/73	=	**40** M 10	696/73	=	**45** J 13	764/73	=	**50** F 10
561/73	=	**38** L 3	629/73	=	**40** N 3	697/73	=	**45** K 8	765/73	=	**50** F 13
562/73	=	**38** M 8	630/73	=	**40** N 14	698/73	=	**45** K 14	766/73	=	**50** G 1
563/73	=	**38** M 13	631/73	=	**41** B 4	699/73	=	**45** O 10	767/73	=	**50** K 1
564/73	=	**38** N 2	632/73	=	**41** C 13	700/73	=	**46** A 6	768/73	=	**50** K 3
565/73	=	**38** O 3	633/73	=	**41** D 13	701/73	=	**47** H 13	769/73	=	**50** K 5
566/73	=	**38** O 6	634/73	=	**41** E 1	702/73	=	**47** K 13	770/73	=	**50** K 10
567/73	=	**38** O 8	635/73	=	**41** E 5	703/73	=	**47** L 1	771/73	=	**50** K 11
568/73	=	**38** O 10	636/73	=	**41** F 1	704/73	=	**47** L 9	772/73	=	**50** L 8
569/73	=	**38** O 13	637/73	=	**41** F 11	705/73	=	**47** M 10	773/73	=	**50** L 11
570/73	=	**39** A 1	638/73	=	**41** G 1	706/73	=	**47** N 6	774/73	=	**50** L 12
571/73	=	**39** A 8	639/73	=	**41** G 11	707/73	=	**47** N 7	775/73	=	**50** L 13
572/73	=	**39** A 9	640/73	=	**41** H 13	708/73	=	**47** O 3	776/73	=	**50** M 1
573/73	=	**39** A 10	641/73	=	**41** I 6	709/73	=	**47** O 4	777/73	=	**50** M 5
574/73	=	**39** A 13	642/73	=	**41** I 10	710/73	=	**47** O 10	778/73	=	**50** M 11
575/73	=	**39** B 2	643/73	=	**41** J 1	711/73	=	**48** A 3	779/73	=	**50** M 14
576/73	=	**39** B 4	644/73	=	**41** J 4	712/73	=	**48** C 2	780/73	=	**50** N 5
577/73	=	**39** B 8	645/73	=	**41** K 3	713/73	=	**48** D 6	781/73	=	**50** N 13
578/73	=	**39** B 9	646/73	=	**41** K 12	714/73	=	**48** E 1	782/73	=	**50** O 1
579/73	=	**39** B 11	647/73	=	**41** M 1	715/73	=	**48** E 4	783/73	=	**51** B 7
580/73	=	**39** B 13	648/73	=	**42** I 5	716/73	=	**48** E 5	784/73	=	**51** B 8
581/73	=	**39** C 5	649/73	=	**42** I 7	717/73	=	**48** E 14	785/73	=	**51** B 9
582/73	=	**39** C 6	650/73	=	**42** I 9	718/73	=	**48** F 5	786/73	=	**51** D 3
583/73	=	**39** C 11	651/73	=	**42** I 9	719/73	=	**48** F 8	787/73	=	**51** F 3
584/73	=	**39** D 2	652/73	=	**42** I 13	720/73	=	**48** F 12	788/73	=	**51** F 10
585/73	=	**39** E 9	653/73	=	**42** J 1	721/73	=	**48** H 8	789/73	=	**51** F 14
586/73	=	**39** E 13	654/73	=	**42** J 3	722/73	=	**48** I 11	790/73	=	**51** G 2
587/73	=	**39** F 8	655/73	=	**42** J 5	723/73	=	**48** J 1	791/73	=	**51** N 14
588/73	=	**39** G 4	656/73	=	**42** J 11	724/73	=	**48** J 4	792/73	=	**51** O 1
589/73	=	**39** G 12	657/73	=	**42** K 7	725/73	=	**48** J 9	793/73	=	**51** O 3
590/73	=	**39** H 1	658/73	=	**42** K 11	726/73	=	**48** J 12	794/73	=	**51** O 4
591/73	=	**39** J 8	659/73	=	**42** K 12	727/73	=	**48** J 14	795/73	=	**51** O 6
592/73	=	**39** L 11	660/73	=	**42** L 7	728/73	=	**48** K 3	796/73	=	**51** O 8
593/73	=	**39** M 1	661/73	=	**42** M 3	729/73	=	**48** K 4	797/73	=	**52** B 5
594/73	=	**39** M 3	662/73	=	**42** M 5	730/73	=	**48** K 5	798/73	=	**52** C 4
595/73	=	**39** N 4	663/73	=	**42** N 7	731/73	=	**48** K 6	799/73	=	**52** C 5
596/73	=	**39** N 6	664/73	=	**42** N 10	732/73	=	**48** K 7	800/73	=	**52** D 2
597/73	=	**39** O 1	665/73	=	**42** N 13	733/73	=	**48** K 9	801/73	=	**52** D 8
598/73	=	**39** O 2	666/73	=	**43** A 2	734/73	=	**48** K 12			
599/73	=	**39** O 3	667/73	=	**43** A 6	735/73	=	**48** L 1			
600/73*	=	**40** A 11	668/73	=	**43** B 10	736/73	=	**48** L 2			
601/73	=	**40** D 1	669/73	=	**43** B 11	737/73	=	**48** L 3			
602/73	=	**40** E 11	670/73	=	**43** D 8	738/73	=	**48** O 8			
603/73	=	**40** F 7	671/73	=	**43** E 9	739/73	=	**49** A 1			
604/73	=	**40** F 8	672/73	=	**43** F 2	740/73	=	**49** A 6			
605/73	=	**40** F 11	673/73	=	**43** F 3	741/73	=	**49** K 12			
606/73	=	**40** F 12	674/73	=	**43** G 1	742/73	=	**49** K 13			
607/73	=	**40** G 1	675/73	=	**43** G 10	743/73	=	**49** L 4			
608/73	=	**40** H 13	676/73	=	**43** G 13	744/73	=	**49** L 5			
609/73	=	**40** I 1	677/73	=	**43** H 1	745/73	=	**49** L 6			
610/73	=	**40** I 5	678/73	=	**43** H 5	746/73	=	**49** M 4			
611/73	=	**40** I 6	679/73	=	**43** I 1	747/73	=	**49** M 14			
612/73	=	**40** I 8	680/73	=	**43** I 9	748/73	=	**49** N 2			

* Die Drucksache 600/73 (neu) wurde durch ein technisches Versehen auf Koordinate F 14 verfilmt.

Drucksache Nr.		Fiche Nr. und Koordinate	Drucksache Nr.		Fiche Nr. und Koordinate	Drucksache Nr.		Fiche Nr. und Koordinate	Drucksache Nr.		Fiche Nr. und Koordinate
1/74	=	**53** A 4	69/74	=	**57** F 8	137/74	=	**61** J 7	205/74	=	**64** G 14
2/74	=	**53** O 5	70/74	=	**57** F 12	138/74	=	**61** J 8	206/74	=	**64** H 3
3/74	=	**54** A 13	71/74	=	**57** G 5	139/74	=	**61** J 11	207/74	=	**64** H 5
4/74	=	**54** C 7	72/74	=	**57** N 11	140/74	=	**61** J 13	208/74	=	**64** L 9
5/74	=	**54** C 11	73/74	=	**57** O 9	141/74	=	**61** K 2	209/74	=	**64** M 8
6/74	=	**54** D 8	74/74	=	**58** A 8	142/74	=	**61** K 6	210/74	=	**64** N 5
7/74	=	**54** D 13	75/74	=	**58** A 11	143/74	=	**61** K 8	211/74	=	**64** O 2
8/74	=	**54** E 7	76/74	=	**58** B 8	144/74	=	**61** L 10	212/74	=	**65** A 1
9/74	=	**54** F 10	77/74	=	**58** B 14	145/74	=	**61** M 7	213/74	=	**65** A 13
10/74	=	**54** G 8	78/74	=	**58** C 12	146/74	=	**61** M 9	214/74	=	**65** F 9
11/74	=	**54** H 9	79/74	=	**58** D 11	147/74	=	**61** M 10	215/74	=	**65** H 1
12/74	=	**54** H 10	80/74	=	**58** D 12	148/74	=	**61** M 13	216/74	=	**65** I 5
13/74	=	**54** H 11	81/74	=	**58** E 14	149/74	=	**61** M 14	217/74	=	**65** L 4
14/74	=	**54** H 13	82/74	=	**58** F 2	150/74	=	**61** N 1	218/74	=	**65** L 9
15/74	=	**54** I 3	83/74	=	**58** F 6	151/74	=	**61** N 2	219/74	=	**65** L 10
16/74	=	**54** I 5	84/74	=	**58** F 8	152/74	=	**61** N 3	220/74	=	**65** L 12
17/74	=	**54** I 7	85/74	=	**58** F 9	153/74	=	**61** N 6	221/74	=	**65** L 13
18/74	=	**54** I 11	86/74	=	**58** G 6	154/74	=	**61** N 7	222/74	=	**65** M 9
19/74	=	**54** I 13	87/74	=	**58** G 13	155/74	=	**61** N 11	223/74	=	**65** M 12
20/74	=	**54** J 3	88/74	=	**58** H 3	156/74	=	**62** A 7	224/74	=	**65** N 9
21/74	=	**55** D 6	89/74	=	**58** H 5	157/74	=	**62** B 13	225/74	=	**65** O 1
22/74	=	**55** F 1	90/74	=	**58** H 10	158/74	=	**62** C 12	226/74	=	**65** O 2
23/74	=	**55** F 5	91/74	=	**58** I 1	159/74	=	**62** D 9	227/74	=	**65** O 6
24/74	=	**55** F 14	92/74	=	**58** I 10	160/74	=	**62** F 9	228/74	=	**65** O 8
25/74	=	**55** G 6	93/74	=	**58** I 12	161/74	=	**62** G 7	229/74	=	**65** O 9
26/74	=	**55** G 10	94/74	=	**58** K 2	162/74	=	**62** I 7	230/74	=	**65** O 11
27/74	=	**55** H 8	95/74	=	**58** K 3	163/74	=	**62** J 12	231/74	=	**65** O 12
28/74	=	**55** H 14	96/74	=	**58** K 3	164/74	=	**62** K 5	232/74	=	**66** A 8
29/74	=	**55** I 1	97/74	=	**58** K 4	165/74	=	**62** K 12	233/74	=	**66** A 10
30/74	=	**55** I 3	98/74	=	**58** L 1	166/74	=	**62** L 12	234/74	=	**66** A 12
31/74	=	**55** I 12	99/74	=	**58** L 3	167/74	=	**62** M 14	235/74	=	**66** A 14
32/74	=	**55** J 4	100/74	=	**58** O 9	168/74	=	**62** N 1	236/74	=	**66** C 1
33/74	=	**55** J 8	101/74	=	**59** A 5	169/74	=	**62** N 4	237/74	=	**66** C 2
34/74	=	**55** K 9	102/74	=	**59** A 12	170/74	=	**62** N 7	238/74	=	**66** C 10
35/74	=	**55** K 12	103/74	=	**59** A 14	171/74	=	**62** N 12	239/74	=	**66** D 5
36/74	=	**55** K 14	104/74	=	**59** B 1	172/74	=	**62** O 3	240/74	=	**66** D 12
37/74	=	**55** L 6	105/74	=	**59** B 2	173/74	=	**62** O 5	241/74	=	**66** E 11
38/74	=	**55** M 1	106/74	=	**59** B 8	174/74	=	**62** O 8	242/74	=	**66** F 2
39/74	=	**55** M 13	107/74	=	**59** B 10	175/74	=	**62** O 10	243/74	=	**66** F 6
40/74	=	**55** N 6	108/74	=	**59** B 14	176/74	=	**63** B 5	244/74	=	**66** F 9
41/74	=	**55** O 2	109/74	=	**59** C 1	177/74	=	**63** C 7	245/74	=	**66** F 11
42/74	=	**55** O 8	110/74	=	**59** C 2	178/74	=	**63** D 7	246/74	=	**66** F 12
43/74	=	**55** O 11	111/74	=	**59** C 3	179/74	=	**63** D 8	247/74	=	**66** F 14
44/74	=	**55** O 14	112/74	=	**59** C 6	180/74	=	**63** E 1	248/74	=	**66** G 4
45/74	=	**56** A 2	113/74	=	**59** C 7	181/74	=	**63** E 7	249/74	=	**66** K 8
46/74	=	**56** A 4	114/74	=	**59** E 5	182/74	=	**63** F 1	250/74	=	**66** L 5
47/74	=	**56** A 6	115/74	=	**59** E 12	183/74	=	**63** H 6	251/74	=	**66** M 8
48/74	=	**56** A 8	116/74	=	**59** E 14	184/74	=	**63** I 7	252/74	=	**66** M 12
49/74	=	**56** A 9	117/74	=	**59** F 2	185/74	=	**63** J 8	253/74	=	**66** N 7
50/74	=	**56** A 10	118/74	=	**59** F 14	186/74	=	**63** J 11	254/74	=	**67** A 4
51/74	=	**56** C 9	119/74	=	**59** G 2	187/74	=	**63** K 4	255/74	=	**67** A 5
52/74	=	**56** L 3	120/74	=	**59** G 8	188/74	=	**63** K 6	256/74	=	**67** B 4
53/74	=	**56** L 14	121/74	=	**60** G 3	189/74	=	**63** K 9	257/74	=	**67** C 3
54/74	=	**56** M 4	122/74	=	**60** N 14	190/74	=	**63** L 12	258/74	=	**67** C 12
55/74	=	**56** M 8	123/74	=	**61** D 4	191/74	=	**63** M 4	259/74	=	**67** D 6
56/74	=	**56** M 11	124/74	=	**61** D 9	192/74	=	**63** M 12	260/74	=	**67** D 13
57/74	=	**56** O 1	125/74	=	**61** E 10	193/74	=	**63** N 5	261/74	=	**67** E 12
58/74	=	**57** A 11	126/74	=	**61** F 7	194/74	=	**63** N 9	262/74	=	**67** F 11
59/74	=	**57** C 2	127/74	=	**61** G 1	195/74	=	**63** N 12	263/74	=	**67** G 10
60/74	=	**57** C 7	128/74	=	**61** G 2	196/74	=	**63** N 13	264/74	=	**67** H 6
61/74	=	**57** C 12	129/74	=	**61** G 9	197/74	=	**64** B 5	265/74	=	**67** I 7
62/74	=	**57** D 6	130/74	=	**61** H 1	198/74	=	**64** C 12	266/74	=	**67** I 11
63/74	=	**57** D 12	131/74	=	**61** I 6	199/74	=	**64** C 13	267/74	=	**67** J 5
64/74	=	**57** E 3	132/74	=	**61** I 8	200/74	=	**64** C 14	268/74	=	**67** J 10
65/74	=	**57** E 4	133/74	=	**61** I 9	201/74	=	**64** E 9	269/74	=	**67** K 6
66/74	=	**57** E 7	134/74	=	**61** J 3	202/74	=	**64** E 14	270/74	=	**67** K 7
67/74	=	**57** E 10	135/74	=	**61** J 4	203/74	=	**64** F 6	271/74	=	**67** K 10
68/74	=	**57** F 7	136/74	=	**61** J 5	204/74	=	**64** F 10	272/74	=	**67** L 1

Drucksache Nr.		Fiche Nr. und Koordinate	Drucksache Nr.		Fiche Nr. und Koordinate	Drucksache Nr.		Fiche Nr. und Koordinate	Drucksache Nr.		Fiche Nr. und Koordinate
273/74	=	**67** M 7	341/74	=	**70** K 9	409/74	=	**74** C 10	477/74	=	**77** A 1
274/74	=	**67** M 9	342/74	=	**70** L 1	410/74	=	**74** C 12	478/74	=	**77** A 2
275/74	=	**67** N 6	343/74	=	**70** L 10	411/74	=	**74** G 8	479/74	=	**77** A 5
276/74	=	**67** N 13	344/74	=	**70** M 5	412/74	=	**74** H 6	480/74	=	**77** A 7
277/74	=	**67** N 14	345/74	=	**70** N 1	413/74	=	**74** I 1	481/74	=	**77** A 11
278/74	=	**67** O 1	346/74	=	**70** O 5	414/74	=	**74** I 7	482/74	=	**77** A 12
279/74	=	**68** B 8	347/74	=	**71** B 11	415/74	=	**74** I 13	483/74	=	**77** B 4
280/74	=	**68** B 9	348/74	=	**71** C 10	416/74	=	**74** J 3	484/74	=	**77** B 6
281/74	=	**68** C 7	349/74	=	**71** F 6	417/74	=	**74** L 6	485/74	=	**77** B 8
282/74	=	**68** C 13	350/74	=	**71** J 4	418/74	=	**74** L 8	486/74	=	**77** B 11
283/74	=	**68** D 3	351/74	=	**71** N 5	419/74	=	**74** N 14	487/74	=	**77** B 13
284/74	=	**68** D 5	352/74	=	**72** A 1	420/74	=	**74** O 5	488/74	=	**77** B 14
285/74	=	**68** E 7	353/74	=	**72** B 12	421/74	=	**74** O 8	489/74	=	**77** C 1
286/74	=	**68** F 6	354/74	=	**72** C 2	422/74	=	**75** A 1	490/74	=	**77** C 2
287/74	=	**68** G 1	355/74	=	**72** C 7	423/74	=	**75** A 8	491/74	=	**77** C 3
288/74	=	**68** G 5	356/74	=	**72** C 12	424/74	=	**75** B 2	492/74	=	**77** C 8
289/74	=	**68** G 12	357/74	=	**72** C 14	425/74	=	**75** B 6	493/74	=	**77** C 10
290/74	=	**68** H 8	358/74	=	**72** D 3	426/74	=	**75** D 10	494/74	=	**77** C 12
291/74	=	**68** I 7	359/74	=	**72** E 2	427/74	=	**75** E 5	495/74	=	**77** C 14
292/74	=	**68** I 8	360/74	=	**72** E 6	428/74	=	**75** E 12	496/74	=	**77** D 7
293/74	=	**68** I 9	361/74	=	**72** E 10	429/74	=	**75** F 11	497/74	=	**77** D 10
294/74	=	**68** I 10	362/74	=	**72** E 11	430/74	=	**75** G 7	498/74	=	**77** D 11
295/74	=	**68** I 11	363/74	=	**72** F 1	431/74	=	**75** I 5	499/74	=	**77** E 2
296/74	=	**68** I 13	364/74	=	**72** F 2	432/74	=	**75** I 8	500/74	=	**77** F 9
297/74	=	**68** J 4	365/74	=	**72** F 6	433/74	=	**75** I 9	501/74	=	**77** J 14
298/74	=	**68** J 7	366/74	=	**72** F 10	434/74	=	**75** I 10	502/74	=	**77** K 4
299/74	=	**68** J 12	367/74	=	**72** G 14	435/74	=	**75** J 1	503/74	=	**77** K 5
300/74	=	**68** K 3	368/74	=	**72** H 4	436/74	=	**75** J 5	504/74	=	**77** K 11
301/74	=	**69** D 9	369/74	=	**72** H 12	437/74	=	**75** L 1	505/74	=	**77** K 14
302/74	=	**69** E 2	370/74	=	**72** I 12	438/74	=	**75** M 6	506/74	=	**77** L 8
303/74	=	**69** E 5	371/74	=	**72** J 2	439/74	=	**75** M 7	507/74	=	**77** L 11
304/74	=	**69** E 8	372/74	=	**72** L 6	440/74	=	**75** M 8	508/74	=	**77** O 9
305/74	=	**69** E 10	373/74	=	**72** L 9	441/74	=	**75** M 14	509/74	=	**77** O 11
306/74	=	**69** E 12	374/74	=	**72** L 11	442/74	=	**75** N 1	510/74	=	**77** O 12
307/74	=	**69** F 2	375/74	=	**72** L 12	443/74	=	**75** N 4	511/74	=	**78** B 10
308/74	=	**69** G 2	376/74	=	**72** L 13	444/74	=	**75** N 5	512/74	=	**78** C 6
309/74	=	**69** G 9	377/74	=	**72** L 14	445/74	=	**75** O 3	513/74	=	**78** C 14
310/74	=	**69** G 13	378/74	=	**72** M 2	446/74	=	**75** O 10	514/74	=	**78** D 1
311/74	=	**69** H 6	379/74	=	**72** M 5	447/74	=	**76** A 1	515/74	=	**78** D 3
312/74	=	**69** I 7	380/74	=	**72** M 9	448/74	=	**76** A 3	516/74	=	**78** D 5
313/74	=	**69** K 1	381/74	=	**72** N 1	449/74	=	**76** A 11	517/74	=	**78** D 12
314/74	=	**69** K 14	382/74	=	**72** N 2	450/74	=	**76** B 3	518/74	=	**78** F 5
315/74	=	**69** L 12	383/74	=	**72** N 10	451/74	=	**76** B 13	519/74	=	**78** F 6
316/74	=	**69** M 2	384/74	=	**72** O 6	452/74	=	**76** C 1	520/74	=	**78** F 8
317/74*	=	**69** M 7	385/74	=	**73** B 3	453/74	=	**76** C 3	521/74	=	**78** G 4
318/74	=	**69** N 2	386/74	=	**73** B 9	454/74	=	**76** C 9	522/74	=	**78** G 6
319/74	=	**69** O 1	387/74	=	**73** C 8	455/74	=	**76** C 10	523/74	=	**78** G 8
320/74	=	**69** O 10	388/74	=	**73** C 9	456/74	=	**76** C 14	524/74	=	**78** G 10
321/74	=	**69** O 12	389/74	=	**73** E 11	457/74	=	**76** D 12	525/74	=	**78** G 14
322/74	=	**70** A 8	390/74	=	**73** F 1	458/74	=	**76** F 7	526/74	=	**78** H 2
323/74	=	**70** A 14	391/74	=	**73** F 2	459/74	=	**76** F 10	527/74	=	**78** H 3
324/74	=	**70** B 10	392/74	=	**73** F 3	460/74	=	**76** G 1	528/74	=	**78** I 9
325/74	=	**70** B 13	393/74	=	**73** F 13	461/74	=	**76** H 8	529/74	=	**78** I 13
326/74	=	**70** D 9	394/74	=	**73** G 1	462/74	=	**76** I 4	530/74	=	**78** J 1
327/74	=	**70** D 14	395/74	=	**73** H 8	463/74	=	**76** I 5	531/74	=	**78** J 12
328/74	=	**70** E 4	396/74	=	**73** I 4	464/74	=	**76** I 8	532/74	=	**78** J 13
329/74	=	**70** G 4	397/74	=	**73** J 12	465/74	=	**76** I 14	533/74	=	**78** L 2
330/74	=	**70** H 11	398/74	=	**73** K 6	466/74	=	**76** J 4	534/74	=	**78** L 3
331/74	=	**70** H 13	399/74	=	**73** M 10	467/74	=	**76** J 7	535/74	=	**78** L 8
332/74	=	**70** H 14	400/74	=	**73** N 7	468/74	=	**76** J 9	536/74	=	**78** L 9
333/74	=	**70** I 1	401/74	=	**73** O 5	469/74	=	**76** J 12	537/74	=	**80** D 11
334/74	=	**70** I 2	402/74	=	**74** A 4	470/74	=	**76** J 13	538/74	=	**80** E 2
335/74	=	**70** I 3	403/74	=	**74** B 4	471/74	=	**76** K 2	539/74	=	**80** E 4
336/74	=	**70** I 4	404/74	=	**74** B 12	472/74	=	**76** L 4	540/74	=	**80** F 5
337/74	=	**70** I 9	405/74	=	**74** C 2	473/74	=	**76** L 5	541/74	=	**80** F 9
338/74	=	**70** J 5	406/74	=	**74** C 3	474/74	=	**76** L 6	542/74	=	**80** G 6
339/74	=	**70** J 13	407/74	=	**74** C 7	475/74	=	**76** L 7	543/74	=	**80** G 12
340/74	=	**70** K 6	408/74	=	**74** C 8	476/74	=	**76** L 8	544/74	=	**80** H 7

* Die Anlage zu dieser BR-Drs wurde nur in beschränkter Auflage verteilt. Sie wurde daher nicht in dieser Edition, sondern lediglich in der Mikrofiche-Ausgabe des Bundesgesetzblatts verfilmt.

Drucksache Nr.		Fiche Nr. und Koordinate	Drucksache Nr.		Fiche Nr. und Koordinate	Drucksache Nr.		Fiche Nr. und Koordinate	Drucksache Nr.		Fiche Nr. und Koordinate
545/74	=	**80** H 14	613/74	=	**84** I 13	681/74	=	**86** L 10	749/74	=	**90** M 9
546/74	=	**80** I 7	614/74	=	**84** I 14	682/74	=	**86** L 11	750/74	=	**90** M 11
547/74	=	**80** I 12	615/74	=	**84** J 3	683/74	=	**86** L 12	751/74	=	**90** N 6
548/74	=	**80** J 9	616/74	=	**84** J 5	684/74	=	**86** L 13	752/74	=	**90** N 8
549/74	=	**80** J 14	617/74	=	**84** J 10	685/74	=	**87** B 4	753/74	=	**90** O 6
550/74	=	**80** K 10	618/74	=	**84** K 4	686/74	=	**87** B 10	754/74	=	**90** O 8
551/74	=	**80** L 9	619/74	=	**84** K 9	687/74	=	**87** C 6	755/74	=	**90** O 10
552/74	=	**81** E 3	620/74	=	**84** K 14	688/74	=	**87** D 8	756/74	=	**91** A 4
553/74	=	**81** J 7	621/74	=	**84** L 2	689/74	=	**87** E 5	757/74	=	**91** A 10
554/74	=	**81** J 14	622/74	=	**84** L 5	690/74	=	**87** E 14	758/74	=	**91** C 3
555/74	=	**81** K 6	623/74	=	**84** L 11	691/74	=	**87** G 5	759/74	=	**91** C 5
556/74	=	**81** K 9	624/74	=	**84** L 13	692/74	=	**87** L 10	760/74	=	**91** F 3
557/74	=	**81** K 11	625/74	=	**84** M 9	693/74	=	**87** M 7	761/74	=	**91** H 9
558/74	=	**81** L 8	626/74	=	**84** N 14	694/74	=	**87** M 14	762/74	=	**91** I 1
559/74	=	**81** M 6	627/74	=	**84** O 1	695/74	=	**87** N 5	763/74	=	**91** J 4
560/74	=	**81** M 7	628/74	=	**84** O 2	696/74	=	**88** B 1	764/74	=	**91** J 8
561/74	=	**81** M 12	629/74	=	**84** O 4	697/74	=	**88** B 3	765/74	=	**91** L 3
562/74	=	**81** N 3	630/74	=	**85** A 2	698/74	=	**88** B 5	766/74	=	**91** L 6
563/74	=	**81** N 14	631/74	=	**85** A 3	699/74	=	**88** B 8	767/74	=	**91** L 8
564/74	=	**82** B 6	632/74	=	**85** A 4	700/74	=	**88** C 1	768/74	=	**91** M 8
565/74	=	**82** D 4	633/74	=	**85** A 6	701/74	=	**88** C 10	769/74	=	**91** M 9
566/74	=	**82** D 6	634/74	=	**85** A 7	702/74	=	**88** C 14	770/74	=	**91** M 12
567/74	=	**82** D 7	635/74	=	**85** A 8	703/74	=	**88** D 10	771/74	=	**91** N 14
568/74	=	**82** D 8	636/74	=	**85** A 11	704/74	=	**88** E 13	772/74	=	**92** D 10
569/74	=	**82** D 11	637/74	=	**85** A 12	705/74	=	**88** F 1	773/74	=	**92** D 13
570/74	=	**82** D 14	638/74	=	**85** A 14	706/74	=	**88** F 6	774/74	=	**92** E 3
571/74	=	**82** E 4	639/74	=	**85** B 1	707/74	=	**88** F 12	775/74	=	**92** E 8
572/74	=	**82** E 7	640/74	=	**85** B 12	708/74	=	**88** H 2	776/74	=	**92** F 9
573/74	=	**82** F 4	641/74	=	**85** C 3	709/74	=	**88** I 1	777/74	=	**92** H 8
574/74	=	**82** F 11	642/74	=	**85** E 14	710/74	=	**88** I 4	778/74	=	**92** H 13
575/74	=	**82** F 12	643/74	=	**85** F 10	711/74	=	**88** I 9	779/74	=	**92** I 1
576/74	=	**82** G 8	644/74	=	**85** G 1	712/74	=	**88** I 10	780/74	=	**92** I 3
577/74	=	**82** G 11	645/74	=	**85** G 5	713/74	=	**88** I 14	781/74	=	**92** I 10
578/74	=	**82** H 5	646/74	=	**85** H 5	714/74	=	**88** K 8	782/74	=	**93** E 10
579/74	=	**82** H 6	647/74	=	**85** H 11	715/74	=	**88** L 7	783/74	=	**93** F 1
580/74	=	**82** H 8	648/74	=	**85** H 14	716/74	=	**88** L 10	784/74	=	**93** I 5
581/74	=	**82** H 14	649/74	=	**85** I 3	717/74	=	**89** A 8	785/74	=	**93** I 7
582/74	=	**82** K 6	650/74	=	**85** I 5	718/74	=	**89** F 2	786/74	=	**93** J 8
583/74	=	**82** K 12	651/74	=	**85** L 6	719/74	=	**89** H 3	787/74	=	**93** K 1
584/74	=	**82** L 4	652/74	=	**85** M 11	720/74	=	**89** K 7	788/74	=	**93** K 3
585/74	=	**82** L 13	653/74	=	**85** M 14	721/74	=	**89** K 10	789/74	=	**93** K 4
586/74	=	**82** M 1	654/74	=	**85** N 2	722/74	=	**89** K 14	790/74	=	**93** K 12
587/74	=	**82** M 6	655/74	=	**85** N 5	723/74	=	**89** L 1	791/74	=	**93** M 8
588/74	=	**82** M 12	656/74	=	**85** N 7	724/74	=	**89** L 7	792/74	=	**93** N 11
589/74	=	**83** A 3	657/74	=	**85** N 14	725/74	=	**89** M 1	793/74	=	**93** O 3
590/74	=	**83** D 11	658/74	=	**85** O 2	726/74	=	**89** M 3	794/74	=	**93** O 4
591/74	=	**83** G 3	659/74	=	**85** O 3	727/74	=	**89** N 5	795/74	=	**93** O 5
592/74	=	**83** H 12	660/74	=	**85** O 5	728/74	=	**89** N 13	796/74	=	**94** A 6
593/74	=	**83** I 5	661/74	=	**86** A 5	729/74	=	**89** O 4	797/74	=	**94** B 7
594/74	=	**83** J 11	662/74	=	**86** A 9	730/74	=	**89** O 5	798/74	=	**95** B 5
595/74	=	**83** K 5	663/74	=	**86** A 10	731/74	=	**89** O 6	799/74	=	**95** B 10
596/74	=	**83** K 11	664/74	=	**86** A 11	732/74	=	**89** O 8	800/74	=	**95** B 11
597/74	=	**83** K 13	665/74	=	**86** A 12	733/74	=	**89** O 12	801/74	=	**95** C 6
598/74	=	**83** M 4	666/74	=	**86** A 13	734/74	=	**90** A 3	802/74	=	**95** C 11
599/74	=	**83** O 9	667/74	=	**86** C 13	735/74	=	**90** B 2	803/74	=	**95** D 2
600/74	=	**84** A 1	668/74	=	**86** D 1	736/74	=	**90** B 4	804/74	=	**95** D 7
601/74	=	**84** D 1	669/74	=	**86** E 2	737/74	=	**90** C 12	805/74	=	**95** D 9
602/74	=	**84** D 3	670/74	=	**86** F 3	738/74	=	**90** E 4	806/74	=	**95** E 5
603/74	=	**84** F 3	671/74	=	**86** F 5	739/74	=	**90** F 7	807/74	=	**95** F 7
604/74	=	**84** F 7	672/74	=	**86** H 3	740/74	=	**90** G 14	808/74	=	**95** F 7
605/74	=	**84** G 13	673/74	=	**86** H 10	741/74	=	**90** H 9	809/74	=	**95** F 8
606/74	=	**84** H 1	674/74	=	**86** H 13	742/74	=	**90** H 14	810/74	=	**95** F 9
607/74	=	**84** H 3	675/74	=	**86** I 3	743/74	=	**90** I 4	811/74	=	**95** F 11
608/74	=	**84** H 8	676/74	=	**86** I 5	744/74	=	**90** J 1	812/74	=	**95** G 2
609/74	=	**84** H 12	677/74	=	**86** K 5	745/74	=	**90** K 7	813/74	=	**95** G 14
610/74	=	**84** I 7	678/74	=	**86** K 6	746/74	=	**90** L 4	814/74	=	**95** H 5
611/74	=	**84** I 10	679/74	=	**86** K 7	747/74	=	**90** M 4	815/74	=	**95** H 7
612/74	=	**84** I 12	680/74	=	**86** L 8	748/74	=	**90** M 6	816/74	=	**95** H 8

Drucksache Nr.		Fiche Nr. und Koordinate	Drucksache Nr.		Fiche Nr. und Koordinate	Drucksache Nr.		Fiche Nr. und Koordinate	Drucksache Nr.		Fiche Nr. und Koordinate
817/74	=	**95** I 7	1/75	=	**97** A 4	69/75	=	**99** N 9	137/75	=	**104** E 11
818/74	=	**95** K 4	2/75	=	**97** C 2	70/75	=	**100** A 2	138/75	=	**104** O 3
819/74	=	**95** K 5	3/75	=	**97** C 4	71/75	=	**100** A 4	139/75	=	**105** A 9
820/74	=	**95** K 9	4/75	=	**97** C 6	72/75	=	**100** B 7	140/75	=	**105** A 10
821/74	=	**95** L 3	5/75	=	**97** C 7	73/75	=	**100** C 11	141/75	=	**105** C 7
822/74	=	**95** L 4	6/75	=	**97** F 10	74/75	=	**100** D 6	142/75	=	**105** C 12
823/74	=	**95** L 6	7/75	=	**97** G 13	75/75	=	**100** D 14	143/75	=	**105** D 12
824/74	=	**95** M 5	8/75	=	**97** I 9	76/75	=	**100** E 2	144/75	=	**105** D 14
825/74	=	**95** M 6	9/75	=	**97** K 5	77/75	=	**100** F 2	145/75	=	**105** E 4
826/74	=	**95** M 7	10/75	=	**97** L 3	78/75	=	**100** G 4	146/75	=	**105** E 9
827/74	=	**95** M 8	11/75	=	**97** L 11	79/75	=	**100** G 11	147/75	=	**105** E 11
828/74	=	**95** N 3	12/75	=	**97** M 2	80/75	=	**100** I 7	148/75	=	**105** F 2
829/74	=	**95** O 9	13/75	=	**97** M 11	81/75	=	**100** I 14	149/75	=	**105** F 5
830/74	=	**96** A 13	14/75	=	**97** M 14	82/75	=	**100** J 2	150/75	=	**105** G 3
831/74	=	**96** C 1	15/75	=	**97** N 14	83/75	=	**100** J 6	151/75	=	**105** K 6
832/74	=	**96** C 10	16/75	=	**97** O 3	84/75	=	**100** K 5	152/75	=	**105** K 8
833/74	=	**96** C 11	17/75	=	**97** O 8	85/75	=	**100** K 11	153/75	=	**105** K 12
834/74	=	**96** C 12	18/75	=	**97** O 10	86/75	=	**100** L 9	154/75	=	**105** O 2
835/74	=	**96** C 13	19/75	=	**98** B 5	87/75	=	**100** O 2	155/75	=	**105** O 3
836/74	=	**96** D 4	20/75	=	**98** C 1	88/75	=	**100** O 8	156/75	=	**106** A 9
837/74	=	**96** E 13	21/75	=	**98** C 8	89/75	=	**100** O 10	157/75	=	**106** A 11
838/74	=	**96** E 13	22/75	=	**98** C 10	90/75	=	**101** B 9	158/75	=	**106** B 1
839/74	=	**96** F 12	23/75	=	**98** E 6	91/75	=	**101** D 4	159/75	=	**106** B 2
840/74	=	**96** F 14	24/75	=	**98** G 10	92/75	=	**101** D 8	160/75	=	**106** B 3
841/74	=	**96** G 3	25/75	=	**98** H 1	93/75	=	**101** D 13	161/75	=	**106** I 8
842/74	=	**96** G 4	26/75	=	**98** H 3	94/75	=	**101** E 3	162/75	=	**106** J 9
843/74	=	**96** G 6	27/75	=	**98** H 5	95/75	=	**101** E 4	163/75	=	**106** J 14
844/74	=	**96** G 11	28/75	=	**98** H 13	96/75	=	**101** E 5	164/75	=	**106** K 6
845/74	=	**96** G 12	29/75	=	**98** I 9	97/75	=	**101** E 6	165/75	=	**106** K 10
846/74	=	**96** K 8	30/75	=	**98** J 8	98/75	=	**101** E 7	166/75	=	**107** A 14
847/74	=	**96** M 5	31/75	=	**98** J 10	99/75	=	**101** E 8	167/75	=	**107** B 3
848/74	=	**96** M 8	32/75	=	**98** J 11	100/75	=	**101** F 5	168/75	=	**107** B 11
849/74	=	**96** M 9	33/75	=	**98** J 13	101/75	=	**101** F 13	169/75	=	**107** C 4
850/74	=	**96** M 10	34/75	=	**98** J 14	102/75	=	**101** G 5	170/75	=	**107** C 7
851/74	=	**96** M 10	35/75	=	**98** K 8	103/75	=	**101** G 8	171/75	=	**107** C 13
852/74	=	**96** M 11	36/75	=	**98** N 10	104/75	=	**101** H 8	172/75	=	**107** K 6
			37/75	=	**98** N 12	105/75	=	**101** I 9	173/75	=	**107** L 7
			38/75	=	**98** O 1	106/75	=	**101** J 2	174/75	=	**107** L 12
			39/75	=	**98** O 2	107/75	=	**101** J 9	175/75	=	**107** L 13
			40/75	=	**98** O 4	108/75	=	**101** L 1	176/75	=	**107** M 2
			41/75	=	**99** H 3	109/75	=	**101** L 14	177/75	=	**107** N 3
			42/75	=	**99** H 7	110/75	=	**101** M 7	178/75	=	**107** N 11
			43/75	=	**99** I 2	111/75	=	**101** N 14	179/75	=	**107** O 10
			44/75	=	**99** I 9	112/75	=	**101** O 8	180/75	=	**108** C 1
			45/75	=	**99** I 11	113/75	=	**103** G 14	181/75	=	**108** C 2
			46/75	=	**99** I 12	114/75	=	**103** H 7	182/75	=	**108** E 11
			47/75	=	**99** I 13	115/75	=	**103** H 12	183/75	=	**108** F 1
			48/75	=	**99** J 1	116/75	=	**103** I 4	184/75	=	**108** F 4
			49/75	=	**99** J 2	117/75	=	**103** I 12	185/75	=	**108** F 8
			50/75	=	**99** J 3	118/75	=	**103** I 13	186/75	=	**108** F 12
			51/75	=	**99** J 4	119/75	=	**103** J 1	187/75	=	**108** G 3
			52/75	=	**99** J 5	120/75	=	**103** J 2	188/75	=	**108** G 6
			53/75	=	**99** J 6	121/75	=	**103** J 6	189/75	=	**108** G 8
			54/75	=	**99** J 7	122/75	=	**103** J 9	190/75	=	**108** G 9
			55/75	=	**99** J 11	123/75	=	**103** J 12	191/75	=	**108** G 10
			56/75	=	**99** J 12	124/75	=	**103** J 13	192/75	=	**108** G 11
			57/75	=	**99** J 13	125/75	=	**103** M 3	193/75	=	**108** H 4
			58/75	=	**99** K 4	126/75	=	**103** N 2	194/75	=	**108** H 5
			59/75	=	**99** K 5	127/75	=	**103** N 7	195/75	=	**108** I 14
			60/75	=	**99** K 11	128/75	=	**103** N 9	196/75	=	**108** J 2
			61/75	=	**99** L 2	129/75	=	**104** A 8	197/75	=	**108** J 4
			62/75	=	**99** L 3	130/75	=	**104** B 9	198/75	=	**108** J 6
			63/75	=	**99** L 4	131/75	=	**104** C 13	199/75	=	**108** J 8
			64/75	=	**99** L 5	132/75	=	**104** D 5	200/75	=	**108** J 10
			65/75	=	**99** L 11	133/75	=	**104** D 7	201/75	=	**108** J 11
			66/75	=	**99** L 12	134/75	=	**104** D 8	202/75	=	**108** K 1
			67/75	=	**99** M 10	135/75	=	**104** E 7	203/75	=	**108** K 2
			68/75	=	**99** M 11	136/75	=	**104** E 9	204/75	=	**108** K 3

* Die Anlage zu dieser BR-Drs wurde nur in beschränkter Auflage verteilt. Sie wurde daher nicht in dieser Edition, sondern lediglich in der Mikrofiche-Ausgabe des Bundesgesetzblatts verfilmt.

Drucksache Nr.		Fiche Nr. und Koordinate	Drucksache Nr.		Fiche Nr. und Koordinate	Drucksache Nr.		Fiche Nr. und Koordinate	Drucksache Nr.		Fiche Nr. und Koordinate
205/75	=	**108** L 1	273/75	=	**112** N 5	341/75	=	**116** J 12	409/75	=	**122** A 4
206/75	=	**108** L 2	274/75	=	**112** N 6	342/75	=	**116** K 1	410/75	=	**122** A 6
207/75	=	**108** M 2	275/75	=	**112** N 7	343/75	=	**116** K 6	411/75	=	**122** A 13
208/75	=	**108** N 11	276/75	=	**112** N 14	344/75	=	**116** K 12	412/75	=	**122** B 1
209/75	=	**109** B 4	277/75	=	**113** A 4	345/75	=	**116** L 4	413/75	=	**122** B 2
210/75	=	**109** B 9	278/75	=	**113** A 4	346/75	=	**116** L 5	414/75	=	**122** B 5
211/75	=	**109** B 13	279/75	=	**113** B 3	347/75	=	**117** C 9	415/75	=	**122** B 7
212/75	=	**109** C 8	280/75	=	**113** B 5	348/75	=	**117** M 6	416/75	=	**122** B 10
213/75	=	**109** J 11	281/75	=	**113** B 12	349/75	=	**117** N 10	417/75	=	**122** B 11
214/75	=	**109** K 4	282/75	=	**113** C 5	350/75	=	**117** N 14	418/75	=	**122** B 14
215/75	=	**109** K 7	283/75	=	**113** N 12	351/75	=	**118** H 8	419/75	=	**122** C 2
216/75	=	**109** K 14	284/75	=	**114** A 1	352/75	=	**118** J 7	420/75	=	**122** C 4
217/75	=	**109** L 6	285/75	=	**114** A 3	353/75	=	**118** K 4	421/75	=	**122** C 11
218/75	=	**109** L 10	286/75	=	**114** B 12	354/75	=	**118** L 9	422/75	=	**122** C 13
219/75	=	**109** L 11	287/75	=	**114** B 13	355/75	=	**118** M 3	423/75	=	**122** D 14
220/75	=	**109** M 6	288/75	=	**114** B 14	356/75	=	**118** M 12	424/75	=	**122** E 7
221/75	=	**110** N 11	289/75	=	**114** C 4	357/75	=	**118** N 3	425/75	=	**122** E 8
222/75	=	**111** B 1	290/75	=	**114** C 5	358/75	=	**118** N 13	426/75	=	**122** F 3
223/75	=	**111** B 9	291/75	=	**114** D 8	359/75	=	**118** O 9	427/75	=	**122** F 6
224/75	=	**111** E 6	292/75*	=	**114** F 5	360/75	=	**119** B 1	428/75	=	**122** F 8
225/75	=	**111** F 12	293/75	=	**114** F 8	361/75	=	**119** F 11	429/75	=	**122** F 10
226/75	=	**111** H 4	294/75	=	**114** F 11	362/75	=	**119** H 5	430/75	=	**122** F 11
227/75	=	**111** H 9	295/75	=	**114** F 12	363/75	=	**119** H 13	431/75	=	**122** F 13
228/75	=	**111** I 13	296/75	=	**114** F 13	364/75	=	**119** I 3	432/75	=	**122** G 2
229/75	=	**111** J 2	297/75	=	**114** G 4	365/75	=	**119** I 4	433/75	=	**122** G 8
230/75	=	**111** J 4	298/75	=	**114** G 10	366/75	=	**119** K 14	434/75	=	**122** H 2
231/75	=	**111** J 6	299/75	=	**114** H 9	367/75*	=	**119** L 7	435/75	=	**122** H 4
232/75	=	**111** J 7	300/75	=	**114** H 10	368/75	=	**119** L 11	436/75	=	**122** H 6
233/75	=	**111** K 1	301/75	=	**114** L 6	369/75	=	**119** L 14	437/75	=	**122** H 8
234/75	=	**111** K 2	302/75	=	**114** L 11	370/75	=	**119** M 1	438/75	=	**122** H 11
235/75	=	**111** K 3	303/75	=	**114** M 6	371/75	=	**119** N 1	439/75	=	**122** H 13
236/75	=	**111** K 5	304/75	=	**114** N 2	372/75	=	**119** N 12	440/75	=	**122** I 3
237/75	=	**111** L 3	305/75	=	**114** N 5	373/75	=	**120** I 14	441/75	=	**122** M 2
238/75	=	**111** L 14	306/75	=	**114** O 7	374/75	=	**120** J 6	442/75	=	**122** M 11
239/75	=	**111** M 8	307/75	=	**115** A 1	375/75	=	**120** J 7	443/75	=	**122** M 13
240/75	=	**111** N 9	308/75	=	**115** B 12	376/75	=	**120** M 1	444/75	=	**122** N 11
241/75	=	**112** C 2	309/75	=	**115** B 14	377/75	=	**120** M 3	445/75	=	**123** A 2
242/75	=	**112** D 4	310/75	=	**115** C 11	378/75	=	**120** M 8	446/75	=	**123** A 9
243/75	=	**112** E 9	311/75	=	**115** C 13	379/75	=	**120** M 11	447/75	=	**123** B 2
244/75	=	**112** E 13	312/75	=	**115** C 14	380/75	=	**120** M 13	448/75	=	**123** B 3
245/75	=	**112** F 4	313/75	=	**115** D 2	381/75	=	**120** N 10	449/75	=	**123** D 5
246/75	=	**112** F 6	314/75	=	**115** D 3	382/75	=	**121** D 9	450/75	=	**123** D 11
247/75	=	**112** F 7	315/75	=	**115** E 2	383/75	=	**121** D 12	451/75	=	**123** D 12
248/75	=	**112** F 12	316/75	=	**115** E 4	384/75	=	**121** D 14	452/75	=	**123** D 14
249/75	=	**112** F 14	317/75	=	**115** E 10	385/75	=	**121** G 10	453/75	=	**123** E 5
250/75	=	**112** G 2	318/75	=	**115** F 2	386/75	=	**121** H 7	454/75	=	**123** F 5
251/75	=	**112** G 4	319/75	=	**115** F 4	387/75	=	**121** H 13	455/75	=	**123** I 3
252/75	=	**112** G 7	320/75	=	**115** F 6	388/75	=	**121** H 14	456/75	=	**123** K 3
253/75	=	**112** H 9	321/75	=	**115** F 13	389/75	=	**121** I 1	457/75	=	**123** K 10
254/75	=	**112** H 11	322/75	=	**115** J 7	390/75	=	**121** I 2	458/75	=	**123** L 2
255/75	=	**112** H 12	323/75	=	**115** J 14	391/75	=	**121** I 3	459/75	=	**123** L 9
256/75	=	**112** H 14	324/75	=	**115** K 2	392/75	=	**121** I 4	460/75	=	**123** L 14
257/75	=	**112** I 1	325/75	=	**115** K 3	393/75	=	**121** I 5	461/75	=	**124** A 4
258/75	=	**112** I 2	326/75	=	**115** K 4	394/75	=	**121** I 11	462/75	=	**124** A 9
259/75	=	**112** I 9	327/75	=	**115** K 6	395/75	=	**121** K 1	463/75	=	**124** A 14
260/75	=	**112** I 13	328/75	=	**115** K 9	396/75	=	**121** L 10	464/75	=	**124** B 5
261/75	=	**112** I 14	329/75	=	**115** L 1	397/75	=	**121** M 7	465/75	=	**124** B 6
262/75	=	**112** K 10	330/75	=	**115** L 2	398/75	=	**121** M 9	466/75	=	**124** B 8
263/75	=	**112** L 2	331/75	=	**115** L 3	399/75	=	**121** M 11	467/75	=	**124** B 14
264/75	=	**112** L 6	332/75	=	**115** L 4	400/75	=	**121** N 8	468/75	=	**124** C 4
265/75	=	**112** M 7	333/75	=	**115** L 5	401/75	=	**121** O 1	469/75	=	**124** C 10
266/75	=	**112** M 8	334/75	=	**115** L 10	402/75	=	**121** O 3	470/75	=	**124** D 2
267/75	=	**112** M 9	335/75	=	**115** M 1	403/75	=	**121** O 4	471/75	=	**124** D 3
268/75	=	**112** M 10	336/75	=	**115** M 6	404/75	=	**121** O 5	472/75	=	**124** D 4
269/75	=	**112** M 11	337/75	=	**115** M 9	405/75	=	**121** O 7	473/75	=	**124** D 11
270/75	=	**112** M 12	338/75	=	**116** J 2	406/75	=	**121** O 8	474/75	=	**124** D 12
271/75	=	**112** N 1	339/75	=	**116** J 5	407/75	=	**121** O 10	475/75	=	**124** E 5
272/75	=	**112** N 2	340/75	=	**116** J 8	408/75	=	**122** A 1	476/75	=	**124** E 11

* Die Anlage zu dieser BR-Drs wurde nur in beschränkter Auflage verteilt. Sie wurde daher nicht in dieser Edition, sondern lediglich in der Mikrofiche-Ausgabe des Bundesgesetzblatts verfilmt.

Drucksache Nr.		Fiche Nr. und Koordinate	Drucksache Nr.		Fiche Nr. und Koordinate	Drucksache Nr.		Fiche Nr. und Koordinate	Drucksache Nr.		Fiche Nr. und Koordinate
477/75	=	**124** I 3	545/75	=	**127** O 2	613/75	=	**131** H 2	681/75	=	**137** H 5
478/75	=	**124** I 10	546/75	=	**128** A 11	614/75	=	**131** H 8	682/75	=	**137** I 6
479/75	=	**124** I 14	547/75	=	**128** B 4	615/75	=	**131** H 10	683/75	=	**137** I 8
480/75	=	**124** J 3	548/75	=	**128** B 9	616/75	=	**131** I 5	684/75	=	**137** I 10
481/75	=	**124** J 6	549/75	=	**128** C 5	617/75	=	**131** J 6	685/75	=	**137** K 2
482/75	=	**124** J 14	550/75	=	**128** C 12	618/75	=	**131** J 13	686/75	=	**137** O 11
483/75	=	**124** L 7	551/75	=	**128** J 5	619/75	=	**131** K 3	687/75	=	**138** A 1
484/75	=	**124** L 12	552/75	=	**128** J 12	620/75	=	**131** K 14	688/75	=	**138** A 8
485/75	=	**124** M 5	553/75	=	**128** K 9	621/75	=	**131** N 2	689/75	=	**138** A 12
486/75	=	**124** M 8	554/75	=	**128** L 1	622/75	=	**132** C 13	690/75	=	**138** B 1
487/75	=	**124** M 9	555/75	=	**128** L 4	623/75	=	**132** D 3	691/75	=	**138** B 5
488/75	=	**124** N 4	556/75	=	**128** M 1	624/75	=	**132** D 4	692/75	=	**138** B 7
489/75	=	**124** N 7	557/75	=	**128** M 3	625/75	=	**132** D 5	693/75	=	**138** B 8
490/75	=	**124** N 8	558/75	=	**128** M 9	626/75	=	**132** H 2	694/75	=	**138** B 10
491/75	=	**124** N 9	559/75	=	**128** N 5	627/75	=	**132** I 14	695/75	=	**138** B 14
492/75	=	**124** N 10	560/75	=	**128** O 6	628/75	=	**132** J 5	696/75	=	**138** D 10
493/75	=	**124** N 11	561/75	=	**129** A 1	629/75	=	**132** J 10	697/75	=	**138** E 13
494/75	=	**124** O 6	562/75	=	**129** A 8	630/75	=	**132** K 3	698/75	=	**138** F 11
495/75	=	**125** A 10	563/75	=	**129** A 10	631/75	=	**132** L 5	699/75	=	**138** F 13
496/75	=	**125** A 14	564/75	=	**129** B 9	632/75	=	**132** N 4	700/75	=	**138** G 1
497/75	=	**125** B 4	565/75	=	**129** B 10	633/75	=	**132** O 1	701/75	=	**138** G 10
498/75	=	**125** B 9	566/75	=	**129** B 11	634/75	=	**133** B 1	702/75	=	**138** G 14
499/75	=	**125** C 2	567/75	=	**129** B 12	635/75	=	**133** B 5	703/75	=	**138** H 6
500/75	=	**125** C 4	568/75	=	**129** C 4	636/75	=	**133** B 10	704/75	=	**138** H 10
501/75	=	**125** C 10	569/75	=	**129** C 13	637/75	=	**133** B 12	705/75	=	**138** H 12
502/75	=	**125** C 12	570/75	=	**129** D 13	638/75	=	**133** C 5	706/75	=	**138** H 13
503/75	=	**125** F 5	571/75	=	**129** E 9	639/75	=	**133** C 9	707/75	=	**138** I 1
504/75	=	**125** J 10	572/75	=	**129** F 9	640/75	=	**133** C 14	708/75	=	**138** I 5
505/75	=	**125** K 11	573/75	=	**129** G 1	641/75	=	**133** D 5	709/75	=	**138** I 6
506/75	=	**125** L 7	574/75	=	**129** G 3	642/75	=	**133** F 2	710/75	=	**138** I 9
507/75	=	**125** L 10	575/75	=	**129** G 6	643/75	=	**133** F 4	711/75	=	**138** I 12
508/75	=	**125** L 13	576/75	=	**129** O 9	644/75	=	**133** F 5	712/75	=	**138** I 14
509/75	=	**125** M 5	577/75	=	**130** E 4	645/75	=	**133** G 9	713/75	=	**138** J 5
510/75	=	**125** M 7	578/75	=	**130** E 6	646/75	=	**133** H 4	714/75	=	**138** J 9
511/75	=	**125** M 8	579/75	=	**130** E 8	647/75	=	**133** I 1	715/75	=	**138** N 9
512/75	=	**125** M 11	580/75	=	**130** E 11	648/75	=	**133** I 2	716/75	=	**139** C 1
513/75	=	**125** N 6	581/75	=	**130** F 5	649/75	=	**133** K 3	717/75	=	**139** C 9
514/75	=	**125** N 9	582/75	=	**130** F 14	650/75	=	**133** K 6	718/75	=	**139** C 14
515/75	=	**125** N 12	583/75	=	**130** G 2	651/75	=	**133** K 11	719/75	=	**139** D 3
516/75	=	**125** O 7	584/75	=	**130** H 9	652/75	=	**133** K 14	720/75	=	**139** D 7
517/75	=	**125** O 8	585/75	=	**130** H 10	653/75	=	**134** H 8	721/75	=	**139** F 6
518/75	=	**125** O 11	586/75	=	**130** H 12	654/75	=	**134** H 9	722/75	=	**139** F 13
519/75	=	**126** A 9	587/75	=	**130** I 1	655/75	=	**134** H 11	723/75	=	**139** G 2
520/75	=	**126** B 12	588/75	=	**130** I 5	656/75	=	**134** I 7	724/75	=	**139** H 7
521/75	=	**126** E 7	589/75	=	**130** L 1	657/75	=	**134** I 13	725/75	=	**139** H 10
522/75	=	**126** E 11	590/75	=	**130** L 8	658/75	=	**134** J 1	726/75	=	**140** D 13
523/75	=	**126** G 4	591/75	=	**130** L 14	659/75	=	**134** K 4	727/75	=	**140** I 4
524/75	=	**126** G 6	592/75	=	**130** M 5	660/75	=	**134** K 9	728/75	=	**140** I 8
525/75	=	**126** H 12	593/75	=	**130** M 8	661/75	=	**134** N 8	729/75	=	**140** I 12
526/75	=	**126** H 14	594/75	=	**130** M 11	662/75	=	**134** O 6	730/75	=	**140** J 4
527/75	=	**126** J 1	595/75	=	**130** N 4	663/75	=	**135** A 6	731/75	=	**140** J 14
528/75	=	**126** J 3	596/75	=	**130** N 8	664/75	=	**135** A 12	732/75	=	**140** K 2
529/75	=	**126** J 4	597/75	=	**130** N 11	665/75	=	**135** A 14	733/75	=	**140** K 10
530/75	=	**126** J 14	598/75	=	**130** O 1	666/75	=	**135** B 3	734/75	=	**140** L 1
531/75	=	**126** N 2	599/75	=	**130** O 9	667/75	=	**135** N 3	735/75	=	**140** L 8
532/75	=	**126** O 5	600/75	=	**131** A 8	668/75	=	**135** N 8	736/75	=	**140** L 10
533/75	=	**127** D 10	601/75	=	**131** A 10	669/75	=	**135** N 10	737/75	=	**140** M 3
534/75	=	**127** F 1	602/75	=	**131** C 7	670/75	=	**135** N 13	738/75	=	**140** M 4
535/75	=	**127** G 6	603/75	=	**131** C 9	671/75	=	**136** D 5	739/75	=	**140** M 13
536/75	=	**127** H 1	604/75	=	**131** C 12	672/75	=	**136** E 13	740/75	=	**140** N 8
537/75	=	**127** I 8	605/75	=	**131** D 2	673/75	=	**136** J 5	741/75	=	**140** O 1
538/75	=	**127** I 13	606/75	=	**131** D 5	674/75	=	**136** K 11	742/75	=	**140** O 6
539/75	=	**127** J 7	607/75	=	**131** D 10	675/75	=	**136** L 10	743/75	=	**140** O 9
540/75	=	**127** K 5	608/75	=	**131** D 14	676/75	=	**136** N 6	744/75	=	**140** O 11
541/75	=	**127** L 3	609/75	=	**131** E 3	677/75	=	**137** D 12	745/75	=	**140** O 13
542/75	=	**127** L 9	610/75	=	**131** E 5	678/75	=	**137** F 6	746/75	=	**141** A 1
543/75	=	**127** L 12	611/75	=	**131** F 9	679/75	=	**137** G 5	747/75	=	**141** A 2
544/75	=	**127** M 8	612/75	=	**131** G 14	680/75	=	**137** G 12	748/75	=	**141** A 4

Drucksache Nr.		Fiche Nr. und Koordinate	Drucksache Nr.		Fiche Nr. und Koordinate	Drucksache Nr.		Fiche Nr. und Koordinate	Drucksache Nr.		Fiche Nr. und Koordinate
749/75	=	**141** A 6	1/76	=	**143** A 4	69/76	=	**148** G 12	137/76	=	**153** E 11
750/75	=	**141** A 8	2/76	=	**143** I 9	70/76	=	**148** H 6	138/76	=	**153** E 11
751/75	=	**141** A 10	3/76	=	**143** J 3	71/76	=	**148** H 13	139/76	=	**153** E 13
752/75	=	**141** A 13	4/76	=	**143** K 5	72/76	=	**148** I 1	140/76	=	**153** F 5
753/75	=	**141** B 4	5/76	=	**144** B 11	73/76	=	**148** I 6	141/76	=	**153** G 1
754/75	=	**141** B 6	6/76	=	**144** C 7	74/76	=	**148** I 7	142/76	=	**153** G 9
755/75	=	**141** B 8	7/76	=	**144** D 1	75/76	=	**148** M 11	143/76	=	**153** H 3
756/75	=	**141** B 13	8/76	=	**144** E 1	76/76	=	**148** O 7	144/76	=	**153** I 6
757/75	=	**141** D 1	9/76	=	**144** F 13	77/76	=	**149** A 1	145/76	=	**153** I 12
758/75	=	**141** E 9	10/76	=	**144** G 7	78/76	=	**149** B 11	146/76	=	**153** I 13
759/75	=	**141** F 3	11/76	=	**144** O 11	79/76	=	**149** C 13	147/76	=	**153** J 3
760/75	=	**141** F 14	12/76	=	**145** A 6	80/76	=	**149** D 5	148/76	=	**153** J 4
761/75	=	**141** H 7	13/76	=	**145** B 3	81/76	=	**149** D 9	149/76	=	**153** J 5
762/75	=	**141** H 9	14/76	=	**145** C 3	82/76	=	**149** E 1	150/76	=	**153** J 6
763/75	=	**141** H 12	15/76	=	**145** C 7	83/76	=	**149** G 3	151/76	=	**153** J 7
764/75	=	**141** I 1	16/76	=	**145** C 10	84/76	=	**149** G 12	152/76	=	**153** J 8
765/75	=	**141** I 4	17/76	=	**145** C 13	85/76	=	**149** I 2	153/76	=	**153** L 9
766/75	=	**141** I 13	18/76	=	**145** D 5	86/76	=	**149** J 4	154/76	=	**153** L 10
767/75	=	**141** K 8	19/76	=	**145** E 7	87/76	=	**149** J 7	155/76	=	**153** L 13
768/75	=	**141** L 3	20/76	=	**145** E 11	88/76	=	**149** K 5	156/76	=	**153** M 4
769/75	=	**141** L 14	21/76	=	**145** I 14	89/76	=	**149** K 14	157/76	=	**153** M 6
770/75	=	**141** M 2	22/76	=	**145** K 13	90/76	=	**149** L 6	158/76	=	**153** M 7
771/75	=	**141** M 10	23/76	=	**145** L 14	91/76	=	**149** M 9	159/76	=	**153** M 13
772/75	=	**141** N 4	24/76	=	**145** M 4	92/76	=	**149** M 11	160/76	=	**153** N 8
773/75	=	**141** N 8	25/76	=	**145** O 8	93/76	=	**149** M 12	161/76	=	**153** N 13
774/75	=	**141** N 9	26/76	=	**146** A 14	94/76	=	**149** M 13	162/76	=	**153** N 14
775/75	=	**141** O 2	27/76	=	**146** C 1	95/76	=	**149** M 14	163/76	=	**153** O 3
776/75	=	**141** O 10	28/76	=	**146** D 5	96/76	=	**149** N 1	164/76	=	**153** O 4
777/75	=	**142** A 3	29/76	=	**146** E 10	97/76	=	**149** N 13	165/76	=	**153** O 11
778/75	=	**142** B 8	30/76	=	**146** F 3	98/76	=	**150** A 14	166/76	=	**154** A 2
779/75	=	**142** C 7	31/76	=	**146** H 9	99/76	=	**150** C 13	167/76	=	**154** A 5
780/75	=	**142** C 12	32/76	=	**146** I 3	100/76	=	**150** E 11	168/76	=	**154** A 11
781/75	=	**142** D 7	33/76	=	**146** I 5	101/76	=	**151** L 2	169/76	=	**154** B 10
782/75	=	**142** E 4	34/76	=	**146** I 6	102/76	=	**151** M 12	170/76	=	**154** D 11
783/75	=	**142** F 5	35/76	=	**146** I 8	103/76	=	**151** N 10	171/76	=	**154** E 2
784/75	=	**142** F 12	36/76	=	**146** I 9	104/76	=	**151** O 2	172/76	=	**154** E 8
785/75	=	**142** G 12	37/76	=	**146** I 13	105/76	=	**151** O 5	173/76	=	**154** F 4
786/75	=	**142** H 2	38/76	=	**146** J 5	106/76	=	**152** B 6	174/76	=	**154** F 6
787/75	=	**142** H 6	39/76	=	**146** J 10	107/76	=	**152** B 10	175/76	=	**154** F 8
788/75	=	**142** H 8	40/76	=	**146** J 12	108/76	=	**152** B 13	176/76	=	**154** G 6
789/75	=	**142** H 10	41/76	=	**146** J 14	109/76	=	**152** C 2	177/76	=	**154** G 9
790/75	=	**142** I 7	42/76	=	**146** K 1	110/76	=	**152** C 6	178/76	=	**154** G 11
791/75	=	**142** I 9	43/76	=	**146** K 9	111/76	=	**152** C 9	179/76	=	**154** H 2
			44/76	=	**146** M 9	112/76	=	**152** C 13	180/76	=	**154** H 14
			45/76	=	**146** O 2	113/76	=	**152** C 14	181/76	=	**154** I 11
			46/76	=	**147** A 10	114/76	=	**152** D 1	182/76	=	**154** J 3
			47/76	=	**147** A 11	115/76	=	**152** D 8	183/76	=	**154** J 10
			48/76	=	**147** A 13	116/76	=	**152** D 10	184/76	=	**154** L 11
			49/76	=	**147** B 12	117/76	=	**152** D 11	185/76	=	**155** A 7
			50/76	=	**147** B 13	118/76	=	**152** H 7	186/76	=	**155** B 3
			51/76	=	**147** C 2	119/76	=	**152** I 2	187/76	=	**155** B 13
			52/76	=	**147** C 3	120/76	=	**152** I 3	188/76	=	**155** B 14
			53/76	=	**147** C 4	121/76	=	**152** I 14	189/76	=	**155** D 1
			54/76	=	**147** C 5	122/76	=	**152** J 5	190/76	=	**155** D 7
			55/76	=	**147** C 6	123/76	=	**152** J 8	191/76	=	**155** J 3
			56/76	=	**147** I 10	124/76	=	**152** J 10	192/76	=	**155** J 5
			57/76	=	**147** J 3	125/76	=	**152** J 11	193/76	=	**155** J 9
			58/76	=	**147** J 11	126/76	=	**152** K 3	194/76	=	**155** K 4
			59/76	=	**147** K 11	127/76	=	**152** K 8	195/76	=	**155** L 13
			60/76	=	**147** L 9	128/76	=	**152** K 12	196/76	=	**155** M 1
			61/76	=	**148** A 13	129/76	=	**152** L 1	197/76	=	**155** M 9
			62/76	=	**148** B 1	130/76	=	**152** M 3	198/76	=	**155** M 13
			63/76	=	**148** B 10	131/76	=	**152** M 13	199/76	=	**155** N 9
			64/76	=	**148** C 6	132/76	=	**152** N 1	200/76	=	**155** O 6
			65/76	=	**148** D 4	133/76	=	**152** N 9	201/76	=	**156** A 2
			66/76	=	**148** D 7	134/76	=	**153** D 6	202/76	=	**156** A 5
			67/76	=	**148** D 12	135/76	=	**153** E 2	203/76	=	**156** A 8
			68/76	=	**148** D 14	136/76	=	**153** E 9	204/76	=	**156** A 11

Drucksache Nr.		Fiche Nr. und Koordinate	Drucksache Nr.		Fiche Nr. und Koordinate	Drucksache Nr.		Fiche Nr. und Koordinate	Drucksache Nr.		Fiche Nr. und Koordinate
205/76	=	**156** A 12	273/76	=	**161** I 9	341/76	=	**164** F 9	409/76	=	**168** L 5
206/76	=	**156** B 7	274/76	=	**161** J 4	342/76	=	**164** G 5	410/76	=	**168** L 10
207/76	=	**156** B 8	275/76	=	**161** J 5	343/76	=	**164** G 14	411/76	=	**168** M 10
208/76	=	**156** B 10	276/76	=	**161** J 11	344/76	=	**164** H 3	412/76	=	**168** N 6
209/76	=	**156** B 11	277/76	=	**161** J 14	345/76	=	**164** H 7	413/76	=	**168** O 7
210/76	=	**156** B 14	278/76	=	**161** L 2	346/76	=	**164** I 3	414/76	=	**169** A 3
211/76	=	**156** D 9	279/76	=	**161** L 9	347/76	=	**164** K 10	415/76	=	**169** B 8
212/76	=	**156** E 13	280/76	=	**161** M 7	348/76	=	**164** L 11	416/76	=	**169** B 9
213/76	=	**156** F 1	281/76	=	**161** N 13	349/76	=	**164** M 9	417/76	=	**169** B 11
214/76	=	**156** F 2	282/76	=	**162** A 12	350/76	=	**164** N 14	418/76	=	**169** B 14
215/76	=	**156** F 3	283/76	=	**162** C 8	351/76	=	**165** A 6	419/76	=	**169** C 1
216/76	=	**156** F 4	284/76	=	**162** C 10	352/76	=	**165** A 13	420/76	=	**169** C 4
217/76	=	**156** G 1	285/76	=	**162** D 4	353/76	=	**165** B 3	421/76	=	**169** C 6
218/76	=	**156** G 4	286/76	=	**162** D 8	354/76	=	**165** B 5	422/76	=	**169** D 12
219/76	=	**156** G 7	287/76	=	**162** E 10	355/76	=	**165** B 14	423/76	=	**169** G 6
220/76	=	**156** G 10	288/76	=	**162** G 11	356/76	=	**165** C 11	424/76	=	**169** G 11
221/76	=	**156** G 12	289/76	=	**162** H 1	357/76	=	**165** C 12	425/76	=	**169** H 3
222/76	=	**156** G 13	290/76	=	**162** H 11	358/76	=	**165** C 12	426/76	=	**169** H 7
223/76	=	**156** H 1	291/76	=	**162** J 9	359/76	=	**165** D 3	427/76	=	**169** H 8
224/76	=	**156** H 3	292/76	=	**162** K 12	360/76	=	**165** D 5	428/76	=	**169** H 9
225/76	=	**156** H 7	293/76	=	**162** M 7	361/76	=	**165** F 11	429/76	=	**169** K 3
226/76	=	**156** H 8	294/76	=	**162** O 3	362/76	=	**165** F 13	430/76	=	**169** K 6
227/76	=	**156** I 10	295/76	=	**163** B 13	363/76	=	**165** G 1	431/76	=	**169** M 5
228/76	=	**156** J 13	296/76	=	**163** B 14	364/76	=	**165** G 3	432/76	=	**169** M 6
229/76	=	**156** K 10	297/76	=	**163** C 4	365/76	=	**165** G 11	433/76	=	**169** M 8
230/76	=	**156** K 13	298/76	=	**163** C 10	366/76	=	**165** L 9	434/76	=	**169** M 9
231/76	=	**156** M 5	299/76	=	**163** D 2	367/76	=	**165** M 9	435/76	=	**169** M 11
232/76	=	**156** M 10	300/76	=	**163** D 5	368/76	=	**165** M 12	436/76	=	**169** M 12
233/76	=	**156** N 2	301/76	=	**163** D 10	369/76	=	**166** B 3	437/76	=	**169** N 8
234/76	=	**156** N 11	302/76	=	**163** D 11	370/76	=	**166** C 12	438/76	=	**169** O 3
235/76	=	**156** O 11	303/76	=	**163** D 12	371/76	=	**166** E 10	439/76	=	**170** D 9
236/76	=	**156** O 14	304/76	=	**163** D 14	372/76	=	**166** G 6	440/76	=	**170** D 12
237/76	=	**157** A 6	305/76	=	**163** E 14	373/76	=	**166** H 2	441/76	=	**170** E 14
238/76	=	**157** A 8	306/76	=	**163** F 5	374/76	=	**166** H 14	442/76	=	**170** F 1
239/76	=	**157** B 3	307/76	=	**163** F 7	375/76	=	**166** I 3	443/76	=	**170** G 8
240/76	=	**157** C 1	308/76	=	**163** I 6	376/76	=	**167** F 12	444/76	=	**170** I 6
241/76	=	**157** C 10	309/76	=	**163** J 9	377/76	=	**167** G 2	445/76	=	**170** J 4
242/76	=	**157** D 8	310/76	=	**163** J 11	378/76	=	**167** G 6	446/76	=	**170** J 12
243/76	=	**157** E 2	311/76	=	**163** J 12	379/76	=	**167** G 8	447/76	=	**170** J 14
244/76	=	**157** F 2	312/76	=	**163** J 13	380/76	=	**167** H 3	448/76	=	**170** K 1
245/76	=	**157** G 11	313/76	=	**163** J 14	381/76	=	**167** I 12	449/76	=	**170** K 2
246/76	=	**157** H 1	314/76	=	**163** K 4	382/76	=	**167** I 14	450/76	=	**170** K 3
247/76	=	**157** H 12	315/76	=	**163** K 6	383/76	=	**167** J 10	451/76	=	**170** K 4
248/76	=	**157** I 8	316/76	=	**163** K 7	384/76	=	**167** K 3	452/76	=	**170** K 5
249/76	=	**157** I 13	317/76	=	**163** K 12	385/76	=	**167** L 8	453/76	=	**170** L 8
250/76	=	**157** K 6	318/76	=	**163** K 13	386/76	=	**167** L 10	454/76	=	**170** L 10
251/76	=	**157** M 1	319/76	=	**163** K 14	387/76	=	**167** O 2	455/76	=	**170** L 11
252/76	=	**157** M 7	320/76	=	**163** L 1	388/76	=	**167** O 6	456/76	=	**170** L 12
253/76	=	**159** M 9	321/76	=	**163** L 8	389/76	=	**167** O 7	457/76	=	**170** L 13
254/76	=	**159** N 13	322/76	=	**163** L 12	390/76	=	**167** O 8	458/76	=	**170** M 4
255/76	=	**159** N 14	323/76	=	**163** M 7	391/76	=	**168** A 2	459/76	=	**170** M 10
256/76	=	**159** O 10	324/76	=	**163** M 14	392/76	=	**168** A 3	460/76	=	**170** N 13
257/76	=	**160** B 6	325/76	=	**163** N 4	393/76	=	**168** C 8	461/76	=	**170** N 14
258/76	=	**160** C 14	326/76	=	**163** N 11	394/76	=	**168** C 12	462/76	=	**170** O 3
259/76	=	**160** E 2	327/76	=	**163** O 2	395/76	=	**168** D 2	463/76	=	**170** O 6
260/76	=	**160** E 5	328/76	=	**163** O 4	396/76	=	**168** F 5	464/76	=	**171** A 9
261/76	=	**160** F 1	329/76	=	**163** O 7	397/76	=	**168** F 7	465/76	=	**171** B 2
262/76	=	**160** F 12	330/76	=	**163** O 10	398/76	=	**168** F 8	466/76	=	**171** B 7
263/76	=	**160** G 1	331/76	=	**164** A 11	399/76	=	**168** G 9	467/76	=	**171** D 2
264/76	=	**160** G 2	332/76	=	**164** A 14	400/76	=	**168** H 1	468/76	=	**171** F 11
265/76	=	**160** G 9	333/76	=	**164** B 3	401/76	=	**168** H 14	469/76	=	**171** H 3
266/76	=	**160** H 3	334/76	=	**164** B 8	402/76	=	**168** I 1	470/76	=	**171** M 9
267/76	=	**160** H 11	335/76	=	**164** C 2	403/76	=	**168** I 2	471/76	=	**171** M 13
268/76	=	**160** J 1	336/76	=	**164** C 6	404/76	=	**168** I 10	472/76	=	**171** N 4
269/76	=	**160** J 2	337/76	=	**164** C 9	405/76	=	**168** J 2	473/76	=	**171** N 9
270/76	=	**160** L 8	338/76	=	**164** D 11	406/76	=	**168** J 4	474/76	=	**171** O 1
271/76	=	**161** F 5	339/76	=	**164** E 1	407/76	=	**168** J 10	475/76	=	**171** O 6
272/76	=	**161** H 13	340/76	=	**164** E 8	408/76	=	**168** K 1	476/76	=	**171** O 9

Drucksache Nr.		Fiche Nr. und Koordinate
477/76	=	**171** O 10
478/76	=	**171** O 12
479/76	=	**171** O 13
480/76	=	**172** A 7
481/76	=	**172** A 13
482/76	=	**172** B 3
483/76	=	**172** B 7
484/76	=	**172** B 9
485/76	=	**172** B 11
486/76	=	**172** C 2
487/76	=	**172** C 3
488/76	=	**172** C 6
489/76	=	**172** C 9
490/76	=	**172** C 13
491/76	=	**172** D 2
492/76	=	**172** D 3
493/76	=	**172** D 7
494/76	=	**172** D 13
495/76	=	**172** E 5
496/76	=	**172** E 10
497/76	=	**172** E 11
498/76	=	**172** E 14
499/76	=	**172** F 12
500/76	=	**172** G 5
501/76	=	**172** G 7
502/76	=	**172** G 8
503/76	=	**172** G 9
504/76	=	**172** G 9
505/76	=	**172** G 10
506/76	=	**172** G 11
507/76	=	**172** G 14
508/76	=	**172** H 3
509/76	=	**172** H 3
510/76	=	**172** J 3
511/76	=	**172** J 7
512/76	=	**172** J 9
513/76	=	**172** J 10
514/76	=	**173** A 12
515/76	=	**173** B 5
516/76	=	**173** B 8
517/76	=	**173** B 14
518/76	=	**173** C 1
519/76	=	**173** C 4
520/76	=	**173** E 13
521/76	=	**173** F 5
522/76	=	**173** F 11
523/76	=	**173** G 2
524/76	=	**173** G 5
525/76	=	**173** J 7
526/76	=	**173** L 8
527/76	=	**173** O 12
528/76	=	**174** A 2
529/76	=	**174** A 4
530/76	=	**174** A 6
531/76	=	**174** A 8
532/76	=	**174** B 10
533/76	=	**174** C 6
534/76	=	**174** C 7
535/76	=	**174** D 4
536/76	=	**174** E 12
537/76	=	**174** F 4
538/76	=	**174** F 11
539/76	=	**174** G 1
540/76	=	**174** G 11
541/76	=	**174** H 2
542/76	=	**174** H 4
543/76	=	**174** I 1
544/76	=	**174** I 3

Drucksache Nr.		Fiche Nr. und Koordinate
545/76	=	**174** I 7
546/76	=	**174** J 5
547/76	=	**174** K 1
548/76	=	**174** K 5
549/76	=	**174** K 6
550/76	=	**174** K 7
551/76	=	**174** K 14
552/76	=	**174** L 1
553/76	=	**174** O 9
554/76	=	**174** O 10
555/76	=	**174** O 13
556/76	=	**174** O 13
557/76	=	**174** O 14
558/76	=	**175** A 3
559/76	=	**175** A 4
560/76	=	**175** A 10
561/76	=	**175** A 13
562/76	=	**175** B 10
563/76	=	**175** C 9
564/76	=	**175** D 6
565/76	=	**175** D 13
566/76	=	**175** E 9
567/76	=	**175** H 4
568/76	=	**175** H 6
569/76	=	**175** H 11
570/76	=	**175** I 1
571/76	=	**175** J 1
572/76	=	**175** J 5
573/76	=	**175** J 10
574/76	=	**175** K 6
575/76	=	**175** K 9
576/76	=	**175** K 11
577/76	=	**175** L 1
578/76	=	**175** M 7
579/76	=	**175** M 9
580/76	=	**175** M 11
581/76	=	**175** M 12
582/76	=	**175** M 13
583/76	=	**175** M 14
584/76	=	**175** N 5
585/76	=	**175** N 8
586/76	=	**176** B 2
587/76	=	**176** B 3
588/76	=	**176** B 8
589/76	=	**176** B 11
590/76	=	**176** C 6
591/76	=	**176** D 6
592/76	=	**176** D 11
593/76	=	**176** D 12
594/76	=	**176** D 14
595/76	=	**176** E 4
596/76	=	**176** E 9
597/76	=	**176** F 1
598/76	=	**176** F 5
599/76	=	**176** F 6
600/76	=	**176** F 7
601/76	=	**176** F 13
602/76	=	**176** G 4
603/76	=	**176** G 9
604/76	=	**176** G 10
605/76	=	**176** G 14
606/76	=	**176** H 5
607/76	=	**176** H 7
608/76	=	**176** H 13
609/76	=	**176** I 1
610/76	=	**176** I 9
611/76	=	**176** J 7
612/76	=	**176** J 9

Drucksache Nr.		Fiche Nr. und Koordinate
613/76	=	**177** A 12
614/76	=	**177** B 7
615/76	=	**177** B 8
616/76	=	**177** B 9
617/76	=	**177** E 1
618/76	=	**177** E 2
619/76	=	**177** E 6
620/76	=	**177** F 1
621/76	=	**177** F 7
622/76	=	**177** H 4
623/76	=	**177** J 1
624/76	=	**177** J 8
625/76	=	**177** J 9
626/76	=	**177** K 6
627/76	=	**177** K 10
628/76	=	**177** L 6
629/76	=	**177** L 8
630/76	=	**177** L 9
631/76	=	**177** L 10
632/76	=	**177** L 12
633/76	=	**177** N 3
634/76	=	**178** C 10
635/76	=	**178** C 12
636/76	=	**178** C 14
637/76	=	**178** D 7
638/76	=	**178** D 8
639/76	=	**178** D 9
640/76	=	**178** D 13
641/76	=	**178** E 10
642/76	=	**178** F 6
643/76	=	**178** J 5
644/76	=	**178** L 2
645/76	=	**178** L 4
646/76	=	**178** L 5
647/76	=	**178** L 6
648/76	=	**178** L 7
649/76	=	**178** L 10
650/76	=	**178** M 7
651/76	=	**178** M 9
652/76	=	**178** M 12
653/76	=	**178** M 14
654/76	=	**178** N 3
655/76	=	**178** N 6
656/76	=	**178** N 8
657/76	=	**178** N 10
658/76	=	**178** N 13
659/76	=	**178** O 2
660/76	=	**178** O 3
661/76	=	**178** O 11
662/76	=	**178** O 12
663/76	=	**178** O 14
664/76	=	**179** A 2
665/76	=	**179** A 7
666/76	=	**179** B 6
667/76	=	**179** B 12
668/76	=	**179** C 7
669/76	=	**179** C 8
670/76	=	**179** C 14
671/76	=	**179** D 5
672/76	=	**179** G 4
673/76	=	**179** H 3
674/76	=	**179** H 12
675/76	=	**179** J 3
676/76	=	**179** J 9
677/76	=	**179** K 10
678/76	=	**179** N 1
679/76	=	**179** N 10
680/76	=	**179** O 3

Drucksache Nr.		Fiche Nr. und Koordinate
681/76	=	**179** O 7
682/76	=	**180** B 6
683/76	=	**180** B 8
684/76	=	**180** B 13
685/76	=	**180** C 4
686/76	=	**180** D 8
687/76	=	**180** D 14
688/76	=	**180** E 2
689/76	=	**180** E 4
690/76	=	**180** E 5
691/76	=	**180** G 3
692/76	=	**180** G 5
693/76	=	**180** G 12
694/76	=	**180** G 13
695/76	=	**180** I 5
696/76	=	**180** I 6
697/76	=	**180** I 11
698/76	=	**180** J 1
699/76	=	**180** J 11
700/76	=	**180** K 4
701/76	=	**181** G 11
702/76	=	**181** H 10
703/76	=	**181** H 12
704/76	=	**181** H 13
705/76	=	**181** H 14
706/76	=	**181** K 8
707/76	=	**181** K 8
708/76	=	**181** K 9
709/76	=	**181** K 10
710/76	=	**181** K 11
711/76	=	**181** K 12
712/76	=	**181** K 13
713/76	=	**181** L 2
714/76	=	**181** L 6
715/76	=	**181** L 7
716/76	=	**181** L 13
717/76	=	**181** M 2
718/76	=	**181** M 3
719/76	=	**181** M 5
720/76	=	**181** N 5
721/76	=	**181** N 6
722/76	=	**181** N 7
723/76	=	**181** N 8
724/76	=	**181** N 11
725/76	=	**181** O 10
726/76	=	**181** O 12
727/76	=	**182** A 4
728/76	=	**182** A 13
729/76	=	**182** B 1
730/76	=	**182** B 3
731/76	=	**182** B 5
732/76	=	**182** B 10
733/76	=	**182** B 11
734/76	=	**182** C 2
735/76	=	**182** C 3
736/76	=	**182** C 9
737/76	=	**182** E 2
738/76	=	**182** E 4
739/76	=	**182** E 7
740/76	=	**182** E 12
741/76	=	**182** F 13
742/76	=	**182** F 14
743/76	=	**182** G 3
744/76	=	**182** G 7
745/76	=	**182** H 2
746/76	=	**182** H 3
747/76	=	**182** H 5
748/76	=	**182** H 14
749/76	=	**182** I 1

Anzeige

Mikrofiche-Editionen aus dem Verlag C.H. Beck

ergänzen das herkömmliche Angebot umfangreicher Textdokumentationen durch vollständige, platzsparende, leicht erschließbare Mikrofiche-Ausgaben – standardisiert, in hoher Qualität –

Verhandlungen des Deutschen Bundestages und des Bundesrates (1949–1980) – 1. bis 8. Wahlperiode.

Rund 1.000.000 Seiten auf etwa 2.500 Mikrofiches – Verkleinerungsfaktor 48:1, einschließlich 16 Konkordanzlisten und acht Registerbände (zusammen mit dem Verlag K.G. Saur).

Diese Edition erfaßt vollständig alle Protokolle (Stenographischen Berichte) und Drucksachen des Deutschen Bundestages und des Bundesrates seit Bestehen der Bundesrepublik Deutschland bis zum Auslaufen der 8. Wahlperiode Ende 1980.

Verhandlungen des Deutschen Bundestages und des Bundesrates – 9. Wahlperiode (ab 1980)

Ab Beginn der 9. Wahlperiode (d.h., ab 1980) erscheint eine Mikrofiche-Edition der Verhandlungen des Deutschen Bundestages und des Bundesrates lieferungsweise in zwei- bis dreimonatigen Abständen, parallel zur Papierausgabe (zusammen mit dem Verlag K.G. Saur).

Bundesgesetzblatt – Teil I, II und III (1949–1980)

Rund 141.000 Seiten auf etwa 385 Mikrofiches – Verkleinerungsfaktor 42:1, einschließlich Konkordanzlisten und Gesamtregister (zusammen mit dem Bundesanzeiger-Verlag, Bonn).

Die Mikrofiche-Edition des Bundesgesetzblattes erfaßt das gesamte, seit 1949 geschaffene Bundesrecht einschließlich der internationalen Verträge und alle Anlagenbände, wie es in den Teilen I, II und III veröffentlicht worden ist.

Reichsgesetzblatt – Teil I und Teil II (1871–1945)

Rund 82.000 Seiten auf etwa 225 Mikrofiches – Verkleinerungsfaktor 42:1, einschließlich ausführlicher Konkordanzliste.

Diese Edition ist eine lückenlose Dokumentation der gesamten Reichsgesetzgebung des Deutschen Reiches, beginnend mit der zweiten Reichsgründung 1871 über die Weimarer Republik bis hin zum Zusammenbruch des Dritten Reiches im Jahre 1945.

Alle hier angebotenen Mikrofiche-Ausgaben können auf Lesegeräten mit den Rückvergrößerungsfaktoren 42:1 oder 48:1 genutzt werden.

Zu den hier aufgeführten Editionen können ausführliche Projektbeschreibungen beim juristischen Fachbuchhandel sowie beim Verlag angefordert werden.

Verlag C.H. Beck München

FSC
www.fsc.org
MIX
Papier | Fördert
gute Waldnutzung
FSC® C083411

Kolibri 360 GmbH
Ferdinand-Jühlke-Straße 7
99095 Erfurt, Deutschland
produktsicherheit@kolibri360.de